# 윤우혁 소방행정법 기출문제집

# 머리말 INTRO

소방직 공무원 시험이 대폭 개정되면서 2022년부터 행정법이 필수과목으로 도입되었습니다. 직무역량 강화를 위해 행정법을 필수과목으로 지정한 것은 긍정적이지만, 시험과목을 선택할 수 없어진 수험생 입장에서는 새로운 부담이 되는 것도 사실입니다.

시중에는 많은 종류의 행정법 기출문제집이 있고, 필자 역시 7·9급 대비 행정법 기출문제집을 출간하고 있습니다. 하지만 워낙 지엽적인 문제도 많고 양도 방대하여 소방직 공무원 시험을 대비하기에는 상당히 버거울 것입니다. 그렇기 때문에 소방의 특성을 고려하여 보다 적은 양으로 쉽게 고득점할 수 있도록 소방행정법 기출문제집을 별도 출간하게 되었습니다.

본 교재의 특징은 다음과 같습니다.

## 1 소방에 최적화된 분량

소방행정법에서 출제하기 어려운 지엽적인 문제는 빼고 최소의 양으로 학습할 수 있도록 구성하였습니다. 7·9급 대비 행정법 기출문제집보다는 확실히 적은 양이지만, 이 정도만으로도 소방직 공무원 시험을 대비하는 데 충분할 것입니다.

## 2 주제별 핵심 정리

새로운 주제가 시작될 때마다 핵심 내용을 요약하여 기본서를 보지 않고도 이론을 정리할 수 있도록 구성하였습니다.

## 3 예상판례

아직 출제되지 않은 주요 판례와 눈여겨 보아야 할 최신 판례를 발췌하여 새로운 문제에 대비할 수 있도록 하였습니다.

## 4 주요 조문

법 과목의 특성상 조문에 대한 대비가 필요합니다. 따라서 문제 중간중간에 반드시 알아두어야 할 조문을 수록하였습니다.

## 5 단권화

시험 직전에 기본서를 본다는 것은 사실상 불가능한 이야기입니다. 본 기출문제집 한 권만 가지고도 여러 차례 회독하며 복습할 수 있도록 단권화가 가능하게 꾸렸습니다.

위기가 기회가 된다는 말이 있습니다. 누구나 아는 이 말은 수험가에도 적용됩니다. 과목이 개편될 때 새로운 합격의 기회가 생기는 것입니다. 시험은 오래 공부한다고 되는 것이 아니라 정확한 방향으로 갈 때 합격하는 것입니다.

본 교재로 공부하는 수험생들의 빠른 합격을 기원합니다.

2023년 7월
윤우혁

# 목차 CONTENTS

## PART 1 / 행정법통론

### CHAPTER 01 · 행정
- 제1절 권력분립과 행정 ········· 010
- 제2절 통치행위 ········· 011

### CHAPTER 02 · 행정법의 의의·지도원리·법치행정
- 제1절 행정법의 의의 ········· 013
- 제2절 법치행정의 원리 ········· 014

### CHAPTER 03 · 행정법의 법원과 효력
- 제1절 행정법의 법원(法源) ········· 024
- 제2절 행정법의 효력 ········· 028

### CHAPTER 04 · 행정법의 일반원칙
- 제1절 비례의 원칙(과잉금지의 원칙) ········· 031
- 제2절 신뢰보호의 원칙 ········· 035
- 제3절 평등의 원칙과 행정의 자기구속의 원칙 ········· 042
- 제4절 부당결부금지의 원칙 ········· 045
- 제5절 행정법의 일반원칙 종합 ········· 047

### CHAPTER 05 · 행정상 법률관계
- 제1절 행정상 법률관계 ········· 049
- 제2절 행정법관계의 특질 ········· 050
- 제3절 행정법관계의 당사자 ········· 051
- 제4절 공법관계와 사법관계 ········· 056

### CHAPTER 06 · 공권과 공의무관계
- 제1절 행정법관계의 내용 ········· 065
- 제2절 무하자재량행사청구권과 행정개입청구권 ········· 072

### CHAPTER 07 · 특별권력관계 ········· 074

### CHAPTER 08 · 행정법관계에 대한 사법규정의 적용 ········· 077

### CHAPTER 09 · 행정법상 법률요건과 법률사실
- 제1절 법률요건과 법률사실 ········· 079
- 제2절 행정법상의 사건 ········· 080
- 제3절 공법상의 사무관리·부당이득 ········· 084

### CHAPTER 10 · 사인의 공법행위
- 제1절 사인의 공법행위 ········· 087
- 제2절 사인의 공법행위로서 신고와 신청 ········· 090

# PART 2 / 행정작용법

## CHAPTER 01 · 행정입법 1(법규명령)
- 제1절　행정입법 일반론 ····· 104
- 제2절　법규명령 ····· 120

## CHAPTER 02 · 행정입법 2(행정규칙)
- 제1절　행정규칙 일반론 ····· 125
- 제2절　법규명령 형식의 행정규칙과 행정규칙 형식의 법규명령 ····· 130

## CHAPTER 03 · 행정행위 일반론
- 제1절　행정행위의 의의 ····· 134
- 제2절　수익적·부담적 행정행위와 복효적 행정행위 ····· 138
- 제3절　기속행위와 재량행위 ····· 141
- 제4절　불확정개념과 판단여지 ····· 151

## CHAPTER 04 · 행정행위의 내용
- 제1절　개설 ····· 153
- 제2절　법률행위적 행정행위 ····· 154
- 제3절　준법률행위적 행정행위 ····· 184

## CHAPTER 05 · 행정행위의 부관 ····· 191

## CHAPTER 06 · 행정행위의 요건과 효력
- 제1절　행정행위의 성립요건과 효력발생요건 ····· 203
- 제2절　행정행위의 효력 ····· 209

## CHAPTER 07 · 행정행위의 하자와 하자의 승계
- 제1절　행정행위의 하자 ····· 222
- 제2절　하자의 승계 ····· 242

## CHAPTER 08 · 행정행위의 취소 및 철회
- 제1절　행정행위의 취소 ····· 250
- 제2절　행정행위의 철회 ····· 256

## CHAPTER 09 · 확약과 행정계획
- 제1절　행정상의 확약 ····· 257
- 제2절　행정계획 ····· 262

## CHAPTER 10 · 그 밖의 행정형식
- 제1절　공법상 계약 ····· 274
- 제2절　행정상 사실행위 ····· 283
- 제3절　행정지도 ····· 284
- 제4절　비공식적 행정작용과 행정의 자동결정 ····· 287

# 목차 CONTENTS

## PART 3 / 행정절차, 정보공개, 정보보호

### CHAPTER 01 · 행정절차법 ——— 292

### CHAPTER 02 · 정보공개와 개인정보 보호
**제1절** 행정정보공개 ——— 322
**제2절** 개인정보 보호 ——— 340

## PART 4 / 행정의 실효성 확보수단

### CHAPTER 01 · 행정의 실효성 확보수단 일반론 ——— 358

### CHAPTER 02 · 행정강제(직접적 강제수단)
**제1절** 행정상 강제집행 ——— 362
**제2절** 행정상 즉시강제와 행정조사 ——— 381

### CHAPTER 03 · 행정벌
**제1절** 서설 ——— 399
**제2절** 행정형벌 ——— 399
**제3절** 행정질서법 ——— 407

### CHAPTER 04 · 새로운 실효성 확보수단
**제1절** 금전적 제재수단 ——— 415
**제2절** 비금전적 제재수단 ——— 420

# PART 5 / 행정구제법

## CHAPTER 01 · 사전적 권리구제수단

| | | |
|---|---|---|
| 제1절 | 부패방지 및 국민권익위원회의 설치와 운영에 관한 법률 | 424 |
| 제2절 | 민원 처리에 관한 법률 | 427 |

## CHAPTER 02 · 행정상 손해전보

| | | |
|---|---|---|
| 제1절 | 행정상 손해전보 | 430 |
| 제2절 | 행정상 손실보상 | 468 |
| 제3절 | 그 밖의 손해전보제도 | 506 |

## CHAPTER 03 · 행정쟁송 1(행정소송)

| | | |
|---|---|---|
| 제1절 | 개설 | 510 |
| 제2절 | 항고소송 1(취소소송) | 517 |
| 제3절 | 항고소송 2(무효등확인소송) | 646 |
| 제4절 | 항고소송 3(부작위법확인소송) | 651 |
| 제5절 | 당사자소송 | 657 |
| 제6절 | 객관적 소송 | 663 |

## CHAPTER 04 · 행정쟁송 2(행정심판)

| | | |
|---|---|---|
| 제1절 | 개설 | 667 |
| 제2절 | 행정심판의 대상 | 684 |
| 제3절 | 행정심판기관 | 685 |
| 제4절 | 행정심판의 당사자 및 관계인 | 694 |
| 제5절 | 행정심판의 청구 | 695 |
| 제6절 | 행정심판의 심리 | 697 |
| 제7절 | 행정심판의 재결 | 698 |
| 제8절 | 행정심판의 고지제도 | 704 |

# PART 1

## 행정법통론

| CHAPTER 01 | 행정 |
| --- | --- |
| CHAPTER 02 | 행정법의 의의·지도원리·법치행정 |
| CHAPTER 03 | 행정법의 법원과 효력 |
| CHAPTER 04 | 행정법의 일반원칙 |
| CHAPTER 05 | 행정상 법률관계 |
| CHAPTER 06 | 공권과 공의무관계 |
| CHAPTER 07 | 특별권력관계 |
| CHAPTER 08 | 행정법관계에 대한 사법규정의 적용 |
| CHAPTER 09 | 행정법상의 법률요건과 법률사실 |
| CHAPTER 10 | 사인의 공법행위 |

# CHAPTER 01 행정

## 제1절 권력분립과 행정

1. '행정'은 시민혁명 이후 권력분립이 이루어지면서 성립된 개념이다.
2. 형식적 의미의 입법, 행정, 사법은 그 내용과 관계없이 기관을 중심으로 파악한다. 즉, 국회가 하는 모든 일을 입법, 행정부가 하는 모든 일을 행정, 사법부가 하는 모든 일을 사법으로 보는 것이다.
3. 실질적 의미의 입법, 행정, 사법은 기관이 아니라 업무의 내용을 기준으로 파악한다.
4. 처분적 법률이란 집행행위의 매개 없이 직접 적용되는 법률을 말한다(다수설). 즉, 처분적 법률의 형식은 입법이지만, 그 내용은 행정(처분)의 성격을 가지고 있다.

**001** 실질적 의미의 행정에 해당하는 것으로만 묶인 것은? 15 지방7급

| ㄱ. 비상계엄의 선포 | ㄴ. 집회의 금지통고 |
| ㄷ. 행정심판의 재결 | ㄹ. 일반법관의 임명 |
| ㅁ. 대통령령의 제정 | ㅂ. 통고처분 |

① ㄱ, ㄷ  ② ㄴ, ㄷ
③ ㄴ, ㄹ  ④ ㅁ, ㅂ

**해설**
ㄱ. (×) 형식적 행정, 실질적 입법
ㄴ. (○) 형식적 행정, 실질적 행정
ㄷ. (×) 형식적 행정, 실질적 사법
ㄹ. (○) 형식적 사법, 실질적 행정
ㅁ. (×) 형식적 행정, 실질적 입법
ㅂ. (×) 형식적 행정, 실질적 사법

**정답** ③

## 제2절 통치행위

통치행위는 고도의 정치적 국가작용으로서 사법심사를 하기가 곤란한 국가작용을 말하며, 프랑스에서 발전한 개념이다(공법상 계약도 프랑스에서 발전한 개념이다). 한편, 행정절차는 영미법에서 발전한 개념이다.

**002** 통치행위에 해당하지 않는 것은? (다툼이 있으면 판례에 따름)  *19 행정사*

① 대통령의 서훈취소
② 사면
③ 이라크파병결정
④ 남북정상회담의 개최
⑤ 대통령의 비상계엄선포

**해설**

① (×) 구 상훈법 제8조는 서훈취소의 요건을 구체적으로 명시하고 있고 절차에 관하여 상세하게 규정하고 있다. 그리고 서훈취소는 서훈수여의 경우와는 달리 이미 발생된 서훈대상자 등의 권리 등에 영향을 미치는 행위로서 관련 당사자에게 미치는 불이익의 내용과 정도 등을 고려하면 사법심사의 필요성이 크다. 따라서 기본권의 보장 및 법치주의의 이념에 비추어 보면, 비록 서훈취소가 대통령이 국가원수로서 행하는 행위라고 하더라도 법원이 사법심사를 자제하여야 할 고도의 정치성을 띤 행위라고 볼 수는 없다. (대판 2015.4.23. 2012두26920)
② (○) 특별사면은 국가원수로서 대통령의 행위이고 권력분립의 예외이다.
③ (○) 헌재 2004.4.29. 2003헌마814
④ (○) 대판 2004.3.26. 2003도7878
⑤ (○) 대법원은 대통령의 계엄선포와 관련된 사건에서 대통령의 비상계엄선포는 고도의 정치적·군사적 성격을 지니고 있는 행위로서 계엄선포의 당·부당을 판단할 권한과 같은 것은 오로지 정치기관인 국회에만 있다고 판시하였다. (대판 1980.8.26. 80도1278)

**정답** ①

**기출지문 OX**

비상계엄의 선포나 확대가 국헌문란의 목적을 달성하기 위하여 행하여진 경우에 그 자체가 범죄행위(내란죄)에 해당하는지에 대하여는 심사할 수 있다. [14 변호사, 04 서울9급]  (○, ×)

**해설** 대통령의 비상계엄의 선포나 확대행위는 고도의 정치적·군사적 성격을 지니고 있는 행위라 할 것이므로, 그것이 누구에게도 일견하여 헌법이나 법률에 위반되는 것으로서 명백하게 인정될 수 있는 등 특별한 사정이 있는 경우라면 몰라도, 그러하지 아니한 이상 그 계엄선포의 요건 구비 여부나 선포의 당·부당을 판단할 권한이 사법부에는 없다고 할 것이나, 비상계엄의 선포나 확대가 국헌문란의 목적을 달성하기 위하여 행하여진 경우에는 법원은 그 자체가 범죄행위에 해당하는지의 여부에 관하여 심사할 수 있다. (대판 1997.4.17. 96도3376 전원합의체)

**정답** ○

## 003 통치행위에 대한 판례의 입장으로 옳지 않은 것은?

17 지방9급

① 고도의 정치적 성격을 지니는 남북정상회담 개최과정에서 정부에 신고하지 아니하거나 협력사업승인을 얻지 아니한 채 북한측에 사업권의 대가명목으로 송금한 행위 자체는 사법심사의 대상이 된다.
② 기본권 보장의 최후보루인 법원으로서는 사법심사권을 행사함으로써, 대통령의 긴급조치권 행사로 인하여 우리나라 헌법의 근본이념인 자유민주적 기본질서가 부정되는 사태가 발생하지 않도록 그 책무를 다하여야 한다.
③ 신행정수도건설이나 수도이전문제는 그 자체로 고도의 정치적 결단을 요하므로 사법심사의 대상에서 제외되고, 그것이 국민의 기본권 침해와 관련되는 경우에도 헌법재판소의 심판대상이 될 수 없다.
④ 외국에의 국군 파견결정은 그 성격상 국방 및 외교에 관련된 고도의 정치적 결단을 요하는 문제로서, 헌법과 법률이 정한 절차가 지켜진 것이라면 대통령과 국회의 판단은 존중되어야 하고 사법적 기준만으로 이를 심판하는 것은 자제되어야 한다.

### 해설

① (○) 남북정상회담의 개최는 고도의 정치적 성격을 지니고 있는 행위라 할 것이므로 특별한 사정이 없는 한 그 당부를 심판하는 것은 사법권의 내재적·본질적 한계를 넘어서는 것이 되어 적절하지 못하지만, 남북정상회담의 개최과정에서 재정경제부장관(현 기획재정부장관)에게 신고하지 아니하거나 통일부장관의 협력사업승인을 얻지 아니한 채 북한측에 사업권의 대가명목으로 송금한 행위 자체는 헌법상 법치국가의 원리와 법 앞에 평등원칙 등에 비추어 볼 때 사법심사의 대상이 된다. (대판 2004.3.26. 2003도7878)
② (○) 유신헌법 당시의 긴급조치권도 사법심사의 대상이 된다. (대판 2010.12.16. 2010도5986 전원합의체)
③ (✕) 신행정수도건설이나 수도이전의 문제가 정치적 성격을 가지고 있는 것은 인정할 수 있지만, 그 자체로 고도의 정치적 결단을 요하여 사법심사의 대상으로 하기에는 부적절한 문제라고까지는 할 수 없다. 더구나 이 사건 심판의 대상은 이 사건 법률의 위헌 여부이고 대통령의 행위의 위헌 여부가 아닌바, 법률의 위헌 여부가 헌법재판의 대상으로 된 경우 해당 법률이 정치적인 문제를 포함한다는 이유만으로 사법심사의 대상에서 제외된다고 할 수는 없다. 다만, 이 사건 법률의 위헌 여부를 판단하기 위한 선결문제로서 신행정수도건설이나 수도이전의 문제를 국민투표에 붙일지 여부에 관한 대통령의 의사결정이 사법심사의 대상이 될 경우 위 의사결정은 고도의 정치적 결단을 요하는 문제여서 사법심사를 자제함이 바람직하다고는 할 수 있고, 이에 따라 그 의사결정에 관련된 흠을 들어 위헌성이 주장되는 법률에 대한 사법심사 또한 자제함이 바람직하다고는 할 수 있다. 그러나 대통령의 위 의사결정이 국민의 기본권 침해와 직접 관련되는 경우에는 헌법재판소의 심판대상이 될 수 있고, 이에 따라 위 의사결정과 관련된 법률도 헌법재판소의 심판대상이 될 수 있다. (헌재 2004.10.21. 2004헌마554 등)
④ (○) 외국에의 국군의 파견결정은 파견군인의 생명과 신체의 안전뿐만 아니라 국제사회에서의 우리나라의 지위와 역할, 동맹국과의 관계, 국가안보문제 등 궁극적으로 국민 내지 국익에 영향을 미치는 복잡하고도 중요한 문제로서 국내 및 국제정치관계 등 제반상황을 고려하여 미래를 예측하고 목표를 설정하는 등 고도의 정치적 결단이 요구되는 사안이다. 따라서 그와 같은 결정은 그 문제에 대해 정치적 책임을 질 수 있는 국민의 대의기관이 관계 분야의 전문가들과 광범위하고 심도 있는 논의를 거쳐 신중히 결정하는 것이 바람직하며 우리 헌법도 그 권한을 국민으로부터 직접 선출되고 국민에게 직접 책임을 지는 대통령에게 부여하고 그 권한 행사에 신중을 기하도록 하기 위해 국회로 하여금 파병에 대한 동의 여부를 결정할 수 있도록 하고 있는바, 현행헌법이 채택하고 있는 대의민주제 통치구조하에서 대의기관인 대통령과 국회의 그와 같은 고도의 정치적 결단은 가급적 존중되어야 한다. (헌재 2004.4.29. 2003헌마814)

정답 ③

# CHAPTER 02 행정법의 의의·지도원리·법치행정

## 제1절 행정법의 의의

1. 행정법은 대륙법계를 중심으로 발달하였다(공·사법의 이원체계). 대륙법계에서 행정법이 발달한 이유는 법치주의의 확립과 행정제도의 발달이다.
2. 영미법계는 행정법의 발달이 늦었다(공·사법의 일원체계). 영미법계에서는 행정위원회의 발전이 행정법 발달의 근거이다. 영미의 행정법은 절차법 중심으로 발달하였다.

### 001 행정법에 대한 설명으로 옳지 않은 것은?
<small>11 국가9급</small>

① 대륙법계는 공법과 사법(私法)의 구별을 강조하면서 행정사건은 사법(司法)법원이 아닌 별도의 법원(재판소)의 관할에 속하도록 하고 있다.

② 프랑스에서 행정법원(재판소, Conseil d'Etat)이 출범하게 된 배경은 대혁명 이후 행정사건에 대한 사법(司法)법원의 간섭을 배제하기 위한 필요성과 관련이 있다.

③ 공법과 사법(私法)의 구별을 강조하지 않는 영미법계 국가에서는 오늘날 행정법의 특수성은 인정되지 않으며 행정기관의 결정에 대한 재판권은 통상의 사법(司法)법원이 행사한다.

④ 우리나라 행정법은 전통적으로 대륙법계의 영향을 받아 행정에 특유한 공법으로서의 성격을 강조하고 있으면서도 행정사건은 별도의 행정법원(재판소)이 아닌 사법(司法)법원의 관할에 속한다.

**해설**

① (O) 행정제도는 행정에 고유한 법의 형성과 행정사건에 대한 재판관할권을 일반법원이 아닌 행정부에 설치된 별도 법원이 갖는 제도의 존재를 요소로 하는바, 이러한 행정제도는 대륙법에 특유한 성립배경이다.

② (O) 프랑스에서의 행정법은 사법권의 부당한 간섭으로부터 행정권의 독립성을 확보하기 위해 발달하였다.

③ (X) 미국에서도 과거 사법국가주의를 고수함으로써 행정의 고유한 법으로서 행정법의 발전을 보지 못하였다. 그러나 행정법의 특수성을 인정하면서 20세기에 들어서면서 자본주의의 고도화에 따라 발생하는 여러 가지 사회경제적 문제를 정부가 적극 개입하여 해결하여야 할 필요성이 생김에 따라 이를 뒷받침하기 위한 수많은 제정법과 행정기관이 출현하였다. 특히 행정적 권한뿐 아니라 준입법적 권한과 준사법적 권한까지 갖는 독립규제위원회와 같은 행정위원회가 설치·운영되었다. 따라서 공법과 사법의 구별을 강조하지 않는 영미법계 국가에서도 오늘날 행정법의 특수성은 인정되고 있으며, 다만 행정기관의 결정에 대한 재판권은 통상의 사법법원이 행사한다.

④ (O) 우리나라의 행정법원은 행정부가 아닌 일반법원에 속하므로 사법국가형에 해당한다. 다만 공·사법의 이원체계와 행정소송법에 따른 행정사건의 처리 등 행정국가적 요소를 가미하고 있다.

**정답** ③

## 제2절 법치행정의 원리

법치행정은 법률의 법규창조력, 법률우위의 원칙, 법률유보의 원칙으로 이루어진다(오토 마이어).

| 법률우위의 원칙 | 법률유보의 원칙 |
|---|---|
| · 소극적 원칙(법을 위반하지만 않으면 됨)<br>· 단계구조의 문제<br>· 모든 국가작용에 적용 | · 적극적 원칙(법률에 근거가 있어야 함)<br>· 권한배분의 문제<br>· 적용대상에 대해 학설대립이 있음. |

### 법률유보의 원칙이 적용되는 영역에 관한 학설

| 학설 | 내용 |
|---|---|
| 침해유보설 | · 개념: 행정이 개인의 자유와 권리를 침해·제한하거나 의무를 부과하는 등의 침해적 행정작용의 경우에만 법적 근거를 요한다는 견해<br>· 내용: 수익적 행정작용이나 개인의 권리나 의무에 직접 관계되지 않는 영역 및 특별권력관계를 포함한 국가 내부의 영역에는 법률유보원칙이 적용되지 않음. 자유주의적 법치국가의 법률유보이론으로서 행정으로부터의 자유를 강조함. |
| 전부유보설 | · 개념: 행정의 모든 영역에 법률의 근거를 요한다는 견해<br>· 내용: 의회민주주의와 의회의 우월성을 강조함(국민주권 강조). |
| 급부행정유보설<br>(사회유보설) | · 개념: 침해행정 이외에 급부행정의 영역에도 법률의 유보를 필요로 한다는 견해<br>· 내용: 법률유보의 범위는 공기업의 경영, 공공시설의 설치, 사회보장행정, 자금지원 등 급부행정 전반에 미치며, 급부의 내용·절차·기준까지도 규율대상으로 파악함. 침해유보와 달리 행정을 통한(향한) 자유를 강조함. |
| 권력행정유보설 | 권력적 수단을 통해 이루어지는 행정작용에는 법률의 근거를 요한다는 견해 |
| 본질성설<br>(중요사항유보설,<br>의회유보설) | · 개념: 법률유보의 적용영역을 침해작용인가 급부작용인가 하는 행정작용의 성질에 따라 판단하는 것이 아니라 개인에게 중요한 작용은 법률의 근거가 필요하며 비중요사항에 대해서는 법률의 근거가 없어도 된다는 견해. 즉, 개인의 기본권과 공익에 있어 가장 근본적이고 중요한 사항은 법률의 근거를 요함.<br>· 평가: 법률유보의 범위를 기본권 관련 측면에서 파악한 점, 법률유보의 범위뿐만 아니라 규율의 밀도(정도)에 대해서도 원칙을 제시하고 있다는 점에서 높이 평가받고 있으며 우리 헌법재판소도 받아들이고 있음. |

**행정기본법** 제8조(법치행정의 원칙)
행정작용은 법률에 위반되어서는 아니 되며, 국민의 권리를 제한하거나 의무를 부과하는 경우와 그 밖에 국민생활에 중요한 영향을 미치는 경우에는 법률에 근거하여야 한다.

---

**002** 「행정기본법」상 제재처분의 제척기간인 5년이 지나면 제재처분을 할 수 없는 경우는? 23 국가9급

① 제재처분을 하지 아니하면 국민의 안전·생명 또는 환경을 심각하게 해치거나 해칠 우려가 있는 경우
② 거짓이나 그 밖의 부정한 방법으로 인허가를 받거나 신고를 한 경우
③ 정당한 사유 없이 행정청의 조사·출입·검사를 기피·방해·거부하여 제척기간이 지난 경우
④ 당사자가 인허가나 신고의 위법성을 경과실로 알지 못한 경우

> **해설**

① (○) ② (○) ③ (○) ④ (×)

> **행정기본법 제23조(제재처분의 제척기간)**
> ① 행정청은 법령 등의 위반행위가 종료된 날부터 5년이 지나면 해당 위반행위에 대하여 제재처분(인허가의 정지·취소·철회, 등록 말소, 영업소 폐쇄와 정지를 갈음하는 과징금 부과를 말한다. 이하 이 조에서 같다)을 할 수 없다.
> ② 다음 각 호의 어느 하나에 해당하는 경우에는 제1항을 적용하지 아니한다.
>   1. 거짓이나 그 밖의 부정한 방법으로 인허가를 받거나 신고를 한 경우
>   2. 당사자가 인허가나 신고의 위법성을 알고 있었거나 중대한 과실로 알지 못한 경우
>   3. 정당한 사유 없이 행정청의 조사·출입·검사를 기피·방해·거부하여 제척기간이 지난 경우
>   4. 제재처분을 하지 아니하면 국민의 안전·생명 또는 환경을 심각하게 해치거나 해칠 우려가 있는 경우
> ③ 행정청은 제1항에도 불구하고 행정심판의 재결이나 법원의 판결에 따라 제재처분이 취소·철회된 경우에는 재결이나 판결이 확정된 날부터 1년(합의제 행정기관은 2년)이 지나기 전까지는 그 취지에 따른 새로운 제재처분을 할 수 있다.
> ④ 다른 법률에서 제1항 및 제3항의 기간보다 짧거나 긴 기간을 규정하고 있으면 그 법률에서 정하는 바에 따른다.

**정답** ④

---

**003** 법치행정의 원리에 대한 설명으로 옳지 않은 것은? (다툼이 있는 경우 판례에 의함)    22 소방

① 국회가 형식적 법률로 직접 규율해야 할 필요성은 규율대상이 기본권 및 기본적 의무와 관련된 중요성을 가질수록, 그에 관한 공개적 토론의 필요성 또는 상충하는 이익 사이의 조정 필요성이 클수록 더 증대된다.

② 국가계약의 본질적인 내용은 사인 간의 계약과 다를 바가 없어 법령에 특별한 규정이 있는 경우를 제외하고는 사법의 규정 내지 법원리가 그대로 적용되므로, 국가와 사인 간의 계약은 국가계약법령에 따른 요건과 절차를 거치지 않더라도 유효하다.

③ 지방의회의원에 대하여 유급보좌인력을 두기 위해서는 법률의 근거가 필요하다.

④ 납세의무자에게 조세의 납부의무뿐만 아니라 스스로 과세표준과 세액을 계산하여 신고하여야 하는 의무까지 부과하는 경우에는 신고의무 불이행에 따른 불이익의 내용을 법률로 정하여야 한다.

> **해설**

① (○) 대판 2015.8.20. 2012두23808 전원합의체
② (×) 요건 위반은 형식적 하자이므로 무효사유이다.

> 국가가 사인과 계약을 체결할 때에는 국가계약법령에 따른 계약서를 따로 작성하는 등 요건과 절차를 이행하여야 할 것이고, 설령 국가와 사인 사이에 계약이 체결되었더라도 이러한 법령상 요건과 절차를 거치지 아니한 계약은 효력이 없다. (대판 2015.1.15. 2013다215133)

③ (○) 지방의회의원에 대하여 유급보좌인력을 두는 것은 지방의회의원의 신분·지위 및 그 처우에 관한 현행법령상의 제도에 중대한 변경을 초래하는 것으로서, 이는 개별 지방의회의 조례로써 규정할 사항이 아니라 국회의 법률로써 규정하여야 할 입법사항이다. (대판 2013.1.16. 2012추84)
④ (○) 법인세, 종합소득세와 같이 납세의무자에게 조세의 납부의무뿐만 아니라 스스로 과세표준과 세액을 계산하여 신고하여야 하는 의무까지 부과하는 경우에는 신고의무 이행에 필요한 기본적인 사항과 신고의무 불이행시 납세의무자가 입게 될 불이익 등은 납세의무를 구성하는 기본적, 본질적 내용으로서 법률로 정하여야 한다. (대판 2015.8.20. 2012두23808 전원합의체)

**정답** ②

## 004 법치행정의 원리에 대한 설명으로 가장 옳은 것은?

19 서울7급 2월

① 법우위의 원칙에서 법은 형식적 법률뿐 아니라 법규명령과 관습법 등을 포함하는 넓은 의미의 법이다.
② 법치행정원리의 현대적 의미는 실질적 법치주의에서 형식적 법치주의로의 전환이다.
③ 법률유보원칙에서 '법률의 유보'라고 하는 경우의 '법률'에는 국회에서 법률제정의 절차에 따라 만들어진 형식적 의미의 법률뿐만 아니라 국회의 의결을 거치지 않은 명령이나 불문법원으로서의 관습법이나 판례법도 포함된다.
④ 법률유보의 원칙은 행정권의 발동에 있어서 조직규범의 근거가 필요하다는 것을 말한다.

**해설**

① (O) 법률우위의 원칙에서의 '법률'은 광의의 의미(= 법원)이기 때문에 형식적 법률뿐 아니라 법규명령과 관습법 등도 포함된다. 다만, 행정조직 내부를 규율하는 행정규칙은 포함되지 않는다.
② (X) 법치행정원리의 현대적 의미는 형식적 법치주의에서 실질적 법치주의로의 전환이다.
③ (X) 대륙법계는 판례의 법원성이 인정되지 않는다. 관습법은 법원성이 인정되지만, 침익적 관습법은 인정되지 않는다.
④ (X) 법률유보의 원칙은 작용법적 근거(수권법적 근거)가 필요하다는 것을 말한다..

**정답** ①

## 005 법률유보원칙에 관한 설명으로 가장 옳은 것은?

19 서울9급 6월

① 헌법재판소 결정에 따를 때 기본권 제한에 관한 법률유보원칙은 법률에 근거한 규율을 요청하는 것이므로 그 형식이 반드시 법률일 필요는 없더라도 법률상의 근거는 있어야 한다.
② 행정상 즉시강제는 개인에게 미리 의무를 명할 시간적 여유가 없는 경우를 전제로 하므로 그 긴급성을 고려할 때 원칙적으로 법률적 근거를 요하지 아니한다.
③ 헌법재판소는 법률이 공법적 단체 등의 정관에 자치법적 사항을 위임하는 경우에는 의회유보원칙이 적용될 여지가 없다고 한다.
④ 헌법재판소는 국회의 의결을 거쳐 확정되는 예산도 일종의 법규범이므로 법률과 마찬가지로 국가기관뿐만 아니라 국민도 구속한다고 본다.

**해설**

① (O) 기본권 제한은 법률에 의한 것만이 아니라 법률에 근거한 경우에도 가능하다. 기본권 제한에 관한 법률유보의 원칙은 '법률에 의한 규율'을 요청하는 것이 아니라 '법률에 근거한 규율'을 요청하는 것이므로, 기본권의 제한에는 법률의 근거가 필요할 뿐이고 기본권 제한의 형식이 반드시 법률의 형식일 필요는 없고 … 위임입법에 의하여도 기본권 제한을 할 수 있다. (헌재 2005.5.26. 99헌마513 등)
② (X) 즉시강제는 권력적 사실행위의 일종인데, 법적 근거가 있어야 한다.
③ (X) 정관에 위임할 때도 법적 근거, 즉 의회유보의 원칙은 적용된다. 다만, 포괄위임이 가능하다.
④ (X) 예산은 일종의 법규범이고 법률과 마찬가지로 국회의 의결을 거쳐 제정되지만 법률과 달리 국가기관을 구속할 뿐 일반국민을 구속하지 않으므로, 공권력의 행사로서의 헌법소원의 대상이 되지 아니한다. (헌재 2006.4.25. 2006헌마409)

**정답** ①

## 006 법률유보의 원칙에 대한 설명으로 옳지 않은 것은? (다툼이 있는 경우 판례에 의함)

19 국가9급

① 법률유보의 원칙에서 요구되는 법적 근거는 작용법적 근거를 의미한다.
② 개인택시운송사업자의 운전면허가 아직 취소되지 않았더라도 운전면허취소사유가 있다면 행정청은 명문규정이 없더라도 개인택시운송사업면허를 취소할 수 있다.
③ 법률유보의 원칙은 국민의 기본권 실현과 관련된 영역에 있어서는 입법자가 그 본질적 사항에 대해서 스스로 결정하여야 한다는 요구까지 내포하고 있다.
④ 국회가 형식적 법률로 직접 규율하여야 하는 필요성은 규율대상이 기본권 및 기본적 의무와 관련된 중요성을 가질수록, 그에 관한 공개적 토론의 필요성 또는 상충하는 이익 사이의 조정 필요성이 클수록 더 증대된다.

**해설**

① (○) 행정은 모든 경우에 조직법적 근거가 있어야 한다. 즉, 행정은 소관사무 내에서만 가능하다. 따라서 법률유보의 원칙에서는 문제되는 것은 조직법적 근거(임무규정)가 아니라 행정의 작용법적 근거(수권규범, 권능규정, 권한규정)이다.
② (✕) 개인택시 기사가 음주운전으로 사망하면 사망 때문에 운전면허는 당연히 효력을 잃게 되지만, 그로부터 개인택시사업면허를 취소할 수는 없다.

> [1] 구 여객자동차 운수사업법 관련 규정에는 관할 관청은 개인택시운송사업자의 운전면허가 취소된 때에 그의 개인택시운송사업면허를 취소할 수 있도록 규정되어 있을 뿐 그에게 운전면허취소사유가 있다는 사유만으로 개인택시운송사업면허를 취소할 수 있도록 하는 규정은 없으므로, 관할 관청으로서는 비록 개인택시운송사업자에게 운전면허취소사유가 있다 하더라도 그로 인하여 운전면허취소처분이 이루어지지 않은 이상 개인택시운송사업면허를 취소할 수는 없다.
> [2] 개인택시운송사업자가 음주운전을 하다가 사망한 경우 그 망인에 대하여 음주운전을 이유로 운전면허취소처분을 하는 것은 불가능하고, 음주운전은 운전면허의 취소사유에 불과할 뿐 개인택시운송사업면허의 취소사유가 될 수는 없으므로, 음주운전을 이유로 한 개인택시운송사업면허의 취소처분은 위법하다.
> [3] 개인택시운송사업자가 음주운전을 하다가 사망한 후 상속인이 그 지위를 승계하기 위하여 상속신고를 한 경우에, 망인의 음주운전은 운전면허의 취소사유에 불과할 뿐 개인택시운송사업면허의 취소사유가 될 수 없고, 개인택시운송사업의 양도·양수 인가의 제한에 관한 규정이 개인택시운송사업의 상속신고에도 적용된다고 볼 근거도 없으므로, 관할 관청이 망인의 음주운전을 이유로 상속신고의 수리를 거부하는 것은 위법하다. (대판 2008.5.15. 2007두26001)

③ (○)
④ (○) 대판 2015.8.20. 2012두23808 전원합의체

**정답** ②

## 007 법치행정의 원칙에 대한 설명으로 가장 옳지 않은 것은?    19 서울 사복

① 법률은 원칙적으로 국민의 대표기관인 의회가 제정하여야 한다는 원칙을 포함한다.
② 수신료 금액결정은 수신료에 관한 본질적인 사항이 아니므로 국회가 반드시 스스로 행하여야 할 필요는 없다.
③ 수신료 징수업무를 한국방송공사가 직접 수행할지 제3자에게 위탁할지 여부는 국민의 기본권 제한에 관한 본질적인 사항이 아니다.
④ 국민의 기본권 실현과 관련된 영역에 있어서는 입법자가 본질적인 사항에 대해서 스스로 결정해야 한다.

**해설**

① (O) ② (X) ③ (O) ④ (O) 오늘날 법률유보원칙은 단순히 행정작용이 법률에 근거를 두기만 하면 충분한 것이 아니라, 국가공동체와 그 구성원에게 기본적이고도 중요한 의미를 갖는 영역, 특히 국민의 기본권 실현과 관련된 영역에 있어서는 행정에 맡길 것이 아니라 국민의 대표자인 입법자 스스로 그 본질적 사항에 대하여 결정하여야 한다는 요구까지 내포하고 있다(의회유보원칙). 그런데 (텔레비전방송수신료는) 대다수 국민의 재산권 보장의 측면이나 한국방송공사에게 보장된 방송자유의 측면에서 국민의 기본권 실현에 관련된 영역에 속하고, 수신료 금액의 결정은 납부의무자의 범위, 징수절차 등과 함께 수신료에 관한 본질적이고도 중요한 사항이므로 국회가 스스로 행하여야 하는 사항에 속하는 것임에도 불구하고 한국방송공사법 제36조 제1항에서 국회의 결정이나 관여를 배제한 채 한국방송공사로 하여금 수신료 금액을 결정해서 문화관광부장관(현 문화체육관광부장관)의 승인을 얻도록 한 것은 법률유보원칙에 위반된다. (헌재 1999.5.27. 98헌바70)

**참고** 위 헌법불합치결정 이후 TV수신료 금액을 KBS 이사회가 정하고 국회가 승인하는 것은 합헌이다.

**정답** ②

**예상판례**

**한국전력공사가 정한 전기료 누진제는 헌법에 위반되지 않는다.** (헌재 2021.4.29. 2017헌가25)
[1] 전기요금은 전기판매사업자가 전기사용자와 체결한 전기공급계약에 따라 전기를 공급하고 그에 대한 대가로 전기사용자에게 부과되는 것으로서, 조세 내지 부담금과는 구분된다. 즉, 한국전력공사가 전기사용자에게 전기요금을 부과하는 것이 국민의 재산권에 제한을 가하는 행정작용에 해당한다고 볼 수 없다.
[2] 전기요금의 결정에 관한 내용을 반드시 입법자가 스스로 규율해야 하는 부분이라고 보기 어려우므로, 심판대상조항은 의회유보원칙에 위반되지 아니한다. 따라서 심판대상조항은 포괄위임금지원칙에 위반되지 아니한다.

### 기출지문 OX

**01** 법령의 규정보다 더 침익적인 조례는 법률유보원칙에 위반되어 위법하며 무효이다. [18 서울9급] (O, X)

　해설　법령의 규정보다 더 침익적인 조례는 법률우위원칙에 위반된다.　정답 X

**02** 토지등소유자가 도시환경정비사업을 시행하는 경우 사업시행인가신청에 필요한 토지등소유자의 동의정족수를 토지등소유자가 자치적으로 정하여 운영하는 규약에 정하도록 한 것은 법률유보원칙에 위반된다. [18 서울9급] (O, X)

　해설　토지등소유자가 도시환경정비사업을 시행하는 경우 사업시행인가신청시 필요한 토지등소유자의 동의는 개발사업의 주체 및 정비구역 내 토지등소유자를 상대로 수용권을 행사하고 각종 행정처분을 발할 수 있는 행정주체로서의 지위를 가지는 사업시행자를 지정하는 문제로서 그 동의요건을 정하는 것은 국민의 권리와 의무의 형성에 관한 기본적이고 본질적인 사항이므로 국회가 스스로 행하여야 하는 사항에 속하는 것임에도 불구하고 사업시행인가신청에 필요한 동의정족수를 토지등소유자가 자치적으로 정하여 운영하는 규약에 정하도록 한 것은 법률유보원칙에 위반된다. (헌재 2011.8.30. 2009헌바128 등)　정답 O

**03** 대법원은 구 「도시 및 주거환경정비법」 제28조 제4항 본문이 사업시행인가신청시의 동의요건을 조합의 정관에 포괄적으로 위임한 것은 헌법 제75조가 정하는 포괄위임입법금지의 원칙이 적용되어 이에 위배된다고 하였다. [17 서울9급 추가] (O, X)

　해설　조합의 사업시행인가신청시의 토지등소유자의 동의요건은 토지등소유자의 재산상 권리·의무에 관한 기본적이고 본질적인 사항이라고 볼 수 없다. 조합의 사업시행인가신청시의 토지등소유자의 동의요건이 비록 토지등소유자의 재산상 권리·의무에 영향을 미치는 사업시행계획에 관한 것이라고 하더라도, 그 동의요건은 사업시행인가신청에 대한 토지등소유자의 사전통제를 위한 절차적 요건에 불과하고 토지등소유자의 재산상 권리·의무에 관한 기본적이고 본질적인 사항이라고 볼 수 없으므로 법률유보 내지 의회유보의 원칙이 반드시 지켜져야 하는 영역이라고 할 수 없고, 따라서 개정된 도시 및 주거환경정비법 제28조 제4항 본문이 법률유보 내지 의회유보의 원칙에 위배된다고 할 수 없다. (대판 2007.10.12. 2006두14476)　정답 X

**04** 법률유보의 원칙에서 요구되는 행정권 행사의 법적 근거는 작용법적 근거를 말하며 원칙적으로 개별적 근거를 의미한다. [17 국가7급] (O, X)

　해설　모든 국가작용은 법적 근거가 필요하다. 그렇다면 법률유보의 원칙에서 요구되는 법적 근거는 작용법적 근거(작용규범, 수권규범)를 말한다. 조직법적 근거는 당연히 필요하기 때문에 별도로 논의할 필요가 없다.　정답 O

**05** 법규에 명문의 근거가 없음에도 환경보전이라는 중대한 공익상의 이유로 산림훼손허가를 거부하는 것은 법률유보의 원칙에 비추어 허용되지 않는다. [17 국가7급] (O, X)

　해설　거부처분은 원칙적으로 법적 근거가 있어야 한다. 다만, 판례는 산림훼손과 같은 환경보호와 관계되는 경우에는 별도의 법적 근거가 없어도 가능하다는 입장이다. (대판 2003.3.28. 2002두12113)　정답 X

**06** 행정청이 행정처분의 단계에서 당해 처분의 근거가 되는 법률이 위헌이라 판단하여 그 적용을 거부하는 것은 권력분립의 원칙상 허용될 수 없다. [17 국가7급] (O, X)

　해설　법률의 위헌 여부는 헌법재판소만 판단할 수 있다. 따라서 행정청이 행정처분단계에서 당해 처분의 근거가 되는 법률이 위헌이라고 판단하여 그 적용을 거부하는 것은 권력분립의 원칙상 허용될 수 없다.

> 행정처분에 대한 소송절차에서는 행정처분의 적법성·정당성뿐만 아니라 그 근거법률의 헌법적합성까지도 심판대상으로 되는 것이므로, 행정처분에 불복하는 당사자뿐만 아니라 행정처분의 주체인 행정청도 헌법의 최고규범력에 따른 구체적 규범통제를 위하여 근거법률의 위헌 여부에 대한 심판의 제청을 신청할 수 있고 헌법재판소법 제68조 제2항의 헌법소원을 제기할 수 있다. (헌재 2008.4.24. 2004헌바44)

정답 O

**008** 조례제정권의 범위와 한계에 대한 설명으로 옳지 않은 것은? (다툼이 있는 경우 판례에 의함)

20 서울·지방9급

① 지방자치단체는 법령에 위반되지 않는 범위 내에서 자치사무에 관하여 주민의 권리를 제한하거나 의무를 부과하는 사항이 아닌 한 법률의 위임 없이 조례를 제정할 수 있다.
② 담배자동판매기의 설치를 금지하고 설치된 판매기를 철거하도록 하는 조례는 기존 담배자동판매기업자의 직업의 자유와 재산권을 제한하는 조례이므로 법률의 위임이 필요하다.
③ 영유아 보육시설 종사자의 정년을 조례로 규정하고자 하는 경우에는 법률의 위임이 필요 없다.
④ 군민의 출산을 장려하기 위하여 세 자녀 이상 세대 중 세 번째 이후 자녀에게 양육비 등을 지원할 수 있도록 하는 조례의 제정에는 법률의 위임이 필요 없다.

**해설**

① (O) 지방자치단체는 그 내용이 주민의 권리의 제한 또는 의무의 부과에 관한 사항이거나 벌칙에 관한 사항이 아닌 한 법률의 위임이 없더라도 조례를 제정할 수 있다 할 것인데 청주시의회에서 의결한 청주시행정정보공개조례안은 행정에 대한 주민의 알 권리의 실현을 그 근본 내용으로 하면서도 이로 인한 개인의 권익 침해가능성을 배제하고 있으므로 이를 들어 주민의 권리를 제한하거나 의무를 부과하는 조례라고는 단정할 수 없고 따라서 그 제정에 있어서 반드시 법률의 개별적 위임이 따로 필요한 것은 아니다. (대판 1992.6.23. 92추17)
② (O) 이 사건 조례들은 담배소매업을 영위하는 주민들에게 자판기 설치를 제한하는 것을 내용으로 하고 있으므로 주민의 직업선택의 자유 특히 직업수행의 자유를 제한하는 것이 되어 지방자치법 제15조(현 제28조) 단서 소정의 주민의 권리·의무에 관한 사항을 규율하는 조례라고 할 수 있으므로 지방자치단체가 이러한 조례를 제정함에 있어서는 법률의 위임을 필요로 한다. 그런데 조례의 제정권자인 지방의회는 선거를 통해서 그 지역적인 민주적 정당성을 지니고 있는 주민의 대표기관이고, 헌법이 지방자치단체에 대해 포괄적인 자치권을 보장하고 있는 취지로 볼 때 조례제정권에 대한 지나친 제약은 바람직하지 않으므로 조례에 대한 법률의 위임은 법규명령에 대한 법률의 위임과 같이 반드시 구체적으로 범위를 정하여 할 필요가 없으며 포괄적인 것으로 족하다고 할 것이다. (헌재 1995.4.20. 92헌마264 등)
③ (X) 영유아보육법이 보육시설 종사자의 정년에 관한 규정을 두거나 이를 지방자치단체의 조례에 위임한다는 규정을 두고 있지 않음에도 보육시설 종사자의 정년을 규정한 '서울특별시 중구 영유아 보육조례 일부개정조례안' 제17조 제3항은 법률의 위임 없이 헌법이 보장하는 직업을 선택하여 수행할 권리의 제한에 관한 사항을 정한 것이어서 그 효력을 인정할 수 없으므로, 위 조례안에 대한 재의결은 무효이다. (대판 2009.5.28. 2007추134)
④ (O) 세 자녀 이상 세대 양육비 등 지원에 관한 사무는 자치사무로서 주민의 편의 및 복리증진에 관한 사무이므로, 그에 관한 조례안을 제정함에 있어서 법률의 개별적 위임이 따로 필요한 것은 아니다. (대판 2006.10.12. 2006추38)

**정답** ③

---

**009** 행정청이 별도의 법령상의 근거 없이도 할 수 있는 행위를 모두 고르면? (다툼이 있는 경우 판례에 의함)

19 지방7급

ㄱ. 수익적 행정처분인 재량행위를 하면서 침익적 성격의 부관을 부가하는 행위
ㄴ. 부관인 부담의 불이행을 이유로 수익적 행정행위를 철회하는 행위
ㄷ. 부작위의무를 위반함으로써 생긴 결과를 시정하기 위한 작위의무를 명하는 행위
ㄹ. 철거명령의 위반을 이유로 행정대집행을 하면서 철거의무자인 점유자에 대해 퇴거명령을 하는 행위

① ㄱ, ㄴ  ② ㄴ, ㄷ  ③ ㄷ, ㄹ  ④ ㄱ, ㄴ, ㄹ

### 해설

ㄱ. [근거 불요] 수익적 행위나 재량행위에는 법적 근거 없이 부관을 붙일 수 있다.
ㄴ. [근거 불요] 취소나 철회는 법적 근거 없이 할 수 있다.
ㄷ. [근거 필요] 부작위의무를 위반함으로써 생긴 결과를 시정하기 위한 작위의무를 명할 때는 별도의 개별적 법적 근거가 있어야 한다.
ㄹ. [근거 불요] 건물의 점유자가 철거의무자일 때에는 건물철거의무에 퇴거의무도 포함되어 있는 것이어서 별도로 퇴거를 명하는 집행권원이 필요하지 않다. 행정청이 행정대집행의 방법으로 건물철거의무의 이행을 실현할 수 있는 경우에는 건물철거 대집행과정에서 부수적으로 건물의 점유자들에 대한 퇴거조치를 할 수 있고, 점유자들이 적법한 행정대집행을 위력을 행사하여 방해하는 경우 형법상 공무집행방해죄가 성립하므로, 필요한 경우에는 '경찰관 직무집행법'에 근거한 위험발생방지조치 또는 형법상 공무집행방해죄의 범행방지 내지 현행범체포의 차원에서 경찰의 도움을 받을 수도 있다. (대판 2017.4.28. 2016다213916)

**정답** ④

## 010 법률유보에 대한 설명으로 옳지 않은 것은? (다툼이 있는 경우 판례에 의함) 16사복

① 헌법재판소는 텔레비전방송수신료는 국민의 기본권 실현에 관련된 영역에 속하고, 수신료 금액의 결정은 납부의무자의 범위 등과 함께 수신료에 관한 본질적인 중요한 사항이라고 판단한 바 있다.
② 헌법재판소는 국민의 헌법상 기본권 및 기본의무와 관련된 중요한 사항 내지 본질적인 내용에 대한 정책형성기능은 원칙적으로 주권자인 국민에 의하여 선출된 대표자들로 구성되는 입법부가 담당하여 법률의 형식으로 이를 수행하는 것이 필요하다는 입장이다.
③ 헌법재판소는 구 「토지초과이득세법」상의 기준시가는 국민의 납세의무의 성부 및 범위와 직접적인 관계를 가지고 있는 중요한 사항임에도 불구하고 해당 내용을 법률에 규정하지 않고 하위 법령에 위임한 것은 헌법 제75조에 반한다고 판단한 바 있다.
④ 법률유보의 적용범위는 행정의 복잡화와 다기화, 재량행위의 확대에 따라 과거에 비해 점차 축소되고 있으며 이러한 경향에 따라 헌법재판소는 행정유보의 입장을 확고히 하고 있다.

### 해설

① (○) 헌재 1999.5.27. 98헌바70
② (○) 헌재 1995.11.30. 91헌바1 등
③ (○) 구 토지초과이득세법상의 기준시가는 국민의 납세의무의 성부 및 범위와 직접적인 관계를 가지고 있는 중요한 사항이므로 이를 하위 법규에 백지위임하지 아니하고 그 대강이라도 토지초과이득세법 자체에서 직접 규정해 두어야만 함에도 불구하고, 토지초과이득세법 제11조 제2항이 그 기준시가를 전적으로 대통령령에 맡겨 두고 있는 것은 헌법상의 조세법률주의 혹은 위임입법의 범위를 구체적으로 정하도록 한 헌법 제75조의 취지에 반한다. (헌재 1994.7.29. 92헌바49 등)
④ (×) 법률유보의 범위를 확대하려는 것이 오늘날 학설과 판례의 일반적인 입장이다. 또한 헌법재판소는 의회유보설의 입장이지 행정유보설의 입장은 아니다.

**정답** ④

## 011 실질적 법치주의를 구현하기 위한 방법으로 옳지 않은 것은?

14 사복

① 법률의 위임에 의한 법규명령의 제정에 있어서 포괄적 위임금지
② 행정의 내부조직이나 특별행정법관계 내부에까지 법률유보 적용 확대
③ 헌법재판소에 의한 위헌법률심사제
④ 행정의 탄력성과 합목적성을 달성하기 위한 행정입법권의 강화

**해설**

① (○) ② (○) ③ (○) 현행헌법은 성문헌법주의, 기본권과 적법절차의 보장, 권력분립의 확립, 위헌법률심사제의 채택, 포괄적 위임입법의 금지, 행정의 합법률성과 사법적 통제(헌법소원제도도 이 범주에 넣을 수 있다), 공권력 행사의 예측가능성의 보장과 신뢰보호의 원칙 등을 채택하여 실질적 법치국가의 원리를 구현하고 있다. 실질적 법치주의는 통치행위에 대한 사법심사를 긍정하며, 특별권력관계에 대한 사법심사를 전면적으로 긍정한다. 또한 실질적 법치주의는 행정소송의 대상을 개괄주의로 하여 행정활동에 대한 사법심사를 확대하였다.
④ (×) 행정입법권의 강화는 행정의 합법률성을 약화시켜 법치주의를 약화시킬 수 있다.

**정답** ④

## 012 법률유보에 관한 다음 甲, 乙, 丙의 어느 견해에 따르더라도 법률적 근거 없이 할 수 있는 것은?

06 국가9급

> 甲: 자유주의의 요청에 따르면 행정이 인간의 자유와 재산을 침해하는 행위에 대해서만 법률의 근거를 요한다.
> 乙: 복지국가 이념과 평등원칙에 근거를 두는 현대의 사회적 복지국가에서는 행정에 의해 급부를 공평하게 가지는 것도 중요한 권리로 보았으므로, 그 배분을 확보하기 위한 급부행정의 작용에서도 법적 기속이 요청된다.
> 丙: 법률의 법규창조력에 근거를 두어 국민생활에 영향을 주는 일반적·권력적 행위에 대한 새로운 규범을 정립하는 것은 입법권의 전권에 속한다.

① 국민기초생활수급자에 대한 생계급여 지급결정
② 병역의무를 위한 징집명령
③ 전염병자의 강제검진
④ 예산안편성지침의 수립

**해설**

- 甲 – 침해유보설 / 乙 – 급부행정유보설 / 丙 – 권력행정유보설
- 甲의 견해에 의하면 ②, ③에, 乙과 丙의 견해에 의하면 ①, ②, ③에 각각 법적 근거가 있어야 한다. 어느 견해에 의하더라도 '예산안의 편성지침의 수립'은 행정내부적인 업무기준을 정하는 것으로 법규성이 인정되지 않는 행정규칙에 해당하므로 법률의 근거 없이도 할 수 있다.

**정답** ④

### 예상판례

**01** [1] 일반적으로 상급행정기관은 소속 공무원이나 하급행정기관에 대하여 업무처리지침이나 법령의 해석·적용기준을 정해주는 '행정규칙'을 제정할 수 있다. 공증인은 직무에 관하여 공무원의 지위를 가지고, 법무부장관은 공증인에 대한 감독기관이므로 공증인법 제79조 제1호에 근거한 직무상 명령을 개별·구체적인 지시의 형식으로 할 수도 있으나, 행정규칙의 형식으로 일반적인 기준을 제시하거나 의무를 부과할 수도 있다.

[2] '행정규칙'은 상위 법령의 구체적 위임이 있지 않는 한 행정조직 내부에서만 효력을 가질 뿐 대외적으로 국민이나 법원을 구속하는 효력이 없다. 다만, 행정규칙이 이를 정한 행정기관의 재량에 속하는 사항에 관한 것인 때에는 그 규정 내용이 객관적 합리성을 결여하였다는 등의 특별한 사정이 없는 한 법원은 이를 존중하는 것이 바람직하다. 그러나 행정규칙의 내용이 상위 법령에 반하는 것이라면 법치국가원리에서 파생되는 법질서의 통일성과 모순금지원칙에 따라 그것은 법질서상 당연무효이고, 행정내부적 효력도 인정될 수 없다. 이러한 경우 법원은 해당 행정규칙이 법질서상 부존재하는 것으로 취급하여 행정기관이 한 조치의 당부를 상위 법령의 규정과 입법목적 등에 따라서 판단하여야 한다.

[3] '집행증서 작성사무 지침' 제4조는 법률에 의하여 허용되는 쌍방대리형태의 촉탁행위에 대하여 '대부업자 등'의 금전대부계약에 따른 채권·채무에 관한 경우에는 행정규칙의 형식으로 일반적으로 공증인에게 촉탁을 거절하여야 할 의무를 부과하는 것이어서 '법률우위원칙'에 위배되어 무효라고 보아야 한다. (대판 2020.11.26. 2020두42262)

**02** 법외노조 통보는 적법하게 설립된 노동조합의 법적 지위를 박탈하는 중대한 침익적 처분으로서 원칙적으로 국민의 대표자인 입법자가 스스로 형식적 법률로써 규정하여야 할 사항이고, 행정입법으로 이를 규정하기 위하여는 반드시 법률의 명시적이고 구체적인 위임이 있어야 한다. 그런데 노동조합 및 노동관계조정법 시행령 제9조 제2항은 법률의 위임 없이 법률이 정하지 아니한 법외노조 통보에 관하여 규정함으로써 헌법상 노동3권을 본질적으로 제한하고 있으므로 그 자체로 무효이다. 구체적인 이유는 아래와 같다.

법외노조 통보는 이미 법률에 의하여 법외노조가 된 것을 사후적으로 고지하거나 확인하는 행위가 아니라 그 통보로써 비로소 법외노조가 되도록 하는 형성적 행정처분이다. 이러한 법외노조 통보는 단순히 노동조합에 대한 법률상 보호만을 제거하는 것에 그치지 않고 헌법상 노동3권을 실질적으로 제약한다. 그런데 노동조합 및 노동관계조정법은 법상 설립요건을 갖추지 못한 단체의 노동조합 설립신고서를 반려하도록 규정하면서도, 그보다 더 침익적인 설립 후 활동 중인 노동조합에 대한 법외노조 통보에 관하여는 아무런 규정을 두고 있지 않고, 이를 시행령에 위임하는 명문규정도 두고 있지 않다. 더욱이 법외노조 통보제도는 입법자가 반성적 고려에서 폐지한 노동조합 해산명령제도와 실질적으로 다를 바 없다. 결국 노동조합 및 노동관계조정법 시행령 제9조 제2항은 법률이 정하고 있지 아니한 사항에 관하여, 법률의 구체적이고 명시적인 위임도 없이 헌법이 보장하는 노동3권에 대한 본질적인 제한을 규정한 것으로서 법률유보원칙에 반한다. (대판 2020.9.3. 2016두32992 전원합의체)

# CHAPTER 03 행정법의 법원과 효력

## 제1절 행정법의 법원(法源)

1. 행정법의 법원에는 성문법과 불문법이 있다.
2. 성문법원에는 헌법, 법률, 조약과 일반적으로 승인된 국제법규, 법규명령, 자치법규가 있다. 행정규칙의 법원성은 원칙적으로 인정되지 않는다. 다만, 법령보충적 행정규칙과 재량준칙은 법원성이 인정된다.
3. 불문법원에는 관습법과 조리가 있고, 판례의 법원성은 영미법계에서 인정되지만 우리나라와 같은 대륙법계에서는 인정되지 않는다. 다만, 헌법재판소의 위헌결정에 대해서는 법원성이 인정된다. 한정위헌의 기속력에 대해 헌법재판소는 인정하고 대법원은 인정하지 않는다.

**001** 행정법의 법원(法源)에 대한 설명으로 옳지 않은 것은? (다툼이 있는 경우 판례에 의함) <sub>21 국가9급</sub>

① 지방자치단체가 제정한 조례가 헌법에 의하여 체결·공포된 조약에 위반되는 경우 그 조례는 효력이 없다.

② 행정소송에 관하여 「행정소송법」에 특별한 규정이 없는 사항에 대하여는 「법원조직법」과 「민사소송법」 및 「민사집행법」의 규정을 준용한다.

③ 평등원칙은 일체의 차별적 대우를 부정하는 절대적 평등을 의미하는 것이 아니라 입법과 법의 적용에 있어서 합리적인 근거가 없는 차별을 배제하는 상대적 평등을 뜻한다.

④ 개정법령이 기존의 사실 또는 법률관계를 적용대상으로 하면서 국민의 재산권과 관련하여 종전보다 불리한 법률효과를 규정하고 있는 경우, 그러한 사실 또는 법률관계가 개정법률이 시행되기 이전에 이미 완성 또는 종결된 것이 아니라면 소급입법금지원칙에 위반된다.

**해설**

① (O) '1994년 관세 및 무역에 관한 일반협정'(General Agreement on Tariffs and Trade 1994, 이하 'GATT'라 한다)은 1994.12.16. 국회의 동의를 얻어 같은 달 23. 대통령의 비준을 거쳐 같은 달 30. 공포되고 1995.1.1. 시행된 조약인 '세계무역기구(WTO) 설립을 위한 마라케쉬협정'(Agreement Establishing the WTO)(조약 1265호)의 부속 협정(다자간 무역협정)이고, '정부조달에 관한 협정'(Agreement on Government Procurement, 이하 'AGP'라 한다)은 1994.12.16. 국회의 동의를 얻어 1997.1.3. 공포시행된 조약으로서 각 헌법 제6조 제1항에 의하여 국내법령과 동일한 효력을 가지므로 지방자치단체가 제정한 조례가 GATT나 AGP에 위반되는 경우에는 그 효력이 없다. (대판 2005.9.9. 2004추10)

② (O) 행정소송법 제8조 제2항

③ (O) 합리적 이유 있는 차별은 허용된다.

④ (X) 종결된 것이 아니라면 부진정소급입법에 해당하고, 부진정소급입법은 원칙적으로 허용된다.

**정답** ④

## 002 행정법의 법원(法源)에 대한 설명으로 가장 옳은 것은?

19 서울9급 6월

① 인간다운 생활을 할 권리와 같은 헌법상의 추상적인 기본권에 관한 규정은 행정법의 법원이 되지 못한다.
② 국제법규도 행정법의 법원이므로, 사인이 제기한 취소소송에서 WTO협정과 같은 국제협정 위반을 독립된 취소사유로 주장할 수 있다.
③ 위법한 행정관행에 대해서도 신뢰보호의 원칙이 적용될 수 있다.
④ 행정의 자기구속의 원칙은 처분청이 아닌 제3자 행정청에 대해서도 적용된다.

**해설**

① (×) 헌법도 행정법의 법원이 된다. 다만, 사회적 기본권은 헌법만으로 공권성이 인정되는 것은 아니다.
② (×) WTO협정 위반을 처분의 독립된 취소사유로 주장할 수 없다.

> 우리나라가 1994.12.16. 국회의 비준동의를 얻어 1995.1.1. 발효된 '1994년 국제무역기구 설립을 위한 마라케쉬협정'(Marrakesh Agreement Establishing the World Trade Organization, WTO협정)의 일부인 '1994년 관세 및 무역에 관한 일반협정(General Agreement on Tariffs and Trade, GATT 1994) 제6조의 이행에 관한 협정'은 국가와 국가 사이의 권리·의무관계를 설정하는 국제협정으로, 그 내용 및 성질에 비추어 이와 관련한 법적 분쟁은 WTO분쟁해결기구에서 해결하는 것이 원칙이고, 사인(私人)에 대하여는 위 협정의 직접 효력이 미치지 아니한다고 보아야 할 것이므로, 위 협정에 따른 회원국 정부의 반덤핑 부과처분이 WTO협정 위반이라는 이유만으로 사인이 직접 국내 법원에 회원국 정부를 상대로 그 처분의 취소를 구하는 소를 제기하거나 위 협정 위반을 처분의 독립된 취소사유로 주장할 수는 없다. (대판 2009.1.30. 2008두17936)

③ (○) 한편, 평등원칙은 위법한 경우에 인정되지 않는다.
④ (×) 자기구속은 처분을 하는 행정청에만 미친다.

**정답** ③

## 003 행정법의 법원(法源)에 대한 설명 중 가장 옳은 것은?

16 서울9급

① 헌법재판소 판례에 의하면 감사원규칙은 헌법에 근거가 없으므로 법규명령으로 인정되지 않는다.
② 법원(法源)을 법의 인식근거로 보면 헌법은 행정법의 법원이 될 수 없다.
③ 관습법은 성문법령의 흠결을 보충하기 때문에 법률유보원칙에서 말하는 법률에 해당한다.
④ 행정법의 일반원칙은 다른 법원(法源)과의 관계에서 보충적 역할에 그치지 않으며 헌법적 효력을 갖기도 한다.

**해설**

① (×) 감사원규칙은 헌법에 근거가 없고 감사원법에 규정이 되어 있으나, 법규명령으로 보는 것이 통설의 입장이다. 행정기본법 제2조 제1호 가목은 감사원규칙을 법령 중 하나로 정의하고 있다.
② (×) 법원(法源)이란 인식근거 또는 존재형식을 말하는데, 헌법은 행정법의 최고법원이 된다.
③ (×) 법률유보의 원칙에서 말하는 법률은 원칙적으로 형식적 의미의 법률, 즉 국회가 제정한 법률을 의미하는 것으로 보는 것이 원칙이다. 따라서 관습법은 법률유보에서의 법률에 해당하지 않는다.
④ (○) 행정법의 일반원칙(비례의 원칙)은 헌법상의 원칙이기도 하다. 따라서 행정법의 일반원칙을 위반하면 위법인 동시에 위헌이 된다.

**정답** ④

### 기출지문 OX

**01** 국민의 권리 제한 또는 의무 부과와 직접 관련되는 법률, 대통령령, 총리령 및 부령은 긴급히 시행하여야 할 특별한 사유가 있는 경우를 제외하고는 공포일부터 적어도 30일이 경과한 날부터 시행되도록 하여야 한다. [20 국가9급] (O, X)

**해설**

> **법령 등 공포에 관한 법률 제13조(시행일)**
> 대통령령, 총리령 및 부령은 특별한 규정이 없으면 공포한 날부터 20일이 경과함으로써 효력을 발생한다.
>
> **제13조의2(법령의 시행유예기간)**
> 국민의 권리 제한 또는 의무 부과와 직접 관련되는 법률, 대통령령, 총리령 및 부령은 긴급히 시행하여야 할 특별한 사유가 있는 경우를 제외하고는 공포일부터 적어도 30일이 경과한 날부터 시행되도록 하여야 한다.

정답 O

**02** 진정소급입법이라 하더라도 예외적으로 국민이 소급입법을 예상할 수 있었거나 신뢰보호의 요청에 우선하는 심히 중대한 공익상의 사유가 소급입법을 정당화하는 경우 등에는 허용될 수 있다. [20 국가9급] (O, X)

**해설** 진정소급입법은 원칙적으로 안 되지만 예외적으로 허용된다. 정답 O

**03** 개발제한구역의 지정 및 관리에 관한 특별조치법령의 개정으로 허가나 신고 없이 개발제한구역 내 공작물 설치행위를 할 수 있게 되었다면, 그 법령의 시행 전에 이미 범하여진 위법한 설치행위에 대한 가벌성은 소멸한다. [20 국가9급] (O, X)

**해설** 법령이 개정되어 처벌규정이 없어진 경우 처벌되는가를 추급효라고 하는데, 사안마다 처벌 여부가 다르다. 이 사건은 가벌성이 소멸되지 않은 경우이다.

> 종전에 허가를 받거나 신고를 하여야만 할 수 있던 행위의 일부를 허가나 신고 없이 할 수 있도록 법령이 개정되었다 하더라도 이는 법률 이념의 변천으로 과거에 범죄로서 처벌하던 일부 행위에 대한 처벌 자체가 부당하다는 반성적 고려에서 비롯된 것이라기보다는 사정의 변천에 따른 규제범위의 합리적 조정의 필요에 따른 것이라고 보이므로, 위 개발제한구역의 지정 및 관리에 관한 특별조치법과 같은 법 시행규칙의 신설조항들이 시행되기 전에 이미 범하여진 개발제한구역 내 비닐하우스 설치행위에 대한 가벌성이 소멸하는 것은 아니다. (대판 2007.9.6. 2007도4197)

정답 X

**04** 신뢰보호의 원칙은 실정법상의 근거규정을 두고 있다. [17 교행] (O, X)

**해설** 국세기본법 제18조, 행정절차법 제4조에 근거규정이 있다. 헌법에는 신뢰보호의 명문규정이 없지만, 법치국가원리로 당연히 인정된다. 정답 O

**05** 대통령의 긴급명령과 긴급재정·경제명령은 행정법의 법원이 된다. [17 교행] (O, X)

**해설** 대통령의 긴급명령과 긴급재정·경제명령은 법률의 효력을 가지는 법률대위명령이므로 행정법의 법원이 된다. 정답 O

**06** '남북 사이의 화해와 불가침 및 교류협력에 관한 합의서'는 국가 간의 조약이다. [17 교행] (O, X)

**해설** 대한민국과 북한은 나라와 나라 사이의 관계가 아니다.

> '남북 사이의 화해와 불가침 및 교류협력에 관한 합의서'는 일종의 공동성명 또는 신사협정에 준하는 성격을 가짐에 불과하여 법률이 아님은 물론 국내법과 동일한 효력이 있는 조약이나 이에 준하는 것으로 볼 수 없다. (대판 1999.7.23. 98두14525)

정답 X

## 004 행정법의 법원(法源)에 관한 설명으로 옳지 않은 것은? 18 교행

① 처분적 법률은 형식적 의미의 법률에 해당한다.
② 일반적으로 관습법은 성문법에 대하여 개폐적 효력을 가진다.
③ 행정규칙이 법규성을 가지는 경우에는 법원성을 인정할 수 있다.
④ 법원(法院)은 보충적 법원으로서의 조리에 따라 재판할 수 있다.

> **해설**
> ① (O) 처분적 법률은 형식적으로 법률이지만, 실질적으로는 행정에 해당한다.
> ② (X) 관습법은 성문법에 대하여 보충적 효력을 가진다.
> ③ (O) 법령보충적 행정규칙을 말한다.
> ④ (O) 조리는 최후의 보충적 법원이다.
>
> **정답** ②

## 005 행정법의 법원(法源)에 관한 설명으로 옳은 것은? (다툼이 있으면 판례에 따름) 16 교행

① 대법원 확정판결의 효력은 성문법보다 우선한다.
② 중앙선거관리위원회 규칙은 행정법의 법원이 아니다.
③ 지방자치단체의 학생인권조례는 행정법의 법원이 된다.
④ 처분이 위법하더라도 그 처분이 수차례 반복적으로 행하여졌다면 그러한 처분은 행정청에 대하여 자기구속력을 갖게 된다.

> **해설**
> ① (X) 대륙법계는 판례의 법원성을 인정하지 않는다.
> ② (X) 중앙선거관리위원회 규칙은 헌법에 근거가 있는 법규명령으로서 법원성이 인정된다.
> ③ (O) 조례도 행정법의 성문법원이 된다.
> ④ (X) 위법한 경우에는 평등원칙이나 자기구속의 법리가 적용되지 않는다.
>
> **정답** ③

## 006 행정법의 법원(法源)에 관한 설명 중 가장 옳지 않은 것은? 10 경행특채

① 법률의 위헌결정은 법원을 기속하나, 국가기관 및 지방자치단체는 기속하지 못한다.
② 현행법상 조약이 국내법보다 우선적으로 적용된다고 명문으로 규정한 경우가 있다.
③ 「행정절차법」 제4조 제2항에서는 행정선례법의 존재를 인정하고 있다.
④ 「법원조직법」에는 상급법원의 재판에 있어서의 판단은 당해 사건에 관하여 하급심을 기속한다는 규정이 있다.

> 해설

① (×) 법률의 위헌결정은 법원 기타 국가기관 및 지방자치단체를 기속한다. **(헌법재판소법 제47조 제1항)**
② (○) 조약과 국내법의 효력은 양자동위설에 의해 어느것이 우선한다고 단정하기는 어렵다. 다만, 우편법 제11조 제1항과 특허법 제26조 등에서 조약에 다른 규정이 있는 경우 그 규정에 의한다는 조약우선규정이 있었으나 한·미 FTA 발효(2012.3.15.)로 삭제되었고, 국제조세조정에 관한 법률 등에 조약우선규정이 남아 있다.
③ (○) 행정절차법 제4조 제2항은 행정선례법, 신뢰보호, 신의성실원칙의 존재를 명문으로 인정하고 있다.
④ (○) **법원조직법 제8조**
> 참고 동종·유사 사건에는 기속력이 미치지 않는다.

> 정답 ①

## 제2절 행정법의 효력

**007** 행정법의 효력에 관한 설명으로 옳지 않은 것은? (다툼이 있으면 판례에 따름)  16 교행

① 특정 지역만을 규율대상으로 하는 법률은 무효이다.
② 행정법령의 대인적 효력은 속지주의를 원칙으로 한다.
③ 대통령령은 특별한 규정이 없으면 공포한 날부터 20일이 경과함으로써 효력을 발생한다.
④ 개인의 신뢰보호의 요청에 우선하는 심히 중대한 공익상의 사유가 소급입법을 정당화하는 경우에는 예외적으로 진정소급입법이 허용된다.

> 해설

① (×) 특정 지역에만 적용되는 법률이라는 이유만으로 위헌이 되는 것은 아니다(예 제주특별자치도 설치 및 국제자유도시 조성을 위한 특별법, 수도권정비계획법).
② (○) 우리나라는 속지주의원칙에 속인주의와 기국주의를 함께 적용한다.
③ (○) 초일불산입에 의해 1일에 공포를 하면 22일에 효력을 발생한다.
④ (○) **진정소급입법과 부진정소급입법**

| 구분 | 진정소급입법 | 부진정소급입법 |
|---|---|---|
| 개념 | 과거에 이미 완성된 사실이나 법률관계를 대상으로 하는 입법 | 과거에 시작되었으나 현재 진행 중인 사실관계 또는 법률관계에 적용하게 하는 입법 |
| 허용 여부 | · 원칙적 금지<br>· 예외적 허용<br>　- 국민이 소급입법을 예상할 수 있는 경우<br>　- 법적 상태가 불확실하고 혼란스러워 보호할 만한 신뢰이익이 적은 경우<br>　- 소급입법에 의한 당사자의 손실이 없거나 아주 경미한 경우<br>　- 신뢰보호의 요청에 우선하는 심히 중대한 공익상의 사유가 소급입법을 정당화하는 경우 | · 원칙적 허용<br>· 예외적 금지: 소급효를 요구하는 공익상의 사유와 신뢰보호의 요청 사이의 교량과정에서 신뢰보호의 관점이 입법자의 형성권에 제한을 가하게 됨. |

> 정답 ①

## 008 행정법의 법원(法源)의 효력에 대한 설명으로 옳지 않은 것은?

21 국가9급

① 헌법개정·법률·조약·대통령령·총리령 및 부령의 공포는 관보에 게재함으로써 한다.
② 「국회법」에 따라 하는 국회의장의 법률 공포는 서울특별시에서 발행되는 둘 이상의 일간신문에 게재함으로써 한다.
③ 법령의 공포일은 해당 법령을 게재한 관보 또는 신문이 발행된 날로 한다.
④ 관보의 내용 해석 및 적용 시기 등에 대하여 종이관보가 전자관보보다 우선적 효력을 가진다.

### 해설

① (○) ② (○) ④ (×)

**법령 등 공포에 관한 법률 제11조(공포 및 공고의 절차)**
① 헌법개정·법률·조약·대통령령·총리령 및 부령의 공포와 헌법개정안·예산 및 예산 외 국고부담계약의 공고는 관보에 게재함으로써 한다.
② 국회법 제98조 제3항 전단에 따라 하는 국회의장의 법률 공포는 서울특별시에서 발행되는 둘 이상의 일간신문에 게재함으로써 한다.
③ 제1항에 따른 관보는 종이로 발행되는 관보(이하 '종이관보'라 한다)와 전자적인 형태로 발행되는 관보(이하 '전자관보'라 한다)로 운영한다.
④ 관보의 내용 해석 및 적용 시기 등에 대하여 종이관보와 전자관보는 동일한 효력을 가진다.

③ (○) 법령 등 공포에 관한 법률 제12조

**정답** ④

### 기출지문 OX

**01** 지방자치단체의 장에 의한 조례와 규칙의 공포는 해당 지방자치단체의 공보에 게재하는 방법으로 한다. [15 지방9급]  (O, ×)
  해설  조례의 공포는 지방자치단체장의 권한이지만, 지방자치단체장이 공포하지 않는 경우에 지방의회의장이 공포한다. (지방자치법 제32조 제6항)   **정답** ○

**02** 지방자치단체의 조례와 규칙을 지방의회의 의장이 공포하는 경우에는 일간신문에 게재함과 동시에 해당 지방자치단체의 인터넷 홈페이지에 게시하여야 한다. [15 지방9급]  (O, ×)
  해설  조례와 규칙의 공포는 해당 지방자치단체의 공보에 게재하는 방법으로 한다. 다만, 지방의회의장이 조례를 공포하는 경우에는 공보나 일간신문에 게재하거나 게시판에 게시한다. (지방자치법 제33조 제1항) 따라서 조례의 공포는 인터넷에 게재할 필요가 없다.

 비교조문

**민원 처리에 관한 법률 제36조(민원처리기준표의 고시 등)**
① 행정안전부장관은 민원인의 편의를 위하여 관계 법령 등에 규정되어 있는 민원의 처리기관, 처리기간, 구비서류, 처리절차, 신청방법 등에 관한 사항을 종합한 민원처리기준표를 작성하여 관보에 고시하고 통합전자민원창구에 게시하여야 한다.

**정답** ×

**009** 행정법의 시간적 효력에 대한 설명으로 옳은 것은? (다툼이 있는 경우 판례에 의함)    12사복

① 법령이 변경된 경우 신 법령이 피적용자에게 유리하여 이를 적용하도록 하는 경과규정을 두는 등의 특별한 규정이 없는 한 그 변경 전에 발생한 사항에 대하여는 변경 후의 신 법령이 아니라 변경 전의 구 법령이 적용되어야 한다.
② 법령을 소급적용하더라도 일반국민의 이해에 직접 관계가 없는 경우, 오히려 그 이익을 증진시키는 경우, 불이익이나 고통을 제거하는 경우에도 법령의 소급적용은 허용되지 않는다.
③ 법령의 소급적용금지의 원칙은 부진정소급적용에도 적용된다.
④ 한시법은 명문으로 정해진 유효기간이 경과하더라도 당연히 그 효력이 소멸되는 것은 아니다.

**해설**

① (O) 대판 2002.12.10. 2001두3228
② (×) 법령의 소급적용, 특히 행정법규의 소급적용은 일반적으로는 법치주의의 원리에 반하고, 개인의 권리·자유에 부당한 침해를 가하며, 법률생활의 안정을 위협하는 것이어서, 이를 인정하지 않는 것이 원칙이고(법률불소급의 원칙 또는 행정법규 불소급의 원칙), 다만 법령을 소급적용하더라도 일반국민의 이해에 직접 관계가 없는 경우, 오히려 그 이익을 증진하는 경우, 불이익이나 고통을 제거하는 경우 등의 특별한 사정이 있는 경우에 한하여 예외적으로 법령의 소급적용이 허용된다. (대판 2005.5.13. 2004다8630)
③ (×) 과거에 시작하였으나 아직 완성되지 않고 현재에도 진행 중인 사실관계 및 법률관계나 새 법령 시행 후에 발생한 부과요건사실에 대하여 새로운 법령을 적용하는 부진정소급효는 소급입법금지의 원칙에 저촉되지 않는다.
④ (×) 명문규정으로 법령의 유효기간을 정한 한시법은 그 유효기간이 경과하면 별도의 법령폐지행위가 없더라도 자동적으로 효력이 소멸된다.

**정답** ①

**예상판례**

친일재산은 취득·증여 등 원인행위시에 국가의 소유로 한다고 정한 '친일반민족행위자 재산의 국가귀속에 관한 특별법'은 진정소급입법에 해당하지만, 소급입법금지원칙에 위반되지 않는다. (대판 2011.5.13. 2009다26831, 26848, 26855, 26862)
**참고** 친일반민족행위자 재산의 국가귀속에 관한 결정의 법적 성질은 '확인'에 해당한다.

# CHAPTER 04 행정법의 일반원칙

## 제1절 비례의 원칙(과잉금지의 원칙)

1. 행정법의 일반원칙은 비례의 원칙, 신뢰보호의 원칙, 평등의 원칙과 자기구속의 원칙, 부당결부금지의 원칙으로 이루어진다.
2. 비례원칙은 침익적 작용과 수익적 작용 모두에 적용된다. 다만, 사법적 행위에는 적용되지 않는다.

**행정기본법 제10조(비례의 원칙)**
행정작용은 다음 각 호의 원칙에 따라야 한다.
1. 행정목적을 달성하는 데 유효하고 적절할 것
2. 행정목적을 달성하는 데 필요한 최소한도에 그칠 것
3. 행정작용으로 인한 국민의 이익 침해가 그 행정작용이 의도하는 공익보다 크지 아니할 것

### 001  비례원칙에 관한 설명으로 옳지 않은 것은?  09 서울9급

① 성문법적 근거를 헌법 제37조 제2항을 들 수 있다.
② 침해행정의 영역에서는 과잉급부금지원칙으로 나타난다.
③ 경찰행정영역에서 특히 중요한 의미를 갖는다.
④ 위반의 경우에는 법률의 명문규정에 관계없이 위법성이 인정된다.
⑤ 「경찰관 직무집행법」에 이에 관한 규정이 있다.

**해설**
① (○) 비례원칙의 헌법적 근거는 헌법 제37조 제2항이다.

**헌법 제37조**
② 국민의 모든 자유와 권리는 국가안전보장·질서유지 또는 공공복리를 위하여 필요한 경우에 한하여 법률로써 제한할 수 있으며, 제한하는 경우에도 자유와 권리의 본질적인 내용을 침해할 수 없다.

② (×) 침해행정영역이 아니라 급부행정영역에서 과잉급부금지원칙으로 나타난다.
③ (○) ⑤ (○) 경찰법에는 위해개념의 일반조항적·불확정개념적 성질에 기한 탄력적이고 다양한 법률의 규정이 많이 있기 때문에 과잉금지원칙(비례원칙)은 주로 경찰법에서 발달하여 왔다. 경찰관 직무집행법 제1조 제2항은 "이 법에 규정된 경찰관의 직권은 그 직무수행에 필요한 최소한도 내에서 행사되어야 하며 남용되어서는 아니 된다."라고 하여 과잉금지원칙을 규정하고 있다.
④ (○) 비례원칙은 불문법으로서 행정법의 일반원칙이므로 명문규정이 없어도 적용되며, 이를 위반하면 위법하게 된다.

**정답** ②

> **예상판례**
> 
> 형의 집행 및 수용자의 처우에 관한 법률 제88조가 민사재판의 당사자로 출석하는 수형자에 대하여 사복 착용에 관한 같은 법 제82조를 준용하지 아니한 것은 인격권 등을 침해하지 아니한다. **(헌재 2015.12.23. 2013헌마712)**
> 
> **주의** 수형자가 재판에 출석할 때 운동화를 신지 못하게 하는 것은 합헌이지만, 형사재판에서 사복을 착용하지 못하게 하는 것은 위헌이다.

## 002 다음 설명 중 옳지 않은 것은? (다툼이 있는 경우 판례에 의함) <sub>21 소방</sub>

① 원고가 단지 1회 훈령에 위반하여 요정 출입을 하다가 적발된 정도라면, 면직처분보다 가벼운 징계처분으로서도 능히 위 훈령의 목적을 달성할 수 있다고 볼 수 있는 점에서 이 사건 파면처분은 이른바 비례의 원칙에 어긋난 것으로 위법하다고 판시하였다.

② 수입 녹용 중 일정 성분이 기준치를 0.5% 초과하였다는 이유로 수입 녹용 전부에 대하여 전량 폐기 또는 반송처리를 지시한 처분은 재량권을 일탈·남용한 경우에 해당한다고 판시하였다.

③ 청소년유해매체물로 결정·고시된 만화인 사실을 모르고 있던 도서대여업자가 그 고시일로부터 8일 후에 청소년에게 그 만화를 대여한 것을 사유로 그 도서대여업자에게 금 700만 원의 과징금이 부과된 경우, 그 과징금 부과처분은 재량권을 일탈·남용한 것으로서 위법하다고 판시하였다.

④ 사법시험 제2차시험에 과락제도를 적용하고 있는 구 「사법시험령」 제15조 제2항은 비례의 원칙, 과잉금지의 원칙, 평등의 원칙에 위반되지 않는다고 판시하였다.

**해설**

① (O) 단지 1회 훈령에 위반하여 요정 출입을 하다가 적발된 것만으로 이 사건 파면처분은 이른바 비례의 원칙에 어긋난 것으로서 심히 그 재량권의 범위를 넘어서 한 위법한 처분이다. **(대판 1967.5.2. 67누24)**

② (X) 수입 녹용 전부에 대하여 전량 폐기 또는 반송처리를 지시한 경우, 녹용 수입업자가 입게 될 불이익이 의약품의 안전성과 유효성을 확보함으로써 국민보건의 향상을 기하고 고가의 한약재인 녹용에 대하여 부적합한 수입품의 무분별한 유통을 방지하려는 공익상 필요보다 크다고는 할 수 없으므로 위 폐기 등 지시처분이 재량권을 일탈·남용한 경우에 해당하지 않는다. **(대판 2006.4.14. 2004두3854)**

③ (O) 청소년유해매체물로 결정·고시된 만화인 사실을 모르고 있던 도서대여업자가 그 고시일로부터 8일 후에 청소년에게 그 만화를 대여한 것을 사유로 그 도서대여업자에게 금 700만 원의 과징금이 부과된 경우, 그 도서대여업자에게 청소년유해매체물인 만화를 청소년에게 대여하여서는 아니 된다는 금지의무의 해태를 탓하기는 가혹하므로 그 과징금 부과처분은 재량권을 일탈·남용한 것으로서 위법하다. **(대판 2001.7.27. 99두9490)**

④ (O) 사법시험령 제15조 제2항이 사법시험의 제2차시험에서 '매 과목 4할 이상'으로 과락결정의 기준을 정한 것을 두고 과락점수를 비합리적으로 높게 설정하여 지나치게 엄격한 기준에 해당한다고 볼 정도는 아니므로, 비례의 원칙 내지 과잉금지에 위반하였다고 볼 수 없다. **(대판 2007.1.11. 2004두10432)**

**정답** ②

## 003 비례원칙에 대한 설명으로 옳지 않은 것은? (다툼이 있는 경우 판례에 의함)     13 국가9급

① 「도로교통법」 제148조의2 제1항 제1호의 '「도로교통법」 제44조 제1항을 2회 이상 위반한' 것에 구 「도로교통법」 제44조 제1항을 위반한 음주운전 전과도 포함된다고 해석하는 것은 비례원칙에 위반된다.

② 협의의 비례원칙인 상당성의 원칙은 재량권 행사의 적법성의 기준에 해당한다.

③ 침해행정인가 급부행정인가를 가리지 아니하고 행정의 전 영역에 적용된다.

④ 「행정절차법」은 행정지도의 원칙으로 비례원칙을 규정하고 있다.

**해설**

① (×) 비례원칙에 위배된다고 할 수 없다.

> 도로교통법 제148조의2 제1항 제1호는 도로교통법 제44조 제1항을 2회 이상 위반한 사람으로서 다시 같은 조 제1항을 위반하여 술에 취한 상태에서 자동차 등을 운전한 사람에 대해 1년 이상 3년 이하의 징역이나 500만 원 이상 1,000만 원 이하의 벌금에 처하도록 규정하고 있는데, 도로교통법 제148조의2 제1항 제1호에서 정하고 있는 '도로교통법 제44조 제1항을 2회 이상 위반한' 것에 개정된 도로교통법이 시행된 2011.12.9. 이전에 구 도로교통법 제44조 제1항을 위반한 음주운전 전과까지 포함되는 것으로 해석하는 것이 형벌불소급의 원칙이나 일사부재리의 원칙 또는 비례의 원칙에 위배된다고 할 수 없다. (대판 2012.11.29. 2012도10269)

② (○) 비례원칙은 재량권 행사의 한계가 된다.

③ (○) 비례원칙은 행정의 전 영역에서 적용된다. 즉, 침익적 영역뿐만 아니라 수익적 급부행정 등 모든 행정영역에 적용되고 있다. 수익적 영역에서 비례원칙을 과잉급부금지원칙이라고 한다.

④ (○) 행정절차법 제48조 제1항에 "행정지도는 그 목적 달성에 필요한 최소한도에 그쳐야 한다."라며, 과잉금지원칙(비례원칙)을 명문으로 규정하고 있다.

**정답** ①

## 004 비례원칙에 대한 설명으로 옳지 않은 것은? (다툼이 있는 경우 판례에 의함)     12 국가7급

① 헌법재판소는 비례원칙을 위헌법률심사의 기준으로 삼고 있다.

② 행정지도를 함에 있어서 명문규정은 없지만 비례원칙이 적용된다.

③ 수익적 행정행위를 취소 또는 철회하는 경우 비례원칙이 적용된다.

④ 행정계획과 관련하여서는 계획재량을 제한하는 형량명령이론으로 발전하였다.

**해설**

① (○) 헌법은 비례원칙을 명문으로 인정하고 있으며 헌법재판의 기준이다.

② (×) 행정절차법 제48조 제1항에 규정이 있다.

③ (○) 수익적 행정처분을 취소 또는 철회하는 경우에는 이미 부여된 그 국민의 기득권을 침해하는 것이 되므로 기득권의 침해를 정당화할 만한 중대한 공익상의 필요 또는 제3자의 이익 보호의 필요가 있는 때에 한하여 상대방이 받는 불이익과 이익형량 (비례원칙)으로 해결하게 된다.

④ (○) 형량명령이란 행정계획수립주체가 계획재량권을 행사함에 있어서 공익 상호 간, 사익 상호 간 및 공익과 사익 상호 간의 정당한 형량을 하여야 한다는 원리를 말한다. 형량명령이론은 계획재량통제이론으로서 비례원칙의 적용례이다.

**정답** ②

**기출지문 OX**

**01** 다른 차들의 통행을 원활히 하기 위하여 승용차를 주차목적으로 자신의 집 앞 약 6미터를 운행하였다 하여도 이는 「도로교통법」상의 음주운전에 해당하고, 이미 음주운전으로 적발되어 면허정지처분을 받은 적이 있는데도 혈중알콜농도 0.182%의 만취상태에서 운전한 것이라면, 교통사고가 발생하지 않았고 운전 승용차로 서적을 판매하여 가족의 생계를 책임져야 한다는 사정을 고려하더라도, 이 사건 운전면허취소처분은 적법하다. [11 경행특채]　(O, X)

**해설** 음주운전으로 인한 교통사고를 방지할 공익상의 필요는 더욱 강조되어야 하고 운전면허취소에 있어서는 일반의 수익적 행정행위의 취소와는 달리 그 취소로 인하여 입게 될 당사자의 불이익보다는 이를 방지하여야 하는 일반예방적 측면이 더욱 강조되어야 할 것이고, 특히 당해 운전자가 자동차운전을 업으로 삼고 있는 자인 경우에는 더욱 더 그러하다 할 것인바, 이와 같은 음주운전으로 인한 교통사고를 방지할 공익상의 필요에 비추어 보면 위에서 본 바와 같은 원고의 주취 정도, 이 사건 사고 발생경위와 피해의 정도, 원고가 위 운전면허취소처분으로 입게 될 불이익 등을 감안하더라도 피고의 원고에 대한 위 운전면허취소처분으로 인하여 달성하고자 하는 공익목적이 원고가 이로 인하여 입게 될 불이익보다 결코 가볍다고 볼 수는 없으므로 이 사건 처분은 재량권의 범위 내에서 정당하게 이루어진 적법한 처분이라고 할 것이다. (대판 1995.9.29. 95누8126)

**정답** O

**02** 경찰관이 범인을 검거하면서 가스총을 근접 발사하여 가스와 함께 발사된 고무마개가 범인의 눈에 맞아 실명한 경우 국가배상책임이 없다. [11 경행특채]　(O, X)

**해설** 가스총 사용시에는 요구되는 최소한의 안전수칙을 준수하여야 한다.

> 경찰관이 난동을 부리던 범인을 검거하면서 가스총을 근접 발사하여 가스와 함께 발사된 고무마개가 범인의 눈에 맞아 실명한 경우 국가배상책임이 인정된다. (대판 2003.3.14. 2002다57218)

**정답** X

**03** 주유소 영업의 양도인이 등유가 섞인 유사휘발유를 판매한 바를 모르고 이를 양수한 석유판매영업자에게 전 운영자인 양도인의 위법사유를 들어 6월의 사업정지에 처한 것은 공익목적의 실현이라는 측면에서 비례원칙에 위반되지 않아 적법하다. [11 경행특채]　(O, X)

**해설** 주유소 영업의 양도인이 등유가 섞인 유사휘발유를 판매한 바를 모르고 이를 양수한 석유판매영업자에게 전 운영자인 양도인의 위법사유를 들어 사업정지기간 중 최장기인 6월의 사업정지에 처한 영업정지처분은 석유사업법에 의하여 실현시키고자 하는 공익목적의 실현보다는 양수인이 입게 될 손실이 훨씬 커서 재량권을 일탈한 것으로서 위법하다. (대판 1992.2.25. 91누13106)

**정답** X

## 제2절 신뢰보호의 원칙

### 신뢰보호원칙의 요건
신뢰보호의 원칙은 ① 행정청의 선행조치, ② 보호가치 있는 사인의 신뢰, ③ 신뢰에 기초한 사인의 조치, ④ 인과관계, ⑤ 선행조치에 반하는 후행조치, ⑥ 공익에 반하지 않고 제3자의 이익을 침해하지 않을 것을 요건으로 한다.
1. 신뢰보호의 선행조치는 위법한 행위여도 무방하다.
2. 공적인 견해표명인지를 판단하는 것은 행정청의 형식적 권한분장에 따를 것이 아니라 실질적으로 판단해야 한다.
3. 상대방의 고의·과실(귀책사유)이 있으면 신뢰보호는 인정되지 않는다.
4. 신뢰보호와 법률적합성의 충돌: 양자동위설(이익형량설)

### 행정기본법 제12조(신뢰보호의 원칙)
① 행정청은 공익 또는 제3자의 이익을 현저히 해칠 우려가 있는 경우를 제외하고는 행정에 대한 국민의 정당하고 합리적인 신뢰를 보호하여야 한다.
② 행정청은 권한 행사의 기회가 있음에도 불구하고 장기간 권한을 행사하지 아니하여 국민이 그 권한이 행사되지 아니할 것으로 믿을 만한 정당한 사유가 있는 경우에는 그 권한을 행사해서는 아니 된다. 다만, 공익 또는 제3자의 이익을 현저히 해칠 우려가 있는 경우는 예외로 한다.

---

**005** 신뢰보호의 원칙에 관한 설명으로 옳은 것은? (다툼이 있는 경우 판례에 의함)  23 소방

① 「행정절차법」은 처분의 방식으로 문서주의를 표방하고 있으므로, 행정청의 공적 견해표명은 묵시적으로 표시되어서는 안 된다.
② 신뢰보호의 원칙은 공익 또는 제3자의 정당한 이익을 현저히 해칠 우려가 있는 경우에도 부정되어야 하는 것은 아니다.
③ 실권의 법리는 법의 일반원리인 신의성실의 원칙에 바탕을 둔 파생원칙이므로 권력관계에는 적용되지 않는다.
④ 병무청 담당부서의 담당공무원에게 공적 견해의 표명을 구하는 정식의 서면질의 등을 하지 아니한 채 총무과 민원팀장에 불과한 공무원이 민원봉사차원에서 상담에 응하여 안내한 것을 신뢰한 경우, 신뢰보호의 원칙이 적용되지 아니한다.

**해설**
① (×) 공적 견해표명은 명시적이든 묵시적이든 인정된다.
② (×) 신뢰보호가 공익 또는 제3자의 정당한 이익을 현저히 해칠 우려가 있는 경우에는 양자동위설에 따라 이익형량으로 결정한다.
③ (×) 실권 또는 실효의 법리는 법의 일반원리인 신의성실의 원칙에 바탕을 둔 파생원칙인 것이므로 공법관계 가운데 관리관계는 물론이고 권력관계에도 적용되어야 함을 배제할 수는 없다. (대판 1988.4.27. 87누915)
④ (○) 대판 2003.12.26. 2003두1875

**정답** ④

## 006 신뢰보호의 원칙에 대한 설명으로 옳지 않은 것은? (다툼이 있는 경우 판례에 의함) 22 소방

① 행정청이 공적인 견해에 반하는 행정처분을 함으로써 달성하려는 공익이 행정청의 공적 견해표명을 신뢰한 개인이 그 행정처분으로 인하여 입게 되는 이익의 침해를 정당화할 수 있을 정도로 강한 경우에는 그 행정처분은 위법하지 않다.
② 과세관청이 질의회신 등을 통하여 어떤 견해를 대외적으로 표명하였더라도 그것이 중요한 사실관계와 법적인 쟁점을 제대로 드러내지 아니한 채 질의한 데 따른 것이라면, 공적인 견해표명에 의하여 정당한 기대를 가지게 할 만한 신뢰가 부여된 경우로 볼 수 없다.
③ 폐기물처리업에 대하여 관할 관청의 사전적정통보를 받고 막대한 비용을 들여 요건을 갖춘 다음 허가신청을 한 경우, 행정청이 청소업자의 난립으로 효율적인 청소업무의 수행에 지장이 있다는 이유로 불허가처분을 하였다 할지라도 신뢰보호의 원칙에 반하지 아니한다.
④ 법원이 「질서위반행위규제법」에 따라서 하는 과태료 재판은 원칙적으로 행정소송에서와 같은 신뢰보호의 원칙 위반 여부가 문제되지 아니한다.

### 해설

① (○) 대판 1998.11.13. 98두7343
② (○) 과세관청의 행위에 대하여 신의성실의 원칙 또는 신뢰보호의 원칙을 적용하기 위해서는, 과세관청이 공적인 견해표명 등을 통하여 부여한 신뢰가 평균적인 납세자로 하여금 합리적이고 정당한 기대를 가지게 할 만한 것이어야 한다. 비록 과세관청이 질의회신 등을 통하여 어떤 견해를 표명하였다고 하더라도 그것이 중요한 사실관계와 법적인 쟁점을 제대로 드러내지 아니한 채 질의한 데 따른 것이라면 공적인 견해표명에 의하여 정당한 기대를 가지게 할 만한 신뢰가 부여된 경우라고 볼 수 없다. (대판 2013.12.26. 2011두5940)
③ (×) 폐기물처리업에 대하여 사전에 관할 관청으로부터 적정통보를 받고 막대한 비용을 들여 허가요건을 갖춘 다음 허가신청을 하였음에도 다수 청소업자의 난립으로 안정적이고 효율적인 청소업무의 수행에 지장이 있다는 이유로 한 불허가처분이 신뢰보호의 원칙 및 비례의 원칙에 반하는 것으로서 재량권을 남용한 위법한 처분이다. (대판 1998.5.8. 98두4061)
④ (○) 법원이 비송사건절차법에 따라서 하는 과태료 재판은 관할 관청이 부과한 과태료처분에 대한 당부를 심판하는 행정소송절차가 아니라 법원이 직권으로 개시·결정하는 것이므로, 원칙적으로 과태료 재판에서는 행정소송에서와 같은 신뢰보호의 원칙 위반 여부가 문제로 되지 아니하고, 다만 위반자가 그 의무를 알지 못하는 것이 무리가 아니었다고 할 수 있어 그것을 정당시할 수 있는 사정이 있을 때 또는 그 의무의 이행을 그 당사자에게 기대하는 것이 무리라고 하는 사정이 있을 때 등 그 의무해태를 탓할 수 없는 정당한 사유가 있는 때에는 이를 부과할 수 없다. (대결 2006.4.28. 2003마715)

정답 ③

### 기출지문 OX

**01** 건축주와 그로부터 건축설계를 위임받은 건축사가 관계 법령에서 정하고 있는 건축한계선의 제한이 있다는 사실을 간과한 채 건축설계를 하고 이를 토대로 건축물의 신축 및 증축허가를 받은 경우, 그 신축 및 증축허가가 정당하다고 신뢰한 데에는 귀책사유가 있다. [22 국가9급] (O, ×)

해설 신뢰보호가 인정되기 위해서는 상대방이 신뢰를 얻는 과정에서 귀책사유가 없어야 하는데, 귀책사유란 행정청의 견해표명의 하자가 상대방 등 관계자의 사실은폐 기타 사위의 방법에 의한 신청행위 등 부정행위에 기인한 것이거나 그러한 부정행위가 없다고 하더라도 하자가 있음을 알았거나 중대한 과실로 알지 못한 경우 등을 의미한다. (대판 2002.11.8. 2001두1512)
정답 O

**02** 행정청이 상대방에게 장차 어떤 처분을 하겠다고 공적 견해표명을 하였더라도 그 후에 그 전제로 된 사실적·법률적 상태가 변경되었다면, 그와 같은 공적 견해표명은 효력을 잃게 된다. [22 국가9급] (O, ×)

해설 행정청이 상대방에게 장차 어떤 처분을 하겠다고 확약 또는 공적 견해표명을 하였다고 하더라도, 그 자체에서 둔 유효기간 내에 상대방의 신청이 없었다거나 공적 견해표명 후에 그 전제로 된 사실적·법률적 상태가 변경되었다면 그러한 견해표명은 행정청의 별다른 의사표시를 기다리지 않고 실효된다. (대판 1996.8.20. 95누10877)
정답 O

**03** 수강신청 후에 징계요건을 완화하는 학칙개정이 이루어지고 이어 시험이 실시되어 그 개정학칙에 따라 대학이 성적 불량을 이유로 학생에 대하여 징계처분을 한 경우라면, 이는 이른바 부진정소급효에 관한 것으로서 특별한 사정이 없는 한 위법이라고 할 수 없다. [22 국가9급] (O, X)

해설 대학이 성적 불량을 이유로 학생에 대하여 징계처분을 하는 경우에 있어서 수강신청이 있은 후 징계요건을 완화하는 학칙개정이 이루어지고 이어 당해 시험이 실시되어 그 개정학칙에 따라 징계처분을 한 경우라면 이는 이른바 부진정소급효에 관한 것으로서 구 학칙의 존속에 관한 학생의 신뢰보호가 대학당국의 학칙개정의 목적 달성보다 더 중요하다고 인정되는 특별한 사정이 없는 한 위법이라고 할 수 없다. (대판 1989.7.11. 87누1123)

정답 O

## 007 신뢰보호의 원칙에 대한 설명으로 옳지 않은 것은? (다툼이 있는 경우 판례에 의함) 〔21 국가7급〕

① 「개발이익환수에 관한 법률」에 정한 개발사업을 시행하기 전에, 행정청이 민원예비심사에 대하여 관련 부서 의견으로 '저촉사항 없음'이라고 기재한 것은 공적인 견해표명에 해당한다.

② 행정청이 공적 견해를 표명하였는지를 판단할 때는 반드시 행정조직상의 형식적인 권한분장에 구애될 것은 아니다.

③ 행정청은 공익 또는 제3자의 이익을 현저히 해칠 우려가 있는 경우를 제외하고는 행정에 대한 국민의 정당하고 합리적인 신뢰를 보호하여야 한다.

④ 신뢰보호의 원칙이 적용되기 위한 요건 중 귀책사유의 유무는 상대방과 그로부터 신청행위를 위임받은 수임인 등 관계자 모두를 기준으로 판단하여야 한다.

해설
① (X) 공적 견해표명은 장래에 대한 약속인데 '저촉사항 없음'은 과거에 법을 위반한 적이 없다는 확인이므로 공적 견해표명이 아니다.

> 개발이익환수에 관한 법률에 정한 개발사업을 시행하기 전에, 행정청이 토지 지상에 예식장 등을 건축하는 것이 관계 법령상 가능한지 여부를 질의하는 민원예비심사에 대하여 관련 부서 의견으로 개발이익환수에 관한 법률에 '저촉사항 없음'이라고 기재하였다고 하더라도, 이후의 개발부담금 부과처분에 관하여 신뢰보호의 원칙을 적용하기 위한 요건인, 개인에 대하여 신뢰의 대상이 되는 공적인 견해표명을 한 것이라고는 보기 어렵다. (대판 2006.6.9. 2004두46)

② (O) 행정청의 공적 견해표명이 있었는지의 여부를 판단하는 데 있어 반드시 행정조직상의 형식적인 권한분장에 구애될 것은 아니고 담당자의 조직상의 지위와 임무, 당해 언동을 하게 된 구체적인 경위 및 그에 대한 상대방의 신뢰가능성에 비추어 실질에 의하여 판단하여야 한다. (대판 1997.9.12. 96누18380)

③ (O) 행정기본법 제12조 제1항

④ (O) 귀책사유란 행정청의 견해표명의 하자가 상대방 등 관계자의 사실은폐나 기타 사위의 방법에 의한 신청행위 등 부정행위에 기인한 것이거나 그러한 부정행위가 없다고 하더라도 하자가 있음을 알았거나 중대한 과실로 알지 못한 경우 등을 의미한다고 해석함이 상당하고, 귀책사유의 유무는 상대방과 그로부터 신청행위를 위임받은 수임인 등 관계자 모두를 기준으로 판단하여야 한다. (대판 2002.11.8. 2001두1512)

정답 ①

## 008 행정법의 일반원칙과 관련한 판례의 태도로 옳은 것은?

20 소방

① 연구단지 내 녹지구역에 위험물저장시설인 주유소와 LPG충전소 중에서 주유소는 허용하면서 LPG충전소를 금지하는 시행령규정은 LPG충전소 영업을 하려는 국민을 합리적 이유 없이 자의적으로 차별하여 결과적으로 평등원칙에 위배된다는 것이 헌법재판소의 태도이다.

② 하자 있는 처분이 국민에게 권리나 이익을 부여하는 이른바 수익적 행정행위인 때에는 취소하여야 할 공익상 필요와 취소로 인하여 당사자가 입게 될 기득권과 신뢰보호 및 법률생활안정의 침해 등 불이익을 비교교량한 후 공익상 필요가 당사자가 입을 불이익을 정당화할 만큼 강하지 않아도 이를 취소할 수 있다는 것이 판례의 태도이다.

③ 숙박시설 건축허가신청을 반려한 처분에 관해 학생들의 교육환경과 인근 주민들의 주거환경 보호라는 공익이 그 신청인이 잃게 되는 이익의 침해를 정당화할 수 있을 정도로 크므로, 위 반려처분은 신뢰보호의 원칙에 위배되지 않는다는 것이 판례의 태도이다.

④ 옥외집회의 사전신고의무를 규정한 구「집회 및 시위에 관한 법률」제6조 제1항 중 '옥외집회'에 관한 부분은 과잉금지원칙에 위배하여 집회의 자유를 침해하는 것으로 볼 수 있다는 것이 헌법재판소의 태도이다.

### 해설

① (×) LPG는 석유에 비하여 화재 및 폭발의 위험성이 훨씬 커서 주택 및 근린생활시설이 들어설 지역에 LPG충전소의 설치 금지는 불가피하다 할 것이고 석유와 LPG의 위와 같은 차이를 고려하여 연구단지 내 녹지구역에 LPG충전소의 설치를 금지한 것은 합리적 이유에 근거한 것이므로 이 사건 시행령규정이 평등원칙에 위배된다고 볼 수 없다. (헌재 2004.7.15. 2001헌마646)

② (×) 행정행위를 한 처분청은 그 행위에 하자가 있는 경우에는 별도의 법적 근거가 없더라도 스스로 이를 취소할 수 있고, 다만 수익적 행정처분을 취소할 때에는 이를 취소하여야 할 공익상의 필요와 그 취소로 인하여 당사자가 입게 될 기득권과 신뢰보호 및 법률생활안정의 침해 등 불이익을 비교·교량한 후 공익상의 필요가 당사자가 입을 불이익을 정당화할 만큼 강한 경우에 한하여 취소할 수 있다. (대판 2008.11.13. 2008두8628)

③ (○) 대규모 숙박업소가 집단적으로 형성되어 향락단지화된다면 그 허가를 함부로 취소할 수도 없고 인근의 다른 숙박업소의 허가신청도 거부하기 어려워 그 영업이 장기간 계속될 것이 예상되므로, 이로 인한 교육환경과 주거환경의 침해는 인근 주민과 학생들의 수인한도를 넘게 될 것으로 보일 뿐 아니라 일단 침해된 사회적 환경은 그 회복이 사실상 불가능하다는 점 등에 비추어 보면, 이 사건 처분에 의하여 피고가 달성하려는 학생들의 교육환경과 인근 주민들의 주거환경보호라는 공익은 이 사건 처분으로 인하여 원고들이 입게 되는 불이익을 정당화할 만큼 강한 경우에 해당한다고 할 것이므로, 같은 취지에서 원고들의 각 숙박시설 건축허가신청을 반려한 이 사건 처분이 신뢰보호의 원칙에 위배되지 않는다. (대판 2005.11.25. 2004두6822, 6839, 6846)

④ (×) 옥외집회·시위에 대한 사전신고 이후 기재사항의 보완, 금지통고 및 이의절차 등이 원활하게 진행되기 위하여 늦어도 집회가 개최되기 48시간 전까지 사전신고를 하도록 규정한 것이 지나치다고 볼 수 없다. (헌재 2014.1.28. 2011헌바174 등)

정답 ③

## 009 신뢰보호의 원칙에 대한 설명으로 옳지 않은 것은? (다툼이 있는 경우 판례에 의함)　20. 국가9급

① 관할 관청이 폐기물처리업 사업계획에 대하여 적정통보를 한 것만으로도 그 사업부지 토지에 대한 국토이용계획 변경신청을 승인하여 주겠다는 취지의 공적인 견해표명을 한 것으로 볼 수 있다.

② 행정청의 확약 또는 공적인 의사표명이 있은 후에 사실적·법률적 상태가 변경되었다면, 그와 같은 확약 또는 공적인 의사표명은 행정청의 별다른 의사표시를 기다리지 않고 실효된다.

③ 행정청의 공적 견해표명이 있었는지 여부를 판단하는 데 있어 반드시 행정조직상의 형식적인 권한분장에 구애될 것은 아니고 담당자의 조직상의 지위와 임무, 당해 언동을 하게 된 구체적인 경위 및 그에 대한 상대방의 신뢰가능성에 비추어 실질에 의하여 판단하여야 한다.

④ 입법예고를 통해 법령안의 내용을 국민에게 예고한 적이 있다고 하더라도 그것이 법령으로 확정되지 아니한 이상 국가가 이해관계자들에게 그 법령안에 관련된 사항을 약속하였다고 볼 수 없으며, 이러한 사정만으로 어떠한 신뢰를 부여하였다고 볼 수도 없다.

**해설**

① (×) 폐기물관리법령에 의한 폐기물처리업 사업계획에 대한 적정통보와 국토이용관리법령에 의한 국토이용계획 변경은 각기 그 제도적 취지와 결정단계에서 고려해야 할 사항들이 다르다는 이유로, 폐기물처리업 사업계획에 대하여 적정통보를 한 것만으로 그 사업부지 토지에 대한 국토이용계획 변경신청을 승인하여 주겠다는 취지의 공적인 견해표명을 한 것으로 볼 수 없다. (대판 2005.4.28. 2004두8828)

② (○) 대판 1996.8.20. 95누10877

③ (○) 보건사회부장관(현 보건복지부장관)에게 세금에 관한 권한은 없지만, 장관의 비과세표명은 공적인 견해표명에 해당한다. (대판 1997.9.12. 96누18380)

④ (○) 정책의 주무부처인 중앙행정기관이 그 소관 사항에 대하여 입안한 법령안은 법제처 심사 등의 절차를 거쳐 공포함으로써 확정되므로, 법령이 확정되기 이전에는 법적 효과가 발생할 수 없다. 따라서 입법예고를 통해 법령안의 내용을 국민에게 예고한 적이 있다고 하더라도 그것이 법령으로 확정되지 아니한 이상 국가가 이해관계자들에게 위 법령안에 관련된 사항을 약속하였다고 볼 수 없으며, 이러한 사정만으로 어떠한 신뢰를 부여하였다고 볼 수도 없다. (대판 2008.5.29. 2004다33469)

정답  ①

### 예상판례

[1] 임용 당시 구 군인사법 제10조 제2항 제5호에 따른 임용결격사유가 있는데도 장교·준사관 또는 하사관으로 임용된 경우, 임용행위는 당연무효이다.

[2] 과거 소년이었을 때 죄를 범하여 형의 집행유예를 선고받은 사람이 장교·준사관 또는 하사관으로 임용된 경우, 그 임용은 유효하다.

[3] 소년법이 소년이었을 때 범한 죄로 형의 집행유예를 선고받은 경우 자격에 관한 법률을 적용할 때 장래에 향하여 선고를 받지 않은 것으로 보는 취지는 인격의 형성 도중에 있어 개선가능성이 풍부하고 심신의 발육에 따른 특수한 정신적 동요상태에 있는 소년의 시기에 범한 죄로 장래를 포기하거나 재기의 기회를 잃지 않도록 하기 위한 것이다. 따라서 소년법 제67조에서 정하고 있는 '소년이었을 때 범한 죄'인지는 실제 생년월일을 기준으로 판단하여야 하고, 형의 집행유예 등 선고 이후에 가족관계등록부의 출생연월일이 실제 생년월일에 따라 정정되었다면 그와 같이 정정된 출생연월일을 기준으로 소년이었을 때 범한 죄인지 여부를 판단하여야 한다. (대판 2019.2.14. 2017두62587)

## 기출지문 OX

**01** 처분청이 착오로 행정서사업허가처분을 한 후 20년이 다 되어서야 취소사유를 알고 행정서사업허가를 취소한 경우, 그 허가취소처분은 실권의 법리에 저촉되는 것으로 보아야 한다. [19 국가7급]   (O, X)

　**해설** 행정서사업무허가를 한 지 20년이 다 되어 허가를 취소하였더라도 그 취소사유를 행정청이 모르는 상태에 있다가 취소처분이 있기 직전에 알았다면 실권의 법리가 적용되지 않으며 그 취소는 적법하다. (대판 1988.4.27. 87누915)　**정답** X

**02** 법령이나 비권력적 사실행위인 행정지도 등은 신뢰의 대상이 되는 선행조치에 포함되지 않는다. [19 국가7급]   (O, X)

　**해설** 선행조치는 다양한 형태가 있을 수 있는바, 법령이나 비권력적 사실행위인 행정지도 등은 신뢰의 대상이 되는 선행조치에 해당한다.　**정답** X

**03** 당초 정구장 시설을 설치한다는 도시계획결정을 하였다가 정구장 대신 청소년 수련시설을 설치한다는 도시계획 변경결정 및 지적승인을 한 경우 당초의 도시계획결정만으로는 도시계획사업의 시행자 지정을 받게 된다는 공적 견해를 표명했다고 할 수 없다. [19 국가7급]   (O, X)

　**해설** 당초 정구장 시설을 설치한다는 도시계획결정을 하였다가 정구장 대신 청소년 수련시설을 설치한다는 도시계획 변경결정 및 지적승인을 한 경우, 당초의 도시계획결정만으로는 도시계획사업의 시행자 지정을 받게 된다는 공적인 견해를 표명하였다고 할 수 없으므로 그 후의 도시계획 변경결정 및 지적승인이 도시계획사업의 시행자로 지정받을 것을 예상하고 정구장 설계비용 등을 지출한 자의 신뢰이익을 침해한 것으로 볼 수 없다. (대판 2000.11.10. 2000두727)　**정답** O

**04** 헌법재판소의 위헌결정은 행정청이 개인에 대하여 신뢰의 대상이 되는 공적인 견해를 표명한 것이라고 할 수 있으므로 그 결정에 관련한 개인의 행위에 대하여는 신뢰보호의 원칙이 적용된다. [19 지방9급]   (O, X)

　**해설** 헌법재판소의 위헌결정은 행정청이 개인에 대하여 신뢰의 대상이 되는 공적인 견해를 표명한 것이라고 할 수 없으므로 그 결정에 관련한 개인의 행위에 대하여는 신뢰보호의 원칙이 적용되지 아니한다. (대판 2003.6.27. 2002두6965)　**정답** X

**05** 법령 개폐에 있어서 신뢰보호원칙의 위반 여부는 한편으로는 침해받은 신뢰이익의 보호가치, 침해의 중한 정도, 신뢰침해의 방법 등과 다른 한편으로는 새 입법을 통해 실현하고자 하는 공익목적을 종합적으로 비교·형량하여 판단하여야 한다. [19 지방9급]   (O, X)

　**해설** 대판 2006.11.16. 2003두12899 전원합의체　**정답** O

**06** 법률에 따른 개인의 행위가 국가에 의하여 일정 방향으로 유인된 신뢰의 행사가 아니라 단지 법률이 부여한 기회를 활용한 것이라 하더라도, 신뢰보호의 이익이 인정된다. [18 국가7급]   (O, X)

　**해설** 법률이 부여한 기회를 활용한 것이라면, 신뢰보호의 이익은 인정되지 않는다.　**정답** X

**07** 「국세기본법」에 따른 비과세관행의 성립요건인 공적 견해나 의사의 묵시적 표시가 있다고 하기 위해서는 과세관청이 상당기간의 불과세상태에 대하여 과세하지 않겠다는 의사표시를 한 것으로 볼 수 있는 사정이 있어야 한다. [17 지방7급]   (O, X)

　**해설** 국세기본법 제18조 제3항에 규정된 비과세관행이 성립하려면, 상당한 기간에 걸쳐 과세를 하지 아니한 객관적 사실이 존재할 뿐만 아니라, 과세관청 자신이 그 사항에 관하여 과세할 수 있음을 알면서도 어떤 특별한 사정 때문에 과세하지 않는다는 의사가 있어야 한다. 위와 같은 공적 견해나 의사는 명시적 또는 묵시적으로 표시되어야 하며, 묵시적 표시가 있다고 하기 위하여는 단순한 과세 누락과는 달리 과세관청이 상당기간의 불과세상태에 대하여 과세하지 않겠다는 의사표시를 한 것으로 볼 수 있는 사정이 있어야 한다. (대판 2016.10.13. 2016두43077)　**정답** O

**08** 과세관청이 납세의무자에게 부가가치세 면세사업자용 사업자등록증을 교부하거나 고유번호를 부여하였다고 하더라도 그가 영위하는 사업에 관하여 부가가치세를 과세하지 않겠다는 언동이나 공적 견해를 표명한 것으로 볼 수 없다. [17 지방7급]   (O, X)

　**해설** 부가가치세법상의 사업자등록은 과세관청이 부가가치세의 납세의무자를 파악하고 그 과세자료를 확보하는 데 입법취지가 있고, 이는 단순한 사업사실의 신고로서 사업자가 소관 세무서장에게 소정의 사업자등록신청서를 제출함으로써 성립하며, 사업자등록증의 교부는 이와 같은 등록사실을 증명하는 증서의 교부행위에 불과한 것으로 과세관청이 납세의무자에게 부가가치세 면세사업자용 사업자등록증을 교부하였다고 하더라도 그가 영위하는 사업에 관하여 부가가치세를 과세하지 아니함을 시사하는 언동이나 공적인 견해를 표명한 것으로 볼 수 없으며, 구 부가가치세법 시행령 제8조 제2항에 정한 고유번호의 부여도 과세자료를 효율적으로 처리하기 위한 것에 불과한 것이므로 과세관청이 납세의무자에게 고유번호를 부여한 경우에도 마찬가지이다. (대판 2008.6.12. 2007두23255)　**정답** O

**09** 행정청이 지구단위계획을 수립하면서 그 권장용도를 판매·위락·숙박시설로 결정하여 고시하였다 하더라도 당해 지구 내에서 공익과 무관하게 언제든지 숙박시설에 대한 건축허가가 가능하다는 취지의 공적 견해를 표명한 것으로 볼 수 없다. [17 지방7급] (O, ×)

  해설 행정청이 지구단위계획을 수립하면서 그 권장용도를 판매·위락·숙박시설로 결정하여 고시한 행위를 당해 지구 내에서는 공익과 무관하게 언제든지 숙박시설에 대한 건축허가가 가능하리라는 공적 견해를 표명한 것이라고 평가할 수는 없다. (대판 2005.11.25. 2004두6822)   정답 O

**10** 헌법재판소와 대법원은 신뢰보호법칙의 이론적 근거를 사회국가원리에서 찾고 있다. [15 서울9급] (O, ×)

  해설 신뢰보호의 법적 근거에 대해 대법원은 법적 안정성설의 입장이고, 헌법재판소는 법적 안정성과 법치국가원리에서 찾고 있다.   정답 ×

**11** 제3자의 정당한 이익까지 희생시키면서 신뢰보호원칙이 관철되어야 한다. [15 서울9급] (O, ×)

  해설 신뢰보호와 제3장의 이익 또는 행정의 법률적합성에 대해서는 양자동위설의 입장이다. 즉, 사안별로 결정하는 것이다.   정답 ×

**12** 신뢰보호원칙의 요건은 행정청의 적법한 선행조치, 보호가치가 있는 사인의 신뢰, 신뢰에 기한 사인의 처리, 인과관계, 선행행위에 반하는 후행처분이다. [15 서울9급] (O, ×)

  해설 선행조치가 반드시 적법해야 할 필요는 없다. 위법한 선행행위도 신뢰보호의 근거가 될 수 있다.   정답 ×

**13** 도시계획구역 내 생산녹지로 답(畓)인 토지에 대하여 종교회관 건립을 이용목적으로 하는 토지거래계약의 허가를 받으면서 담당공무원이 관련 법규상 허용된다고 하여 이를 신뢰하고 건축준비를 하였으나 그 후 토지형질변경허가신청을 불허가한 것은 신뢰보호의 원칙에 위반된다. [13 국가9급] (O, ×)

  해설 도시계획구역 내 생산녹지로 답인 토지에 대하여 종교회관 건립을 이용목적으로 하는 토지거래계약의 허가를 받으면서 담당공무원이 관련 법규상 허용된다 하여 이를 신뢰하고 건축준비를 하였으나 그 후 토지형질변경허가신청을 불허가 한 것은 신뢰보호의 원칙에 반한다.

  > 토지거래계약의 허가과정에서 이 사건 토지형질변경이 가능하다는 피고측의 견해표명은 원고의 요청에 의하여 우연히 피고의 소속 담당공무원이 은혜적으로 행정청의 단순한 정보제공 내지는 일반적인 법률상담 차원에서 이루어진 것이라고 보이기보다는, 이 사건 토지거래계약의 허가와 같이 그 이용목적이 토지형질변경을 거쳐 건축물을 건축하는 것인 경우 그러한 이용목적이 관계 법령상 허용되는 것인지를 개별적·구체적으로 검토하여 그것이 가능할 경우에만 거래계약허가를 하여 주도록 하는 것이 당시 피고 시청의 실무처리관행이거나 내부업무처리지침이어서 그에 따라 이루어진 것으로 볼 여지가 더 많고, 나아가 위 토지거래허가신청과정에서 그 허가담당공무원으로부터 이용목적대로 토지를 이용하겠다는 각서까지 제출할 것을 요구받아 이를 제출한 원고로서는 피고측의 위와 같은 견해표명에 대하여 보다 고도의 신뢰를 갖게 되었다고 할 것이다. (대판 1997.9.12. 96누18380)

  정답 O

**14** 교통사고가 일어난 지 1년 10개월이 지난 뒤 그 교통사고를 일으킨 택시에 대하여 운송사업면허를 취소한 경우, 택시운송사업자로서는 구 「자동차운수사업법」의 내용을 잘 알고 있어 교통사고를 낸 택시에 대하여 운송사업면허가 취소될 가능성을 예상할 수 있으므로 별다른 행정조치가 없을 것으로 자신이 믿고 있었다 하여도 신뢰의 이익을 주장할 수는 없다. [13 국가9급] (O, ×)

  해설 대판 1989.6.27. 88누6283   정답 O

# 제3절 평등의 원칙과 행정의 자기구속의 원칙

1. 행정규칙 위반은 원래 부당의 문제만 있고 위법의 문제는 없지만, 평등의 원칙을 매개로 하여 위법의 문제가 된다. 즉 행정규칙 위반은 원래 항고소송의 대상이 아니지만, 평등의 원칙 위반이 있으면 항고소송이 가능해진다(전환규범). - 간접적 위법
2. 자기구속의 원칙은 재량준칙과 관련하여 발생한다.

**행정기본법 제9조(평등의 원칙)**
행정청은 합리적 이유 없이 국민을 차별해서는 아니 된다.

## 010 행정법의 일반원칙에 대한 설명으로 옳은 것은? (다툼이 있는 경우 판례에 의함) <sub>20 서울·지방9급</sub>

① 비례의 원칙은 행정에만 적용되는 원칙이므로 입법에서는 적용될 여지가 없다.
② 신뢰보호의 원칙이 적용되기 위한 요건인 행정권의 행사에 관하여 신뢰를 주는 선행조치가 되기 위해서는 반드시 처분청 자신의 적극적인 언동이 있어야만 한다.
③ 동일한 사항을 다르게 취급하는 것은 합리적 이유가 없는 차별이므로, 같은 정도의 비위를 저지른 자들은 비록 개전의 정이 있는지 여부에 차이가 있다고 하더라도 징계 종류의 선택과 양정에 있어 동일하게 취급받아야 한다.
④ 재량권 행사의 준칙인 행정규칙이 그 정한 바에 따라 되풀이 시행되어 행정관행이 이루어지게 되면 평등의 원칙이나 신뢰보호의 원칙에 따라 행정기관은 그 상대방에 대한 관계에서 그 규칙에 따라야 할 자기구속을 받게 된다.

**해설**
① (×) 비례의 원칙은 헌법상 원칙이기도 하므로 입법과정에서도 적용된다. 다만, 헌법재판소는 비례의 원칙을 목적의 정당성, 수단의 적정성, 침해의 최소성, 법익의 균형성의 4단계로 심사한다.
② (×) 행정청의 선행조치에는 국민에게 신뢰를 주는 일체의 행정작용이 포함된다. 따라서 적극적·소극적, 명시적·묵시적, 적법행위·위법행위, 법률행위·사실행위 등을 모두 포함한다.
　참고 무효인 행위는 신뢰의 대상이 아니다.
③ (×) 대략 같은 정도의 비위를 저지른 자들에 대하여 그 구체적인 직무의 특성, 금전 수수의 경우에는 그 액수와 횟수, 의도적·적극적 행위인지 여부, 개전의 정이 있는지 여부 등에 따라 징계의 종류의 선택과 양정에 있어서 차별적으로 취급하는 것은 사안의 성질에 따른 합리적 차별로서 이를 자의적 취급이라고 할 수 없어 평등의 원칙 내지 형평에 반하지 아니한다. (대판 2012.5.24. 2011두19727)
④ (○) 재량권 행사의 준칙인 행정규칙이 그 정한 바에 따라 되풀이 시행되어 행정관행이 이루어지면 평등의 원칙이나 신뢰보호의 원칙에 따라 행정기관이 그 상대방에 대한 관계에서 그 규칙에 따라야 할 자기구속을 당하게 되는 경우에는 대외적인 구속력을 가지게 된다. (헌재 1990.9.3. 90헌마13)

**정답** ④

## 011

**행정법의 일반원칙에 관련된 다음의 설명 중 옳은 것은? (다툼이 있는 경우 판례에 의함)** 21 국가9급

① 국가가 국민의 생명·신체의 안전에 대한 보호의무를 다하였는지 여부를 헌법재판소가 심사할 때에는 국가가 이를 보호하기 위하여 적어도 적절하고 효율적인 최소한의 보호조치를 취하였는가 하는 '과소보호금지원칙'의 위반 여부를 기준으로 삼는다.
② 행정청이 조합설립추진위원회의 설립승인 심사에서 위법한 행정처분을 한 선례가 있는 경우에는 행정청에 대해 자기구속력을 갖게 되어 이후에도 그러한 기준에 따라야 한다.
③ 공무원 임용신청 당시 잘못 기재된 호적상 출생연월일을 생년월일로 기재하고, 임용 후 36년 동안 이의를 제기하지 않다가, 정년을 1년 3개월 앞두고 정정된 출생연월일을 기준으로 정년 연장을 요구하는 것은 신의성실의 원칙에 반한다.
④ 일반적으로 행정청이 폐기물처리업 사업계획에 대한 적정통보를 한 경우, 이는 토지에 대한 형질변경신청을 허가하는 취지의 공적 견해표명까지도 포함한다.

**해설**

① (O) 국가가 기본권 보호의무를 다하였는지를 판단하는 헌법재판소의 심사기준에는 최소한의 보호조치를 하였는가를 판단하는 과소보호금지의 원칙이 적용된다.
② (×) 위법한 선례가 있는 경우에는 평등원칙 또는 자기구속의 원칙이 적용되지 않는다.
③ (×) 지방공무원 임용신청 당시 잘못 기재된 호적상 출생연월일을 생년월일로 기재하고, 이에 근거한 공무원 인사기록카드의 생년월일 기재에 대하여 처음 임용된 때부터 약 36년 동안 전혀 이의를 제기하지 않다가, 정년을 1년 3개월 앞두고 호적상 출생연월일을 정정한 후 그 출생연월일을 기준으로 정년의 연장을 요구하는 것이 신의성실의 원칙에 반하지 않는다. (대판 2009.3.26. 2008두21300)
④ (×) 폐기물관리법령에 의한 폐기물처리업 사업계획에 대한 적정통보와 국토이용관리법령에 의한 국토이용계획 변경은 각기 그 제도적 취지와 결정단계에서 고려해야 할 사항들이 다르므로, 폐기물처리업 사업계획에 대하여 적정통보를 한 것만으로 그 사업부지 토지에 대한 국토이용계획 변경신청을 승인하여 주겠다는 취지의 공적인 견해표명을 한 것으로 볼 수 없다. (대판 2005.4.28. 2004두8828)

**정답** ①

---

**기출지문 OX**

평등의 원칙은 행정작용에 있어서 특별히 합리적인 차별사유가 없는 한 국민을 공평하게 처우하여야 한다는 원칙으로 재량권 행사의 한계원리로서 중요한 의미를 갖는다. [10 지방9급] (O, ×)

**해설** 평등의 원칙은 합리적 이유가 없는 차별대우를 금지하는 것으로 자기구속의 법리로서 행정법에서 구체화되므로 행정에 대한 재량통제의 역할을 수행한다고 할 수 있다.

**정답** O

**012** 관계 법령은 민간연수원과 같은 교육시설을 호텔과 같은 숙박시설로 전환하고자 할 경우에는 시설이 소재한 관청으로부터 먼저 용도변경허가를 받은 후 숙박시설을 관할하는 관청으로부터 숙박업의 허가를 얻도록 규정하고 있다. 다음 사례에 관한 설명 중 가장 옳지 않은 것은? (다툼이 있는 경우 판례에 따름)

09 국회8급

> 민간연수원을 소유하고 있는 甲은 용도변경허가를 거치지 아니하고 숙박시설을 관할하는 관청으로부터 곧장 숙박업허가를 받아 상당히 많은 투자를 하여 현재 영업을 하고 있다.

① 甲이 숙박업허가의 위법성을 알지 못한 것에 과실이 없다면 이익형량상 숙박업허가에 대한 취소가 제한될 수 있다.
② 甲에게 귀책사유가 있다면 숙박업허가에 대한 취소는 가능하다고 할 것이다.
③ 甲에 대한 숙박업허가에 하자가 있어 처분청이 취소하는 경우 법적 근거는 필요하지 않다.
④ 유사한 연수원을 소유한 乙은 평등원칙을 근거로 자신에게도 용도변경허가 없이 소유 시설에 대해 숙박업을 허가해 줄 것을 요구할 수 있다.
⑤ 甲에게 귀책사유가 없음에도 숙박업허가가 취소된 경우에는 甲은 손실보상을 요구할 수 있다.

**해설**

① (○) ② (○) ③ (○) 행정행위를 한 처분청은 그 행위에 하자가 있는 경우에는 별도의 법적 근거가 없더라도 스스로 이를 취소할 수 있고, 다만 수익적 행정처분을 취소할 때에는 이를 취소하여야 할 공익상의 필요와 그 취소로 인하여 당사자가 입게 될 기득권과 신뢰보호 및 법률생활안정의 침해 등 불이익을 비교·교량한 후 공익상의 필요가 당사자가 입을 불이익을 정당화할 만큼 강한 경우에 한하여 취소할 수 있다. 그런데 수익적 행정처분의 하자가 당사자의 사실은폐나 기타 사위의 방법에 의한 신청행위에 기인한 것이라면, 당사자는 처분에 의한 이익을 위법하게 취득하였음을 알아 취소가능성도 예상하고 있었을 것이므로, 그 자신이 처분에 관한 신뢰이익을 원용할 수 없음은 물론, 행정청이 이를 고려하지 않았다 하여도 재량권의 남용이 되지 않고, 이 경우 당사자의 사실은폐나 기타 사위의 방법에 의한 신청행위가 제3자를 통하여 소극적으로 이루어졌다고 하여 달리 볼 것이 아니다. (대판 2008.11.13. 2008두8628)
④ (×) 평등의 원칙이나 행정의 자기구속의 원칙은 행정선례 등이 적법한 경우에만 적용되고 불법에서의 평등대우는 법치주의 원리상 허용되지 아니하므로, 乙은 평등원칙을 근거로 자신에게도 용도변경허가 없이 소유 시설에 대해 숙박업을 허가해 줄 것을 요구할 수 없다.
⑤ (○) 甲의 귀책사유가 없는 경우에는 숙박업허가의 취소로 인하여 입게 된 투자비용 등에 대한 손실보상청구권이 인정된다.

**정답** ④

## 제4절 부당결부금지의 원칙

**행정기본법 제13조(부당결부금지의 원칙)**
행정청은 행정작용을 할 때 상대방에게 해당 행정작용과 실질적인 관련이 없는 의무를 부과해서는 아니 된다.

### 013 자동차운전면허 및 운송사업면허에 대한 설명으로 옳지 않은 것은? (다툼이 있는 경우 판례에 의함)
20 국가7급

① 운전면허취소처분에 대한 취소소송에서 취소판결이 확정되었다면 운전면허취소처분 이후의 운전행위를 무면허운전이라 할 수는 없다.

② 음주운전 여부에 대한 조사과정에서 운전자 본인의 동의를 받지 아니하고 법원의 영장도 없이 채혈조사가 행해졌다면, 그 조사 결과를 근거로 한 운전면허취소처분은 특별한 사정이 없는 한 위법하다.

③ 개인택시운송사업의 양도·양수에 대한 인가가 있은 후에 그 양도·양수 이전에 있었던 양도인에 대한 운송사업면허취소사유를 들어 양수인의 사업면허를 취소할 수 있다.

④ 음주운전으로 인해 운전면허를 취소하는 경우의 이익형량에서 음주운전으로 인한 교통사고를 방지할 공익상의 필요가 취소의 상대방이 입게 될 불이익보다 강조되어야 하는 것은 아니다.

**해설**

① (O) 취소판결이 확정되면 형성력에 의하여 운전면허취소사실 자체가 없어지므로 무면허운전이 아니다.

② (O) 음주운전 여부에 대한 조사과정에서 운전자 본인의 동의를 받지 아니하고 또한 법원의 영장 없이 채혈조사를 한 결과를 근거로 한 운전면허정지·취소처분은 도로교통법 제44조 제3항을 위반한 것으로서 특별한 사정이 없는 한 위법한 처분으로 볼 수밖에 없다. (대판 2016.12.27. 2014두46850)

③ (O) 개인택시운송사업의 양도·양수에 대한 인가를 한 후, 그 양도·양수 이전에 있었던 양도인에 대한 운송사업면허취소사유를 들어 양수인의 사업면허를 취소할 수 있다. 관할 관청이 개인택시운송사업의 양도·양수에 대한 인가를 한 후 그 이전에 있었던 양도인의 음주운전사실로 운전면허가 취소되자, 양도인의 운전면허취소가 운송사업면허의 취소사유에 해당한다는 이유로 양수인의 운송사업면허를 취소하는 처분을 한 사안에서, 개인택시운송사업자의 면허를 박탈함으로써 개인택시운송사업의 질서를 확립하여야 할 공익상의 필요가 위 처분으로 양수인이 입게 될 불이익에 비해 가볍다고 볼 수 없어 관계 법령의 기준에 따른 위 처분에 재량을 일탈·남용한 위법이 없다. (대판 2010.4.8. 2009두17018)

④ (X) 운전면허를 받은 사람이 음주운전을 한 경우에 운전면허의 취소 여부는 행정청의 재량행위이나, 음주운전으로 인한 교통사고의 증가와 그 결과의 참혹성 등에 비추어 보면 음주운전으로 인한 교통사고를 방지할 공익상의 필요는 더욱 중시되어야 하고, 운전면허의 취소에서는 일반의 수익적 행정행위의 취소와는 달리 취소로 인하여 입게 될 당사자의 불이익보다는 이를 방지하여야 하는 일반예방적 측면이 더욱 강조되어야 한다. 甲이 혈중알코올농도 0.140%의 주취상태로 배기량 125cc 이륜자동차를 운전하였다는 이유로 관할 지방경찰청장이 甲의 자동차운전면허[제1종 대형, 제1종 보통, 제1종 특수(대형견인·구난), 제2종 소형]를 취소하는 처분을 한 경우, 위 처분 중 제1종 대형, 제1종 보통, 제1종 특수(대형견인·구난) 운전면허를 취소한 부분은 재량권을 일탈·남용한 위법이 있다고 본 원심판결은 위법하다. (대판 2018.2.28. 2017두67476)

**정답** ④

## 014

**다음 사례에 대한 판례의 입장으로 옳지 않은 것은?** [17 국가9급]

> 고속국도 관리청이 고속도로 부지와 접도구역에 송유관 매설을 허가하면서 상대방인 甲과 체결한 협약에 따라 송유관 시설을 이전하게 될 경우 그 비용을 甲이 부담하도록 하였는데, 그 후 「도로법 시행규칙」이 개정되어 접도구역에는 관리청의 허가 없이도 송유관을 매설할 수 있게 되었다.

① 협약에 따라 송유관 시설을 이전하게 될 경우 그 비용을 甲이 부담하도록 한 것은 행정행위의 부관 중 부담에 해당한다.
② 甲과의 협약이 없더라도 고속국도 관리청은 송유관 매설허가를 하면서 일방적으로 송유관 이전시 그 비용을 甲이 부담한다는 내용의 부관을 부가할 수 있다.
③ 「도로법 시행규칙」의 개정 이후에도 위 협약에 포함된 부관은 부당결부금지의 원칙에 반하지 않는다.
④ 「도로법 시행규칙」의 개정으로 접도구역에는 관리청의 허가 없이도 송유관을 매설할 수 있게 되었기 때문에 위 협약 중 접도구역에 대한 부분은 효력이 소멸된다.

**해설**

① (O) 주된 행정행위인 송유관 매설허가에 부가하여 송유관 시설 이전 비용을 甲이 부담하도록 급부의무를 부과하는 부관으로 부담에 해당한다. 부관의 성취 여부와 관련없이 행정행위의 효력이 발생하므로 정지조건으로 볼 수는 없다.
② (O) ③ (O) ④ (X) 고속국도 관리청이 고속도로 부지와 접도구역에 송유관 매설을 허가하면서 상대방과 체결한 협약에 따라 송유관 시설을 이전하게 될 경우 그 비용을 상대방에게 부담하도록 하였고, 그 후 도로법 시행규칙이 개정되어 접도구역에는 관리청의 허가 없이도 송유관을 매설할 수 있게 된 경우, 위 협약이 효력을 상실하지 않을 뿐만 아니라 위 협약에 포함된 부관이 부당결부금지의 원칙에도 반하지 않는다. 수익적 행정처분에 있어서는 법령에 특별한 근거규정이 없다고 하더라도 그 부관으로서 부담을 붙일 수 있고, 그와 같은 부담은 행정청이 행정처분을 하면서 일방적으로 부가할 수도 있지만 부담을 부가하기 이전에 상대방과 협의하여 부담의 내용을 협약의 형식으로 미리 정한 다음 행정처분을 하면서 이를 부가할 수도 있다. (대판 2009.2.12, 2005다65500)

**정답** ④

---

**기출지문 OX**

**01** 지방자치단체장이 사업자에게 주택사업계획 승인을 하면서 그 주택사업과는 아무런 관련이 없는 토지를 기부채납하도록 하는 부관을 붙인 경우, 그 부관은 부당결부금지의 원칙에 위반되어 위법하다. [19 지방9급] (O, X)

**해설** 지방자치단체장이 사업자에게 주택사업계획 승인을 하면서 그 주택사업과는 아무런 관련이 없는 토지를 기부채납하도록 하는 부관을 주택사업계획 승인에 붙인 경우, 그 부관은 부당결부금지의 원칙에 위반되어 위법하지만, 부관의 하자가 중대하고 명백하여 당연무효라고는 볼 수 없다. (대판 1997.3.11. 96다49650)

**정답** O

**02** 대법원은 승합차를 혈중알코올농도 0.1% 이상의 음주상태로 운전한 자에 대하여 제1종 보통 운전면허 외에 제1종 대형 운전면허까지 취소한 행정청의 처분이 부당결부금지원칙을 위반한 것으로 보았다. [10 지방9급] (O, X)

**해설** 제1종 보통 운전면허와 제1종 대형 운전면허의 소지자가 제1종 보통 운전면허로 운전할 수 있는 승합차를 음주운전하다가 적발되어 두 종류의 운전면허를 모두 취소당한 사안에서, 그 취소처분으로 생업에 막대한 지장을 초래하게 되어 가족의 생계조차도 어려워질 수 있다는 당사자의 불이익보다는 교통법규의 준수 또는 주취운전으로 인한 사고의 예방이라는 공익목적 실현의 필요성이 더욱 크고, 당해 처분 중 제1종 대형 운전면허의 취소가 재량권을 일탈한 것으로 본다면 상대방은 그 운전면허로 다시 승용 및 승합자동차를 운전할 수 있게 되어 주취운전에도 불구하고 아무런 불이익을 받지 않게 되어 현저히 형평을 잃은 결과가 초래된다는 이유로, 이와 달리 제1종 대형 운전면허 부분에 대한 운전면허취소처분이 재량권의 한계를 넘는 위법한 처분이라고 본 원심판결을 파기한다. (대판 1997.3.11. 96누15176)

**정답** X

## 제5절 행정법의 일반원칙 종합

**015** 행정법상 기본원칙에 대한 설명으로 옳지 않은 것은? (다툼이 있는 경우 판례에 의함) 〔14 국가9급〕

> (가) 어떤 행정목적을 달성하기 위한 수단은 그 목적 달성에 유효·적절하고 또한 가능한 한 최소침해를 가져오는 것이어야 하며, 아울러 그 수단의 도입으로 인한 침해가 의도하는 공익을 능가하여서는 아니 된다.
> (나) 개별 국민이 행정기관의 어떤 언동의 정당성 또는 존속성을 신뢰한 경우 그 신뢰가 보호받을 가치가 있는 한, 그러한 귀책사유 없는 신뢰는 보호되어야 한다.
> (다) 행정기관은 행정결정에 있어서 동종의 사안에 대하여 이전에 제3자에게 행한 결정과 동일한 결정을 상대방에게 하도록 스스로 구속당한다.
> (라) 권리자가 권리 행사의 기회가 있음에도 불구하고 장기간에 걸쳐 그의 권리를 행사하지 아니할 것으로 믿을 만한 정당한 사유가 있는 경우, 새삼스럽게 그 권리를 행사하는 것이 신의성실의 원칙에 반한다면 그 권리 행사는 허용되지 않는다.

① (가)원칙에 따라 노후된 건축물을 개수하여 붕괴위험을 충분히 방지할 수 있다면 스스로 원하지 않는다는 한도에서 철거명령을 내려서는 안 되는데, (가)원칙 중 필요성원칙이 적용된 결과이다.

② (나)원칙의 요건 중 귀책사유란 행정청의 견해표명의 하자가 상대방 등 관계자의 사실은폐 등 부정행위에 기인한 것이거나 그러한 부정행위가 없다고 하더라도 하자가 있음을 알았거나 중대한 과실로 알지 못한 경우 등을 의미한다.

③ 재량권 행사의 준칙인 규칙이 그 정한 바에 따라 되풀이 시행되어 행정관행이 이루어지면 평등의 원칙에 따라 행정기관은 그 상대방에 대한 관계에서 그 규칙에 따라야 할 자기구속을 당하게 되고, 그러한 경우에는 대외적인 구속력을 가지게 된다는 것이 판례의 입장이며, (다)원칙은 신뢰보호의 원칙과는 무관하다고 한다.

④ (라)원칙은 신의성실원칙에서 파생된 원칙으로서 공법관계 가운데 권력관계뿐 아니라 관리관계에도 적용되어야 함을 배제할 수는 없다.

**해설**

① (O) (가)는 비례의 원칙에 관한 설명이다. 위험한 물건에 대하여 개수명령으로써 목적을 달성할 수 있음에도 불구하고 철거명령을 발령하는 것은 비례의 원칙 내용 중 필요성의 원칙에 반한다. 필요성의 원칙이란 행정목적의 달성에 적합한 다수의 수단이 있는 경우에, 행정기관은 상대방과 일반국민에 대하여 가장 적은 부담을 주는 수단을 선택하여야 한다는 것이다.

② (O) (나)는 신뢰보호의 원칙에 관한 설명이다.

> 신뢰보호가 인정되기 위해서는 상대방이 신뢰를 얻는 과정에서 귀책사유가 없어야 하는데, 귀책사유란 행정청의 견해표명의 하자가 상대방 등 관계자의 사실은폐나 기타 사위의 방법에 의한 신청행위 등 부정행위에 기인한 것이거나 그러한 부정행위가 없다고 하더라도 하자가 있음을 알았거나 중대한 과실로 알지 못한 경우 등을 의미한다. (대판 2002.11.8. 2001두1512)

③ (×) (다)는 행정의 자기구속의 원칙에 관한 설명이다.

> 행정규칙이 법령의 규정에 의하여 행정관청에 법령의 구체적 내용을 보충할 권한을 부여한 경우, 또는 재량권 행사의 준칙인 규칙이 그 정한 바에 따라 되풀이 시행되어 행정관행이 이룩되게 되면, 평등의 원칙이나 신뢰보호의 원칙에 따라 행정기관은 그 상대방에 대한 관계에서 그 규칙에 따라야 할 자기구속을 당하게 되고, 그러한 경우에는 대외적인 구속력을 가지게 된다 할 것이다. (헌재 1990.9.3. 90헌마13)

④ (○) (라)는 실권의 법리에 관한 설명이다.

> 실권 또는 실효의 법리는 법의 일반원리인 신의성실의 원칙에 바탕을 둔 파생원칙인 것이므로 공법관계 가운데 관리관계는 물론이고 권력관계에도 적용되어야 함을 배제할 수는 없다. (대판 1988.4.27. 87누915)

정답 ③

### 기출지문 OX

**대법원은 실권의 법리를 신의성실의 원칙에 바탕을 둔 파생원칙으로 보았다.** [10 지방9급]  (O, ×)

해설  실권 또는 실효의 법리는 법의 일반원리인 신의성실의 원칙에 바탕을 둔 파생원칙인 것이므로 공법관계 가운데 관리관계는 물론이고 권력관계에도 적용되어야 함을 배제할 수는 없다. (대판 1988.4.27. 87누915)

정답 O

# CHAPTER 05 행정상 법률관계

## 제1절 행정상 법률관계

1. 행정상 법률관계는 조직법적 관계와 작용법적 관계로 이루어진다. 조직법적 관계에는 행정주체 상호 간의 관계와 행정주체의 내부관계가 있다. 작용법적 관계는 행정주체와 국민의 관계를 말한다.
2. 행정법관계의 당사자에는 행정주체와 행정객체가 있다.
3. 행정주체에는 국가, 공공단체(지방자치단체, 공법상의 사단, 공법상의 재단, 영조물법인), 공무수탁사인이 있다.
4. 행정객체에는 국민과 행정주체가 있다. 즉, 행정주체도 다른 행정주체와의 관계에서 행정객체가 되는 경우가 있다.

**001** 행정상 법률관계에 관한 설명 중 가장 옳지 않은 것은? 　07 경북9급

① 권력관계는 경찰작용과 같이 행정주체의 일방적인 명령·강제에 의하여 지배되고 있는 관계로 원칙적으로 사법규정의 적용이 배제된다.
② 관리관계의 예로는 공물의 설치·유지관리나 공기업의 경영관리 등을 들 수 있으며 원칙적으로 공법규정이 적용되며 예외적으로 사법이 적용된다.
③ 국고관계의 예로는 국가가 물품구입계약을 체결하고, 청사·도로·교량 등의 건설도급계약을 하거나 국유잡종재산(현 국유일반재산)을 관리·매각하는 것 등을 들 수 있으며, 전적으로 사법규정이 적용된다고 보는 것이 통설이다.
④ 행정조직법관계에서 발생하는 분쟁은 기관쟁의로서 법률상 쟁송에 대해서만 관할권을 가지는 사법심사의 대상이 되지 않는 것이 원칙이다.

**해설**

① (○) 권력관계는 본래적 의미의 공법관계로서 원칙적으로 공법규정이 적용되고 사법규정의 적용은 배제된다. 다만, 공법규정의 흠결이 있는 경우에는 예외적으로 사법규정이 유추적용될 수 있다.
② (×) 관리관계는 공법관계에 속하나, 대등관계로서 원칙적으로 사법이 적용된다. 다만, 예외적으로 공공복리의 실현과 밀접한 관련이 있는 경우에는 공법규정이 적용된다.
③ (○) 국고관계는 행정주체가 사법상 재산권의 주체로서 활동하는 사법관계로서 원칙적으로 사법 및 사법원리가 적용된다.
④ (○) 행정조직법관계에서 발생하는 분쟁은 기관쟁의로서 법률상의 쟁송이 아니므로 개별법률에 특별한 법률이 없는 한 법원에 제소할 수 없다.

**정답** ②

> **예상판례**
>
> 주택법에 따라 자치관리로 공동주택의 관리방법을 정한 아파트에 있어서 자치관리기구 및 관리주체인 **관리사무소장의 지위는 비법인사단인 입주자대표회의의 업무집행기관이다.**
> 자치관리기구의 대표자 내지 관리주체인 관리사무소장이 주택법령과 그에 따른 관리규약에서 정한 공동주택의 관리업무를 집행하면서 체결한 계약에 기한 권리 의무의 귀속주체와 그 계약의 당사자는 비법인사단인 입주자대표회의이다. (대판 2015.1.29. 2014다62657)

## 제2절 행정법관계의 특질

**002** 다음 중 판례의 태도로 옳지 않은 것은?

08 국가9급

① 국민의 정보공개청구권은 법률상 보호되는 구체적인 권리이다.
② 건설교통부(현 국토교통부) 내부지침에 의한 항공노선에 대한 운수권배분처분은 행정처분에 해당한다.
③ 다단계판매원은 구 「방문판매 등에 관한 법률」의 양벌규정의 적용에 있어서 다단계판매업자의 사용인의 지위에 있다.
④ 국립의료원 부설주차장에 관한 위탁관리용역운영계약과 관련한 가산금 지급채무 부존재를 소송상 다투는 경우 소송형태는 민사소송으로 하여야 한다.

**해설**

① (O) 국민의 정보공개청구권은 법률상 보호되는 구체적인 권리이므로, 공공기관에 대하여 정보의 공개를 청구하였다가 공개거부처분을 받은 청구인은 행정소송을 통하여 그 공개거부처분의 취소를 구할 법률상의 이익이 있다. (대판 2003.3.11. 2001두6425)

② (O) 정부 간 항공노선의 개설에 관한 잠정협정 및 비밀양해각서와 건설교통부(현 국토교통부) 내부지침에 의한 항공노선에 대한 운수권배분처분은 상대방에게 권리의 설정 또는 의무의 부담을 명하거나 기타 법적 효과를 발생하게 하는 등으로 항공사의 권리·의무에 직접 영향을 미치는 행위로서 항고소송의 대상이 되는 행정처분에 해당한다. (대판 2004.11.26. 2003두10268)

③ (O) 다단계판매업자와 다단계판매원 사이의 관계에 비추어 볼 때, 다단계판매원이 하위 판매원의 모집 및 후원활동을 하는 것은 실질적으로 다단계판매업자의 관리 아래 그 업무를 위탁받아 행하는 것으로 볼 수 있어, 다단계판매업자가 상품의 판매 또는 용역의 제공에 의한 이익의 귀속주체가 된다고 할 것이므로, 다단계판매원은 다단계판매업자의 통제·감독을 받으면서 다단계판매업자의 업무를 직접 또는 간접으로 수행하는 자로서, 적어도 구 방문판매 등에 관한 법률의 양벌규정의 적용에 있어서는 다단계판매업자의 사용인의 지위에 있다고 봄이 상당하다. (대판 2006.2.24. 2003도4966)

④ (X) 행정재산의 사용·수익에 대한 허가는 순전히 사경제주체로서 행하는 사법상의 행위가 아니라 관리청이 공권력을 가진 우월적 지위에서 행하는 행정처분으로서 특정인에게 행정재산을 사용할 수 있는 권리를 설정하여 주는 강학상 특허에 해당하는바, 이러한 행정재산의 사용·수익허가에 따른 사용료에 대하여는 국세징수법 제21조, 제22조가 규정한 가산금과 중가산금을 징수할 수 있다 할 것이고, 위 가산금과 중가산금은 위 사용료가 납부기한까지 납부되지 않은 경우 미납분에 관한 지연이자의 의미로 부과되는 부대세의 일종이다. 따라서 원고가 그 주장과 같이 이 사건 가산금 지급채무의 부존재를 주장하여 구제를 받으려면, 적절한 행정쟁송절차를 통하여 권리관계를 다투어야 할 것이지, 이 사건과 같이 피고에 대하여 민사소송으로 위 지급의무의 부존재확인을 구할 수는 없다. (대판 2006.3.9. 2004다31074)

**정답** ④

## 제3절 행정법관계의 당사자

### 행정법관계의 당사자
행정법관계의 당사자란 행정법관계에서의 권리·의무의 주체를 말한다. 행정법관계의 당사자에는 행정주체와 행정객체가 있다.

**1. 행정작용관계(부대등관계)**

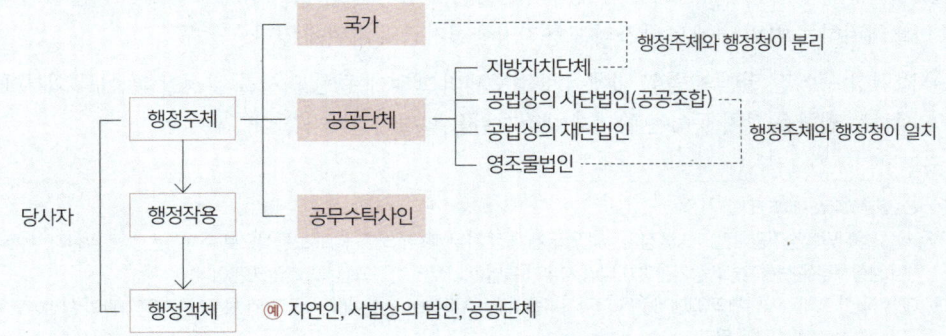

**2. 대등관계**

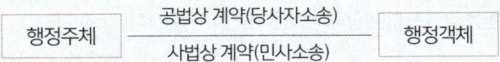

### 행정주체와 행정청의 구체적 차이

| 구분 | 예 | 권리·의무의 귀속, 법인격 | 사무 집행 | 피고적격 |
|---|---|---|---|---|
| 행정주체 | 국가, 경기도, 서울특별시, 동작구 | · 귀속<br>· 법인격 있음. | 불가능 | · 당사자소송, 손해배상소송, 손실보상소송의 피고가 됨.<br>· 행정청이 폐지된 경우에 예외적으로 항고소송의 피고가 됨. |
| 행정청 | 대통령, 장관, 지방자치단체장, 경찰서장 | · 귀속되지 않음.<br>· 법인격 없음. | 가능 | 항고소송의 피고가 됨. |

참고
- 항고소송의 피고: 행정청
- 당사자소송과 국가배상소송의 피고: 행정주체

### 공무수탁사인

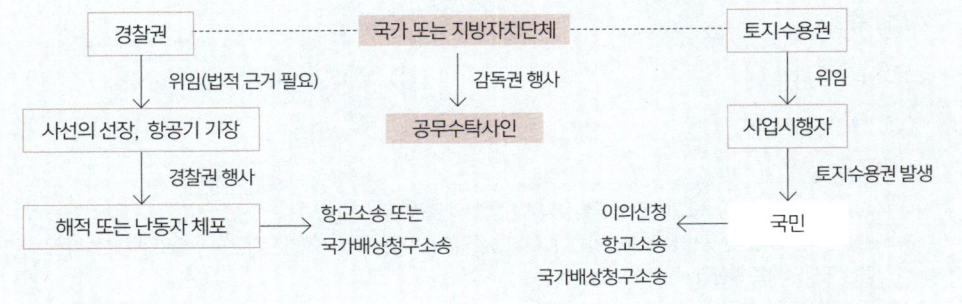

## 003 행정기관에 대한 설명으로 옳지 않은 것은? (다툼이 있는 경우 판례에 의함) <small>19 지방7급</small>

① 「정부조직법」상 중앙행정기관에는 소관 사무를 수행하기 위하여 필요한 때에는 특히 법률로 정한 경우를 제외하고는 대통령령으로 정하는 바에 따라 지방행정기관을 둘 수 있다.
② 일정한 관할 구역 내에서 널리 일반국가사무를 수행하는 행정기관을 국가의 보통지방행정기관이라 하고 세무서장이나 경찰서장이 이에 속한다.
③ 국가사무가 지방자치단체의 장에게 위임되어 수행되는 경우, 지방자치단체의 장은 국가사무를 처리하는 범위 내에서 국가의 보통지방행정기관의 지위에 있다.
④ 법령상 주어진 권한의 범위 내에서 행정주체의 행정에 관한 의사를 결정할 뿐 이를 외부에 표시하는 권한을 갖지 못하는 합의제 행정기관을 의결기관이라 한다.

**해설**
① (○) 정부조직법 제3조 제1항
② (×) 보통지방행정기관이란 지방행정기관의 업무가 특정 사무에 한정되지 않고 보통적으로 수행하는 것을 말한다. 세무서장이나 경찰서장은 보통지방행정기관이 아니라 사무가 특별한 사무에 한정되는 특별행정기관이다.
③ (○) 이러한 지방자치단체의 집행기관은 국가사무를 수임·처리하는 한도 내에서 국가의 보통지방행정기관의 지위에도 서게 되어 이중적 지위를 갖게 된다.
④ (○) 법령상 주어진 권한의 범위 내에서 행정주체의 행정에 관한 의사를 결정하는 것뿐만 아니라 이를 외부에 표시하는 권한을 가지는 기관을 행정(관)청이라고 하며, 외부에 표시권한을 갖지 못하는 합의제 행정기관을 의결기관이라고 한다.

**정답** ②

## 004 다음 중 행정주체에 해당하는 것으로서 그에 대한 법적 성격에 대한 설명이 옳은 것을 〈보기〉에서 모두 고르면? (다툼이 있는 경우 판례에 의함) <small>18 국회8급</small>

〈보기〉
ㄱ. 재개발조합 - 공공조합
ㄴ. 한국연구재단 - 공법상의 재단법인
ㄷ. 대한변호사협회 - 공법상의 사단법인
ㄹ. 국립의료원 - 공법상의 사단법인
ㅁ. 한국방송공사 - 영조물법인

① ㄱ, ㄴ
② ㄱ, ㄷ
③ ㄴ, ㄷ, ㅁ
④ ㄱ, ㄴ, ㄷ, ㅁ
⑤ ㄱ, ㄴ, ㄹ, ㅁ

**해설**
ㄱ. (○) 재개발조합은 공공조합으로서 공법상의 사단법인의 일종이다.
ㄴ. (○) 한국연구재단은 공법상의 재단법인이다. 공법상의 재단이란 국가나 지방자치단체가 출연한 재산을 관리하기 위하여 설립된 공공단체를 말한다.
ㄷ. (○) 대한변호사협회는 공법상의 사단법인이다.
ㄹ. (×) 국립의료원은 영조물법인에 해당한다.
ㅁ. (○) 한국방송공사는 영조물법인이다. 영조물법인이란 일정한 행정목적을 실현하기 위하여 설립된 인적·물적 수단의 결합체에 공법상의 법인격이 부여된 것을 말한다.

**정답** ④

**005** 행정상 법률관계의 당사자에 관한 설명으로 옳은 것은? (다툼이 있는 경우 판례에 의함)  17 서울9급

① 국가나 지방자치단체는 행정청과는 달리 당사자소송의 당사자가 될 수 있고 국가배상책임의 주체가 될 수 있다.
② 법인격 없는 단체는 공무수탁사인이 될 수 없다.
③ 「도시 및 주거환경정비법」에 따른 주택재건축정비사업조합은 공법인으로서 행정주체의 지위를 가진다고 보기 어렵다.
④ 「민영교도소 등의 설치 운영에 관한 법률」상의 민영교도소는 행정보조인(행정보조자)에 해당한다.

> 해설
> ① (O) 항고소송의 피고는 행정청이지만, 당사자소송이나 국가배상소송의 피고는 국가나 지방자치단체와 같은 행정주체가 된다.
> ② (X) 공무수탁사인과 법인격은 연관관계가 없다. 예를 들어 공증사무를 수행하는 공증인처럼 법인격 없는 단체도 공무수탁사인이 될 수 있다.
> ③ (X) 도시 및 주거환경정비법에 따른 주택재건축정비사업조합은 공법인으로서 행정주체에 해당한다.
> ④ (X) 민영교도소 등의 설치 운영에 관한 법률상의 민영교도소는 행정보조인(행정보조자)이 아니라 공무수탁사인에 해당한다.

> 정답 ①

**006** 다음 중 행정주체에 대한 설명으로 옳지 않은 것은? (단, 다툼이 있는 경우 판례에 의함)  17 사복

① 「도시 및 주거환경정비법」상 주택재건축정비사업조합은 공법인으로서 목적범위 내에서 법령이 정하는 바에 따라 일정한 행정작용을 행하는 행정주체의 지위를 갖는다.
② 공무수탁사인은 수탁받은 공무를 수행하는 범위 내에서 행정주체이고, 「행정절차법」이나 「행정소송법」에서는 행정청이다.
③ 경찰과의 사법상 용역계약에 의해 주차위반차량을 견인하는 민간사업자는 공무수탁사인이 아니다.
④ 지방자치단체는 행정주체이지 행정권 발동의 상대방인 행정객체는 될 수 없다.

> 해설
> ① (O) 주택재건축정비사업조합은 공법상의 사단법인(공법인)으로서 목적범위 내에서 법령이 정하는 바에 따라 일정한 행정작용을 행하는 행정주체의 지위가 인정된다.
> ② (O) 공무수탁사인은 수탁받은 공무를 수행하는 범위 내에서 행정주체이고, 개별법의 규정에 따라서는 행정청이 되는 경우도 있다.
> ③ (O) 공무수탁사인은 자신의 책임하에서 국가기능의 일부를 수행하는 자를 말한다. 경찰과의 사법상 용역계약에 의해 주차위반차량을 견인하는 민간사업자는 단순한 행정보조자의 일종이다.
> ④ (X) 지방자치단체도 국가와의 관계 또는 다른 지방자치단체와의 관계에서 행정객체가 되는 경우가 있다.

> 정답 ④

## 007 다음 중 행정주체가 아닌 것은?

16 서울9급

① 법무부장관
② 농지개량조합(현 한국농어촌공사)
③ 서울대학교
④ 대구광역시

**해설**
① (X) 법무부장관은 행정청이지 행정주체가 아니다.
② (O) ③ (O) ④ (O) 농지개량조합(공공조합), 서울대학교(영조물법인), 대구광역시(지방자치단체)는 행정주체가 된다.

**정답** ①

## 008 기초자치단체 종류이면서 행정주체의 종류에 속하는 것은?

04 서울9급

① 안양시 동안구
② 대전광역시
③ 성남시 수정구
④ 화성시 봉담읍
⑤ 목포시

**해설**
① (X) ③ (X) ④ (X) 일반시의 구(예 안양시 동안구)는 하부의 행정조직일 뿐, 행정주체가 아니다.
② (X) 대전광역시는 광역자치단체로서 행정주체이다.
⑤ (O) 목포시는 기초자치단체로서 행정주체이다.

**정답** ⑤

### 지방자치단체의 종류

| 보통지방자치단체 | 광역자치단체 | 특별시, 광역시, 도, 제주특별자치도 |
|---|---|---|
| | 기초자치단체 | 시, 군, 자치구 |
| 특별지방자치단체 | | 지방자치단체조합과 같이 특별한 목적을 위하여 설치된 단체 |

## 009 공무수탁사인에 관한 설명으로 옳은 것을 모두 고른 것은?

17 서울7급

ㄱ. 공무수탁사인은 행정주체이면서 동시에 행정청의 지위를 갖는다.
ㄴ. 경찰과의 계약을 통해 주차위반차량을 견인하는 민간사업자도 공무수탁사인에 해당한다.
ㄷ. 중앙관서장뿐만 아니라 지방자치단체장도 자신의 사무 중 조사·검사·검정·관리업무 등 주민의 권리·의무와 직접 관련되지 아니하는 사무를 개인에게 위탁할 수 있다.
ㄹ. 국가가 공무수탁사인의 공무수탁사무수행을 감독하는 경우 수탁사무수행의 합법성뿐만 아니라 합목적성까지도 감독할 수 있다.

① ㄱ, ㄴ
② ㄱ, ㄷ
③ ㄱ, ㄷ, ㄹ
④ ㄴ, ㄷ, ㄹ

> 해설

ㄱ. (O) 공무수탁사인과 공법상의 사단, 공법상의 재단, 영조물법인은 행정주체이면서 동시에 행정청의 지위를 가지므로 항고소송과 당사자소송의 피고적격이 인정된다. 한편, 국가와 지방자치단체는 행정주체이지만 행정청은 아니다.
ㄴ. (X) 경찰과의 계약을 통해 주차위반차량을 견인하는 민간사업자는 공무수탁사인이 아니라 행정보조인에 해당한다. 공무수탁사인이 되려면 스스로 결정을 해서 대외적 행위를 할 수 있는 권한이 있어야 한다.
ㄷ. (O) 행정기관은 법령으로 정하는 바에 따라 그 소관 사무 중 조사·검사·검정·관리사무 등 국민의 권리·의무와 직접 관계되지 아니하는 단순 사실행위인 행정작용, 공익성보다 능률성이 현저히 요청되는 사무, 특수한 전문지식 및 기술이 필요한 사무, 그 밖에 국민생활과 직결된 단순 행정사무를 민간위탁할 수 있다. (행정권한의 위임 및 위탁에 관한 규정 제11조 제1항)
ㄹ. (O) 위임사무에 대해서는 합법성뿐만 아니라 합목적성까지도 감독할 수 있다.
> 주의 자치사무에 대해서는 합법성만 감사할 수 있다.

> **행정권한의 위임 및 위탁에 관한 규정 제6조(지휘·감독)**
> 위임 및 위탁기관은 수임 및 수탁기관의 수임 및 수탁사무 처리에 대하여 지휘·감독하고, 그 처리가 위법하거나 부당하다고 인정될 때에는 이를 취소하거나 정지시킬 수 있다.

> 정답 ③

## 010 조세행정법에 대한 설명으로 옳지 않은 것은? (다툼이 있는 경우 판례에 의함) [15 지방7급]

① 납세의무는 법률이 정한 과세요건이 충족되면 과세관청의 특별한 행위를 기다리지 아니하고 당연히 성립한다.
② 조세법률주의는 과세요건법정주의와 과세요건명확주의를 그 핵심적 내용으로 하고 있다.
③ 국세의 부과처분에 불복하여 행정소송을 제기하고자 하는 경우에는 행정소송 제기 전에 국세청장에 대한 심사청구 또는 조세심판원에 대한 심판청구를 택일하여 청구하여야 한다.
④ 원천징수의 경우 국가 등에 대한 환급청구권자는 원천징수의무자가 아니라 원천납세의무자이다.

> 해설

① (O) 예를 들어 상속세의 납세의무는 상속개시와 동시에 성립한다. 다만, 세액의 확정은 별도의 절차가 필요하다.
② (O) 조세법률주의의 내용이다.
③ (O) 심사청구(국세청장에게)나 심판청구(조세심판원장에게)는 둘 중 하나를 반드시 거쳐야 한다. 동일한 처분에 대하여 심사청구와 심판청구를 중복하여 제기할 수는 없다.
④ (X) 원천징수의무자(회사)가 원천징수를 잘못하였을 때는 국가는 원천징수의무자에 대하여 부당이득을 한 것이므로 환급청구권자는 원천징수의무자가 된다. 원천징수의무자가 원천납세의무자로부터 원천징수대상이 아닌 소득에 대하여 세액을 징수 납부하였거나 징수하여야 할 세액을 초과하여 징수·납부하였다면 국가는 원천징수의무자로부터 이를 납부받는 순간 아무런 법률상의 원인 없이 보유하는 부당이득이 되고 구 국세기본법 등의 규정은 환급청구권이 확정된 국세환급금 및 가산금에 대한 내부적 사무처리절차로서 과세관청의 환급절차를 규정한 것일 뿐 그 규정에 의한 국세환급금(가산금 포함) 결정에 의하여 비로소 환급청구권이 확정되는 것은 아니므로 국세환급금결정이나 이 결정을 구하는 신청에 대한 환급거부결정 등은 납세의무자가 갖는 환급청구권의 존부나 범위에 구체적이고 직접적인 영향을 미치는 처분이 아니어서 항고소송의 대상이 되는 처분이라고 볼 수 없으며, 한편 위와 같은 환급청구권은 원천납세의무자가 아닌 원천징수의무자에게 귀속되는 것이므로 원천납세의무자들이 한 원천징수세액의 환급신청을 과세관청이 거부하였다고 하더라도 이는 항고소송의 대상이 되는 처분에 해당하지 아니한다. (대판 2002.11.8. 2001두8780)

> 정답 ④

## 제4절 공법관계와 사법관계

**011** 행정상 법률관계에 관한 설명으로 옳지 않은 것은? (다툼이 있는 경우 판례에 의함)  23 소방

① 국가가 사경제의 주체로서 상대방과 대등한 지위에서 체결하는 계약의 본질적인 내용은 사인 간의 계약과 다를 바가 없으므로 사적 자치와 계약자유의 원칙을 비롯한 사법의 원리가 원칙적으로 적용된다.

② 국가가 수익자인 수요기관을 위하여 국민을 계약상대자로하여 체결하는 요청조달계약에는 다른 법률에 특별한 규정이 없는 한 당연히 「국가를 당사자로 하는 계약에 관한 법률」이 적용된다.

③ 요청조달계약에 적용되는 「국가를 당사자로 하는 계약에 관한 법률」 조항은 국가가 사경제주체로서 국민과 대등한 관계에 있음을 전제로 한 사법관계에 대한 규정뿐만 아니라, 고권적 지위에서 국민에게 침익적 효과를 발생시키는 행정처분에 대한 규정까지 적용된다.

④ 한국자산관리공사가 국유재산 중 일반재산에 관하여 그 처분을 위임받아 매도하는 것은 행정청이 공권력의 주체라는 우월적 지위에서 행하는 공법상의 행정처분이 아니라 사경제주체로서 행하는 사법상의 법률행위에 해당하여 헌법소원심판의 대상이 되는 공권력의 행사에 해당하지 않는다.

**해설**

① (O) 사경제작용에는 원칙적으로 사법원리가 적용된다.

> 국가를 당사자로 하는 계약에 관한 법률에 따라 국가(지방자치단체)가 당사자가 되는 이른바 '공공계약'은 사경제주체로서 상대방과 대등한 위치에서 체결하는 사법상 계약으로서 본질적인 내용은 사인 간의 계약과 다를 바가 없으므로, 그에 관한 법령에 특별한 정함이 있는 경우를 제외하고는 사적 자치와 계약자유의 원칙 등 사법의 원리가 그대로 적용된다. (대판 2017.1.25. 2015다205796)

② (O) 대판 2017.6.29. 2014두14389

③ (X) 요청조달계약에 적용되는 국가를 당사자로 하는 계약에 관한 법률 조항은 국가가 사경제주체로서 국민과 대등한 관계에 있음을 전제로 한 사법관계에 관한 규정에 한정되고, 고권적 지위에서 국민에게 침익적 효과를 발생시키는 행정처분에 관한 규정까지 당연히 적용된다고 할 수 없다. (대판 2017.6.29. 2014두14389)

④ (O) 자산관리공사가 하는 공매는 대리로서 처분이지만, 일반재산을 매도하는 것은 사법관계이다.

**정답** ③

## 012 공법관계와 사법관계의 구별에 대한 설명으로 옳지 않은 것은?

23 국가9급

① 국유재산 중 행정재산의 사용허가는 공법관계이나, 한국공항공단이 무상사용허가를 받은 행정재산에 대하여 하는 전대행위는 사법관계이다.
② 조달청장이 「예산회계법」에 따라 계약을 체결하거나 입찰보증금 국고귀속조치를 취하는 것은 사법관계에 해당한다.
③ 국유재산의 무단점유에 대한 변상금 부과는 공법관계에 해당하나, 국유일반재산의 대부행위는 사법관계에 해당한다.
④ 조달청장이 법령에 근거하여 입찰참가자격을 제한하는 것은 사법관계에 해당한다.

### 해설

① (O) 전대는 임대받은 부동산을 다시 임대하는 것으로서 법적 성질은 사법관계이다.
② (O) 예산회계법에 따라 체결되는 계약은 사법상의 계약이고, 입찰보증금의 국고귀속조치는 국가가 사법상의 재산권의 주체로서 행위하는 것이다.

> 예산회계법에 따라 체결되는 계약은 사법상의 계약이라고 할 것이고 같은 법 제70조의5의 입찰보증금은 낙찰자의 계약체결의무 이행의 확보를 목적으로 하여 그 불이행시에 이를 국고에 귀속시켜 국가의 손해를 전보하는 사법상의 손해배상예정으로서의 성질을 갖는 것이라고 할 것이므로 입찰보증금의 국고귀속조치는 국가가 사법상의 재산권의 주체로서 행위하는 것이지 공권력을 행사하는 것이거나 공권력작용과 일체성을 가진 것이 아니라 할 것이므로 이에 관한 분쟁은 행정소송이 아닌 민사소송의 대상이 될 수 밖에 없다고 할 것이다. (대판 1983.12.27. 81누366)

③ (O) 변상금 부과는 처분성이 인정되므로 공법관계에 해당하나, 국유일반재산의 대부행위는 사법관계에 해당한다.
④ (X) 대법원은 행정주체인 국방부장관(대판 1996.2.27. 95누4360), 관악구청장(대판 1999.3.9. 98두18565), 서울특별시장(대판 1994.8.23. 94누3568)의 입찰참가제한에 대해서는 행정처분이라고 판시하였다.

정답 ④

## 013 행정상의 법률관계와 소송형태 등에 관한 설명으로 옳지 않은 것은? (다툼이 있는 경우 판례에 의함)

21 소방

① 「도시 및 주거환경정비법」상의 주택재건축정비사업조합을 상대로 관리처분계획안에 대한 조합총회결의의 무효확인을 구하는 소는 공법관계이므로 당사자소송을 제기하여야 한다.
② 「국가를 당사자로 하는 계약에 관한 법률」에 따라 국가가 당사자로 되는 입찰방식에 의한 사인과 체결하는 이른바 공공계약은 국가가 사경제의 주체로서 상대방과 대등한 위치에서 체결하는 사법상의 계약이다.
③ 「국유재산법」에 따른 국유재산의 무단점유자에 대한 변상금 부과·징수권은 민사상 부당이득반환청구권과 법적 성질을 달리하므로, 국가는 무단점유자를 상대로 변상금 부과·징수권의 행사와 별개로 국유재산의 소유자로서 민사상 부당이득반환청구의 소를 제기할 수 있다.
④ 2020년 4월 1일부터 시행되는 전부개정 「소방공무원법」 이전의 경우, 지방소방공무원의 보수에 관한 법률관계는 사법상의 법률관계이므로 지방소방공무원이 소속 지방자치단체를 상대로 초과근무수당의 지급을 구하는 소송은 행정소송상 당사자소송이 아닌 민사소송절차에 따라야 했다.

> 해설

① (○) 관리처분계획을 다투는 소송은 항고소송이고, 관리처분계획안에 대한 총회결의를 다투는 소송은 당사자소송이다. (대판 2009.9.17. 2007다2428)
② (○) 계약은 기본적으로 대등관계이고 내용상 사법관계이면 민사소송, 내용이 공법적이면 당사자소송의 대상이다. 선지는 사경제작용이므로 사법관계이다.
③ (○) 변상금 부과·징수권은 민사상 부당이득반환청구권과 법적 성질을 달리하므로, 국가는 무단점유자를 상대로 변상금 부과·징수권의 행사와 별도로 국유재산의 소유자로서 민사상 부당이득반환청구의 소를 제기할 수 있다. (대판 2014.7.16. 2011다76402)
④ (×) 지방소방공무원의 초과근무수당 지급청구권은 법령의 규정에 의하여 직접 그 존부나 범위가 정하여지고 법령에 규정된 수당의 지급요건에 해당하는 경우에는 곧바로 발생한다고 할 것이므로, 지방소방공무원이 자신이 소속된 지방자치단체를 상대로 초과근무수당의 지급을 구하는 청구에 관한 소송은 행정소송법 제3조 제2호에 규정된 당사자소송의 절차에 따라야 한다. (대판 2013.3.28. 2012다102629)

> 정답 ④

## 014 공법관계와 사법관계에 대한 설명으로 옳은 것은? (다툼이 있는 경우 판례에 의함) 20 서울·지방9급

① 「행정절차법」은 공법관계는 물론 사법관계에 대해서도 적용된다.
② 공법관계는 행정소송 중 항고소송의 대상이 되며, 사인 간의 법적 분쟁에 관한 사법관계는 행정소송 중 당사자소송의 대상이 된다.
③ 법률관계의 한쪽당사자가 행정주체인 경우에는 공법관계로 보는 것이 판례의 일관된 입장이다.
④ 입찰보증금의 국고귀속조치는 국가가 사법상의 재산권의 주체로서 행위하는 것이지, 공권력을 행사하는 것이거나 공권력작용과 일체성을 가진 것이 아니라 할 것이다.

> 해설

① (×) 행정절차법은 처분 등의 절차에 적용되므로 사법관계에는 적용되지 않는다.
② (×) 공법관계라고 해서 모두 항고소송의 대상이 되는 것은 아니고, 공법관계 중에서 처분성이 인정되면 항고소송, 공법관계 중에서 법률관계를 다투면 당사자소송으로 한다. 사법관계는 민사소송이다. 관리관계는 원칙적으로 사법이 적용되므로 민사소송의 대상이다.
③ (×) 선지는 구주체설의 입장이다. 판례의 입장은 명확히 어느 하나의 학설을 따른다고 할 수 없고, 학설들을 종합하여 결론을 도출하는 복수기준설의 입장이다.
④ (○) 대판 1983.12.27. 81누366

> 정답 ④

**015** 공법관계와 사법관계에 대한 설명으로 옳은 것만을 〈보기〉에서 모두 고른 것은? (다툼이 있는 경우 판례에 의함)

20 국회8급

〈보기〉
ㄱ. 조달청이 국가종합전자조달시스템인 나라장터 종합쇼핑몰에 거래정지조치를 하는 것은 처분으로서 공법관계에 속한다.
ㄴ. 「초·중등교육법」상 사립중학교에 대한 중학교 의무교육의 위탁관계는 사법관계에 속한다.
ㄷ. 공용수용의 목적물이 불필요하게 된 경우 피수용자가 다시 수용된 토지의 소유권을 회복할 수 있도록 하는 환매권은 일종의 공권이다.
ㄹ. 사립학교 교원에 대한 징계는 사법관계이나, 그에 대해 교원소청심사가 제기되어 그에 대한 결정이 있으면 그 결정은 공법의 문제가 된다.

① ㄱ, ㄴ   ② ㄱ, ㄷ   ③ ㄱ, ㄹ   ④ ㄴ, ㄹ   ⑤ ㄴ, ㄷ, ㄹ

**해설**

ㄱ. (O) 甲 주식회사가 조달청과 물품구매계약을 체결하고 국가종합전자조달시스템인 나라장터 종합쇼핑몰 인터넷 홈페이지를 통해 요구받은 제품을 수요기관에 납품하였는데, 조달청이 계약이행내역 점검 결과 일부 제품이 계약 규격과 다르다는 이유로 물품구매계약 추가특수조건규정에 따라 甲 회사에 대하여 6개월의 나라장터 종합쇼핑몰 거래정지조치를 한 사안에서, 위 거래정지조치는 항고소송의 대상이 되는 행정처분에 해당한다. (대판 2018.11.29. 2015두52395)

ㄴ. (X) 중학교 의무교육의 위탁관계는 초·중등교육법 제12조 제3항·제4항 등 관련 법령에 의하여 정해지는 공법적 관계로서, 대등한 당사자 사이의 자유로운 의사를 전제로 사익 상호 간의 조정을 목적으로 하는 민법 제688조의 수임인의 비용상환청구권에 관한 규정이 그대로 준용된다고 보기도 어렵다. (대판 2015.1.29. 2012두7387)
　참고　사립학교와 학생의 관계는 사법관계이다.

ㄷ. (X) 환매권은 일종의 형성권으로서 그 존속기간은 제척기간으로 보아야 할 것이며, 위 환매권은 재판상이든 재판 외이든 그 기간 내에 행사하면 이로써 매매의 효력이 생기고, 위 매매는 징발재산 정리에 관한 특별조치법 제20조 제1항에 적힌 환매권자와 국가 간의 사법상의 매매라 할 것이다. (대판 1992.4.24. 92다4673)

ㄹ. (O) 사립학교 교원에 대한 징계, 그 밖의 불이익 처분은 행정처분이 아닌 사법상의 행위이므로 사립학교 교원은 학교법인을 피고로 하여 민사소송을 제기하여 권리구제를 받을 수 있다. 그러나 사립학교 교원이 교원소청심사위원회의 심사를 거친 경우에는 교원소청심사위원회가 행정청이 되고, 교원소청심사위원회의 결정이 행정처분이 된다. 따라서 교원이 결정에 불복하는 경우 교원소청심사위원회를 피고로 하여 그 결정을 대상으로 행정소송을 제기하여야 한다. (교원의 지위 향상 및 교육활동 보호를 위한 특별법 제10조)

정답 ③

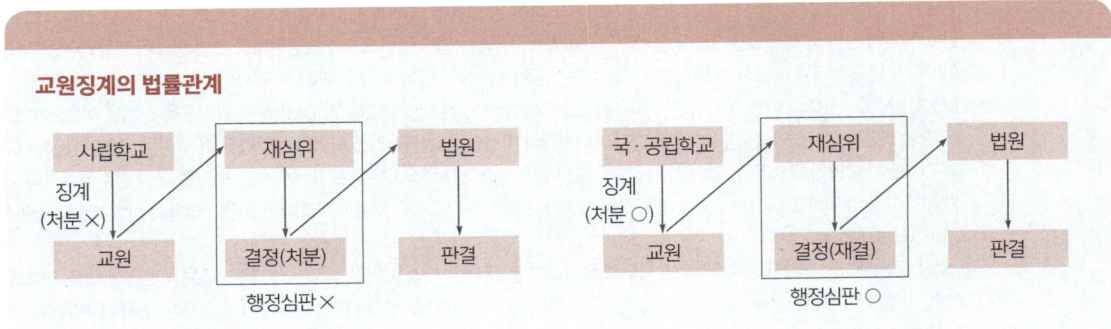

교원징계의 법률관계

> **기출지문 OX**
>
> **01** 공유재산의 관리청이 행하는 행정재산의 사용·수익에 대한 허가는 순전히 사경제주체로서 행하는 사법상의 법률행위이다. [20 국가7급] (O, ×)
> **해설** 행정재산의 사용·수익허가는 특허로서 처분이며, 그 사용료 부과는 처분성이 인정된다. **정답** ×
>
> **02** 개발부담금 부과처분이 취소된 후의 부당이득으로서의 과오납금반환에 관한 법률관계는 공법상 법률관계이다. [20 국가7급] (O, ×)
> **해설** 판례는 부당이득반환을 민사로 본다. **정답** ×
>
> **03** 공익사업을 위한 토지 등의 취득 및 보상에 관한 법령에 의한 협의취득은 사법상의 법률행위이다. [20 국가7급] (O, ×)
> **해설** 협의취득은 사법관계이다. **정답** O

## 016  판례의 입장으로 옳은 것은? <sub></sub> 17 국가7급

① 사인이 공공시설을 건설한 후, 국가 등에 기부채납하여 공물로 지정하고 그 대신 그 자가 일정한 이윤을 회수할 수 있도록 일정 기간 동안 무상으로 사용하도록 허가하는 것은 사법상 계약에 해당한다.

② 부담금 부과에 관한 명확한 법률규정이 존재하더라도 그 법률규정과는 별도로 반드시 「부담금관리 기본법」 별표에 그 부담금이 포함되어야만 부담금 부과가 유효하게 되는 것은 아니다.

③ 사업 양도·양수에 따른 허가관청의 지위승계신고의 수리에 있어서, 그 수리대상인 사업양도·양수가 무효임을 이유로 막바로 행정소송으로 그 신고 수리처분의 무효확인을 구할 법률상 이익은 없다.

④ 「공익사업을 위한 토지 등의 취득 및 보상에 관한 법률」상 사업시행자에 의한 이주대책 수립·실시 및 이주대책의 내용에 관한 규정은 당사자의 합의에 의하여 적용을 배제할 수 있다.

**해설**

① (×) **기부채납**

| 사용기간 설정 | 처분성 인정. 투자자금 회수기간이므로 |
|---|---|
| 사용기간 연장신청 | 사법관계. 투자자금 회수 이후이므로 |

② (O) 부담금관리 기본법의 제정목적, 부담금관리 기본법 제3조의 조문형식 및 개정 경과 등에 비추어 볼 때, 부담금관리 기본법은 법 제정 당시 시행되고 있던 부담금을 별표에 열거하여 정당화 근거를 마련하는 한편 시행 후 기본권 침해의 소지가 있는 부담금을 신설하는 경우 자의적인 부과를 견제하기 위하여 위 법률에 의하여 이를 규율하고자 한 것이나, 그러한 점만으로 부담금 부과에 관한 명확한 법률규정이 존재하더라도 법률규정과는 별도로 반드시 부담금관리 기본법 별표에 부담금이 포함되어야만 부담금 부과가 유효하게 된다고 해석할 수는 없다. (대판 2014.1.29. 2013다25927, 25934)

③ (×) 사업양도·양수에 따른 허가관청의 지위승계신고의 수리는 적법한 사업의 양도·양수가 있었음을 전제로 하는 것이므로 그 수리대상인 사업양도·양수가 존재하지 아니하거나 무효인 때에는 수리를 하였다 하더라도 그 수리는 유효한 대상이 없는 것으로서 당연히 무효라 할 것이고, 사업의 양도행위가 무효라고 주장하는 양도자는 민사쟁송으로 양도·양수행위의 무효를 구함이 없이 막바로 허가관청을 상대로 하여 행정소송으로 위 신고 수리처분의 무효확인을 구할 법률상 이익이 있다. (대판 2005.12.23. 2005두3554)

④ (×) 사업시행자의 이주대책 수립·실시의무를 정하고 있는 구 공익사업을 위한 토지 등의 취득 및 보상에 관한 법률 제78조 제1항과 이주대책의 내용을 정하고 있는 같은 조 제4항 본문이 강행법규이므로 당사자의 합의에 의하여 적용을 배제할 수 없다. 당사자의 합의로 토지소유자 등에게 부담시켰다면 이는 무효로 부당이득이 성립된다.

**정답** ②

**017** 공법과 사법의 구별에 대한 설명으로 옳지 않은 것을 〈보기〉에서 모두 고르면? (다툼이 있는 경우 판례에 의함)

17 국회8급

〈보기〉
ㄱ. 공법과 사법의 구별기준에 대한 신 주체설은 국가나 지방자치단체 등의 행정주체가 관련되는 법률관계를 공법관계로 보고 사인 간의 법률관계는 사법관계로 본다.
ㄴ. 대법원은 국가나 지방자치단체가 당사자가 되는 공공계약(조달계약)은 상대방과 대등한 관계에서 체결하는 공법상의 계약으로 본다.
ㄷ. 대법원은 행정재산의 목적 외 사용에 해당하는 사인에 대한 행정재산의 사용·수익허가를 강학상 특허로 보고 있다.
ㄹ. 대법원은 석탄가격안정지원금 지급청구권은 석탄산업법령에 의하여 정책적으로 당연히 부여되는 공법상 권리이므로, 지원금의 지급을 구하는 소송은 공법상 당사자소송의 대상이 된다고 본다.
ㅁ. 대법원은 지방자치단체가 공공조달계약 입찰을 일정 기간 동안 제한하는 부정당업자 제재는 사법상의 통지행위에 불과하다고 본다.

① ㄴ, ㅁ
② ㄷ, ㄹ
③ ㄱ, ㄴ, ㅁ
④ ㄱ, ㄷ, ㄹ
⑤ ㄱ, ㄴ, ㄷ, ㅁ

**해설**

ㄱ. (X) 구 주체설에 대한 설명이다.

| 구분 | 내용 | 비판 |
| --- | --- | --- |
| 구 주체설 | 행정관계의 일방 또는 쌍방당사자가 국가 등인 경우는 공법관계이고 당사자가 모두 사인인 경우는 사법관계 | 조세의 원천징수나 선장·기장 등의 공무수탁사인에 의한 경찰권 행사를 설명할 수 없다는 문제점이 있음. |
| 신 주체설 (귀속설) | 국가 등의 행정주체에 대해서만 권리·의무를 귀속시키면 공법관계, 모든 권리주체에게 권리·의무를 귀속시키면 사법관계 | 국가 등의 행정주체가 공권력주체로서의 지위를 가지는지의 여부는 관계 법규가 공법인지 여부에 의하여 비로소 결정된다는 문제가 있음. |
| 권력설 (성질설) | 지배복종관계는 공법관계, 대등관계는 사법관계 | 공법상 계약을 사법관계로 보게 되는 단점이 있음. |
| 이익설 | 공익에 봉사하면 공법관계, 사익에 봉사하면 사법관계 | 공익과 사익을 동시에 그 고려대상으로 하고 있다는 점 등이 제기됨. |

ㄴ. (X) 국가를 당사자로 하는 계약에 관한 법률에 따라 국가(지방자치단체)가 당사자가 되는 이른바 '공공계약'은 사경제주체로서 상대방과 대등한 위치에서 체결하는 사법상 계약으로서 본질적인 내용은 사인 간의 계약과 다를 바가 없으므로, 그에 관한 법령에 특별한 정함이 있는 경우를 제외하고는 사적 자치와 계약자유의 원칙 등 사법의 원리가 그대로 적용된다. (대결 2012.9.20. 2012마1097 ; 대판 2017.1.25. 2015다205796)

ㄷ. (O) 국유재산 등의 관리청이 하는 행정재산의 사용·수익에 대한 허가는 순전히 사경제주체로서 행하는 사법상의 행위가 아니라 관리청이 공권력을 가진 우월적 지위에서 행하는 행정처분으로서 특정인에게 행정재산을 사용할 수 있는 권리를 설정하여 주는 강학상 특허에 해당한다. (대판 2006.3.9. 2004다31074)

ㄹ. (O) 석탄가격안정지원금은 석탄의 수요 감소와 열악한 사업환경 등으로 점차 경영이 어려워지고 있는 석탄광업의 안정 및 육성을 위하여 국가정책적 차원에서 지급하는 지원비의 성격을 갖는 것이고, 석탄광업자가 석탄산업합리화사업단에 대하여 가지는 이와 같은 지원금 지급청구권은 석탄사업법령에 의하여 정책적으로 당연히 부여되는 공법상의 권리이므로, 석탄광업자가 석탄산업합리화사업단을 상대로 석탄산업법령 및 석탄가격안정지원금 지급요령에 의하여 지원금의 지급을 구하는 소송은 공법상의 법률관계에 관한 소송인 공법상의 당사자소송에 해당한다. (대판 1997.5.30. 95다28960)

ㅁ. (X) 지방자치단체가 계약 입찰을 일정 기간 동안 제한하는 부정당업자 제재는 사법상의 통지행위에 불과한 것이 아니라 처분성이 인정된다.

도지사가 2010.7.12. 부정당업자 입찰참자자격의 제한처분을 하면서 입찰참가자격의 제한기간을 처분 다음 날부터 5개월간으로 정하였다 하더라도 상대방에게 고지되어야 그 효력이 발생하며, 고지되기 이전의 제한기간에 대하여는 그 효력이 미치지 아니한다. (대판 2012.11.15. 2011두31635)

정답 ③

## 018 행정상 법률관계에 관한 설명으로 옳은 것을 〈보기〉에서 고른 것은?

18 교행

〈보기〉
ㄱ. 공법관계와 사법관계는 1차적으로 관계 법령의 규정 내용과 성질 등을 기준으로 구별한다.
ㄴ. 행정상 법률관계를 공법관계와 사법관계로 구분하는 것은 각각의 소송절차와도 관련된다.
ㄷ. 「초·중등교육법」상 사립중학교에 대한 중학교 의무교육의 위탁관계는 사법관계에 속한다.
ㄹ. 행정사법(行政私法) 영역에서는 사법이 적용되며, 공법원리는 추가로 적용될 수 없다.

① ㄱ, ㄴ    ② ㄱ, ㄷ    ③ ㄴ, ㄹ    ④ ㄷ, ㄹ

해설
ㄱ. (O) 공법관계와 사법관계는 1차적으로 관계 법령의 규정 내용과 성질 등을 기준으로 구별하고, 2차적으로 학설과 판례에 의해 구분한다.
ㄴ. (O)
ㄷ. (X) 초·중등교육법상 사립중학교에 대한 중학교 의무교육의 위탁관계는 공법관계이다.
ㄹ. (X) 행정사법(行政私法)영역에서는 원칙적으로 사법이 적용되지만, 성질에 따라 공법원리가 적용되는 경우가 있다. 행정사법은 유도행정과 같은 수단의 선택이 인정되는 경우에 적용되고 경찰이나 조세영역에서는 인정되지 않는다.

정답 ①

## 019 공법관계와 사법관계에 대한 판례의 입장으로 옳은 것으로만 묶은 것은?

17 국가7급 추가

ㄱ. 「국유재산법」상의 국유재산무단사용 변상금의 부과처분 – 공법관계
ㄴ. 개발부담금 부과처분의 직권취소를 이유로 한 부당이득반환청구 – 공법관계
ㄷ. 「귀속재산처리법」에 의한 귀속재산의 매각행위 – 공법관계
ㄹ. 「도시 및 주거환경정비법」상의 주택재건축정비사업조합이 수립한 관리처분계획안에 대한 조합총회결의 – 사법관계

① ㄱ, ㄴ    ② ㄱ, ㄷ    ③ ㄱ, ㄹ    ④ ㄷ, ㄹ

해설
ㄱ. (O) 공법관계
ㄴ. (X) 사법관계
ㄷ. (O) 귀속재산처리법에 의한 귀속재산의 매각행위는 공매의 일종으로 공법관계이다.
ㄹ. (X) 도시 및 주거환경정비법상의 주택재건축정비사업조합이 수립한 관리처분계획안에 대한 조합총회결의는 공법관계로서 당사자소송의 대상이다.

정답 ②

## 020 간접국가행정에 대한 설명으로 옳지 않은 것은? (다툼이 있는 경우 판례에 의함)

16 지방7급

① 국가로부터 독립한 법인격 있는 단체를 통해 수행되는 국가행정을 간접국가행정이라고 하고, 이를 행하는 간접국가행정조직으로는 공법상 사단, 공법상 재단, 공법상 영조물법인 등이 있다.

② 헌법재판소는 정부투자기관(한국토지공사)의 출자로 설립된 회사(한국토지신탁) 내부의 근무관계(인사상의 차별 및 해고)에 관한 사항은 특별한 공법적 규정이 존재하는 경우라도 사법관계에 속하는 것이라고 본다.

③ 대법원은 농지개량조합(현 한국농어촌공사)과 그 직원과의 관계는 사법상의 근로계약관계가 아닌 공법상의 특별권력관계이고, 그 조합의 직원에 대한 징계처분의 취소를 구하는 소송은 행정소송사항에 속한다고 본다.

④ 헌법재판소는 한국방송공사의 직원 채용관계는 특별한 공법적 규제 없이 한국방송공사의 자율에 맡겨진 셈이 되므로 이는 사법적인 관계에 해당한다고 봄이 상당하고, 직원 채용관계가 사법적인 것이라면 그러한 채용에 필수적으로 따르는 사전절차로 채용시험의 응시자격을 정한 공고 또한 사법적인 성격을 지닌다고 할 것이므로, 이러한 채용시험공고는 헌법소원으로 다툴 수 있는 공권력의 행사에 해당하지 않는다고 한다.

**해설**

① (O) 헌법재판소법 제68조 제1항에 의하여 헌법소원의 대상이 되는 행위는 국가기관의 공권력작용에 속하여야 하고, 여기서의 국가기관은 입법·행정·사법 등의 모든 기관을 포함하며, 간접적인 국가행정, 예를 들어 공법상의 사단, 재단 등의 공법인, 국립대학교와 같은 영조물 등의 작용도 헌법소원의 대상이 된다. (헌재 2015.6.5. 2015헌마510)

② (X) 정부투자기관(한국○○공사)의 출자로 설립된 회사(한국□□신탁) 내부의 근무관계(인사상의 차별 및 해고)에 관한 사항은 이를 규율하는 특별한 공법적 규정이 존재하지 않는 한, 원칙적으로 사법관계에 속하므로 헌법소원의 대상이 되는 공권력 작용이라고 볼 수 없다. (헌재 2002.3.28. 2001헌마464)

③ (O) 농지개량조합(현 한국농어촌공사)과 그 직원과의 관계는 사법상의 근로계약관계가 아닌 공법상의 특별권력관계이고, 그 조합의 직원에 대한 징계처분의 취소를 구하는 소송은 행정소송사항에 속한다. (대판 1965.6.9. 94누10870)

**참고** 이때 퇴직금관계는 사법관계이다.

④ (O) 한국방송공사의 직원 채용관계는 사법관계이므로 헌법소원이 인정되지 않는다.

> 공법인의 행위는 일반적으로 헌법소원의 대상이 될 수 있으나, 그중 대외적 구속력을 갖지 않는 단순한 내부적 행위나 사법적(私法的)인 성질을 지니는 것은 헌법소원의 대상이 되는 공권력의 행사에 해당하지 않는다. 한국방송공사의 직원 채용관계는 특별한 공법적 규제 없이 한국방송공사의 자율에 맡겨진 셈이 되므로 이는 사법적인 관계에 해당한다고 봄이 상당하다. 또한 직원 채용관계가 사법적인 것이라면, 그러한 채용에 필수적으로 따르는 사전절차로서 채용시험의 응시자격을 정한 이 사건 공고 또한 사법적인 성격을 지닌다고 할 것이다. 이 사건 공고는 헌법소원으로 다툴 수 있는 공권력의 행사에 해당하지 않는다. (헌재 2006.11.30. 2005헌마855)

**정답** ②

## 기출지문 OX

**01** 국유일반재산의 대부료 등의 징수에 관하여「국세징수법」규정을 준용한 간이하고 경제적인 특별구제절차가 마련되어 있으므로, 특별한 사정이 없는 한 민사소송의 방법으로 대부료 등의 지급을 구하는 것은 허용되지 아니한다. [16 지방7급]　　　　(O, X)

**해설** 대부관계 자체는 사법관계이지만 대부료의 징수는 민사소송 등의 소송으로 해결하는 것이 아니라 강제징수, 즉 독촉·압류·매각·청산의 방법으로 해결해야 한다.

> 국유재산법 제42조 제1항, 제73조 제2항 제2호에 따르면, 국유일반재산의 관리·처분에 관한 사무를 위탁받은 자는 국유일반재산의 대부료 등이 납부기한까지 납부되지 아니한 경우에는 국세징수법 제23조와 같은 법의 체납처분에 관한 규정을 준용하여 대부료 등을 징수할 수 있다. 이와 같이 국유일반재산의 대부료 등의 징수에 관하여는 국세징수법 규정을 준용한 간이하고 경제적인 특별구제절차가 마련되어 있으므로, 특별한 사정이 없는 한 민사소송의 방법으로 대부료 등의 지급을 구하는 것은 허용되지 아니한다. (대판 2014.9.4. 2014다 203588)

정답 O

**02** 공익사업의 시행으로 인하여 건축허가 등 관계 법령에 의한 절차를 진행 중이던 사업이 폐지되는 경우 그 사업 등에 소요된 비용 등의 손실에 대한 쟁송은 민사소송절차에 의해야 한다. [16 지방7급]　　　　(O, X)

**해설** 구 공익사업을 위한 토지 등의 취득 및 보상에 관한 법률 제79조 제2항, 공익사업을 위한 토지 등의 취득 및 보상에 관한 법률 시행규칙 제57조에 따른 사업폐지 등에 대한 보상청구권은 공익사업의 시행 등 적법한 공권력의 행사에 의한 재산상 특별한 희생에 대하여 전체적인 공평부담의 견지에서 공익사업의 주체가 손해를 보상하여 주는 손실보상의 일종으로 공법상 권리임이 분명하므로 그에 관한 쟁송은 민사소송이 아닌 행정소송절차에 의하여야 한다. (대판 2012.10.11. 2010다23210)

정답 X

## 예상판례

**01** 국립공원관리공단에 근무하는 청원경찰의 법률관계는 사법관계이다. - 청원경찰법과 법률유보

헌법상 법치주의의 한 내용인 법률유보의 원칙은 국민의 기본권 실현에 관련된 영역에 있어서 국가행정권의 행사에 관하여 적용되는 것이지, 기본권규범과 관련 없는 경우에까지 준수되도록 요청되는 것은 아니라 할 것인데, 청원경찰은 근무의 공공성 때문에 일정한 경우에 공무원과 유사한 대우를 받고 있는 등으로 일반근로자와 공무원의 복합적 성질을 가지고 있지만, 그 임면주체는 국가행정권이 아니라 청원경찰법상의 청원주로서 그 근로관계의 창설과 존속 등이 본질적으로 사법상 고용계약의 성질을 가지는바, 청원경찰의 징계로 인하여 사적 고용계약상의 문제인 근로관계의 존속에 영향을 받을 수 있다 하더라도 이는 국가행정주체와 관련되고 기본권의 보호가 문제되는 것이 아니어서 여기에 법률유보의 원칙이 적용될 여지가 없으므로, 그 징계에 관한 사항을 법률에 정하지 않았다고 하여 법률유보의 원칙에 위반된다 할 수 없다. (헌재 2010.2.25. 2008헌바160 [합헌])

**02** 사법인인 학교법인과 학생의 재학관계는 사법상 계약에 따른 법률관계에 해당한다. 지방자치단체가 학교법인이 설립한 사립중학교에 의무교육대상자에 대한 교육을 위탁한 때에 그 학교법인과 해당 사립중학교에 재학 중인 학생의 재학관계도 기본적으로 마찬가지이다. (대판 2018.12.28. 2016다33196)

**03** 납세자는 이미 존재와 범위가 확정되어 있는 과오납부액에 대하여 부당이득반환을 구하는 민사소송으로 환급을 청구할 수 있다.

실제사업자가 따로 있는데도 사업명의자에게 과세처분이 이루어져 사업명의자 명의로 세액이 납부되었으나 과세처분이 무효이거나 취소되어 과오납부액이 발생한 경우, 사업명의자 명의로 납부된 세액의 환급청구권자는 사업명의자이다. (대판 2015.8.27. 2013다212639)

# CHAPTER 06 공권과 공의무관계

## 제1절 행정법관계의 내용

### 공권과 반사적 이익의 차이
공권이 성립하려면 강행법규성과 사익보호성이 있어야 한다. 재판가능성은 공권의 성립요소가 아니다. 오늘날 재판청구권은 당연히 인정되기 때문이다.

### 공권의 성립근거
1. 법률에 의해 성립하는 것이 가장 일반적이다. 법률은 근거법규뿐만 아니라 관련 법규까지 고려해서 공권을 넓게 인정하려는 것이 판례와 학설의 입장이다.
2. 헌법에 의해 공권이 인정되는 경우도 있다. 다만, 법률은 헌법보다 하위의 효력이지만 적용상으로는 우위(우선 적용)기 때문에 1차적으로는 개별법에서 공권을 도출하고 2차적으로 헌법에서 도출한다. 판례상 알 권리와 정보공개청구권, 피의자·피고인의 접견권은 공권성이 인정되고, 환경권과 근로의 권리는 공권성이 부정된다.
3. 조리·관습법·공법상 계약·법규명령에 의해서도 공권은 인정될 수 있다. 행정규칙에 의해서는 공권이 인정되지 않는 것이 원칙이다.

### 공권의 확대화 경향
처분의 상대방이 아닌 제3자에게 공권이 성립 → 제3자가 처분의 상대방에게 내려진 허가 등의 효력을 다툴 수 있는 가의 문제를 말한다.

1. 경업자소송
   기존업자가 신규업자에게 내려진 허가 등의 취소를 구하는 소송을 말한다. 특허사업(법률상 이익)의 경우에는 인정되고 허가사업(반사적 이익)의 경우에는 인정되지 않는 것이 일반적이다.
2. 경원자소송
   공동신청인 중 떨어진 사람이 제기하는 소송을 말하며, 일반적으로 인정된다.
3. 인인소송
   인근 주민이 공해시설 등에 대해서 제기하는 소송을 말한다(예 연탄공장 인근 주민).

## 001 행정법관계에 대한 설명으로 옳지 않은 것은? (다툼이 있는 경우 판례에 의함)   22 국가9급

① 군인연금법령상 급여를 받으려고 하는 사람이 국방부장관에게 급여 지급을 청구하였으나 거부된 경우, 곧바로 국가를 상대로 한 당사자소송으로 급여의 지급을 청구할 수 있다.
② 법무사가 사무원을 채용할 때 소속 지방법무사회로부터 승인을 받아야 할 의무는 공법상 의무이다.
③ 사무처리의 긴급성으로 인하여 해양경찰의 직접적인 지휘를 받아 보조로 방제작업을 한 경우, 사인은 그 사무를 처리하며 지출한 필요비 내지 유익비의 상환을 국가에 대하여 민사소송으로 청구할 수 있다.
④ 「공익사업을 위한 토지 등의 취득 및 보상에 관한 법률」상 환매권의 존부에 관한 확인을 구하는 소송 및 환매금액의 증감을 구하는 소송은 민사소송이다.

### 해설

① (X) 구 군인연금법과 같은 법 시행령의 관계 규정을 종합하면, 같은 법에 의한 퇴역연금 등의 급여를 받을 권리는 법령의 규정에 의하여 직접 발생하는 것이 아니라 각 군 참모총장의 확인을 거쳐 국방부장관이 인정함으로써 비로소 구체적인 권리가 발생하고, 위와 같은 급여를 받으려고 하는 자는 우선 관계 법령에 따라 국방부장관에게 그 권리의 인정을 청구하여 국방부장관이 그 인정청구를 거부하거나 청구 중의 일부만을 인정하는 처분을 하는 경우 그 처분을 대상으로 항고소송을 제기하는 등으로 구체적 권리를 인정받은 다음 비로소 당사자소송으로 그 급여의 지급을 구하여야 할 것이고, 구체적인 권리가 발생하지 않은 상태에서 곧바로 국가를 상대로 한 당사자소송으로 그 권리의 확인이나 급여의 지급을 소구하는 것은 허용되지 아니한다. (대판 2003.9.5. 2002두3522)

② (O) [1] 법무사의 사무원 채용승인신청에 대하여 소속 지방법무사회가 '채용승인을 거부'하는 조치 또는 일단 채용승인을 하였으나 법무사규칙 제37조 제6항을 근거로 '채용승인을 취소'하는 조치는 공법인인 지방법무사회가 행하는 구체적 사실에 관한 법집행으로서 공권력의 행사 또는 그 거부에 해당하므로 항고소송의 대상인 '처분'이라고 보아야 한다.

[2] 지방법무사회의 법무사 사무원 채용승인은 단순히 지방법무사회와 소속 법무사 사이의 내부 법률문제라거나 지방법무사회의 고유사무라고 볼 수 없고, 법무사 감독이라는 국가사무를 위임받아 수행하는 것이라고 보아야 한다. 따라서 지방법무사회는 법무사 감독사무를 수행하기 위하여 법률에 의하여 설립과 법무사의 회원가입이 강제된 공법인으로서 법무사 사무원 채용승인에 관한 한 공권력 행사의 주체라고 보아야 한다. 지방법무사회가 법무사의 사무원 채용승인신청을 거부하거나 채용승인을 얻어 채용 중인 사람에 대한 채용승인을 취소하면, 상대방인 법무사로서도 그 사람을 사무원으로 채용할 수 없게 되는 불이익을 입게 될 뿐만 아니라, 그 사람도 법무사 사무원으로 채용되어 근무할 수 없게 되는 불이익을 입게 된다. 법무사규칙 제37조 제4항이 이의신청절차를 규정한 것은 채용승인을 신청한 법무사뿐만 아니라 사무원이 되려는 사람의 이익도 보호하려는 취지로 볼 수 있다. 따라서 지방법무사회의 사무원 채용승인거부처분 또는 채용승인취소처분에 대해서는 처분상대방인 법무사뿐만 아니라 그 때문에 사무원이 될 수 없게 된 사람도 이를 다툴 원고적격이 인정되어야 한다. (대판 2020.4.9. 2015다34444)

③ (O) 甲주식회사 소유의 유조선에서 원유가 유출되는 사고가 발생하자 乙주식회사가 피해 방지를 위해 해양경찰의 직접적인 지휘를 받아 방제작업을 보조한 경우, 乙회사는 사무관리에 근거하여 국가에 방제비용을 청구할 수 있다. (대판 2014.12.11. 2012다15602)

④ (O) 구 공익사업을 위한 토지 등의 취득 및 보상에 관한 법률 제91조에 규정된 환매권은 상대방에 대한 의사표시를 요하는 형성권의 일종으로서 재판상이든 재판 외든 위 규정에 따른 기간 내에 행사하면 매매의 효력이 생기는바, 이러한 환매권의 존부에 관한 확인을 구하는 소송 및 구 공익사업을 위한 토지 등의 취득 및 보상에 관한 법률 제91조 제4항에 따라 환매금액의 증감을 구하는 소송 역시 민사소송에 해당한다. (대판 2013.2.28. 2010두22368)

정답 ①

## 002 행정법관계에 대한 설명으로 옳지 않은 것은? (다툼이 있는 경우 판례에 의함)
21 국가7급

① 행정에 관한 기간의 계산에 관하여는 「행정기본법」 또는 다른 법령 등에 특별한 규정이 있는 경우를 제외하고는 「민법」을 준용한다.
② 구 「산림법」에 의해 형질변경허가를 받지 아니하고 산림을 형질변경한 자가 사망한 경우, 해당 토지의 소유권을 승계한 상속인은 그 복구의무를 부담하지 않으므로, 행정청은 그 상속인에 대하여 복구명령을 할 수 없다.
③ 구 「지방재정법」에 의한 변상금 부과처분이 당연무효인 경우, 이 변상금 부과처분에 의하여 납부자가 납부한 오납금은 지방자치단체가 법률상 원인 없이 취득한 부당이득에 해당한다.
④ 주민등록의 신고는 행정청에 도달하기만 하면 신고로서의 효력이 발생하는 것이 아니라 행정청이 수리한 경우에 비로소 신고의 효력이 발생한다.

**해설**

① (○) 행정기본법 제6조 제1항
② (×) 산림을 무단형질변경한 자가 사망한 경우 당해 토지의 소유권 또는 점유권을 승계한 상속인은 그 복구의무를 부담한다고 봄이 상당하고, 따라서 관할 행정청은 그 상속인에 대하여 복구명령을 할 수 있다고 보아야 한다. (대판 2005.8.19. 2003두9817, 9824)
③ (○) 변상금 부과처분이 당연무효인 경우에 이 변상금 부과처분에 의하여 납부자가 납부하거나 징수당한 오납금은 지방자치단체가 법률상 원인 없이 취득한 부당이득에 해당하고, 이러한 오납금에 대한 납부자의 부당이득반환청구권은 처음부터 법률상 원인이 없이 납부 또는 징수된 것이므로 납부 또는 징수시에 발생하여 확정되며, 그때부터 소멸시효가 진행한다. (대판 2005.1.27. 2004다50143)
④ (○) 주민등록은 단순히 주민의 거주관계를 파악하고 인구의 동태를 명확히 하는 것 외에도 주민등록에 따라 공법관계상의 여러 가지 법률상 효과가 나타나게 되는 것으로서, 주민등록의 신고는 행정청에 도달하기만 하면 신고로서의 효력이 발생하는 것이 아니라 행정청이 수리한 경우에 비로소 신고의 효력이 발생한다. (대판 2009.1.30. 2006다17850)

**정답** ②

## 003 개인적 공권에 관한 설명으로 옳은 것은? (단, 다툼이 있는 경우 판례에 따름)
17 교행

① 공법상 계약을 통해서는 개인적 공권이 성립할 수 없다.
② 재량권의 영으로의 수축이론은 개인적 공권을 확대하는 이론이다.
③ 개인적 공권은 사권처럼 자유롭게 포기할 수 있는 것이 원칙이다.
④ 헌법상의 기본권 규정으로부터는 개인적 공권이 바로 도출될 수 없다.

**해설**

① (×) 개인적 공권의 성립근거는 법률의 규정, 헌법상 기본권, 공법상 계약, 관습법, 법규명령, 행정행위에 근거하여 성립할 수도 있다. 다만, 행정규칙에 근거해서는 인정되지 않는다.

② (○) 재량의 영역에서는 원래 공권이 인정되지 않지만, 재량이 영으로 수축되면 기속이 되므로 재량의 영역에서 개인적 공권을 인정할 수 있다. 다시 말해, 행정개입청구권은 기속행위의 경우에는 당연히 인정된다. 한편 재량영역에서는 무하자재량행사청구권이 인정되지만, 행정개입청구권은 원칙상 인정되지 않는다. 다만 재량권이 영(0)으로 수축하는 경우에는 행정청은 특정한 처분을 하여야 할 의무가 인정되므로, 무하자재량행사청구권은 행정개입청구권으로 전환된다.
③ (✕) 공권은 원래 포기할 수 없지만(예 선거권), 예외적으로 포기할 수 있는 경우(예 손실보상청구권)가 있다.
④ (✕) 헌법상의 자유권적 기본권으로부터 개인적 공권을 인정하는 경우가 있다(예 알 권리). 그러나 사회적 기본권(예 근로의 권리)에서는 개별법률이 없는 한 헌법규정만으로 개인적 공권을 인정하기 어렵다.

정답 ②

## 004 개인적 공권에 대한 설명으로 옳지 않은 것은? (다툼이 있는 경우 판례에 의함)   17 국가9급

① 환경영향평가에 관한 자연공원법령 및 환경영향평가법령들의 취지는 환경공익을 보호하려는 데 있으므로 환경영향평가대상지역 안의 주민들이 수인한도를 넘는 환경침해를 받지 아니하고 쾌적한 환경에서 생활할 수 있는 개별적 이익까지 보호하는 데 있다고 볼 수는 없다.

② 행정처분에 있어서 불이익처분의 상대방은 직접 개인적 이익의 침해를 받은 자로서 취소소송의 원고적격이 인정되지만 수익처분의 상대방은 그의 권리나 법률상 보호되는 이익이 침해되었다고 볼 수 없으므로 달리 특별한 사정이 없는 한 취소를 구할 이익이 없다.

③ 상수원보호구역 설정의 근거가 되는 규정은 상수원의 확보와 수질보전일 뿐이고, 그 상수원에서 급수를 받고 있는 지역 주민들이 가지는 이익은 상수원의 확보와 수질보호라는 공공의 이익이 달성됨에 따라 반사적으로 얻게 되는 이익에 불과하다.

④ 개인적 공권이 성립하려면 공법상 강행법규가 국가 기타 행정주체에게 행위의무를 부과해야 한다. 과거에는 그 의무가 기속행위의 경우에만 인정되었으나, 오늘날에는 재량행위에도 인정된다고 보는 것이 일반적이다.

### 해설

① (✕) 환경영향평가 대상구역 안의 주민에게는 원고적격이 추정되고 대상지역 밖의 주민에게는 원칙적으로 원고적격이 인정되지 않지만 수인한도를 넘는 침해를 입증하면 원고적격이 인정된다. (대판 1998.4.24. 97누3286)
② (○) 대판 1995.8.22. 94누8129
③ (○) 상수원보호구역의 일부를 해제하여 화장장을 설치한 경우 화장장 1,000미터 이내 20호 이상의 주민에게는 원고적격이 인정되지만, 그로부터 수돗물을 공급받는 주민의 경우에는 원고적격이 인정되지 않는다.

> 인근에 상수원보호구역 설정의 근거가 되는 수도법령이 보호하고자 하는 것은 상수원의 확보와 수질보전일 뿐이므로, 상수원에서 급수를 받고 있는 지역 주민들이 가지는 상수원의 오염을 막아 양질의 급수를 받을 이익은 반사적 이익에 불과하다. (대판 1995.9.26. 94누14544)

④ (○) 근대 행정법 초기에는 기속행위만 강행법규로 봄에 따라 재량행위에서는 공권이 인정되지 않았으나, 현대에는 사익보호성을 갖추면 재량행위에서도 개인적 공권이 인정되는 경우가 인정된다. 대표적인 사례가 무하자재량행사청구권과 행정개입청구권이다.

정답 ①

## 005

**다음 중 행정소송의 원고적격을 인정한 경우가 아닌 것은?**  12 서울9급

① 납골당설치신고 수리처분에 대한 납골당설치장소에서 500미터 내에 20호 이상의 인가가 밀접한 지역에 거주하는 주민
② 공장설립승인처분으로 환경상 이익에 대한 침해 또는 침해의 우려가 있는 것으로 사실상 추정되는 주민
③ 주택재개발정비사업 조합설립추진위원회 설립승인처분에 대한 그 구성에 동의하지 아니한 정비구역 내의 토지등소유자
④ 약제의 상한금액 인하고시에 대한 약제를 제조·공급하는 제약회사
⑤ 신규 담배구내소매인 지정처분에 대한 담배 일반소매인인 기존업자

**해설**

① (O) 구 장사 등에 관한 법률에서 납골당 등 사설납골시설의 설치장소에 제한을 둔 것은 이러한 사설납골시설을 인가가 밀집한 지역 인근에 설치하지 못하게 함으로써 주민들의 쾌적한 주거, 경관, 보건위생 등 생활환경상의 개별적 이익을 직접적·구체적으로 보호하려는 데 취지가 있으므로, 이러한 납골시설 설치장소에서 500미터 내에 20호 이상의 인가가 밀집한 지역에 거주하는 주민들은 납골당 설치에 대하여 환경상 이익 침해를 받거나 받을 우려가 있는 것으로 사실상 추정된다. (대판 2011.9.8. 2009두6766)

② (O) 김해시장이 낙동강에 합류하는 하천수 주변의 토지에 구 산업집적활성화 및 공장설립에 관한 법률 제13조에 따라 공장설립을 승인하는 처분을 한 경우, 공장설립으로 수질오염 등이 발생할 우려가 있는 취수장에서 물을 공급받는 부산광역시 또는 양산시에 거주하는 주민들도 위 처분의 근거법규 및 관련 법규에 의하여 법률상 보호되는 이익이 침해되거나 침해될 우려가 있는 주민으로서 원고적격이 인정된다. (대판 2010.4.15. 2007두16127)

③ (O) 도시 및 주거환경정비법의 입법경위와 취지에 비추어 조합설립추진위원회가 조합을 설립할 경우 같은 법 제15조 제4항에 의하여 조합설립추진위원회가 행한 업무와 관련된 권리와 의무는 조합이 포괄승계하며, 주택재개발사업의 경우 정비구역 내의 토지등소유자는 같은 법 제19조 제1항에 의하여 당연히 그 조합원으로 되는 점 등에 비추어 보면, 조합설립추진위원회의 구성에 동의하지 아니한 정비구역 내의 토지등소유자도 조합설립추진위원회 설립승인처분에 대하여 같은 법에 의하여 보호되는 직접적이고 구체적인 이익을 향유하므로 그 설립승인처분의 취소소송을 제기할 원고적격이 있다. (대판 2007.1.25. 2006두12289)

④ (O) 제약회사가 자신이 공급하는 약제에 관하여 국민건강보험법 등 약제상한금액고시의 근거법령에 의하여 보호되는 직접적이고 구체적인 이익을 향유하는데, 보건복지부 고시인 약제급여·비급여목록 및 급여상한금액표로 인하여 자신이 제조·공급하는 약제의 상한금액이 인하됨에 따라 위와 같이 보호되는 법률상 이익이 침해당할 경우, 제약회사는 위 고시의 취소를 구할 원고적격이 있다. (대판 2006.9.22. 2005두2506)

⑤ (×) 일반소매인으로 지정되어 영업을 하고 있는 기존업자의 신규 일반소매인에 대한 이익은 단순한 사실상의 반사적 이익이 아니라 법률상 보호되는 이익으로서 기존 일반소매인이 신규 일반소매인 지정처분의 취소를 구할 원고적격이 있다고 보아야 할 것이나, 일반소매인으로 지정되어 영업을 하고 있는 기존업자의 신규 구내소매인에 대한 이익은 법률상 보호되는 이익이 아니라 단순한 사실상의 반사적 이익이라고 해석함이 상당하므로, 기존 일반소매인은 신규 구내소매인 지정처분의 취소를 구할 원고적격이 없다. (대판 2008.4.10. 2008두402)

**정답** ⑤

## 006 공권에 대한 설명으로 옳지 않은 것은?

11 사복

① 처분의 근거법규가 공익뿐만 아니라 개인의 이익도 아울러 보호하고 있는 경우에 공권이 인정될 수 있다.
② 재량권이 영으로 수축하는 경우 행정개입청구권은 무하자재량행사청구권으로 전환된다.
③ 반사적 이익의 공권화 경향에 따라 행정개입청구권의 성립요건이 그만큼 완화되고 있다.
④ 제3자와 소권의 포기에 관한 계약을 체결하더라도 그 계약은 무효이다.

**해설**

① (O) 공권이 성립하기 위해서는 강행법규의 존재와 그 법규의 사익보호성이 인정되어야 한다.
② (X) 재량행위의 경우에는 원래 청구권이 인정되지 않지만, 하자 없는 재량의 행사를 요구하는 무하자재량행사청구권이 인정될 수 있다. 행정개입청구권은 원칙상 인정되지 않지만, 재량권이 영(0)으로 수축하는 경우에는 행정청은 특정한 처분을 하여야 할 의무가 인정된다. 이때 무하자재량행사청구권이 행정개입청구권으로 전환되어 행정개입청구권이 인정된다.
③ (O) 과거 권리로 인정되지 않던 반사적 이익이 개인적 공권으로 확대되고 있다. 따라서 행정개입청구권의 성립요건도 완화되어 더 넓게 인정될 수 있는 것이다.
④ (O) 당사자가 임의로 처분할 수 없는 공법상의 권리관계를 대상으로 하여 사인의 국가에 대한 공권인 소권을 당사자의 합의로 포기하는 것은 허용될 수 없다. 도매시장법인으로 지정하면서 지정기간 중 지정취소 또는 폐쇄지시에도 일체의 소송을 청구할 수 없다는 부관(부제소특약)을 붙이는 것은 허용되지 아니한다(무효). (대판 1998.8.21. 98두8919)

**정답** ②

## 007 다음 사례에서 개인적 공권이 성립할 수 없는 것은?

10 국가9급

① 서울특별시의 '철거민에 대한 시영아파트 특별분양개선지침'에 의한 무허가 건물 소유자의 시영아파트 특별분양신청권
② 구 「수산업법」 제40조 소정의 관행어업권
③ 도시계획구역 내 토지소유자의 도시계획시설변경 입안요구신청권
④ 헌법상 변호인접견권

**해설**

① (X) 서울특별시의 '철거민에 대한 시영아파트 특별분양개선지침'은 서울특별시 내부에 있어서의 행정지침에 불과하고 지침 소정의 사람에게 공법상의 분양신청권이 부여되는 것이 아니라 할 것이므로 서울특별시의 시영아파트에 대한 분양불허의 의사표시는 항고소송의 대상이 되는 행정처분으로 볼 수 없다. (대판 1993.5.11. 93누2247)
② (O) 명문규정에 의하여 인정되는 민중적 관습법이다.
③ (O) 도시계획구역 내 토지 등을 소유하고 있는 주민으로서는 입안권자에게 도시계획 입안을 요구할 수 있는 법규상 또는 조리상 신청권이 있다. (대판 2004.4.28. 2003두1806)
④ (O) 헌법규정만으로 개인적 공권이 인정되는 경우이다.

> 헌법은 변호인의 조력을 받을 권리를 헌법상 기본권으로 명시하고 있다. 이러한 변호인의 조력을 받을 권리에는 변호인을 선임하고, 변호인과 접견하며, 변호인의 조언과 상담을 받고, 변호인을 통해 방어권 행사에 필요한 사항들을 준비하고 행사하는 것 등이 모두 포함된다. (헌재 2011.5.26. 2009헌마341)

**정답** ①

## 008

甲이 종래부터 5층 건물에 숙박업허가를 받아 영업하고 있는 지점으로부터 불과 500미터 정도의 거리에 乙이 15층의 건물을 신축하여 같은 구청장인 A로부터 숙박업허가를 받아 현재 영업 중이다. 그러자 甲은 자신의 숙박업건물을 乙의 건물과 동일한 높이로 증축을 결심하고 A에게 숙박업 구조변경허가를 신청하였다. 다음 설명 중 옳지 않은 것은?  09 국가7급

① A가 甲의 신청에 대해 허가를 발급하는 것은 일반적으로 금지의 해제에 해당한다.
② 전통적 견해에 의하면 A가 甲에 대한 허가를 발급함으로 인한 乙의 영업상 이익의 침해는 권리침해로 된다.
③ 甲의 신청에 대해 A가 甲이 신청한 내용대로 허가를 발급하는 경우에는 처분의 이유를 제시할 필요가 없다.
④ 위 사안에서 甲과 乙의 관계는 경업자관계이다.

**해설**

전통적 견해에 의하면 A가 甲에 대한 허가를 발급하면서 생긴 乙의 영업상 이익의 침해는 반사적 이익 침해이지 권리 침해가 아니다.

> 이 사건 건물의 4, 5층 일부에 객실을 설비할 수 있도록 숙박업구조변경허가를 함으로써 그곳으로부터 50미터 내지 700미터 정도의 거리에서 여관을 경영하는 원고들이 받게 될 불이익은 간접적이거나 사실적, 경제적인 불이익에 지나지 아니하므로 그것만으로는 원고들에게 위 숙박업구조변경허가처분의 무효확인 또는 취소를 구할 소익이 있다고 할 수 없다. (대판 1990.8.14. 89누7900)

**정답** ②

## 009

행정법상 권리·의무의 승계에 관한 설명 중 타당하지 않은 것은?  07 서울9급

① 생명·신체의 침해로 인한 국가배상청구권은 타인에게 양도할 수 없다.
② 국민연금수급권은 이를 타인에게 양도·압류하거나 담보로 제공할 수 있다.
③ 법인합병의 경우 합병 후 존속하는 법인은 합병으로 인하여 소멸하는 법인에게 부과되거나 그 법인이 납부할 국세의 납세의무를 승계한다.
④ 처분에 관한 권리 또는 이익을 사실상 양수한 자는 행정청의 승인을 받아 당사자 등의 지위를 승계한다.
⑤ 허가영업이 양도·양수되었지만 아직 승계신고 및 그 수리처분이 있기 전에는 비록 양수인이 양도인의 허락하에 당해 영업을 영위 중에 법령 위반행위가 적발되더라도 그 행정적인 책임은 양도인에게 귀속된다는 것이 판례의 태도이다.

**해설**

① (○) 국가배상법 제4조
② (✕) 수급권은 이를 양도·압류하거나 담보에 제공할 수 없다. (국민연금법 제58조 제1항)
③ (○) 국세기본법 제23조
④ (○) 처분에 관한 권리 또는 이익을 사실상 양수한 자(특정승계)는 행정청의 승인을 받아 당사자 등의 지위를 승계할 수 있다. (행정절차법 제10조 제4항) 한편, 당사자의 사망이나 법인합병의 경우에는 당연승계(포괄승계)가 일어난다(행정청의 승인은 필요하지 않다).
⑤ (○) 대판 1995.2.24. 94누9146

**정답** ②

## 제2절 무하자재량행사청구권과 행정개입청구권

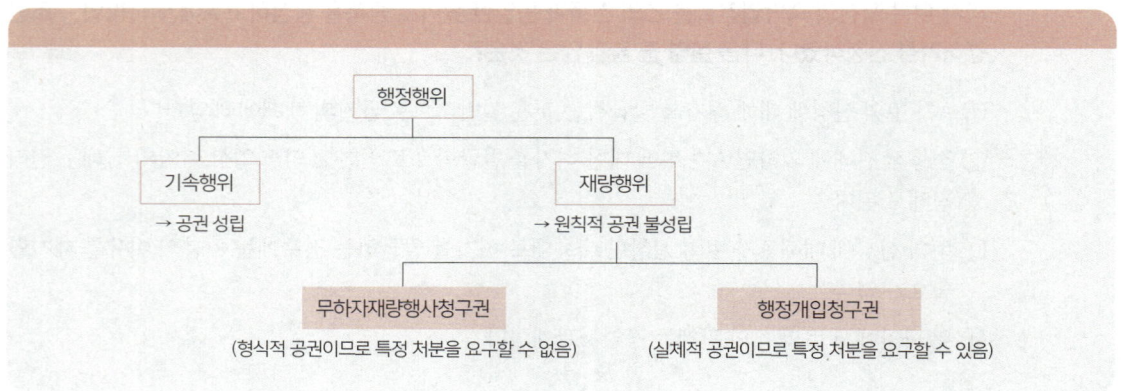

### 010 개인적 공권에 대한 설명으로 옳은 것은? (다툼이 있는 경우 판례에 의함) [15 국가9급]

① 규제권한 발동에 관해 행정청의 재량을 인정하는 「건축법」의 규정은 소정의 사유가 있는 경우 행정청에 건축물의 철거 등을 명할 수 있는 권한을 부여한 것일 뿐만 아니라, 행정청에 그러한 의무가 있음을 규정한 것이다.

② 공무원의 직무행위로 인한 국가배상책임이 인정되려면 공무원에게 부과된 직무상 의무의 내용이 단순히 공공일반의 이익을 위한 것이거나 행정기관 내부의 질서를 규율하기 위한 것이 아니고 전적으로 또는 부수적으로 사회구성원 개인의 안전과 이익을 보호하기 위하여 설정된 것이어야 한다.

③ 다수의 검사임용신청자 중 일부만을 검사로 임용하는 결정을 함에 있어, 임용신청자들에게 전형의 결과인 임용 여부의 응답을 할 것인지는 임용권자의 편의재량사항이다.

④ 일반적인 개인적 공권의 성립요건인 사익보호성은 무하자재량행사청구권이나 행정개입청구권에는 적용되지 않는다.

#### 해설

① (✕) 규제권의 발동은 재량이다.
② (○) 부수적으로 사회구성원 개인의 안전과 이익을 보호하기 위하여 설정된 직무상 의무는 배상책임의 대상이 된다. 공무원에게 부과된 직무상 의무의 내용이 단순히 공공일반의 이익을 위한 것이거나 행정기관의 내부의 질서를 규율하기 위한 것이 아니고, 전적으로 또는 부수적으로 사회구성원 개인의 안전과 이익을 보호하기 위하여 설정된 것인 이상, 공무원이 그와 같은 직무상 의무를 위반함으로 인하여 피해자가 입은 손해에 대하여는 상당인과관계가 인정되는 범위 내에서 공무원이 소속한 국가나 지방자치단체가 배상책임을 지는 것이다. (대판 1999.12.21. 98다29797)
③ (✕) 검사임용신청에 있어 법령상 명문규정이 없어도 조리상 응답을 받을 권리가 있다.

> 법령상 검사임용신청 및 그 처리의 제도에 관한 명문규정이 없다고 하여도 조리상 임용권자는 임용신청자들에게 전형의 결과인 임용 여부의 응답을 해 줄 의무가 있다고 할 것이며, 응답할 것인지 여부조차도 임용권자의 편의재량사항이라고는 할 수 없다. (대판 1991.2.12. 90누5825)

④ (✕) 무하자재량행사청구권이나 행정개입청구권의 성립에도 사익보호성이 요구된다.

**정답** ②

## 011 무하자재량행사청구권과 행정개입청구권에 관한 설명 중 옳지 않은 것은?

07 경북9급

① 재량행위의 경우에는 무하자재량행사청구권이 인정되고 행정개입청구권은 원칙상 인정되지 않지만 재량권이 영(0)으로 수축하는 경우에는 무하자재량행사청구권이 행정개입청구권으로 전환되어 행정개입청구권이 인정된다.
② 행정개입청구권의 보장을 위한 가장 적절한 소송수단은 의무이행소송이지만 현행법상 인정되고 있지 않다.
③ 행정개입청구권은 특정한 내용의 처분을 하여 줄 것을 청구하는 권리가 아니고 재량권을 흠 없이 행사하여 처분을 하여 줄 것을 청구하는 권리인 점에서 형식적 권리라고 할 수 있다.
④ 무하자재량행사청구권은 행정기관이 선택재량을 가지는 경우뿐만 아니라 결정재량만을 가지는 경우에도 인정된다.

**해설**

① (O) 행정개입청구권은 원칙상 인정되지 않지만, 재량권이 영(0)으로 수축하는 경우에는 행정청은 특정한 처분을 하여야 할 의무가 인정된다. 이때 무하자재량행사청구권이 행정개입청구권으로 전환되어 행정개입청구권이 인정된다.
② (O) 행정개입청구권의 보장을 위한 가장 적절한 소송수단은 의무이행소송이다. 하지만 현행 행정소송법은 이를 인정하고 있지 않으므로 행정개입청구권이 완전하게 관철되기는 어렵고, 간접적으로 행정개입청구에 대한 거부 또는 부작위에 대해 거부처분취소소송 또는 부작위위법확인소송을 할 수밖에 없다.
③ (X) 행정개입청구권이 아니라 무하자재량행사청구권에 대한 설명이다. 재량권을 흠 없이 행사하여 처분해 줄 것을 청구하는 무하자재량행사청구권은 형식적 권리이지만, 행정개입청구권은 재량이 영(0)으로 수축된 경우 특정 처분을 구하는 실체적 권리이다.
④ (O) 무하자재량행사청구권은 선택재량을 가지는 경우뿐만 아니라 결정재량을 가지는 경우에도 인정된다.

**정답** ③

### 무하자재량행사청구권과 행정개입청구권

| 구분 | 무하자재량행사청구권 | 행정개입청구권 |
| --- | --- | --- |
| 청구권의 내용 | 적법한 재량행사를 구하는 공권 | 특정처분의 발동을 구하는 공권 |
| 법적 성질 | 형식적 권리 | 실체적 권리 |
| 성립요건 | · 재량권의 한계를 준수할 의무<br>· 사익보호성 | · 행정권의 개입의무<br>· 사익보호성 |
| 적용영역 | · 재량행위에서만 가능<br>· 선택 · 결정재량에서 모두 인정 | · 기속 · 재량행위에서 모두 가능<br>· 원칙적으로 결정재량에서만 인정 |
| 관련이론 | 재량의 한계이론 | 재량권의 영(0)으로의 수축이론 |

# CHAPTER 07 특별권력관계

| 전통적 이론 | 특별권력관계 | 왕의 권한 중 입법권을 국회에, 재판권을 법원에 넘기는 과정에서 법률유보원칙과 사법심사를 받지 않는다는 점에서 출발 → 군주와 의회의 타협과정에서 발생 |
|---|---|---|
| | 행정규칙 | |
| | 재량행위 | |

↓ 울레의 이론: 기본행위(예 공무원 임용·해임)는 사법심사 가능, 업무수행행위는 사법심사 불가

| 현대 이론 | 특별권력관계 | 전면적인 법률유보와 전면적인 사법심사 인정 |
|---|---|---|
| | 행정규칙 | 원칙적으로 법률유보와 사법심사가 안 되지만, 예외적으로 인정 |
| | 재량행위 | 개별법 없이 가능. 재량의 일탈·남용이 있으면 사법심사 가능 |

## 001 다음 중 특별권력관계론에 관한 설명으로 가장 옳지 않은 것은?    05 국회8급

① 전통적인 특별권력관계론은 행정을 국민의 의사인 법률에 의하여 제한하려는 입장과 행정의 특권적 지위를 계속 확보하려는 입장 간의 타협적 산물이었다.
② 전통적인 특별권력관계의 성립원인으로는 직접 법률의 규정에 의한 경우와 본인의 동의에 의한 경우를 들 수 있다.
③ 특허기업과 감독행정기관과의 관계도 특별권력관계의 예로 들 수 있다.
④ 우리 판례에 의하면 농지개량조합(현 한국농어촌공사)과 그 직원과의 관계는 공법상 특별권력관계로 인정된다고 한다.
⑤ 우리 판례에 의하면 동장과 구청장의 관계는 공법상 특별권력관계로 인정될 수 없기 때문에 위법·부당한 처분에 대하여 행정소송을 제기할 수 없다고 한다.

**해설**
① (○) 19세기 독일의 입헌군주정(외견적 입헌주의)에서 종래의 특권적 지위를 확보하려는 군주와 시민계급을 대표하는 의회의 정치적 타협의 산물이다.
② (○) 특별권력관계는 법률규정 또는 상대방의 동의에 의해서 성립한다.
③ (○) 특허기업과 감독행정기관과의 관계는 공법상 특별감독관계로서 특별권력관계이다.
④ (○) 농지개량조합과 그 직원과의 관계는 사법상의 근로계약관계가 아닌 공법상의 특별권력관계이고, 그 조합의 직원에 대한 징계처분의 취소를 구하는 소송은 행정소송사항에 속한다. (대판 1995.6.9. 94누10870)
⑤ (×) 동장과 구청장과의 관계는 이른바 행정상의 특별권력관계에 해당되며 이러한 특별권력관계에 있어서도 위법부당한 특별권력의 발동으로 말미암아 권력을 침해당한 자는 행정소송법 제1조의 규정에 따라 그 위법 또는 부당한 처분의 취소를 구할 수 있다. (대판 1982.7.27. 80누86)

**정답** ⑤

**002** 특별권력관계를 기본관계와 경영수행관계로 분류할 경우, 기본관계에 대한 설명으로 옳지 않은 것은?   15 국가7급

① 기본관계는 공법관계로서 법치행정원리가 적용된다.
② 기본관계가 성립하기 위해서는 상대방의 동의를 필요로 한다.
③ 특별권력관계 자체의 성립·변경·종료와 관련된 경우는 기본관계에 해당한다.
④ 기본관계에서 이루어지는 법률관계의 변동은 행정처분으로서 행정소송의 대상이 된다.

해설
① (O) 특별권력관계에도 법치주의가 적용된다.
② (X) 기본관계의 성립은 법률규정에 의한 경우와 당사자 간의 동의에 의한 경우가 있다.
③ (O)
④ (O)

정답 ②

---

**003** 다음 글에 대한 설명으로 옳지 않은 것은? (다툼이 있는 경우 판례에 의함)   11 지방9급

> 교도소장 X는 복역 중인 甲이 변호사에게 보내기 위하여 발송을 의뢰한 서신을 법령상 검열사유에 해당하지 않음에도 불구하고 발송 전에 이를 검열하였다. 이에 甲은 X의 위와 같은 서신검열행위로 말미암아 통신의 비밀이 침해되었다고 주장하며 다투고자 한다.

① 교도소장 X의 서신검열행위는 이른바 특별권력관계 내부에서의 행위이지만 그에 대한 사법심사는 가능하다.
② 교도소장 X의 서신검열행위는 법률에 근거함이 없이 행하여졌다면 위법하다.
③ 교도소장 X의 서신검열행위는 강학상 행정행위에 해당한다.
④ 甲이 교도소장 X의 서신검열행위에 대해 취소소송을 제기함이 없이 곧바로 국가배상청구소송을 제기한 경우, 수소법원은 그 위법성 여부를 심리·판단할 수 있다.

해설
① (O) 교도소와 재소자와의 관계는 공법상 영조물이용관계로서 특별권력관계에 해당한다. 교도소장의 서신검열행위는 특별권력관계 내부의 행위이지만, 오늘날에는 특별권력관계에 대하여 사법심사를 전면적으로 인정하므로 이에 대한 사법심사가 가능하다.
② (O) 서신검열행위는 甲의 기본을 제한하는 행위이므로 원칙적으로 법률에 의해서만 가능하므로, 법률에 근거 없이 행하여졌다면 위법하다.
③ (X) 서신검열행위는 행정행위가 아니라 권력적 사실행위에 해당한다. (헌재 1998.8.27. 96헌마398) 즉, 행정행위는 아니지만 처분성이 인정된다.
④ (O) 수소법원인 민사법원이 행정처분의 취소 여부와 상관없이 그 위법 여부를 스스로 심리·판단할 수 있다.

정답 ③

**004** 다음 사례에 대한 설명으로 가장 옳은 것은?　　　　　　　　　　　　　　　　　　　　　10 국가9급

> 국립 ○○교육대학 교수회는 학칙에 의거해 징계권자인 학장(피고)의 요구에 따라 교내·외의 과격 시위 등에 가담한 甲(원고) 외 학생들에게 무기정학과 퇴학처분 등의 징계의결을 하였다. 피고가 위 징계의결의 내용이 미흡하다는 이유로 재심을 요청하여 다시 교수회가 개최되었는데, 그 자리에서 피고는 자신에게 위 징계의결 내용을 직권으로 조정할 권한을 위임하여 줄 것을 요청하여 찬반토론은 거쳤으나 표결은 하지 않았다. 이에 피고는 같은 일자로 원고에 대한 위 교수회의 징계의결 내용을 변경하여 원고에 대하여 퇴학처분을 하였다.

① 오늘날 특별권력관계의 특수성은 여전히 인정되므로, 특별권력관계의 목적 달성을 위하여는 법률의 근거가 없는 경우에도 당연히 기본권이 제한된다.
② 학생에 대한 징계권의 발동이나 징계의 양정은 징계권자인 ○○교육대학 학장의 교육적 재량에 맡겨져 있지만, 교수회의 의결을 요건으로 하므로 위 징계처분은 기속행위로 보아야 한다.
③ 효과재량설의 입장에서 보면 징계처분은 재량행위라고 보게 되므로, 관계 법령 또는 학칙상 징계사유가 존재하더라도 반드시 징계를 하여야 하는 것은 아니다.
④ ○○교육대학 학생에 대한 퇴학처분은 국립대학교의 내부질서유지를 위해 학칙 위반자인 재학생에 대한 구체적 법집행으로서 「행정소송법」상의 처분에 해당한다.

**해설**

① (×) 오늘날에는 특별권력관계 내라고 해서 법률상 근거 없이 그 구성원의 기본권을 제한할 수는 없다.
② (×) 학생에 대한 징계권의 발동이나 징계의 양정이 징계권자의 교육적 재량에 맡겨져 있으므로 재량행위에 해당한다.
③ (×) 효과재량설은 부담적 행정행위는 기속행위로, 수익적 행정행위는 재량행위로 본다. 징계처분은 부담적 행정행위에 해당하므로, 효과재량설의 입장에서는 기속행위로 보아 징계사유가 존재하면 반드시 징계하여야 하는 것으로 보게 된다.
④ (○) 국립교육대학 학생에 대한 퇴학처분은 국가가 설립·경영하는 교육기관인 동 대학의 교무를 통할하고 학생을 지도하는 지위에 있는 학장이 교육목적 실현과 학교의 내부질서유지를 위해 학칙 위반자인 재학생에 대한 구체적 법집행으로서 국가공권력의 하나인 징계권을 발동하여 학생으로서의 신분을 일방적으로 박탈하는 국가의 교육행정에 관한 의사를 외부에 표시한 것이므로 행정처분임이 명백하다. (대판 1991.11.22. 91누2144)

**정답** ④

# CHAPTER 08 행정법관계에 대한 사법규정의 적용

1. 행정법관계에 대한 사법규정의 적용문제는 공법과 사법을 구별하는 이원적 법체계 때문에 발생하는 문제이다. 따라서 영미법계에서는 문제되지 않는다.
2. 준용할 공법규정이 있을 때는 공법을 먼저 적용한다.
3. 준용할 공법이 없을 때 사법규정의 적용범위

| 구분 | 권력관계 | 관리관계와 사법관계 |
| --- | --- | --- |
| 법원리적 규정(예 신의성실, 실효의 원칙)과 법기술적 규정(예 시효) | 적용 | 적용 |
| 이해조절적 규정(하자담보책임) | 적용 × | 적용 |

　예 토지수용의 경우에는 하자담보책임은 인정되지 않는다.
4. 위험부담은 사업시행자가 가진다. 즉, 소유자의 고의·과실 없이 목적물이 멸실되면 사업시행자는 보상금을 지급하여야 한다.

## 001 조세행정 및 그에 대한 불복수단에 대한 설명으로 옳지 않은 것은? (다툼이 있는 경우 판례에 의함)

20 국가7급

① 세무서장이 납세자의 국세환급금 지급청구에 대하여 거부를 한 경우 납세자는 그 거부행위에 대한 취소소송을 제기할 수 없다.
② 신고납세방식의 조세의 경우 원칙적으로 납세의무자가 스스로 과세표준과 세액을 정하여 신고하는 행위에 의하여 납세의무가 구체적으로 확정된다.
③ 조세를 부과·징수하기 위해서는 법률의 근거가 필요하지만 조세를 감면하기 위해서 법률의 근거가 필요한 것은 아니다.
④ 과세처분에 대한 이의신청절차에서 과세관청이 이의신청사유가 옳다고 인정하여 과세처분을 직권으로 취소한 이상 과세관청은 특별한 사유 없이 이를 번복하고 종전 처분을 되풀이할 수 없다.

### 해설

① (O) 대법원은 조세환급을 사법상의 법률관계로 보고 있기 때문이다.
② (O) 취득세와 같은 신고납부방식의 조세의 경우에는 원칙적으로 납세의무자가 스스로 과세표준과 세액을 정하여 신고하는 행위에 의하여 납세의무가 구체적으로 확정되고, 납부행위는 신고에 의하여 확정된 구체적 납세의무의 이행으로 하는 것이며, 지방자치단체는 그와 같이 확정된 조세채권에 기하여 납부된 세액을 보유한다. 따라서 납세의무자의 신고행위가 중대하고 명백한 하자로 인하여 당연무효로 되지 아니하는 한 그것이 바로 부당이득에 해당한다고 할 수 없고, 여기에서 신고행위의 하자가 중대하고 명백하여 당연무효에 해당하는지에 대하여는 신고행위의 근거가 되는 법규의 목적, 의미, 기능 및 하자 있는 신고행위에 대한 법적 구제수단 등을 목적론적으로 고찰함과 동시에 신고행위에 이르게 된 구체적 사정을 개별적으로 파악하여 합리적으로 판단하여야 한다. 甲이 乙 등에게 금전을 대여하면서 체결한 대물변제약정에 따라 乙 등 소유 부동산에 관하여 매매예약을 원인으로 가등기를 마쳤다가 그 후 매매를 원인으로 소유권이전등기를 하여 관할 지방자치단체에 취득세를 신고·납부하였는데, 乙 등이 제기한 소송에서 가등기담보 등에 관한 법률상 청산절차를 거치지 않았다는 이유로 소유권이전등기의

말소를 명하는 판결이 선고되어 확정되자, 甲이 지방자치단체를 상대로 취득세 상당액의 부당이득반환을 구한 사안에서, 소유권이전등기가 위와 같은 사유로 효력이 없어 취득세 신고행위에 과세요건을 갖추지 못한 중대한 하자가 있다는 사정과 신고행위를 무효로 보지 않을 경우 甲에게 발생될 수 있는 불이익 등을 고려하더라도, 하자가 객관적으로 명백하다고 볼 수 없는 등 위 취득세 신고행위를 당연무효라고 할 수 없다. (대판 2014.4.10. 2011다15476)
③ (×) 조세법률주의원칙상 조세는 부과뿐만 아니라 감면의 경우에도 법적 근거가 있어야 한다.
④ (○) 기속력의 효과이다.

정답 ③

## 002 행정법관계에서 「민법」의 적용에 대한 설명으로 옳지 않은 것은? 〔16 국가9급〕

① 「민법」상의 일반법원리적인 규정은 행정법상 권력관계에 대해서도 적용될 수 있다.
② 행정법관계에서 기간의 계산에 관하여 특별한 규정이 없으면 「민법」의 기간 계산에 관한 규정이 적용된다.
③ 현행법상 국가에 대한 금전채권의 소멸시효에 대하여는 「민법」의 규정이 그대로 적용된다.
④ 현행법상 행정목적을 위하여 제공된 행정재산에 대해서는 공용폐지가 되지 않는 한 「민법」상 취득시효규정이 적용되지 않는다.

해설
① (○) ② (○) 민법상 기간 계산과 같은 법원리, 법기술적 규정은 행정법상 권력관계에도 적용될 수 있다.
③ (×) 금전채권의 소멸시효에 대하여는 민법의 규정이 그대로 적용되지 않으며, 현행법상 소멸시효는 5년이다.
④ (○) 행정재산은 민법 규정에도 불구하고 시효취득의 대상이 되지 않는다. (국유재산법 제7조 제2항)

정답 ③

## 003 다음의 사법규정 중 행정법관계의 적용과 가장 거리가 먼 것은? 〔05 관세사〕

① 기간에 관한 규정
② 시효에 관한 규정
③ 사무관리에 관한 규정
④ 하자담보책임에 관한 규정
⑤ 부당이득에 관한 규정

해설
①②③⑤ 신의성실·권리남용금지의 원칙, 기간, 시효, 주소, 사무관리, 부당이득과 같은 일반법원리적 규정은 공법관계(권력관계를 포함한다)에도 적용될 수 있다.
④ 권력관계에는 사인 상호 간의 지위의 대등성을 전제로 하는 이해조절적 규정이 원칙적으로 적용되지 않는다. 하자담보책임은 민법상의 매도인과 매수인 간의 이해조절적 규정이므로 권력관계에는 적용되지 않는다. 따라서 토지수용에는 하자담보책임이 적용되지 않는다.

정답 ④

# CHAPTER 09 행정법상 법률요건과 법률사실

## 제1절 법률요건과 법률사실

### 법률요건과 법률사실
1. 사건이란 사람의 정신작용을 요소로 하지 않는 법률사실을 말한다.
2. 용태란 정신적 작용을 요소로 하여 이루어지는 법률사실을 말한다.

### 시효
1. 공법관계에도 민법의 시효에 관한 규정이 유추적용된다.
2. 금전채권은 법률에 특별한 규정이 없는 한, 5년간 이를 행사하지 않는 때에는 시효로 인하여 소멸한다. (국가재정법 제96조) 국가에 대한 권리로서 금전의 급부를 목적으로 하는 것도 또한 같다.

### 시효의 중단
1. 시효가 중단되면 그때까지 경과한 기간은 산입하지 않고 중단된 사유가 종료된 때로부터 시효는 새롭게 처음부터 다시 진행하게 된다.
2. 국세기본법상 소멸시효중단사유로는 소제기, 납세(납입)고지, 독촉 또는 납부최고, 교부청구, 압류 등이 있다.

### 사무관리와 부당이득(법원리적 규정)
1. 사무관리란 법률상 의무 없이 타인을 위하여 사무를 관리하는 것을 말한다(예 재해시 빈 상점의 물건 처분).
2. 공법상 부당이득이란 공법분야에서 법률상 원인 없이 타인의 재산 또는 노무로 인하여 이익을 얻고 이로 인하여 타인에게 손해를 끼치는 것을 말한다(예 조세의 과오납, 봉급과액수령).

---

**001** 행정법상의 법률요건과 법률사실에 관한 설명 중 옳지 않은 것은?  07 광주9급

① 조세의 과오납은 공법상 부당이득에 해당한다.
② 공직선거에 있어서 투표행위는 사인의 공법행위이다.
③ 일정한 연령에 도달함으로서 선거권을 취득하는 것은 공법상의 용태이다.
④ 사인에 의한 공공조합[재개발조합, 농지개량조합(현 한국농어촌공사) 등]의 설립은 공법상 합동행위이다.

**해설**
① (O) 학설은 공법상 부당이득으로 보지만, 판례는 사법관계로 본다.
② (O) 투표는 사인의 공법행위 중 행정주체로서의 지위에서 행하는 것이다. 투표는 요식행위이다.
③ (X) 공법상 사건에 해당한다.
④ (O) 공법상 합동행위란 일정한 공법상의 효과를 발생하게 하는 다수당사자의 동일한 목적의 의사표시를 말하며, 재개발조합 등의 공공조합 설립행위가 대표적인 예이다. 공법상 합동행위는 같은 방향의 의사의 합치이고, 공법상 계약은 반대 방향의 의사의 합치이다.

정답 ③

## 제2절 행정법상의 사건

**002** 공물에 대한 설명으로 옳지 않은 것은? (다툼이 있는 경우 판례에 의함)  <sub>20 국가7급</sub>

① 관재당국이 착오로 행정재산을 사인의 재산과 교환하였다 하더라도 그러한 사정만으로 그 행정재산에 대한 적법한 공용폐지의 의사표시가 있다고 볼 수 없다.
② 「지방재정법」상 공유재산에 대한 취득시효가 완성되기 위하여는 그 공유재산이 취득시효기간 동안 계속하여 시효취득의 대상이 될 수 있는 일반재산이어야 한다.
③ 국유재산의 관리청은 국유재산에 대하여 점용·사용허가를 받지 아니한 채 국유재산을 사용한 자에 대하여 「국유재산법」에 따른 국유재산 사용료를 부과할 수 있다.
④ 도로의 관리청은 도로부지에 대한 소유권을 취득하였는지 여부와 관계없이 도로를 무단점용하는 자에 대하여 「도로법」에 따라 변상금을 부과할 수 있다.

**해설**

① (O) 공용폐지의 의사표시는 묵시적인 방법으로도 가능하나 행정재산이 본래의 용도에 제공되지 않는 상태에 있다는 사정만으로는 묵시적인 공용폐지의 의사표시가 있다고 볼 수 없으며, 또한 공용폐지의 의사표시는 적법한 것이어야 하는바, 행정재산은 공용폐지가 되지 아니한 상태에서는 사법상 거래의 대상이 될 수 없으므로 관재당국이 착오로 행정재산을 다른 재산과 교환하였다 하여 그러한 사정만으로 적법한 공용폐지의 의사표시가 있다고 볼 수도 없다. (대판 1998.11.10. 98다42974)
② (O) 시효취득은 일반재산에 대해서만 가능하다. 일반재산이라도 시효취득의 기간 중에 행정재산 등으로 법적 성격이 바뀌면 시효취득은 인정되지 않는다.
③ (✕) 무단점유의 경우에는 사용료 부과가 아니라 변상금 부과의 대상이다.
④ (O) 도로의 관리청이 도로부지에 대한 소유권을 취득하였는지 여부와는 관계없이 도로를 무단점용하는 자에 대하여 변상금을 부과할 수 있다. 도로법의 제반 규정에 비추어 보면, 같은 법 제80조의2의 규정에 의한 변상금 부과권한은 적정한 도로관리를 위하여 도로의 관리청에게 부여된 권한이라 할 것이지 도로부지의 소유권에 기한 권한이라고 할 수 없으므로, 도로의 관리청은 도로부지에 대한 소유권을 취득하였는지 여부와는 관계없이 도로를 무단점용하는 자에 대하여 변상금을 부과할 수 있다. (대판 2005.11.25. 2003두7194)

**정답** ③

**003** 행정법상 시효제도에 대한 설명으로 옳은 것은? (다툼이 있는 경우 판례에 의함)  <sub>16 지방9급</sub>

① 「국유재산법」상 일반재산은 취득시효의 대상이 될 수 없다.
② 「국가재정법」상 5년의 소멸시효가 적용되는 '금전의 급부를 목적으로 하는 국가의 권리'에는 국가의 사법(私法)상 행위에서 발생한 국가에 대한 금전채무도 포함된다.
③ 조세에 관한 소멸시효가 완성된 후에 부과된 조세 부과처분은 위법한 처분이지만 당연무효라고 볼 수는 없다.
④ 납입고지에 의한 소멸시효의 중단은 그 납입고지에 의한 부과처분이 추후 취소되면 효력이 상실된다.

> **해설**

① (×) 국유재산법상 행정재산은 공용폐지를 하기 전에는 취득시효의 대상이 되지 않지만, 일반재산은 취득시효의 대상이 된다.
② (○)
③ (×) 조세에 관한 소멸시효가 완성되면 국가의 조세 부과권과 납세의무자의 납세의무는 당연히 소멸한다 할 것이므로 소멸시효 완성 후에 부과된 부과처분은 납세의무 없는 자에 대하여 부과처분을 한 것으로서 그와 같은 하자는 중대하고 명백하여 그 처분의 효력은 당연무효이다. (대판 1985.5.14. 83누655)
  [참고] 제척기간 경과 후의 조세 부과도 무효이다.
④ (×) 납입고지에 의한 소멸시효중단의 효력은 그 납입고지에 의한 부과처분이 취소되더라도 상실되지 않는다. (대판 2000.9.8. 98두19933)

**정답** ②

> **예상판례**

시효를 주장하는 자가 원고가 되어 소를 제기한 데 대하여 권리자가 피고로서 응소하여 그 소송에서 적극적으로 권리를 주장하고 그것이 받아들여진 경우, 시효중단사유인 재판상 청구에 해당한다. (대판 2019.3.14. 2018두56435)

## 004 「행정기본법」의 내용으로 옳지 않은 것은?  <sub>23 소방</sub>

① 행정에 대한 기간의 계산에 관하여는 「민법」 또는 다른 법령 등에 특별한 규정이 있는 경우를 제외하고는 「행정기본법」에 따른다.
② 당사자의 신청에 따른 처분은 법령 등에 특별한 규정이 있거나 처분 당시의 법령 등을 적용하기 곤란한 특별한 사정이 있는 경우를 제외하고는 처분 당시의 법령 등에 따른다.
③ 국가와 지방자치단체는 소속 공무원이 공공의 이익을 위하여 적극적으로 직무를 수행할 수 있도록 제반 여건을 조성하고, 이와 관련된 시책 및 조치를 추진하여야 한다.
④ 행정청은 공법상 계약의 상대방을 선정하고 계약 내용을 정할 때 공법상 계약의 공공성과 제3자의 이해관계를 고려하여야 한다.

> **해설**

① (×)

> **행정기본법 제6조(행정에 관한 기간의 계산)**
> ① 행정에 관한 기간의 계산에 관하여는 이 법 또는 다른 법령 등에 특별한 규정이 있는 경우를 제외하고는 민법을 준용한다.
> ② 법령 등 또는 처분에서 국민의 권익을 제한하거나 의무를 부과하는 경우 권익이 제한되거나 의무가 지속되는 기간의 계산은 다음 각 호의 기준에 따른다. 다만, 다음 각 호의 기준에 따르는 것이 국민에게 불리한 경우에는 그러하지 아니하다.
>   1. 기간을 일, 주, 월 또는 연으로 정한 경우에는 기간의 첫날을 산입한다.
>   2. 기간의 말일이 토요일 또는 공휴일인 경우에도 기간은 그 날로 만료한다.

> 📑 **참고조문**
>
> **행정기본법 제7조(법령 등 시행일의 기간 계산에 관한 특례)**
> 법령 등(훈령·예규·고시·지침 등을 포함한다. 이하 이 조에서 같다)의 시행일을 정하거나 계산할 때에는 다음 각 호의 기준에 따른다.
> 1. 법령 등을 공포한 날부터 시행하는 경우에는 공포한 날을 시행일로 한다.
> 2. 법령 등을 공포한 날부터 일정 기간이 경과한 날부터 시행하는 경우에는 법령 등을 공포한 날을 첫날에 산입하지 아니한다.
> 3. 법령 등을 공포한 날부터 일정 기간이 경과한 날부터 시행하는 경우로서 그 기간의 말일이 토요일 또는 공휴일인 경우에도 기간은 그 날로 만료한다.
>
> **공공기관의 정보공개에 관한 법률 제29조(기간의 계산)**
> ① 이 법에 따른 기간의 계산은 민법에 따른다.
> ② 제1항에도 불구하고 다음 각 호의 기간은 '일' 단위로 계산하고 첫날을 산입하되, 공휴일과 토요일은 산입하지 아니한다.
> 1. 제11조 제1항 및 제2항에 따른 정보공개 여부 결정기간
> 2. 제18조 제1항, 제19조 제1항 및 제20조 제1항에 따른 정보공개청구 후 경과한 기간
> 3. 제18조 제3항에 따른 이의신청 결정기간

② (O)

> **행정기본법 제14조(법 적용의 기준)**
> ① 새로운 법령 등은 법령 등에 특별한 규정이 있는 경우를 제외하고는 그 법령 등의 효력 발생 전에 완성되거나 종결된 사실관계 또는 법률관계에 대해서는 적용되지 아니한다.
> ② 당사자의 신청에 따른 처분은 법령 등에 특별한 규정이 있거나 처분 당시의 법령 등을 적용하기 곤란한 특별한 사정이 있는 경우를 제외하고는 처분 당시의 법령 등에 따른다.
> ③ 법령 등을 위반한 행위의 성립과 이에 대한 제재처분은 법령 등에 특별한 규정이 있는 경우를 제외하고는 법령 등을 위반한 행위 당시의 법령 등에 따른다. 다만, 법령 등을 위반한 행위 후 법령 등의 변경에 의하여 그 행위가 법령 등을 위반한 행위에 해당하지 아니하거나 제재처분 기준이 가벼워진 경우로서 해당 법령 등에 특별한 규정이 없는 경우에는 변경된 법령 등을 적용한다.

③ (O)

> **행정기본법 제4조(행정의 적극적 추진)**
> ① 행정은 공공의 이익을 위하여 적극적으로 추진되어야 한다.
> ② 국가와 지방자치단체는 소속 공무원이 공공의 이익을 위하여 적극적으로 직무를 수행할 수 있도록 제반 여건을 조성하고, 이와 관련된 시책 및 조치를 추진하여야 한다.

④ (O)

> **행정기본법 제27조(공법상 계약의 체결)**
> ① 행정청은 법령 등을 위반하지 아니하는 범위에서 행정목적을 달성하기 위하여 필요한 경우에는 공법상 법률관계에 관한 계약(이하 '공법상 계약'이라 한다)을 체결할 수 있다. 이 경우 계약의 목적 및 내용을 명확하게 적은 계약서를 작성하여야 한다.
> ② 행정청은 공법상 계약의 상대방을 선정하고 계약 내용을 정할 때 공법상 계약의 공공성과 제3자의 이해관계를 고려하여야 한다.

정답 ①

## 005 행정법상 기간 계산에서 초일을 산입하지 않은 것은?

10 경북 교행

① 연령 계산
② 법령의 시행일
③ 국회회기 계산
④ 민원사무처리기간
⑤ 공소시효와 구속기간

**해설**

①③④⑤ [초일 산입] 민원사무처리기간은 기간을 5일 이하로 정한 경우에는 시간단위로 계산하고 하루를 8시간으로 계산한다. 6일 이상으로 정한 경우에는 일단위로 계산하고 초일을 산입한다.
② [초일 불산입] 법령의 시행일은 첫날을 산입하지 않는다.

**정답** ②

### 기간의 기산점

| | |
|---|---|
| 원칙<br>(초일 불산입) | · 행정심판의 청구기간<br>· 법률의 효력발생일 |
| 예외<br>(초일 산입) | · 기간이 오전 0시로부터 시작되는 경우<br>· 연령계산<br>· 국회의 회기<br>· 민원사무처리기간<br>· 출생·사망 등 가족관계의 등록에 관한 법률상 신고기간 계산<br>· 공소시효와 구속기간 계산 |

## 제3절 공법상의 사무관리 · 부당이득

**006** 조세과오납환급소송에 관한 설명으로 가장 옳지 않은 것은? <sub>19 서울7급 2월</sub>

① 조세의 과오납이 부당이득이 되기 위하여는 납세 또는 조세의 징수가 실체법적으로나 절차법적으로 전혀 법률상의 근거가 없거나 과세처분의 하자가 중대하고 명백하여 당연무효이어야 하고, 과세처분의 하자가 단지 취소할 수 있는 정도에 불과할 때에는 과세관청이 이를 스스로 취소하거나 항고소송절차에 의하여 취소되지 않는 한 그로 인한 조세의 납부가 부당이득이 된다고 할 수 없다.

② 국세환급금결정이나 이 결정을 구하는 신청에 대한 환급거부결정 등은 납세의무자가 갖는 환급청구권의 존부나 범위에 구체적이고 직접적인 영향을 미치는 처분으로 항고소송의 대상이 되는 처분이다.

③ 이미 존재와 범위가 확정되어 있는 과오납부액은 납세자가 부당이득의 반환을 구하는 민사소송으로 환급을 청구할 수 있다.

④ 원천징수의 경우 국가 등에 대한 환급청구권자는 원천납세의무자가 아니라 원천징수의무자이다.

**해설**

① (○) 조세의 과오납이 부당이득이 되기 위하여는 과세처분이 당연무효여야 하고 취소할 수 있는 정도에 불과한 때에는 부당이득이 되지 않는다. 취소가 되면 부당이득이 된다. (대판 1994.11.11. 94다28000)

② (×) 대법원은 조세환급에 대해 사법관계로서 민사소송으로 본다. (대판 2002.11.8. 2001두8780)

③ (○) 대법원은 부당이득을 민사관계로 본다.

> 국세환급금에 관한 국세기본법 및 구 국세기본법 제51조 제1항은 이미 부당이득으로서 존재와 범위가 확정되어 있는 과오납부액이 있는 때에는 국가가 납세자의 환급신청을 기다리지 않고 즉시 반환하는 것이 정의와 공평에 합당하다는 법리를 선언하고 있는 것이므로, 이미 존재와 범위가 확정되어 있는 과오납부액은 납세자가 부당이득의 반환을 구하는 '민사소송'으로 환급을 청구할 수 있다. (대판 2015.8.27. 2013다212639)

④ (○) 대판 2002.11.8. 2001두8780

**정답** ②

## 007 공법상 부당이득에 대한 설명으로 옳지 않은 것은? (다툼이 있는 경우 판례에 의함)

17. 지방9급

① 공법상 부당이득에 관한 일반법은 없으므로 특별한 규정이 없는 경우,「민법」상 부당이득반환의 법리가 준용된다.
② 부가가치세법령에 따른 환급세액지급의무 등의 규정과 그 입법취지에 비추어 볼 때 부가가치세환급세액반환은 공법상 부당이득반환으로서 민사소송의 대상이다.
③ 잘못 지급된 보상금에 해당하는 금액의 징수처분을 해야 할 공익상 필요가 당사자가 입게 될 불이익을 정당화할 만큼 강한 경우, 보상금을 받은 당사자로부터 오지급금액의 환수처분이 가능하다.
④ 공법상 부당이득반환에 대한 청구권의 행사는 개별적인 사안에 따라 행정주체도 주장할 수 있다.

**해설**

① (O) 공법상 부당이득에 관한 일반법은 없다. 그리고 부당이득이나 사무관리에 관한 규정은 일반법원리적 규정이므로 특별한 규정이 없는 한 민법의 법리가 공법상 부당이득에 준용된다.
② (X) 납세의무자에 대한 국가의 부가가치세환급세액 지급의무는 그 납세의무자로부터 어느 과세기간에 과다하게 거래징수된 세액 상당을 국가가 실제로 납부 받았는지 여부와 관계없이 부가가치세법령의 규정에 의하여 직접 발생하는 것으로서, 그 법적 성질은 정의와 공평의 관념에서 수익자와 손실자 사이의 재산상태 조정을 위해 인정되는 **부당이득반환의무가 아니라** 부가가치세법령에 의하여 그 존부나 범위가 구체적으로 확정되고 조세정책적 관점에서 특별히 인정되는 공법상 의무라고 봄이 타당하다. 그렇다면 납세의무자에 대한 국가의 부가가치세환급세액 지급의무에 대응하는 국가에 대한 납세의무자의 부가가치세환급세액 지급청구는 민사소송이 아니라 행정소송법 제3조 제2호에 규정된 당사자소송의 절차에 따라야 한다. **(대판 2013.3.21. 2011다95564 전원합의체)**
③ (O) 공평의 원리에서 선지와 같이 판시한 것이다. **(대판 2014.10.27. 2012두17186)**
④ (O) 부당이득반환청구는 국민, 행정주체 모두가 주장할 수 있다. 예를 들어 무자격자의 기초생활보장금 수령과 같은 경우, 행정주체도 공법상 부당이득반환청구권을 행사할 수 있다.

**정답** ②

## 008 공법상 부당이득에 대한 설명으로 가장 옳은 것은? <sub>16 서울7급</sub>

① 무효인 조세 부과처분에 기하여 납부한 세금의 반환을 구하는 것은 무효확인소송절차에 따라야만 한다.
② 부가가치세환급세액 지급청구는 당사자소송을 통해 다투어야 한다.
③ 국가는 국유재산의 무단점유자에 대하여 변상금 부과·징수권의 행사와는 별도로 민사상 부당이득반환청구의 소를 제기할 수 없다.
④ 제3자가 「국세징수법」에 따라 체납자의 명의로 체납액을 완납한 경우 국가에 대하여 부당이득반환을 청구할 수 있다.

**해설**

① (×) 무효인 세금의 반환을 구하는 조세과오납반환청구는 부당이득반환청구로서 민사소송에 의할 수도 있고, **(대판 1995.4.28. 94다55019)** 조세 부과처분 무효확인소송으로도 가능하다.
② (○) 대판 2013.3.21. 2011다95564 전원합의체
③ (×) 국가는 국유재산의 무단점유자에 대하여 변상금 부과·징수권의 행사(강제징수)와는 별도로 민사상 부당이득반환청구의 소를 제기할 수 있다.
　**참고** 이 경우에 강제징수만 가능하고 민사소송은 안 된다는 판례가 있으므로 상대적 판단을 요한다.
④ (×) 자신에게 채무가 없음을 알고서 한 변제는 부당이득의 대상이 아니다.

> 제3자가 국세 체납자가 납부하여야 할 체납액을 체납자의 명의로 납부한 경우, 국가에 대하여 부당이득반환을 청구할 수 없다. 이는 세무서장 등이 체납액을 징수하기 위하여 실시한 체납처분압류가 무효인 경우에도 마찬가지이다. **(대판 2015.11.12. 2013다215263)** – 압류가 무효라도 조세 부과는 유효하기 때문이다.

**정답** ②

## 009 다음 중 공법상의 부당이득에 속하지 아니하는 것은? <sub>05 관세사</sub>

① 군수의 행려병자보호
② 무효인 과세처분에 의한 세금 납부
③ 착오에 의한 사유지의 도로편입
④ 공무원의 봉급 과다수령
⑤ 국유지의 무단점용

**해설**

① (×) 군수의 행려병자보호는 공법상의 사무관리이다.
② (○) 과세처분이 무효인 경우에는 납부한 세금의 금액에 상당하는 부당이득이 성립한다.
　**참고** 과세처분이 취소사유인 경우에는 취소되기 전까지는 부당이득이 아니다.
③ (○) 국가 등은 법률상 원인 없이 사유지를 도로로 이용하는 이득을 얻고 소유자는 그에 상응하는 손해를 보았으므로 공법상 부당이득이 성립한다.
④ (○) 과다수령금액에 해당하는 부당이득이 성립한다.
⑤ (○) 국유지를 무단점용한 것에 대해 점용료 상당의 부당이득이 성립한다.

**정답** ①

# CHAPTER 10 사인의 공법행위

## 제1절 사인의 공법행위

**사기·강박과 착오에 의한 의사표시**

| 사기·강박에 의한 의사표시 | 민법을 유추적용하여 취소할 수 있음(통설·판례). |
|---|---|
| 착오에 의한 의사표시 | 민법에서는 중요 부분에 착오가 있으면 취소할 수 있지만, 행정법에서는 착오를 이유로 취소할 수 없음. |

**001** 사인의 공법행위에 대한 설명으로 옳지 않은 것은? (다툼이 있는 경우 판례에 의함)  22 서울·지방7급

① 「수산업법」상 신고어업을 하려면 법령이 정한 바에 따라 관할 행정청에 신고하여야 하고, 행정청의 수리가 있을 때에 비로소 법적 효과가 발생하게 된다.

② 「민법」상 비진의 의사표시의 무효에 관한 규정은 그 성질상 공무원이 한 사직(일괄사직)의 의사표시와 같은 사인의 공법행위에 적용되지 않는다.

③ 행정청은 사인의 신청에 구비서류의 미비와 같은 흠이 있는 경우 신청인에게 보완을 요구하여야 하는바, 이때 보완의 대상이 되는 흠은 원칙상 형식적·절차적 요건뿐만 아니라 실체적 발급요건상의 흠을 포함한다.

④ 인허가의제효과를 수반하는 건축신고는 일반적인 건축신고와는 달리, 특별한 사정이 없는 한 행정청이 그 실체적 요건에 관한 심사를 한 후 수리를 하여야 한다.

> **해설**
>
> ① (O) 수산업법 제44조 소정의 어업신고의 법적 성질은 수리를 요하는 신고이다. (대판 2000.5.26. 99다37382) 한편, 수산제조업법상의 신고는 자기완결적이다.
>
> ② (O) 사직원 제출자의 내심의 의사가 사직할 뜻이 아니었다 하더라도 그 의사가 외부에 객관적으로 표시된 이상 그 의사는 표시된 대로 효력을 발하는 것이며, 민법 제107조 제1항 단서의 비진의 의사표시의 무효에 관한 규정은 그 성질상 사인의 공법행위에 적용되지 아니하므로 원고의 사직원을 받아들여 의원면직처분한 것을 당연무효라고 할 수 없다. (대판 2001.8.24. 99두9971)
>
> ③ (X) 소정의 보완의 대상이 되는 흠은 보완이 가능한 경우이어야 함은 물론이고, 그 내용 또한 형식적·절차적인 요건이거나 실질적인 요건에 관한 흠이 있는 경우라도 그것이 민원인의 단순한 착오나 일시적인 사정 등에 기한 경우 등이라야 한다. (대판 2004.10.15. 2003두6573)
>
> ④ (O) 건축법에서 인허가의제제도를 둔 취지는 인허가의제사항과 관련하여 건축허가 또는 건축신고의 관할 행정청으로 그 창구를 단일화하고 절차를 간소화하며 비용과 시간을 절감함으로써 국민의 권익을 보호하려는 것이지, 인허가의제사항 관련 법률에 따른 각각의 인허가요건에 관한 일체의 심사를 배제하려는 것으로 보기는 어렵다. 또한 무엇보다도 건축신고를 하려는 자는 인허가의제사항 관련 법령에서 제출하도록 의무화하고 있는 신청서와 구비서류를 제출하여야 하는데, 이는 건축신고를 수리하는 행정청으로 하여금 인허가의제사항 관련 법률에 규정된 요건에 관하여도 심사를 하도록 하기 위한 것으로 볼 수밖에 없다. 따라서 인허가의제효과를 수반하는 건축신고는 일반적인 건축신고와는 달리, 특별한 사정이 없는 한 행정청이 그 실체적 요건에 관한 심사를 한 후 수리하여야 하는 이른바 '수리를 요하는 신고'로 보는 것이 옳다. (대판 2011.1.20. 2010두14954 전원합의체)

**정답** ③

## 002 사인의 공법행위에 대한 설명으로 옳지 않은 것은? (다툼이 있는 경우 판례에 의함)  21 서울·지방7급

① 사인의 공법상 행위는 명문으로 금지되거나 성질상 불가능한 경우가 아닌 한 그에 따른 행정행위가 행하여질 때까지 자유로이 철회할 수 있다.
② 수리를 요하는 신고에서 행정청의 수리행위에 신고필증 교부의 행위가 반드시 필요한 것은 아니다.
③ 「식품위생법」에 의하여 허가영업의 양도에 따른 지위승계신고를 수리하는 허가관청의 행위는 사업허가자의 변경이라는 법률효과를 발생시키는 행위이다.
④ 사인의 공법행위에 적용되는 일반규정은 없으며, 특별한 규정이 없는 한 「민법」상 비진의 의사표시의 무효에 관한 규정은 사인의 공법행위에 적용된다.

**해설**

① (O) 다만, 착오를 이유로 취소할 수는 없다.

> 사인의 공법상 행위는 명문으로 금지되거나 성질상 불가능한 경우가 아닌 한 그에 따른 행정행위가 행하여질 때까지 자유로이 철회하거나 보정할 수 있으므로 사업시행자 지정처분이 행하여질 때까지 토지소유자는 새로이 동의를 하거나 동의를 철회할 수 있다. (대판 2014.7.10. 2013두7025)

② (O) 자기완결적 신고이든 수리를 요하는 신고이든, 신고필증 교부는 확인의 의미만 가진다.
③ (O) 식품위생법상 행정청의 영업자지위승계신고의 수리는 단순히 영업승계사실의 신고를 접수하는 행위에 불과한 것이 아니라 실질적으로 양도인의 허가취소와 더불어 양수인에게 적법하게 사업을 할 수 있는 권리를 설정하여 주는 행위(설권행위)로서 사업허가자의 변경이라는 법률효과를 발생시키는 행위이다. (대판 2001.2.9. 2000도2050)
④ (X) 행정법관계에서는 표의자의 내심의 의사와 관계없이 표시된 대로 효력이 발생하므로 민법상 비진의 의사표시는 적용되지 않는다.

정답 ④

**003** 사인의 공법행위로서의 신고에 대한 기술로 옳은 것은? (단, 다툼이 있는 경우 판례에 의함) 17 사복

① 행정청은 전입신고자가 거주의 목적 이외에 다른 이해관계를 가지고 있는지 여부를 심사하여 「주민등록법」상 주민등록 전입신고의 수리를 거부할 수 있다.

② 타법상의 인허가의제가 수반되는 「건축법」상의 건축신고는 특별한 사정이 없는 한 행정청이 그 실체적 요건에 관한 심사를 한 후 수리하여야 한다.

③ 사업양도·양수에 따른 지위승계신고가 수리된 경우 사업의 양도·양수가 무효라도 허가관청을 상대로 신고 수리처분의 무효확인을 구할 수는 없다.

④ 「식품위생법」에 의해 영업양도에 따른 지위승계신고를 수리하는 행정청의 행위는 단순히 양수인이 그 영업을 승계하였다는 사실의 신고를 접수한 행위에 그친다.

> 해설
> ① (✕) 주민들의 거주지 이동에 따른 주민등록전입신고에 대하여 행정청이 이를 심사하여 그 수리를 거부할 수는 있다고 하더라도, 그러한 행위는 자칫 헌법상 보장된 국민의 거주·이전의 자유를 침해하는 결과를 초래할 수도 있으므로, 시장 등의 주민등록전입신고 수리 여부에 대한 심사는 주민등록법의 입법목적의 범위 내에서 제한적으로 이루어져야 할 것이다. 전입신고를 받은 시장 등의 심사대상은 전입신고자가 30일 이상 생활의 근거로서 거주할 목적으로 거주지를 옮기는지 여부만으로 제한된다. (대판 2009.6.18. 2008두10997)
> ② (○) 건축법 제14조 제2항에 의한 인허가의제효과를 수반하는 건축신고가 행정청이 그 실체적 요건에 관한 심사를 한 후 수리하여야 하는 이른바 '수리를 요하는 신고'에 해당한다. (대판 2011.1.20. 2010두14954 전원합의체)
> ③ (✕) 사업의 양도행위가 무효라고 주장하는 양도자가 양도·양수행위의 무효를 구함이 없이 사업양도·양수에 따른 허가관청의 지위승계신고 수리처분의 무효확인을 구할 법률상 이익이 있다. (대판 2005.12.23. 2005두3554)
> ④ (✕) 지위승계신고는 수리를 요하는 신고(행위요건적 신고)이다. (대판 1995.2.24. 94누9146)
>
> 정답 ②

# 제2절 사인의 공법행위로서 신고와 신청

**사인의 공법행위에 적용되는 법규(통칙적 규정이 없어서 민법이 적용됨)**
1. 주체가 '사인'이라는 점에서 구속력·공정력·집행력 등의 효력은 인정되지 않고, 비권력적 성질을 가진다.
2. 의사능력이 없는 경우는 무효로 보고 있다.
3. 행위능력에 관하여는 원칙적으로 민법 규정이 유추적용된다. 다만, 공법상 특별한 규정을 두어 민법상의 무능력에 관한 규정의 적용이 배제되는 경우가 많다.
4. 민법상으로는 의사표시의 중요 부분에 착오가 있는 경우에 한하여 취소가 가능한데, 행정법상에서는 착오를 이유로 취소하지 못하는 것이 원칙이다.
5. 비진의 의사표시는 사인의 공법행위에 적용되지 않는다. 따라서 사인의 공법행위는 진의가 아니라도 표시된 대로 효력이 발생한다.

**자기완결적 신고와 수리를 요하는 신고** [기출다수]

| 구분 | 자기완결적 신고 | 수리를 요하는 신고 |
|---|---|---|
| 개념 | · 신고가 행정청에 도달하면 효과가 발생하고 별도의 수리가 필요없는 행위<br>· 본래적 의미의 신고(행정절차법이 규정하는 신고) | · 신고가 행정청에 의한 수리라는 행위에 의해 효과가 발생하는 행위<br>· 변형적 신고(행정절차법에 규정 없음) |
| 효력발생시기 | 신고 접수(도달)시 법적 효과 발생 | 수리시 법적 효과 발생 |
| 예 | 건축신고, 골프장이용료 변경신고 등 | 각종 지위승계신고, 주민등록신고 등 |
| 심사범위 | 형식적 요건만 심사(유선장 경영신고) | 실질적 요건도 심사 가능(노인복지주택) |
| 처분성 | 수리, 수리거부 모두 처분성 부정 | 수리, 수리거부 모두 처분성 인정됨. |
| 신고필증 | 단순한 사실적 의미에 불과함. | 단순한 사실적 의미에 불과함. |
| 행정절차법 | 명문규정이 있음. | 명문규정 없음. |

| 구분 | 적법한 신고의 효과 | 부적법한 신고의 효과 |
|---|---|---|
| 자기완결적 신고 | 적법한 자기완결적 신고가 있는 경우에는 신고의무를 이행한 것이 되어 행정청의 수리 여부와 관계없이 신고서가 접수기관에 도달한 때에 신고의무가 이행된 것으로 봄. | 행정청은 요건을 갖추지 못한 신고서가 제출된 경우에는 지체 없이 상당한 기간을 정하여 신고인에게 보완을 요구하여야 하고, 신고인이 보완기간 내에 보완을 하지 아니하였을 때에는 그 이유를 구체적으로 밝혀 해당 신고서를 되돌려 보내야 함. (행정절차법 제40조 제3항·제4항) |
| 수리를 요하는 신고 | 수리를 요하는 신고는 신고만으로는 아무런 효과가 발생하지 않음. 다시 말해, 도달로 효력이 발생하는 것이 아니라 수리행위에 의해 효력이 발생함. | · **수리행위가 무효인 경우**: 신고의 효과가 발생하지 않음.<br>· **취소사유인 경우**: 신고의 효과는 발생함. 취소사유에 불과한 경우에는 직권취소되기까지는 불법영업이 아님.<br>· **사례**: 식품위생법에 따른 식품접객업의 영업신고요건을 갖추었으나, 그 영업신고를 한 당해 건축물이 무허가 건물일 경우 그 영업신고는 부적법함. (대판 2009.4.23. 2008도6829) |

**행정기본법 제34조(수리 여부에 따른 신고의 효력)**
법령 등으로 정하는 바에 따라 행정청에 일정한 사항을 통지하여야 하는 신고로서 법률에 신고의 수리가 필요하다고 명시되어 있는 경우(행정기관의 내부 업무처리절차로서 수리를 규정한 경우는 제외한다)에는 행정청이 수리하여야 효력이 발생한다.

> **예상판례**
> 
> 노동조합 및 노동관계조정법이 노동조합의 설립에 관하여 신고주의를 택한 것은 노동조합의 실질적 요건을 갖춘 근로자단체가 신고증을 교부받지 아니한 경우에도 노동기본권의 향유주체에게 인정되어야 하는 일반적인 권리를 보장받을 수 있다. 다만 둘 이상의 노동조합이 소멸하고 새로운 노동조합이 설립되는 형태인 신설합병의 경우, 합병의 효력이 발생하는 시점 및 이때 근로자단체가 노동조합 및 노동관계조정법상 노동조합으로 일정한 보호를 받기 위해서는 신고증을 교부받아야 한다. (대판 2016.12.27. 2011두921)

## 004 신고에 관한 설명으로 옳지 않은 것은? (다툼이 있는 경우 판례에 의함) 〔23 소방〕

① 법령 등에서 행정청에 일정한 사항을 통지함으로써 의무가 끝나는 신고를 규정하고 있는 경우, 신고가 법령 등에 규정된 형식상의 요건에 적합하면 신고서가 접수기관에 도달된 때에 신고의 의무가 이행된 것으로 본다.

② 「행정절차법」에서는 수리를 요하는 신고를 규정하고 있고, 「행정기본법」에서는 수리를 요하지 않는 신고를 규정하고 있다.

③ 법령 등으로 정하는 바에 따라 행정청에 일정한 사항을 통지하여야 하는 신고로서 법률에 신고의 수리가 필요하다고 명시되어 있는 경우에는 행정청이 수리하여야 효력이 발생한다.

④ 「유통산업발전법」상 대규모점포의 개설등록은 수리를 요하는 신고로서 행정처분에 해당한다.

**해설**

① (○) 행정절차법 제40조

② (×) 행정절차법상의 신고는 자기완결적 신고로서 도달되면 이행된 것으로 본다. 한편, 행정기본법상의 신고는 수리를 요하는 신고이다.

③ (○) 행정기본법 제34조

④ (○) 대규모점포의 개설등록은 이른바 '수리를 요하는 신고'로서 행정처분에 해당하고 등록은 구체적 유형 구분에 따라 이루어지므로, 등록의 효력은 대규모점포가 구체적으로 어떠한 유형에 속하는지에 관하여도 미치는 점, 따라서 대규모점포가 대형마트로 개설등록되었다면 점포의 유형을 포함한 등록 내용이 대규모점포를 개설하고자 하는 자의 신청 등에 따라 변경등록되지 않는 이상 대규모점포를 개설하고자 하는 자 등에 대한 구속력을 가지는 점 등에 비추어 보면, 구 유통산업발전법 제12조의2 제1항·제2항·제3항에 따라 영업시간 제한 등 규제대상이 되는 대형마트에 해당하는지는 일단 대형마트로 개설등록되었다면 특별한 사정이 없는 한, 개설등록된 형식에 따라 대규모점포를 일체로서 판단하여야 하고, 대규모점포를 구성하는 개별점포의 실질이 대형마트의 요건에 부합하는지를 다시 살필 것은 아니다. (대판 2015.11.19. 2015두295 전원합의체)

**정답** ②

**005** 영업의 양도와 영업자지위승계에 대한 설명으로 옳지 않은 것은? (다툼이 있는 경우 판례에 의함)

22 서울·지방9급

① 「식품위생법」상 허가영업자의 지위승계신고 수리처분을 하는 경우 「행정절차법」 규정 소정의 당사자에 해당하는 종전의 영업자에게 행정절차를 실시하여야 한다.

② 관할 행정청은 여객자동차운송사업의 양도·양수에 대한 인가를 한 후에도 그 양도·양수 이전에 있었던 양도인에 대한 운송사업면허취소사유를 들어 양수인의 사업면허를 취소할 수 있다.

③ 영업양도행위가 무효임에도 행정청이 승계신고를 수리하였다면 양도자는 민사쟁송이 아닌 행정소송으로 신고 수리처분의 무효확인을 구할 수 있다.

④ 사실상 영업이 양도·양수되었지만 승계신고 및 수리처분이 있기 전에 양도인이 허락한 양수인의 영업 중 발생한 위반행위에 대한 행정적 책임은 양수인에게 귀속된다.

**해설**

① (○) 행정청이 구 식품위생법 규정에 의하여 영업자지위승계신고를 수리하는 처분은 종전의 영업자 권익을 제한하는 처분이라 할 것이고 따라서 종전의 영업자는 그 처분에 대하여 직접 그 상대가 되는 자에 해당한다고 봄이 상당하므로, 행정청으로서는 위 신고를 수리하는 처분을 함에 있어서 행정절차법 규정 소정의 당사자에 해당하는 종전의 영업자에 대하여 위 규정 소정의 행정절차를 실시하고 처분을 하여야 한다. (대판 2003.2.14. 2001두7015)

② (○) 개인택시운송사업의 양도·양수에 대한 인가를 한 후, 그 양도·양수 이전에 있었던 양도인에 대한 운송사업면허취소사유를 들어 양수인의 사업면허를 취소할 수 있다.

> 관할 관청이 개인택시운송사업의 양도·양수에 대한 인가를 한 후 그 이전에 있었던 양도인의 음주운전사실로 운전면허가 취소되자, 양도인의 운전면허취소가 운송사업면허의 취소사유에 해당한다는 이유로 양수인의 운송사업면허를 취소하는 처분을 한 사안에서, 개인택시운송사업자의 면허를 박탈함으로써 개인택시운송사업의 질서를 확립하여야 할 공익상 필요가 위 처분으로 양수인이 입게 될 불이익에 비해 가볍다고 볼 수 없어 관계 법령의 기준에 따른 위 처분에 재량을 일탈·남용한 위법이 없다. (대판 2010.4.8. 2009두17018)

③ (○) 사업양도·양수에 따른 허가관청의 지위승계신고의 수리는 적법한 사업의 양도·양수가 있었음을 전제로 하는 것이므로 그 수리대상인 사업양도·양수가 존재하지 아니하거나 무효일 때에는 수리를 하였다 하더라도 그 수리는 유효한 대상이 없는 것으로서 당연히 무효라 할 것이고, 사업의 양도행위가 무효라고 주장하는 양도자는 민사쟁송으로 양도·양수행위의 무효를 구함이 없이 막바로 허가관청을 상대로 하여 행정소송으로 위 신고 수리처분의 무효확인을 구할 법률상 이익이 있다. (대판 2005.12.23. 2005두3554)

④ (×) 사실상 영업이 양도·양수되었지만 아직 승계신고 및 그 수리처분이 있기 이전에는 여전히 종전의 영업자인 양도인이 영업허가자이고, 양수인은 영업허가자가 되지 못한다 할 것이어서 행정제재처분의 사유가 있는지 여부 및 그 사유가 있다고 하여 행하는 행정제재처분은 영업허가자인 양도인을 기준으로 판단하여 그 양도인에 대하여 행하여야 할 것이고, 한편 양도인이 그의 의사에 따라 양수인에게 영업을 양도하면서 양수인으로 하여금 영업을 하도록 허락하였다면 그 양수인의 영업 중 발생한 위반행위에 대한 행정적인 책임은 영업허가자인 양도인에게 귀속된다고 보아야 할 것이다. (대판 1995.2.24. 94누9146)

**정답** ④

## 006 사인의 공법행위에 대한 설명으로 옳지 않은 것은? (다툼이 있는 경우 판례에 의함) 22 소방

① 주민등록신고는 행정청이 수리한 경우에 비로소 신고의 효력이 발생한다.
② 장기요양기관의 폐업신고와 노인의료복지시설의 폐지신고는 행정청이 그 신고를 수리한 경우, 신고서 위조 등의 사유가 있더라도 그대로 유효하다.
③ 「의료법」에 따라 정신과의원을 개설하려는 자가 법령에 규정되어 있는 요건을 갖추어 개설신고를 한 경우 행정청은 원칙적으로 이를 수리하여 신고필증을 교부하여야 하고, 법령에서 정한 요건 이외의 사유를 들어 의원급 의료기관 개설신고의 수리를 거부할 수는 없다.
④ 가설건축물 존치기간을 연장하려는 건축주 등이 법령에 규정되어 있는 제반 서류와 요건을 갖추어 행정청에 연장신고를 한 때에는 행정청은 원칙적으로 이를 수리하여 신고필증을 교부하여야 하고, 법령에서 정한 요건 이외의 사유를 들어 수리를 거부할 수는 없다.

### 해설

① (O) 주민등록의 신고는 행정청에 도달하기만 하면 신고로서의 효력이 발생하는 것이 아니라 행정청이 수리한 경우에 비로소 신고의 효력이 발생한다. (대판 2009.1.30. 2006다17850)
② (X) 장기요양기관의 폐업신고와 노인의료복지시설의 폐지신고는 수리를 필요로 하는 신고에 해당한다. 그러나 행정청이 그 신고를 수리하였다고 하더라도 신고서 위조 등의 사유가 있어 신고행위 자체가 효력이 없다면, 그 수리행위는 유효한 대상이 없는 것으로서 수리행위 자체에 중대·명백한 하자가 있는지를 따질 것도 없이 당연히 무효이다. (대판 2018.6.12. 2018두33593)
③ (O) 대판 2018.10.25. 2018두44302
④ (O) 가설건축물 존치기간을 연장하려는 건축주 등이 법령에 규정되어 있는 제반 서류와 요건을 갖추어 행정청에 연장신고를 한 때에는 행정청은 원칙적으로 이를 수리하여 신고필증을 교부하여야 하고, 법령에서 정한 요건 이외의 사유를 들어 수리를 거부할 수는 없다. 따라서 행정청으로서는 법령에서 요구하고 있지도 아니한 '대지사용승낙서' 등의 서류가 제출되지 아니하였거나, 대지소유권자의 사용승낙이 없다는 등의 사유를 들어 가설건축물 존치기간 연장신고의 수리를 거부하여서는 아니 된다. (대판 2018.1.25. 2015두35116)

정답 ②

> 기출지문 OX

**01** 「건축법」상의 착공신고의 경우에는 신고 그 자체로서 법적 절차가 완료되어 행정청의 처분이 개입될 여지가 없으므로, 행정청의 착공신고 반려행위는 항고소송의 대상인 처분에 해당하지 않는다. [20 국가9급]    (O, X)

> 해설 건축주 등으로서는 착공신고가 반려될 경우, 당해 건축물의 착공을 개시하면 시정명령, 이행강제금, 벌금의 대상이 되거나 당해 건축물을 사용하여 행할 행위의 허가가 거부될 우려가 있어 불안정한 지위에 놓이게 된다. 따라서 착공신고 반려행위가 이루어진 단계에서 당사자로 하여금 반려행위의 적법성을 다투어 법적 불안을 해소한 다음 건축행위에 나아가도록 함으로써 장차 있을지도 모르는 위험에서 미리 벗어날 수 있도록 길을 열어 주고, 위법한 건축물의 양산과 철거를 둘러싼 분쟁을 조기에 근본적으로 해결할 수 있게 하는 것이 법치행정의 원리에 부합한다. 그러므로 행정청의 착공신고 반려행위는 항고소송의 대상이 된다고 보는 것이 옳다. (대판 2011.6.10. 2010두7321)

정답 X

**02** 행정청이 구 「식품위생법」상의 영업자지위승계신고 수리처분을 하는 경우, 행정청은 종전의 영업자에 대하여 「행정절차법」 소정의 행정절차를 실시하여야 한다. [20 국가9급]    (O, X)

> 해설 양도인에게도 사전통지 및 의견제출의 기회를 주어야 한다.

> 행정청이 구 식품위생법 규정에 의하여 영업자지위승계신고를 수리하는 처분은 종전의 영업자의 권익을 제한하는 처분이라 할 것이고 따라서 종전의 영업자는 그 처분에 대하여 직접 그 상대가 되는 자에 해당한다고 봄이 상당하므로, 행정청으로서는 위 신고를 수리하는 처분을 함에 있어서 행정절차법 규정 소정의 당사자에 해당하는 종전의 영업자에 대하여 위 규정 소정의 행정절차를 실시하고 처분을 하여야 한다. (대판 2003.2.14. 2001두7015)

정답 O

**03** 다른 법령에 의한 인허가가 의제되지 않는 일반적인 건축신고는 자기완결적 신고이므로 이에 대한 수리거부행위는 항고소송의 대상이 되는 처분이 아니다. [20 서울·지방9급]    (O, X)

> 해설 건축법 관련 규정의 내용 및 취지에 의하면, 건축주 등으로서는 신고제하에서도 건축신고가 반려될 경우 당해 건축물의 건축을 개시하면 시정명령, 이행강제금, 벌금의 대상이 되거나 당해 건축물을 사용하여 행할 행위의 허가가 거부될 우려가 있어 불안정한 지위에 놓이게 된다. 따라서 건축신고 반려행위가 이루어진 단계에서 당사자로 하여금 반려행위의 적법성을 다투어 그 법적 불안을 해소한 다음 건축행위에 나아가도록 함으로써 장차 있을지도 모르는 위험에서 미리 벗어날 수 있도록 길을 열어 주고, 위법한 건축물의 양산과 그 철거를 둘러싼 분쟁을 조기에 근본적으로 해결할 수 있게 하는 것이 법치행정의 원리에 부합한다. 그러므로 이 사건 건축신고 반려행위는 항고소송의 대상이 된다고 보는 것이 옳다. (대판 2010.11.18. 2008두167 전원합의체)

정답 X

**04** 「행정절차법」은 '법령 등에서 행정청에 일정한 사항을 통지함으로써 의무가 끝나는 신고'에 대하여 '그 밖에 법령 등에 규정된 형식상의 요건에 적합할 것'을 그 신고의무 이행요건의 하나로 정하고 있다. [20 서울·지방9급]    (O, X)

> 해설 행정절차법은 자기완결적 신고에 대해 규정하고 있다.

정답 O

**05** 「식품위생법」에 따른 식품접객업(일반음식점영업)의 영업신고의 요건을 갖춘 자라고 하더라도, 그 영업신고를 한 당해 건축물이 「건축법」 소정의 허가를 받지 아니한 무허가건물이라면 적법한 신고를 할 수 없다. [20 서울·지방9급]    (O, X)

> 해설 식품위생법과 건축법은 그 입법목적, 규정사항, 적용범위 등을 서로 달리하고 있어 식품접객업에 관하여 식품위생법이 건축법에 우선하여 배타적으로 적용되는 관계에 있다고는 해석되지 않는다. 그러므로 식품위생법에 따른 식품접객업(일반음식점영업)의 영업신고의 요건을 갖춘 자라고 하더라도, 그 영업신고를 한 당해 건축물이 건축법 소정의 허가를 받지 아니한 무허가건물이라면 적법한 신고를 할 수 없다. (대판 2009.4.23. 2008도6829)

정답 O

**06** 「부가가치세법」상 사업자등록은 단순한 사업사실의 신고에 해당하므로, 과세관청이 직권으로 등록을 말소한 행위는 항고소송의 대상인 행정처분에 해당하지 않는다. [20 국가7급]    (O, X)

> 해설 부가가치세법상의 사업자등록은 과세관청으로 하여금 부가가치세의 납세의무자를 파악하고 그 과세자료를 확보하게 하려는 데 입법취지가 있는 것으로서, 이는 단순한 사업사실의 신고로서 사업자가 소관 세무서장에서 소정의 사업자등록신청서를 제출함으로써 성립되는 것이고, 사업자등록증의 교부는 이와 같은 등록사실을 증명하는 증서의 교부행위에 불과한 것이며, 부가가치세법 제5조 제5항에 의하면 사업자가 폐업하거나 또는 신규로 사업을 개시하고자 하여 사업개시일 전에 등록한 후 사실상 사업을 개시하지 아니하게 되는 때에는 과세관청이 직권으로 이를 말소하도록 하고 있는데, 사업자등록의 말소 또한 폐업사실의 기재일 뿐 그에 의하여 사업자로서의 지위에 변동을 가져오는 것이 아니라는 점에서 과세관청의 사업자등록 직권말소행위는 불복의 대상이 되는 행정처분으로 볼 수가 없다. (대판 2000.12.22. 99두6903)

정답 O

**07** 허가대상 건축물의 양수인이 건축법령에 규정되어 있는 형식적 요건을 갖추어 행정청에 적법하게 건축주명의변경신고를 한 경우, 행정청은 실체적인 이유를 들어 신고의 수리를 거부할 수 없다. [20 국가7급] (O, ×)

해설 구 건축법 시행규칙 제11조의 규정은 단순히 행정관청의 사무집행의 편의를 위한 것이 아니라, 허가대상 건축물의 양수인에게 건축주 명의변경을 신고할 수 있는 공법상의 권리를 인정함과 아울러 행정관청에게는 그 신고를 수리할 의무를 지게 한 것으로 봄이 타당하므로, 허가대상 건축물의 양수인이 구 건축법 시행규칙에 규정되어 있는 형식적 요건을 갖추어 시장·군수 등 행정관청에 적법하게 건축주의 명의변경을 신고한 때에는 행정관청은 그 신고를 수리하여야지 실체적인 이유를 내세워 신고의 수리를 거부할 수는 없다. (대판 2014.10.15. 2014두37658)   정답 O

**08** 구 「체육시설의 설치·이용에 관한 법률」의 규정에 따라 체육시설의 회원을 모집하고자 하는 자의 '회원모집계획서 제출'은 수리를 요하는 신고이며, 이에 대하여 회원모집계획을 승인하는 시·도지사 등의 검토 결과 통보는 수리행위로서 행정처분에 해당한다. [20 국가7급] (O, ×)

해설 수리란 행정청이 타인의 행위를 유효한 행위로 받아들이는 행위를 말한다. 혼인신고서의 수리, 공직선거에서 입후보자등록의 수리, 원서의 수리, 영업허가 명의변경신고, 행정심판청구서의 수리 등이 그 예이다. 그러나 "예탁금회원제 골프장의 회원을 모집하고자 하는 자의 회원모집계획서 제출은 수리를 요하는 신고에서의 신고에 해당하며, 이에 대한 시·도지사 등의 검토 결과 통보는 수리행위로서 행정처분에 해당한다. (대판 2009.2.26. 2006두16243)   정답 O

**09** 구 「의료법 시행규칙」 제22조 제3항에 의하면 의원개설신고서를 수리한 행정관청이 소정의 신고필증을 교부하도록 되어 있기 때문에 이와 같은 신고필증의 교부가 없으면 개설신고의 효력이 없다. [19 지방9급] (O, ×)

해설 의료법 시행규칙 제22조 제3항에 의하면 의원개설신고서를 수리한 행정관청이 소정의 신고필증을 교부하도록 되어 있다 하여도 이는 신고사실의 확인행위로서 신고필증을 교부하도록 규정한 것에 불과하고 그와 같은 신고필증의 교부가 없다 하여 개설신고의 효력을 부정할 수 없다 할 것이다. (대판 1985.4.23. 84도2953)   정답 ×

---

**007** 甲은 영업허가를 받아 영업을 하던 중 자신의 영업을 乙에게 양도하고자 乙과 사업양도양수계약을 체결하고 관련 법령에 따라 관할 행정청 A에게 지위승계신고를 하였다. 이에 대한 설명으로 가장 옳지 않은 것은? 19 서울9급 6월

① 甲과 乙 사이의 사업양도양수계약이 무효이더라도 A가 지위승계신고를 수리하였다면 그 수리는 취소되기 전까지 유효하다.
② A가 지위승계신고의 수리를 거부한 경우 甲은 수리거부에 대해 취소소송으로 다툴 수 있다.
③ 甲과 乙이 사업양도양수계약을 체결하였으나 지위승계신고 이전에 甲에 대해 영업허가가 취소되었다면, 乙은 이를 다툴 법률상 이익이 있다.
④ 甲과 乙이 관련 법령상 요건을 갖춘 적법한 신고를 하였더라도 A가 이를 수리하지 않았다면 지위승계의 효력이 발생하지 않는다.

해설
① (×) 선행행위가 무효이면 후행행위도 무효가 되는 것이 원칙이다.
② (O) 지위승계신고는 수리를 요하는 신고이므로 수리를 거부한 경우 甲은 수리거부에 대해 취소소송으로 다툴 수 있다.
③ (O) 乙은 처분의 상대방은 아니지만 실질적인 피해자이므로 원고적격이 인정된다.
④ (O) 지위승계신고는 수리를 요하는 신고이므로 수리하지 않았다면 지위승계의 효력이 발생하지 않는다.

정답 ①

CHAPTER 10 사인의 공법행위

**008** 행정청은 장사 등에 관한 법령에 따른 납골당 설치신고를 한 甲에게 관계 법령에 따른 준수사항을 이행하여야 한다는 것 등을 내용으로 하는 납골당 설치신고사항 이행통지를 하였다. 판례에 따를 때 옳지 않은 것을 모두 고른 것은? 19 행정사

> ㄱ. 甲에 대한 신고필증 교부는 신고의 필수요건이다.
> ㄴ. 위 이행통지는 수리처분과 다른 행정처분으로 볼 수 없다.
> ㄷ. 신고가 위 법령의 모든 요건을 충족한다면 甲은 수리 전에 납골당을 설치할 수 있다.
> ㄹ. 위 신고가 무효라면 신고 수리행위도 무효이다.

① ㄱ, ㄴ   ② ㄱ, ㄷ   ③ ㄴ, ㄹ   ④ ㄷ, ㄹ   ⑤ ㄱ, ㄴ, ㄷ

**해설**

ㄱ. (×) 수리란 신고를 유효한 것으로 판단하고 법령에 의하여 처리할 의사로, 이를 수령하는 수동적 행위이므로 수리행위에 신고필증 교부 등 행위가 꼭 필요한 것은 아니다. (대판 2011.9.8. 2009두6766)

ㄴ. (○) '파주시장이 종교단체 납골당 설치신고를 한 甲교회에, 구 장사 등에 관한 법률 등에 따라 필요한 시설을 설치하고 유골을 안전하게 보관할 수 있는 설비를 갖추어야 하며 관계 법령에 따른 허가 및 준수사항을 이행하여야 한다'는 내용의 납골당 설치신고사항 이행통지를 한 경우, 이행통지는 납골당 설치신고에 대하여 파주시장이 납골당 설치요건을 구비하였음을 확인하고 구 장사 등에 관한 법령상 납골당 설치기준, 관계 법령상 허가 또는 신고 내용을 고지하면서 신고한 대로 납골당시설을 설치하도록 한 것이므로, 파주시장이 甲교회에 이행통지를 함으로써 납골당 설치신고 수리를 하였다고 보는 것이 타당하고, 이행통지가 새로이 甲교회 또는 관계자들의 법률상 지위에 변동을 일으키지는 않으므로 이를 수리처분과 별도로 항고소송대상이 되는 다른 처분으로 볼 수 없다. (대판 2011.9.8. 2009두6766)

ㄷ. (×) 수리를 요하는 신고는 수리가 되어야 적법한 행위를 할 수 있다.

ㄹ. (○) 선행행위가 무효이면 후속행위도 무효이다.

정답 ②

**009** 납골당 설치 분쟁에 대한 판례의 입장으로 옳지 않은 것은? 12 지방7급

① 행정처분의 근거법규 등에 그 처분으로써 이루어지는 행위 등 사업으로 인하여 환경상 침해를 받으리라고 예상되는 영향권의 범위가 구체적으로 규정되어 있는 경우에는, 그 영향권 내의 주민들의 환경상의 이익은 주민 개개인에 대하여 개별적으로 보호되는 직접적·구체적 이익이다.

② 납골당 설치장소로부터 500미터 내에 20호 이상의 인가가 밀집하는 지역에 거주하는 주민들의 경우, 납골당이 누구에 의하여 설치되는지와 관계없이 납골당 설치에 대하여 환경이익 침해 또는 침해 우려가 있는 것으로 사실상 추정되어 원고적격이 인정된다.

③ 이행통지는 납골당 설치신고에 대하여 납골당 설치요건을 구비하였음을 확인하고, 구 장사 등에 관한 법령상의 납골당 설치기준, 관계 법령상의 허가 또는 신고 내용을 고지하면서 신고한 대로 납골당 시설을 설치하도록 한 것이므로, 이 사건 이행통지를 함으로써 납골당 설치신고에 대한 수리를 하였다고 봄이 타당하다.

④ 이행통지는 납골당 설치신고에 대하여 납골당을 설치하는 데 필요한 각종 인허가사항, 향후 절차 등에 관한 사항을 알려 주게 되어 새로이 참가인 또는 관계자들의 법률상 지위에 변동을 일으키므로, 수리처분과는 별도로 이행통지를 항고소송의 대상이 되는 다른 처분으로 볼 수 있다.

> 해설

① (○) 행정처분의 근거법규 또는 관련 법규에 그 처분으로써 이루어지는 행위 등 사업으로 인하여 환경상 침해를 받으리라고 예상되는 영향권의 범위가 구체적으로 규정되어 있는 경우에는, 그 영향권 내의 주민들에 대하여는 당해 처분으로 인하여 직접적이고 중대한 환경피해를 입으리라고 예상할 수 있고, 이와 같은 환경상의 이익은 주민 개개인에 대하여 개별적으로 보호되는 직접적·구체적 이익으로서 그들에 대하여는 특단의 사정이 없는 한 환경상 이익에 대한 침해 또는 침해 우려가 있는 것으로 사실상 추정되어 법률상 보호되는 이익으로 인정됨으로써 원고적격이 인정된다. (대판 2009.9.24. 2009두2825)
② (○) 대판 2011.9.8. 2009두6766
③④ (×) '파주시장이 종교단체 납골당 설치신고를 한 甲교회에, 구 장사 등에 관한 법률 등에 따라 필요한 시설을 설치하고 유골을 안전하게 보관할 수 있는 설비를 갖추어야 하며 관계 법령에 따른 허가 및 준수사항을 이행하여야 한다'는 내용의 납골당 설치신고사항 이행통지를 한 경우, 이행통지는 납골당 설치신고에 대하여 파주시장이 납골당 설치요건을 구비하였음을 확인하고 구 장사 등에 관한 법령상 납골당 설치기준, 관계 법령상 허가 또는 신고 내용을 고지하면서 신고한 대로 납골당시설을 설치하도록 한 것이므로, 파주시장이 甲교회에 이행통지를 함으로써 납골당 설치신고 수리를 하였다고 보는 것이 타당하고, 이행통지가 새로이 甲교회 또는 관계자들의 법률상 지위에 변동을 일으키지는 않으므로 이를 수리처분과 별도로 항고소송대상이 되는 다른 처분으로 볼 수 없다. (대판 2011.9.8. 2009두6766)

> 정답 ④

## 010 판례의 입장으로 옳지 않은 것은?
16 지방9급

① 과세처분 이후 조세 부과의 근거가 되었던 법률규정에 대하여 위헌결정이 내려진 경우, 그 조세채권이 확정되었다 하더라도 위헌결정이 내려진 후 행하여진 체납처분은 당연무효이다.
② 토지수용위원회의 수용재결에 불복하여 취소소송을 제기하는 때에는 이의신청을 거친 경우에도 원칙적으로 수용재결을 한 지방토지수용위원회 또는 중앙토지수용위원회를 피고로 하여 수용재결의 취소를 구하여야 한다.
③ 정보통신매체를 이용하여 원격평생교육을 불특정 다수인에게 학습비를 받고 실시하기 위해 인터넷 침·뜸 학습센터를 평생교육시설로 신고한 경우, 관할 행정청은 신고서 기재사항에 흠결이 없고 형식적 요건을 모두 갖추었더라도 신고대상이 된 교육이나 학습이 공익적 기준에 적합하지 않는다는 등의 실체적 사유를 들어 신고 수리를 거부할 수 있다.
④ 하나의 납세고지서에 의하여 복수의 과세처분을 함께하는 경우에는 과세처분별로 그 세액과 산출근거 등을 구분하여 기재함으로써 납세의무자가 각 과세처분의 내용을 알 수 있도록 해야 한다.

> 해설

① (○) 대판 2012.2.16. 2010두10907 전원합의체
② (○) 수용재결에 대한 불복은 이의신청을 거친 경우에도 원칙적으로 수용재결을 한 지방토지수용위원회 또는 중앙토지수용위원회를 피고로 한다(원처분주의). 이의재결에 불복하여 취소소송을 제기하는 때에는 중앙토지수용위원회가 피고가 된다.
③ (×) 이때의 거부는 처분성이 인정된다. 정보통신매체를 이용하여 학습비를 받고 불특정 다수인에게 원격평생교육(전통 민간요법인 침·뜸 행위의 온라인 교육)을 실시하기 위해 구 평생교육법 제22조 등에서 정한 형식적 요건을 모두 갖추어 신고한 경우, 행정청이 실체적 사유를 들어 신고 수리를 거부할 수 없다. (대판 2011.7.28. 2005두11784)
④ (○) 대판 2012.10.18. 2010두12347 전원합의체

> 정답 ③

**011** 다음은 「식품위생법」상 영업허가 및 영업승계에 관한 조항의 일부이다. 제39조 제3항의 신고에 대한 설명으로 옳은 것은? (다툼이 있는 경우 판례에 의함)  18 국회8급

① 신고는 영업허가자의 변경이라는 법률효과를 발생시키는 행위이다.
② 신고의 수리행위에 신고필증 교부가 필요하다.
③ 관할 행정청이 신고를 수리함에 있어서는 「행정절차법」의 적용을 받지 않는다.
④ 수리대상인 사업양도·양수가 없었음에도 신고를 수리한 경우에는 먼저 민사쟁송으로 양도·양수가 무효임을 구한 이후에 신고 수리의 무효를 다툴 수 있다.
⑤ 양도계약이 있은 후 신고 전에 행정청이 종전의 영업자(양도인)에 대하여 영업허가를 위법하게 취소한 경우에, 영업자의 지위를 승계한 자(양수인)는 양도인에 대한 영업허가취소처분을 다툴 원고적격을 갖지 못한다.

> 해설

① (O) 식품위생법 제25조 제3항에 의한 영업양도에 따른 지위승계신고를 수리하는 허가관청의 행위는 단순히 양도·양수인 사이에 이미 발생한 사법상의 사업양도의 법률효과에 의하여 양수인이 그 영업을 승계하였다는 사실의 신고를 접수하는 행위에 그치는 것이 아니라, 영업허가자의 변경이라는 법률효과를 발생시키는 행위라고 할 것이다. (대판 1995.2.24. 94누9146)
② (X) 수리란 신고를 유효한 것으로 판단하고 법령에 의하여 처리할 의사로 이를 수령하는 수동적 행위이므로 수리행위에 신고필증 교부 등 행위가 꼭 필요한 것은 아니다. (대판 2011.9.8. 2009두6766)
③ (X) 구 식품위생법 규정에 의하여 영업자지위승계신고를 수리하는 처분은 종전의 영업자의 권익을 제한하는 처분이라 할 것이고 따라서 종전의 영업자는 그 처분에 대하여 직접 그 상대가 되는 자에 해당한다고 봄이 상당하므로, 행정청으로서는 위 신고를 수리하는 처분을 함에 있어서 행정절차법 규정 소정의 당사자에 해당하는 종전의 영업자에 대하여 위 규정 소정의 행정절차를 실시하고 처분을 하여야 한다. (대판 2003.2.14. 2001두7015)
④ (X) 사업양도·양수에 따른 허가관청의 지위승계신고의 수리는 적법한 사업의 양도·양수가 있었음을 전제로 하는 것이므로 그 수리대상인 사업양도·양수가 존재하지 아니하거나 무효인 때에는 수리를 하였다 하더라도 그 수리는 유효한 대상이 없는 것으로서 당연히 무효라 할 것이고, 사업의 양도행위가 무효라고 주장하는 양도자는 민사쟁송으로 양도·양수행위의 무효를 구함이 없이 막바로 허가관청을 상대로 하여 행정소송으로 위 신고 수리처분의 무효확인을 구할 법률상 이익이 있다. (대판 2005.12.23. 2005두3554)
⑤ (X) 수허가자의 지위를 양수받아 명의변경신고를 할 수 있는 양수인의 지위는 단순한 반사적 이익이나 사실상의 이익이 아니라 산림법령에 의하여 보호되는 직접적이고 구체적인 이익으로서 법률상 이익이라고 할 것이고, 채석허가가 유효하게 존속하고 있다는 것이 양수인의 명의변경신고의 전제가 된다는 의미에서 관할 행정청이 양도인에 대하여 채석허가를 취소하는 처분을 하였다면 이는 양수인의 지위에 대한 직접적 침해가 된다고 할 것이므로 양수인은 채석허가를 취소하는 처분의 취소를 구할 법률상 이익을 가진다. (대판 2003.7.11. 2001두6289)

정답 ①

> **기출지문 OX**
>
> **01** 사인의 공법행위에는 행위능력에 관한 「민법」의 규정이 원칙적으로 적용된다. [16 서울9급] (O, ×)
> 해설 행정법에는 행위능력에 관한 규정이 없으므로 민법의 규정이 원칙적으로 적용된다. 다만, 행정법상 행위무능력자의 행위는 유효로 되는 경우가 있다. 정답 O
>
> **02** 사인의 공법행위가 행정행위의 단순한 동기에 불과한 경우에는 그 하자는 행정행위의 효력에 아무런 영향을 미치지 않는다는 것이 일반적인 견해이다. [16 서울9급] (O, ×)
> 해설 행정법관계에서는 중요 부분에 착오가 있어도 착오를 이유로 취소할 수 없다. 정답 O
>
> **03** 공무원이 한 사직 의사표시의 철회나 취소는 그에 터잡은 의원면직처분이 있을 때까지 할 수 있는 것이고, 일단 면직처분이 있고 난 이후에는 철회나 취소할 여지가 없다. [16 서울9급] (O, ×)
> 해설 대판 2001.8.24. 99두9971 정답 O

## 012 사인의 공법행위에 대한 설명으로 옳지 않은 것은? (다툼이 있는 경우 판례에 의함) 〔14 지방9급〕

① 신청권은 행정청의 응답을 구하는 권리이며, 신청된 대로의 처분을 구하는 권리는 아니다.
② 신청에 따른 행정청의 처분이 기속행위인 때에는 행정청은 신청에 대한 응답의무를 지지만, 재량행위인 때에는 응답의무가 없다.
③ 법규상 또는 조리상 신청권이 없는 경우에는 거부행위의 처분성이 인정되지 아니한다.
④ 사인의 공법상 행위는 명문으로 금지되거나 성질상 불가능한 경우가 아닌 한, 그에 의거한 행정행위가 행하여질 때까지는 자유로이 철회나 보정이 가능하다.

해설
① (O) 신청권은 특정한 조치를 구하는 권리가 아니라 적법한 절차에 따라 행정청의 응답을 받는 것을 구하는 권리 내지 재량의 한계 내에서 적법한 조치를 구하는 권리이다.
② (×) 행정청의 처분이 기속행위이든 재량행위이든 행정청은 신청에 따른 응답의무가 있다.
③ (O) 국민의 적극적 신청행위에 대하여 행정청이 그 신청에 따른 행위를 하지 않겠다고 거부한 행위가 항고소송의 대상이 되는 행정처분에 해당하는 것이라고 하려면, 그 신청한 행위가 공권력의 행사 또는 이에 준하는 행정작용이어야 하고, 그 거부행위가 신청인의 법률관계에 어떤 변동을 일으키는 것이어야 하며, 그 국민에게 그 행위발동을 요구할 법규상 또는 조리상의 신청권이 있어야 한다. (대판 2009.9.10. 2007두20638)
④ (O) 대판 2001.6.15. 99두5566

정답 ②

## 013 사인(私人)의 경제활동에 대한 행정청의 규제방식을 설명한 것으로 옳지 않은 것은? (다툼이 있는 경우 판례에 의함)

14 국가9급

① 「행정절차법」상 신고요건으로는 신고서의 기재사항에 흠이 없고 필요한 구비서류가 첨부되어 있어야 하며, 신고의 기재사항은 그 진실함이 입증되어야 한다.

② 유료노인복지주택의 설치신고를 받은 행정관청은 그 유료노인 복지주택의 시설 및 운용기준이 법령에 부합하는지와 설치신고 당시 부적격자들이 입소하고 있는지 여부를 심사할 수 있다.

③ 구 「체육시설의 설치·이용에 관한 법률」에 의한 골프장이용료 변경신고서는 행정청에 제출하여 접수된 때에 신고가 있었다고 볼 것이고, 행정청의 수리행위가 있어야만 하는 것은 아니다.

④ 양도인이 자신의 의사에 따라 양수인에게 영업을 양도하면서 양수인으로 하여금 영업을 하도록 허락하였다면 영업승계신고 및 수리처분이 있기 전에 발생한 양수인의 위반행위에 대한 행정적 책임은 양도인에게 귀속된다.

### 해설

① (×) 행정절차법상의 신고는 수리를 요하지 않는 신고이다. 따라서 신고의 형식적 요건을 갖추면 행정청은 수리하여야 하며, 실질적 요건을 갖추어야 하는 것은 아니다.

② (○) 구 노인복지법의 목적과 노인주거복지시설의 설치에 관한 법령의 각 규정들 및 노인복지시설에 대하여 각종 보조와 혜택이 주어지는 점 등을 종합하여 보면, 노인복지시설을 건축한다는 이유로 건축부지 취득에 관한 조세를 감면받고 일반공동주택에 비하여 완화된 부대시설 설치기준을 적용받아 건축허가를 받은 자로서는 당연히 그 노인복지시설에 관한 설치신고 당시에도 당해 시설이 노인복지시설로 운영될 수 있도록 조치하여야 할 의무가 있고, 따라서 같은 법 제33조 제2항에 의한 유료노인복지주택의 설치신고를 받은 행정관청으로서는 그 유료노인복지주택의 시설 및 운영기준이 위 법령에 부합하는지와 아울러 그 유료노인복지주택이 적법한 입소대상자에게 분양되었는지와 설치신고 당시 부적격자들이 입소하고 있지는 않은지 여부까지 심사하여 그 신고의 수리 여부를 결정할 수 있다. (대판 2007.1.11. 2006두14537)

③ (○) 체육시설의 설치·이용에 관한 법률 제18조에 의한 변경신고서는 그 신고 자체가 위법하거나 그 신고에 무효사유가 없는 한 이것이 도지사에게 제출하여 접수된 때에 신고가 있었다고 볼 것이고, 도지사의 수리행위가 있어야만 신고가 있었다고 볼 것은 아니다. (대결 1993.7.6. 93마635)

참고 체육시설의 설치·이용에 관한 법률은 신고(자기완결적 신고)와 등록(행위요건적 신고)을 구분하고 있다.

④ (○) 대판 1995.2.24. 94누9146

정답 ①

## 기출지문 OX

**01** 「도시 및 주거환경정비법」상 조합설립인가처분에서 조합설립결의에 하자가 있는 경우, 조합설립결의 부분만을 따로 떼어내어 그 효력 유무를 다투는 확인의 소를 제기하는 것은 원고의 권리 또는 법률상의 지위에 현존하는 불안·위험을 제거하는 데 가장 유효·적절한 수단이라 할 수 없어 특별한 사정이 없는 한 확인의 이익은 인정되지 아니한다. [14 지방9급] (O, X)

해설 행정청이 도시 및 주거환경정비법 등 관련 법령에 근거하여 행하는 조합설립인가처분은 단순히 사인들의 조합설립행위에 대한 보충행위로서의 성질을 갖는 것에 그치는 것이 아니라 법령상 요건을 갖출 경우 도시 및 주거환경정비법상 주택재건축사업을 시행할 수 있는 권한을 갖는 행정주체(공법인)로서의 지위를 부여하는 일종의 설권적 처분의 성격을 갖는다고 보아야 한다. 그리고 그와 같이 보는 이상 조합설립결의는 조합설립인가처분이라는 행정처분을 하는 데 필요한 요건 중 하나에 불과한 것이어서, 조합설립결의에 하자가 있다면 그 하자를 이유로 직접 항고소송의 방법으로 조합설립인가처분의 취소 또는 무효확인을 구하여야 하고, 이와는 별도로 조합설립결의 부분만을 따로 떼어내어 그 효력 유무를 다투는 확인의 소를 제기하는 것은 원고의 권리 또는 법률상의 지위에 현존하는 불안·위험을 제거하는 데 가장 유효·적절한 수단이라 할 수 없어 특별한 사정이 없는 한 확인의 이익은 인정되지 아니한다. (대판 2009.9.24. 2008다60568) 정답 O

**02** 위임명령이 법률상의 위임근거 없이 제정되었다면 이는 무효인 법규명령이며, 사후에 법개정을 통해 위임의 근거가 부여되었다고 하여 그때부터 유효한 법규명령으로 되는 것은 아니다. [14 지방9급] (O, X)

해설 일반적으로 법률의 위임에 의하여 효력을 갖는 법규명령의 경우, 구법에 위임의 근거가 없어 무효였더라도 사후에 법개정으로 위임의 근거가 부여되면 그때부터는 유효한 법규명령이 되나, 반대로 구법의 위임에 의한 유효한 법규명령이 법개정으로 위임의 근거가 없어지게 되면 그때부터 무효인 법규명령이 되므로, 어떤 법령의 위임근거 유무에 따른 유효 여부를 심사하려면 법개정의 전·후에 걸쳐 모두 심사하여야만 그 법규명령의 시기에 따른 유효·무효를 판단할 수 있다. (대판 1995.6.30. 93추83) 정답 X

**03** 과징금 부과처분이 재량행위라고 하더라도 법이 정한 한도액을 초과하여 위법한 경우에는 부과처분의 전부를 취소할 것이 아니라 한도액을 초과한 부분만 취소하여야 한다. [14 지방9급] (O, X)

해설 자동차운수사업면허조건 등을 위반한 사업자에 대하여 행정청이 행정제재수단으로 사업정지를 명할 것인지, 과징금을 부과할 것인지, 과징금을 부과하기로 한다면 그 금액은 얼마로 할 것인지에 관하여 재량권이 부여되었다 할 것이므로 과징금 부과처분이 법이 정한 한도액을 초과하여 위법할 경우 법원으로서는 그 전부를 취소할 수밖에 없고, 그 한도액을 초과한 부분이나 법원이 적정하다고 인정되는 부분을 초과한 부분만을 취소할 수 없다. (대판 1998.4.10. 98두2270) 정답 X

**04** 공무원의 사직의 의사표시는 상대방에게 도달한 후에는 철회할 수 없다. [14 국가7급] (O, X)

해설 공무원에 의해 제출된 사직원은 그에 따른 의원면직처분이 있을 때까지는 철회할 수 있지만, 일단 면직처분이 있고 난 이후에는 철회할 수 없다. (대판 2001.8.24. 99두9971) 정답 X

**05** 사인의 공법행위는 법적 행위라는 점에서 공법상 사실행위와 구별된다. [14 국가7급] (O, X)

정답 O

**06** 명문의 금지규정이 있거나 일신전속적인 행위는 대리가 허용될 수 없으나, 그렇지 않은 사인의 공법행위는 대리에 관한 「민법」 규정이 유추적용될 수 있다. [14 국가7급] (O, X)

해설 사인의 공법행위가 일신전속적인 행위가 아닌 경우, 대리에 대한 금지규정이 없거나 성질에 반하지 않으면 대리가 가능하며 이 경우 대리에 관한 민법 규정이 유추적용될 수 있다. 정답 O

# PART 2
## 행정작용법

| CHAPTER 01 | 행정입법 1(법규명령) |
| CHAPTER 02 | 행정입법 2(행정규칙) |
| CHAPTER 03 | 행정행위 일반론 |
| CHAPTER 04 | 행정행위의 내용 |
| CHAPTER 05 | 행정행위의 부관 |
| CHAPTER 06 | 행정행위의 요건과 효력 |
| CHAPTER 07 | 행정행위의 하자와 하자의 승계 |
| CHAPTER 08 | 행정행위의 취소 및 철회 |
| CHAPTER 09 | 확약과 행정계획 |
| CHAPTER 10 | 그 밖의 행정형식 |

# CHAPTER 01 행정입법 1(법규명령)

## 제1절 행정입법 일반론

### 행정입법과 행정행위

| 행정입법 | 행정행위 |
|---|---|
| • 일반적·추상적 규율<br>• 법률의 위임에 의해 행정부가 만드는 입법의 일종 | • 개별적·구체적 처분<br>• 법률이나 행정입법에 근거하여 행정청이 행하는 처분 |

### 국회입법권에서 파생된 행정입법의 종류

| | | | |
|---|---|---|---|
| 행정부의<br>법규제정 | 법규명령 | 위임명령 | 상위법의 수권 필요. 법규성 인정. 대외적 구속력 인정(국민의 권리·의무에 관한 내용을 규정할 수 있음). 공포 요함. 어기면 위법 → 항고소송 가능 |
| | | 집행명령 | 상위법의 수권 불요. 시행절차에 관한 규정이므로 새로운 법규사항(권리·의무)을 정할 수 없음. |
| | 행정규칙 | 행정규칙 | 상위법의 수권 불요. 일반적인 경우 법규성 없음. 공포 불요. 어겨도 위법하지 않으므로 항고소송 불가 |
| | | 재량준칙 | 평등원칙과 자기구속원리를 매개로 간접적인 위법성 인정(전환규범) → 항고소송 가능 |
| | | 법령보충적<br>행정규칙 | • 상위법과 결합하여 대외적 구속력을 가짐.<br>• "…에 관하여 법무부장관이 정한다."라는 형식을 취함(예 청소년 유해매체물 고시). |
| 국회 등 | | | 국회, 대법원, 중앙선거관리위원회, 헌법재판소의 규칙제정권(헌법에 근거 있음) |
| 감사원 | | | 행정기본법에서는 감사원규칙을 법령의 일종으로 규정함(헌법에 근거 없음). |
| 지방자치단체 | 조례 | | 지방의회가 제정. 포괄적 위임 가능 |
| | 규칙 | | 지방자치단체장이 정함(예 교육규칙). |

### 법규명령과 행정규칙

| 구분 | 법규명령 | 행정규칙 |
|---|---|---|
| 법형식 | 대통령령·총리령·부령·국회규칙·대법원규칙·헌법재판소규칙·중앙선거관리위원회규칙 | 고시·지침·규정·훈령 등 다양한 형식이 있음. |
| 권력적 기초와<br>수범자 | • 일반권력관계(국민을 대상으로 함)<br>• 행정기관과 국민 모두에게 적용 | • 특별권력관계(공무원을 대상으로 함)<br>• 행정조직 및 특별권력관계 내부에 적용 |
| 법적 근거 | 법률우위의 원칙은 모든 국가작용에 적용<br>• 위임명령: 상위 법령상 수권(법률유보)이 있어야 함.<br>• 집행명령: 수권이 없어도 됨. | 상위 법령의 수권이 없어도 됨. |
| 규율 내용 | • 위임명령: 국민의 권리·의무에 관한 내용을 정할 수 있음.<br>• 집행명령: 상위법의 시행에 필요한 세칙. 권리·의무에 관한 내용을 정할 수 없음. | 공무원 업무의 기준, 기관의 조직, 재량 행사의 지침. 단, 법령보충적 행정규칙은 상위 법령과 결합하여 대외적 구속력을 가짐. |
| 성질 | 법규성 인정 | 법규성 부정(행정내부적 규율에 그침) |

| 종류 | 위임명령, 집행명령 | 조직규칙, 행정지도규칙(⑩ 재량준칙), 영조물이용규칙, 근무규칙 |
|---|---|---|
| 구속력 | 양면적 구속력<br>• 내부적 구속력: 위반한 공무원에 대한 징계책임과 위반효과발생<br>• 외부적 구속력: 국민을 구속함. | 일면적 구속력<br>• 원칙적으로 내부적 구속력만 가짐. 위반시 징계책임은 가능함.<br>• 법적 구속력은 없음. 그러나 사실상 구속력이 있는 경우가 많음. |
| 위반의 효과 | • 위법함: 법규명령에 위반한 행정행위는 위법함(중대명백설에 따라 취소 또는 무효사유가 됨).<br>• 위반행위에 대해 행정소송 가능 | • 위법하지 않음: 평등의 원칙 등을 매개해서 간접적으로 위법성이 판단됨(원칙적으로 유효함).<br>• 위반행위에 대해 행정소송 불가 |
| 존재형식 | 반드시 조문의 형식 | 조문의 형식 + 구두로도 가능 |
| 제정절차 | • 법제처 심사: 대통령령, 총리령, 부령 모두<br>• 국무회의 심의: 대통령령만 | 특별한 절차가 없음. → 신속한 제정 가능 |
| 공포 | 공포가 있어야 효력이 발생함. | 공포가 없어도 되지만, 일반적으로 공포함. |
| 재판규범성 | 인정 | 부정 |

## 001 행정입법에 대한 설명으로 옳지 않은 것은?

23 국가9급

① 총리령·부령의 제정절차는 대통령령의 경우와는 달리 국무회의 심의는 거치지 않아도 된다.

② 법령보충적 행정규칙은 물론이고 재량권 행사의 준칙이 되는 행정규칙이 행정의 자기구속원리에 따라 대외적 구속력을 가지는 경우에는 헌법소원의 대상이 될 수 있다.

③ 상위 법령의 위임이 없음에도 상위 법령에 규정된 처분요건에 해당하는 사항을 부령에서 변경하여 규정한 경우 그 부령의 규정은 국민에 대한 대외적 구속력이 있다.

④ 「특정다목적댐법」에서 댐 건설로 손실을 입으면 국가가 보상해야 하고 그 절차와 방법은 대통령령으로 제정하도록 명시되어 있음에도 미제정된 경우, 법령제정의 여부는 「행정소송법」상 부작위위법확인소송의 대상이 될 수 없다.

**해설**

① (O) 대통령령은 반드시 법제처 심사와 국무회의의 심의를 거쳐야 한다. 반면, 총리령과 부령은 법제처의 심사를 거치지만 국무회의의 심의는 거치지 않아도 된다. 다만, 국무회의의 심의를 거치는 것이 불가능하지는 않다.

② (O) 집행행위를 매개하지 않는 경우에는 헌법소원의 대상이 된다.

③ (X) 법령의 위임이 없음에도 법령에 규정된 처분요건에 해당하는 사항을 부령에서 변경하여 규정한 경우에는 그 부령의 규정은 행정청 내부의 사무처리기준 등을 정한 것으로서 행정조직 내에서 적용되는 행정명령의 성격을 지닐 뿐 국민에 대한 대외적 구속력은 없다고 보아야 한다. 따라서 이 경우 처분의 적법 여부는 그러한 규칙 등에서 정한 요건에 합치하는지 여부가 아니라 일반국민에 대하여 구속력을 가지는 법률 등 법규성이 있는 관계 법령의 규정을 기준으로 판단하여야 한다. (대판 2013.9.12. 2011두10584)

④ (O) 행정입법부작위는 부작위위법확인소송의 대상이 아니다. 다만, 헌법소원이나 국가배상은 가능하다.

**정답** ③

**002** 행정입법에 관한 설명으로 옳지 않은 것은? (다툼이 있는 경우 판례에 의함)  23 소방

① 일반적으로 법률의 위임에 의하여 효력을 갖는 법규명령의 경우, 구법에 위임의 근거가 없어 무효였더라도 사후에 법개정으로 위임의 근거가 부여되면 그때부터는 유효한 법규명령이 된다.

② 법령에서 행정처분의 요건 중 일부 사항을 부령으로 정할 것을 위임한 데 따라 시행규칙 등 부령에서 이를 정한 경우에 그 부령의 규정은 국민에 대해서도 구속력이 있는 법규명령에 해당한다.

③ 상급행정기관이 소속 공무원이나 하급행정기관에 대하여 세부적인 업무처리절차나 법령의 해석·적용기준을 정해 주는 행정규칙은 상위 법령에 반하지 않는다고 하더라도 상위 법령의 구체적 위임이 있지 않는 한, 행정조직 내부적으로도 효력을 가지지 못하고 대외적으로도 국민이나 법원을 구속하는 효력이 없다.

④ 법령보충적 행정규칙은 물론이고, 재량권 행사의 준칙이 되는 행정규칙이 그 정한 바에 따라 되풀이 시행되어 행정관행이 이루어지고 행정의 자기구속원리에 따라 대외적 구속력을 가지는 경우에는 헌법소원의 대상이 될 수 있다.

**해설**

① (O) 일반적으로 법률의 위임에 의하여 효력을 갖는 법규명령의 경우, 구법에 위임의 근거가 없어 무효였더라도 사후에 법개정으로 위임의 근거가 부여되면 그때부터는 유효한 법규명령이 되나, 반대로 구법의 위임에 의한 유효한 법규명령이 법개정으로 위임의 근거가 없어지게 되면 그때부터 무효인 법규명령이 되므로, 어떤 법령의 위임근거 유무에 따른 유효 여부를 심사하려면 법개정의 전·후에 걸쳐 모두 심사하여야만 그 법규명령의 시기에 따른 유효·무효를 판단할 수 있다. (대판 1995.6.30. 93추83)

② (O) 부령은 원칙적으로 법규명령으로 대외적 구속력이 있다. 다만, 제재적 내용일 때는 대외적 구속력이 없다.

③ (X) 상급행정기관이 소속 공무원이나 하급행정기관에 대하여 세부적인 업무처리절차나 법령의 해석·적용기준을 정해 주는 행정규칙은 상위 법령에 반하지 않는다면 상위 법령의 구체적 위임이 없더라도, 행정조직 내부적으로는 효력이 인정된다.

④ (O) 순수한 행정규칙은 헌법소원의 대상이 아니지만, 선지의 경우에는 헌법소원이 가능하다.

**정답** ③

---

**003** 행정입법에 대한 설명으로 옳지 않은 것은? (다툼이 있는 경우 판례에 의함)  22 소방

① 법률의 시행령이나 시행규칙은 법률의 위임이 없으면 개인의 권리·의무에 관한 내용을 변경·보충하거나 법률이 규정하지 아니한 새로운 내용을 정할 수는 없으므로, 모법에 이에 관하여 직접 위임하는 규정을 두지 아니하였다면 당연히 이를 무효라고 보아야 한다.

② 법률에서 군법무관의 보수의 구체적 내용을 시행령에 위임했음에도 불구하고 행정부가 정당한 이유 없이 시행령을 제정하지 않은 것은 불법행위이므로 이에 대하여 국가배상청구를 할 수 있다.

③ 일반적으로 법률의 위임에 따라 효력을 갖는 법규명령의 경우에 위임의 근거가 없어 무효였더라도 나중에 법개정으로 위임의 근거가 부여되면 그때부터는 유효한 법규명령으로 볼 수 있다.

④ 행정처분이 법규성이 없는 내부지침 등의 규정에 위배된다고 하더라도 그 이유만으로 처분이 위법하게 되는 것은 아니며, 내부지침 등에서 정한 요건에 부합한다고 하여 반드시 그 처분이 적법한 것이라고 할 수도 없다.

> 해설

① (✕) 법률의 시행령이나 시행규칙은 법률에 의한 위임이 없으면 개인의 권리·의무에 관한 내용을 변경·보충하거나 법률이 규정하지 아니한 새로운 내용을 정할 수는 없지만, 법률의 시행령이나 시행규칙의 내용이 모법의 입법취지와 관련 조항 전체를 유기적·체계적으로 살펴보아 모법의 해석상 가능한 것을 명시한 것에 지나지 아니하거나 모법 조항의 취지에 근거하여 이를 구체화하기 위한 것인 때에는 모법의 규율범위를 벗어난 것으로 볼 수 없으므로, 모법에 이에 관하여 직접 위임하는 규정을 두지 아니하였다고 하더라도 이를 무효라고 볼 수는 없다. (대판 2014.8.20. 2012두19526)

② (○) 행정입법부작위에 대해서는 부작위위법확인소송을 할 수 없지만, 헌법소원과 국가배상이 가능하다.

> 구 군법무관임용법 제5조 제3항과 군법무관임용 등에 관한 법률 제6조가 군법무관의 보수를 법관 및 검사의 예에 준하도록 규정하면서 그 구체적 내용을 시행령에 위임하고 있는 이상, 위 법률의 규정들은 군법무관의 보수의 내용을 법률로써 일차적으로 형성한 것이고, 위 법률들에 의해 상당한 수준의 보수청구권이 인정되는 것이므로, 위 보수청구권은 단순한 기대이익을 넘어서는 것으로서 법률의 규정에 의해 인정된 재산권의 한 내용이 되는 것으로 봄이 상당하고, 따라서 행정부가 정당한 이유 없이 시행령을 제정하지 않은 것은 위 보수청구권을 침해하는 불법행위에 해당한다. (대판 2007.11.29. 2006다3561)

③ (○) 대판 2017.4.20. 2015두45700
④ (○) 처분의 적법 여부는 그러한 내부지침 등에서 정한 요건에 합치하는지 여부가 아니라 일반국민에 대하여 구속력을 가지는 법률 등 법규성이 있는 관계 법령의 규정을 기준으로 판단하여야 한다. (대판 2018.6.15. 2015두40248)

> 정답 ①

## 004 행정입법에 대한 설명으로 옳지 않은 것은? (다툼이 있는 경우 판례에 의함) 〔22 국가9급〕

① 부령의 형식으로 정해진 제재적 행정처분의 기준은 그 규정의 성질과 내용이 행정청 내부의 사무처리준칙을 정한 것에 불과하므로 대외적으로 국민이나 법원을 구속하는 것은 아니다.

② 항정신병 치료제의 요양급여 인정기준에 관한 보건복지부 고시가 다른 집행행위의 매개 없이 그 자체로서 직접 국민의 구체적인 권리·의무와 법률관계를 규율하는 성격을 가질 때에는 항고소송의 대상이 되는 행정처분에 해당한다.

③ 법률의 위임에 의하여 효력을 갖는 법규명령이 법개정으로 위임의 근거가 없어지게 되더라도 효력을 상실하지 않는다.

④ 한국수력원자력 주식회사가 조달하는 기자재, 용역 및 정비공사, 기기수리의 공급자에 대한 관리업무절차를 규정함을 목적으로 제정·운용하고 있는 '공급자관리지침' 중 등록취소 및 그에 따른 일정 기간의 거래제한조치에 관한 규정들은 상위 법령의 구체적 위임 없이 정한 것이어서 대외적 구속력이 없는 행정규칙이다.

> 해설

① (○) 대통령령은 내용과 관계없이 법규명령이지만, 부령은 그 내용이 제재적이면 행정규칙의 효력으로 대외적 구속력이 인정되지 않는다.

② (○) 어떠한 고시가 일반적·추상적 성격을 가질 때에는 법규명령 또는 행정규칙에 해당할 것이지만, 다른 집행행위의 매개 없이 그 자체로서 직접 국민의 구체적인 권리·의무나 법률관계를 규율하는 성격을 가질 때에는 항고소송의 대상이 되는 행정처분에 해당한다. (대결 2003.10.9. 2003무23)

③ (X) 일반적으로 법률의 위임에 의하여 효력을 갖는 법규명령의 경우, 구법에 위임의 근거가 없어 무효였더라도 사후에 법개정으로 위임의 근거가 부여되면 그때부터는 유효한 법규명령이 되나, 반대로 구법의 위임에 의한 유효한 법규명령이 법개정으로 위임의 근거가 없어지게 되면 그때부터 무효인 법규명령이 되므로, 어떤 법령의 위임근거 유무에 따른 유효 여부를 심사하려면 법개정의 전·후에 걸쳐 모두 심사하여야만 그 법규명령의 시기에 따른 유효·무효를 판단할 수 있다. (대판 1995.6.30. 93추83)

④ (○) [1] 공공기관의 운영에 관한 법률(이하 '공공기관운영법'이라 한다) 제39조 제2항과 그 하위 법령에 따른 입찰참가자격제한조치는 '구체적 사실에 관한 법집행으로서의 공권력의 행사'로서 행정처분에 해당한다.

[2] 한국수력원자력 주식회사는 공공기관운영법에 따른 '공기업'으로 지정됨으로써 공공기관운영법 제39조 제2항에 따라 입찰참가자격제한처분을 할 수 있는 권한을 부여받았으므로 '법령에 따라 행정처분권한을 위임받은 공공기관'으로서 행정청에 해당한다.

[3] 공공기관운영법이나 그 하위 법령은 공기업이 거래상대방 업체에 대하여 공공기관운영법 제39조 제2항 및 공기업·준정부기관 계약사무규칙 제15조에서 정한 범위를 뛰어넘어 추가적인 제재조치를 취할 수 있도록 위임한 바 없다. 따라서 한국수력원자력 주식회사가 조달하는 기자재, 용역 및 정비공사, 기기수리의 공급자에 대한 관리업무절차를 규정함을 목적으로 제정·운용하고 있는 '공급자관리지침' 중 등록취소 및 그에 따른 일정 기간의 거래제한조치에 관한 규정들은 공공기관으로서 행정청에 해당하는 한국수력원자력 주식회사가 상위 법령의 구체적 위임 없이 정한 것이어서 대외적 구속력이 없는 행정규칙이다. (대판 2020.5.28. 2017두66541)

정답 ③

## 005 행정입법에 대한 판례의 입장으로 옳지 않은 것은?

21 국가7급

① 고시가 비록 법령에 근거를 둔 것이더라도 규정 내용이 법령의 위임범위를 벗어난 것일 경우에는 법규명령으로서의 대외적 구속력을 인정할 여지는 없다.

② 법률의 위임에 따라 효력을 갖는 법규명령의 경우에 위임의 근거가 없어 무효였더라도 나중에 법개정으로 위임의 근거가 다시 부여된 경우에는 이전부터 소급하여 유효한 법규명령이 있었던 것으로 본다.

③ 어떠한 고시가 다른 집행행위의 매개 없이 그 자체로서 직접 국민의 구체적인 권리·의무나 법률관계를 규율하는 성격을 가질 때에는 행정처분에 해당한다.

④ 법률의 시행령이나 시행규칙의 내용이 모법의 입법취지와 관련 조항 전체를 유기적·체계적으로 살펴보아 모법의 해석상 가능한 것을 명시한 것에 지나지 아니하는 때에는 모법에 이에 관하여 직접 위임하는 규정을 두지 아니하였다고 하더라도 이를 무효라고 볼 수는 없다.

해설

① (○) 대판 2016.8.17. 2015두51132

② (X) 일반적으로 법률의 위임에 의하여 효력을 갖는 법규명령의 경우, 구법에 위임의 근거가 없어 무효였더라도 사후에 법개정으로 위임의 근거가 부여되면 그때부터는 유효한 법규명령이 되나, 반대로 구법의 위임에 의한 유효한 법규명령이 법개정으로 위임의 근거가 없어지게 되면 그때부터 무효인 법규명령이 되므로, 어떤 법령의 위임근거 유무에 따른 유효 여부를 심사하려면 법개정의 전·후에 걸쳐 모두 심사하여야만 그 법규명령의 시기에 따른 유효·무효를 판단할 수 있다. (대판 1995.6.30. 93추83)

③ (○) 이른바 처분적 법령을 말한다. (대결 2003.10.9. 2003무23)

④ (○) 대판 2014.8.20. 2012두19526

정답 ②

## 006 행정입법에 대한 설명으로 옳지 않은 것은? (다툼이 있는 경우 판례에 의함)

21 서울·지방7급

① 어느 시행령의 규정이 모법에 저촉되는지가 명백하지 않은 경우에는 모법과 시행령의 다른 규정들과 그 입법취지, 연혁 등을 종합적으로 살펴 모법에 합치된다는 해석도 가능한 경우라면 그 규정을 모법 위반으로 무효라고 선언해서는 안 된다.

② 법령의 위임이 없음에도 법령에 규정된 처분요건에 해당하는 사항을 부령에서 변경하여 규정한 경우에 처분의 적법 여부는 그러한 부령에서 정한 요건을 기준으로 판단하여야 한다.

③ 제재적 행정처분의 기준이 부령의 형식으로 규정되어 있는 경우 그러한 처분기준에 적합하다 하여 곧바로 당해 처분이 적법한 것이라고 할 수는 없다.

④ 행정규칙이 이를 정한 행정기관의 재량에 속하는 사항에 관한 것인 때에는 그 규정 내용이 객관적 합리성을 결여하였다는 등의 특별한 사정이 없는 한 법원은 이를 존중하는 것이 바람직하다.

**해설**

① (O) 대판 2001.8.24. 2000두2716

② (X) 법령의 위임이 없음에도 법령에 규정된 처분요건에 해당하는 사항을 부령에서 변경하여 규정한 경우에는 그 부령의 규정은 행정청 내부의 사무처리기준 등을 정한 것으로서 행정조직 내에서 적용되는 행정명령의 성격을 지닐 뿐 국민에 대한 대외적 구속력은 없다고 보아야 한다. 따라서 이 경우 처분의 적법 여부는 그러한 규칙 등에서 정한 요건에 합치하는지 여부가 아니라 일반국민에 대하여 구속력을 가지는 법률 등 법규성이 있는 관계 법령의 규정을 기준으로 판단하여야 한다. (대판 2013.9.12. 2011두10584)

③ (O) 제재적 행정처분의 기준이 부령의 형식으로 규정되어 있으면 법규명령이 아니라, 행정규칙의 성격이므로 행정규칙에 적합하다 하여 곧바로 당해 처분이 적법한 것이라고 할 수는 없다. (대판 2007.9.20. 2007두6946)

④ (O) 대판 2019.10.31. 2013두20011

**정답** ②

## 007 대외적 구속력을 인정할 수 없는 경우만을 모두 고르면? (다툼이 있는 경우 판례에 의함)

20 서울·지방9급

ㄱ. 운전면허에 관한 제재적 행정처분의 기준이 「도로교통법 시행규칙」[별표]에 규정되어 있는 경우
ㄴ. 행정각부의 장이 정하는 특정 고시가 비록 법령에 근거를 둔 것이더라도 규정 내용이 법령의 위임범위를 벗어난 것일 경우
ㄷ. 상위 법령에서 세부사항 등을 시행규칙으로 정하도록 위임하였음에도 이를 고시 등 행정규칙으로 정한 경우
ㄹ. 상위 법령의 위임이 없음에도 상위 법령에 규정된 처분요건에 해당하는 사항을 하위 부령에서 변경하여 규정한 경우

① ㄱ, ㄴ
② ㄴ, ㄷ
③ ㄱ, ㄴ, ㄷ
④ ㄱ, ㄴ, ㄷ, ㄹ

> 해설

ㄱ. (✕) 시행규칙, 즉 부령은 형식적으로 법규명령이지만 제재적 내용을 담고 있는 경우에는 대외적 구속력이 없는 행정규칙의 성격을 가진다.
ㄴ. (✕) 행정각부의 장이 정하는 고시가 비록 법령에 근거를 둔 것이라고 하더라도 그 규정 내용이 법령의 위임범위를 벗어난 것일 경우에는 법규명령으로서의 대외적 구속력을 인정할 여지는 없다. (대결 2006.4.28. 2003마715)
ㄷ. (✕) 법령보충규칙이 상위 법령의 위임범위를 벗어난 경우에는 법규명령으로서 대외적 구속력을 인정할 여지는 없다. 이는 행정규칙이나 규정 '내용'이 위임범위를 벗어난 경우뿐 아니라 상위 법령의 위임규정에서 특정하여 정한 권한 행사의 '절차'나 '방식'에 위배되는 경우도 마찬가지이므로, 상위 법령에서 세부사항 등을 시행규칙으로 정하도록 위임하였음에도 이를 고시 등 행정규칙으로 정하였다면 그 역시 대외적 구속력을 가지는 법규명령으로서 효력이 인정될 수 없다. (대판 2012.7.5. 2010다72076)
ㄹ. (✕) 법령에서 행정처분의 요건 중 일부 사항을 부령으로 정할 것을 위임한 데 따라 시행규칙 등 부령에서 이를 정한 경우에 그 부령의 규정은 국민에 대해서도 구속력이 있는 법규명령에 해당한다고 할 것이지만, 법령의 위임이 없음에도 법령에 규정된 처분요건에 해당하는 사항을 부령에서 변경하여 규정한 경우에는 그 부령의 규정은 행정청 내부의 사무처리기준 등을 정한 것으로서 행정조직 내에서 적용되는 행정명령의 성격을 지닐 뿐 국민에 대한 대외적 구속력은 없다고 보아야 한다. (대판 2013.9.12. 2011두10584)

정답 ④

## 008  행정입법에 대한 설명으로 옳지 않은 것은? (다툼이 있는 경우 판례에 의함) 20 국가7급

① 헌법에서 인정한 법규명령의 형식을 예시적으로 이해하는 견해에 의하면 감사원규칙은 법규명령이 아니라고 본다.
② 고시가 상위 법령과 결합하여 대외적 구속력을 갖고 국민의 기본권을 침해하는 법규명령으로 기능하는 경우 헌법소원의 대상이 된다.
③ 집행명령은 상위 법령의 집행을 위해 필요한 사항을 규정한 것으로 법규명령에 해당하지만 법률의 수권 없이 제정할 수 있다.
④ 상위 법령을 시행하기 위하여 하위 법령을 제정하거나 필요한 조치를 함에 있어서는 상당한 기간을 필요로 하며 합리적인 기간 내의 지체를 위헌적인 부작위로 볼 수 없다.

> 해설

① (✕) 감사원규칙에 대하여 헌법에 근거가 없으므로 법규명령의 형식을 열거적으로 이해하는 견해에 의하면 감사원규칙은 법규명령이 아니라고 보게 되지만, 법규명령의 형식을 예시적으로 이해하는 견해에 의하면 감사원규칙은 법규명령이라고 보게 된다.
② (○) 법령보충적 행정규칙이 집행행위를 매개하지 않고 기본권을 침해하면 항고소송 또는 헌법소원의 대상이 된다.
③ (○) 위임명령은 상위법의 수권이 있어야 하지만, 집행명령은 수권이 필요 없다.
④ (○) 행정입법부작위가 위헌이 되기 위해서는 상당한 기간 동안의 부작위가 있어야 한다.

정답 ①

## 009 행정입법에 대한 설명으로 옳은 것은? (다툼이 있는 경우 판례에 의함)

19 국가9급

① 상위 법령 등의 단순한 집행을 위해 총리령을 제정하려는 경우, 행정상 입법예고를 하지 아니할 수 있다.

② 특히 긴급한 필요가 있거나 미리 법률로 자세히 정할 수 없는 부득이한 사정이 있어 법률에 형벌의 종류·상한·폭을 명확히 규정하더라도, 행정형벌에 대한 위임입법은 허용되지 않는다.

③ 교육부장관이 대학입시기본계획의 내용에서 내신성적 산정기준에 관한 시행지침을 정한 경우, 각 고등학교는 이에 따라 내신성적을 산정할 수밖에 없어 이는 행정처분에 해당된다.

④ 행정소송에 대한 대법원 판결에 의하여 명령·규칙이 헌법 또는 법률에 위반된다는 것이 확정된 경우, 대법원은 지체 없이 그 사유를 해당 법령의 소관 부처의 장에게 통보하여야 한다.

### 해설

① (O)

**행정절차법 제41조(행정상 입법예고)**
① 법령 등을 제정·개정 또는 폐지(이하 '입법'이라 한다)하려는 경우에는 해당 입법안을 마련한 행정청은 이를 예고하여야 한다. 다만, 다음 각 호의 어느 하나에 해당하는 경우에는 예고를 하지 아니할 수 있다.
  1. 신속한 국민의 권리 보호 또는 예측 곤란한 특별한 사정의 발생 등으로 입법이 긴급을 요하는 경우
  2. 상위 법령 등의 단순한 집행을 위한 경우
  3. 입법 내용이 국민의 권리·의무 또는 일상생활과 관련이 없는 경우
  4. 단순한 표현·자구를 변경하는 경우 등 입법 내용의 성질상 예고의 필요가 없거나 곤란하다고 판단되는 경우
  5. 예고함이 공공의 안전 또는 복리를 현저히 해칠 우려가 있는 경우

② (X) 형벌법규에 대하여도 특히 긴급한 필요가 있거나 미리 법률로써 자세히 정할 수 없는 부득이한 사정이 있는 경우에 한하여 수권법률(위임법률)이 구성요건의 점에서는 처벌대상인 행위가 어떠한 것일거라고 이를 예측할 수 있을 정도로 구체적으로 정하고, 형벌의 점에서는 형벌의 종류 및 그 상한과 폭을 명확히 규정하는 것을 조건으로 위임입법이 허용되며, 이러한 위임입법은 죄형법정주의에 반하지 않는다. (헌재 1996.2.29. 94헌마213)

③ (X) 교육부장관이 내신성적 산정기준의 통일을 기하기 위해 대학입시기본계획의 내용에서 내신성적 산정기준에 관한 시행지침을 마련하여 시·도 교육감에서 통보한 것은 행정조직 내부에서 내신성적 평가에 관한 내부적 심사기준을 시달한 것에 불과하며, … 그러한 사정만으로서 위 지침에 의하여 곧바로 개별적이고 구체적인 권리의 침해를 받은 것으로는 도저히 인정할 수 없으므로, 그것만으로는 현실적으로 특정인의 구체적인 권리·의무에 직접적으로 변동을 초래케 하는 것은 아니라 할 것이어서 내신성적 산정지침을 항고소송의 대상이 되는 행정처분으로 볼 수 없다. (대판 1994.9.10. 94두33)

④ (X)

**행정소송법 제6조(명령·규칙의 위헌 등 공고)**
① 행정소송에 대한 대법원 판결에 의하여 명령·규칙이 헌법 또는 법률에 위반된다는 것이 확정된 경우에는 대법원은 지체 없이 그 사유를 행정안전부장관에게 통보하여야 한다.

정답 ①

### 기출지문 OX

**01** 구「청소년 보호법 시행령」제40조 [별표 6]의 위반행위의 종별에 따른 과징금처분기준에서 정한 과징금 수액은 정액이 아니고 최고한도액이다. [19 지방9급] (O, X)

　해설　구 청소년 보호법 제49조 제1항·제2항에 따른 같은 법 시행령 제40조 [별표 6]의 위반행위의 종별에 따른 과징금처분기준은 법규명령이기는 하나 모법의 위임규정의 내용과 취지 및 헌법상의 과잉금지의 원칙과 평등의 원칙 등에 비추어 같은 유형의 위반행위라 하더라도 그 규모나 기간·사회적 비난 정도·위반행위로 인하여 다른 법률에 의하여 처벌받은 다른 사정·행위자의 개인적 사정 및 위반행위로 얻은 불법이익의 규모 등 여러 요소를 종합적으로 고려하여 사안에 따라 적정한 과징금의 액수를 정하여야 할 것이므로 그 수액은 정액이 아니라 최고한도액이다. (대판 2001.3.9. 99두5207)　**정답** O

**02** 집행명령은 상위 법령이 개정되더라도 개정법령과 성질상 모순·저촉되지 아니하고 개정된 상위 법령의 시행에 필요한 사항을 규정하고 있는 이상, 개정법령의 시행을 위한 집행명령이 제정·발효될 때까지는 여전히 그 효력을 유지한다. [19 지방9급] (O, X)

　해설　상위 법령의 시행에 필요한 세부적 사항을 정하기 위하여 행정관청이 일반적 직권에 의하여 제정하는 이른바 집행명령은 근거법령인 상위 법령이 폐지되면 특별한 규정이 없는 이상 실효되는 것이나, 상위 법령이 개정됨에 그친 경우에는 개정법령과 성질상 모순, 저촉되지 아니하고 개정된 상위 법령의 시행에 필요한 사항을 규정하고 있는 이상 그 집행명령은 상위 법령의 개정에도 불구하고 당연히 실효되지 아니하고 개정법령의 시행을 위한 집행명령이 제정, 발효될 때까지는 여전히 그 효력을 유지한다. (대판 1989.9.12. 88누6962)　**정답** O

**03** 행정각부가 아닌 국무총리 소속의 독립기관은 독립하여 법규명령을 발할 수 있다. [19 서울9급 6월] (O, X)

　해설　행정각부가 아닌 국무총리 소속의 독립기관(ⓔ 법제처, 보훈처)은 독립하여 법규명령을 발할 수 없고, 총리령의 형식으로 해야 한다.　**정답** X

**04** 법령의 위임이 없음에도 법령에 규정된 처분요건에 해당하는 사항을 부령에서 변경하여 규정한 경우에는 그 부령의 규정은 행정청 내부의 사무처리기준 등을 정한 것으로서 행정조직 내에서 적용되는 행정명령의 성격을 지닌다. [19 서울 사복] (O, X)

　해설　대판 2013.9.12. 2011두10584　**정답** O

**05** 법률에서 하위 법령에 위임을 한 경우에 하위 법령이 위임의 한계를 준수하고 있는지 여부의 판단은 일반적으로 의회유보의 원칙과 무관하다. [19 서울 사복] (O, X)

　해설　하위 법령이 상위법에 위반되면 안 된다는 점에서 의회유보의 원칙과 관련된다.　**정답** X

## 010  행정입법에 대한 판례의 입장으로 옳지 않은 것은?　[17 국가9급]

① 헌법재판소는 대법원규칙인 구「법무사법 시행규칙」에 대해, 법규명령이 별도의 집행행위를 기다리지 않고 직접 기본권을 침해하는 것일 때에는 헌법 제107조 제2항의 명령·규칙에 대한 대법원의 최종심사권에도 불구하고 헌법소원심판의 대상이 된다고 한다.

② 대법원은 구「여객자동차 운수사업법 시행규칙」제31조 제2항 제1호·제2호·제6호는 구「여객자동차 운수사업법」제11조 제4항의 위임에 따라 시외버스 운송사업의 사업계획 변경에 관한 절차, 인가기준 등을 구체적으로 규정한 것으로서 행정청 내부의 사무처리준칙을 규정한 행정규칙에 불과하다고 할 수는 없다고 한다.

③ 대법원은 재량준칙이 되풀이 시행되어 행정관행이 성립된 경우에는 당해 재량준칙에 자기구속력을 인정한다. 따라서 당해 재량준칙에 반하는 처분은 법규범인 당해 재량준칙을 직접 위반한 것으로서 위법한 처분이 된다고 한다.

④ 헌법재판소는 법률이 일정한 사항을 행정규칙에 위임하더라도 그 위임은 전문적·기술적 사항이나 경미한 사항으로서 업무의 성질상 위임이 불가피한 사항에 한정된다고 한다.

> **해설**

① (O) 법률에 대한 위헌심사는 헌법재판소만 할 수 있고, 명령 등에 대한 심사는 재판의 전제성이 있으면 법원이 하고 집행행위를 매개하지 않고 직접 적용되는 경우에는 헌법재판소도 심사가 가능하다. 다만, 두밀분교조례와 같이 집행행위를 매개하지 않고 직접 적용되는 경우에 법원도 심사가 가능하다.

> 헌법재판소법 제68조 제1항이 규정하고 있는 헌법소원심판의 대상으로서의 '공권력'이란 입법·사법·행정 등 모든 공권력을 말하는 것이므로 입법부에서 제정한 법률, 행정부에서 제정한 시행령이나 시행규칙 및 사법부에서 제정한 규칙 등은 그것들이 별도의 집행행위를 기다리지 않고 직접 기본권을 침해하는 것일 때에는 모두 헌법소원심판의 대상이 될 수 있는 것이다. (헌재 1990.10.15. 89헌마178)

② (O) 부령형식의 법규명령은 제재적 성격이 있으면 행정규칙으로 보고, 직접 국민을 대상으로 하는 허가기준 등의 경우에는 법규명령으로 보는 것이 판례의 입장이다.

> 구 여객자동차 운수사업법 제11조 제4항의 위임에 따라 시외버스운송사업의 사업계획 변경에 관한 절차, 인가기준 등을 구체적으로 규정한 여객자동차 운수사업법 시행규칙은 대외적인 구속력이 있는 법규명령이다. (대판 2006.6.27. 2003두4355)

③ (X) 행정규칙 위반은 직접적으로 위법성이 인정되는 것이 아니라 평등원칙을 매개로 하여 간접적으로 위법성이 인정된다. 한편, 규범구체화 행정규칙 위반은 직접적으로 위법성이 인정된다.

> 행정규칙은 일반적으로 행정조직 내부에서만 효력을 가지는 것이나, 행정규칙이 법령의 규정에 의하여 행정관청에 법령의 구체적 내용을 보충할 권한을 부여한 경우나 재량권 행사의 준칙인 규칙이 그 정한 바에 따라 되풀이 시행되어 행정관행이 이룩되면, 평등의 원칙이나 신뢰보호의 원칙에 따라 행정기관이 그 상대방에 대한 관계에서 그 규칙에 따라야 할 자기구속을 당하게 되는 경우에는 대외적인 구속력을 가지게 되는바, 이러한 경우에는 헌법소원의 대상이 될 수도 있다. (헌재 2001.5.31. 99헌마413)

④ (O) 행정규칙은 법규명령과 같은 엄격한 제정 및 개정절차를 요하지 아니하므로, 재산권 등과 같은 기본권을 제한하는 작용을 하는 법률이 입법위임을 할 때에는 '대통령령', '총리령', '부령' 등 법규명령에 위임함이 바람직하고, 금융감독위원회의 고시와 같은 형식으로 입법위임을 할 때에는 적어도 행정규제기본법 제4조 제2항 단서에서 정한 바와 같이 법령이 전문적·기술적 사항이나 경미한 사항으로서 업무의 성질상 위임이 불가피한 사항에 한정된다 할 것이고, 그러한 사항이라 하더라도 포괄위임금지의 원칙상 법률의 위임은 반드시 구체적·개별적으로 한정된 사항에 대하여 행하여져야 한다. (헌재 2004.10.28. 99헌바91)

정답 ③

## 011 행정입법에 대한 설명으로 옳지 않은 것은? (다툼이 있는 경우 판례에 의함)  17 지방9급

① 법률의 시행령이 형사처벌에 관한 사항을 규정하면서 법률의 명시적인 위임범위를 벗어나 처벌의 대상을 확장하는 것은 죄형법정주의원칙에 어긋나는 것이므로, 그러한 시행령은 위임입법의 한계를 벗어난 것으로서 무효이다.

② 다양한 사실관계를 규율하거나 사실관계가 수시로 변화될 것이 예상되는 분야에서는 다른 분야에 비하여 상대적으로 입법위임의 명확성·구체성이 완화된다.

③ 행정입법부작위에 대해서는 당사자의 신청이 있는 경우에 한하여 부작위위법확인소송의 대상이 된다.

④ 자치법적 사항을 규정한 조례에 대한 법률의 위임은 법규명령에 대한 법률의 위임과 같이 반드시 구체적으로 범위를 정하여야 할 필요가 없으며 포괄적인 것으로 족하다.

**해설**

① (O) 형사처벌의 경우에는 위임에 있어서 특히 구체성이 강화되므로 이는 결국 위임입법의 한계를 벗어나고 죄형법정주의원칙에 위배된 것으로 무효라고 하지 않을 수 없다. (대판 1999.2.11. 98도2816 전원합의체)
② (O) 헌재 1991.2.11. 90헌가27
③ (X) 행정입법부작위는 부작위위법확인소송의 대상이 되지 않고 헌법소원의 대상이 된다.
④ (O) 조례와 정관에 대해서는 포괄위임이 가능하다.

> 조례의 제정권자인 지방의회는 선거를 통해서 그 지역적인 민주적 정당성을 지니고 있는 주민의 대표기관이고 헌법이 지방자치단체에 포괄적인 자치권을 보장하고 있는 취지로 볼 때, 조례에 대한 법률의 위임은 법규명령에 대한 법률의 위임과 같이 반드시 구체적으로 범위를 정하여 할 필요가 없으며 포괄적인 것으로 족하다. (헌재 1995.4.20. 92헌마279)

**정답** ③

---

**기출지문 OX**

**01** 입법부가 법률로써 행정부에게 특정한 사항을 위임했음에도 불구하고 행정부가 정당한 이유 없이 이를 이행하지 않는다면 권력분립의 원칙과 법치국가 내지 법치행정의 원칙에 위배되는 것으로서 위법함과 동시에 위헌적인 것이 된다. [17 국가7급 추가]
(O, X)
**해설** 행정입법의무는 헌법적 의무이기 때문이다. 다만, 행정입법부작위가 언제나 위헌인 것은 아니고 정당한 사유가 있으면 위헌이 아니다.
**정답** O

**02** 재량준칙은 제정됨으로써 일반적으로 행정조직 내부뿐만 아니라 대외적인 구속력을 갖는다. [17 국가7급 추가] (O, X)
**해설** 재량준칙의 공표만으로 신청인이 보호가치 있는 신뢰를 갖게 되었다고 볼 수 없다. (대판 2009.12.24. 2009두7967) **정답** X

**03** 법률의 위임규정 자체가 그 의미 내용을 정확하게 알 수 있는 용어를 사용하여 위임의 한계를 분명히 하고 있는데도 시행령이 위임규정에서 사용하고 있는 용어의 의미를 넘어 그 범위를 확장하거나 축소함으로써 위임 내용을 구체화하는 단계를 벗어나 새로운 입법을 한 것으로 평가할 수 있는 경우라도 이를 위임의 한계를 일탈한 것으로 보기는 어렵다. [17 국가7급 추가] (O, X)
**해설** 위임의 한계를 일탈한 것이다. **정답** X

**04** 구 「청소년 보호법」의 위임에 따른 같은 법 시행령상의 위반행위의 종별에 따른 과징금처분기준은 법규명령이다. [17 서울9급 추가]
(O, X)
**정답** O

**05** 어느 시행령의 규정이 모법에 저촉되는지 여부가 명백하지 아니하는 경우에는 모법과 시행령의 다른 규정들과 그 입법취지, 연혁 등을 종합적으로 살펴 모법에 합치한다는 해석도 가능한 경우라면 그 규정을 모법 위반으로 무효라고 선언하여서는 안 된다. [17 서울9급 추가]
(O, X)
**해설** 가급적 상위법에 합치되게 해석해야 한다. **정답** O

**06** 치과전문의시험 실시를 위한 시행규칙 규정의 제정 미비로 인해 치과전문의 자격을 갖지 못한 사람은 부작위위법확인소송을 통하여 구제받을 수 있다. [17 서울9급 추가]
(O, X)
**해설** 행정입법부작위에 대한 부작위위법확인소송은 허용되지 않는다. 이때 헌법소원과 국가배상은 가능하다. 지문의 경우 헌법소원에서 헌법불합치결정되었다. (헌재 2015.9.24. 2013헌마197) **정답** X

## 법규명령에 대한 사법적 통제

※ 구체적 규범통제만 인정되고 추상적 규범통제는 인정되지 않음.

1. **재판의 전제성**
   조세 부과처분 → 조세 부과처분 취소소송 제기 → 소송 중 조세 부과가 잘못된 것이 아니라 그 근거인 위임입법(대통령령)이 잘못된 것이라는 문제가 발생 → 이때 대통령령의 효력에 따라 조세 부과처분 취소소송의 승·패가 달라지게 된다. 여기서 대통령령의 효력이 조세 부과처분 취소소송의 전제가 되는데, 이를 재판의 전제성이라고 한다.

2. **심판권**
   법률의 효력에 대해서는 헌법재판소만 판단할 수 있고 대법원은 관할권이 없다. 따라서 다음 논의는 법률보다 하위의 효력을 가지는 명령 등에 대한 것이다.

| 구분 | 대상 | 재판의 전제성 | 심판기관 | 효력 |
|---|---|---|---|---|
| 법원의 통제 | 법규명령, 재량준칙, 법령보충적 행정규칙, 조례, 조약 (명령의 효력을 가지는 조약), 행정규칙은 심사 불가 | · 재판의 전제성 有: 법원만 판단 가능<br>· 재판의 전제성 無: 집행행위의 매개없이 적용되면 항고소송 가능 | 모든 법원이 심사 가능. 단, 최종판단은 대법원이 함. | 개별적 효력 → 대법원이 행정안전부장관에 통보 → 관보에 게재 |
| 헌법재판소의 통제 | 위와 동일하나 조약은 명령의 효력을 가지는 조약과 법률의 효력을 가지는 조약 둘 다 가능 | · 재판의 전제성 有: 헌법재판소는 판단 불가<br>· 재판의 전제성 無: 집행행위의 매개없이 적용되면 헌법소원 가능 | 헌법재판소 | 일반적 효력 |

**012** 행정입법의 사법적 통제에 대한 설명으로 옳지 않은 것은? (다툼이 있는 경우 판례에 의함) <small>22 소방</small>

① 조례가 집행행위의 개입 없이도 그 자체로서 직접 국민의 권리·의무나 법적 이익에 영향을 미치는 등의 법률상 효과를 발생하는 경우 그 조례는 항고소송의 대상이 되는 행정처분에 해당한다.

② 행정청이 행정입법 등 추상적인 법령을 제정하지 아니하는 행위는 법률이 시행되지 못하게 됨으로써 행정입법을 통해 구체화되는 개인의 권리를 침해하는 것으로, 항고소송의 대상이 된다.

③ 어떠한 처분의 근거나 법적인 효과가 행정규칙에 규정되어 있다고 하더라도, 그 처분이 상대방의 권리·의무에 직접 영향을 미치는 행위라면 항고소송의 대상이 되는 행정처분에 해당한다.

④ 법령의 규정이 특정 행정기관에게 법령 내용의 구체적 사항을 정하도록 권한을 부여하여 특정 행정기관이 행정규칙을 정하였으나 그 행정규칙이 상위 법령의 위임범위를 벗어났다면, 그러한 행정규칙은 대외적 구속력을 가지는 법규명령으로서의 효력이 인정되지 않는다.

**해설**
① (○) 이때 피고는 내부적 의결기관으로서 지방자치단체의 의사를 외부에 표시한 권한이 없는 지방의회가 아니라, 구 지방자치법 제19조 제2항, 제92조에 의하여 지방자치단체의 집행기관으로서 조례로서의 효력을 발생시키는 공포권이 있는 지방자치단체의 장이다. (대판 1996.9.20. 95누8003)
② (×) 행정입법부작위에 대해서는 부작위위법확인소송을 할 수 없지만, 헌법소원과 국가배상은 가능하다.
③ (○) 대판 2002.7.26. 2001두3532
④ (○) 대판 2012.7.5. 2010다72076

**정답** ②

> **기출지문 OX**
>
> **01** 법규명령의 위임근거가 되는 법률에 대하여 헌법재판소의 위헌결정이 선고되면 그 위임에 근거하여 제정된 법규명령은 별도의 폐지행위가 없어도 효력을 상실하게 되는 것을 일반적 효력이라고 한다. [21 서울·지방9급] (O, X)
> 정답 O
>
> **02** 법령의 규정이 특정 행정기관에게 법령 내용의 구체적 사항을 정할 수 있는 권한을 부여하면서 권한 행사의 절차나 방법을 특정하지 아니하였다면, 수임행정기관은 행정규칙이나 규정형식으로 법령 내용이 될 사항을 구체적으로 정할 수 없다. [17 국가9급 추가] (O, X)
>
> 해설 법령의 규정이 특정 행정기관에게 법령 내용의 구체적 사항을 정할 수 있는 권한을 부여하면서 권한 행사의 절차나 방법을 특정하지 아니한 경우에는 수임행정기관은 행정규칙이나 규정형식으로 법령 내용이 될 사항을 구체적으로 정할 수 있다. 이 경우 행정규칙 등은 당해 법령의 위임한계를 벗어나지 않는 한 대외적 구속력이 있는 법규명령으로서 효력을 가지게 되지만, 이는 행정규칙이 갖는 일반적 효력이 아니라 행정기관에 법령의 구체적 내용을 보충할 권한을 부여한 법령규정의 효력에 근거하여 예외적으로 인정되는 것이다. 따라서 그 행정규칙이나 규정이 상위 법령의 위임범위를 벗어난 경우에는 법규명령으로서 대외적 구속력을 인정할 여지는 없다. 이는 행정규칙이나 규정 '내용'이 위임범위를 벗어난 경우뿐 아니라 상위 법령의 위임규정에서 특정하여 정한 권한 행사의 '절차'나 '방식'에 위배되는 경우도 마찬가지이므로, 상위 법령에서 세부사항 등을 시행규칙으로 정하도록 위임하였음에도 이를 고시 등 행정규칙으로 정하였다면 그 역시 대외적 구속력을 가지는 법규명령으로서 효력이 인정될 수 없다. (대판 2012.7.5. 2010다72076) 정답 X
>
> **03** 대통령령을 제정하려면 국무회의의 심의와 법제처의 심사를 거쳐야 한다. [17 국가9급 추가] (O, X)
> 해설 한편, 총리령, 부령은 법제처의 심사만 거친다. 정답 O

## 013 행정입법에 관한 설명으로 가장 옳지 않은 것은? 17.서울7급

① 대통령령의 경우 모법의 시행에 관한 전반적 사항을 정하는 경우에는 ○○법(법률) 시행령으로, 모법의 일부 규정의 시행에 필요한 개별적 사항을 정하거나 대통령령의 권한범위 내의 사항을 정하는 경우에는 ○○규정, ○○령으로 한다.

② 대통령령 중 ○○규정은 원칙적으로 조직법규에 관한 사항을 규정하고, ○○령은 작용법규에 관한 사항을 규정한다.

③ 헌법재판소에 따르면 긴급재정·경제명령도 국민의 기본권 침해와 직접 관련되는 경우에는 당연히 헌법소원의 대상이 된다.

④ 어떤 법률의 말미에 "이 법의 시행에 필요한 사항은 대통령령으로 정한다."라고 하여 일반적 시행령 위임조항을 두었다면 이것은 위임명령의 일반적 발령근거로 작용한다.

해설
① (O) 대통령령의 규정형식에 대한 서술이다.
② (O) 대통령령의 종류에 관한 서술이다.
③ (O) 대통령의 긴급재정·경제명령은 국가긴급권의 일종으로서 고도의 정치적 결단에 의하여 발동되는 행위로서 이른바 통치행위에 속하지만 통치행위라도 그것이 국민의 기본권 침해와 직접 관련되는 경우에는 당연히 헌법재판소의 심판대상이 된다. (헌재 1996.2.29. 93헌마186)
④ (X) "시행에 필요한 사항은 대통령령으로 정한다."라는 의미는 위임명령이 아니라 집행명령의 일반적 발령근거가 된다. 위임명령은 구체적으로 범위를 정해서 위임해야 하기 때문이다.

정답 ④

## 014 판례에 따를 때 행정입법에 관한 설명으로 가장 옳지 않은 것은? 17 서울9급

① 법률의 위임규정 자체가 그 의미 내용을 정확하게 알 수 있는 용어를 사용하여 위임의 한계를 분명히 하고 있는데도 고시에서 그 문언적 의미의 한계를 벗어나면 위임의 한계를 일탈한 것으로써 허용되지 아니한다.

② 한국표준산업분류는 우리나라의 산업구조를 가장 잘 반영하고 있고, 업종의 분류에 관하여 가장 공신력 있는 자료로 평가받고 있는 점 등을 고려하면, 업종의 분류에 관하여 판단자료와 전문성의 한계가 있는 대통령이나 행정각부의 장에게 위임하기보다는 통계청장이 고시하는 한국표준산업분류에 위임할 필요성이 인정된다.

③ 가공품의 원료로 가공품이 사용될 경우 원산지표시는 원료로 사용된 가공품의 원료 농산물의 원산지를 표시하여야 한다는 농림부(현 농림축산식품부) 고시인 농산물원산지표시요령은 법규명령으로서의 대외적 구속력을 가진다.

④ 「공공기관의 운영에 관한 법률」에 따라 입찰참가자격 제한기준을 정하고 있는 구 「공기업·준정부기관 계약사무규칙」, 「국가를 당사자로 하는 계약에 관한 법률 시행규칙」은 대외적으로 국민이나 법원을 기속하는 효력이 없다.

**해설**

① (O) 특정 고시가 위임의 한계를 준수하고 있는지를 판단할 때에는, 법률규정의 입법목적과 규정 내용, 규정의 체계, 다른 규정과의 관계 등을 종합적으로 살펴야 하고, 법률의 위임규정 자체가 의미 내용을 정확하게 알 수 있는 용어를 사용하여 위임의 한계를 분명히 하고 있는데도 고시에서 문언적 의미의 한계를 벗어났다든지, 위임규정에서 사용하고 있는 용어의 의미를 넘어 범위를 확장하거나 축소함으로써 위임 내용을 구체화하는 단계를 벗어나 새로운 입법을 한 것으로 평가할 수 있다면, 이는 위임의 한계를 일탈한 것으로서 허용되지 아니한다. (대판 2016.8.17. 2015두51132)

> **참고** 만약 위임의 한계를 일탈한 경우라면 법규명령의 효력은 인정되지 않지만, 그렇다고 당연무효가 되는 것은 아니다. 경우에 따라 무효일 수도 있고 내부적 효력이 인정될 수도 있다.

② (O) 각종 조세 관련 법령에서 업종의 분류를 구 한국표준산업분류에 의하도록 한 것은 전체 업종의 세부적인 분류에 요구되는 전문적·기술적 지식과 식견의 필요성, 소요되는 시간과 인력의 양, 그리고 한국표준산업분류가 유엔(UN)이 제정한 국제표준산업분류를 기초로 한 것으로서 국내외에 걸쳐 가장 공신력 있는 업종분류 결과로서 받아들여지고 있는 사정 등에 비추어, 개별법령에서 직접 업종을 분류하는 것보다는 통계청장이 기존에 고시한 한국표준산업분류에 따르는 것이 더 합리적이고 효율적이라고 판단한 데 따른 것으로 이해된다. (대판 2013.2.28. 2010두29792)

③ (X) 농산물원산지표시요령 제4조 제2항이 "가공품의 원료로 가공품이 사용될 경우 원산지표시는 원료로 사용된 가공품의 원료 농산물의 원산지를 표시하여야 한다."라고 규정하고 있더라도 이는 원산지표시방법에 관한 기술적인 사항이 아닌 원산지표시를 하여야 할 대상에 관한 것이어서 구 농수산물품질관리법 시행규칙에 의해 고시로써 정하도록 위임된 사항에 해당한다고 할 수 없어 법규명령으로서의 대외적 구속력을 가질 수 없다. (대결 2006.4.28. 2003마715)

④ (O) 국가를 당사자로 하는 계약에 관한 법률에서의 규정은 국가가 사인과의 사이의 계약관계를 공정하고 합리적·효율적으로 처리할 수 있도록 관계 공무원이 지켜야 할 계약사무처리에 관한 필요한 사항을 규정한 것으로, 국가의 내부규정에 불과하다 할 것이다. (대판 2001.12.11. 2001다33604)

 ③

## 015 행정입법에 관한 설명으로 옳은 것은? (다툼이 있으면 판례에 따름)

16 교행

① 위법한 법규명령은 무효가 된다.
② 부령은 총리령의 위임범위 내에서 제정되어야 한다.
③ 부령의 형식으로 정해진 제재적 처분기준은 법규명령이다.
④ 법규명령이 그에 따른 처분 없이 직접 국민의 권리를 제한하는 경우에도 항고소송의 대상은 될 수 없다.

**해설**

① (O) 법규명령, 행정규칙, 조례, 공법상 계약에 하자가 있는 경우, 유효가 아니면 무효에 해당할 뿐 취소의 하자는 없다. 취소는 공정력을 전제로 하는 것인데 법규명령 등에는 공정력이 없기 때문이다.
② (×) 부령은 총리령이나 법률의 위임에 의해 제정되는데, 집행명령의 경우에는 헌법적 근거만 있으면 되고 별도로 법률의 근거 없이도 제정이 가능하다.
③ (×) 제재적 처분의 기준이 대통령령으로 되어 있으면 법규명령이지만, 부령형식인 경우에는 행정규칙이라는 것이 판례의 입장이다.
④ (×) 법규명령이 처분 없이 직접 국민의 권리를 제한하는 경우에는 처분법규로서 항고소송대상이 될 수 있다. 헌법소원도 가능하다.

**정답** ①

**예상판례**

지방자치법 제22조(현 제28조), 행정규제기본법 제4조 제3항에 따르면 지방자치단체가 조례를 제정할 때에 그 내용이 주민의 권리 제한 또는 의무 부과에 관한 사항이나 벌칙인 경우에는 법률의 위임이 있어야 하므로, 법률의 위임 없이 주민의 권리 제한 또는 의무 부과에 관한 사항을 정한 조례는 효력이 없다. (대판 2018.11.29. 2016두35229)

## 016 다음 중 옳지 않은 것은? (다툼이 있는 경우 판례에 의함)

13 지방7급

① 법규명령은 행정입법의 일반·추상성으로 인해 항고소송의 대상이 될 수 없다.
② 형사처벌에 관한 위임입법의 경우, 수권법률이 구성요건의 점에서는 처벌대상인 행위가 어떠한 것인지 이를 예측할 수 있을 정도로 구체적으로 정하고, 형벌의 점에서는 형벌의 종류 및 그 상한과 폭을 명확히 규정하는 것을 전제로 한다.
③ 조례에 대한 법률의 위임은 법규명령에 대한 법률의 위임과 같이 반드시 구체적으로 범위를 정하여 할 필요가 없으며 포괄적인 것으로 족하다.
④ 중앙선거관리위원회는 법령의 범위 안에서 선거관리, 국민투표관리, 정당사무 등에 관한 규칙을 제정할 수 있는바, 이 규칙은 법규명령의 성질을 가진다.

**해설**

① (×) 행정입법은 일반적·추상적 규범으로서 그 자체로는 국민의 권리·의무에 직접적이고 구체적인 영향을 주는 처분이 아니어서 항고소송의 대상이 될 수 없는 것이 원칙이다. 그러나 별도의 집행행위의 매개 없이 국민의 권리·의무를 직접적으로 규율하는 처분적 법규는 예외적으로 항고소송의 대상이 될 수 있다(통설·판례).
② (O) 위임입법에 관한 헌법 제75조는 처벌법규에도 적용되는 것이지만 처벌법규의 위임은 특히 긴급한 필요가 있거나 미리 법률로써 자세히 정할 수 없는 부득이한 사정이 있는 경우에 한정되어야 하고 이 경우에도 법률에서 범죄의 구성요건은 처벌대상인 행위가 어떠한 것일 것이라고 이를 예측할 수 있을 정도로 구체적으로 정하고 형벌의 종류 및 그 상한과 폭을 명백히 규정하여야 한다. **(헌재 1991.7.8. 91헌가4)**
③ (O) 침익적 조례는 법률의 근거가 있어야 하지만, 이때도 포괄위임이 가능하다.
④ (O) 대법원규칙, 헌법재판소규칙, 국회규칙, 중앙선거관리위원회규칙은 헌법상 근거를 갖고 있어 법규명령으로서의 성격을 갖는다. 한편 감사원규칙은 헌법에 근거는 없지만, 법규명령의 성격을 가진다고 보는 것이 다수설이다.

**정답** ①

---

**예상판례**

**01** 국가를 당사자로 하는 계약에 관한 법률 제27조 제1항 중 '입찰참가자격의 제한기간을 대통령령이 정하는 일정 기간으로 규정하고 있는 부분'은 포괄위임금지원칙에 위배된다. **(헌재 2005.6.30. 2005헌가1)**
**참고** 일정 기간에 대한 상한선이 없기 때문이다.
**02** [1] 어느 법령의 규정이 특정 사항에 관하여 다른 법령의 특정 사항에 관한 규정을 준용한다고 정하면서 준용되는 해당 조항을 특정하거나 명시하지 아니하여 포괄적·일반적으로 준용하는 형식을 취하고 있다고 하더라도, 준용규정을 둔 법령이 규율하고자 하는 사항의 성질에 반하지 않는 한도 내에서만 다른 법령의 특정 사항에 관한 규정이 준용된다.
[2] 구 국유재산법 제51조 제3항에서 구 국세징수법에서 정한 체납처분의 절차에 따라 변상금을 강제징수할 수 있다고 포괄적·일반적인 준용규정을 두고 있다 하더라도, 그러한 사정만으로 변상금에 관한 체납처분절차에서 민사상 압류의 특칙인 구 국세징수법 제47조 제2항까지 준용된다고 볼 수는 없다. **(대판 2015.8.27. 2015두41371)**

## 제2절 법규명령

**017** 행정입법의 통제에 대한 설명으로 옳지 않은 것은? (다툼이 있는 경우 판례에 의함) 　　18 지방7급

① 국무회의에 상정될 총리령안과 부령안은 법제처의 심사를 받아야 한다.
② 법령보충규칙에 해당하는 고시의 관계 규정에 의하여 직접 기본권 침해를 받는다고 하여도 이에 대하여 바로 「헌법재판소법」 제68조 제1항에 의한 헌법소원심판을 청구할 수 없다.
③ 「행정절차법」에 따르면, 예고된 법령 등의 제정·개정 또는 폐지의 안에 대하여 누구든지 의견을 제출할 수 있다.
④ 행정입법부작위는 「행정소송법」상 부작위위법확인소송의 대상이 되지 않는다.

**해설**

① (O) 대통령령안은 반드시 국무회의의 심의와 법제처 심사를 거친다. 한편, 총리령·부령은 원래 국무회의의 심의를 거치지 않고 법제처 심사만 거치는데, 총리령·부령도 국무회의의 심의대상이 되는 예외가 있을 수 있다.
② (×) 법령보충적 행정규칙은 직접 기본권 침해를 하는 경우에 이에 대하여 바로 헌법재판소법 제68조 제1항에 의한 헌법소원심판을 청구할 수 있다.
③ (O)

> **행정절차법** 제44조(의견제출 및 처리)
> ① 누구든지 예고된 입법안에 대하여 의견을 제출할 수 있다.
> ② 행정청은 의견접수기관, 의견제출기간, 그 밖에 필요한 사항을 해당 입법안을 예고할 때 함께 공고하여야 한다.
> ③ 행정청은 해당 입법안에 대한 의견이 제출된 경우 특별한 사유가 없으면 이를 존중하여 처리하여야 한다.
> ④ 행정청은 의견을 제출한 자에게 그 제출된 의견의 처리 결과를 통지하여야 한다.

④ (O) 행정입법부작위는 행정소송법상 부작위위법확인소송의 대상이 되지 않고, 헌법소원과 손해배상의 대상이 된다.

**정답** ②

---

**018** 법률이 위임하지 아니한 사항을 허가요건으로 추가하고 입법예고도 거치지도 아니한 시행규칙에 근거하여 허가청이 甲의 허가신청에 대하여 시행규칙이 정한 요건을 갖추지 못하였다는 이유로 불허가처분한 경우에 대한 설명으로 옳은 것은? (다툼이 있는 경우 판례에 의함)　　10 국가9급

① 위 시행규칙은 「행정절차법」 제41조에 의한 입법예고를 거치지 아니한 것으로 무효인 법령으로 보는 것이 변함없는 판례의 일관된 입장이다.
② 위임한계를 벗어난 법령도 공정력을 갖는 결과 권한이 있는 국가기관에 의해 그 효력이 부인될 때까지는 유효한 효력을 보유한다는 것이 판례의 일관된 입장이다.
③ 위 불허가처분에 대하여는 헌법재판소에 의한 위헌무효결정을 거쳐 행정소송을 통한 권리구제가 가능하다.
④ 위 불허가처분에 대한 취소판결이 있게 되면 처분청은 판결의 취지에 따라 다시 이전의 신청에 대한 처분을 하여야 한다.

> **해설**

① (✕) 법률의 위임 없이 국민의 권리를 제한하거나 의무를 부과하는 법규명령을 제정한 경우는 원칙적으로 무효로 보는 것이 판례의 원칙적인 입장이지만, 예외적으로 유효한 것으로 해석하는 경우도 있다. (대판 2001.8.24. 2000두2716) 또한 법규명령이 입법예고를 거치지 않았다고 하여 언제나 무효인 것도 아니다. (대판 1990.6.8. 90누2420)
② (✕) 공정력은 행정행위와 관련된 것이지 법령과 관련된 것은 아니다.

> 토지등급이 설정되어 있지 않은 토지에 대하여 유사토지의 등급을 적용하여 기준시가를 결정하는 방법은 전혀 규정하지 않았을 뿐 아니라 하위 법규인 시행규칙에 위임한 바도 없으므로, 결국 구 소득세법 시행규칙 제82조 제2항은 소득세법이나 그로부터 위임받은 소득세법 시행령에 아무런 위임근거도 없이 과세요건에 관한 사항을 규정한 것이어서 조세법률주의의 원칙에 위반되어 무효이다. (대판 1993.1.19. 92누6983 전원합의체)

③ (✕) 불허가처분의 경우는 거부처분이므로 취소소송 등의 행정소송을 바로 제기할 수 있으므로 헌법재판소에 의한 위헌무효결정을 미리 거칠 필요는 없다.
④ (○) 판결에 의하여 취소되는 처분이 당사자의 신청을 거부하는 것을 내용으로 하는 경우에는 그 처분을 행한 행정청은 판결의 취지에 따라 다시 이전의 신청에 대한 처분을 하여야 한다. **(행정소송법 제30조 제2항)**

**정답** ④

## 019 행정입법에 관한 설명으로 옳은 것은? (다툼이 있는 경우 판례에 의함)　　09 국가7급

① 하위 법규인 대통령령의 내용이 합헌인 경우 그 수권법률도 합헌이고, 대통령령이 위헌일 경우 그 수권법률도 위헌이다.
② 법률이 위임의 사항과 범위를 구체적으로 확정하지 아니하고 특정한 행정기관에게 입법권을 일반적·포괄적으로 위임하는 것도 허용된다.
③ 집행명령은 특정한 법률이나 상위 법령을 시행하기 위하여 필요한 구체적 절차와 방법 등을 규정하는 것이므로 새로운 입법사항도 규정할 수 있다는 것이 대법원의 판례이다.
④ 부령의 제정·개정절차가 대통령령에 비하여 보다 용이한 점을 고려할 때, 대통령령이 법률에서 위임받은 사항을 전혀 규정하지 아니하고 그대로 부령에 재위임하는 것은 허용되지 않는다.

> **해설**

① (✕) 위임에 따라 대통령령으로 규정한 내용이 헌법에 위반될 경우라도 그 대통령령의 규정이 위헌으로 되는 것은 별론으로 하고, 그로 인하여 정당하고 적법하게 입법권을 위임한 수권법률까지도 위헌으로 되는 것은 아니다. (헌재 1996.6.26. 93헌바2)
② (✕) 법률에서 위임받은 사항을 전혀 규정하지 아니하고 그대로 재위임하는 것은 허용되지 않으며, 위임받은 사항에 관하여 대강을 정하고 그중의 특정 사항을 범위를 정하여 하위 법령에 다시 위임하는 경우에만 재위임이 허용된다. (헌재 1996.2.29. 94헌마213)
③ (✕) 집행명령은 새로이 국민의 권리·의무에 관한 사항을 정하지 못한다.
④ (○) 법률에서 위임받은 사항을 전혀 규정하지 않고 재위임하는 것은 복위임금지의 법리에 반할 뿐만 아니라 수권법의 내용변경을 초래하는 것이 되고, 부령의 제정·개정절차가 대통령령에 비하여 보다 용이한 점을 고려할 때 재위임에 의한 부령의 경우에도 위임에 의한 대통령령에 가해지는 헌법상의 제한이 당연히 적용되어야 할 것이므로 법률에서 위임받은 사항을 전혀 규정하지 아니하고 그대로 재위임하는 것은 허용되지 않으며 위임받은 사항에 관하여 대강을 정하고 그중의 특정 사항을 범위를 정하여 하위 법령에 다시 위임하는 경우에만 재위임이 허용된다. (헌재 1996.2.29. 94헌마213)

**정답** ④

**기출지문 OX**

**01** 상급행정청은 하급행정청의 위법·부당한 법규명령을 일반적 감독권에 근거해서 직접 개정 또는 폐지시킬 수 있다. [09 관세사]
(O, X)

해설  상급행정청은 하급행정청의 위법·부당한 법규명령을 일반적 감독권에 근거해서 직접 개정 또는 폐지시킬 수 없고, 개정을 명할 수는 있다.
정답 X

**02** 중앙행정심판위원회는 처분 등의 근거가 되는 법규명령이 현저히 불합리하다고 인정되는 경우 관계 기관에게 시정조치를 요청할 수 있다. [09 관세사]
(O, X)

해설

> **행정심판법 제59조(불합리한 법령 등의 개선)**
> ① 중앙행정심판위원회는 심판청구를 심리·재결할 때에 처분 또는 부작위의 근거가 되는 명령 등(대통령령·총리령·부령·훈령·예규·고시·조례·규칙 등을 말한다. 이하 같다)이 법령에 근거가 없거나 상위 법령에 위배되거나 국민에게 과도한 부담을 주는 등 크게 불합리하면 관계 행정기관에 그 명령 등의 개정·폐지 등 적절한 시정조치를 요청할 수 있다. 이 경우 중앙행정심판위원회는 시정조치를 요청한 사실을 법제처장에게 통보하여야 한다.
> ② 이 요청을 받은 관계 행정기관은 정당한 사유가 없으면 이에 따라야 한다.

정답 O

**03** 국민권익위원회는 법규명령의 부패유발요인을 분석·검토하여 당해 법규명령의 소관 기관의 장에게 그 개선을 위한 필요한 권고를 할 수 있다. [09 관세사]
(O, X)

해설  부패방지 및 국민권익위원회의 설치와 운영에 관한 법률 제28조 제1항
정답 O

---

**020** 법규명령에 관한 설명으로 틀린 것은?   08 경기9급

① 시행령은 대통령령을 말한다.

② 법규명령의 위헌성이 재판의 선결문제로서 다투어지는 경우 모든 법원은 당해 법규명령의 위헌 여부를 판단할 수 있다.

③ 위법한 법규명령의 효력은 위법한 행정행위의 효력과 동일하다는 것이 판례 및 일반적 견해이다.

④ 법규명령은 시행됨으로써 효력을 발생한다.

해설
① (O) 일반적으로 대통령령을 시행령이라고 하고, 총리령·부령을 시행규칙이라고 한다.
② (O) 각급 법원이 구체적 규범통제의 주체가 되고, 대법원은 이에 대한 최종적 심사권을 가진다. (헌법 제107조 제2항)
③ (X) 위법한 행정행위에는 무효사유와 취소사유가 있다. 위법한 법규명령에 관하여는 현행 행정소송법은 프랑스와는 달리 명령에 대한 취소소송을 인정하고 있지 않으므로 '취소할 수 있는 명령'은 존재하지 않는다. 따라서 흠이 있는 법규명령(행정규칙, 공법상 계약)은 유효 아니면 무효이지 취소가 없다는 것이 다수설이다.
④ (O) 법규명령은 그 내용을 외부(국민)에 표시함으로써 유효하게 성립하며, 성립요건을 갖춘 명령은 시행됨으로써 현실적으로 효력을 발생한다.

정답 ③

**021** 국민의 권리를 제한하는 내용의 법규명령이 법률의 위임없이 위법하게 제정되었다. 장차 X법령의 적용을 받게 될 A는 당해 법령의 집행을 통한 자신의 권리 침해를 우려하고 있다. 이에 관한 법적 설명으로 옳지 않은 것은?
08 국회8급

① X법령의 위법성이 중대명백한 경우에는 X법령은 당연무효이지만, 그렇지 않은 경우 X법령은 취소되기 전까지는 유효한 법령이다.
② A는 직접 X법령을 소송의 대상으로 하여 항고소송으로 다툴 수 없는 것이 원칙이다.
③ 예외적으로 X법령이 구체적 규율을 내용으로 하는 소위 처분법규인 경우에는 A는 X법령에 대하여 직접 항고소송을 제기할 수 있다.
④ X법령이 A의 기본권을 직접 침해하고 있는 경우에는 X법령에 대하여 헌법소원을 제기할 수 있다는 것이 헌법재판소의 입장이다.
⑤ X법령이 법원에 의하여 위법한 것으로 판단된 경우, 문제된 당해 사건에 한해 적용이 배제된다는 것이 일반적인 견해이다.

**해설**

① (X) 하자 있는 법규명령은 무효이다. 취소하기 전까지 유효하다는 것은 취소사유를 의미하며, 공정력이 있는 행위인 행정행위에서 인정되는 하자의 유형이다.
② (O) 구체적 규범통제제도하에서는 원칙적으로 추상적인 법령은 바로 소송의 대상이 아니다.
③ (O) 법령이 구체적인 집행행위의 개입 없이 그 자체로서 집행적 성질을 가지는 경우에는 처분법으로 바로 항고소송의 대상이 된다.
④ (O) 법령 자체에 의한 직접적인 기본권 침해 여부가 문제되었을 경우 그 법령의 효력을 직접 다투는 것을 소송물로 하여 일반법원에 구제를 구할 수 있는 절차는 존재하지 아니하므로 이 사건에서는 다른 구제절차를 거칠 것 없이 바로 헌법소원심판을 청구할 수 있는 것이다. (헌재 1990.10.15. 89헌마178)
⑤ (O) 당해 사건에 한해 적용이 배제될 뿐 공식적으로 폐지되기 전에는 형식적으로 효력이 유지된다. 이것이 법률과 차이점이다. 법률은 헌법재판소에 의한 위헌결정이 내려지면 그때부터 효력을 상실한다.

**정답** ①

**022** 법규명령에 관한 다음 설명 중 타당한 것은?
06 국회8급

① 법규명령을 폐지하고자 할 때에는 법규명령을 제정하고자 할 때와 달리 별도의 행정상 입법예고를 할 필요는 없다.
② 위법한 법규명령에 대해서는 누구든지 취소소송을 제기할 수 있다.
③ 법규명령은 명시적인 방법 외에도 묵시적으로도 폐지될 수 있다.
④ 법규명령의 간접통제방식에 의하여 대법원에 의하여 위법·위헌으로 판정된 법규명령은 당연무효가 되어 즉시 그 효력을 상실한다는 것이 판례의 입장이다.
⑤ 현행법제상 법규명령에 대한 국회의 통제는 존재하지 않는다.

> 해설

① (X) 법령 등을 제정·개정 또는 폐지하려는 경우에는 해당 입법안을 마련한 행정청은 이를 예고하여야 한다. (**행정절차법 제41조 제1항**)
② (X) 법규명령은 일반적·추상적 규율로서 처분성이 인정되지 않는다. 따라서 원칙상 취소소송의 대상이 아니다.
③ (O) 법규명령의 폐지에는 행정권의 명시적·직접적 의사표시에 의한 '직접적 폐지'와 해당 법규명령과 내용상 충돌되는 동위 또는 상위 법령에 제정됨으로써 묵시적으로 그 효력이 소멸되는 '간접적 폐지'가 있다.
④ (X) 명령이나 규칙이 헌법이나 법률에 위반된다고 인정하는 경우 법원은 그 명령이나 규칙을 해당 사건에 적용하는 것을 거부할 수 있을 뿐, 그 무효를 선언할 수는 없다. 법원의 본래 임무가 구체적 사건의 심판이고 명령이나 규칙의 효력 자체를 심사하는 것이 아니기 때문이다.
⑤ (X) 국회법 제98조의2에 의한 '의회제출절차' 등과 국정조사와 감사를 통한 통제가 가능하다.

**정답** ③

> 참고조문

**국회법 제98조의2(대통령령 등의 제출 등)**
① 중앙행정기관의 장은 법률에서 위임한 사항이나 법률을 집행하기 위하여 필요한 사항을 규정한 대통령령·총리령·부령·훈령·예규·고시 등이 제정·개정 또는 폐지되었을 때에는 10일 이내에 이를 국회 소관 상임위원회에 제출하여야 한다. 다만, 대통령령의 경우에는 입법예고를 할 때(입법예고를 생략하는 경우에는 법제처장에게 심사를 요청할 때를 말한다)에도 그 입법예고안을 10일 이내에 제출하여야 한다.
② 중앙행정기관의 장은 제1항의 기간 이내에 제출하지 못한 경우에는 그 이유를 소관 상임위원회에 통지하여야 한다.
③ 상임위원회는 위원회 또는 상설소위원회를 정기적으로 개회하여 그 소관 중앙행정기관이 제출한 대통령령·총리령 및 부령(이하 이 조에서 '대통령령 등'이라 한다)의 법률 위반 여부 등을 검토하여야 한다.
④ 상임위원회는 제3항에 따른 검토 결과 대통령령 또는 총리령이 법률의 취지 또는 내용에 합치되지 아니한다고 판단되는 경우에는 검토의 경과와 처리 의견 등을 기재한 검토결과보고서를 의장에게 제출하여야 한다.
⑤ 의장은 제4항에 따라 제출된 검토결과보고서를 본회의에 보고하고, 국회는 본회의 의결로 이를 처리하고 정부에 송부한다.
⑥ 정부는 제5항에 따라 송부받은 검토 결과에 대한 처리 여부를 검토하고 그 처리 결과(송부받은 검토 결과에 따르지 못하는 경우 그 사유를 포함한다)를 국회에 제출하여야 한다.
⑦ 상임위원회는 제3항에 따른 검토 결과 부령이 법률의 취지 또는 내용에 합치되지 아니한다고 판단되는 경우에는 소관 중앙행정기관의 장에게 그 내용을 통보할 수 있다.
⑧ 제7항에 따라 검토 내용을 통보받은 중앙행정기관의 장은 통보받은 내용에 대한 처리계획과 그 결과를 지체 없이 소관 상임위원회에 보고하여야 한다.
⑨ 전문위원은 제3항에 따른 대통령령 등을 검토하여 그 결과를 해당 위원회 위원에게 제공한다.

**023** 법규명령에 대한 의회의 통제방식 중 직접적 통제에 해당하는 것은? <sub>05 서울9급</sub>

① 국정감사제도
② 동의권유보제도
③ 탄핵소추제도
④ 국무위원 해임건의
⑤ 대정부질문

> 해설

② (O) 법규명령의 성립과 효력발생에 있어서 국회의 동의·승인을 얻게 하거나 일단 성립된 법규명령의 효력을 소멸시키는 권한을 국회에 유보함으로써 이루어지는 통제방법을 동의권유보라고 하는데, 이는 직접적 통제에 해당한다. 하지만 현재 우리나라는 법률종속명령에 대한 통제방법으로 인정하고 있지는 않다.

**정답** ②

# CHAPTER 02 행정입법 2(행정규칙)

## 제1절 행정규칙 일반론

**001** 행정규칙에 대한 설명으로 옳지 않은 것은? (다툼이 있는 경우 판례에 의함)  22 국가7급

① 중앙행정기관의 장이 정한 훈령·예규 및 고시 등 행정규칙은 상위 법령의 위임이 있다고 하더라도 「행정기본법」상의 '법령'에 해당하지 않는다.

② 처분이 행정규칙을 위반하였다고 해서 그러한 사정만으로 곧바로 위법하게 되는 것은 아니다.

③ 처분의 근거나 법적인 효과가 행정규칙에 규정되어 있더라도 그 상대방의 권리·의무에 직접 영향을 미치는 행위라면, 항고소송의 대상이 되는 행정처분에 해당한다.

④ 행정규칙의 내용이 상위 법령이나 법의 일반원칙에 반하는 것이라면 행정내부적 효력도 인정될 수 없다.

### 해설

① (×)

> **행정기본법 제2조(정의)**
> 이 법에서 사용하는 용어의 뜻은 다음과 같다.
> 1. '법령 등'이란 다음 각 목의 것을 말한다.
>    가. 법령: 다음의 어느 하나에 해당하는 것
>       1) 법률 및 대통령령·총리령·부령
>       2) 국회규칙·대법원규칙·헌법재판소규칙·중앙선거관리위원회규칙 및 감사원규칙
>       3) 1) 또는 2)의 위임을 받아 중앙행정기관(정부조직법 및 그 밖의 법률에 따라 설치된 중앙행정기관을 말한다. 이하 같다)의 장이 정한 훈령·예규 및 고시 등 행정규칙
>    나. 자치법규: 지방자치단체의 조례 및 규칙

② (○) 행정규칙은 법규성이 없으므로 이를 위반하면 부당의 문제는 있어도 위법의 문제는 발생하지 않는다.

③ (○) [1] 어떠한 처분의 근거나 법적인 효과가 행정규칙에 규정되어 있다고 하더라도, 그 처분이 행정규칙의 내부적 구속력에 의하여 상대방에게 권리의 설정 또는 의무의 부담을 명하거나 기타 법적인 효과를 발생하게 하는 등으로 그 상대방의 권리·의무에 직접 영향을 미치는 행위라면, 이 경우에도 항고소송의 대상이 되는 행정처분에 해당한다.
[2] 행정규칙에 의한 '불문경고조치'가 비록 법률상의 징계처분은 아니지만 위 처분을 받지 아니하였다면 차후 다른 징계처분이나 경고를 받게 될 경우 징계감경사유로 사용될 수 있었던 표창공적의 사용가능성을 소멸시키는 효과와 1년 동안 인사기록카드에 등재됨으로써 그 동안은 장관표창이나 도지사표창 대상자에서 제외시키는 효과 등이 있다는 이유로 항고소송의 대상이 되는 행정처분에 해당한다. (대판 2002.7.26. 2001두3532)

④ (○) [1] 일반적으로 상급행정기관은 소속 공무원이나 하급행정기관에 대하여 업무처리지침이나 법령의 해석·적용기준을 정해주는 '행정규칙'을 제정할 수 있다. 공증인은 직무에 관하여 공무원의 지위를 가지고, 법무부장관은 공증인에 대한 감독기관이므로 공증인법 제79조 제1호에 근거한 직무상 명령을 개별·구체적인 지시의 형식으로 할 수도 있으나, 행정규칙의 형식으로 일반적인 기준을 제시하거나 의무를 부과할 수도 있다.
[2] 공무원이 상급행정기관이나 감독권자의 직무상 명령을 위반하였다는 점을 징계사유로 삼으려면 직무상 명령이 상위 법령에 반하지 않는 적법·유효한 것이어야 한다.
[3] '행정규칙'은 상위 법령의 구체적 위임이 있지 않는 한 행정조직 내부에서만 효력을 가질 뿐 대외적으로 국민이나 법

원을 구속하는 효력이 없다. 다만, 행정규칙이 이를 정한 행정기관의 재량에 속하는 사항에 관한 것인 때에는 그 규정 내용이 객관적 합리성을 결여하였다는 등의 특별한 사정이 없는 한 법원은 이를 존중하는 것이 바람직하다. 그러나 행정규칙의 내용이 상위 법령에 반하는 것이라면 법치국가원리에서 파생되는 법질서의 통일성과 모순금지원칙에 따라 그것은 법질서상 당연무효이고, 행정내부적 효력도 인정될 수 없다. 이러한 경우 법원은 해당 행정규칙이 법질서상 부존재하는 것으로 취급하여 행정기관이 한 조치의 당부를 상위 법령의 규정과 입법목적 등에 따라서 판단하여야 한다.

[4] '집행증서 작성사무 지침' 제4조는 법률에 의하여 허용되는 쌍방대리 형태의 촉탁행위에 대하여 '대부업자 등'의 금전대부계약에 따른 채권·채무에 관한 경우에는 행정규칙의 형식으로 일반적으로 공증인에게 촉탁을 거절하여야 할 의무를 부과하는 것이어서 '법률우위원칙'에 위배되어 무효라고 보아야 한다. (대판 2020.11.26. 2020두42262)

정답 ①

### 기출지문 OX

**01** 행정관청 내부의 사무처리규정에 불과한 전결규정에 위반하여 원래의 전결권자 아닌 보조기관 등이 처분권자인 행정관청의 이름으로 행정처분을 한 경우, 그 처분은 권한 없는 자에 의하여 행하여진 것으로 무효이다. [20 국가9급]　　(O, X)

해설　전결과 같은 행정권한의 내부위임은 법령상 처분권자인 행정관청이 내부적인 사무처리의 편의를 도모하기 위하여 그의 보조기관 또는 하급행정관청으로 하여금 그의 권한을 사실상 행사하게 하는 것으로서 법률이 위임을 허용하지 않는 경우에도 인정되는 것이므로, 설사 행정관청 내부의 사무처리규정에 불과한 전결규정에 위반하여 원래의 전결권자 아닌 보조기관 등이 처분권자인 행정관청의 이름으로 행정처분을 하였다고 하더라도 그 처분이 권한 없는 자에 의하여 행하여진 무효의 처분이라고는 할 수 없다. (대판 1998.2.27. 97누1105)

정답 X

**02** 재량권 행사의 준칙인 행정규칙이 그 정한 바에 따라 되풀이 시행되어 행정관행이 형성되어 행정기관이 그 상대방에 대한 관계에서 그 행정규칙에 따라야 할 자기구속을 당하게 되는 경우에는 그 행정규칙은 헌법소원의 심판대상이 될 수도 있다. [20 국가9급]　　(O, X)

해설　재량준칙과 법령보충적 행정규칙은 집행행위의 매개 없이 기본권을 침해할 때 헌법소원의 대상이 된다.

> 행정규칙은 일반적으로 행정조직 내부에서만 효력을 가지는 것이고 대외적인 구속력을 갖는 것이 아니어서 원칙적으로 헌법소원의 대상이 되지 아니하며, 다만 행정규칙이 법령의 규정에 의하여 행정관청에 법령의 구체적 내용을 보충할 권한을 부여한 경우나 재량권행사의 준칙인 규칙이 그 정한 바에 따라 되풀이 시행되어 행정관행이 형성되어 행정기관이 그 상대방에 대한 관계에서 그 규칙에 따라야 할 자기구속을 당하게 되는 경우에 한하여 헌법소원의 대상이 될 수 있다. (헌재 2014.7.29. 2014헌마528)

정답 O

**03** 재량권 행사의 준칙인 행정규칙이 있으면 그에 따른 관행이 없더라도 평등의 원칙에 따라 행정기관은 상대방에 대한 관계에서 그 규칙에 따라야 할 자기구속을 받게 된다. [19 서울7급 2월]　　(O, X)

해설　재량권 행사의 준칙인 행정규칙이 그 정한 바에 따라 되풀이 시행되어 행정관행이 이루어지게 되면 평등의 원칙이나 신뢰보호의 원칙에 따라 행정기관은 그 상대방에 대한 관계에서 그 규칙에 따라야 할 자기구속을 받게 되므로, 이러한 경우에는 특별한 사정이 없는 한 그를 위반하는 처분은 평등의 원칙이나 신뢰보호의 원칙에 위배되어 재량권을 일탈·남용한 위법한 처분이 된다. (대판 2009.12.24. 2009두7967)

정답 X

**04** 고시가 법령의 규정을 보충하는 기능을 가지면서 그와 결합하여 대외적인 구속력이 있는 법규명령으로서의 효력을 가지는 경우에도 그 자체가 법령은 아니고 행정규칙에 지나지 않으므로 적당한 방법으로 이를 일반인 또는 관계인에게 표시 또는 통보함으로써 그 효력이 발생한다. [19 서울7급 2월]　　(O, X)

해설　법령보충적 행정규칙은 형식이 행정규칙이므로 공포를 하지 않아도 상대방에게 도달되면 효력이 발생한다.

정답 O

## 002 행정규칙에 대한 판례의 입장으로 옳지 않은 것은?

19 국가7급

① 행정규칙인 고시가 법령의 수권에 의해 법령을 보충하는 사항을 정하는 경우에는 법령보충적 고시로서 근거법령규정과 결합하여 대외적으로 구속력을 가진다.
② 법령보충적 행정규칙은 법령의 수권에 의하여 인정되고, 그 수권은 포괄위임금지의 원칙상 구체적·개별적으로 한정된 사항에 대하여 행해져야 한다.
③ 고시에 담긴 내용이 구체적 규율의 성격을 갖는다고 하더라도, 해당 고시를 행정처분으로 볼 수는 없으며 법령의 수권 여부에 따라 법규명령 또는 행정규칙으로 볼 수 있을 뿐이다.
④ 재산권 등의 기본권을 제한하는 작용을 하는 법률이 구체적으로 범위를 정하여 고시와 같은 형식으로 입법위임을 할 수 있는 사항은 전문적·기술적 사항이나 경미한 사항으로서 업무의 성질상 위임이 불가피한 사항에 한정된다.

**해설**

① (O) 법령보충적 행정규칙은 형식은 행정규칙이지만 내용은 법규명령으로서 독자적으로 법규성을 가지지는 못하고 근거법령규정과 결합하여 대외적으로 구속력을 가진다.
② (O) ④ (O) 행정규칙은 법규명령과 같은 엄격한 제정 및 개정절차를 요하지 아니하므로, 재산권 등과 같은 기본권을 제한하는 작용을 하는 법률이 입법위임을 할 때에는 '대통령령', '총리령', '부령' 등 법규명령에 위임함이 바람직하고, 금융감독위원회의 고시와 같은 형식으로 입법위임을 할 때에는 적어도 행정규제기본법 제4조 제2항 단서에서 정한 바와 같이 법령이 전문적·기술적 사항이나 경미한 사항으로서 업무의 성질상 위임이 불가피한 사항에 한정된다 할 것이고, 그러한 사항이라 하더라도 포괄위임금지의 원칙상 법률의 위임은 반드시 구체적·개별적으로 한정된 사항에 대하여 행하여져야 한다. (헌재 2004.10.28. 99헌바91)
③ (×) 고시에 담긴 내용이 구체적 규율의 성격을 갖는다면 일반처분의 성격으로 항고소송의 대상이 된다.

**정답** ③

## 003 법규명령과 행정규칙에 관한 설명으로 옳은 것은?

15 교행

① 현행헌법상 헌법적 효력을 갖는 비상명령이 인정된다.
② 헌법은 법규명령의 발령권자를 대통령과 각부장관으로 한정하고 있다.
③ 판례는 대통령령의 형식으로 정해진 제재적 처분기준을 법규명령으로 본다.
④ 대통령령에 대한 법률의 위임은 반드시 구체적으로 범위를 정하여 할 필요가 없으며 포괄적인 것으로 족하다.

**해설**

① (×) 헌법적 효력을 갖는 명령은 허용되지 않는다. 법률의 효력을 가지는 명령(대통령의 긴급명령)은 인정되는데, 대통령만 할 수 있다.
② (×) 헌법은 법규명령의 발령권자를 대통령, 국무총리, 각부장관, 대법원장, 헌법재판소장 등으로 규정하고 있다.
③ (O) 한편, 부령의 형식으로 정해진 제재적 처분기준은 행정규칙으로 본다.
④ (×) 조례와 정관을 제외하고는 포괄위임이 허용되지 않는다.

**정답** ③

> **기출지문 OX**
>
> 「국토의 계획 및 이용에 관한 법률」 및 같은 법 시행령이 정한 이행강제금의 부과기준은 단지 상한을 정한 것에 불과한 것이므로 행정청에 이와 다른 이행강제금액을 결정할 재량권이 있다. [15 지방7급]  (O, X)
>
> **해설** 국토의 계획 및 이용에 관한 법률 및 시행령 규정이 토지이용에 관한 이행명령의 불이행에 대하여 법령 자체에서 토지이용의무 위반을 유형별로 구분하여 이행강제금을 차별하여 규정하고 있는 등 규정의 체계, 형식 및 내용에 비추어 보면 국토의 계획 및 이용에 관한 법률 및 국토의 계획 및 이용에 관한 법률 시행령이 정한 이행강제금의 부과기준은 단지 상한을 정한 것에 불과한 것이 아니라 위반행위 유형별로 계산된 특정 금액을 규정한 것이므로 행정청에 이와 다른 이행강제금액을 결정할 재량권이 없다고 보아야 한다. 국토의 계획 및 이용에 관한 법률 시행령 제124조의3 제3항에서 정한 토지이용의무 위반유형 중 토지거래계약 허가를 받아 토지를 취득한 자가 '당초의 목적대로 이용하지 아니하고 방치한 경우'에 허가목적대로 이용하다가 중단하고 방치한 경우가 포함된다. (대판 2014.11.27. 2013두8653)   **정답** X

## 004 다음 중 행정입법에 관한 설명으로 옳은 것은?   12 서울9급

① 행정주체가 행하는 구체적·개별적 규범으로 처분성이 인정된다.
② 법규명령은 실질적 의미의 입법행위이나 법적 구속력은 부인되고 있다.
③ 현행법은 국회의 행정규칙에 관한 심사라는 직접적 통제수단을 갖고 있지 않다.
④ 해석준칙(규범해석행정규칙)은 계쟁처분의 판단에 있어 법원을 구속한다.
⑤ 자치단체에 의한 자치입법은 행정입법에 해당되지 않는다.

**해설**

① (X) 행정입법은 일반적·추상적 규범으로서 그 자체로는 국민의 권리·의무에 직접적이고 구체적인 영향을 주는 처분이 아니므로 항고소송의 대상이 될 수 없는 것이 원칙이다.
② (X) 법규명령은 행정기관이 제정하는 것이기 때문에 형식적 의미에서는 행정이지만, 실질적 의미에 있어서는 입법에 속한다. 그리고 법규명령은 법규성이 있기 때문에 대외적 효력이 인정된다. 즉, 국민과 법원을 구속하는 힘이 있다.
③ (O) 국회법 제98조의2에 의하면 법규명령뿐만 아니라 훈령·예규·고시의 제정·개정·폐지의 경우에도 10일 이내에 국회 소관 상임위원회에 제출하도록 요구하고 있다. 다만, 국회가 이에 대하여 법령 위반의 사실을 통지하도록 하는 규정은 없다.
④ (X) 규범해석규칙(법령해석규칙)이란 법령의 요건이 불확정개념으로 되어 있는 경우에 하급행정기관의 법령해석상 통일성을 기하기 위해 발하여지는 규칙을 말한다. 규범해석규칙은 대내적 기준을 제시할 뿐 대외적 구속력을 갖지 아니한다고 보는 것이 일반적이다.
⑤ (X) 행정입법은 국가행정권에 의한 입법(법규명령)과 지방자치단체에 의한 입법(조례·규칙)을 포함한다.

**정답** ③

## 005 행정규칙에 관한 설명 중 옳은 것은?

11 경북 교행

① 행정규칙의 제정에는 법률유보의 원칙이 적용된다.
② 행정규칙은 그 형식면에서 문서나 구술 모두 가능하며, 절차면에서도 일반적으로 따라야 할 법정절차가 없다.
③ 공무원이 행정규칙에 반하는 행정처분을 하는 경우 그 처분은 바로 위법한 처분이다.
④ 훈령이 부당한 경우 행정기관은 훈령에 복종하지 않을 수 있다는 것이 통설이다.
⑤ 행정규칙에 위반한 처분은 행정소송의 대상이 된다.

**해설**

① (×) 행정규칙은 상위 법령의 수권을 요하지 않으며 법률유보의 원칙이 적용되지 않는다.
② (○) 행정규칙에 대하여는 일반적으로 법정된 절차가 없으며, 반드시 조문의 형식을 취해야 하는 것도 아니므로 문서 또는 구두로도 가능하다.
③ (×) 행정규칙은 대외적 구속력이 없으므로 행정규칙에 반하는 행정처분이라도 바로 위법한 것이 아니다.

> 상급행정기관이 하급행정기관에 대하여 업무처리지침이나 법령의 해석적용에 관한 기준을 정하여 발하는 이른바 '행정규칙이나 내부지침'은 일반적으로 행정조직 내부에서만 효력을 가질 뿐 대외적인 구속력을 갖는 것은 아니므로 행정처분이 그에 위반하였다고 하여 그러한 사정만으로 곧바로 위법하게 되는 것은 아니다. (대판 2009.12.24. 2009두7967)

④ (×) 훈령은 행정기관을 구속하므로, 행정기관은 훈령에 복종하여야 할 의무가 있다. 다만, 훈령의 하자가 중대하고 명백한 경우에는 복종을 거부할 수 있다는 것이 통설적 견해이다. 따라서 단순히 부당한 정도에 그친 경우에는 훈령에 복종하여야 한다. 부당한 명령이라도 따라야 할 의무가 있고 따르지 않으면 징계사유가 된다.
⑤ (×) 행정소송에서 법원은 처분의 위법성 여부만을 심사하는데, 행정규칙에 반하는 처분이 위법한 것은 아니므로 이를 이유로 법원의 심사대상이 될 수 없다.

**정답** ②

## 제2절 법규명령 형식의 행정규칙과 행정규칙 형식의 법규명령

**법규명령 형식의 행정규칙**

| 형식과 내용 | 형식은 법규명령(대통령령·부령)인데, 내용은 행정규칙인 경우 |
|---|---|
| 성질 | • 대통령령: 내용과 관계없이 법규성 인정<br>• 부령: 제재적 내용이면 행정규칙(제재는 공무원을 거쳐 국민에게 적용), 국민을 직접 대상으로 하면 법규명령 |

**행정규칙 형식의 법규명령(법규적 내용의 행정규칙, 법령보충적 행정규칙)**

| 형식 | 내용 | 학설과 판례 |
|---|---|---|
| 행정규칙(예 고시, 지침) | 법규적 내용(법령보충적 행정규칙) | 다수설과 판례는 원칙적으로 법규성을 인정 |

---

**006** 행정입법에 대한 설명으로 옳지 않은 것은? (다툼이 있는 경우 판례에 의함)  19 국회8급

① 국회규칙은 법규명령이다.

② 대통령령은 총리령 및 부령보다 우월한 효력을 가진다.

③ 총리령으로 제정된 「법인세법 시행규칙」에 따른 '소득금액조정합계표 작성요령'은 법령을 보충하는 법규사항으로서 법규명령의 효력을 가진다.

④ '학교장·교사 초빙제 실시'는 행정조직 내부에서만 효력을 가지는 행정상의 운영지침을 정한 것으로서 국민이나 법원을 구속하는 효력이 없는 행정규칙에 해당한다.

⑤ 건강보험심사평가원이 보건복지가족부(현 보건복지부) 고시인 '요양급여비용 심사·지급업무처리기준'에 근거하여 제정한 심사지침인 '방광내압 및 요누출압 측정시 검사방법'은 내부적 업무처리기준으로서 행정규칙에 불과하다.

**해설**

① (O) 대통령령, 총리령, 부령, 국회규칙, 대법원규칙, 헌법재판소규칙, 중앙선거관리위원회규칙은 헌법이 규정하고 있는 법규명령이다.

② (O)

③ (X) 절차적 규정으로서 단순한 행정규칙의 성질을 가진다.

> 구 법인세법, 같은 법 시행령, 같은 법 시행규칙에 의하면, 법인은 법인세신고시 세무조정사항을 기입한 소득금액조정합계표와 유보소득 계산서류인 적정유보초과소득조정명세서(을) 등을 신고서에 첨부하여 제출하여야 하는데, 위 소득금액조정합계표 작성요령(당시 총리령인 시행규칙 별표 서식에 첨부)은 법률의 위임을 받은 것이기는 하나 법인세의 부과·징수라는 행정적 편의를 도모하기 위한 절차적 규정으로서 단순히 행정규칙의 성질을 가지는 데 불과하여 과세관청이나 일반국민을 기속하는 것이 아니다. (대판 2003.9.5. 2001두403)

④ (O) ⑤ (O) 행정규칙의 일종이다.

**정답** ③

> **기출지문 OX**
>
> 법령의 위임 없이 제정한 2006년 교육공무원 보수업무 등 편람은 법규명령이다. [17 교행]  (O, ×)
>
> **해설** 2006년 교육공무원 보수업무 등 편람은 교육인적자원부(현 교육부)에서 관련 행정기관 및 그 직원을 위한 업무처리지침 내지 참고사항을 정리해 둔 것에 불과하고 법규명령의 성질을 가진 것이라고는 볼 수 없다. (대판 2010.12.9. 2010두16349)
>
> **참고** 법령의 위임 없이라는 부분이 포인트이다.  **정답** ×

## 007 부령 형식의 처분기준에 대한 판례의 입장으로 옳은 것은?   14 지방9급

① 구 「도로교통법 시행규칙」 제53조 제1항이 정한 [별표 16]의 운전면허행정처분기준은 부령의 형식으로 되어 있으나, 그 규정의 성질과 내용이 운전면허의 취소처분 등에 관한 사무처리기준과 처분절차 등 행정청 내부의 사무처리준칙을 규정한 것에 지나지 아니하므로 대외적 구속력이 없다.

② 「공익사업을 위한 토지 등의 취득 및 보상에 관한 법률」 제68조 제3항은 협의취득의 보상액 산정에 관한 구체적 기준을 시행규칙에 위임하고 있고, 위임범위 내에서 같은 법 시행규칙 제22조는 토지에 건축물 등이 있는 경우에는 건축물 등이 없는 상태를 상정하여 토지를 평가하도록 규정하고 있는데, 이는 대외적 구속력이 없다.

③ 구 「여객자동차 운수사업법」 제11조 제4항의 위임에 따라 시외버스운송사업의 사업계획 변경에 관한 절차, 인가기준 등을 구체적으로 규정한 구 「여객자동차 운수사업법 시행규칙」 제31조 제2항 제1호·제2호·제6호는 행정청 내부의 사무처리준칙을 규정한 행정규칙에 불과하여 대외적 구속력이 없다.

④ 구 「식품위생법 시행규칙」 제53조가 정한 [별표 15]의 행정처분기준은 구 「식품위생법」 제58조에 따른 영업허가의 취소 등에 관한 행정처분의 기준을 정한 것으로 대외적 구속력이 있다.

**해설**
① (○) 제재적 처분의 기준이 부령의 형식으로 규정되어 있으면 법규명령이 아니라 행정규칙으로 보는 것이 판례의 입장이다.
② (×) 공익사업을 위한 토지 등의 취득 및 보상에 관한 법률 제68조 제3항은 협의취득의 보상액 산정에 관한 구체적 기준을 시행규칙에 위임하고 있고, 위임범위 내에서 공익사업을 위한 토지 등의 취득 및 보상에 관한 법률 시행규칙 제22조는 토지에 건축물 등이 있는 경우에는 건축물 등이 없는 상태를 상정하여 토지를 평가하도록 규정하고 있는데, 이는 비록 행정규칙의 형식이나 공익사업을 위한 토지 등의 취득 및 보상에 관한 법률의 내용이 될 사항을 구체적으로 정하여 내용을 보충하는 기능을 갖는 것이므로, 공익사업을 위한 토지 등의 취득 및 보상에 관한 법률 규정과 결합하여 대외적인 구속력을 가진다. (대판 2012.3.29. 2011다104253)
③ (×) 구 여객자동차 운수사업법 시행규칙 제31조 제2항 제1호·제2호·제6호는 구 여객자동차 운수사업법 제11조 제4항의 위임에 따라 시외버스운송사업의 사업계획 변경에 관한 절차, 인가기준 등을 구체적으로 규정한 것으로서, 대외적인 구속력이 있는 법규명령이라고 할 것이고, 그것을 행정청 내부의 사무처리준칙을 규정한 행정규칙에 불과하다고 할 수는 없다. (대판 2006.6.27. 2003두4355)
④ (×) 식품위생법 제58조 제1항에 의한 영업정지 등 행정처분의 적법 여부는 법 시행규칙 제53조 [별표 15]의 행정처분기준에 적합한 것인가의 여부에 따라 판단할 것이 아니라 법의 규정 및 그 취지에 적합한 것인가의 여부에 따라 판단하여야 하는 것이고, 행정처분으로 인하여 달성하려는 공익상의 필요와 이로 인하여 상대방이 받는 불이익을 비교·형량하여 그 처분으로 인하여 공익상 필요보다 상대방이 받게 되는 불이익 등이 막대한 경우에는 재량권의 한계를 일탈한 것으로서 위법하다. (대판 2010.4.8. 2009두22997)

**정답** ①

## 008 다음 사례를 읽고 보기 중 판례의 태도와 가장 부합하는 것은?

12. 경행특채

> 개인택시 운전사 甲은 운전 도중 휴대전화로 통화를 하다가 교통경찰관에게 적발되었다. 이에 관할 지방경찰청장(경찰서장)은 「도로교통법」 제49조 제1항, 같은 법 시행규칙 제91조 제1항 [별표 28]의 운전면허행정처분기준에 의거 甲에게 벌점 15점을 부과하였다.

① 「도로교통법 시행규칙」 제91조 [별표 28]에서 정한 행정처분기준의 법적 성질은 법규명령이다.

② 「도로교통법 시행규칙」상의 벌점은 각 위반항목별로 규정된 점수가 최고한도를 규정한 것으로 볼 만한 근거가 없으므로, 위 위반행위에 대한 벌점 15점은 획일적으로 받게 되는 확정점수이다.

③ 벌점이 누적되면 운전면허정지처분을 받을 위험성이 있는 것이므로 벌점의 부과는 국민의 권리·의무에 변동을 가져오는 행정처분에 해당한다.

④ 위 [별표 28]의 운전면허행정처분기준은 대외적 효력이 없어 국민을 구속하지 않지만 법원은 이에 기속된다.

**해설**

① (×) ④ (×) 판례에 따르면 위 운전면허행정처분기준은 행정규칙으로서 국민이나 법원을 구속하는 대외적 구속력이 없다.

> 도로교통법 시행규칙 제53조 제1항이 정한 [별표 16]의 운전면허행정처분기준은 운전면허의 취소처분 등에 관한 사무처리기준과 처분절차 등 행정청 내부의 사무처리준칙을 규정한 것에 지나지 아니하여 대외적으로 국민이나 법원을 기속하는 효력이 없다. (대판 1997.10.24. 96누17288)

② (○) 도로교통법 시행규칙 제53조(현 제91조) 제1항 [별표 16(현 별표 28)]의 벌점에 관한 규정을 보면, 정지처분 개별기준에서 정하는 각 위반항목별로 일정한 벌점을 배점하여 이를 누적한 다음 무위반·무사고기간 경과시에 부여되는 점수 등을 상계치로 뺀 점수를 '누산점수'로서 관리하고 그 누산점수에서 이미 처분이 집행된 벌점을 뺀 점수를 '처분벌점'으로 하여 처분의 기준으로 삼되, 취소처분 또는 정지처분의 개별기준을 적용하는 것이 현저하게 불합리한 경우에는 그 처분기준을 감경할 수 있다는 것이지, 각 위반항목별로 규정된 점수가 최고한도를 규정한 것이라고 볼 만한 아무런 근거가 없다. (대판 1998.3.27. 97누20236) - [별표 16]의 정지처분 개별기준은 각 항목별로 벌점의 최고한도를 규정하고 있을 뿐이므로 각 벌점을 배점함에 있어서는 그 위반 정도를 따져 각 최고한도의 범위 내에서 그에 상응하는 적정한 점수를 배점하여야 한다는 주장을 배척하고 별표상의 벌점은 확정적인 점수라고 본 사례

③ (×) 운전면허행정처분처리대장상 벌점의 배점 자체만으로는 아직 국민에 대하여 구체적으로 어떤 권리를 제한하거나 의무를 명하는 등 법률적 규제를 하는 효과를 발생하는 요건을 갖춘 것이 아니어서 그 무효확인 또는 취소를 구하는 소송의 대상이 되는 행정처분이라고 할 수 없다. (대판 1994.8.12. 94누2190)

**정답** ②

**009** 행정입법에 대한 설명으로 옳지 않은 것은?    12 지방7급

① 허가를 받기 위한 시설의 기준은 집행명령으로는 독자적으로 정할 수 없다.
② 법령보충적 행정규칙은 그 자체로서 직접적으로 대외적 구속력을 가진다.
③ 법규명령에는 법률유보원칙과 법률우위원칙이 적용된다.
④ 해제조건의 성취는 법규명령과 행정규칙의 공통적 소멸사유이다.

> 해설

① (○) 허가의 요건은 법률로 규정되어야 하며, 법률의 근거 없이 행정권이 독자적으로 허가요건을 추가하는 것은 허용되지 아니한다. 따라서 법률이나 법률의 위임을 받은 위임명령에 의해서는 허가의 시설기준을 정할 수 있지만, 법률 또는 상위 법령을 집행하기 위하여 필요한 사항만을 정할 수 있는 집행명령으로는 허가의 시설기준을 독자적으로 정할 수 없다.
② (×) 대법원은 법령보충적 행정규칙이 상위 법령과 결합하여 법규성을 갖는다고 판시하고 있다. 즉, 법령보충적 행정규칙은 상위 법령과 결합하여 대외적 구속력을 갖는 것이지, 그 자체가 직접적으로 대외적 구속력을 갖는 것은 아니다.
③ (○) 법규명령은 국민에게도 적용되기 때문에 법률유보의 원칙과 법률우위의 원칙이 모두 적용된다. 행정규칙은 법률유보를 지키지 않아도 되고 법률우위의 원칙만 지키면 된다.
④ (○) 법규명령이나 행정규칙에 해제조건이 붙은 경우에는 그 조건의 성취에 의하여 효력이 소멸한다.

정답 ②

# CHAPTER 03 행정행위 일반론

## 제1절 행정행위의 의의

**001** 행정행위에 대한 설명으로 옳은 것은? (다툼이 있는 경우 판례에 의함) `22 국가7급`

① 상대방 있는 행정처분이 상대방에게 고지되지 아니한 경우에는 특별한 규정이 없는 한 상대방이 다른 경로를 통해 행정처분의 내용을 알게 되었다고 하더라도 행정처분의 효력이 발생한다고 볼 수 없다.
② 기한의 도래로 실효한 종전의 허가에 대한 기간 연장신청은 새로운 허가를 내용으로 하는 행정처분을 구하는 것이 아니라, 종전의 허가처분을 전제로 하여 단순히 그 유효기간을 연장하여 주는 행정처분을 구하는 것으로 보아야 한다.
③ 공무원에 대한 당연퇴직의 인사발령은 공무원의 신분을 상실시키는 새로운 형성적 행위이므로 행정소송의 대상이 되는 행정처분이다.
④ 지적공부 소관청의 지목변경신청 반려행위는 국민의 권리관계에 영향을 미친다고 볼 수 없어서 행정처분에 해당하지 않는다.

> **해설**
> ① (○) 상대방 있는 행정처분은 특별한 규정이 없는 한 의사표시에 관한 일반법리에 따라 상대방에게 고지되어야 효력이 발생하고, 상대방 있는 행정처분이 상대방에게 고지되지 아니한 경우에는 상대방이 다른 경로를 통해 행정처분의 내용을 알게 되었다고 하더라도 행정처분의 효력이 발생한다고 볼 수 없다. (대판 2019.8.9. 2019두38656)
> ② (×) 기한 도래 전에 한 연장신청은 종전의 허가처분을 전제로 하여 단순히 그 유효기간을 연장하여 주는 행정처분을 구하는 것이며, 기한 도래 후의 연장신청은 갱신이 아니라 새로운 허가를 신청하는 것이다.
> ③ (×) 당연퇴직의 통지는 관념의 통지로 처분이 아니다.
> ④ (×) 지목은 토지소유권을 제대로 행사하기 위한 전제요건으로서 토지소유자의 실체적 권리관계에 밀접하게 관련되어 있으므로 지적공부 소관청의 지목변경신청 반려행위는 국민의 권리관계에 영향을 미치는 것으로서 항고소송의 대상이 되는 행정처분에 해당한다. (대판 2004.4.22. 2003두9015)
>
> **정답** ①

## 002 행정행위에 대한 설명으로 옳은 것은?

17 국가9급

① 행정행위를 '행정청이 법 아래서 구체적 사실에 대한 법집행으로서 행하는 공법행위'로 정의하면, 공법상 계약과 공법상 합동행위는 행정행위의 개념에서 제외된다.
② 강학상 허가와 특허는 의사표시를 요소로 한다는 점과 반드시 신청을 전제로 한다는 점에서 공통점이 있다.
③ 행정행위의 효력으로서 구성요건적 효력과 공정력은 이론적 근거를 법적 안정성에서 찾고 있다는 공통점이 있다.
④ 「행정소송법」상 처분의 개념과 강학상 행정행위의 개념이 다르다고 보는 견해는 처분의 개념을 강학상 행정행위의 개념보다 넓게 본다.

**해설**

① (×) 행정행위 개념을 행정청이 구체적 사실에 관한 법집행으로 행하는 공법행위로 정의하면 공권력(권력성, 강제력)이 요구되지 않으므로 비권력적 행위(공법상 계약, 공법상 합동행위)도 행정행위의 개념에 포함된다. 다만, 통설에 따르면 행정행위의 개념에 비권력적 행위(공법상 계약, 공법상 합동행위)는 제외된다.
② (×) 의사표시를 요소로 한다는 점은 같지만, 허가는 원칙적으로 신청을 요하고 예외적으로 신청 없이도 가능한 경우가 있다 (예 통행금지해제). 한편, 특허는 신청을 요한다(법규특허의 경우 신청을 요하지 않지만, 법규특허는 특허개념에서 제외된다).
③ (×) 공정력은 법적 안정성에 근거한다는 것이 통설이다. 구성요건적 효력은 국가기관 상호 간 권한존중, 권력분립원리를 근거로 한다.

| 공정력 하나로 설명하는 전통적 견해 | 공정력이 타 국가기관과 개인 모두에 적용 |
|---|---|
| 공정력과 구성요건적 효력으로 나누어 설명하는 견해 | · 공정력은 국민에게 적용<br>· 절차적 효력<br>· 법적 안정성에 근거 |
| | · 구성요건적 효력은 타 국가기관에 적용<br>· 실체적 효력<br>· 타 국가기관의 권한존중에 근거 |

④ (O) 권력적 사실행위가 처분의 개념에는 포함되고, 강학상 행정행위에는 포함되지 않으므로 처분의 개념이 더 넓다. 포함시키는 것을 쟁송법적 개념설(다수설)이라고 하고 포함시키지 않는 것을 실체법적 행정행위라고 한다.

**정답** ④

## 003 행정행위에 대한 설명으로 옳은 것은?

16 서울9급

① 행정행위는 행정주체가 행하는 구체적 사실에 관한 법집행작용이므로 공법상 계약, 공법상 합동행위도 행정행위에 포함된다.
② 구체적 사실을 규율하는 경우라도 불특정 다수인을 상대방으로 하는 처분이라면 행정행위가 아니다.
③ 사전결정(예비결정)은 단계화된 행정절차에서 최종적인 행정결정을 내리기 전에 이루어지는 행위이지만, 그 자체가 하나의 행정행위이기도 하다.
④ 부분허가(부분승인)는 본허가권한과 분리되는 독자적인 행정행위이기 때문에 부분허가를 위해서는 본허가 이외에 별도의 법적 근거를 필요로 한다.

**해설**

① (X) 행정행위는 부대등관계를 전제로 하므로 공법상 계약, 공법상 합동행위는 행정행위에 포함되지 않는다. 논란이 있을 수 있는 선지이다. 행정행위에서 공권력의 행사라는 말이 빠지면 공법상 계약 등도 행정행위에 포함될 수 있기 때문이다.

② (X) 행정행위는 특정인을 전제로 하는 것이 원칙이지만, 불특정 다수인을 상대방으로 하는 처분도 구체적 사실을 규율하는 경우라면 일반처분으로 행정행위가 된다.

③ (O) 사전결정도 그 자체가 독립된 행정행위이므로 항고소송의 대상이 된다.

④ (X) 부분허가가 본허가와 별도의 행정행위인 것은 맞지만, 본허가권한에는 부분허가가 포함되는 것으로 본다. 따라서 별도의 법적 근거는 필요하지 않다.

**정답** ③

**예상판례**

[1] 시·도지사나 시장·군수는 여객자동차 운수사업자가 '거짓이나 부정한 방법으로 지급받은 보조금'에 한하여 이를 반환할 것을 명하여야 하고, '정상적으로 지급받은 보조금'까지 반환할 것을 명할 수 있는 것은 아니지만, 보조금이 가분적 평가에 의하여 산정·결정된 것이 아니어서 보조금 중 '거짓이나 부정한 방법으로 지급받은 부분'과 '정상적으로 지급받은 부분'을 구분할 수 없고, 보조금이 거짓이나 부정한 방법에 의하여 일체로서 지급된 것이라고 판단할 수 있는 경우에는 보조금 전부를 거짓이나 부정한 방법으로 지급받은 것으로 보아야 한다.

[2] 운수사업자가 운영개선지원금을 신청하면서 전년도 사업실적을 일부 누락하여 적자액을 부풀리고, 행정청이 위와 같은 잘못된 자료를 기초로 해당 업체에 대해 재정지원심사를 하여 운영개선지원금을 산정·결정하고 이를 지급하였다면, … 운영개선지원금 중 운수사업자의 실제 적자금액에 비례하는 부분만을 '정상적으로 지급받은 보조금'에 해당한다고 볼 수도 없다. (대판 2019.1.17. 2017두47137)

## 004 행정행위에 관한 설명으로 옳지 않은 것을 모두 고른 것은? (다툼이 있는 경우 판례에 의함) 15 서울9급

ㄱ. 행정권한을 위임받은 사인도 행정청으로서 행정행위를 할 수 있다.
ㄴ. 부하 공무원에 대한 상관의 개별적인 직무명령은 행정행위가 아니다.
ㄷ. 일정한 불복기간이 경과하거나 쟁송수단을 다 거친 후에는 더 이상 행정행위를 다툴 수 없게 되는 효력을 행정행위의 불가변력이라고 한다.
ㄹ. 판례에 따르면 행정행위의 집행력은 행정행위의 성질상 당연히 내재하는 효력으로서 별도의 법적 근거를 요하지 않는다.
ㅁ. 지방경찰청장이 횡단보도를 설치하여 보행자통행방법 등을 규제하는 것은 행정행위에 해당한다.

① ㄱ, ㄹ   ② ㄷ, ㅁ   ③ ㄴ, ㅁ   ④ ㄷ, ㄹ

**해설**

ㄱ. (O) 행정권한을 위임받은 사인이란 공무수탁사인을 말하고, 공무수탁사인은 행정청의 지위를 가진다고 보는 것이 일반적 견해이다.
ㄴ. (O) 행정행위는 국민에 대한 외부적인 법집행이어야 하므로 부하 공무원에 대한 상관의 개별적인 직무명령은 행정행위가 아니다.
ㄷ. (X) 선지는 불가쟁력에 대한 설명이다. 불가변력은 행정청 스스로도 변경할 수 없는 힘을 말한다. 불가쟁력은 무효가 아닌 모든 행정행위에 발생하지만 불가변력은 확인과 같이 고도의 공신력을 가지는 행위에만 인정된다.
ㄹ. (X) 행정행위의 집행력은 강제력이 있으므로 법적 근거가 있어야 한다. 즉, 의무를 부과하는 법적 근거(국세기본법)와 별도의 법적 근거(국세징수법)가 있어야 한다.
ㅁ. (O) 일반처분으로 행정행위에 해당된다. 다만, 지하상가 상인에게 원고적격은 인정되지 않는다.

**정답** ④

## 005 행정의 행위형식(행정작용형식)에 포함되지 않는 것은?   13 지방9급

① 공법상 계약   ② 행정입법
③ 행정계획   ④ 행정소송

> **해설**
> ① (○) ② (○) ③ (○) 행정의 행위형식에는 행정행위, 행정입법, 공법상 계약, 행정계획 등이 있다.
> ④ (×) 행정소송은 행정의 행위형식이 아니라 구제수단이다.
>
> **정답** ④

## 006 행정의 행위형식에 관한 설명으로 옳지 않은 것은?   12 지방9급

① 급부행정유보설에 따르면 국민의 자유와 재산에 대한 침해행정에 대해서는 법률의 근거가 필요하지 않다고 한다.
② 행정계획이란 행정활동의 일정한 목표를 설정하고 그 목표를 달성하기 위하여 필요한 수단을 선정하고 조정하는 것을 말한다.
③ 「국가를 당사자로 하는 계약에 관한 법률」에 따르면 계약은 상호 대등한 입장에서 당사자의 합의에 따라 체결되어야 하며, 당사자는 계약의 내용을 신의성실의 원칙에 따라 이를 이행하여야 한다.
④ 판례는 단수처분에 대해 「행정소송법」상 처분에 해당하는 것으로 인정하고 있다.

> **해설**
> ① (×) 급부행정유보설은 법률유보의 원칙이 침해행정뿐만 아니라 수익적 행정활동인 급부행정의 전반에 대해서도 적용되어야 한다고 보는 견해이다.
> ② (○) 행정계획이란 행정에 관한 전문적·기술적 판단을 기초로 하여 도시의 건설·정비·개량 등과 같은 특정한 행정목표를 달성하기 위하여 서로 관련되는 행정수단을 종합·조정함으로써 장래의 일정한 시점에 있어서 새로운 질서를 형성하기 위한 활동기준의 설정행위를 말한다.
> ③ (○) **국가를 당사자로 하는 계약에 관한 법률 제5조 제1항**
> ④ (○) 단수처분은 항고소송의 대상이 되는 행정처분에 해당한다. (대판 1979.12.28. 79누218)
>
> **정답** ①

## 007 다음과 같은 규율 내용의 법적 성격은?

09 지방9급

> 2007년 독일에서 개최된 G8정상회담 당시, 독일정부는 회담기간 중 행사장 주변지역에서의 모든 옥외집회를 금지하였다.

① 개별적 · 구체적 규율  
② 개별적 · 추상적 규율  
③ 일반적 · 구체적 규율  
④ 일반적 · 추상적 규율

**해설**

③ (O) 옥외집회의 금지는 행사장 주변지역에서 집회를 개최하려는 불특정 다수인을 대상으로 집회행위의 금지라는 구체적 처분을 한 것으로 대인적 일반처분에 해당한다. 대인적 일반처분은 상대방이 특정되지 않았다는 점에서 일반적이지만, 구체적 사안을 그 규율대상으로 하고 있다는 점에서 일반적 · 구체적 규율의 성격을 가진다.

**정답** ③

---

## 제2절 수익적 · 부담적 행정행위와 복효적 행정행위

## 008 제3자효 행정행위에 관한 설명으로 가장 옳지 않은 것은?

19 서울9급 6월

① 행정행위는 상대방에 대한 통지(도달)로서 효력이 발생하며, 행정청은 개별법에서 달리 정하지 않는 한 제3자인 이해관계인에 대한 행정행위 통지의무를 부담하지 않는다.
② 제3자인 이해관계인은 법원의 참가결정이 없어도 관계 처분에 의하여 자신의 법률상 이익이 침해되는 한 청문이나 공청회 등 의견청취절차에 참가할 수 있다.
③ 제3자가 어떠한 방법에 의하든지 행정처분이 있었음을 안 경우에는 안 날로부터 90일 이내에 행정심판이나 행정소송을 제기하여야 한다.
④ 甲에 대한 건축허가에 의하여 법률상 이익을 침해 받은 인근 주민 乙이 취소소송을 제기한 경우 乙은 소송당사자로서 「행정소송법」 소정의 요건을 충족하는 한 그가 다투는 행정처분의 집행정지를 신청할 수 있다.

**해설**

① (O) 제3자에 대한 통지의무는 인정되지 않는다.
② (X) 제3자인 이해관계인은 신청 또는 직권에 의해 참가하면 당사자이지만 참가하지 않으면 당사자가 아니므로 청문이나 공청회 등 의견청취절차에 참가할 수 없다.
③ (O)
④ (O) 乙은 처분의 상대방은 아니지만 乙이 취소소송을 제기한 경우라면 乙은 소송당사자로서 행정소송법 소정의 요건을 충족하는 한 그가 다투는 행정처분의 집행정지를 신청할 수 있다.

**정답** ②

## 009

**복효적 행정행위 또는 제3자효 행정행위에 대한 설명으로 가장 옳지 않은 것은?**  16 서울7급

① 「행정절차법」 소정의 사전통지의 대상에서 규정하는 당사자 등에는 행정청이 직권으로 또는 신청에 따라 행정절차에 참여하게 된 이해관계인이 포함된다.

② 수익적 행정행위의 직권취소와 철회는 행위의 상대방의 신뢰보호뿐만 아니라 필요시 제3자의 이익도 함께 고려되어야 한다.

③ 「행정소송법」상 취소소송의 결과에 대하여 이해관계 있는 제3자는 취소소송에 참가할 수 있으나, 그 소송에 참가하지 못한 것이 자신에게 책임 없는 사유인 경우에는 그 확정판결에 대하여 재심을 청구할 수 없다.

④ 행정처분의 직접상대방이 아닌 제3자는 「행정심판법」 제27조 제3항 소정의 심판청구의 제척기간 내에 처분이 있었음을 알았다는 특별한 사정이 없는 한 그 제척기간의 적용을 배제할 같은 조항 단서 소정의 정당한 사유가 있는 때에 해당한다.

**해설**

① (○) 행정절차법상의 당사자에는 처분의 상대방뿐만 아니라 절차에 참여한 이해관계인도 포함된다.
② (○)
③ (×)

> **행정소송법 제31조(제3자에 의한 재심청구)**
> ① 처분 등을 취소하는 판결에 의하여 권리 또는 이익의 침해를 받은 제3자는 자기에게 책임 없는 사유로 소송에 참가하지 못함으로써 판결의 결과에 영향을 미칠 공격 또는 방어방법을 제출하지 못한 때에는 이를 이유로 확정된 종국판결에 대하여 재심의 청구를 할 수 있다.
> ② 제1항의 규정에 의한 청구는 확정판결이 있음을 안 날로부터 30일 이내, 판결이 확정된 날로부터 1년 이내에 제기하여야 한다.
> ③ 제2항의 규정에 의한 기간은 불변기간으로 한다.

④ (○) 제3자에 대한 통지규정이 없으므로 기간 도과의 경우에도 정당한 사유가 인정된다.

**정답** ③

## 010

**제3자효 행정행위에 대한 설명으로 옳지 않은 것은?**  14 국가7급

① 제3자효 행정행위에 의하여 권리 또는 이익을 침해받은 제3자가 처분이 있음을 안 경우에는 안 날부터 90일 이내에 취소소송을 제기하여야 한다.

② 제3자효 행정행위에 의해 법률상 이익을 침해받은 제3자는 취소소송의 제기와 동시에 행정행위의 집행정지를 신청할 수 있다.

③ 제3자에 의해 항고소송이 제기된 경우에 제3자효 행정행위의 상대방은 소송참가를 할 수 있다.

④ 제3자효 행정행위를 취소하거나 무효를 확인하는 확정판결은 제3자에 대해서 효력을 미치지 않는다.

> 해설

① (O) 처분의 제3자가 어떤 경위로든 행정처분이 있음을 알았거나 쉽게 알 수 있는 등의 사정이 있는 경우에는 그때로부터 90일 이내에 행정심판(소송)을 청구하여야 한다. (대판 1996.9.6. 95누16233)
② (O) 집행정지신청은 본안소송 제기 후 또는 본안과 동시에 제기되어야 한다. 즉, 본안소송 제기 전에는 집행정지를 제기할 수 없다. 이를 본안소송이 계속 중일 것이라고 표현한다.
③ (O) 예컨대 주민이 제기한 연탄공장허가처분 취소소송에 연탄공장이 당해 행정심판 또는 행정소송에 참가할 수 있다.

> **행정소송법 제16조(제3자의 소송참가)**
> ① 법원은 소송의 결과에 따라 권리 또는 이익의 침해를 받을 제3자가 있는 경우에는 당사자 또는 제3자의 신청 또는 직권에 의하여 결정으로써 그 제3자를 소송에 참가시킬 수 있다.
> ② 법원이 제1항의 규정에 의한 결정을 하고자 할 때에는 미리 당사자 및 제3자의 의견을 들어야 한다.

④ (X) 처분 등을 취소하는 확정판결은 제3자에 대해서도 효력이 있다. (행정소송법 제29조 제1항 등) 즉, 형성력은 제3자에게도 미친다.

**정답** ④

> **기출지문 OX**
>
> 제3자효 행정행위에 있어서 일방이 소송을 제기한 경우에 타방은 행정청과 함께 공동피고가 된다. [08 서울7급]  (O, X)
>
> 해설 제3자효 행정행위에 대한 소송에서는 행정청만이 피고가 된다. 이해관계 있는 자는 해당 절차에 참가할 수 있으나 행정청과 달리 공동소송적 보조참가인(행정소송법 제16조)가 된다.
>
> **정답** X

## 011 복효적(제3자효적) 행정행위와 관련한 설명 중 타당한 것은? 06 국회8급

① 복효적 행정행위는 공권의 확대화 경향과 관련이 없다.
② 행정의 적극적인 조정기능이 증대되면서 복효적 행정행위는 점차 줄어들고 있다.
③ 행정심판위원회는 필요하다고 인정할 때에는 그 심판 결과에 대하여 이해관계가 있는 제3자에게 그 사건에 참가할 것을 요구할 수 있으며, 이 요구를 받은 제3자는 그 사건에 참가하여야 한다.
④ 독일과 달리 현행법에서는 제3자에 대한 통지가 행정청의 의무는 아니다.
⑤ 「행정소송법」은 제3자에 의한 재심청구에 대해 명문으로 규정하고 있지 않다.

> 해설

① (X) 복효적 행정행위는 공권의 확대화 경향(직접상대방이 아닌 제3자의 이익이 법률상 이익으로 확대)과 관련이 있다.
② (X) 행정의 적극적인 조정기능이 증대되면서 복효적 행정행위는 점차 증가하고 있다.
③ (X) 참가요구를 받은 제3자가 반드시 참가하여야 하는 것은 아니다.

> **행정소송법 제21조(심판참가의 요구)**
> ① 위원회는 필요하다고 인정하면 그 행정심판 결과에 이해관계가 있는 제3자나 행정청에 그 사건 심판에 참가할 것을 요구할 수 있다.
> ② 제1항의 요구를 받은 제3자나 행정청은 지체 없이 그 사건 심판에 참가할 것인지 여부를 위원회에 통지하여야 한다.

④ (O) 독일과 달리 현행법에서는 제3자에 대한 통지규정이 없으므로 행정청의 의무가 아니다.
⑤ (X) 행정소송법 제31조는 제3자에 의한 재심청구에 대해 규정하고 있다.

**정답** ④

## 제3절 기속행위와 재량행위

**012** 재량행위에 관한 설명으로 옳지 않은 것은? (다툼이 있는 경우 판례에 의함) 23 소방

① 행정청의 재량에 기한 공익판단의 여지를 감안하여 법원은 독자의 결론을 도출함이 없이 당해 행위에 재량권의 일탈·남용이 있는지 여부만을 심사한다.

② 행정청의 전문적인 정성적 평가 결과는 판단의 기초가 된 사실인정에 중대한 오류가 있거나 그 판단이 사회통념상 현저하게 타당성을 잃어 객관적으로 불합리하다는 등의 특별한 사정이 없는 한 법원이 당부를 심사하기에 적절하지 않으므로 가급적 존중되어야 한다.

③ 처분의 근거법령이 행정청에 처분의 요건과 효과 판단에 일정한 재량을 부여하였으나, 행정청이 자신에게 재량권이 없다고 오인하여 처분으로 달성하려는 공익과 그로써 처분상대방이 입게 되는 불이익의 내용과 정도를 전혀 비교형량하지 않은 채 처분을 하였다고 하더라도, 그 자체로 재량권 일탈·남용으로 해당 처분을 취소하여야 할 위법사유가 되지는 않는다.

④ 구 「사행행위등규제법」에 의한 허가의 경우 허가신청이 적극적 요건에 해당하는지 여부를 판단하는 것은 재량행위라 할 수 있겠으나 허가제한사유에 해당되는 경우에는 적극적 요건에 해당하는지 여부를 판단할 필요는 없다.

**해설**

① (○) 기속행위와 재량행위에 대한 사법심사는, 기속행위의 경우 그 법규에 대한 원칙적인 기속성으로 인하여 법원이 사실인정과 관련 법규의 해석·적용을 통하여 일정한 결론을 도출한 후 그 결론에 비추어 행정청이 한 판단의 적법 여부를 독자의 입장에서 판정하는 방식에 의하게 되나, 재량행위의 경우 행정청의 재량에 기한 공익판단의 여지를 감안하여 법원은 독자의 결론을 도출함이 없이 해당 행위에 재량권의 일탈·남용이 있는지 여부만을 심사하게 되고, 이러한 재량권의 일탈·남용 여부에 대한 심사는 사실오인, 비례·평등의 원칙 위배, 해당 행위의 목적 위반이나 동기의 부정 유무 등을 그 판단대상으로 한다. (대판 2001.2.9. 98두17593)

② (○) 행정청의 전문적인 정성적 평가 결과는 판단의 기초가 된 사실인정에 중대한 오류가 있거나 그 판단이 사회통념상 현저하게 타당성을 잃어 객관적으로 불합리하다는 등의 특별한 사정이 없는 한 법원이 당부를 심사하기에 적절하지 않으므로 가급적 존중되어야 하고, 여기에 재량권을 일탈·남용한 특별한 사정이 있다는 점은 증명책임분배의 일반원칙에 따라 이를 주장하는 자가 증명하여야 한다. (대판 2020.7.9. 2017두39785)

③ (×) 처분의 근거법령이 행정청에 처분의 요건과 효과 판단에 일정한 재량을 부여하였는데도, 행정청이 자신에게 재량권이 없다고 오인한 나머지 처분으로 달성하려는 공익과 그로써 처분상대방이 입게 되는 불이익의 내용과 정도를 전혀 비교형량하지 않은 채 처분을 하였다면, 이는 재량권 불행사로서 그 자체로 재량권 일탈·남용으로 해당 처분을 취소하여야 할 위법사유가 된다. (대판 2019.7.11. 2017두38874)

④ (○) 구 사행행위규제법은 구 복표발행현상기타사행행위단속법과는 달리 사행행위의 종류별로 허가의 요건을 달리하여, 투전기업에 대하여는 제5조 제1항 제3호·제4호에서 외국인을 상대로 하는 오락시설로서 외화획득에 특히 필요하다고 인정되거나 관광진흥과 관광객의 유치촉진을 위하여 특히 필요하다고 인정될 것을 적극적 요건으로 규정함과 아울러, 제6조 제3호에서는 기타 다른 법령에서 사행행위영업을 할 수 없도록 규정하고 있는 경우 등에 해당할 때에는 허가를 할 수 없도록 규정하고 있으므로, 이 법에 의한 허가의 경우 허가신청이 적극적 요건에 해당하는지 여부를 판단하는 것은 재량행위라 할 수 있겠으나 허가제한사유에 해당되는 경우에는 적극적 요건에 해당하는 여부를 판단할 필요도 없이 당연히 불허가하여야 한다. (대판 1994.8.23. 94누5410)

정답 ③

## 013

**기속행위와 재량행위에 대한 판례의 입장으로 옳지 않은 것은?**  21 국가7급

① 「여객자동차 운수사업법」에 의한 개인택시운송사업면허는 특정인에게 권리나 이익을 부여하는 행정행위로서 법령에 특별한 규정이 없는 한 재량행위이다.

② 공유수면점용허가는 특정인에게 공유수면이용권이라는 독점적 권리를 설정하여 주는 처분으로서 그 처분의 여부 및 내용의 결정은 원칙적으로 행정청의 재량에 속한다.

③ 「국토의 계획 및 이용에 관한 법률」상 토지의 형질변경허가는 그 금지요건이 불확정개념으로 규정되어 있으므로, 같은 법상 지정된 도시지역 안에서 토지의 형질변경행위를 수반하는 건축법상의 건축허가는 재량행위이다.

④ 귀화허가는 강학상 허가에 해당하므로, 귀화신청인이 귀화요건을 갖추어서 귀화허가를 신청한 경우에 법무부장관은 귀화허가를 해 주어야 한다.

**해설**

① (O) 운송사업은 특허이고, 특허는 재량행위이다.
② (O) 다만, 공유수면면허의 양도·양수에 대한 허가는 인가이다.
③ (O) 일반적인 건축허가는 기속행위이지만, 토지의 형질변경행위를 수반하는 건축허가는 결국 재량행위에 속한다. (대판 2005.7.14. 2004두6181)
④ (X) 국적법 등 관계 법령 어디에도 외국인에게 대한민국의 국적을 취득할 권리를 부여하였다고 볼 만한 규정이 없다. 이와 같은 귀화허가의 근거규정의 형식과 문언, 귀화허가의 내용과 특성 등을 고려하여 보면, 법무부장관은 귀화신청인이 법률이 정하는 귀화요건을 갖추었다고 하더라도 귀화를 허가할 것인지 여부에 관하여 재량권을 가진다. (대판 2010.7.15. 2009두19069)
**참고** 귀화의 거부는 재량의 여지가 없는 기속행위이다.

**정답** ④

---

**기출지문 OX**

**01** 재량행위는 요건이 충족되어도 공익과의 이익형량을 통하여 법에 정해진 효과를 부여하지 않을 수 있다. [20 국가7급]  (O, X)
**해설** 재량행위의 특성이다.   **정답** O

**02** 의제되는 인허가가 재량행위인 경우에는 주된 인허가가 기속행위인 경우에도 인허가가 의제되는 한도 내에서 재량행위로 보아야 한다. [20 국가7급]  (O, X)
**해설** 인허가의제의 특성이다.   **정답** O

**03** 사실의 존부에 대한 판단에도 재량권이 인정될 수 있으므로, 사실을 오인하여 재량권을 행사한 경우라도 처분이 위법한 것은 아니다. [20 국가7급]  (O, X)
**해설** 사실의 존부(예 어제 비가 왔다)에 대해서는 재량이 인정되지 않으므로 사실을 오인하여 재량권을 행사한 경우에는 처분이 위법하다.   **정답** X

## 014

**기속행위와 재량행위에 대한 설명으로 옳지 않은 것은? (다툼이 있는 경우 판례에 의함)** 20 서울·지방9급

① 「국토의 계획 및 이용에 관한 법률」상 개발행위허가는 허가기준 및 금지요건이 불확정개념으로 규정된 부분이 많아 그 요건에 해당하는지 여부는 행정청의 재량판단의 영역에 속한다.

② 기속행위와 재량행위의 구분은 당해 행위의 근거가 된 법규의 체재·형식과 그 문언, 당해 행위가 속하는 행정 분야의 주된 목적과 특성, 당해 행위 자체의 개별적 성질과 유형 등을 모두 고려하여 판단하여야 한다.

③ 처분을 할 것인지 여부와 처분의 정도에 관하여 재량이 인정되는 과징금 납부명령에 대하여 그 명령이 재량권을 일탈하였을 경우, 법원은 재량권의 범위 내에서 어느 정도가 적정한 것인지에 관하여 판단할 수 있고 그 일부를 취소할 수 있다.

④ 마을버스운송사업면허의 허용 여부는 운수행정을 통한 공익 실현과 아울러 합목적성을 추구하기 위하여 보다 구체적 타당성에 적합한 기준에 의하여야 할 것이므로 행정청의 재량에 속하는 것이라고 보아야 한다.

**해설**

① (○) 개발행위허가는 여러 가지 사정을 고려해야 하는 재량행위이다.
② (○) 대판 2001.2.9. 98두17593
③ (✕) 재량행위에 대해서는 일부취소가 안 되고 원칙적으로 전부취소를 해야 한다.

> 자동차운수사업면허조건 등을 위반한 사업자에 대하여 행정청이 행정제재수단으로 사업정지를 명할 것인지, 과징금을 부과할 것인지, 과징금을 부과하기로 한다면 그 금액은 얼마로 할 것인지에 관하여 재량권이 부여되었다 할 것이므로, 과징금 부과처분이 법이 정한 한도액을 초과하여 위법할 경우 법원으로서는 그 전부를 취소할 수밖에 없고, 그 한도액을 초과한 부분이나 법원이 적정하다고 인정되는 부분을 초과한 부분만을 취소할 수 없다. (대판 1998.4.10. 98두2270)

④ (○) 운송사업의 허가는 특허로서 재량행위에 속한다.

**정답** ③

## 015

**재량행위와 기속행위에 대한 설명으로 옳지 않은 것은? (다툼이 있는 경우 판례에 의함)** 18 국가7급

① 「사회복지사업법」상 사회복지법인의 정관변경을 허가할 것인지 여부는 주무관청의 정책적 판단에 따른 재량에 맡겨져 있다.

② 재량행위에 대한 사법심사는 행정청의 재량에 기한 공익판단의 여지를 감안하여 법원이 독자의 결론을 도출함이 없이 당해 행위에 재량권의 일탈·남용이 있는지 여부를 심사한다.

③ 구 「도시계획법」상의 개발제한구역 내에서의 건축물 용도변경에 대한 허가는 예외적 허가로서 재량행위에 해당한다.

④ 법규정의 일체성에 의해 요건판단과 효과선택의 문제를 구별하기 어렵다고 보는 견해는 재량과 판단여지의 구분을 인정한다.

해설
① (○) 대판 2002.9.24. 2000두5661
② (○) 대판 2001.2.9. 98두17593
③ (○) 대판 2001.2.9. 98두17593
④ (×) 재량과 판단여지의 구분을 인정하는 견해는 재량은 효과에서 인정되고 판단여지는 법률의 요건에서 인정된다고 본다. 즉, 요건과 효과가 구분이 된다고 보는 것이다.

정답 ④

## 016 행정행위에 관한 설명으로 옳은 것은? (단, 다툼이 있는 경우 판례에 따름)   17 고행

① 사실을 오인하여 재량권을 행사한 처분은 위법하다.
② 어업권면허에 선행하는 우선순위결정은 행정처분이다.
③ 납세자가 과세처분의 내용을 미리 알고 있는 경우 납세고지서의 송달은 불필요하다.
④ 친일반민족행위자 재산조사위원회의 친일재산 국가귀속결정은 법률행위적 행정행위이다.

해설
① (○) 재량이 범위 내에서 이루어지면 위법의 문제는 생기지 않지만, 전제사실을 오인한 경우와 같은 경우에는 재량권의 남용으로 위법성이 인정된다.
② (×) 어업권면허에 선행하는 우선순위결정은 확약의 일종으로 처분성이 부정된다. (대판 1995.1.20. 94누6529)
③ (×) 납세고지서의 교부송달 및 우편송달에 있어서는 반드시 납세의무자 또는 그와 일정한 관계에 있는 사람의 현실적인 수령행위를 전제로 하고 있다고 보아야 하며, 납세자가 과세처분의 내용을 이미 알고 있는 경우에도 납세고지서의 송달이 불필요하다고 할 수는 없다. (대판 2004.4.9. 2003두13908)
④ (×) 친일반민족행위자 재산조사위원회의 국가귀속결정은 확인의 일종으로 이른바 준법률행위적 행정행위이다. (대판 2008.11.13. 2008두13491)

정답 ①

### 기출지문 OX

**01** 「개발제한구역의 지정 및 관리에 관한 특별조치법」 및 구 「액화석유가스의 안전관리 및 사업법」 등의 관련 법규에 의하면, 개발제한구역에서의 자동차용 액화석유가스충전사업 허가는 그 기준 내지 요건이 불확정개념으로 규정되어 있으므로 그 허가 여부를 판단함에 있어서 행정청에 재량권이 부여되어 있다고 보아야 한다. [17 서울9급 추가]   (○, ×)
해설 불확정개념에 대한 허가 여부를 판단함에 있어서 행정청에 재량권이 인정된다.   정답 ○

**02** 「야생동·식물보호법」상 곰의 웅지를 추출하여 비누, 화장품 등의 재료를 사용할 목적으로 곰의 용도를 '사육곰'에서 '식·가공품 및 약용재료'로 변경하겠다는 내용의 국제적 멸종위기종의 용도변경승인행위는 재량행위이다. [17 서울9급 추가]   (○, ×)
해설 야생동·식물보호법에 의한 용도변경승인행위 및 용도변경의 불가피성 판단에 필요한 기준을 정하는 행위의 법적 성질은 재량행위이다. 곰의 웅지를 추출하여 비누, 화장품 등의 재료로 사용할 목적으로 곰의 용도를 '사육곰'에서 '식·가공품 및 약용 재료'로 변경하겠다는 내용의 국제적멸종위기종의 용도변경승인신청에 대하여, 한강유역환경청장이 '웅담 등을 약재로 사용하는 경우' 외에는 용도변경을 해줄 수 없다며 위 용도변경신청을 거부한 사안에서, 환경부장관이 지방환경관서의 장에게 보낸 '사육곰 용도변경시의 유의사항 통보'는 용도변경이 불가피한 경우를 웅담 등을 약재로 사용하는 경우로 제한하는 기준을 제시한 것으로 보이고, 그 설정된 기준이 법의 목적이나 취지에 비추어 객관적으로 합리적이 아니라거나 타당하지 않다고 볼 만한 다른 특별한 사정이 없으므로, 이러한 통보에 따른 위 처분은 적법함에도 이와 달리 본 원심판결에 법리를 오해한 위법이 있다. (대판 2011.1.27. 2010두23033)   정답 ○

## 017 재량권의 한계에 대한 설명으로 옳은 것은?

15 국가9급

① 재량권의 일탈이란 재량권의 내적 한계를 벗어난 것을 말하고, 재량권의 남용이란 재량권의 외적 한계를 벗어난 것을 말한다.
② 판례는 재량권의 일탈과 재량권의 남용을 명확히 구분하고 있다.
③ 재량권의 불행사에는 재량권을 충분히 행사하지 아니한 경우는 포함되지 않는다.
④ 개인의 신체, 생명 등 중요한 법익에 급박하고 현저한 침해의 우려가 있는 경우 재량권이 영으로 수축된다.

**해설**

① (×) 재량권의 일탈이 재량권의 외적 한계를 벗어난 것을 말하고, 재량권의 남용이 재량권의 내적 한계를 벗어난 것을 말한다.
② (×) 판례는 구분을 하지 않는 입장이다.
③ (×) 재량의 불행사도 재량권 남용의 한 형태이다.
④ (○) 재량이 영(0)으로 수축되면 행정개입청구권이 발생한다.

**정답** ④

## 018 행정행위에 대한 판례의 입장으로 옳지 않은 것은?

15 사복

① 행정청이 개인택시운송사업의 면허를 발급함에 있어 '개인택시운송사업면허 사무처리지침'에 따라 택시 운전경력자를 일정 부분 우대하는 처분을 한 경우, 택시 이외의 운전경력자에게 반사적인 불이익이 초래되는 결과가 되므로 그러한 내용의 지침에 따른 처분은 재량권을 일탈·남용한 처분에 해당된다.
② 건축허가권자는 건축허가신청이 「건축법」 등 관계 법규에서 정하는 어떠한 제한에 배치되지 않는 이상 당연히 같은 법조에서 정하는 건축허가를 하여야 하고, 중대한 공익상의 필요가 없는데도 관계 법령에서 정하는 제한사유 이외의 사유를 들어 요건을 갖춘 자에 대한 허가를 거부할 수는 없다.
③ 「관세법」 소정의 보세구역 설영특허는 공기업의 특허로서 그 특허의 부여 여부는 행정청의 자유재량에 속하고, 설영특허에 특허기간이 부가된 경우 그 기간의 갱신 여부도 행정청의 자유재량에 속한다.
④ 전국공무원노동조합 시지부 사무국장이 지방공무원 복무조례개정안에 대한 의견을 표명하기 위하여 전국공무원노동조합 간부들과 함께 시장의 사택을 방문하였고, 이에 징계권자가 시장 개인의 명예와 시청의 위신을 실추시키고 「지방공무원법」에서 정한 집단행위 금지의무를 위반하였다는 등의 이유로 사무국장을 파면처분한 것은 재량권의 일탈·남용에 해당되지 않는다.

**해설**

① (×) 행정청이 개인택시운송사업의 면허를 발급하면서 '택시' 운전경력자를 일정 부분 우대하는 처분을 하여 택시 이외의 운전경력자에게 반사적인 불이익을 가져온다고 하여 행정청의 조치가 재량권을 일탈·남용한 위법한 것은 아니다. (대판 2009.7.9. 2008두11099)
② (○) 건축허가는 원칙적으로 기속행위이지만, 예외적으로 재량에 의해 거부가 가능한 경우가 있다.
③ (○) 보세구역 설영특허는 특허이므로 재량행위이다.
④ (○) 대판 2009.6.23. 2006두16786

**정답** ①

**019** 재량행위에 관한 판례의 입장으로 옳지 않은 것은?   14 국회8급

① 일반음식점영업허가는 관계 법령이 정하는 제한사유 이외에 공익적 요소를 감안하여 그 허가를 거부할 수 있는 재량행위로 볼 것이다.
② 행정청의 재량이란 언제나 의무에 합당한 재량을 의미하며 재량권의 남용이나 일탈이 있는 때에는 사법심사의 대상이 된다.
③ 재량권의 일탈·남용 여부에 대한 심사는 사실오인, 비례·평등원칙 위배, 당해 행위의 목적 위반이나 동기의 부정 유무 등을 그 판단대상으로 한다.
④ 과징금 납부명령에 재량권의 일탈이 있는 경우 법원은 재량의 일탈 여부에 대해서만 판단할 수 있을 뿐 법원이 적정하다고 인정하는 부분을 초과한 부분만 취소할 수는 없다.
⑤ 토지형질변경허가는 금지요건이 불확정개념으로 규정되어 있어 그 금지요건의 판단에 행정청의 재량이 있기 때문에 토지형질변경행위를 수반하는 건축허가는 결국 재량행위에 속한다.

**해설**
① (×) 일반음식점영업허가는 관계 법령이 정하는 제한사유 이외의 사유로 거부할 수 없는 기속행위이다.
② (○)
③ (○)
④ (○) 과징금 납부에 대해서는 원칙적으로 일부취소를 할 수 없지만, 예외가 있다.
⑤ (○)

정답 ①

---

**020** 재량권의 한계에 대한 판례의 내용으로 가장 적절한 것은?   11 경행특채

① 미성년자를 출입시켰다는 이유로 2회나 영업정지에 갈음한 과징금을 부과받은 지 1개월 만에 다시 만 17세도 되지 아니한 고등학교 1학년 재학생까지 포함된 미성년자들을 연령을 확인하지 않고 출입시킨 행위에 대한 영업허가취소처분은 재량권의 일탈·남용에 해당한다.
② 학교법인의 임원취임승인취소처분에 대한 취소소송에서, 교비회계자금을 법인회계로 부당전출한 위법성의 정도와 임원들의 이에 대한 가공의 정도가 가볍지 아니하고, 학교법인이 행정청의 대부분의 시정요구사항을 이행하지 아니하였던 사정 등을 참작하더라도, 위 취소처분은 재량권의 일탈·남용에 해당한다.
③ 태국에서 수입하는 냉동새우에 유해화학물질인 말라카이트그린이 들어 있음에도 수입신고서에 말라카이트그린이 사용된 사실을 기재하지 않았음을 이유로 행정청이 영업정지 1개월의 처분을 한 것이 재량권을 일탈·남용한 것이 아니다.
④ 교통사고를 일으켜 피해자 2인에게 각 전치 2주의 상해를 입히고 약 296,890원 상당의 손해를 입히고도 구호조치 없이 도주한 수사 담당경찰관에 대한 해임처분은 재량권의 일탈·남용에 해당한다.

해설

① (×) 미성년자를 출입시켰다는 이유로 2회나 영업정지에 갈음한 과징금을 부과받은 지 1개월 만에 다시 만 17세도 되지 아니한 고등학교 1학년 재학생까지 포함된 미성년자들을 연령을 확인하지 않고 출입시킨 행위에 대한 영업허가취소처분이 재량권을 일탈한 위법한 처분이라고 보기 어렵다. (대판 1993.10.26. 93누5185)
② (×) 학교법인의 임원취임승인취소처분에 대한 취소소송에서, 교비회계자금을 법인회계로 부당전출한 위법성의 정도와 임원들의 이에 대한 가공의 정도가 가볍지 아니하고, 학교법인이 행정청의 시정요구에 대하여 이를 시정하기 위한 노력을 하였다고는 하나 결과적으로 대부분의 시정요구사항이 이행되지 아니하였던 사정 등을 참작하여, 위 취소처분이 재량권을 일탈·남용하였다고 볼 수 없다. (대판 2007.7.19. 2006두19297 전원합의체)
③ (○) 이 사건의 경우 동물용 의약품으로서 발암성 등 그 유해성이 명백히 입증된 유해화학물질인 말라카이트그린이 포함된 이 사건 냉동새우가 수입·유통됨으로써 발생할 수 있었던 위생상의 위해가 적지 않았고, … 결국, 위 행정처분기준에서 정하고 있는 범위를 벗어나는 처분을 하기 위한 특별한 사정이 있었다고 할 수 없으므로, 위 기준을 준수한 이 사건 처분에 재량권을 일탈 내지 남용한 위법이 있다고 보기 어렵다. (대판 2010.4.8. 2009두22997)
④ (×) 범죄를 예방, 진압, 수사하여야 할 직무를 가진 경찰관, 그것도 수사업무를 직접 담당하고 있던 경찰관인 원고가 교통사고 후 도주라는 결코 가볍지 않은 죄질의 이 사건 범행을 저질렀다면 그러한 경찰관이 수행하는 직무에 대하여 국민이 신뢰를 하기는 어려울 것이고, 이를 이유로 하는 징계사유가 가볍다고 할 수는 없을 것이다. 그러므로 그 징계 내용이 객관적으로 명백히 부당한 것으로서 사회통념상 현저하게 타당성을 잃어 징계권자에게 맡겨진 재량권을 일탈하였거나 남용한 것이라고 단정할 수는 없다. (대판 1999.10.8. 99두6101)

정답 ③

## 021 재량권의 한계에 대한 설명으로 옳은 것은?

11사복

① 법률에서 정한 액수 이상의 과태료를 부과한 처분은 부당한 처분이다.
② 재량의 범위를 넘지는 않았지만 평등원칙에 위반한 처분은 부당한 처분이다.
③ 재량권을 수권한 법률상의 목적을 위반한 처분은 위법한 처분이다.
④ 고려해야 할 구체적 사정을 고려하지 않고 재량권을 행사한 처분은 부당한 처분이다.

해설

① (×) 재량의 행사가 그 법적 한계를 벗어나는 경우에는 행정청에 부여된 재량의 외적 한계를 넘어선 것으로 재량의 일탈에 해당하므로 해당 재량처분은 위법한 처분이 된다.
② (×) 재량권의 행사가 비례의 원칙·평등의 원칙 등 행정법의 일반원칙에 위배된 경우에는 재량권의 내적 한계를 넘어선 것으로 재량의 남용에 해당하므로 해당 재량처분은 위법한 처분이 된다.
③ (○) 재량권의 행사가 법률이 정한 목적을 위반하거나 그 동기가 부정한 경우에는 재량의 내적 한계를 넘어선 것으로 재량의 남용에 해당하므로 해당 재량처분은 위법한 처분이 된다.
④ (×) 재량권 행사시 고려하여야 하는 구체적 사정을 전혀 고려하지 않은 경우에는 재량권의 불행사로서 재량의 남용에 해당하므로 해당 재량처분은 위법한 처분이 된다.

정답 ③

## 022 재량권의 일탈 또는 남용에 관한 판례의 내용으로 옳지 않은 것은?

11 국회8급

① 자동차운송사업 신규면허처분이 기존업자의 사업구역을 축소한 결과가 되어 경제적 손실을 가져온다 하더라도 그것이 행정구역변경에 따른 사업구역 조정이라는 공익상의 필요에 따른 것이라면 신규면허처분에 재량권 남용 등의 위법이 없다.

② '준조세 폐해 근절 및 경제난 극복'이라는 이유를 내세워 북한 어린이를 위한 의약품지원을 위하여 성금 및 의약품 등을 모금하는 행위 자체를 불허한 것은 재량권의 일탈 또는 남용이다.

③ 허위의 무사고증명을 제출하여 개인택시면허를 받은 자에 대한 면허를 취소함에 있어서 행정청이 그 자의 신뢰이익을 고려하지 아니하였다면 재량권 남용이다.

④ 국가지정문화재의 보호구역에 인접한 나대지에 건물을 신축하기 위한 국가지정문화재 현상변경신청에 대한 문화재청장의 불허가처분은 재량권을 일탈·남용한 위법한 처분이라고 단정하기 어렵다.

⑤ 명예퇴직 합의 후 명예퇴직 예정일 사이에 허위로 병가를 받아 다른 회사에 근무하였음을 사유로 한 징계해임처분은 징계재량권의 일탈·남용으로 볼 수 없다.

**해설**

① (O) 자동차운송사업면허는 특정인에게 권리를 설정하는 행위로서 법령에 특별히 규정된 바가 없으면 행정청의 재량에 속하는 것이고, 그 면허를 위한 기준 역시 법령에 특별히 규정된 바가 없으면 행정청의 자유재량에 속하는 것이다. (대판 1992.4.28. 91누10220)

② (O) [1] 기부금품모집허가의 법적 성질이 강학상의 허가라는 점을 고려하면, 기부금품모집행위가 기부금품모집규제법 제4조 제2항의 각 호의 사업에 해당하는 경우에는 특별한 사정이 없는 한 그 모집행위를 허가하여야 하는 것으로 풀이하여야 한다.
　[2] 준조세 폐해 근절 및 경제난 극복을 이유로 북한 어린이를 위한 의약품 지원을 위하여 성금 및 의약품 등을 모금하는 행위 자체를 불허한 것이 재량권의 일탈·남용 및 비례의 원칙에 위반된다. (대판 1999.7.23. 99두3690)

③ (X) 본인에게 귀책사유가 있는 경우이다.

④ (O) 문화재청장이 국가지정문화재의 보호구역에 인접한 나대지에 건물을 신축하기 위한 국가지정문화재 현상변경신청을 허가하지 않은 경우, 상당한 규모의 건물이 나대지에 들어서는 경우 보호구역을 포함한 국가지정문화재의 경관을 저해할 가능성이 상당히 클 뿐만 아니라, … 위 국가지정문화재 현상변경신청에 대한 불허가처분이 재량권을 일탈·남용한 위법한 처분이라고 단정하기 어렵다. (대판 2006.5.12. 2004두9920)

⑤ (O) 피징계자에게 징계사유가 있어서 징계처분을 하는 경우, 어떠한 처분을 할 것인가 하는 것은 징계권자의 재량에 맡겨진 것이고, 다만 징계권자가 재량권의 행사로서 한 징계처분이 사회통념상 현저하게 타당성을 잃어 징계권자에게 맡겨진 재량권을 남용한 것이라고 인정되는 경우에 한하여 그 처분을 위법하다고 할 수 있고, 그 징계처분이 사회통념상 현저하게 타당성을 잃어 재량권의 범위를 벗어난 위법한 처분이라고 할 수 있으려면 구체적인 사례에 따라 징계의 원인이 된 비위사실의 내용과 성질, 징계에 의하여 달성하려고 하는 목적, 징계양정의 기준 등 여러 요소를 종합하여 판단할 때에 그 징계 내용이 객관적으로 명백히 부당하다고 인정할 수 있는 경우라야 한다. (대판 2002.8.23. 2000다60890)

정답 ③

## 023 기속행위와 재량행위에 관한 설명으로 옳지 않은 것은? (다툼이 있으면 판례에 의함)

① 대법원은 "일반적으로 기속행위나 기속적 재량행위에는 부관을 붙일 수 없고 가사 부관을 붙였다 하더라도 이는 취소의 것이다."라고 판시하였다.
② 「행정소송법」 제27조는 "행정청의 재량에 속하는 처분이라도 재량권의 한계를 넘거나 그 남용이 있는 때에는 법원은 이를 취소할 수 있다."라고 규정하고 있다.
③ 요건재량설에 대해서는 행정행위의 종국목적과 중간목적의 분류나 구체적 기준 자체가 불명확하다는 비판이 있다.
④ 「총포·도검·화약류등단속법」(현 「총포·도검·화약류 등의 안전관리에 관한 법률」)상의 총포 등 소지허가는 기속행위라고는 할 수 없다.

### 해설

① (×) 일반적으로 기속행위나 기속적 재량행위에는 부관을 붙일 수 없고 가사 부관을 붙였다 하더라도 이는 무효의 것이므로, 감독청이 사립학교 이사회 소집승인을 하면서 일시·장소를 지정하였다 하더라도 그 일시·장소의 지정은 아무런 구속력이 없는 무의미한 것에 지나지 않는다. (대판 1988.4.27. 87누1106)
② (○) 행정소송법 제27조는 재량행위에 대한 사법심사가능성을 규정하고 있다.
③ (○) 요건재량설은 행정행위의 요건에 대하여 법규가 ㉠ 아무런 제한규정을 두지 않고 단지 '~처분을 할 수 있다'는 규정만 두고 있는 경우(공백규정), ㉡ 행정의 최종목적인 '공익'만을 요건으로 규정한 경우(종국목적), ㉢ 또는 불확정개념으로 되어 있는 경우에는 재량행위라고 하는 반면, 공익보다 좀더 구체화된 '중간목적'의 달성을 요건으로 규정한 경우(예 '선량한 풍속의 유지', '응급의 구호를 요한다고 믿을 만한 상당한 이유가 있는 자를 발견한 때')에는 기속행위가 된다고 한다. 그러나 이에 대해서는 ㉠ 종국목적과 중간목적의 구분이 불명확하다는 점, ㉡ 법률문제인 요건인정을 재량문제로 오인, 즉 법원의 전속적 판단영역인 요건인정을 행정청의 재량문제로 오인하고 있다는 점, ㉢ 법률규정이 중간목적으로 요건을 규정하고 있는 경우에도 판단여지를 인정하고 있다는 것을 간과했다는 점 등에서 비판이 있다.
④ (○) 대판 1993.5.14. 92도2179
   참고 한편, 총포 등의 소지허가취소는 기속행위이다.

정답 ①

## 024 재량행위에 관한 설명 중 옳은 것은?

05 국회8급

① 행정법령의 법률요건에 불확정개념이 포함되어 있으면 판단여지가 인정되는 것이 원칙이다.
② 재량행위에만 부관을 붙일 수 있고, 기속행위에는 어떤 경우에도 부관이 허용되지 않는다.
③ 재량은 반드시 행사해야 하는 의무이며 이를 행사하지 않으면 안 된다.
④ 재량행위에 대한 사법심사는 허용되지 않는다.
⑤ 재량이 영(0)으로 수축되면 의무로 되어 행정개입청구권이 성립되는데, 이는 자신의 이익과 관련없이도 행사할 수 있다.

### 해설

① (X) 행정법령의 법률요건에 불확정개념이 포함되어 있는 경우에는 개별적인 경우에는 이 개념을 행정기관이 구체화하는 과정이 필요하게 된다. 보통 불확정개념은 법적 개념이기 때문에 이 개념의 해석적용은 사법심사의 대상이 되는 것이 원칙이다. 그러나 예외적인 경우에는 법원의 판단보다 행정기관의 판단을 우선시해야 할 필요성이 인정되어 제한된 범위에서만 사법심사가 가능하게 되는 경우가 존재하게 된다. 이와 같이 법률의 구성요건 부분의 구체화과정에서 행한 행정주체의 결정에 대해 예외적으로 사법심사가 제한되는 경우에, 이를 판단여지의 개념하에서 평가할 것인가 또는 재량행위 등의 이와 구별되는 별도의 개념을 인정할 것인가와 관련하여 논의되는 것이 판단여지이론이다.
② (X) 기속행위라 하더라도 명문규정이 있는 경우에는 부관을 붙일 수 있으며, 명문규정이 없어도 일정한 경우(요건보충적 부관)에는 부관이 허용된다는 견해가 다수설이다.
③ (O) 재량은 반드시 행사해야 하는 의무이며 이를 행사하지 않으면 재량의 불행사 또는 재량의 해태에 해당하게 되며 이를 재량하자라고 한다.
④ (X) 재량행위의 경우에도 재량권 일탈·남용의 경우에는 사법심사가 가능하다.
⑤ (X) 행정개입청구권도 개인적 공권이므로 사익보호성이 있어야 한다.

정답 ③

### 예상판례

① 구 국유재산법 제51조 제2항에 따른 변상금 연체료 부과처분의 법적 성질은 기속행위이다. (대판 2014.4.10. 2012두16787)

② 한국전력공사가, 甲주식회사가 광섬유복합가공지선 구매입찰에서 담합행위를 하였다는 이유로 6개월의 입찰참가자격 제한처분(1차 처분)을 한 다음, 1차 처분이 있기 전에 전력선 구매입찰에서 담합행위를 하였다는 이유로 甲회사에 다시 6개월의 입찰참가자격 제한처분(2차 처분)을 한 경우, 위 2차 처분은 재량권을 일탈·남용하여 위법하다. (대판 2014.11.27. 2013두18964)

③ 민원사무를 처리하는 행정기관이 민원 1회 방문 처리제를 시행하는 절차의 일환으로 민원사항의 심의·조정 등을 위한 민원조정위원회를 개최하면서 민원인에게 회의일정 등을 사전에 통지하지 아니하였다 하더라도, 이러한 사정만으로 곧바로 민원사항에 대한 행정기관의 장의 거부처분에 취소사유에 이를 정도의 흠이 존재한다고 보기는 어렵다. 다만 행정기관의 장의 거부처분이 재량행위인 경우에, 위와 같은 사전통지의 흠결로 민원인에게 의견진술의 기회를 주지 아니한 결과 민원조정위원회의 심의과정에서 고려대상에 마땅히 포함시켜야 할 사항을 누락하는 등 재량권의 불행사 또는 해태로 볼 수 있는 구체적 사정이 있다면, 거부처분은 재량권을 일탈·남용한 것으로서 위법하다. (대판 2015.8.27. 2013두1560)

④ 개인택시운송사업자의 자동차운전면허가 취소된 경우, 필요적으로 개인택시운송사업면허가 취소되는 것은 아니다. (대판 2016.7.22. 2014두36257) - 조문에 "취소할 수 있다."로 규정되어 있다.

⑤ 외국인 甲이 법무부장관에게 귀화신청을 하였으나 법무부장관이 심사를 거쳐 '품행 미단정'을 불허사유로 국적법상의 요건을 갖추지 못하였다며 신청을 받아들이지 않는 처분을 하였는데, … 법무부장관이 원심에서 추가로 제시한 불법체류전력 등의 제반 사정은 불허가처분의 처분사유 자체가 아니라 그 근거가 되는 기초 사실 내지 평가요소에 지나지 않으므로, 법무부장관이 이러한 사정을 추가로 주장할 수 있다.
귀화신청인이 구 국적법 제5조 각 호에서 정한 귀화요건을 갖추지 못한 경우 법무부장관은 귀화 허부에 관한 재량권을 행사할 여지없이 귀화불허처분을 하여야 한다. (대판 2018.12.13. 2016두31616)

## 제4절 불확정개념과 판단여지

**기출지문 OX**

**01** 판단여지를 긍정하는 학설은 판단여지는 법률효과 선택의 문제이고 재량은 법률요건에 대한 인식의 문제라는 점, 양자는 그 인정근거와 내용 등을 달리하는 점에서 구별하는 것이 타당하다고 한다. [17 국가9급] (O, X)

해설 판단여지는 요건에 인정되는 개념이고, 재량은 법적 효과와 관련된 개념으로 본다.

| 구별긍정설 | 판단여지는 법률요건에 대한 해석문제이지만, 재량은 법률효과의 선택이라는 점을 근거로 구별을 인정함. |
|---|---|
| 구별부정설 | 재량과 판단여지는 모두 법원에 의한 사법심사의 배제라는 점에서 동일하고, 재량은 법규의 효과에만 국한되는 것은 아니므로 구별할 실익이 없다고 봄. |

정답 X

**02** 대법원은 재량행위에 대한 사법심사를 하는 경우에 법원은 행정청의 재량에 기한 공익판단의 여지를 감안하여 독자적인 판단을 하여 결론을 도출하지 않고, 당해 처분이 재량권의 일탈·남용에 해당하는지의 여부만을 심사하여야 한다고 한다. [17 국가9급] (O, X)

해설 대판 2009.6.23. 2007두18062 정답 O

**03** 다수설에 따르면 불확정개념의 해석은 법적 문제이기 때문에 일반적으로 전면적인 사법심사의 대상이 되고, 특정한 사실관계와 관련하여서는 원칙적으로 일의적인 해석(하나의 정당한 결론)만이 가능하다고 본다. [17 국가9급] (O, X)

해설 불확정개념은 예컨대 공익과 같은 것으로 일반적으로 법개념이라고 보고, 따라서 법원에 의해 논리법칙 또는 경험법칙에 따라 그 개념이 일의적으로 해석될 수 있는 개념으로 본다. 정답 O

**025** 판단여지와 재량을 구별하는 입장에서 재량에 대한 설명으로 옳지 않은 것은? 15 국가7급

① 재량은 법률효과에서 인정된다.
② 재량의 존재 여부가 법해석으로 도출되기도 한다.
③ 재량행위에 법효과를 제한하는 부관을 붙일 수 없다.
④ 재량행위와 기속행위의 구분은 법규의 규정양식에 따라 개별적으로 판단된다.

해설
① (O) ② (O)
③ (X) 재량행위에는 별도의 법적 근거가 없어도 법효과 제한적 부관을 붙일 수 있는 것이 원칙이다.
④ (O) 재량행위와 기속행위의 구분에 대한 통설과 판례는 법문언기준설의 입장이다.

정답 ③

**026** 판단여지론에 관한 설명으로 옳지 않은 것은? 10 서울 교행

① 행정법규의 요건에 사용된 불확정개념에 판단여지가 인정된다.
② 불확정개념을 법개념으로 파악하고 있다.
③ 교과서검정에 관하여 판례는 동 이론을 적용하지 않았다.
④ 판단여지론은 불확정개념에 대한 전면적 사법심사론을 적용하여 사법심사 자체를 억제하고 있다.

해설

① (O) ④ (X) 행정법규가 행정행위의 요건에 대해 불확정개념으로 규정하고 있는 경우에는 그 불확정개념의 적용은 여러 가지 판단가능성에 대한 선택의 여지라는 재량을 의미하는 것이 아니라 하나의 결정만이 적법한 것으로 보아야 하며, 이러한 경우 어떤 사실이 그 요건에 해당하는지 여부는 일의적으로 판단하기 어려우므로, 행정청의 전문적·기술적 판단을 종국적인 것으로 존중하여, 그 한도 내에서 행정청의 판단에 대한 법원의 사법심사가 제약을 받게 된다. 즉, 예외적으로 고도의 전문적·기술적·정책적 판단이 필요한 경우 행정청의 판단여지가 인정되어 사법심사가 제한된다는 이론으로서 전면적 사법심사론을 적용하는 것은 아니다.
② (O) 판단여지론은 법률요건에 사용된 불확정개념을 법개념으로 보아 이에 대한 해석은 법원의 전속적 권한에 속하는 것이므로 행정기관이 불확정개념으로 된 행위의 요건을 해석함에 있어 재량권을 가질 수 없다고 한다.
③ (O) 판례는 교과서검정에 관하여 재량의 법리를 적용하였다.

> 교과서검정이 고도의 학술상, 교육상의 전문적인 판단을 요한다는 특성에 비추어 보면, 교과용 도서를 검정함에 있어서 법령과 심사기준에 따라서 심사위원회의 심사를 거치고, 또 검정상 판단이 사실적 기초가 없다거나 사회통념상 현저히 부당하다는 등 현저히 재량권의 범위를 일탈한 것이 아닌 이상 그 검정을 위법하다고 할 수 없다. (대판 1992.4.24. 91누6634)

정답 ④

## 027 행정청의 재량에 있어서 판단여지설의 개입에 관한 설명 중 옳은 것은? 07 인천 교행

① 학설은 재량과 판단여지를 예외 없이 구별한다.
② 판례는 재량과 판단여지를 구별한다.
③ 법령의 요건규정에 불명확한 개념이 있으면 판단여지설로 본다.
④ 독일에서는 판단여지설을 인정했으나, 최근 추세는 축소하는 분위기이다.

해설

① (X) 사법심사의 범위에 있어 실질적인 차이가 없다는 점 등을 근거로 재량개념과 다른 별도의 판단여지라는 개념을 인정할 필요가 없다는 구별부정설도 있다.
② (X) 판례는 재량과 판단여지를 구분하지 않는다고 보는 것이 일반적이다.
③ (X) 용어 그 자체로는 의미가 명확하지 않고 해석에 의해 뒷받침되어야 하는 것(예 공공필요, 공공의 안녕질서, 공익, 중대한 사유)을 불확정개념이라고 하는데, 법률요건에 불확정개념이 사용되는 경우에 행정청이 그 개념을 구체화하게 되고, 이 경우 사법심사의 범위가 문제된다. 이러한 논의는 판단여지론의 인정 여부와 밀접한 관련이 있으나, 모든 경우에 판단여지로 보는 것은 아니다.
④ (O) 판단여지론은 제2차 세계대전 후 독일에서 바호프와 울레에 의해 주장된 이론으로 행정청의 재량과 관련하여 요건재량설을 비판하면서 제기된 이론이었으나, 사법부의 통제력이 약화된다는 지적에 따라 최근에는 축소되고 있다.

정답 ④

## 028 행정청의 판단여지와 관계없는 것은? 02 입시

① 비대체적 결정
② 구속적 가치평가적 결정
③ 미래예측적 결정
④ 형성적 결정
⑤ 법으로부터의 자유로운 행정결정

해설

⑤ (X) 행정청의 판단여지를 인정하는 것은 행정청의 전문적·기술적 판단을 우선적으로 존중하는 데 있다. 대체로 판단여지는 비대체적 결정, 구속적 가치평가, 미래예측결정, 형성적 결정 등에 인정된다. 그러나 판단여지가 인정된다고 하여 사법심사가 전면적으로 배제되는 것은 아니다. 따라서 법으로부터의 자유로운 행정결정에는 판단여지가 인정되지 않는다.

정답 ⑤

# CHAPTER 04 행정행위의 내용

## 제1절 개설

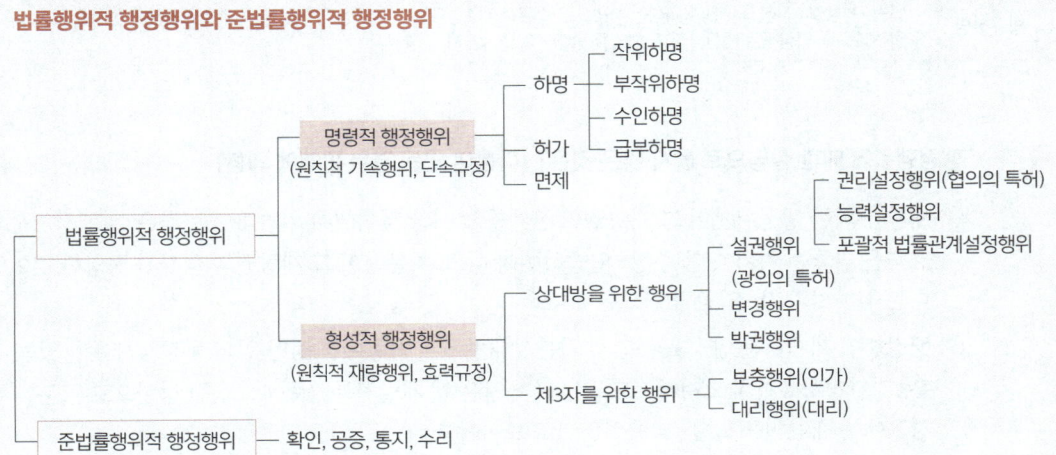

법률행위적 행정행위는 행정청의 의사를 요소로 하고 준법률행위적 행정행위는 법에 정해진 대로 효과가 발생한다.

1. 하명
   법규하명 가능(음주운전금지), 불특정 다수인을 대상으로 하는 하명 가능, 법률행위와 사실행위에 대한 하명 가능
2. 허가
   자연적 자유의 예방적, 일반적, 상대적 금지를 회복시키는 작용법규허가 불가, 법률행위와 사실행위에 대한 허가 가능, 수정허가 가능
3. 특허
   새로운 권리의 설정, 설권법규특허는 가능하지만, 법규특허는 특허의 개념에서 제외
4. 인가
   (1) 기본행위 + 보충행위 → 효력의 완성 / 기본행위는 법률행위에 한정됨. 수정인가는 불가
   (2) 인가의 효력: 기본행위와 보충행위는 운명공동체. 즉, 둘 중 어느 하나가 무효면 나머지도 무효
   (3) 인가의 소의 대상: 기본행위와 보충행위는 완전히 분리 → 기본행위에 하자가 있으면 기본행위를 다투고 인가에 하자가 있으면 인가를 다툼.
5. 확인
   의문이나 다툼이 있는 행위를 국가가 판단하는 작용(예 시험합격자 결정)
6. 공증
   의문이나 다툼이 없는 행위를 국가가 인식하는 작용(예 합격증 발급)
7. 통지
   (1) 의사의 통지: 행정청의 통지에 의해서 효력이 발생하는 것으로 처분성이 인정됨(예 You are fired).
   (2) 관념의 통지: 일정한 사실이 있었다는 것을 알려주는 것으로 처분성이 부정됨(예 정년퇴직의 통지).

## 제2절 법률행위적 행정행위

### 01 명령적 행정행위 1(하명)

#### 처분하명과 법규하명

| 처분하명 | 처분의 형식으로 하는 하명으로 하명은 대부분 처분의 형식을 띰. 대체로 불요식행위임. 처분하명의 상대방은 보통 특정인이지만, 불특정 다수인 경우도 있음. |
|---|---|
| 법규하명 | 법령 자체에서 직접 의무를 부과하는 하명으로 법규하명의 상대방은 불특정 다수인임. 이때 일반처분의 성격을 가짐.<br>예 도로교통법상 음주운전금지, 유해약물판매금지, 입산금지, 주차금지 |

**001** 행정행위에 대한 설명으로 옳지 않은 것은? (다툼이 있는 경우 판례에 의함) 22 소방

① 재량에 의한 행정처분이 그 재량권의 한계를 벗어난 것이어서 위법하다는 점은 그 행정처분의 효력을 다투는 자가 이를 주장·입증하여야 하고, 처분청이 그 재량권의 행사가 정당한 것이었다는 점까지 주장·입증할 필요는 없다.

② 행정청이 제재처분 양정을 하면서 처분상대방에게 법령에서 정한 임의적 감경사유가 있는 경우, 그 감경사유까지 고려하고도 감경하지 않은 채 개별처분기준에서 정한 상한으로 처분을 한 경우에는 재량권을 일탈·남용하였다고 보아야 한다.

③ 허가신청 후 허가기준이 변경된 경우에는 원칙적으로 처분시의 기준인 변경된 허가기준에 따라서 처분하여야 한다.

④ 학교법인의 임원이 교비회계자금을 법인회계로 부당전출하였고, 업무 집행에 있어서 직무를 태만히 하여 학교법인이 이를 시정하기 위한 노력을 하였으나 결과적으로 대부분의 시정요구 사항이 이행되지 아니하였던 점 등을 고려하면, 교육부장관의 임원승인취소처분은 재량권을 일탈·남용한 것으로 볼 수 없다.

> **해설**
> ① (○) 대판 1987.12.8. 87누861
> ② (×) 처분상대방에게 법령에서 정한 임의적 감경사유가 있는 경우에, 행정청이 감경사유까지 고려하고도 감경하지 않은 채 개별처분기준에서 정한 상한으로 처분을 한 경우에는 재량권을 일탈·남용하였다고 단정할 수는 없으나, 행정청이 감경사유를 전혀 고려하지 않았거나 감경사유에 해당하지 않는다고 오인하여 개별처분기준에서 정한 상한으로 처분을 한 경우에는 마땅히 고려대상에 포함하여야 할 사항을 누락하였거나 고려대상에 관한 사실을 오인한 경우에 해당하여 재량권을 일탈·남용한 것이라고 보아야 한다. (대판 2020.6.25. 2019두52980)
> ③ (○) 허가 등의 행정처분은 원칙적으로 처분시의 법령과 허가기준에 의하여 처리되어야 하고 허가신청 당시의 기준에 따라야 하는 것은 아니며, 비록 허가신청 후 허가기준이 변경되었다 하더라도 그 허가관청이 허가신청을 수리하고도 정당한 이유 없이 그 처리를 늦추어 그 사이에 허가기준이 변경된 것이 아닌 이상 변경된 허가기준에 따라서 처분을 하여야 한다. (대판 2006.8.25. 2004두2974)
> ④ (○) 대판 2007.7.19. 2006두19297

정답 ②

## 002  행정행위에 대한 설명으로 옳은 것은? (다툼이 있는 경우 판례에 의함)   22 소방

① 건축물의 건축이 「국토의 계획 및 이용에 관한 법률」상 개발행위에 해당할 경우 그 건축의 허가권자는 개발행위허가가 의제되는 건축허가신청이 국토의 계획 및 이용에 관한 법령이 정한 개발행위허가기준에 부합하지 아니하면 이를 거부할 수 있다.
② 주택건설사업계획 승인처분에 따라 의제된 인허가의 위법함을 다투고자 하는 이해관계인은 의제된 인허가의 취소를 구할 것이 아니라, 주된 처분인 주택건설사업계획 승인처분의 취소를 구하여야 한다.
③ 「하천법」에 의한 하천의 점용허가는 강학상 허가에 해당한다.
④ 「출입국관리법」상 체류자격변경허가는 기속행위이므로 신청인이 관계 법령에서 정한 요건을 충족하면 허가권자는 신청을 받아들여 허가해야 한다.

**해설**

① (O) 건축물의 건축이 국토의 계획 및 이용에 관한 법률(이하 '국토계획법'이라 한다)상 개발행위에 해당할 경우 그에 대한 건축허가를 하는 허가권자는 건축허가에 배치·저촉되는 관계 법령상 제한사유의 하나로 국토계획법령의 개발행위허가기준을 확인하여야 하므로, 국토계획법상 건축물의 건축에 관한 개발행위허가가 의제되는 건축허가신청이 국토계획법령이 정한 개발행위허가기준에 부합하지 아니하면 허가권자로서는 이를 거부할 수 있고, 이는 건축법 제16조 제3항에 의하여 개발행위허가의 변경이 의제되는 건축허가사항의 변경허가에서도 마찬가지이다. (대판 2016.8.24. 2016두35762)
② (X) 통상 주된 인허가가 소의 대상이 되고, 의제되는 인허가는 소송의 대상이 아니지만 주택법의 경우에는 그렇지 않다.

> 주택건설사업계획 승인처분에 따라 의제된 인허가가 위법함을 다투고자 하는 이해관계인은 주택건설사업계획 승인처분의 취소를 구할 것이 아니라 의제된 인허가의 취소를 구하여야 하며, 의제된 인허가는 주택건설사업계획 승인처분과 별도로 항고소송의 대상이 되는 처분에 해당한다. (대판 2018.11.29. 2016두38792)

③ (X) 도로·하천점용허가는 강학상 특허에 해당한다.
④ (X) 체류자격변경허가는 신청인에게 당초의 체류자격과 다른 체류자격에 해당하는 활동을 할 수 있는 권한을 부여하는 일종의 설권적 처분의 성격을 가지므로, 허가권자는 신청인이 관계 법령에서 정한 요건을 충족하였더라도, 신청인의 적격성, 체류 목적, 공익상의 영향 등을 참작하여 허가 여부를 결정할 수 있는 재량을 가진다. (대판 2016.7.14. 2015두48846)

**정답** ①

## 003  행정행위에 대한 설명으로 옳은 것은? (다툼이 있는 경우 판례에 의함)   17 국가7급

① 하명의 대상은 불법광고물의 철거와 같은 사실행위에 한정된다.
② 허가의 갱신은 허가취득자에게 종전의 지위를 계속 유지시키는 효과를 갖게 하는 것으로 갱신 후라도 갱신 전 법 위반사실을 근거로 허가를 취소할 수 있다.
③ 인가처분에 하자가 없더라도 기본행위의 하자를 이유로 행정청의 인가처분의 취소 또는 무효확인을 구할 법률상 이익이 인정된다.
④ 제소기간이 이미 도과하여 불가쟁력이 생긴 행정처분에 대하여는, 관계 법령의 해석상 그 변경을 요구할 신청권이 인정될 수 있는 경우라 하더라도 국민에게 그 행정처분의 변경을 구할 신청권이 없다.

> **해설**

① (×) 하명의 대상은 사실행위(예 무허가건물철거)와 법률행위(예 영업양도금지)를 포함한다. 이점은 허가도 마찬가지이다. 다만, 인가는 법률행위만을 대상으로 한다.
② (○) 갱신으로 발급된 허가는 종전의 허가와 동일한 성격을 가지고 있기 때문이다.
③ (×) 인가에 있어 소의 대상은 완전히 분리된다. 즉, 기본행위에 하자가 있으면 기본행위를 다투어야 하고 인가에 하자가 있으면 인가를 다투어야 한다.

> 기본행위인 관리처분계획이 적법·유효하고 보충행위인 인가처분 자체에만 하자가 있다면 그 인가처분의 무효나 취소를 주장할 수 있지만, 인가처분에 하자가 없다면 기본행위에 하자가 있다 하더라도 따로 그 기본행위의 하자를 다투는 것은 별론으로 하고 기본행위의 무효를 내세워 바로 그에 대한 행정청의 인가처분의 취소 또는 무효확인을 소구할 법률상의 이익이 있다고 할 수 없다. (대판 1994.10.14. 93누22753)

④ (×) 제소기간이 도과한 경우 행정청은 직권취소할 수 있다. 다만, 국민에게 처분의 변경을 요구할 신청권은 인정되지 않는 것이 원칙이지만 법률에 규정이 있으면 가능하다.

> 제소기간이 이미 도과하여 불가쟁력이 생긴 행정처분에 대하여는 개별법규에서 그 변경을 요구할 신청권을 규정하고 있거나 관계 법령의 해석상 그러한 신청권이 인정될 수 있는 등 특별한 사정이 없는 한 국민에게 그 행정처분의 변경을 구할 신청권이 있다 할 수 없다. (대판 2007.4.26. 2005두11104)

**정답** ②

---

## 004 명령적 행정행위에 관한 설명으로 옳지 않은 것은?    13 국회8급

① 위법한 하명으로 권리가 침해된 자는 취소소송이나 무효등확인소송을 제기하여 위법상태를 제거할 수 있고 손해배상청구소송을 제기하여 손해를 배상받을 수 있다.
② 허가가 기속행위인지 재량행위인지 여부는 개별법령이 정하는 바에 의한다.
③ 허가를 받은 후에 할 수 있는 행위를 허가를 받지 아니하고 행하면 일반적으로 행정상 강제집행 또는 행정벌이 가해지며 경우에 따라서는 무효가 되기도 한다.
④ 예외적 승인은 위험방지를 대상으로 하고 허가는 사회적으로 유해한 행위를 대상으로 한다.
⑤ 의무해제라는 점에서 허가와 면제는 같으나 허가는 부작위의무의 해제인 데 반하여 면제는 작위, 급부 및 수인의무의 해제라는 점에서 다르다.

> **해설**

① (○) 위법한 하명에 의해 권익을 침해당한 자는 항고소송을 통해 그 취소를 구할 수 있고, 손해가 있으면 국가배상청구소송을 할 수 있다.
② (○) 통설과 판례인 법문언규정설에 의하면 기속행위와 재량행위의 구별은 관련 법규정의 문언을 우선 고려하여야 한다. 허가는 원칙적으로 기속행위이지만, 주류제조면허와 같이 재량행위인 것도 있다.
③ (○) 허가를 받지 않고 행한 영업행위의 효력은 유효이고 행정상 강제집행이나 처벌의 대상이 되는 것이 원칙이다. 그러나 예외적으로 개별법률이 무허가행위를 무효로 규정하고 있는 경우도 있다.
④ (×) 허가는 공익 침해의 우려 때문에 상대적·예방적으로 금지된 행위를 적법하게 수행하도록 하는 행위인 데 반하여, 예외적 승인은 그 자체가 사회적으로 유해하여 법령에 의해 억제적으로 금지된 행위를 예외적으로 적법하게 수행할 수 있도록 하는 것이다.
⑤ (○) '의무의 해제'라는 점에서 허가와 면제는 공통점이 있다. 그러나 면제는 적극적인 작위·급부·수인의무를 해제한다는 점에서 소극적인 부작위의무를 해제하는 허가와 구별된다.

**정답** ④

## 005 행정행위로서의 하명에 관한 설명으로 옳지 않은 것은?

08 지방9급

① 하명의 대상은 법률행위뿐만 아니라 사실행위일 수도 있다.
② 하명에 위반한 법률행위의 효과는 무효이다.
③ 하명은 대부분 개별적·구체적 규율로서 행하여지나 일반처분으로도 행하여진다.
④ 하명은 법령의 근거를 요하므로 법령이 정한 요건이 갖추어 졌을 때에 행할 수 있다.

**해설**
① (O) 하명의 대상은 사실행위(예 무허가건물철거)인 경우도 있고, 법률행위(예 영업행위금지)인 경우도 있다.
② (X) 하명에 의해 부과된 의무를 이행하지 않는 자에 대해서는 행정상 강제집행과 행정벌이 과하여진다. 그러나 하명에 위반하여 행해진 행위의 사법상의 효력까지 부인되지는 않는다(예 방문판매가 금지되는 경우에 방문판매를 한 자는 처벌받지만 판매행위는 유효하다). 다만, 하명 위반에 대한 처벌만으로는 하명의 목적을 달성할 수 없을 때에는 법률이 처벌과 함께 행위 자체를 무효로 규정하는 경우가 있다.
③ (O) 처분하명에는 특정인에 대해 구체적으로 행하여지는 것과 불특정 다수인에 대하여 구체적으로 규율하는 일반처분도 있다(예 조세 부과처분, 입산금지, 통행금지).
④ (O) 하명은 의무를 부과시키는 행위로 헌법 제37조 제2항에 따라 법률의 근거를 요한다. 즉, 하명은 법률유보원칙을 지켜야 한다.

**정답** ②

---

### 기출지문 OX

**01** 부작위하명은 금지라고도 하며, 어떠한 경우에도 부작위의무를 해제할 수 없는 절대적 금지와 일정 요건을 갖춘 자에게는 부작위의무를 해제할 수 있는 상대적 금지로 구분할 수 있다. [05 5급승진]  (O, X)

**해설** 금지의 유형에 대한 설명이다. 부작위하명은 금지를 의미하며 금지는 절대적 금지와 상대적 금지로 다시 구분된다.  **정답** O

**02** 법령에서 직접 행하는 법규하명과 법령에 근거하여 구체적으로 행하는 하명처분으로 구분할 수 있다. [05 5급승진]  (O, X)

**해설** 하명은 그 형식에 따라 법령 자체에서 직접 의무를 발생시키는 법규하명(예 도로교통법상 음주운전금지, 청소년 보호법상 미성년자에 대한 유해약물 판매금지)과 행정행위의 형식으로 행하는 처분하명으로 구분된다. 법규허가는 인정되지 않는다.  **정답** O

## 02 명령적 행정행위 2(허가)

**006** 甲은 강학상 허가에 해당하는 「식품위생법」상 영업허가를 신청하였다. 이에 대한 설명으로 옳은 것은? (다툼이 있는 경우 판례에 의함)  19 지방9급

① 甲이 공무원인 경우 허가를 받으면 이는 「식품위생법」상의 금지를 해제할 뿐만 아니라 「국가공무원법」상의 영리업무 금지까지 해제하여 주는 효과가 있다.

② 甲이 허가를 신청한 이후 관계 법령이 개정되어 허가요건을 충족하지 못하게 된 경우, 행정청이 허가신청을 수리하고도 정당한 이유 없이 그 처리를 늦추어 그 사이에 허가기준이 변경된 것이 아닌 이상 甲에게는 불허가처분을 하여야 한다.

③ 甲에게 허가가 부여된 이후 乙에게 또 다른 신규허가가 행해진 경우, 甲에게는 특별한 규정이 없더라도 乙에 대한 신규허가를 다툴 수 있는 원고적격이 인정되는 것이 원칙이다.

④ 甲에 대해 허가가 거부되었음에도 불구하고 甲이 영업을 한 경우, 당해 영업행위는 사법(私法)상 효력이 없는 것이 원칙이다.

> **해설**
> ① (✕) 국가공무원법상의 영리활동 금지의무는 허가로 해제되는 것이 아니다.
> ② (○) 허가 등의 행정처분은 원칙적으로 처분시의 법령과 허가기준에 의하여 처리되어야 하고 허가신청 당시의 기준에 따라야 하는 것은 아니며, 비록 허가신청 후 허가기준이 변경되었다 하더라도 그 허가관청이 허가신청을 수리하고도 정당한 이유 없이 그 처리를 늦추어 그 사이에 허가기준이 변경된 것이 아닌 이상 변경된 허가기준에 따라서 처분을 하여야 한다. (대판 2006.8.25, 2004두2974)
> ③ (✕) 경업자소송은 특허의 경우에 일반적으로 인정되지만, 허가의 경우에는 원칙적으로 인정되지 않는다.
> ④ (✕) 허가의 경우에는 단속규정으로 허가를 받지 않고 한 행위도 사법상으로는 유효하다. 다만, 단속 또는 처벌을 받게 된다.
>
> 정답 ②

## 007 건축허가와 건축신고에 관한 설명으로 가장 옳지 않은 것은?

19 서울7급 2월

① 건축허가는 원칙상 기속행위이지만 중대한 공익상 필요가 있는 경우 예외적으로 건축허가를 거부할 수 있다.

② 건축신고는 자기완결적 신고이므로 신고 반려행위 또는 수리거부행위는 항고소송의 대상이 되지 않는다.

③ 신고대상인 건축물의 건축행위를 하고자 할 경우에는 관계 법령에 정해진 적법한 요건을 갖춘 신고만을 하면 그와 같은 건축행위를 할 수 있고, 행정청의 수리처분 등 별도의 조처를 기다릴 필요가 없다.

④ 토지의 형질변경허가는 금지요건이 불확정개념으로 규정되어 있어 그 금지요건에 해당하는지 여부를 판단함에 있어서 행정청에게 재량권이 부여되어 있다고 할 것이므로, 같은 법에 의하여 지정된 도시지역 안에서 토지의 형질변경행위를 수반하는 건축허가는 결국 재량행위에 속한다.

### 해설

① (O) 러브호텔 건축허가는 관계 법규에서 정하는 건축허가 제한사유에 해당하지 않는 이상 행정청이 자연경관 훼손 및 주변환경의 오염과 농촌지역의 주변정서에 부정적인 영향을 끼치고 농촌지역에 퇴폐분위기를 조성할 우려가 있다는 등의 사유를 들어 숙박시설 건축을 불허할 수는 없다. (대판 1995.12.12. 95누9051)

> **러브호텔에 대한 건축 불허가를 정당하다고 본 사례**
> 지방자치단체의 조례의 의하여 준농림지역 내의 건축제한지역이라는 구체적인 취지의 지정·고시가 행하여지지 아니하였다 하더라도, 조례에서 정하는 기준에 맞는 지역에 해당하는 경우에는 숙박시설의 건축을 제한할 수 있다고 할 것이고, 그러한 기준에 해당함에도 불구하고 무조건 숙박시설 등의 건축허가를 하여야 하는 것은 아니라고 할 것이며, 조례에서 정한 요건에 저촉되지 아니하는 경우에 비로소 건축허가를 할 수 있는 것으로 보아야 할 것이다. 부연하면, 그러한 구체적인 지역의 지정·고시 여부는 숙박시설 등 건축허가 여부를 결정하는 요건이 된다고 볼 수 없다고 할 것이다. (대판 1999.8.19. 98두1857 전원합의체)

② (X) 건축주 등은 신고제하에서도 건축신고가 반려될 경우 당해 건축물의 건축을 개시하면 시정명령, 이행강제금, 벌금의 대상이 되거나 당해 건축물을 사용하여 행할 행위의 허가가 거부될 우려가 있어 불안정한 지위에 놓이게 된다. 따라서 건축신고 반려행위가 이루어진 단계에서 당사자로 하여금 반려행위의 적법성을 다투어 그 법적 불안을 해소한 다음 건축행위에 나아가도록 함으로써 장차 있을지도 모르는 위험에서 미리 벗어날 수 있도록 길을 열어 주고, 위법한 건축물의 양산과 그 철거를 둘러싼 분쟁을 조기에 근본적으로 해결할 수 있게 하는 것이 법치행정의 원리에 부합한다. 그러므로 건축신고 반려행위는 항고소송의 대상이 된다고 보는 것이 옳다. (대판 2010.11.18. 2008두167)

③ (O) 자기완결적 신고라는 의미이다.

④ (O)

정답 ②

### 기출지문 OX

건축허가는 대물적 허가에 해당하므로, 허가의 효과는 허가대상 건출물에 대한 권리변동에 수반하여 이전되고 별도의 승인처분에 의하여 이전되는 것은 아니다. [19 국가9급] (O, X)

해설 대판 1979.10.30. 79두190

정답 O

## 008 강학상 허가에 관한 설명으로 옳지 않은 것은? (다툼이 있으면 판례에 따름)

19 행정사

① 반드시 신청을 전제로 하는 것은 아니다.
② 건축허가는 대물적 성질을 갖는 것이어서 그 허가를 할 때에 인적 요소에 관해서는 형식적 심사만 한다.
③ 허가에 붙은 기한이 그 허가된 사업의 성질상 부당하게 짧은 경우에는 그 허가조건의 존속기간으로 보아야 한다.
④ 허가신청 후 처분 전에 관계 법령이 개정되었다면 원칙적으로 개정된 법령에 따라 허가 여부를 결정하여야 한다.
⑤ 타법상의 인허가가 의제되는 허가를 하는 경우, 행정청은 타법상의 인허가요건에 대한 심사 없이 허가처분을 할 수 있다.

### 해설

① (O) 통행금지해제와 같이 신청이 없는 허가도 가능하다. 이때 허가의 상대방은 불특정 다수인이다.
② (O) 건축허가는 대물적 성질을 갖는 것이어서 행정청으로서는 허가를 할 때에 건축주 또는 토지소유자가 누구인지 등 인적 요소에 관하여는 형식적 심사만 한다. 건축주가 토지소유자로부터 토지사용승낙서를 받아 그 토지 위에 건축물을 건축하는 대물적 성질의 건축허가를 받았다가 착공에 앞서 건축주의 귀책사유로 해당 토지를 사용할 권리를 상실한 경우, 건축허가의 존재로 말미암아 토지에 대한 소유권 행사에 지장을 받을 수 있는 토지소유자로서는 건축허가의 철회를 신청할 수 있다고 보아야 한다. 따라서 토지소유자의 위와 같은 신청을 거부한 행위는 항고소송의 대상이 된다. (대판 2017.3.15. 2014두41190)
③ (O) **허가기간의 만료의 성질**

| 허가기간이 충분한 경우 | 허가의 존속기간(기간만료로 허가 소멸) |
| 허가기간이 짧은 경우 | 허가조건의 존속기간(기간만료 전 갱신 가능) |

> 일반적으로 행정처분에 효력기간이 정하여져 있는 경우에는 그 기간의 경과로 그 행정처분의 효력은 상실되며, 다만 허가에 붙은 기한이 그 허가된 사업의 성질상 부당하게 짧은 경우에는 이를 그 허가 자체의 존속기간이 아니라 그 허가조건의 존속기간으로 보아 그 기한이 도래함으로써 그 조건의 개정을 고려한다는 뜻으로 해석할 수 있지만, 이와 같이 당초에 붙은 기한을 허가 자체의 존속기간이 아니라 허가조건의 존속기간으로 보더라도 그 후 당초의 기한이 상당 기간 연장되어 연장된 기간을 포함한 존속기간 전체를 기준으로 볼 경우 더 이상 허가된 사업의 성질상 부당하게 짧은 경우에 해당하지 않게 된 때에는 관계 법령의 규정에 따라 허가 여부의 재량권을 가진 행정청으로서는 그 때에도 허가조건의 개정만을 고려하여야 하는 것은 아니고 재량권의 행사로서 더 이상의 기간연장을 불허가할 수도 있는 것이며, 이로써 허가의 효력은 상실된다. (대판 2004.3.25. 2003두12837)

④ (O)
⑤ (X) 건축법 제14조 제2항에 의한 인허가의제효과를 수반하는 건축신고는 행정청이 그 실체적 요건에 관한 심사를 한 후 수리하여야 하는 이른바 '수리를 요하는 신고'에 해당한다. (대판 2011.1.20. 2010두14954 전원합의체)

**정답** ⑤

**009** 행정행위에 대한 다음 설명 중 옳은 것은? 07 국가9급

① 명령적 행정행위는 국민에게 새로운 권리·능력, 기타 포괄적 법률관계를 발생·변경·소멸시키는 행위이다.
② 명령적 행정행위의 수명자가 하명에 의하여 과하여진 의무를 이행하지 않는 경우에는 행정상 강제집행에 의하여 그 의무 이행이 강제되거나 행정상 제재가 부과된다.
③ 공법상 대리는 법률의 규정에 의한 법정대리가 아니라, 본인의 의사에 따른 대리행위이다.
④ 명령적 행정행위는 타인을 위하여 그 행위의 효력을 보충·완성하는 행위와 타인을 대신하여 행하는 행위로 나누어진다.

> **해설**
> ① (×) 국민에게 새로운 권리·능력, 기타 포괄적 법률관계를 발생·변경·소멸시키는 행위는 형성적 행정행위이다.
> ② (○) 다만, 하명에 위반하여 법률행위가 행해지는 경우 그것이 반드시 무효가 되는 것은 아니다. 즉, 하명에 위반하는 행위도 법률상 효과는 유효함이 원칙이다.
> ③ (×) 공법상 대리는 법률규정에 의한 법정대리인 경우도 있고 임의대리도 가능하다.
> ④ (×) 타인을 위하여 그 행위의 효력을 보충·완성하는 행위는 인가이고, 타인을 대신하여 행하는 행위는 대리이다. 인가와 대리는 모두 형성적 행정행위이다.
>
> **정답** ②

**010** 「건축법」에는 건축허가를 받으면 「국토의 계획 및 이용에 관한 법률」에 의한 토지의 형질변경허가도 받은 것으로 보는 조항이 있다. 이 조항의 적용을 받는 甲이 토지의 형질을 변경하여 건축물을 건축하고자 건축허가신청을 하였다. 이에 대한 설명으로 옳은 것은? (다툼이 있는 경우 판례에 의함) 15 국가9급

① 甲은 건축허가절차 외에 형질변경허가절차를 별도로 거쳐야 한다.
② 건축불허가처분을 하면서 건축불허가사유 외에 형질변경불허가사유를 들고 있는 경우, 甲은 건축불허가처분 취소청구소송에서 형질변경불허가사유에 대하여도 다툴 수 있다.
③ 건축불허가처분을 하면서 건축불허가사유 외에 형질변경불허가사유를 들고 있는 경우, 그 건축불허가처분 외에 별개로 형질변경불허가처분이 존재한다.
④ 甲이 건축불허가처분에 관한 쟁송과는 별개로 형질변경불허가처분 취소소송을 제기하지 아니한 경우 형질변경불허가사유에 관하여 불가쟁력이 발생한다.

> **해설**
> ① (×) 인허가의제가 인정되면 별도의 허가를 받을 필요가 없다.
> ② (○) 소의 대상은 건축불허가처분이고, 이유에서 형질변경불허가를 주장할 수 있다.
> ③ (×) ④ (×) 의제되는 인허가의 불허가로 주된 인허가가 거부된 경우 소의 대상은 주된 인허가이고 의제되는 인허가는 별도로 소를 제기하지 않고 이유에서 다툴 수 있다. 이때 의제되는 인허가의 불허사유를 90일이 경과한 후에 제기하더라도 불가쟁력은 발생하지 않는다. 불가쟁력을 주된 인허가를 제기하는 시점을 기준으로 판단하고 사유는 사실심 변론종결 전이면 언제든 제출할 수 있다.
>
> **정답** ②

## 011
**영업허가의 양도와 제재처분의 효과 및 제재사유의 승계에 관한 설명으로 가장 옳지 않은 것은?**
**(다툼이 있는 경우 판례에 의함)** 17 서울9급

① 양도인의 위법행위로 양도인에게 이미 제재처분이 내려진 경우에 영업정지 등 그 제재처분의 효력은 양수인에게 당연히 이전된다.

② 주택건설사업이 양도되었으나 그 변경승인을 받기 이전에 행정청이 양수인에 대하여 양도인에 대한 사업계획 승인을 취소하였다는 사실을 통지한 경우 이러한 통지는 양수인의 법률상 지위에 변동을 일으키므로 행정처분이다.

③ 회사분할시 분할 전 회사에 대한 제재사유가 신설회사에 대하여 승계되지 않으므로 회사의 분할 전 법 위반행위를 이유로 과징금을 부과하는 것은 허용되지 않는다.

④ 양도인이 위법행위를 한 후 제재를 피하기 위하여 영업을 양도한 경우 그 제재사유의 승계에 관하여 명문규정이 없는 경우, 위법행위로 인한 제재사유는 항상 인적 사유이고 경찰책임 중 행위책임의 문제라는 논거는 승계부정설의 논거이다.

### 해설

① (O) 공중위생영업에 있어 그 영업을 정지할 위법사유가 있는 경우, 그 영업이 양도·양수되었다 하더라도 양수인에 대하여 영업정지처분을 할 수 있다. (대판 2001.6.29. 2001두1611)

② (×) 주택건설사업계획에 있어서 사업주체변경의 승인은 그로 인하여 사업주체의 변경이라는 공법상의 효과가 발생하는 것이므로, 사실상 내지 사법상으로 주택건설사업 등이 양도·양수되었을지라도 아직 변경승인을 받기 이전에는 그 사업계획의 피승인자는 여전히 종전의 사업주체인 양도인이고 양수인이 아니라 할 것이어서, 사업계획 승인취소처분 등의 사유가 있는지의 여부와 취소사유가 있다고 하여 행하는 취소처분은 피승인자인 양도인을 기준으로 판단하여 그 양도인에 대하여 행하여져야 할 것이므로 행정청이 주택건설사업의 양수인에 대하여 양도인에 대한 사업계획승 인을 취소하였다는 사실을 통지한 것만으로는 양수인의 법률상 지위에 어떠한 변동을 일으키는 것은 아니므로 위 통지는 항고소송의 대상이 되는 행정처분이라고 할 수는 없다. (대판 2000.9.26. 99두646)

참고 양도인에 대한 주택건설사업이 취소되었다면 양수인에게 원고적격이 인정된다.

③ (O) 신설회사 또는 존속회사가 승계하는 것은 분할하는 회사의 권리와 의무라고 할 것인바, 분할하는 회사의 분할 전 법 위반행위를 이유로 과징금이 부과되기 전까지는 단순한 사실행위만 존재할 뿐 그 과징금과 관련하여 분할하는 회사에게 승계의 대상이 되는 어떠한 의무가 있다고 할 수 없고, 특별한 규정이 없는 한 신설회사에 대하여 분할하는 회사의 분할 전 법 위반행위를 이유로 과징금을 부과하는 것은 허용되지 않는다. (대판 2007.11.29. 2006두18928)

④ (O) 경찰책임 중에서 행위책임(인적 책임)은 원칙적으로 승계되지 않는다. 따라서 선지는 승계부정설의 논거가 된다. 한편, 상태책임(물적 책임)은 승계가 된다.

**정답** ②

## 012

**다음 중 행정행위의 분류상 서로 연결이 옳지 않은 것은? (다툼이 있는 경우 대법원 판례에 의함)**

12 서울9급

① 혼합적 허가 - 석유판매업허가
② 복효적 행정행위 - 공해공장설치허가
③ 재량행위 - 「자연공원법」상 자연공원사업시행허가
④ 물적 일반처분 - 공물로서 도로의 공용개시행위
⑤ 요식행위 - 행정심판의 재결

**해설**

① (×) 판례는 석유판매업허가를 대물적 허가의 성질을 갖는 것으로 본다. (대판 1986.7.22. 86누203) 혼합적 허가의 대표적인 예로 폐기물처리업허가, 전당포영업허가, 약국허가 등이 있다.
② (○) 공해공장설치허가는 상대방에게는 수익적 효과를 발생시키지만 인근 주민에게는 침익적 효과를 발생시키는 행정행위이므로 복효적 행정행위에 해당한다.
③ (○) 자연공원사업의 시행은 국토 및 자연의 유지와 환경의 보전에 영향을 미치는 행위로서 그 공원사업시행허가 여부는 사업장소의 현상과 위치 및 주위의 상황, 사업시행의 시기 및 주체의 적정성, 사업계획에 나타난 사업의 내용, 규모, 방법과 그것이 자연 및 환경에 미치는 영향 등을 종합적으로 고려하여 결정하여야 하는 일종의 재량행위에 속한다. (대판 2001.7.27. 99두5092)
④ (○) 물적 일반처분이란 물건에 대한 사용허가 등을 의미한다.
⑤ (○) 요식행위란 행정행위를 함에 있어서 개별법령이 일정한 형식을 갖출 것을 요구하는 경우를 말한다. 행정심판의 재결은 재결서란 형식을 요구하고 있다.

**정답** ①

## 013

**강학상 예외적 승인에 해당하지 않는 것은?**

15 국가9급

① 치료목적의 마약류사용허가
② 재단법인의 정관변경허가
③ 개발제한구역 내의 용도변경허가
④ 사행행위 영업허가

**해설**

① (○) ③ (○) ④ (○) 예외적 승인에 해당한다.
② (×) 재단법인의 정관변경허가는 강학상 인가이다.

**정답** ②

## 014 다음 (가)그룹과 (나)그룹에 대한 설명으로 옳지 않은 것은? (다툼이 있는 경우 판례에 의함)  <sub>12 국가9급</sub>

| (가) | • 주거지역 내의 건축허가<br>• 상가지역 내의 유흥주점업 허가 |
|---|---|
| (나) | • 개발제한구역 내의 건축허가<br>• 학교환경위생정화구역 내의 유흥주점업 허가 |

| | (가)그룹 | (나)그룹 |
|---|---|---|
| ① | 예방적 금지의 해제 | 억제적 금지의 해제 |
| ② | 허가 | 예외적 승인 |
| ③ | 법률행위적 행정행위 | 준법률행위적 행정행위 |
| ④ | 기속행위 | 재량행위 |

**해설**

③ (X) (가)그룹은 허가에 해당되고, (나)그룹은 예외적 승인에 해당된다. 예외적 승인의 법적 성질에 대해서는 허가의 일종으로 보는 견해, 특허의 일종으로 보는 견해, 독립된 개념으로 보는 견해가 대립된다. 어느 견해를 따르더라도 법률행위적 행정행위에 해당된다.

정답 ③

### 허가와 예외적 승인

| 구분 | 허가 | 예외적 승인 |
|---|---|---|
| 금지의 내용 | 예방적 금지(상대적 금지)의 해제 | 억제적 금지의 해제(유해한 행위를 대상으로 함) |
| 재량성 여부 | 원칙적으로 기속행위 | 원칙적으로 재량행위 |
| 회복되는 자유 | 자연적 자유의 회복 | 권리의 범위 확대 |
| 예 | • 건축허가<br>• 상가지역에서의 유흥주점, 일반음식점 영업허가<br>• 자동차운전면허<br>• 의사면허, 한의사면허<br>• 통행금지해제, 입산금지해제, 수렵금지해제<br>• 화약제조허가 | • 개발제한구역 내의 건축허가<br>• 학교환경정화구역 내에서의 유흥음식점허가<br>• 자연공원법 적용지역 내에서의 단란주점영업허가<br>• 카지노업허가<br>• 구 토지수용법상 타인의 토지에 대한 출입허가 |
| 공통점 | 금지의 해제 | |

## 015 강학상 허가와 예외적 승인을 구분한 내용으로 옳지 않은 것은?

08 지방9급·선관위9급

① 예외적 승인은 상대적으로 금지된 자유를 회복시켜 주는 것이어서 허가의 경우보다 개인의 법적 지위를 확대시켜 주는 의미가 약하다.
② 일반적으로 허가는 기속행위의 성질을 가지는데 반하여, 예외적 승인은 재량행위의 성질을 가진다.
③ 허가는 공익 침해의 우려가 있어 잠정적으로 금지된 행위를 적법하게 수행하도록 하는 행위인데 반하여, 예외적 승인은 그 자체가 사회적으로 유해하여 법령에 의해 일반적으로 금지된 행위를 예외적으로 적법하게 수행할 수 있도록 하는 것이다.
④ 허가는 예방적 금지의 해제, 예외적 승인은 억제적 금지의 해제에 관한 것이다.

> **해설**
> ① (×) ③ (○) 허가는 위험방지를 위하여 법규에 의해 일반적·상대적 금지를 특정한 경우에 해제하여 자연적 자유를 회복시켜 주는 행정행위이다. 반면, 예외적 승인은 사회적으로 유해한 행위를 일반적으로 금지하면서 특별한 경우에 한하여 엄격한 요건하에서 예외적으로 적법하게 할 수 있게 해주는 행정행위를 말하며, 자연적 자유를 전제로 하는 허가에 비하여 개인의 법적 지위를 확대시켜 주는 측면이 강하다.
> ② (○) ④ (○) 허가는 상대적 금지(예방적 금지)의 해제로서 원칙적으로 기속행위이지만, 예외적 승인은 억제적 금지의 해제로서 원칙적으로 재량행위이다.

**정답** ①

## 016 다음 사례에 대한 설명으로 옳은 것은? (다툼이 있는 경우 판례에 의함)

11 국가9급

> A는 허가청으로부터 B 간판에 관하여 설치허가를 받았다. 설치기간은 2011년 3월 1일부터 2013년 2월 28일까지로 하였다. A는 2013년 4월 1일에 허가기간의 연장을 신청하였다. 그러나 허가청은 B 간판이 2013년 4월 1일 현재의 관련 법령이 정하는 규격을 초과한다는 이유로 허가연장신청을 거부하였다.

① 허가의 갱신신청은 달리 정함이 없으면 원칙적으로 기한이 도래하기 전에 할 수도 있고 도래한 후에 할 수도 있다.
② 2013년 2월 28일이 지나면 종전 허가의 효과는 원칙적으로 소멸한다.
③ 종전의 허가기간 경과 후에 이루어진 신청에 따른 허가는 일반적으로 갱신허가에 해당한다.
④ 허가청이 허가 연장신청을 거부한 것은 위법하다.

> **해설**
> ① (×) ④ (×) 허가의 갱신신청은 기한이 도래하기 전에 하여야 하며, 기한이 도래한 후의 신청은 갱신신청이 아니라 새로운 신청으로 보아야 한다. 기한이 도래하면 그것만으로 원처분의 효과가 소멸하기 때문이다. 신규의 신청은 신청 당시의 법령이 정하는 바에 따라야 한다. 따라서 사례에서 허가청이 기간 연장신청 당시에 시행 중이던 관련 법령을 근거로 기간 연장신청을 거부한 것은 적법하다.

② (O) 2013년 2월 28일이 지나면 종전 허가의 효과는 원칙적으로 소멸한다.

> 일반적으로 행정처분에 효력기간이 정하여져 있는 경우에는 그 기간의 경과로 그 행정처분의 효력은 상실되고, 다만 허가에 붙은 기한이 그 허가된 사업의 성질상 부당하게 짧은 경우에는 이를 그 허가 자체의 존속기간이 아니라 그 허가조건의 존속기간으로 보아 그 기한이 도래함으로써 그 조건의 개정을 고려한다는 뜻으로 해석할 수는 있지만, 그와 같은 경우라 하더라도 그 허가기간이 연장되기 위하여는 그 종기가 도래하기 전에 그 허가기간의 연장에 관한 신청이 있어야 하며, 만일 그러한 연장신청이 없는 상태에서 허가기간이 만료하였다면 그 허가의 효력은 상실된다. (대판 2007.10.11. 2005두12404)

③ (✕) 새로운 신청에 해당한다.

> 종전의 허가가 기한의 도래로 실효한 이상 원고가 종전 허가의 유효기간이 지나서 신청한 이 사건 기간 연장신청은 그에 대한 종전의 허가처분을 전제로 하여 단순히 그 유효기간을 연장하여 주는 행정처분을 구하는 것이라기 보다는 종전의 허가처분과는 별도의 새로운 허가를 내용으로 하는 행정처분을 구하는 것이라고 보아야 할 것이어서, 이러한 경우 허가권자는 이를 새로운 허가신청으로 보아 법의 관계 규정에 의하여 허가요건의 적합 여부를 새로이 판단하여 그 허가 여부를 결정하여야 할 것이다. (대판 1995.11.10. 94누11866)

정답 ②

**기출지문 OX**

**01** 허가조건의 존속기간 내에 적법한 갱신신청이 있었음에도 갱신 가부의 결정이 없으면 주된 행정행위는 효력이 상실된다. [11 지방9급]  (O, ✕)

해설 부당하게 짧은 종기가 붙은 경우 갱신신청이 있으면 갱신이 이루어지는 것으로 보아야 한다.   정답 ✕

**02** 연장신청이 없는 상태에서 허가기간이 만료하였다면 그 허가의 효력은 상실된다. [11 지방9급]  (O, ✕)

해설 허가에 붙은 기한이 사업의 성질상 부당하게 짧아 허가조건의 존속기간으로 볼 수 있는 경우에도 허가기간이 연장되기 위하여는 그 종기 도래 이전에 연장에 관한 신청이 있어야 한다. (대판 2007.10.11. 2005두12404)   정답 O

---

**017** 인허가의제에 대한 설명으로 옳지 않은 것은? (다툼이 있는 경우 판례에 의함)  18 국가7급

① 인허가의제는 행정청의 소관 사항과 관련하여 권한 행사의 변경을 가져오므로 법령의 근거를 필요로 한다.

②「국토의 계획 및 이용에 관한 법률」상의 개발행위허가가 의제되는 건축허가신청이 동 법령이 정한 개발행위허가기준에 부합하지 아니하면, 행정청은 건축허가를 거부할 수 있다.

③ 주된 인허가에 관한 사항을 규정하고 있는 법률에서 주된 인허가가 있으면 다른 법률에 의한 인허가를 받은 것으로 의제한다는 규정을 둔 경우, 주된 인허가가 있으면 다른 법률에 의하여 인허가를 받았음을 전제로 하는 그 다른 법률의 모든 규정들까지 적용되는 것은 아니다.

④ A허가에 대해 B허가가 의제되는 것으로 규정된 경우, A불허가처분을 하면서 B 불허가사유를 들고 있으면 A불허가처분과 별개로 B불허가처분도 존재한다.

해설

① (O)
② (O)
③ (O) 대판 2015.4.23. 2014두2409
④ (X) A불허가처분을 하면서 B불허가사유를 들고 있으면 A불허가처분만 소송의 대상이 되고 별도로 B불허가처분은 소송의 대상이 아니므로 존재하지 않는다. 다만, 이유에서 주장하는 것은 가능하다.

정답 ④

> 기출지문 OX
>
> **01** 주된 인허가처분이 관계 기관의 장과 협의를 거쳐 발령된 이상 의제되는 인허가에 법령상 요구되는 주민의 의견청취 등의 절차는 거칠 필요가 없다. [16 지방7급] (O, X)
>
> 해설 대법원은 절차집중설의 입장이다. 건설부장관(현 국토교통부장관)이 구 주택건설촉진법 제33조에 따라 관계 기관의 장과의 협의를 거쳐 사업계획 승인을 한 이상 같은 조 제4항의 허가·인가·결정·승인 등이 있는 것으로 볼 것이고, 그 절차와 별도로 도시계획법 제12조 등 소정의 중앙도시계획위원회의 의결이나 주민의 의견청취 등 절차를 거칠 필요는 없다. (대판 1992.11.10. 92누1162) 정답 O
>
> **02** 인허가의제에 관계 기관의 장과 협의가 요구되는 경우, 주된 인허가를 하기 전에 의제되는 모든 인허가사항에 관하여 관계 기관의 장과 사전협의를 거쳐야 한다. [16 지방7급] (O, X)
>
> 해설 인허가의제에 관계 기관의 장과 협의가 요구되는 경우, 주된 인허가를 하기 전에 의제되는 모든 인허가사항에 관하여 관계 기관의 장과 사전협의를 거쳐야 하는 것은 아니다. 정답 X
>
> **03** 주된 인허가에 의해 의제되는 인허가는 원칙적으로 주된 인·허가로 인한 사업을 시행하는 데 필요한 범위 내에서만 그 효력이 유지되는 것은 아니므로, 주된 인허가로 인한 사업이 완료된 이후에도 효력이 있다. [16 지방7급] (O, X)
>
> 해설 주된 인허가에 의해 의제되는 인허가는 원칙적으로 주된 인허가로 인한 사업을 시행하는 데 필요한 범위 내에서만 그 효력이 유지되는 것이 일반적이다. 정답 X

## 018 허가에 관한 판례의 입장으로 타당하지 않은 것은? 07 서울9급

① 산림훼손허가를 발급한 후 국제행사를 위한 미관보호를 이유로 훼손중지명령을 내리기 위해서는 공익과 사익을 비교형량해야 한다.
② 주류제조면허는 국가의 수입 확보를 위하여 설정된 특허의 일종이다.
③ 유기장영업허가로 인한 영업상 이익은 반사적 이익이다.
④ 운전면허는 학문상 허가에 속한다.
⑤ 개축허가신청에 대하여 행정청이 착오로 대수선 및 용도변경을 하였다 하더라도 취소 등의 적법한 처분 없이는 그 효력을 부인할 수 없다.

해설

① (O) 철회는 수익적 행정행위를 대상으로 하므로 철회를 하기 위해서는 사익과 공익을 비교·형량하여야 한다.

> 수익적 행정처분을 취소하거나 중지시킬 사유가 있더라도 그 취소권 등의 행사는 기득권의 침해를 정당화 할 만한 중대한 공익상의 필요 또는 제3자의 이익보호의 필요가 있는 때에 한하여 상대방이 받는 불이익과 비교·교량하여 결정하여야 하고, 그 처분으로 인하여 공익상의 필요보다 상대방이 받게 되는 불이익 등이 막대한 경우에는 재량권의 한계를 일탈한 것으로서 그 자체가 위법임을 면치 못한다. (대판 1990.10.10. 89누6433)

② (✕) 주류제조면허는 허가이면서 재량행위이다.

> 주류제조면허는 국가의 수입 확보를 위하여 설정된 재정허가의 일종이지만 일단 이 면허를 얻은 자의 이득은 단순한 사실상의 반사적 이득에만 그치는 것이 아니라 주세법의 규정에 따라 보호되는 이득이다. (대판 1989.12.22. 89누46)

③ (○) 유기장영업허가는 유기장 경영권을 설정하는 설권행위가 아니고 일반적 금지를 해제하는 영업자유의 회복이라 할 것이므로 그 영업상의 이익은 반사적 이익에 불과하고 행정행위의 본질상 금지의 해제나 그 해제를 다시 철회하는 것은 공익성과 합목적성에 따른 당해 행정청의 재량행위라 할 것이다. (대판 1986.11.25. 84누147)
④ (○) 운전면허는 대인적 허가에 해당한다.
⑤ (○) 개축허가신청에 대하여 행정청이 착오로 대수선 및 용도변경허가를 하였다 하더라도 취소 등 적법한 조치 없이 그 효력을 부인할 수 없음은 물론, 더구나 이를 다른 처분(즉, 개축허가)으로 볼 근거도 없다. (대판 1985.11.26. 85누382)

정답 ②

## 03 형성적 행정행위 1(특허)

**019** 「도시 및 주거환경정비법」에 관한 설명으로 옳지 않은 것은? (다툼이 있는 경우 판례에 의함) 23 소방

① 조합설립인가처분은 단순히 사인들의 조합설립행위에 대한 보충행위로서의 성질을 갖는 것에 그치지 않는다.
② 사업시행계획이 무효인 경우 그에 대한 인가처분이 있다고 하더라도 사업시행계획이 유효한 것으로 될 수 없다.
③ 관리처분계획에 대하여 인가·고시가 있는 경우에 총회결의의 하자를 이유로 그 효력 유무를 다투는 확인의 소를 제기하는 것은 특별한 사정이 없는 한 허용된다.
④ 조합원 지위를 상실한 토지등소유자는 주택재개발사업에 대한 사업시행계획에 당연무효의 하자가 있는 경우, 사업시행계획의 무효확인 또는 취소를 구할 법률상 이익이 있다.

**해설**
① (○) ③ (✕) 행정청이 도시 및 주거환경정비법 등 관련 법령에 근거하여 행하는 조합설립인가처분은 단순히 사인들의 조합설립행위에 대한 보충행위로서의 성질을 갖는 것에 그치는 것이 아니라 법령상 요건을 갖출 경우 도시 및 주거환경정비법상 주택재건축사업을 시행할 수 있는 권한을 갖는 행정주체(공법인)로서의 지위를 부여하는 일종의 설권적 처분의 성격을 갖는다고 보아야 한다. 그리고 그와 같이 보는 이상 조합설립결의는 조합설립인가처분이라는 행정처분을 하는 데 필요한 요건 중 하나에 불과한 것이어서, 조합설립결의에 하자가 있다면 그 하자를 이유로 직접 항고소송의 방법으로 조합설립인가처분의 취소 또는 무효확인을 구하여야 하고, 이와는 별도로 조합설립결의 부분만을 따로 떼어내어 그 효력 유무를 다투는 확인의 소를 제기하는 것은 원고의 권리 또는 법률상의 지위에 현존하는 불안·위험을 제거하는 데 가장 유효·적절한 수단이라 할 수 없어 특별한 사정이 없는 한 확인의 이익은 인정되지 아니한다. (대판 2009.9.24. 2008다60568)
② (○) 선행행위가 무효이면 후행행위도 무효이다.
④ (○) 도시환경정비사업에 대한 사업시행계획이 당연무효인 경우, 분양신청기간 내에 분양신청을 하지 않거나 분양신청을 철회하여 도시 및 주거환경정비법 제47조 등에 의하여 조합원의 지위를 상실한 토지등소유자에게도 관리처분계획의 무효확인 또는 취소를 구할 법률상 이익이 있다. (대판 2011.12.8. 2008두18342)

정답 ③

**020** 도로에 대한 설명으로 옳은 것은? (다툼이 있는 경우 판례에 의함)  21 국가7급

① 토지의 지목이 도로이고 국유재산대장에 등재되어 있다면 그 토지는 도로로서 행정재산에 해당한다.
② 일반적인 시민생활에 있어 도로를 이용만 하는 사람은 원칙적으로 도로의 용도폐지를 다툴 법률상의 이익이 있다.
③ 도로의 지하는 「도로법」상의 도로점용의 대상이 될 수 있다.
④ 집중호우로 제방도로가 유실되면서 보행자가 강물에 휩쓸려 익사한 경우, 사고 당일의 집중호우가 50년 빈도의 최대강우량에 해당한다면 불가항력에 기인한 것으로 볼 수 있다.

**해설**
① (X) 토지의 지목이 도로이고 국유재산대장에 등재되어 있다는 사정만으로 바로 토지가 도로로서 행정재산에 해당한다고 할 수는 없다. (대판 2016.5.12. 2015다255524)
② (X) 일반적으로 도로는 국가나 지방자치단체가 직접 공중의 통행에 제공하는 것으로서 일반국민은 이를 자유로이 이용할 수 있는 것이기는 하나, 그렇다고 하여 그 이용관계로부터 당연히 그 도로에 관하여 특정한 권리나 법령에 의하여 보호되는 이익이 개인에게 부여되는 것이라고 까지는 말할 수 없으므로, 일반적인 시민생활에 있어 도로를 이용만 하는 사람은 그 용도폐지를 다툴 법률상의 이익이 있다고 말할 수는 없다. (대판 1992.9.22. 91누13212)
③ (O) 도로법 제40조에 규정된 도로의 점용이란 일반공중의 교통에 공용되는 도로에 대하여 이러한 일반사용과는 별도로 도로의 지표뿐만 아니라 그 지하나 지상 공간의 특정 부분을 유형적, 고정적으로 특정한 목적을 위하여 사용하는 이른바 특별사용을 뜻하는 것이므로, 허가 없이 도로를 점용하는 행위의 내용이 위와 같은 특별사용에 해당할 경우에 한하여 도로법 제80조의2의 규정에 따라 도로점용료 상당의 부당이득금을 징수할 수 있다. (대판 1998.9.22. 96누7342)
④ (X) 집중호우로 제방도로가 유실되면서 그곳을 걸어가던 보행자가 강물에 휩쓸려 익사한 경우, 사고 당일의 집중호우가 50년 빈도의 최대강우량에 해당한다는 사실만으로 불가항력에 기인한 것으로 볼 수 없으므로 제방도로의 설치·관리상의 하자가 인정된다. (대판 2000.5.26. 99다53247)

정답 ③

---

**021** 강학상 특허가 아닌 것만을 〈보기〉에서 모두 고른 것은?  19 서울9급 6월

〈보기〉
ㄱ. 관할청의 구 「사립학교법」에 따른 학교법인의 이사장 등 임원취임승인행위
ㄴ. 「출입국관리법」상 체류자격변경허가
ㄷ. 구 「수도권 대기환경개선에 관한 특별법」상 대기오염물질 총량관리사업장 설치의 허가
ㄹ. 지방경찰청장이 운전면허시험에 합격한 사람에게 발급하는 운전면허
ㅁ. 개발촉진지구 안에서 시행되는 지역개발사업에 관한 지정권자의 실시계획 승인처분

① ㄱ, ㄷ
② ㄱ, ㄹ
③ ㄴ, ㄹ
④ ㄷ, ㅁ

> 해설

ㄱ. (×) [인가] 대판 2007.12.27. 2005두9651
ㄴ. (○) [특허] 체류자격변경허가는 신청인에게 당초의 체류자격과 다른 체류자격에 해당하는 활동을 할 수 있는 권한을 부여하는 일종의 설권적 처분의 성격을 가지므로, 허가권자는 신청인이 이 관계 법령에서 정한 요건을 충족하였더라도, 신청인의 적격성, 체류목적, 공익상의 영향 등을 참작하여 허가 여부를 결정할 수 있는 재량을 가진다. (대판 2016.7.14. 2015두48846)
ㄷ. (○) [특허] 대기오염물질 총량관리사업장 설치의 허가 또는 변경허가에 관한 규정들의 문언 및 그 체제·형식과 함께 구 수도권 대기환경개선에 관한 특별법의 입법목적, 규율대상, 허가의 방법, 허가 후 조치권한 등을 종합적으로 고려할 때, 구 수도권 대기환경개선에 관한 특별법 제14조 제1항에서 정한 대기오염물질 총량관리사업장 설치의 허가 또는 변경허가는 특정인에게 인구가 밀집되고 대기오염이 심각하다고 인정되는 수도권 대기관리권역에서 총량관리대상 오염물질을 일정량을 초과하여 배출할 수 있는 특정한 권리를 설정하여 주는 행위로서 그 처분의 여부 및 내용의 결정은 행정청의 재량에 속한다. (대판 2013.5.9. 2012두22799)
ㄹ. (×) [허가]
ㅁ. (○) [특허] 개발촉진지구 안에서 시행되는 지역개발사업(국가 또는 지방자치단체가 직접 시행하는 경우를 제외하다. 이하 '지구개발사업'이라 한다)에서 지정권자의 실시계획 승인처분은 단순히 시행자가 작성한 실시계획에 대한 보충행위로서의 성질을 가지는 것이 아니라 시행자에게 구 지역균형개발법상 지구개발사업을 시행할 수 있는 지위를 부여하는 일종의 설권적 처분의 성격을 가진 독립된 행정처분으로 보아야 한다. (대판 2014.9.26. 2012두5619)

> 정답 ②

> 기출지문 OX

**01** 특허는 주로 특정인을 대상으로 행해지나 이에 한정되지 않으며 불특정 다수인에게 행해지기도 한다. [19 서울7급 2월]  (O, ×)
> 해설 특허는 특정인을 대상으로만 가능하다. 한편, 하명이나 허가는 불특정 다수인에게 행해지기도 한다.  정답 ×

**02** 재단법인의 임원 취임이 재단법인의 정관에 근거한다 할지라도 이에 대해 주무관청이 당연히 인가하여야 하는 것은 아니며 인가 여부를 재량으로 결정할 수 있다. [19 서울7급 2월]  (O, ×)
> 정답 O

**03** 재개발조합설립인가는 특허이다. [17 교행]  (O, ×)
> 해설 도시 및 주거환경정비법상 재개발조합설립인가신청에 대한 행정청의 조합설립인가처분은 단순히 사인들의 조합설립행위에 대한 보충행위로서의 성질을 갖는 것이 아니라 법령상 일정한 요건을 갖출 경우 행정주체(공법인)의 지위를 부여하는 일종의 설권적 처분의 성격을 갖는 것이다. 도시 및 주거환경정비법상상 재개발조합설립인가신청에 대하여 행정청의 조합설립인가처분이 있은 이후에 조합설립결의에 하자가 있음을 이유로 재개발조합설립의 효력을 부정하기 위해서는 항고소송으로 조합설립인가처분의 효력을 다투어야 한다. (대판 2009.9.24. 2009마168)
> 정답 O

**04** 서울특별시장의 의료유사업자 자격증 갱신발급행위는 확인이다. [17 교행]  (O, ×)
> 해설 의료유사업자 자격증 갱신발급행위는 특정한 사실 또는 법률관계의 존부를 공적으로 증명하는 공증행위에 속하는 행정행위이다. (대판 1977.5.24. 76누295)
> 정답 ×

**022** 甲은 관할 행정청에 「여객자동차 운수사업법」에 따른 개인택시운송사업면허를 신청하였다. 이에 대한 설명으로 옳은 것은? (다툼이 있는 경우 판례에 의함)  17 지방9급

① 개인택시운송사업면허의 법적 성질은 강학상 허가에 해당한다.

② 관련 법령에 법적 근거가 없더라도 개인택시운송사업면허를 하면서 부관을 붙일 수 있다.

③ 개인택시운송사업면허가 거부된 경우, 거부처분에 대해 취소소송과 함께 제기한 甲의 집행정지신청은 법원에 의해 허용된다.

④ 甲이 개인택시운송사업면허를 받았다가 이를 乙에게 양도하였고 운송사업의 양도·양수에 대한 인가를 받은 이후에는 양도·양수 이전에 있었던 甲의 운송사업면허취소사유를 이유로 乙의 운송사업면허를 취소할 수 없다.

**해설**

① (×) 개인택시운송사업면허는 특허이다.
② (○) 수익적 행위나 재량행위는 법적 근거가 없어도 부관을 붙일 수 있는 것이 원칙이다.
③ (×) 거부나 부작위에 대해서는 집행정지가 인정되지 않는다.

> 신청에 대한 거부처분의 효력을 정지하더라도 거부처분이 없었던 것과 같은 상태, 즉 거부처분이 있기 전의 신청시 상태로 되돌아가는 데에 불과하고 행정청에게 신청에 따른 처분을 하여야 할 의무가 생기는 것이 아니므로, 거부처분의 효력정지는 그 거부처분으로 인하여 신청인에게 생길 손해를 방지하는 데에 아무런 소용이 없어 그 효력정지를 구할 이익이 없다. (대판 1992.2.13. 91두47)

④ (×) 구 여객자동차 운수사업법 제14조 제4항에 의하면 개인택시운송사업을 양수한 사람은 양도인의 운송사업자로서의 지위를 승계하므로, 관할 관청은 개인택시운송사업의 양도·양수에 대한 인가를 한 후에도 그 양도·양수 이전에 있었던 양도인에 대한 운송사업면허취소사유를 들어 양수인의 사업면허를 취소할 수 있다. (대판 2010.11.11. 2009두14934)

**정답** ②

**023** 행정행위의 종류에 관한 설명 중 옳은 것은? (단, 다툼이 있는 경우 판례에 의함)  17 사복

① 한약조제시험을 통하여 약사에게 한약조제권을 인정함으로써 한의사들의 영업상 이익이 감소되었다고 하더라도 이러한 이익은 사실상의 이익에 불과하다.

② 개인택시운송사업면허는 성질상 일반적 금지에 대한 해제에 불과하다.

③ 사회복지법인의 정관변경허가에 대해서는 부관을 붙일 수 없다.

④ 친일반민족행위자재산조사위원회의 국가귀속결정은 친일재산을 국가의 소유로 귀속시키는 형성행위이다.

> 해설

① (O) 한의사면허의 법적 성질은 허가이며, 한의사가 약사에게 한약조제권을 인정해 주는 한약조제시험 합격처분의 효력에 대하여 다툴 원고적격이 부정된다. (대판 1998.3.10. 97누4289)
② (X) 개인택시운송사업면허는 특허이다. 일반적 금지에 대한 해제는 허가를 말한다.
③ (X) 사회복지법인의 정관변경허가는 인가이므로 부관을 붙일 수 있다.

> 사회복지법인의 정관변경을 허가할 것인지의 여부는 주무관청의 정책적 판단에 따른 재량에 맡겨져 있다고 할 것이고, 주무관청이 정관변경허가를 함에 있어서는 비례의 원칙 및 평등의 원칙에 적합하고 행정처분의 본질적 효력을 해하지 않는 한도 내에서 부관을 붙일 수 있다. (대판 2002.9.24. 2000두5661)

④ (X) 위원회의 국가귀속결정은 당해 재산이 친일재산에 해당한다는 사실을 확인하는 이른바 준법률행위적 행정행위의 성격을 가진다. (대판 2008.11.13. 2008두13491)

정답 ①

## 024
서울지방국토관리청이 기획재정부장관으로부터 관할 행정재산 관리사무를 법률에 따라 위임받아 특정 행정재산의 사용허가를 한 경우, 이에 대한 설명으로 가장 옳은 것은? 16 서울7급

① 서울지방국토관리청이 행하는 행정재산의 사용허가는 순전히 사경제주체로서 행하는 사법상의 행위가 아니라 국가행정기관이 공권력을 보유한 우월적 지위에서 행하는 행정처분이다.
② 서울지방국토관리청의 사용허가는 특정인에게 행정재산을 사용할 수 있는 권리를 설정해 주는 강학상 특허에 해당하므로 그 취소나 철회에 대하여는 항고소송을 통해 다툴 수 있으며, 이때 피고는 해당 사무를 위임한 기획재정부장관이다.
③ 서울지방국토관리청의 행정재산 사용허가에 있어서 해당 행정청이 정한 사용허가기간은 그 허가의 효력을 제한하기 위한 행정행위의 부관이므로 이는 독립하여 행정소송의 대상이 될 수 있다.
④ 서울지방국토관리청의 그 효력을 제한한 사용허가로 인하여 사용허가의 일부 거부를 취소하는 소송을 제기할 때 그 소송의 제1심 관할 법원은 피고의 소재지를 관할하는 행정법원이 아니라 해당 행정재산의 소재지를 관할하는 행정법원이다.

> 해설

① (O) 국유재산 등의 관리청이 하는 행정재산의 사용·수익에 대한 허가는 순전히 사경제주체로서 행하는 사법상의 행위가 아니라 관리청이 공권력을 가진 우월적 지위에서 행하는 행정처분으로서 특정인에게 행정재산을 사용할 수 있는 권리를 설정하여 주는 강학상 특허에 해당한다. (대판 2006.3.9. 2004다31074)
② (X) 피고는 해당 사무를 위임한 기획재정부장관이 아니라 수임한 서울지방국토관리청이다.
③ (X) 사용허가기간은 부관이지만 부담이 아니므로 독립하여 행정소송의 대상이 될 수 없다.
④ (X) 피고소재지 또는 행정재산의 소재지를 관할하는 행정법원이다.

정답 ①

## 025 행정행위에 대한 설명으로 옳지 않은 것은? (다툼이 있는 경우 판례에 의함) <sub>15 국가7급</sub>

① 무효인 행정행위에 대하여는 사정판결이 인정되지 않는다.
② 행정행위에 흠이 있는 경우에도 당연무효인 경우를 제외하고는 권한 있는 기관에 의하여 취소될 때까지는 효력을 지속한다.
③ 형성적 행정행위는 명령적 행정행위와 함께 법률행위적 행정행위에 속하며, 이에는 특허·인가·대리가 속한다.
④ 확인은 특정한 사실 또는 법률관계에 관하여 의문이 있는 경우에 행정청이 그 존부 또는 정부를 판단하는 준법률행위적 행정행위이며, 그 예로는 합격증서의 발급 및 영수증의 교부 등을 들 수 있다.

> **해설**
> ① (O) 사정판결은 취소소송에서만 인정된다.
> ② (O) 공정력의 개념이다.
> ③ (O)
> ④ (X) 합격증서의 발급 및 영수증의 교부는 공증이다.
>
> **정답** ④

## 026 특허기업의 법률관계에 대한 설명으로 옳지 않은 것은? <sub>15 지방7급</sub>

① 특허기업과 행정주체의 법률관계는 기본적으로 공법관계이므로 행정청은 특허기업에 대하여 감독권을 행사할 수 있다.
② 특허기업과 특허기업 이용자와의 관계는 사법관계이므로 특허기업자는 특허기업의 이용자를 정당한 사유 없이도 차별적으로 취급할 수 있다.
③ 특허기업은 특허받은 한도 내에서 특허의 대상이 되는 사업을 배타적으로 경영할 수 있는 경영권을 갖는다.
④ 특허기업은 사업의 원활한 운영을 위하여 특별한 보호와 특권을 부여받으며 그와 동시에 공익성의 보장을 위하여 필요한 의무와 부담을 진다.

> **해설**
> ① (O) 특허기업과 행정주체의 법률관계는 기본적으로 특별권력관계의 일종이다. 따라서 감독권을 행사할 수 있다.
> ② (X) 공법관계와 사법관계를 불문하고 정당한 이유 없이 차별적 취급을 하는 것은 안 된다.
> ③ (O) 특허기업은 특허권을 가지기 때문에 제3자와 관계에서 일정 부분 그 사업에 대한 배타적 경영권이 인정된다.
> ④ (O)
>
> **정답** ②

## 027 같은 성질의 행정행위끼리 연결되지 아니한 것은?

09 국가9급

① 어업면허 – 하천점용허가
② 교과서의 검정 – 국가시험합격자결정
③ 발명특허 – 광업허가
④ 귀화허가 – 공유수면매립면허

**해설**
① (○) 특허 – 특허
② (○) 확인(특허라는 견해도 있음) – 확인
③ (×) 확인 – 특허
④ (○) 특허 – 특허

**정답** ③

## 028 甲은 구「공유수면매립법」에 의거하여 관할 행정청으로부터 공유수면매립면허를 받으려고 한다. 공유수면매립면허와 관련된 설명으로 옳은 것은?

09 지방9급

① 공유수면매립면허는 협력을 요하는 행정행위로 보는 것이 일반적 견해이다.
② 甲이 구「공유수면매립법」에서 정한 소정의 요건을 갖춘 경우에 관할 행정청은 반드시 매립면허를 하여야 한다.
③ 甲의 공유수면매립면허신청에 대한 면허거부처분이 재량권 일탈·남용에 해당하는 경우에도 법원은 이를 취소할 수 없다.
④ 관할 행정청은 甲에게 공유수면매립면허를 함에 있어서 부관을 붙일 수 없다.

**해설**
① (○) 공유수면매립면허는 특허로서 협력(신청)을 요하는 쌍방적 행정행위의 성질을 가진다.
② (×) 공유수면매립면허는 특허로서 재량행위이다. 따라서 법정요건을 갖춘 경우에도 행정청은 매립면허를 하지 않을 수 있다.
③ (×) 공유수면매립면허신청에 대한 면허거부처분이 재량권 일탈·남용에 해당하는 경우에도 법원은 이를 취소할 수 있다. (행정소송법 제27조)
④ (×) 공유수면매립면허는 재량행위이며 부관을 붙일 수 있다.

**정답** ①

## 029 특허보세구역을 설치하고자 하는 자는 「관세법」에 의하여 세관장의 특허를 받아야 한다. 세관장의 특허행위에 관한 설명으로 옳은 것은?

09 관세사

① 행정법학상 형성적 행위로 분류된다.
② 「특허법」에 의한 특허와 그 법적 성질이 같다.
③ 확인행위의 일종이다.
④ 세관장이 일방적으로 권리를 주는 행위이므로 행정소송으로 이를 취소할 법률상의 이익이 인정될 수 없다.
⑤ 준법률행위적 행정행위 중의 하나이다.

**해설**
① (○) 세관장의 특허행위는 법률행위적 행정행위 중 형성적 행위에 해당한다.
② (×) ③ (×) ④ (×) ⑤ (×)

**정답** ①

## 04 형성적 행정행위 2(인가)

**030** 「도시 및 주거환경정비법」상 행정처분에 대한 판례의 입장으로 옳지 않은 것은? <sub></sub>22 서울·지방7급

① 주택재개발조합설립추진위원회 구성승인처분은 조합의 설립을 위한 주체인 주택재개발조합설립추진위원회의 구성행위를 보충하여 그 효력을 부여하는 처분이다.

② 주택재건축조합설립인가처분은 법령상 요건을 갖출 경우 주택재건축사업을 시행할 수 있는 권한을 갖는 행정주체로서의 지위를 부여하는 일종의 설권적 처분의 성격을 갖는다.

③ 주택재건축조합의 정관변경에 대한 시장·군수 등의 인가는 그 대상이 되는 기본행위를 보충하여 법률상 효력을 완성시키는 행위로서 시장·군수 등이 변경된 정관을 인가하면 정관변경의 효력이 총회의 의결이 있었던 때로 소급하여 발생한다.

④ 토지등소유자들이 도시환경정비사업을 위한 조합을 따로 설립하지 아니하고 직접 그 사업을 시행하고자 하는 경우, 사업시행계획 인가처분은 일종의 설권적 처분의 성격을 가지므로 토지등소유자들이 작성한 사업시행계획은 독립된 행정처분이 아니다.

**해설**

① (O) 조합설립인가는 설권적 처분이고, 구성승인처분은 보충행위로서 인가이다.

> 조합설립추진위원회의 구성을 승인하는 처분은 조합의 설립을 위한 주체에 해당하는 비법인 사단인 추진위원회를 구성하는 행위를 보충하여 그 효력을 부여하는 처분인데 반하여, 조합설립인가처분은 법령상 요건을 갖출 경우 도시 및 주거환경정비법상 주택재개발사업을 시행할 수 있는 권한을 가지는 행정주체(공법인)로서의 지위를 부여하는 일종의 설권적 처분이다. (대판 2013.12.26. 2011두8291)

② (O) 재건축조합설립인가와 재개발조합설립인가는 특허이다.

③ (X) 시장 등의 인가는 그 대상이 되는 기본행위를 보충하여 법률상 효력을 완성시키는 행위로서 이러한 인가를 받지 못한 경우 변경된 정관은 효력이 없고, 시장 등이 변경된 정관을 인가하더라도 정관변경의 효력이 총회의 의결이 있었던 때로 소급하여 발생한다고 할 수 없다. (대판 2014.7.10. 2013도11532)

④ (O) 도시 및 주거환경정비법상 토지등소유자들이 조합을 따로 설립하지 않고 직접 시행하는 도시환경정비사업에서 사업시행인가처분은 정비사업을 시행할 수 있는 권한을 가지는 행정주체로서의 지위를 부여하는 일종의 설권적 처분의 성격을 가진다. 도시환경정비사업을 직접 시행하려는 토지등소유자들이 사업시행인가를 받기 전에 작성한 사업시행계획은 항고소송의 대상이 되는 독립된 행정처분에 해당하지 아니한다. (대판 2013.6.13. 2011두19994)

**정답** ③

**031** 다음 사례에 대한 설명으로 옳은 것은? (다툼이 있는 경우 판례에 의함)   22 서울·지방9급

> 「도시 및 주거환경정비법」에 따라 설립된 A주택재건축정비사업조합은 관할 B구청장으로부터 ㉠ 조합설립인가를 받은 후, 조합총회에서 재건축 관련 ㉡ 관리처분계획에 대한 의결을 하였고, 관할 B구청장으로부터 위 ㉢ 관리처분계획에 대한 인가를 받았다. 이후 조합원 甲은 위 관리처분계획의 의결에는 조합원 전체의 4/5 이상의 결의가 있어야 함에도 불구하고, 이를 위반하여 위법한 것임을 이유로 ㉣ 관리처분계획의 무효를 주장하며 소송으로 다투려고 한다.

① ㉠과 ㉢의 인가의 강학상 법적 성격은 동일하다.
② 甲이 ㉡에 대해 소송으로 다투려면 A주택재건축정비사업조합을 상대로 민사소송을 제기하여야 한다.
③ 甲이 ㉣에 대해 소송으로 다투려면 항고소송을 제기하여야 한다.
④ 甲이 ㉣에 대해 소송으로 다투려면 B구청장을 피고로 하여야 한다.

해설
① (×) 조합설립인가는 특허이고, 관리처분에 대한 의결은 인가이다.
② (×) 관리처분에 대한 의결을 다투는 소송은 당사자소송이다.
③ (○) 관리처분계획은 처분이므로 항고소송의 대상이다.
④ (×) 관리처분계획를 다투는 소송의 피고는 사업주체인 재건축조합이다.

정답 ③

**032** 강학상 인가에 대한 설명으로 옳지 않은 것은? (다툼이 있는 경우 판례에 의함)   21 국가7급

① 인가는 당사자의 법률적 행위를 보충하여 그 법률적 효력을 완성시키는 행정주체의 보충적 의사표시로서의 법률행위적 행정행위이다.
② 재단법인의 정관변경결의가 적법 유효하고 보충행위인 인가처분 자체에만 하자가 있다면 그 인가처분의 무효나 취소를 주장할 수 있다.
③ 재단법인의 정관변경결의에 하자가 있더라도, 그에 대한 인가가 있었다면 기본행위인 정관변경결의는 유효한 것으로 된다.
④ 재단법인의 임원취임이 사법인인 재단법인의 정관에 근거하였다 할지라도 재단법인의 임원취임승인신청에 대하여 주무관청이 그 신청을 당연히 승인하여야 하는 것은 아니다.

해설
① (○) 인가의 개념이다.
② (○) 인가에 대한 소송에서 기본행위에 하자가 있으면 기본행위를 대상으로, 인가에 하자가 있으면 인가를 대상으로 해야 한다.
③ (×) 인가는 효력에 있어서 기본행위와 운명공동체이다.
④ (○) 재단법인의 임원취임이 사법인인 재단법인의 정관에 근거한다 할지라도 이에 대한 행정청의 승인(인가)행위는 법인에 대한 주무관청의 감독권에 연유하는 이상 그 인가행위 또는 인가거부행위는 공법상의 행정처분으로서, 그 임원취임을 인가 또는 거부할 것인지 여부는 주무관청의 권한에 속하는 사항이라고 할 것이고, 재단법인의 임원취임승인신청에 대하여 주무관청이 이에 기속되어 이를 당연히 승인하여야 하는 것은 아니다. (대판 2000.1.28. 98두16996)

정답 ③

## 033 강학상 인가에 대한 설명으로 옳은 것만을 모두 고르면?

ㄱ. 강학상 인가는 기본행위에 대한 법률상의 효력을 완성시키는 보충행위로서, 그 기본이 되는 행위에 하자가 있을 때에는 그에 대한 인가가 있었다 하여도 기본행위가 유효한 것으로 될 수 없다.
ㄴ. 「민법」상 재단법인의 정관변경에 대한 주무관청의 허가는 법률상 표현이 허가로 되어 있기는 하나, 그 성질은 법률행위의 효력을 보충해 주는 것이지 일반적 금지를 해제하는 것은 아니다.
ㄷ. 인가처분에 하자가 없더라도 기본행위에 무효사유가 있다면 기본행위의 무효를 내세워 그에 대한 행정청의 인가처분의 취소 또는 무효확인을 구할 소의 이익이 있다.
ㄹ. 「도시 및 주거환경정비법」상 관리처분계획에 대한 인가는 강학상 인가의 성격을 갖고 있으므로 관리처분계획에 대한 인가가 있더라도 관리처분계획안에 대한 총회결의에 하자가 있다면 민사소송으로 총회결의의 하자를 다투어야 한다.

① ㄱ, ㄴ
② ㄴ, ㄷ
③ ㄷ, ㄹ
④ ㄱ, ㄴ, ㄹ

**해설**

ㄱ. (○) 기본행위에 하자가 있는 경우, 적법한 인가가 있더라도 기본행위가 유효로 되지 않는다. 즉, 인가가 있어도 기본행위의 하자가 치유되지 않는다.

> 학교법인의 임원에 대한 감독청의 취임승인은 학교법인의 임원선임행위를 보충하여 그 법률상의 효력을 완성하게 하는 보충적 행정행위로서 성질상 기본행위를 떠나 승인처분 그 자체만으로는 법률상 아무런 효력도 발생할 수 없으므로 기본행위인 학교법인의 임원선임행위가 불성립 또는 무효인 경우 비록 감독청의 취임승인이 있었다 하여도 무효인 선임행위가 유효로 되는 것은 아니다. (대판 1987.8.18. 86누152)

ㄴ. (○) 인가는 기본행위인 재단법인의 정관변경에 대한 법률상의 효력을 완성시키는 보충행위로서, 그 기본이 되는 정관변경결의에 하자가 있을 때에는 그에 대한 인가가 있었다 하여도 기본행위인 정관변경결의가 유효한 것으로 될 수 없으므로 기본행위인 정관변경결의가 적법·유효하고 보충행위인 인가처분 자체에만 하자가 있다면 그 인가처분의 무효나 취소를 주장할 수 있지만, 인가처분에 하자가 없다면 기본행위에 하자가 있다 하더라도 따로 그 기본행위의 하자를 다투는 것은 별론으로 하고 기본행위의 무효를 내세워 바로 그에 대한 행정청의 인가처분의 취소 또는 무효확인을 소구할 법률상의 이익이 없다. (대판 1996.5.16. 95누4810 전원합의체)

ㄷ. (×) 기본행위에 하자가 있으면 기본행위를 다투어야 하고, 인가에 하자가 있으면 인가를 다투어야 한다.

> 기본행위인 관리처분계획이 적법·유효하고 보충행위인 인가처분 자체에만 하자가 있다면 그 인가처분의 무효나 취소를 주장할 수 있지만, 인가처분에 하자가 없다면 기본행위에 하자가 있다 하더라도 따로 그 기본행위의 하자를 다투는 것은 별론으로 하고 기본행위의 무효를 내세워 바로 그에 대한 행정청의 인가처분의 취소 또는 무효확인을 소구할 법률상의 이익이 있다고 할 수 없다. (대판 1994.10.14. 93누22753)

ㄹ. (×) 도시 및 주거환경정비법상 주택재건축정비사업조합이 같은 법 제48조에 따라 수립한 관리처분계획에 대하여 관할 행정청의 인가·고시까지 있게 되면 관리처분계획은 행정처분으로서 효력이 발생하게 되므로, 총회결의의 하자를 이유로 하여 행정처분의 효력을 다투는 항고소송의 방법으로 관리처분계획의 취소 또는 무효확인을 구하여야 하고, 그와 별도로 행정처분에 이르는 절차적 요건 중 하나에 불과한 총회결의 부분만을 따로 떼어내어 효력 유무를 다투는 확인의 소를 제기하는 것은 특별한 사정이 없는 한 허용되지 않는다. (대판 2009.9.17. 2007다2428 전원합의체)

**정답** ①

## 034  판례의 입장으로 옳지 않은 것은?

20 국가7급

① 어떠한 토지에 대하여 도로로서의 도시계획시설결정 및 지적승인이 있었다면, 그 도시계획사업이 실시되었거나 그 토지가 자연공로로 이용된 적이 없다 하여도 도시계획결정 및 지적승인의 고시에 의해 그 토지는 행정재산이 된다.

② 개발부담금은 국가 또는 지방자치단체가 재정수요를 충족시키기 위하여 반대급부 없이 법률에 규정된 요건에 해당하는 모든 자에 대하여 일반적 기준에 의하여 부과하는 금전급부라는 조세로서의 특징을 가지므로 실질적인 조세로 보아야 한다.

③ 토지거래허가구역 안에서 허가를 받지 아니하고 체결한 토지거래계약이 확정적으로 무효가 된 것이 아니라면, 허가구역 지정이 해제된 경우에는 그 계약은 확정적으로 유효로 된다.

④ 구 「공무원연금법」상 공무원연금관리공단(현 공무원연금공단)이 퇴직연금수급자에게 공무원연금법령이 개정되어 퇴직연금 중 일부 금액의 지급정지대상자가 되었다는 사실을 통보하는 행위는 항고소송의 대상이 되지 않는다.

### 해설

① (×) 토지에 대하여 도로로서의 도시계획시설결정 및 지적승인이 있다는 사정만으로 그 토지가 행정재산이 되는 것은 아니다.

> 도로와 같은 인공적 공공용 재산은 법령에 의하여 지정되거나 행정처분으로써 공공용으로 사용하기로 결정한 경우, 또는 행정재산으로 실제로 사용하는 경우의 어느 하나에 해당하여야 비로소 행정재산이 되는 것인데, 특히 도로는 도로로서의 형태를 갖추고, 도로법에 따른 노선의 지정 또는 인정의 공고 및 도로구역 결정·고시를 한 때 또는 도시계획법 또는 도시재개발법 소정의 절차를 거쳐 도로를 설치하였을 때에 공공물로서 공용개시행위가 있다고 할 것이므로, 토지의 지목이 도로이고 국유재산대장에 등재되어 있다는 사정만으로 바로 그 토지가 도로로서 행정재산에 해당한다고 할 수는 없다. (대판 2000.4.25. 2000다348)

② (○) 개발부담금의 특성이다.
③ (○) 토지거래허가구역 안에서 허가를 받지 아니하고 체결한 토지거래계약의 효력은 허가 전까지는 유동적 무효이지만, 허가를 받거나 허가구역 지정이 해제된 경우에는 그 계약은 확정적으로 유효로 된다.
④ (○) 당사자소송의 대상이 된다.

정답 ①

### 기출지문 OX

**01** 공유수면매립면허의 공동명의자 사이의 면허로 인한 권리·의무 양도약정은 면허관청의 인가를 받지 않은 이상 법률상 아무런 효력도 발생할 수 없다. [20 국가9급]  (○, ×)

해설 인가는 효력요건이므로 인가가 없으면 기본행위의 효력이 발생하지 않는다.

> 공유수면매립의 면허로 인한 권리·의무의 양도·양수에 있어서의 면허관청의 인가는 효력요건으로서, 위 각 규정은 강행규정이라고 할 것인바, 위 면허의 공동명의자 사이의 면허로 인한 권리·의무양도약정은 면허관청의 인가를 받지 않은 이상 법률상 아무런 효력도 발생할 수 없다. (대판 1991.6.25. 90누5184)

정답 ○

**02** 인가처분에 하자가 없다면 기본행위에 하자가 있다 하더라도 따로 그 기본행위의 하자를 다투는 것은 별론으로 하고 기본행위의 무효를 내세워 바로 그에 대한 행정청의 인가처분의 취소 또는 무효확인을 소구할 법률상의 이익이 없다. [20 국가9급]  (○, ×)

해설 기본행위에 하자가 있으면 기본행위를, 인가에 하자가 있으면 인가를 소의 대상으로 해야 한다.

정답 ○

**03** 공익법인의 기본재산 처분에 대한 허가의 법률적 성질이 형성적 행정행위로서의 인가에 해당하므로, 그 허가에 조건으로서의 부관의 부과가 허용되지 아니한다. [20 국가9급] (O, X)

해설 공익법인의 기본재산의 처분에 관한 공익법인의 설립·운영에 관한 법률 제11조 제3항의 규정은 강행규정으로서 이에 위반하여 주무관청의 허가를 받지 않고 기본재산을 처분하는 것은 무효라 할 것인데, 위 처분허가에 부관을 붙인 경우 그 처분허가의 법률적 성질이 형성적 행정행위로서의 인가에 해당한다고 하여 조건으로서의 부관의 부과가 허용되지 아니한다고 볼 수는 없고, 다만 구체적인 경우에 그것이 조건, 기한, 부담, 철회권의 유보 중 어느 종류의 부관에 해당하는지는 당해 부관의 내용, 경위 기타 제반 사정을 종합하여 판단하여야 할 것이다. (대판 2005.9.28. 2004다50044)

정답 X

## 035 다른 법률행위를 보충하여 그 법적 효력을 완성시키는 행위에 해당하지 않는 것만을 모두 고르면? (다툼이 있는 경우 판례에 의함)
[19 국가9급]

ㄱ. 사설법인묘지의 설치에 대한 행정청의 허가
ㄴ. 토지거래허가구역 내의 토지거래계약에 대한 행정청의 허가
ㄷ. 재단법인의 정관변경에 대한 행정청의 허가
ㄹ. 재건축조합이 수립하는 관리처분계획에 대한 행정청의 인가

① ㄱ
② ㄱ, ㄹ
③ ㄴ, ㄹ
④ ㄱ, ㄴ, ㄷ

해설
ㄱ. (X) [허가] 사설묘지 설치허가신청 대상지가 관련 법령에서 규정한 설치제한구역에 해당하지 않더라도 중대한 공익상 필요가 있는 경우 그 허가를 거부할 수 있다. 법인묘지 설치허가신청지가 장사 등에 관한 법률 제15조 및 같은 법 시행령 제14조에서 규정한 설치제한지역에 해당하지 않지만 주민들의 보건위생상 이익보호를 이유로 그 허가를 거부한 처분은 적법하다. (대판 2008.4.10. 2007두6106)
ㄴ. (O) ㄷ. (O) [인가]
ㄹ. (O) [인가] 도시재개발법 제34조에 의한 행정청의 인가는 주택개량재개발조합의 관리처분계획에 대한 법률상의 효력을 완성시키는 보충행위이다. (대판 2001.12.11. 2001두7541)

정답 ①

### 기출지문 OX

**01** 건축허가는 수허가자에게 어떤 새로운 권리나 능력을 부여하는 것이 아니다. [19 서울 사복] (O, X)

해설 건축허가는 강학상 허가로 수허가자에게 어떤 새로운 권리나 능력을 부여하는 것이 아니라 원래의 권리를 회복시키는 것이다.

정답 O

**02** 기본행위인 이사선임결의가 적법·유효하고 보충행위인 승인처분 자체에만 하자가 있다면 그 승인처분의 무효확인이나 그 취소를 주장할 수 있다. [19 서울 사복] (O, X)

해설 대판 2002.5.24. 2000두3641

정답 O

## 036

**행정행위의 내용과 구체적 사례를 바르게 연결한 것은? (다툼이 있는 경우 판례에 의함)** 17 국가7급

ㄱ. 특정인에 대하여 새로운 권리·능력 또는 포괄적 법률관계를 설정하는 행위
ㄴ. 행정청이 타자의 법률행위를 동의로써 보충하여 그 행위의 효력을 완성시켜 주는 행위

A. 「도시 및 주거환경정비법」상 주택재건축정비사업조합의 설립인가
B. 「자동차관리법」상 사업자단체조합의 설립인가
C. 「도시 및 주거환경정비법」상 도시환경정비사업조합이 수립한 사업시행계획 인가
D. 「도시 및 주거환경정비법」상 토지등소유자들이 조합을 따로 설립하지 않고 직접 시행하는 도시환경정비사업시행인가
E. 「출입국관리법」상 체류자격변경허가

① ㄱ - A, D, E
② ㄴ - B, C, D
③ ㄱ - A, C, D
④ ㄴ - B, D, E

**해설**

ㄱ은 특허, ㄴ은 인가를 의미한다.

A. [특허] 도시 및 주거환경정비법상 재개발조합설립인가신청에 대한 행정청의 조합설립인가처분은 단순히 사인들의 조합설립행위에 대한 보충행위로서의 성질을 갖는 것이 아니라 법령상 일정한 요건을 갖출 경우 행정주체(공법인)의 지위를 부여하는 일종의 설권적 처분의 성격을 갖는 것이다. (대결 2009.9.24. 2009마168, 169)

B. [인가] 구 자동차관리법 각 규정, 구 자동차관리법 시행규칙 제148조 제1항·제2항의 내용 및 체계 등을 종합하면, 자동차관리법상 자동차관리사업자로 구성하는 사업자단체인 조합 또는 협회의 설립인가처분은 국토해양부장관(현 국토교통부장관) 또는 시·도지사가 자동차관리사업자들의 단체결성행위를 보충하여 효력을 완성시키는 처분에 해당한다. (대판 2015.5.29. 2013두635)

C. [인가] 조합의 사업시행계획도 원칙적으로 재건축결의에서 결정된 내용에 따라 작성되어야 하지만, 조합이 사업시행계획을 재건축결의에서 결정된 내용과 달리 작성한 경우 이러한 하자는 기본행위인 사업시행계획 작성행위의 하자이고, 이에 대한 보충행위인 행정청의 인가처분이 그 근거조항인 구 도시 및 주거환경정비법 제28조의 적법요건을 갖추고 있는 이상은 그 인가처분 자체에 하자가 있는 것이라 할 수 없다. (대판 2008.1.10. 2007두16691)

D. [특허] 도시 및 주거환경정비법상 토지등소유자들이 조합을 따로 설립하지 않고 직접 시행하는 도시환경정비사업에서 사업시행인가처분은 정비사업을 시행할 수 있는 권한을 가지는 행정주체로서의 지위를 부여하는 일종의 설권적 처분의 성격을 가진다. 도시환경정비사업을 직접 시행하려는 토지등소유자들이 사업시행인가를 받기 전에 작성한 사업시행계획은 항고소송의 대상이 되는 독립된 행정처분에 해당하지 아니한다. (대판 2013.6.13. 2011두19994)

E. [특허] 출입국관리법 각 규정 등에 비추어 보면, 체류자격변경허가는 신청인에게 당초의 체류자격과 다른 체류자격에 해당하는 활동을 할 수 있는 권한을 부여하는 일종의 설권적 처분의 성격을 가지므로, 허가권자는 신청인이 관계 법령에서 정한 요건을 충족하였더라도, 신청인의 적격성, 체류목적, 공익상의 영향 등을 참작하여 허가 여부를 결정할 수 있는 재량을 가진다. 다만 재량을 행사할 때 판단의 기초가 된 사실인정에 중대한 오류가 있는 경우 또는 비례·평등의 원칙을 위반하거나 사회통념상 현저하게 타당성을 잃는 등의 사유가 있다면 이는 재량권의 일탈·남용으로서 위법하다. (대판 1978.4.25. 78누42)

**정답** ①

> **기출지문 OX**
>
> **01** 조합설립추진위원회 구성승인처분은 조합의 설립을 위한 주체인 추진위원회의 구성행위를 보충하여 그 효력을 부여하는 처분으로 인가에 해당한다. [17 서울7급] (O, ×)
> 해설 조합설립인가는 설권적 처분이고, 구성승인처분은 보충행위로서 인가이다. (대판 2013.12.26. 2011두8291) 정답 O
>
> **02** 주택재건축조합설립인가 후 주택재건축조합설립결의의 하자를 이유로 조합설립인가처분의 무효확인을 구하기 위해서는 직접 항고소송의 방법으로 확인을 구할 수 없으며, 조합설립결의 부분에 대한 효력 유무를 민사소송으로 다툰 후 인가의 무효확인을 구해야 한다. [17 서울7급] (O, ×)
> 해설 일단 조합설립인가처분이 있은 경우 조합설립결의는 인가처분이라는 행정처분을 하는 데 필요한 요건 중 하나에 불과한 것이어서, 조합설립인가처분이 있은 이후에는 조합설립결의의 하자를 이유로 조합설립의 무효를 주장하는 것은 조합설립인가처분의 취소 또는 무효확인을 구하는 항고소송의 방법에 의하여야 할 것이고, 이와는 별도로 조합설립결의만을 대상으로 그 효력 유무를 다투는 확인의 소를 제기하는 것은 확인의 이익이 없어 허용되지 아니한다. (대결 2010.4.8. 2009마1026) 정답 ×
>
> **03** 도시 및 주거환경정비법령상 조합설립인가처분은 법령상 요건을 갖출 경우 「도시 및 주거환경정비법」상 주택재건축사업을 시행할 수 있는 권한을 갖는 행정주체로서의 지위를 부여하는 설권적 처분의 효력을 갖는다. [17 서울7급] (O, ×)
> 해설 대판 2013.12.26. 2011두8291 정답 O

## 037

「사립학교법」은 학교법인의 임원은 정관이 정하는 바에 의하여 학교법인의 이사회에서 선임하고, 관할청의 승인을 얻어 취임하는 것으로 규정하고 있다. A사립학교법인은 이사회를 소집하지 않은 채 B를 임원으로 선임하여 취임승인을 요청하였고, 이에 대하여 관할청은 취임을 승인하였다. 이에 대한 설명으로 옳은 것은? (다툼이 있는 경우 판례에 의함) 16 국가9급

① 관할청의 임원취임승인으로 선임절차상의 하자는 치유되고 B는 임원으로서의 지위를 취득한다.
② 임원선임절차상의 하자를 이유로 관할청의 취임승인처분에 대한 취소를 구하는 소송은 허용되지 않는다.
③ A학교법인의 임원선임행위에 대해서는 선임처분 취소소송을 제기하여 그 효력을 다툴 수 있다.
④ 관할청의 임원취임승인은 B에 대해 학교법인의 임원으로서의 포괄적 지위를 설정하여 주는 특허에 해당한다.

> 해설
> ① (×) 임원취임승인의 법적 성격은 인가인데, 인가는 기본행위의 하자를 치유하는 효력이 없다.
> ② (O) 임원선임절차상의 하자는 기본행위의 하자이므로 기본행위의 하자를 이유로 관할청의 인가에 해당하는 취임승인처분에 대한 취소를 구하는 소송은 허용되지 않는다.
> ③ (×) 임원선임은 사법상 행위이므로 민사소송을 제기해야 한다.
> ④ (×) 특허가 아니라 인가에 해당한다.
>
> 정답 ②

**038** 다음 중 강학상 인가에 해당하는 것을 모두 고른 것은? (다툼이 있는 경우 판례에 의함) 16 지방9급

> ㄱ. 재단법인 정관변경허가
> ㄴ. 주택재건축정비사업조합 설립인가
> ㄷ. 건축물 준공검사처분
> ㄹ. 주택재건축정비사업조합의 사업시행인가

① ㄱ, ㄴ
② ㄱ, ㄹ
③ ㄴ, ㄹ
④ ㄷ, ㄹ

**해설**

ㄱ. (○) [인가]
ㄴ. (×) [특허] 과거 대법원은 재건축조합인가는 보충적 행위로서 인가이고 재개발조합의 인가는 특허로 보았지만, 최근 도시 및 주거환경정비법상의 재건축은 특허로 보는 입장이다.

> 구 도시 및 주거환경정비법상 재개발조합 설립인가신청에 대한 행정청의 재개발조합 설립인가처분의 성질은 특허이며 행정주체(공법인)의 지위를 부여하는 일종의 설권적 처분의 성질을 가진다고 보아야 한다. (대판 2014.2.27. 2011두11570)

ㄷ. (×) [확인]
ㄹ. (○) [인가] 주택재건축정비사업조합의 사업시행인가는 인가에 해당한다. (대판 2008.1.10. 2007두16691)

정답 ②

**039** 행정행위에 관한 설명으로 옳은 것은? 15 교행

① 행정행위는 법적 행위이므로, 행정청이 도로를 보수하는 행위는 행정행위가 아니다.
② 행정행위는 당해 행위로써 직접 법적 효과를 가져오는 행위이므로, 행정청이 건축허가의 신청을 반려하는 행위는 행정행위가 아니다.
③ 행정행위는 국민에 대하여 법적 효과를 발생시키는 행위이므로, 행정청이 귀화신청인에게 귀화를 허가하는 행위는 행정행위가 아니다.
④ 행정행위는 공법상의 행위이므로, 행정청이 특정인에게 어업권과 같이 사권의 성질을 가지는 권리를 설정하는 행위는 행정행위가 아니다.

**해설**

① (○) 도로를 보수하는 행위는 사실행위이므로 행정행위가 아니다.
② (×) 건축허가의 신청을 반려하는 행위는 상대방의 권리·의무에 영향을 미치므로 행정행위에 해당한다.
③ (×) 귀화는 특허로서 행정행위이다.
④ (×) 어업권의 설정은 특허로서 행정행위이다.

정답 ①

## 040 다음 중 허가와 인가에 대한 설명으로 옳은 것을 모두 고르면?

10 서울9급

ㄱ. 허가는 원칙적으로 신청을 요하나 출원 없는 허가나 수정허가가 가능한 반면, 인가는 반드시 신청을 요하고 출원 없는 인가나 수정인가가 불가하다.
ㄴ. 허가는 강제집행 등의 대상이 되지 않지만, 인가는 행정벌이나 강제집행대상이다.
ㄷ. 허가의 대상은 사실행위와 법률행위가 되지만, 인가는 법률행위만 대상이 된다.
ㄹ. 허가는 공법적 효과를 발생하지만, 인가는 공·사법적 효과를 발생한다.
ㅁ. 허가는 형성적 행정행위의 일종이며, 인가는 명령적 행정행위이다.

① ㄱ, ㄴ, ㄷ
② ㄱ, ㄷ, ㄹ
③ ㄴ, ㄷ, ㄹ
④ ㄴ, ㄹ, ㅁ
⑤ ㄷ, ㄹ, ㅁ

**해설**

ㄱ. (O) ㄴ. (X) ㄷ. (O) ㄹ. (O) ㅁ. (X) **허가와 인가**

| 구분 | 허가 | 인가 |
| --- | --- | --- |
| 법적 성질 | · 명령적 행위<br>· 기속행위(원칙), 재량행위(예외) | · 형성적 행위<br>· 재량행위(원칙), 기속행위(예외) |
| 대상 | 사실행위와 법률행위 | 법률행위 |
| 요건의 성격 | 적법요건 | 법률행위의 유효요건 |
| 무인가·무허가의 효력 | · 요허가행위를 허가 없이 한 경우는 행위 자체는 유효<br>· 강제집행 또는 처벌 등의 제재를 받음. | · 요인가행위를 인가 없이 한 경우는 무효<br>· 강제집행 또는 처벌 등의 대상은 아님. |
| 수정인·허가의 가능성 | 수정허가 가능 | 수정인가 불허 |
| 효과 | 공법적 효과만 발생 | 공법적·사법적 효과 발생 |
| 신청의 요부 | 원칙적으로 신청을 요함. | 항상 신청을 요함. |

**정답** ②

**예상판례**

[1] 구 도시 및 주거환경정비법 제20조 제3항은 조합이 정관을 변경하고자 하는 경우에는 총회를 개최하여 조합원 과반수 또는 3분의 2 이상의 동의를 얻어 시장·군수의 인가를 받도록 규정하고 있다. 여기서 시장 등의 인가는 그 대상이 되는 기본행위를 보충하여 법률상 효력을 완성시키는 행위로서 이러한 인가를 받지 못한 경우 변경된 정관은 효력이 없고, 시장 등이 변경된 정관을 인가하더라도 정관변경의 효력이 총회의 의결이 있었던 때로 소급하여 발생한다고 할 수 없다.
[2] 구 도시 및 주거환경정비법상 형식적으로 총회의 의결을 거쳐 설계자를 선정하였으나 총회의 결의에 부존재 또는 무효의 하자가 있는 경우, 특별한 사정이 없는 한 그 설계자의 선정은 총회의 의결을 거치지 아니한 것에 해당한다. (대판 2014.7.10. 2013도11532)

## 05 형성적 행정행위 3(대리)

**041** 다음 중 나머지 것들과 성질이 다른 하나는?  07 서울9급

① 체납처분절차의 압류재산 공매처분
② 감독청에 의한 공법인의 임원임명
③ 당사자 간의 협의가 이루어지지 않는 경우의 수용재결
④ 행려병자 또는 사자의 유류품 처분
⑤ 일반유흥음식점의 영업허가

**해설**

①②③④ 형성적 행정행위 중 공법상 대리에 해당한다.
⑤ 명령적 행정행위 중 허가에 해당한다.

**정답** ⑤

---

## 제3절 준법률행위적 행정행위

### 01 확인

**042** 행정행위에 관한 설명으로 옳지 않은 것은? (다툼이 있는 경우 판례에 의함)  23 소방

① 친일반민족행위자재산조사위원회의 국가귀속결정은 당해 재산이 친일재산에 해당한다는 사실을 확인하는 이른바 준법률행위적 행정행위의 성격을 가진다.
② 사업자등록증에 대한 검열은 납세의무자임을 확인하는 준법률행위적 행정행위로서의 확인에 해당한다.
③ 지적공부 소관청의 지목변경신청 반려행위는 국민의 권리관계에 영향을 미치는 것으로서 항고소송의 대상이 되는 행정처분에 해당한다.
④ 인감증명행위는 출원자의 현재 사용하는 인감에 대하여 구체적인 사실을 증명하는 것일 뿐이므로 무효확인을 구할 법률상 이익이 없다.

> 해설

① (○) 친일재산인지 아닌지에 관해 다툼이 있는 것을 판단하므로 확인에 해당한다. (대판 2008.11.13. 2008두13491)
② (×) 부가가치세법상의 사업자등록은 과세관청으로 하여금 부가가치세의 납세의무자를 파악하고 그 과세자료를 확보하게 하려는데 입법취지가 있으므로 이는 단순한 사업사실의 신고로서 사업자가 소관 세무서장에게 소정의 사업자등록신청서를 제출함으로써 성립되는 것이고 사업자등록증의 교부는 이와 같은 등록사실을 증명하는 증서의 교부행위에 불과한 것이며, 사업자등록증에 대한 검열 역시 과세관청이 등록된 사업을 계속하고 있는 사업자의 신고사실을 증명하는 사실행위에 지나지 않는다. (대판 1988.3.8. 87누156)
③ (○) 지목은 토지소유권을 제대로 행사하기 위한 전제요건으로서 토지소유자의 실체적 권리관계에 밀접하게 관련되어 있으므로 지적공부 소관청의 지목변경신청 반려행위는 국민의 권리관계에 영향을 미치는 것으로서 항고소송의 대상이 되는 행정처분에 해당한다. (대판 2004.4.22. 2003두9015)
④ (○) 인감증명행위는 인감증명청이 적법한 신청이 있는 경우에 인감대장에 이미 신고된 인감을 기준으로 출원자의 현재 사용하는 인감을 증명하는 것으로서 구체적인 사실을 증명하는 것일 뿐, 나아가 출원자에게 어떠한 권리가 부여되거나 변동 또는 상실되는 효력을 발생하는 것이 아니고, 인감증명의 무효확인을 받아들인다 하더라도 이로써 이미 침해된 당사자의 권리가 회복되거나 또는 곧바로 이와 관련된 새로운 권리가 발생하는 것도 아니므로 무효확인을 구할 법률상 이익이 없어 부적법하다. (대판 2001.7.10. 2000두2136)

정답 ②

## 043 행정행위의 성질에 관한 설명으로 옳은 것은? 18 교행

① 「친일반민족행위자 재산의 국가귀속에 관한 특별법」에 따른 친일재산은 친일반민족행위자 재산조사위원회가 국가귀속결정을 하여야 비로소 국가의 소유로 된다.
② 서울특별시장의 의료유사업자 자격증 갱신발급은 의료유사업자의 자격을 부여 내지 확인하는 행위의 성질을 가진다.
③ 정년에 달한 공무원에 대한 정년퇴직 발령은 정년퇴직사실을 알리는 이른바 관념의 통지에 불과하여 행정소송의 대상이 될 수 없다.
④ 토지거래계약허가는 규제지역 내 토지거래의 자유를 일반적으로 금지하고 일정한 요건을 갖춘 경우에만 그 금지를 해제하여 계약체결의 자유를 회복시켜 주는 성질의 것이다.

> 해설

① (×) 친일반민족행위자 재산의 국가귀속에 관한 특별법 규정들의 취지와 내용에 비추어 보면, 친일재산은 친일반민족행위자 재산조사위원회가 국가귀속결정을 하여야 비로소 국가의 소유로 되는 것이 아니라 특별법의 시행에 따라 그 취득·증여 등 원인행위시에 소급하여 당연히 국가의 소유로 되고, 위 위원회의 국가귀속결정은 당해 재산이 친일재산에 해당한다는 사실을 확인하는 이른바 준법률행위적 행정행위의 성격을 가진다. (대판 2008.11.13. 2008두13491)
② (×) 의료법 부칙 제7조, 제59조, 같은 법 시행규칙 제59조 및 1973.11.9자 보건사회부(현 보건복지부) 공고 58호에 의거한 서울특별시장 또는 도지사의 의료유사업자 자격증 갱신발급행위는 유사의료업자의 자격을 부여 내지 확인하는 것이 아니라 특정한 사실 또는 법률관계의 존부를 공적으로 증명하는 소위 공증행위에 속하는 행정행위라고 할 것이다. (대판 1977.5.24. 76누295)
③ (○) 국가공무원법 제74조에 의하면 공무원이 소정의 정년에 달하면 그 사실에 대한 효과로서 공무담임권이 소멸되어 당연히 퇴직되고 따로 그에 대한 행정처분이 행하여져야 비로소 퇴직되는 것은 아니라 할 것이며 피고(영주지방철도청장)의 원고에 대한 정년퇴직 발령은 정년퇴직사실을 알리는 이른바 관념의 통지에 불과하므로 행정소송의 대상이 되지 아니한다. (대판 1983.2.8. 81누263)
④ (×) 토지거래계약허가는 인가로, 선지의 내용은 허가의 개념이다.

정답 ③

## 044 준법률행위적 행정행위에 관한 설명으로 옳은 것은?

11 국회8급

① 확인행위는 특정한 사실 또는 법률관계의 존부(存否) 또는 정부(正否)에 대하여 다툼이 있는 경우에 행정청이 공권적으로 판단하는 행위로 각종 증명서 발급이 이에 속한다.
② 공증행위는 특정한 사실 또는 법률관계의 존재를 공적으로 증명하는 행위로서 발명특허가 이에 해당한다.
③ 판례는 건축물대장 소관청의 용도변경신청거부행위의 처분성을 부인한다.
④ 판례는 무허가건물등재대장 삭제행위의 처분성을 인정한다.
⑤ 판례는 수리행위의 대상인 기본행위가 존재하지 않거나 무효인 때에는 그 수리행위는 당연무효가 된다고 한다.

**해설**

① (X) 확인행위가 특정한 사실 또는 법률관계의 존부(存否) 또는 정부(正否)에 대하여 다툼이 있는 경우에 행정청이 공권적으로 판단하는 행위인 것은 맞지만, 각종 증명서 발급은 공증에 해당한다.
② (X) 공증행위가 특정한 사실 또는 법률관계의 존재를 공적으로 증명하는 행위인 것은 맞지만, 발명특허는 확인에 해당한다.
③ (X) 건축물대장 소관청의 용도변경신청거부행위는 행정처분에 해당한다.

> 구 건축법 제14조 제4항의 규정은 건축물의 소유자에게 건축물대장의 용도변경신청권을 부여한 것이고, 한편 건축물의 용도는 토지의 지목에 대응하는 것으로서 건물의 이용에 대한 공법상의 규제, 건축법상의 시정명령, 지방세 등의 과세대상 등 공법상 법률관계에 영향을 미치고, 건물소유자는 용도를 토대로 건물의 사용·수익·처분에 일정한 영향을 받게 된다. 이러한 점 등을 고려해 보면, 건축물대장의 용도는 건축물의 소유권을 제대로 행사하기 위한 전제요건으로서 건축물 소유자의 실체적 권리관계에 밀접하게 관련되어 있으므로, 건축물대장 소관청의 용도변경신청거부행위는 국민의 권리관계에 영향을 미치는 것으로서 항고소송의 대상이 되는 행정처분에 해당한다. (대판 2009.1.30. 2007두7277)

④ (X) 무허가건물등재대장 삭제행위는 행정처분이 아니다.

> 무허가건물이 지장물 이전 및 철거와 관련한 협의계약을 체결할 당시까지 무허가건물관리대장에 등재되어 있다가 그 후 삭제되었다고 하더라도 이주대책에서 정한 무허가건물 소유자의 법률상 지위에 어떠한 영향도 미치지 않는다고 보아, 무허가건물관리대장 등재 삭제행위의 취소를 구하는 소는 부적법하다. (대판 2009.3.12. 2008두11525)

⑤ (O) 사업양도·양수에 따른 허가관청의 지위승계신고의 수리는 적법한 사업의 양도·양수가 있었음을 전제로 하는 것이므로 그 수리대상인 사업양도·양수가 존재하지 아니하거나 무효인 때에는 수리를 하였다 하더라도 그 수리는 유효한 대상이 없는 것으로서 당연히 무효라 할 것이고, 사업의 양도행위가 무효라고 주장하는 양도자는 민사쟁송으로 양도·양수행위의 무효를 구함이 없이 막바로 허가관청을 상대로 하여 행정소송으로 위 신고 수리처분의 무효확인을 구할 법률상 이익이 있다. (대판 2005.12.23. 2005두3554)

**정답** ⑤

**045** 인천경제자유구역청은 송도 국제도시를 둘러싼 인접 자치구 간의 행정관할권 다툼에 대하여 인천시 연수구로 귀속문제를 결정했다고 발표하였다. 이때 인천경제자유구역청의 결정은 다음 중 어느 행위라 말할 수 있는가?

09 국가7급

① 준법률행위적 행정행위 중 확인행위이다.
② 준법률행위적 행정행위 중 공증행위이다.
③ 사실행위에 불과하다.
④ 법률행위적 행정행위 중 인가행위이다.

**해설**

① (O) 인천경제자유구역청의 결정은 특정한 사실 또는 법률사실의 존부 또는 정부에 관하여 의문이 있거나 다툼이 있는 경우에 행정청이 이를 공적으로 판단 및 확정하는 행정행위이므로 확인에 해당한다.

**정답** ①

**046** 행정행위의 효과가 행정청의 의사와 무관하게 직접 법규범에 의하여 발생하는 행정행위에 해당하지 않는 것은?

09 관세사

① 재단법인의 정관변경인가
② 조세 부과를 위한 소득금액의 결정
③ 사직서의 수리
④ 납세의 독촉
⑤ 행정심판의 재결

**해설**

준법률행위적 행정행위에 해당하지 않는 것을 묻고 있다.
① (X) 법률행위적 행정행위 중 인가에 해당한다.
② (O) 준법률행위적 행정행위 중 확인에 해당한다.
③ (O) 준법률행위적 행정행위 중 수리에 해당한다.
④ (O) 준법률행위적 행정행위 중 통지에 해당한다.
⑤ (O) 준법률행위적 행정행위 중 확인에 해당한다.

**정답** ①

## 02 공증

**047** 강학상 공증행위에 해당하는 것만을 모두 고른 것은? (다툼이 있는 경우 판례에 의함) 17 서울9급 추가

ㄱ. 행정심판의 재결
ㄴ. 의료유사업자 자격증 갱신발급행위
ㄷ. 상표사용권설정등록행위
ㄹ. 건설업 면허증의 재교부
ㅁ. 특허출원의 공고

① ㄱ, ㄴ, ㄷ
② ㄱ, ㄹ, ㅁ
③ ㄴ, ㄷ, ㄹ
④ ㄴ, ㄹ, ㅁ

**해설**

ㄱ. (✕) 확인에 해당한다.
ㄴ. (○) ㄷ. (○) ㄹ. (○) 공증에 해당한다.
ㅁ. (✕) 통지에 해당한다.

정답 ③

**048** 서울특별시장 또는 도지사의 '의료유사업자 자격증 갱신발급행위'에 관한 설명으로 옳은 것은? 12 국회9급

① 법률행위적 행정행위이다.
② 사실행위이다.
③ 특정한 사실 또는 법률관계의 존부를 공적으로 증명하는 행위이다.
④ 문서 등 일정한 서식이 요구되지 않는 불요식행위이다.
⑤ 유사의료업자의 자격을 부여 내지 확인하는 행위이다.

**해설**

③ (○) 공증행위에 속하는 행정행위이다. (대판 1977.5.24. 76누295)

정답 ③

## 049

**다음 준법률행위적 행정행위의 강학상 구분으로 옳은 것은? (다툼이 있는 경우 판례에 의함)** 11 국가9급

| ㄱ. 당선인의 결정 | ㄴ. 행정심판재결 |
| ㄷ. 영수증 교부 | ㄹ. 특허의 등록 |

① ㄱ - 확인
② ㄴ - 공증
③ ㄷ - 통지
④ ㄹ - 수리

**해설**

확인은 의문이나 다툼이 있는 것을 전제로 한다는 점에서, 공증은 이미 내용이 결정된 것(의문이나 다툼이 없는 것)을 대상으로 한다는 점에서 차이가 있다.
ㄱ, ㄴ. 확인에 해당한다.
ㄷ, ㄹ. 공증에 해당한다.

**정답** ①

## 050

**다음 중 성격이 다른 하나는?** 06 경기9급

① 여권발급
② 발명특허
③ 도로구역결정
④ 건축물 준공검사

**해설**

① 공증에 해당한다.
②③④ 확인에 해당한다.

**정답** ①

## 051

**다음 중 연결이 틀린 것은?** 04 대구9급

① 행정심판재결 - 확인
② 대집행계고 - 통지
③ 주민등록초본발급 - 공증
④ 당선자결정 - 공증

**해설**

④ (✕) 당선증의 교부가 공증에 속하며, 당선자결정은 확인이다.

**정답** ④

## 03 수리

**052** 신고에 대한 설명으로 옳은 것은? (다툼이 있는 경우 판례에 의함)  *18 국가9급*

① 신고는 사인이 행하는 공법행위로 행정기관의 행위가 아니므로 「행정절차법」에는 신고에 관한 규정을 두고 있지 않다.
② 신고의 수리는 타인의 행위를 유효한 행위로 받아들이는 행정행위를 말하며, 이는 강학상 법률행위적 행정행위에 해당한다.
③ 「행정절차법」상 사전통지의 상대방인 당사자는 행정청의 처분에 대하여 직접 그 상대가 되는 자를 의미하므로, 「식품위생법」상의 영업자지위승계신고를 수리하는 행정청은 영업자지위를 이전한 종전의 영업자에 대하여 사전통지를 할 필요가 없다.
④ 숙박업을 하고자 하는 자가 법령이 정하는 시설과 설비를 갖추고 행정청에 신고를 하면 행정청은 공중위생관리법령의 규정에 따라 원칙적으로 이를 수리하여야 하므로, 새로 숙박업을 하려는 자가 기존에 다른 사람이 숙박업신고를 한 적이 있는 시설 등의 소유권 등 정당한 사용권한을 취득하여 법령에서 정한 요건을 갖추어 신고하였다면, 행정청으로서는 특별한 사정이 없는 한 이를 수리하여야 하고, 기존의 숙박업신고가 외관상 남아있다는 이유로 이를 거부할 수 없다.

> **해설**

① (×) 행정절차법은 자기완결적 신고에 관한 규정을 두고 있다.
② (×) 수리는 준법률행위적 행정행위에 해당한다.
③ (×) 행정청이 구 식품위생법 규정에 의하여 영업자지위승계신고를 수리하는 처분은 종전의 영업자 권익을 제한하는 처분이라 할 것이고 따라서 종전의 영업자는 그 처분에 대하여 직접 그 상대가 되는 자에 해당한다고 봄이 상당하므로, 행정청으로서는 위 신고를 수리하는 처분을 함에 있어서 행정절차법 규정 소정의 당사자에 해당하는 종전의 영업자에 대하여 위 규정 소정의 행정절차를 실시하고 처분을 하여야 한다. (대판 2003.2.14. 2001두7015)
④ (○) 숙박업을 하고자 하는 자가 법령이 정하는 시설과 설비를 갖추고 행정청에 신고를 하면, 행정청은 공중위생관리법령의 위 규정에 따라 원칙적으로 이를 수리하여야 한다. 행정청이 법령이 정한 요건 이외의 사유를 들어 수리를 거부하는 것은 위 법령의 목적에 비추어 이를 거부해야 할 중대한 공익상의 필요가 있다는 등 특별한 사정이 있는 경우에 한한다. 이러한 법리는 이미 다른 사람 명의로 숙박업신고가 되어 있는 시설 등의 전부 또는 일부에서 새로 숙박업을 하고자 하는 자가 신고를 한 경우에도 마찬가지이다. 기존에 다른 사람이 숙박업신고를 한 적이 있더라도 새로 숙박업을 하려는 자가 그 시설 등의 소유권 등 정당한 사용권한을 취득하여 법령에서 정한 요건을 갖추어 신고하였다면, 행정청으로서는 특별한 사정이 없는 한 이를 수리하여야 하고, 단지 해당 시설 등에 관한 기존의 숙박업신고가 외관상 남아있다는 이유만으로 이를 거부할 수 없다. (대판 2017.5.30. 2017두34087)

**정답** ④

# CHAPTER 05 행정행위의 부관

### 부관의 종류

| | |
|---|---|
| 부담 | 행정행위 + 작위·부작위·수인·급부을 명령하는 것(도로점용허가에 점용료 부과). 독립성이 강함. → 부담만에 대한 강제집행과 부담만에 대한 독립쟁송이 가능. 부담을 이행하지 않아도 그것만으로 행정행위의 효력이 없어지는 것이 아님. → 별도로 행정행위를 철회하거나 강제집행, 후속허가의 거부, 행정벌이 가능 |
| 조건<br>(장래의 불확실한 일과 연계) | · 정지조건: 장래의 불확실한 일이 성취되면 행정행위의 효력 발생<br>　　　　　　　　　　　　　　　조건 성취<br>　행정행위　　　효력 정지　│　효력 발생<br>· 해제조건: 일단 효력이 발생한 행정행위가 장래의 불확실한 일의 성취로 효력 소멸<br>　　　　　　　　　　　　　　　조건 성취<br>　행정행위　　　효력 발생　│　효력 소멸 |
| 기한<br>(장래의 확실한 일과 연계) | · 시기: …부터　　　　　　　　· 종기: …까지<br>· 확정기한: 10년간　　　　　· 불확정기한: A가 죽을 때까지 |
| 철회권유보 | 청소년에게 술을 팔면 영업 철회, 법적 근거 없이 가능. 철회사유의 발생만으로 철회되는 것이 아니라 별도의 철회가 필요함. 상대방은 신뢰보호를 주장하지 못함. |
| 법률효과의 일부 배제 | 공유수면매립면허를 하면서 일부에 대한 국가귀속. 법적 근거 필요 |

### 부관의 가능성

| 구분 | 종래의 견해 | 새로운 견해 |
|---|---|---|
| 부관의 개념 | 행정행위의 효과 제한만 부관 | 행정행위의 효과 제한 + 요건 보충도 부관 |
| 인정범위 | · 법률행위적 행정행위: 부관 가능<br>· 준법률행위적 행정행위: 부관 불가 | 법률행위적 행정행위 중에도 부관을 붙이기 적당하지 않은 것(귀화허가)이 있는가 하면 준법률행위적 행정행위(공증에 해당하는 여권발급시에 붙인 유효기간)에도 부관을 붙일 수 있는 것이 있다는 견해 |
| 재량행위와<br>기속행위 | · 재량행위: 부관 가능<br>· 기속행위: 부관 불가 | · 재량행위: 부관 가능<br>· 기속행위: 원칙은 안 되지만, 법률요건 충족 부관은 가능 |

### 부관에 대한 쟁송

| 부관의 독립쟁송가능성 | 부관의 독립취소가능성 |
|---|---|
| · 소송요건, 대상적격의 문제: 행정행위는 그대로 두고 부관만 취소 소송의 대상이 되는가의 문제 → 진정일부취소소송<br>· 판례는 부담에 대해서만 인정 → 부담 이외의 부관에 대해 소를 제기하면 각하 | · 본안의 문제: 행정행위와 부관 모두를 소의 대상으로 한 후 소송에서 부관만의 취소를 구하는 일부승소가능성의 문제 → 부진정일부취소소송<br>· 판례는 인정하지 않음. |

## 001 행정행위의 부관에 대한 설명으로 옳지 않은 것은?

23 국가9급

① 수익적 행정처분에 있어서는 법령에 특별한 근거규정이 있는 경우에만 그 부관으로서 부담을 붙일 수 있다.

② 기선선망어업의 허가를 하면서 운반선, 등선 등 부속선을 사용할 수 없도록 제한한 부관은 그 어업허가의 목적 달성을 사실상 어렵게 하여 그 본질적 효력을 해하는 것이므로 위법한 것이다.

③ 부관은 면허 발급 당시에 붙이는 것뿐만 아니라 면허 발급 이후에 붙이는 것도 법률에 명문규정이 있거나 변경이 미리 유보되어 있는 경우 또는 상대방의 동의가 있는 경우 등에는 특별한 사정이 없는 한 허용된다.

④ 토지소유자가 토지형질변경행위허가에 붙은 기부채납의 부관에 따라 토지를 국가나 지방자치단체에 기부채납한 경우, 기부채납의 부관이 당연무효이거나 취소되지 아니한 이상 토지소유자는 위 부관으로 인하여 기부채납계약의 중요 부분에 착오가 있음을 이유로 기부채납계약을 취소할 수 없다.

### 해설

① (×) 수익적 행정처분에 있어서는 법령에 특별한 근거규정이 없다고 하더라도 그 부관으로서 부담을 붙일 수 있고, 그와 같은 부담은 행정청이 행정처분을 하면서 일방적으로 부가할 수도 있지만 부담을 부가하기 이전에 상대방과 협의하여 부담의 내용을 협약의 형식으로 미리 정한 다음 행정처분을 하면서 이를 부가할 수도 있다. (대판 2009.2.12. 2005다65500)

② (○) 수산업법 제15조에 의하여 어업의 면허 또는 허가에 붙이는 부관은 그 성질상 허가된 어업의 본질적 효력을 해하지 않는 한도의 것이어야 하고 허가된 어업의 내용 또는 효력 등에 대하여는 행정청이 임의로 제한 또는 조건을 붙일 수 없다고 보아야 할 것이며 수산업법 시행령 제14조의4 제3항의 규정 내용은 기선선망어업에는 그 어선규모의 대소를 가리지 않고 등선과 운반선을 갖출 수 있고, 또 갖추어야 하는 것이라고 해석되므로 기선선망어업의 허가를 하면서 운반선, 등선 등 부속선을 사용할 수 없도록 제한한 부관은 그 어업허가의 목적 달성을 사실상 어렵게 하여 그 본질적 효력을 해하는 것일 뿐만 아니라 위 시행령의 규정에도 어긋나는 것이며, 더욱이 어업조정이나 기타 공익상 필요하다고 인정되는 사정이 없는 이상 위법한 것이다. (대판 1990.4.27. 89누6808)

③ (○) 행정처분에 이미 부담이 부가되어 있는 상태에서 그 의무의 범위 또는 내용을 변경하는 부관의 사후변경은 ㉠ 법률에 명문규정이 있거나 ㉡ 그 변경이 미리 유보되어 있는 경우 또는 ㉢ 상대방의 동의가 있는 경우에 한하여 허용되는 것이 원칙이지만, ㉣ 사정변경으로 인하여 당초에 부담을 부가한 목적을 달성할 수 없게 된 경우에도 그 목적달성에 필요한 범위 내에서 예외적으로 허용된다. (대판 1997.5.30. 97누2627)

> **행정기본법 제17조(부관)**
> ① 행정청은 처분에 재량이 있는 경우에는 부관(조건, 기한, 부담, 철회권의 유보 등을 말한다. 이하 이 조에서 같다)을 붙일 수 있다.
> ② 행정청은 처분에 재량이 없는 경우에는 법률에 근거가 있는 경우에 부관을 붙일 수 있다.
> ③ 행정청은 부관을 붙일 수 있는 처분이 다음 각 호의 어느 하나에 해당하는 경우에는 그 처분을 한 후에도 부관을 새로 붙이거나 종전의 부관을 변경할 수 있다.
>   1. 법률에 근거가 있는 경우
>   2. 당사자의 동의가 있는 경우
>   3. 사정이 변경되어 부관을 새로 붙이거나 종전의 부관을 변경하지 아니하면 해당 처분의 목적을 달성할 수 없다고 인정되는 경우
> ④ 부관은 다음 각 호의 요건에 적합하여야 한다.
>   1. 해당 처분의 목적에 위배되지 아니할 것
>   2. 해당 처분과 실질적인 관련이 있을 것
>   3. 해당 처분의 목적을 달성하기 위하여 필요한 최소한의 범위일 것

④ (○) 민법에서는 중요 부분에 착오가 있으면 취소할 수 있지만, 행정법에서는 착오를 이유로 취소할 수 없다.

정답 ①

## 002 행정행위의 부관에 관한 설명으로 옳지 않은 것은? (다툼이 있는 경우 판례에 의함) 23 소방

① 행정청은 처분에 재량이 없는 경우에는 법률에 근거가 있는 경우에 부관을 붙일 수 있다.
② 허가의 목적 달성을 사실상 어렵게 하여 그 본질적 효력을 해하는 부관은 적법하지 않다.
③ 행정처분에 부과한 부담이 무효가 된 경우라도, 특별한 사정이 없는 한 부담의 이행으로 행한 사법상 매매 등의 법률행위 자체를 당연히 무효화하는 것은 아니다.
④ 부담의 전제가 된 주된 처분의 근거법령이 개정됨으로써 행정청이 더 이상 부관을 붙일 수 없게 되었다면, 특별한 사정이 없는 한 그 부담의 효력은 소멸하게 된다.

**해설**
① (○) 행정기본법 제17조 제2항
② (○)
③ (○) 행정처분에 부담인 부관을 붙인 경우 부관의 무효화에 의하여 본체인 행정처분 자체의 효력에도 영향이 있게 될 수는 있지만, 그 처분을 받은 사람이 부담의 이행으로 사법상 매매 등의 법률행위를 한 경우에는 그 부관은 특별한 사정이 없는 한 법률행위를 하게 된 동기 내지 연유로 작용하였을 뿐이므로 이는 법률행위의 취소사유가 될 수 있음은 별론으로 하고 그 법률행위 자체를 당연히 무효화하는 것은 아니다. (대판 2009.6.25. 2006다18174)
④ (×) 행정청이 수익적 행정처분을 하면서 부가한 부담의 위법 여부는 처분 당시 법령을 기준으로 판단하여야 하고, 부담이 처분 당시 법령을 기준으로 적법하다면 처분 후 부담의 전제가 된 주된 행정처분의 근거법령이 개정됨으로써 행정청이 더 이상 부관을 붙일 수 없게 되었다 하더라도 곧바로 위법하게 되거나 그 효력이 소멸하게 되는 것은 아니다. (대판 2009.2.12. 2005다65500)

정답 ④

### 기출지문 OX

**01** 행정처분에 붙인 부관인 부담이 무효가 되면 그 부담의 이행으로 한 사법상 법률행위도 당연히 무효가 된다. [22 소방] (O, ×)
해설 행정처분에 부담인 부관을 붙인 경우 부관의 무효화에 의하여 본체인 행정처분 자체의 효력에도 영향이 있게 될 수는 있지만, 그 처분을 받은 사람이 부담의 이행으로 사법상 매매 등의 법률행위를 한 경우에는 그 부관은 특별한 사정이 없는 한 법률행위를 하게 된 동기 내지 연유로 작용하였을 뿐이므로 이는 법률행위의 취소사유가 될 수 있음은 별론으로 하고 그 법률행위 자체를 당연히 무효화하는 것은 아니다. (대판 2009.6.25. 2006다18174)
정답 ×

**02** 행정청이 종교단체에 대하여 기본재산전환인가를 하면서 인가조건을 부가하고 그 불이행시 인가를 취소할 수 있도록 한 경우, 인가조건의 의미는 철회권을 유보한 것이다. [22 소방] (O, ×)
해설 대판 2003.5.30. 2003다6422
정답 O

**03** 행정처분에 붙인 부담인 부관이 제소기간 도과로 불가쟁력이 생긴 경우에는 그 부담의 이행으로 한 사법상 법률행위의 효력을 다툴 수 없다. [21 국가7급] (O, ×)
해설 행정처분에 붙은 부담인 부관이 제소기간의 도과로 확정되어 이미 불가쟁력이 생겼다면 그 하자가 중대하고 명백하여 당연 무효로 보아야 할 경우 외에는 누구나 그 효력을 부인할 수 없을 것이지만, 부담의 이행으로서 하게 된 사법상 매매 등의 법률행위는 부담을 붙인 행정처분과는 어디까지나 별개의 법률행위이므로 그 부담의 불가쟁력의 문제와는 별도로 법률행위가 사회질서 위반이나 강행규정에 위반되는지 여부 등을 따져보아 그 법률행위의 유효 여부를 판단하여야 한다. (대판 2009.6.25. 2006다18174)
정답 ×

## 003  행정행위의 부관에 대한 설명으로 옳은 것은? (다툼이 있는 경우 판례에 의함)   20 서울·지방9급

① 부관 중에서 부담은 주된 행정행위로부터 분리될 수 있다 할지라도 부담 그 자체는 독립된 행정행위가 아니므로 주된 행정행위로부터 분리하여 쟁송의 대상이 될 수 없다.

② 기부채납받은 행정재산에 대한 사용·수익허가의 기간은 그 허가의 효력을 제한하기 위한 행정행위의 부관으로서, 이러한 사용·수익허가의 기간에 대해서는 독립하여 행정소송을 제기할 수 있다.

③ 지방국토관리청장이 일부 공유수면매립지를 국가 또는 지방자치단체에 귀속처분한 것은 법률효과의 일부를 배제하는 부관을 붙인 것이므로 이러한 행정행위의 부관은 독립하여 행정쟁송대상이 될 수 없다.

④ 행정청이 부담을 부가하기 이전에 상대방과 협의하여 부담의 내용을 협약의 형식으로 미리 정한 경우에는 행정처분을 하면서 이를 부담으로 부가할 수 없다.

**해설**

① (X) 부담은 다른 부관과 달리 독립성이 강하므로 부담 그 자체로서 행정쟁송의 대상이 될 수 있다. (대판 1992.1.21. 91누1264)
② (X) 행정행위의 부관은 부담을 제외하고는 독립하여 행정소송의 대상이 될 수 없다. (대판 2001.6.15. 99두509)
③ (O) 대판 1991.12.13. 90누8503
④ (X) 수익적 행정처분에 있어서는 법령에 특별한 근거규정이 없다고 하더라도 그 부관으로서 부담을 붙일 수 있고, 그와 같은 부담은 행정청이 행정처분을 하면서 일방적으로 부가할 수도 있지만 부담을 부가하기 이전에 상대방과 협의하여 부담의 내용을 협약의 형식으로 미리 정한 다음 행정처분을 하면서 이를 부가할 수도 있다. (대판 2009.2.12. 2005다65500)

**정답** ③

## 004  기속행위와 재량행위에 대한 설명으로 옳은 것은? (다툼이 있는 경우 판례에 의함)   20 소방

① 법원은 최근 기존의 입장을 변경하여 재량행위 외에 기속행위나 기속적 재량행위에도 부관을 붙일 수 있는 것으로 보고 있고, 이러한 부관이 있는 경우 특별한 사정이 없는 한 당사자는 부관의 내용을 이행하여야 할 의무를 진다.

② 건축허가를 하면서 일정 토지를 기부채납하도록 하는 내용의 허가조건을 붙였다면 원칙상 취소사유로 보아야 한다.

③ 「건축법」상 건축허가신청의 경우 심사 결과 그 신청이 법정요건에 합치하는 경우라 할지라도 소음공해, 먼지 발생, 주변인 집단 민원 등의 사유가 있는 경우 이를 불허가사유로 삼을 수 있고, 그러한 불허가처분이 비례원칙 등을 준수하였다면 처분 자체의 위법성은 인정될 수 없다.

④ 법이 과징금 부과처분에 대한 임의적 감경규정을 두었다면 감경 여부는 행정청의 재량에 속한다고 할 것이나, 행정청이 감경사유가 있음에도 이를 전혀 고려하지 않았거나 감경사유에 해당하지 않는다고 오인한 나머지 과징금을 감경하지 않았다면 그 과징금 부과처분은 재량권을 일탈하거나 남용한 위법한 처분으로 보아야 한다.

**해설**

① (×) 최근 기속행위에도 부관을 붙일 수 있는 예외가 인정되기는 하지만, 판례변경이라고 할 수는 없다.
② (×) 건축허가는 기속행위이고, 기속행위나 기속적 재량행위에 붙인 부관의 효력은 당연무효로 보는 것이 원칙이다.

> 건축허가를 하면서 일정 토지를 기부채납하도록 하는 내용의 허가조건은 부관을 붙일 수 없는 기속행위 내지 기속적 재량행위인 건축허가에 붙인 부담이거나 또는 법령상 아무런 근거가 없는 부관이어서 무효이다. (대판 1995.6.13. 94다56883)

③ (×) 피고가 이 사건 건축불허가처분의 사유로 삼은 것은 관계 법규에서 정하는 건축허가의 제한사유에 해당하지 아니하고, 인근 주민 내지 기존 주유소 사업자들의 반대 그 자체가 건축허가 여부를 판단함에 있어 적법한 기준이 될 수 없으며, 이 사건 주유소 건축으로 인한 기존 주유소 사업자들의 영업상 손실을 공익상의 손실로 보기 어려운 점 등에 비추어 보면, 기존 주유소 사업자의 생계 위협 및 위험시설물인 주유소 설치에 따른 집단민원 발생이 이 사건 주유소의 건축허가를 제한할 만한 중대한 공익상의 필요에 해당한다고 보기 어려우므로, 이 사건 건축불허가처분은 위법하다. (대판 2012.11.22. 2010두22962 전원합의체)
④ (○) 대판 2010.7.15. 2010두7031

**정답** ④

---

**기출지문 OX**

**01** 허가에 붙인 기한이 그 허가된 사업의 성질상 부당하게 짧아 그 기한을 허가조건의 존속기간으로 볼 수 있는 경우에 허가기간이 연장되기 위하여는 그 종기가 도래하기 전에 그 허가기간의 연장에 관한 신청이 있어야 한다. [20 국가9급]  (O, ×)
해설 대판 2007.10.11. 2005두12404   **정답** O

**02** 토지소유자가 토지형질변경행위허가에 붙은 기부채납의 부관에 따라 토지를 기부채납(증여)한 경우, 기부채납의 부관이 당연무효이거나 취소되지 않은 상태에서 그 부관으로 인하여 증여계약의 중요 부분에 착오가 있음을 이유로 증여계약을 취소할 수 없다. [20 국가9급]  (O, ×)
해설 행정법관계에서는 착오를 이유로 취소할 수 없다.

> 토지소유자가 토지형질변경행위허가에 붙은 기부채납의 부관에 따라 토지를 국가나 지방자치단체에 기부채납(증여)한 경우, 기부채납의 부관이 당연무효이거나 취소되지 아니한 이상 토지소유자는 위 부관으로 인하여 증여계약의 중요 부분에 착오가 있음을 이유로 증여계약을 취소할 수 없다. (대판 1999.5.25. 98다53134)

**정답** O

**03** 행정처분과 실제적 관련성이 없어 부관으로 붙일 수 없는 부담이라고 하더라도 행정처분의 상대방에게 사법상 계약의 형식으로 이를 부과할 수 있다. [20 국가9급]  (O, ×)
해설 행정처분과 부관 사이에 실제적 관련성이 있다고 볼 수 없는 경우 공무원이 위와 같은 공법상의 제한을 회피할 목적으로 행정처분의 상대방과 사이에 사법상 계약을 체결하는 형식을 취하였다면 이는 법치행정의 원리에 반하는 것으로서 위법하다. 지방자치단체가 골프장사업계획 승인과 관련하여 사업자로부터 기부금을 지급받기로 한 증여계약은 공무수행과 결부된 금전적 대가로서 그 조건이나 동기가 사회질서에 반하므로 민법 제103조에 의해 무효이다. (대판 2009.12.10. 2007다63966)   **정답** ×

**04** 도로점용허가의 점용기간은 행정행위의 본질적인 요소에 해당한다고 볼 것이어서 부관인 점용기간을 정함에 있어서 위법사유가 있다면 이로써 도로점용허가처분 전부가 위법하게 된다. [19 지방9급]  (O, ×)
해설 부관이 무효인 경우 부관만 무효가 되는 것이 원칙이나 부관이 행정행위의 본질적 요소인 경우에는 전체가 무효가 된다(도로점용에서의 점용기간이나 점용료는 본질적 요소이다).   **정답** O

**05** 부담부 행정행위에 있어서 처분의 상대방이 부담을 이행하지 아니한 경우에 당해 부담부 행정행위는 당연히 효력을 상실하게 된다. [19 서울7급 2월]  (O, ×)
해설 부담은 독립성이 있기 때문에 부관의 불이행이 있다고 행정행위가 당연히 효력을 상실하는 것은 아니고 당해 의무 불이행은 부담부 행정행위의 철회사유가 될 수 있다. 그 외에 부담에 대한 강제집행, 추가적인 허가의 거부, 행정벌 등이 가능하다.   **정답** ×

**06** 부담 이외의 부관으로 인하여 권리를 침해당한 자는 부관부 행정행위 전체에 대해 취소소송을 제기하거나, 행정청에 부관이 없는 행정행위로 변경해 줄 것을 청구한 다음 그것이 거부된 경우 거부처분 취소소송을 제기할 수 있다. [19 서울7급 2월] (O, X)

정답 O

**07** 기속행위에 대해서는 법령상 특별한 근거가 없는 한 부관을 붙일 수 없고, 가사 부관을 붙였다고 하더라도 이는 무효이다.
[19 국가9급] (O, X)

해설 일반적으로 기속행위나 기속적 재량행위에는 부관을 붙일 수 없고, 가사 부관을 붙였다 하더라도 이는 무효이다. (대판 1988.4.27. 87누1106)

정답 O

**08** 부담이 아닌 부관은 독립하여 행정소송의 대상이 될 수 없으므로 이의 취소를 구하는 소송에 대하여는 각하판결을 하여야 한다.
[17 서울9급] (O, X)

해설 부담에 대한 독립취소소송은 부담에 대해서만 인정되고 그 외의 부관에 대한 소송이 제기되면 각하된다.

정답 O

---

**005** 甲은 개발제한구역 내에서의 건축허가를 관할 행정청인 乙에게 신청하였고, 乙은 甲에게 일정 토지의 기부채납을 조건으로 이를 허가하였다. 이에 대한 설명으로 옳은 것은? (다툼이 있는 경우 판례에 의함)

19 지방7급

① 특별한 규정이 없다면 甲에 대한 건축허가는 기속행위로서 건축허가를 하면서 기부채납조건을 붙인 것은 위법하다.

② 甲이 부담인 기부채납조건에 대하여 불복하지 않았고, 이를 이행하지도 않은 채 기부채납조건에서 정한 기부채납기한이 경과하였다면 이로써 甲에 대한 건축허가는 효력을 상실한다.

③ 기부채납조건이 중대하고 명백한 하자로 인하여 무효라 하더라도 甲의 기부채납 이행으로 이루어진 토지의 증여는 그 자체로 사회질서 위반이나 강행규정 위반 등의 특별한 사정이 없는 한 유효하다.

④ 건축허가 자체는 적법하고 부담인 기부채납조건만이 취소사유에 해당하는 위법성이 있는 경우, 甲은 기부채납조건부 건축허가처분 전체에 대하여 취소소송을 제기할 수 있을 뿐이고 기부채납조건만을 대상으로 취소소송을 제기할 수 없다.

해설
① (X) 개발제한구역 내의 건축허가는 예외적 승인으로서 재량이다.
② (X) 부담은 독립성이 강하므로 부담을 이행하지 않아도 그것만으로는 본행정행위의 효력이 없어지는 것은 아니다.
③ (O) 행정처분에 붙인 부담인 부관이 무효가 되었다고 하여 그 부담의 이행으로 한 사법상 법률행위도 당연히 무효가 되는 것은 아니다. (대판 2009.6.25. 2006다18174)
④ (X) 부담의 경우에는 부담만을 대상으로 하는 소송이 가능하다.

정답 ③

**006** 甲은 관할 행정청에 토지의 형질변경행위가 수반되는 건축허가를 신청하였고, 관할 행정청은 甲에 대해 '건축기간 동안 자재 등을 도로에 불법적치하지 말 것'이라는 부관을 붙여 건축허가를 하였다. 이에 대한 설명으로 옳은 것은? (다툼이 있는 경우 판례에 의함)   19 지방9급

① 토지의 형질변경의 허용 여부에 대해 행정청의 재량이 인정되더라도 주된 행위인 건축허가가 기속행위인 경우에는 甲에 대한 건축허가는 기속행위로 보아야 한다.

② 위 건축허가에 대해 건축주를 乙로 변경하는 건축주명의변경신고가 관련 법령의 요건을 모두 갖추어 행해졌더라도 관할 행정청이 신고의 수리를 거부한 경우, 그 수리거부행위는 乙의 권리 의무에 직접 영향을 미치는 것으로서 취소소송의 대상이 되는 처분이다.

③ 甲이 위 부관을 위반하여 도로에 자재 등을 불법적치한 경우, 관할 행정청은 바로 행정대집행법에 따라 불법적치된 자재 등을 제거할 수 있다.

④ 甲이 위 부관에 위반하였음을 이유로 관할 행정청이 건축허가의 효력을 소멸시키려면 법령상의 근거가 있어야 한다.

**해설**

① (×) 토지의 형질변경허가는 그 금지요건이 불확정개념으로 규정되어 있어 그 금지요건에 해당하는지 여부를 판단함에 있어서 행정청에게 재량권이 부여되어 있다고 할 것이므로, 같은 법에 의하여 지정된 도시지역 안에서 토지의 형질변경행위를 수반하는 건축허가는 결국 재량행위에 속한다. (대판 2005.7.14. 2004두6181)

② (○) 건축주명의변경신고 수리거부행위는 행정청이 허가대상건축물 양수인의 건축주명의변경신고라는 구체적인 사실에 관한 법집행으로서 그 신고를 수리하여야 할 법령상의 의무를 지고 있음에도 불구하고 그 신고의 수리를 거부함으로써, 양수인이 건축공사를 계속하기 위하여 또는 건축공사를 완료한 후 자신의 명의로 소유권보존등기를 하기 위하여 가지는 구체적인 법적 이익을 침해하는 결과가 되었다고 할 것이므로, 비록 건축허가가 대물적 허가로서 그 허가의 효과가 허가대상건축물에 대한 권리변동에 수반하여 이전된다고 하더라도, 양수인의 권리·의무에 직접 영향을 미치는 것으로서 취소소송의 대상이 되는 처분이라고 하지 않을 수 없다. (대판 1992.3.31. 91누4911)

③ (×) 부작위 위반의 경우 바로 대집행을 할 수 없다. 개별법에 따른 명령을 먼저 하고, 그 작위의무 불이행에 대해 대집행을 할 수 있다.

④ (×) 부담부 행정처분에 있어서 처분의 상대방이 부담(의무)을 이행하지 아니한 경우에 처분행정청으로서는 이를 들어 당해 처분을 취소(철회)할 수 있다. (대판 1989.10.24. 89누2431)

**정답** ②

**007** 2019.2.1. 행정청 甲은 乙에 대하여 2019.3.1.부터 2020.4.30.까지의 기간을 정하여 도로점용허가처분을 하면서, 매달 100만 원의 점용료를 납부할 의무를 명하는 부관을 부가하였다. 그리고 2019.5.1. 乙의 도로점용이 교통혼잡을 초래할 경우 도로점용허가를 취소할 수 있다는 부관을 부가하였다. 이 사례에 관한 설명으로 옳은 것은? (취소소송을 제기하는 경우 제소기간은 준수한 것으로 보며, 다툼이 있으면 판례에 따름)

<sub>19 행정사</sub>

① 매달 100만 원의 점용료를 납부하도록 하는 부관은 조건에 해당한다.

② 도로점용허가는 2020.4.30. 이후 행정청이 허가취소의 의사표시를 함으로써 효력이 소멸된다.

③ 2019.3.1.부터 2020.4.30.까지의 기간만의 취소를 구하는 乙의 소송에 대하여 법원은 기각판결을 해야 한다.

④ 매달 100만 원의 점용료를 납부하도록 하는 부관이 비례의 원칙에 위배되어 乙이 취소소송을 제기한 경우 법원은 이 부관만을 취소할 수 있다.

⑤ 2019.5.1. 甲이 부가한 부관은 乙의 동의가 있더라도 법령의 근거가 없으면 위법하다.

**해설**

① (×) 100만 원의 점용료를 납부하도록 하는 부관은 급부하명으로 부담이다.
② (×) 2020.4.30.은 종기에 해당하므로 그 기간의 만료로 점용의 효과는 자동으로 소멸된다.
③ (×) 기한에 대한 소송은 허용되지 않으므로 법원은 각하하여야 한다.
④ (○) 100만 원의 점용료는 부담이므로 독립하여 소송이 가능하다.
⑤ (×) 2019.5.1. 乙의 도로점용이 교통혼잡을 초래할 경우 도로점용허가를 취소할 수 있다는 부관은 도로점용이라는 수익적 행위에 대한 부관이므로 법적 근거 없이 할 수 있다.

**정답** ④

---

**008** 甲은 관할 행정청 A에 도로점용허가를 신청하였고, 이에 대하여 행정청 A는 주민의 민원을 고려하여 甲에 대하여 공원부지를 기부채납할 것을 부관으로 하여 도로점용허가를 하였다. 이와 관련한 판례의 입장으로 옳지 않은 것은?

<sub>16 국가9급</sub>

① 위 부관을 조건으로 본다면, 甲은 부관부 행정행위 전체를 취소소송의 대상으로 하여 부관만의 일부취소를 구하여야 한다.

② 위 부관을 부담으로 본다면, 부관만 독립하여 취소소송의 대상으로 할 수 있으며 부관만의 독립취소가 가능하다.

③ 위 부관을 부담으로 보는 경우, 甲이 정해진 기간 내에 공원부지를 기부채납하지 않은 경우에도 도로점용허가를 철회하지 않는 한 도로점용허가는 유효하다.

④ 부가된 부담이 무효임에도 불구하고 甲이 부관을 이행하여 기부채납을 완료한 경우, 甲의 기부채납행위가 당연히 무효로 되는 것은 아니다.

**해설**

① (×) 조건에 대하여는 부관부 행정행위 전체를 취소소송의 대상으로 하며, 부관만의 일부취소를 구하는 부진정일부취소소송은 허용되지 않는다.
② (○) 부담은 부관만 독립하여 취소소송의 대상으로 할 수 있다.

③ (○) 부담은 부담을 이행하지 않았다는 것만으로 행정행위의 효력에 영향이 있지는 않고 별도로 행정행위를 철회하여야 한다.
④ (○) 행정처분에 붙인 부담인 부관이 무효인 경우 그 부담의 이행으로 인한 사법상의 행위까지 당연무효가 되는 것은 아니다.
(대판 2009.6.25. 2006다18174)

정답 ①

## 009
도시재개발사업계획 인가를 하면서 인근토지의 기부채납을 부관으로 명하고 기부채납이 이루어진 시점부터 인가의 효력이 발생하는 것으로 명시한 경우 인가를 받은 자가 부관의 위법을 이유로 부관을 취소하거나 무효화하려고 할 때 취할 수 있는 방안과 법원의 대응으로서 옳은 것은? (다툼이 있는 경우 판례에 따름) 14 국회8급

① 부관만에 대한 취소소송을 제기할 수 있고 법원은 부관만 취소할 수 있다.
② 부관만에 대한 취소소송을 제기할 수 있으나 법원은 부관만 취소하지는 못한다.
③ 부관을 포함한 행정처분 전체에 대한 취소소송이 제기된 경우 법원은 이를 각하하여야 한다.
④ 부관을 포함한 행정처분 전체에 대해 취소소송을 제기하여야 하며 부관의 위법이 확실하다면 다른 고려사항 없이 부관만의 취소가 가능하다.
⑤ 인가를 받은 자는 부관이 없는 처분으로 변경하여 줄 것을 요청하고 그것이 거부된 경우 거부처분 취소소송을 제기하여야 하며 법원은 이에 대한 심리 결과에 따라 인용 여부를 결정한다.

**해설**
① (×) ② (×) ③ (×) ④ (×) 사안의 부관은 정지조건이다. 그렇다면 조건에 대해서는 부관만을 취소의 대상으로 삼는 진정일부취소소송은 허용되지 않고, 행정행위와 부관을 모두 소의 대상으로 삼은 다음 부관만의 취소를 구하는 부진정일부취소소송도 허용되지 않는다. 만약 부진정일부취소소송이 제기되면 법원은 전부취소판결을 하든지 아니면 기각판결을 하게 된다.
⑤ (○)

정답 ⑤

### 기출지문 OX

**01** 부담의 이행으로서 하게 된 사법상 매매 등의 법률행위는 부담을 붙인 행정처분과는 별개의 법률행위이므로, 그 부담의 불가쟁력의 문제와는 별도로 법률행위가 사회질서 위반이나 강행규정에 위반되는지 여부 등을 따져보아 그 법률행위의 유효 여부를 판단하여야 한다. [21 국가9급]   (○, ×)

**해설** 행정처분에 붙인 부담인 부관이 무효가 되었다고 하여 그 부담의 이행으로 한 사법상 법률행위도 당연히 무효가 되는 것은 아니다. (대판 2009.6.25. 2006다18174)   정답 ○

**02** 허가에 붙은 기한이 그 허가된 사업의 성질상 부당하게 짧아서 이 기한이 허가 자체의 존속기간이 아니라 허가조건의 존속기간으로 해석되는 경우에는 허가 여부의 재량권을 가진 행정청은 허가조건의 개정만을 고려할 수 있고, 그 후 당초의 기한이 상당기간 연장되어 그 기한이 부당하게 짧은 경우에 해당하지 않게 된 때라도 더 이상의 기간 연장을 불허가할 수는 없다. [21 국가9급]   (○, ×)

**해설** 일반적으로 행정처분에 효력기간이 정하여져 있는 경우에는 그 기간의 경과로 그 행정처분의 효력은 상실되며, 다만 허가에 붙은 기한이 그 허가된 사업의 성질상 부당하게 짧은 경우에는 이를 그 허가 자체의 존속기간이 아니라 그 허가조건의 존속기간으로 보아 그 기한이 도래함으로써 그 조건의 개정을 고려한다는 뜻으로 해석할 수 있지만, 이와 같이 당초에 붙은 기한을 허가 자체의 존속기간이 아

니라 허가조건의 존속기간으로 보더라도 그 후 당초의 기한이 상당기간 연장되어 연장된 기간을 포함한 존속기간 전체를 기준으로 볼 경우 더 이상 허가된 사업의 성질상 부당하게 짧은 경우에 해당하지 않게 된 때에는 관계 법령의 규정에 따라 허가 여부의 재량권을 가진 행정청으로서는 그 때에도 허가조건의 개정만을 고려하여야 하는 것은 아니고 재량권의 행사로서 더 이상의 기간 연장을 불허가할 수도 있는 것이며, 이로써 허가의 효력은 상실된다. (대판 2004.3.25. 2003두12837)　　　　　　　　　　　　　　　　　정답 ✕

**03** 어업에 관한 허가 또는 신고의 경우에는 어업면허와 달리 유효기간 연장제도가 마련되어 있지 아니하므로 그 유효기간이 경과하면 그 허가나 신고의 효력이 당연히 소멸하며, 재차 허가를 받거나 신고를 하더라도 허가나 신고의 기간만 갱신되어 종전의 어업허가나 신고의 효력 또는 성질이 계속된다고 볼 수 없고 새로운 허가 내지 신고로서의 효력이 발생한다. [12 사복]　(O, ✕)

　해설　대판 2011.7.28. 2011두5728　　　　　　　　　　　　　　　　　　　　　　　　　　　　　정답 O

**04** 철회권이 유보된 경우라도 철회권의 행사는 그 자체만으로는 정당화되지 않고 그 외에 철회의 일반적 요건이 충족되어야 한다.
[12 사복]　(O, ✕)

　해설　철회사유가 발생한 경우에도 행정청은 자유로이 철회할 수 있는 것은 아니고 철회권의 제한법리가 적용된다.

> 허가 또는 특허에 종료의 기한을 정하거나 취소권을 유보한 경우 그 기한이 그 허가 또는 특허된 그 사업의 성질상 부당하게 짧게 정하여졌다면 그 기한은 허가 또는 특허의 존속기한을 정한 것이며 그 기한 도래시 그 조건의 개정을 고려한다는 뜻으로 해석할 것이고 또 취소권의 유보의 경우에 있어서도 무조건으로 취소권을 행사할 수 있는 것이 아니고 취소를 필요로 할 만한 공익상의 필요가 있는 때에 한하여 취소권을 행사할 수 있는 것이다. (대판 1962.2.22. 4293행상42)

정답 O

**05** 기속행위에도 그 효과를 제한하는 부관을 붙일 수 있다. [12 사복]　(O, ✕)

　해설　일반적으로 기속행위나 기속적 재량행위에는 부관을 붙일 수 없고, 가사 부관을 붙였다 하더라도 이는 무효이다. (대판 1988.4.27. 87누1106)

정답 ✕

---

**010**　다음 부관의 설명 중 바르게 연결된 것은?　　　　　　　　　　　　　　　　　　12 경행특채

　① 시설완성을 조건으로 하는 학교법인설립허가 – 해제조건

　② 2012년 2월 25일까지의 도로사용허가 – 기간

　③ 도로점용허가에 부가된 점용료의 부가 – 부담

　④ 일정한 기간 내에 공사에 착수할 것을 조건으로 하는 공유수면매립면허 – 철회권 유보

　해설
　① (✕) 진입도로의 완공을 조건으로 한 주유소영업허가와 같이, 학교법인은 시설을 완성하여야 설립되는 것으로 보아야 할 것이므로 정지조건이다.
　② (✕) 도로사용허가의 종기이므로 기한이다.
　③ (O) 도로점용허가시 점용료 납부의무를 부과하는 것은 부담이다.
　④ (✕) 일단 공유수면매립면허의 효력이 발생하되, 일정 기간 내에 공사에 착수하지 않으면 효력을 상실하는 해제조건이다.

정답 ③

**011** 「식품위생법」은 관할 관청이 영업허가를 하는 때에는 필요한 조건을 붙일 수 있다고 규정하고 있다. 이에 군수 A는 유흥주점영업을 허가하면서 일정한 규모의 주차공간을 확보할 것을 조건으로 붙였다. 이에 대한 설명으로 옳은 것은?　　10 국가9급

① 「식품위생법」상의 영업허가는 재량행위이므로 이러한 조건을 붙일 수 있는 것이다.
② 여기에서 조건은 강학상 법률효과의 일부 배제라고 부른다.
③ 「식품위생법」상의 근거규정이 있기 때문에 유흥주점영업허가에 조건을 붙일 수 있다.
④ 취소소송을 통하여 조건을 다투는 경우에 조건을 포함한 유흥주점영업허가를 취소소송의 대상으로 하면서 조건만을 취소해달라고 청구하는 경우를 진정일부취소소송이라 한다.

> **해설**
> ① (×) 식품위생법상의 영업허가는 일반적 금지에 대한 해제이므로 기속행위에 해당하고, 기속행위에는 명문규정이 없는 한 부관은 붙일 수 없다.
> ② (×) 유흥주점영업을 허가하면서 일정한 규모의 주차공간을 확보할 것으로 조건을 붙인 경우 부담으로 볼 수도 있고 조건으로 볼 수도 있다. 이와 같이 부담과 조건의 구별이 명확하지 않은 경우에는 상대방에게 유리한 부담으로 추정하는 것이 다수의 견해이다.
> ③ (○) 식품의약품안전처장 또는 특별자치시장·특별자치도지사·시장·군수·구청장은 영업허가를 하는 때에는 필요한 조건을 붙일 수 있다. **(식품위생법 제37조 제2항)** 이와 같이 법령에서 행정행위에 부관을 붙일 수 있다는 것이 명문으로 규정된 경우에는 기속행위에도 부관을 붙일 수 있다.
> ④ (×) 통설과 판례에 의할 때 부담에 대해서는 부담만을 소송의 대상으로 삼을 수 있는데, 이 경우를 진정일부취소소송이라고 한다. 반면, 부담 외의 부관에 대해서는 독립하여 다툴 수 없기 때문에 부관이 붙은 행정행위 전체를 소송의 대상으로 삼아서 부관만의 취소를 구하는 소가 허용될 것인가가 문제되는데, 이 경우를 부진정일부취소소송이라고 한다.
>
> **정답** ③

---

**012** 구 「식품위생법」은 보건사회부장관(현 보건복지부장관)이 지정하여 고시하는 영업 또는 품목의 경우는 영업허가를 제한할 수 있다고 규정하였고, 이에 따라 보건사회부장관은 "그 전량을 수출하거나 주한 외국인에게만 판매한다는 요건을 갖춘 경우에만 보존음료수제조업의 허가를 할 수 있다."라는 고시를 발한 바 있었다. 이 고시에 대한 설명으로 옳은 것은?　　10 국가9급

① 위 고시의 법적 성질을 행정규칙이라고 보는 것이 대법원의 입장이다.
② 위 고시에 정한 허가기준에 따라 보존음료수제조업허가에 붙여진 전량수출 또는 주한 외국인에 대한 판매에 한한다는 내용의 조건에 대해서는 행정행위에 부관을 붙일 수 있는 한계에 관한 일반원칙이 적용되지 않는다.
③ 위 고시상의 조건을 위반한 행위에 대하여 행정청이 과징금을 부과한 제재적 행정처분은 위법하지 아니한다.
④ 대법원은 행정청이 甲에 대하여 보존음료수제조업허가를 하면서 붙인 위 허가조건이 甲의 영업의 자유의 본질적 내용을 침해한다고 볼 수 없다고 하였다.

**해설**

① (✕) 식품제조영업허가기준이라는 고시는 공익상의 이유로 허가를 할 수 없는 영업의 종류를 지정할 권한을 부여한 구 식품위생법 제23조의3 제4호에 따라 보건사회부장관(현 보건복지부장관)이 발한 것으로서, 실질적으로 법의 규정 내용을 보충하는 기능을 지니면서 그것과 결합하여 대외적으로 구속력이 있는 법규명령의 성질을 가진 것이다. (대판 1994.3.8. 92누1728)

② (○) 위 고시에 정한 허가기준에 따라 보존음료수제조업의 허가에 붙여진 전량수출 또는 주한 외국인에 대한 판매에 한한다는 내용의 조건은 이른바 법정부관으로서 행정청의 의사에 기하여 붙여지는 본래의 의미에서의 행정행위의 부관은 아니므로, 이와 같은 법정부관에 대하여는 행정행위에 부관을 붙일 수 있는 한계에 관한 일반적인 원칙이 적용되지는 않는다. (대판 1994.3.8. 92누1728)

**참고** 법정부관을 다투는 방법으로 집행행위를 매개하지 않을 때 항고소송 또는 헌법소원이 가능하다.

③ (✕) 식품제조영업허가기준 고시가 헌법상 보장된 기본권을 침해하는 것으로서 헌법에 위반될 때에는 위 고시는 효력이 없는 것으로 볼 수밖에 없으므로, 원고들이 위 고시에 따라서 지게 되는 의무를 이행하지 아니하였다는 이유로 원고들에 대하여 과징금을 부과하는 제재적 행정처분을 하는 것은 위법하다 할 것이다. (대판 1994.3.8. 92누1728)

④ (✕) 보존음료수의 국내판매를 금지함으로써 잠재적인 판매시장의 거의 대부분을 폐쇄한다는 것은 실질적으로 보존음료수제조업의 허가를 전면적으로 허용하면서 그 허가의 요건을 한정하는 것(이는 직업선택의 자유를 제한하는 경우에 해당한다)에 못지 않는 큰 제한으로서, 직업선택의 자유를 제한하는 것과 다를 바 없는 영업의 자유에 대한 중대한 제한이고, 영업의 자유를 제한하는 내용에 있어서도 국내판매를 완전히 금지하여 어느 경우에도 예외를 인정하지 않고 있으므로, 그 제한의 정도가 절대적인 것이어서 직업의 자유를 심하게 제한하고 있다고 하지 않을 수 없다. (대판 1994.3.8. 92누1728)

**정답** ②

---

**013** 하천점용허가를 하면서 소정의 점용료를 납부해야 하며 공익상 필요할 때는 허가를 취소할 수 있다는 부관을 붙였다. 이 허가와 관련한 설명 중 옳은 것은?

08 관세사

① 상대방은 점용료를 아직 납부하지 않았어도 허가시 정해진 날부터 점용할 수 있다.
② 정해진 날까지 점용료 납부의무를 이행하지 않으면 허가는 당연히 실효된다.
③ 위 부관이 법규 위반으로 무효이면 부관 없는 하천점용허가로 존속한다.
④ 점용료 납부의무가 과다하여도 이 부관만을 대상으로 행정소송을 제기하지 못한다.
⑤ 행정청은 공익상의 필요가 있으면 언제든지 자유롭게 허가의 취소권을 행사할 수 있다.

**해설**

① (○)
② (✕) 점용료 납부 부관은 급부하명이므로 부담에 해당한다. 부담은 그 불이행시 주된 행정행위의 강제집행, 철회사유 등이 될 뿐이며 주된 행정행위는 처음부터 효력을 발생하므로 주된 행정행위가 당연히 실효되는 것은 아니다. 따라서 점용료 납부의무를 이행하지 않았다고 해서 허가가 당연히 실효되지는 않는다.
③ (✕) 무효인 부관이 주된 행정행위의 본질적 부분에 해당하는 경우에는 주된 행정행위도 무효가 된다. 하천점용허가에 있어서 점용료는 본질적인 부분에 해당하므로, 이러한 점용료 납부 부관이 무효라면 하천점용허가도 무효가 된다.
④ (✕) 부담은 독립쟁송이 가능하므로 점용료 납부 부관만을 대상으로 행정소송을 제기할 수 있다.
⑤ (✕) 공익상 필요할 때는 허가를 취소할 수 있다는 부관은 철회권의 유보에 해당한다. 철회권의 유보에 해당하는 사유가 발생하였다고 하더라도 언제든지 자유롭게 행사할 수 있는 것이 아니고, 행정행위의 철회에 관한 일반원칙에 따라야 한다.

**정답** ①

# CHAPTER 06 행정행위의 요건과 효력

## 제1절 행정행위의 성립요건과 효력발생요건

**001** 행정행위의 성립과 효력에 관한 설명으로 옳은 것은? (다툼이 있는 경우 판례에 의함)  21 소방

① 일반적으로 행정행위가 주체·내용·절차와 형식의 요건을 모두 갖추고 외부에 표시된 경우에 행정행위의 존재가 인정된다.

② 행정청의 의사가 외부에 표시되어 행정청이 자유롭게 취소·철회할 수 없는 구속을 받게 되는 시점에 행정행위가 성립하는 것은 아니며, 행정행위의 성립 여부는 행정청의 의사를 공식적인 방법으로 외부에 표시하였는지 여부를 기준으로 판단해야 한다.

③ 「행정절차법」은 행정행위 상대방에 대한 송달받을 자의 주소 등을 통상적인 방법으로 확인할 수 없는 경우에 한하여, 공고의 방법에 의한 송달이 가능하도록 규정하고 있다.

④ 상대방 있는 행정처분이 상대방에게 고지되지 아니한 경우에도 상대방이 다른 경로를 통해 행정처분의 내용을 알게 된다면 그 행정처분의 효력이 발생한다.

### 해설

① (O) 행정행위의 존재는 주체·내용·절차와 형식의 요건을 모두 갖추고 외부에 표시된 경우에 인정되며, 도달시에 효력이 발생한다.

② (X) 일반적으로 처분이 주체·내용·절차와 형식의 요건을 모두 갖추고 외부에 표시된 경우에는 처분의 존재가 인정된다. 다만, 행정의사가 외부에 표시되어 행정청이 자유롭게 취소·철회할 수 없는 구속을 받게 되는 시점에 처분이 성립하고, 그 성립 여부는 행정청이 행정의사를 공식적인 방법으로 외부에 표시하였는지를 기준으로 판단해야 한다. (대판 2019.7.11. 2017두38874)

③ (X) 고시·공고에 의한 송달은 주소 등을 통상적인 방법으로 확인할 수 없는 경우뿐만 아니라 송달이 불가능한 경우에도 가능하다.

> **행정절차법 제14조(송달)**
> ④ 다음 각 호의 어느 하나에 해당하는 경우에는 송달받을 자가 알기 쉽도록 관보, 공보, 게시판, 일간신문 중 하나 이상에 공고하고 인터넷에도 공고하여야 한다.
> 　1. 송달받을 자의 주소 등을 통상적인 방법으로 확인할 수 없는 경우
> 　2. 송달이 불가능한 경우

④ (X) 상대방 있는 행정처분은 특별한 규정이 없는 한 의사표시에 관한 일반법리에 따라 상대방에게 고지되어야 효력이 발생하고, 상대방 있는 행정처분이 상대방에게 고지되지 아니한 경우에는 상대방이 다른 경로를 통해 행정처분의 내용을 알게 되었다고 하더라도 행정처분의 효력이 발생한다고 볼 수 없다. (대판 2019.8.9. 2019두38656)

**정답** ①

## 기출지문 OX

**01** 구 「공중위생관리법」상 공중위생영업에 대하여 영업을 정지할 위법사유가 있다면, 관할 행정청은 그 영업이 양도·양수되었다 하더라도 양수인에 대하여 영업정지처분을 할 수 있다. [21 국가9급] (O, X)

**해설** 양도인의 귀책사유로 양수인에게 영업정지 등의 행정규제를 할 수 있다.  **정답** O

**02** 「도시 및 주거환경정비법」상 주택재건축조합에 대해 조합설립인가처분이 행하여진 후에는, 조합설립결의의 하자를 이유로 조합설립의 무효를 주장하려면 조합설립인가처분의 취소 또는 무효확인을 구하는 소송으로 다투어야 하며, 따로 조합설립결의의 하자를 다투는 확인의 소를 제기할 수 없다. [21 국가9급] (O, X)

**해설** 당사자소송을 하려면 확인의 이익이 필요한데, 확인의 이익이 인정되지 않으므로 항고소송을 해야 한다.

> 행정청이 도시 및 주거환경정비법 등 관련 법령에 근거하여 행하는 조합설립인가처분은 단순히 사인들의 조합설립행위에 대한 보충행위로서의 성질을 갖는 것에 그치는 것이 아니라 법령상 요건을 갖출 경우 도시 및 주거환경정비법상 주택재건축사업을 시행할 수 있는 권한을 갖는 행정주체(공법인)로서의 지위를 부여하는 일종의 설권적 처분의 성격을 갖는다고 보아야 한다. 그리고 그와 같이 보는 이상 조합설립결의는 조합설립인가처분이라는 행정처분을 하는 데 필요한 요건 중 하나에 불과한 것이어서, 조합설립결의에 하자가 있다면 그 하자를 이유로 직접 항고소송의 방법으로 조합설립인가처분의 취소 또는 무효확인을 구하여야 하고, 이와는 별도로 조합설립결의 부분만을 따로 떼어내어 그 효력 유무를 다투는 확인의 소를 제기하는 것은 원고의 권리 또는 법률상 지위에 현존하는 불안·위험을 제거하는 데 가장 유효·적절한 수단이라 할 수 없어 특별한 사정이 없는 한 확인의 이익은 인정되지 아니한다. (대판 2009.9.24. 2008다60568)

**정답** O

**03** 공정거래위원회가 부당한 공동행위를 한 사업자들 중 자진신고자에 대하여 구 독점규제 및 공정거래에 관한 법령에 따라 과징금 부과처분(선행처분)을 한 뒤, 다시 자진신고자에 대한 사건을 분리하여 자진신고를 이유로 과징금 감면처분(후행처분)을 한 경우라도 선행처분의 취소를 구하는 소는 적법하다. [21 국가9급] (O, X)

**해설** 자진신고에 의한 과징금 감면이 있었던 경우 선행 부과처분과 후행 감면처분을 나누어 의결한 경우에 취소를 구하여야 할 처분은 후행처분이다.

> 선행처분은 이러한 종국적 처분을 예정하고 있는 일종의 잠정적 처분으로서 후행처분이 있을 경우 선행처분은 후행처분에 흡수되어 소멸한다고 봄이 타당하다. 따라서 위와 같은 경우에 선행처분의 취소를 구하는 소는 이미 효력을 잃은 처분의 취소를 구하는 것으로 부적법하다. (대판 2015.2.12. 2013두987)

**정답** X

## 002

**행정행위의 효력에 대한 설명으로 옳지 않은 것은? (다툼이 있는 경우 판례에 의함)** [19 지방9급]

① 민사소송에 있어서 어느 행정처분의 당연무효 여부가 선결문제로 되는 때에는 당해 소송의 수소법원은 이를 판단하여 그 행정처분의 무효확인판결을 할 수 있다.

② 과세처분의 하자가 단지 취소할 수 있는 정도에 불과할 때에는 과세관청이 이를 스스로 취소하거나 행정쟁송절차에 의하여 취소되지 않는 한 그로 인한 조세의 납부가 부당이득이 된다고 할 수 없다.

③ 구 「소방시설 설치·유지 및 안전관리에 관한 법률」 제9조에 의한 소방시설 등의 설치 또는 유지·관리에 대한 명령이 행정처분으로서 하자가 있어 무효인 경우에는 명령에 따른 의무 위반이 생기지 아니하므로, 명령 위반을 이유로 행정형벌을 부과할 수 없다.

④ 행정처분이 불복기간의 경과로 인하여 확정될 경우, 그 확정력은 처분으로 인하여 법률상 이익을 침해받은 자가 처분의 효력을 더 이상 다툴 수 없다는 의미일 뿐 판결에 있어서와 같은 기판력이 인정되는 것은 아니다.

> **해설**
> ① (X) 민사법원이 무효판결을 할 수는 없다. 부당이득의 경우 민사법원이 무효임을 판단하여 부당이득에 대해 판결하는 것은 가능하지만, 무효판결은 행정법원만 할 수 있다.
> ② (O) 취소의 경우에는 공정력이 인정되기 때문이다.
> ③ (O) 소방시설 설치유지 및 안전관리에 관한 법률 제9조에 의한 소방시설 등의 설치 또는 유지·관리에 대한 명령이 행정처분으로서 하자가 있어 무효인 경우, 위 명령 위반을 이유로 행정형벌을 부과할 수 없다. 소방시설 설치유지 및 안전관리에 관한 법률 제9조에 의한 소방시설 등의 설치 또는 유지·관리에 대한 명령을 정당한 사유 없이 위반한 자는 같은 법 제48조의2 제1호에 의하여 행정형벌에 처해지는데, 위 명령이 행정처분으로서 하자가 있어 무효인 경우에는 명령에 따른 의무 위반이 생기지 아니하므로 행정형벌을 부과할 수 없다. (대판 2011.11.10. 2011도11109)
> ④ (O) 기판력은 판결에만 인정되는 효력이다.
>
> **정답** ①

---

### 기출지문 OX

**01** 과세대상이 아닌 것을 세무공무원이 직무상 과실로 과세대상으로 오인하여 과세처분을 행함으로 인하여 손해가 발생된 경우, 동 과세처분이 취소되지 아니하였다 하더라도 국가는 이로 인한 손해를 배상할 책임이 있다. [18 지방7급]  (O, X)

> **해설** 과세대상이 아닌 것을 세무공무원이 직무상 과실로 과세대상으로 오인하여 과세처분을 했다면 이는 무효의 행위이므로, 과세처분이 취소되지 아니하였다 하더라도 국가는 이로 인한 손해를 배상할 책임이 있다.  **정답** O

**02** 행정행위의 불가변력은 해당 행정행위에 대해서뿐만 아니라 그 대상을 달리하는 동종의 행정행위에 대해서도 인정된다.
[18 지방7급]  (O, X)

> **해설** 행정행위의 불가변력은 해당 행정행위에 대해서만 인정된다.  **정답** X

## 003 행정행위의 효력발생요건으로서의 통지에 대한 설명으로 옳지 않은 것은? (다툼이 있는 경우 판례에 의함)
18 국가9급

① 처분의 통지는 행정처분을 상대방에게 표시하는 것으로서 상대방이 인식할 수 있는 상태에 둠으로써 족하고, 객관적으로 보아 행정처분으로 인식할 수 있도록 고지하면 된다.

② 처분서를 보통우편의 방법으로 발송한 경우에는 그 우편물이 상당한 기간 내에 도달하였다고 추정할 수 없다.

③ 구 「청소년 보호법」에 따라 정보통신윤리위원회가 특정 웹사이트를 청소년유해매체물로 결정하고 청소년보호위원회가 효력발생시기를 명시하여 고시하였으나 정보통신윤리위원회가 청소년보호위원회가 웹사이트 운영자에게는 위 처분이 있었음을 통지하지 않았다면 그 효력이 발생하지 않는다.

④ 등기에 의한 우편송달의 경우라도 수취인이 주민등록지에 실제로 거주하지 않는 경우에는 우편물의 도달사실을 처분청이 입증해야 한다.

> **해설**
>
> ① (O) 도달주의를 취하는 결과, 도달이 있으면 안 것으로 추정되고 효력이 발생한다.
>
> ② (O) 내용증명우편이나 등기우편과는 달리, 보통우편의 방법으로 발송되었다는 사실만으로는 그 우편물이 상당기간 내에 도달하였다고 추정할 수 없고 송달의 효력을 주장하는 측에서 증거에 의하여 도달사실을 입증하여야 한다. (대판 2009.12.10. 2007두20140)
>
> ③ (X) 구 청소년 보호법에 따른 청소년유해매체물결정 및 고시처분은 당해 유해매체물의 소유자 등 특정인만을 대상으로 한 행정처분이 아니라 일반 불특정 다수인을 상대방으로 하여 일률적으로 표시의무, 포장의무, 청소년에 대한 판매·대여 등의 금지의무 등 각종 의무를 발생시키는 행정처분으로서, 정보통신윤리위원회가 특정 인터넷 웹사이트를 청소년유해매체물로 결정하고 청소년보호위원회가 효력발생시기를 명시하여 고시함으로써 그 명시된 시점에 효력이 발생하였다고 봄이 상당하고, 정보통신윤리위원회와 청소년보호위원회가 위 처분이 있었음을 위 웹사이트 운영자에게 제대로 통지하지 아니하였다고 하여 그 효력 자체가 발생하지 아니한 것으로 볼 수는 없다. (대판 2007.6.14. 2004두619)
>
> ④ (O) 우편물이 등기취급의 방법으로 발송된 경우 특별한 사정이 없는 한 그 무렵 수취인에게 배달되었다고 보아도 좋을 것이나, 수취인이나 그 가족이 주민등록지에 실제로 거주하고 있지 아니하면서 전입신고만을 해 둔 경우에는 그 사실만으로써 주민등록지 거주자에게 송달수령의 권한을 위임하였다고 보기는 어려울 뿐 아니라 수취인이 주민등록지에 실제로 거주하지 아니하는 경우에도 우편물이 수취인에게 도달하였다고 추정할 수 없고, 따라서 이러한 경우에는 우편물의 도달사실을 과세관청이 입증해야 할 것이고, 수취인이나 그 가족이 주민등록지에 실제로 거주하고 있지 아니하면서 전입신고만을 해 두었고, 그 밖에 주민등록지 거주자에게 송달수령의 권한을 위임하였다고 보기 어려운 사정이 인정된다면, 등기우편으로 발송된 납세고지서가 반송된 사실이 인정되지 아니한다 하여 납세의무자에게 송달된 것이라고 볼 수는 없다. (대판 1998.2.13. 97누8977)
>
> **정답** ③

## 004  행정행위의 효력발생요건에 관한 설명으로 가장 옳지 않은 것은? (다툼이 있는 경우 판례에 의함)

17 서울9급

① 행정행위의 효력발생요건으로서의 도달은 상대방이 그 내용을 현실적으로 알 필요까지는 없고, 다만 알 수 있는 상태에 놓여짐으로써 충분하다.

② 교부에 의한 송달은 수령확인서를 받고 문서를 교부함으로써 하며, 송달하는 장소에서 송달받을 자를 만나지 못한 경우에는 그 사무원·피용자 또는 동거인으로서 사리를 분별할 지능이 있는 사람에게 문서를 교부할 수 있다.

③ 정보통신망을 이용한 송달은 송달받을 자의 동의 여부와 상관없이 허용된다.

④ 판례는 내용증명우편이나 등기우편과는 달리 보통우편의 방법으로 발송되었다는 사실만으로는 그 우편물이 상당한 기간 내에 도달하였다고 추정할 수 없고, 송달의 효력을 주장하는 측에서 증거에 의하여 이를 입증하여야 한다고 본다.

### 해설

① (O) 대판 1989.1.31. 88누940

② (O)

> **행정절차법 제14조(송달)**
> ② 교부에 의한 송달은 수령확인서를 받고 문서를 교부함으로써 하며, 송달하는 장소에서 송달받을 자를 만나지 못한 경우에는 그 사무원·피용자 또는 동거인으로서 사리를 분별할 지능이 있는 사람(이하 이 조에서 '사무원 등'이라 한다)에게 문서를 교부할 수 있다. 다만, 문서를 송달받을 자 또는 그 사무원 등이 정당한 사유 없이 송달받기를 거부하는 때에는 그 사실을 수령확인서에 적고, 문서를 송달할 장소에 놓아둘 수 있다.

참고 8세의 딸에게 송달한 것은 적법한 송달이 아니다.

③ (X)

> **행정절차법 제14조(송달)**
> ③ 정보통신망을 이용한 송달은 송달받을 자가 동의하는 경우에만 한다. 이 경우 송달받을 자는 송달받을 전자우편주소 등을 지정하여야 한다.

참고 전자행정심판도 상대방이 동의한 경우에만 가능하다.

④ (O) 내용증명우편이나 등기우편은 도달이 추정되는데, 이는 도달이 되지 않았다고 주장하는 측에서 입증해야 한다. 한편, 보통우편은 도달이 추정되지 않으며, 이는 도달을 주장하는 측에서 도달을 입증해야 한다. (대판 2009.12.10. 2007두20140)

정답 ③

## 005
**행정처분의 성립·발효요건에 대한 설명으로 옳지 않은 것은? (다툼이 있는 경우 판례에 의함)**

14 지방7급

① 행정청이 처분을 할 때에는 다른 법령 등에 특별한 규정이 없는 한 문서로 하여야 하며, 이에 위반하여 행하여진 행정처분은 원칙적으로 무효사유에 해당한다.

② 장해급여 지급을 위한 장해등급결정과 같이 행정청이 확정된 법률관계를 확인하는 처분을 하는 경우에는 처분시 법령을 적용하여야 한다.

③ 납세자가 과세처분의 내용을 이미 알고 있는 경우에도 납세고지서의 송달이 필요하다.

④ 행정처분은 그 근거법령이 개정된 경우에도 경과규정에서 달리 정함이 없는 한, 처분 당시 시행되는 개정법령과 그에 정한 기준에 의하는 것이 원칙이다.

**해설**

① (○) 예컨대 행정심판의 재결을 구두로 하면 무효가 된다.
② (✕) 시혜적 소급적용은 명문규정이 있는 경우에 인정되는 것이지 당연히 인정되는 것은 아니다.
③ (○)
④ (○)

**정답** ②

## 006
**행정행위의 성립요건과 효력발생요건을 구분할 경우 효력발생요건에 해당하는 것은?**

15 교행

① 상대방에게 통지되어 도달되어야 한다.
② 내용이 법률상으로나 사실상으로 실현 가능해야 한다.
③ 법령상 특별한 규정이 있는 경우를 제외하고는 문서로 하여야 한다.
④ 당해 행정행위를 발할 수 있는 권한을 가진 자에 의해 행해져야 한다.

**해설**

① (○) 도달은 효력발생요건이다.
② (✕) 성립요건으로서 내용상 요건이다.
③ (✕) 성립요건으로서 형식상 요건이다.
④ (✕) 성립요건으로서 주체상 요건이다.

**정답** ①

> **예상판례**
>
> 국세기본법 제11조 제1항 제3호에서 정한 '송달할 장소'의 의미 및 '송달할 장소'가 여러 곳이어서 각각의 장소에 송달을 시도할 수 있었는데도 세무공무원이 그중 일부 장소에만 방문하여 수취인이 부재중인 것으로 확인된 경우, 납세고지서를 공시송달할 수 있는 경우에 해당하지 않는다. (대판 2015.10.29. 2015두43599)

## 제2절 행정행위의 효력

### 01 구속력(실체법적 효력)

#### 공정력

> **행정기본법 제15조(처분의 효력)**
> 처분은 권한이 있는 기관이 취소 또는 철회하거나 기간의 경과 등으로 소멸되기 전까지는 유효한 것으로 통용된다. 다만, 무효인 처분은 처음부터 그 효력이 발생하지 아니한다.

#### 1. 민사소송의 선결문제

| | | |
|---|---|---|
| 국가배상과 선결문제<br>(위법성 문제) | | 민사법원 → 국가배상에서 위법성 판단 가능. 선결문제는 공정력을 전제로 하는 개념인데, 국가배상은 처음부터 공정력과 관계가 없기 때문임.<br>예 식당영업정지처분에 대해 그 처분에 대한 취소소송과 관계없이 손해배상소송을 제기하면 승소 가능 |
| 부당이득반환소송<br>(행정행위의 효력문제) | 당연무효인 경우 | 판단 가능. 무효인 행위는 공정력이 없기 때문에 민사법원은 판단할 수 있음.<br>예 당연무효인 조세를 납부한 경우(부동산을 매도 한 적이 없는데도 부과된 양도소득세를 납부한 경우)에 곧바로 부당이득반환청구를 제기하면 승소 가능 |
| | 취소사유인 경우<br>(단순위법을<br>다투는 경우) | 판단 불가. 취소사유는 취소되기 전까지는 민사법원이 그 유효성을 부정할 수 없으므로 부당이득이라고 판단할 수 없음.<br>예 취소사유인 조세(원래 100만 원인 조세가 1,000만 원으로 부과된 경우)를 납부한 경우 곧바로 부당이득반환청구를 하면 기각됨. 1,000만 원의 조세는 취소사유이고 취소되기 전까지는 유효하기 때문임. 따라서 승소하려면 조세 부과 취소소송을 제기하여 900만 원에 대한 취소판결을 받아 공정력을 제거하고 부당이득반환청구를 해야 함. |

#### 2. 형사소송의 선결문제

| | | |
|---|---|---|
| 행정행위의 위법성이<br>범죄의 선결문제인 경우 | | 예 국가의 위법한 시정명령을 따르지 않은 자가 시정명령위반죄로 기소된 경우 → 형사법원은 무죄판결이 가능. 즉, 형사법원은 행정행위의 위법성을 판단할 수 있음(형사법원이 시정명령의 위법성을 판단할 수 있다는 의미). |
| 행정행위의 효력유무가<br>선결문제인 경우 | 당연무효인 경우 | 판단 가능. 무효인 행위는 공정력이 없기 때문에 형사법원은 판단할 수 있음.<br>예 무효인 운전면허로 운전하다가 적발된 경우, 별도의 조치 없이 무면허운전죄로 기소되면 유죄판결이 가능함. |
| | 취소사유인 경우 | 판단 불가<br>예 취소사유인 운전면허로 운전하다 적발된 경우(17세의 자가 형의 주민등록증으로 운전면허를 받은 경우) 무면허운전죄로 기소되면 형사법원은 그 운전면허의 유효성을 부정할 수 없으므로 무죄판결을 해야 함. 만약 경찰청에서 그 운전면허를 먼저 직권취소하고 무면허운전죄로 기소했다면 형사법원은 유죄판결을 할 수 있음. |

#### 3. 공정력의 적용범위

| | |
|---|---|
| 행정행위와 재결에만 | 공정력이 인정됨. 공정력은 취소쟁송제도(부대등관계)를 전제로 한 것이 때문임. |
| 법규명령·행정규칙, 조례, 행정계약,<br>단순한 사실행위, 공법상 계약, 확약 | 공정력이 인정되지 않음. 취소쟁송이 불가능한 대상이기 때문임. |
| 권력적 사실행위 | 공정력이 인정되는지에 대해서는 견해의 대립이 있음. |

### 4. 공정력과 구성요건적 효력

| 공정력 하나로 설명하는 전통적 견해 | 공정력이 타 국가기관과 개인 모두에 적용됨. |
|---|---|
| 공정력과 구성요건적 효력으로 나누어 설명하는 견해 | · 공정력은 국민에게 적용. 절차적 효력. 법적 안정성에 근거<br>· 구성요건적 효력은 타 국가기관에 적용. 실체적 효력. 타 국가기관의 권한존중에 근거 |

**007** 행정행위의 효력에 관한 설명으로 옳지 않은 것은? (다툼이 있는 경우 판례에 의함)  23 소방

① 이미 취소소송의 제기기간을 경과하여 확정력이 발생한 행정처분에는 그 근거가 되는 법률에 대한 위헌결정의 소급효가 미치지 않는다.

② 행정처분이 아무리 위법하다고 하여도 그 하자가 중대하고 명백하여 당연무효라고 보아야 할 사유가 있는 경우를 제외하고는, 행정소송 등에 의하여 적법히 취소될 때까지는 아무도 그 하자를 이유로 그 효과를 부정하지 못한다.

③ 민사소송에 있어서 어느 행정처분의 당연무효 여부가 선결문제로 되는 때에는 이를 판단하여 당연무효임을 전제로 판결할 수 있다.

④ 불가쟁력이 발생한 부담금 부과처분의 근거법률에 대한 위헌결정이 있으면, 후행 압류처분의 취소를 구하는 소송에서 재판의 내용과 효력에 대한 법률적 의미가 달라진다.

> **해설**
> ① (O) 확정력이 발생하거나 기판력이 발생하면 위헌결정의 소급효가 미치지 않는다.
> ② (O) 공정력의 개념이다.
> ③ (O) 무효는 공정력이 없으므로 민사법원이 무효임을 전제로 부당이득을 판단할 수 있다. 다만, 민사법원이 무효판결을 하지는 못한다.
> ④ (X) 법률적 의미가 달라지지 않는다. 이 말의 의미는 불가쟁력이 발생한 부담금 부과처분의 근거법률에 대한 위헌결정이 있을 때 만약 소급효가 인정되면 해당 처분이 취소되는데 불가쟁력이 발생하면 소급효가 인정되지 않으므로 법률적 의미가 달라지지 않는다는 뜻이다.

**정답** ④

## 008

**행정행위의 효력에 대한 설명으로 옳지 않은 것은? (다툼이 있는 경우 판례에 의함)** 20 국회8급

① 공정력이란 행정행위의 위법이 중대·명백하여 당연무효가 아닌 한 권한 있는 기관에 의해 취소되기까지는 행정의 상대방이나 이해관계자에게 적법하게 통용되는 힘을 말한다.
② 공정력을 인정하는 이론적 근거는 법적 안정성설이 통설이다.
③ 과세처분에 대해 이의신청을 하고 이에 따라 직권취소가 이루어졌다면 특별한 사정이 없는 한 불가변력이 발생한다.
④ 환경영향평가를 거쳐야 함에도 불구하고 환경영향평가를 거치지 않고 개발사업승인을 한 처분에 대해서는 처분이 있은 후 1년이 도과한 경우라도 불가쟁력이 발생하지 않는다.
⑤ 구성요건적 효력에 대한 명시적인 법적 근거는 없으나 국가기관 상호 간에 관할권의 배분이 간접적 근거가 된다.

**해설**
① (×) 공정력은 적법하게 통용되는 힘이 아니라 **취소 전까지 유효하게** 통용되는 힘을 말한다.
② (○)
③ (○) 불가변력은 모든 행정행위에 발생하는 것이 아니라 이의신청, 행정심판과 같은 준사법적 행위에만 발생한다.
④ (○) 취소할 수 있는 행정행위에는 불가쟁력이 발생하지만, 무효인 행정행위에는 불가쟁력이 발생하지 않는다. 환경영향평가를 거쳐야 함에도 불구하고 환경영향평가를 거치지 않고 개발사업승인을 한 처분은 무효사유이다. 그렇다면 처분이 있은 후 1년이 도과한 경우라도 불가쟁력이 발생하지 않는다.
⑤ (○) 현행법상 공정력과 구성요건적 효력을 직접적으로 인정하는 규정은 없다.

**정답** ①

## 009

**행정행위의 공정력과 선결문제에 대한 설명으로 옳지 않은 것은? (다툼이 있는 경우 판례에 의함)** 20 국회8급

① 조세과오납에 따른 부당이득반환청구 사안에서 민사법원은 사전통지 및 의견제출절차를 거치지 않은 하자를 이유로 행정행위의 효력을 부인할 수 있다.
② 위법한 행정처분으로 인해 피해를 입은 자가 제기한 국가배상청구소송에서 민사법원은 행정행위의 위법성 여부를 확인하여 배상청구를 인용할 수 있다.
③ 연령 미달의 결격자가 이를 속이고 운전면허를 교부받아 운전 중 적발되어 기소된 경우 형사법원은 운전면허처분의 효력을 부인하고 무면허운전죄로 판단할 수 없다.
④ 「건축법」상 위법건축물에 내려진 시정명령을 이행하지 않아 시정명령위반죄로 기소된 경우 형사법원은 이를 판단할 수 있다.
⑤ 행정행위에 중대명백한 하자가 있는 경우 선결문제에도 불구하고 민사법원 및 형사법원은 제기된 청구에 대하여 판결을 내릴 수 있다.

> **해설**

① (×) 사전통지 및 의견제출절차를 거치지 않은 하자는 절차상 하자로 취소사유에 해당한다. 그렇다면 민사법원은 권한 있는 기관에 의해 취소되지 않는 한 행정행위의 효력을 부인할 수 없다.

> 조세의 과오납이 부당이득이 되기 위하여는 납세 또는 조세의 징수가 실체법적으로나 절차법적으로 전혀 법률상의 근거가 없거나 과세처분의 하자가 중대하고 명백하여 당연무효이어야 하고, 과세처분의 하자가 단지 취소할 수 있는 정도에 불과할 때에는 과세관청이 이를 스스로 취소하거나 항고소송절차에 의하여 취소되지 않는 한 그로 인한 조세의 납부가 부당이득이 된다고 할 수 없다. (대판 1994.11.11. 94다28000)

② (○) 손해배상은 공정력과 관계가 없으므로 취소 여부와 관계없이 가능하다.

> 위법한 대집행이 완료되면 그 처분의 무효확인 또는 취소를 구할 소의 이익은 없다 하더라도, 미리 그 행정처분의 취소판결이 있어야만, 그 행정처분의 위법임을 이유로 한 손해배상청구를 할 수 있는 것은 아니다. (대판 1972.4.28. 72다337)

③ (○) 연령 미달의 결격자인 피고인이 소외인의 이름으로 운전면허시험에 응시, 합격하여 교부받은 운전면허는 당연무효가 아니라 취소사유이다. 따라서 취소되지 않는 한 유효하므로 피고인의 운전행위는 무면허운전에 해당하지 아니한다. (대판 1982.6.8. 80도2646)

④ (○) 시정명령이 위법하면 이를 따르지 않아도 범죄가 성립되지 않지만, 적법한 명령의 경우에는 시정명령위반죄가 성립될 수 있다. 결국 위법성의 판단이므로 형사법원이 판단할 수 있다.

⑤ (○) 무효의 경우에는 공정력이 발생하지 않으므로 민사법원이든 형사법원이든 판단할 수 있다.

> 민사소송에 있어서 어느 행정처분의 당연무효 여부가 선결문제로 되는 때에는 이를 판단하여 당연무효임을 전제로 판결할 수 있고 반드시 행정소송 등의 절차에 의하여 그 취소나 무효확인을 받아야 하는 것은 아니다. (대판 2010.4.8. 2009다90092)

**정답** ①

**010** 행정행위의 효력에 대한 설명으로 옳지 않은 것은? (다툼이 있는 경우 판례에 의함)  19 국가9급

① 과오납세금반환청구소송에서 민사법원은 그 선결문제로서 과세처분의 무효 여부를 판단할 수 있다.

② 행정처분이 위법임을 이유로 국가배상을 청구하기 위한 전제로서 그 처분이 취소되어야만 하는 것은 아니다.

③ 영업허가취소처분이 청문절차를 거치지 않았다 하여 행정심판에서 취소되었더라도 그 허가취소처분 이후 취소재결시까지 영업했던 행위는 무허가영업에 해당한다.

④ 건물소유자에게 소방시설 불량사항을 시정·보완하라는 명령을 구두로 고지한 것은 「행정절차법」에 위반한 것으로 하자가 중대·명백하여 당연무효이다.

> 해설

① (○) 민사소송에 있어서 어느 행정처분의 당연무효 여부가 선결문제로 되는 때에는 이를 판단하여 당연무효임을 전제로 판결할 수 있고 반드시 행정소송 등의 절차에 의하여 그 취소나 무효확인을 받아야 하는 것은 아니다. (대판 2010.4.8. 2009다90092)
② (○) 위법한 행정대집행이 완료되면 그 처분의 무효확인 또는 취소를 구할 소의 이익은 없다 하더라도, 미리 그 행정처분의 취소판결이 있어야만 그 행정처분의 위법임을 이유로 한 손해배상청구를 할 수 있는 것은 아니다. (대판 1972.4.28. 72다337)
③ (×) 행정심판에서 인용재결이 나면 형성력에 의해 영업허가취소처분 자체가 취소되므로 무허가영업이 아니다.
④ (○) 행정청이 처분을 하는 때에는 다른 법령 등에 특별한 규정이 있는 경우를 제외하고는 문서로 하여야 하고 전자문서로 하는 경우에는 당사자 등의 동의가 있어야 하며, 다만 신속을 요하거나 사안이 경미한 경우에는 구술 기타 방법으로 할 수 있다고 규정하고 있는데, 이는 행정의 공정성·투명성 및 신뢰성을 확보하고 국민의 권익을 보호하기 위한 것이므로 위 규정을 위반하여 행하여진 행정청의 처분은 하자가 중대하고 명백하여 원칙적으로 무효이다. (대판 2011.11.10. 2011도11109)

**정답** ③

## 011  행정행위의 공정력과 선결문제에 대한 설명으로 옳지 않은 것은? (다툼이 있는 경우 판례에 의함)
18 국가7급

① 처분의 효력 유무가 민사소송의 선결문제로 되어 당해 소송의 수소법원이 이를 심리·판단하는 경우 수소법원은 필요하다고 인정할 때에는 직권으로 증거조사를 할 수 있고, 당사자가 주장하지 아니한 사실에 대하여도 판단할 수 있다.

② 처분의 효력 유무가 당사자소송의 선결문제인 경우, 당사자소송의 수소법원은 이를 심사하여 하자가 중대·명백한 경우에는 처분이 무효임을 전제로 판단할 수 있고, 또한 단순한 취소사유에 그칠 때에도 처분의 효력을 부인할 수 있다.

③ 취소소송에 당해 처분과 관련되는 부당이득반환청구소송이 병합되어 제기된 경우, 부당이득반환청구가 인용되기 위해서는 그 소송절차에서 판결에 의해 당해 처분이 취소되면 충분하고 그 처분의 취소가 확정되어야 하는 것은 아니다.

④ 행정청이 침해적 행정처분인 시정명령을 하면서 사전통지를 하거나 의견제출 기회를 부여하지 않아 시정명령이 절차적 하자로 위법하다면, 그 시정명령을 위반한 사람에 대하여는 시정명령위반죄가 성립하지 않는다.

> 해설

① (○)
② (×) 하자가 중대·명백한 경우에는 처분이 무효임을 전제로 판단할 수 있지만, 단순한 취소사유에 그칠 때에는 처분의 효력을 부인할 수 없다.
③ (○) 행정소송법 제10조는 처분의 취소를 구하는 취소소송에 당해 처분과 관련되는 부당이득반환소송을 관련청구로 병합할 수 있다고 규정하고 있는바, 이 조항을 둔 취지에 비추어 보면, 취소소송에 병합할 수 있는 당해 처분과 관련되는 부당이득반환소송에는 당해 처분의 취소를 선결문제로 하는 부당이득반환청구가 포함되고, 이러한 부당이득반환청구가 인용되기 위해서는 그 소송절차에서 판결에 의해 당해 처분이 취소되면 충분하고 그 처분의 취소가 확정되어야 하는 것은 아니라고 보아야 한다. (대판 2009.4.9. 2008두23153)
④ (○) 대판 2017.9.21. 2017도7321

**정답** ②

## 012 행정행위의 효력에 관한 설명으로 옳은 것은? 16 사복

① 구속력이란 행정행위가 적법요건을 구비하면 법률행위적 행정행위의 경우 법령이 정하는 바에 의해, 준법률행위적 행정행위의 경우 행정청이 표시한 의사의 내용에 따라 일정한 법적 효과가 발생하여 당사자를 구속하는 실체법상 효력이다.
② 공정력은 행정청의 권력적 행위뿐 아니라 비권력적 행위, 사실행위, 사법행위에도 인정된다.
③ 행정행위에 불가변력이 발생한 경우 행정청은 당해 행정행위를 직권으로 취소할 수 없으나 철회는 가능하다.
④ 판례에 의하면 사전에 당해 행정처분의 취소판결이 있어야만 그 행정처분의 위법을 이유로 한 손해배상청구를 할 수 있는 것은 아니다.

**해설**
① (X) 법률행위적 행정행위는 행정청이 표시한 의사의 내용에 따라 법적 효과가 발생하고 준법률행위적 행정행위는 법령이 정하는 바에 의해 법적 효과가 발생된다.
② (X) 공정력은 행정행위에 발생하는 효력이다. 따라서 법규명령, 행정규칙, 공법상 계약 또는 행정지도와 같은 행정청의 사실행위나 비권력적 행위 및 사법행위, 사인의 공법행위에는 인정되지 않는다.
③ (X) 행정청은 불가변력이 있는 행정행위를 직권으로 취소 또는 철회할 수 없다.
④ (O) 손해배상청구는 공정력과 관계없다. 즉 위법한 행정대집행이 완료되면 그 처분의 무효확인 또는 취소를 구할 소의 이익은 없다 하더라도, 미리 그 행정처분의 취소판결이 있어야만 그 행정처분이 위법임을 이유로 한 손해배상청구를 할 수 있는 것은 아니다. (대판 1972.4.28. 72다337)

**정답** ④

## 013 민사소송이나 형사소송에서 행정행위의 위법 여부, 효력 유무 또는 부인이 선결문제가 되었을 때, 법원이 이를 심리·판단할 수 없는 경우는? 16 서울7급

① 甲이 조세 부과처분의 무효를 이유로 이미 납부한 세금의 반환을 청구하는 부당이득반환청구소송을 제기하는 경우
② 영업허가가 취소되었음에도 불구하고 영업을 계속하던 乙이 무허가영업을 한 죄로 기소되자 그 취소처분에 대해 취소사유가 있음을 들어 무죄를 주장하는 경우
③ 丙이 영업허가를 취소당함으로써 손해를 입었다고 주장하면서 국가배상을 청구하는 소송을 제기한 경우
④ 丁이 행정청의 조치명령을 이행하지 않음을 이유로 조치명령위반죄로 기소된 경우

**해설**
① (O) 무효에 대해서는 공정력이 인정되지 않으므로 무효에 대해서는 항소소송을 거치지 않고 부당이득반환청구가 가능하다. 즉, 민사법원에서 판단이 가능하다.
② (X) 취소사유인 경우에는 공정력이 인정되므로 행정법원에서 취소가 되기 전에 형사법원이 판단할 수는 없다.
③ (O) 국가배상청구에는 공정력이 인정되지 않으므로 처분의 위법성은 민사법원에서 심리·판단이 가능하다.
④ (O) 조치명령위반죄는 적법한 명령에 대한 위반을 전제로 한다. 따라서 형사법원은 조치명령의 위법성을 판단할 수 있다.

**정답** ②

## 014 다음 중 조례에 대한 내용으로 가장 옳은 것은?

16 서울7급

① 조례는 행정입법의 성격을 갖기 때문에 법률우위의 원칙은 적용되지 않는다.
② 지방자치단체가 제정한 조례가 법령에 위반되는 경우에도 그 조례가 취소되기 전까지는 유효하다.
③ 헌법재판소는 법률이 주민의 권리·의무에 관한 사항을 조례에 위임하는 경우 그 위임의 정도는 구체적 위임이어야 한다고 본다.
④ 기관위임사무에 있어서도 그에 관한 개별법령에서 일정한 사항을 조례로 정하도록 위임하고 있는 경우에는 그 범위 내에서 조례를 정할 수 있다.

**해설**
① (×) 모든 국가작용에는 법률우위의 원칙이 적용되므로 조례에 대해서도 당연히 법률우위의 원칙이 적용된다. (**지방자치법 제28조**)
② (×) 공정력은 행정행위에만 인정되고, 조례는 행정입법으로서 행정행위가 아니다. 따라서 조례에는 공정력이 인정되지 않으므로 하자가 있으면 무효 또는 유효하지 취소는 인정되지 않는다.
③ (×) 주민의 권리 제한·의무 부과에 관한 조례라 하더라도 포괄위임이 가능하다. 위임에 법률의 근거가 필요한 문제와 포괄위임은 다른 것이다.
④ (○) 자치사무와 단체위임사무는 법률의 위임이 없어도 법률에 저촉되지 않는 범위에서 조례를 제정할 수 있다. 기관위임사무에 대해서는 원칙적으로 조례를 제정할 수 없지만, 개별법령에서 일정한 사항을 조례로 정하도록 위임하고 있는 경우에는 그 범위 내에서 조례를 정할 수 있다.

**정답** ④

---

**기출지문 OX**

**01** 하자 있는 수입승인에 기초하여 수입면허를 받고 물품을 통관한 경우, 당해 수입면허가 당연무효가 아닌 이상 무면허수입죄가 성립되지 않는다. [16 지방7급]  (O, ×)

**해설** 물품을 수입하고자 하는 자가 일단 세관장에게 수입신고를 하여 그 면허를 받고 물품을 통관한 경우에는, 세관장의 수입면허가 중대하고도 명백한 하자가 있는 행정행위이어서 당연무효가 아닌 한 관세법 제181조 소정의 무면허수입죄가 성립될 수 없다. (대판 1989.3.28. 89도149)    **정답** O

**02** 구 「주택법」에 따른 시정명령이 위법하더라도 당연무효가 아닌 이상 그 시정명령을 따르지 아니한 경우에는 같은 법상의 시정명령위반죄가 성립한다. [16 지방7급]  (O, ×)

**해설** 위법한 명령에 따르지 않은 행위는 적법하므로 범죄가 성립할 수 없다. 즉, 구 주택법에 따른 시정명령이 위법하다면 당연무효가 아니라도 시정명령을 따르지 아니한 경우에는 같은 법상의 시정명령위반죄가 성립되지 않는다.    **정답** ×

## 015 행정행위의 '구성요건적 효력'에 관한 설명으로 옳지 않은 것은?

08 선관위9급

① 구성요건적 효력이란 유효한 행정행위가 존재하는 이상 모든 국가기관은 그의 존재를 존중하여 스스로의 판단기초 내지는 구성요건으로 삼아야 한다는 구속력을 말한다.
② 행정행위의 위법 여부가 선결문제인 경우 민사법원이 선결문제인 행정행위의 위법 여부를 판단할 수 없다는 것이 대법원의 견해이다.
③ 구성요건적 효력에서도 당해 처분이 무효인 경우에는 그 효력이 인정되지 않는다.
④ 구성요건적 효력을 직접 규정한 실정법을 찾을 수 없으나, 국가기관 상호 간의 권한분배체계와 권한존중의 원칙에서 그 근거를 찾을 수 있다.

**해설**

① (○) ④ (○) 구성요건적 효력은 권력분립의 원칙, 행정의 통일성, 기관 상호 간의 권한존중을 이론적 근거로 한다.
② (×) 공정력은 유효성을 추정하는 효력이지 적법성을 추정하는 효력이 아니므로 행정행위의 효력을 부인하지 않는 한도에서 그 위법성 여부는 판단할 수 있다고 보는 적극설이 통설과 판례이다.

> 위법한 행정대집행이 완료되면 그 처분의 무효확인 또는 취소를 구할 소의 이익은 없다 하더라도, 미리 그 행정처분의 취소판결이 있어야만, 그 행정처분의 위법임을 이유로 한 손해배상청구를 할 수 있는 것은 아니다. (대판 1972.4.28. 72다337)

③ (○) 구성요건적 효력은 유효한 행정행위만이 가지는 효력이므로, 무효인 행정행위에는 인정되지 않는다. 이 점에 있어서 공정력과 같다.

**정답** ②

## 02 행정행위의 존속력 또는 확정력

**불가쟁력과 불가변력**

| 구분 | 불가쟁력 | 불가변력 |
|---|---|---|
| 개념 | 제소기간이 경과하여 소송을 제기할 수 없는 상태 | 행정청 스스로도 처분을 취소 또는 철회할 수 없는 힘 |
| 성질 | 절차법적 효력, 형식적 존속력 | 실체법적 효력, 실질적 존속력 |
| 대상 | 행정행위의 상대방 및 이해관계인 | 처분청 자신 |
| 목적 | 행정의 능률성, 법적 안정성 | 법적 안정성 |
| 사유 | 쟁송기간의 도과, 판결의 확정 | 처분과 동시에 발생 |
| 한계 | 무효인 행정행위에는 부정 | 무효인 행정행위에는 부정 |
| 인정영역 | 모든 행정행위 | 확인행위, 준사법적 행위 등 특정한 행정행위 |
| 직권취소 | 불가쟁력이 발생해도 직권취소 가능 | 불가변력이 발생하면 직권취소 불가 |
| 소제기 | 불가쟁력이 발생하면 소제기는 불가 | 불가변력이 발생해도 소제기는 가능 |

## 016
**행정행위의 존속력에 관한 설명으로 옳지 않은 것은? (다툼이 있는 경우 판례에 의함)** 21 소방

① 불가변력은 처분청에 미치는 효력이고, 불가쟁력은 상대방 및 이해관계인에게 미치는 효력이다.
② 불가쟁력이 생긴 경우에도 국가배상청구를 할 수 있다.
③ 불가변력이 있는 행위가 당연히 불가쟁력을 발생시키는 것은 아니다.
④ 불가쟁력은 실체법적 효력만 있고, 절차법적 효력은 전혀 가지고 있지 않다.

**해설**

① (O) ④ (X) 불가변력(실질적 존속력)은 일단 처분을 하면 처분청도 이를 변경할 수 없는 효력을 말한다. 불가쟁력이란 하자 있는 행정행위라 할지라도 그에 대한 제소기간이 경과하거나 쟁송절차가 종료된 경우에는 더 이상 그 행정행위의 효력을 다툴 수 없게 하는 효력을 말하며, 형식적 확정력 또는 절차적 확정력이라고도 한다. 따라서 불가쟁력은 절차법적 효력만 있고, 실체법적 효력은 인정되지 않는다.
② (O) 국가배상청구소송은 처분의 효력을 다투는 것이 아니고, 처분의 불가쟁력이 발생해도 국가배상의 제소기간이 경과하지 않으면 국가배상청구가 가능하다.
③ (O) 불가변력과 불가쟁력은 개념이 다르고 목적도 다르므로 불가변력이 발생한다고 해서 불가쟁력을 발생시키는 것은 아니다.

**정답** ④

## 017
**위헌법률에 근거한 처분의 효력에 대한 설명으로 옳지 않은 것은? (다툼이 있는 경우 판례에 의함)** 18 지방9급

① 위헌인 법률에 근거한 행정처분이 당연무효인지의 여부는 위헌결정의 소급효와는 별개의 문제로서 취소소송의 제기기간을 경과하여 확정력이 발생한 행정처분에는 위헌결정의 소급효가 미치지 않는다.
② 근거법률의 위헌결정 이전에 이미 부담금 부과처분과 압류처분 및 이에 기한 압류등기가 이루어지고 각 처분이 확정된 경우에는 기존의 압류등기나 교부청구로도 다른 사람에 의하여 개시된 경매절차에서 배당을 받을 수 있다.
③ 어느 행정처분에 대하여 그 행정처분의 근거가 된 법률이 위헌이라는 이유로 무효확인청구의 소가 제기된 경우, 다른 특별한 사정이 없는 한 법원으로서는 그 법률이 위헌인지 여부에 대하여는 판단할 필요 없이 그 무효확인청구를 기각하여야 한다.
④ 행정처분 자체의 효력이 쟁송기간 경과 후에도 존속 중인 경우, 그 행정처분이 위헌인 법률에 근거하여 내려졌고 그 목적 달성을 위해 필요한 후행 행정처분이 아직 이루어지지 않았다면 그 하자가 중대하여 그 구제가 필요한 경우에 대하여서는 쟁송기간 경과 후라도 무효확인을 구할 수 있다.

> 해설

① (○) 확정력이 발생하면 위헌결정의 소급효를 인정하여도 소송이 불가능하므로 위헌결정의 소급효가 미치지 않는다.

> 위헌인 법률에 근거한 행정처분이 당연무효인지의 여부는 위헌결정의 소급효와는 별개의 문제로서, 위헌결정의 소급효가 인정된다고 하여 위헌인 법률에 근거한 행정처분이 당연무효가 된다고는 할 수 없고, 오히려 이미 취소소송의 제기기간을 경과하여 확정력이 발생한 행정처분에는 위헌결정의 소급효가 미치지 않는다고 보아야 한다. (대판 1994.10.28. 92누9463)

② (×) 위헌법률에 기한 행정처분의 집행이나 집행력을 유지하기 위한 행위는 위헌결정의 기속력에 위반되어 허용되지 않는다고 보아야 할 것인데, 그 규정 이외에는 체납부담금을 강제로 징수할 수 있는 다른 법률적 근거가 없으므로, 그 위헌결정 이전에 이미 부담금 부과처분과 압류처분 및 이에 기한 압류등기가 이루어지고 위의 각 처분이 확정되었다고 하여도, 위헌결정 이후에는 별도의 행정처분인 매각처분, 분배처분 등 후속 체납처분절차를 진행할 수 없는 것은 물론이고, 특별한 사정이 없는 한 기존의 압류등기나 교부청구만으로는 다른 사람에 의하여 개시된 경매절차에서 배당을 받을 수도 없다. (대판 2002.8.23. 2001두2959)

③ (○) 위헌결정 이전에는 위헌이 될지가 명백하지 않으므로 사후적으로 위헌이 되었다는 것은 취소사유이다. 취소사유에 대하여 무효소송을 제기하면 기각된다.

④ (○) 헌재 1994.6.30. 92헌바23

> 정답 ②

## 018

甲은 A법률에 근거하여 부담금 부과처분을 받았으나, 처분 이후에 처분의 근거가 되었던 A법률의 규정이 헌법재판소에 의해 위헌으로 결정되었다. 이에 대한 설명으로 가장 옳은 것은? 16 서울7급

① 甲이 부담금을 납부하였고, 부담금 부과처분에 불가쟁력이 발생하였다면 이미 납부한 부담금의 반환청구는 인정되지 않는다.
② 甲에 대한 부담금 부과처분은 법적 근거가 없는 것이 되어 일반적으로 당연무효이다.
③ 甲이 아직 부담금을 납부하지 않은 상태에서 부담금 부과처분에 불가쟁력이 발생한 경우에는 부담금에 대한 강제집행이 허용된다.
④ 甲이 위헌결정을 이유로 부담금 부과처분에 대해 취소소송을 제기하는 경우에는 제소기간의 제한이 적용되지 않는다.

> 해설

① (○) 취소소송의 제기기간이 경과되면 확정력(불가쟁력)이 발생하고 이때는 위헌결정의 소급효가 미치지 않는다는 것이 판례의 입장이다. 따라서 과세처분에 따라 세금을 납부하였고 그 처분에 불가쟁력이 발생한 경우에는 과세처분의 근거법률이 나중에 위헌으로 결정되었다고 하더라도 이미 납부한 세금의 반환청구는 허용되지 않는다. (대판 2002.11.8. 2001두3181)
② (×) 처분 이후에 근거법률이 위헌이 되면 그 처분은 당연무효가 아니라 취소사유이다.
③ (×) 조세 부과처분의 근거법률에 대해 위헌결정이 난 경우, 강제집행을 계속하는 것은 위헌결정의 기속력에 반하여 허용되지 않고 만약 집행을 하면 그 집행은 당연무효가 된다.
④ (×) 취소소송을 제기하면 제소기간의 제한이 있지만, 무효확인소송은 제소기간의 제한이 없다. 따라서 제소기간 경과 후 처분의 근거법률이 위헌이라는 이유로 무효확인소송을 제기하게 되면 기각판결의 대상이 된다.

> 참고 기간 도과 후 자진납부를 한 경우 무효는 아니다.

> 정답 ①

> **기출지문 OX**
>
> **01** 과세처분에 관한 이의신청절차에서 과세관청이 이의신청사유가 옳다고 인정하여 과세처분을 직권으로 취소한 이상 그 후 특별한 사유 없이 이를 번복하고 종전 처분을 되풀이하는 것은 허용되지 않는다. [16 국가7급] (O, X)
> **해설** 과세처분에 관한 불복절차과정에서 불복사유가 옳다고 인정하고 이에 따라 필요한 처분을 하였을 경우에는 불복제도와 이에 따른 시정방법을 인정하고 있는 법 취지에 비추어 동일 사항에 관하여 특별한 사유 없이 이를 번복하고 다시 종전의 처분을 되풀이할 수는 없다. 따라서 과세관청이 과세처분에 대한 이의신청절차에서 납세자의 이의신청사유가 옳다고 인정하여 과세처분을 직권으로 취소하였음에도, 특별한 사유 없이 이를 번복하고 종전 처분을 되풀이하여서 한 과세처분은 위법하다. (대판 2014.7.24. 2011두14227) **정답** O
>
> **02** 행정처분이 불복기간의 경과로 인하여 확정될 경우, 처분의 기초가 된 사실관계나 법률적 판단이 확정되고 당사자들이나 법원이 이에 기속되어 모순되는 주장이나 판단을 할 수 없다. [16 국가7급] (O, X)
> **해설** 불복기간이 도과하면 불가쟁력이 발생하여 당사자가 소송을 제기하지 못할 뿐이다. 처분의 기초가 된 사실관계나 법률적 판단이 확정되고 당사자들이나 법원이 이에 기속되어 모순되는 주장이나 판단을 할 수 없다는 것은 기판력에 관한 내용이다. **정답** X
>
> **03** 위법한 행정대집행이 완료되면 계고처분의 무효확인 또는 취소를 구할 소의 이익은 없다 하더라도, 미리 그 계고처분의 취소판결이 있어야만 그 계고처분이 위법임을 이유로 손해배상청구를 할 수 있는 것은 아니다. [16 국가7급] (O, X)
> **해설** 대판 1972.4.28. 72다337 **정답** O

**019** 행정행위의 효력에 관한 설명으로 옳지 않은 것은? 15 교행

① 불가쟁력은 행정행위의 상대방 및 이해관계인에 대한 구속력이다.

② 상대방에게 일정한 의무를 부과하는 하명은 집행력을 가진다.

③ 구성요건적 효력은 행정행위의 유·무효를 불문하고 인정되는 구속력이다.

④ 불가변력이 있는 행정행위도 쟁송제기기간이 경과하기 전에는 쟁송을 제기하여 그 효력을 다툴 수 있다.

> **해설**
> ① (O) 불가쟁력은 소송을 제기하지 못하는 효력으로서 행정행위의 상대방 및 이해관계인에 대한 구속력이다.
> ② (O) 하명을 따르지 않을 경우 대집행, 이행강제금, 직접강제, 강제징수가 가능하다.
> ③ (X) 무효인 행위에는 어떤 효력도 인정되지 않는다. 따라서 구성요건적 효력은 무효 행정행위에는 인정되지 않는다.
> ④ (O)
>
> **정답** ③

> 기출지문 OX

**01** 법무부장관이 A에게 귀화허가를 준 경우 그 귀화허가가 무효가 아니라면, 귀화허가가 모든 국가기관을 구속하여 각부장관이 A를 국민으로 보아야 하는 효력은 행정의사의 존속력에서 나온다. [14 서울7급]                                    (O, X)
> **해설** 공정력과 구성요건적 효력을 구분하지 않는 종래의 통설에 의하면 공정력은 상대방·이해관계인뿐만 아니라 다른 행정청 및 법원에 대하여도 그 효력이 미치므로 지문의 '각부장관이 A를 국민으로 보아야 하는 효력'은 행정행위의 공정력에서 나오지만, 공정력과 구성요건적 효력을 구분하는 새로운 견해에 의하면 공정력의 대상은 상대방·이해관계인만 포함되고 다른 국가기관에 대한 효력은 구성요건적 효력으로 보므로 지문의 '각부장관이 A를 국민으로 보아야 하는 효력'은 구성요건적 효력에서 나온다. 따라서 어느 견해에 의하더라도 행정행위의 존속력(불가쟁력, 불가변력)에서 나오는 것은 아니다.                    **정답** X

**02** 형식적 존속력이 생긴 행위에 대해서도 경우에 따라서는 행정청이 직권으로 취소할 수 있다. [14 서울7급]                                    (O, X)
> **해설** 형식적 존속력(불가쟁력)이 발생한 행정행위도 위법이 확인되면 행정청은 직권으로 취소할 수 있다.        **정답** O

**03** 실질적 존속력이 발생한 행위라도 형식적 존속력이 발생하지 않은 동안에는 상대방은 그 행위를 다툴 수 있다. [14 서울7급] (O, X)
> **해설** 실질적 존속력(불가변력)이 발생한 행정행위라도 형식적 존속력(불가쟁력)이 발생하지 않은 경우에는 상대방은 그 행위를 행정쟁송을 통해 다툴 수 있다.                                                        **정답** O

**04** 행정의사의 강제력에는 제재력과 자력집행력이 있는바, 제재에는 행정형벌과 행정질서벌이 있다. [14 서울7급]         (O, X)
> **해설** 제재력은 행정행위에 의해 부과된 의무를 위반한 경우에 그에 대해 제제할 수 있는 힘을 말하는데, 제재에는 행정형벌과 행정질서벌이 있다.                                                                                            **정답** O

**020** 관할 세무서장은 국세를 체납한 甲 소유의 가옥에 대해 공매절차를 진행하여 낙찰자 乙에게 소유권이전등기가 완료되었다. 그로부터 1년 6개월이 지난 후 공매처분에 대해 하자가 있음을 발견한 甲은 공매처분의 하자를 이유로 乙을 상대로 소유권이전등기 말소절차 이행을 구하는 민사소송을 제기했다. 다음 설명 중 옳은 것은?                                    09 군무원

① 위 사례는 공정력의 객관적 범위 내지 선결문제에 관한 것으로서 형사소송에서는 제기될 여지가 없다.

② 공매처분이 당연무효인 경우 수소법원은 원고 승소판결을 할 수 없다.

③ 공매처분의 하자가 단순위법인 경우 수소법원은 원고 승소판결을 할 수 없다.

④ 만약 甲이 가옥의 소유권 상실로 손해를 입었음을 이유로 국가배상청구소송을 제기한 경우 수소법원은 공매처분의 위법성을 심사할 수 없다.

> **해설**
> ① (X) 형사소송에서도 선결문제는 제기될 수 있다. 즉, 형사사건에 있어서 행정행위의 위반이 범죄구성요건으로 되어 있는 경우 형사법원이 그 행정행위의 위법성 또는 효력 유무를 스스로 심리·판단할 수 있는지 여부가 문제되는바, 형사법원은 선결문제로 행정행위의 위법성을 심사할 수 있다는 것이 통설과 판례의 태도이다.
> ② (X) 무효인 행정행위에는 공정력이 발생하지 않으므로, 공매처분이 무효인 경우에는 수소법원이 직접 행정행위의 무효를 판단하여 원고 승소판결을 할 수 있다.
> ③ (O) 단순위법이란 말은 취소사유라는 뜻이다. 따라서 공매처분의 하자가 취소사유에 불과하다면 공정력이 발생하므로 유효성이 추정되는 결과 민사법원이 독자적으로 심리·판단하여 해당 행정행위의 효력을 부인하는 판결을 할 수 없으므로 소유권이전등기를 원인무효의 등기로서 말소하라는 원고 승소판결을 할 수 없다.
> ④ (X) 행정상 손해배상소송(국가배상청구소송)에서 민사법원이 배상책임의 요건인 행정행위의 위법 여부에 대한 판단을 할 수 있는지 여부가 문제되는바, 공정력은 단순한 절차적 효력에 불과할 뿐 그 행정행위를 실체적으로 적법하게 만드는 것은 아니므로, 민사법원은 선결문제로 행정행위의 위법성을 판단할 수 있다는 것이 통설(유효성추정설)과 판례의 태도이다.
>                                                                                            **정답** ③

**021** 위법한 A처분이 행해진 이후 연속하여 B처분이 행해졌고, A처분에 대해서는 제소기간이 경과하여 불가쟁력이 발생하였다. 이와 관련된 설명으로 틀린 것은?

06 대구 교행

① A처분에 불가쟁력이 발생하였어도 A처분을 이유로 하여 손해배상청구를 제기하는 것은 가능하다.
② A처분과 B처분이 하나의 법적 효과를 목적으로 하는 경우에는 A처분의 위법성을 이유로 B처분에 대한 취소소송을 제기할 수 있다.
③ A처분에 중대하고 명백한 하자가 있어 무효인 경우에는 불가쟁력과 무관하게 A처분에 대해 항고소송을 제기할 수 있다.
④ 불가쟁력의 발생을 통해 A처분은 적법한 것으로 확정되었으므로 A처분은 물론 B처분에 대해 더 이상 소송으로 다툴 수 없다.
⑤ 불가쟁력이 발생한 이후에도 처분청은 위법성을 이유로 A처분을 직권취소할 수 있다.

> **해설**
> 
> ① (O)
> ② (O)
> ③ (O)
> ④ (×) 불가쟁력은 하자의 치유사유가 아니므로 불가쟁력이 발생했다고 해서 위법한 처분이 적법으로 바뀌는 것은 아니다. 또한 A처분에 대해 불가쟁력이 발생하여 그를 더 이상 다툴 수 없게 된 경우에도 A처분과 B처분이 결합하여 하나의 동일한 법적 효과를 목적으로 하는 경우에는 하자의 승계가 인정되어 A처분의 위법성을 이유로 B처분에 대한 취소소송을 제기할 수 있다.
> ⑤ (O)

**정답** ④

# CHAPTER 07 행정행위의 하자와 하자의 승계

## 제1절 행정행위의 하자

### 01 개설

**001** 행정행위의 하자에 대한 설명으로 옳지 않은 것은? (다툼이 있는 경우 판례에 의함) <sub></sub> 20 국가9급

① 행정청이 「식품위생법」상의 청문절차를 이행함에 있어 청문서 도달기간을 다소 어겼지만 영업자가 이의하지 아니한 채 청문일에 출석하여 의견을 진술하고 변명하는 등 방어의 기회를 충분히 가졌다면 청문서 도달기간을 준수하지 아니한 하자는 치유되었다고 본다.
② 행정처분을 한 처분청은 그 처분의 성립에 하자가 있는 경우 이를 취소할 별도의 법적 근거가 없다고 하더라도 직권으로 이를 취소할 수 있다.
③ 행정처분에 있어 여러 개의 처분사유 중 일부가 적법하지 않으면 다른 처분사유로써 그 처분의 정당성이 인정된다고 하더라도, 그 처분은 위법하게 된다.
④ 계고처분의 후속절차인 대집행에 위법이 있다고 하더라도 그와 같은 후속절차에 위법성이 있다는 점을 들어 선행절차인 계고처분이 부적법하다는 사유로 삼을 수는 없다.

> **해설**
> ① (○) 대판 1992.10.23. 92누2844
> ② (○) 취소와 철회는 법적 근거 없이 가능하다.
> ③ (✕) 수개의 처분사유 중 일부가 적법하지 않다고 하더라도 다른 처분사유로써 그 처분의 정당성이 인정되는 경우 그 처분을 위법하다고 할 수 없다. (대판 2004. 3. 25. 2003두1264)
> ④ (○) 둘 이상의 행정행위가 연속적으로 행해지는 경우, 선행행위에 하자가 있으면 후행행위 자체에 하자가 없어도 선행행위의 하자를 이유로 후행행위를 다툴 수 있는지가 하자의 승계의 문제이다. 후행행위의 하자를 이유로 선행행위를 다투는 것은 하자의 승계의 문제가 아닐 뿐더러 인정될 수도 없다.
>
> > 계고처분의 후속절차인 대집행에 위법이 있다고 하더라도, 그와 같은 후속절차에 위법성이 있다는 점을 들어 선행절차인 계고처분이 부적법하다는 사유로 삼을 수는 없다. (대판 1997.2.14. 96누15428)

**정답** ③

## 002
**〈보기〉의 행정행위의 하자에 대한 설명으로 옳은 것을 모두 고르면?**  19 서울 사복

〈보기〉
ㄱ. 행정처분의 위법 여부는 행정처분이 행하여졌을 때의 법령과 사실상태를 기준으로 판단해야 한다.
ㄴ. 행정처분이 당연무효이기 위해서는 그 하자가 법규의 중요한 부분을 위반한 중대한 것으로서 객관적으로 명백한 것이어야 한다.
ㄷ. 명백성은 제3자나 공공의 신뢰를 보호하여야 할 필요가 있는 경우에 보충적으로 요구되는 것으로서 처분상대방의 권익을 구제하고 위법한 결과를 시정할 필요가 훨씬 더 큰 경우에는 하자가 명백하지 않더라도 중대한 하자를 가진 행정처분은 당연무효라고 보아야 한다는 의견도 있다.
ㄹ. 행정처분을 무효로 하더라도 법적 안정성을 크게 해치지 않는 반면에 그 하자가 중대하여 구제가 필요한 경우에도 그 예외를 인정하여 이를 당연무효사유로 볼 수는 없다.

① ㄱ   ② ㄱ, ㄴ   ③ ㄱ, ㄴ, ㄷ   ④ ㄱ, ㄴ, ㄷ, ㄹ

**해설**
ㄱ. (O) 다만, 부작위위법확인소송에서는 판결시를 기준으로 한다.
ㄴ. (O) 명백성의 판단은 일반인을 기준으로 한다.
ㄷ. (O) 명백성요건보충설의 입장이다.
ㄹ. (×) 행정처분을 무효로 하더라도 법적 안정성을 크게 해치지 않는 반면, 그 하자가 중대하여 구제가 필요한 경우에는 그 예외를 인정하여 이를 당연무효사유로 볼 수 있다.

**정답** ③

## 003
**행정행위의 하자에 대한 설명으로 옳은 것만을 모두 고른 것은? (다툼이 있는 경우 판례에 의함)**  17 서울9급 추가

ㄱ. 명백성보충설에 의하면 무효판단의 기준에 명백성이 항상 요구되지는 아니하므로 중대명백설보다 무효의 범위가 넓어지게 된다.
ㄴ. 조세 부과처분이 무효라 하더라도 그로써 압류 등 체납처분의 효력을 다툴 수는 없다.
ㄷ. 구 「학교보건법」상 학교환경위생정화구역에서의 금지행위 및 시설의 해제 여부에 관한 행정처분을 함에 있어 학교환경위생정화위원회의 심의절차를 누락한 행정처분은 무효이다.
ㄹ. 선행행위의 하자를 이유로 후행행위를 다투는 경우뿐 아니라 후행행위의 하자를 이유로 선행행위를 다투는 것도 하자의 승계이다.

① ㄱ   ② ㄱ, ㄹ   ③ ㄴ, ㄷ   ④ ㄴ, ㄷ, ㄹ

**해설**
ㄱ. (O) 명백성보충설에 의하면 중대성만 인정되도 무효가 되는데, 공익 침해나 제3자의 이익이 침해될 때는 명백성요건을 요구한다.
ㄴ. (×) 조세 부과처분이 무효이면 그 후의 행위도 무효이므로 그로써 압류 등 체납처분의 효력을 다툴 수 있다.
ㄷ. (×) 절차상 하자이므로 취소사유이다.
ㄹ. (×) 하자의 승계는 선행행위의 하자를 이유로 후행행위를 다투는 경우만을 대상으로 한다.

**정답** ①

## 004 행정행위의 하자에 대한 설명으로 가장 옳지 않은 것은?

18 서울7급

① 선행 도시계획시설사업시행자 지정처분이 당연무효이면 후행처분인 실시계획 인가처분도 당연무효이다.
② 과세처분 이후 조세 부과의 근거가 되었던 법률규정에 대하여 위헌결정이 내려진 후에 행한 처분의 집행은 당연무효이다.
③ 재건축주택조합설립인가처분 당시 동의율을 충족하지 못한 하자는 후에 추가동의서가 제출되었다는 사정만으로 치유될 수 없다.
④ 출생연월일 정정으로 특례노령연금수급요건을 충족하지 못하게 된 자에 대하여 지급결정을 소급적으로 직권취소하고, 이미 지급된 급여를 환수하는 처분은 위법하다.

### 해설

① (O) 선행처분이 무효인 경우에는 후행처분도 원칙적으로 당연무효가 된다.
② (O) 위헌결정 이전의 처분은 취소사유이고 위헌결정 이후의 처분은 무효이다.

> 구 택지소유상한에 관한 법률 전부에 대한 위헌결정 이전에 택지초과소유부담금 부과처분과 압류처분 및 이에 기한 압류등기가 이루어지고 위의 각 처분이 확정된 경우, 그 위헌결정 이후에 후속 체납처분절차를 진행할 수 없다. 위헌법률에 기한 행정처분의 집행이나 집행력을 유지하기 위한 행위는 위헌결정의 기속력에 위반되어 허용되지 않는다고 보아야 할 것이다. 특별한 사정이 없는 한 기존의 압류등기나 교부청구만으로는 다른 사람에 의하여 개시된 경매절차에서 배당을 받을 수도 없다. (대판 2002.8.23. 2001두2959)

③ (O) 토지 또는 건축물 소유자의 동의서가 추가로 제출됨으로써 토지 또는 건축물 소유자의 4분의 3 이상의 동의율 요건이 충족되었으므로 2008.11.20.자 설립인가처분의 흠이 치유되었거나 그 요건이 보완되었다는 피고의 주장에 대하여, 구 도시 및 주거환경정비법 제16조 제2항·제3항에서 정하는 조합설립인가처분은 설권적 처분의 성질을 가지고 있고, 흠 있는 2008.11.20.자 설립인가처분의 치유나 전환을 인정하더라도 원고들을 비롯한 토지 또는 건축물 소유자에게 아무런 손해가 발생하지 않는다고 단정할 수 없다는 점 등을 이유로 이를 배척하였다. (대판 2014.5.16. 2011두13736)

> **비교판례**
> 재개발조합설립 및 사업시행인가처분이 처분 당시 법정요건인 토지 및 건축물 소유자 총수의 각 3분의 2 이상의 동의를 얻지 못하여 위법하나, 그 후 90% 이상의 소유자가 재개발사업의 속행을 바라고 있어 재개발사업의 공익목적에 비추어 그 처분을 취소하는 것은 현저히 공공복리에 적합하지 아니하므로 사정판결을 할 수 있다. (대판 1995.7.28. 95누4629)

④ (X) 행정처분을 한 처분청은 처분의 성립에 하자가 있는 경우 별도의 법적 근거가 없더라도 직권으로 이를 취소할 수 있다고 봄이 원칙이므로, 국민연금법이 정한 수급요건을 갖추지 못하였음에도 연금 지급결정이 이루어진 경우에는 이미 지급된 급여 부분에 대한 환수처분과 별도로 지급결정을 취소할 수 있다. 이 경우에도 이미 부여된 국민의 기득권을 침해하는 것이므로 취소권의 행사는 지급결정을 취소할 공익상의 필요보다 상대방이 받게 될 불이익 등이 막대한 경우에는 재량권의 한계를 일탈한 것으로서 위법하다고 보아야 한다. 다만 이처럼 연금 지급결정을 취소하는 처분과 그 처분에 기초하여 잘못 지급된 급여액에 해당하는 금액을 환수하는 처분이 적법한지를 판단하는 경우 비교·교량할 각 사정이 동일하다고는 할 수 없으므로, 연금 지급결정을 취소하는 처분이 적법하다고 하여 환수처분도 반드시 적법하다고 판단하여야 하는 것은 아니다. (대판 2017.3.30. 2015두43971) 결과적으로 그렇다면 원심판결 중 이 사건 취소처분이 적법하다고 판단한 부분은 정당하다고 할 것이나, 이 사건 환수처분도 적법하다고 판단한 이 부분에는 국민연금법 제57조 제1항 제3호의 적용과 관련된 신뢰보호원칙 등에 관한 법리를 오해한 나머지 필요한 심리를 다하지 아니함으로써 판결에 영향을 미친 잘못이 있다.

**정답** ④

## 005 행정절차의 하자에 대한 설명으로 옳지 않은 것은? (다툼이 있는 경우 판례에 의함)

22 소방

① 환경영향평가를 거쳐야 하는 대상사업에 대하여 환경영향평가를 거치지 아니하였음에도 불구하고 승인 등 처분이 행해진 경우, 그 행정처분은 당연무효이다.
② 행정청이 사전환경성검토협의를 거쳐야 할 대상사업에 관하여 법의 해석을 잘못한 나머지 세부용도지역이 지정되지 않은 개발사업 부지에 대하여 사전환경성검토협의를 할지 여부를 결정하는 절차를 생략한 채 승인등의 처분을 하였다면, 그 행정처분은 당연무효이다.
③ 환경영향평가를 거쳐야 할 대상사업에 대해 환경영향평가절차를 거쳤으나 그 내용이 다소 부실한 경우, 그 부실의 정도가 환경영향평가를 하지 아니한 것과 같은 정도가 아닌 한 당해 승인 등 처분이 위법하게 되는 것은 아니다.
④ 환경영향평가 대상지역 밖의 주민이라 할지라도 공유수면매립면허처분 등으로 인하여 그 처분 전과 비교하여 수인한도를 넘는 환경피해를 받거나 받을 우려가 있는 경우에는, 이를 입증함으로써 그 처분 등의 무효확인을 구할 원고적격을 인정받을 수 있다.

> 해설

① (○)

| 환경영향평가를 거친 경우 | • 평가가 부실한 경우에도 적법<br>• 평가와 다른 내용의 처분을 한 경우에도 적법 |
|---|---|
| 환경영향평가를 거치지 않은 경우 | 무효 |

② (×) 행정청이 사전환경성검토협의를 거쳐야 할 대상사업에 관하여 법의 해석을 잘못한 나머지 세부용도지역이 지정되지 않은 개발사업 부지에 대하여 사전환경성검토협의를 할지 여부를 결정하는 절차를 생략한 채 승인 등의 처분을 한 사안에서, 그 하자가 객관적으로 명백하다고 할 수 없다. (대판 2009.9.24. 2009두2825)
③ (○) 대판 2001.6.29. 99두9902
④ (○) 환경영향평가 대상지역 밖의 주민이라 할지라도 공유수면매립면허처분 등으로 인하여 그 처분 전과 비교하여 수인한도를 넘는 환경피해를 받거나 받을 우려가 있는 경우에는, 공유수면매립면허처분 등으로 인하여 환경상 이익에 대한 침해 또는 침해우려가 있다는 것을 입증함으로써 그 처분 등의 무효확인을 구할 원고적격을 인정받을 수 있다. (대판 2006.3.16. 2006두330)

정답 ②

---

**기출지문 OX**

행정청이 사전에 교통영향평가를 거치지 아니한 채 '건축허가 전까지 교통영향평가 심의필증을 교부받을 것'을 부관으로 붙여서 한 '실시계획 변경승인 및 공사시행변경인가처분'은 그 하자가 중대하고 객관적으로 명백하여 당연무효이다. [19 지방9급]    (○, ×)

해설 교통영향평가는 환경영향평가와 그 취지 및 내용, 대상사업의 범위, 사전 주민의견수렴절차 생략 여부 등에 차이가 있고 그 후 교통영향평가가 교통영향분석·개선대책으로 대체된 점, 행정청은 교통영향평가를 배제한 것이 아니라 '건축허가 전까지 교통영향평가 심의필증을 교부받을 것'을 부관으로 하여 실시계획 변경 및 공사시행변경인가처분을 한 점 등에 비추어, 행정청이 사전에 교통영향평가를 거치지 아니한 채 위와 같은 부관을 붙여서 한 위 처분에 중대하고 명백한 흠이 있다고 할 수 없으므로 이를 무효로 보기는 어렵다. (대판 2010.2.25. 2009두102)

정답 ×

## 006
**다음 사례에 대한 설명으로 옳지 않은 것을 고르시오. (다툼이 있는 경우 판례에 의함)** 22 국가9급

> 건축주 甲은 토지소유자 乙과 매매계약을 체결하고 乙로부터 토지사용승낙서를 받아 乙의 토지 위에 건축물을 건축하는 건축허가를 관할 행정청인 A시장으로부터 받았다. 매매계약서에 의하면 甲이 잔금을 기일 내에 지급하지 못하면 즉시 매매계약이 해제될 수 있고 이 경우 토지사용승낙서는 효력을 잃으며 甲은 건축허가를 포기·철회하기로 甲과 乙이 약정하였다. 乙은 甲이 잔금을 기일 내에 지급하지 않자 甲과의 매매계약을 해제하였다.

① 착공에 앞서 甲의 귀책사유로 해당 토지를 사용할 권리를 상실한 경우, 乙은 A시장에 대하여 건축허가의 철회를 신청할 수 있다.

② 건축허가는 대물적 성질을 갖는 것이어서 행정청으로서는 그 허가를 할 때에 건축주 또는 토지소유자가 누구인지 등 인적 요소에 관하여는 형식적 심사만 한다.

③ A시장은 건축허가 당시 별다른 하자가 없었고 철회의 법적 근거가 없으므로 건축허가를 철회할 수 없다.

④ 철회권의 행사는 기득권의 침해를 정당화할 만한 중대한 공익상의 필요 또는 제3자의 이익을 보호할 필요가 있고, 공익상의 필요 등이 상대방이 입을 불이익을 정당화할 만큼 강한 경우에 한해 허용될 수 있다.

---
**해설**

① (O) ② (O) 건축허가는 대물적 성질을 갖는 것이어서 행정청으로서는 허가를 할 때에 건축주 또는 토지소유자가 누구인지 등 인적 요소에 관하여는 형식적 심사만 한다. 건축주가 토지소유자로부터 토지사용승낙서를 받아 그 토지 위에 건축물을 건축하는 대물적 성질의 건축허가를 받았다가 착공에 앞서 건축주의 귀책사유로 해당 토지를 사용할 권리를 상실한 경우, 건축허가의 존재로 말미암아 토지에 대한 소유권 행사에 지장을 받을 수 있는 토지소유자로서는 건축허가의 철회를 신청할 수 있다고 보아야 한다. 따라서 토지소유자의 위와 같은 신청을 거부한 행위는 항고소송의 대상이 된다. (대판 2017.3.15. 2014두41190)

③ (×) 취소와 철회는 법적 근거 없이 가능하다.

④ (O) 철회권 행사의 한계이다.

**정답** ③

**007** 다음 사례에 대한 설명으로 옳지 않은 것을 고르시오. (다툼이 있는 경우 판례에 의함) `22 국가9급`

> A시 시장은 학교용지 확보 등에 관한 특례법 관계 조항에 따라 공동주택을 분양받은 甲, 乙, 丙, 丁 등에게 각각 다른 시기에 학교용지부담금을 부과하였다. 이후 해당 조항에 대하여 법원의 위헌법률심판제청에 따라 헌법재판소가 위헌결정을 하였다(단, 甲, 乙, 丙, 丁은 모두 위헌법률심판제청신청을 하지 않은 것으로 가정한다).

① 甲이 부담금을 납부하였고 부담금 부과처분에 불가쟁력이 발생한 상태라면, 해당 조항이 위헌으로 결정되더라도 이미 납부한 부담금을 반환받을 수 없다.

② 乙은 부담금을 납부한 후 부담금 부과처분에 대해 행정소송을 제기하였고 현재 소가 계속 중인 경우에도, 乙이 위헌법률심판제청신청을 하지 않았으므로 乙에게 위헌결정의 소급효는 미치지 않는다.

③ 丙이 부담금 부과처분에 대한 행정심판청구를 하여 기각재결서를 송달받았으나, 재결서 송달일로부터 90일 이내에 취소소송을 제기하였다면 丙의 청구는 인용될 수 있다.

④ 부담금 부과처분에 대한 제소기간이 경과하여 丁의 부담금 납부의무가 확정되었고 위헌결정 전에 丁의 재산에 대한 압류가 이루어진 상태라도, 丁에 대해 부담금 징수를 위한 체납처분을 속행할 수는 없다.

**해설**
① (O) 불가쟁력이나 기판력이 발생하면 위헌결정의 소급효가 미치지 않는다.
② (X) ③ (O) 소송 계속 중인 경우는 불가쟁력이 발생하지 않으므로 다른 사건에서 위헌결정이 나도 소급효가 인정되어 승소가 가능하다.
④ (O) 위헌결정 이후에는 절차를 진행하면 안 되고, 만약 진행했다면 무효사유이다.

**정답** ②

---

**008** 행정행위의 하자에 관한 설명으로 옳지 않은 것은? (다툼이 있는 경우 판례에 의함) `21 소방`

① 행정처분의 대상이 되는 법률관계나 사실관계가 있는 것으로 오인할 만한 객관적인 사정이 있고 사실관계를 정확히 조사하여야만 그 대상이 되는지 여부가 밝혀질 수 있는 경우에는 비록 그 하자가 중대하더라도 명백하지 않아 무효로 볼 수 없다.

② 조례제정권의 범위를 벗어나 국가사무를 대상으로 한 무효인 조례의 규정에 근거하여 지방자치단체의 장이 행정처분을 한 경우 그 행정처분은 하자가 중대하나, 명백하지는 아니하므로 당연무효에 해당하지 아니한다.

③ 보충역편입처분에 하자가 있다고 할지라도 그것이 중대하고 명백하지 않는 한, 그 하자를 이유로 공익근무요원 소집처분의 효력을 다툴 수 없다.

④ 부동산에 관한 취득세를 신고하였으나 부동산매매계약이 해제됨에 따라 소유권 취득의 요건을 갖추지 못한 경우에는 그 하자가 중대하지만 외관상 명백하지 않아 무효는 아니며 취소할 수 있는 데 그친다.

> **해설**

① (○) 취소와 무효의 구별기준에 대해 중대명백설을 취하는 대법원에 의하면 조사의무는 인정되지 않는다.

> 과세대상이 되지 않는 법률관계나 사실관계에 대하여 이를 과세대상이 되는 것으로 오인할 만한 객관적인 사실이 있는 경우에 이것이 과세대상이 되는지 여부가 그 사실관계를 정확히 조사하여야 비로소 밝혀질 수 있는 경우라면 이를 오인한 하자가 중대한 경우라도 외관상 명백하다 할 수 없으므로 이를 오인한 과세처분을 당연무효라 할 수 없다. (대판 1984.2.28. 82누154)

② (○) 처분을 한 이후에 근거조례가 위헌이 되었다는 의미이므로 무효는 아니다.
③ (○) 하자의 승계가 인정되지 않는 경우이다.

> 병역법상 공익근무요원소집처분이 보충역편입처분을 전제로 하는 것이기는 하나 각각 단계적으로 별개의 법률효과를 발생하는 독립된 행정처분이라고 할 것이므로, 따라서 보충역편입처분의 기초가 되는 신체등위판정에 잘못이 있다는 이유로 이를 다투기 위하여는 신체등위판정을 기초로 한 보충역편입처분에 대하여 쟁송을 제기하여야 할 것이며, 보충역편입처분에 하자가 있다고 할지라도 그것이 당연무효라고 볼만한 특단의 사정이 없는 한 그 위법을 이유로 공익근무요원소집처분의 효력을 다툴 수 없다. (대판 2002.12.10. 2001두5422)

④ (×) 명백하지 않음에도 무효를 인정한 사례이다.

> 취득세 신고행위는 납세의무자와 과세관청 사이에 이루어지는 것으로서 취득세 신고행위의 존재를 신뢰하는 제3자의 보호가 특별히 문제되지 않아 그 신고행위를 당연무효로 보더라도 법적 안정성이 크게 저해되지 않는 반면, 과세요건 등에 관한 중대한 하자가 있고 그 법적 구제수단이 국세에 비하여 상대적으로 미비함에도 위법한 결과를 시정하지 않고 납세의무자에게 그 신고행위로 인한 불이익을 감수시키는 것이 과세행정의 안정과 그 원활한 운영의 요청을 참작하더라도 납세의무자의 권익구제 등의 측면에서 현저하게 부당하다고 볼 만한 특별한 사정이 있는 때에는 예외적으로 이와 같은 하자 있는 신고행위가 당연무효라고 함이 타당하다. (대판 2009.2.12. 2008두11716)

**정답** ④

## 009 행정행위의 하자에 관한 설명으로 옳은 것은? (단, 다툼이 있는 경우 판례에 따름)  17 교행

① 무효인 행정행위에는 공정력과 불가쟁력이 발생한다.
② 당연무효인 징계처분의 하자는 징계를 받은 자의 용인으로 치유된다.
③ 적법한 권한 위임 없이 세관출장소장이 한 관세 부과처분은 당연무효이다.
④ 취소소송의 제기기간을 경과하여 확정력이 발생한 행정처분에는 위헌결정의 소급효가 미치지 않는다.

> **해설**

① (×) 무효인 행위에는 어떤 효력도 인정되지 않는다.
② (×) 하자의 치유는 취소할 수 있는 행위에만 인정되고 무효인 행위는 용인해도 치유가 인정되지 않는다. 무효인 행위는 하자의 전환이 인정된다.
③ (×) 세관출장소장에게 관세 부과처분에 관한 권한이 위임되었다고 볼만한 법령상의 근거가 없는데도 피고가 이 사건 처분을 한 것은 결국, 적법한 위임 없이 권한 없는 자가 행한 처분으로서 그 하자가 중대하다고 할 것이나, 세관출장소장 명의로 관세 부과처분 및 증액경정처분 이 이루어져 왔는데, 그동안 세관출장소장에게 관세 부과처분에 관한 권한이 있는지 여부에 관하여 아무런 이의제기가 없었던 점 등에 비추어 보면, 세관출장소장에게 관세 부과처분을 할 권한이 있다고 객관적으로 오인할 여지가 다분하다고 인정되므로 결국 적법한 권한 위임 없이 행해진 이 사건 처분은 그 하자가 중대하기는 하지만 객관적으로 명백하다고 할 수는 없어 당연무효는 아니라고 보아야 할 것이다. (대판 2004.11.26. 2003두2403)
④ (○)

**정답** ④

## 010 다음 사례 상황에 대한 설명으로 옳은 것은? (다툼이 있는 경우 판례에 의함)

16 국가9급

> 甲은 「식품위생법」상 유흥주점 영업허가를 받아 영업을 하던 중 경기부진을 이유로 2015.8.3. 자진폐업하고 관련 법령에 따라 폐업신고를 하였다. 이에 관할 시장은 자진폐업을 이유로 2015.9.10. 甲에 대한 위 영업허가를 취소하는 처분을 하였으나 이를 甲에게 통지하지 아니하였다. 이후 甲은 경기가 활성화되자 유흥주점 영업을 재개하려고 관할 시장에 2016.2.3. 재개업신고를 하였으나, 영업허가가 이미 취소되었다는 회신을 받았다. 허가취소사실을 비로소 알게 된 甲은 2016.3.10.에 위 2015.9.10.자 영업허가 취소처분의 취소를 구하는 소송을 제기하였다.

① 甲에 대한 유흥주점 영업허가의 효력은 2015.9.10.자 영업허가취소처분에 의해서 소멸된다.
② 위 2015.9.10.자 영업허가취소처분은 甲에게 통지되지 않아 효력이 발생하지 아니하였으므로 甲의 영업허가는 여전히 유효하다.
③ 甲이 2015.9.10.자 영업허가취소처분에 대하여 제기한 위 취소소송은 부적법한 소송으로서 각하된다.
④ 甲에 대한 유흥주점 영업허가는 2016.2.3. 행한 甲의 재개업신고를 통하여 다시 효력을 회복한다.

**해설**

① (×) 2015.8.3. 자진폐업하고 관련 법령에 따라 폐업신고를 하였으므로 그때 허가의 효력은 실효된다.
② (×) 통지 여부와 관계없이 폐업신고에 따라 효력이 실효된다.
③ (O) 영업허가취소처분 자체가 처분성이 없으므로 취소소송은 부적법하다.
④ (×) 실효된 허가는 확정적으로 효력이 없어지므로 재개업신고로 효력이 되살아 나지 않는다.

**정답** ③

## 011 결격사유가 있는 자가 공무원에 임용된 경우, 그 임용의 효력에 대한 설명으로 가장 옳지 않은 것은?

16 서울7급

① 공무원임용결격사유가 있는지의 여부는 채용후보자명부에 등록한 때가 아닌 임용 당시에 시행되던 법률을 기준으로 하여 판단하여야 한다.
② 임용 당시 공무원임용결격사유가 있었다 하더라도 국가의 과실에 의하여 임용결격자임을 밝혀내지 못하였다면 그 임용행위는 당연무효라고 할 수 없다.
③ 임용결격자가 공무원으로 임용되어 사실상 근무하여 왔다고 하더라도 적법한 공무원으로서의 신분을 취득하지 못한 자로서는 「공무원연금법」 소정의 퇴직급여 등을 청구할 수 없다.
④ 허위의 고등학교 졸업증명서를 제출하는 사위의 방법에 의한 하사관 지원의 하자를 이유로 하사관임용일로부터 33년이 경과한 후에 행정청이 행한 하사관 및 준사관임용취소처분은 적법하다.

해설

① (○) 대판 1987.4.14. 86누459
② (×) 임용 당시 임용결격사유가 있었다면, 비록 국가의 과실에 의하여 그것을 밝혀내지 못하더라도 그 일반직공무원으로서의 임용행위는 무효가 된다. (대판 1981.1.23. 97누16985)
③ (○) 임용결격자가 공무원으로 임용되어 사실상 근무하여 온 경우 공무원연금법상 퇴직급여 등을 청구할 수 없다. 공무원연금법에 의한 퇴직급여 등은 적법한 공무원으로서의 신분을 취득하여 근무하다가 퇴직하는 경우에 지급되는 것이고, 임용 당시 공무원임용결격사유가 있었다면 비록 국가의 과실에 의하여 임용결격자임을 밝혀 내지 못하였다고 하더라도 그 임용행위는 당연무효로 보아야 하고, 당연무효인 임용행위에 의하여 공무원의 신분을 취득하거나 근로고용관계가 성립할 수는 없으므로, 임용결격자가 공무원으로 임용되어 사실상 근무하여 왔다고 하더라도 적법한 공무원으로서의 신분을 취득하지 못한 자로서는 공무원연금법 소정의 퇴직급여 등을 청구할 수 없으며, 임용결격사유가 소멸된 후에 계속 근무하여 왔다고 하더라도 그 때부터 무효인 임용행위가 유효로 되어 적법한 공무원의 신분을 회복하고 퇴직급여 등을 청구할 수 있다고 볼 수 없다. (대판 1996.7.12. 96누3333)
④ (○) 대판 2002.2.5. 2001두5286

정답 ②

## 012 다음 ㄱ, ㄴ, ㄷ에 해당하는 용어가 바르게 나열된 것은? 　14 서울7급

ㄱ. 하자 없이 성립한 행정행위에 대해 그의 효력을 존속시킬 수 없는 새로운 사정이 발생하였음을 이유로 장래에 향하여 그의 효력을 소멸시키는 행정행위
ㄴ. 일단 유효하게 성립한 행정행위를 하자가 있음을 이유로 또는 부당함을 이유로 행정청이 그 효력을 소멸시키는 행정행위
ㄷ. 하자 없이 적법하게 성립한 행정행위가 일정한 사실의 발생에 의하여 당연히 그 효력이 소멸되는 것

| | ㄱ | ㄴ | ㄷ |
|---|---|---|---|
| ① | 철회 | 실효 | 취소 |
| ② | 철회 | 취소 | 실효 |
| ③ | 실효 | 취소 | 철회 |
| ④ | 실효 | 철회 | 취소 |
| ⑤ | 취소 | 실효 | 철회 |

해설

ㄱ. [철회] 행정행위의 철회란 하자 없이 적법하게 성립한 행정행위를 행정청이 후발적 사유를 이유로 장래를 향하여 그 효력의 전부 또는 일부를 상실시키는 별개의 행정행위를 말한다.
ㄴ. [취소] 직권취소는 그 성립에 하자가 있음에도 불구하고 일단 유효하게 성립한 행정행위를 그 성립상의 하자(원시적 하자)를 이유로 권한 있는 기관이 그 효력의 전부 또는 일부를 원칙적으로 소급하여 상실시키는 행위를 말한다.
ㄷ. [실효] 행정행위의 실효는 일단 유효하게 성립되었던 행정행위가 행정청의 의사에 의하지 아니하고 일정한 객관적 사실의 발생에 의하여 당연히 행정행위의 효력이 소멸되는 것을 말한다.

정답 ②

## 013 행정행위의 실효사유에 해당되지 않는 것은?

11 국회9급

① 행정행위의 대상 소멸
② 행정행위의 목적 달성
③ 사기 등 부정행위
④ 해제조건의 성취
⑤ 행정행위의 종기 도래

**해설**

① (O) ② (O) ④ (O) ⑤ (O) 실효사유에 해당한다.
③ (X) 상대방의 사기·강박·증수뢰 등 부정행위에 의한 경우 취소사유에 해당하지만 실효사유는 아니다.

**정답** ③

## 02 행정행위의 무효와 취소

## 014 행정행위의 하자로서 무효사유가 아닌 것은? (다툼이 있는 경우 판례에 의함)

22 소방

① 국토계획 및 이용에 관한 법령이 정한 도시계획시설사업의 대상토지의 소유와 동의요건을 갖추지 못하였음에도 도시계획시설사업의 사업시행자 지정처분을 한 경우
② 조세 부과처분의 근거가 되었던 법률규정에 대하여 위헌결정이 내려진 후 체납처분을 한 경우
③ 학교환경위생정화위원회의 심의절차를 누락한 채 학교환경위생정화구역에서의 금지행위 및 시설해제 여부에 관한 행정처분을 한 경우
④ 납세자가 아닌 제3자의 재산을 대상으로 압류처분을 한 경우

**해설**

① (O) 만일 국토계획 및 이용에 관한 법령이 정한 도시계획시설사업의 대상 토지의 소유와 동의 요건을 갖추지 못하였는데도 사업시행자로 지정하였다면, 이는 국토계획 및 이용에 관한 법령이 정한 법규의 중요한 부분을 위반한 것으로서 특별한 사정이 없는 한 그 하자가 중대하다고 보아야 한다. (대판 2017.7.11. 2016두35120)
② (O) 조세 부과의 근거가 되었던 법률규정이 위헌으로 선언된 경우, 비록 그에 기한 과세처분이 위헌결정 전에 이루어졌고, 과세처분에 대한 제소기간이 이미 경과하여 조세채권이 확정되었으며, 조세채권의 집행을 위한 체납처분의 근거규정 자체에 대하여는 따로 위헌결정이 내려진 바 없다고 하더라도, 위와 같은 위헌결정 이후에 조세채권의 집행을 위한 새로운 체납처분에 착수하거나 이를 속행하는 것은 더 이상 허용되지 않고, 나아가 이러한 위헌결정의 효력에 위배하여 이루어진 체납처분은 그 사유만으로 하자가 중대하고 객관적으로 명백하여 당연무효라고 보아야 한다. (대판 2012.2.16. 2010두10907)
③ (X) 절차상 하자이므로 취소사유이다.

> 금지행위 및 시설의 해제 여부에 관한 행정처분을 하면서 절차상 위와 같은 심의를 누락한 흠이 있다면 그와 같은 흠을 가리켜 위 행정처분의 효력에 아무런 영향을 주지 않는다거나 경미한 정도에 불과하다고 볼 수는 없으므로, 특별한 사정이 없는 한 이는 행정처분을 위법하게 하는 취소사유가 된다. (대판 2007.3.15. 2006두15806)

④ (O) 과세관청이 납세자에 대한 체납처분으로서 제3자의 소유 물건을 압류하고 공매하더라도 그 처분으로 인하여 제3자가 소유권을 상실하는 것이 아니고, 체납처분으로서 압류의 요건을 규정하는 국세징수법 제24조 각 항의 규정을 보면 어느 경우에나 압류의 대상을 납세자의 재산에 국한하고 있으므로, 납세자가 아닌 제3자의 재산을 대상으로 한 압류처분은 그 처분의 내용이 법률상 실현될 수 없는 것이어서 당연무효이다. (대판 2006.4.3. 2005두15151)

**정답** ③

> **기출지문 OX**
>
> **01** 구 「도시계획법」상 원상회복 등의 조치명령을 받고도 이를 따르지 않은 자에 대해 형사처벌을 하기 위해서는 적법한 조치명령이 전제되어야 하며, 이때 형사법원은 그 적법 여부를 심사할 수 있다. [22 국가9급] (O, X)
> 해설 시정명령이 위법하면 이를 따르지 않아도 범죄가 성립되지 않지만, 적법한 명령의 경우에는 시정명령위반죄가 성립될 수 있다. 결국 위법성의 판단이므로 형사법원이 판단 가능하다. 정답 O
>
> **02** 조세 부과처분을 취소하는 행정판결이 확정된 경우 부과처분의 효력은 처분시에 소급하여 효력을 잃게 되므로 확정된 행정판결은 조세포탈에 대한 무죄를 인정할 명백한 증거에 해당한다. [22 국가9급] (O, X)
> 해설 조세의 부과처분을 취소하는 행정소송판결이 확정된 경우 그 조세 부과처분의 효력은 처분시에 소급하여 효력을 잃게 되고, 따라서 그 부과처분을 받은 사람은 그 처분에 따른 납부의무가 없다고 할 것이므로 위 확정된 행정판결은 조세포탈에 대한 무죄 내지 원판결이 인정한 죄보다 경한 죄를 인정할 명백한 증거라 할 것이다. (대판 1985.10.22. 83도2933) 정답 O

**015** 다음 사례에 관한 설명으로 옳은 것만을 모두 고른 것은? (다툼이 있는 경우 판례에 의함) 21 국가7급

> 甲은 1991.10.10. A행정청의 공무원으로 신규임용되어 근무하였는데, 2007.12.5. A행정청의 자체 조사 결과 위 신규임용 당시 甲은 범죄행위로 징역 3년형을 선고받고 집행이 종료된 지 5년을 지나지 아니한 자였음이 밝혀져, 임용 당시 시행되던 「국가공무원법」상 공무원임용결격사유에 해당함을 이유로 A행정청은 2008.1.25. 甲에 대한 임용을 취소하였다.

> ㄱ. 甲에 대한 신규임용행위의 하자는 취소사유에 해당한다.
> ㄴ. 甲에 대한 임용행위는 신뢰보호원칙에 따라 보호된다.
> ㄷ. 甲은 공무원으로 신규임용되어 임용이 취소될 때까지 사실상 근무를 하였더라도 「공무원연금법」에 의한 퇴직급여를 청구할 수 없다.
> ㄹ. 甲이 신규임용되어 임용이 취소될 때까지 공무원으로서 한 행위는 당연무효라고 할 수 없다.

① ㄷ
② ㄷ, ㄹ
③ ㄱ, ㄴ, ㄹ
④ ㄱ, ㄴ, ㄷ, ㄹ

해설
ㄱ. (X) 임용 당시 공무원임용결격사유가 있었다면 비록 국가의 과실에 의하여 임용결격자임을 밝혀내지 못하였다 하더라도 그 임용행위는 당연무효로 보아야 한다. (대판 1987.4.14. 86누459)
ㄴ. (X) 국가가 공무원임용결격사유가 있는 자에 대하여 결격사유가 있는 것을 알지 못하고 공무원으로 임용하였다가 사후에 결격사유가 있는 자임을 발견하고 공무원임용행위를 취소하는 것은 당사자에게 원래의 임용행위가 당초부터 당연무효이었음을 통지하여 확인시켜 주는 행위에 지나지 아니하는 것이므로, 그러한 의미에서 당초의 임용처분을 취소함에 있어서는 신의칙 내지 신뢰의 원칙을 적용할 수 없고, 또 그러한 의미의 취소권은 시효로 소멸하는 것도 아니다. (대판 1987.4.14. 86누459)
ㄷ. (O) 임용결격자가 공무원으로 임용되어 사실상 근무하여 왔다 하더라도 적법한 공무원으로서의 신분을 취득하지 못한 자로서는 공무원연금법이나 근로자퇴직급여 보장법에서 정한 퇴직급여를 청구할 수 없다. (대판 2017.5.11. 2012다200486)
ㄹ. (O) 사실상 공무원임용은 무효이지만 그가 한 일은 유효하다.

정답 ②

## 016 무효인 행정행위에 대한 설명으로 옳은 것은? (다툼이 있는 경우 판례에 의함)  [20 국가7급]

① 무효인 행정행위에 대해서 무효선언을 구하는 의미의 취소소송을 제기하는 경우 취소소송의 제소요건을 구비하여야 한다.
② 행정행위의 무효사유를 판단하는 기준으로서의 명백성은 행정행위의 법적 안정성 확보를 통하여 행정의 원활한 수행을 도모하는 한편, 그 행정행위를 유효한 것으로 믿은 제3자나 공공의 신뢰를 보호하여야 할 필요가 있는 경우에 보충적으로 요구된다.
③ 무효인 행정행위에 대해서 사정판결을 할 수 있다.
④ 거부처분에 대한 무효확인판결에는 간접강제가 인정된다.

**해설**
① (○) 무효선언을 구하는 의미의 취소소송은 취소소송과 동일하므로 취소소송의 제소요건을 구비하여야 한다.
② (×) 선지는 명백성요건보충설의 입장으로 판례와는 다르다.
③ (×) 사정판결은 취소소송에서만 인정된다.
④ (×) 간접강제는 취소소송과 부작위법확인소송에만 인정된다.

**정답** ①

---

### 기출지문 OX

**01** 세무조사가 과세자료의 수집 등의 본연의 목적이 아니라 부정한 목적을 위하여 행하여진 것이라면 세무조사에 중대한 위법사유가 있는 경우에 해당하고, 이러한 세무조사에 의하여 수집된 과세자료를 기초로 한 과세처분 역시 위법하다. [19 국가7급]  (○, ×)
**해설** 대판 2016.12.15. 2016두47659   **정답** ○

**02** 건축주 등이 장기간 시정명령을 이행하지 아니하였으나 그 기간 중에 시정명령의 이행기회가 제공되지 아니하였다가 뒤늦게 이행기회가 제공된 경우, 이행기회가 제공되지 아니한 과거의 기간에 대한 이행강제금까지 한꺼번에 부과하였다면 그러한 이행강제금 부과처분은 하자가 중대·명백하여 당연무효이다. [19 국가7급]  (○, ×)
**해설** 구 건축법에 의하면 문언상 최초의 시정명령이 있었던 날을 기준으로 1년 단위별로 2회에 한하여 이행강제금을 부과할 수 있고, 이 경우에도 매 1회 부과시마다 구 건축법 제80조 제1항 단서에서 정한 1회분 상당액의 이행강제금을 부과한 다음 다시 시정명령의 이행에 필요한 상당한 이행기한을 정하여 그 기한까지 시정명령을 이행할 수 있는 기회를 준 후 비로소 다음 1회분 이행강제금을 부과할 수 있다. 따라서 비록 건축주 등이 장기간 시정명령을 이행하지 아니하였더라도, 그 기간 중에는 시정명령의 이행기회가 제공되지 아니하였다가 뒤늦게 시정명령의 이행기회가 제공된 경우라면, 시정명령의 이행기회 제공을 전제로 한 1회분의 이행강제금만을 부과할 수 있고, 시정명령의 이행기회가 제공되지 아니한 과거의 기간에 대한 이행강제금까지 한꺼번에 부과할 수는 없다. 그리고 이를 위반하여 이루어진 이행강제금 부과처분은 과거의 위반행위에 대한 제재가 아니라 행정상의 간접강제수단이라는 이행강제금의 본질에 반하여 구 건축법 제80조 제1항·제4항 등 법규의 중요한 부분을 위반한 것으로서, 그러한 하자는 중대할 뿐만 아니라 객관적으로도 명백하다. (대판 2016.7.14. 2015두46598)   **정답** ○

## 017 조세행정에 대한 설명으로 옳지 않은 것은? (다툼이 있는 경우 판례에 의함)

18 국가7급

① 납세의무자에 대한 국가의 부가가치세 환급세액 지급의무에 대응하는 국가에 대한 납세의무자의 부가가치세 환급세액 지급청구는 민사소송이 아니라 당사자소송에 의하여야 한다.

② 과세관청이 과세예고 통지 후 과세전적부심사청구나 그에 대한 결정이 있기 전에 국세 부과처분을 한 경우, 특별한 사정이 없는 한 그 하자가 중대·명백하다고 볼 수 없어 당연무효가 아닌 취소사유에 해당한다.

③ 과세처분에 관한 납세고지서의 송달이 「국세기본법」의 규정에 위배되는 부적법한 것으로서 송달의 효력이 발생하지 아니하는 이상, 그 과세처분은 무효이다.

④ 하나의 납세고지서로 본세와 여러 종류의 가산세를 함께 부과하는 경우에 납세고지서에 가산세의 종류와 세액의 산출근거 등을 따로 구별하지 않고 가산세의 합계액만을 기재하였다면 그 부과처분은 위법하다.

### 해설

① (○) 대판 2013.3.21. 2011다95564

② (×) 과세관청이 과세예고 통지 후 과세전적부심사청구나 그에 대한 결정이 있기 전에 과세처분을 한 경우, 절차상 하자가 중대·명백하여 과세처분은 무효이다. 국세기본법 및 국세기본법 시행령이 과세전적부심사를 거치지 않고 곧바로 과세처분을 할 수 있거나 과세전적부심사에 대한 결정이 있기 전이라도 과세처분을 할 수 있는 예외사유로 정하고 있다는 등의 특별한 사정이 없는 한, 과세예고 통지 후 과세전적부심사청구나 그에 대한 결정이 있기도 전에 과세처분을 하는 것은 원칙적으로 과세전적부심사 이후에 이루어져야 하는 과세처분을 그보다 앞서 함으로써 과세전적부심사제도 자체를 형해화시킬 뿐만 아니라 과세전적부심사결정과 과세처분 사이의 관계 및 불복절차를 불분명하게 할 우려가 있으므로, 그와 같은 과세처분은 납세자의 절차적 권리를 침해하는 것으로서 절차상 하자가 중대하고도 명백하여 무효이다. (대판 2016.12.27. 2016두49228)

③ (○) 도달은 행정행위의 효력발생요건이므로 도달이 없으면 무효이다.

④ (○) 하나의 납세고지서에 의하여 본세와 가산세를 함께 부과할 때에는 납세고지서에 본세와 가산세 각각의 세액과 산출근거 등을 구분하여 기재해야 하고, 또 여러 종류의 가산세를 함께 부과하는 경우에는 그 가산세 상호 간에도 종류별로 세액과 산출근거 등을 구분하여 기재함으로써 납세의무자가 납세고지서 자체로 각 과세처분의 내용을 알 수 있도록 하여야 한다. 따라서 가산세 부과처분이라고 하여 그 종류와 세액의 산출근거 등을 전혀 밝히지 아니한 채 가산세의 합계액만을 기재하였다면 그 부과처분은 위법하다. (대판 2015.3.20. 2014두44434)

정답 ②

## 018

甲은 「여객자동차 운수사업법」상 일반택시운송사업면허를 받아 사업을 운영하던 중, 자신의 사업을 乙에게 양도하고자 乙과 양도·양수계약을 체결하고 관련 법령에 따라 乙이 사업의 양도·양수신고를 하였다. 이와 관련한 설명으로 옳지 않은 것은? (다툼이 있는 경우 판례에 의함) 17 지방7급

① 甲에 대한 일반택시운송사업면허는 원칙상 재량행위에 해당한다.
② 사업의 양도·양수에 대한 신고를 수리하는 행위는 「행정절차법」의 적용대상이 된다.
③ 甲과 乙 사이의 사업양도·양수계약이 무효이더라도 이에 대한 신고의 수리가 있게 되면 사업양도의 효과가 발생한다.
④ 사업의 양도·양수신고가 수리된 경우, 甲은 민사쟁송으로 양도·양수행위의 무효를 구함이 없이 곧바로 항고소송으로 신고 수리의 무효확인을 구할 법률상 이익이 있다.

**해설**
① (O) 일반택시운송사업면허는 특허에 해당하므로 원칙적으로 재량행위에 해당한다.
② (O) 행위요건적 사인의 공법행위에서의 수리는 복효적 행정행위이므로 양도인에게 불이익한 처분이므로 사전통지와 의견청취대상인 처분에 해당한다. 따라서 행정절차법의 적용대상이 된다.
③ (X) 수리는 사인의 행위에 대한 하자치유력이 없으므로 사인의 행위가 무효이면 수리하더라도 그 하자가 치유되지 않는다.
④ (O) 대판 2005.12.23. 2005두3554

**정답** ③

## 019

무효인 행정행위와 취소할 수 있는 행정행위를 구별하는 실익으로 가장 거리가 먼 것은? 15 사복

① 위법성의 판단기준
② 민사소송 또는 형사소송에서의 선결문제
③ 쟁송제기기간 및 불가쟁력의 발생
④ 흠의 승계

**해설**
① (X) 위법성의 판단기준은 무효인 행정행위와 취소할 수 있는 행정행위가 동일하다. 중대명백성은 위법성의 판단기준이 아니라 위법성의 정도를 말한다.
② (O) 무효인 행위는 공정력이 발생하지 않으므로 선결문제에 따른 논점이 필요 없다.
③ (O) 무효인 행위는 제소기간의 제한이 없으므로 불가쟁력이 발생하지 않는다.
④ (O) 무효인 행위는 하자의 승계에 대한 논의가 필요 없다.

**정답** ①

## 020

행정행위의 무효와 취소에 관한 다음 설명 중 가장 적절한 것은? (다툼이 있는 경우 판례에 의함) 12 경행특채

① 음주운전을 단속한 경찰관 명의로 행한 운전면허정지처분은 취소사유에 해당한다.
② 무효인 행정행위도 상당한 시간이 경과하게 되는 경우 불가쟁력이 인정된다.
③ 행정행위의 일부가 무효이면 나머지 부분도 무효라고 보는 것이 원칙이다.
④ 무효인 행정행위도 취소소송의 제소요건을 갖추는 경우 취소소송의 형식으로 소제기가 가능하다.

> 해설

① (X) 운전면허에 대한 정지처분권한은 경찰청장으로부터 경찰서장에게 권한위임된 것이므로 음주운전자를 적발한 단속 경찰관으로서는 관할 경찰서장의 명의로 운전면허정지처분을 대행처리할 수 있을지는 몰라도 자신의 명의로 이를 할 수는 없다 할 것이므로, 단속 경찰관이 자신의 명의로 운전면허행정처분통지서를 작성·교부하여 행한 운전면허정지처분은 비록 그 처분의 내용·사유·근거 등이 기재된 서면을 교부하는 방식으로 행하여졌다고 하더라도 권한 없는 자에 의하여 행하여진 점에서 무효의 처분에 해당한다. (대판 1997.5.16. 97누2313)
② (X) 하자가 중대·명백하여 무효인 행정행위는 쟁송제기기간의 제한을 받지 않으므로 불가쟁력이 발생하지 않는다.
③ (X) 행정행위의 일부가 무효이면 그 부분만이 무효이고, 나머지 부분은 유효한 행위로 존재한다. 그러나 그 무효 부분이 중요한 것이어서 행정청이 그것 없이는 행정행위를 발하지 않았으리라 판단되는 경우에 한하여 그 행정행위는 전체가 무효로 된다.
④ (O) 행정처분의 당연무효를 선언하는 의미에서 취소를 구하는 행정소송을 제기한 경우에도 제소기간의 준수 등 취소소송의 제소요건을 갖추어야 한다. (대판 1993.3.12. 92누11039)

정답 ④

## 03 행정행위 하자의 구체적 내용

| 하자의 치유와 전환 | |
|---|---|
| 하자의 치유 | · 하자의 치유는 취소할 수 있는 행위에만 인정됨. 무효인 행위는 상대방이 용인해도 치유가 되지 않음.<br>· 하자의 치유는 쟁송제기 전까지만 인정됨(소송요건 하자의 치유는 사실심 변론종결 전까지 가능함).<br>· 하자의 치유는 내용상 하자에 대해서는 인정되지 않고 절차상 형식상 하자에 대해서만 인정됨.<br>· 하자의 치유는 원칙적으로 인정되지 않지만 행정행위의 무용한 반복을 피하고 국민의 권리구제를 위해서 예외적으로 인정됨.<br>· 하자의 치유는 행정청 스스로에 의한 행위가 있어야 함.<br>· 하자의 치유가 있으면 소급하여 유효한 행위로 인정됨. 즉, 처음부터 유효한 행위임. |
| 하자의 전환 | · 하자의 전환은 무효인 행위에 대해서만 인정됨(예) 사망한 부에 대한 귀속재산 불하처분 취소를 상속인에 대한 처분으로 본 경우).<br>· 하자의 전환도 소급하여 유효한 행위가 됨.<br>· 하자의 전환은 그 자체가 별도의 행정행위임. |

### 021 행정행위의 하자에 대한 설명으로 옳은 것은? 23 국가9급

① 과세처분의 취소를 구하는 행정소송에서 선행처분인 개별공시지가결정의 위법을 독립된 위법사유로 주장할 수 있다.
② 재건축조합설립인가처분 당시 동의율을 충족하지 못한 하자는 후에 추가동의서가 제출되었다는 사정만으로도 치유된다.
③ 적법한 건축물에 대한 철거명령은 그 하자가 중대하고 명백하여 당연무효라고 할 것이지만, 그 후행행위인 건축물철거 대집행계고처분은 당연무효라고 할 수 없다.
④ 세액산출근거가 기재되지 아니한 납세고지서에 의한 부과처분은 강행법규에 위반하여 취소대상이 된다고 할 것이지만 이와 같은 하자는 납세의무자가 전심절차에서 이를 주장하지 아니하였거나, 그 후 부과된 세금을 자진납부하였다거나, 또는 조세채권의 소멸시효기간이 만료된 경우 치유된다.

> 해설

① (O) 개별공시지가결정에 위법이 있는 경우에는 그 자체를 행정소송의 대상이 되는 행정처분으로 보아 그 위법 여부를 다툴 수 있음은 물론 이를 기초로 한 과세처분 등 행정처분의 취소를 구하는 행정소송에서도 선행처분인 개별공시지가결정의 위법을 독립된 위법사유로 주장할 수 있다고 해석함이 타당하다. (대판 1994.1.25. 93누8542)
② (X) 토지 또는 건축물 소유자의 동의서가 추가로 제출됨으로써 토지 또는 건축물 소유자의 4분의 3 이상의 동의율 요건이 충족되었으므로 2008.11.20.자 설립인가처분의 흠이 치유되었거나 그 요건이 보완되었다는 피고의 주장에 대하여, 구 도시정비법 제16조 제2항·제3항에서 정하는 조합설립인가처분은 설권적 처분의 성질을 가지고 있고, 흠 있는 2008.11.20.자 설립인가처분의 치유나 전환을 인정하더라도 원고들을 비롯한 토지 또는 건축물 소유자에게 아무런 손해가 발생하지 않는다고 단정할 수 없다는 점 등을 이유로 이를 배척하였다. (대판 2014.5.16. 2011두13736)
③ (X) 선행처분이 무효면 후행처분도 무효사유이다.
④ (X) 세액산출근거가 기재되지 아니한 납세고지서에 의한 부과처분은 강행법규에 위반하여 취소대상이 된다 할 것이므로 이와 같은 하자는 납세의무자가 전심절차에서 이를 주장하지 아니하였거나, 그 후 부과된 세금을 자진납부하였다거나 또는 조세채권의 소멸시효기간이 만료되었다 하여 치유되는 것이라고는 할 수 없다. (대판 1985.4.9. 84누431)

정답 ①

> 기출지문 OX

**01** 무권한은 중대·명백한 하자이므로 항상 무효사유라는 것이 판례의 입장이다. [15 서울9급]　　(O, X)
　해설　무권한의 행위는 무효가 될 가능성이 많은 것은 사실이지만, 언제나 무효가 되는 것은 아니다.

> 납세지를 관할하는 세무서장이 아닌 다른 세무서장의 소득세 부과·징수처분은 관할 없는 과세관청의 처분으로서 위법하고 그 하자가 중대하다고 할 것이나, 납세자가 주민등록을 빈번히 이전·말소한 경우, 세무서장이 처분에 이르기까지 그 주소를 확인한 과정과 구 소득세법상 납세지 확정에 관련된 규정들에 비추어 보아, 그 하자가 일견하여 객관적으로 명백한 것이라고 할 수 없으므로 당연무효사유는 아니다. (대판 2001.6.1. 99다1260)

정답 X

**02** 건설부장관(현 국토교통부장관)이 택지개발계획을 승인함에 있어서 구「토지수용법」에 의한 이해관계자의 의견을 듣지 아니하였거나, 토지소유자에 대한 통지를 하지 아니하고 사업인정을 한 것은 무효인 행정행위이다. [09 국회8급]　　(O, X)
　해설　취소할 수 있는 행정행위이다.

> 건설부장관이 택지개발계획을 승인함에 있어서 토지수용법 제15조에 의한 이해관계자의 의견을 듣지 아니하였거나, 같은 법 제16조 제1항 소정의 토지소유자에 대한 통지를 하지 아니한 하자는 중대하고 명백한 것이 아니므로 사업인정 자체가 당연무효라고 할 수 없고, 이러한 하자는 수용재결의 선행처분인 사업인정단계에서 다투어야 할 것이므로 쟁송기간이 도과한 이후에 위와 같은 하자를 이유로 수용재결의 취소를 구할 수 없다. (대판 1993.6.29. 91누2342)

정답 X

**03** 개발부담금 부과처분을 하면서 납부고지서에 납부기한을 법정납부기한보다 단축하여 기재한 것은 무효인 행정행위이다. [09 국회8급]　　(O, X)
　해설　적법한 행정행위이다.

> 개발부담금의 납부기한은 개발이익 환수에 관한 법률 제16조의 규정에 따라 정하여지고 납부고지서의 기재는 그 정하여진 날짜를 그대로 기재하는 것에 불과하여 납부기한을 잘못 기재한 것만으로는 납부기한이 단축되는 효력이 발생되는 것이 아니고, 따라서 처분에 대한 불복 여부의 결정과 불복신청에 지장을 주었다고 단정하기 어려우므로 그 처분이 위법하게 되는 것은 아니다. (대판 2002.7.23. 2000두9946)

정답 X

**04** 도지사의 인사교류안 작성과 그에 따른 인사교류의 권고가 전혀 이루어지지 않은 상태에서 그 관할 구역 내 시장(市長)이 인사교류에 관한 처분을 행한 것은 무효인 행정행위이다. [09 국회8급]  (O, ×)

해설 무효인 행정행위이다.

> 도지사의 인사교류안 작성과 그에 따른 인사교류의 권고가 전혀 이루어지지 않은 상태에서 행하여진 관할 구역 내 시장의 인사교류에 관한 처분은 지방공무원법 제30조의2 제2항의 입법취지에 비추어 그 하자가 중대하고 객관적으로 명백하여 당연무효이다. (대판 2005.6.24, 2004두10968)

정답 O

## 022 행정행위의 무효사유에 해당하지 않는 것은?  08 관세사

① 의사능력이 없는 공무원이 행한 행위
② 죽은 사람에게 면허를 주는 행위
③ 존재하지 않는 토지에 대한 수용재결
④ 일정 시기까지 사업착수를 하지 아니한 경우
⑤ 인신매매업을 허가하는 처분

해설
① (O) 의사무능력자의 행위는 당연무효이고, 행위무능력자의 행위는 취소사유이다.
② (O) 사자(死者)를 대상으로 하는 각종 허가 또는 처분은 무효이다.
③ (O) 존재하지 않는 허무의 물건을 대상으로 하는 행위는 무효이다.
④ (×) 사업착수하는 것을 행정행위의 해제조건으로 정한 경우에는 실효사유가 되고, 철회권의 유보로 정한 경우에는 철회사유가 될 뿐 무효사유는 아니다.
⑤ (O) 인신매매업을 허가하는 처분처럼 법률상 명백하게 금지되어 있거나 법률상 절대로 인정되지 않는 권리·의무를 목적으로 하는 행위는 무효이다.

정답 ④

**023** 행정행위의 하자에 대한 설명으로 옳은 것은? (다툼이 있는 경우 판례에 의함)  *20 소방*

① 하자 있는 행정행위의 치유는 원칙적으로 허용되나, 국민의 권리나 이익을 침해하지 않는 범위 내에서 인정된다.

② 행정소송에서 행정처분의 위법 여부는 행정처분이 있을 때의 법령과 사실상태를 기준으로 하여 판단하여야 하고 처분 후 법령의 개폐나 사실상태의 변동이 있다면 그러한 법령의 개폐나 사실상태의 변동에 의하여 처분의 위법성이 치유될 수 있다.

③ 법률관계나 사실관계에 대하여 그 법률의 규정을 적용할 수 없다는 법리가 명백히 밝혀지지 아니하여 그 해석에 다툼의 여지가 있는 경우에, 행정관청이 이를 잘못 해석하여 행정처분을 하였다면 그 처분의 하자는 객관적으로 명백하다고 볼 것이나, 중대한 것은 아니므로 이를 이유로 무효를 주장할 수는 없다.

④ 「도시 및 주거환경정비법」상 주택재건축사업의 추진위원회가 조합을 설립하고자 하는 때에는 토지소유자 등이 일정 수 이상 동의하여야 하는데, 조합설립인가처분이 이러한 요건을 충족하지 못한 상태에서 이루어졌다면 그러한 처분은 위법하고, 토지소유자 등의 추가 동의서가 추후에 제출되어 법정요건을 갖추었다 할지라도 설립인가처분의 위법성이 치유되는 것은 아니다.

**해설**

① (✕) 하자의 치유는 원칙적으로 허용되지 않으나 행정의 무용한 반복을 피하고 당사자의 권리구제라는 측면에서 예외적으로 허용될 수 있다는 제한적 긍정설이 통설과 판례이다.

② (✕) 행정소송에서 행정처분의 위법 여부는 행정처분이 있을 때의 법령과 사실상태를 기준으로 하여 판단하여야 하고, 처분 후 법령의 개폐나 사실상태의 변동에 의하여 영향을 받지는 않는다고 할 것이다. (대판 2002.7.9. 2001두10684)

③ (✕) 행정청이 어느 법률관계나 사실관계에 대하여 어느 법률의 규정을 적용하여 행정처분을 한 경우에 그 법률관계나 사실관계에 대하여는 그 법률의 규정을 적용할 수 없다는 법리가 명백히 밝혀져 그 해석에 다툼의 여지가 없음에도 불구하고 행정청이 위 규정을 적용하여 처분을 한때에는 그 하자가 중대하고도 명백하다고 할 것이나, 그 법률관계나 사실관계에 대하여 그 법률의 규정을 적용할 수 없다는 법리가 명백히 밝혀지지 아니하여 그 해석에 다툼의 여지가 있는 때에는 행정관청이 이를 잘못 해석하여 행정처분을 하였더라도 이는 그 처분요건사실을 오인한 것에 불과하여 그 하자가 명백하다고 할 수 없는 것이다. (대판 2004.10.15. 2002다68485)

④ (○) 이 사건 변경인가처분은 이 사건 설립인가처분 후 추가 동의서가 제출되어 동의자 수가 변경되었음을 이유로 하는 것으로서 조합원의 신규가입을 이유로 한 경미한 사항의 변경에 대한 신고를 수리하는 의미에 불과하므로 이 사건 설립인가처분이 이 사건 변경인가처분에 흡수된다고 볼 수 없고, 또한 이 사건 설립인가처분 당시 동의율을 충족하지 못한 하자는 후에 추가 동의서가 제출되었다는 사정만으로 치유될 수 없다. (대판 2013.7.11. 2011두27544)

**정답** ④

## 024  행정행위의 하자에 대한 내용으로 가장 옳지 않은 것은?    19 서울7급 2월

① 적법한 건축물에 대한 철거명령은 그 하자가 중대하고 명백하여 당연무효이고 그 후행행위인 건축물 철거 대집행계고처분 역시 당연무효이다.

② 처분의 하자가 그 내용에 관한 것인 경우, 판례는 소제기 이후에도 하자의 치유가 가능한 것으로 본다.

③ 법치주의원칙을 강조할 경우 행정행위의 하자의 치유는 원칙적으로 허용될 수 없지만 예외적으로 행정의 무용한 반복을 피하고 당사자의 법적 안정성을 위해 허용될 수 있다.

④ 행정행위의 하자가 치유되면 당해 행정행위는 처분 당시부터 하자가 없는 적법한 행정행위로 효력을 발생한다.

**해설**

① (O) 선행행위가 무효이면 특별한 사정이 없는 한 후행행위도 무효가 되는 것이 원칙이다. 적법한 건축물에 대한 철거명령은 그 하자가 중대하고 명백하여 당연무효라고 할 것이고, 그 후행행위인 건축물철거 대집행계고처분 역시 당연무효라고 할 것이다. (대판 1999.4.27. 97누6780)

② (X) 하자의 치유는 쟁송제기 전까지만 가능하다. 다만 소송요건의 하자의 치유는 사실심 변론종결까지 가능하다.

> 사업계획 인가처분에 관한 하자가 행정처분의 내용에 관한 것이고 새로운 노선면허가 이 사건 소제기 이후에 이루어진 사정 등에 비추어 하자의 치유를 인정치 않은 원심의 판단은 정당하다. (대판 1991.5.28. 90누1359)

③ (O)
④ (O)

**정답** ②

---

**기출지문 OX**

처분에 하자가 있더라도 처분청이 처분 이후에 새로운 사유를 추가하였다면, 처분 당시의 하자는 치유된다. [16 지방9급]   (O, X)

**해설** 하자의 치유는 원칙적으로 인정되지 않고 치유의 요건을 모두 갖춘 경우에만 인정된다. 단순히 새로운 사유를 추가하였다고 처분 당시의 하자가 치유되는 것은 아니다.   **정답** X

## 025 행정행위의 전환에 관한 설명으로 옳지 않은 것은?

11 서울9급

① 하자 있는 행정행위와 전환되는 행정행위가 요건·목적·효과에 있어 실질적 공통성이 있어야 한다.
② 무효인 행정행위가 전환될 행정행위의 성립·적법·효력요건을 갖추고 있어야 한다.
③ 공무원이 아닌 자의 행위를 사실상 공무원의 행위로 인정하는 것이 무효의 전환의 예이다.
④ 상대방과 관계자의 이익을 침해하지 말아야 한다.
⑤ 하자있는 행정행위를 한 행정청의 의사에 반하지 않아야 한다.

### 해설

① (O) 두 행정행위가 요건, 목적, 효과에 있어서 실질적 공통성이 있어야 한다.
② (O) 하자 있는 행정행위는 전환되는 행정행위로서 성립·효력발생요건을 갖추고 있어야 한다.
③ (X) 사실상의 공무원이론에 대해서는 치유사유도 아니고 전환사유도 아니라는 것이 일반적 견해이다.
④ (O) 전환으로 인하여 상대방과 제3자의 이익을 침해하지 않아야 한다.
⑤ (O) 하자 있는 행정행위를 한 처분청의 의도에 반하지 않아야 한다.

**정답** ③

### 예상판례

**01** 공무원에 대하여 기여금과 부담금이 적립되지 않았다는 이유 등으로 공무원연금법에 따른 퇴직금 지급을 거부한 처분은 당연무효에 해당한다.

대한민국과 미합중국 간의 협정에 따라 대한민국 군무원으로 임용과 동시에 휴직처리되어 주한미군에 근무하면서 보수를 미군으로부터 지급받다가 미군측의 고용해제에 따라 직권면직을 당한 자가 공무원연금법에 따른 퇴직금 지급을 구하였는데 원고에 대한 공무원연금법 소정의 기여금과 부담금이 적립되지 않았으며 이미 미군측으로부터 퇴직금 명목의 금원을 수령하였다는 이유로 이를 거부당하자 그 처분의 무효확인을 구한 사안에서 원고의 특수한 근무형태에도 불구하고 원고는 적법하게 임용된 대한민국 군무원으로서 공무원연금법 소정의 공무원에 해당한다는 이유로 원고에 대한 퇴직금 지급을 거부한 처분은 당연무효이다. (대판 2009.2.26. 2006두2572)

**02** 甲지역농업협동조합이 사업소 등을 신축할 목적으로 토지에 대하여 농지전용허가를 받았는데, 관할 시장이 甲조합에 농지보전부담금을 부과한 경우, 합리적 근거 없이 구 농업협동조합법 제8조 및 농업협동조합법 제8조에서 정한 부과금 면제요건의 의미와 적용에 관한 법리를 잘못 해석하여 농지보전금을 부과한 처분은 하자가 중대·명백하다. (대판 2015.6.23. 2013두23157)

**03** 경찰공무원에게 인정된 징계사유가 상훈감경 제외사유에 해당하지 아니함에도 징계위원회 심의과정에서 비위행위가 상훈감경 제외사유에 해당한다는 이유로 공적 사항을 징계양정에 전혀 고려하지 아니한 경우, 징계처분이 위법하다. (대판 2015.11.12. 2014두35638)

## 제2절 하자의 승계

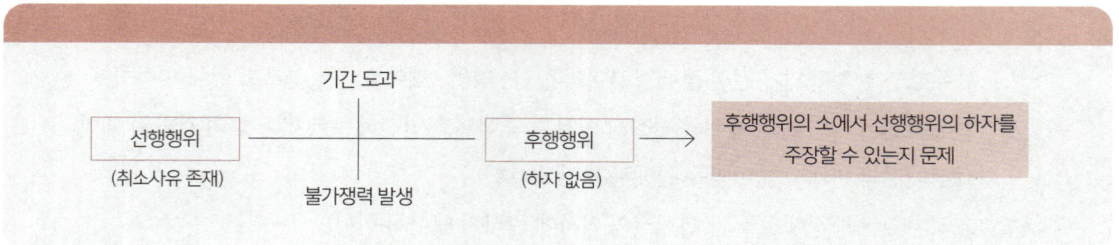

**026** 행정행위의 하자에 대한 설명으로 옳지 않은 것은? (다툼이 있는 경우 판례에 의함)  22 국가9급

① 이미 불가쟁력이 발생한 보충역편입처분에 하자가 있다고 하더라도 그것이 당연무효의 사유가 아닌 한 공익근무요원소집처분에 승계되는 것은 아니다.

② 건물철거명령이 당연무효가 아니고 불가쟁력이 발생하였다면 건물철거명령의 하자를 이유로 후행 대집행계고처분의 효력을 다툴 수 없다.

③ 도시계획시설사업시행자 지정처분이 처분요건을 충족하지 못하여 당연무효인 경우, 도시계획시설사업의 시행자가 작성한 실시계획을 인가하는 처분도 무효이다.

④ 선행처분인 공무원직위해제처분과 후행 직권면직처분 사이에는 하자의 승계가 인정된다.

**해설**

① (O) 동일한 목적이 아니므로 하자의 승계가 인정되지 않는다. (대판 2002.12.10. 2001두5422)

② (O) 동일한 목적이 아니므로 하자의 승계가 인정되지 않는다.

③ (O) 선행처분과 후행처분이 서로 독립하여 별개의 법률효과를 목적으로 하는 때에도 선행처분이 당연무효이면 선행처분의 하자를 이유로 후행처분의 효력을 다툴 수 있다. 도시계획시설사업의 시행자가 작성한 실시계획을 인가하는 처분은 도시계획시설사업 시행자에게 도시계획시설사업의 공사를 허가하고 수용권을 부여하는 처분으로서 선행처분인 도시계획시설사업시행자 지정처분이 처분요건을 충족하지 못하여 당연무효인 경우에는 사업시행자 지정처분이 유효함을 전제로 이루어진 후행처분인 실시계획 인가처분도 무효라고 보아야 한다. (대판 2017.7.11. 2016두35120)

④ (×) 동일한 목적이 아니므로 하자의 승계가 인정되지 않는다.

정답 ④

> **기출지문 OX**

**01** 선행처분과 후행처분이 서로 독립하여 별개의 법률효과를 목적으로 하는 때에도 선행처분이 당연무효이면 선행처분의 하자를 이유로 후행처분의 효력을 다툴 수 있다. [20 서울·지방7급] (O, ×)
　해설　하자의 승계는 선행처분에 취소사유가 있을 때 논의되는 것인데, 선행처분이 무효이면 하자의 승계라는 이론적 도구와 관계없이 선행처분의 하자를 이유로 후행처분의 효력을 다툴 수 있다.　　**정답** O

**02** 도시·군계획시설결정과 실시계획 인가는 서로 결합하여 도시·군계획시설사업의 실시라는 하나의 법적 효과를 완성하므로, 도시·군계획시설결정의 하자는 실시계획 인가에 승계된다. [20 서울·지방7급] (O, ×)
　해설　시·군계획시설결정과 실시계획 인가는 도시·군계획시설사업을 위하여 이루어지는 단계적 행정절차에서 별도의 요건과 절차에 따라 별개의 법률효과를 발생시키는 독립적인 행정처분이다. 그러므로 선행처분인 도시·군계획시설결정에 하자가 있더라도 그것이 당연무효가 아닌 한 원칙적으로 후행처분인 실시계획인가에 승계되지 않는다. (대판 2017.7.18. 2016두49938)　　**정답** ×

**03** 물품세 과세대상이 아닌 것을 세무공무원이 직무상 과실로 과세대상으로 오인하여 과세처분을 행함으로 인하여 손해가 발생된 경우에는, 동 과세처분이 취소되지 아니하였다 하더라도, 국가는 이로 인한 손해를 배상할 책임이 있다. [20 서울·지방7급] (O, ×)
　해설　국가배상은 공정력과 관계가 없으므로 과세처분이 취소되지 아니하였다 하더라도, 국가는 이로 인한 손해를 배상할 책임이 있다.　　**정답** O

## 027　행정행위의 하자의 승계에 대한 설명으로 옳지 않은 것은? (다툼이 있는 경우 판례에 의함) <sub>18 국가9급</sub>

① 「도시 및 주거환경정비법」상 사업시행계획에 관한 취소사유인 하자는 관리처분계획에 승계되지 않는다.
② 「행정대집행법」상 선행처분인 계고처분의 하자는 대집행영장 발부통보처분에 승계된다.
③ 「국토의 계획 및 이용에 관한 법률」상 도시·군계획시설결정과 실시계획 인가는 동일한 법률효과를 목적으로 하는 것이므로 선행처분인 도시·군계획시설결정의 하자는 실시계획 인가에 승계된다.
④ 구 「부동산 가격공시 및 감정평가에 관한 법률」상 선행처분인 표준지공시지가의 결정에 하자가 있는 경우에 그 하자는 보상금 산정을 위한 수용재결에 승계된다.

> 해설
> ① (O) 사업시행계획과 관리처분계획은 서로 독립하여 별개의 법적 효과를 발생시키는 것으로서 이 사건 사업시행계획의 수립에 관한 취소사유인 하자가 이 사건 관리처분계획에 승계되지 아니하므로, 위 취소사유를 들어 이 사건 관리처분계획의 적법 여부를 다툴 수는 없다. (대판 2012.8.23. 2010두13463)
> ② (O) 대판 1996.2.9. 95누12507
> ③ (×) 도시·군계획시설결정과 실시계획 인가는 도시·군계획시설사업을 위하여 이루어지는 단계적 행정절차에서 별도의 요건과 절차에 따라 별개의 법률효과를 발생시키는 독립적인 행정처분이다. 그러므로 선행처분인 도시·군계획시설결정에 하자가 있더라도 그것이 당연무효가 아닌 한 원칙적으로 후행처분인 실시계획 인가에 승계되지 않는다. (대판 2017.7.18. 2016두49938)
> ④ (O) 선행행위와 후행행위가 동일한 목적을 추구하지 않지만, 선행행위의 후행행위에 대한 구속력을 인정할 수 없어 하자의 승계를 인정한 사례이다.
>
> > 표준지공시지가결정이 위법한 경우에는 그 자체를 행정소송의 대상이 되는 행정처분으로 보아 그 위법 여부를 다툴 수 있음은 물론, 수용보상금의 증액을 구하는 소송에서도 선행처분으로서 그 수용대상 토지 가격 산정의 기초가 된 비교표준지공시지가결정의 위법을 독립한 사유로 주장할 수 있다. (대판 2008.8.21. 2007두13845)

**정답** ③

## 028 조세의 부과징수에 대한 설명으로 옳지 않은 것은? (다툼이 있는 경우 판례에 의함)  17 국가7급

① 신고납세방식의 조세에 있어서 과세관청이 납세의무자의 신고에 따라 세액을 수령하는 것은 사실행위이며 부과처분이 아니다.

② 조세법의 해석과 조세의 징수는 법에 따라 엄격하게 해석·적용되어야 하므로 행정 편의적인 확장해석이나 유추적용은 허용되지 않는다.

③ 과세처분에 대하여 증액경정처분이 있는 경우 당초처분은 증액경정처분에 흡수되어 소멸하므로 소멸한 당초처분의 절차적 하자는 존속하는 증액경정처분에 승계된다.

④ 원천징수하는 소득세 또는 법인세, 인지세는 납세의무가 성립하는 때에 특별한 절차 없이 그 세액이 확정된다.

> **해설**
>
> ① (O) 세금수령은 단순한 사실행위이므로 처분성이 인정되지 않는다. (대판 1997.7.22. 96누8321)
> ② (O) 국세기본법은 엄격해석의 원칙을 규정하고 있다. 조세는 침익적 효과가 크므로 부과이든 감면이든 엄격해석의 원칙에 따라야 한다.
> ③ (X) 증액경정처분이 있는 경우 당초처분은 증액경정처분에 흡수되어 소멸하고, 소멸한 당초처분의 절차적 하자는 존속하는 증액경정처분에 승계되지 아니한다. (대판 2010.6.24. 2007두16493)
> ④ (O)
>
> **국세기본법 제22조(납세의무의 확정)**
> ① 국세는 이 법 및 세법에서 정하는 절차에 따라 그 세액이 확정된다.
> ④ 다음 각 호의 국세는 제1항부터 제3항까지의 규정에도 불구하고 납세의무가 성립하는 때에 특별한 절차 없이 그 세액이 확정된다.
>   1. 인지세
>   2. 원천징수하는 소득세 또는 법인세
>   3. 납세조합이 징수하는 소득세
>   4. 중간예납하는 법인세(세법에 따라 정부가 조사·결정하는 경우는 제외한다)
>   5. 제47조의4에 따른 납부지연가산세 및 제47조의5에 따른 원천징수 등 납부지연가산세(납부고지서에 따른 납부기한 후의 가산세로 한정한다)

정답 ③

## 029 「부동산 가격공시에 관한 법률」에 관한 판례의 설명으로 가장 옳은 것은?

17 서울7급

① 표준지공시지가는 토지시장에 지가정보를 제공하고 일반적인 토지거래의 지표가 되며, 국가·지방자치단체 등이 그 업무와 관련하여 지가를 산정하거나 감정평가업자가 개별적으로 토지를 감정평가하는 경우에 기준이 되는 행정규칙으로서의 고시이다.
② 수용보상금증액청구소송에서 선행처분으로서 그 수용대상 토지가격 산정의 기초가 된 비교표준지 공시지가결정의 위법을 독립한 사유로 주장할 수 있다.
③ 선행처분인 개별공시지가결정의 하자가 과세처분 등 후행하는 처분에 승계될 수 있는지 여부에 관해 판례는 서로 결합하여 하나의 법률효과를 발생시킨다는 관점에서 하자승계를 인정하였다.
④ 개별공시지가에 대해 이의신청을 하여 그 결과 통지를 받은 후 행정심판을 거쳐 행정소송을 제기하였다면 이 경우 행정소송의 제소기간은 이의신청의 결과통지를 받은 날로부터 기산한다.

**해설**

① (X) 표준지공시지가와 개별공시지가는 모두 처분성이 인정된다. 즉, 행정규칙이 아니다.
② (O) 선행행위와 후행행위가 동일한 목적을 추구하지 않지만, 선행행위의 후행행위에 대한 구속력을 인정할 수 없어 하자의 승계를 인정한 사례이다. (대판 2008.8.21. 2007두13845)
③ (X) 선행행위와 후행행위가 동일한 목적을 추구하지 않지만 선행행위의 후행행위에 대한 구속력을 인정할 수 없어 하자의 승계를 인정한 사례이다. (대판 1994.1.25. 93누8542)
④ (X) 부동산 가격공시 및 감정평가에 관한 법률이 이의신청에 관하여 규정하고 있다고 하여 이를 행정심판법 제3조 제1항에서 행정심판의 제기를 배제하는 '다른 법률에 특별한 규정이 있는 경우'에 해당한다고 볼 수 없으므로, 개별공시지가에 대하여 이의가 있는 자는 곧바로 행정소송을 제기하거나 부동산 가격공시 및 감정평가에 관한 법률에 따른 이의신청과 행정심판법에 따른 행정심판청구 중 어느 하나만을 거쳐 행정소송을 제기할 수 있을 뿐 아니라, 이의신청을 하여 그 결과 통지를 받은 후 다시 행정심판을 거쳐 행정소송을 제기할 수도 있다고 보아야 하고, 이 경우 행정소송의 제소기간은 그 행정심판재결서 정본을 송달받은 날부터 기산한다. (대판 2010.1.28. 2008두19987)

**정답** ②

## 030 판례가 행정행위의 하자의 승계를 인정한 것을 모두 고른 것은?

17 서울9급

ㄱ. 행정대집행에서의 계고와 대집행영장의 통지
ㄴ. 안경사시험합격취소처분과 안경사면허취소처분
ㄷ. 개별공시지가결정과 과세처분
ㄹ. 「일제강점하 반민족행위 진상규명에 관한 특별법」에 따른 친일반민족행위자 결정과 「독립유공자예우에 관한 법률」에 의한 법적용 배제결정
ㅁ. 공무원의 직위해제처분과 면직처분
ㅂ. 건물철거명령과 대집행계고처분
ㅅ. 과세처분과 체납처분

① ㄱ, ㄴ, ㄷ, ㄹ
② ㄱ, ㄷ, ㄹ, ㅅ
③ ㄱ, ㄹ, ㅁ, ㅅ
④ ㄴ, ㄷ, ㄹ, ㅁ

**해설**

ㄱ. (O) 철거명령과 계고 사이에는 하자가 승계되지 않지만, 계고·통지·실행·비용징수 사이에는 하자가 승계된다.
ㄴ. (O)
ㄷ. (O) ㄹ. (O) 동일한 목적을 추구하지 않지만 선행행위의 후행행위에 대한 구속력을 인정할 수 없어 하자의 승계가 인정된 예외적 사례이다.
ㅁ. (X) ㅂ. (X) ㅅ. (X) 하자의 승계가 부정된다.

**정답** ①

## 031 하자의 승계에 대한 설명으로 옳지 않은 것은? (다툼이 있는 경우 판례에 의함)  17 지방9급

① 선행행위에 무효의 하자가 존재하더라도 선행행위와 후행행위가 결합하여 하나의 법적 효과를 목적으로 하는 경우에는 하자의 승계에 대한 논의의 실익이 있다.
② 적정행정의 유지에 대한 요청에서 나오는 하자의 승계를 인정하면 국민의 권리를 보호하고 구제하는 범위가 더 넓어진다.
③ 선행행위에 대하여 불가쟁력이 발생하지 않았거나 선행행위와 후행행위가 서로 독립하여 각각 별개의 법률효과를 목적으로 하는 때에는 원칙적으로 선행행위의 하자를 이유로 후행행위의 효력을 다툴 수 없다.
④ 선행행위와 후행행위가 서로 독립하여 별개의 법률효과를 목적으로 하는 경우라도 선행행위의 불가쟁력이나 구속력이 그로 인하여 불이익을 입는 자에게 수인한도를 넘는 가혹함을 가져오고 그 결과가 예측 가능한 것이 아닌 때에는 하자의 승계를 인정할 수 있다.

**해설**

① (X) 하자의 승계는 선행행위에 취소사유에 해당하는 위법성이 있을 때 논의하는 것이다. 선행행위에 무효사유가 있으면 그 하자는 당연히 후행행위에 영향을 미치고 후행행위 역시 무효가 되므로 하자의 승계에 대한 논의는 불필요하다.
② (O) 선행행위가 제소기간의 도로 다툴 수 없는 경우에도 하자의 승계를 인정하면 소송을 통한 구제가 가능하므로 국민의 권리를 보호하고 구제하는 범위가 넓어지게 된다.
③ (O) ④ (O) 선행행위와 후행행위가 서로 독립하여 별개의 법률효과를 목적으로 하는 경우에는 원칙적으로 하자의 승계가 인정되지 않지만 그로 인한 불이익이 수인한도를 넘는 가혹함을 가져오고 그 결과가 예측 가능한 것이 아닌 때에는 선행행위의 후행행위에 대한 구속력이 인정되지 않으므로 하자의 승계를 인정할 수 있다. (대판 1994.1.25. 93누8542)

**정답** ①

---

**기출지문 OX**

**01** 하자의 승계가 인정되기 위해서는 선행행위와 후행행위에 모두 불가쟁력이 발생한 경우이어야 한다. [16 교행]  (O, X)
**해설** 하자승계를 논의하기 위한 전제는 선행정작용이나 후행정작용이나 모두 처분이어야 하고, 선행정처분에는 취소사유에 해당하는 하자가 있고, 후행정처분에는 하자가 없어야 한다. 또한 선행정처분에는 불가쟁력이 발생해서 더 이상 다툴 수 없는 상태여야 하지만 후행정행위에는 불가쟁력이 발생하지 않아야 한다.
**정답** X

**02** 하자의 승계가 인정되기 위해서는 선행행위와 후행행위가 모두 항고소송의 대상이 되는 처분이어야 한다. [16 교행]  (O, X)
**정답** O

## 032  행정행위의 하자승계론에서 구속력설(규준력설)의 입장에 대한 설명으로 옳지 않은 것은? 15 국가7급

① 선행행위의 사실적·법적 상태가 유지되는 한도에서 선행행위의 구속력은 인정된다.
② 선행행위의 상대방과 후행행위의 상대방이 일치하는 경우에 선행행위의 구속력은 인정된다.
③ 선행행위와 후행행위의 목적 및 법효과가 동일한 경우에 선행행위의 구속력은 인정된다.
④ 선행행위의 구속력의 법적 결과를 예측할 수 없거나 수인이 불가능한 경우에 선행행위의 구속력은 인정된다.

> **해설**
> ① (O) ② (O) ③ (O) ④ (X) 선행행위가 후행행위를 구속한다는 말은 하자의 승계가 안 된다는 것을 의미한다. 반대로 선행행위가 후행행위를 구속하지 못한다는 말은 하자의 승계가 인정된다는 것을 의미한다. 판례는 원칙적으로 선행행위와 후행행위가 하나의 목적을 추구하는 경우에 하자의 승계를 인정하지만, 예외적으로 하나의 목적을 추구하지 않는 경우에도 예측가능성이 없고 수인한도를 초과하는 권리 침해가 있을 때는 하자의 승계를 인정한다(규준력설의 입장).
>
> **정답** ④

---

### 💬 비교판례

**서로 독립하여 별개의 효과를 목적으로 하는 경우의 하자승계**

**01** [1] 선행처분과 후행처분이 서로 독립하여 별개의 효과를 목적으로 하는 경우에도 선행처분의 불가쟁력이나 구속력이 그로 인하여 불이익을 입게 되는 자에게 수인한도를 넘는 가혹함을 가져오며, 그 결과가 당사자에게 예측가능한 것이 아닌 경우에는 국민의 재판받을 권리를 보장하고 있는 헌법의 이념에 비추어 선행처분의 후행처분에 대한 구속력은 인정될 수 없다.
[2] 과세처분 등 행정처분의 취소를 구하는 행정소송에서 선행처분인 개별공시지가결정의 위법을 독립된 위법사유로 주장할 수 있다. 개별공시지가결정에 위법이 있는 경우에는 그 자체를 행정소송의 대상이 되는 행정처분으로 보아 그 위법 여부를 다툴 수 있음은 물론 이를 기초로 한 과세처분 등 행정처분의 취소를 구하는 행정소송에서도 선행처분인 개별공시지가결정의 위법을 독립된 위법사유로 주장할 수 있다고 해석함이 타당하다. (대판 1994.1.25. 93누8542)

**02** 수용보상금의 증액을 구하는 소송에서 선행처분으로서 그 수용대상 토지 가격 산정의 기초가 된 비교표준지공시지가결정의 위법을 독립한 사유로 주장할 수 있다.
위법한 표준지공시지가결정에 대하여 그 정해진 시정절차를 통하여 시정하도록 요구하지 않았다는 이유로 위법한 표준지공시지가를 기초로 한 수용재결 등 후행 행정처분에서 표준지공시지가결정의 위법을 주장할 수 없도록 하는 것은 수인한 도를 넘는 불이익을 강요하는 것으로서 국민의 재산권과 재판받을 권리를 보장한 헌법의 이념에도 부합하는 것이 아니다. 따라서 표준지공시지가결정이 위법한 경우에는 그 자체를 행정소송의 대상이 되는 행정처분으로 보아 그 위법 여부를 다툴 수 있음은 물론, 수용보상금의 증액을 구하는 소송에서도 선행처분으로서 그 수용대상 토지가격 산정의 기초가 된 비교표준지공시지가결정의 위법을 독립한 사유로 주장할 수 있다. (대판 2008.8.21. 2007두13845)

**03** 甲을 친일반민족행위자로 결정한 친일반민족행위진상규명위원회의 최종발표(선행처분)에 따라 지방보훈지청장이 독립유공자예우에 관한 법률 적용대상자로 보상금 등의 예우를 받던 甲의 유족 乙 등에 대하여 독립유공자예우에 관한 법률 적용배제자결정(후행처분)을 한 경우, 선행처분의 후행처분에 대한 구속력을 인정할 수 없어 선행처분의 위법을 이유로 후행처분의 효력을 다툴 수 있음에도 이와 달리 본 원심판결에 법리를 오해한 위법이 있다. (대판 2013.3.14. 2012두6964)

> **기출지문 OX**
> 
> **01** 도시계획결정과 수용재결처분 사이에는 하자의 승계가 인정된다. [15 경행] (O, X)
> 해설 도시계획결정과 수용재결처분 사이에는 하자의 승계가 인정되지 않는다.  정답 X
> 
> **01** 개별공시지가결정과 이에 근거한 개발부담금 부과처분 사이에는 하자의 승계가 인정된다. [15 서울9급] (O, X)
> 해설 선행처분인 개별공시지가결정이 위법하면 그에 기초한 개발부담금 부과처분도 위법하게 된다. (대판 2001.6.26. 99두11592)  정답 O
> 
> **03** 신고납세방식의 취득세의 신고행위와 징수처분 사이에는 하자의 승계가 인정된다. [15 서울9급] (O, X)
> 해설 신고납세방식을 채택하고 있는 취득세에 있어서 과세관청이 납세의무자의 신고에 의하여 취득세의 납세의무가 확정된 것으로 보고 그 이행을 명하는 징수처분으로 나아간 경우, 납세의무자의 신고행위에 하자가 존재하더라도 그 하자가 당연무효 사유에 해당하지 않는 한 그 하자가 후행처분인 징수처분에 그대로 승계되지는 않는다. (대판 2006.9.8. 2005두14394)  정답 X

## 033 행정행위의 흠(하자)의 승계에 관한 설명으로 옳지 않은 것은? 09 국회9급

① 선행행위도 행정행위이고 후행행위도 행정행위이면서 그 행위들이 연속하여 단계적으로 행하여지는 경우에 흠의 승계가 문제된다.

② 흠의 승계 문제는 국가배상소송에서는 발생하지 않는다.

③ 다수설에 따르면 두 행정행위가 별개의 법적 효과의 발생을 목적으로 하는 것인 경우에는 선행 행정행위의 흠이 후행 행정행위에 승계되지 않는다.

④ 판례 또한 선행 행정행위와 후행 행정행위가 하나의 법적 효과의 완성을 목적으로 하는가, 별개의 법적 효과의 발생을 목적으로 하는가라는 단일한 기준에 의하여 흠의 승계 여부를 판단한다.

⑤ 판례는 건물철거명령과 대집행계고처분 사이에는 흠의 승계를 인정하지 않는다.

**해설**

① (O) 둘 이상의 행정행위가 연속으로 이루어지는 경우, 불가쟁력이 발생한 선행행위에 하자가 있으면 후행행위에는 하자가 없더라도, 그 선행행위의 하자를 이유로 후행행위의 효력을 다툴 수 있는지의 문제가 하자의 승계에 관한 문제이다.

② (O) 국가배상법상 국가의 배상책임은 공무원의 가해행위시의 불법(행위불법)을 문제삼는 것이지, 행위의 결과의 불법(결과불법)을 문제삼는 것은 아니기 때문이다.

③ (O) 전통적 입장인 다수설의 내용이다.

④ (X) 판례는 선행행위와 후행행위가 별개의 법률효과를 목적으로 하는 경우에도 형식적 기준 이외에 예측가능성과 수인한도의 법리를 보충적 기준으로 하고 있다.

> 두 개 이상의 행정처분이 연속적으로 행하여진 경우 선행처분과 후행처분이 서로 독립하여 별개의 법률효과를 목적으로 하는 때에는 선행처분에 불가쟁력이 생겨 그 효력을 다툴 수 없게 되면 선행처분의 하자가 중대하고 명백하여 당연무효인 경우를 제외하고는 선행처분의 하자를 이유로 후행처분을 다툴 수 없는 것이 원칙이나, 이 경우에도 선행처분의 불가쟁력이나 구속력이 그로 인하여 불이익을 입게 되는 자에게 수인한도를 넘는 가혹함을 가져오고 그 결과가 당사자에게 예측가능한 것이 아닌 경우에는 국민의 재판받을 권리를 보장하고 있는 헌법의 이념에 비추어 선행처분의 후행처분에 대한 구속력은 인정될 수 없다고 봄이 타당하므로, 선행처분에 위법이 있는 경우에는 그 자체를 행정소송의 대상으로 삼아 위법 여부를 다툴 수 있음은 물론 이를 기초로 한 후행처분의 취소를 구하는 행정소송에서도 선행처분의 위법을 독립된 위법사유로 주장할 수 있다. (대판 1998.3.13. 96누6059)

⑤ (O) 건물철거명령이 당연무효가 아닌 이상 행정심판이나 소송을 제기하여 그 위법함을 소구하는 절차를 거치지 아니하였다면 위 선행행위인 건물철거명령은 적법한 것으로 확정되었다고 할 것이므로 후행행위인 대집행계고처분에서는 그 건물이 무허가건물이 아닌 적법한 건축물이라는 주장이나 그러한 사실인정을 하지 못한다. (대판 1998.9.8. 97누20502)

정답 ④

## 034 다음 사례에 관한 설명으로 옳은 것은?

08 국가9급

> A는 본인 소유의 토지를 乙에게 매도하였고, 관할 세무서장은 위 토지의 양도 당시의 기준시가로서 이 토지의 개별공시지가를 기준으로 양도소득세를 부과하였다. 그런데 양도소득세가 지나치게 많다고 생각한 A는 개별공시지가결정이 있은 지 1년 넘게 지나고 나서야 개별공시지가에 대하여 이의가 있으면 개별공시지가의 결정·공시일부터 30일 이내에 이의를 신청할 수 있었다는 사실과 이 개별공시지가가 자신의 토지에 대하여는 잘못된 사실판단으로 인하여 지나치게 높게 결정되었다는 사실을 알게 되었다.

① A는 개별공시지가결정을 대상으로 취소소송을 제기하여 이를 다투면 된다.
② 개별공시지가결정이 무효라 하더라도 A는 개별공시지가결정이 잘못되었음을 이유로 양도소득세 부과처분의 위법을 주장할 수 없다.
③ 개별공시지가의 결정과 이를 기초로 한 과세처분은 동일한 목적을 달성하기 위하여 일련의 절차로 연속하여 행하여지는 것으로서 양 행위는 서로 결합된 처분이라고 보는 것이 다수설의 입장이다.
④ 대법원은 관계인에게 수인한도를 넘어 불이익을 강요하는 경우에는 과세처분의 위법사유로서 개별공시지가결정의 위법을 주장할 수 있다고 판시한 바 있다.

**해설**
① (×) 개별공시지가 결정은 불가쟁력이 발생하였으므로 이를 대상으로 취소소송을 제기할 수 없다.
② (×) 선행행위가 무효라면 선행행위의 하자는 후행행위에 승계되므로 개별공시지가결정이 무효라면 A는 개별공시지가결정이 잘못되었음을 이유로 양도소득세 부과처분의 위법을 주장할 수 있다.
③ (×) ④ (○) 판례는 개별공시지가결정이 이를 기초로 한 과세처분 등과는 별개의 독립된 처분으로서 서로 독립하여 별개의 법률효과를 목적으로 하는 것이나, 예측가능성과 수인가능성이 없는 경우 과세처분 등 행정처분의 취소를 구하는 행정소송에서 선행처분인 개별공시지가결정의 위법을 독립된 위법사유로 주장할 수 있다고 본다.

> 개별공시지가결정은 이를 기초로 한 과세처분 등과는 별개의 독립된 처분으로서 서로 독립하여 별개의 법률효과를 목적으로 하는 것이나, 위법한 개별공시지가결정에 대하여 그 정해진 시정절차를 통하여 시정하도록 요구하지 아니하였다는 이유로 위법한 개별공시지가를 기초로 한 과세처분 등 후행 행정처분에서 개별공시지가결정의 위법을 주장할 수 없도록 하는 것은 수인한도를 넘는 불이익을 강요하는 것으로서 국민의 재산권과 재판받을 권리를 보장한 헌법의 이념에도 부합하는 것이 아니라고 할 것이므로, 개별공시지가결정에 위법이 있는 경우에는 그 자체를 행정소송의 대상이 되는 행정처분으로 보아 그 위법 여부를 다툴 수 있음은 물론 이를 기초로 한 과세처분 등 행정처분의 취소를 구하는 행정소송에서도 선행처분인 개별공시지가결정의 위법을 독립된 위법사유로 주장할 수 있다고 해석함이 타당하다. (대판 1994.1.25. 93누8542)

**정답** ④

# CHAPTER 08 행정행위의 취소 및 철회

## 제1절 행정행위의 취소

**취소의 취소**
1. 침익적 원처분(조세 부과) → 취소 → 취소를 다시 취소(불가)
2. 수익적 원처분(이사 임명) → 취소 → 취소를 다시 취소(가능)

**001** 행정행위의 취소와 철회에 대한 설명으로 옳지 않은 것은? <sub>23 국가9급</sub>

① 「행정기본법」은 직권취소나 철회의 일반적 근거규정을 두고 있고, 직권취소나 철회는 개별법률의 근거가 없어도 가능하다.
② 행정행위의 철회사유는 행정행위가 성립되기 이전에 발생한 것으로서 행정행위의 효력을 존속시킬 수 없는 사유를 말한다.
③ 수익적 처분이 상대방의 허위 기타 부정한 방법으로 인하여 행하여졌다면 상대방은 그 처분이 그와 같은 사유로 인하여 취소될 것임을 예상할 수 있으므로, 이러한 경우까지 상대방의 신뢰를 보호하여야 하는 것은 아니다.
④ 수익적 행정처분을 직권취소할 때에는 이를 취소하여야 할 중대한 공익상 필요와 취소로 인하여 처분상대방이 입게 될 기득권과 법적 안정성에 대한 침해 정도 등 불이익을 비교·교량한 후 공익상 필요가 처분상대방이 입을 불이익을 정당화할 만큼 강한 경우에 한하여 취소할 수 있다.

**해설**
① (○)
② (×) 철회사유는 행정행위 성립 이후의 사유를 대상으로 한다.
③ (○) 신뢰보호는 고의나 과실이 없어야 한다.
④ (○) 대판 2020.7.23. 2019두31839

**정답** ②

## 002 행정처분의 취소와 철회에 관한 설명으로 옳지 않은 것은?(다툼이 있는 경우 판례에 의함) 23 소방

① 행정청은 부당한 처분의 전부나 일부를 소급하여 취소할 수 있다.
② 행정청은 인허가 등을 취소하는 처분을 할 때는 원칙적으로 청문을 하여야 한다.
③ 행정청은 당사자에게 권리나 이익을 부여하는 처분을 취소하려는 경우, 당사자가 중대한 과실로 처분의 위법성을 알지 못하면 취소로 인하여 입게 될 불이익을 취소로 달성되는 공익과 비교·형량하여야 한다.
④ 행정청은 중대한 공익을 위하여 필요한 경우 적법한 처분의 전부 또는 일부를 장래를 향하여 철회할 수 있다.

### 해설
① (○) ③ (×)

> **행정기본법 제18조(위법 또는 부당한 처분의 취소)**
> ① 행정청은 위법 또는 부당한 처분의 전부나 일부를 소급하여 취소할 수 있다. 다만, 당사자의 신뢰를 보호할 가치가 있는 등 정당한 사유가 있는 경우에는 장래를 향하여 취소할 수 있다.
> ② 행정청은 제1항에 따라 당사자에게 권리나 이익을 부여하는 처분을 취소하려는 경우에는 취소로 인하여 당사자가 입게 될 불이익을 취소로 달성되는 공익과 비교·형량하여야 한다. 다만, 다음 각 호의 어느 하나에 해당하는 경우에는 그러하지 아니하다.
>  1. 거짓이나 그 밖의 부정한 방법으로 처분을 받은 경우
>  2. 당사자가 처분의 위법성을 알고 있었거나 중대한 과실로 알지 못한 경우

② (○)

> **행정절차법 제22조(의견청취)**
> ① 행정청이 처분을 할 때 다음 각 호의 어느 하나에 해당하는 경우에는 청문을 한다.
>  1. 다른 법령 등에서 청문을 하도록 규정하고 있는 경우
>  2. 행정청이 필요하다고 인정하는 경우
>  3. 다음 각 목의 처분을 하는 경우
>   가. 인허가 등의 취소
>   나. 신분·자격의 박탈
>   다. 법인이나 조합 등의 설립허가의 취소

④ (○)

> **행정기본법 제19조(적법한 처분의 철회)**
> ① 행정청은 적법한 처분이 다음 각 호의 어느 하나에 해당하는 경우에는 그 처분의 전부 또는 일부를 장래를 향하여 철회할 수 있다.
>  1. 법률에서 정한 철회사유에 해당하게 된 경우
>  2. 법령 등의 변경이나 사정변경으로 처분을 더 이상 존속시킬 필요가 없게 된 경우
>  3. 중대한 공익을 위하여 필요한 경우
> ② 행정청은 제1항에 따라 처분을 철회하려는 경우에는 철회로 인하여 당사자가 입게 될 불이익을 철회로 달성되는 공익과 비교·형량하여야 한다.

정답 ③

**003** 행정행위의 취소와 철회에 대한 설명으로 옳지 않은 것은? (다툼이 있는 경우 판례에 의함) 22 소방

① 과세관청은 과세처분의 취소를 다시 취소함으로써 이미 효력을 상실한 원부과처분을 소생시킬 수 없다.

② 구 「영유아보육법」상 어린이집 평가인증의 취소는 철회에 해당하므로, 평가인증의 효력을 과거로 소급하여 상실시키기 위해서는 특별한 사정이 없는 한 별도의 법적 근거가 필요하다.

③ 행정처분을 한 행정청은 처분의 성립에 하자가 있는 경우라도 별도의 법적 근거가 없으면 직권으로 이를 취소할 수 없다.

④ 세무조사가 과세자료의 수집 또는 신고 내용의 정확성 검증이라는 본연의 목적이 아니라 부정한 목적을 위하여 행하여진 것이라면 이는 세무조사에 중대한 위법사유가 있는 경우에 해당하고, 이러한 세무조사에 의하여 수집된 과세자료를 기초로 한 과세처분 역시 위법하다.

**해설**

① (○) 불이익처분은 취소의 취소가 안 되고, 수익적 처분은 취소의 취소가 된다. (대판 1995.3.10. 94누7027)
② (○) 철회는 법적 근거 없이 가능하지만 철회에 소급효를 인정하려면 별도의 법적 근거가 있어야 한다. (대판 2018.6.28. 2015두58195)
③ (×) 행정처분을 한 처분청은 처분의 성립에 하자가 있는 경우 별도의 법적 근거가 없더라도 직권으로 이를 취소할 수 있다고 봄이 원칙이므로, 국민연금법이 정한 수급요건을 갖추지 못하였음에도 연금 지급결정이 이루어진 경우에는 이미 지급된 급여 부분에 대한 환수처분과 별도로 지급결정을 취소할 수 있다. (대판 2017.3.30. 2015두43971)
④ (○) 대판 2016.12.15. 2016두47659

정답 ③

---

**004** 자영업에 종사하는 甲은 일정 요건의 자영업자에게는 보조금을 지급하도록 한 법령에 근거하여 관할 행정청에 보조금 지급을 신청하였으나 1차 거부되었고, 이후 다시 동일한 보조금을 신청하였다. 이에 대한 설명으로 옳은 것은? (다툼이 있는 경우 판례에 의함) 20 서울·지방7급

① 관할 행정청이 다시 2차의 거부처분을 하더라도 甲은 2차 거부처분에 대해서는 취소소송으로 다툴 수 없다.

② 甲이 보조금을 우편으로 신청한 경우, 특별한 규정이 없다면 신청서를 발송한 때에 신청의 효력이 발생한다.

③ 명문으로 금지되거나 성질상 불가능한 경우가 아닌 한, 甲은 신청에 대한 관할 행정청의 처분이 있기 전까지 신청의 내용을 변경할 수 있다.

④ 甲의 신청에 형식적 요건의 하자가 있었다면 그 하자의 보완이 가능함에도 보완을 요구하지 않고 바로 거부하였다고 하여 그 거부가 위법한 것은 아니다.

해설

① (✕) 거부의 경우에는 1차 거부와 별도로 2차·3차 거부도 처분성이 인정된다.
② (✕) 우편은 도달하였을 때 효력이 발생한다.
③ (○) 일반적으로 신청은 수리가 있기 전까지는 철회가 가능하다.
④ (✕) 보완이 가능하면 보완을 요구하여야 한다.

> **보완이 가능함에도 보완을 요구하지 아니한 채 곧바로 건축허가신청을 거부한 것은 재량권의 범위를 벗어난 것이다.**
> 건축불허가처분을 하면서 그 사유의 하나로 소방시설과 관련된 소방서장의 건축부동의 의견을 들고 있으나 그 보완이 가능한 경우, 보완을 요구하지 아니한 채 곧바로 건축허가신청을 거부한 것은 재량권의 범위를 벗어난 것이다. (대판 2004.10.15. 2003두6573)

정답 ③

## 005 행정행위의 취소에 대한 설명으로 옳은 것만을 모두 고르면? (다툼이 있는 경우 판례에 의함)

19 지방9급

ㄱ. 「산업재해보상보험법」상 각종 보험급여 등의 지급결정을 변경 또는 취소하는 처분과 처분에 터 잡아 잘못 지급된 보험급여액에 해당하는 금액을 징수하는 처분이 적법한지를 판단하는 경우, 지급결정을 변경 또는 취소하는 처분이 적법하다면 그에 터 잡은 징수처분도 적법하다고 판단해야 한다.
ㄴ. 권한 없는 행정기관이 한 당연무효인 행정처분을 취소할 수 있는 권한은 당해 행정처분을 한 처분청에게 속하고, 당해 행정처분을 할 수 있는 적법한 권한을 가지는 행정청에게 그 취소권이 귀속되는 것이 아니다.
ㄷ. 수익적 처분이 상대방의 허위 기타 부정한 방법으로 인하여 행하여졌다면 상대방은 그 처분이 그와 같은 사유로 인하여 취소될 것임을 예상할 수 없었다고 할 수 없으므로, 이러한 경우에까지 상대방의 신뢰를 보호하여야 하는 것은 아니다.

① ㄱ, ㄴ
② ㄱ, ㄷ
③ ㄴ, ㄷ
④ ㄱ, ㄴ, ㄷ

해설

ㄱ. (✕) 산업재해보상보험법 제84조 제1항 제3호에 따라 보험급여를 받은 당사자로부터 잘못 지급된 보험급여액에 해당하는 금액을 징수하는 처분을 할 수 있는 경우 및 산업재해보상보험법상 보험급여 지급결정이 적법하게 취소되었다고 하여 그에 터 잡은 징수처분도 반드시 적법하다고 판단해야 하는 것은 아니다. (대판 2017.6.29. 2014두39012)
ㄴ. (○) 대판 1984.10.10. 84누463
ㄷ. (○) 수익적 처분이 있으면 상대방은 그것을 기초로 하여 새로운 법률관계 등을 형성하게 되는 것이므로, 이러한 상대방의 신뢰를 보호하기 위하여 수익적 처분의 취소에는 일정한 제한이 따르는 것이나, 수익적 처분이 상대방의 허위 기타 부정한 방법으로 인하여 행하여졌다면 상대방은 그 처분이 그와 같은 사유로 인하여 취소될 것임을 예상할 수 없었다고 할 수 없으므로, 이러한 경우에까지 상대방의 신뢰를 보호하여야 하는 것은 아니라고 할 것이다. (대판 1995.1.20. 94누6529)

정답 ③

**006** 甲은 「영유아보육법」에 따라 보건복지부장관의 평가인증을 받아 어린이집을 설치·운영하고 있다. 甲은 어린이집을 운영하면서 부정한 방법으로 보조금을 교부받아 사용하였고, 보건복지부장관은 이를 근거로 관련 법령에 따라 평가인증을 취소하였다. 이에 대한 설명으로 옳은 것은? (다툼이 있는 경우 판례에 의함)

19 국가9급

① 평가인증의 취소는 강학상 취소에 해당하며, 행정청이 평가인증취소처분을 하면서 별도의 법적 근거 없이도 평가인증의 효력을 취소사유 발생일로 소급하여 상실시킬 수 있다.

② 평가인증의 취소는 강학상 철회에 해당하며, 행정청이 평가인증취소처분을 하면서 별도의 법적 근거 없이는 평가인증의 효력을 취소사유 발생일로 소급하여 상실시킬 수 없다.

③ 평가인증의 취소는 강학상 취소에 해당하며, 행정청이 평가인증취소처분을 하면서 별도의 법적 근거 없이는 평가인증의 효력을 취소사유 발생일로 소급하여 상실시킬 수 없다.

④ 평가인증의 취소는 강학상 철회에 해당하며, 행정청이 평가인증취소처분을 하면서 별도의 법적 근거 없이도 평가인증의 효력을 취소사유 발생일로 소급하여 상실시킬 수 있다.

해설

① (×) ② (○) ③ (×) ④ (×) 영유아보육법 제30조 제5항 제3호에 따른 평가인증의 취소는 평가인증 당시에 존재하였던 하자가 아니라 그 이후에 새로이 발생한 사유로 평가인증의 효력을 소멸시키는 경우에 해당하므로, 법적 성격은 평가인증의 '철회'에 해당한다. 그런데 행정청이 평가인증을 철회하면서 그 효력을 철회의 효력발생일 이전으로 소급하게 하면, 철회 이전의 기간에 평가인증을 전제로 지급한 보조금 등의 지원이 그 근거를 상실하게 되어 이를 반환하여야 하는 법적 불이익이 발생한다. 이는 장래를 향하여 효력을 소멸시키는 철회가 예정한 법적 불이익의 범위를 벗어나는 것이다. 이처럼 행정청이 평가인증이 이루어진 이후에 새로이 발생한 사유를 들어 영유아보육법 제30조 제5항에 따라 평가인증을 철회하는 처분을 하면서도, 평가인증의 효력을 과거로 소급하여 상실시키기 위해서는, 특별한 사정이 없는 한 영유아보육법 제30조 제5항과는 별도의 법적 근거가 필요하다. (대판 2018.6.28. 2015두58195)

참고 취소의 경우에는 소급효가 인정된다.

정답 ②

## 007 행정행위의 직권취소에 대한 설명으로 옳은 것은? (다툼이 있는 경우 판례에 의함)

[19 국가7급]

① 법률에서 직권취소에 대한 근거를 두고 있는 경우에는 이해관계인이 처분청에 대하여 위법을 이유로 행정행위의 취소를 요구할 신청권을 갖는다고 보아야 한다.
② 행정행위를 한 행정청은 그 행정행위에 하자가 있는 경우에는 원칙적으로 별도의 법적 근거가 없더라도 스스로 그 행정 행위를 직권으로 취소할 수 있다.
③ 직권취소는 행정행위의 성립상의 하자를 이유로 하는 것이므로, 개별법에 특별한 규정이 없는 한 「행정절차법」에 따른 절차규정이 적용되지 않는다.
④ 행정행위의 위법 여부에 대하여 취소소송이 이미 진행 중인 경우 처분청은 위법을 이유로 그 행정행위를 직권취소할 수 없다.

**해설**

① (×) 직권취소는 행정청의 권한이므로 직권취소가 가능하다고 해서 국민에게 행정행위의 취소를 요구할 신청권이 인정되는 것은 아니다.
② (○) 행정행위의 취소와 철회는 법적 근거 없이 가능하다.
③ (×) 직권취소는 침익적 효과를 가져오므로 행정절차법에 따른 절차규정(예 청문)의 규정이 적용된다.
④ (×) 변상금 부과처분에 대한 취소소송이 진행 중이라도 그 부과권자로서는 위법한 처분을 스스로 취소하고 그 하자를 보완하여 다시 적법한 부과처분을 할 수도 있다. (대판 2006.2.10. 2003두5686)

**정답** ②

---

**기출지문 OX**

**01** 행정청이 의료법인의 이사에 대한 이사취임승인취소처분을 직권으로 취소한 경우에는 이사가 소급하여 이사의 지위를 회복하게 된다. [14 서울7급] (○, ×)

**해설** 행정처분이 취소되면 그 소급효에 의하여 처음부터 그 처분이 없었던 것과 같은 효과를 발생하게 되는바, 행정청이 의료법인의 이사에 대한 이사취임승인취소처분(제1처분)을 직권으로 취소(제2처분)한 경우에는 그로 인하여 이사가 소급하여 이사로서의 지위를 회복하게 되고, 그 결과 위 제1처분과 제2처분 사이에 법원에 의하여 선임결정된 임시이사들의 지위는 법원의 해임결정이 없더라도 당연히 소멸된다. (대판 1997.1.21. 96누3401)

**정답** ○

**02** 광업권취소처분 후 광업권 설정의 선출원이 있는 경우에도 취소처분을 취소하여 광업권을 복구시키는 조처는 적법하다. [14 서울7급] (○, ×)

**해설** 구 광업법 제36조 제1호에 의한 광업권설정의 선출원이 있는 경우에 다시 그 취소처분을 취소함은 위법이다. (대판 1967.10.23. 67누126)

**정답** ×

---

**예상판례**

도시관리계획 입안권자인 시장·군수에 의하여 주민의견청취절차를 거쳐 도시관리계획안이 도지사에게 신청된 이후 그 결정과정에서 계획안이 변경되는 경우에 다시 주민의견청취절차를 거쳐야 한다.

도지사가 도시관리계획의 결정과정에서 신청받은 도시관리계획안의 중요한 사항을 변경하는 것은 그 범위에서 시장 또는 군수에 의하여 신청된 도시관리계획안을 배제하고 도지사가 직접 도시관리계획안을 입안하는 것과 다르지 아니하다. 그러므로 도지사가 관계 행정기관의 협의 등을 반영하여 신청받은 당초의 도시관리계획안을 변경하고자 하는 경우 그 내용이 해당 시 또는 군의 도시계획조례가 정하는 중요한 사항인 때에는 다른 특별한 사정이 없는 한 법 제28조 제2항, 시행령 제22조 제5항을 준용하여 그 내용을 관계 시장 또는 군수에게 송부하여 주민의 의견을 청취하는 절차를 거쳐야 한다고 봄이 타당하다. (대판 2015.1.29. 2012두11164)

## 제2절 행정행위의 철회

**기출지문 OX**

**01** 수익적 행정처분의 경우 상대방의 신뢰보호와 관련하여 직권취소가 제한되나 그 필요성에 대한 입증책임은 기존 이익과 권리를 침해하는 처분을 한 행정청에 있다. [18 서울7급 3월]  (O, ×)
정답 O

**02** 명문규정을 불문하고 처분청과 감독청은 철회권을 가진다. [18 서울7급 3월]  (O, ×)
해설 감독청은 별도의 규정이 없는 한 철회권이 인정되지 않는다.
정답 ×

**03** 한 사람이 여러 종류의 자동차운전면허를 취득하는 경우뿐 아니라 이를 취소 또는 정지함에 있어서도 서로 별개의 것으로 취급하는 것이 원칙이다. [18 서울9급]  (O, ×)
해설 다만, 관련성 있는 운전면허는 취소가 가능하다.
정답 O

**04** 수익적 행정행위의 철회는 법령에 명시적인 규정이 있거나 행정행위의 부관으로 그 철회권이 유보되어 있는 경우, 또는 원래의 행정행위를 존속시킬 필요가 없게 된 사정변경이 생겼거나 또는 중대한 공익상 필요가 발생한 경우 등의 예외적인 경우에만 허용된다. [18 서울9급]  (O, ×)
정답 O

**05** 철회 자체가 행정행위의 성질을 가지는 것은 아니어서 「행정절차법」상 처분절차를 적용하여야 하는 것은 아니나, 신뢰보호원칙이나 비례원칙과 같은 행정법의 일반원칙은 준수해야 한다. [18 서울9급]  (O, ×)
해설 취소나 철회는 그 자체가 처분성은 가지는 행정행위이다. 또한 침익적 행위이므로 행정절차법상 처분절차를 적용해야 한다.
정답 ×

---

**008** 다음 중 행정행위의 철회가 아닌 것은?   10 서울9급

① 허위사실 기재에 의한 공무원임용취소
② 음주운전으로 인한 운전면허취소
③ 불법영업 때문에 영업허가취소
④ 중요한 공익상 필요로 인한 도로점용허가취소
⑤ 도로확장으로 인한 주유소영업허가취소

해설
① (×) 허위사실 기재가 공무원의 결격사유에 해당한다면 그에 대한 공무원임용취소는 무효확인에 해당한다.
② (O) ③ (O) 행정행위 성립 이후 상대방의 의무 위반이 있는 경우이므로 철회에 해당한다.
④ (O) 중요한 공익상의 필요에 의한 경우로서 철회에 해당한다.
⑤ (O) 사실관계의 변화에 따른 사정변경이 있는 경우로서 철회에 해당한다.

정답 ①

# CHAPTER 09 확약과 행정계획

## 제1절 행정상의 확약

### 01 확약

**행정절차법 제40조의2(확약)**
① 법령 등에서 당사자가 신청할 수 있는 처분을 규정하고 있는 경우 행정청은 당사자의 신청에 따라 장래에 어떤 처분을 하거나 하지 아니할 것을 내용으로 하는 의사표시(이하 '확약'이라 한다)를 할 수 있다.
② 확약은 문서로 하여야 한다.
③ 행정청은 다른 행정청과의 협의 등의 절차를 거쳐야 하는 처분에 대하여 확약을 하려는 경우에는 확약을 하기 전에 그 절차를 거쳐야 한다.
④ 행정청은 다음 각 호의 어느 하나에 해당하는 경우에는 확약에 기속되지 아니한다.
   1. 확약을 한 후에 확약의 내용을 이행할 수 없을 정도로 법령 등이나 사정이 변경된 경우
   2. 확약이 위법한 경우
⑤ 행정청은 확약이 제4항 각 호의 어느 하나에 해당하여 확약을 이행할 수 없는 경우에는 지체 없이 당사자에게 그 사실을 통지하여야 한다.

---

**001** 행정청의 확약에 대한 설명으로 옳은 것은? (다툼이 있는 경우 판례에 의함)    18 국가9급

① 행정청의 확약은 위법하더라도 중대명백한 하자가 있어 당연무효가 아닌 한 취소되기 전까지는 유효한 것으로 통용된다.
② 재량행위에 대해 상대방에게 확약을 하려면 확약에 대한 법적 근거가 있어야 한다.
③ 행정청이 상대방에게 확약을 한 후에 사실적·법률적 상태가 변경되었다면 확약은 행정청의 별다른 의사표시가 없더라도 실효된다.
④ 행정청의 확약에 대해 법률상 이익이 있는 제3자는 확약에 대해 취소소송으로 다툴 수 있다.

**해설**
① (×) 확약은 행정행위가 아니므로, 공정력이 인정되지 않는다. 그래서 하자가 있는 경우에는 유효가 아니면 무효가 되고 취소는 인정되지 않는다.
② (×) 행정청이 확약을 할 수 있다는 명문규정이 없는 경우에도 확약을 할 수 있는지에 대해 견해의 대립이 있지만, 본처분권한 포함설(다수설)에 의하면 법적 근거 없이 가능하다고 본다.
③ (○) 행정청이 상대방에게 장차 어떤 처분을 하겠다고 확약 또는 공적 견해표명을 하였다고 하더라도, 그 자체에서 둔 유효기간 내에 상대방의 신청이 없었다거나 공적 견해표명 후에 그 전제로 된 사실적·법률적 상태가 변경되었다면 그러한 견해표명은 행정청의 별다른 의사표시를 기다리지 않고 실효된다. (대판 1996.8.20. 95누10877)
④ (×) 확약은 처분성이 부정되므로 취소소송의 대상이 되지 않는다. 따라서 행정청의 확약에 대해 이해관계가 있는 제3자라도 취소소송으로 다툴 수 없다.

**정답** ③

> **기출지문 OX**
>
> **01** 판례는 어업권면허에 선행하는 우선순위결정의 처분성을 인정하고 있다. [16 서울9급] (O, ×)
>
> **해설** 어업권면허에 선행하는 우선순위결정은 강학상 확약에 불과하고 행정처분은 아니다. 따라서 우선순위결정이 잘못되었다는 이유로 종전의 어업권면허처분이 취소되면 행정청은 종전의 우선순위결정을 무시하고 다시 우선순위를 결정한 다음 새로운 우선순위결정에 기하여 새로운 어업권면허를 할 수 있다. (대판 1995.1.20. 94누6529) **정답** ×
>
> **02** 확약을 행한 행정청은 확약의 내용인 행위를 하여야 할 자기구속적 의무를 지며, 상대방은 행정청에 그 이행을 청구할 권리를 갖게 된다. [16 서울9급] (O, ×)
>
> **해설** 확약에 대한 이론적 개념이다. **정답** O

## 02 확약의 구별개념·다단계 행정결정

**002** 다단계행정결정에 대한 설명으로 옳지 않은 것은? (다툼이 있는 경우 판례에 의함) <sub>22 국가9급</sub>

① 「공유재산 및 물품 관리법」에 근거하여 공모 제안을 받아 이루어지는 민간투자사업 '우선협상대상자 선정행위'나 '우선협상대상자 지위배제행위'에서 '우선협상대상자 지위배제행위'만이 항고소송의 대상인 처분에 해당한다.

② 구 「원자력법」상 원자로 및 관계 시설의 부지사전승인처분 후 건설허가처분까지 내려진 경우, 선행처분은 후행처분에 흡수되어 건설허가처분만이 행정쟁송의 대상이 된다.

③ 공정거래위원회가 부당한 공동행위를 한 사업자에게 과징금 부과처분을 한 뒤 다시 자진신고 등을 이유로 과징금 감면처분을 한 경우, 선행처분은 후행처분에 흡수되어 소멸하므로 선행처분의 취소를 구하는 소는 부적법하다.

④ 자동차운송사업 양도·양수인가신청에 대하여 행정청이 내인가를 한 후 그 본인가신청이 있음에도 내인가를 취소한 경우, 다시 본인가에 대하여 별도로 인가 여부의 처분을 한다는 사정이 보이지 않는다면 내인가취소는 행정처분에 해당한다.

**해설**

① (×) 지방자치단체의 장이 공유재산 및 물품 관리법에 근거하여 기부채납 및 사용·수익허가방식으로 민간투자사업을 추진하는 과정에서 사업시행자를 지정하기 위한 전 단계에서 공모제안을 받아 일정한 심사를 거쳐 우선협상대상자를 선정하는 행위와 이미 선정된 우선협상대상자를 그 지위에서 배제하는 행위는 민간투자사업의 세부내용에 관한 협상을 거쳐 공유재산 및 물품 관리법에 따른 공유재산의 사용·수익허가를 우선적으로 부여받을 수 있는 지위를 설정하거나 또는 이미 설정한 지위를 박탈하는 조치이므로 모두 항고소송의 대상이 되는 행정처분으로 보아야 한다. (대판 2020.4.29. 2017두31064)

② (O) 원자로 및 관계 시설의 부지사전승인처분은 그 자체로서 건설부지를 확정하고 사전공사를 허용하는 법률효과를 지닌 독립한 행정처분이다. (대판 1998.9.4. 97누19588)

참고) 본허가가 나면 사전승인은 소의 이익이 없게 된다.

③ (O) 자진신고에 의한 과징금 감면이 있었던 경우 선행 부과처분과 후행 감면처분을 나누어 의결한 경우에 취소를 구하여야 할 처분은 후행처분이다.

> 선행처분은 이러한 종국적 처분을 예정하고 있는 일종의 잠정적 처분으로서 후행처분이 있을 경우 선행처분은 후행처분에 흡수되어 소멸한다고 봄이 타당하다. 따라서 위와 같은 경우에 선행처분의 취소를 구하는 소는 이미 효력을 잃은 처분의 취소를 구하는 것으로 부적법하다. (대판 2015.2.12. 2013두987)

④ (O) 자동차운송사업 양도·양수인가신청에 대하여 행정청이 내인가를 한 후 그 본인가신청이 있음에도 내인가를 취소함으로써 다시 본인가에 대하여 따로 인가 여부의 처분을 한다는 사정이 보이지 않는 경우 위 내인가 취소를 인가신청거부처분으로 보아야 한다. (대판 1991.6.28. 90누4402)

정답 ①

## 003

甲은 「폐기물관리법」에 따라 폐기물처리업의 허가를 받기 전에 행정청 乙에게 폐기물처리사업계획서를 작성하여 제출하였고, 乙은 그 사업계획서를 검토하여 적합통보를 하였다. 이에 대한 설명으로 옳지 않은 것은? (다툼이 있는 경우 판례에 의함)    18 국가7급

① 적합통보를 받은 甲은 폐기물처리업의 허가를 받기 전이라도 부분적으로 폐기물처리를 적법하게 할 수 있다.

② 사업계획의 적합 여부는 乙의 재량에 속하고, 사업계획 적합 여부 통보를 위하여 필요한 기준을 정하는 것도 역시 乙의 재량에 속한다.

③ 사업계획서 적합통보가 있는 경우 폐기물처리업의 허가단계에서는 나머지 허가요건만을 심사한다.

④ 甲이 폐기물처리업허가를 받기 위해서는 용도지역을 변경하는 국토이용계획 변경이 선행되어야 할 경우, 甲에게 국토이용계획 변경을 신청할 권리가 인정된다.

해설

① (X) 폐기물처리업의 허가를 받기 전이라면 적정통보만으로는 부분적으로 폐기물처리를 할 수 없다.
② (O) 폐기물처리업의 허가는 재량행위이다.
③ (O)
④ (O) 관계 법령에 따라 일정한 행정처분을 구하는 신청을 할 수 있는 법률상 지위에 있는 자의 국토이용계획 변경신청을 거부하는 것이 실질적으로 당해 행정처분 자체를 거부하는 결과가 되는 경우, 그 신청인에게 국토이용계획 변경을 신청할 권리가 인정된다. (대판 2003.9.23. 2001두10936)

정답 ①

## 004

**다음 중 단계별 행정행위에 관한 판례의 태도로서 가장 옳지 않은 것은?**  17 서울9급

① 폐기물처리업에 대하여 관할 관청의 사전적정통보를 받고 막대한 비용을 들여 허가요건을 갖춘 다음 허가신청을 하였음에도 청소업자의 난립으로 효율적인 청소업무의 수행에 지장이 있다는 이유로 한 불허가처분이 신뢰보호의 원칙에 반하여 재량권을 남용한 위법한 처분이다.

② 폐기물처리업 사업계획에 대하여 적정통보를 한 것만으로 그 사업부지 토지에 대한 국토이용계획 변경신청을 승인하여 주겠다는 취지의 공적인 견해표명을 한 것으로 볼 수 없다.

③ 행정청이 내인가를 한 다음 이를 취소하는 행위는 인가신청을 거부하는 처분으로 보아야 한다.

④ 구 「주택건설촉진법」에 의한 주택건설사업계획 사전결정이 있는 경우 주택건설계획 승인처분은 사전결정에 기속되므로 다시 승인 여부를 결정할 수 없다.

> **해설**
> 
> ① (O) 대판 1998.5.8. 98두4061
> 
> ② (O) 폐기물관리법령에 의한 폐기물처리업 사업계획에 대한 적정통보와 국토이용관리법령에 의한 국토이용계획 변경은 각기 그 제도적 취지와 결정단계에서 고려해야 할 사항들이 다르므로, 폐기물처리업 사업계획에 대하여 적정통보를 한 것만으로 그 사업부지 토지에 대한 국토이용계획 변경신청을 승인하여 주겠다는 취지의 공적인 견해표명을 한 것으로 볼 수 없다. (대판 2005.4.28. 2004두8828)
> 
> ③ (O) 대판 1991.6.28. 90누4402
> 
> ④ (X) 주택건설촉진법 제33조 제1항이 정하는 주택건설사업계획의 승인은 이른바 수익적 행정처분으로서 행정청의 재량행위에 속하고, 따라서 그 전 단계로서 같은 법 제32조의4 제1항이 정하는 주택건설사업계획의 사전결정 역시 재량행위라고 할 것이다. (대판 1998.4.24. 97누1501)

**정답** ④

## 005

**「국가공무원법」 제73조 제1항 제3호에 의하여 징계의결이 요구 중인 자에게 과도기적으로 행하는 직위해제는 다음 중 무엇에 해당하는가?**  05 관세사

① 예비결정  ② 가행정행위
③ 부분승인  ④ 수익적 행위
⑤ 제3자효 있는 행위

> **해설**
> 
> ② (O) 가행정행위는 행정행위의 효력이 잠정적인 것을 말한다. 국가공무원법 제73조 제1항 제3호에 의하여 징계의결이 요구 중인 자에게 행하는 직위해제는 징계 이전의 임시적 조치로서 가행정행위이다. 직위해제와 같은 가행정행위는 개략적 심사에 기초하기 때문에 행정절차법상 사전통지 및 의견청취절가가 적용되지 않는다.

**정답** ②

**006** 다음 내용을 근거로 판단할 때, 폐기물처리사업계획의 적합통보에 대한 설명으로 옳지 않은 것은?

15 국가7급

> 폐기물관리법 제25조(폐기물처리업)
> ① 폐기물의 수집·운반, 재활용 또는 처분을 업으로 하려는 자는 환경부령으로 정하는 바에 따라 지정폐기물을 대상으로 하는 경우에는 폐기물 처리 사업계획서를 환경부장관에게 제출하고, 그 밖의 폐기물을 대상으로 하는 경우에는 시·도지사에게 제출하여야 한다.
> ② 환경부장관이나 시·도지사는 제1항에 따라 제출된 폐기물 처리사업계획서를 다음 각 호의 사항에 관하여 검토한 후 그 적합 여부를 폐기물처리사업계획서를 제출한 자에게 통보하여야 한다.
> 〈각 호 생략〉
> ③ 제2항에 따라 적합통보를 받은 자는 그 통보를 받은 날부터 2년 이내에 … 〈중략〉 … 허가를 받아야 한다. 이 경우 환경부장관 또는 시·도지사는 제2항에 따라 적합통보를 받은 자가 그 적합통보를 받은 사업계획에 따라 시설·장비 및 기술인력 등의 요건을 갖추어 허가신청을 한 때에는 지체 없이 허가하여야 한다.

① 사업계획에 대한 부적합통보는 그 자체로 하나의 완결된 행정행위이다.
② 사업계획에 대한 적합통보가 있는 경우 사업의 허가단계에서는 나머지 허가요건만을 심사하면 된다.
③ 사업계획에 대한 적합통보는 사업허가 전에 신청자의 편의를 위하여 미리 그 사업허가의 일부 요건을 심사하여 행하는 사전결정의 성격이 있는 것이어서 사업허가처분이 있게 되면 그 허가처분에 흡수되어 독립된 존재가치를 상실한다.
④ 사업계획에 대한 적합통보결정은 최종행정행위인 폐기물처리사업허가에 기본적으로 구속력을 미치지 않는다.

**해설**
① (○) 폐기물 처리업에 대한 적정 또는 부적정통보는 처분성이 인정된다.
② (○)
③ (○) 다단계 행정에서는 최종결정이 있으면 중간결정은 최종결정에 흡수된다.
④ (✕) 제시된 조문 제3항에 의하면 구속력이 인정된다.

**정답** ④

## 제2절 행정계획

> **행정절차법 제40조의4(행정계획)**
> 행정청은 행정청이 수립하는 계획 중 국민의 권리·의무에 직접 영향을 미치는 계획을 수립하거나 변경·폐지할 때에는 관련된 여러 이익을 정당하게 형량하여야 한다.

**007** 행정계획에 관한 설명으로 옳지 않은 것은? (다툼이 있는경우 판례에 의함) 　23 소방

① 구 도시계획법령에 따르면 도시계획의 입안에 있어 해당 도시계획안의 내용을 공고 및 공람하여야 하는데, 이러한 공고 및 공람 절차에 하자가 있으면 도시계획결정은 위법하다.

② 국토해양부, 환경부, 문화체육관광부, 농림수산식품부가 합동으로 2009.6.8. 발표한 '4대강 살리기 마스터플랜'은 행정기관 내부에서 사업의 기본방향을 제시하는 것일 뿐, 국민의 권리·의무에 직접 영향을 미치는 것은 아니라고 할 것이어서 행정처분에 해당하지 아니한다.

③ 재건축정비사업조합의 사업시행계획은 행정주체의 지위에서 수립한 구속적 행정계획으로서 인가·고시를 통해 확정되면 독립된 행정처분에 해당한다.

④ 구「환경정책기본법」제25조의2에 따라 사전환경성검토를 거쳐야 하는 행정계획이나 개발사업에 대하여 사전환경성검토를 거친 경우, 그 부실의 정도가 사전환경성검토제도를 둔 입법취지를 달성할 수 없을 정도가 아니더라도 그 부실로 인하여 행정계획은 위법하게 된다.

**해설**
① (O) 절차상 하자로서 위법하다.
② (O) '마스터플랜'은 행정처분이 아니다.
③ (O)
④ (×) 환경영향평가를 거쳤다면 그 내용이 부실하더라도 위법하지 않다.

**정답** ④

**008** 행정계획에 대한 설명으로 옳지 않은 것은? (다툼이 있는 경우 판례에 의함) 　22 소방

① 행정청은 구체적인 행정계획의 입안·결정에 관하여 광범위한 형성의 재량을 가진다.

② 행정청이 행정계획을 입안·결정할 때 이익형량을 전혀 행하지 아니하였다면, 그 행정계획결정은 재량권을 일탈·남용한 것으로 위법하다.

③ 구「도시계획법」및 지방자치단체의 도시계획조례상 규정된 도시기본계획은 장기적·종합적인 개발계획으로서 행정청에 대한 직접적 구속력을 가지지 않는다.

④ 개발제한구역으로 지정되어 있는 부지에 묘지공원과 화장장 시설들을 설치하기로 하는 도시계획시설결정은 위법하다.

해설

① (O) 행정계획은 일반행정보다 광범위한 재량을 가지는데, 이를 형성재량이라고 한다.
② (O) 행정주체가 행정계획을 입안·결정할 때 이러한 이익형량을 전혀 하지 않거나 이익형량의 고려대상에 마땅히 포함시켜야 할 사항을 누락한 경우, 또는 이익형량을 하였으나 정당성과 객관성이 결여된 경우에는 재량권을 일탈·남용한 것으로 위법하다고 보아야 한다. (대판 2020.9.3. 2020두34346)
③ (O) 기본계획과 종합계획은 구속력이 없고 처분성도 인정되지 않는다.
④ (X) 개발제한구역은 도시의 무질서한 확산을 방지하고 도시 주변의 자연환경을 보전하여 도시민의 건전한 생활환경을 확보하기 위하여 도시의 개발을 제한할 필요에 의하여 지정되는 것이어서 원칙적으로 개발제한구역에서의 개발행위는 제한되는 것이기는 하지만 위와 같은 개발제한구역의 지정목적에 위배되지 않는다면 허용될 수 있는 것인바, 도시계획시설인 묘지공원과 화장장 시설의 설치가 위와 같은 개발제한구역의 지정목적에 위배된다고 보이지 않으므로, 시장이 이미 개발제한구역으로 지정되어 있는 부지에 묘지공원과 화장장 시설들을 설치하기로 하는 내용의 도시계획시설결정을 하였다 하더라도 이를 두고 위법하다고 할 수 없다. (대판 2007.4.12. 2005두1893)

정답 ④

### 형량하자의 유형

| | |
|---|---|
| 형량의 해태 | 관계이익을 형량함에 있어서 형량을 전혀 하지 않은 경우 |
| 형량의 흠결 | 형량을 함에 있어서 반드시 고려하여야 할 이익을 누락시킨 경우 |
| 오형량 | 형량에 있어 특정 사실이나 특정 이익에 대한 평가가 정당성과 객관성을 결한 경우 |
| 형량조사의 하자 | 조사의무를 이행하지 않은 하자 |
| 평가의 과오 | 관련된 공익 또는 사익의 가치를 잘못 평가하는 경우 |

**009** 행정계획에 대한 설명으로 옳지 않은 것은? (다툼이 있는 경우 판례에 의함)  21 서울·지방7급

① 도시관리계획결정·고시와 그 도면에 특정 토지가 도시관리계획에 포함되지 않았음이 명백한데도 도시관리계획을 집행하기 위한 후속계획이나 처분에서 그 토지가 도시관리계획에 포함된 것처럼 표시되어 있는 경우, 이는 원칙적으로 취소사유에 해당한다.
② 구「도시계획법」상 행정청이 정당하게 도시계획결정의 처분을 하였다고 하더라도 이를 관보에 게재하여 고시하지 아니한 이상 대외적으로는 아무런 효력이 발생하지 않는다.
③ 행정주체가 행정계획을 입안·결정함에 있어서 이익형량을 하였으나 정당성과 객관성이 결여된 경우 그 행정계획결정은 위법하다.
④ 산업단지개발계획상 산업단지 안의 토지소유자로서 산업단지개발계획에 적합한 시설을 설치하여 입주하려는 자는 산업단지지정권자 또는 그로부터 권한을 위임받은 기관에 대하여 산업단지개발계획의 변경을 요청할 수 있는 법규상 또는 조리상 신청권이 있다.

> **해설**

① (✕) 도시관리계획결정·고시와 그 도면에 특정 토지가 도시관리계획에 포함되지 않았음이 명백한데도 도시관리계획을 집행하기 위한 후속계획이나 처분에서 그 토지가 도시관리계획에 포함된 것처럼 표시되어 있는 경우가 있다. 이것은 실질적으로 도시관리계획결정을 변경하는 것에 해당하여 구 국토의 계획 및 이용에 관한 법률 제30조 제5항에서 정한 도시관리계획 변경 절차를 거치지 않는 한 당연무효이다. (대판 2019.7.11. 2018두47783)

② (○) 대판 1985.12.10. 85누186

③ (○) 행정주체는 구체적인 행정계획을 입안·결정함에 있어서 비교적 광범위한 형성의 자유를 가지는 것이지만, 행정주체가 가지는 이와 같은 형성의 자유는 무제한적인 것이 아니라 그 행정계획에 관련되는 자들의 이익을 공익과 사익 사이에서는 물론이고 공익 상호 간과 사익 상호 간에도 정당하게 비교교량하여야 한다는 제한이 있으므로, 행정주체가 행정계획을 입안·결정함에 있어서 이익형량을 전혀 행하지 아니하거나 이익형량의 고려대상에 마땅히 포함시켜야 할 사항을 누락한 경우 또는 이익형량을 하였으나 정당성과 객관성이 결여된 경우에는 그 행정계획결정은 형량에 하자가 있어 위법하게 된다. (대판 2007.4.12. 2005두1893)

④ (○) 이러한 신청에 대한 거부행위는 항고소송의 대상이 되는 행정처분에 해당한다고 보아야 한다. (대판 2017.8.29. 2016두44186)

**정답** ①

---

**010** 다음 설명 중 옳지 않은 것은? (다툼이 있는 경우 판례에 의함)  <sub>21 소방</sub>

① 건설부장관(현 국토교통부장관)이 행한 국립공원지정처분에 따른 경계측량 및 표지의 설치 등은 처분이 아니다.

② 행정지도가 구술로 이루어지는 경우 상대방이 행정지도의 취지·내용 및 신분을 기재한 서면의 교부를 요구하면 당해 행정지도를 행하는 자는 직무수행에 특별한 지장이 없는 한 이를 교부하여야 한다.

③ 조례가 집행행위의 개입 없이도 그 자체로서 직접 국민의 구체적인 권리·의무나 법적 이익에 영향을 미치는 등의 법률상 효과를 발생하는 경우 그 조례는 항고소송의 대상이 되는 행정처분에 해당한다.

④ 행정계획은 현재의 사회·경제적 모든 상황의 조사를 바탕으로 장래를 예측하여 수립되고 장기간에 걸쳐 있으므로, 행정계획의 변경은 인정되지 않는다.

**해설**

① (O) 건설부장관이 행한 국립공원지정처분은 그 결정 및 첨부된 도면의 공고로써 그 경계가 확정되는 것이고, 시장이 행한 경계측량 및 표지의 설치 등은 공원관리청이 공원구역의 효율적인 보호, 관리를 위하여 이미 확정된 경계를 인식, 파악하는 사실상의 행위로 봄이 상당하며, 위와 같은 사실상의 행위를 가리켜 공권력 행사로서의 행정처분의 일부라고 볼 수 없고, 이로 인하여 건설부장관이 행한 공원지정처분이나 그 경계에 변동을 가져온다고 할 수 없다. (대판 1992.10.13. 92누2325)

② (O)

> **행정절차법 제49조(행정지도의 방식)**
> ① 행정지도를 하는 자는 그 상대방에게 그 행정지도의 취지 및 내용과 신분을 밝혀야 한다.
> ② 행정지도가 말로 이루어지는 경우에 상대방이 제1항의 사항을 적은 서면의 교부를 요구하면 그 행정지도를 하는 자는 직무 수행에 특별한 지장이 없으면 이를 교부하여야 한다.

③ (O) 대판 1996.9.20. 95누8003

④ (×) 행정계획은 기존의 일정한 행정여건에 대한 분석과 장래의 행정여건의 변화에 대한 예측에 기초하여 수립되므로 행정계획에는 변경가능성이 내재되어 있다고 본다. 기존의 행정여건에 대한 분석이나 장래의 예측이 잘못된 경우에는 행정계획이 변경될 수 있는 것으로 보아야 한다.

**정답** ④

---

**기출지문 OX**

**01** 장래 일정한 기간 내에 관계 법령이 규정하는 시설 등을 갖추어 일정한 행정처분을 구하는 신청을 할 수 있는 법률상 지위에 있는 자의 국토이용계획 변경신청을 거부하는 것이 실질적으로 당해 행정처분 자체를 거부하는 결과가 되는 경우라도, 구 「국토이용관리법」상 주민이 국토이용계획의 변경에 대하여 신청을 할 수 있다는 규정이 없으므로 그 신청인에게 국토이용계획 변경을 신청할 권리가 인정된다고 볼 수 없다. [21 국가9급] (O, ×)

**해설** 국토건설종합계획의 효율적인 추진과 국토이용질서를 확립하기 위한 국토이용계획은 장기성, 종합성이 요구되는 행정계획이어서 원칙적으로는 그 계획이 일단 확정된 후에 어떤 사정의 변동이 있다고 하여 그러한 사유만으로는 지역주민이나 일반 이해관계인에게 일일이 그 계획의 변경을 신청할 권리를 인정하여 줄 수는 없을 것이지만, 장래 일정한 기간 내에 관계 법령이 규정하는 시설 등을 갖추어 일정한 행정처분을 구하는 신청을 할 수 있는 법률상 지위에 있는 자의 국토이용계획 변경신청을 거부하는 것이 실질적으로 당해 행정처분 자체를 거부하는 결과가 되는 경우에는 예외적으로 그 신청인에게 국토이용계획 변경을 신청할 권리가 인정된다고 봄이 상당하므로, 이러한 신청에 대한 거부행위는 항고소송의 대상이 되는 행정처분에 해당한다. (대판 2003.9.23. 2001두10936) **정답** ×

**02** 구속력 없는 행정계획안이나 행정지침이라도 국민의 기본권에 직접적으로 영향을 끼치고 법령의 뒷받침에 의하여 그대로 실시될 것이 틀림없을 것으로 예상되는 때에는 예외적으로 헌법소원의 대상이 된다. [21 국가9급] (O, ×)

**해설** 비구속적 행정계획안이나 행정지침이라도 국민의 기본권에 직접적으로 영향을 끼치고, 앞으로 법령의 뒷받침에 의하여 그대로 실시될 것이 틀림없을 것으로 예상될 수 있을 때에는, 공권력행위로서 예외적으로 헌법소원의 대상이 될 수 있다. (헌재 2000.6.1. 99헌마538) **정답** O

**03** 도시계획의 결정·변경 등에 대한 권한행정청은 이미 도시계획이 결정·고시된 지역에 대하여도 다른 내용의 도시계획을 결정·고시할 수 있고, 이때에 후행 도시계획에 선행 도시계획과 양립할 수 없는 내용이 포함되어 있다면 특별한 사정이 없는 한 선행 도시계획은 후행 도시계획과 같은 내용으로 변경된다. [21 국가9급] (O, ×)

**해설** 도시계획의 결정·변경 등에 관한 권한을 가진 행정청은 이미 도시계획이 결정·고시된 지역에 대하여도 다른 내용의 도시계획을 결정·고시할 수 있고, 이때에 후행 도시계획에 선행 도시계획과 서로 양립할 수 없는 내용이 포함되어 있다면, 특별한 사정이 없는 한 선행 도시계획은 후행 도시계획과 같은 내용으로 변경되는 것이 원칙이다. 후행 도시계획의 결정을 하는 행정청이 선행 도시계획의 결정·변경 등에 관한 권한을 가지고 있지 아니한 경우에 선행 도시계획과 서로 양립할 수 없는 내용이 포함된 후행 도시계획결정을 하는 것은 아무런 권한 없이 선행 도시계획결정을 폐지하고, 양립할 수 없는 새로운 내용이 포함된 후행 도시계획결정을 하는 것으로서, 선행 도시계획결정의 폐지 부분은 권한 없는 자에 의하여 행해진 것으로서 무효이다. (대판 2000.9.8. 99두11257) **정답** O

## 011 행정계획에 대한 설명으로 옳지 않은 것은? (다툼이 있는 경우 판례에 의함) 〔20 서울·지방9급〕

① 도시계획구역 내 토지 등을 소유하고 있는 사람과 같이 당해 도시계획시설결정에 이해관계가 있는 주민은 도시시설계획의 입안권자 내지 결정권자에게 도시시설계획의 입안 내지 변경을 요구할 수 있는 법규상 또는 조리상의 신청권이 있다.

② 구 「국토이용관리법」상의 국토이용계획은 그 계획이 일단 확정된 후에 어떤 사정의 변동이 있다고 하여 지역주민이나 일반 이해관계인에게 일일이 그 계획의 변경을 신청할 권리를 인정하여 줄 수 없다.

③ 장래 일정한 기간 내에 관계 법령이 규정하는 시설 등을 갖추어 일정한 행정처분을 구하는 신청을 할 수 있는 법률상 지위에 있는 자의 국토이용계획 변경신청을 거부하는 것이 실질적으로 당해 행정처분 자체를 거부하는 결과가 되는 경우에는 항고소송의 대상이 되는 처분에 해당한다.

④ 문화재보호구역 내의 토지소유자가 문화재보호구역의 지정해제를 신청하는 경우에는 그 신청인에게 법규상 또는 조리상 행정계획 변경을 신청할 권리가 인정되지 않는다.

**해설**

① (O) 도시계획구역 내 토지 등을 소유하고 있는 사람과 같이 당해 도시계획시설결정에 이해관계가 있는 주민으로서는 도시시설계획의 입안권자 내지 결정권자에게 도시시설계획의 입안 내지 변경을 요구할 수 있는 법규상 또는 조리상의 신청권이 있고, 이러한 신청에 대한 거부행위는 항고소송의 대상이 되는 행정처분에 해당한다. (대판 2015.3.26. 2014두42742)

② (O) ③ (O) 계획변경청구권은 원칙적으로 인정되지 않지만, 법률상 지위가 있는 경우에는 예외적으로 가능하다. (대판 2003.9.23. 2001두10936)

| | |
|---|---|
| 계획존속청구권 | 원칙적으로 인정되지 않음. 다만, 신뢰보호 등의 이유로 예외적으로 인정되는 경우가 있을 수 있음. |
| 계획집행청구권 | |
| 경과조치청구권 | |
| 계획변경청구권 | |
| 손해전보청구권 | 행정상 손해배상 또는 손실보상에 관한 일반원리에 따라 결정됨. |

④ (X) 문화재보호구역 내에 있는 토지소유자 등으로서는 보호구역의 지정해제를 요구할 수 있는 법규상 또는 조리상의 신청권이 있다고 할 것이고, 이러한 신청에 대한 거부행위는 항고소송의 대상이 되는 행정처분에 해당한다. (대판 2004.4.27. 2003두8821)

**정답** ④

---

**기출지문 OX**

**01** 행정주체가 구체적인 행정계획을 입안·결정할 때 가지는 형성의 자유의 한계에 관한 법리는 주민의 입안 제안 또는 변경신청을 받아들여 도시관리계획결정을 하거나 도시계획시설을 변경할 것인지를 결정할 때에도 동일하게 적용된다. 〔20 국가9급〕 (O, X)

**해설** [1] 도시계획시설구역 내 토지 등을 소유하고 있는 주민이 장기간 집행되지 아니한 도시계획시설의 결정권자에게 도시계획시설의 변경을 신청하고, 결정권자가 이러한 신청을 받아들여 도시계획시설을 변경할 것인지를 결정하는 경우에도 형량하자이론은 동일하게 적용된다고 보아야 한다.

[2] 甲 등이 자신들의 토지를 도시계획시설인 완충녹지에서 해제하여 달라는 신청을 하였으나 관할 구청장이 이를 거부하는 처분을 한 사안에서, 위 토지를 완충녹지로 유지해야 할 공익상 필요성이 소멸되었다고 볼 수 있다는 이유로, 위 처분은 甲 등의 재산권 행사를 과도하게 제한한 것으로서 행정계획을 입안·결정하면서 이익형량을 전혀 하지 않았거나 이익형량의 정당성·객관성이 결여된 경우에 해당한다고 본 원심판단은 정당하다. (대판 2012.1.12. 2010두5806)

**정답** O

**02** 「도시 및 주거환경정비법」에 기초하여 주택재건축정비사업조합이 수립한 사업시행계획은 인가·고시를 통해 확정되어도 이해관계인에 대한 직접적인 구속력이 없는 행정계획으로서 독립된 행정처분에 해당하지 아니한다. [20 국가9급]　(O, ×)

해설　구 도시 및 주거환경정비법에 따른 주택재건축정비사업조합은 관할 행정청의 감독 아래 위 법상 주택재건축사업을 시행하는 공법인으로서, 그 목적범위 내에서 법령이 정하는 바에 따라 일정한 행정작용을 행하는 행정주체의 지위를 가진다 할 것인데, 재건축정비사업조합이 이러한 행정주체의 지위에서 위 법에 기초하여 수립한 사업시행계획은 인가·고시를 통해 확정되면 이해관계인에 대한 구속적 행정계획으로서 독립된 행정처분에 해당한다. (대결 2009.11.2. 2009마596)　정답 ×

**03** 장기미집행 도시계획시설결정의 실효제도에 의해 개인의 재산권이 보호되는 것은 입법자가 새로운 제도를 마련함에 따라 얻게 되는 법률에 기한 권리일 뿐 헌법상 재산권으로부터 당연히 도출되는 권리는 아니다. [20 국가9급]　(O, ×)

해설　장기미집행 도시계획시설결정의 실효제도는 도시계획시설부지로 하여금 도시계획시설결정으로 인한 사회적 제약으로부터 벗어나게 하는 것으로서 결과적으로 개인의 재산권이 보다 보호되는 측면이 있는 것은 사실이나, 이와 같은 보호는 입법자가 새로운 제도를 마련함에 따라 얻게 되는 법률에 기한 권리일 뿐 헌법상 재산권으로부터 당연히 도출되는 권리는 아니다. (헌재 2005.9.29. 2002헌바84)　정답 O

**04** 후행 도시계획을 결정하는 행정청이 선행 도시계획의 결정변경에 관한 권한을 가지고 있지 아니한 경우 선행 도시계획과 양립할 수 없는 후행 도시계획결정은 취소사유에 해당한다. [17 서울7급]　(O, ×)

해설　도시계획구역 내 토지 등을 소유하고 있는 주민으로서는 입안권자에게 도시계획 입안을 요구할 수 있는 법규상 또는 조리상의 신청권이 있다고 할 것이고, 이러한 신청에 대한 거부행위는 항고소송의 대상이 되는 행정처분에 해당한다. (대판 2004.4.28. 2003두1806)　정답 O

**05** 행정주체가 행정계획을 입안·결정하면서 이익형량을 전혀 행하지 않거나 이익형량의 고려대상에 포함시켜야 할 사항을 누락하거나 또는 이익형량의 정당성과 객관성이 결여된 경우 그 행정계획은 형량하자로 위법하다. [17 서울7급]　(O, ×)　정답 O

---

**012** 다음 설명 중 옳지 않은 것은? (다툼이 있는 경우 판례에 의함)　[17 서울7급]

① 삼권분립의 원칙, 법치행정의 원칙을 당연한 전제로 하고 있는 우리 헌법하에서 행정권의 행정입법 등 법집행의무는 헌법적 의무라고 보아야 한다.

② 국립대학교의 대학입학고사 주요 요강은 공권력의 행사로서 행정쟁송의 대상이 될 수 있는 행정처분이다.

③ 입법의 내용·범위·절차 등의 결함을 이유로 헌법소원을 제기하려면 결함이 있는 당해 입법규정 그 자체를 대상으로 하여 그것이 평등의 원칙에 위배된다는 등 헌법 위반을 내세워 적극적인 헌법소원을 제기하여야 하며, 이 경우에는 「헌법재판소법」 소정의 제소기간을 준수하여야 한다.

④ 어떠한 고시가 일반적·추상적 성격을 가질 때에는 법규명령 또는 행정규칙에 해당할 것이지만, 다른 집행행위의 매개 없이 그 자체로서 직접 국민의 구체적인 권리·의무나 법률관계를 규율하는 성격을 가질 때에는 항고소송의 대상이 되는 행정처분에 해당한다.

해설

① (O) 삼권분립의 원칙, 법치행정의 원칙을 당연한 전제로 하고 있는 우리 헌법하에서 행정권의 행정입법 등 법집행의무는 헌법적 의무라고 보아야 할 것이다. 그런데 이는 행정입법의 제정이 법률의 집행에 필수불가결한 경우로서 행정입법을 제정하지 아니하는 것이 곧 행정권에 의한 입법권 침해의 결과를 초래하는 경우를 말하므로, 만일 하위 행정입법의 제정 없이 상위법령의 규정만으로도 집행이 이루어질 수 있는 경우라면 하위 행정입법을 하여야 할 헌법적 작위의무는 인정되지 아니한다. (헌재 2005.12.22. 2004헌마66)

② (×) 서울대학교의 '94학년도 대학입학고사 주요 요강'은 헌법소원의 대상이다.

> 국립대학인 서울대학교의 '94학년도 대학입학고사 주요 요강'은 사실상의 준비행위 내지 사전안내로서 행정쟁송의 대상이 될 수 있는 행정처분이나 공권력의 행사는 될 수 없지만 그 내용이 국민의 기본권에 직접 영향을 끼치는 내용이고 앞으로 법령의 뒷받침에 의하여 그대로 실시될 것이 틀림없을 것으로 예상되어 그로 인하여 직접적으로 기본권 침해를 받게 되는 사람에게는 사실상의 규범작용으로 인한 위험성이 이미 현실적으로 발생하였다고 보아야 할 것이므로 이는 헌법소원의 대상이 되는 헌법재판소법 제68조 제1항 소정의 공권력의 행사에 해당된다고 할 것이며, 이 경우 헌법소원 외에 달리 구제방법이 없다. (헌재 1992.10.1. 92헌마68 등)

③ (○) 법률은 있지만 내용이 불충분한 경우를 부진정입법부작위라고 한다.

> 부진정입법부작위 대상으로 헌법소원을 제기하려면 그것이 평등원칙에 위배된다는 등 헌법 위반을 내세워 적극적인 헌법소원을 제기하여야 하며, 이 경우에는 헌법재판소법 소정의 제소기간(청구기간)을 준수하여야 한다. (헌재 1996.11.28. 95헌마161)
>
> **참고** 진정입법부작위를 대상으로 하는 헌법소원에서는 제소기간이 적용되지 않는다.

④ (○) 대판 2006.9.22. 2005두2506

**정답** ②

---

## 013 다음은 「건축법」 제11조의 일부이다. 이 법의 적용에 대한 설명으로 가장 옳은 것은? 16 서울9급

> 건축법 제11조(건축허가)
> ① 건축물을 건축하거나 대수선하려는 자는 특별자치시장·특별자치도지사 또는 시장·군수·구청장의 허가를 받아야 한다. 〈이하 생략〉
> ② 내지 ④ 〈생략〉
> ⑤ 제1항에 따른 건축허가를 받으면 다음 각 호의 허가 등을 받거나 신고를 한 것으로 보며, 공장건축물의 경우에는 「산업집적활성화 및 공장설립에 관한 법률」 제13조의2와 제14조에 따라 관련 법률의 인·허가 등이나 허가 등을 받은 것으로 본다.
>   1. 내지 6. 〈생략〉
>   7. 「농지법」 제34조, 제35조 및 제43조에 따른 농지전용허가·신고 및 협의
>   8. 내지 23. 〈생략〉
> ⑥ 허가권자는 제5항 각 호의 어느 하나에 해당하는 사항이 다른 행정기관의 권한에 속하면 그 행정기관의 장과 미리 협의하여야 하며, 〈이하 생략〉
> ⑦ 내지 ⑪ 〈생략〉

① 서울시장은 건축허가를 하는 경우 「농지법」상 농지전용허가에 대한 절차도 준수하여야 한다.
② 서울시장은 농림축산식품부장관이 제6항의 규정에 의한 협의에서 농지전용허가를 하지 않기로 결정한 경우 건축허가를 할 수 없다.
③ 서울시장이 농지전용허가요건 불비를 이유로 건축불허가를 한 때에는 농지전용허가거부처분에 대한 취소소송을 제기하여야 한다.
④ 판례는 주무행정기관에 신청되거나 의제되는 인허가요건의 판단방식에 관하여 실체집중설을 취하고 있다.

해설
① (×) ④ (×) 판례는 절차집중설을 취하고 있고, 이에 의하면 의제되는 인허가절차는 생략할 수 있다.
② (○) 의제되는 인허가의 거부로 주된 인허가를 거부할 수 있다.
③ (×) 소의 대상은 주된 인허가의 거부이다.

정답 ②

## 014 행정계획에 대한 판례의 입장으로 옳지 않은 것은?

16 국회8급

① 공유수면점용허가를 필요로 하는 채광계획 인가신청에 대하여, 공유수면관리청이 공유수면 점용을 허용하지 않기로 결정한 경우, 채광계획 인가관청은 이를 사유로 채광계획 인가신청을 반려할 수 없다.
② 건설부장관(현 국토교통부장관)이 구 「주택건설촉진법」에 따라 관계 기관의 장과의 협의를 거쳐 사업계획 승인을 한 이상 허가·인가·결정·승인 등이 있는 것으로 볼 것이고, 그 절차와 별도로 구 「도시계획법」 소정의 중앙도시계획위원회의 의결이나 주민의 의견청취 등 절차를 거칠 필요는 없다.
③ 구 「도시계획법」 제12조 소정의 고시된 도시계획결정은 특정 개인의 권리 내지 법률상의 이익을 개별적이고 구체적으로 규제하는 효과를 가져 오게 하는 행정청의 처분이라 할 것이고, 이는 행정소송의 대상이 된다.
④ 환지계획은 환지예정지 지정이나 환지처분의 근거가 될 뿐, 고유한 법률효과를 수반하는 것이 아니어서 항고소송의 대상이 되는 처분에 해당한다고 할 수가 없다.
⑤ 행정계획은 행정에 관한 전문적·기술적 판단을 기초로 하여 도시의 건설·정비·개량 등과 같은 특정한 행정목표를 달성하기 위하여 서로 관련되는 행정수단을 종합·조정함으로써 장래의 일정한 시점에 있어서 일정한 질서를 실현하기 위한 활동기준이다.

해설
① (×) 의제되는 인허가의 불비사유로 주된 인허가를 거부할 수 있다. 이때 소의 대상은 주된 인허가이다.

| 거부의 대상 | 의제되는 요건의 불비를 이유로 주된 인허가를 거부할 수 있음. |
|---|---|
| 소송의 대상 | · 소송은 의제되는 행위가 아니라 주된 인허가를 대상으로 하여야 함.<br>· 의제되는 요건은 소송의 대상이 아니라 이유로서 주장할 수 있음. |

② (○) 대판 1992.11.10. 92누1162
③ (○) 대판 1982.3.9. 80누105
④ (○) 환지계획은 처분이 아니고 환지예정지 지정과 환지처분은 처분성이 인정된다.
⑤ (○) 행정계획의 개념이다.

정답 ①

## 015 행정계획에 대한 설명으로 가장 옳은 것은?
16 서울9급

① 행정계획에는 변화가능성이 내재되어 있으므로, 국민의 신뢰보호를 위하여 계획보장청구권이 널리 인정된다.

② 이익형량을 전혀 하지 않았다면 위법하다고 볼 수 있으나, 이익형량의 고려사항을 일부 누락하였거나 이익형량에 있어 정당성이 결여된 것만으로는 위법하다고 볼 수 없다.

③ 일반적인 행정행위에 비하여 행정청에 폭넓은 재량권이 부여된다.

④ 행정계획은 항고소송의 대상이 될 수 없다.

**해설**

① (×) 행정계획에는 변화가능성이 내재되어 있으므로, 국민의 계획보장청구권이 부정되는 것이 원칙이다.

② (×) 행정주체가 행정계획을 입안·결정함에 있어서 이익형량을 전혀 행하지 아니하거나 이익형량의 고려대상에 마땅히 포함시켜야 할 사항을 누락한 경우 또는 이익형량을 하였으나 정당성과 객관성이 결여된 경우에는 행정계획결정은 형량에 하자가 있어 위법하게 된다. **(대판 2007.4.12. 2005두1893)**

③ (○) 행정계획에 있어서 행정주체는 구체적인 행정계획을 입안·결정함에 있어서 비교적 광범위한 형성의 자유를 가진다. **(대판 2007.4.12. 2005두1893)**

④ (×) 행정계획은 일반적으로 항고소송의 대상이 아니다. 다만, 예외적으로 인정되는 경우도 있다.

> 도시계획법 제12조 소정의 고시된 도시계획결정은 특정 개인의 권리 내지 법률상의 이익을 개별적이고 구체적으로 규제하는 효과를 가져오게 하는 행정청의 처분이라 할 것이고, 이는 행정소송의 대상이 된다. **(대판 1982.3.9. 80누105)**

**정답** ③

> 기출지문 OX

**01** 이미 고시된 실시계획에 포함된 상세계획으로 관리되는 토지 위의 건물의 용도를 상세계획 승인권자의 변경승인 없이 임의로 판매시설에서 상세계획에 반하는 일반목욕장으로 변경신고한 경우에 그 영업신고를 수리하지 않고 영업소를 폐쇄한 처분은 적법하다. [16 사복]  (O, X)

> 해설 실시계획에 포함된 상세계획은 대외적 구속력 있는 계획이므로 이에 반하는 행위는 인정될 수 없다. 즉, 이미 고시된 실시계획에 포함된 상세계획으로 관리되는 토지 위의 건물의 용도를 상세계획 승인권자의 변경승인 없이 임의로 판매시설에서 상세계획에 반하는 일반목욕장으로 변경신고한 경우에 그 영업신고를 수리하지 않고 영업소를 폐쇄한 처분은 적법하다. (대판 2008.3.27. 2006두3742)
> 
> 정답 O

**02** 도지사가 도(道) 내 특정 시를 공공기관이 이전할 혁신도시 최종입지로 선정한 행위는 항고소송의 대상이 되는 행정처분이다. [15 서울7급]  (O, X)

> 해설 정부의 수도권 소재 공공기관의 지방이전시책을 추진하는 과정에서 도지사가 도 내 특정 시를 공공기관이 이전할 혁신도시 최종입지로 선정한 행위는 항고소송의 대상이 되는 행정처분이 아니다. (대판 2007.11.15. 2007두10198)
> 
> 정답 X

**03** 환지계획인가 후에 수정하고자 하는 내용에 대하여 토지소유자 등 이해관계인의 공람절차를 거치지 아니한 채 수정된 내용에 따라 한 환지예정지 지정처분은 당연무효이다. [15 서울7급]  (O, X)

> 해설 구 토지구획정리사업법 제33조, 제47조 등의 규정에서 환지계획의 인가신청에 앞서 관계 서류를 공람시켜 토지소유자 등의 이해관계인으로 하여금 의견서를 제출할 기회를 주도록 규정하고 있는 것은 환지계획의 입안에 토지구획정리사업에 대한 다수의 이해관계인의 의사를 반영하고 그들 상호 간의 이익을 합리적으로 조정하는 데 그 취지가 있다고 할 것이므로, 최초의 공람과정에서 이해관계인으로부터 의견이 제시되어 그에 따라 환지계획을 수정하여 인가신청을 하고자 할 경우에는 그 전에 다시 수정된 내용에 대한 공람절차를 거쳐야 한다고 봄이 위와 같은 제도의 취지에 부합하는 것이라고 할 것이고, 위와 같은 재공람절차를 거치지 않고 인가받은 환지계획 및 이러한 환지계획에 따라 이루어진 환지예정지 지정처분은 위법하다. (대판 2001.10.30. 99두11110) - 토지구획정리사업시행자가 수정된 환지계획을 공람시키는 절차를 취하지 아니한 채 관할 시장에게 사업계획 변경 및 환지계획 인가신청을 접수한 후 관할 시장이 공람절차를 거쳤으나, 관할 시장이 한 공람절차는 사업계획 변경인가시에 요구되는 공람절차에 관한 규정에 의한 것으로 그것만으로는 사업시행자 자신이 실시하여야 할 수정된 환지계획에 관한 공람절차를 거친 것으로 인정할 수 없다고 한 사례
> 
> 정답 O

**04** 행정계획은 주로 장기성·종합성을 요하는 사회국가적 복리행정영역에서 중요한 의미를 갖는다. [13 서울9급]  (O, X)

> 해설 행정계획은 장기성·종합성·가변성을 그 특징으로 하며, 복리행정영역에서 중요한 의미를 갖는다.
> 
> 정답 O

**05** 행정계획은 장래 행정작용의 방향을 정한 것일 뿐 직접 국민의 권리·의무에 변동을 가져오지는 않으므로 행정입법의 성질을 갖는다고 본다. [13 서울9급]  (O, X)

> 해설 행정계획은 다양한 형태로 정립되고 그 내용도 여러 가지를 포함하므로, 행정계획의 법적 성질은 일률적으로 말할 수 없고 각각의 계획마다 개별적으로 검토하여 항고소송대상의 여부를 판단하여야 한다는 개별적 검토설(복수성질설)이 다수설이다. 즉, 행정처분의 형식도 있고 행정입법의 성질도 있는 것이다.
> 
> 정답 X

**06** 계획수립의 권한을 가지고 있는 행정기관의 계획수립과 관련하여 광범위한 재량권을 갖고 있는바, 이를 계획재량이라고 한다. [13 서울9급]  (O, X)

> 해설 행정계획은 장래 목표를 설정하는 기능을 담당하고 있기 때문에 매우 광범위한 재량이 인정된다. 이처럼 행정기관이 갖는 구체적 형성의 자유로서 '법적으로 미리 결정할 수 없는' 고유한 결정여지를 '계획재량'이라고 한다.
> 
> 정답 O

**07** 비구속적인 행정계획은 헌법소원의 대상이 될 수 없다. [13 지방9급]  (O, X)

> 해설 원칙적으로 법적 구속력이나 외부효과가 발생하지 않는 비구속적 행정계획안의 경우 헌법소원의 대상이 되는 공권력 행사가 아니다. 그러나 비구속적 행정계획안이나 행정지침이라도 국민의 기본권에 직접적으로 영향을 끼치고, 앞으로 법령의 뒷받침에 의하여 그대로 실시될 것이 틀림없을 것으로 예상될 수 있을 때에는, 예외적으로 공권력 행사로서 헌법소원의 대상이 될 수 있다. (헌재 2000.6.1. 99헌마538)
> 
> 정답 X

**08** 행정계획은 법률의 형식일 수도 있다. [13 지방9급] (O, X)
　해설　행정계획은 여러 가지 형태로 가능하므로 처분의 형식일 수도 있고 법률의 형식일 수도 있다. 　정답　O

**09** 「행정절차법」은 국민생활에 매우 큰 영향을 주는 사항에 대한 행정계획을 수립·시행하거나 변경하고자 하는 때에는 이를 예고하도록 규정하고 있다. [13 지방9급] (O, X)
　해설　행정절차법 제46조 제1항 제1호 　정답　O

**10** 헌법재판소에 의하면 도시계획사업의 시행으로 토지를 수용당한 사람은 도시계획결정과 토지수용이 당연무효가 아닌 한 도시계획결정 자체의 취소를 청구할 법률상의 이익이 없다. [12 지방9급] (O, X)
　해설　도시계획사업의 시행으로 인한 토지수용에 의하여 이미 이 사건 토지에 대한 소유권을 상실한 청구인은 도시계획결정과 토지의 수용이 법률에 위반되어 당연무효라고 볼 만한 특별한 사정이 보이지 않는 이상 이 사건 토지에 대한 도시계획결정의 취소를 청구할 법률상의 이익을 흠결하여 당해 소송은 적법한 것이 될 수 없다. (헌재 2002.5.30. 2001헌바3) 　정답　O

**11** 형량명령이론은 계획재량통제이론으로서 비례원칙의 적용례이다. [11 서울9급] (O, X)
　해설　형량명령은 행정계획수립주체가 계획재량권을 행사함에 있어서 공익 상호 간, 사익 상호 간 및 공익과 사익 상호 간의 정당한 형량을 하여야 한다는 원리로서, 비례의 원칙이 계획재량에 적용되는 구체적인 모습이라고 할 수 있다. 　정답　O

**12** 사적 이용권이 배제된 상태에서 토지소유자로 하여금 10년 이상을 아무런 보상 없이 수인하도록 하는 것은 헌법상 재산권 보장에 위배된다. [11 서울9급] (O, X)
　해설　입법자는 토지재산권의 제한에 관한 전반적인 법체계, 외국의 입법례 등과 기타 현실적인 요소들을 종합적으로 참작하여 국민의 재산권과 도시계획사업을 통하여 달성하려는 공익 모두를 실현하기에 적정하다고 판단되는 기간을 정해야 한다. 그러나 어떠한 경우라도 토지의 사적 이용권이 배제된 상태에서 토지소유자로 하여금 10년 이상을 아무런 보상 없이 수인하도록 하는 것은 공익 실현의 관점에서도 정당화될 수 없는 과도한 제한으로서 헌법상의 재산권 보장에 위배된다고 보아야 한다. (헌재 1999.10.21. 97헌바26) 　정답　O

## 016 집중효에 관한 설명으로 옳지 않은 것은?
09 지방9급

① 계획확정이 일반법규에 규정되어 있는 승인 또는 허가 등을 대체시키는 효과를 말한다.
② 절차의 간소화를 통하여 사업자의 부담 해소 및 절차 촉진에 기여한다.
③ 행정기관의 권한에 변경을 가져온다.
④ 법률에서 명시적 규정이 없는 경우에도 인정된다.

> **해설**
> ① (O) 계획확정결정을 통해 인허가 등을 받은 것으로 대체된다는 점에서 대체효라고도 한다.
> ② (O) 집중효는 ㉠ 절차간소화를 통해 사업자의 부담 해소 및 절차 촉진에 기여, ㉡ 다수의 인허가부서를 통합하는 효과, ㉢ 인허가에 필요한 구비서류의 감소효과를 가져온다.
> ③ (O) ④ (X) 집중효제도는 행정기관의 권한 및 절차법상의 변경을 가져오므로, 집중효는 개별법률에서 명시적으로 규정되는 경우에만 인정될 수 있다.

**정답** ④

## 017 사례에 관한 설명 중 옳은 것은?
08 경기9급

> 골목길에 거주민들을 위한 주차장이 설치되어 있는데, 최근 이 골목길에 위치한 건물에 정당사무실이 들어서게 되었고, 정당의 잦은 집회로 인하여 주차에 문제가 발생하자, 도로관리행정청은 거주민을 위한 주차장의 일부를 정당전용으로 정하면서, 일반 주민들은 사용을 하지 못하도록 일반인 주차금지표지판을 설치하였다.

① 위 사례에서 주차금지표지판은 일반성과 구체성을 띠는 법적 규율이라고 할 수 있다.
② 위 사례에서 인근 주민들이 주차금지에 대하여 행정소송을 제기하기 위해서는, 먼저 주차 위반행위를 하고 이에 대해서는 범칙금을 부과하는 처분을 받았을 때, 이 처분을 대상으로 하여야 한다.
③ 도로관리행정청의 주차금지행위에 대하여 행정소송을 제기하는 경우를 이른바 추상적 규범통제라고 부른다.
④ 위 사례에서 주차금지표지판은 이른바 처분법규에 해당되므로 행정소송이 가능하다.

> **해설**
> ① (O) 물건을 직접적인 규율대상으로 하며 이를 통하여 사람에 대해서는 간접적인 법적 효과를 미치는 행정행위인 '물적 행정행위'(예 주차금지구역의 지정)도 일반처분의 일종으로서 구체적인 법적 효과(그 구역에 주차를 하여서는 안 되는 의무가 생긴다)를 가져오는 행정행위이다.
> ② (X) 주차금지표지판은 일반처분으로서 처분성이 인정되므로 이에 대해 직접 행정소송을 제기할 수 있다.
> ③ (X) 일반처분은 일반적이기는 하나 구체적인 법적 효과를 가져오는 행위인 점에서 일반적일 뿐만 아니라 추상적인 성격을 갖는 법규명령과 구별된다. 따라서 일반처분에 대하여 항고소송을 제기하는 것은 구체적 규범통제이다.
> ④ (X) 주차금지표지판의 설치는 물적 행정행위이지, 집행행위의 개입 없이도 그 자체로서 직접 국민의 구체적인 권리·의무나 법적 이익에 영향을 미치는 등의 법률상 효과를 발생하게 하는 처분법규가 아니다.

**정답** ①

# CHAPTER 10 그 밖의 행정형식

## 제1절 공법상 계약

**행정기본법 제27조(공법상 계약의 체결)**
① 행정청은 법령 등을 위반하지 아니하는 범위에서 행정목적을 달성하기 위하여 필요한 경우에는 공법상 법률관계에 관한 계약(이하 '공법상 계약'이라 한다)을 체결할 수 있다. 이 경우 계약의 목적 및 내용을 명확하게 적은 계약서를 작성하여야 한다.
② 행정청은 공법상 계약의 상대방을 선정하고 계약 내용을 정할 때 공법상 계약의 공공성과 제3자의 이해관계를 고려하여야 한다.

### 001. 행정상 계약에 관한 설명으로 옳지 않은 것은? (다툼이 있는 경우 판례에 의함) 〔23 소방〕

① 행정청은 법령 등을 위반하지 아니하는 범위에서 행정목적을 달성하기 위하여 필요한 경우에는 공법상 법률관계에 대한 계약을 체결할 수 있다.
② 국가가 당사자가 되는 이른바 공공계약은 사경제주체로서 상대방과 대등한 위치에서 체결하는 사법상 계약이다.
③ 국가와 사인 사이에 계약이 체결되었다면 법령에 따라 작성해야 하는 계약서가 따로 작성되지 않았다고 하더라도 효력이 있다.
④ 「공공기관의 운영에 관한 법률」에 따른 입찰참가자격제한조치는 행정처분에 해당한다.

**해설**
① (O) 법령 등을 위반하지 아니하는 범위, 즉 상위법을 위반하지 않으면 공법상 계약이 가능하다. **(행정기본법 제27조 제1항)**
② (O) 공공계약은 조달계약이므로 사법상 계약이다.
③ (X) 국가를 당사자로 하는 계약에 관한 법률 제11조 제1항·제2항에 의하면 지방자치단체가 계약을 체결하고자 할 때에는 계약의 목적, 계약금액, 이행기간, 계약보증금, 위험부담, 지체상금 기타 필요한 사항을 명백히 기재한 계약서를 작성하여야 하고, 그 담당공무원과 계약상대자가 계약서에 기명·날인 또는 서명함으로써 계약이 확정된다고 규정하고 있는바, 위 각 규정의 취지에 의하면 지방자치단체가 사경제의 주체로서 사인과 사법상의 계약을 체결함에 있어서는 위 법령에 따른 계약서를 따로 작성하는 등 그 요건과 절차를 이행하여야 하고, 설사 지방자치단체와 사인 사이에 사법상의 계약 또는 예약이 체결되었다 하더라도 위 법령상의 요건과 절차를 거치지 않은 계약 또는 예약은 그 효력이 없다. **(대판 2009.12.24. 2009다51288)**
④ (O) 입찰참가자격제한처분은 국민의 권리나 이익을 박탈하거나 제재를 가하는 침해적 행정처분으로서의 성질을 가지므로 입찰참가자격을 제한당한 자는 당해 행정청을 피고로 행정소송을 제기하여야 할 것이다. **(대판 199.3.9. 98두18565 참조)**

**정답** ③

## 002 공법상 계약에 대한 설명으로 옳지 않은 것은? (다툼이 있는 경우 판례에 의함)

22 국가7급

① 행정청은 공법상 계약의 상대방을 선정하고 계약 내용을 정할 때 공법상 계약의 공공성과 제3자의 이해관계를 고려하여야 한다.

② 중소기업 정보화지원사업에 따른 지원금 출연을 위하여 중소기업청장이 체결하는 협약은 공법상 대등한 당사자 사이의 의사표시의 합치로 성립하는 공법상 계약에 해당하고 그 협약의 해지 및 그에 따른 환수통보는 공법상 계약에 따라 행정청이 대등한 당사자의 지위에서 하는 의사표시이다.

③ 공법상 계약의 한쪽당사자가 다른 당사자를 상대로 그 효력을 다투거나 그 이행을 청구하는 소송은 공법상의 법률관계에 관한 분쟁이므로 특별한 사정이 없는 한 공법상 당사자소송으로 제기하여야 한다.

④ 민간투자사업 실시협약을 체결한 당사자가 공법상 당사자소송에 의하여 그 실시협약에 따른 재정지원금의 지급을 구하는 경우에, 수소법원은 주무관청이 재정지원금액을 산정한 절차 등에 위법이 있는지 여부를 심사할 수는 있지만 실시협약에 따른 적정한 재정지원금액이 얼마인지를 구체적으로 심리·판단할 수 없다.

### 해설

① (○) 행정기본법 제27조 제1항

② (○) 중소기업기술정보진흥원장이 甲주식회사와 중소기업 정보화지원사업 지원대상인 사업의 지원에 관한 협약을 체결하였는데, 협약이 甲회사에 책임이 있는 사업실패로 해지되었다는 이유로 협약에서 정한 대로 지급받은 정부지원금을 반환할 것을 통보한 경우, 중소기업 정보화지원사업에 따른 지원금 출연을 위하여 중소기업청장이 체결하는 협약은 공법상 대등한 당사자 사이의 의사표시의 합치로 성립하는 공법상 계약에 해당하는 점 등을 종합하면, 협약의 해지 및 그에 따른 환수통보는 공법상 계약에 따라 행정청이 대등한 당사자의 지위에서 하는 의사표시로 보아야 하고, 이를 행정청이 우월한 지위에서 행하는 공권력의 행사로서 행정처분에 해당한다고 볼 수는 없다. (대판 2015.8.27. 2015두41449)

③ (○) 대판 2021.2.4. 2019다277133

④ (×) 민간투자사업 실시협약을 체결한 당사자가 공법상 당사자소송에 의하여 그 실시협약에 따른 재정지원금의 지급을 구하는 경우에, 수소법원은 단순히 주무관청이 재정지원금액을 산정한 절차 등에 위법이 있는지 여부를 심사하는 데 그쳐서는 아니 되고, 실시협약에 따른 적정한 재정지원금액이 얼마인지를 구체적으로 심리·판단하여야 한다. (대판 2019.1.31. 2017두46455)

정답 ④

## 003 행정작용에 대한 설명으로 옳은 것은? (다툼이 있는 경우 판례에 의함)  22 국가9급

① 구체적인 계획을 입안함에 있어 지침이 되거나 특정 사업의 기본방향을 제시하는 내용의 행정계획은 항고소송의 대상인 행정처분에 해당하지 않는다.

② 공법상 계약이 법령 위반 등의 내용상 하자가 있는 경우에도 그 하자가 중대명백한 것이 아니면 취소할 수 있는 하자에 불과하고 이에 대한 다툼은 당사자소송에 의하여야 한다.

③ 지도, 권고, 조언 등의 행정지도는 법령의 근거를 요하고 항고소송의 대상이 된다.

④ 「국가를 당사자로 하는 계약에 관한 법률」에 따라 국가가 당사자가 되는 이른바 공공계약에 관한 법적 분쟁은 원칙적으로 행정법원의 관할 사항이다.

### 해설

① (O) 기본계획이나 종합계획은 대외적 구속력이 없고 처분성이 인정되지 않는다.
② (✕) 취소는 공정력을 전제로 하므로 행정행위에 인정된다. 법규명령, 행정규칙, 조례, 공법상 계약은 하자가 있는 경우 유효가 아니면 무효이지, 취소사유는 아니다.
③ (✕) 지도, 권고, 조언 등의 행정지도는 비권력적 사실행위로서 처분이 아니다.
④ (✕) 지방자치단체나 국가가 체결하는 공공계약은 사법상 계약의 일종이다.

> 국가를 당사자로 하는 계약에 관한 법률과 지방자치단체를 당사자로 하는 계약에 관한 법률에 의해서 만들어진 조달계약은 사법상 행위이므로 처분이 아니어서 민사로 다투어야 한다. (대판 2001.12.11. 2001다33604)

**정답** ①

## 004 공법상 계약에 대한 설명으로 옳지 않은 것은? (다툼이 있는 경우 판례에 의함)  21 서울·지방7급

① 구 「정부투자기관 관리기본법」의 적용대상인 정부투자기관이 일방당사자가 되는 계약은 사법상의 계약으로서 그에 관한 법령에 특별한 정함이 있는 경우를 제외하고는 사적 자치의 원칙이 그대로 적용된다.

② 구 「중소기업 기술혁신촉진법」상 중소기업 정보화지원사업에 따른 지원금 출연을 위하여 중소기업청장이 체결하는 협약은 공법상 대등한 당사자 사이의 의사표시의 합치로 성립하는 공법상 계약에 해당한다.

③ 행정청이 자신과 상대방 사이의 법률관계를 일방적인 의사표시로 종료시켰다면 그 의사표시는 공법상 계약관계의 일방당사자로서 대등한 지위에서 행하는 의사표시가 아니라 공권력 행사로서 행정처분에 해당한다.

④ 공법상 계약의 한쪽당사자가 다른 당사자를 상대로 효력을 다투거나 이행을 청구하는 소송은 분쟁의 실질이 공법상 권리·의무의 존부·범위에 관한 다툼이 아니라 손해배상액의 구체적인 산정방법·금액에 국한되는 등의 특별한 사정이 없는 한 공법상 당사자소송으로 제기하여야 한다.

해설

① (○) 대판 2014.12.24. 2010다83182
② (○) 대판 2015.8.27. 2015두41449
③ (×) 행정청이 자신과 상대방 사이의 근로관계를 일방적인 의사표시로 종료시켰다고 하더라도 곧바로 그 의사표시가 행정청으로서 공권력을 행사하여 행하는 행정처분이라고 단정할 수는 없고, 관계 법령이 상대방의 근무관계에 관하여 구체적으로 어떻게 규정하고 있는지에 따라 그 의사표시가 항고소송의 대상이 되는 행정처분에 해당하는 것인지 아니면 공법상 계약관계의 일방당사자로서 대등한 지위에서 행하는 의사표시인지 여부를 개별적으로 판단하여야 한다. (대판 2014.4.24. 2013두6244)
④ (○) 대판 2021.2.4. 2019다277133

정답 ③

## 005

공법상 계약에 대한 설명으로 옳지 않은 것만을 〈보기〉에서 모두 고른 것은? (다툼이 있는 경우 판례에 의함)

20 국회8급

〈보기〉

ㄱ. 지방계약직공무원에 대하여 채용계약상 특별한 약정이 없는 한 「지방공무원법」, 「지방공무원 징계 및 소청 규정」에서 정한 징계절차에 의하지 않고서는 보수를 삭감할 수 없다.
ㄴ. 단순히 계약상의 규정에 근거한 것이 아니라 계약상의 규정과 중첩되더라도 법령상의 근거를 가진 행위에 대해서는 공권력성을 인정하여 이를 처분으로 인정하는 경우가 있다.
ㄷ. 한국환경산업기술원장이 환경기술개발사업협약을 체결한 甲 주식회사 등에게 연차평가 실시 결과 절대평가 60점 미만으로 평가되었다는 이유로 연구개발 중단조치 및 연구비 집행중지조치를 한 사안에서, 연구개발 중단조치 및 연구비 집행중지조치는 항고소송의 대상이 되는 행정처분에 해당한다.
ㄹ. 시립합창단원에 대한 위촉은 처분에 의한 임명행위라 할 수 있다.
ㅁ. 공법상 계약에 기초한 공무원의 근무관계에서 징계행위는 행정처분이다.
ㅂ. 계약직공무원의 채용계약해지는 행정처분으로 본다.

① ㄱ, ㄴ
② ㄱ, ㄷ
③ ㄹ, ㅁ
④ ㄹ, ㅂ
⑤ ㅁ, ㅂ

해설

ㄱ. (○) ㅁ. (○) [1] 채용계약상 특별한 약정이 없는 한, 지방계약직공무원에 대하여 지방공무원법, 지방공무원 징계 및 소청 규정에 정한 징계절차에 의하지 않고서는 보수를 삭감할 수 없다고 봄이 상당하다.
[2] 지방계약직공무원규정의 시행에 필요한 사항을 규정하기 위한 '서울특별시 지방계약직공무원 인사관리규칙' 제8조 제3항은 근무실적평가 결과 근무실적이 불량한 사람에 대하여 봉급을 삭감할 수 있도록 규정하고 있는바, 보수의 삭감은 이를 당하는 공무원의 입장에서는 징계처분의 일종인 감봉과 다를 바 없음에도 징계처분에 있어서와 같이 자기에게 이익이 되는 사실을 진술하거나 증거를 제출할 수 있는 등의 절차적 권리가 보장되지 않고 소청 등의 구제수단도 인정되지 아니한 채 이를 감수하도록 하는 위 규정은, 그 자체 부당할 뿐만 아니라 지방공무원법이나 지방계약직공무원규정에 아무런 위임의 근거도 없는 것이거나 위임의 범위를 벗어난 것으로서 무효이다. (대판 2008.6.12. 2006두16328)

ㄴ. (○) 이 사건 국가산업단지 입주계약해지통보는 단순히 대등한 당사자의 지위에서 형성된 공법상 계약을 계약당사자의 지위에서 종료시키는 의사표시에 불과하다고 볼 것이 아니라 행정청인 관리권자로부터 관리업무를 위탁받은 피고가 우월적 지위에서 원고에게 일정한 법률상 효과를 발생하게 하는 것으로서 항고소송의 대상이 되는 행정처분에 해당한다고 보아야 할 것이다. (대판 2011.6.30. 2010두23859)

ㄷ. (○) 한국환경산업기술원장이 환경기술개발사업협약을 체결한 甲주식회사 등에게 연차평가실시 결과 절대평가 60점 미만으로 평가되었다는 이유로 연구개발중단조치 및 연구비 집행중지조치를 한 사안에서, 각 조치가 항고소송의 대상이 되는 행정처분에 해당한다. (대판 2015.12.24. 2015두264)

ㄹ. (×) 처분이 아니라 공법상 계약이다. (대판 2001.12.11. 2001두7794)

ㅂ. (×) 처분이 아니라 공법상 계약이다.

> 계약직공무원 채용계약해지의 의사표시는 일반공무원에 대한 징계처분과는 달라서 항고소송의 대상이 되는 처분 등의 성격을 가진 것으로 인정되지 아니하고, 일정한 사유가 있을 때에 국가 또는 지방자치단체가 채용계약관계의 한쪽당사자로서 대등한 지위에서 행하는 의사표시로 취급되는 것으로 이해되므로, 이를 징계해고 등에서와 같이 그 징계사유에 한하여 효력 유무를 판단하여야 하거나, 행정처분과 같이 행정절차법에 의하여 근거와 이유를 제시하여야 하는 것은 아니다. (대판 2002.11.26. 2002두5948)

정답 ④

### 기출지문 OX

**01** 지방자치단체가 사인과 체결한 자원회수시설에 대한 위탁운영협약은 사법상 계약에 해당하므로 그에 관한 다툼은 민사소송의 대상이 된다. [20 서울·지방7급] (O, ×)

해설 위탁운영협약은 甲지방자치단체가 사인인 乙회사 등에 위 시설의 운영을 위탁하고 그 위탁운영비용을 지급하는 것을 내용으로 하는 용역계약으로서 상호 대등한 입장에서 당사자의 합의에 따라 체결한 사법상 계약에 해당하고, … 甲지방자치단체가 미집행액 회수를 위하여 乙회사 등으로부터 지급받은 돈이 부당이득에 해당하지 않는다고 본 원심판단에 법리를 오해한 잘못이 있다. (대판 2019.10.17. 2018두60588)

정답 O

**02** 구 「사회간접자본시설에 대한 민간투자법」에 근거한 서울 - 춘천 간 고속도로 민간투자시설사업의 사업시행자 지정은 공법상 계약에 해당한다. [20 서울·지방7급] (O, ×)

해설 사업자 지정은 처분성이 인정된다. (대판 2009.4.23. 2007두13159)

정답 ×

**03** 과학기술기본법령상 사업 협약의 해지통보는 대등당사자의 지위에서 형성된 공법상 계약을 계약당사자의 지위에서 종료시키는 의사표시에 해당한다. [20 서울·지방7급] (O, ×)

해설 사업계약의 해지통보는 처분성이 인정되므로 항고소송의 대상이다. 다만, 징계요구는 내부적 행위이므로 처분성이 부정된다.

> 재단법인 한국연구재단이 甲대학교 총장에게 乙에 대한 대학 자체징계를 요구한 것은 법률상 구속력이 없는 권유 또는 사실상의 통지로서 乙의 권리, 의무 등 법률상 지위에 직접적인 법률적 변동을 일으키지 않는 행위에 해당하므로, 항고소송의 대상인 행정처분에 해당하지 않는다고 본 원심판단은 정당하다. (대판 2014.12.11. 2012두28704)

정답 ×

## 006 공법상 계약에 관한 설명으로 가장 옳지 않은 것은?

19 서울7급 2월

① 「민법」의 계약해지규정이 그대로 적용될 수 없다.
② 「행정절차법」은 공법상 계약의 체결절차에 대해서는 규율하고 있지 않다.
③ 행정주체의 상대방이 계약상 의무를 이행하지 않는 경우라도 법률의 근거가 없으면 행정상 강제집행을 할 수 없다.
④ 전문직공무원인 공중보건의사의 채용계약해지는 관할 도지사의 일방적인 의사표시에 의해 그 신분을 박탈하는 불이익처분으로 항고소송의 대상이 된다.

**해설**
① (○) 공법상의 계약에는 민법상의 계약해제에 관한 규정이 그대로 적용되지는 않는다. 그 결과 행정주체는 공익을 이유로 일방적으로 해제·변경할 수 있으나 상대방은 해제권을 갖지 못하고 손실보상청구권을 가질 뿐이다. 반면, 계약의 상대방인 개인은 해제·변경권을 가지지 못하는 것이 원칙이다.
② (○)
③ (○) 강제집행은 법적 근거가 있는 경우에만 가능하다.
④ (×) 전문직공무원인 공중보건의사의 채용계약의 해지가 관할 도지사의 일방적인 의사표시에 의하여 그 신분을 박탈하는 불이익처분이라고 하여 곧바로 그 의사표시가 관할 도지사가 행정청으로서 공권력을 행사하여 행하는 행정처분이라고 단정할 수는 없다. (대판 1996.5.31. 95누10617)

**정답** ④

---

### 기출지문 OX

**01** 「국가를 당사자로 하는 계약에 관한 법률」에 따른 입찰절차에서의 낙찰자의 결정은 행정소송법상 처분에 해당한다. [19 서울 사복]
(○, ×)

해설 구 지방재정법 제63조가 준용하는 국가를 당사자로 하는 계약에 관한 법률 제11조는 지방자치단체가 당사자로서 계약을 체결하고자 할 때에는 계약서를 작성하여야 하고 그 경우 담당공무원과 계약당사자가 계약서에 기명날인 또는 서명함으로써 계약이 확정된다고 규정함으로써, 이 경우 낙찰자의 결정으로 바로 계약이 성립된다고 볼 수는 없어 낙찰자는 지방자치단체에 대하여 계약을 체결하여 줄 것을 청구할 수 있는 권리를 갖는 데 그치고, 이러한 점에서 위 법률에 따른 낙찰자결정의 법적 성질은 입찰과 낙찰행위가 있은 후에 더 나아가 본계약을 따로 체결한다는 취지로서 계약의 편무예약에 해당한다. (대판 2006.6.29. 2005다41603)

**정답** ×

**02** 국가가 사인과 계약을 체결할 때에는 「국가를 당사자로 하는 계약에 관한 법률」에 따른 계약서를 따로 작성하는 등 그 요건과 절차를 이행하여야 한다. [19 서울 사복]
(○, ×)

해설 국가를 당사자로 하는 계약에 관한 법률 제2조

**정답** ○

**03** 「국가를 당사자로 하는 계약에 관한 법률」에 따른 계약서를 따로 작성하는 등 그 요건과 절차를 거치지 않고 체결된 계약이라고 해서 무효가 되는 것은 아니다. [19 서울 사복]
(○, ×)

해설 국가를 당사자로 하는 계약에 관한 법률 제11조 제1항·제2항에 의하면 지방자치단체가 계약을 체결하고자 할 때에는 계약의 목적, 계약금액, 이행기간, 계약보증금, 위험부담, 지체상금 기타 필요한 사항을 명백히 기재한 계약서를 작성하여야 하고, 그 담당공무원과 계약상대자가 계약서에 기명·날인 또는 서명함으로써 계약이 확정된다고 규정하고 있는바, 위 각 규정의 취지에 의하면 지방자치단체가 사경제의 주체로서 사인과 사법상의 계약을 체결함에 있어서는 위 법령에 따른 계약서를 따로 작성하는 등 그 요건과 절차를 이행하여야 하고, 설사 지방자치단체와 사인 사이에 사법상의 계약 또는 예약이 체결되었다 하더라도 위 법령상의 요건과 절차를 거치지 않은 계약 또는 예약은 그 효력이 없다. (대판 2009.12.24. 2009다51288)

**정답** ×

**007** 공법상 계약에 대한 설명으로 옳지 않은 것은? (다툼이 있는 경우 판례에 의함)  17 국가7급

① 「지방자치단체를 당사자로 하는 계약에 관한 법률」에 따라, 지방자치단체가 당사자가 되는 이른바 공공계약은 본질적인 내용이 사인 간의 계약과 다를 바가 없다.

② 공법상 채용계약에 대한 해지의 의사표시는 공무원에 대한 징계처분과 달라서 「행정절차법」에 의하여 그 근거와 이유를 제시하여야 하는 것은 아니다.

③ 택시회사들의 자발적 감차와 그에 따른 감차보상금의 지급 및 자발적 감차조치의 불이행에 따른 행정청의 직권 감차명령을 내용으로 하는 택시회사들과 행정청 간의 합의는 대등한 당사자 사이에서 체결한 공법상 계약에 해당하므로, 그에 따른 감차명령은 행정청이 우월한 지위에서 행하는 공권력의 행사로 볼 수 없다.

④ 공법상 계약의 무효확인을 구하는 당사자소송의 청구는 당해 소송에서 추구하는 권리구제를 위한 다른 직접적인 구제방법이 있는 이상 소송요건을 구비하지 못한 위법한 청구이다.

> 해설

① (O) 지방자치단체나 국가가 체결하는 공공계약은 사법상 계약의 일종이다. (대판 2001.12.11. 2001다33604)

② (O) 행정절차법상 이유제시는 처분절차에 적용되는 것이므로 공법상 계약에는 적용되지 않는다. (대판 2002.11.26. 2002두5948)

③ (X) 감차란 운송사업자에 대하여 운행차량의 숫자를 줄이라는 명령으로서 운송사업자의 권리·의무에 영향을 미치는 처분에 해당한다.

> 여객자동차 운수사업법 제85조 제1항 제38호에 의하면, 운송사업자에 대한 면허에 붙인 조건을 위반한 경우 감차 등이 따르는 사업계획변경명령(이하 '감차명령'이라 한다)을 할 수 있는데, 감차명령의 사유가 되는 '면허에 붙인 조건을 위반한 경우'에서 '조건'에는 운송사업자가 준수할 일정한 의무를 정하고 이를 위반할 경우 감차명령을 할 수 있다는 내용의 '부관'도 포함된다. … 감차명령은 행정소송법 제2조 제1항 제1호가 정한 처분으로서 항고소송의 대상이 된다. (대판 2016.11.24. 2016두45028)

④ (O) 당사자소송은 민사소송과 유사하므로 당사자소송의 한 종류로서 무효소송을 할 때는 항고소송과 달리 즉시확정의 이익이 필요하다.

> 공법상 계약의 무효확인을 구하는 당사자소송은 확인소송이므로 확인의 이익(즉시확정의 이익)이 요구된다. 이 사건과 같이 이미 채용기간이 만료되어 소송 결과에 의해 법률상 그 직위가 회복되지 않는 이상 채용계약해지의 의사표시의 무효확인만으로는 당해 소송에서 추구하는 권리구제의 기능이 있다고 할 수 없고, 침해된 급료 지급청구권이나 사실상의 명예를 회복하는 수단은 바로 급료의 지급을 구하거나 명예훼손을 전제로 한 손해배상을 구하는 등의 이행청구소송으로 직접적인 권리구제방법이 있는 이상 무효확인소송은 적절한 권리구제수단이라 할 수 없어 확인소송의 또 다른 소송요건을 구비하지 못하고 있다 할 것이며, 위와 같이 직접적인 권리구제의 방법이 있는 이상 무효확인소송을 허용하지 않는다고 해서 당사자의 권리구제를 봉쇄하는 것도 아니다. (대판 2008.6.12. 2006두16328)

정답 ③

> **기출지문 OX**
>
> **01** 공법상 계약은 행정주체와 사인 간에만 체결 가능하며, 행정주체 상호 간에는 공법상 계약이 성립할 수 없다. [17 국가9급] (O, X)
> **해설** 공법상 계약은 행정주체 상호 간의 공법상 계약, 행정주체와 사인 간의 공법상 계약, 사인 상호 간(공무수탁사인과 사인)의 공법상 계약이 있다.   **정답** X
>
> **02** 다수설에 따르면 공법상 계약은 당사자의 자유로운 의사의 합치에 의하므로 원칙적으로 법률유보의 원칙이 적용되지 않는다고 본다. [17 국가9급] (O, X)
> **해설** 공법상 계약에 법적인 근거가 필요한지에 대해서는 학설대립이 있다. 법적 근거 불요설이 다수설이다. 다만 공법상 계약에도 법률우위의 원칙은 적용된다.   **정답** O
>
> **03** 일반적으로 공법상 계약은 법규에 저촉되지 않는 한 자유로이 체결할 수 있으며 법률의 근거도 필요하지 않다. [17 서울7급] (O, X)
> **해설** 공법상 계약에 법적 근거가 필요한지는 학설대립이 있지만, 일반적으로 공법상 계약은 법규에 저촉되지 않는 한 자유로이 체결할 수 있으며 법률의 근거도 필요하지 않다고 본다.   **정답** O

## 008 공법상 계약에 대한 설명으로 옳은 것은? (다툼이 있는 경우 판례에 의함) 〔16 국가9급〕

① 국립의료원 부설 주차장에 관한 위탁관리용역운영계약은 공법상 계약에 해당한다.

② 공법상 계약에 대해서도 「행정절차법」이 적용된다.

③ 「사회기반시설에 대한 민간투자법」상 민간투자사업의 사업시행자 지정은 공법상 계약이 아니라 행정처분에 해당한다.

④ 부담은 그 자체로서 독립된 행정처분이므로 행정청이 행정처분을 하면서 일방적으로 부가하는 것이지, 사전에 상대방과 협의하여 부담의 내용을 협약의 형식으로 미리 정한 후에 행정처분을 하면서 이를 부가할 수는 없다.

**해설**
① (X) 국립의료원 부설 주차장에 관한 위탁관리용역운영계약은 특허로서 처분성이 인정된다.
② (X) 행정절차법은 처분에 적용되므로 공법상 계약에는 적용되지 않는다.
③ (O) 사회기반시설에 대한 민간투자법상 민간투자사업의 사업시행자 지정은 특허의 일종으로 행정처분에 해당한다.
④ (X) 부담은 그 자체로서 독립된 행정처분이므로 행정청이 행정처분을 하면서 일방적으로 부가할 수 있을 뿐만 아니라 사전에 상대방과 협의하여 부담의 내용을 협약의 형식으로 미리 정한 후에 부가하는 것도 가능하다.

**정답** ③

## 009 공법상 계약에 관한 설명으로 옳지 않은 것은?

11.경북 교행

① 행정계약이란 공법상 계약과 사법상 계약을 포함하는 개념이다.
② 프랑스에서는 공기업특허나 공물사용특허를 공법상 계약으로 파악한다.
③ 공법상 계약에는 법률유보의 원칙이 적용되지 않는다.
④ 공법상 계약에 대하여는 「민법」상의 계약해제에 관한 규정이 적용된다.
⑤ 위법한 공법상 계약은 「민법」에서와 같이 원칙상 무효이다.

> **해설**
> ① (O) 행정계약은 계약의 내용과 관계없이 행정주체가 당사자로 되는 모든 계약을 의미한다. 즉, 행정계약에는 공법상 계약과 사법상 계약이 포함된다.
> ② (O) 프랑스에서는 당사자 및 목적에 중점을 두어 널리 '공공역무'에 관한 계약을 중심으로 인정되어, 공법상의 보상계약·수용계약, 행정행위에 속하는 공기업특허·공물사용특허는 물론 사경제작용에 해당하는 공사도급계약·물품납품계약까지 행정계약으로 파악한다.
> ③ (O) 공법상 계약에 법률유보의 원칙이 적용되는지에 대해서는 학설대립이 있다. 법령에 근거가 없더라도 행정청은 자유롭게 공법상 계약을 체결할 수 있다는 것이 다수설이다.
> ④ (✕) 공법상의 계약에는 민법상의 계약해제에 관한 규정이 그대로 적용되지는 않는다. 그 결과 행정주체는 공익을 이유로 일방적으로 해제·변경할 수 있으나 상대방은 해제권을 갖지 못하고 손실보상청구권을 가질 뿐이다. 반면에 계약의 상대방인 개인은 해제·변경권을 가지지 못하는 것이 원칙이다.
> ⑤ (O) 공법상의 계약에는 공정력이 인정되지 않기 때문에 하자가 있는 경우에도 행정행위의 하자이론이 적용되지 않는다. 즉 하자가 무효 아니면 유효이지, 취소할 수 있는 계약은 없다는 것이 다수설이다.

**정답** ④

## 제2절 행정상 사실행위

**010** 행정상 사실행위에 관한 설명으로 옳지 않은 것은? (다툼이 있는 경우 판례에 의함)  23 소방

① 권력적 사실행위가 행정처분의 준비단계로서 행하여지거나 행정처분과 결합된 경우에는 행정처분에 흡수·통합되어 불가분의 관계에 있다 할 것이므로 행정처분이 취소소송의 대상이 되지만, 처분과 분리하여 따로 권력적 사실행위를 다툴 실익이 있다.

② 비권력적 사실행위는 공권력의 행사에 해당하지 않지만, 행정청이 우월적 지위에서 일방적으로 강제하는 권력적 사실행위는 헌법소원의 대상이 되는 공권력의 행사에 해당한다.

③ 도지사가 도에서 설치·운영하는 지방의료원을 폐업하겠다는 결정을 발표하고 그에 따라 폐업을 위한 일련의 조치를 한 경우, 폐업결정은 공권력의 행사로서 행정처분에 해당한다.

④ 일반적으로 어떤 행위가 헌법소원의 대상이 되는 권력적 사실행위에 해당하는지 여부는 당해 행정주체와 상대방과의 관계, 그 사실행위에 대한 상대방의 의사·관여 정도·태도, 그 사실행위의 목적·경위, 법령에 의한 명령·강제수단의 발동 가부 등 그 행위가 행하여질 당시의 구체적 사정을 종합적으로 고려하여 개별적으로 판단해야 한다.

**해설**

① (X) 권력적 사실행위가 행정처분의 준비단계로서 행하여지거나 행정처분과 결합된 경우에는 행정처분에 흡수·통합되어 불가분의 관계에 있다고 것이므로 행정처분만이 취소소송의 대상이 되고, 처분과 분리하여 따로 권력적 사실행위를 다툴 실익은 없다. 그러나 권력적 사실행위가 항상 행정처분의 준비행위로 행하여지거나 행정처분과 결합되는 것은 아니므로 그러한 사실행위에 대하여는 다툴 실익이 있다. (헌재 2003.12.18. 2001헌마754)

② (O) 권력적 사실행위는 처분성이 인정되지만 소의 이익이 없는 경우가 많으므로 헌법소원의 대상이 되는 공권력의 행사이기도 하다.

③ (O) 甲도지사가 도에서 설치·운영하는 乙지방의료원을 폐업하겠다는 결정을 발표하고 그에 따라 폐업을 위한 일련의 조치가 이루어진 후 乙지방의료원을 해산한다는 내용의 조례를 공포하고 乙지방의료원의 청산절차가 마쳐진 사안에서, 甲도지사의 폐업결정은 항고소송의 대상에 해당하지만 취소를 구할 소의 이익을 인정하기 어렵다. (대판 2016.8.30. 2015두60617)

④ (O) 헌재 1994.5.6. 89헌마35

**정답** ①

---

**기출지문 OX**

**01** 수형자의 서신을 교도소장이 검열하는 행위는 행정심판이나 행정소송의 대상이 되는 행정처분으로 볼 수 있다. [11 지방7급] (O, X)
해설 헌재 1998.8.27. 96헌마398  참고 헌법소원도 가능하다.  **정답** O

**02** 지방자치단체의 장에 의한 수도의 공급거부는 사실행위이므로 처분성이 인정되지 않는다. [11 지방7급] (O, X)
해설 단수처분은 항고소송의 대상이 되는 행정처분에 해당한다. (대판 1979.12.28. 79누218)  **정답** X

**03** 위법한 행정지도에 따라 행한 사인의 행위는 법령에 명시적으로 정하지 않는 한 그 위법행위가 정당화될 수 없다. [11 지방7급] (O, X)
**정답** O

**04** 개인의 법률상 이익과 직결된 공적 경고의 경우에는 경찰상의 임무규정(직무규정)만으로 가능하고 권한규정에 근거할 필요는 없다. [09 관세사] (O, X)
해설 개인의 법률상 이익과 직결된 공적 경고의 경우에는 경찰상의 임무규정(직무규정)뿐만 아니라 권한규정의 근거도 필요하다. 비권력적 사실행위인 행정지도라고 할지라도 작용법적 근거는 없더라도 조직법적(임무규정) 근거는 필요하다.  **정답** X

## 제3절 행정지도

**행정지도**
1. 행정지도는 행정절차법에 규정이 있다.
2. 행정지도는 비권력적 사실행위이다.
3. 행정지도는 법적 근거가 필요 없다. 이때 법적 근거가 필요 없다는 것은 수권법적(작용법적) 근거가 필요 없다는 말이고 조직법적 근거는 필요하다.

**행정지도의 원칙과 방법**

| 명 | 견 | 비 | 실 | 공 | 부 | 임 | 문 |
|---|---|---|---|---|---|---|---|
| 명확성의 원칙 | 의견제출의 기회 부여 | 비례원칙 | 실명제 | 공통사항의 공표 | 불이익 금지 | 임의성 원칙 | · 말로 가능<br>· 문서를 요구하면 교부해야 함. |

### 011 행정지도에 대한 설명으로 옳지 않은 것은? (다툼이 있는 경우 판례에 의함) `19 국가9급`

① 행정지도는 상대방의 의사에 반하여 부당하게 강요하여서는 안 된다.
② 행정지도는 작용법적 근거가 필요하지 않으므로, 비례원칙과 평등원칙에 구속되지 않는다.
③ 교육인적자원부장관(현 교육부장관)의 대학총장들에 대한 학칙시정요구는 법령에 따른 것으로 행정지도의 일종이지만, 단순한 행정지도로서의 한계를 넘어 헌법소원의 대상이 되는 공권력의 행사라고 볼 수 있다.
④ 세무당국이 주류제조회사에 대하여 특정 업체와의 주류거래를 일정 기간 중지하여 줄 것을 요청한 행위는 권고적 성격의 행위로서 행정처분이라고 볼 수 없다.

**해설**

① (○)
> **행정절차법 제48조(행정지도의 원칙)**
> ① 행정지도는 그 목적 달성에 필요한 최소한도에 그쳐야 하며, 행정지도의 상대방의 의사에 반하여 부당하게 강요하여서는 아니 된다.

② (✗) 행정지도는 조직법적 근거는 필요하지만, 작용법적 근거는 필요 없다. 다만, 행정절차법 제48조 제1항에 행정지도시 비례원칙에 관한 명문규정을 두고 있다. 행정지도는 그 목적 달성에 필요한 최소한도에 그쳐야 한다.
③ (○) 교육인적자원부장관의 대학총장들에 대한 이 사건 학칙시정요구는 그 법적 성격이 대학총장의 임의적인 협력을 통하여 사실상의 효과를 발생시키는 행정지도의 일종이지만, 그에 따르지 않을 경우 일정한 불이익조치를 예정하고 있어 사실상 상대방에게 그에 따를 의무를 부과하는 것과 다를 바 없으므로 단순한 행정지도로서의 한계를 넘어 규제적·구속적 성격을 상당히 강하게 갖는 것으로서 헌법소원의 대상이 되는 공권력의 행사라고 볼 수 있다. (헌재 2003.6.26. 2002헌마337)
④ (○) 세무당국이 소외 회사(조선맥주주식회사)에 대하여 원고와의 주류거래를 일정 기간 중지하여 줄 것을 요청한 행위는 항고소송의 대상이 될 수 없다. (대판 1980.10.27. 80누395)

**정답** ②

## 012

**행정지도에 대한 설명으로 옳지 않은 것은? (다툼이 있는 경우 판례에 의함)** 17 국가9급

① 위법한 행정지도에 따라 행한 사인의 행위는 법령에 명시적으로 정함이 없는 한 위법성이 조각된다고 할 수 없다.
② 행정지도의 상대방은 행정지도의 내용에 동의하지 않는 경우 이를 따르지 않을 수 있으므로, 행정지도의 내용이나 방식에 대해 의견제출권을 갖지 않는다.
③ 행정지도가 말로 이루어지는 경우에 상대방이 행정지도의 취지 및 내용, 행정지도를 하는 자의 신분에 관한 사항을 적은 서면의 교부를 요구하면 그 행정지도를 하는 자는 직무수행에 특별한 지장이 없으면 이를 교부하여야 한다.
④ 「국가배상법」이 정한 배상청구의 요건인 '공무원의 직무'에는 권력적 작용만이 아니라 행정지도와 같은 비권력적 작용도 포함된다.

**해설**

① (O) 위법한 지도를 따른 경우에 위법성이 조각되지 않는다.

> 행정관청이 토지거래계약신고에 관하여 공시된 기준지가를 기준으로 매매가격을 신고하도록 행정지도하여 온 경우 그와 같은 위법한 관행에 따라 토지의 매매가격을 허위로 신고한 행위는 범법행위로서 사회상규에 위배되지 않는 정당한 행위라고 볼 수 없다. (대판 1992.4.24. 91도1609)

② (X) 행정지도는 강제력이 없으므로 따라야 할 의무는 없다. 그러나 행정지도의 상대방은 해당 행정지도의 방식·내용 등에 관하여 행정기관에 의견제출을 할 수 있다. **(행정절차법 제50조)**
③ (O) **행정절차법 제49조 제2항**
④ (O) **대판 2004.4.9. 2002다10691**

**정답** ②

## 013

**판례에 의할 때 사실행위에 해당하는 것만을 모두 고른 것은?** 15 사복

ㄱ. 추첨방식에 의해 운수사업면허대상자를 선정하는 경우에 있어서의 추첨행위
ㄴ. 구속된 피의자가 수갑 및 포승을 사용한 상태로 피의자 신문을 받도록 한 수갑 및 포승 사용행위
ㄷ. 액화석유가스충전사업의 지위승계신고를 수리하는 행위
ㄹ. 공립학교당국이 미납 공납금을 완납하지 아니할 경우 졸업증의 교부와 증명서를 발급하지 않겠다고 통고한 행위

① ㄱ, ㄹ   ② ㄷ, ㄹ   ③ ㄱ, ㄴ, ㄷ   ④ ㄱ, ㄴ, ㄹ

**해설**

ㄱ. (O) 비권력적 사실행위이다.
ㄴ. (O) 권력적 사실행위이다.
ㄷ. (X) 수리를 요하는 행위로서 행정행위이다.
ㄹ. (O) 비권력적 사실행위이다.

**정답** ④

## 014

여름철 식중독예방을 위해 A구의 보건행정담당공무원 **甲**이 관내 일반·휴게·계절음식점 업주에 대해 위생지도를 실시하고 있다. 이에 관한 설명 중 **옳지 않은 것은**?

15 서울9급

① 판례에 따르면 법령의 수권 없이 행정지도를 할 수 없다.
② 위생지도의 상대방인 일반·휴게·계절음식점 업주가 甲의 위생지도에 불응한 경우, 그 사유만으로 당해 업주에게 불이익한 조치를 해서는 아니 된다.
③ 甲의 위생지도는 구속력을 갖지 않는 행정지도에 속하지만 「행정절차법」상의 비례원칙이 적용된다.
④ 甲의 위생지도가 다수인을 대상으로 하는 것이라면 특별한 사정이 없는 한 위생지도에 관한 공통적인 내용과 사항을 공표해야 한다.

> **해설**
> ① (✕) 행정지도는 비권력적 작용이므로 작용법적인 근거에 관한 법적 근거가 없어도 가능하다. 다만, 조직법적인 근거는 필요하다.
> ② (○) 행정절차법 제48조 제2항
> ③ (○) 행정절차법 제48조 제1항
> ④ (○) 행정절차법 제51조
>
> **정답** ①

## 015

밑줄 친 부분의 행정작용에 해당하는 것은?

11 사복

> 정부는 다음 달 초부터 자동차 운전자들이 자주 일삼는 교차로 꼬리물기에 대하여 단속보다는 이를 지양하는 방향으로 계도하기로 하고 적극 홍보에 나섰다.

① 행정기관이 장래 일정 기간 내에 도달해야 할 목표를 설정하고 제 수단을 조정·통합하는 작용 또는 그 활동기준
② 행정기관이 행정목적을 실현하기 위하여 특정인에게 일정한 행위를 하거나 하지 아니하도록 지도·권고·조언 등을 하는 행정작용
③ 행정활동의 한 수단으로 공행정목적을 수행하기 위한 계약적 행정작용
④ 일정한 행정작용을 하거나 하지 않을 것을 내용으로 하는 행정청의 구속력 있는 약속

> **해설**
> 자동차 운전자들의 꼬리물기에 대해 단속하는 것은 권력적 행위이지만, 이를 하지 않도록 계도하는 것은 상대방의 협력에 의해 행정목적을 달성하려는 것이므로 비권력적 행정지도의 성질을 가진다.
> ① (✕) 행정계획의 개념이다.
> ② (○) 행정지도의 개념이다.
> ③ (✕) 공법상 계약의 개념이다.
> ④ (✕) 확약의 개념이다.
>
> **정답** ②

## 제4절 비공식적 행정작용과 행정의 자동결정

### 01 비공식적 행정작용

**016** 비공식적 행정작용원리와 거리가 먼 것은?  07 인천 교행

① 협력의 원칙
② 당사자의 자발적 참여 유도
③ 행정법상의 일반원칙에 의한 구속
④ 법적 안정성과 예측가능성 확보

**해설**
① (○) 사인과의 협의, 협조, 타협, 사전절충 등을 내용으로 한다.
② (○) 당사자의 합의에 의하여 결정을 유도함으로써 법적 분쟁의 회피·경감에 기여할 수 있다.
③ (○) 비권력적 행정작용이라 하더라도 법률우위의 원칙이 적용된다. 뿐만 아니라 구체적인 법적 근거가 없다고 하더라도 행정작용인 것은 사실이기 때문에 행정법의 일반원리인 평등원칙·비례의 원칙·신뢰보호의 원칙에 의하여 제한을 받는다.
④ (×) 형식의 다양성으로 인해 법적 안정성과 예측가능성을 확보하기 어렵다는 문제점이 있다.

**정답** ④

**017** 비공식적 행정작용에 관한 내용으로 가장 옳지 않은 것은?  04 국회8급

① 법치국가적 요구의 후퇴
② 제3자의 지위 약화 초래
③ 행정에 대한 효과적 통제 곤란
④ 행정의 능률성과 탄력성 제고
⑤ 국민의 권익구제 충실기능

**해설**
① (○) 비공식적 행정작용은 법에 근거 없이 이루어지기 때문에 법치행정이 후퇴될 수 있다.
② (○) 당국과 상대방 사이에서만 진행되므로 제3자는 그에 관한 내용을 알 수 없는 결과 제3자의 지위가 보장되기 어려운 문제가 있다.
③ (○) 행정작용의 근거, 요건 및 효과 등이 법에 규정되어 있지 않은 행정작용이므로, 이에 대한 입법부나 사법부의 통제가 곤란하다.
④ (○) 당사자 간의 합의나 양해 등에 의하여 이루어지기 때문에, 행정을 능률적으로 처리할 수 없는 문제점이 있다.
⑤ (×) 비공식적 행정작용은 비권력적 사실행위로서 처분성이 인정되지 않으므로 국민의 권익구제에 문제가 있다.

**정답** ⑤

## 02 행정의 자동결정

**018** 「행정기본법」에 대한 설명으로 옳지 않은 것은?  22 소방

① 행정작용은 법률에 위반되어서는 아니 되며, 국민의 권리를 제한하거나 의무를 부과하는 경우와 그 밖에 국민생활에 중요한 영향을 미치는 경우에는 법률에 근거하여야 한다.

② 행정청은 권한 행사의 기회가 있음에도 불구하고 장기간 권한을 행사하지 아니하여 국민이 그 권한이 행사되지 아니할 것으로 믿을 만한 정당한 사유가 있는 경우에는 그 권한을 행사해서는 아니 된다. 다만, 공익 또는 제3자의 이익을 현저히 해칠 우려가 있는 경우는 예외로 한다.

③ 즉시강제는 다른 수단으로는 행정목적을 달성할 수 없는 경우에만 허용되며, 이 경우에도 최소한으로만 실시하여야 한다.

④ 행정청은 법률로 정하는 바에 따라 처분에 재량이 있는 경우에도 완전히 자동화된 시스템으로 처분을 할 수 있다.

**해설**

① (○) 행정기본법 제8조
② (○) 행정기본법 제12조 제2항
③ (○) 행정기본법 제33조 제1항
④ (×) 처분에 재량이 있는 경우에는 완전히 자동화된 시스템으로 처분을 할 수 없다.

> **행정기본법** 제20조(자동적 처분)
> 행정청은 법률로 정하는 바에 따라 완전히 자동화된 시스템(인공지능기술을 적용한 시스템을 포함한다)으로 처분을 할 수 있다. 다만, 처분에 재량이 있는 경우는 그러하지 아니하다.

**정답** ④

---

**019** 「행정기본법」상 처분에 대한 설명으로 옳은 것은?  21 서울·지방7급

① 행정청은 적법한 처분의 경우 당사자의 신청이 있는 경우에만 철회가 가능하다.

② 행정청은 처분에 재량이 있는 경우 법령이나 행정규칙이 정하는 바에 따라 완전히 자동화된 시스템으로 처분할 수 있다.

③ 당사자의 신청에 따른 처분은 다른 법령에 특별한 규정이 있는 경우를 제외하고는 신청 당시의 법령 등에 따른다.

④ 새로운 법령 등은 법령 등에 특별한 규정이 있는 경우를 제외하고는 그 법령 등의 효력 발생 전에 완성되거나 종결된 사실관계 또는 법률관계에 대해서는 적용되지 아니한다.

> 해설

① (×) 취소와 철회는 직권으로 가능하다.

> **행정기본법 제19조(적법한 처분의 철회)**
> ① 행정청은 적법한 처분이 다음 각 호의 어느 하나에 해당하는 경우에는 그 처분의 전부 또는 일부를 장래를 향하여 철회할 수 있다.
>   1. 법률에서 정한 철회사유에 해당하게 된 경우
>   2. 법령 등의 변경이나 사정변경으로 처분을 더 이상 존속시킬 필요가 없게 된 경우
>   3. 중대한 공익을 위하여 필요한 경우

② (×) 처분에 재량이 있는 경우에는 완전히 자동화된 시스템으로 처분할 수 없다. (행정기본법 제20조)

③ (×)

> **행정절차법 제14조(법 적용의 기준)**
> 당사자의 신청에 따른 처분은 법령 등에 특별한 규정이 있거나 처분 당시의 법령 등을 적용하기 곤란한 특별한 사정이 있는 경우를 제외하고는 처분 당시의 법령 등에 따른다.

④ (○) 행정기본법 제14조 제1항

정답 ④

## 020 행정의 자동결정에 대한 설명으로 옳지 않은 것은? 16 사복

① 행정의 자동결정의 예로는 신호등에 의한 교통신호, 컴퓨터를 통한 중·고등학생의 학교배정 등을 들 수 있다.
② 행정의 자동결정은 컴퓨터를 통하여 이루어지는 자동적 결정이기 때문에 행정행위의 개념적 요소를 구비하는 경우에도 행정행위로서의 성격을 인정하는 데 어려움이 있다.
③ 행정의 자동결정의 기준이 되는 프로그램의 법적 성질은 명령(행정규칙을 포함)이라는 견해가 유력하다.
④ 행정의 자동결정도 행정작용의 하나이므로 행정의 법률적합성과 행정법의 일반원칙에 의한 법적 한계를 준수하여야 한다.

> 해설

① (○)
② (×) 행정의 자동결정에 대해서는 처분성을 인정하는 것이 일반적이다.
③ (○) 프로그램의 법적 성질에 대해서는 학설대립이 있지만, 법규명령 또는 행정규칙의 일종으로 보는 것이 일반적이다.
④ (○)

정답 ②

# PART 3
## 행정절차, 정보공개, 정보보호

**CHAPTER 01** 행정절차법

**CHAPTER 02** 정보공개와 개인정보 보호

# CHAPTER 01 행정절차법

## 행정절차법상 처분절차

| 공통적으로 적용되는 절차 | 수익적처분에만 적용되는 절차 | 불이익처분에만 적용되는 절차 |
|---|---|---|
| • 처분기준의 설정 공표 (제20조)<br>• 처분의 이유제시 (제23조)<br>• 처분의 방식: 문서주의 (제24조)<br>• 처분의 정정 (제25조)<br>• 고지제도 | • 처분의 신청 (제17조)<br>• 다수의 행정청이 관여하는 처분 (제18조) | • 처분의 사전통지 (제21조)<br>• 의견청취<br>• 의견제출<br>• 청문<br>• 공청회 |

 주요조문

**행정절차법 제3조(적용범위)**
① 처분, 신고, 확약, 위반사실 등의 공표, 행정계획, 행정상 입법예고, 행정예고 및 행정지도의 절차(이하 '행정절차'라 한다)에 관하여 다른 법률에 특별한 규정이 있는 경우를 제외하고는 이 법에서 정하는 바에 따른다.

**제5조의2(행정업무 혁신)**
① 행정청은 모든 국민이 균등하고 질 높은 행정서비스를 누릴 수 있도록 노력하여야 한다.

**제14조(송달)**
⑤ 제4항에 따른 공고를 할 때에는 민감정보 및 고유식별정보 등 송달받을 자의 개인정보를 개인정보 보호법에 따라 보호하여야 한다.
⑥ 행정청은 송달하는 문서의 명칭, 송달받는 자의 성명 또는 명칭, 발송방법 및 발송 연월일을 확인할 수 있는 기록을 보존하여야 한다.

**제19조(처리기간의 설정·공표)**
④ 행정청이 정당한 처리기간 내에 처리하지 아니하였을 때에는 신청인은 해당 행정청 또는 그 감독 행정청에 신속한 처리를 요청할 수 있다.

**제20조(처분기준의 설정·공표)**
② 행정기본법 제24조에 따른 인허가의제의 경우 관련 인허가 행정청은 관련 인허가의 처분기준을 주된 인허가 행정청에 제출하여야 하고, 주된 인허가 행정청은 제출받은 관련 인허가의 처분기준을 통합하여 공표하여야 한다. 처분기준을 변경하는 경우에도 또한 같다.

**제24조(처분의 방식)**
① 행정청이 처분을 할 때에는 다른 법령 등에 특별한 규정이 있는 경우를 제외하고는 문서로 하여야 하며, 다음 각 호의 어느 하나에 해당하는 경우에는 전자문서로 할 수 있다.
　1. 당사자 등의 동의가 있는 경우
　2. 당사자가 전자문서로 처분을 신청한 경우
② 제1항에도 불구하고 공공의 안전 또는 복리를 위하여 긴급히 처분을 할 필요가 있거나 사안이 경미한 경우에는 말, 전화, 휴대전화를 이용한 문자 전송, 팩스 또는 전자우편 등 문서가 아닌 방법으로 처분을 할 수 있다. 이 경우 당사자가 요청하면 지체 없이 처분에 관한 문서를 주어야 한다.
③ 처분을 하는 문서에는 그 처분 행정청과 담당자의 소속·성명 및 연락처(전화번호, 팩스번호, 전자우편주소 등을 말한다)를 적어야 한다.

**제28조(청문 주재자)**
② 행정청은 다음 각 호의 어느 하나에 해당하는 처분을 하려는 경우에는 청문 주재자를 2명 이상으로 선정할 수 있다. 이 경우 선정된 청문 주재자 중 1명이 청문 주재자를 대표한다.
　1. 다수 국민의 이해가 상충되는 처분
　2. 다수 국민에게 불편이나 부담을 주는 처분

3. 그 밖에 전문적이고 공정한 청문을 위하여 행정청이 청문 주재자를 2명 이상으로 선정할 필요가 있다고 인정하는 처분
③ 행정청은 청문이 시작되는 날부터 7일 전까지 청문 주재자에게 청문과 관련한 필요한 자료를 미리 통지하여야 한다.

**제37조(문서의 열람 및 비밀유지)**
① 당사자 등은 의견제출의 경우에는 처분의 사전통지가 있는 날부터 의견제출기한까지, 청문의 경우에는 청문의 통지가 있는 날부터 청문이 끝날 때까지 행정청에 해당 사안의 조사 결과에 관한 문서와 그 밖에 해당 처분과 관련되는 문서의 열람 또는 복사를 요청할 수 있다. 이 경우 행정청은 다른 법령에 따라 공개가 제한되는 경우를 제외하고는 그 요청을 거부할 수 없다.

**제39조(공청회의 진행)**
③ 공청회의 주재자는 발표자의 발표가 끝난 후에는 발표자 상호 간에 질의 및 답변을 할 수 있도록 하여야 하며, 방청인에게도 의견을 제시할 기회를 주어야 한다.

**제40조의3(위반사실 등의 공표)**
① 행정청은 법령에 따른 의무를 위반한 자의 성명·법인명, 위반사실, 의무 위반을 이유로 한 처분사실 등(이하 '위반사실 등'이라 한다)을 법률로 정하는 바에 따라 일반에게 공표할 수 있다.
② 행정청은 위반사실 등의 공표를 하기 전에 사실과 다른 공표로 인하여 당사자의 명예·신용 등이 훼손되지 아니하도록 객관적이고 타당한 증거와 근거가 있는지를 확인하여야 한다.
③ 행정청은 위반사실 등의 공표를 할 때에는 미리 당사자에게 그 사실을 통지하고 의견제출의 기회를 주어야 한다. 다만, 다음 각 호의 어느 하나에 해당하는 경우에는 그러하지 아니하다.
  1. 공공의 안전 또는 복리를 위하여 긴급히 공표를 할 필요가 있는 경우
  2. 해당 공표의 성질상 의견청취가 현저히 곤란하거나 명백히 불필요하다고 인정될 만한 타당한 이유가 있는 경우
  3. 당사자가 의견진술의 기회를 포기한다는 뜻을 명백히 밝힌 경우
④ 제3항에 따라 의견제출의 기회를 받은 당사자는 공표 전에 관할 행정청에 서면이나 말 또는 정보통신망을 이용하여 의견을 제출할 수 있다.
⑤ 제4항에 따른 의견제출의 방법과 제출 의견의 반영 등에 관하여는 제27조 및 제27조의2를 준용한다. 이 경우 '처분'은 '위반사실 등의 공표'로 본다.
⑥ 위반사실 등의 공표는 관보, 공보 또는 인터넷 홈페이지 등을 통하여 한다.
⑦ 행정청은 위반사실 등의 공표를 하기 전에 당사자가 공표와 관련된 의무의 이행, 원상회복, 손해배상 등의 조치를 마친 경우에는 위반사실 등의 공표를 하지 아니할 수 있다.
⑧ 행정청은 공표된 내용이 사실과 다른 것으로 밝혀지거나 공표에 포함된 처분이 취소된 경우에는 그 내용을 정정하여, 정정한 내용을 지체 없이 해당 공표와 같은 방법으로 공표된 기간 이상 공표하여야 한다. 다만, 당사자가 원하지 아니하면 공표하지 아니할 수 있다.

**제42조(예고방법)**
② 행정청은 대통령령을 입법예고하는 경우 국회 소관 상임위원회에 이를 제출하여야 한다.
③ 행정청은 입법예고를 할 때에 입법안과 관련이 있다고 인정되는 중앙행정기관, 지방자치단체, 그 밖의 단체 등이 예고사항을 알 수 있도록 예고사항을 통지하거나 그 밖의 방법으로 알려야 한다.
④ 행정청은 제1항에 따라 예고된 입법안에 대하여 온라인공청회 등을 통하여 널리 의견을 수렴할 수 있다. 이 경우 제38조의2 제3항부터 제5항까지의 규정을 준용한다.

**제46조(행정예고)**
③ 행정예고기간은 예고 내용의 성격 등을 고려하여 정하되, 20일 이상으로 한다.
④ 제3항에도 불구하고 행정목적을 달성하기 위하여 긴급한 필요가 있는 경우에는 행정예고기간을 단축할 수 있다. 이 경우 단축된 행정예고기간은 10일 이상으로 한다.

**제52조(국민참여 활성화)**
① 행정청은 행정과정에서 국민의 의견을 적극적으로 청취하고 이를 반영하도록 노력하여야 한다.
② 행정청은 국민에게 다양한 참여방법과 협력의 기회를 제공하도록 노력하여야 하며, 구체적인 참여방법을 공표하여야 한다.

**제52조의2(국민제안의 처리)**
① 행정청(국회사무총장·법원행정처장·헌법재판소사무처장 및 중앙선거관리위원회사무총장은 제외한다)은 정부시책이나 행정제도 및 그 운영의 개선에 관한 국민의 창의적인 의견이나 고안(이하 '국민제안'이라 한다)을 접수·처리하여야 한다.

### 제52조의3(국민참여 창구)
행정청은 주요 정책 등에 관한 국민과 전문가의 의견을 듣거나 국민이 참여할 수 있는 온라인 또는 오프라인 창구를 설치·운영할 수 있다.

### 제53조(온라인 정책토론)
① 행정청은 국민에게 영향을 미치는 주요 정책 등에 대하여 국민의 다양하고 창의적인 의견을 널리 수렴하기 위하여 정보통신망을 이용한 정책토론(이하 이 조에서 '온라인 정책토론'이라 한다)을 실시할 수 있다.

---

**001** 행정절차에 관한 설명으로 옳지 않은 것은? (다툼이 있는 경우 판례에 의함)   23 소방

① 고시의 방법으로 불특정 다수인을 상대로 의무를 부과하거나 권익을 제한하는 처분의 경우도 그 상대방에게 의견제출의 기회를 주어야 한다.

② 정보통신망을 이용하여 전자문서로 송달하는 경우에는 송달받을 자가 지정한 컴퓨터 등에 입력된 때에 도달된 것으로 본다.

③ 과세처분에 대한 전심절차가 모두 끝나고 상고심의 계류중에 세액산출근거의 통지가 있었다고 하여 이로써 과세처분의 하자가 치유되었다고는 볼 수 없다.

④ 행정청이 허가를 거부하는 처분을 함에 있어 당사자가 그 근거를 알 수 있을 정도로 상당한 이유를 제시하였다면, 구체적 조항 및 내용까지 명시하지 않았더라도 그로 말미암아 그 처분이 위법하게 되지는 않는다.

**해설**

① (✕) 일반처분의 경우에는 의견제출의 기회를 주는 것이 현실적으로 불가능하다.

> '고시'의 방법으로 불특정 다수인을 상대로 의무를 부과하거나 권익을 제한하는 처분은 성질상 의견제출의 기회를 주어야 하는 상대방을 특정할 수 없으므로, 이와 같은 처분에 있어서까지 구 행정절차법 제22조 제3항에 의하여 그 상대방에게 의견제출의 기회를 주어야 한다고 해석할 것은 아니다. (대판 2014.10.27. 2012두7745)

② (○) 행정절차법 제5조 제2항
③ (○) 하자의 치유는 소송제기 전까지만 가능하다.
④ (○) 대판 2003.11.28. 2003두674

**정답** ①

---

**002** 행정절차법령상 처분의 신청에 대한 설명으로 옳지 않은 것은?   23 국가9급

① 행정청은 신청인의 편의를 위하여 다른 행정청에 신청을 접수하게 할 수 있다.

② 행정청은 신청에 구비서류의 미비 등 흠이 있는 경우 접수를 거부하여야 한다.

③ 행정청은 처리기간이 '즉시'로 되어 있는 신청의 경우에는 접수증을 주지 아니할 수 있다.

④ 행정청은 다수의 행정청이 관여하는 처분을 구하는 신청을 접수한 경우에는 관계 행정청과의 신속한 협조를 통하여 그 처분이 지연되지 아니하도록 하여야 한다.

해설

① (O) ② (X) ③ (O)

> **행정절차법 제17조(처분의 신청)**
> ④ 행정청은 신청을 받았을 때에는 다른 법령등에 특별한 규정이 있는 경우를 제외하고는 그 접수를 보류 또는 거부하거나 부당하게 되돌려 보내서는 아니 되며, 신청을 접수한 경우에는 신청인에게 접수증을 주어야 한다. 다만, 대통령령으로 정하는 경우에는 접수증을 주지 아니할 수 있다.
> ⑤ 행정청은 신청에 구비서류의 미비 등 흠이 있는 경우에는 보완에 필요한 상당한 기간을 정하여 지체 없이 신청인에게 보완을 요구하여야 한다.
> ⑥ 행정청은 신청인이 제5항에 따른 기간 내에 보완을 하지 아니하였을 때에는 그 이유를 구체적으로 밝혀 접수된 신청을 되돌려 보낼 수 있다.
> ⑦ 행정청은 신청인의 편의를 위하여 다른 행정청에 신청을 접수하게 할 수 있다. 이 경우 행정청은 다른 행정청에 접수할 수 있는 신청의 종류를 미리 정하여 공시하여야 한다.

④ (O) 행정절차법 제18조

**정답** ②

---

**003** 「행정절차법」상 송달과 처분절차에 대한 설명으로 옳지 않은 것은? <sub>23 국가9급</sub>

① 처분기준의 설정·공표의 규정은 침익적 처분뿐만 아니라 수익적 처분의 경우에도 적용된다.
② 정보통신망을 이용하여 전자문서로 송달하는 경우에는 송달받을 자가 지정한 컴퓨터 등에 입력된 때에 도달된 것으로 본다.
③ 공청회가 개최는 되었으나 정상적으로 진행되지 못하고 무산된 횟수가 2회인 경우 온라인공청회를 단독으로 개최할 수 있다.
④ 송달이 불가능한 경우에는 송달받을 자가 알기 쉽도록 관보, 공보, 게시판, 일간신문 중 하나 이상에 공고하고 인터넷에도 공고하여야 한다.

해설

① (O)
② (O) 행정절차법 제15조 제2항
③ (X)

> **행정절차법 제38조의2(온라인공청회)**
> ① 행정청은 제38조에 따른 공청회와 병행하여서만 정보통신망을 이용한 공청회(이하 '온라인공청회'라 한다)를 실시할 수 있다.
> ② 제1항에도 불구하고 다음 각 호의 어느 하나에 해당하는 경우에는 온라인공청회를 단독으로 개최할 수 있다.
>   1. 국민의 생명·신체·재산의 보호 등 국민의 안전 또는 권익보호 등의 이유로 제38조에 따른 공청회를 개최하기 어려운 경우
>   2. 제38조에 따른 공청회가 행정청이 책임질 수 없는 사유로 개최되지 못하거나 개최는 되었으나 정상적으로 진행되지 못하고 무산된 횟수가 **3회** 이상인 경우
>   3. 행정청이 널리 의견을 수렴하기 위하여 온라인공청회를 단독으로 개최할 필요가 있다고 인정하는 경우. 다만, 제22조 제2항 제1호 또는 제3호에 따라 공청회를 실시하는 경우는 제외한다.

④ (○)

> **행정절차법 제14조(송달)**
> ④ 다음 각 호의 어느 하나에 해당하는 경우에는 송달받을 자가 알기 쉽도록 관보, 공보, 게시판, 일간신문 중 하나 이상에 공고하고 인터넷에도 공고하여야 한다.
>   1. 송달받을 자의 주소등을 통상적인 방법으로 확인할 수 없는 경우
>   2. 송달이 불가능한 경우
> ⑤ 제4항에 따른 공고를 할 때에는 민감정보 및 고유식별정보 등 송달받을 자의 개인정보를 개인정보 보호법에 따라 보호하여야 한다.

정답 ③

## 004 행정절차에 대한 설명으로 옳지 않은 것은? (다툼이 있는 경우 판례에 의함) <sub>22 서울·지방9급</sub>

① 계약직공무원 채용계약해지의 의사표시는 「행정절차법」에 의하여 근거와 이유를 제시하여야 하는 것은 아니다.
② 교육부장관이 부적격사유가 없는 후보자들 사이에서 어떤 후보자를 상대적으로 더욱 적합하다고 판단하여 국립대학교의 총장으로 임용제청을 하였다면, 그러한 임용제청행위 자체로서 이유제시의무를 다한 것이다.
③ 「국가공무원법」상 직위해제처분에는 처분의 사전통지 및 의견청취 등에 관한 「행정절차법」의 규정이 적용된다.
④ 과세처분시 납세고지서에 법으로 규정한 과세표준 등의 기재가 누락되면 그 과세처분 자체가 위법한 처분이 되어 취소의 대상이 된다.

**해설**

① (○) 행정절차법에 의하여 근거와 이유를 제시하는 것은 처분에 대해서이다. 따라서 공법상 계약은 이유제시의 대상이 아니다.
② (○) 교육부장관이 어떤 후보자를 총장 임용에 부적격하다고 판단하여 배제하고 다른 후보자를 임용제청하는 경우라면 배제한 후보자에게 연구윤리 위반, 선거부정, 그 밖의 비위행위 등과 같은 부적격사유가 있다는 점을 구체적으로 제시할 의무가 있다. 그러나 부적격사유가 없는 후보자들 사이에서 어떤 후보자를 상대적으로 더욱 적합하다고 판단하여 임용제청하는 경우라면, 이는 후보자의 경력, 인격, 능력, 대학운영계획 등 여러 요소를 종합적으로 고려하여 총장 임용의 적격성을 정성적으로 평가하는 것으로 그 판단 결과를 수치화하거나 이유제시를 하기 어려울 수 있다. 이 경우에는 교육부장관이 어떤 후보자를 총장으로 임용제청하는 행위 자체에 그가 총장으로 더욱 적합하다는 정성적 평가 결과가 당연히 포함되어 있는 것으로, 이로써 행정절차법상 이유제시의무를 다한 것이라고 보아야 한다. 여기에서 나아가 교육부장관에게 개별 심사항목이나 고려요소에 대한 평가 결과를 더 자세히 밝힐 의무까지는 없다. (대판 2018.6.15. 2016두57564)
③ (×) 직위해제처분은 가행정행위로서 개략적 심사를 하게 되므로 사전통지의 대상이 아니다.
④ (○) 대판 1984.6.26. 83누679

정답 ③

**005** 「행정절차법」상 처분의 사전통지 및 의견제출절차에 대한 설명으로 옳지 않은 것은? (다툼이 있는 경우 판례에 의함)
22 국가9급

① 법령 등에서 요구된 자격이 없거나 없어지게 되면 반드시 일정한 처분을 하여야 하는 경우에 그 자격이 없거나 없어지게 된 사실이 법원의 재판에 의하여 객관적으로 증명된 경우에는 사전통지를 생략할 수 있다.

② 행정청의 처분으로 의무가 부과되거나 권익이 제한되는 경우라도 당사자가 의견진술의 기회를 포기한다는 뜻을 명백히 표시한 경우에는 의견청취를 생략할 수 있다.

③ 별정직공무원인 대통령기록관장에 대한 직권면직처분에는 처분의 사전통지 및 의견청취 등에 관한 「행정절차법」 규정이 적용되지 않는다.

④ 대통령이 한국방송공사 사장을 해임하면서 사전통지절차를 거치지 않은 경우에는 그 해임처분은 위법하다.

> **해설**

① (O) ② (O)

> **행정절차법 제21조(처분의 사전통지)**
> ③ 제1항 제6호에 따른 기한은 의견제출에 필요한 기간을 10일 이상으로 고려하여 정하여야 한다.
> ④ 다음 각 호의 어느 하나에 해당하는 경우에는 제1항에 따른 통지를 하지 아니할 수 있다.
>   1. 공공의 안전 또는 복리를 위하여 긴급히 처분을 할 필요가 있는 경우
>   2. 법령 등에서 요구된 자격이 없거나 없어지게 되면 반드시 일정한 처분을 하여야 하는 경우에 그 자격이 없거나 없어지게 된 사실이 법원의 재판 등에 의하여 객관적으로 증명된 경우
>   3. 해당 처분의 성질상 의견청취가 현저히 곤란하거나 명백히 불필요하다고 인정될 만한 상당한 이유가 있는 경우
>
> **제22조(의견청취)**
> ③ 행정청이 당사자에게 의무를 부과하거나 권익을 제한하는 처분을 할 때 제1항 또는 제2항의 경우 외에는 당사자 등에게 의견제출의 기회를 주어야 한다.
> ④ 제1항부터 제3항까지의 규정에도 불구하고 제21조 제4항 각 호의 어느 하나에 해당하는 경우와 당사자가 의견진술의 기회를 포기한다는 뜻을 명백히 표시한 경우에는 의견청취를 하지 아니할 수 있다.

③ (X) 공무원 인사 관계 법령에 의한 처분에 관한 사항이라 하더라도 전부에 대하여 행정절차법의 적용이 배제되는 것이 아니라, 성질상 행정절차를 거치기 곤란하거나 불필요 하다고 인정되는 처분이나 행정절차에 준하는 절차를 거치도록 하고 있는 처분의 경우에만 행정절차법의 적용이 배제되는 것으로 보아야 하고, 이러한 법리는 '공무원 인사 관계 법령에 의한 처분'에 해당하는 별정직공무원에 대한 직권면직처분의 경우에도 마찬가지로 적용된다. (대판 2013.01.16. 2011두30687)

④ (O) 한국방송공사의 적자구조 만성화에 대한 경영상 책임이 인정되는 데다 대통령이 감사원의 한국방송공사에 대한 감사에 따른 해임제청요구 및 한국방송공사 이사회의 해임제청결의에 따라 해임처분을 하게 된 것인 점 등에 비추어 대통령에게 주어진 한국방송공사 사장 해임에 관한 재량권 일탈·남용의 하자가 존재한다고 하더라도 그것이 중대·명백하지 않아 당연무효사유에 해당하지 않고, 해임처분과정에서 상대방이 처분 내용을 사전에 통지받거나 그에 대한 의견제출기회 등을 받지 못했고 해임처분시 법적 근거 및 구체적 해임사유를 제시받지 못하였으므로 해임처분이 행정절차법에 위배되어 위법하지만, 절차나 처분 형식의 하자가 중대하고 명백하다고 볼 수 없어 역시 당연무효가 아닌 취소사유에 해당한다. (대판 2012.2.23. 2011두5001)

**정답** ③

**006** 행정절차에 대한 설명으로 옳은 것은? (다툼이 있는 경우에는 판례에 의함)  21 국가7급

① 「도로법」상 도로구역을 변경할 경우, 이를 고시하고 그 도면을 일반인이 열람할 수 있도록 하고 있는바, 도로구역을 변경한 처분은 「행정절차법」상 사전통지나 의견청취의 대상이 되는 처분이 아니다.

② 「군인사법」에 따라 당해 직무를 수행할 능력이 없다고 인정하여 장교를 보직해임 하는 경우, 처분의 근거와 이유제시 등에 관하여 「행정절차법」의 규정이 적용된다.

③ 특별한 사정이 없는 한, 신청에 대한 거부처분은 사전통지 및 의견제출의 대상이 된다.

④ 「식품위생법」상의 영업자지위승계신고를 수리하는 경우, 영업시설을 인수하여 영업자의 지위를 승계한 자에 대하여 사전통지를 하고, 그에게 의견제출의 기회를 주어야 한다

**해설**

① (○) 도로결정과 같은 일반처분은 사전통지의 대상으로 하기에 적당하지 않다.

> 도로법 제25조 제3항이 도로구역을 결정하거나 변경할 경우 이를 고시에 의하도록 하면서, 그 도면을 일반인이 열람할 수 있도록 한 점 등을 종합하여 보면, 도로구역을 변경한 이 사건 처분은 행정절차법 제21조 제1항의 사전통지나 제22조 제3항의 의견청취의 대상이 되는 처분은 아니라고 할 것이다. (대판 2008.6.12. 2007두1767)

② (✕) 구 군인사법상 보직해임처분은 구 행정절차법 제3조 제2항 제9호, 같은 법 시행령 제2조 제3호에 의하여 당해 행정작용의 성질상 행정절차를 거치기 곤란하거나 불필요하다고 인정되는 사항 또는 행정절차에 준하는 절차를 거친 사항에 해당하므로, 처분의 근거와 이유제시 등에 관한 구 행정절차법의 규정이 별도로 적용되지 아니한다고 봄이 상당하다. (대판 2014.10.15. 2012두5756)

③ (✕) 신청에 따른 처분이 이루어지지 아니한 경우에는 아직 당사자에게 권익이 부과되지 아니하였으므로 특별한 사정이 없는 한 신청에 대한 거부처분이라고 하더라도 직접 당사자의 권익을 제한하는 것은 아니어서 신청에 대한 거부처분을 여기에서 말하는 '당사자의 권익을 제한하는 처분'에 해당한다고 할 수 없는 것이어서 처분의 사전통지대상이 된다고 할 수 없다. (대판 2003.11.28. 2003두674)

④ (✕) 양도인에게도 사전통지 및 의견제출의 기회를 주어야 한다는 것이다.

> 행정청이 구 식품위생법 규정에 의하여 영업자지위승계신고를 수리하는 처분은 종전의 영업자의 권익을 제한하는 처분이라 할 것이고 따라서 종전의 영업자는 그 처분에 대하여 직접 그 상대가 되는 자에 해당한다고 봄이 상당하므로, 행정청으로서는 위 신고를 수리하는 처분을 함에 있어서 행정절차법 규정 소정의 당사자에 해당하는 종전의 영업자에 대하여 위 규정 소정의 행정절차를 실시하고 처분을 하여야 한다. (대판 2003.2.14. 2001두7015)

**정답** ①

## 007 「행정절차법」에 대한 설명으로 옳지 않은 것은?

21 소방

① 공청회는 다른 법령 등에서 공청회를 개최하도록 규정하고 있는 경우 또는 해당 처분의 영향이 광범위하여 널리 의견을 수렴할 필요가 있다고 행정청이 인정하는 경우에 개최된다.
② 행정응원을 위하여 파견된 직원은 해당 직원의 복무에 관하여 다른 법령 등에 특별한 규정이 없는 한, 응원을 요청한 행정청의 지휘·감독을 받는다.
③ 행정응원에 드는 비용은 응원을 요청한 행정청이 부담하며, 그 부담금액 및 부담방법은 응원을 행하는 행정청의 결정에 의한다.
④ 송달이 불가능하여 관보, 공보 등에 공고한 경우에는 다른 법령 등에 특별한 규정이 있는 경우를 제외하고 공고일부터 14일이 지난 때에 그 효력이 발생한다. 다만, 긴급히 시행하여야 할 특별한 사유가 있어 효력발생시기를 달리 정해 공고한 경우에는 그에 따른다.

**해설**

① (O)

> **행정절차법 제22조(의견청취)**
> ② 행정청이 처분을 할 때 다음 각 호의 어느 하나에 해당하는 경우에는 공청회를 개최한다.
>  1. 다른 법령 등에서 공청회를 개최하도록 규정하고 있는 경우
>  2. 해당 처분의 영향이 광범위하여 널리 의견을 수렴할 필요가 있다고 행정청이 인정하는 경우
>  3. 국민생활에 큰 영향을 미치는 처분으로서 대통령령으로 정하는 처분에 대하여 대통령령으로 정하는 수 이상의 당사자 등이 공청회 개최를 요구하는 경우

② (O)

> **행정절차법 제8조(행정응원)**
> ⑤ 행정응원을 위하여 파견된 직원은 응원을 요청한 행정청의 지휘·감독을 받는다. 다만, 해당 직원의 복무에 관하여 다른 법령 등에 특별한 규정이 있는 경우에는 그에 따른다.

③ (×)

> **행정절차법 제8조(행정응원)**
> ⑥ 행정응원에 드는 비용은 응원을 **요청한 행정청**이 부담하며, 그 부담금액 및 부담방법은 응원을 요청한 행정청과 응원을 하는 행정청이 **협의하여** 결정한다.

④ (O)

> **행정절차법 제14조(송달)**
> ④ 다음 각 호의 어느 하나에 해당하는 경우에는 송달받을 자가 알기 쉽도록 관보, 공보, 게시판, 일간신문 중 하나 이상에 공고하고 인터넷에도 공고하여야 한다.
>  1. 송달받을 자의 주소 등을 통상적인 방법으로 확인할 수 없는 경우
>  2. 송달이 불가능한 경우
>
> **제15조(송달의 효력 발생)**
> ③ 제14조 제4항의 경우에는 다른 법령 등에 특별한 규정이 있는 경우를 제외하고는 공고일부터 14일이 지난 때에 그 효력이 발생한다. 다만, 긴급히 시행하여야 할 특별한 사유가 있어 효력 발생 시기를 달리 정하여 공고한 경우에는 그에 따른다.

**정답** ③

## 008 「행정절차법」상 행정절차에 대한 설명으로 옳은 것은?   20 소방

① 행정청은 처분을 할 때 필요하다고 인정하는 경우에 청문을 할 수 있다.
② 행정청은 해당 처분의 영향이 광범위하여 널리 의견을 수렴할 필요가 있다고 인정하는 경우에 청문을 실시할 수 있다.
③ 행정청이 당사자에게 의무를 부과하거나 권익을 제한하는 처분을 함에 있어 청문이나 공청회를 거치지 않은 경우에는 당사자에게 의견제출의 기회를 주어야 한다.
④ 행정청이 처분을 할 때에는 긴급히 처분을 할 경우를 제외하고는 모든 경우에 있어 당사자에게 그 근거와 이유를 제시하여야 한다.

### 해설

① (×) '할 수 있다'가 아니라 '한다'로 규정되어 있다.

> **행정절차법 제22조(의견청취)**
> ① 행정청이 처분을 할 때 다음 각 호의 어느 하나에 해당하는 경우에는 청문을 한다.
>   1. 다른 법령 등에서 청문을 하도록 규정하고 있는 경우
>   2. 행정청이 필요하다고 인정하는 경우
>   3. 다음 각 목의 처분을 하는 경우
>       가. 인허가 등의 취소
>       나. 신분·자격의 박탈
>       다. 법인이나 조합 등의 설립허가의 취소

② (×) 행정청이 해당 처분의 영향이 광범위하여 널리 의견을 수렴할 필요가 있다고 인정하는 경우에는 공청회를 개최한다. (행정절차법 제22조 제2항)
③ (○) 행정절차법 제22조 제3항
④ (×)

> **행정절차법 제23조(처분의 이유제시)**
> ① 행정청은 처분을 할 때에는 다음 각 호의 어느 하나에 해당하는 경우를 제외하고는 당사자에게 그 근거와 이유를 제시하여야 한다.
>   1. 신청 내용을 모두 그대로 인정하는 처분인 경우
>   2. 단순·반복적인 처분 또는 경미한 처분으로서 당사자가 그 이유를 명백히 알 수 있는 경우
>   3. 긴급히 처분을 할 필요가 있는 경우
> ② 행정청은 제1항 제2호 및 제3호의 경우에 처분 후 당사자가 요청하는 경우에는 그 근거와 이유를 제시하여야 한다.

**정답** ③

**009** 「행정절차법」상 행정절차에 대한 설명으로 옳지 않은 것은? (다툼이 있는 경우 판례에 의함)

20 국가7급

① 행정청이 처분절차를 준수하였는지는 취소소송의 본안에서 고려할 요소이지, 소송요건 심사 단계에서 고려할 요소가 아니다.
② 신청인이 신청에 앞서 행정청의 허가업무담당자에게 한 신청서의 내용에 대한 검토요청은 다른 특별한 사정이 없는 한 명시적이고 확정적인 신청의 의사표시로 보기 어렵다.
③ 「병역법」에 따라 지방병무청장이 산업기능요원에 대하여 산업기능요원 편입취소처분을 할 때에는 「행정절차법」에 따라 처분의 사전통지를 하고 의견제출의 기회를 부여하여야 한다.
④ 행정청은 행정처분의 상대방에 대한 청문통지서가 반송되었거나, 행정처분의 상대방이 청문일시에 불출석하였다는 이유로 청문절차를 생략하고 침해적 행정처분을 할 수 있다.

**해설**
① (O) 절차준수 여부는 소송요건이 아니기 때문이다.
② (O) "행정청은 신청이 있는 때에는 다른 법령 등에 특별한 규정이 있는 경우를 제외하고는 그 접수를 보류 또는 거부하거나 부당하게 되돌려 보내서는 아니 되며, 신청을 접수한 경우에는 신청인에게 접수증을 교부하여야 한다."라고 규정하고 있는바, 여기에서의 신청인의 행정청에 대한 신청의 의사표시는 명시적이고 확정적인 것이어야 한다고 할 것이므로 신청인이 신청에 앞서 행정청의 허가업무담당자에게 신청서의 내용에 대한 검토를 요청한 것만으로는 다른 특별한 사정이 없는 한 명시적이고 확정적인 신청의 의사표시가 있었다고 하기 어렵다고 할 것이다. (대판 2004.10.15. 2003두13243)
③ (O) 산업기능요원 편입취소처분은 행정절차법의 적용이 배제되는 사항인 '병역법에 의한 소집에 관한 사항'에 해당하지 않는다. 지방병무청장이 병역법 규정에 따라 산업기능요원에 대하여 한 산업기능요원 편입취소처분은, 행정처분을 할 경우 행정절차법상의 '처분의 사전통지'와 '의견제출 기회의 부여' 등의 절차를 거쳐야 한다. (대판 2002.9.6. 2002두554)
④ (X) 행정처분의 상대방이 통지된 청문일시에 불출석하였다는 이유만으로 행정청이 관계 법령상 그 실시가 요구되는 청문을 실시하지 아니한 채 침해적 행정처분을 할 수는 없을 것이므로, 행정처분의 상대방에 대한 청문통지서가 반송(2회 반송)되었다거나, 행정처분의 상대방이 청문일시에 불출석하였다는 이유로 청문을 실시하지 아니하고 한 침해적 행정처분은 위법하다. (대판 2001.4.13. 2000두3337)

**참고** 청문을 하지 않겠다는 명백한 의사가 있는 경우에는 청문을 하지 않아도 된다.

**정답** ④

## 기출지문 OX

**01** 청문은 다른 법령 등에서 규정하고 있는 경우 이외에 행정청이 필요하다고 인정하는 경우에도 실시할 수 있으나, 공청회는 다른 법령 등에서 규정하고 있는 경우에만 개최할 수 있다. [20 서울·지방9급] (O, X)

**해설**

**행정절차법 제22조(의견청취)**
① 행정청이 처분을 할 때 다음 각 호의 어느 하나에 해당하는 경우에는 청문을 한다.
    1. 다른 법령 등에서 청문을 하도록 규정하고 있는 경우
    2. 행정청이 필요하다고 인정하는 경우
    〈제3호 생략〉
② 행정청이 처분을 할 때 다음 각 호의 어느 하나에 해당하는 경우에는 공청회를 개최한다.
    1. 다른 법령 등에서 공청회를 개최하도록 규정하고 있는 경우
    2. 해당 처분의 영향이 광범위하여 널리 의견을 수렴할 필요가 있다고 행정청이 인정하는 경우
    3. 국민생활에 큰 영향을 미치는 처분으로서 대통령령으로 정하는 처분에 대하여 대통령령으로 정하는 수 이상의 당사자 등이 공청회 개최를 요구하는 경우

**정답** X

**02** 행정청이 당사자와 사이에 도시계획사업시행 관련 협약을 체결하면서 청문 실시를 배제하는 조항을 두었더라도, 이와 같은 협약의 체결로 청문 실시규정의 적용을 배제할 만한 법령상 규정이 없는 한, 이러한 협약이 체결되었다고 하여 청문을 실시하지 않아도 되는 예외적인 경우에 해당한다고 할 수 없다. [20 서울·지방9급] (O, X)

**해설** 행정청이 당사자와 사이에 도시계획사업의 시행과 관련한 협약을 체결하면서 관계 법령 및 행정절차법에 규정된 청문의 실시 등 의견청취절차를 배제하는 조항을 두었다고 하더라도, 국민의 행정참여를 도모함으로써 행정의 공정성·투명성 및 신뢰성을 확보하고 국민의 권익을 보호한다는 행정절차법의 목적 및 청문제도의 취지 등에 비추어 볼 때, 위와 같은 협약의 체결로 청문의 실시에 관한 규정의 적용을 배제할 수 있다고 볼 만한 법령상의 규정이 없는 한, 이러한 협약이 체결되었다고 하여 청문의 실시에 관한 규정의 적용이 배제된다거나 청문을 실시하지 않아도 되는 예외적인 경우에 해당한다고 할 수 없다. (대판 2004.7.8. 2002두8350)

**정답** O

**03** 용도를 무단변경한 건물의 원상복구를 명하는 시정명령 및 계고처분을 하는 경우, 사전에 통지할 필요가 없다. [19 국가9급] (O, X)

**해설** 행정청이 온천지구임을 간과하여 지하수개발·이용신고를 수리하였다가 행정절차법상의 사전통지를 하거나 의견제출의 기회를 주지 아니한 채 그 신고 수리처분을 취소하고 원상복구명령의 처분을 한 경우, 행정지도방식에 의한 사전고지나 그에 따른 당사자의 자진 폐공의 약속 등의 사유만으로는 사전통지 등을 하지 않아도 되는 행정절차법 소정의 예외의 경우에 해당한다고 볼 수 없다. (대판 2000.11.14. 99두5870)

**정답** X

**04** 공매를 통하여 체육시설을 인수한 자의 체육시설업자 지위승계신고를 수리하는 경우, 종전 체육시설업자에게 사전에 통지하여 의견제출기회를 주어야 한다. [19 국가9급] (O, X)

**해설** 행정절차법 제21조 제1항, 제22조 제3항 및 제2조 제4호의 각 규정에 의하면, 행정청이 당사자에게 의무를 부과하거나 권익을 제한하는 처분을 할 때에는 당사자 등에게 처분의 사전통지를 하고 의견제출의 기회를 주어야 하며, 여기서 당사자란 행정청의 처분에 대하여 직접 그 상대가 되는 자를 의미한다. … 행정청이 구 관광진흥법 또는 구 체육시설법의 규정에 의하여 유원시설업자 또는 체육시설업자 지위승계신고를 수리하는 처분은 종전 유원시설업자 또는 체육시설업자의 권익을 제한하는 처분이고, 종전 유원시설업자 또는 체육시설업자는 그 처분에 대하여 직접 그 상대가 되는 자에 해당한다고 보는 것이 타당하므로, 행정청이 그 신고를 수리하는 처분을 할 때에는 행정절차법 규정에서 정한 당사자에 해당하는 종전 유원시설업자 또는 체육시설업자에 대하여 위 규정에서 정한 행정절차를 실시하고 처분을 하여야 한다. (대판 2012.12.13. 2011두29144)

**정답** O

## 010 행정절차에 대한 판례의 입장으로 옳지 않은 것은?

19 국가7급

① 당사자가 신청하는 허가 등을 거부하는 처분을 하면서 당사자가 그 근거를 알 수 있을 정도로 이유를 제시한 경우에는 처분의 근거와 이유를 구체적으로 명시하지 않았더라도 그로 말미암아 그 처분이 위법하다고 볼 수는 없다.

② 구 「폐기물처리시설 설치촉진 및 주변지역 지원 등에 관한 법률」상 입지선정위원회가 같은 법 시행령의 규정에 위배하여 군수와 주민대표가 선정·추천한 전문가를 포함시키지 않은 채 임의로 구성되어 의결을 한 경우에, 이에 터잡아 이루어진 폐기물처리시설 입지결정처분은 당연무효가 된다.

③ 「공무원연금법」상 퇴직연금 지급정지사유기간 중 수급자에게 지급된 퇴직연금의 환수결정은 당사자에게 의무를 과하는 처분으로, 퇴직연금의 환수결정에 앞서 당사자에게 의견진술의 기회를 주지 아니하면 「행정절차법」에 반한다.

④ 납세고지서에 세액산출근거 등의 기재사항이 누락되었거나 과세표준과 세액의 계산명세서가 첨부되지 않은 납세고지의 하자는 납세의무자가 그 나름대로 산출근거를 알고 있다거나 사실상 이를 알고서 쟁송에 이르렀다 하더라도 치유되지 않는다.

### 해설

① (○) 대판 2017.8.29. 2016두44186

② (○) 구 폐기물처리시설 설치촉진 및 주변지역 지원 등에 관한 법률에 정한 입지선정위원회가 그 구성방법 및 절차에 관한 같은 법 시행령의 규정에 위배하여 군수와 주민대표가 선정·추천한 전문가를 포함시키지 않은 채 임의로 구성되어 의결을 한 경우, 그에 터잡아 이루어진 폐기물처리시설 입지결정처분의 하자는 중대한 것이고 객관적으로도 명백하므로 무효사유에 해당한다. (대판 2007.4.12. 2006두20150)

> 참고 전문가가 결정한 폐기물처리시설의 입지에 대하여 주민의 열람·공고를 거치지 않아도 적법하다.

③ (×) 판례는 관련 법령에 따라 확정된 의무를 부과하는 경우에는 행정청이 의견제출의 기회를 주지 아니하였더라도 위법을 구성하지 아니한다고 한다.

> 퇴직연금의 환수결정은 관련 법령에 따라 당연히 환수금액이 정하여지는 것이므로, 퇴직연금의 환수결정시 당사자에게 의견진술의 기회를 주지 아니하여도 행정절차법 제22조 제3항이나 신의칙에 어긋나지 아니한다. (대판 2000.11.28. 99두5443)

④ (○) 납세고지서에 세액산출근거 등의 기재사항이 누락되었거나 과세표준과 세액의 계산명세서가 첨부되지 않았다면 적법한 납세의 고지라고 볼 수 없으며, 위와 같은 납세고지의 하자는 납세의무자가 그 나름대로 산출근거를 알고 있다거나 사실상 이를 알고서 쟁송에 이르렀다 하더라도 치유되지 않는다. (대판 2002.11.13. 2001두1543)

> **비교판례**
> 증여세의 납세고지서에 과세표준과 세액의 계산명세가 기재되어 있지 아니하거나 그 계산명세서를 첨부하지 아니하였다면 그 납세고지는 위법하다고 할 것이나, 한편 과세관청이 과세처분에 앞서 납세의무자에게 보낸 과세예고통지서 등에 납세고지서의 필요적 기재사항이 제대로 기재되어 있어 납세의무자가 그 처분에 대한 불복 여부의 결정 및 불복신청에 전혀 지장을 받지 않았음이 명백하다면, 이로써 납세고지서의 하자가 보완되거나 치유될 수 있다. (대판 2001.3.27. 99두8039)

**정답** ③

## 011  「행정절차법」에 관한 설명으로 옳지 않은 것은?             19 서울 사복

① 징계심의대상자가 선임한 변호사가 징계위원회에 출석하여 징계심의대상자를 위하여 필요한 의견을 진술하는 것은 방어권 행사의 본질적 내용에 해당하므로, 행정청은 특별한 사정이 없는 한 이를 거부할 수 없다.

② 「행정절차법」의 적용이 제외되는 공무원 인사 관계 법령에 의한 처분에 관한 사항이란 성질상 행정절차를 거치기 곤란하거나 불필요하다고 인정되는 처분이나 행정절차에 준하는 절차를 거치도록 하고 있는 처분에 관한 사항만을 말하는 것으로 보아야 한다.

③ 「국가공무원법」상 직위해제처분은 성질상 행정절차를 거치기 곤란하거나 불필요하다고 인정되는 사항 또는 행정절차에 준하는 절차를 거친 사항에 해당하지 않으므로, 처분의 사전통지 및 의견청취 등에 관한 「행정절차법」의 규정이 적용된다.

④ 민원사무를 처리하는 행정기관이 민원조정위원회를 개최하면서 민원인에게 그 회의일정 등을 사전에 통지하여야 함에도 불구하고 그러하지 아니한 경우에 이러한 사정만으로 곧바로 그 민원사항에 대한 행정기관의 장의 거부처분이 위법하다고 볼 수는 없다.

### 해설

① (O) 행정청이 징계와 같은 불이익처분절차에서 징계심의대상자가 선임한 변호사가 징계위원회에 출석하여 징계심의대상자를 위하여 필요한 의견을 진술하는 것을 행정청은 특별한 사정이 없는 한 이를 거부할 수 없다.

> 육군3사관학교의 사관생도에 대한 징계절차에서 징계심의대상자가 대리인으로 선임한 변호사가 징계위원회 심의에 출석하여 진술하려고 하였음에도, 징계권자나 그 소속 직원이 변호사가 징계위원회의 심의에 출석하는 것을 막았다면 징계위원회 심의·의결의 절차적 정당성이 상실되어 그 징계의결에 따른 징계처분은 위법하여 원칙적으로 취소되어야 한다. 다만 징계심의대상자의 대리인이 관련된 행정절차나 소송절차에서 이미 실질적인 증거조사를 하고 의견을 진술하는 절차를 거쳐서 징계심의대상자의 방어권 행사에 실질적으로 지장이 초래되었다고 볼 수 없는 특별한 사정이 있는 경우에는, 징계권자가 징계심의대상자의 대리인에게 징계위원회에 출석하여 의견을 진술할 기회를 주지 아니하였더라도 그로 인하여 징계위원회 심의에 절차적 정당성이 상실되었다고 볼 수 없으므로 징계처분을 취소할 것은 아니다. (대판 2018.3.13. 2016두33339)

② (O) 공무원 인사 관계 법령에 의한 처분에 관한 사항의 경우 성질상 행정절차를 거치기 곤란하거나 불필요하다고 인정되는 처분뿐만 아니라 행정절차에 준하는 절차를 거친 사항도 적용이 배제된다. (**행정절차법 제3조 제2항 제9호**)

③ (✕) 국가공무원법상 직위해제처분은 구 행정절차법 제3조 제2항 제9호, 구 행정절차법 시행령 제2조 제3호에 의하여 당해 행정작용의 성질상 행정절차를 거치기 곤란하거나 불필요하다고 인정되는 사항 또는 행정절차에 준하는 절차를 거친 사항에 해당하므로, 처분의 사전통지 및 의견청취 등에 관한 행정절차법의 규정이 별도로 적용되지 않는다. (대판 2014.5.16. 2012두26180)

④ (O) 민원사무를 처리하는 행정기관이 민원 1회방문 처리제를 시행하는 절차의 일환으로 민원사항의 심의·조정 등을 위한 민원조정위원회를 개최하면서 민원인에게 회의일정 등을 사전에 통지하지 아니하였다 하더라도, 이러한 사정만으로 곧바로 민원사항에 대한 행정기관의 장의 거부처분에 취소사유에 이를 정도의 흠이 존재한다고 보기는 어렵다. 다만 행정기관의 장의 거부처분이 재량행위인 경우에, 위와 같은 사전통지의 흠결로 민원인에게 의견진술의 기회를 주지 아니한 결과 민원조정위원회의 심의과정에서 고려대상에 마땅히 포함시켜야 할 사항을 누락하는 등 재량권의 불행사 또는 해태로 볼 수 있는 구체적 사정이 있다면, 거부처분은 재량권을 일탈·남용한 것으로서 위법하다. (대판 2015.8.27. 2013두1560)

**정답** ③

> 기출지문 OX

**01** 공정거래위원회의 시정조치 및 과징금납부명령에 「행정절차법」 소정의 의견청취절차 생략사유가 존재하면 공정거래위원회는 「행정절차법」을 적용하여 의견청취절차를 생략할 수 있다. [19 지방9급]　　　　　　　　　　　　　　　　　　(O, ×)

　해설　행정절차법 제3조 제2항, 같은 법 시행령 제2조 제6호에 의하면 공정거래위원회의 의결·결정을 거쳐 행하는 사항에는 행정절차법의 적용이 제외되게 되어 있으므로, 설사 공정거래위원회의 시정조치 및 과징금납부명령에 행정절차법 소정의 의견청취절차 생략사유가 존재한다고 하더라도, 공정거래위원회는 행정절차법을 적용하여 의견청취절차를 생략할 수는 없다. (대판 2001.5.8. 2000두10212)

　　　　　　　　　　　　　　　　　　　　　　　　　　　　　　　　　　　　　　　　　정답 ×

**02** 묘지공원과 화장장의 후보지를 선정하는 과정에서 추모공원 건립추진협의회가 후보지 주민들의 의견을 청취하기 위하여 그 명의로 개최한 공청회는 「행정절차법」에서 정한 절차를 준수하여야 하는 것은 아니다. [19 지방9급]　　(O, ×)

　해설　묘지공원과 화장장의 후보지를 선정하는 과정에서 서울특별시, 비영리법인, 일반기업 등이 공동발족한 협의체인 추모공원 건립추진협의회가 후보지 주민들의 의견을 청취하기 위하여 그 명의로 개최한 공청회는 행정청이 도시계획시설결정을 하면서 개최한 공청회가 아니므로, 위 공청회의 개최에 관하여 행정절차법에서 정한 절차를 준수하여야 하는 것은 아니다. (대판 2007.4.12. 2005두1893)

　　　　　　　　　　　　　　　　　　　　　　　　　　　　　　　　　　　　　　　　　정답 ○

**03** 구 「광업법」에 근거하여 처분청이 광업용 토지수용을 위한 사업인정을 하면서 토지소유자와 토지에 관한 권리를 가진 자의 의견을 들은 경우 처분청은 그 의견에 기속된다. [19 지방9급]　　　　　　　　　　　　　　　　　(O, ×)

　해설　광업법 제88조 제2항에서 처분청이 같은 법 제1항의 규정에 의하여 광업용 토지수용을 위한 사업인정을 하고자 할 때에 토지소유자와 토지에 관한 권리를 가진 자의 의견을 들어야 한다고 한 것은 그 사업인정 여부를 결정함에 있어서 소유자나 기타 권리자가 의견을 반영할 기회를 주어 이를 참작하도록 하고자 하는 데 있을 뿐, 처분청이 그 의견에 기속되는 것은 아니다. (대판 1995.12.22. 95누30)

　　　　　　　　　　　　　　　　　　　　　　　　　　　　　　　　　　　　　　　　　정답 ×

**04** 행정청이 법인이나 조합 등의 설립허가취소처분을 할 때에는 청문을 해야 한다. [18 서울9급]　(O, ×)

　해설　행정절차법 제22조 제1항 제3호　　　　　　　　　　　　　　　　　　　정답 ○

**05** 행정청에 처분을 구하는 신청을 전자문서로 하는 경우에는 행정청의 컴퓨터 등에 입력된 때에 신청한 것으로 본다. [18 서울9급]　(O, ×)

　해설　행정절차법 제17조 제2항　　　　　　　　　　　　　　　　　　　　　　정답 ○

**06** 행정청이 공공의 안전 또는 복리를 위하여 긴급히 처분을 할 필요가 있는 경우에는 의견청취를 하지 아니할 수 있다. [18 서울9급]　(O, ×)

　해설　행정절차법 제21조 제4항 제1호　　　　　　　　　　　　　　　　　　　정답 ○

> 예상판례

**유승준 사건**

[1] 일반적으로 처분이 주체·내용·절차와 형식의 요건을 모두 갖추고 외부에 표시된 경우에는 처분의 존재가 인정된다. 행정의사가 외부에 표시되어 행정청이 자유롭게 취소·철회할 수 없는 구속을 받게 되는 시점에 처분이 성립하고, 그 성립 여부는 행정청이 행정의사를 공식적인 방법으로 외부에 표시하였는지를 기준으로 판단해야 한다.

[2] 병무청장이 법무부장관에게 '가수 甲이 공연을 위하여 국외여행허가를 받고 출국한 후 미국 시민권을 취득함으로써 사실상 병역의무를 면탈하였으므로 재외동포 자격으로 재입국하고자 하는 경우 국내에서 취업, 가수활동 등 영리활동을 할 수 없도록 하고, 불가능할 경우 입국 자체를 금지해 달라'고 요청함에 따라 법무부장관이 甲의 입국을 금지하는 결정을 하고, 그 정보를 내부전산망인 '출입국관리정보시스템'에 입력하였으나, 甲에게는 통보하지 않은 사안에서, 행정청이 행정의사를 외부에 표시하여 행정청이 자유롭게 취소·철회할 수 없는 구속을 받기 전에는 '처분'이 성립하지 않으므로 법무부장관이 출입국관리법 제11조 제1항 제3호 또는 제4호, 출입국관리법 시행령 제14조 제1항·제2항에 따라 위 입국금지결정을 했다고 해서 '처분'이 성립한다고 볼 수는 없고, 위 입국금지결정은 법무부장관의 의사가 공식적인 방법으로 외부에 표시된 것이 아니라 단지 그 정보를 내부전산망인 '출입국관리정보시스템'에 입력하여 관리한 것에 지나지 않으므로, 위 입국금지결정은 항고소송의 대상이 될 수 있는 '처분'에 해당하지 않는데도, 위 입국금지결정이 처분에 해당하여 공정력과 불가쟁력이 있다고 본 원심판단에 법리를 오해한 잘못이 있다.

[3] 상급행정기관의 지시는 일반적으로 행정조직 내부에서만 효력을 가질 뿐 대외적으로 국민이나 법원을 구속하는 효력이 없다. 대외적으로 처분권한이 있는 처분청이 상급행정기관의 지시를 위반하는 처분을 하였다고 해서 그러한 사정만으로 처분이 곧바로 위법하게 되는 것은 아니고, 처분이 상급행정기관의 지시를 따른 것이라고 해서 적법성이 보장되는 것도 아니다. 처분이 적법한지는 상급행정기관의 지시를 따른 것인지 여부가 아니라, 헌법과 법률, 대외적으로 구속력 있는 법령의 규정과 입법목적, 비례·평등원칙과 같은 법의 일반원칙에 적합한지 여부에 따라 판단해야 한다.

[4] 행정절차에 관한 일반법인 행정절차법은 제24조 제1항에서 "행정청이 처분을 할 때에는 다른 법령 등에 특별한 규정이 있는 경우를 제외하고는 문서로 하여야 하며, 전자문서로 하는 경우에는 당사자 등의 동의가 있어야 한다. 다만 신속히 처리할 필요가 있거나 사안이 경미한 경우에는 말 또는 그 밖의 방법으로 할 수 있다."라고 정하고 있다. 이 규정은 처분 내용의 명확성을 확보하고 처분의 존부에 관한 다툼을 방지하여 처분상대방의 권익을 보호하기 위한 것이므로, 이를 위반한 처분은 하자가 중대·명백하여 무효이다.

[5] 행정절차법 제3조 제2항 제9호, 행정절차법 시행령 제2조 제2호 등 관련 규정들의 내용을 행정의 공정성, 투명성, 신뢰성을 확보하고 처분상대방의 권익보호를 목적으로 하는 행정절차법의 입법목적에 비추어 보면, 행정절차법의 적용이 제외되는 '외국인의 출입국에 관한 사항'이란 해당 행정작용의 성질상 행정절차를 거치기 곤란하거나 거칠 필요가 없다고 인정되는 사항이나 행정절차에 준하는 절차를 거친 사항으로서 행정절차법 시행령으로 정하는 사항만을 가리킨다. '외국인의 출입국에 관한 사항'이라고 하여 행정절차를 거칠 필요가 당연히 부정되는 것은 아니다. 외국인의 사증발급신청에 대한 거부처분은 당사자에게 의무를 부과하거나 적극적으로 권익을 제한하는 처분이 아니므로, 행정절차법 제21조 제1항에서 정한 '처분의 사전통지'와 제22조 제3항에서 정한 '의견제출기회 부여'의 대상은 아니다. 그러나 사증발급신청에 대한 거부처분이 성질상 행정절차법 제24조에서 정한 '처분서 작성·교부'를 할 필요가 없거나 곤란하다고 일률적으로 단정하기 어렵다. 또한 출입국관리법령에 사증발급거부처분서 작성에 관한 규정을 따로 두고 있지 않으므로, 외국인의 사증발급신청에 대한 거부처분을 하면서 행정절차법 제24조에 정한 절차를 따르지 않고 '행정절차에 준하는 절차'로 대체할 수도 없다.

[6] 재외동포에 대한 사증발급은 행정청의 재량행위에 속하는 것으로서, 재외동포가 사증발급을 신청한 경우에 출입국관리법 시행령 [별표 1의2]에서 정한 재외동포체류자격의 요건을 갖추었다고 해서 무조건 사증을 발급해야 하는 것은 아니다.

[7] 처분의 근거법령이 행정청에 처분의 요건과 효과 판단에 일정한 재량을 부여하였는데, 행정청이 자신에게 재량권이 없다고 오인한 나머지 처분으로 달성하려는 공익과 그로써 처분상대방이 입게 되는 불이익의 내용과 정도를 전혀 비교형량하지 않은 채 처분을 하였다면, 이는 재량권 불행사로서 그 자체로 재량권 일탈·남용으로 해당 처분을 취소하여야 할 위법사유가 된다.

[8] 병무청장이 법무부장관에게 '가수 甲이 공연을 위하여 국외여행허가를 받고 출국한 후 미국 시민권을 취득함으로써 사실상 병역의무를 면탈하였다'는 이유로 입국금지를 요청함에 따라 법무부장관이 甲의 입국금지결정을 하였는데, 甲이 재외공관의 장에게 재외동포(F-4) 체류자격의 사증발급을 신청하자 재외공관장이 처분이유를 기재한 사증발급거부처분서를 작성해 주지 않은 채 甲의 아버지에게 전화로 사증발급이 불허되었다고 통보한 사안에서, 甲의 재외동포(F-4) 체류자격 사증발급신청에 대하여 재외공관장이 6일 만에 한 사증발급거부처분이 문서에 의한 처분방식의 예외로 행정절차법 제24조 제1항 단서에서 정한 '신속히 처리할 필요가 있거나 사안이 경미한 경우'에 해당한다고 볼 수도 없으므로 사증발급거부처분에는 행정절차법 제24조 제1항을 위반한 하자가 있음에도, 외국인의 사증발급신청에 대한 거부처분이 성질상 행정절차를 거치기 곤란하거나 불필요하다고 인정되는 처분에 해당하여 행정절차법의 적용이 배제된다고 판단하고, 재외공관장이 자신에게 주어진 재량권을 전혀 행사하지 않고 오로지 13년 7개월 전에 입국금지결정이 있었다는 이유만으로 그에 구속되어 사증발급거부처분을 한 것이 비례의 원칙에 반하는 것인지 판단했어야 함에도, 입국금지결정에 따라 사증발급거부처분을 한 것이 적법하다고 본 원심판단에 법리를 오해한 잘못이 있다. (대판 2019.7.11. 2017두38874)

## 012 「행정절차법」의 적용대상이 되지 않는 것만을 모두 고르면? (다툼이 있는 경우 판례에 의함)

20 서울·지방7급

ㄱ. 「병역법」에 따른 징집·소집
ㄴ. 산업기능요원편입취소처분
ㄷ. 「국가공무원법」상 직위해제처분
ㄹ. 헌법재판소의 심판을 거쳐 행하는 사항
ㅁ. 대통령의 한국방송공사 사장의 해임처분

① ㄱ, ㄴ, ㄷ
② ㄱ, ㄷ, ㄹ
③ ㄴ, ㄹ, ㅁ
④ ㄷ, ㄹ, ㅁ

**해설**

13번 해설 참조

**정답** ②

## 013 「행정절차법」 적용제외사항이 아닌 것은?

07 서울9급

① 헌법재판소의 심판을 거쳐야 하는 사항
② 공중위생, 식품위생 및 보건에 관한 사항
③ 감사원이 감사위원회의 결정을 거쳐 행하는 사항
④ 선거관리위원회의 의결을 거쳐 행하는 사항
⑤ 출입국관리, 난민, 귀화에 행하는 사항

**해설**

**행정절차법 적용제외사항(행정절차법 제3조 제1항)**

| 구분 | 내용 |
|---|---|
| 권력분립이 요구되는 경우 | • 국회 또는 지방의회의 의결을 거치거나 동의 또는 승인을 받아 행하는 사항<br>• 법원 또는 군사법원의 재판에 의하거나 그 집행으로 행하는 사항<br>• 헌법재판소의 심판을 거쳐 행하는 사항 |
| 독립성 요구 | • 각급 선거관리위원회의 의결을 거쳐 행하는 사항<br>• 감사원이 감사위원회의의 결정을 거쳐 행하는 사항<br>• 형사·행형 및 보안처분 관계 법령에 따라 행하는 사항 |
| 국가안보 | 국가안전보장·국방·외교 또는 통일에 관한 사항 중 행정절차를 거칠 경우 국가의 중대한 이익을 현저히 해칠 우려가 있는 사항 |
| 전문적 분야 (행정심판) | 심사청구·해양안전심판·조세심판·특허심판·행정심판 그 밖의 불복절차에 따른 사항 |
| 병역, 외국인, 공무원 관련 | 병역법에 따른 징집·소집, 외국인의 출입국·난민인정·귀화, 공무원 인사 관계 법령에 따른 징계와 그 밖의 처분, 이해 조정을 목적으로 하는 법령에 따른 알선·조정·중재·재정 또는 그 밖의 처분 등 해당 행정작용의 성질상 행정절차를 거치기 곤란하거나 거칠 필요가 없다고 인정되는 사항과 행정절차에 준하는 절차를 거친 사항으로서 대통령령으로 정하는 사항 |

**정답** ②

## 014 「행정절차법」에서 규정하는 '당사자 등'에 대한 설명으로 가장 옳은 것은?

18 서울7급

① 행정청이 직권으로 행정절차에 참여하게 한 이해관계인은 당사자 등에 해당하지 않는다.
② 법인이 아닌 재단은 당사자 등이 될 수 없다.
③ 다수의 대표자가 있는 경우 그중 1인에 대한 행정청의 통지는 모든 당사자 등에게 효력이 있다.
④ 당사자 등은 당사자 등의 형제자매를 대리인으로 선임할 수 있다.

**해설**

① (×) 행정청의 처분에 대하여 직접 그 상대가 되는 당사자와 행정청이 직권으로 또는 신청에 따라 행정절차에 참여하게 한 이해관계인은 당사자 등에 해당한다. **(행정절차법 제2조 제4호)**

② (×)

> **행정절차법 제9조(당사자 등의 자격)**
> 다음 각 호의 어느 하나에 해당하는 자는 행정절차에서 당사자 등이 될 수 있다.
> 1. 자연인
> 2. 법인, 법인이 아닌 사단 또는 재단(이하 '법인 등'이라 한다)
> 3. 그 밖에 다른 법령 등에 따라 권리·의무의 주체가 될 수 있는 자

③ (×)

> **행정절차법 제11조(대표자)**
> ① 다수의 당사자 등이 공동으로 행정절차에 관한 행위를 할 때에는 대표자를 선정할 수 있다.
> ② 행정청은 제1항에 따라 당사자 등이 대표자를 선정하지 아니하거나 대표자가 지나치게 많아 행정절차가 지연될 우려가 있는 경우에는 그 이유를 들어 상당한 기간 내에 3인 이내의 대표자를 선정할 것을 요청할 수 있다. 이 경우 당사자 등이 그 요청에 따르지 아니하였을 때에는 행정청이 직접 대표자를 선정할 수 있다.
> ③ 당사자 등은 대표자를 변경하거나 해임할 수 있다.
> ④ 대표자는 각자 그를 대표자로 선정한 당사자 등을 위하여 행정절차에 관한 모든 행위를 할 수 있다. 다만, 행정절차를 끝맺는 행위에 대하여는 당사자 등의 동의를 받아야 한다.
> ⑤ 대표자가 있는 경우에는 당사자 등은 그 대표자를 통하여서만 행정절차에 관한 행위를 할 수 있다.
> ⑥ 다수의 대표자가 있는 경우 그중 1인에 대한 행정청의 행위는 모든 당사자 등에게 효력이 있다. 다만, 행정청의 통지는 대표자 모두에게 하여야 그 효력이 있다.

④ (○)

> **행정절차법 제12조(대리인)**
> ① 당사자 등은 다음 각 호의 어느 하나에 해당하는 자를 대리인으로 선임할 수 있다.
> 1. 당사자 등의 배우자, 직계 존속·비속 또는 형제자매
> 2. 당사자 등이 법인 등인 경우 그 임원 또는 직원
> 3. 변호사
> 4. 행정청 또는 청문 주재자(청문의 경우만 해당한다)의 허가를 받은 자
> 5. 법령 등에 따라 해당 사안에 대하여 대리인이 될 수 있는 자

**정답** ④

## 015 행정절차에 관한 설명으로 옳은 것은? <sub>18 교행</sub>

① 행정청에서 별도의 수리를 하여야 효력이 발생하는 행정상 신고는 허용되지 않는다.
② 행정처분이 절차상 중대한 하자가 있다고 하더라도 실체적 하자가 없다면 취소판결을 할 수 없다.
③ 인허가의제는 관계 기관의 권한 행사에 제약을 가할 수 있으므로 법령상 명문의 근거규정을 필요로 한다.
④ 신청 내용을 모두 그대로 인정하는 처분인 경우라 할지라도 이유·근거를 구체적으로 제시해야 할 행정청의 의무가 완화되는 것은 아니다.

**해설**
① (×) 수리를 요하는 행위(행위요건적 신고)도 인정된다. 다만, 행정절차법의 신고는 자기완결적 신고이다.
② (×) 기속행위이든 재량행위이든 절차상 하자만으로 취소판결이 가능하다.
③ (○)
④ (×) 신청 내용을 모두 그대로 인정하는 처분인 경우에 이유제시의무가 면제된다.

**정답** ③

## 016 「행정절차법」상 처분의 사전통지 혹은 의견제출의 기회를 부여할 사항이 아닌 것은? <sub>18 서울9급</sub>

① 공무원시보임용이 무효임을 이유로 정규임용을 취소하는 경우
② 공사중지명령을 하기 전에 사전통지를 하게 되면 많은 액수의 보상금을 기대하여 공사를 강행할 우려가 있는 경우
③ 수익적 처분을 바라는 신청에 대한 거부처분
④ 무단으로 용도변경된 건물에 대해 건물주에게 시정명령이 있을 것과 불이행시 이행강제금이 부과될 것이라는 점을 설명한 후, 다음 날 시정명령을 한 경우

**해설**
① (○) 정규공무원으로 임용된 사람에게 시보임용처분 당시 지방공무원법 제31조 제4호에 정한 공무원임용결격사유가 있어 시보임용처분을 취소하고 그에 따라 정규임용처분을 취소한 사안에서, 정규임용처분을 취소하는 처분은 성질상 행정절차를 거치는 것이 불필요하여 행정절차법의 적용이 배제되는 경우에 해당하지 않으므로, 그 처분을 하면서 사전통지를 하거나 의견제출의 기회를 부여하지 않은 것은 위법하다. (대판 2009.1.30. 2008두16155)
② (○) 건축법상의 공사중지명령에 대한 사전통지를 하고 의견제출의 기회를 준다면 많은 액수의 손실보상금을 기대하여 공사를 강행할 우려가 있다는 사정만으로는 이 사건 공사중지명령처분이 사전통지 및 의견제출절차의 예외사유인 '당해 처분의 성질상 의견청취가 현저히 곤란하거나 명백히 불필요하다고 인정될 만한 상당한 이유가 있는 경우'에 해당하지 아니하여 위법하다. (대판 2004.5.28. 2004두1254)
③ (×) 거부처분의 경우에는 사전통지를 하지 않아도 된다.
④ (○) 시정명령의 경우에는 사전통지를 하여야 한다.

**정답** ③

> **기출지문 OX**
>
> **01** 처분의 사전통지 및 의견청취 등에 관한 「행정절차법」 규정은 「국가공무원법」상 직위해제처분에 대해서는 적용되지만, 「군인 사법」상 진급선발취소처분에 대해서는 적용되지 않는다. [18 국가7급] (O, ×)
> **해설** 처분의 사전통지 및 의견청취 등에 관한 행정절차법 규정은 국가공무원법상 직위해제처분에 대해서는 적용되지 않지만, 군인사법 상 진급선발취소처분에 대해서는 적용된다. **정답** ×
>
> **02** 자격의 박탈을 내용으로 하는 처분의 상대방은 처분의 근거법률에 청문을 하도록 규정되어 있지 않더라도 「행정절차법」에 따라 청문을 신청할 수 있다. [18 국가7급] (O, ×)
> **해설** 침익적 처분의 경우에는 명문규정이 없어도 청문이 가능한 경우가 있다. **정답** O
>
> **03** 행정처분의 이유로 제시한 수개의 처분사유 중 일부가 위법하면, 다른 처분사유로써 그 처분의 정당성이 인정되더라도 그 처분 은 위법하다. [18 국가7급] (O, ×)
> **해설** 다른 처분사유로써 그 처분의 정당성이 인정되면 그 처분은 위법하지 않다. **정답** ×

## 017 「행정절차법」상 송달에 대한 내용으로 옳지 않은 것은?

17 국가7급 추가

① 교부에 의한 송달은 수령확인서를 받고 문서를 교부함으로써 하며, 송달하는 장소에서 송달받을 자를 만나지 못한 경우에는 그 사무원·피용자 또는 동거인으로서 사리를 분별할 지능이 있는 사람에게 문서를 교부할 수 있다.

② 송달이 불가능한 경우에는 송달받을 자가 알기 쉽도록 관보, 공보, 게시판, 일간신문 중 하나 이상에 공고하고 인터넷에도 공고하여야 한다.

③ 문서를 송달받을 자 또는 그 사무원 등이 정당한 사유 없이 송달받기를 거부하는 때에는 그 사실을 수령확인서에 적고, 문서를 송달할 장소에 놓아둘 수 있다.

④ 정보통신망을 이용한 송달을 할 경우 행정청은 송달받을 자의 동의를 얻어 송달받을 전자우편 주소 등을 지정하여야 한다.

**해설**

① (O) ③ (O) 행정절차법 제14조 제2항
② (O) 행정절차법 제14조 제4항
④ (×)

> **행정절차법 제14조(송달)**
> ③ 정보통신망을 이용한 송달은 송달받을 자가 동의하는 경우에만 한다. 이 경우 송달받을 자는 송달받을 전자우편주소 등을 지정하여야 한다.
>
> **참고** 전자행정심판도 상대방이 동의한 경우에만 가능하다.

**정답** ④

**018** 다음은 「행정절차법」상 기간과 관련된 규정을 정리한 것이다. ㄱ~ㄹ에 들어갈 기간을 바르게 나열한 것은?

17 서울9급 추가

> - 행정청은 공청회를 개최하려는 경우에는 공청회 개최 ( ㄱ )일 전까지 제목, 일시 및 장소 등을 당사자 등에게 통지하고 관보, 공보, 인터넷 홈페이지 또는 일간신문 등에 공고하는 등의 방법으로 널리 알려야 한다.
> - 입법예고기간은 예고할 때 정하되, 특별한 사정이 없으면 ( ㄴ )일(자치법규는 ( ㄷ )일) 이상으로 한다.
> - 행정예고기간은 예고 내용의 성격 등을 고려하여 정하되, 특별한 사정이 없으면 ( ㄹ )일 이상으로 한다.

| | ㄱ | ㄴ | ㄷ | ㄹ |
|---|---|---|---|---|
| ① | 10 | 40 | 30 | 30 |
| ② | 14 | 30 | 20 | 20 |
| ③ | 14 | 40 | 20 | 20 |
| ④ | 15 | 30 | 20 | 30 |

**해설**

- 행정청은 공청회를 개최하려는 경우에는 공청회 개최 (14)일 전까지 제목, 일시 및 장소 등을 당사자 등에게 통지하고 관보, 공보, 인터넷 홈페이지 또는 일간신문 등에 공고하는 등의 방법으로 널리 알려야 한다.
- 입법예고기간은 예고할 때 정하되, 특별한 사정이 없으면 (40)일 (자치법규는 (20)일) 이상으로 한다.
- 행정예고기간은 예고 내용의 성격 등을 고려하여 정하되, 특별한 사정이 없으면 (20)일 이상으로 한다.

정답 ③

> 기출지문 OX

**01** 처분상대방이 이미 행정청에 위반사실을 시인하였다는 사정은 사전통지의 예외가 적용되는 '의견청취가 현저히 곤란하거나 명백히 불필요하다고 인정될 만한 상당한 이유가 있는 경우'에 해당한다. [17 국가7급]　(O, ×)

　해설　다른 법령 등에서 필수적으로 청문을 하거나 공청회를 개최하도록 규정하고 있지 아니한 경우에도 당사자 등에게 의견제출의 기회를 주어야 하며, 다만 '해당 처분의 성질상 의견청취가 현저히 곤란하거나 명백히 불필요하다고 인정될 만한 상당한 이유가 있는 경우' 등에 한하여 처분의 사전통지나 의견청취를 하지 아니할 수 있다. 따라서 행정청이 침해적 행정처분을 하면서 당사자에게 사전통지를 하거나 의견제출의 기회를 주지 아니하였다면, 사전통지나 의견제출의 예외적인 경우에 해당하지 아니하는 한, 처분은 위법하여 취소를 면할 수 없다. 그리고 여기에서 '의견청취가 현저히 곤란하거나 명백히 불필요하다고 인정될 만한 상당한 이유가 있는 경우'에 해당하는지는 해당 행정처분의 성질에 비추어 판단하여야 하며, 처분상대방이 이미 행정청에 위반사실을 시인하였다거나 처분의 사전통지 이전에 의견을 진술할 기회가 있었다는 사정을 고려하여 판단할 것은 아니다. (대판 2016.10.27. 2016두41811)　정답 ×

**02** 공기업 사장에 대한 해임처분과정에서 처분 내용을 사전에 통지받지 못했고 해임처분시 법적 근거 및 구체적 해임사유를 제시받지 못하였다면, 그 해임처분은 위법하지만 당연무효는 아니다. [17 국가7급]　(O, ×)

　해설　한국방송공사의 적자구조 만성화에 대한 경영상 책임이 인정되는 데다 대통령이 감사원의 한국방송공사에 대한 감사에 따른 해임제청요구 및 한국방송공사 이사회의 해임제청결의에 따라 해임처분을 하게 된 것인 점 등에 비추어 대통령에게 주어진 한국방송공사 사장 해임에 관한 재량권 일탈·남용의 하자가 존재한다고 하더라도 그것이 중대·명백하지 않아 당연무효사유에 해당하지 않고, 해임처분 과정에서 상대방이 처분 내용을 사전에 통지받거나 그에 대한 의견제출기회 등을 받지 못했고 해임처분시 법적 근거 및 구체적 해임사유를 제시받지 못하였으므로 해임처분이 행정절차법에 위배되어 위법하지만, 절차나 처분 형식의 하자가 중대하고 명백하다고 볼 수 없어 역시 당연무효가 아닌 취소사유에 해당한다. (대판 2012.2.23. 2011두5001)　정답 O

**03** 처분의 사전통지가 적용되는 제3자는 '행정청이 직권 또는 신청에 따라 행정절차에 참여하게 한 이해관계인'으로 한정된다. [17 국가7급]　(O, ×)

　해설　행정절차법 제2조 제4호　정답 O

**04** 가산세 부과처분에 관해서는 「국세기본법」이나 개별세법 어디에도 그 납세고지의 방식 등에 관하여 따로 정한 규정이 없으므로, 가산세의 종류와 세액의 산출근거 등을 전혀 밝히지 않고 가산세의 합계액만을 기재한 경우 그 부과처분은 위법하지 않다. [17 지방7급]　(O, ×)

　해설　가산세 부과처분에 관해서는 국세기본법이나 개별세법 어디에도 그 납세고지의 방식 등에 관하여 따로 정한 규정이 없다. (대판 2012.10.18. 2010두12347 전원합의체) 하나의 납세고지서에 의하여 본세와 가산세를 함께 부과할 때에는 납세고지서에 본세와 가산세 각각의 세액과 산출근거 등을 구분하여 기재해야 하고, 또 여러 종류의 가산세를 함께 부과하는 경우에는 그 가산세 상호 간에도 종류별로 세액과 산출근거 등을 구분하여 기재함으로써 납세의무자가 납세고지서 자체에서 각 과세처분의 내용을 알 수 있도록 하여야 한다. 따라서 가산세 부과처분이라고 하여 그 종류와 세액의 산출근거 등을 전혀 밝히지 아니한 채 가산세의 합계액만을 기재하였다면 그 부과처분은 위법하다. (대판 2015.3.20. 2014두44434)　정답 ×

**05** 행정청이 토지형질변경허가신청을 불허하는 근거규정으로 「도시계획법 시행령」 제20조」를 명시하지 아니하고 「도시계획법」이라고만 기재하였으나, 신청인이 자신의 신청이 개발제한구역의 지정목적에 현저히 지장을 초래하는 것이라는 이유로 구 「도시계획법 시행령」 제20조 제1항 제2호에 따라 불허된 것임을 알 수 있었던 경우에는 그 불허처분이 위법하지 않다. [17 지방7급]　(O, ×)

　해설　대판 2002.5.17. 2000두8912　정답 O

**06** 불이익처분의 직접상대방인 당사자 또는 행정청이 참여하게 한 이해관계인이 아닌 제3자에 대하여는 의견제출에 관한 「행정절차법」의 규정이 적용되지 아니한다. [17 지방7급]　(O, ×)

　해설　처분의 상대방 이외의 제3자에 대한 사전통지 및 의견청취에 관한 규정이 없으므로 행정절차법상 당사자 등인 이해관계인에 해당하지 않는 한 행정절차법이 적용되지 않는다.　정답 O

## 019  「행정절차법」의 내용에 대한 설명으로 옳은 것은?   17 국가9급

① 행정청이 신청 내용을 모두 그대로 인정하는 처분을 하는 경우 당사자에게 그 근거와 이유를 제시하여야 한다.
② 행정청이 신분·자격의 박탈처분을 할 때 청문을 한다.
③ 법령 등에서 행정청에 일정한 사항을 통지함으로써 의무가 끝나는 신고를 규정하고 있는 경우 신고가 본법 제40조 제2항 각 호의 요건을 갖춘 경우에는 신고서가 접수기관에 발송된 때에 신고의무가 이행된 것으로 본다.
④ 행정청은 직권으로 또는 당사자 및 이해관계인의 신청에 따라 여러 개의 사안을 병합하거나 분리하여 청문을 할 수 있다.

**해설**

① (×)

> **행정절차법 제23조(처분의 이유제시)**
> ① 행정청은 처분을 할 때에는 다음 각 호의 어느 하나에 해당하는 경우를 제외하고는 당사자에게 그 근거와 이유를 제시하여야 한다.
>   1. 신청 내용을 모두 그대로 인정하는 처분인 경우
>   2. 단순·반복적인 처분 또는 경미한 처분으로서 당사자가 그 이유를 명백히 알 수 있는 경우
>   3. 긴급히 처분을 할 필요가 있는 경우
> ② 행정청은 제1항 제2호 및 제3호의 경우에 처분 후 당사자가 요청하는 경우에는 그 근거와 이유를 제시하여야 한다.

② (○) 행정절차법 제22조 제1항 제3호 나목
③ (×) 발송이 아니라 도달된 때에 효력이 발생한다.

> **행정절차법 제40조(신고)**
> ① 법령 등에서 행정청에 일정한 사항을 통지함으로써 의무가 끝나는 신고를 규정하고 있는 경우 신고를 관장하는 행정청은 신고에 필요한 구비서류, 접수기관, 그 밖에 법령 등에 따른 신고에 필요한 사항을 게시(인터넷 등을 통한 게시를 포함한다)하거나 이에 대한 편람을 갖추어 두고 누구나 열람할 수 있도록 하여야 한다.
> ② 제1항에 따른 신고가 다음 각 호의 요건을 갖춘 경우에는 신고서가 접수기관에 도달된 때에 신고의무가 이행된 것으로 본다.
>   1. 신고서의 기재사항에 흠이 없을 것
>   2. 필요한 구비서류가 첨부되어 있을 것
>   3. 그 밖에 법령 등에 규정된 형식상의 요건에 적합할 것

④ (×) 이해관계인은 신청을 할 수 없다. 절차에 참여한 이해관계인은 당사자이다.

> **행정절차법 제32조(청문의 병합·분리)**
> 행정청은 직권으로 또는 당사자의 신청에 따라 여러 개의 사안을 병합하거나 분리하여 청문을 할 수 있다.

**정답** ②

## 020 「행정절차법」이 규정하고 있는 내용으로 옳지 않은 것은?

17. 지방9급

① 행정청에 처분을 구하는 신청은 문서로 함이 원칙이며, 행정청은 신청에 필요한 구비서류, 접수기관, 처리기간, 그 밖에 필요한 사항을 게시하거나 이에 대한 편람을 갖추어 두고 누구나 열람할 수 있도록 하여야 한다.

② 국민생활에 매우 큰 영향을 주는 사항 및 그 밖에 널리 국민의 의견을 수렴할 필요가 있는 사항에 대한 정책, 제도 및 계획을 수립·시행하는 경우라도 예고로 인하여 공공의 안전 또는 복리를 현저히 해칠 우려가 있는 때에는 행정청은 이를 예고하지 아니할 수 있다.

③ 행정기관은 행정지도의 상대방이 행정지도에 따르지 아니하였다는 것을 이유로 불이익한 조치를 하여서는 아니 되며, 행정지도의 상대방은 해당 행정지도의 방식 내용 등에 관하여 행정기관에 의견제출을 할 수 있다.

④ 행정청은 행정계획의 취지, 주요 내용을 관보·공보나 인터넷·신문·방송 등을 통하여 널리 공고하여야 하고 국회 소관 상임위원회에 이를 제출하여야 하되, 공고기간은 특별한 사정이 없으면 40일 이상으로 한다.

**해설**

① (○)

> **행정절차법 제17조(처분의 신청)**
> ① 행정청에 처분을 구하는 신청은 문서로 하여야 한다. 다만, 다른 법령 등에 특별한 규정이 있는 경우와 행정청이 미리 다른 방법을 정하여 공시한 경우에는 그러하지 아니하다.
> ② 제1항에 따라 처분을 신청할 때 전자문서로 하는 경우에는 행정청의 컴퓨터 등에 입력 된 때에 신청한 것으로 본다.
> ③ 행정청은 신청에 필요한 구비서류, 접수기관, 처리기간, 그 밖에 필요한 사항을 게시(인터넷 등을 통한 게시를 포함한다)하거나 이에 대한 편람을 갖추어 두고 누구나 열람할 수 있도록 하여야 한다.

② (○)

> **행정절차법 제41조(행정상 입법예고)**
> ① 법령 등을 제정·개정 또는 폐지(이하 '입법'이라 한다)하려는 경우에는 해당 입법안을 마련한 행정청은 이를 예고하여야 한다. 다만, 다음 각 호의 어느 하나에 해당하는 경우에는 예고를 하지 아니할 수 있다.
>   1. 신속한 국민의 권리보호 또는 예측 곤란한 특별한 사정의 발생 등으로 입법이 긴급을 요하는 경우
>   2. 상위 법령 등의 단순한 집행을 위한 경우
>   3. 입법 내용이 국민의 권리·의무 또는 일상생활과 관련이 없는 경우
>   4. 단순한 표현·자구를 변경하는 경우 등 입법 내용의 성질상 예고의 필요가 없거나 곤란하다고 판단되는 경우
>   5. 예고함이 공공의 안전 또는 복리를 현저히 해칠 우려가 있는 경우

③ (○)

> **행정절차법 제48조(행정지도의 원칙)**
> ① 행정지도는 그 목적 달성에 필요한 최소한도에 그쳐야 하며, 행정지도의 상대방의 의사에 반하여 부당하게 강요하여서는 아니 된다.
> ② 행정기관은 행정지도의 상대방이 행정지도에 따르지 아니하였다는 것을 이유로 불이익한 조치를 하여서는 아니 된다.
> **제50조(의견제출)**
> 행정지도의 상대방은 해당 행정지도의 방식·내용 등에 관하여 행정기관에 의견제출을 할 수 있다.

④ (✗) 40일이 아니라 20일이다. 40일이 적용되는 것은 행정입법예고의 경우이다.

**정답** ④

**021** 현행 「행정절차법」의 적용과 관련하여 가장 옳지 않은 것은? (다툼이 있는 경우 판례에 의함)

17 서울9급

① 「행정절차법」은 행정절차에 관한 일반법이지만, 국회 또는 지방의회의 의결을 거치거나 동의 또는 승인을 얻어 행하는 사항에 대하여는 「행정절차법」의 적용이 배제된다.
② 행정과정에 대한 국민의 참여와 행정의 공정성, 투명성 및 신뢰성을 확보하고 국민의 권익을 보호함을 목적으로 하는 「행정절차법」의 입법목적과 「행정절차법」 제3조 제2항 제9호의 규정 내용 등에 비추어 보면, 공무원 인사 관계 법령에 의한 처분에 관한 사항에 대하여 「행정절차법」의 적용이 배제된다.
③ 대법원에 따르면 「행정절차법」 적용이 제외되는 의결·결정에 대해서는 「행정절차법」을 적용하여 의견청취절차를 생략할 수는 없다.
④ 「행정절차법」은 「국세기본법」과는 달리 행정청에 대해서만 신의성실의 원칙에 따를 것을 규정하고 있다.

> **해설**
> ① (○) 행정절차법 제3조 제2항 제1호
> ② (×) 공무원 인사 관계 법령에 의한 처분에 관한 사항이라 하더라도 전부에 대하여 행정절차법의 적용이 배제되는 것이 아니라, 성질상 행정절차를 거치기 곤란하거나 불필요하다고 인정되는 처분이나 행정절차에 준하는 절차를 거치도록 하고 있는 처분의 경우에만 행정절차법의 적용이 배제되는 것으로 보아야 하고, 이러한 법리는 '공무원 인사 관계 법령에 의한 처분'에 해당하는 별정직공무원에 대한 직권면직처분의 경우에도 마찬가지로 적용된다. (대판 2013.01.16. 2011두30687)
> ③ (○) 행정절차법 제3조 제2항, 같은 법 시행령 제2조 제6호에 의하면 공정거래위원회의 의결·결정을 거쳐 행하는 사항에는 행정절차법의 적용이 제외되게 되어 있으므로, 설사 피고의 '판매가격 합의' 부분에 대한 (독점규제 및 공정거래에 관한 법률에 의한) 시정조치 및 과징금납부명령에 행정절차법 소정의 의견청취절차 생략사유가 존재한다고 하더라도, 공정거래위원회는 행정절차법을 적용하여 의견청취절차를 생략할 수는 없다고 할 것이다. (대판 2001.5.8. 2000두10212)
> ④ (○) 행정절차법은 신의성실의 원칙을 행정청에게만 요구하고 있지만, 국세기본법은 행정청과 납세자 모두에게 요구하고 있다.
>
> **행정절차법 제4조(신의성실 및 신뢰보호)**
> ① 행정청은 직무를 수행할 때 신의에 따라 성실히 하여야 한다.
> **국세기본법 제15조(신의·성실)**
> 납세자가 그 의무를 이행할 때에는 신의에 따라 성실하게 하여야 한다. 세무공무원이 직무를 수행할 때에도 또한 같다.

정답 ②

## 022 「행정절차법」상 행정절차에 관한 설명으로 옳지 않은 것은?
16 교행

① 청문 주재자는 당사자의 신청을 받아 행정청이 선정한다.
② 「행정절차법」은 청문 주재자의 제척·기피·회피에 관하여 규정하고 있다.
③ 청문은 당사자가 공개를 신청하거나 청문 주재자가 필요하다고 인정하는 경우 공개할 수 있다.
④ 행정청은 법령상 청문실시의 사유가 있는 경우에도 당사자가 의견진술의 기회를 포기한다는 뜻을 명백히 표시한 경우에는 의견청취를 하지 않을 수 있다.

**해설**

① (×)

> **행정절차법 제28조(청문 주재자)**
> ① 행정청은 소속 직원 또는 대통령령으로 정하는 자격을 가진 사람 중에서 청문 주재자를 공정하게 선정하여야 한다.

② (○) 행정절차법 제29조에 청문 주재자의 제척·기피·회피에 관한 규정이 있다.
③ (○) 청문은 비공개가 원칙이다.

> **행정절차법 제30조(청문의 공개)**
> 청문은 당사자가 공개를 신청하거나 청문 주재자가 필요하다고 인정하는 경우 공개할 수 있다. 다만, 공익 또는 제3자의 정당한 이익을 현저히 해칠 우려가 있는 경우에는 공개하여서는 아니 된다.

④ (○) 행정절차법 제22조 제4항

**정답** ①

## 023 처분의 신청에 대한 「행정절차법」의 내용으로 옳은 것은?
16 서울9급

① 행정청은 신청인의 편의를 위하여 다른 행정청에 신청을 접수하게 할 수 있다.
② 행정청에 처분을 구하는 신청은 문서로만 가능하다.
③ 처분을 신청할 때 전자문서로 하는 경우에는 신청인의 컴퓨터 등에 입력된 때에 신청한 것으로 본다.
④ 행정청은 신청에 구비서류의 미비 등 흠이 있는 경우에는 그 이유를 구체적으로 밝혀 접수된 신청을 되돌려 보내야 한다.

**해설**

① (○) ② (×) ③ (×) ④ (×)

> **행정절차법 제17조(처분의 신청)**
> ① 행정청에 처분을 구하는 신청은 문서로 하여야 한다. 다만, 다른 법령 등에 특별한 규정이 있는 경우와 행정청이 미리 다른 방법을 정하여 공시한 경우에는 그러하지 아니하다.
> ② 제1항에 따라 처분을 신청할 때 전자문서로 하는 경우에는 행정청의 컴퓨터 등에 입력된 때에 신청한 것으로 본다.
> ⑤ 행정청은 신청에 구비서류의 미비 등 흠이 있는 경우에는 보완에 필요한 상당한 기간을 정하여 지체 없이 신청인에게 보완을 요구하여야 한다.
> ⑥ 행정청은 신청인이 제5항에 따른 기간 내에 보완을 하지 아니하였을 때에는 그 이유를 구체적으로 밝혀 접수된 신청을 되돌려 보낼 수 있다.

⑦ 행정청은 신청인의 편의를 위하여 다른 행정청에 신청을 접수하게 할 수 있다. 이 경우 행정청은 다른 행정청에 접수할 수 있는 신청의 종류를 미리 정하여 공시하여야 한다.

> 정답 ①

## 024

「행정절차법」상 처분의 이유제시에 대한 설명으로 옳지 않은 것은? (다툼이 있는 경우 판례에 의함)

15 국가7급

① 이유제시는 처분의 결정과정을 보다 투명하게 하는 데 기여한다.
② 이유제시는 처분의 상대방에게 처분의 적법성을 보다 확신시켜 이를 수용하게 한다는 점에서 법원의 부담을 경감시켜주는 기능을 한다.
③ 거부처분을 하면서 이유제시에 구체적 조항 및 내용을 명시하지 않았어도 상대방이 그 근거를 알 수 있을 정도로 상당한 이유가 제시된 경우에는 그로 말미암아 그 처분이 위법하게 되는 것은 아니다.
④ 이유제시는 처분의 상대방에게 제시된 이유에 대해 방어할 기회를 보장하기 위해 처분에 앞서 사전에 함이 원칙이다.

> 해설
> ① (○) ② (○) 이유제시의 기능이다.
> ③ (○) 대판 2002.5.17. 2000두8912
> ④ (×) 이유제시는 처분에 앞서 하는 것이 아니라 처분을 할 때 하는 것이다. 처분 이후에도 할 수 있다.

> 정답 ④

## 025

행정청은 당사자에게 의무를 부과하거나 권익을 제한하는 처분을 하는 경우에는 미리 처분의 제목, 당사자의 성명 또는 명칭과 주소 등의 일정한 사항을 당사자 등에게 통지하여야 함이 원칙이지만, 예외적으로 이러한 사전통지가 생략될 수 있다. 다음 중 「행정절차법」이 규정하고 있는 사전통지생략사유가 아닌 것은?

15 서울9급

① 공공의 안전 또는 복리를 위하여 긴급히 처분을 할 필요가 있는 경우
② 단순·반복적인 처분 또는 경미한 처분으로서 당사자가 그 이유를 명백히 알 수 있는 경우
③ 해당 처분의 성질상 의견청취가 현저히 곤란하거나 명백히 불필요하다고 인정될 만한 상당한 이유가 있는 경우
④ 법령 등에서 요구된 자격이 없거나 없어지게 되면 반드시 일정한 처분을 하여야 하는 경우에 그 자격이 없거나 없어지게 된 사실이 법원의 재판 등에 의하여 객관적으로 증명된 경우

> 해설
> ① (○) ③ (○) ④ (○) 사전통지 생략사유이다.
> ② (×) 선지는 사전통지의 생략이 아니라 이유부기를 생략할 수 있는 경우이다.

> 정답 ②

> **예상판례**
>
> 행정청이 처분을 할 때에는 원칙적으로 당사자에게 그 근거와 이유를 제시하여야 한다. 이 경우 행정청은 처분의 원인이 되는 사실과 근거가 되는 법령 또는 자치법규의 내용을 구체적으로 명시하여야 한다. 다만 행정청의 자의적 결정을 배제하고 당사자로 하여금 행정구제절차에서 적절히 대처할 수 있도록 하는 처분의 근거 및 이유제시제도의 취지에 비추어, 처분을 하면서 당사자가 그 근거를 알 수 있을 정도로 이유를 제시한 경우에는 처분의 근거와 이유를 구체적으로 명시하지 않았더라도 그로 말미암아 그 처분이 위법하다고 볼 수는 없다. 이때 '이유를 제시한 경우'는 처분서에 기재된 내용과 관계 법령 및 당해 처분에 이르기까지의 전체적인 과정 등을 종합적으로 고려하여, 처분 당시 당사자가 어떠한 근거와 이유로 처분이 이루어진 것인지를 충분히 알 수 있어서 그에 불복하여 행정구제절차로 나아가는 데 별다른 지장이 없었다고 인정되는 경우를 뜻한다. (대판 2019.1.31. 2016두64975)

## 026
甲은 「식품위생법」상 식품접객업 영업허가를 받아 영업을 하던 중, 자신의 영업을 乙에게 양도하기로 계약을 체결하였고, 乙은 같은 법이 정한 바에 따라 영업자지위승계신고를 하였다. 이에 대한 설명으로 옳은 것은? (다툼이 있는 경우 판례에 의함)   15 국가7급

① 관할 행정청이 신고를 수리하기 위해서는 甲에 대해 「행정절차법」상 불이익처분절차를 거쳐야 한다.

② 법령상 신고요건을 갖춘 적법한 신고가 있었다면, 관할 행정청의 수리 여부와 관계없이 영업양도는 효력을 발생한다.

③ 관할 행정청에 의해 신고가 수리되었다면, 甲과 乙 사이의 양도계약이 무효이더라도 신고는 효력을 발생한다.

④ 관할 행정청이 乙의 신고를 수리하기 전에 甲의 영업허가가 취소되었을 경우, 乙은 甲에 대한 영업허가취소에 대하여는 취소소송을 제기할 수 있는 원고적격이 없다.

**해설**
① (○) 행정청이 구 식품위생법 규정에 의하여 영업자지위승계신고를 수리하는 처분은 종전의 영업자의 권익을 제한하는 처분이라 할 것이고, 따라서 종전의 영업자는 그 처분에 대하여 직접 그 상대가 되는 자에 해당한다고 봄이 상당하므로, 행정청으로서는 위 신고를 수리하는 처분을 함에 있어서 행정절차법 규정 소정의 당사자에 해당하는 종전의 영업자에 대하여 위 규정 소정의 행정절차를 실시하고 처분을 하여야 한다. (대판 2003.2.14. 2001두7015)
② (×) 영업자지위승계신고는 수리를 요하는 신고이다. 따라서 신고만으로는 효과가 발생하지 않고 행정청의 수리가 있어야 한다.
③ (×) 甲과 乙 사이의 양도계약이 무효라면 그 후의 모든 절차는 무효가 된다.
④ (×) 관할 행정청이 乙의 신고를 수리하기 전에 甲의 영업허가가 취소된 경우, 乙이 처분의 직접적인 피해자이므로 원고적격이 인정된다.

**정답** ①

### 기출지문 OX

**01** 「행정절차법」은 신의성실의 원칙과 신뢰보호의 원칙을 명문화하고 있다. [14 경행특채]   (O, ×)
  **해설** 행정절차법 제4조   **정답** O

**02** 청문의 주재자는 대통령령으로 정하는 자격을 가지는 사람 중에서 선정하되, 행정청의 소속 직원은 주재자가 될 수 없다. [14 경행특채]   (O, ×)
  **해설** 행정청은 소속 직원 또는 대통령령으로 정하는 자격을 가진 사람 중에서 청문 주재자를 공정하게 선정하여야 한다. (행정절차법 제28조 제1항) 따라서 행정청의 소속 직원도 주재자가 될 수 있다.   **정답** ×

## 027 「행정절차법」상 규정이 없는 것은?

13 국가9급

① 신고절차
② 계획확정절차
③ 의견제출 및 청문절차
④ 입법예고절차 및 행정예고절차

**해설**

① (O) 행정절차법 제40조
② (X) 행정절차법에는 계획확정절차에 대해서는 규정이 없다. 그러나 행정예고를 통해 행정절차법이 행정계획에 적용될 수는 있다.
③ (O) 행정절차법 제22조
④ (O) 행정절차법 제41조~제47조

**정답** ②

## 028 「행정절차법」에 관한 설명으로 옳지 않은 것은 모두 몇 개인가?

11 경행특채

ㄱ. 이유부기, 의견제출은 권리를 제한하거나 의무를 부과하는 처분에 한하여 인정된다.
ㄴ. 「행정절차법」은 순수한 절차규정만으로 이루어져 있다.
ㄷ. 행정청은 신청에 구비서류의 미비 등 흠이 있는 경우에는 보완에 필요한 상당한 기간을 정하여 지체 없이 신청인에게 보완을 요구하여야 한다.
ㄹ. 의견제출은 서면 또는 정보통신망을 이용하여 할 수 있으나, 구술로는 할 수 없다.

① 1개
② 2개
③ 3개
④ 4개

**해설**

ㄱ. (X) 이유부기는 공통절차에 해당한다. 따라서 수익적 처분에도 적용된다. 의견제출은 권리를 제한하거나 의무를 부과하는 처분에 한하여 인정된다.
ㄴ. (X) 행정절차법은 원칙적으로 절차규정을 입법화하였으나 실체적 규정도 포함되어 있으므로 순수한 절차규정만으로 이루어져 있는 것은 아니다.
ㄷ. (O) 행정절차법 제17조 제5항
ㄹ. (X)

> **행정절차법 제27조(의견제출)**
> ① 당사자 등은 처분 전에 그 처분의 관할 행정청에 서면·구술로 또는 정보통신망을 이용하여 의견제출을 할 수 있다.
> ② 당사자 등은 제1항에 따라 의견제출을 하는 경우 그 주장을 입증하기 위한 증거자료 등을 첨부할 수 있다.
> ③ 행정청은 당사자 등이 말로 의견제출을 하였을 때에는 서면으로 그 진술의 요지와 진술자를 기록하여야 한다.
> ④ 당사자 등이 정당한 이유 없이 의견제출기한까지 의견제출을 하지 아니한 경우에는 의견이 없는 것으로 본다.

**정답** ③

## 029 다음 설명 중 옳지 않은 것은?

11. 지방9급

① 판례는 훈령이 정한 청문절차를 거치지 아니한 건축사사무소 등록취소처분을 위법으로 판시하였다.
② 「행정절차법」은 수리를 요하는 신고를 규정하고 있다.
③ 「행정규제기본법」은 규제의 존속기한을 명시하여 '규제일몰제'를 도입하고 있다.
④ 판례는 정보공개거부처분을 다투는 소송에서 법원이 정보공개청구의 취지에 비추어 비공개대상정보에 해당하는 부분과 공개가 가능한 부분을 분리할 수 있음을 인정하는 경우 공개가 가능한 부분만의 일부취소를 명할 수 있다고 본다.

### 해설

① (○) 관계 행정청이 건축사사무소의 등록취소처분을 함에 있어 당해 건축사들을 사전에 청문하도록 한 취지는 위 행정처분으로 인하여 건축사사무소의 기존권리가 부당하게 침해받지 아니하도록 등록취소사유에 대하여 당해 건축사에게 변명과 유리한 자료를 제출할 기회를 부여하여 위법사유의 사정가능성을 감안하고 처분의 신중성과 적정성을 기하려 함에 있다 할 것이므로 설사 건축사법 제28조 소정의 등록취소 등 사유가 분명히 존재하는 경우라 하더라도 당해 건축사가 정당한 이유 없이 청문에 응하지 아니한 경우가 아닌 한 청문절차를 거치지 아니하고 한 건축사사무소 등록취소처분은 위법하다. **(대판 1984.9.11. 82누166)**
② (✕) 행정절차법 제40조 제1항은 '법령 등에서 행정청에 일정한 사항을 통지함으로써 의무가 끝나는 신고'를 규정하고 있는바, 이는 본래적 의미의 신고, 즉 수리를 필요로 하지 않는 신고(자기완결적 신고)를 말한다.
③ (○) 중앙행정기관의 장은 규제를 신설하거나 강화하려는 경우에 존속시켜야 할 명백한 사유가 없는 규제는 존속기한을 설정하여 그 법령 등에 규정하여야 한다. **(행정규제기본법 제8조 제1항)** 규제의 존속기한은 규제의 목적을 달성하기 위하여 필요한 최소한의 기간 내에서 설정되어야 하며, 그 기간은 원칙적으로 5년을 초과할 수 없다. **(같은 법 제8조 제2항)**
④ (○) 법원이 행정기관의 정보공개거부처분의 위법 여부를 심리한 결과 공개를 거부한 정보에 비공개대상정보에 해당하는 부분과 공개가 가능한 부분이 혼합되어 있고 공개청구의 취지에 어긋나지 아니하는 범위 안에서 두 부분을 분리할 수 있음을 인정할 수 있을 때에는 청구취지의 변경이 없더라도 공개가 가능한 정보에 관한 부분만의 일부 취소를 명할 수 있다. **(대판 2009.12.10. 2009두12785)**

**정답** ②

### 행정규칙에 정한 청문을 하지 않은 처분의 위법성 문제

| | |
|---|---|
| 위법한 경우 | 건설부 훈령에 규정된 청문절차를 거치지 아니한 건축사사무소 등록취소처분은 위법함. (대판 1984.9.11. 82누166) |
| 위법하지 않은 경우 | 시장이 건조물 소유자의 신청이 없는 상태에서 소유자의 의견을 듣지 아니하고 건조물을 문화재로 지정하였다고 하여 위법한 것이라고 할 수 없음. (대판 1994.8.9. 94누3414) |

## 030 영국의 자연적 정의의 원칙(The principle of natural justice)과 가장 관련이 있는 것은?

09. 관세사

① 지방자치제도
② 행정상 손해배상제도
③ 행정절차제도
④ 행정상 손실보장제도
⑤ 행정심판제도

> 해설

③ (O) 영국에서의 행정절차는 자연적 정의의 원칙(The principle of natural justice)에 의하여 규율되어 왔다. 여기서 자연적 정의는 누구든지 자기의 사건에 대한 심판관이 될 수 없으며, 누구든지 청문 없이는 비난당하지 않는다는 두 가지 뜻을 간직하고 있다.

> 정답 ③

## 031 행정절차의 하자에 대한 설명으로 옳은 것은? (다툼이 있는 경우 판례에 의함)   08 지방7급

① 「행정절차법」상의 의견청취는 이유제시, 청문, 의견제출로 구분된다.
② 행정청이 청문을 하려면 청문이 시작되는 날부터 14일 전까지 법정사항을 당사자 등에게 통지하여야 한다.
③ 처분에 행정절차상 하자가 있을 경우 기속행위인지 재량행위인지를 불문하고 독자적 위법사유성이 인정되어 법원에 의한 취소의 대상이 된다.
④ 이유제시를 결한 부담적 행정행위의 하자는 상대방이 처분 당시 그 취지를 알고 있었거나 그 후 알게 되었다면 이로써 치유된다.

> 해설

① (X) 행정절차법상 의견청취제도는 청문, 공청회, 의견제출로 구분된다. (행정절차법 제22조)
② (X) 행정청은 청문을 하려면 청문이 시작되는 날부터 10일 전까지 일정한 사항을 당사자 등에게 통지하여야 한다. (행정절차법 제21조 제2항)
③ (O) 판례는 재량행위와 기속행위의 구별 없이 절차상의 하자를 독자적인 위법사유로 파악하고 있다.

> 행정청이 침해적 행정처분을 하면서 당사자에게 행정절차법상의 사전통지를 하거나 의견제출의 기회를 주지 아니하였다면 사전통지를 하지 않거나 의견제출의 기회를 주지 아니하여도 되는 예외적인 경우에 해당하지 아니하는 한 그 처분은 위법하여 취소를 면할 수 없다. (대판 2007.9.21. 2006두20631)

④ (X) 면허의 취소처분에는 그 근거가 되는 법령이나 취소권 유보의 부관 등을 명시하여야 함은 물론 처분을 받은 자가 어떠한 위반사실에 대하여 당해 처분이 있었는지를 알 수 있을 정도로 사실을 적시할 것을 요하며, 이와 같은 취소처분의 근거와 위반사실의 적시를 빠뜨린 하자는 피처분자가 처분 당시 그 취지를 알고 있었다거나 그 후 알게 되었다 하여도 치유될 수 없다. (대판 1990.9.11. 90누1786)

> 정답 ③

## 032 「행정절차법」상 처분절차로 명시적으로 규정된 항목이 아닌 것은?   05 서울9급

① 처분 처리기간의 설정·공표
② 처분기준의 설정·공표
③ 절차하자가 있는 처분의 효력
④ 처분의 사전통지
⑤ 공청회

> 해설

③ (X) 절차상 하자가 있는 처분의 효력에 대해서는 명문규정이 없다.

> 정답 ③

# CHAPTER 02 정보공개와 개인정보 보호

## 제1절 행정정보공개

**알 권리의 근거와 종류**

| 근거 | · 알 권리는 헌법에 명문규정은 없고 언론·출판의 자유에서 근거를 찾음.<br>· 공공기관의 정보공개에 관한 법률에는 알 권리에 관한 명문규정이 있음. | |
|---|---|---|
| 종류 | 정보수령권 | 신문, 방송. 소극적 권리. 공개된 정보(자발적 정보)를 대상 자유권 |
| | 정보수집권 | 취재 등. 능동적 권리. 공개된 정보(자발적 정보)를 대상 자유권 |
| | 정보공개청구권<br>(적극적 권리, 비공개정보를 대상) | 개별적 정보공개청구권: 이해관계 있는 자만 제기<br>일반적 정보공개청구권: 국민 누구나 제기 가능 |

헌법재판소는 알 권리에 대해 개별적 법률에 근거가 있으면 더 좋지만 개별법이 없어도 헌법만으로 개인적 공권이 성립 가능하다고 본다. 그 후 공공기관의 정보공개에 관한 법률은 일반적 정보공개청구권에 입각하여 모든 국민에게 청구권을 인정하고 있다. 따라서 이해관계 없는 시민단체도 정보공개청구권이 있다.

### 예상판례

국민은 헌법상 보장된 알 권리의 한 내용으로서 국회에 대하여 입법과정의 공개를 요구할 권리를 가지며, 국회의 의사에 대하여는 직접적인 이해관계 유무와 상관없이 일반적 정보공개청구권을 가진다고 할 수 있다.
국회사무총장이 회의별 참석자 명단은 공개하였으나, 회의별 참석자의 발언 내용 및 결정 내용에 대하여 찬성 또는 반대한 위원의 명단은 국회법 제57조 제5항 단서 및 공공기관의 정보공개에 관한 법률 제9조 제1항에 따라 비공개한다는 결정을 한 것은 알 권리를 침해하지 않는다.
(헌재 2009.9.24. 2007헌바17)

## 001 「공공기관의 정보공개에 관한 법률」에 관한 설명으로 옳지 않은 것은? (다툼이 있는 경우 판례에 의함)

23 소방

① 국민의 정보공개청구가 오로지 공공기관의 담당공무원을 괴롭힐 목적으로 정보공개청구를 하는 경우처럼 권리의 남용에 해당하는 것이 명백한 경우에는 정보공개청구권의 행사가 허용되지 아니한다.
② 정보공개청구권자인 국민에는 자연인은 물론 법인, 권리능력 없는 사단·재단도 포함되고, 법인, 권리능력 없는 사단·재단 등의 경우에는 설립목적을 불문한다.
③ 공개청구의 대상이 되는 정보란 공공기관이 직무상 작성 또는 취득하여 현재 보유·관리하고 있는 문서에 한정되며, 그 문서가 반드시 원본일 필요는 없다.
④ '진행 중인 재판에 관련된 정보'에 해당한다는 사유로 정보공개청구를 거부하기 위하여는 그 정보가 진행 중인 재판에 관련된 일체의 정보일 뿐만 아니라, 진행 중인 재판의 소송기록 그 자체에 포함된 내용의 정보에 해당하여야 한다.

### 해설

① (○) 실제로는 해당 정보를 취득 또는 활용할 의사가 전혀 없이 정보공개제도를 이용하여 사회통념상 용인될 수 없는 부당한 이득을 얻으려 하거나, 오로지 공공기관의 담당공무원을 괴롭힐 목적으로 정보공개청구를 하는 경우처럼 권리의 남용에 해당하는 것이 명백한 경우에는 정보공개청구권의 행사를 허용하지 아니하는 것이 옳다. (대판 2014.12.24. 2014두9349)

② (○) 공공기관의 정보공개에 관한 법률 제6조 제1항은 "모든 국민은 정보의 공개를 청구할 권리를 가진다."라고 규정하고 있는데, 여기에서 말하는 국민에는 자연인은 물론 법인, 권리능력 없는 사단·재단도 포함되고, 법인, 권리능력 없는 사단·재단 등의 경우에는 설립목적을 불문하며, 한편, 정보공개청구권은 법률상 보호되는 구체적인 권리이므로 청구인이 공공기관에 대하여 정보공개를 청구하였다가 거부처분을 받은 것 자체가 법률상 이익의 침해에 해당한다. (대판 2003.12.12. 2003두8050)

③ (○)

> **공공기관의 정보공개에 관한 법률 제13조(정보공개여부결정의 통지)**
> ④ 공공기관은 제1항의 규정에 의하여 정보를 공개함에 있어 당해 정보의 원본이 오손 또는 파손될 우려가 있거나 그 밖에 상당한 이유가 있다고 인정될 때에는 당해 정보의 사본·복제물을 공개할 수 있다.

④ (×) 법원 이외의 공공기관이 공공기관의 정보공개에 관한 법률 제9조 제1항 제4호에서 정한 '진행 중인 재판에 관련된 정보'에 해당한다는 사유로 정보공개를 거부하기 위하여는 반드시 그 정보가 진행 중인 재판의 소송기록 자체에 포함된 내용일 필요는 없다. 그러나 재판에 관련된 일체의 정보가 그에 해당하는 것은 아니고 진행 중인 재판의 심리 또는 재판결과에 구체적으로 영향을 미칠 위험이 있는 정보에 한정된다고 보는 것이 타당하다. (대판 2011.11.24. 2009두19021)

정답 ④

**002** 신문사 기자 甲은 A광역시가 보유·관리하고 있던 시의원 乙과 관련이 있는 정보를 사본 교부의 방법으로 공개하여 줄 것을 청구하였다. 이에 대한 설명으로 옳지 않은 것은? (다툼이 있는 경우 판례에 의함)

22 소방

① 정보공개청구권자가 선택한 공개방법에 따라 정보를 공개하여야 하므로, 원칙적으로 A광역시는 사본 교부가 아닌 열람의 방법으로는 공개할 수 없다.

② 乙의 비공개 요청이 있는 경우 A광역시는 공개를 하여서는 아니 되고, 만일 공개하였다면 乙에 대하여 손해배상책임을 지게 된다.

③ 乙의 의견을 듣고 A광역시가 공개를 거부하였다면, 甲과 乙 사이에 아무런 법률상 이해관계가 없다고 할지라도 甲은 A광역시의 거부에 대하여 항고소송으로 다툴 수 있다.

④ A광역시가 「공공기관의 정보공개에 관한 법률」상 비공개대상정보임을 이유로 비공개결정을 한 경우, A광역시는 당초 처분의 근거로 삼은 사유와 기본적 사실관계가 동일성이 있다고 인정되는 한도 내에서만 항고소송에서 다른 공개거부사유를 추가하거나 변경할 수 있다.

**해설**

① (O) 정보공개를 청구하는 자가 공공기관에 대해 정보의 사본 또는 출력물의 교부의 방법으로 공개방법을 선택하여 정보공개청구를 한 경우에 공개청구를 받은 공공기관으로서는 공공기관의 정보공개에 관한 법률 제8조 제2항에서 규정한 정보의 사본 또는 복제물의 교부를 제한할 수 있는 사유에 해당하지 않는 한 정보공개청구자가 선택한 공개방법에 따라 정보를 공개하여야 하므로 그 공개방법을 선택할 재량권이 없다고 해석함이 상당하다. (대판 2004.8.20. 2003두8302)

② (×)

> **공공기관의 정보공개에 관한 법률** 제21조(제3자의 비공개 요청 등)
> ① 제11조 제3항에 따라 공개청구된 사실을 통지받은 제3자는 그 통지를 받은 날부터 3일 이내에 해당 공공기관에 대하여 자신과 관련된 정보를 공개하지 아니할 것을 요청할 수 있다.
> ② 제1항에 따른 비공개 요청에도 불구하고 공공기관이 공개결정을 할 때에는 공개결정이유와 공개실시일을 분명히 밝혀 지체 없이 문서로 통지하여야 하며, 제3자는 해당 공공기관에 문서로 이의신청을 하거나 행정심판 또는 행정소송을 제기할 수 있다. 이 경우 이의신청은 통지를 받은 날부터 7일 이내에 하여야 한다.
> ③ 공공기관은 제2항에 따른 공개결정일과 공개실시일 사이에 최소한 30일의 간격을 두어야 한다.

③ (O) 국민의 정보공개청구권은 법률상 보호되는 구체적인 권리이므로, 공공기관에 대하여 정보의 공개를 청구하였다가 공개거부처분을 받은 청구인은 행정소송을 통하여 그 공개거부처분의 취소를 구할 법률상의 이익이 있다. (대판 2003.3.11. 2001두6425)

④ (O) 행정처분의 취소를 구하는 항고소송에서 처분청은 당초 처분의 근거로 삼은 사유와 기본적 사실관계가 동일성이 있다고 인정되는 한도 내에서만 다른 사유를 추가 또는 변경할 수 있고, 이러한 기본적 사실관계의 동일성 유무는 처분사유를 법률적으로 평가하기 이전의 구체적 사실에 착안하여 그 기초인 사회적 사실관계가 기본적인 점에서 동일한지에 따라 결정되므로, 추가 또는 변경된 사유가 처분 당시에 이미 존재하고 있었다거나 당사자가 그 사실을 알고 있었다고 하여 당초의 처분사유와 동일성이 있다고 할 수 없다. (대판 2011.11.24. 2009두19021)

**정답** ②

## 003 정보공개에 대한 판례의 입장으로 옳지 않은 것은? <sub>22 국가7급</sub>

① 정보공개청구권자의 권리구제가능성은 정보의 공개 여부 결정에 영향을 미치지 못한다.
② 정보공개청구에 대하여 행정청이 전부공개결정을 하는 경우에는, 청구인이 지정한 정보공개방법에 의하지 않았다고 하더라도 청구인은 이를 다툴 수 없다.
③ 정보공개거부처분 취소소송에서 행정기관이 청구정보를 증거 등으로 법원에 제출하여 결과적으로 청구인에게 정보를 공개하는 결과가 되었다고 하더라도, 당해 정보의 비공개결정의 취소를 구할 소의 이익은 소멸되지 않는다.
④ 「형사소송법」은 형사재판확정기록의 공개 여부 등에 대하여 「공공기관의 정보공개에 관한 법률」과 달리 규정하고 있으므로, 형사재판확정기록의 공개에 관하여는 「공공기관의 정보공개에 관한 법률」에 의한 공개청구가 허용되지 아니한다.

### 해설

① (O) 대판 2017.9.7. 2017두44558
② (X) 청구인에게는 특정한 공개방법을 지정하여 정보공개를 청구할 수 있는 법령상 신청권이 있다. 공공기관이 공개청구의 대상이 된 정보를 공개는 하되, 청구인이 신청한 공개방법 이외의 방법으로 공개하기로 하는 결정을 하였다면, 이는 정보공개청구 중 정보공개방법에 관한 부분에 대하여 일부 거부처분을 한 것이고, 청구인은 그에 대하여 항고소송으로 다툴 수 있다. (대판 2016.11.10. 2016두44674)
③ (O) 청구인이 정보공개거부처분의 취소를 구하는 소송에서 공공기관이 청구정보를 증거 등으로 법원에 제출하여 법원을 통하여 그 사본을 청구인에게 교부 또는 송달되게 하여 결과적으로 청구인에게 정보를 공개하는 셈이 되었다고 하더라도, **이러한 우회적인 방법은 공공기관의 정보공개에 관한 법률이 예정하고 있지 아니한 방법으로서 공공기관의 정보공개에 관한 법률에 의한 공개라고 볼 수는 없으므로, 당해 정보의 비공개결정의 취소를 구할 소의 이익은 소멸되지 않는다.** (대판 2016.12.15. 2012두11409)
④ (O) 대판 2016.12.15. 2013두20882

**정답** ②

## 004 다음 사례에 대한 설명으로 옳은 것은? (다툼이 있는 경우 판례에 의함) <sub>22 국가9급</sub>

> 민간시민단체 A는 관할 행정청 B에게 개발사업의 승인과 관련한 정보공개를 청구하였으나 B는 현재 재판 진행 중인 사안이 포함되어 있다는 이유로 「공공기관의 정보공개에 관한 법률」 제9조 제1항 제4호의 사유를 들어 A의 정보공개청구를 거부하였다.

① A는 공개청구한 정보에 대해 개별·구체적 이익이 없는 경우에도 B의 정보공개거부에 대해 취소소송으로 다툴 수 있다.
② A가 공개청구한 정보에 대해 직접적인 이해관계가 있는 경우에는 B의 정보공개거부에 대해 정보공개의 이행을 구하는 당사자소송을 제기하여 다툴 수 있다.
③ A가 공개청구한 정보의 일부가 「공공기관의 정보공개에 관한 법률」상 비공개사유에 해당하는 때에는 그 나머지 정보만을 공개하는 것이 가능한 경우라 하더라도 법원은 공개 가능한 정보에 관한 부분만의 일부취소를 명할 수는 없다.
④ B의 비공개사유가 정당화되기 위해서는 A가 공개청구한 정보가 진행 중인 재판의 소송기록 자체에 포함된 내용이어야 한다.

> 해설

① (O) 국민의 정보공개청구권은 법률상 보호되는 구체적인 권리이므로, 공공기관에 대하여 정보의 공개를 청구하였다가 공개 거부처분을 받은 청구인은 행정소송을 통하여 그 공개거부처분의 취소를 구할 법률상의 이익이 있다. (대판 2003.3.11. 2001두6425)

② (×) 직접적인 이해관계가 없어도 정보공개거부에 대해 항고소송으로 다툴 수 있다.

③ (×) 법원이 행정기관의 정보공개거부처분의 위법 여부를 심리한 결과 공개를 거부한 정보에 비공개대상정보에 해당하는 부분과 공개가 가능한 부분이 혼합되어 있고 공개청구의 취지에 어긋나지 아니하는 범위 안에서 두 부분을 분리할 수 있음을 인정할 수 있을 때에는 청구취지의 변경이 없더라도 공개가 가능한 정보에 관한 부분만의 일부취소를 명할 수 있다 할 것이고, 공개청구의 취지에 어긋나지 아니하는 범위 안에서 비공개대상정보에 해당하는 부분과 공개가 가능한 부분을 분리할 수 있다고 함은, 이 두 부분이 물리적으로 분리 가능한 경우를 의미하는 것이 아니고 당해 정보의 공개방법 및 절차에 비추어 당해 정보에서 비공개대상정보에 관련된 기술 등을 제외 내지 삭제하고 그 나머지 정보만을 공개하는 것이 가능하고 나머지 부분의 정보만으로도 공개의 가치가 있는 경우를 의미한다고 해석하여야 한다. (대판 2004.12.9. 2003두12707)

④ (×) 법원 이외의 공공기관이 공공기관의 정보공개에 관한 법률 제9조 제1항 제4호에서 정한 '진행 중인 재판에 관련된 정보'에 해당한다는 사유로 정보공개를 거부하기 위하여는 반드시 그 정보가 진행 중인 재판의 소송기록 자체에 포함된 내용일 필요는 없다. 그러나 재판에 관련된 일체의 정보가 그에 해당하는 것은 아니고 진행 중인 재판의 심리 또는 재판결과에 구체적으로 영향을 미칠 위험이 있는 정보에 한정된다고 보는 것이 타당하다. (대판 2011.11.24. 2009두19021)

> 정답 ①

## 005 행정정보의 공개에 대한 설명으로 옳지 않은 것은? (다툼이 있는 경우 판례에 의함)  21 국가7급

① 공개청구의 대상이 되는 정보가 인터넷 등을 통하여 공개되어 인터넷검색 등을 통하여 쉽게 알 수 있는 경우에는 비공개결정이 정당화될 수 있다.

② 정보의 공개에 관하여 법률의 구체적인 위임이 없는 「교육공무원 승진규정」상 근무성적평정 결과를 공개하지 않는다는 규정을 근거로 정보공개청구를 거부할 수 없다.

③ 의사결정과정에 제공된 회의 관련 자료나 의사결정과정이 기록된 회의록은 의사가 결정되거나 의사가 집행된 경우에도 비공개대상정보에 포함될 수 있다.

④ 공공기관이 정보를 보유·관리하고 있지 아니한 경우에는 특별한 사정이 없는 한 정보공개거부처분의 취소를 구할 법률상의 이익이 없다.

> 해설

① (×) 공개청구의 대상이 되는 정보가 이미 다른 사람에게 공개하여 널리 알려져 있다거나 인터넷이나 관보 등을 통하여 공개하여 인터넷검색이나 도서관에서의 열람 등을 통하여 쉽게 알 수 있다는 사정만으로는 소의 이익이 없다거나 비공개결정이 정당화될 수는 없다. (대판 2008.11.27. 2005두15694)

② (O) 정보공개의 거부는 법률 또는 법규명령에 근거가 있어야 하는데, 선지의 승진규정은 행정규칙이므로 이 규정을 근거로 정보공개청구를 거부하는 것은 잘못이다.

③ (O) 의사결정과정에 제공된 회의 관련 자료나 의사결정과정이 기록된 회의록 등은 의사가 결정되거나 의사가 집행된 경우에는 더 이상 의사결정과정에 있는 사항 그 자체라고는 할 수 없으나, 의사결정과정에 있는 사항에 준하는 사항으로서 비공개대상정보에 포함될 수 있다. (대판 2003.8.22. 2002두12946)

④ (O) 정보공개제도는 공공기관이 보유·관리하는 정보를 그 상태대로 공개하는 제도라는 점 등에 비추어 보면, 정보공개를 구하는 자가 공개를 구하는 정보를 행정기관이 보유·관리하고 있을 상당한 개연성이 있다는 점을 입증함으로써 족하다 할 것이지만, 공공기관이 그 정보를 보유·관리하고 있지 아니한 경우에는 특별한 사정이 없는 한 정보공개거부처분의 취소를 구할 법률상의 이익이 없다. (대판 2006.1.13. 2003두9459)

> 정답 ①

> **기출지문 OX**
>
> **01** 청구인이 공공기관에 대하여 정보공개를 청구하였다가 거부처분을 받은 것 자체가 법률상 이익의 침해에 해당한다고 할 것이고, 거부처분을 받은 것 이외에 추가로 어떤 법률상의 이익을 가질 것을 요구하는 것은 아니다. [21 서울·지방7급] (O, X)
>   해설  대판 2004.9.23. 2003두1370    정답  O
>
> **02** 비공개대상정보로 '진행 중인 재판에 관련된 정보'는 재판에 관련된 일체의 정보가 그에 해당하는 것은 아니고, 진행 중인 재판의 심리 또는 재판결과에 구체적으로 영향을 미칠 위험이 있는 정보에 한정된다. [21 서울·지방7급] (O, X)
>   해설  대판 2011.11.24. 2009두19021    정답  O
>
> **03** 정보공개를 요구받은 공공기관이 법률에서 정한 비공개사유에 해당하는지를 주장·증명하지 아니한 채 개괄적인 사유만을 들어 공개를 거부하는 것은 허용되지 아니한다. [21 서울·지방7급] (O, X)
>   해설  공공기관의 정보공개에 관한 법률 제9조 제1항 각 호에서 정하고 있는 어느 하나에 해당한다는 구체적인 사유를 주장해야 하며, 개괄적 사유(예 공공복리)로 공개를 거부하는 것은 허용되지 아니한다. (대판 2018.4.12. 2014두5477)    정답  O

## 006 정보공개제도에 대한 설명으로 옳지 않은 것은? (다툼이 있는 경우 판례에 의함) [20 서울·지방7급]

① 정보공개를 청구하는 자가 공개를 구하는 정보를 행정기관이 보유·관리하고 있을 상당한 개연성이 있다는 점을 입증하여야 한다.

② 국민의 알 권리, 즉 정보에의 접근·수집·처리의 자유는 자유권적 성질과 청구권적 성질을 공유하는 것으로서, 헌법 제21조에 의하여 직접 보장되는 권리이다.

③ 사립대학교에 정보공개를 청구하였다가 거부될 경우 사립대학교에 대한 국가의 지원이 한정적·국부적·일시적임을 고려한다면 사립대학교 총장을 피고로 하여 취소소송을 제기할 수 없다.

④ 공개를 구하는 정보를 공공기관이 한때 보유·관리하였으나 그 후에 그 정보가 담긴 문서 등이 폐기되어 존재하지 않게 된 것이라면 그 정보를 더 이상 보유·관리하고 있지 아니하다는 점에 대한 증명책임은 공공기관에 있다.

해설
① (O) ④ (O) 공개를 구하는 정보를 행정기관이 보유·관리하고 있을 상당한 개연성이 있다는 점은 청구권자가 입증하여야 하고, 당해 정보가 비공개정보라는 점, 공개를 구하는 정보를 공공기관이 한때 보유·관리하였으나 그 후에 더 이상 보유·관리하고 있지 아니하다는 점에 대한 입증책임은 공공기관에 있다.
② (O) 알 권리는 헌법에 명문규정은 없지만, 언론·출판의 자유에서 도출되는 개인적 공권으로 자유권적 성질과 청구권적 성질 및 생활권의 성질을 가지고 있다.
③ (X) 사립학교는 정보공개의무가 있는 공공기관에 해당한다.

> 공공기관의 정보공개에 관한 법률 시행령 제2조 제1호가 정보공개의무를 지는 공공기관의 하나로 사립대학교를 들고 있는 것이 모법의 위임범위를 벗어났다거나 사립대학교가 국비의 지원을 받는 범위 내에서만 공공기관의 성격을 가진다고 볼 수 없다. (대판 2006.8.24. 2004두2783)
>   참고  이때의 피고는 사립대학교 총장이다.

정답 ③

> 기출지문 OX

**01** 정보공개거부처분의 취소를 구하는 소송에서 공공기관이 청구정보를 증거 등으로 법원에 제출하여 법원을 통하여 그 사본을 청구인에게 교부 또는 송달되게 하여 청구인에게 정보를 공개하는 셈이 되었다면, 이러한 우회적인 방법에 의한 공개는 「공공기관의 정보공개에 관한 법률」에 의한 공개라고 볼 수 있다. [20 국가9급] (O, X)

해설 청구인이 정보공개거부처분의 취소를 구하는 소송에서 공공기관이 청구정보를 증거 등으로 법원에 제출하여 법원을 통하여 그 사본을 청구인에게 교부 또는 송달되게 하여 결과적으로 청구인에게 정보를 공개하는 셈이 되었다고 하더라도, 이러한 우회적인 방법은 공공기관의 정보공개에 관한 법률이 예정하고 있지 아니한 방법으로서 공공기관의 정보공개에 관한 법률에 의한 공개라고 볼 수는 없으므로, 당해 정보의 비공개결정의 취소를 구할 소의 이익은 소멸되지 않는다. (대판 2016.12.15. 2012두11409, 11416)  정답 X

**02** 정보공개청구권자에는 자연인은 물론 법인, 권리능력 없는 사단·재단도 포함되고, 법인, 권리능력 없는 사단·재단 등의 경우에는 설립목적을 불문한다. [20 국가9급] (O, X)

해설 공공기관의 정보공개에 관한 법률 제6조(현 제5조) 제1항은 "모든 국민은 정보의 공개를 청구할 권리를 가진다."라고 규정하고 있는데, 여기에서 말하는 국민에는 자연인은 물론 법인, 권리능력 없는 사단·재단도 포함되고, 법인, 권리능력 없는 사단·재단 등의 경우에는 설립목적을 불문하며, 한편 정보공개청구권은 법률상 보호되는 구체적인 권리이므로 청구인이 공공기관에 대하여 정보공개를 청구하였다가 거부처분을 받은 것 자체가 법률상 이익의 침해에 해당한다. (대판 2003.12.12. 2003두8050)  정답 O

**03** 「공공기관의 정보공개에 관한 법률」은 정보공개청구권자가 공개를 청구하는 정보와 어떤 관련성을 가질 것을 요구하거나 정보공개청구의 목적에 특별한 제한을 두고 있지 아니하므로 정보공개청구권자의 권리구제가능성 등은 정보의 공개 여부 결정에 아무런 영향을 미치지 못한다. [20 국가9급] (O, X)

해설 대판 2017.9.7. 2017두44558  정답 O

**04** 공공기관이 공개청구의 대상이 된 정보를 공개는 하되, 청구인이 신청한 공개방법 이외의 방법으로 공개하기로 하는 결정을 한 경우 이는 정보공개방법만을 달리 한 것이므로 일부 거부처분이라 할 수 없다. [20 서울·지방9급] (O, X)

해설 청구인에게는 특정한 공개방법을 지정하여 정보공개를 청구할 수 있는 법령상 신청권이 있다. 따라서 공공기관이 공개청구의 대상이 된 정보를 공개는 하되, 청구인이 신청한 공개방법 이외의 방법으로 공개하기로 하는 결정을 하였다면, 이는 정보공개청구 중 정보공개방법에 관한 부분에 대하여 일부 거부처분을 한 것이고, 청구인은 그에 대하여 항고소송으로 다툴 수 있다. (대판 2016.11.10. 2016두44674)  정답 X

**05** 「공공기관의 정보공개에 관한 법률」에 의하면 '다른 법률 또는 법률에서 위임한 명령에 의하여 비밀 또는 비공개사항으로 규정된 정보'는 이를 공개하지 아니할 수 있다고 규정하고 있는바, 여기에서 '법률에 의한 명령'은 정보의 공개에 관하여 법률의 구체적인 위임 아래 제정된 법규명령(위임명령)을 의미한다. [20 서울·지방9급] (O, X)

해설

| 공공기관의 정보공개에 관한 법률<br>자체의 배제 | 법률에 의하여야 하고 법규명령으로는 불가 |
|---|---|
| 공공기관의 정보공개에 관한 법률상<br>비공개정보 | 법률 또는 법규명령으로 가능. 다만, 대통령령, 총리령, 부령 모두를 의미하는 것이 아니라 법률의 구체적 위임 아래 제정된 법규명령(위임명령)을 말함. |

정답 O

**06** 국민의 알 권리를 두텁게 보호하기 위해 「공공기관의 정보공개에 관한 법률」 제9조 제1항 제6호 본문의 규정에 따라 비공개대상이 되는 정보는 이름·주민등록번호 등 '개인식별정보'로 한정된다. [20 서울·지방9급] (O, X)

해설 공공기관의 정보공개에 관한 법률 제9조 제1항 제6호 본문의 규정에 따라 비공개대상이 되는 정보에는 공공기관의 정보공개에 관한 법률의 이름·주민등록번호 등 정보형식이나 유형을 기준으로 비공개대상정보에 해당하는지를 판단하는 '개인식별정보'뿐만 아니라 그 외에 정보의 내용을 구체적으로 살펴 '개인에 관한 사항의 공개로 개인의 내밀한 내용의 비밀 등이 알려지게 되고, 그 결과 인격적·정신적 내면생활에 지장을 초래하거나 자유로운 사생활을 영위할 수 없게 될 위험성이 있는 정보'도 포함된다. (대판 2012.6.18. 2011두2361 전원합의체)  정답 X

**07** 공개청구된 정보가 수사의견서인 경우 수사의 방법 및 절차 등이 공개되더라도 수사기관의 직무수행을 현저히 곤란하게 하지 않는 때에는 비공개대상정보에 해당하지 않는다. [20 국가7급] (O, X)

해설 직무수행을 현저히 곤란하게 하지 않으면 공개대상이 된다.  정답 O

**08** 외국 또는 외국기관으로부터 비공개를 전제로 입수한 정보는 비공개를 전제로 하였다는 이유만으로 비공개대상정보에 해당한다. [20 국가7급]   (O, X)

> **해설** 외국 또는 외국기관으로부터 비공개를 전제로 정보를 입수하였다는 이유만으로 이를 공개할 경우 업무의 공정한 수행에 현저한 지장을 받을 것이라고 단정할 수는 없다. 다만 위와 같은 사정은 정보 제공자와의 관계, 정보 제공자의 의사, 정보의 취득경위, 정보의 내용 등과 함께 업무의 공정한 수행에 현저한 지장이 있는지를 판단할 때 고려하여야 할 형량요소이다. (대판 2018.9.28. 2017두69892)
>
> **정답** X

---

**007** 정보공개에 대한 판례의 입장으로 옳은 것은?   19 지방9급

① 지방자치단체의 업무추진비 세부항목별 집행내역 및 그에 관한 증빙서류에 포함된 개인에 관한 정보는 「공공기관의 정보공개에 관한 법률」 소정의 '공개하는 것이 공익을 위하여 필요하다고 인정되는 정보'에 해당하여 공개대상이 된다.

② 학교환경위생구역 내 금지행위(숙박시설) 해제결정에 관한 학교환경위생정화위원회의 회의록에 기재된 발언 내용에 대한 해당 발언자의 인적 사항 부분에 관한 정보는 「공공기관의 정보공개에 관한 법률」 소정의 비공개대상정보에 해당하지 않는다.

③ 「보안관찰법」 소정의 보안관찰 관련 통계자료는 「공공기관의 정보공개에 관한 법률」 소정의 비공개대상정보에 해당하지 않는다.

④ 학교폭력대책자치위원회가 피해학생의 보호를 위한 조치, 가해학생에 대한 조치, 학교폭력과 관련된 분쟁의 조정 등에 관하여 심의한 결과를 기재한 회의록은 「공공기관의 정보공개에 관한 법률」 소정의 비공개대상정보에 해당한다.

> **해설**
> ① (X) 지방자치단체의 업무추진비 세부항목별 집행내역 및 그에 관한 증빙서류에 포함된 개인에 관한 정보는 '공개하는 것이 공익을 위하여 필요하다고 인정되는 정보'에 해당하지 않는다. (대판 2003.3.11. 2001두6425)
> ② (X) [1] 의사결정과정에 제공된 회의 관련 자료나 의사결정과정이 기록된 회의록 등은 의사가 결정되거나 의사가 집행된 경우에는 더 이상 의사결정과정에 있는 사항 그 자체라고는 할 수 없으나, 의사결정과정에 있는 사항에 준하는 사항으로서 비공개대상정보에 포함될 수 있다.
> [2] 학교환경위생구역 내 금지행위(숙박시설) 해제결정에 관한 학교환경위생정화위원회의 회의록에 기재된 발언 내용에 대한 해당 발언자의 인적 사항 부분에 관한 정보는 공공기관의 정보공개에 관한 법률 제7조(현 제9조) 제1항 제5호 소정의 비공개대상에 해당한다. (대판 2003.8.22. 2002두12946)
> ③ (X) 보안관찰법상의 보안관찰 관련 통계자료는 공공기관의 정보공개에 관한 법률 제7조(현 제9조) 제1항 제2호·제3호에서 규정하는 비공개대상정보에 해당한다. (대판 2004.3.26. 2002두6583)
> ④ (O) 학교폭력대책자치위원회의 회의록은 공공기관의 정보공개에 관한 법률 제9조 제1항 제1호의 '다른 법률 또는 법률이 위임한 명령에 의하여 비밀 또는 비공개사항으로 규정된 정보'에 해당한다. (대판 2010.6.10. 2010두2913)
>
> **정답** ④

---

**기출지문 OX**

**01** 정보공개청구 후 20일이 경과하도록 정보공개결정이 없는 경우, 이의신청은 허용되나 행정심판청구는 허용되지 않는다. [19 국가9급]   (O, X)

> **해설** 정보비공개결정에 대해서는 이의신청, 행정심판, 행정소송이 가능한데, 이의신청과 행정심판은 임의적이다.
>
> **정답** X

**02** 정보의 공개 및 우송 등에 드는 비용은 정보공개청구를 받은 행정청이 부담한다. [19 국가9급] (O, ×)
> 해설 정보의 공개 및 우송 등에 드는 비용은 청구인이 부담한다. (공공기관의 정보공개에 관한 법률 제17조 제1항) 정답 ×

**03** 행정소송의 재판기록 일부의 정보공개청구에 대한 비공개결정은 전자문서로 통지할 수 없다. [19 국가9급] (O, ×)
> 해설 甲이 재판기록 일부의 정보공개를 청구한 데 대하여 서울행정법원장이 민사소송법 제162조를 이유로 소송기록의 정보를 비공개한다는 결정을 전자문서로 통지한 사안에서, 비공개결정 당시 정보의 비공개결정은 구 공공기관의 정보공개에 관한 법률 제13조 제4항에 의하여 전자문서로 통지할 수 있다. (대판 2014.4.10. 2012두17384) 정답 ×

**04** 공공기관이 정보공개청구권자가 신청한 공개방법 이외의 방법으로 정보를 공개하기로 하는 결정을 하였다면, 정보공개청구자는 이에 대하여 항고소송으로 다툴 수 있다. [19 국가7급] (O, ×)
> 해설 정보의 공개를 청구하는 이가 정보공개방법도 아울러 지정하여 정보공개를 청구할 수 있도록 하고 있고, 전자적 형태의 정보를 전자적으로 공개하여 줄 것을 요청한 경우에는 공공기관은 원칙적으로 요청에 응할 의무가 있고, 나아가 비전자적 형태의 정보에 관해서도 전자적 형태로 공개하여 줄 것을 요청하면 재량판단에 따라 전자적 형태로 변환하여 공개할 수 있도록 하고 있다. 이는 정보의 효율적 활용을 도모하고 청구인의 편의를 제고함으로써 구 공공기관의 정보공개에 관한 법률의 목적인 국민의 알 권리를 충실하게 보장하려는 것이므로, 청구인에게는 특정한 공개방법을 지정하여 정보공개를 청구할 수 있는 법령상 신청권이 있다. 따라서 공공기관이 공개청구의 대상이 된 정보를 공개는 하되, 청구인이 신청한 공개방법 이외의 방법으로 공개하기로 하는 결정을 하였다면, 이는 정보공개청구 중 정보공개방법에 관한 부분에 대하여 일부 거부처분을 한 것이고, 청구인은 그에 대하여 항고소송으로 다툴 수 있다. (대판 2016.11.10. 2016두44674) 정답 O

**05** 정보공개를 청구한 목적이 손해배상소송에 제출할 증거자료를 획득하기 위한 것이었고 그 소송이 이미 종결되었다면, 그러한 정보공개청구는 권리남용에 해당한다. [19 국가7급] (O, ×)
> 해설 구 공공기관의 정보공개에 관한 법률의 목적, 규정 내용 및 취지 등에 비추어 보면, 정보공개청구의 목적에 특별한 제한이 있다고 할 수 없으므로, 피고의 주장과 같이 원고가 이 사건 정보공개를 청구한 목적이 이 사건 손해배상소송에 제출할 증거자료를 획득하기 위한 것이었고 위 소송이 이미 종결되었다고 하더라도, 원고가 오로지 피고를 괴롭힐 목적으로 정보공개를 구하고 있다는 등의 특별한 사정이 없는 한, 위와 같은 사정만으로는 원고가 이 사건 소송을 계속하고 있는 것이 권리남용에 해당한다고 볼 수 없다. (대판 2004.9.23. 2003두1370) 정답 ×

**06** 정보공개청구권자인 '모든 국민'에는 자연인 외에 법인, 권리능력 없는 사단·재단도 포함되므로 지방자치단체도 포함된다. [19 서울9급 6월] (O, ×)
> 해설 '모든 국민'에는 자연인 외에 법인, 권리능력 없는 사단·재단도 포함되지만, 지방자치단체는 국민이 아니다. 정답 ×

**07** 정보를 취득 또는 활용할 의사가 전혀 없이 사회통념상 용인될 수 없는 부당이득을 얻으려는 목적의 정보공개청구는 권리남용행위로서 허용되지 않는다. [19 서울9급 6월] (O, ×)
> 해설 대판 2014.12.24. 2014두9349 정답 O

**08** 공개청구된 정보가 제3자와 관련이 있는 경우 행정청은 제3자에게 통지하여야 하고 의견을 들을 수 있으나, 제3자가 비공개를 요청할 권리를 갖지는 않는다. [19 서울9급 6월] (O, ×)
> 해설
>
> **공공기관의 정보공개에 관한 법률 제21조(제3자의 비공개 요청 등)**
> ① 제11조 제3항에 따라 공개청구된 사실을 통지받은 제3자는 그 통지를 받은 날부터 3일 이내에 해당 공공기관에 대하여 자신과 관련된 정보를 공개하지 아니할 것을 요청할 수 있다.
> ② 제1항에 따른 비공개 요청에도 불구하고 공공기관이 공개결정을 할 때에는 공개결정이유와 공개실시일을 분명히 밝혀 지체 없이 문서로 통지하여야 하며, 제3자는 해당 공공기관에 문서로 이의신청을 하거나 행정심판 또는 행정소송을 제기할 수 있다. 이 경우 이의신청은 통지를 받은 날부터 7일 이내에 하여야 한다.
> ③ 공공기관은 제2항에 따른 공개결정일과 공개실시일 사이에 최소한 30일의 간격을 두어야 한다.
>
> 정답 ×

## 008 공공기관의 정보공개 절차에 관한 설명으로 가장 옳지 않은 것은?

18 서울7급 3월

① 정보의 공개 및 우송 등에 소요되는 비용은 실비의 범위에서 청구인의 부담으로 한다. 다만 그 액수가 너무 많아서 청구인에게 과중한 부담을 주는 경우에는 비용을 감면할 수 있다.
② 공개대상의 양이 너무 많아 정상적인 업무수행에 현저한 지장을 초래할 우려가 있는 경우에는 이를 기간별로 나누어 제공하거나 사본·복제물의 교부 또는 열람과 병행하여 제공할 수 있다.
③ 국가안전보장·국방·통일·외교관계 분야 업무를 주로 하는 국가기관의 정보공개심의회 구성시 최소한 3분의 1 이상은 외부전문가로 위촉하여야 한다.
④ 공개대상정보의 일부 또는 전부가 제3자와 관련이 있다고 인정하는 때에는 공공기관은 지체 없이 관련된 제3자에게 통지하여야 한다.

**해설**

① (X)

> **공공기관의 정보공개에 관한 법률 제17조(비용 부담)**
> ① 정보의 공개 및 우송 등에 드는 비용은 실비의 범위에서 청구인이 부담한다.
> ② 공개를 청구하는 정보의 사용목적이 공공복리의 유지·증진을 위하여 필요하다고 인정되는 경우에는 제1항에 따른 비용을 감면할 수 있다.

② (O) 공공기관의 정보공개에 관한 법률 제13조 제3항
③ (O) 심의회의 위원은 소속 공무원, 임직원 또는 외부 전문가로 지명하거나 위촉하되, 그중 3분의 2은 해당 국가기관 등의 업무 또는 정보공개의 업무에 관한 지식을 가진 외부 전문가로 위촉하여야 한다. 다만, 제9조 제1항 제2호(국가안전보장에 관한 비공개정보) 및 제4호(재판에 관한 비공개정보)에 해당하는 업무를 주로 하는 국가기관은 그 국가기관의 장이 외부 전문가의 위촉 비율을 따로 정하되, 최소한 3분의 1 이상은 외부 전문가로 위촉하여야 한다. (공공기관의 정보공개에 관한 법률 제12조 제3항)
④ (O) 공공기관은 공개청구된 공개대상정보의 전부 또는 일부가 제3자와 관련이 있다고 인정되는 때에는 그 사실을 제3자에게 지체 없이 통지하여야 하며, 필요한 경우에는 그의 의견을 청취할 수 있다. (공공기관의 정보공개에 관한 법률 제11조 제3항) 즉, 제3자의 의견을 반드시 청취한 다음에 결정하여야 하는 것은 아니다.

**정답** ①

---

**기출지문 OX**

**01** 정보비공개결정 취소소송에서 공공기관이 청구정보를 증거로 법원에 제출하여 법원을 통하여 그 사본을 청구인에게 교부되게 하여 정보를 공개하게 된 경우에는 비공개결정의 취소를 구할 소의 이익이 소멸한다. [18 국가7급]   (O, X)

**해설** 청구인이 정보공개거부처분의 취소를 구하는 소송에서 공공기관이 청구정보를 증거 등으로 법원에 제출하여 법원을 통하여 그 사본을 청구인에게 교부 또는 송달되게 하여 결과적으로 청구인에게 정보를 공개하는 셈이 되었다고 하더라도, 이러한 우회적인 방법은 공공기관의 정보공개에 관한 법률이 예정하고 있지 아니한 방법으로서 공공기관의 정보공개에 관한 법률에 의한 공개라고 볼 수는 없으므로, 당해 정보의 비공개결정의 취소를 구할 소의 이익은 소멸되지 않는다. (대판 2016.12.15. 2012두11409)   **정답** X

**02** 통일에 관한 사항으로서 공개될 경우 국가의 중대한 이익을 현저히 해칠 우려가 있다고 인정되는 정보는 비공개대상정보에 해당한다. [18 국가7급]   (O, X)

**해설** 공공기관의 정보공개에 관한 법률 제9조 제1항 제2호   **정답** O

**03** 공개하는 것이 공익을 위하여 필요한 경우로서 법령에 따라 국가가 업무의 일부를 위탁 또는 위촉한 개인의 성명·직업은, 공개되면 사생활의 비밀 또는 자유가 침해될 우려가 있다고 인정되더라도 공개대상정보에 해당한다. [18 국가7급]   (O, X)

**해설** 공기관의 정보공개에 관한 법률 제9조 제1항 제6호   **정답** O

**009** 甲은 행정청 A가 보유·관리하는 정보 중 乙과 관련이 있는 정보를 사본 교부의 방법으로 공개하여 줄 것을 청구하였다. 이에 대한 설명으로 옳은 것은? (다툼이 있는 경우 판례에 의함) `17 국가9급 추가`

① A는 甲이 청구한 사본 교부의 방법이 아닌 열람의 방법으로 정보를 공개할 수 있는 재량을 가진다.

② A가 정보의 주체인 乙로부터 의견을 들은 결과, 乙이 정보의 비공개를 요청한 경우에는 A는 정보를 공개할 수 없다.

③ A가 내부적인 의사결정과정임을 이유로 정보공개를 거부하였다가 정보공개거부처분 취소소송의 계속 중에 개인의 사생활 침해 우려를 공개거부사유로 추가하는 것은 허용되지 않는다.

④ 甲이 공개청구한 정보가 甲과 아무런 이해관계가 없는 경우라면, 정보공개가 거부되더라도 甲은 이를 항고소송으로 다툴 수 있는 법률상 이익이 없다.

**해설**

① (X) 정보공개를 청구하는 자가 공공기관에 대해 정보의 사본 또는 출력물의 교부의 방법으로 공개방법을 선택하여 정보공개청구를 한 경우에 공개청구를 받은 공공기관으로서는 공공기관의 정보공개에 관한 법률 제8조 제2항에서 규정한 정보의 사본 또는 복제물의 교부를 제한할 수 있는 사유에 해당하지 않는 한 정보공개청구자가 선택한 공개방법에 따라 정보를 공개하여야 하므로 그 공개방법을 선택할 재량권이 없다고 해석함이 상당하다. (대판 2004.8.20. 2003두8302)

② (X) 공공기관은 공개청구된 공개대상정보의 전부 또는 일부가 제3자와 관련이 있다고 인정되는 때에는 그 사실을 제3자에게 지체 없이 통지하여야 하며, 필요한 경우에는 그의 의견을 청취할 수 있다. **(공공기관의 정보공개에 관한 법률 제11조 제3항)** 즉, 제3자의 의견을 반드시 청취한 다음에 결정하여 하는 것은 아니다.

③ (O) 처분사유의 추가·변경이 허용되지 않는 경우이다. 즉, 기본적 동일성이 인정되지 않는 경우이다.

④ (X) 정보공개청구는 이해관계와 상관없이 국민 누구에게나 인정된다.

`정답` ③

**010** 정보공개의무를 부담하는 공공기관에 대한 설명으로 옳지 않은 것은? (다툼이 있는 경우 판례에 의함) `17 지방9급`

① 사립대학교는 「공공기관의 정보공개에 관한 법률 시행령」에 따른 공공기관에 해당하나, 국비의 지원을 받는 범위 내에서만 공공기관의 성격을 가진다.

② 한국방송공사는 「공공기관의 정보공개에 관한 법률 시행령」 제2조 제4호에 규정된 '특별법에 따라 설립된 특수법인'에 해당한다.

③ 한국증권업협회는 「공공기관의 정보공개에 관한 법률 시행령」 제2조 제4호에 규정된 '특별법에 따라 설립된 특수법인'에 해당하지 아니한다.

④ 사립학교에 대하여 「교육관련기관의 정보공개에 관한 특례법」이 적용되는 경우에도 「공공기관의 정보공개에 관한 법률」을 적용할 수 없는 것은 아니다.

해설

① (✕) 공공기관의 정보공개에 관한 법률 시행령 제2조 제1호가 정보공개의무를 지는 공공기관의 하나로 사립대학교를 들고 있는 것이 모법의 위임범위를 벗어났다거나 사립대학교가 국비의 지원을 받는 범위 내에서만 공공기관의 성격을 가진다고 볼 수 없다. (대판 2006.8.24. 2004두2783)
② (○) 대판 2010.12.23. 2008두13101
③ (○) '한국증권업협회'는 구 증권거래법 또는 그 법에 의한 명령에 대하여 특별한 규정이 있는 것을 제외하고는 민법 중 사단법인에 관한 규정을 준용받는 점, 그 업무가 국가기관 등에 준할 정도로 공동체 전체의 이익에 중요한 역할이나 기능에 해당하는 공공성을 갖는다고 볼 수 없는 점 등에 비추어, 공공기관의 정보공개에 관한 법률 시행령 제2조 제4호의 '특별법에 의하여 설립된 특수법인'에 해당한다고 보기 어렵다. (대판 2010.4.29. 2008두5643)
④ (○) 교육관련기관의 정보공개에 관한 특례법 제4조는 정보의 공개 등에 관하여 이 법에서 규정하지 아니한 사항에 대해서는 공공기관의 정보공개에 관한 법률을 적용한다고 규정하고 있다. 위와 같이 교육관련기관의 정보공개에 관한 특례법은 공공기관이 직무상 작성 또는 취득하여 관리하고 있는 정보 가운데 교육관련기관이 학교교육과 관련하여 직무상 작성 또는 취득하여 관리하고 있는 정보의 공개에 관하여 특별히 규율하는 법률이므로, 학교에 대하여 교육관련기관의 정보공개에 관한 특례법이 적용된다고 하여 더 이상 공공기관의 정보공개에 관한 법률을 적용할 수 없게 되는 것은 아니라고 할 것이다. (대판 2013.11.28. 2011두5049)

정답 ①

## 011 「공공기관의 정보공개에 관한 법률」에 관한 설명으로 가장 옳지 않은 것은? (다툼이 있는 경우 판례에 의함)

17 서울9급

① 이해관계자인 당사자에게 문서열람권을 인정하는 「행정절차법」상의 정보공개와는 달리 「공공기관의 정보공개에 관한 법률」은 모든 국민에게 정보공개청구를 허용한다.
② 행정정보공개의 출발점은 국민의 알 권리인데, 알 권리 자체는 헌법상으로 명문화되어 있지 않음에도 불구하고, 우리 헌법재판소는 초기부터 국민의 알 권리를 헌법상의 기본권으로 인정하여 왔다.
③ 재건축사업계약에 의하여 조합원들에게 제공될 무상보상평수 산출내역은 법인 등의 영업상 비밀에 관한 사항이 아니며 비공개대상정보에 해당되지 않는다.
④ 판례는 특별법에 의하여 설립된 특수법인이라는 점만으로 정보공개의무를 인정하고 있으며, 다시금 해당 법인의 역할과 기능에서 정보공개의무를 지는 공공기관에 해당하는지 여부를 판단하지 않는다.

**해설**

① (O) 행정절차법상 문서열람복사청구는 당사자 등만이 할 수 있지만(행정절차법상 정보공개청구권), 공공기관의 정보공개에 관한 법률상 정보공개청구는 모든 국민이 할 수 있다(일반적 정보공개청구권).

> **행정절차법 제37조(문서의 열람 및 비밀유지)**
> ① 당사자 등은 의견제출의 경우에는 처분의 사전통지가 있는 날부터 의견제출기한까지, 청문의 경우에는 청문의 통지가 있는 날부터 청문이 끝날 때까지 행정청에 해당 사안의 조사 결과에 관한 문서와 그 밖에 해당 처분과 관련되는 문서의 열람 또는 복사를 요청할 수 있다. 이 경우 행정청은 다른 법령에 따라 공개가 제한되는 경우를 제외하고는 그 요청을 거부할 수 없다.
>
> **공공기관의 정보공개에 관한 법률 제5조(정보공개청구권자)**
> ① 모든 국민은 정보의 공개를 청구할 권리를 가진다.

② (O) 헌법재판소는 선지와 같이 판시하였는데, 이 사건은 공공기관의 정보공개에 관한 법률이 제정되기 이전에 헌법상의 알 권리만으로 개인적 공권을 인정한 것이다. (헌재 1989.9.4. 88헌마22)

③ (O) 아파트재건축주택조합의 조합원들에게 제공될 무상보상평수의 사업수익성 등을 검토한 자료는 구 공공기관의 정보공개에 관한 법률 제7조 제1항에서 정한 비공개대상정보에 해당하지 않는다. (대판 2006.1.13. 2003두9459)

④ (×) 어느 법인이 공공기관의 정보공개에 관한 법률 제2조 제3호 등에 따라 정보를 공개할 의무가 있는 '특별법에 의하여 설립된 특수법인'에 해당하는가는, 국민의 알 권리를 보장하고 국정에 대한 국민의 참여와 국정운영의 투명성을 확보하고자 하는 위법의 입법목적을 염두에 두고, 당해 법인에게 부여된 업무가 국가행정업무이거나, 이에 해당하지 않더라도 그 업무수행으로써 추구하는 이익이 당해 법인 내부의 이익에 그치지 않고 공동체 전체의 이익에 해당하는 공익적 성격을 갖는지 여부를 중심으로 개별적으로 판단하되, 당해 법인의 설립근거가 되는 법률이 법인의 조직구성과 활동에 대한 행정적 관리·감독 등에서 민법이나 상법 등에 의하여 설립된 일반 법인과 달리 규율한 취지, 국가나 지방자치단체의 당해 법인에 대한 재정적 지원·보조의 유무와 그 정도, 당해 법인의 공공적 업무와 관련하여 국가기관·지방자치단체 등 다른 공공기관에 대한 정보공개청구와는 별도로 당해 법인에 대하여 직접 정보공개청구를 구할 필요성이 있는지 여부 등을 종합적으로 고려하여야 한다. (대판 2010.4.29. 2008두5643)

**정답** ④

---

**기출지문 OX**

**01** 개인정보의 열람청구와 삭제 또는 정정청구는 정보주체가 직접 하여야 하고 대리인에 의한 청구는 허용되지 않는다. [17 국가7급 추가]  (O, ×)

해설 대리인에 의한 청구도 가능하다.  **정답** ×

**02** 법인 등이 거래하는 금융기관의 계좌번호에 관한 정보는 법인 등의 영업상 비밀에 관한 사항으로서 공개될 경우 법인 등의 정당한 이익을 현저히 해할 우려가 있다고 인정되는 정보에 해당한다. [17 국가7급 추가]  (O, ×)

해설 공공기관의 정보공개에 관한 법률 제9조 제1항 제7호  **정답** O

**03** 검찰보존사무규칙상의 정보의 열람·등사의 제한은 「공공기관의 정보공개에 관한 법률」 제9조 제1항 제1호의 '다른 법률 또는 법률에 의한 명령에 의하여 비공개사항으로 규정된 경우'에 해당한다. [17 국가7급 추가]  (O, ×)

해설 검찰보존사무규칙은 비록 법무부령으로 되어 있으나, 그중 불기소사건기록 등의 열람·등사에 대하여 제한하고 있는 부분은 위임근거가 없어 행정기관 내부의 사무처리준칙으로서 행정규칙에 불과하므로, 위 규칙에 의한 열람·등사의 제한을 구 공공기관의 정보공개에 관한 법률 제7조 제1항 제1호의 '다른 법률 또는 법률에 의한 명령에 의하여 비공개사항으로 규정된 경우'에 해당한다고 볼 수 없다. (대판 2004.9.23. 2003두1370)  **정답** ×

**04** 외국인의 정보공개청구권은 인정될 여지가 없다. [17 교행]  (O, ×)

해설 외국인도 다음의 경우에는 정보공개청구권을 가진다.
- 국내에 일정한 주소를 두고 거주하거나 학술·연구를 위하여 일시적으로 체류하는 사람
- 국내에 사무소를 두고 있는 법인 또는 단체

**정답** ×

**05** 정보공개청구의 대상이 되는 문서는 반드시 원본이어야 한다. [17 교행] (O, X)

해설 공공기관은 정보를 공개하는 경우에 그 정보의 원본이 더럽혀지거나 파손될 우려가 있거나 그 밖에 상당한 이유가 있다고 인정할 때에는 그 정보의 사본·복제물을 공개할 수 있다. (공공기관의 정보공개에 관한 법률 제13조 제4항)  정답 X

**06** 직무를 수행한 공무원의 성명과 직위는 「공공기관의 정보공개에 관한 법률」에 의하여 공개대상정보에 해당한다. [16 국가7급] (O, X)

해설 공공기관의 정보공개에 관한 법률 제9조 제1항 제6호  정답 O

**07** 공공기관이 그 정보를 보유·관리하고 있지 아니한 경우에는 특별한 사정이 없는 한 정보공개를 구하는 자에게 정보공개거부처분의 취소를 구할 법률상의 이익이 없다. [16 국가7급] (O, X)

해설 정보공개제도는 공공기관이 보유·관리하는 정보를 그 상태대로 공개하는 제도라는 점 등에 비추어 보면, 정보공개를 구하는 자가 공개를 구하는 정보를 행정기관이 보유·관리하고 있을 상당한 개연성이 있다는 점을 입증함으로써 족하다 할 것이지만, 공공기관이 그 정보를 보유·관리하고 있지 아니한 경우에는 특별한 사정이 없는 한 정보공개거부처분의 취소를 구할 법률상의 이익이 없다. (대판 2006.1.13. 2003두9459)  정답 O

---

## 012 「공공기관의 정보공개에 관한 법률」상 정보공개에 관한 설명으로 옳은 것은? [15 교행]

① 외국인은 국내에 주소를 두고 거주하는 경우에도, 정보공개청구권이 인정되지 않는다.

② 공공기관은 정보의 비공개결정을 한 경우 청구인에게 비공개이유와 불복의 방법 및 절차를 구체적으로 밝혀 문서로 통지하여야 한다.

③ 공공기관의 비공개결정에 대하여 불복이 있는 청구인은 해당 공공기관의 상급기관에 이의신청을 하여야 한다.

④ 비공개결정에 대하여 청구인은 이의신청절차를 거치지 않고서는 행정심판을 청구할 수 없다.

해설

① (X)

> **공공기관의 정보공개에 관한 법률 제5조(정보공개청구권자)**
> ② 외국인의 정보공개청구에 관하여는 대통령령으로 정한다.
>
> **같은 법 시행령 제3조(외국인의 정보공개청구)**
> 법 제5조 제2항에 따라 정보공개를 청구할 수 있는 외국인은 다음 각 호의 어느 하나에 해당하는 자로 한다.
>   1. 국내에 일정한 주소를 두고 거주하거나 학술·연구를 위하여 일시적으로 체류하는 사람
>   2. 국내에 사무소를 두고 있는 법인 또는 단체

② (O) 공공기관의 정보공개에 관한 법률 제13조 제1항
③ (X) 이의신청은 해당 기관에 할 수 있다.

> **공공기관의 정보공개에 관한 법률 제18조(이의신청)**
> ① 청구인이 정보공개와 관련한 공공기관의 비공개결정 또는 부분공개결정에 대하여 불복이 있거나 정보공개청구 후 20일이 경과하도록 정보공개결정이 없는 때에는 공공기관으로부터 정보공개 여부의 결정 통지를 받은 날 또는 정보공개청구 후 20일이 경과한 날부터 30일 이내에 해당 공공기관에 문서로 이의신청을 할 수 있다.

④ (X) 이의신청과 행정심판은 임의적 절차이다.

정답 ②

### 기출지문 OX

**01** 국가정보원이 그 직원에게 지급하는 현금급여 및 월초수당에 관한 정보는 비공개대상정보에 해당한다. [14 지방9급]  (O, ×)

해설 국가정보원법 제12조가 국회에 대한 관계에서조차 국가정보원 예산내역의 공개를 제한하고 있는 것은, 정보활동의 비밀보장을 위한 것으로서, 그 밖의 관계에서도 국가정보원의 예산내역을 비공개사항으로 한다는 것을 전제로 하고 있다고 볼 수 있고, 국가정보원이 그 직원에게 지급하는 현금급여 및 월초수당에 관한 정보는 국가정보원 예산집행내역의 일부를 구성하는 것이므로, 위 현금급여 및 월초수당에 관한 정보는 국가정보원법 제12조에 의하여 비공개사항으로 규정된 정보로서 공공기관의 정보공개에 관한 법률 제9조 제1항 제1호의 비공개대상정보인 '다른 법률에 의하여 비공개사항으로 규정된 정보'에 해당한다고 보아야 하고, 위 현금급여 및 월초수당이 근로의 대가로서의 성격을 가진다거나 정보공개청구인이 해당 직원의 배우자라고 하여 달리 볼 것은 아니다. (대판 2010.12.23. 2010두14800)

정답 O

**02** 감사·감독·검사·시험·규제·입찰계약·기술개발·인사관리·의사결정과정 또는 내부검토과정에 있는 사항 등으로서 공개될 경우 업무의 공정한 수행에 현저한 지장을 초래한다고 인정할 만한 상당한 이유가 있는 정보'란 공개될 경우 업무의 공정한 수행이 객관적으로 현저하게 지장을 받을 것이라는 고도의 개연성이 존재하는 경우를 말한다. [14 지방9급]  (O, ×)

해설 공공기관의 정보공개에 관한 법률 제9조 제1항 제5호는 시험에 관한 사항으로서 공개될 경우 업무의 공정한 수행에 현저한 지장을 초래한다고 인정할 만한 상당한 이유가 있는 정보는 공개하지 아니한다고 규정하고 있는바, 여기에서 규정하고 있는 '공개될 경우 업무의 공정한 수행에 현저한 지장을 초래한다고 인정할 만한 상당한 이유가 있는 경우'란 공개될 경우 업무의 공정한 수행이 객관적으로 현저하게 지장을 받을 것이라는 고도의 개연성이 존재하는 경우를 의미한다. (대판 2010.2.25. 2007두9877)

정답 O

**03** 비공개대상인 '법인 등의 경영·영업상 비밀'은 「부정경쟁방지 및 영업비밀보호에 관한 법률」 제2조 제2호에 규정된 '영업비밀'에 한하지 않고, '타인에게 알려지지 아니함이 유리한 사업활동에 관한 일체의 정보' 또는 '사업활동에 관한 일체의 비밀사항'을 말한다. [14 지방9급]  (O, ×)

해설 대판 2008.10.23. 2007두1798

정답 O

### 예상판례

**01** 인용문서가 공공기관의 정보공개에 관한 법률 제9조에서 정한 비공개대상정보에 해당하더라도 특별한 사정이 없는 한 행정청인 피신청인은 문서제출의무를 면할 수 없다.

인용문서가 공무원이 그 직무와 관련하여 보관하거나 가지고 있는 문서로서 공공기관의 정보공개에 관한 법률 제9조에서 정하고 있는 비공개대상정보에 해당한다고 하더라도, 특별한 사정이 없는 한 그에 관한 문서제출의무를 면할 수 없다. 원심은 이 사건 문서는 인용문서이지만 피신청인의 변호사시험과 관련한 업무의 공정한 수행에 현저한 지장을 초래한다고 인정할 만한 이유가 있는 부분에 해당하지 않는다는 전제에서 그 제출을 명하였다. 위 법리에 비추어 살펴보면, 피신청인이 제출한 자료만으로 인용문서에 해당하는 이 사건 문서의 제출을 거부할 특별한 사정이 있다고 보기 어렵다. (대결 2017.12.28. 2015무423)

**02** 변호사의 인맥지수는 공개할 수 없다. 그러나 승소율이나 전문성은 공개할 수 있다.

[1] 운영자가 변호사들의 개인신상정보를 기반으로 한 인맥지수를 공개하는 표현행위에 의하여 얻을 수 있는 법적 이익이 이를 공개하지 않음으로써 보호받을 수 있는 변호사들의 인격적 법익에 비하여 우월하다고 볼 수 없어, 결국 운영자의 인맥지수 서비스 제공행위는 변호사들의 개인정보에 관한 인격권을 침해하는 위법한 것이다.

[2] 웹사이트 운영자가 사건정보를 이용하여 승소율이나 전문성 지수 등을 제공하는 서비스를 하는 행위는 그에 의하여 얻을 수 있는 법적 이익이 이를 공개하지 않음으로써 얻을 수 있는 정보주체의 인격적 법익에 비하여 우월한 것으로 보여 변호사들의 개인정보에 관한 인격권을 침해하는 위법한 행위로 평가할 수 없다. (대판 2011.9.2. 2008다42430 전원합의체)

## 013 행정정보공개에 관한 판례의 입장으로 옳은 것은?

13 국가9급

① 사법시험 제2차시험의 답안지와 시험문항에 대한 채점위원별 채점 결과는 비공개정보에 해당한다.

② 청주시의회에서 의결한 청주시 행정정보공개조례안은 행정에 대한 주민의 알 권리의 실현을 그 근본 내용으로 하면서도 이로 인한 개인의 권익 침해가능성을 배제하고 있으므로, 이를 들어 주민의 권리를 제한하거나 의무를 부과하는 조례라고는 단정할 수 없고 따라서 그 제정에 있어서 반드시 법률의 개별적 위임이 따로 필요한 것은 아니다.

③ 교도관이 직무 중 발생한 사유에 관하여 작성한 근무보고서는 비공개대상정보에 해당한다.

④ 학교폭력대책자치위원회의 회의록은 공개대상정보에 해당한다.

#### 해설

① (X) 채점위원별 채점 결과는 비공개대상정보이지만, 답안지 자체는 공개대상정보로 보았다.

> [1] 채점 결과 열람에 대해서는 공개될 경우 업무의 공정한 수행에 현저한 지장을 초래한다고 인정할 만한 상당한 이유가 있으므로 공개거부가 적법하고, 답안지 자체의 열람에 대해서는 답안지의 열람으로 인하여 시험업무의 수행에 현저한 지장을 초래한다고 볼 수 없으므로 열람거부처분은 위법하다.
> [2] 답안지와 시험문항에 대한 채점위원별 채점 결과를 열람하도록 할 경우 시험업무의 공정한 수행에 현저한 지장을 초래한다고 인정할 상당한 이유가 있어 비공개정보에 해당되므로 그 열람을 거부한 이 사건 처분은 적법하다. (대판 2003.3.14. 2000두6114)

② (○) 대판 1992.6.23. 92추17

> **지방자치법 제28조(조례)**
> ① 지방자치단체는 법령의 범위 안에서 그 사무에 관하여 조례를 제정할 수 있다. 다만, 주민의 권리 제한 또는 의무 부과에 관한 사항이나 벌칙을 정할 때에는 법률의 위임이 있어야 한다.
>
> **공공기관의 정보공개에 관한 법률 제4조(적용범위)**
> ① 정보의 공개에 관하여는 다른 법률에 특별한 규정이 있는 경우를 제외하고는 이 법에서 정하는 바에 따른다.
> ② 지방자치단체는 그 소관 사무에 관하여 법령의 범위에서 정보공개에 관한 조례를 정할 수 있다.

③ (X) 재소자가 교도관의 가혹행위를 이유로 형사고소 및 민사소송을 제기하면서 그 증명자료 확보를 위해 '근무보고서'와 '징벌위원회 회의록' 등의 정보공개를 요청하였으나 교도소장이 이를 거부한 사안에서, 근무보고서는 비공개대상정보에 해당한다고 볼 수 없고, 징벌위원회 회의록 중 비공개 심사·의결 부분은 비공개사유에 해당하지만 징벌절차 진행 부분은 비공개사유에 해당하지 않는다고 보아 분리공개가 허용된다. (대판 2009.12.10. 2009두12785)

④ (X) '학교폭력대책자치위원회 회의록'은 공공기관의 정보공개에 관한 법률 제9조 제1항 제5호의 '공개될 경우 업무의 공정한 수행에 현저한 지장을 초래한다고 인정할 만한 상당한 이유가 있는 정보'에 해당한다. (대판 2010.6.10. 2010두2913)

**정답** ②

> **기출지문 OX**

**01** 공공기관은 공개청구된 공개대상정보의 전부 또는 일부가 제3자와 관련이 있다고 인정되는 때에는 그 사실을 제3자에게 7일 이내에 통지하여야 한다. [11 사복] (O, X)

**해설** 제3자에게 '지체 없이' 통지하여야 한다. (공공기관의 정보공개에 관한 법률 제11조 제3항)  **정답** X

**02** 자신과 관련된 정보에 대한 제3자의 비공개 요청에도 불구하고 공공기관이 공개결정을 하는 때에는 제3자는 당해 공공기관에 문서 또는 구두로 이의신청을 하거나 행정심판 또는 행정소송을 제기할 수 있다. [11 사복] (O, X)

**해설** 비공개 요청에도 불구하고 공공기관이 공개결정을 할 때에는 공개결정이유와 공개실시일을 분명히 밝혀 지체 없이 문서로 통지하여야 하며, 제3자는 해당 공공기관에 문서로 이의신청을 하거나 행정심판 또는 행정소송을 제기할 수 있다. (공공기관의 정보공개에 관한 법률 제21조 제2항) 즉, 이의신청은 문서로 하여야 한다. **정답** X

**03** 공공기관은 제3자의 비공개 요청에도 불구하고 공개결정을 하는 때에는 공개결정일과 공개실시일의 사이에 최소한 20일의 간격을 두어야 한다. [11 사복] (O, X)

**해설** 공공기관은 공개결정일과 공개실시일 사이에 최소한 30일의 간격을 두어야 한다. (공공기관의 정보공개에 관한 법률 제21조 제3항) **정답** X

**04** 감사원장의 감사 결과가 군사2급 비밀에 해당한다고 하여 「공공기관의 정보공개에 관한 법률」 제9조 제1항 제1호에 의하여 공개하지 아니할 수는 없다. [10 지방9급] (O, X)

**해설** 국방부의 한국형 다목적 헬기(KMH) 도입사업에 대한 감사원장의 감사결과보고서가 군사2급비밀에 해당하는 이상 공공기관의 정보공개에 관한 법률 제9조 제1항 제1호에 의하여 공개하지 아니할 수 있다. (대판 2006.11.10. 2006두9351) **정답** X

**05** 형사재판확정기록의 공개에 관하여는 「형사소송법」의 규정이 적용되므로 「공공기관의 정보공개에 관한 법률」에 의한 공개청구는 허용되지 아니한다. [19 지방7급] (O, X)

**해설** 형사소송법 제59조의2의 내용·취지 등을 고려하면, 형사소송법 제59조의2는 형사재판확정기록의 공개 여부나 공개범위, 불복절차 등에 대하여 구 공공기관의 정보공개에 관한 법률(이하 '정보공개법'이라 한다)과 달리 규정하고 있는 것으로 정보공개법 제4조 제1항에서 정한 '정보의 공개에 관하여 다른 법률에 특별한 규정이 있는 경우'에 해당한다. 따라서 형사재판확정기록의 공개에 관하여는 정보공개법에 의한 공개청구가 허용되지 아니한다. (대판 2016.12.15. 2013두20882) **정답** O

**06** 정보의 공개를 청구하는 자가 청구대상정보를 기재함에 있어서는 사회일반인의 관점에서 청구대상정보의 내용과 범위를 확정할 수 있을 정도로 특정하여야 한다. [19 지방7급] (O, X)

**해설** [1] 청구대상정보를 기재함에 있어서는 사회일반인의 관점에서 청구대상정보의 내용과 범위를 확정할 수 있을 정도로 특정함을 요한다.
[2] 공공기관의 정보공개에 관한 법률에 따라 공개를 청구한 정보의 내용이 '대한주택공사(현 한국토지주택공사)의 특정 공공택지에 관한 수용가, 택지조성원가, 분양가, 건설원가 등 및 관련 자료 일체'인 경우, '관련 자료 일체' 부분은 그 내용과 범위가 정보공개청구대상 정보로서 특정되지 않았다. (대판 2007.6.1. 2007두2555) **정답** O

## 014 「공공기관의 정보공개에 관한 법률」과 「행정절차법」에 관한 비교 설명으로 틀린 것은? 04 대구9급

① 「행정절차법」상의 정보공개는 적법절차에 근거한 것이고, 「공공기관의 정보공개에 관한 법률」은 국민주권주의와 국민의 알 권리에 바탕을 둔 것이다.
② 「행정절차법」상의 정보공개를 요구할 수 있는 사람은 국민 누구든지 가능하고, 「공공기관의 정보공개에 관한 법률」상의 정보공개청구권자는 상대방 및 이해관계인을 대상으로 한다.
③ 「행정절차법」상의 정보공개대상은 행정기관이 보유하고 있는 특정 자료에 대해서만 가능하고, 「공공기관의 정보공개에 관한 법률」은 행정기관이 보유하고 있는 모든 정보를 대상으로 한다(단, 법률에 의하여 제외되는 것은 포함되지 아니한다).
④ 「행정절차법」상의 정보공개시점은 행정처분 전에 근거정보를 공개하나, 「공공기관의 정보공개에 관한 법률」의 정보공개시점은 행정처분이 끝난 후이다.

> **해설**
> ① (○)
> ② (×) 설명이 바뀌었다. 행정절차법상의 정보공개청구권자는 '상대방 및 이해관계인'이고, 공공기관의 정보공개에 관한 법률상의 정보공개청구권자는 '모든 국민'이다.
> ③ (○)
> ④ (○)
>
> **정답** ②

### 행정절차법과 공공기관의 정보공개에 관한 법률상 정보공개제도

| 구분 | 행정절차법 | 공공기관의 정보공개에 관한 법률 |
| --- | --- | --- |
| 청구권자 | 처분의 상대방 및 이해관계인 | 모든 국민 |
| 법적 근거 | 적법절차의 원칙 | 국민주권주의 및 알 권리 |
| 공개대상정보 | 처분기준의 설정·공표(제20조), 문서열람 및 복사청구권(제37조 제1항), 이유부기(제23조) 등 | 공공기관이 보유·관리하는 모든 정보(예외 있음) |
| 정보공개시점 | 행정처분 전 | · 행정처분 전에 한정되는 것은 아님.<br>· 대체로 처분 이후에 공개함. |

### 주요조문

**공공기관의 정보공개에 관한 법률 제3조(정보공개의 원칙)**
공공기관이 보유·관리하는 정보는 국민의 알 권리 보장 등을 위하여 이 법에서 정하는 바에 따라 적극적으로 공개하여야 한다.

**제8조의2(공개대상정보의 원문공개)**
공공기관 중 중앙행정기관 및 대통령령으로 정하는 기관은 전자적 형태로 보유·관리하는 정보 중 공개대상으로 분류된 정보를 국민의 정보공개청구가 없더라도 정보통신망을 활용한 정보공개시스템 등을 통하여 공개하여야 한다.

## 제2절 개인정보 보호

**015** 「개인정보 보호법」상 개인정보 보호제도에 대한 설명으로 옳은 것은? 22 소방

① 살아 있는 개인에 관하여 알아볼 수 있는 정보라도 가명처리함으로써 원래의 상태로 복원하기 위한 추가정보의 사용·결합 없이는 특정 개인을 알아볼 수 없게 된 정보는 이 법에 따른 개인정보에 해당하지 아니한다.

② 개인정보 보호위원회는 대통령 직속 기관으로 대통령이 직접 지휘·감독한다.

③ 정보주체가 자신의 개인정보에 대한 열람을 공공기관에 요구하고자 할 때에는 공공기관에 직접 열람을 요구하거나 대통령령으로 정하는 바에 따라 개인정보 보호위원회를 통하여 열람을 요구할 수 있다.

④ 개인정보처리자는 당초 수집목적과 합리적으로 관련된 범위에서 정보주체에게 불이익이 발생하는지 여부, 암호화 등 안전성 확보에 필요한 조치를 하였는지 여부 등을 고려하더라도 정보주체의 동의 없이는 개인정보를 제3자에게 제공할 수 없다.

**해설**

① (×)

> **개인정보 보호법 제2조(정의)**
> 이 법에서 사용하는 용어의 뜻은 다음과 같다.
> 1. '개인정보'란 살아 있는 개인에 관한 정보로서 다음 각 목의 어느 하나에 해당하는 정보를 말한다.
>    가. 성명, 주민등록번호 및 영상 등을 통하여 개인을 알아볼 수 있는 정보
>    나. 해당 정보만으로는 특정 개인을 알아볼 수 없더라도 다른 정보와 쉽게 결합하여 알아볼 수 있는 정보. 이 경우 쉽게 결합할 수 있는지 여부는 다른 정보의 입수가능성 등 개인을 알아보는 데 소요되는 시간, 비용, 기술 등을 합리적으로 고려하여야 한다.
>    다. 가목 또는 나목을 제1호의2에 따라 가명처리함으로써 원래의 상태로 복원하기 위한 추가 정보의 사용·결합 없이는 특정 개인을 알아볼 수 없는 정보(이하 '가명정보'라 한다)
> 1의2. '가명처리'란 개인정보의 일부를 삭제하거나 일부 또는 전부를 대체하는 등의 방법으로 추가 정보가 없이는 특정 개인을 알아볼 수 없도록 처리하는 것을 말한다.

② (×)

> **개인정보 보호법 제7조(개인정보 보호위원회)**
> ① 개인정보 보호에 관한 사무를 독립적으로 수행하기 위하여 국무총리 소속으로 개인정보 보호위원회(이하 '보호위원회'라 한다)를 둔다.

③ (○) 개인정보 보호법 제35조 제1항

④ (×)

> **개인정보 보호법 제17조(개인정보의 제공)**
> ④ 개인정보처리자는 당초 수집목적과 합리적으로 관련된 범위에서 정보주체에게 불이익이 발생하는지 여부, 암호화 등 안전성 확보에 필요한 조치를 하였는지 여부 등을 고려하여 대통령령으로 정하는 바에 따라 정보주체의 동의 없이 개인정보를 제공할 수 있다.

**정답** ③

## 016  개인정보의 보호에 대한 판례의 설명으로 옳은 것만을 모두 고르면?

21 국가9급

> ㄱ. 개인정보자기결정권의 보호대상이 되는 개인정보는 반드시 개인의 내밀한 영역에 속하는 정보에 국한되지 않고 공적 생활에서 형성되었거나 이미 공개된 개인정보까지 포함한다.
> ㄴ. 이미 공개된 개인정보를 정보주체의 동의가 있었다고 객관적으로 인정되는 범위 내에서 처리를 할 때는 정보주체의 별도의 동의는 불필요하다고 보아야 하고, 별도의 동의를 받지 아니하였다고 하여 개인정보 보호법을 위반한 것으로 볼 수 없다.
> ㄷ. 개인정보 처리위탁에 있어 수탁자는 정보제공자의 관리·감독 아래 위탁받은 범위 내에서만 개인정보를 처리하게 되지만, 위탁자로부터 위탁사무 처리에 따른 대가를 지급받는 이상 개인정보 처리에 관하여 독자적인 이익을 가지므로, 그러한 수탁자는 「개인정보 보호법」 제17조에 의해 개인정보처리자가 정보주체의 개인정보를 제공할 수 있는 '제3자'에 해당한다.
> ㄹ. 인터넷 포털사이트 등의 개인정보 유출사고로 주민등록번호가 불법유출되어 그 피해자가 주민등록번호 변경을 신청했으나 구청장이 거부 통지를 한 사안에서, 피해자의 의사와 무관하게 주민등록번호가 유출된 경우에는 조리상 주민등록번호의 변경요구신청권을 인정함이 타당하다.

① ㄱ, ㄷ  
② ㄴ, ㄹ  
③ ㄱ, ㄴ, ㄷ  
④ ㄱ, ㄴ, ㄹ  

해설

ㄱ. (○) 헌재 2005.7.21. 2003헌마282 등
ㄴ. (○) 법률정보 제공 사이트를 운영하는 甲주식회사가 공립대학교인 乙대학교 법과대학 법학과 교수로 재직 중인 丙의 사진, 성명, 성별, 출생연도, 직업, 직장, 학력, 경력 등의 개인정보를 위 법학과 홈페이지 등을 통해 수집하여 위 사이트 내 '법조인' 항목에서 유료로 제공한 사안에서, 甲회사가 영리목적으로 丙의 개인정보를 수집하여 제3자에게 제공하였더라도 그에 의하여 얻을 수 있는 법적 이익이 정보처리를 막음으로써 얻을 수 있는 정보주체의 인격적 법익에 비하여 우월하므로, 甲회사의 행위를 丙의 개인정보자기결정권을 침해하는 위법한 행위로 평가할 수 없고, 甲회사가 丙의 개인정보를 수집하여 제3자에게 제공한 행위는 丙의 동의가 있었다고 객관적으로 인정되는 범위 내이고, 甲회사에 영리목적이 있었다고 하여 달리 볼 수 없으므로, 甲회사가 丙의 별도의 동의를 받지 아니하였다고 하여 개인정보 보호법 제15조나 제17조를 위반하였다고 볼 수 없다. (대판 2016.8.17. 2014다235080)
ㄷ. (×) 개인정보 보호법 제17조와 정보통신망 이용촉진 및 정보보호 등에 관한 법률 제24조의2에서 말하는 개인정보의 '제3자 제공'은 본래의 개인정보 수집·이용목적의 범위를 넘어 정보를 제공받는 자의 업무처리와 이익을 위하여 개인정보가 이전되는 경우인 반면, 개인정보 보호법 제26조와 정보통신망 이용촉진 및 정보보호 등에 관한 법률 제25조에서 말하는 개인정보의 '처리위탁'은 본래의 개인정보 수집·이용목적과 관련된 위탁자 본인의 업무 처리와 이익을 위하여 개인정보가 이전되는 경우를 의미한다. 개인정보 처리위탁에 있어 수탁자는 위탁자로부터 위탁사무 처리에 따른 대가를 지급받는 것 외에는 개인정보 처리에 관하여 독자적인 이익을 가지지 않고, 정보제공자의 관리·감독 아래 위탁받은 범위 내에서만 개인정보를 처리하게 되므로, 개인정보 보호법 제17조와 정보통신망 이용촉진 및 정보보호 등에 관한 법률 제24조의2에 정한 '제3자'에 해당하지 않는다. (대판 2017.4.7. 2016도13263)
ㄹ. (○) 甲 등이 인터넷 포털사이트 등의 개인정보 유출사고로 자신들의 주민등록번호 등 개인정보가 불법유출되자 이를 이유로 관할 구청장에게 주민등록번호를 변경해 줄 것을 신청하였으나 구청장이 '주민등록번호가 불법유출된 경우 주민등록법상 변경이 허용되지 않는다'는 이유로 주민등록번호 변경을 거부하는 취지의 통지를 한 경우, 피해자의 의사와 무관하게 주민등록번호가 유출된 경우에는 조리상 주민등록번호의 변경을 요구할 신청권을 인정함이 타당하고, 구청장의 주민등록번호 변경신청 거부행위는 항고소송의 대상이 되는 행정처분에 해당한다. (대판 2017.6.15. 2013두2945)

정답 ④

## 017 「개인정보 보호법」상 개인정보 단체소송에 대한 설명으로 옳지 않은 것은? [21 소방]

① 단체소송의 원고는 변호사를 소송대리인으로 선임하여야 한다.
② 단체소송에 관하여 「개인정보 보호법」에 특별한 규정이 없는 경우에는 「민사소송법」을 적용한다.
③ 법원은 개인정보처리자가 분쟁조정위원회의 조정을 거부하지 않을 경우에만, 결정으로 단체소송을 허가한다.
④ 단체소송의 절차에 관하여 필요한 사항은 대법원규칙으로 정한다.

### 해설
① (○) 개인정보 보호법 제53조
② (○) 개인정보 보호법 제57조 제1항
③ (×)

> **개인정보 보호법 제55조(소송허가요건 등)**
> ① 법원은 다음 각 호의 요건을 모두 갖춘 경우에 한하여 결정으로 단체소송을 허가한다.
>   1. 개인정보처리자가 분쟁조정위원회의 조정을 거부하거나 조정 결과를 수락하지 아니하였을 것
>   2. 제54조(소송허가신청)에 따른 소송허가신청서의 기재사항에 흠결이 없을 것

④ (○) 개인정보 보호법 제57조 제3항

**정답** ③

### 기출지문 OX

**01** 개인정보 분쟁조정위원회는 집단분쟁조정의 당사자인 다수의 정보주체 중 일부의 정보주체가 법원에 소를 제기한 경우에는 그 조정절차를 중지하고, 이를 당사자에게 알려야 한다. [19 소방] (○, ×)
해설 분쟁조정위원회는 집단분쟁조정의 당사자인 다수의 정보주체 중 일부의 정보주체가 법원에 소를 제기한 경우에는 그 절차를 중지하지 아니하고, 소를 제기한 일부의 정보주체를 그 절차에서 제외한다. (개인정보 보호법 제49조 제6항)  **정답** ×

**02** 개인정보 분쟁조정위원회 위원장은 위원 중에서 공무원이 아닌 사람으로 개인정보 보호위원회 위원장이 위촉한다. [19 소방] (○, ×)
해설 개인정보 보호법 제40조 제4항  **정답** ○

**03** 개인정보를 처리하거나 처리하였던 자로부터 직접 개인정보를 제공받지 아니하더라도, 개인정보를 처리하거나 처리하였던 자가 업무상 알게 된 개인정보를 누설하거나 권한 없이 다른 사람이 이용하도록 제공한 것이라는 사정을 알면서도 영리 또는 부정한 목적으로 개인정보를 제공받은 자라면, 「개인정보 보호법」상 벌칙의 대상자가 된다. [19 소방] (○, ×)
해설 개인정보 보호법 제71조 제9호  **정답** ○

## 018 「개인정보 보호법」에 관한 설명으로 옳은 것은?

19 행정사

① 법인의 정보는 이 법의 보호대상이다.
② 사자(死者)의 정보는 이 법의 보호대상이다.
③ 정보처리자는 정보주체와의 계약의 체결을 위하여 불가피한 경우에는 정보주체의 동의 없이 개인정보를 제3자에게 제공할 수 있다.
④ 개인정보처리자가 이 법에 위반한 행위로 정보주체에게 손해를 입힌 경우, 개인정보처리자의 손해배상책임은 무과실책임이다.
⑤ 정보주체의 권리 침해행위의 금지·중지를 구하는 단체소송을 제기하려면 법원의 허가를 받아야 한다.

> **해설**
>
> ① (×) ② (×) 개인정보 보호법의 보호대상은 '살아 있는 개인'이다. (개인정보 보호법 제2조)
> ③ (×) 개인정보처리자는 정보주체로부터 별도의 동의를 받은 경우에는 정보주체 또는 제3자의 이익을 부당하게 침해할 우려가 있을 때를 제외하고는 개인정보를 목적 외의 용도로 이용하거나 이를 제3자에게 제공할 수 있다. (개인정보 보호법 제18조 제2항 제1호)
> ④ (×)
>
> > **개인정보 보호법 제39조(손해배상책임)**
> > ① 정보주체는 개인정보처리자가 이 법을 위반한 행위로 손해를 입으면 개인정보처리자에게 손해배상을 청구할 수 있다. 이 경우 그 개인정보처리자는 고의 또는 과실이 없음을 입증하지 아니하면 책임을 면할 수 없다.
> > ③ 개인정보처리자의 고의 또는 중대한 과실로 인하여 개인정보가 분실·도난·유출·위조·변조 또는 훼손된 경우로서 정보주체에게 손해가 발생한 때에는 법원은 그 손해액의 5배를 넘지 아니하는 범위에서 손해배상액을 정할 수 있다. 다만, 개인정보처리자가 고의 또는 중대한 과실이 없음을 증명한 경우에는 그러하지 아니하다.
>
> ⑤ (○)
>
> > **개인정보 보호법 제55조(소송허가요건 등)**
> > ① 법원은 다음 각 호의 요건을 모두 갖춘 경우에 한하여 결정으로 단체소송을 허가한다.
> >   1. 개인정보처리자가 분쟁조정위원회의 조정을 거부하거나 조정 결과를 수락하지 아니하였을 것
> >   2. 제54조에 따른 소송허가신청서의 기재사항에 흠결이 없을 것
> > ② 단체소송을 허가하거나 불허가하는 결정에 대하여는 즉시항고할 수 있다.

**정답** ⑤

## 019 「개인정보 보호법」에 대한 설명으로 옳지 않은 것은? (다툼이 있는 경우 판례에 의함)  18 지방7급

① 시장·군수 또는 구청장이 개인의 지문정보를 수집하고, 경찰청장이 이를 보관·전산화하여 범죄수사목적에 이용하는 것은 모두 개인정보자기결정권을 제한하는 것이다.

② 개인정보자기결정권의 보호대상이 되는 개인정보는 개인의 신체, 신념, 사회적 지위, 신분 등과 같이 개인의 인격주체성을 특징짓는 사항으로서 그 개인의 동일성을 식별할 수 있는 일체의 정보이고, 이미 공개된 개인정보는 포함하지 않는다.

③ 「개인정보 보호법」을 위반한 개인정보처리자의 행위로 손해를 입은 정보주체가 개인정보처리자에게 손해배상을 청구한 경우, 그 개인정보처리자는 고의 또는 과실이 없음을 입증하지 아니하면 책임을 면할 수 없다.

④ 법인의 정보는 「개인정보 보호법」의 보호대상이 아니다.

**해설**

① (O) 지문은 보호대상정보에는 해당하지만, 주민등록발급을 위해 수집된 지문을 경찰청장이 보관하여 범죄수사목적에 이용하는 것은 개인정보자기결정권을 침해하는 것이 아니다.

> 개인의 고유성, 동일성을 나타내는 지문은 그 정보주체를 타인으로부터 식별가능하게 하는 개인정보이므로, 시장·군수 또는 구청장이 개인의 지문정보를 수집하고, 경찰청장이 이를 보관·전산화하여 범죄수사목적에 이용하는 것은 모두 개인정보자기결정권을 제한하는 것이다. … 이 사건 지문날인제도가 과잉금지의 원칙에 위배하여 청구인들의 개인정보자기결정권을 침해하였다고 볼 수 없다. (헌재 2005.5.26. 99헌마513)

② (X) 개인정보자기결정권의 보호대상이 되는 개인정보는 개인의 신체, 신념, 사회적 지위, 신분 등과 같이 개인의 인격주체성을 특징짓는 사항으로서 그 개인의 동일성을 식별할 수 있게 하는 일체의 정보라고 할 수 있고, 반드시 개인의 내밀한 영역이나 사사(私事)의 영역에 속하는 정보에 국한되지 않고 공적 생활에서 형성되었거나 이미 공개된 개인정보까지 포함한다. (헌재 2005.7.21. 2003헌마282 등)

③ (O) 개인정보 보호법 제39조 제1항

④ (O) 살아 있는 개인의 정보만 보호대상이므로 법인이나, 사자의 정보는 개인정보 보호법의 보호대상이 아니다.

**정답** ②

## 020 「개인정보 보호법」에의 내용으로 가장 옳지 않은 것은?  18 서울7급

① 개인정보는 살아 있는 개인에 관한 정보로서 성명, 주민등록번호 및 영상 등을 통하여 개인을 알아볼 수 있는 정보이며, 해당 정보만으로는 특정 개인을 알아볼 수 없다면, 다른 정보와 쉽게 결합하여 그 개인을 알아볼 수 있는 경우라도 개인정보라 할 수 없다.

② 개인정보처리자는 법령상 의무를 준수하기 위하여 불가피한 경우에는 개인정보를 수집할 수 있으며 그 수집목적의 범위에서 이용할 수 있다.

③ 개인정보처리자로부터 개인정보를 제공받은 자는 정보주체로부터 별도의 동의를 받은 경우나 다른 법률에 특별한 규정이 있는 경우를 제외하고는 개인정보를 제공받은 목적 외의 용도로 이용하거나 이를 제3자에게 제공하여서는 아니 된다.

④ 개인정보처리자의 고의 또는 중대한 과실로 인하여 개인정보가 유출된 경우로서 정보주체에게 손해가 발생한 때에는 법원은 그 손해액의 5배를 넘지 아니하는 범위에서 손해배상액을 정할 수 있다.

> **해설**

① (×)

> **개인정보 보호법 제2조(정의)**
> 이 법에서 사용하는 용어의 뜻은 다음과 같다.
> 1. '개인정보'란 살아 있는 개인에 관한 정보로서 다음 각 목의 어느 하나에 해당하는 정보를 말한다.
>    가. 성명, 주민등록번호 및 영상 등을 통하여 개인을 알아볼 수 있는 정보
>    나. 해당 정보만으로는 특정 개인을 알아볼 수 없더라도 다른 정보와 쉽게 결합하여 알아볼 수 있는 정보. 이 경우 쉽게 결합할 수 있는지 여부는 다른 정보의 입수 가능성 등 개인을 알아보는 데 소요되는 시간, 비용, 기술 등을 합리적으로 고려하여야 한다.
>    다. 가목 또는 나목을 제1호의2에 따라 가명처리함으로써 원래의 상태로 복원하기 위한 추가 정보의 사용·결합 없이는 특정 개인을 알아볼 수 없는 정보(이하 '가명정보'라 한다)

② (○) 개인정보 보호법 제15조 제1항 제2호
③ (○) 개인정보 보호법 제18조
④ (○) 개인정보 보호법 제39조의2 제3항

**정답** ①

---

**기출지문 OX**

**01** 헌법재판소는 개인정보자기결정권을 사생활의 비밀과 자유, 일반적 인격권 등을 이념적 기초로 하는 독자적 기본권으로서 헌법에 명시되지 않은 기본권으로 보고 있다. [18 국가9급] (O, ×)

> **해설** 개인정보자기결정권의 헌법상 근거로는 헌법 제17조의 사생활의 비밀과 자유, 헌법 제10조 제1문의 인간의 존엄과 가치 및 행복추구권에 근거를 둔 일반적 인격권 또는 위 조문들과 동시에 우리 헌법의 자유민주적기본질서 규정 또는 국민주권원리와 민주주의원리 등을 고려할 수 있으나, 개인정보자기결정권으로 보호하려는 내용을 위 각 기본권들 및 헌법원리들 중 일부에 완전히 포섭시키는 것은 불가능하다고 할 것이므로, 그 헌법적 근거를 굳이 어느 한두 개에 국한시키는 것은 바람직하지 않은 것으로 보이고, 오히려 개인정보자기결정권은 이들을 이념적 기초로 하는 독자적 기본권으로서 헌법에 명시되지 아니한 기본권이라고 보아야 할 것이다. (헌재 2005.5.26. 99헌마513)

**정답** O

**02** 「개인정보 보호법」에는 개인정보 단체소송을 제기할 수 있는 단체에 대한 제한을 두고 있지 않으므로 법인격이 있는 단체라면 어느 단체든지 권리 침해행위의 금지·중지를 구하는 소송을 제기할 수 있다. [18 국가9급] (O, ×)

> **해설** 개인정보 보호법은 단체소송을 제기할 수 있는 단체를 한정하고 있다.

> **개인정보 보호법 제51조(단체소송의 대상 등)**
> 다음 각 호의 어느 하나에 해당하는 단체는 개인정보처리자가 제49조에 따른 집단분쟁조정을 거부하거나 집단분쟁조정의 결과를 수락하지 아니한 경우에는 법원에 권리 침해행위의 금지·중지를 구하는 소송(이하 '단체소송'이라 한다)을 제기할 수 있다.
> 1. 소비자기본법 제29조에 따라 공정거래위원회에 등록한 소비자단체로서 다음 각 목의 요건을 모두 갖춘 단체
>    가. 정관에 따라 상시적으로 정보주체의 권익증진을 주된 목적으로 하는 단체일 것
>    나. 단체의 정회원 수가 1천 명 이상일 것
>    다. 소비자기본법 제29조에 따른 등록 후 3년이 경과하였을 것
> 2. 비영리민간단체 지원법 제2조에 따른 비영리민간단체로서 다음 각 목의 요건을 모두 갖춘 단체
>    가. 법률상 또는 사실상 동일한 침해를 입은 100명 이상의 정보주체로부터 단체소송의 제기를 요청받을 것
>    나. 정관에 개인정보 보호를 단체의 목적으로 명시한 후 최근 3년 이상 이를 위한 활동실적이 있을 것
>    다. 단체의 상시 구성원 수가 5천 명 이상일 것
>    라. 중앙행정기관에 등록되어 있을 것

**정답** ×

**03** 「개인정보 보호법」은 집단분쟁조정제도에 대하여 규정하고 있다. [18 국가9급] (O, ×)

> **해설** 개인정보 보호법 제49조에서 규정하고 있다.

**정답** O

## 021

**「개인정보 보호법」상 개인정보 단체소송에 대한 설명으로 옳은 것은?**  16 지방9급

① 개인정보 단체소송은 개인정보처리자가 「개인정보 보호법」상의 집단분쟁조정을 거부하거나 집단분쟁조정의 결과를 수락하지 아니한 경우에 법원의 허가를 받아 제기할 수 있다.

② 개인정보 단체소송을 허가하거나 불허가하는 법원의 결정에 대하여는 불복할 수 없다.

③ 개인정보 단체소송에 관하여 「개인정보 보호법」에 특별한 규정이 없는 경우에는 「행정소송법」을 적용한다.

④ 「소비자기본법」에 따라 공정거래위원회에 등록한 소비자단체가 개인정보 단체소송을 제기하려면 그 단체의 정회원 수가 1백 명 이상이어야 한다.

**해설**

① (O) 개인정보처리자가 개인정보 보호법 제49조에 따른 집단분쟁조정을 거부하거나 집단분쟁조정의 결과를 수락하지 아니한 경우에는 법원에 권리 침해행위의 금지·중지를 구하는 소송(단체소송)을 제기할 수 있는데, (개인정보 보호법 제51조) 단체소송을 제기하는 단체는 법원의 허가를 받아야 한다. (개인정보 보호법 제54조, 제55조)

② (X) 단체소송을 허가하거나 불허가하는 결정에 대하여는 즉시항고할 수 있다. (개인정보 보호법 제55조 제2항)

③ (X) 단체소송에 관하여 개인정보 보호법에 특별한 규정이 없는 경우에는 민사소송법을 적용한다. (개인정보 보호법 제57조 제1항)

④ (X) 단체의 정회원 수가 1천 명 이상일 것을 요한다. (개인정보 보호법 제51조 제1호)

**정답** ①

## 022

**「개인정보 보호법」상 개인정보에 관한 설명으로 옳지 않은 것은? (다툼이 있으면 판례에 따름)**  16 교행

① 정치적 견해, 건강, 사상·신념에 관한 정보는 민감정보에 해당한다.

② 판례는 지문을 개인정보에 해당하지 않는 것으로 본다.

③ 개인정보와 관련한 분쟁의 조정을 원하는 자는 개인정보 분쟁조정위원회에 분쟁조정을 신청할 수 있다.

④ 「개인정보 보호법」은 단체소송에 관한 규정을 두고 있다.

**해설**

① (O) 개인정보 보호법 제23조 제1항

② (X) 지문은 개인정보 보호법상 정보에 해당한다. (헌재 2005.5.26. 99헌마513 등)

③ (O) 개인정보 보호법 제43조 제1항

④ (O) 개인정보 보호법 제51조~제57조

**정답** ②

### 기출지문 OX

**01** 개인정보처리자란 개인정보파일을 운용하기 위하여 스스로 개인정보를 처리하는 공공기관, 법인, 단체 및 개인 등을 말한다. [16 지방7급] (O, X)

해설

**개인정보 보호법 제2조(정의)**
이 법에서 사용하는 용어의 뜻은 다음과 같다.
5. '개인정보처리자'란 업무를 목적으로 개인정보파일을 운용하기 위하여 스스로 또는 다른 사람을 통하여 개인정보를 처리하는 공공기관, 법인, 단체 및 개인 등을 말한다.

정답 X

**02** 개인정보처리자가 「개인정보 보호법」상의 허용요건을 충족하여 개인정보를 수집하는 경우에는 그 목적에 필요한 최소한의 개인정보를 수집하여야 한다. 이 경우 개인정보처리자가 최소한의 개인정보 수집이라는 의무를 위반한 경우 그 입증책임은 이의를 제기하는 정보주체가 부담한다. [16 지방7급] (O, X)

해설

**개인정보 보호법 제16조(개인정보의 수집 제한)**
① 개인정보처리자는 제15조 제1항 각 호의 어느 하나에 해당하여 개인정보를 수집하는 경우에는 그 목적에 필요한 최소한의 개인정보를 수집하여야 한다. 이 경우 최소한의 개인정보 수집이라는 입증책임은 개인정보처리자가 부담한다.
② 개인정보처리자는 정보주체의 동의를 받아 개인정보를 수집하는 경우 필요한 최소한의 정보 외의 개인정보 수집에는 동의하지 아니할 수 있다는 사실을 구체적으로 알리고 개인정보를 수집하여야 한다.
③ 개인정보처리자는 정보주체가 필요한 최소한의 정보 외의 개인정보 수집에 동의하지 아니한다는 이유로 정보주체에게 재화 또는 서비스의 제공을 거부하여서는 아니 된다.

정답 X

**03** 불특정 다수가 이용하는 목욕실, 화장실, 발한실, 탈의실 등에의 고정형 영상정보처리기기 설치는 대통령령으로 정하는 바에 따라 안내판 설치 등 필요한 조치를 취하는 경우에만 허용된다. [16 지방7급] (O, X)

해설

**개인정보 보호법 제25조(고정형 영상정보처리기기의 설치·운영 제한)**
② 누구든지 불특정 다수가 이용하는 목욕실, 화장실, 발한실, 탈의실 등 개인의 사생활을 현저히 침해할 우려가 있는 장소의 내부를 볼 수 있도록 고정형 영상정보처리기기를 설치·운영하여서는 아니 된다. 다만, 교도소, 정신보건시설 등 법령에 근거하여 사람을 구금하거나 보호하는 시설로서 대통령령으로 정하는 시설에 대하여는 그러하지 아니하다.

정답 X

**04** 개인정보처리자는 법령에서 민감정보의 처리를 요구 또는 허용하는 경우에도 정보주체의 동의를 받지 못하면 민감정보를 처리할 수 없다. [16 서울7급] (O, X)

해설 민감정보는 원칙적으로 처리할 수 없으나, 본인의 동의가 있는 경우와 법령에서 민감정보의 처리를 요구하거나 허용하는 경우에는 정보주체의 동의 여부와는 별개로 민감정보를 처리할 수 있다. (개인정보 보호법 제23조 제1항)

**개인정보 보호법 제23조(민감정보의 처리 제한)**
① 개인정보처리자는 사상·신념, 노동조합·정당의 가입·탈퇴, 정치적 견해, 건강, 성생활 등에 관한 정보, 그 밖에 정보주체의 사생활을 현저히 침해할 우려가 있는 개인정보로서 대통령령으로 정하는 정보(이하 '민감정보'라 한다)를 처리하여서는 아니 된다. 다만, 다음 각 호의 어느 하나에 해당하는 경우에는 그러하지 아니하다.
1. 정보주체에게 제15조 제2항 각 호 또는 제17조 제2항 각 호의 사항을 알리고 다른 개인정보의 처리에 대한 동의와 별도로 동의를 받은 경우
2. 법령에서 민감정보의 처리를 요구하거나 허용하는 경우

정답 X

**05** 개인정보 분쟁조정위원회의 조정을 분쟁당사자가 수락하는 경우, 조정의 내용은 재판상 화해와 동일한 효력을 갖는다. [16 서울7급]
(O, ×)

> 해설  개인정보 보호법 제47조 제4항·제5항
> 정답  O

**06** 공공기관의 장이 개인정보파일을 운용하는 경우에는 개인정보파일의 명칭, 운영목적, 처리방법, 보유기간 등을 미래창조과학부장관(현 과학기술정보통신부장관)에게 등록하여야 한다. [16 서울7급]
(O, ×)

> 해설  공공기관의 장이 개인정보파일을 운용하는 경우에는 개인정보파일의 명칭, 운영목적, 처리방법, 보유기간 등을 개인정보 보호위원회에 등록하여야 한다. 등록한 사항이 변경된 경우에도 또한 같다. (개인정보 보호법 제32조 제1항)
> 정답  ×

### 예상판례

**01** 국회의원 甲 등이 '각급학교 교원의 교원단체 및 교원노조 가입현황 실명자료'를 인터넷을 통하여 공개한 행위는 해당 교원들의 개인정보자기결정권 등을 침해하는 것으로 위법하다. (대판 2014.7.24. 2012다49933)

**02** 구 정보통신부령 제3조의3 제2항은 "정보통신부장관은 제1항 각 호의 규정에 의한 보호조치의 구체적인 기준을 정하여 고시하여야 한다."라고 규정하고 있고, 이에 따라 정보통신부장관이 마련한 개인정보의 기술적·관리적 보호조치기준은 해킹 등 침해사고 당시의 기술수준 등을 고려하여 정보통신서비스제공자가 구 정보통신망 이용촉진 및 정보보호 등에 관한 법률 제28조 제1항에 따라 준수해야 할 기술적·관리적 보호조치를 구체적으로 규정하고 있으므로, 정보통신서비스제공자가 이 사건 고시에서 정하고 있는 기술적·관리적 보호조치를 다하였다면, 특별한 사정이 없는 한, 정보통신서비스제공자가 개인정보의 안전성 확보에 필요한 보호조치를 취하여야 할 법률상 또는 계약상 의무를 위반하였다고 보기는 어렵다. (대판 2015.2.12. 2013다44003)

## 023 「개인정보 보호법」의 내용으로 옳은 것은?

09 지방7급

① 개인정보 보호에 관하여는 다른 법률에 특별한 규정이 있는 경우에도 이 법에서 정하는 바에 따른다.
② 개인정보처리자는 개인정보의 처리목적을 명확하게 하여야 하고 그 목적에 필요한 범위에서 최소한의 개인정보만을 적법하고 정당하게 수집하여야 하며, 필요한 경우에는 목적 외의 용도로 활용할 수 있다.
③ 개인정보처리자는 개인정보 처리방침 등 개인정보의 처리에 관한 사항을 비밀에 붙여야 하며, 열람청구권 등 정보주체의 권리를 보장하여야 한다.
④ 개인정보처리자는 개인정보처리자의 정당한 이익을 달성하기 위하여 필요한 경우로서 명백하게 정보주체의 권리보다 우선하는 경우에는 개인정보를 수집할 수 있으며 그 수집목적의 범위에서 이용할 수 있다. 이 경우 개인정보처리자의 정당한 이익과 상당한 관련이 있고 합리적인 범위를 초과하지 아니하는 경우에 한한다.

**해설**

① (×)

> **개인정보 보호법 제6조(다른 법률과의 관계)**
> ① 개인정보의 처리 및 보호에 관하여 다른 법률에 특별한 규정이 있는 경우를 제외하고는 이 법에서 정하는 바에 따른다.

② (×) ③ (×)

> **개인정보 보호법 제3조(개인정보 보호원칙)**
> ① 개인정보처리자는 개인정보의 처리목적을 명확하게 하여야 하고 그 목적에 필요한 범위에서 최소한의 개인정보만을 적법하고 정당하게 수집하여야 한다.
> ② 개인정보처리자는 개인정보의 처리목적에 필요한 범위에서 적합하게 개인정보를 처리하여야 하며, 그 목적 외의 용도로 활용하여서는 아니 된다.
> ③ 제30조에 따른 개인정보처리자는 개인정보 처리방침 등 개인정보의 처리에 관한 사항을 공개하여야 하며, 열람청구권 등 정보주체의 권리를 보장하여야 한다.

④ (○) 개인정보 보호법 제15조 제1항 제6호

**정답** ④

## 024
A세관장은 물품의 수·출입업자의 개인정보를 수집하고자 한다. 이 경우 개인정보의 보호에 관한 행정법의 원칙에 관한 설명으로 옳지 않은 것은?
09 관세사

① 세관장은 통관 및 관세 부과에 관하여 필요한 최대한의 정보를 수집하여 이를 활용할 수 있다.
② 세관장이 정보주체인 수입업자가 필요한 최소한의 정보 외의 개인정보 수집에 동의하지 아니한다고 하여 그 수입업자에게 재화 또는 서비스의 제공을 거부하여서는 아니 된다.
③ 세관장이 개인정보파일을 운용하는 경우 원칙적으로 개인정보파일의 명칭, 개인정보파일의 운영근거 및 목적 등을 개인정보 보호위원회에 등록하여야 한다.
④ 세관장은 개인정보의 처리업무를 제3자에게 위탁할 수 있는데, 그 위탁은 위탁업무 수행목적 외 개인정보의 처리 금지에 관한 사항이나 개인정보의 기술적·관리적 보호조치에 관한 사항 등의 내용이 포함된 문서로 하여야 한다.
⑤ 정보주체인 수입업자로부터 별도의 동의를 받았다면, 세관장은 당해 개인정보를 목적 외의 용도로 이용하거나 제3자에게 제공할 수 있다.

**해설**
① (×) 필요한 범위에서 최소한의 정보를 수집하여 활용할 수 있다. (개인정보 보호법 제3조 제1항·제2항)
② (○) 개인정보 보호법 제16조 제3항
③ (○) 공공기관의 장이 개인정보파일을 운용하는 경우에는 개인정보파일의 명칭·운영 근거 및 목적 등의 사항을 개인정보 보호위원회에 등록하여야 한다. (개인정보 보호법 제32조 제1항)
④ (○) 개인정보처리자가 제3자에게 개인정보의 처리 업무를 위탁하는 경우에는 ㉠ 위탁업무 수행목적 외 개인정보의 처리 금지에 관한 사항, ㉡ 개인정보의 기술적·관리적 보호조치에 관한 사항, ㉢ 그 밖에 개인정보의 안전한 관리를 위하여 대통령령으로 정한 사항에 관한 내용이 포함된 문서로 하여야 한다. (개인정보 보호법 제26조 제1항)
⑤ (○) 개인정보 보호법 제18조 제2항

**정답** ①

## 025
「개인정보 보호법」상 정보주체에게 인정되지 않는 것은?
04 행시

① 개인정보취급자에 대하여 적절한 관리·감독을 할 권리
② 개인정보의 처리로 인하여 발생한 피해를 신속하고 공정한 절차에 따라 구제받을 권리
③ 개인정보의 정정 및 파기를 요구할 권리
④ 개인정보의 처리에 관한 동의 여부, 동의범위 등을 선택하고 결정할 권리
⑤ 개인정보의 처리 여부를 확인하고 개인정보에 대하여 열람을 요구할 권리

**해설**
① (×)

> **개인정보 보호법 제28조(개인정보취급자에 대한 감독)**
> ① 개인정보처리자는 개인정보를 처리함에 있어서 개인정보가 안전하게 관리될 수 있도록 임직원, 파견근로자, 시간제근로자 등 개인정보처리자의 지휘·감독을 받아 개인정보를 처리하는 자(이하 '개인정보취급자'라 한다)의 범위를 최소한으로 제한하고, 개인정보취급자에 대하여 적절한 관리·감독을 행하여야 한다.

② (○) ③ (○) ④ (○) ⑤ (○) 개인정보 보호법 제4조

**정답** ①

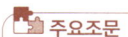 **주요조문**

**개인정보 보호법 제3조(개인정보 보호 원칙)**
⑦ 개인정보처리자는 개인정보를 익명 또는 가명으로 처리하여도 개인정보 수집목적을 달성할 수 있는 경우 익명처리가 가능한 경우에는 익명에 의하여, 익명처리로 목적을 달성할 수 없는 경우에는 가명에 의하여 처리될 수 있도록 하여야 한다.

**제7조의2(보호위원회의 구성 등)**
① 보호위원회는 상임위원 2명(위원장 1명, 부위원장 1명)을 포함한 9명의 위원으로 구성한다.
② 보호위원회의 위원은 개인정보 보호에 관한 경력과 전문지식이 풍부한 다음 각 호의 사람 중에서 위원장과 부위원장은 국무총리의 제청으로, 그 외 위원 중 2명은 위원장의 제청으로, 2명은 대통령이 소속되거나 소속되었던 정당의 교섭단체 추천으로, 3명은 그 외의 교섭단체 추천으로 대통령이 임명 또는 위촉한다.
  1. 개인정보 보호업무를 담당하는 3급 이상 공무원(고위공무원단에 속하는 공무원을 포함한다)의 직에 있거나 있었던 사람
  2. 판사·검사·변호사의 직에 10년 이상 있거나 있었던 사람
  3. 공공기관 또는 단체(개인정보처리자로 구성된 단체를 포함한다)에 3년 이상 임원으로 재직하였거나 이들 기관 또는 단체로부터 추천받은 사람으로서 개인정보 보호업무를 3년 이상 담당하였던 사람
  4. 개인정보 관련 분야에 전문지식이 있고 고등교육법 제2조 제1호에 따른 학교에서 부교수 이상으로 5년 이상 재직하고 있거나 재직하였던 사람

**제7조의3(위원장)**
① 위원장은 보호위원회를 대표하고, 보호위원회의 회의를 주재하며, 소관 사무를 총괄한다.
② 위원장이 부득이한 사유로 직무를 수행할 수 없을 때에는 부위원장이 그 직무를 대행하고, 위원장·부위원장이 모두 부득이한 사유로 직무를 수행할 수 없을 때에는 위원회가 미리 정하는 위원이 위원장의 직무를 대행한다.
③ 위원장은 국회에 출석하여 보호위원회의 소관 사무에 관하여 의견을 진술할 수 있으며, 국회에서 요구하면 출석하여 보고하거나 답변하여야 한다.
④ 위원장은 국무회의에 출석하여 발언할 수 있으며, 그 소관 사무에 관하여 국무총리에게 의안 제출을 건의할 수 있다.

**제7조의4(위원의 임기)**
① 위원의 임기는 3년으로 하되, 한 차례만 연임할 수 있다.
② 위원이 궐위된 때에는 지체 없이 새로운 위원을 임명 또는 위촉하여야 한다. 이 경우 후임으로 임명 또는 위촉된 위원의 임기는 새로이 개시된다.

**제7조의10(회의)**
① 보호위원회의 회의는 위원장이 필요하다고 인정하거나 재적위원 4분의 1 이상의 요구가 있는 경우에 위원장이 소집한다.
② 위원장 또는 2명 이상의 위원은 보호위원회에 의안을 제의할 수 있다.
③ 보호위원회의 회의는 재적위원 과반수의 출석으로 개의하고, 출석위원 과반수의 찬성으로 의결한다.

**제7조의11(위원의 제척·기피·회피)**
① 위원은 다음 각 호의 어느 하나에 해당하는 경우에는 심의·의결에서 제척된다.
  1. 위원 또는 그 배우자나 배우자였던 자가 해당 사안의 당사자가 되거나 그 사건에 관하여 공동의 권리자 또는 의무자의 관계에 있는 경우
  2. 위원이 해당 사안의 당사자와 친족이거나 친족이었던 경우
  3. 위원이 해당 사안에 관하여 증언, 감정, 법률자문을 한 경우
  4. 위원이 해당 사안에 관하여 당사자의 대리인으로서 관여하거나 관여하였던 경우
  5. 위원이나 위원이 속한 공공기관·법인 또는 단체 등이 조언 등 지원을 하고 있는 자와 이해관계가 있는 경우
② 위원에게 심의·의결의 공정을 기대하기 어려운 사정이 있는 경우 당사자는 기피신청을 할 수 있고, 보호위원회는 의결로 이를 결정한다.
③ 위원이 제1항 또는 제2항의 사유가 있는 경우에는 해당 사안에 대하여 회피할 수 있다.

**제7조의12(소위원회)**
① 보호위원회는 효율적인 업무수행을 위하여 개인정보 침해 정도가 경미하거나 유사·반복되는 사항 등을 심의·의결할 소위원회를 둘 수 있다.
② 소위원회는 3명의 위원으로 구성한다.
③ 소위원회가 제1항에 따라 심의·의결한 것은 보호위원회가 심의·의결한 것으로 본다.
④ 소위원회의 회의는 구성위원 전원의 출석과 출석위원 전원의 찬성으로 의결한다.

### 제12조(개인정보 보호지침)
① 보호위원회는 개인정보의 처리에 관한 기준, 개인정보 침해의 유형 및 예방조치 등에 관한 표준 개인정보 보호지침(이하 '표준지침'이라 한다)을 정하여 개인정보처리자에게 그 준수를 권장할 수 있다.

### 제15조(개인정보의 수집·이용)
③ 개인정보처리자는 당초 수집목적과 합리적으로 관련된 범위에서 정보주체에게 불이익이 발생하는지 여부, 암호화 등 안전성 확보에 필요한 조치를 하였는지 여부 등을 고려하여 대통령령으로 정하는 바에 따라 정보주체의 동의 없이 개인정보를 이용할 수 있다.

### 제24조(고유식별정보의 처리 제한)
④ 보호위원회는 처리하는 개인정보의 종류·규모, 종업원 수 및 매출액 규모 등을 고려하여 대통령령으로 정하는 기준에 해당하는 개인정보처리자가 제3항에 따라 안전성 확보에 필요한 조치를 하였는지에 관하여 대통령령으로 정하는 바에 따라 정기적으로 조사하여야 한다.

### 제28조의2(가명정보의 처리 등)
① 개인정보처리자는 통계작성, 과학적 연구, 공익적 기록보존 등을 위하여 정보주체의 동의 없이 가명정보를 처리할 수 있다.
② 개인정보처리자는 제1항에 따라 가명정보를 제3자에게 제공하는 경우에는 특정 개인을 알아보기 위하여 사용될 수 있는 정보를 포함해서는 아니 된다.

### 제28조의4(가명정보에 대한 안전조치의무 등)
① 개인정보처리자는 제28조의2 또는 제28조의3에 따라 가명정보를 처리하는 경우에는 원래의 상태로 복원하기 위한 추가 정보를 별도로 분리하여 보관·관리하는 등 해당 정보가 분실·도난·유출·위조·변조 또는 훼손되지 않도록 대통령령으로 정하는 바에 따라 안전성 확보에 필요한 기술적·관리적 및 물리적 조치를 하여야 한다.
② 개인정보처리자는 제28조의2 또는 제28조의3에 따라 가명정보를 처리하는 경우 처리목적 등을 고려하여 가명정보의 처리기간을 별도로 정할 수 있다.
③ 개인정보처리자는 제28조의2 또는 제28조의3에 따라 가명정보를 처리하고자 하는 경우에는 가명정보의 처리목적, 제3자 제공시 제공받는 자, 가명정보의 처리기간(제2항에 따라 처리기간을 별도로 정한 경우에 한한다) 등 가명정보의 처리 내용을 관리하기 위하여 대통령령으로 정하는 사항에 대한 관련 기록을 작성하여 보관하여야 하며, 가명정보를 파기한 경우에는 파기한 날부터 3년 이상 보관하여야 한다.

### 제28조의5(가명정보 처리시 금지의무 등)
① 제28조의2 또는 제28조의3에 따라 가명정보를 처리하는 자는 특정 개인을 알아보기 위한 목적으로 가명정보를 처리해서는 아니 된다.
② 개인정보처리자는 가명정보를 처리하는 과정에서 특정 개인을 알아볼 수 있는 정보가 생성된 경우에는 즉시 해당 정보의 처리를 중지하고, 지체 없이 회수·파기하여야 한다.

### 제32조의2(개인정보 보호 인증)
① 보호위원회는 개인정보처리자의 개인정보 처리 및 보호와 관련한 일련의 조치가 이 법에 부합하는지 등에 관하여 인증할 수 있다.
③ 보호위원회는 다음 각 호의 어느 하나에 해당하는 경우에는 대통령령으로 정하는 바에 따라 제1항에 따른 인증을 취소할 수 있다. 다만, 제1호에 해당하는 경우에는 취소하여야 한다.
  1. 거짓이나 그 밖의 부정한 방법으로 개인정보 보호 인증을 받은 경우
④ 보호위원회는 개인정보 보호 인증의 실효성 유지를 위하여 연 1회 이상 사후관리를 실시하여야 한다.

### 제33조(개인정보 영향평가)
① 공공기관의 장은 대통령령으로 정하는 기준에 해당하는 개인정보파일의 운용으로 인하여 정보주체의 개인정보 침해가 우려되는 경우에는 그 위험요인의 분석과 개선사항 도출을 위한 평가(이하 '영향평가'라 한다)를 하고 그 결과를 보호위원회에 제출하여야 한다.

### 제39조의4(비밀유지명령)
① 법원은 이 법을 위반한 행위로 인한 손해배상청구소송에서 당사자의 신청에 따른 결정으로 다음 각 호의 자에게 그 당사자가 보유한 영업비밀을 해당 소송의 계속적인 수행 외의 목적으로 사용하거나 그 영업비밀에 관계된 이 항에 따른 명령을 받은 자 외의 자에게 공개하지 아니할 것을 명할 수 있다. 다만, 그 신청 시점까지 다음 각 호의 자가 준비서면의 열람이나 증거조사 외의 방법으로 그 영업비밀을 이미 취득하고 있는 경우에는 그러하지 아니하다.
  1. 다른 당사자(법인인 경우에는 그 대표자를 말한다)
  2. 당사자를 위하여 해당 소송을 대리하는 자
  3. 그 밖에 해당 소송으로 영업비밀을 알게 된 자

② 제1항에 따른 명령(이하 '비밀유지명령'이라 한다)을 신청하는 자는 다음 각 호의 사유를 모두 소명하여야 한다.
  1. 이미 제출하였거나 제출하여야 할 준비서면, 이미 조사하였거나 조사하여야 할 증거 또는 제39조의3 제1항에 따라 제출하였거나 제출하여야 할 자료에 영업비밀이 포함되어 있다는 것
  2. 제1호의 영업비밀이 해당 소송 수행 외의 목적으로 사용되거나 공개되면 당사자의 영업에 지장을 줄 우려가 있어 이를 방지하기 위하여 영업비밀의 사용 또는 공개를 제한할 필요가 있다는 것
③ 비밀유지명령의 신청은 다음 각 호의 사항을 적은 서면으로 하여야 한다.
  1. 비밀유지명령을 받을 자
  2. 비밀유지명령의 대상이 될 영업비밀을 특정하기에 충분한 사실
  3. 제2항 각 호의 사유에 해당하는 사실
④ 법원은 비밀유지명령이 결정된 경우에는 그 결정서를 비밀유지명령을 받을 자에게 송달하여야 한다.
⑤ 비밀유지명령은 제4항의 결정서가 비밀유지명령을 받을 자에게 송달된 때부터 효력이 발생한다.
⑥ 비밀유지명령의 신청을 기각하거나 각하한 재판에 대해서는 즉시항고를 할 수 있다.

**제39조의5(비밀유지명령의 취소)**
① 비밀유지명령을 신청한 자 또는 비밀유지명령을 받은 자는 제39조의4 제2항 각 호의 사유에 부합하지 아니하는 사실이나 사정이 있는 경우 소송기록을 보관하고 있는 법원(소송기록을 보관하고 있는 법원이 없는 경우에는 비밀유지명령을 내린 법원을 말한다)에 비밀유지명령의 취소를 신청할 수 있다.
② 법원은 비밀유지명령의 취소신청에 대한 재판이 있는 경우에는 그 결정서를 그 신청을 한 자 및 상대방에게 송달하여야 한다.
③ 비밀유지명령의 취소신청에 대한 재판에 대해서는 즉시항고를 할 수 있다.
④ 비밀유지명령을 취소하는 재판은 확정되어야 효력이 발생한다.
⑤ 비밀유지명령을 취소하는 재판을 한 법원은 비밀유지명령의 취소신청을 한 자 또는 상대방 외에 해당 영업비밀에 관한 비밀유지명령을 받은 자가 있는 경우에는 그 자에게 즉시 비밀유지명령의 취소 재판을 한 사실을 알려야 한다.

**제39조의6(소송기록 열람 등의 청구 통지 등)**
① 비밀유지명령이 내려진 소송(모든 비밀유지명령이 취소된 소송은 제외한다)에 관한 소송기록에 대하여 민사소송법 제163조 제1항에 따라 열람 등의 신청인을 당사자로 제한하는 결정이 있었던 경우로서 당사자가 같은 항에서 규정하는 비밀 기재 부분의 열람 등의 청구를 하였으나 그 청구 절차를 해당 소송에서 비밀유지명령을 받지 아니한 자가 밟은 경우에는 법원서기관, 법원사무관, 법원주사 또는 법원주사보(이하 이 조에서 '법원사무관 등'이라 한다)는 같은 항의 신청을 한 당사자(그 열람 등의 청구를 한 자는 제외한다. 이하 제3항에서 같다)에게 그 청구 직후에 그 열람 등의 청구가 있었다는 사실을 알려야 한다.
② 법원사무관 등은 제1항의 청구가 있었던 날부터 2주일이 지날 때까지(그 청구 절차를 밟은 자에 대한 비밀유지명령 신청이 그 기간 내에 이루어진 경우에는 그 신청에 대한 재판이 확정되는 시점까지를 말한다) 그 청구 절차를 밟은 자에게 제1항의 비밀 기재 부분의 열람 등을 하게 하여서는 아니 된다.
③ 제2항은 제1항의 열람 등의 청구를 한 자에게 제1항의 비밀 기재 부분의 열람 등을 하게 하는 것에 대하여 민사소송법 제163조 제1항의 신청을 한 당사자 모두가 동의하는 경우에는 적용되지 아니한다.

**제39조의7(손해배상의 보장)**
① 개인정보처리자로서 매출액, 개인정보의 보유 규모 등을 고려하여 대통령령으로 정하는 기준에 해당하는 자는 제39조 및 제39조의2에 따른 손해배상책임의 이행을 위하여 보험 또는 공제에 가입하거나 준비금을 적립하는 등 필요한 조치를 하여야 한다.
② 제1항에도 불구하고 다음 각 호의 어느 하나에 해당하는 자는 제1항에 따른 조치를 하지 아니할 수 있다.
  1. 대통령령으로 정하는 공공기관, 비영리법인 및 단체
  2. 소상공인기본법 제2조 제1항에 따른 소상공인으로서 대통령령으로 정하는 자에게 개인정보 처리를 위탁한 자
  3. 다른 법률에 따라 제39조 및 제39조의2에 따른 손해배상책임의 이행을 보장하는 보험 또는 공제에 가입하거나 준비금을 적립한 개인정보처리자
③ 제1항 및 제2항에 따른 개인정보처리자의 손해배상책임 이행 기준 등에 필요한 사항은 대통령령으로 정한다.

**제61조(의견제시 및 개선권고)**
① 보호위원회는 개인정보 보호에 영향을 미치는 내용이 포함된 법령이나 조례에 대하여 필요하다고 인정하면 심의·의결을 거쳐 관계 기관에 의견을 제시할 수 있다.

② 보호위원회는 개인정보 보호를 위하여 필요하다고 인정하면 개인정보처리자에게 개인정보 처리 실태의 개선을 권고할 수 있다. 이 경우 권고를 받은 개인정보처리자는 이를 이행하기 위하여 성실하게 노력하여야 하며, 그 조치 결과를 보호위원회에 알려야 한다.
③ 관계 중앙행정기관의 장은 개인정보 보호를 위하여 필요하다고 인정하면 소관 법률에 따라 개인정보처리자에게 개인정보 처리 실태의 개선을 권고할 수 있다. 이 경우 권고를 받은 개인정보처리자는 이를 이행하기 위하여 성실하게 노력하여야 하며, 그 조치 결과를 관계 중앙행정기관의 장에게 알려야 한다.
④ 중앙행정기관, 지방자치단체, 국회, 법원, 헌법재판소, 중앙선거관리위원회는 그 소속 기관 및 소관 공공기관에 대하여 개인정보 보호에 관한 의견을 제시하거나 지도·점검을 할 수 있다.

### 제62조(침해 사실의 신고 등)
① 개인정보처리자가 개인정보를 처리할 때 개인정보에 관한 권리 또는 이익을 침해받은 사람은 보호위원회에 그 침해 사실을 신고할 수 있다.
② 보호위원회는 제1항에 따른 신고의 접수·처리 등에 관한 업무를 효율적으로 수행하기 위하여 대통령령으로 정하는 바에 따라 전문기관을 지정할 수 있다. 이 경우 전문기관은 개인정보침해 신고센터(이하 '신고센터'라 한다)를 설치·운영하여야 한다.

### 제64조(시정조치 등)
① 보호위원회는 이 법을 위반한 자(중앙행정기관, 지방자치단체, 국회, 법원, 헌법재판소, 중앙선거관리위원회는 제외한다)에 대하여 다음 각 호에 해당하는 조치를 명할 수 있다.
  1. 개인정보 침해행위의 중지
  2. 개인정보 처리의 일시적인 정지
  3. 그 밖에 개인정보의 보호 및 침해 방지를 위하여 필요한 조치

### 제75조(과태료)
① 다음 각 호의 어느 하나에 해당하는 자에게는 5천만 원 이하의 과태료를 부과한다.
  〈각 호 생략〉

### 제76조(과태료에 관한 규정 적용의 특례)
제75조의 과태료에 관한 규정을 적용할 때 제64조의2에 따라 과징금을 부과한 행위에 대하여는 과태료를 부과할 수 없다.

# MEMO

# PART 4
## 행정의 실효성 확보수단

| | |
|---|---|
| **CHAPTER 01** | 행정의 실효성 확보수단 일반론 |
| **CHAPTER 02** | 행정강제(직접적 강제수단) |
| **CHAPTER 03** | 행정벌 |
| **CHAPTER 04** | 새로운 실효성 확보수단 |

# CHAPTER 01 행정의 실효성 확보수단 일반론

## 행정의 실효성 확보수단

| 전통적 수단 (직접적 또는 간접적) | 행정강제(직접적 강제수단) 의무 위반을 전제로 하여 장래에 대한 의무 이행 확보수단 | 행정상 강제집행 (의무 불이행을 전제로 함) | • 대집행: 대체적 작위의무를 전제<br>• 이행강제금(집행벌): 비대체적 작위의무(간접적)<br>• 직접강제: 모든 의무 불이행<br>• 강제징수: 금전급무의무(세금), 국세징수법 |
|---|---|---|---|
| | | 행정상 즉시강제 (행정조사) | 의무 불이행을 전제로 하지 않음. |
| | 행정벌(간접적 강제수단) 과거의 의무 불이행에 대한 제재 | | • 행정형벌: 형법상 형벌(예 형사소송절차, 통고처분)<br>• 행정질서벌: 질서위반행위법상 과태료 |
| 새로운 수단 (간접적) | 금전적 제재 | | • 과징금<br>• 변형된 과징금<br>• 가산금, 중가산금: 처분성 부정<br>• 가산세: 처분성 인정, 고의·과실 불요, 정당한 사유가 있으면 과세할 수 없음. |
| | 비금전적 제재 | | • 공급거부<br>• 명단공표<br>• 관허사업의 제한<br>• 기타: 세무조사, 해외여행 제한, 취업 제한 등 |

**001** 행정의 실효성 확보수단에 관한 설명으로 옳지 않은 것은? (다툼이 있는 경우 판례에 의함) 23소방

① 「소방기본법」상 소방본부장, 소방서장 또는 소방대장이 소방활동을 위하여 긴급하게 출동할 때에는 소방자동차의 통행과 소방활동에 방해가 되는 주차 또는 정차된 차량 및 물건 등을 제거하거나 이동시킬 수 있는 것은 즉시강제에 해당한다.

② 「건축법」상 시정명령을 받은 자가 이를 이행하면 이미 부과된 이행강제금은 징수하여야 하지만, 새로이 이행강제금을 부과하지는 않는다.

③ 통고처분에 대하여 이의가 있으면 통고 내용을 이행하지 않음으로써 고발되어 형사재판절차에서 통고처분의 위법·부당함을 다툴 수 있으므로 행정소송의 대상으로서의 처분성이 인정되지 않는다.

④ 조세 부과의 근거가 되었던 법률규정이 위헌결정되었다 하더라도, 그에 기한 과세처분이 위헌결정 전에 이루어졌다면 위헌결정 이후에 조세채권의 집행을 위한 새로운 체납처분에 착수할 수 있다.

**해설**

① (O) 급박한 상황이므로 사전명령 없이 행하게 되므로 즉시강제이다.

② (○)

> **건축법** 제80조(이행강제금)
> ⑤ 허가권자는 최초의 시정명령이 있었던 날을 기준으로 하여 1년에 2회 이내의 범위에서 해당 지방자치단체의 조례로 정하는 횟수만큼 그 시정명령이 이행될 때까지 반복하여 제1항 및 제2항에 따른 이행강제금을 부과·징수할 수 있다.
> ⑥ 허가권자는 제79조 제1항에 따라 시정명령을 받은 자가 이를 이행하면 새로운 이행강제금의 부과를 즉시 중지하되, 이미 부과된 이행강제금은 징수하여야 한다.

③ (○) 별도의 구제절차가 있으므로 처분이 아니다.
④ (✕) 위헌결정 이후에는 새로운 절차에 착수하면 안 되고 만약 하게 되면 무효사유이다.

정답 ④

## 002 행정의 실효성 확보수단에 대한 대법원 판례의 입장으로 옳지 않은 것은? 23 국가9급

① 행정법상의 질서벌인 과태료의 부과처분과 형사처벌은 그 성질이나 목적을 달리하는 별개의 것이므로 행정법상의 질서벌인 과태료를 납부한 후에 형사처벌을 한다고 하여 이를 일사부재리의 원칙에 반하는 것이라고 할 수는 없다.

② 「건축법」상 시정명령을 받은 의무자가 그 시정명령의 취지에 부합하는 의무를 이행하기 위한 정당한 방법으로 행정청에 신청 또는 신고를 하였으나 행정청이 위법하게 이를 거부 또는 반려함으로써 결국 그 처분이 취소되기에 이르렀더라도, 이행강제금제도의 취지에 비추어 볼 때 그 시정명령의 불이행을 이유로 이행강제금을 부과할 수 있다.

③ 건물의 소유자에게 위법건축물을 일정 기간까지 철거할 것을 명함과 아울러 불이행할 때에는 대집행한다는 내용의 철거대집행 계고처분을 고지한 후 이에 불응하자 다시 제2차, 제3차 계고서를 발송하여 일정 기간까지의 자진철거를 촉구하고 불이행하면 대집행을 한다는 뜻을 고지한 경우, 제2차, 제3차의 계고처분은 새로운 철거의무를 부과한 것이 아니라 대집행기한을 연기통지한 것에 불과하다.

④ 관할 행정청이 여객자동차운송사업자가 범한 여러 가지 위반행위 중 일부만 인지하여 과징금 부과처분을 하였는데 그 후 과징금 부과처분 시점 이전에 이루어진 다른 위반행위를 인지하여 이에 대하여 별도의 과징금 부과처분을 하게 되는 경우, 종전 과징금 부과처분의 대상이 된 위반행위와 추가 과징금 부과처분의 대상이 된 위반행위에 대하여 일괄하여 하나의 과징금 부과처분을 하는 경우와의 형평을 고려하여 추가 과징금 부과처분의 처분양정이 이루어져야 한다.

해설
① (○) 일사부재리는 형벌을 두 번 부과하는 것을 금지하므로 형벌과 과태료를 병과하는 것은 가능하다.
② (✕) 처분이 취소되면 형성력에 의해 처분이 없어지므로 이행강제금을 부과할 수 없다.
③ (○) 최초의 계고는 처분이지만, 제2차, 제3차 계고는 새로운 의무를 부과하는 것이 아니므로 처분이 아니다. 거부의 경우는 제2차, 제3차 거부도 처분성이 인정된다.
④ (○) 다시 말해, 행정청이 전체 위반행위에 대하여 하나의 과징금 부과처분을 할 경우에 산정되었을 정당한 과징금액에서 이미 부과된 과징금액을 뺀 나머지 금액을 한도로 하여서만 추가 과징금 부과처분을 할 수 있다. 행정청이 여러 가지 위반행위를 언제 인지하였느냐는 우연한 사정에 따라 처분상대방에게 부과되는 과징금의 총액이 달라지는 것은 그 자체로 불합리하기 때문이다. (대판 2021.2.4. 2020두48390)

정답 ②

## 003
**행정의 실효성 확보수단의 예와 그 법적 성질의 연결이 옳지 않은 것은? (다툼이 있는 경우 판례에 의함)**  
21 국가9급

① 「건축법」에 따른 이행강제금의 부과 – 집행벌
② 「식품위생법」에 따른 영업소 폐쇄 – 직접강제
③ 「공유재산 및 물품 관리법」에 따른 공유재산 원상복구명령의 강제적 이행 – 즉시강제
④ 「부동산등기 특별조치법」에 따른 과태료의 부과 – 행정벌

> **해설**
> ① (○) 이행강제금을 집행벌이라고도 한다.
> ② (○)
> ③ (×) 원상복구명령의 강제적 이행은 대집행의 방법으로 한다.
> ④ (○)

**정답** ③

## 004
**행정상 강제집행에 대한 설명으로 옳지 않은 것은? (다툼이 있는 경우 판례에 의함)**  
19 국회8급

① 관계 법령상 행정대집행의 절차가 인정되어 행정청이 행정대집행의 방법으로 건물철거 등 대체적 작위의무의 이행을 실현할 수 있는 경우에는 따로 민사소송의 방법으로 그 의무의 이행을 구할 수 없다.
② 「건축법」에 위반된 건축물의 철거를 명하였으나 불응하자 이행강제금을 부과·징수한 후 이후에도 철거를 하지 아니하자 다시 행정대집행 계고처분을 한 경우 그 계고처분은 유효하다.
③ 한국자산공사의 공매통지는 공매의 요건이 아니라 공매사실 자체를 체납자에게 알려주는 데 불과한 것으로서 행정처분에 해당한다고 할 수 없다.
④ 「건축법」상 이행강제금은 의무자에게 심리적 압박을 주어 시정명령에 따른 의무 이행을 간접적으로 강제하는 강제집행수단이 아니라 시정명령의 불이행이라는 과거의 위반행위에 대한 금전적 제재에 해당한다.
⑤ 위법건축물에 대한 철거명령 및 계고처분에 불응하여 제2차, 제3차로 계고처분을 한 경우에 제2차, 제3차의 후행 계고처분은 행정처분에 해당하지 아니한다.

> **해설**
> ① (○) 대판 2017.4.28. 2016다213916
> ② (○) 이행강제금과 대집행은 성질이 다른 제도이다. 따라서 이행강제금을 부과징수했더라도 대집행을 집행할 수 있다.
> ③ (○) 공매는 처분이지만, 공매의 결정과 통지는 상대방에게 유리하므로 처분이 아니다.
> ④ (×) 이행강제금은 장래의 의무 이행 확보수단이다.
> ⑤ (○) 제2차, 제3차의 후행 계고처분은 새로운 의무를 부과하는 것이 아니라 일종의 연기로서 상대방에게 불리한 것이 아니므로 행정처분에 해당하지 아니한다.

**정답** ④

> **기출지문 OX**
>
> **01** 허가 없이 신축·증축한 불법건축물의 철거의무를 대집행하기 위한 계고처분 요건의 주장·입증책임은 처분행정청에 있다.
> [16 국가7급] (O, X)
> 해설 건축법에 위반하여 건축한 것이어서 철거의무가 있는 건물이라 하더라도 그 철거의무를 대집행하기 위한 계고처분을 하려면 다른 방법으로는 이행의 확보가 어렵고 불이행을 방치함이 심히 공익을 해하는 것으로 인정될 때에 한하여 허용되고 이러한 요건의 주장·입증책임은 처분행정청에 있다. (대판 1996.10.11. 96누8086)　　　　　　　　　　　　　　정답 O
>
> **02** 공매에 의하여 재산을 매수한 자는 그 공매처분이 취소된 경우에 그 취소처분의 위법을 주장하여 행정소송을 제기할 법률상 이익이 있다. [16 국가7급] (O, X)
> 해설 과세관청이 체납처분으로서 행하는 공매는 우월한 공권력의 행사로서 행정소송의 대상이 되는 공법상의 행정처분이며 공매에 의하여 재산을 매수한 자는 그 공매처분이 취소된 경우에 그 취소처분의 위법을 주장하여 행정소송을 제기할 법률상 이익이 있다. (대판 1984.9.25. 84누201)　　　　　　　　　　　　　정답 O

## 005 행정의 실효성 확보수단 중에서 간접적 강제수단이 아닌 것은?

06 선관위9급

① 행정형벌　　　　　　　　　② 과태료
③ 행정상 강제징수　　　　　 ④ 공급거부

해설
직접적 강제수단은 장래에 대한 의무 이행 확보를 목적으로 행정행위의 목적을 직접 달성하는 방법을 말하고, 간접적 강제수단은 과거의 의무 불이행에 대한 제재로서 주로 금전적 의무를 부과하여 상대방에게 심리적 부담을 줌으로써 행정목적을 달성하려는 하는 방법이다.
① (O) ② (O) 행정형벌과 과태료는 행정벌의 유형으로서 간접적 강제수단이다.
③ (X) 행정상 강제징수는 직접적 강제수단에 해당한다.
④ (O) 공급거부는 행정의 실효성을 확보하는 새로운 수단으로서 간접적 강제수단이다.

정답 ③

# CHAPTER 02 행정강제(직접적 강제수단)

## 제1절 행정상 강제집행

### 01 대집행

**대집행의 순서**

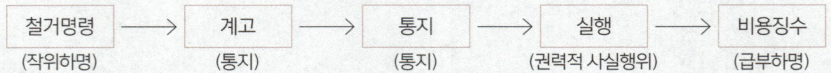

철거명령 (작위하명) → 계고 (통지) → 통지 (통지) → 실행 (권력적 사실행위) → 비용징수 (급부하명)

대집행의 각 절차는 모두 처분성이 인정된다. 계고와 통지는 긴급한 경우 생략 가능하다.

**대집행의 논점**

1. 대체적 작위의무를 전제로 한다.
2. 공법상의 의무 불이행을 대상으로 한다. 다만, 국·공유재산에 대해서는 의무의 성질을 가리지 않고 대집행이 가능하다.
3. 부작위의무 위반에는 원칙적으로 대집행을 할 수 없다. 부작위의무 위반에 대해 대집행을 하기 위해서는 부작위의무를 작위의무로 변경시켜야 하며 이때는 작위하명을 할 수 있는 개별법에 별도의 법적 근거가 있어야 한다.
4. 퇴거·인도·명도는 대집행의 대상이 아니다.
5. 대집행요건이 갖추어 졌을 때 대집행의 여부는 재량이다.
6. 철거명령과 그 이후의 절차는 하자승계가 안되고 계·통지·실행·비용징수 사이에서는 하자승계가 된다.

---

**001** 행정대집행에 대한 설명으로 옳지 않은 것은?  <sub>23 국가9급</sub>

① 행정대집행은 「행정기본법」상 행정상 강제에 해당한다.
② 대집행에 요한 비용은 「국세징수법」의 예에 의하여 징수할 수 있다.
③ 「행정대집행법」상 대집행의 대상이 되는 대체적 작위의무는 공법상 의무이어야 한다.
④ 대집행에 요한 비용에 대하여서는 행정청은 사무비의 소속에 따라 국세와 동일한 순위의 선취득권을 가지며, 대집행에 요한 비용을 징수하였을 때에는 그 징수금은 국고의 수입으로 한다.

**해설**

① (○) 행정기본법에 대집행, 이행강제금, 직접강제, 강제징수, 즉시강제에 대한 규정이 있다.
② (○) 행정대집행법 제6조 제1항
③ (○) 공법상 의무여야 하지만 국·공유재산에 대한 대집행은 의무의 성질을 가리지 않고 대집행이 가능하다.
④ (×)

> **행정대집행법 제6조(비용징수)**
> ② 대집행에 요한 비용에 대하여서는 행정청은 사무비의 소속에 따라 국세에 다음가는 순위의 선취득권을 가진다.
> ③ 대집행에 요한 비용을 징수하였을 때에는 그 징수금은 사무비의 소속에 따라 국고 또는 지방자치단체의 수입으로 한다.

**정답** ④

## 002

**행정대집행에 관한 설명으로 옳지 않은 것은? (다툼이 있는 경우 판례에 의함)** 〈23 소방〉

① 타인이 대신하여 행할 수 있는 행위가 조례에 의하여 직접 명령된 경우에는 행정대집행의 대상이 될 수 있다.
② 위법건축물에 대한 철거명령 및 계고처분에 불응하자 제2차로 계고처분을 행한 경우, 제2차 계고처분은 항고소송의 대상인 행정처분에 해당한다.
③ 대집행비용은 「국세징수법」의 예에 의하여 징수할 수 있다.
④ 계고처분은 독립한 처분으로서, 위법건축물에 대한 철거명령과 동시에 발령할 수 있다.

**해설**

① (O) 법령에 근거한 명령이든 조례와 같은 법령에 의해 직접 부과된 명령이든 대집행의 대상이 될 수 있다.
② (X) 최초의 계고는 처분이지만 제2차, 제3차 계고는 새로운 의무를 부과하는 것이 아니므로 처분이 아니다.
③ (O) 행정대집행법 제6조 제1항
④ (O) 철거명령과 계고는 원칙적으로 별도로 해야 하지만 급박한 사정이 있으면 동시에 할 수 있다.

**정답** ②

## 003

**행정상 강제집행에 대한 설명으로 옳지 않은 것은?(다툼이 있는 경우 판례에 의함)** 〈21 소방〉

① 대집행은 비금전적인 대체적 작위의무를 의무자가 이행하지 않는 경우 행정청이 스스로 의무자가 행하여야 할 행위를 하거나 제3자로 하여금 행하게 하는 것으로, 그 대집행의 대상은 공법상 의무에만 한정하지 않는다.
② 행정청이 대집행에 대한 계고를 함에 있어서 의무자가 스스로 이행하지 아니하는 경우 대집행할 행위의 내용과 범위가 구체적으로 특정되어야 하지만, 그 내용 및 범위는 대집행계고서에 의해서만 특정되어야 하는 것은 아니고 그 처분 전후에 송달된 문서나 기타 사정을 종합하여 이를 특정할 수 있으면 족하다.
③ 비상시 또는 위험이 절박한 경우에 있어 당해 행위의 급속한 실시를 요하여 대집행영장에 의한 통지절차를 취할 여유가 없을 때에는 이 절차를 거치지 아니하고 대집행할 수 있다.
④ 개발제한구역 내의 건축물에 대하여 허가를 받지 않고 한 용도변경행위에 대한 형사처벌과 「건축법」 제83조 제1항에 의한 시정명령 위반에 대한 이행강제금 부과는 이중처벌에 해당하지 아니한다.

**해설**

① (X) 대집행의 대상은 공법상 의무에만 인정되는 것이 원칙이지만, 국·공유재산에 대해서는 의무의 내용을 묻지 않고 인정되는 예외가 있다.
② (O) 행정청이 행정대집행법 제3조 제1항에 의한 대집행계고를 함에 있어서는 의무자가 스스로 이행하지 아니하는 경우에 대집행할 행위의 내용 및 범위가 구체적으로 특정되어야 하나, 그 행위의 내용 및 범위는 반드시 대집행계고서에 의하여서만 특정되어야 하는 것이 아니고, 계고처분 전후에 송달된 문서나 기타 사정을 종합하여 그 이행의무의 범위를 알 수 있을 정도로 하면 족하다. (대판 1996.10.11. 96누8086)
③ (O) 비상시 또는 위험이 절박한 경우에 있어서 당해 행위의 급속한 실시를 요하여 전2항(대집행의 계고, 대집행영장의 통지)에 규정한 수속을 취할 여유가 없을 때에는 그 수속을 거치지 아니하고 대집행을 할 수 있다. **(행정대집행법 제3조 제3항)**
④ (O) 이중처벌금지는 형벌에만 적용되는 원칙이므로 형벌과 이행강제금을 부과하는 것은 이중처벌에 해당하지 않는다.

**정답** ①

## 004 「행정대집행법」상 대집행에 대한 설명으로 옳지 않은 것은? (다툼이 있는 경우 판례에 의함)

20 국가9급

① 「공익사업을 위한 토지 등의 취득 및 보상에 관한 법률」상의 협의취득시에 매매대상 건물에 대한 철거의무를 부담하겠다는 취지의 약정을 건물소유자가 하였다고 하더라도, 그 철거의무는 대집행의 대상이 되지 않는다.

② 공유수면에 설치한 건물을 철거하여 공유수면을 원상회복하여야 할 의무는 대체적 작위의무에 해당하므로 행정대집행의 대상이 된다.

③ 행정청이 건물철거의무를 행정대집행의 방법으로 실현하는 과정에서 건물을 점유하고 있는 철거의무자들에 대하여 제기한 건물퇴거를 구하는 소송은 적법하다.

④ 철거대상건물의 점유자들이 적법한 행정대집행을 위력을 행사하여 방해하는 경우, 행정청은 필요하다면 「경찰관 직무집행법」에 근거한 위험발생방지조치 차원에서 경찰의 도움을 받을 수 있다.

### 해설

① (○) 대집행은 원칙적으로 공법상의 의무 불이행에 대해 하는 것인데, 협의취득은 사법상 매매이므로 대집행의 대상이 아니다.

> 행정대집행법상 대집행의 대상이 되는 대체적 작위의무는 공법상 의무이어야 할 것인데, 구 공공용지의 취득 및 손실보상에 관한 특례법에 따른 토지 등의 협의취득은 공공사업에 필요한 토지 등을 그 소유자와의 협의에 의하여 취득하는 것으로서 공공기관이 사경제주체로서 행하는 사법상 매매 내지 사법상 계약의 실질을 가지는 것이므로, 그 협의취득시 건물소유자가 매매대상 건물에 대한 철거의무를 부담하겠다는 취지의 약정을 하였다고 하더라도 이러한 철거의무는 공법상의 의무가 될 수 없고, 이 경우에도 행정대집행법을 준용하여 대집행을 허용하는 별도의 규정이 없는 한 위와 같은 철거의무는 행정대집행법에 의한 대집행의 대상이 되지 않는다. (대판 2006.10.13. 2006두7096)

② (○) 대판 2017.4.28. 2016다213916

③ (×) 관계 법령상 행정대집행의 절차가 인정되어 행정청이 행정대집행의 방법으로 건물의 철거 등 대체적 작위의무의 이행을 실현할 수 있는 경우에는 따로 민사소송의 방법으로 그 의무의 이행을 구할 수 없다. 한편, 건물의 점유자가 철거의무자일 때에는 건물철거의무에 퇴거의무도 포함되어 있는 것이어서 별도로 퇴거를 명하는 집행권원이 필요하지 않다. … 원심이 같은 취지에서 원고가 피고들에 대하여 건물퇴거를 구하는 이 사건 소가 부적법하다고 판단한 것은 정당하다. (대판 2017.4.28. 2016다213916)

④ (○) 행정청이 행정대집행의 방법으로 건물철거의무의 이행을 실현할 수 있는 경우에는 건물철거 대집행과정에서 부수적으로 건물의 점유자들에 대한 퇴거조치를 할 수 있고, 점유자들이 적법한 행정대집행을 위력을 행사하여 방해하는 경우 형법상 공무집행방해죄가 성립하므로, 필요한 경우에는 '경찰관 직무집행법'에 근거한 위험발생방지조치 또는 형법상 공무집행방해죄의 범행방지 내지 현행범체포의 차원에서 경찰의 도움을 받을 수도 있다. (대판 2017.4.28. 2016다213916)

**정답** ③

> 기출지문 OX

**01** 관계 법령에 위반하여 장례식장 영업을 하고 있는 자에 대한 장례식장 사용중지의무는 대집행의 대상이 된다. [20 국가7급] (O, X)
  해설  사용중지의무는 비대체적 의무이기 때문에 대집행의 대상이 아니다.                                                     정답  X

**02** 대체적 작위의무가 법률의 위임을 받은 조례에 의해 직접 부과된 경우에는 대집행의 대상이 되지 아니한다. [20 국가7급] (O, X)
  해설  법령이나 조례의 의해 직접 부과된 의무 불이행도 대집행의 대상이 된다.                                              정답  X

**03** 대집행의 계고는 대집행의 의무적 절차의 하나이므로 생략할 수 없지만, 철거명령과 계고처분을 1장의 문서로 동시에 행할 수는 있다. [20 국가7급]                                                                                                              (O, X)
  해설  긴급을 요하는 경우에 판례는 철거명령과 계고처분을 결합하여 발령할 수 있다고 본다.
  
  > 계고서라는 명칭의 1장의 문서로서 일정 기간 내에 위법건축물의 자진철거를 명함과 동시에 그 소정 기한 내에 자진철거를 하지 아니할 때에는 대집행할 뜻을 미리 계고한 경우라도 건축법에 의한 철거명령과 행정대집행법에 의한 계고처분은 독립하여 있는 것으로서 각 그 요건이 충족되었다고 볼 것이다. (대판 1992.6.12. 91누13564)
  
                                                                                                              정답  X

**04** 대집행의 대상은 원칙적으로 대체적 작위의무에 한하며, 부작위의무 위반의 경우 대체적 작위의무로 전환하는 규정을 두고 있지 아니하는 한 대집행의 대상이 되지 않는다. [20 서울·지방9급]                                                          (O, X)
  해설  부작위의무는 원칙적으로 대집행의 대상이 아니다. 다만, 작위의무를 명하는 개별법의 규정이 있으면 부작위의무를 작위의무로 변경하여 대집행이 가능하다.                                                                            정답  O

**05** 대집행 비용은 원칙상 의무자가 부담하며 행정청은 그 비용액과 납기일을 정하여 의무자에게 문서로 납부를 명하여야 한다. [20 서울·지방9급]                                                                                                   (O, X)
  해설  대집행에 소요된 비용은 의무자가 부담한다. (행정대집행법 제2조) 행정청은 그 비용액과 납기일을 정하여 의무자에게 문서로 납부를 명하여야 하고, (같은 법 제5조) 의무자가 그 비용을 납부기일까지 납부하지 않으면 국세징수법의 예에 의하여 강제징수할 수 있다. (같은 법 제6조 제1항)                                                                                  정답  O

**06** 토지의 명도의무를 이행하지 않을 경우 직접강제 또는 대집행을 통해 이를 실현할 수 있다. [20 국회8급]               (O, X)
  해설  부동산의 인도·명도·퇴거의무는 성질상 대집행의 대상이 아니다.                                                       정답  X

**07** 구두에 의한 계고는 무효이며, 계고와 통지는 동시에 생략할 수 없다. [20 국회8급]                                    (O, X)
  해설  계고처분은 반드시 문서로 해야 한다. 계고와 통지는 원칙적으로 생략하지 못하지만, 비상시 또는 위험이 절박한 경우 계고와 통지는 동시에 생략할 수 있다.
  
  > **행정대집행법 제3조(대집행의 절차)**
  > ③ 비상시 또는 위험이 절박한 경우에 있어서 당해 행위의 급속한 실시를 요하여 전2항에 규정한 수속을 취할 여유가 없을 때에는 그 수속을 거치지 아니하고 대집행을 할 수 있다.
  
                                                                                                              정답  X

**08** 공유재산 대부계약 해지에 따라 원상회복을 위하여 실시하는 지상물의 철거는 대집행의 대상이 아니다. [20 국회8급]  (O, X)
  해설  공유재산 대부계약이 적법하게 해지된 이상 그 점유자의 공유재산에 대한 점유는 정당한 이유 없는 점유라 할 것이고, 따라서 지방자치단체의 장은 공유재산 및 물품 관리법 제83조에 의하여 행정대집행의 방법으로 그 지상물을 철거시킬 수 있다. (대판 2001.10.12. 2001두4078)                                                                                          정답  X

**09** 행정청이 대집행을 실시하지 않는 경우, 그 국유재산에 대한 사용청구권을 가지고 있는 자가 국가를 대위하여 민사소송으로 그 시설물의 철거를 구할 수 있다. [20 국회8급]                                                                             (O, X)
  해설  아무런 권원 없이 국유재산에 설치한 시설물에 대하여 행정청이 행정대집행을 할 수 있음에도 민사소송의 방법으로 그 시설물의 철거를 구하는 것이 허용되지 않는다. 그러나 아무런 권원 없이 국유재산에 설치한 시설물에 대하여 행정청이 행정대집행을 실시하지 않는 경우, 그 국유재산에 대한 사용청구권을 가지고 있는 자가 국가를 대위하여 민사소송으로 그 시설물의 철거를 구할 수 있다. (대판 2009.6.11. 2009다1122)                                                                                    정답  O

## 005  행정강제에 대한 설명으로 옳은 것은? (다툼이 있는 경우 판례에 의함)    19 국가9급

① 행정대집행의 방법으로 건물철거의무 이행을 실현할 수 있는 경우, 철거의무자인 건물 점유자의 퇴거의무를 실현하려면 퇴거를 명하는 별도의 집행권원이 있어야 하고, 철거대집행과정에서 부수적으로 건물 점유자들에 대한 퇴거조치를 할 수는 없다.

② 즉시강제란 법령 또는 행정처분에 의한 선행의 구체적 의무의 불이행으로 인한 목전의 급박한 장해를 제거할 필요가 있는 경우에 행정기관이 즉시 국민의 신체 또는 재산에 실력을 행사하여 행정상의 필요한 상태를 실현하는 작용을 말한다.

③ 공법인이 대집행권한을 위탁받아 공무인 대집행 실시에 지출한 비용을 「행정대집행법」에 따라 강제징수할 수 있음에도 민사소송절차에 의하여 상환을 청구하는 것은 허용되지 않는다.

④ 이행강제금은 심리적 압박을 통하여 간접적으로 의무 이행을 확보하는 수단인 행정벌과는 달리 의무 이행의 강제를 직접적인 목적으로 하므로, 강학상 직접강제에 해당한다.

**해설**

① (×) 건물의 점유자가 철거의무자일 때에는 건물철거의무에 퇴거의무도 포함되어 있는 것이어서 별도로 퇴거를 명하는 집행권원이 필요하지 않다. 행정청이 행정대집행의 방법으로 건물철거의무의 이행을 실현할 수 있는 경우에는 건물철거 대집행과정에서 부수적으로 건물의 점유자들에 대한 퇴거조치를 할 수 있고, 점유자들이 적법한 행정대집행을 위력을 행사하여 방해하는 경우 형법상 공무집행방해죄가 성립하므로, 필요한 경우에는 '경찰관 직무집행법'에 근거한 위험발생방지조치 또는 형법상 공무집행방해죄의 범행방지 내지 현행범체포의 차원에서 경찰의 도움을 받을 수도 있다. (대판 2017.4.28. 2016다213916)

② (×) 즉시강제는 선행의 의무 불이행을 요하지 않는다.

③ (○) 대한주택공사(현 한국토지주택공사)가 법 및 시행령에 의하여 대집행권한을 위탁받아 공무인 대집행을 실시하기 위하여 지출한 비용은 행정대집행법의 절차에 따라 국세징수법의 예에 의하여 징수할 수 있다고 봄이 상당하다. 행정대집행법이 대집행 비용의 징수에 관하여 민사소송절차에 의한 소송이 아닌 간이하고 경제적인 특별구제절차를 마련해 놓고 있으므로 민법 제750조에 기한 손해배상으로서 대집행비용의 상환을 구하는 원고의 이 사건 청구는 소의 이익이 없어 부적법하다. (대판 2011.9.8. 2010다48240)

④ (×) 건축법상 이행강제금은 시정명령의 불이행이라는 과거의 위반행위에 대한 제재가 아니라, 시정명령을 이행하지 않고 있는 건축주 등에 대하여 다시 상당한 이행기한을 부여하고 그 기한 안에 시정명령을 이행하지 않으면 이행강제금이 부과된다는 사실을 고지함으로써 의무자에게 심리적 압박을 주어 시정명령에 따른 의무의 이행을 간접적으로 강제하는 행정상의 간접강제수단에 해당한다. (대판 2016.7.14. 2015두46598)

**정답** ③

---

### 기출지문 OX

**01** 구 「토지수용법」상 피수용자 등이 기업자에 대하여 부담하는 수용대상 토지의 인도의무는 특별한 사정이 없는 한 「행정대집행법」에 의한 대집행의 대상이 될 수 없다. [19 서울9급 6월]  (O, ×)

해설  피수용자 등이 기업자에 대하여 부담하는 수용대상 토지의 인도의무는 사법상 의무이므로 특별한 사정이 없는 한 행정대집행법에 의한 대집행의 대상이 될 수 없다.   정답 O

**02** 해가 지기 전에 대집행에 착수한 경우라고 할지라도 해가 진후에는 대집행을 할 수 없다. [19 서울9급 6월]   (O, ×)

해설

**행정대집행법 제4조(대집행의 실행 등)**
① 행정청(제2조에 따라 대집행을 실행하는 제3자를 포함한다. 이하 이 조에서 같다)은 해가 뜨기 전이나 해가 진 후에는 대집행을 하여서는 아니 된다. 다만, 다음 각 호의 어느 하나에 해당하는 경우에는 그러하지 아니하다.

1. 의무자가 동의한 경우
2. 해가 지기 전에 대집행을 착수한 경우
3. 해가 뜬 후부터 해가 지기 전까지 대집행을 하는 경우에는 대집행의 목적 달성이 불가능한 경우
4. 그 밖에 비상시 또는 위험이 절박한 경우

**정답** ×

## 006 「행정대집행법」상 행정대집행에 대한 설명으로 옳은 것은? (다툼이 있는 경우 판례에 의함) 17 국가9급

① 의무를 명하는 행정행위가 불가쟁력이 발생하지 않는 경우에는 그 행정행위에 따른 의무의 불이행에 대하여 대집행을 할 수 없다.
② 부작위하명에는 행정행위의 강제력의 효력이 있으므로 당해 하명에 따른 부작위의무의 불이행에 대하여는 별도의 법적 근거 없이 대집행이 가능하다.
③ 원칙적으로 '의무의 불이행을 방치하는 것이 심히 공익을 해하는 것으로 인정되는 경우'의 요건은 계고를 할 때에 충족되어 있어야 한다.
④ 공유재산 대부계약이 적법하게 해지되었음에도 불구하고 공유재산의 점유자가 그 지상물을 점유하고 있는 경우, 지방자치단체의 장은 원상회복을 위해 행정대집행의 방법으로 그 지상물을 철거시킬 수는 없다.

**해설**
① (×) 대집행 실행은 불가쟁력과는 상관이 없다.
② (×) 부작위의무 위반에 대해서 대집행을 하려면 별도의 법적 근거에 의해서 작위하명이 있어야 한다. 따라서 허가받은 용도 외 사용행위를 금지하는 규정을 위반한 경우 벌금에 처하도록 하는 벌칙규정만 두고 있을 뿐이므로, 행정청의 원상복구명령은 권한 없는 자의 처분으로 무효이고 후행처분인 계고처분 역시 무효이다.

> 단순한 부작위의무의 위반한 경우에는 법령에서 위반으로 생긴 유형적 결과의 시정을 명하는 행정처분의 권한을 인정하는 규정을 두고 있지 않다면, 부작위의무로부터 그 의무를 위반함으로써 생긴 결과를 시정하기 위한 작위의무를 당연히 끌어낼 수는 없다. 부작위의무를 명하는 금지규정으로부터 작위의무명령권이 당연히 도출되는 것은 아니다. (대판 1996.6.28. 96누4374)

③ (○) 계고시에 대집행의 요건이 충족되고 있어야 한다. 다만, 계고서만으로 특정되어야 하는 것은 아니다.
④ (×) 지방재정법 제85조 제1항은 공유재산을 정당한 이유 없이 점유하거나 그에 시설을 한 때에는 이를 강제로 철거하게 할 수 있다고 규정하고, 그 제2항은 지방자치단체의 장이 제1항의 규정에 의한 강제철거를 하게 하고자 할 때에는 행정대집행법 제3조 내지 제6조의 규정을 준용한다고 규정하고 있는바, 공유재산의 점유자가 그 공유재산에 관하여 대부계약 외 달리 정당한 권원이 있다는 자료가 없는 경우 그 대부계약이 적법하게 해지된 이상 그 점유자의 공유재산에 대한 점유는 정당한 이유 없는 점유라 할 것이고, 따라서 지방자치단체의 장은 지방재정법 제85조에 의하여 행정대집행의 방법으로 그 지상물을 철거시킬 수 있다. (대판 2001.10.12. 2001두4078)

**정답** ③

## 007
대집행에 관한 내용으로 옳지 않은 것은 모두 몇 개인가? (다툼이 있는 경우 판례에 따름) 13 국회8급

> ㄱ. 대집행의 원인이 되는 의무 불이행은 법령에 의하여 직접 부과된 의무와 법령에 의거한 행정청의 처분에 의해 부과된 의무를 불이행한 경우를 모두 포함한다.
> ㄴ. 도로나 공원부지를 불법점용하여 그 위에 공작물을 설치한 경우 불법점용 및 공작물설치는 대집행의 대상이다.
> ㄷ. 대법원은 「공익사업을 위한 토지 등의 취득 및 보상에 관한 법률」상 수용대상물의 인도·이전의무 불이행에 대한 지방자치단체장이 대집행권한을 구 한국토지공사(현 한국토지주택공사)에 위탁한 것은 구 한국토지공사를 행정보조자로 고용한 것으로 본다.
> ㄹ. 대집행은 다른 수단으로 그 이행 확보가 불가능한 경우 부득이한 수단으로서만 발동될 수 있다.
> ㅁ. 대집행 실행에 대한 항거가 있을 경우 실력에 의한 항거의 배제는 대집행 실행권에 포함된 것으로 볼 수 있다.

① 1개  ② 2개  ③ 3개  ④ 4개  ⑤ 5개

**해설**

ㄱ. (O) 공법상 의무는 법령에서 직접 부여될 수도 있고, 법령에 의거한 행정청의 명령에 의해 부여될 수도 있다.
ㄴ. (X) 불법점용에 따른 점유이전의무는 부작위의무 위반이므로 원칙적으로 대집행의 대상이 되지 않지만, 관련 법에 근거하여 작위하명을 한 이후에는 대집행의 대상이 된다. 즉, 설치된 공작물의 철거의무는 대체적 작위의무로서 대집행의 대상이 된다.
ㄷ. (X) 한국토지공사(현 한국토지주택공사)는 구 한국토지공사법 제2조, 제4조에 의하여 정부가 자본금의 전액을 출자하여 설립한 법인이고, 같은 법 제9조 제4호에 규정된 한국토지공사의 사업에 관하여는 공익사업을 위한 토지 등의 취득 및 보상에 관한 법률 제89조 제1항, 위 한국토지공사법 제22조 제6호 및 같은 법 시행령 제40조의3 제1항의 규정에 의하여 본래 시 도지사나 시장·군수 또는 구청장의 업무에 속하는 대집행권한을 한국토지공사에게 위탁하도록 되어 있는바, **한국토지공사는 이러한 법령의 위탁에 의하여 대집행을 수권받은 자로서 공무인 대집행을 실시함에 따르는 권리·의무 및 책임이 귀속되는 행정주체의 지위에 있다고 볼 것**이지 지방자치단체 등의 기관으로서 국가배상법 제2조 소정의 공무원에 해당한다고 볼 것은 아니다. (대판 2010.1.28. 2007다82950)
ㄹ. (O) 행정대집행을 하기 위해서는 다른 수단으로는 그 이행을 확보하기가 곤란하여야 한다.
ㅁ. (X) 위법건축물의 철거 현장에서 의무자가 대집행의 실행에 대하여 항거하는 경우, 이를 실력으로 배제할 수 있는지가 문제된다. 독일행정집행법에는 의무자의 저항시 실력으로 이를 배제할 수 있다는 명문규정이 있다. 우리나라는 이를 부정하는 견해와 부득이한 경우 필요최소한의 범위 내에서 저항을 배제하는 것은 대집행의 일부로서 인정된다고 보는 견해가 대립하고 있다. 따라서 대집행 실행에 대한 항거가 있을 경우 실력에 의한 항거의 배제가 대집행 실행권에 포함된 것으로 볼 수 있다고 단정할 수는 없다.

**정답** ③

## 008
행정대집행에 관한 설명으로 옳지 않은 것은? 12 서울 교행

① 대집행에 요한 비용은 「국세징수법」의 예에 의하여 징수할 수 있다.
② 대집행에 요한 비용에 대하여서는 행정청은 사무비의 소속에 따라 국세와 동일한 순위의 선취득권을 가진다.
③ 대집행에 요한 비용을 징수하였을 때에는 그 징수금은 사무비의 소속에 따라 지방자치단체의 수입으로 할 수 있다.
④ 대집행에 요한 비용의 납부명령은 문서로써 하여야 한다.

> 해설

① (O) 행정대집행법 제6조 제1항
② (X) 국세와 동일한 순위가 아니라 '국세에 다음가는 순위'의 선취득권을 가진다. (행정대집행법 제6조 제2항)
③ (O) 행정대집행법 제6조 제3항
④ (O) 행정대집행법 제5조

정답 ②

## 009

甲이 서울시와 서울시 소유의 일반재산인 토지를 2년간 사용하기로 하는 대부계약을 하였는데, 그동안 3개월의 대부료를 납부하지 못하였다. 이에 관한 설명으로 옳은 것은? (다툼이 있는 경우 판례에 따름)

12 국회8급

① 甲과 서울시의 대부계약은 공법상의 계약에 해당하므로 그와 관련된 분쟁은 행정소송으로 하여야 한다.
② 서울시가 甲에게 대부료 납부고지서를 발부하였다면, 이때의 납부고지는 행정처분에 해당한다.
③ 서울시와 甲 사이의 대부계약은 사법상 계약이므로 서울시가 甲으로부터 연체된 대부료를 지급받기 위해서는 민사소송과 「민사집행법」에 의한 강제집행에 의하여야 한다.
④ 서울시장은 대부계약기간이 끝난 뒤에 이 토지 위에 甲이 설치한 비닐하우스에 대하여 「행정대집행법」에 따라 원상복구 또는 시설물의 철거 등을 할 수 있다.
⑤ 서울시는 甲이 대부계약기간이 끝난 후 이 토지를 계속 사용하는 경우에는 대부료 상당의 돈만 지급하라고 하여야 한다.

> 해설

① (X) 대부계약에 관한 분쟁은 민사소송으로 하여야 한다.
② (X)
> 국유일반재산을 대부하는 행위는 국가가 사경제주체로서 상대방과 대등한 위치에서 행하는 사법상의 계약이고, 국유일반재산에 관한 대부료의 납부고지 역시 사법상의 이행청구에 해당하고, 이를 행정처분이라고 할 수 없다. (대판 2000.2.11. 99다61675)

③ (X) 서울시와 甲 사이의 대부계약은 사법상 계약이다. 그러나 공유재산 및 물품 관리법상 대부료를 납부기한까지 내지 아니하면 따른 지방세 체납처분의 예에 따라 징수한다. (공유재산 및 물품 관리법 제97조 제2항) 따라서 연체된 대부료를 지급받기 위해 민사소송과 민사집행법에 의한 강제집행에 의하여야 하는 것은 아니다.
④ (O) 공유재산 대부계약의 해지에 따른 원상회복으로 행정대집행의 방법에 의하여 그 지상물을 철거시킬 수 있다.
> 지방재정법 제85조 제1항은, 공유재산을 정당한 이유 없이 점유하거나 그에 시설을 한 때에는 이를 강제로 철거하게 할 수 있다고 규정하고, 그 제2항은, 지방자치단체의 장이 제1항의 규정에 의한 강제철거를 하게 하고자 할 때에는 행정대집행법 제3조 내지 제6조의 규정을 준용한다고 규정하고 있는바, 공유재산의 점유자가 그 공유재산에 관하여 대부계약 외 달리 정당한 권원이 있다는 자료가 없는 경우 그 대부계약이 적법하게 해지된 이상 그 점유자의 공유재산에 대한 점유는 정당한 이유 없는 점유라 할 것이고, 따라서 지방자치단체의 장은 지방재정법 제85조에 의하여 행정대집행의 방법으로 그 지상물을 철거시킬 수 있다. (대판 2001.10.12. 2001두4078)

⑤ (X) 국유재산에 대해 대부계약기간이 끝난 후 계속 점유한 자(무단점유자)에 대하여 대부료의 100분의 120에 상당하는 변상금을 징수한다. (국유재산법 제72조 제1항)

정답 ④

## 02 이행강제금

> **이행강제금(집행벌)의 논점**
> 1. 부작위의무나 비대체적 작위의무에 대해서 부과한다. 헌법재판소는 대체적 작위의무 위반에 대해서도 이행강제금을 부과할 수 있다고 판시한다.
> 2. 금전적 의무 부과를 통한 심리적 압박으로서 간접적 수단에 해당한다. 행정벌과 병과할 수 있고, 반복 부과도 가능하다.
> 3. 개별법에 구제절차가 있으면 처분성이 부정되고(농지법), 개별법에 구제절차가 없으면(건축법) 처분성이 인정된다.
> 4. 이행강제금은 승계되지 않지만(인적 책임, 행위책임), 부동산 실권리자명의 등기에 관한 법률상의 과징금은 승계된다(물적 책임, 상태책임).

**010** 행정의 실효성 확보수단에 대한 설명으로 옳지 않은 것은? (다툼이 있는 경우 판례에 의함) 20 국가7급

① 하나의 납세고지서에 의하여 본세와 가산세를 함께 부과할 때 납세고지서에 본세와 가산세 각각의 세액과 산출근거 등을 구분하여 기재하여야 한다.
② 「농지법」상 이행강제금 부과처분은 항고소송의 대상이 되는 처분에 해당하므로 이에 불복하는 경우 항고소송을 제기할 수 있다.
③ 지방자치단체 소속 공무원이 지방자치단체 고유의 자치사무를 수행하던 중 「도로법」 규정에 의한 위반행위를 한 경우 지방자치단체는 「도로법」의 양벌규정에 따라 처벌대상이 되는 법인에 해당한다.
④ 구 「여객자동차 운수사업법」상 과징금 부과처분은 원칙적으로 위반자의 고의·과실을 요하지 아니하나, 위반자의 의무 해태를 탓할 수 없는 정당한 사유가 있는 등의 특별한 사정이 있는 경우에는 이를 부과할 수 없다.

> **해설**
> ① (O) 가산세는 별도의 과세처분이기 때문이다.
> ② (X) 이행강제금은 개념상 급부하명이지만, 개별법에 별도의 구제절차가 없는 경우(건축법)에는 처분성이 인정되어 항고소송이 가능하다. 한편, 개별법에 별도의 구제절차가 있는 경우(농지법)에는 처분성이 부정된다.
> ③ (O) 국가가 본래 그의 사무의 일부를 지방자치단체의 장에게 위임하여 그 사무를 처리하게 하는 기관위임사무의 경우에는 지방자치단체는 국가기관의 일부로 볼 수 있는 것이지만, 지방자치단체가 그 고유의 자치사무를 처리하는 경우에는 지방자치단체는 국가기관의 일부가 아니라 국가기관과는 별도의 독립한 공법인이므로, 지방자치단체 소속 공무원이 지방자치단체 고유의 자치사무를 수행하던 중 도로법 제81조 내지 제85조의 규정에 의한 위반행위를 한 경우에는 지방자치단체는 도로법 제86조의 양벌규정에 따라 처벌대상이 되는 법인에 해당한다. (대판 2005.11.10. 2004도2657) - 지방자치단체 소속 공무원이 압축트럭 청소차를 운전하여 고속도로를 운행하던 중 제한축중을 초과 적재 운행함으로써 도로관리청의 차량운행제한을 위반한 사안에서, 해당 지방자치단체가 도로법 제86조의 양벌규정에 따른 처벌대상이 된다고 한 사례
> ④ (O) 행정법규 위반에 대하여 가하는 제재조치는 행정목적의 달성을 위하여 행정법규 위반이라는 객관적 사실에 착안하여 가하는 제재이므로 위반자의 고의·과실이 있어야만 하는 것은 아니나, 그렇다고 하여 위반자의 의무 해태를 탓할 수 없는 정당한 사유가 있는 경우까지 부과할 수 있는 것은 아니다. (대판 2014.12.24. 2010두6700)

**정답** ②

## 011

행정의 실효성 확보수단으로서 이행강제금에 대한 설명으로 옳지 않은 것은? (다툼이 있는 경우 판례에 의함)
20 서울·지방9급

① 이행강제금은 침익적 강제수단이므로 법적 근거를 요한다.
② 형사처벌과 이행강제금은 병과될 수 있다.
③ 대체적 작위의무 위반에 대해서는 이행강제금이 부과될 수 없다.
④ 「건축법」상 이행강제금은 반복하여 부과·징수될 수 있다.

**해설**
① (○) 현행법상 이행강제금제도에 관한 일반법은 없고 개별법에서 인정하고 있다(예 농지법).
② (○) 이행강제금은 형벌이 아니므로 형사처벌과 병과해도 이중처벌이 아니다.
③ (✕) 대체적 작위의무에 대해서는 원칙적으로 대집행을 하여야 하지만, 대형건물의 경우에는 현실적으로 대집행이 어렵기 때문에 이행강제금을 부과할 수 있다.

> 대집행과 이행강제금은 각각의 장단점이 있으므로 행정청은 개별사건에 있어서 위반 내용, 위반자의 시정의지 등을 감안하여 대집행과 이행강제금을 선택적으로 활용할 수 있으며, 이처럼 그 합리적인 재량에 의해 선택하여 활용하는 이상 중첩적인 제재에 해당한다고 볼 수 없다. (헌재 2004.2.26. 2001헌바80 등)

④ (○) 건축법 제80조 제5항에 의하면 허가권자는 최초의 시정명령이 있었던 날을 기준으로 하여 1년에 2회 이내의 범위에서 해당 지방자치단체의 조례로 정하는 횟수만큼 그 시정명령이 이행될 때까지 반복하여 같은 법조 제1항 및 제2항에 따른 이행강제금을 부과·징수할 수 있다.

**정답** ③

### 기출지문 OX

**01** 이행강제금은 법령으로 정하는 바에 따라 계고나 시정명령 없이 부과할 수 있으며 법령으로 정하는 바에 따라 반복적으로 이행할 때까지 부과할 수 있다. [20 국회8급] (○, ✕)

**해설** 이행강제금은 계고나 시정명령 없이는 부과할 수 없다.

> **건축법 제80조(이행강제금)**
> ① 허가권자는 제79조 제1항에 따라 시정명령을 받은 후 시정기간 내에 시정명령을 이행하지 아니한 건축주 등에 대하여는 그 시정명령의 이행에 필요한 상당한 이행기한을 정하여 그 기한까지 시정명령을 이행하지 아니하면 다음 각 호의 이행강제금을 부과한다. 〈단서 및 각 호 생략〉
> ③ 허가권자는 제1항 및 제2항에 따른 이행강제금을 부과하기 전에 제1항 및 제2항에 따른 이행강제금을 부과·징수한다는 뜻을 미리 문서로써 계고하여야 한다.

**정답** ✕

**02** 이행강제금은 금전의 징수가 목적이 아니라 의무 이행을 촉구하기 위한 것이므로 일단 의무 이행이 있으면 비록 시정명령에서 정한 기간을 지나서 이행한 경우라도 이행강제금을 부과할 수 없다. [20 국회8급] (○, ✕)

**해설** 이행강제금은 돈이 목적이 아니라 심리적 압박이므로 이행기간이 지나서 이행하더라도 이행이 있으면 이행강제금을 부과할 수 없다.

**정답** ○

**03** 「건축법」 제80조 제6항에 따르면 시정명령을 받은 자가 시정명령을 이행한 경우에는 더 이상 이행강제금을 부과하지 않지만, 이미 부과된 이행강제금은 징수한다. [20 국회8급] (○, ✕)

**해설** 허가권자는 시정명령을 받은 자가 이를 이행하면 새로운 이행강제금의 부과를 즉시 중지하되, 이미 부과된 이행강제금은 징수하여야 한다. (건축법 제80조 제6항)

**정답** ○

## 012 이행강제금에 대한 설명으로 옳지 않은 것은? (다툼이 있는 경우 판례에 의함)
19 지방9급

① 이행강제금은 과거의 의무 불이행에 대한 제재의 기능을 지니고 있으므로, 이행강제금이 부과되기 전에 의무를 이행한 경우에도 시정명령에서 정한 기간을 지나서 이행한 경우라면 이행강제금을 부과할 수 있다.
② 「건축법」상 허가권자는 이행강제금을 부과하기 전에 이행강제금을 부과·징수한다는 뜻을 미리 문서로써 계고하여야 한다.
③ 「건축법」상 이행강제금 납부의 최초 독촉은 징수처분으로서 항고소송의 대상이 되는 행정처분이 될 수 있다.
④ 부작위의무나 비대체적 작위의무뿐만 아니라 대체적 작위의무의 위반에 대하여도 이행강제금을 부과할 수 있다.

### 해설
① (✕) 이행강제금의 본질상 시정명령을 받은 의무자가 이행강제금이 부과되기 전에 그 의무를 이행한 경우에는 비록 시정명령에서 정한 기간을 지나서 이행한 경우라도 이행강제금을 부과할 수 없다. (대판 2018.1.25. 2015두35116)
② (○)
③ (○) 최초의 독촉은 처분이고 제2차·제3차 독촉은 처분이 아니다.
④ (○) 전통적으로 행정대집행은 대체적 작위의무에 대한 강제집행수단으로, 이행강제금은 부작위의무나 비대체적 작위의무에 대한 강제집행수단으로 이해되어 왔으나, 이는 이행강제금제도의 본질에서 오는 제약은 아니며, 이행강제금은 대체적 작위의무의 위반에 대하여도 부과될 수 있다. 현행 건축법상 위법건축물에 대한 이행강제수단으로 대집행과 이행강제금이 인정되고 있는데, 양 제도는 각각의 장단점이 있으므로 행정청은 개별사건에 있어서 위반 내용, 위반자의 시정의지 등을 감안하여 대집행과 이행강제금을 선택적으로 활용할 수 있으며, 이처럼 그 합리적인 재량에 의해 선택하여 활용하는 이상 중첩적인 제재에 해당한다고 볼 수 없다. (헌재 2004.2.26. 2001헌바80 등)

**정답** ①

### 예상판례
독점규제 및 공정거래에 관한 법률 제17조의3은 같은 법 제16조에 따른 시정조치를 그 정한 기간 내에 이행하지 아니하는 자에 대하여 이행강제금을 부과할 수 있는 근거규정이고, 시정조치가 독점규제 및 공정거래에 관한 법률 제16조 제1항 제7호에 따른 부작위의무를 명하는 내용이더라도 마찬가지로 보아야 한다. 나아가 이러한 이행강제금이 부과되기 전에 시정조치를 이행하거나 부작위의무를 명하는 시정조치 불이행을 중단한 경우 과거의 시정조치 불이행기간에 대하여 이행강제금을 부과할 수 있다고 봄이 타당하다. (대판 2019.12.12. 2018두63563)

## 013 행정상 실효성 확보수단에 대한 판례의 입장으로 옳은 것은?
17 지방9급

① 「건축법」상 이행강제금의 부과에 대해서는 항고소송을 제기할 수 없고 「비송사건절차법」에 따라 재판을 청구할 수 있다.

② 「도로교통법」상 통고처분에 대하여 이의가 있는 자는 통고처분에 따른 범칙금의 납부를 이행한 후에 행정쟁송을 통해 통고처분을 다툴 수 있다.

③ 세법상의 세무조사결정은 납세의무자의 권리·의무에 직접 영향을 미치는 공권력의 행사이므로 항고소송의 대상이 된다.

④ 과세처분 이후에 그 근거법률이 위헌결정을 받았으나 이미 과세처분의 불가쟁력이 발생한 경우, 당해 과세처분에 대한 조세채권의 집행을 위한 체납처분의 속행은 적법하다.

**해설**

① (×) 이행강제금에 대하여 개별법에 특별한 불복방법을 규정하고 있는 경우 그에 따르고, 규정이 없는 경우에는 행정쟁송의 대상이 된다. 건축법상의 이행강제금에 대하여 별도의 불복방법을 규정하고 있지 않으므로 항고소송이 가능하다.

② (×) 경찰서장의 통고처분은 행정소송의 대상이 되는 행정처분이 아니다.

> 도로교통법상의 통고처분을 받은 자가 그 처분에 대하여 이의가 있는 경우에는 통고처분에 따른 범칙금의 납부를 이행하지 아니함으로써 경찰서장의 즉결심판청구에 의하여 법원의 심판을 받을 수 있게 될 뿐이다. (대판 1995.6.29. 95누4674)

③ (○) 세무조사결정은 납세의무자의 권리·의무에 직접 영향을 미치는 공권력의 행사에 따른 행정작용으로서 항고소송의 대상이 된다. (대판 2011.3.10. 2009두23624)

④ (×) 행정처분이 있은 후에 그 처분의 근거가 된 법률이 위헌으로 결정된 경우 그 처분의 집행이나 집행력을 유지하기 위한 행위는 위헌결정의 기속력에 위반되어 허용되지 아니한다. (대판 2002.8.23. 2001두2959)

**참고** 만약 진행하면 무효가 된다.

**정답** ③

## 014 다음은 「농지법」 조문의 일부이다. 이 규정에서 살펴볼 수 있는 행정상 강제집행수단으로 옳은 것은?
13 지방9급

> 시장·군수 또는 구청장은 제11조 제1항(제12조 제2항에 따른 경우를 포함한다)에 따라 처분명령을 받은 후 제11조 제2항에 따라 매수를 청구하여 협의 중인 경우 등 대통령령으로 정하는 정당한 사유 없이 지정기간까지 그 처분명령을 이행하지 아니한 자에게 해당 농지의 토지가액의 100분의 20에 해당하는 이행강제금을 부과한다.

① 대집행  ② 집행벌  ③ 강제징수  ④ 직접강제

**해설**

② (○) 이행강제금이란 비대체적 작위의무 위반에 대해 금전납부의무를 부과함으로써 심리적으로 압박을 가하여 장래의 의무이행을 확보하는 수단을 말한다. 이행강제금은 집행벌이라고도 한다.

**정답** ②

## 03 직접강제

**직접강제의 논점**
1. 의무자의 신체나 재산에 대한 실력 행사로 의무를 이행한 것과 같은 상태를 실현하는 작용이다(예) 영업소 폐쇄).
2. 일반법은 없고 개별법에 근거가 있다. 작위의무, 부작위의무, 수인의무 등 모든 의무 불이행에 대해 가능하다.
3. 처분성이 인정된다(권력적 사실행위).
4. 의무 불이행을 전제로 한다는 점에서 즉시강제와 다르다.

**015** 직접강제와 즉시강제를 구분하는 전통적 견해에 의할 때 성질이 다른 하나는?  13 국가9급

① 「출입국관리법」상의 외국인 등록의무를 위반한 사람에 대한 강제퇴거
② 「소방기본법」상의 소방활동에 방해가 되는 물건 등에 대한 강제처분
③ 「식품위생법」상의 위해식품에 대한 압류
④ 「마약류 관리에 관한 법률」상의 승인을 받지 못한 마약류에 대한 폐기

**해설**
직접강제는 의무 불이행을 전제로 하고, 즉시강제는 급박성 때문에 의무를 명할 시간적 여유가 없으므로 의무 불이행을 전제로 하지 않는다.
① 직접강제
②③④ 즉시강제

**정답** ①

**016** 행정상 강제집행에 관한 설명으로 옳지 않은 것은?  09 지방9급

① 사업장의 폐쇄, 외국인의 강제퇴거는 직접강제의 예에 해당한다.
② 행정법상 의무를 명할 수 있는 명령권의 근거가 되는 법은 동시에 행정강제의 근거가 될 수 있다.
③ 행정상 강제집행수단으로는 대집행과 강제징수가 일반적으로 인정되고 직접강제와 집행벌은 예외적으로만 인정된다.
④ 허가권자는 「건축법」상의 이행강제금 부과처분을 받은 자가 이행강제금을 납부기한까지 내지 아니하면 지방세 체납처분의 예에 따라 징수한다.

**해설**
① (○) 직접강제에 해당하는 것으로 강제예방접종, 무허가영업소의 강제폐쇄, 불법체류외국인에 대한 강제출국, 집회군중에 대한 강제해산 등이 있다.
② (×) 행정법상 의무를 명할 수 있는 명령권(국세기본법)의 근거와 별도로 행정강제를 위해서는 근거(국세징수법)가 있어야 한다. 행정법상의 의무를 명할 수 있는 명령권의 근거가 되는 법이 동시에 행정강제의 근거가 될 수는 없다.
③ (○) 대집행과 강제징수는 일반법이 있고, 직접강제와 집행벌은 개별법이 있을 때 인정된다.
④ (○) 건축법 제80조 제6항

**정답** ②

## 04 행정상 강제징수

**행정상 강제징수의 순서**

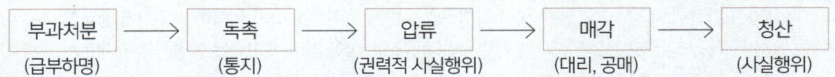

위 순서 중 압류·매각·청산을 체납처분이라고 한다.

**행정상 강제징수의 논점**
1. 조세체납과 같은 금전상의 불이행을 대상으로 한다.
2. 독촉은 지정납부기한이 지난 후 10일 이내에 문서로 독촉장을 발급하여야 한다. 독촉은 소멸시효의 중단사유이다.
3. 부과처분과 그 이후의 절차는 하자승계가 안 되고, 독촉·압류·매각·청산 사이에서는 하자승계가 된다.
4. 매각은 원칙적으로 경매 등의 공매이지만, 예외적으로 수의계약도 가능하다. 공매는 처분성이 인정되는데, 수의계약은 사법상의 매매계약이다.
5. 공매의 결정과 통지는 처분이 아니다.

**공매와 수의계약**

| 공매 | 압류재산의 매각은 공매로 하는 것이 원칙이고, 입찰이나 경매의 방법으로 하게 됨. 공매는 공법상의 대리로서 처분성이 인정됨. 세무서장을 공매를 할 때 일정 사항을 공고하여야 함. |
|---|---|
| 수의계약 | 사안에 따라서 수의계약(1:1 계약)을 하는 경우도 있음. 수의계약은 사법상의 매매계약임. |

**017** 행정의 실효성 확보수단에 대한 설명으로 옳은 것만을 모두 고르면? (다툼이 있는 경우 판례에 의함)

19 국가9급

> ㄱ. 조세 부과처분에 취소사유인 하자가 있는 경우 그 하자는 후행 강제징수절차인 독촉·압류·매각·청산절차에 승계된다.
> ㄴ. 세법상 가산세는 과세권 행사 및 조세채권 실현을 용이하게 하기 위하여 납세자가 정당한 이유 없이 법에 규정된 신고, 납세 등의 의무를 위반한 경우에 개별세법에 따라 부과하는 행정상 제재로서, 납세자의 고의·과실은 고려되지 아니하고 법령의 부지·착오 등은 그 의무 위반을 탓할 수 없는 정당한 사유에 해당하지 아니한다.
> ㄷ. 세무공무원이 체납처분을 하기 위하여 질문·검사 또는 수색을 하거나 재산을 압류할 때에는 그 신분을 표시하는 증표를 지니고 이를 관계자에게 보여 주어야 한다.
> ㄹ. 구 「국세징수법」상 가산금은 국세를 납부기한까지 납부하지 아니하면 과세청의 확정절차 없이도 법률에 의하여 당연히 발생하는 것이므로 가산금의 고지는 항고소송의 대상이 되는 처분이라고 볼 수 없다.

① ㄱ, ㄴ  
② ㄴ, ㄷ  
③ ㄷ, ㄹ  
④ ㄴ, ㄷ, ㄹ

해설

ㄱ. (X) 조세의 부과처분과 압류 등의 체납처분은 별개의 행정처분으로서 독립성을 가지므로 부과처분에 하자가 있더라도 그 부과처분이 취소되지 아니하는 한 그 부과처분에 의한 체납처분은 위법이라고 할 수는 없지만, 체납처분은 부과처분의 집행을 위한 절차에 불과하므로 그 부과처분에 중대하고도 명백한 하자가 있어 무효인 경우에는 그 부과처분의 집행을 위한 체납처분도 무효라 할 것이다. (대판 1987.9.22. 87누383)

ㄴ. (O) 세법상 가산세는 과세권의 행사 및 조세채권의 실현을 용이하게 하기 위하여 납세자가 정당한 이유 없이 법에 규정된 신고, 납세 등 각종 의무를 위반한 경우에 개별세법이 정하는 바에 따라 부과되는 행정상의 제재로서 납세자의 고의, 과실은 고려되지 않는 것이고, 다만 납세의무자가 그 의무를 알지 못한 것이 무리가 아니었다거나 그 의무의 이행을 당사자에게 기대하는 것이 무리라고 하는 사정이 있을 때 등 그 의무 해태를 탓할 수 없는 정당한 사유가 있는 경우에는 이를 부과할 수 없다. (대판 2003.9.5. 2001두403)

ㄷ. (O) 국세징수법 제38조

ㄹ. (O) 가산금 또는 중가산금은 국세를 납부기한까지 납부하지 아니하면 과세청의 확정절차 없이도 법률 규정에 의하여 당연히 발생하는 것이므로 가산금 또는 중가산금의 고지가 항고소송의 대상이 되는 처분이라고 볼 수 없다. (대판 2005.6.10. 2005다15482)

정답 ④

기출지문 OX

**01** 대집행계고를 하기 위하여는 법령에 의하여 직접 명령되거나 법령에 근거한 행정청의 명령에 의한 의무자의 대체적 작위의무 위반행위가 있어야 하는데, 단순한 부작위의무 위반의 경우에는 당해 법령에서 그 위반자에게 위반에 의해 생긴 유형적 결과의 시정을 명하는 행정처분권한을 인정하는 규정을 두고 있지 않은 이상, 이와 같은 부작위의무로부터 그 의무를 위반함으로써 생긴 결과를 시정하기 위한 작위의무를 당연히 끌어낼 수는 없다. [19 국가7급]  (O, X)

해설 판례는 부작위의무가 대집행의 대상이 될 수 없다고 본다. 다만, 작위하명을 한 후 작위의무 위반으로 변경되면 대집행이 가능하다.

> 단순한 부작위의무의 위반한 경우에는 법령에서 위반으로 생긴 유형적 결과의 시정을 명하는 행정처분의 권한을 인정하는 규정을 두고 있지 않다면, 부작위의무로부터 그 의무를 위반함으로써 생긴 결과를 시정하기 위한 작위의무를 당연히 끌어낼 수는 없다. (대판 1996.6.28. 96누4374)

정답 O

**02** 사용자가 이행하여야 할 행정법상 의무의 내용을 초과하는 것을 '불이행 내용'으로 기재한 이행강제금 부과 예고서에 의하여 이행강제금 부과 예고를 한 다음 이를 이행하지 않았다는 이유로 이행강제금을 부과하였다면, 초과한 정도가 근소하다는 등의 특별한 사정이 없는 한 이행강제금 부과 예고는 위법하며, 이에 터 잡은 이행강제금 부과처분 역시 위법하다. [19 국가7급]  (O, X)

해설 이행강제금은 행정법상의 부작위의무 또는 비대체적 작위의무를 이행하지 않은 경우에 '일정한 기한까지 의무를 이행하지 않을 때에는 일정한 금전적 부담을 과할 뜻'을 미리 '계고'함으로써 의무자에게 심리적 압박을 주어 장래를 향하여 의무의 이행을 확보하려는 간접적인 행정상 강제집행수단이고, 노동위원회가 근로기준법 제33조에 따라 이행강제금을 부과하는 경우 그 30일 전까지 하여야 하는 이행강제금 부과 예고는 이러한 '계고'에 해당한다. 따라서 사용자가 이행하여야 할 행정법상 의무의 내용을 초과하는 것을 '불이행 내용'으로 기재한 이행강제금 부과 예고서에 의하여 이행강제금 부과 예고를 한 다음 이를 이행하지 않았다는 이유로 이행강제금을 부과하였다면, 초과한 정도가 근소하다는 등의 특별한 사정이 없는 한 이행강제금 부과 예고는 이행강제금제도의 취지에 반하는 것으로서 위법하고, 이에 터 잡은 이행강제금 부과처분 역시 위법하다. (대판 2015.6.24. 2011두2170)

정답 O

## 018

A시장은 새로 확장한 시청 청사 1층의 휴게공간을 甲에게 커피 전문점 공간으로 임대하였다. 임대기간이 만료되었으나 甲은 투자금보전 등을 요구하면서 휴게공간을 불법적으로 점유하고 있다. 이에 대한 설명으로 가장 옳은 것은?  [18 서울9급]

① A시장은 휴게공간을 종합민원실로 사용하기 위해서는 즉시강제 형태로 공간을 확보할 수 있다.
② A시장은 甲에게 퇴거와 공간반환을 독촉한 후 강제징수절차를 밟을 수 있다.
③ A시장은 甲에게 퇴거를 명하고 甲이 불응하면 「행정대집행법」에 의한 대집행을 실시할 수 있다.
④ A시장은 甲에 대하여 변상금을 부과·징수할 수 있으며 원상회복명령을 하거나 甲을 상대로 점유의 이전을 구하는 민사소송을 제기할 수 있다.

**해설**

① (×) 즉시강제는 현재의 질서를 지키기 위한 소극적 목적으로 하는 것이지, 공공복리와 같은 적극적 목적을 위해서는 발동할 수 없다.
② (×) 강제징수는 금전채무에 대한 의무 불이행의 경우에 하는 것이다.
③ (×) 퇴거는 대집행의 대상이 아니다.
④ (○) 국유재산법 제51조에 의한 변상금 부과·징수권은 민사상 부당이득반환청구권과 법적 성질을 달리하므로, 국가는 무단점유자를 상대로 변상금 부과·징수권의 행사와 별도로 국유재산의 소유자로서 민사상 부당이득반환청구의 소를 제기할 수 있다. 그리고 이러한 법리는 구 국유재산법 제32조 제3항, 구 국유재산법 시행령 제33조 제2항에 의하여 국유재산 중 잡종재산(현 일반재산)의 관리·처분에 관한 사무를 위탁받은 한국자산관리공사의 경우에도 마찬가지로 적용된다. (대판 2014.7.16. 2011다76402 전원합의체)

**정답** ④

---

**기출지문 OX**

**01** 관할 행정청이 관련 법령에 따라 사업실시계획을 인가·고시함으로써 공원시설의 종류·위치 및 범위 등이 구체적으로 확정되거나 도시계획사업 시행으로 도시공원이 실제로 설치된 국유토지는 행정재산에 해당한다. [18 국가7급]   (○, ×)

**해설** 국유재산법상의 행정재산이란 국가가 소유하는 재산으로서 직접 공용, 공공용, 또는 기업용으로 사용하거나 사용하기로 결정한 재산을 말한다. 그중 도로, 공원과 같은 인공적 공공용재산은 법령에 의하여 지정되거나 행정처분으로써 공공용으로 사용하기로 결정한 경우, 또는 행정재산으로 실제로 사용하는 경우의 어느 하나에 해당하면 행정재산이 되는 것인데, 1980.1.4. 법률 제3256호로 제정된 도시공원법이 시행되기 이전에 구 도시계획법상 공원으로 결정·고시된 국유토지라는 사정만으로는 행정처분으로써 공공용으로 사용하기로 결정한 것으로 보기는 부족하나, 서울특별시장이 구 공원법, 구 도시계획법에 따라 사업실시계획의 인가 내용을 고시함으로써 공원시설의 종류, 위치 및 범위 등이 구체적으로 확정되거나 도시계획사업의 시행으로 도시공원이 실제로 설치된 토지라면 공공용물로서 행정재산에 해당한다. (대판 2014.11.27. 2014두10769)

**정답** ○

**02** 국유재산의 무단점유와 관련하여 「국유재산법」에 의한 변상금 부과·징수가 가능한 경우에는 변상금 부과·징수의 방법에 의해서만 국유재산의 무단점유·사용으로 인한 이익을 환수할 수 있으며, 그와 별도로 민사소송의 방법으로 부당이득반환청구를 하는 것은 허용되지 않는다. [18 국가7급]   (○, ×)

**해설** 민사상 부당이득으로 반환청구하는 것도 가능하다.

**정답** ×

## 019 행정상 강제징수에 관한 설명으로 옳지 않은 것은?

16 교행

① 「국세징수법」에 의한 체납처분절차는 '재산압류 – 압류재산 매각 – 청산'으로 이루어진다.
② 체납자는 압류된 재산에 대하여 법률상의 처분을 할 수 있다.
③ 청산 후 배분하거나 충당하고 남은 금액이 있으면 이를 체납자에게 지급하여야 한다.
④ 「국세기본법」에 의하면 강제징수절차에 불복하는 당사자는 심사청구 또는 심판청구를 거친 후 행정소송을 제기하여야 한다.

**해설**

① (O) 독촉, 압류, 매각, 청산의 절차 중에서 '재산 압류 – 압류재산 매각 – 청산'을 체납처분절차라고 한다.
② (×) 압류는 강제적 재산보전행위로서 법률상의 처분이나 사실상의 처분 등을 하여서는 아니 된다.
③ (O) 청산의 개념이다.
④ (O) 국세 부과에 대한 이의신청은 임의적이지만, 심사청구나 심판청구 둘 중 하나는 반드시 거쳐야 한다. 이때 둘 다 거칠 수는 없다.

| 심판의 종류 | 심판청구기관 | 절차 |
|---|---|---|
| 이의신청 | 세무서장 또는 지방국세청장 | 신청인이 세무서장이나 지방국세청장에게 하는 이의신청은 임의절차이므로 반드시 거치지는 않아도 됨. |
| 심사청구 | 국세청장 | · 신청인은 심사청구(국세청장에게)나 심판청구(국세심판원장에게)는 둘 중 하나를 반드시 거쳐야 함.<br>· 동일한 처분에 대하여 심사청구와 심판청구를 중복하여 제기할 수는 없음. |

**정답** ②

## 020 행정상 강제징수에 대한 설명으로 옳지 않은 것은?

15 사복

① 「국세징수법」은 행정상 강제징수에 관한 사실상 일반법의 지위를 갖는다.
② 「국세징수법」에 의한 강제징수절차는 독촉과 체납처분으로, 체납처분은 다시 재산압류, 압류재산의 매각, 청산의 단계로 이루어진다.
③ 판례에 의하면, 압류는 체납국세의 징수를 실현하기 위하여 체납자의 재산을 보전하는 강제행위로서 항고소송의 대상이 되는 처분이다.
④ 독촉과 체납처분에 대하여 불복이 있는 자는 바로 취소소송을 제기할 수 있다.

**해설**

① (O)
② (O)
③ (O)
④ (×) 조세 부과에 대한 소송은 필요적 행정심판이다.

**정답** ④

## 021 행정의 실효성 확보수단의 명칭과 예의 연결이 옳은 것은?   11 서울9급

① 대집행 – 무허가업소에 대한 폐쇄조치
② 집행벌 – 「건축법」상 시정명령 불이행에 대한 이행강제금
③ 직접강제 – 「도로교통법」상 의무 위반자에 대한 운전면허취소처분
④ 행정상 강제징수 – 「공중위생관리법」상 과태료
⑤ 행정질서벌 – 과징금

**해설**

① (✕) 직접강제에 해당한다.
② (○) 전통적인 견해는 이행강제금을 집행벌이라는 용어로도 사용한다.
③ (✕) 행정행위의 철회에 해당한다.
④ (✕) 행정질서벌에 해당한다.
⑤ (✕) 행정질서벌은 과태료이다. 반면, 과징금은 새로운 실효성 확보수단에 해당한다.

**정답** ②

## 022 국세징수에 대한 불복이 있을 때, 현행법상 쟁송방법으로 옳지 않은 것은?   11 지방7급

① 세무서장을 거쳐 중앙행정심판위원회에 하는 심판청구
② 세무서장을 거쳐 국세청장에게 하는 심사청구
③ 세무서장을 거쳐 지방국세청장에게 하는 이의신청
④ 감사원에 대한 심사청구

**해설**

① (✕) ② (○) ③ (○) 조세에 대한 불복이 있으면 세무서장이나 지방국세청장에게 이의신청을 할 수 있고(임의적 절차), 국세청장(심사청구)이나 국세심판원(심판청구)에 심사청구나 심판청구 중 하나를 반드시 거쳐야 소송을 제기할 수 있다. **(국세기본법 제55조 이하 참조)**
④ (○) 국세징수에 대한 불복으로 국세기본법이 아닌 감사원법에 근거하여 심사청구를 할 수도 있다. 다만, 감사원에 심사청구를 한 경우에는 국세기본법에 의한 불복(행정심판)을 할 수 없다.

**정답** ①

## 023 다음은 체납처분 중 압류에 관한 설명이다. 옳은 것은?  09 서울승진

① 압류의 대상은 동산과 부동산만이며, 무체재산권은 포함되지 않는다.

② 압류의 대상은 납세의무자의 소유에 속하는 재산이어야 한다.

③ 압류의 하자는 매각·청산에 승계되지 아니한다.

④ 압류를 하기 위하여는 법원으로부터 영장을 발부받아야 한다.

⑤ 발명 또는 저작에 관한 것으로 공표되지 아니한 것도 압류의 대상이 된다.

**해설**

① (×) ② (○) 압류대상재산은 납세의무자의 소유로서 금전적 가치가 있고, 양도성 있는 모든 재산이며, 동산·부동산·무체재산권을 불문한다.

③ (×) 압류의 하자는 매각·청산에 승계된다. 조세체납처분에 있어서의 독촉·압류·매각·청산의 각 행위는 선행행위와 후행행위가 결합하여 하나의 법적 효과를 완성하는 것을 목적으로 하는 경우로서 하자의 승계가 인정된다는 것이 통설·판례의 태도이다.

④ (×) 압류에는 법관의 영장이 필요하지 않다. 그러나 국세범칙사건의 조사를 위한 압류(압수)에는 법관이 발부한 영장이 필요하다. 형사소추와 관련되기 때문이다.

⑤ (×) 발명 또는 저작에 관한 것으로 공표되지 아니한 것은 압류할 수 없다. **(국세징수법 제41조 제10호)**

**정답** ②

## 제2절 행정상 즉시강제와 행정조사

### 01 행정상 즉시강제

**행정상 즉시강제의 한계**

| 급박성에 의한 한계 | · 행정상 즉시강제는 현존하는 명백한 위험의 장애를 예방하기 위하여 발동되어야 함.<br>· 장래의 위험발생을 예견하여 발동되어서는 안 됨. |
|---|---|
| 보충성에 의한 한계 | · 행정상 즉시강제는 다른 수단으로는 그 목적 달성이 불가능하거나 시간적 여유가 없는 경우여야 함.<br>· 행정상 강제집행이 가능한 경우에는 행정상 즉시강제는 허용되지 않음. |
| 비례성에 의한 한계 | 행정상 즉시강제는 비례원칙을 지켜야 한함. |
| 소극성에 의한 한계 | · 행정상 즉시강제는 소극적으로 공공의 안녕질서를 유지하기 위한 것이어야 함.<br>· 적극적으로 공공복리의 달성이라는 목적으로 행사되어서는 안 됨. |

**024** 행정상 즉시강제에 대한 설명으로 옳은 것만을 모두 고르면?  22 국가9급

> ㄱ. 항고소송의 대상이 되는 처분의 성질을 갖는다.
> ㄴ. 과거의 의무 위반에 대하여 가해지는 제재이다.
> ㄷ. 목전에 급박한 장해를 예방하기 위한 경우에는 예외적으로 법률의 근거가 없이도 발동될 수 있다는 것이 일반적인 견해이다.
> ㄹ. 강제 건강진단과 예방접종은 대인적 강제수단에 해당한다.
> ㅁ. 위법한 즉시강제작용으로 손해를 입은 자는 국가나 지방자치단체를 상대로 「국가배상법」이 정한 바에 따라 손해배상을 청구할 수 있다.

① ㄴ, ㄷ
② ㄱ, ㄴ, ㅁ
③ ㄱ, ㄹ, ㅁ
④ ㄷ, ㄹ, ㅁ

**해설**

ㄱ. (○) 즉시강제는 권력적 사실행위로서 처분성이 인정된다.
ㄴ. (×) 즉시강제는 과거의 의무 위반이 아니라, 급박할 때 장래의 이행을 확보하는 것이다.
ㄷ. (×) 즉시강제는 법적 근거가 있어야 한다.
ㄹ. (○) 강제 건강진단과 예방접종은 대인적 강제수단이지만, 즉시강제라기보다는 직접강제에 해당한다.
ㅁ. (○) 즉시강제도 국가배상의 대상인 직무행위에 해당한다.

**정답** ③

## 025

**행정강제수단에 대한 설명으로 옳지 않은 것은? (다툼이 있는 경우 판례에 의함)**  20 소방

① 행정기관은 법령 등에서 행정조사를 규정하고 있는 경우에 한하여 행정조사를 실시할 수 있지만 조사대상자의 자발적인 협조를 얻어 실시하는 경우에는 그러하지 아니하다.

② 화재진압작업을 위해서 화재발생현장에 불법주차차량을 제거하는 것은 급박성을 이유로 법적 근거가 없더라도 최후수단으로서 실행이 가능하다.

③ 해가 지기 전에 대집행을 착수한 경우에는 야간에 대집행 실행이 가능하다.

④ 「건축법」상 이행강제금 납부의 최초 독촉은 항고소송의 대상이 되는 행정처분에 해당한다는 것이 판례의 태도이다.

**해설**

① (○) 행정조사기본법 제5조

② (✕) 화재발생현장에 불법주차차량을 제거하는 것은 즉시강제이고, 즉시강제는 법적 근거가 있어야 한다. 화재진압작업을 위해서 화재발생현장에 불법주차차량을 제거하는 것은 소방기본법 제25조 제3항에 그 근거가 있다.

③ (○) 행정대집행법 제4조 제2호

④ (○) 이행강제금 부과처분을 받은 자가 이행강제금을 기한 내에 납부하지 아니한 때에는 그 납부를 독촉할 수 있으며, 납부독촉에도 불구하고 이행강제금을 납부하지 않으면 체납절차에 의하여 이행강제금을 징수할 수 있고, 이때 이행강제금 납부의 최초 독촉은 징수처분으로서 항고소송의 대상이 되는 행정처분이 될 수 있다. (대판 2009.12.24. 2009두14507)

**정답** ②

## 026

**직접강제와 즉시강제에 대한 설명으로 가장 옳지 않은 것은?**  19 서울 사복

① 직접강제와 즉시강제는 권력적 사실행위로서의 성격을 가지고 있다.

② 즉시강제의 목적과 침해되는 상대방의 권익 사이에는 비례관계가 유지되어야 한다.

③ 행정강제는 행정상 강제집행을 원칙으로 하므로 불법게임물에 대해서도 관계 당사자에게 수거·폐기를 명하고 그 불이행시 직접강제 등 행정상 강제집행으로 나아가야 한다.

④ 즉시강제는 법치국가의 요청인 예측가능성과 법적 안정성에 반하고 기본권 침해의 소지가 큰 권력작용이라는 비판이 존재한다.

**해설**

① (○)

② (○)

③ (✕) 불법게임물 수거·폐기는 즉시강제인데, 즉시강제는 미리 하명을 하지 않고 바로 집행한다. 미리 하명을 하고 집행하는 것은 직접강제이다.

④ (○)

**정답** ③

**027** 다음은 「식품위생법」 조문의 일부이다. 이에 대한 설명으로 옳은 것은?  15 서울9급

> 제79조(폐쇄조치 등)
> ① 식품의약품안전처장, 시·도지사 또는 시장·군수·구청장은 제37조 제1항, 제4항 또는 제5항을 위반하여 허가받지 아니하거나 신고 또는 등록하지 아니하고 영업을 하는 경우 또는 제75조 제1항 또는 제2항에 따라 허가 또는 등록이 취소되거나 영업소 폐쇄명령을 받은 후에도 계속하여 영업을 하는 경우에는 해당 영업소를 폐쇄하기 위하여 관계 공무원에게 다음 각 호의 조치를 하게 할 수 있다.
> 1. 해당 영업소의 간판 등 영업 표지물의 제거나 삭제
> 2. 해당 영업소가 적법한 영업소가 아님을 알리는 게시문 등의 부착
> 3. 해당 영업소의 시설물과 영업에 사용하는 기구 등을 사 용할 수 없게 하는 봉인
> …
> ④ 제1항에 따른 조치는 그 영업을 할 수 없게 하는 데에 필요한 최소한의 범위에 그쳐야 한다.

① 관계 공무원이 계고 등 사전조치 이후 행한 영업 표지물의 제거나 삭제는 즉시강제에 해당한다.
② 적법한 영업소가 아님을 알리는 게시문 등의 부착에 대해서는 취소소송이 적절한 구제수단이 된다.
③ 공무원이 적법하게 영업소의 간판을 제거하더라도 영업주에게 간판에 대한 손해배상을 해야 한다.
④ 위 「식품위생법」 제79조 제4항은 비례의 원칙 중에서 필요성의 원칙을 입법화한 것이다.

**해설**
① (×) 즉시강제는 사전조치 없이 하는 것을 말하며, 계고 등 사전조치 이후 행한 영업 표지물의 제거나 삭제는 직접강제를 말한다.
② (×) 게시문 등의 부착은 처분성이 인정되지 않는다.
③ (×) 손해배상은 위법한 국가작용을 대상으로 하는 것이다.
④ (○) '필요한 최소한의 범위'는 비례의 원칙을 말한다.

**정답** ④

 **예상판례**
음주운전 여부에 대한 조사과정에서 운전자 본인의 동의를 받지 아니하고, 또한 법원의 영장도 없이 채혈조사를 한 결과를 근거로 한 운전면허 정지·취소처분은 도로교통법 제44조 제3항을 위반한 것으로서 특별한 사정이 없는 한 위법한 처분으로 볼 수밖에 없다. (대판 2016.12.27. 2014두46850)

## 028  행정의 실효성 확보에 대한 설명으로 옳은 것은?

14 국가9급

① 「경찰관 직무집행법」은 직접강제에 관한 일반적 근거를 규정하고 있다.
② 행정대집행을 실행할 때 대집행 상대방이 저항하는 경우에 대집행 책임자가 실력 행사를 하여 직접강제를 할 수 있다는 것이 판례의 입장이다.
③ 행정조사의 상대방이 조사를 거부하는 경우에 공무원이 실력 행사를 하여 강제로 조사할 수 있는지 여부에 대해서는 견해가 대립한다.
④ 조세체납자의 관허사업 제한을 명시하고 있는 「국세징수법」 관련 규정은 부당결부금지원칙에 반하여 위헌이라는 것이 판례의 입장이다.

**해설**

① (×) 직접강제는 의무자의 신체 또는 재산에 대해 직접 실력을 가하는 행위이므로 명시적인 근거가 있어야 한다. 현재 직접강제에 대한 일반법은 없고 개별법에서 규정하고 있다. 출입국관리법상의 외국인 강제퇴거, 공중위생관리법과 먹는물관리법상 영업장 강제폐쇄, 의료법상 의료기관폐쇄, 그 외 식품위생법, 학원의 설립·운영 및 과외교습에 관한 법률 등에 규정되어 있다.
② (×) 의무자의 저항을 실력 행사로 배제할 수 있는지 여부에 대해서 독일은 실력으로 배제할 수 있다는 명문규정이 있으나 우리나라는 명문규정이 없어서 학설이 대립된다. 실무상으로는 대집행의 실행에 의하여 의무자가 수인하지 아니하고 저항할 때에는 형법상 공무집행방해죄에 해당하여 경찰력을 동원하는 것이 일반적이다. 다만, 이에 관한 명시적인 판례는 없다.
③ (○) 행정조사의 상대방이 조사를 거부하는 경우에 공무원이 실력 행사를 하여 강제로 조사할 수 있는지에 대하여 부정설과 긍정설의 대립이 있으며, 부정설이 다수설이다.
④ (×) 국세징수법 제7조에 의한 관허사업의 제한은 체납자와 사업자가 동일인이기만 하면 되고, 체납된 조세와 직접 관련이 없는 사업에 대한 인허가라 하더라도 이를 거부하거나 철회할 수 있다는 점에서 부당결부금지원칙에 위반된다는 것이 일반적인 견해이다. 다만, 이에 관한 명시적인 판례는 없다.

정답 ③

## 029 행정상 즉시강제에 대한 설명으로 옳은 것은? (다툼이 있는 경우 판례에 의함)

14. 지방9급

① 구 「음반·비디오물 및 게임물에 관한 법률」상 등급분류를 받지 아니한 게임물을 발견한 경우 관계 행정청이 관계 공무원으로 하여금 이를 수거·폐기하게 할 수 있도록 한 규정은 헌법상 영장주의와 피해 최소성의 요건을 위배하는 과도한 입법으로 헌법에 위반된다.

② 재범의 위험성이 현저한 자를 상대로 긴급히 보호할 필요가 있는 경우에 단기간의 동행보호를 허용한 구 「사회안전법」상 동행보호규정은 사전영장주의를 규정한 헌법규정에 반한다.

③ 「식품위생법」상 영업소 폐쇄명령을 받은 후에도 계속하여 영업을 하는 경우 해당 영업소를 폐쇄하는 조치는 행정상 즉시강제의 수단에 해당한다.

④ 손실발생의 원인에 대하여 책임이 없는 자가 경찰관의 적법한 보호조치에 자발적으로 협조하여 재산상의 손실을 입은 경우, 국가는 손실을 입은 자에 대하여 정당한 보상을 하여야 한다.

**해설**

① (✗) 이 사건 법률조항에서 불법게임물을 즉시 수거·폐기할 수 있도록 하는 행정상 즉시강제의 근거를 규정한 것은 입법목적을 달성하기 위한 적절한 수단의 하나가 될 수 있다. (헌재 2002.10.31. 2000헌가12)

② (✗) 사전영장주의는 인신의 자유를 제한하는 모든 국가작용의 영역에서 존중되어야 하지만, 헌법 제12조 제3항 단서도 사전영장주의의 예외를 인정하고 있는 것처럼 사전영장주의를 고수하다가는 도저히 행정목적을 달성할 수 없는 지극히 예외적인 경우에는 형사절차에서와 같은 예외가 인정되므로, 구 사회안전법 제11조 소정의 동행보호규정은 재범의 위험성이 현저한 자를 상대로 긴급히 보호할 필요가 있는 경우에 한하여 단기간의 동행보호를 허용한 것으로서 그 요건을 엄격히 해석하는 한, 동 규정 자체가 사전영장주의를 규정한 헌법규정에 반한다고 볼 수는 없다. (대판 1997.6.13. 96다56115)

③ (✗) 즉시강제가 아니라 직접강제이다. 의무자가 의무를 이행하지 않은 경우에 직접 의무자의 신체 또는 재산상의 실력을 가하여 의무의 이행이 있었던 상태를 실현하는 것으로 대집행 이외의 것을 직접강제라고 한다.

④ (○)

> **경찰관 직무집행법 제11조의2(손실보상)**
> ① 국가는 경찰관의 적법한 직무집행으로 인하여 다음 각 호의 어느 하나에 해당하는 손실을 입은 자에 대하여 정당한 보상을 하여야 한다.
> 1. 손실발생의 원인에 대하여 책임이 없는 자가 생명·신체 또는 재산상의 손실을 입은 경우(손실발생의 원인에 대하여 책임이 없는 자가 경찰관의 직무집행에 자발적으로 협조하거나 물건을 제공하여 생명·신체 또는 재산상의 손실을 입은 경우를 포함한다)
> 2. 손실발생의 원인에 대하여 책임이 있는 자가 자신의 책임에 상응하는 정도를 초과하는 생명·신체 또는 재산상의 손실을 입은 경우

**정답** ④

## 030 다음은 행정상 즉시강제에 관한 사례이다. 보기 중 가장 적절하지 않은 것은? (다툼이 있는 경우 판례에 의함)

12 경행특채

> A구 구청장은 2000.5.1. 그 소속 공무원으로 하여금 甲이 운영하는 불법사행성게임장을 단속하게 하여, 그곳에 있던 甲소유의 '릴식트로리' 기판 7대를 '등급분류를 받지 아니하거나 등급분류를 받은 게임물과 다른 내용의 게임물'이라는 이유로 「음반·비디오 및 게임물에 관한 법률」 제24조 제3항 제4호에 근거하여 수거하였다. 당시 단속공무원 乙 등은 영장을 제시하지 않았으나 권한을 표시하는 증표를 甲에게 제시하고 수거증을 교부하였으며, 사전통지나 의견제출의 기회는 부여하지 않았다.

① 행정상 즉시강제는 그 본질상 행정목적 달성을 위하여 불가피한 한도 내에서 예외적으로 허용된다.

② 단속을 실시하는 중에 영장이 없다는 이유로 甲이 저항하자 단속공무원 乙 등이 과도하게 실력행사를 하여 甲에게 손해를 가하였다면 국가배상의 문제가 발생할 소지가 있다.

③ 단속하기 전 甲에게 사전통지나 의견제출의 기회를 부여하지 않았다고 하여 적법절차원칙에 위반되는 것으로는 볼 수 없다.

④ 행정상 즉시강제에도 원칙적으로 영장주의가 적용되므로 단속공무원 乙 등이 영장 없이 단속한 행위는 바로 위법한 것이 된다.

**해설**

'헌재 2002.10.31. 2000헌가12' 사안을 문제로 구성한 것이다.
① (O)
② (O) 위법한 즉시강제로 손해를 받은 자는 국가배상법에 따라 국가나 지방자치단체를 상대로 손해배상을 청구할 수 있다. 단속공무원 乙 등이 과도하게 실력 행사를 하여 甲에게 손해를 가한 것이 국가배상청구의 요건에 해당된다면, A구는 甲에 대하여 국가배상책임을 부담하여야 한다.
③ (O) 행정상 즉시강제는 목전에 급박한 장해에 대하여 바로 실력을 가하는 작용이라는 특성에 비추어 사전적 절차와 친하기 어렵다는 점을 고려하면, 이를 이유로 적법절차의 원칙에 위반되는 것으로는 볼 수 없다. 그러나 비록 이 사건 법률조항이 규정하고 있는 수거의 경우 영장주의의 배제가 용인되고, 그 성격상 사전적 절차와 친하지 아니함을 인정한다고 하더라도, 일체의 절차적 보장이 배제된다고 볼 것은 아니며, 국가권력의 남용을 방지하고 국민의 권리를 보호하기 위하여 적법절차의 관점에서 일정한 절차적 보장이 요청된다. 이러한 관점에서 법 제24조 제4항은 관계 공무원이 당해 게임물 등을 수거한 때에는 그 소유자 또는 점유자에게 수거증을 교부하도록 하고 있고, 같은 조 제6항은 수거 등 처분을 하는 관계 공무원이나 협회 또는 단체의 임·직원은 그 권한을 표시하는 증표를 지니고 관계인에게 이를 제시하도록 하는 등의 절차적 요건을 규정하고 있으므로, 이 사건 법률조항이 적법절차의 원칙에 위배되는 것으로 보기도 어렵다. (헌재 2002.10.31. 2000헌가12)
④ (X) 행정상 즉시강제에는 원칙적으로 영장주의가 적용되지 않는다는 것이 헌법재판소의 입장이다. (헌재 2002.10.31. 2000헌가12)

**정답** ④

## 031 행정상 즉시강제에 해당하지 않는 것은?

12 사복

① 「감염병의 예방 및 관리에 관한 법률」상의 감염병환자의 강제입원
② 「경찰관직무집행법」상의 보호조치
③ 「건축법」상의 이행강제금의 부과
④ 「도로교통법」상의 위법인공구조물에 대한 제거

**해설**

① (O) 구 전염병예방법의 강제격리와 같이 즉시강제의 예에 해당한다.
② (O) ④ (O) 즉시강제의 예이다.
③ (X) 건축법상의 이행강제금의 부과는 집행벌로서 강제집행 중의 하나이다. 즉시강제는 의무 부과와 불이행이 없이 이루어지는 것이고, 강제집행은 의무 부과와 불이행을 전제로 하는 것이다.

**정답** ③

## 032 다음 중 즉시강제에 해당하는 것은 모두 몇 개인가?

12 지방7급

ㄱ. 「수도법」상의 단수처분
ㄴ. 세금납부의무 불이행에 따른 영업의 인허가의 거부·정지
ㄷ. 「경찰관 직무집행법」에 의하여 행한 보호조치
ㄹ. 「출입국관리법」에 의한 물건의 파기
ㅁ. 마약중독자의 격리 및 치료를 위한 치료보호
ㅂ. 국세체납자에 대한 체납처분
ㅅ. 「건축법」상의 이행강제금의 부과
ㅇ. 「대기환경보전법」상의 배출부과금의 부과

① 1개　　② 2개
③ 3개　　④ 4개

**해설**

ㄱ. (X) 공급거부의 일종이다. 학설은 권력적 사실행위의 일종으로 본다. 판례는 구체적 설시 없이 처분성을 인정하였다.
ㄴ. (X) 관허사업의 제한으로서 새로운 실효성 확보수단에 해당한다.
ㄷ. (O) ㄹ. (O) ㅁ. (O) 즉시강제에 해당한다.
ㅂ. (X) 체납처분은 행정상 강제징수의 절차에 해당한다.
ㅅ. (X) 이행강제금은 행정상 강제집행에 해당한다.
ㅇ. (X) 배출부과금은 특별부담금, 즉 국가의 특별한 재정적 수요를 유발하여 이에 대한 특별한 재정적 책임을 지는 자에게 부과되는 공법상의 금전부담으로서 새로운 실효성 확보수단에 해당한다.

**정답** ③

**033** 행정상 즉시강제에 관한 설명으로 옳지 않은 것은?  *11 경북 교행*

① 행정상 강제집행이 가능한 경우라 할지라도 행정상 즉시강제는 인정될 수 있다.
② 행정상 즉시강제는 소극적 목적을 위해서 발동되어야 하고 적극적 목적으로 발동될 수 없다.
③ 위법한 즉시강제에 대한 구제수단으로는 행정쟁송이나 국가배상 또는 정당방위가 있다.
④ 즉시강제의 발령에는 긴급성과 보충성 및 비례원칙이 요구된다.
⑤ 즉시강제에도 영장제도가 원칙적으로 적용된다. 그러나 헌법재판소는 사전영장제도가 적용되지 않는다는 입장이다.

**해설**

① (×) 행정상 즉시강제는 의무 불이행을 전제로 하지 않는다는 점에서 의무 불이행을 전제로 하는 행정상 강제집행보다 상대방의 권익을 더 침해하는 수단이라고 보아야 한다. 따라서 행정강제가 긴급히 행하여져야 할 긴박한 필요가 있는 경우 이외에는 행정상 강제집행을 행하도록 하여야 한다.
② (○) 행정상 즉시강제는 소극적으로 공공의 안녕질서를 유지하기 위한 것이어야 하고, 적극적으로 공공복리의 달성이라는 목적으로 행사되어서는 안 된다.
③ (○) 행정상 즉시강제는 권력적 사실행위로서 처분성이 인정되므로 행정쟁송의 대상이 되며, 공무원의 위법한 즉시강제로 인하여 신체 또는 재산상의 손해를 받았을 경우 국가 또는 지방자치단체에 대해 손해배상을 청구할 수 있다. 또한 위법한 즉시강제에 대해서는 정당방위가 가능하므로 이 경우 저항행위는 공무집행방해죄를 구성하지 않으며, 위법한 즉시강제로 권리 침해 상태가 계속되고 있는 경우에는 공법상 결과제거청구권을 행사하여 위법상태를 제거해줄 것을 청구할 수 있다.
④ (○) 행정상 즉시강제권은 법적 근거가 있다는 것만으로 언제나 자유로운 것은 아니고, 법규 내에서도 그 목적을 위하여 필요한 최소한도 내에서 행사되어야 하며, 이를 남용해서는 안 될 조리상의 한계(예 급박성, 보충성, 비례성, 소극성)가 있다.
⑤ (○) 행정상 즉시강제의 경우에도 헌법상의 영장주의(헌법 제12조, 제16조)를 그대로 적용할 것인지에 대하여는 영장불요설, 영장필요설, 절충설의 대립이 있다. 대법원은 절충설의 입장이지만, 헌법재판소는 원칙적으로 영장주의가 적용되지 않는다고 본다.

**정답** ①

**034** 전염병 발생시 행정청의 권한 행사에 관한 설명으로 옳은 것은?  *09 국회8급*

① 제1군전염병(현 제1급감염병)에 관한 강제처분권한에 대해서는 법률유보원칙이 배제된다.
② 전염병환자가 특정 업무에 종사해서는 안 될 의무를 불이행할 경우, 이는 행정대집행의 대상이 된다.
③ 예방접종으로 인해 질병이 발생한 경우 구 「전염병예방법」상 국가보상은 예방접종약품의 이상이나 예방접종행위자 등의 과실이 있는 경우에만 인정된다.
④ 「가축전염병 예방법」상 죽거나 병든 가축의 신고는 자기완결적신고이므로 수리를 요하지 않는다.
⑤ 「가축전염병 예방법」상 가축의 소유자에게 행한 살처분명령은 행정상 즉시강제에 해당하므로 소유자의 이행을 기다리지 않고 행정청에 의해 즉시 실행된다.

해설

① (×) 행정상 즉시강제에 있어서는 명확한 법적 근거가 필요하고, 감염병의 예방 및 관리에 관한 법률 제42조 제1항에 강제처분 권한에 관한 근거를 두고 있다.

> **감염병의 예방 및 관리에 관한 법률 제42조(감염병에 관한 강제처분)**
> ① 질병관리청장, 시·도지사 또는 시장·군수·구청장은 해당 공무원으로 하여금 다음 각 호의 어느 하나에 해당하는 감염병환자 등이 있다고 인정되는 주거시설, 선박·항공기·열차 등 운송수단 또는 그 밖의 장소에 들어가 필요한 조사나 진찰을 하게 할 수 있으며, 그 진찰 결과 감염병환자 등으로 인정될 때에는 동행하여 치료받게 하거나 입원시킬 수 있다.
> 1. 제1급감염병
> 2. 제2급감염병 중 결핵, 홍역, 콜레라, 장티푸스, 파라티푸스, 세균성이질, 장출혈성대장균감염증, A형간염, 수막구균 감염증, 폴리오, 성홍열 또는 질병관리청장이 정하는 감염병

② (×) 특정 업무에 종사해서는 안 될 의무는 부작위의무이므로, 대체적 작위의무의 불이행을 전제로 하는 행정대집행의 대상이 되지 않는다.

③ (×)

> **감염병의 예방 및 관리에 관한 법률 제71조(예방접종 등에 따른 피해의 국가보상)**
> ① 국가는 제24조 및 제25조에 따라 예방접종을 받은 사람 또는 제40조 제2항에 따라 생산된 예방·치료 의약품을 투여 받은 사람이 그 예방접종 또는 예방·치료 의약품으로 인하여 질병에 걸리거나 장애인이 되거나 사망하였을 때에는 대통령령으로 정하는 기준과 절차에 따라 다음 각 호의 구분에 따른 보상을 하여야 한다.
> 〈각 호 생략〉
> ② 제1항에 따라 보상받을 수 있는 질병, 장애 또는 사망은 예방접종약품의 이상이나 예방접종행위자 및 예방·치료 의 약품 투여자 등의 과실 유무에 관계없이 해당 예방접종 또는 예방·치료 의약품을 투여받은 것으로 인하여 발생한 피 해로서 질병관리청장이 인정하는 경우로 한다.

④ (○) 죽거나 병든 가축의 신고는 사실의 신고로 족하므로, **(가축전염병 예방법 제11조 제1항)** 행정청의 수리를 요하지 않는 자기완결적 신고에 해당한다.

⑤ (×) 가축전염병 예방법은 명령을 이행하지 아니하는 경우에 가축방역관으로 하여금 지체 없이 당해 가축을 살처분하게 하여야 한다고 규정하고 있는바, **(가축전염병 예방법 제20조 제2항)** 살처분명령은 하명에 해당한다.

정답 ④

---

## 035 행정상 즉시강제수단이라 할 수 없는 것은?

08 관세사

① 공무집행방해에 대한 무기사용
② 정신착란자에 대한 보호조치
③ 자연재해시의 위험발생방지조치
④ 불법건축에 대한 시정명령
⑤ 소방대상물에 대한 강제처분

해설

① (○) ② (○) 공무집행방해에 대한 무기사용과 정신착란자에 대한 보호조치는 대인적 강제로서 즉시강제의 수단이다.
③ (○) ⑤ (○) 자연재해시의 위험발생방지조치와 소방대상물에 대한 강제처분은 대물적 강제로서 즉시강제의 수단이다.
④ (×) 불법건축에 대한 시정명령은 행정행위 중 작위하명이고, 이를 불이행했을 경우 이행강제금(집행벌)이 대상이다.

정답 ④

| 행정상 즉시강제수단의 종류 | | |
|---|---|---|
| 대인적 강제 | 경찰관 직무집행법 | • 보호조치: 미아보호, 정신병자보호<br>• 위험발생방지조치: 광견에 대한 방어조치<br>• 범행의 예방·제지, 장구의 사용, 무기의 사용 |
| | 개별법 | • 감염병의 예방 및 관리에 관한 법률: 강제격리, 강제건강진단<br>• 출입국관리법·마약류 관리에 관한 법률: 강제수용<br>• 수상에서의 수색·구조 등에 관한 법률: 인근 주민에 대한 원조강제<br>• 소방기본법: 소방활동종사명령<br>• 정신건강증진 및 정신질환자 복지서비스 지원에 관한 법률: 응급입원 |
| 대물적 강제 | 경찰관 직무집행법 | • 무기·흉기·위험물의 임시영치<br>• 위해방지조치: 무단방치된 장애물 제거 |
| | 개별법 | • 식품위생법, 약사법, 검역법: 물건의 폐기<br>• 소방기본법: 소방대상물에 대한 강제처분<br>• 구 음반 및 비디오물에 관한 법률: 불법비디오 수거·폐기<br>• 청소년 보호법: 청소년유해약물의 수거폐기<br>• 형의 집행 및 수용자의 처우에 관한 법률: 물건의 영치<br>• 자연재해대책법: 물건의 제거 사용, 위험발생방지조치<br>• 도로교통법: 위법공작물에 대한 조치<br>• 재난 및 안전관리 기본법에 의한 응급조치 |
| 대가택적 강제 | 경찰관 직무집행법 | 위험방지를 위한 가택출입 |
| | 개별법 | • 식품위생법, 공중위생관리법: 출입 검사<br>• 총포·도검·화약류 등의 안전관리에 관한 법률: 출입 검사<br>• 조세범처벌법: 수색 |

## 02 행정조사

**036** 「행정조사기본법」상 행정조사에 대한 설명으로 옳지 않은 것은? 23 국가9급

① 행정기관의 장은 조사원이 조사목적의 달성을 위하여 한 시료채취로 조사대상자에게 손실을 입힌 때에는 그 손실을 보상하여야 한다.

② 개별법령 등에서 행정조사를 규정하고 있지 않더라도, 행정기관은 조사대상자가 자발적으로 협조하는 경우에는 행정조사를 실시할 수 있다.

③ 행정기관의 장은 조사대상자의 신상이나 사업비밀 등이 유출될 우려가 있으므로 인터넷 등 정보통신망을 통하여 조사대상자로 하여금 자료의 제출 등을 하게 할 수 없다.

④ 행정기관의 장은 당해 행정기관 내의 2 이상의 부서가 동일하거나 유사한 업무분야에 대하여 동일한 조사대상자에게 행정조사를 실시하는 경우에는 공동조사를 하여야 한다.

**해설**

① (O)

> **행정조사기본법 제12조(시료채취)**
> ① 조사원이 조사목적의 달성을 위하여 시료채취를 하는 경우에는 그 시료의 소유자 및 관리자의 정상적인 경제활동을 방해하지 아니하는 범위 안에서 최소한도로 하여야 한다.
> ② 행정기관의 장은 제1항에 따른 시료채취로 조사대상자에게 손실을 입힌 때에는 대통령령으로 정하는 절차와 방법에 따라 그 손실을 보상하여야 한다.

② (O)

> **행정조사기본법 제5조(행정조사의 근거)**
> 행정기관은 법령 등에서 행정조사를 규정하고 있는 경우에 한하여 행정조사를 실시할 수 있다. 다만, 조사대상자의 자발적으로 협조를 얻어 실시하는 행정조사의 경우에는 그러하지 아니하다.

③ (×)

> **행정조사기본법 제28조(정보통신수단을 통한 행정조사)**
> ① 행정기관의 장은 인터넷 등 정보통신망을 통하여 조사대상자로 하여금 자료의 제출 등을 하게 할 수 있다.
> ② 행정기관의 장은 정보통신망을 통하여 자료의 제출 등을 받은 경우에는 조사대상자의 신상이나 사업비밀 등이 유출되지 아니하도록 제도적·기술적 보안조치를 강구하여야 한다.

④ (O)

> **행정조사기본법 제14조(공동조사)**
> ① 행정기관의 장은 다음 각 호의 어느 하나에 해당하는 행정조사를 하는 경우에는 공동조사를 하여야 한다.
> 1. 당해 행정기관 내의 2 이상의 부서가 동일하거나 유사한 업무분야에 대하여 동일한 조사대상자에게 행정조사를 실시하는 경우
> 2. 서로 다른 행정기관이 대통령령으로 정하는 분야에 대하여 동일한 조사대상자에게 행정조사를 실시하는 경우

**정답** ③

---

**037** 행정조사에 대한 설명으로 옳지 않은 것은? (다툼이 있는 경우 판례에 의함)  19 지방7급

① 조세 부과처분을 위한 과세관청의 세무조사결정은 사실행위로서 납세의무자의 권리·의무에 직접 영향을 미치는 것은 아니므로 항고소송의 대상이 되지 아니한다.

② 부가가치세 부과처분이 종전의 부가가치세 경정조사와 같은 세목 및 같은 과세기간에 대하여 중복하여 실시한 위법한 세무조사에 기초하여 이루어진 경우 그 과세처분은 위법하다.

③ 「행정조사기본법」에 의하면 행정기관은 행정조사를 통하여 알게 된 정보를 다른 법률에 따라 내부에서 이용하거나 다른 기관에 제공하는 경우를 제외하고는 원래의 조사목적 이외의 용도로 이용하거나 타인에게 제공하여서는 아니 된다.

④ 「행정조사기본법」에 의하면 조사대상자의 자발적인 협조를 얻어 실시하는 행정조사의 경우에는 법령 등의 근거 없이도 행할 수 있으며, 이러한 행정조사에 대하여 조사대상자가 조사에 응할 것인지에 대한 응답을 하지 아니하는 경우에는 법령 등에 특별한 규정이 없는 한 그 조사를 거부한 것으로 본다.

### 해설

① (X) 세무조사결정은 납세의무자의 권리·의무에 직접 영향을 미치는 공권력의 행사에 따른 행정작용으로서 항고소송의 대상이 된다. (대판 2011.3.10. 2009두23624)

② (O) 대판 2006.6.2. 2004두12070

③ (O) 행정조사기본법 제4조 제6항

④ (O) 행정조사기본법 제5조 단서, 제20조 제2항

정답 ①

## 038  행정조사 및 「행정조사기본법」에 대한 설명으로 옳은 것(O)과 옳지 않은 것(X)을 바르게 연결한 것은? (다툼이 있는 경우 판례에 의함)

18 국가7급

ㄱ. 우편물 통관검사절차에서 이루어지는 우편물의 개봉, 시료채취, 성분분석 등의 검사는 수출입물품에 대한 적정한 통관 등을 목적으로 한 행정조사의 성격을 가지는 것으로서 수사기관의 강제처분이라고 할 수 없다.

ㄴ. 조사원이 현장조사 중에 자료·서류·물건 등을 영치하는 경우에 조사대상자의 생활이나 영업이 사실상 불가능하게 될 우려가 있는 때에는 조사원은 증거인멸의 우려가 있는 경우가 아니라면 사진촬영 등의 방법으로 영치에 갈음할 수 있다.

ㄷ. 행정기관의 장이 조사대상자의 자발적인 협조를 얻어 행정조사를 실시하고자 하는 경우 조사대상자는 문서·전화·구두 등의 방법으로 당해 행정조사를 거부할 수 있다.

ㄹ. 조사대상자가 행정조사의 실시를 거부하거나 방해하는 경우 조사원은 「행정조사기본법」상의 명문규정에 의하여 조사대상자의 신체와 재산에 대해 실력을 행사할 수 있다.

| | ㄱ | ㄴ | ㄷ | ㄹ |
|---|---|---|---|---|
| ① | O | O | O | X |
| ② | O | X | O | X |
| ③ | X | X | O | O |
| ④ | O | O | X | X |

### 해설

ㄱ. (O) 우편물 통관검사절차에서 이루어지는 우편물의 개봉, 시료채취, 성분분석 등의 검사는 수출입물품에 대한 적정한 통관 등을 목적으로 한 행정조사의 성격을 가지는 것으로서 수사기관의 강제처분이라고 할 수 없으므로, 압수·수색영장 없이 우편물의 개봉, 시료채취, 성분분석 등 검사가 진행되었다 하더라도 특별한 사정이 없는 한 위법하다고 볼 수 없다. (대판 2013.9.26. 2013도7718)

ㄴ. (O)

> **행정조사기본법 제13조(자료 등의 영치)**
> ① 조사원이 현장조사 중에 자료·서류·물건 등(이하 이 조에서 '자료 등'이라 한다)을 영치하는 때에는 조사대상자 또는 그 대리인을 입회시켜야 한다.
> ② 조사원이 제1항에 따라 자료 등을 영치하는 경우에 조사대상자의 생활이나 영업이 사실상 불가능하게 될 우려가 있는 때에는 조사원은 자료 등을 사진으로 촬영하거나 사본을 작성하는 등의 방법으로 영치에 갈음할 수 있다. 다만, 증거인멸의 우려가 있는 자료 등을 영치하는 경우에는 그러하지 아니하다.
> ③ 조사원이 영치를 완료한 때에는 영치조서 2부를 작성하여 입회인과 함께 서명날인하고 그중 1부를 입회인에게 교부하여야 한다.

④ 행정기관의 장은 영치한 자료 등이 다음 각 호의 어느 하나에 해당하는 경우에는 이를 즉시 반환하여야 한다.
  1. 영치한 자료 등을 검토한 결과 당해 행정조사와 관련이 없다고 인정되는 경우
  2. 당해 행정조사의 목적의 달성 등으로 자료 등에 대한 영치의 필요성이 없게 된 경우

ㄷ. (○) 행정조사기본법 제20조 제1항
ㄹ. (×) 조사대상자의 신체와 재산에 대해 실력을 행사할 수 있는지에 대한 명문규정은 없다.

**정답** ①

## 039 「행정조사기본법」상 행정조사에 대한 설명으로 옳은 것은?
18 지방9급

① 행정조사를 행하는 행정기관에는 법령 및 조례·규칙에 따라 행정권한이 있는 기관뿐만 아니라 그 권한을 위임 또는 위탁받은 법인·단체 또는 그 기관이나 개인이 포함된다.
② 「행정조사기본법」은 행정조사 실시를 위한 일반적인 근거규범으로서 행정기관은 다른 법령 등에서 따로 행정조사를 규정하고 있지 않더라도 「행정조사기본법」을 근거로 행정조사를 실시할 수 있다.
③ 조사대상자가 조사대상 선정기준에 대한 열람을 신청한 경우에 행정기관은 그 열람이 당해 행정조사업무를 수행할 수 없을 정도로 조사활동에 지장을 초래한다는 이유로 열람을 거부할 수 없다.
④ 정기조사 또는 수시조사를 실시한 행정기관의 장은 조사대상자의 자발적인 협조를 얻어 실시하는 경우가 아닌 한, 동일한 사안에 대하여 동일한 조사대상자를 재조사하여서는 아니 된다.

**해설**
① (○) '행정기관'이란 법령 및 조례·규칙(법령 등)에 따라 행정권한이 있는 기관과 그 권한을 위임 또는 위탁받은 법인·단체 또는 그 기관이나 개인을 말한다. **(행정조사기본법 제2조 제2호)**

② (×)

> **행정조사기본법 제5조(행정조사의 근거)**
> 행정기관은 법령 등에서 행정조사를 규정하고 있는 경우에 한하여 행정조사를 실시할 수 있다. 다만, 조사대상자의 자발적인 협조를 얻어 실시하는 행정조사의 경우에는 그러하지 아니하다.

③ (×)

> **행정조사기본법 제8조(조사대상의 선정)**
> ② 조사대상자는 조사대상 선정기준에 대한 열람을 행정기관의 장에게 신청할 수 있다.
> ③ 행정기관의 장이 제2항에 따라 열람신청을 받은 때에는 다음 각 호의 어느 하나에 해당하는 경우를 제외하고 신청인이 조사대상 선정기준을 열람할 수 있도록 하여야 한다.
>   1. 행정기관이 당해 행정조사업무를 수행할 수 없을 정도로 조사활동에 지장을 초래하는 경우
>   2. 내부고발자 등 제3자에 대한 보호가 필요한 경우

④ (×)

> **행정조사기본법 제15조(중복조사의 제한)**
> ① 제7조에 따라 정기조사 또는 수시조사를 실시한 행정기관의 장은 동일한 사안에 대하여 동일한 조사대상자를 재조사하여서는 아니 된다. 다만, 당해 행정기관이 이미 조사를 받은 조사대상자에 대하여 위법행위가 의심되는 새로운 증거를 확보한 경우에는 그러하지 아니하다.

**정답** ①

## 040 행정조사에 관한 설명으로 옳은 것은?

17 서울9급

① 행정조사는 사실행위의 형식으로만 가능하다.
② 조사대상자의 자발적 협조가 있을지라도 법령 등에서 행정조사를 규정하고 있어야 실시가 가능하다.
③ 조사대상자의 동의가 있는 경우 해가 뜨기 전이나 해가 진 뒤에도 현장조사가 가능하다.
④ 자발적인 협조에 따라 실시하는 행정조사에 대하여 조사대상자가 조사에 응할 것인지에 대한 응답을 하지 아니하는 경우에는 법령 등에 특별한 규정이 없는 한 그 조사에 동의한 것으로 본다.

**해설**
① (X) 행정조사가 대부분 사실행위로 되는 것은 사실이지만, 반드시 그런 것은 아니다. **(행정조사기본법 제2조 제1호)**
② (X) 조사대상자가 자발적으로 협조하는 경우에는 법령 등에서 행정조사를 규정하지 않더라도 행정조사를 실시하 수 있다. **(행정조사기본법 제5조)**
③ (O) 현장조사는 해가 뜨기 전이나 해가 진 뒤에는 할 수 없지만, 조사대상자(대리인 및 관리책임이 있는 자 포함)가 동의한 경우에는 그러하지 아니하다. **(행정조사기본법 제11조 제2항)**
④ (X) 행정기관의 장이 조사대상자의 자발적인 협조를 얻어 행정조사를 실시하려는 경우, 행정조사에 대하여 조사대상자가 조사에 응할 것인지에 대한 응답을 하지 아니하는 경우에는 법령 등에 특별한 규정이 없는 한 그 조사를 거부한 것으로 본다. **(행정조사기본법 제20조 제2항)**

**정답** ③

---

**기출지문 OX**

**01** 적법절차의 원칙상 행정조사에 관한 사전통지와 이유제시를 하여야 한다. 다만, 긴급한 경우 또는 사전통지나 이유제시를 하면 조사의 목적을 달성할 수 없는 경우에는 예외를 인정할 수 있다. [16 사복] (O, X)
　**해설** 행정조사기본법 제17조 제1항
　**정답** O

**02** 「행정절차법」은 행정조사에 관한 명문규정을 두고 있지 않으므로 행정조사가 처분에 해당하는 경우에도 「행정절차법」상의 처분절차에 관한 규정이 적용되지 않는다. [16 사복] (O, X)
　**해설** 행정절차법에는 행정조사에 관한 명문규정이 없다. 다만, 행정조사가 처분에 해당하는 경우에 행정절차법상의 처분절차에 관한 규정이 행정조사에도 적용된다.
　**정답** X

---

## 041 「행정조사기본법」상 행정조사에 대한 설명으로 옳지 않은 것은?

15 지방9급

① 조사대상자는 법령 등에서 규정하고 있는 경우에 한하여 조사대상 선정기준에 대한 열람을 행정기관의 장에게 신청할 수 있다.
② 조사대상자에 의한 조사원 교체신청은 그 이유를 명시한 서면으로 행정기관의 장에게 하여야 한다.
③ 행정기관의 장은 인터넷 등 정보통신망을 통하여 조사대상자로 하여금 자료의 제출 등을 하게 할 수 있다.
④ 행정기관은 조사대상자의 자발적인 협조를 얻어 실시하는 행정조사의 경우를 제외하고는 법령 등에서 행정조사를 규정하고 있는 경우에 한하여 행정조사를 실시할 수 있다.

해설

① (×) 법령 등에서 규정하지 않더라도 열람을 신청할 수 있다.

> **행정조사기본법 제8조(조사대상의 선정)**
> ① 행정기관의 장은 행정조사의 목적, 법령준수의 실적, 자율적인 준수를 위한 노력, 규모와 업종 등을 고려하여 명백하고 객관적인 기준에 따라 행정조사의 대상을 선정하여야 한다.
> ② 조사대상자는 조사대상 선정기준에 대한 열람을 행정기관의 장에게 신청할 수 있다.
> ③ 행정기관의 장이 제2항에 따라 열람신청을 받은 때에는 다음 각 호의 어느 하나에 해당하는 경우를 제외하고 신청인이 조사대상 선정기준을 열람할 수 있도록 하여야 한다.
>   1. 행정기관이 당해 행정조사업무를 수행할 수 없을 정도로 조사활동에 지장을 초래하는 경우
>   2. 내부고발자 등 제3자에 대한 보호가 필요한 경우

② (○)

> **행정조사기본법 제22조(조사원 교체신청)**
> ① 조사대상자는 조사원에게 공정한 행정조사를 기대하기 어려운 사정이 있다고 판단되는 경우에는 행정기관의 장에게 당해 조사원의 교체를 신청할 수 있다.
> ② 제1항에 따른 교체신청은 그 이유를 명시한 서면으로 행정기관의 장에게 하여야 한다.
> ③ 제1항에 따른 교체신청을 받은 행정기관의 장은 즉시 이를 심사하여야 한다.
> ④ 행정기관의 장은 제1항에 따른 교체신청이 타당하다고 인정되는 경우에는 다른 조사원으로 하여금 행정조사를 하게 하여야 한다.
> ⑤ 행정기관의 장은 제1항에 따른 교체신청이 조사를 지연할 목적으로 한 것이거나 그 밖에 교체신청에 타당한 이유가 없다고 인정되는 때에는 그 신청을 기각하고 그 취지를 신청인에게 통지하여야 한다.

③ (○)

> **행정조사기본법 제28조(정보통신수단을 통한 행정조사)**
> ① 행정기관의 장은 인터넷 등 정보통신망을 통하여 조사대상자로 하여금 자료의 제출 등을 하게 할 수 있다.
> ② 행정기관의 장은 정보통신망을 통하여 자료의 제출 등을 받은 경우에는 조사대상자의 신상이나 사업비밀 등이 유출되지 아니하도록 제도적·기술적 보안조치를 강구하여야 한다.

④ (○) 행정조사기본법 제5조

정답 ①

## 042 「행정조사기본법」과 관련한 설명으로 옳지 않은 것은? 15 서울7급

① 조사대상자는 조사원에게 공정한 행정조사를 기대하기 어려운 사정이 있다고 판단되는 경우에는 행정기관의 장에게 당해 조사원의 교체를 신청할 수 있다.
② 조사대상자와 조사원은 조사과정을 방해하지 아니하는 범위 안에서 행정조사의 과정을 녹음하거나 녹화할 수 있다.
③ 조사대상자는 법률·회계 등에 대하여 전문지식이 있는 관계 전문가로 하여금 행정조사를 받는 과정에 입회하게 하거나 의견을 진술하게 할 수 있다.
④ 행정기관의 장은 법령 등에 특별한 규정이 있는 경우를 제외하고는 행정조사의 결과를 확정한 날부터 30일 이내에 그 결과를 조사대상자에게 통지하여야 한다.

해설
① (○) 행정조사기본법 제22조 제1항
② (○) 행정조사기본법 제23조 제3항
③ (○) 행정조사기본법 제23조 제2항
④ (×)

> **행정조사기본법 제24조(조사 결과의 통지)**
> 행정기관의 장은 법령 등에 특별한 규정이 있는 경우를 제외하고는 행정조사의 결과를 확정한 날부터 7일 이내에 그 결과를 조사대상자에게 통지하여야 한다.

정답 ④

## 043 다음 중 「행정조사기본법」상의 행정조사의 방법으로 옳지 않은 것은?  [13 서울9급]

① 출석 및 진술요구
② 보고요구와 자료제출의 요구
③ 현장조사
④ 시료채취
⑤ 국민의 신체나 재산에 대한 실력행사

해설
① (○) ② (○) ③ (○) ④ (○) ⑤ (×) 행정조사란 행정기관이 정책을 결정하거나 직무를 수행하는 데 필요한 정보나 자료를 수집하기 위하여 현장조사·문서열람·시료채취 등을 하거나 조사대상자에게 보고요구·자료제출요구 및 출석·진술요구를 행하는 활동을 말한다. (행정조사기본법 제2조 제1호) 국민의 신체나 재산에 대한 실력행사는 행정조사의 방법으로 규정되어 있지 않다.

정답 ⑤

### 기출지문 OX

**01** 「행정조사기본법」에 따르면, 행정기관은 법령 등에서 행정조사를 규정하고 있는 경우에 한하여 행정조사를 실시할 수 있지만 조사대상자가 자발적으로 협조하는 경우에는 법령 등에서 행정조사를 규정하고 있지 않더라도 행정조사를 실시할 수 있다. [18 국가9급] (O, ×)
해설  행정조사기본법 제5조
정답 O

**02** 「행정조사기본법」에 따르면, 행정조사를 실시하는 경우 조사개시 7일 전까지 조사대상자에게 출석요구서, 보고요구서·자료제출요구서, 현장출입조사서를 서면으로 통지하여야 하나, 조사대상자의 자발적인 협조를 얻어 행정조사를 실시하는 경우에는 미리 서면으로 통지하지 않고 행정조사의 개시와 동시에 이를 조사대상자에게 제시할 수 있다. [18 국가9급] (O, ×)
해설  행정조사기본법 제17조 제1항
정답 ×

**03** 헌법 제12조 제1항에서 규정하고 있는 적법절차의 원칙은 형사소송절차에 국한되지 않고 모든 국가작용 전반에 대하여 적용되는 원칙이므로 세무공무원의 세무조사권의 행사에서도 적법절차의 원칙은 준수되어야 한다. [18 국가9급] (O, ×)
해설  세무공무원의 세무조사권의 행사에서도 적법절차의 원칙은 마땅히 준수되어야 한다. (대판 2014.6.26. 2012두911)
정답 O

**04** 행정기관의 장은 법령 등에 특별한 규정이 있는 경우를 제외하고는 행정조사의 결과를 확정한 날로부터 7일 이내에 그 결과를 조사대상자에게 통지하여야 한다. [18 서울7급] (O, ×)
해설  행정조사기본법 제24조
정답 O

**05** 행정기관의 장은 당해 행정기관이 이미 조사를 받은 조사대상자에 대하여 위법행위가 의심되는 새로운 증거를 확보하는 경우에는 재조사할 수 있다. [18 서울7급] (O, ×)
해설  행정조사기본법 제15조 제1항 단서
정답 O

**06** 「지방세기본법」은 지방자치단체장의 세무조사권에 대한 남용 금지를 규정하고 있다. [18 서울7급] (O, X)

**해설**

**지방세기본법 제80조(조사권의 남용 금지)**
① 지방자치단체의 장은 적절하고 공평한 과세의 실현을 위하여 필요한 최소한의 범위에서 세무조사를 하여야 하며, 다른 목적 등을 위하여 조사권을 남용해서는 아니 된다.

**정답** O

---

## 044 행정조사에 관한 설명으로 옳은 것은?
10 서울 교행

① 세무조사는 권력적 행정조사이므로 「행정조사기본법」이 적용된다.
② 「행정조사기본법」상의 조사의 주기, 조사대상의 선정에 관한 규정은 권력적 행정조사에 적용되는 것이므로, 비권력적 행정조사에는 적용되지 않는다.
③ 수시조사는 법령 등의 위반에 대하여 혐의가 있는 경우 및 법령 등의 위반에 대한 신고를 받거나 민원이 접수된 경우에만 실시할 수 있다.
④ 행정조사는 서면으로 사전에 통지하는 것이 원칙이지만, 미리 통지하는 경우 그 목적을 달성할 수 없다고 판단되는 경우에는 행정조사의 개시와 동시에 서면을 제시하거나 구두로 통지할 수 있다.

**해설**

① (X) 조세에 관한 사항은 행정조사기본법의 적용배제사항이다. (행정조사기본법 제3조 제2항 제5호)
② (X) 행정조사기본법은 행정조사의 절차·방법에 관한 일반적 사항을 규정하고 있는 것으로서 다른 법률에 특별한 규정이 없는 한 권력적 행정조사뿐만 아니라 비권력적 행정조사에도 적용된다.
③ (X) **조사의 주기(행정조사기본법 제7조)**

| 원칙 | 정기적으로 실시함을 원칙으로 함. |
|---|---|
| 예외적 수시조사 | · 법률에서 수시조사를 규정하고 있는 경우<br>· 법령 등의 위반에 대하여 혐의가 있는 경우<br>· 다른 행정기관으로부터 법령 등의 위반에 관한 혐의를 통보 또는 이첩받은 경우<br>· 법령 등의 위반에 대한 신고를 받거나 민원이 접수된 경우<br>· 그 밖에 행정조사의 필요성이 인정되는 사항으로서 대통령령으로 정하는 경우 |

④ (O) **조사의 사전통지(행정조사기본법 제17조 제1항)**

| 원칙적 서면통지 | 행정조사를 실시하고자 하는 행정기관의 장은 행정조사기본법 제9조에 따른 출석요구서, 같은 법 제10조에 따른 보고요구서·자료제출요구서 및 제11조에 따른 현장출입조사서(출석요구서 등)를 조사개시 7일 전까지 조사대상자에게 서면으로 통지하여야 함. |
|---|---|
| 예외적 구두통지 | 다만, 다음의 어느 하나에 해당하는 경우에는 행정조사의 개시와 동시에 출석요구서 등을 조사대상자에게 제시하거나 행정조사의 목적 등을 조사대상자에게 구두로 통지할 수 있음.<br>· 행정조사를 실시하기 전에 관련 사항을 미리 통지하는 때에는 증거인멸 등으로 행정조사의 목적을 달성할 수 없다고 판단되는 경우<br>· 통계법 제3조 제2호에 따른 지정통계의 작성을 위하여 조사하는 경우<br>· 행정조사기본법 제5조 단서에 따라 조사대상자의 자발적인 협조를 얻어 실시하는 행정조사의 경우 |

**정답** ④

## 045 현행 「행정조사기본법」상의 행정조사에 대한 설명으로 옳지 않은 것은?

08 지방7급

① 금융감독기관의 감독·검사·조사에 대하여는 「행정조사기본법」이 적용될 여지가 없다.
② 행정조사는 법령 등의 위반에 대한 처벌보다는 법령 등을 준수하도록 유도하는 데 중점을 두어야 한다.
③ 조사대상자의 자발적인 협조를 얻어 실시하는 행정조사의 경우에는 법령의 근거가 없어도 가능하다.
④ 조사원이 조사목적의 달성을 위하여 시료채취를 하는 경우 이로 인하여 조사대상자에게 손실을 입힌 때에는 법령이 정하는 절차와 방법에 따라 그 손실을 보상하여야 한다.

> **해설**
> ① (X) 금융감독기관의 감독·검사·조사 및 감리에 관한 사항에 대하여는 행정조사기본법이 적용되지 않음에도 불구하고, 제4조(행정조사의 기본원칙), 제5조(행정조사의 근거) 및 제28조(정보통신수단을 통한 행정조사) 사항에 대하여는 적용한다. (행정조사기본법 제3조 제2항 제6호 · 제3항)
> ② (○) 행정조사기본법 제4조 제4항
> ③ (○) 행정조사기본법 제5조 단서
> ④ (○) 행정조사기본법 제12조 제1항

**정답** ①

---

## 046 「행정조사기본법」상 행정조사의 원칙으로 옳지 않은 것은?

08 관세사

① 최소침해원칙
② 중복조사의 제한
③ 내용 공표금지
④ 타용도 이용금지
⑤ 처벌조사중심주의

> **해설**
> **행정조사의 기본원칙(행정조사기본법 제4조)**
>
> | | |
> |---|---|
> | 조사범위의 최소화 (비례의 원칙) | 행정조사는 조사목적을 달성하는 데 필요한 최소한의 범위 안에서 실시하여야 하며, 다른 목적 등을 위하여 조사권을 남용하여서는 아니 됨. |
> | 목적부합성의 원칙 | 행정기관은 조사목적에 적합하도록 조사대상자를 선정하여 행정조사를 실시하여야 함. |
> | 중복조사의 제한 | 행정기관은 유사하거나 동일한 사안에 대하여는 공동조사 등을 실시함으로써 행정조사가 중복되지 아니하도록 하여야 함. |
> | 예방위주 행정조사 | 행정조사는 법령 등의 위반에 대한 처벌보다는 법령 등을 준수하도록 유도하는 데 중점을 두어야 함. |
> | 조사내용 공표금지 및 비밀엄수 | 다른 법률에 따르지 아니하고는 행정조사의 대상자 또는 행정조사의 내용을 공표하거나 직무상 알게 된 비밀을 누설하여서는 아니 됨. |
> | 조사내용에 대한 이용제한 | 행정기관은 행정조사를 통하여 알게 된 정보를 다른 법률에 따라 내부에서 이용하거나 다른 기관에 제공하는 경우를 제외하고는 원래의 조사목적 이외의 용도로 이용하거나 타인에게 제공하여서는 아니 됨. |

**정답** ⑤

# CHAPTER 03 행정벌

## 제1절 서설

**행정형벌과 행정질서벌**

| 구분 | 행정형벌 | 행정질서벌 |
|---|---|---|
| 개념 | 형법에 있는 형벌(징역, 금고, 벌금, 과료 등)을 부과하는 벌 | 형벌이 아닌 과태료를 부과하는 벌 |
| 형법총칙 | 적용됨. | 적용 안 됨. |
| 일반법 | 일반법 없음. | 질서위반행위규제법 |
| 과벌절차 | 형사소송절차에 의해 법원이 부과 | 행정청이 부과 |
| 대상 | 직접적으로 행정목적을 침해하는 행위 | 간접적으로 행정목적을 침해하는 행위 |
| 고의·과실 | 필요 | 고의·과실이 필요 없지만, 질서위반행위규제법상의 과태료 부과는 고의·과실이 필요 |

## 제2절 행정형벌

**001** 행정법규의 양벌규정에 대한 설명으로 옳지 않은 것은? (다툼이 있는 경우 판례에 의함)  22 국가9급

① 양벌규정은 행위자에 대한 처벌규정임과 동시에 그 위반행위의 이익귀속주체인 영업주에 대한 처벌규정이다.
② 종업원의 범죄성립이나 처벌이 영업주 처벌의 전제조건이 되는 것은 아니다.
③ 법인 대표자의 법규 위반행위에 대한 법인의 책임은 법인 자신의 법규 위반행위로 평가될 수 있는 행위에 대한 법인의 직접책임이다.
④ 양벌규정에 의한 법인의 처벌은 어디까지나 행정적 제재처분일 뿐 형벌과는 성격을 달리한다.

> **해설**
> ① (O) 양벌규정의 성격이다. 영업주에 대한 처벌은 영업주의 관리·감독상 고의·과실에 대한 책임이다.
> ② (O) ③ (O) 양벌규정에 의한 영업주 처벌은 금지위반행위자인 종업원의 처벌에 종속하는 것이 아니라 독립하여 그 자신의 종업원에 대한 선임·감독상의 과실로 인하여 처벌되는 것이므로 종업원의 범죄성립이나 처벌이 영업주 처벌의 전제조건이 될 필요는 없다. (대판 2006.2.24. 2005도7673)
> ④ (✕) 양벌규정에 의한 법인의 처벌은 어디까지나 형벌의 일종으로서 행정적 제재처분이나 민사상 불법행위책임과는 성격을 달리한다. (대판 2019.11.14. 2017도4111)

**정답** ④

## 002 행정벌에 대한 설명으로 옳지 않은 것은? (다툼이 있는 경우 판례에 의함)

22 소방

① 지방자치단체 소속 공무원이 지방자치단체 고유의 자치사무를 처리하면서 위반행위를 한 경우 지방자치단체도 양벌규정에 따라 처벌대상이 되는 법인에 해당한다.
② 지방국세청장이 조세범칙행위에 대하여 고발을 한 후에 동일한 조세범칙행위에 대하여 통고처분을 하는 경우, 이러한 통고처분은 법적 권한 소멸 후 이루어진 것으로 특별한 사정이 없는 한 효력이 없고 조세범칙행위자가 이를 이행하였더라도 일사부재리의 원칙이 적용될 수 없다.
③ 경찰서장이 범칙행위에 대하여 통고처분을 하더라도 통고처분에서 정한 납부기간까지는 검사가 공소를 제기할 수 있다.
④ 하나의 행위가 둘 이상의 질서위반행위에 해당하는 경우에는 각 질서위반행위에 대하여 정한 과태료 중 가장 중한 과태료를 부과한다.

**해설**

① (○) 국가가 본래 그의 사무의 일부를 지방자치단체의 장에게 위임하여 그 사무를 처리하게 하는 기관위임사무의 경우에는 지방자치단체는 국가기관의 일부로 볼 수 있는 것이지만, 지방자치단체가 그 고유의 자치사무를 처리하는 경우에는 지방자치단체는 국가기관의 일부가 아니라 국가기관과는 별도의 독립한 공법인이므로, 지방자치단체 소속 공무원이 지방자치단체 고유의 자치사무를 수행하던 중 도로법 제81조 내지 제85조의 규정에 의한 위반행위를 한 경우에는 지방자치단체는 도로법 제86조의 양벌규정에 따라 처벌대상이 되는 법인에 해당한다. (대판 2005.11.10. 2004도2657)
② (○) 지방국세청장 또는 세무서장이 조세범칙행위에 대하여 고발을 한 후에 동일한 조세범칙행위에 대하여 통고처분을 하였더라도, 이는 법적 권한 소멸 후에 이루어진 것으로서 특별한 사정이 없는 한 효력이 없고, 조세범칙행위자가 이러한 통고처분을 이행하였더라도 조세범 처벌절차법 제15조 제3항에서 정한 일사부재리의 원칙이 적용될 수 없다. (대판 2016.9.28. 2014도10748)
③ (×) 통고처분이 있으면 당사자가 납부할 때까지 행정청은 별다른 조치를 하지 못하고 납부하지 않으면 경찰서장의 고발에 의해 즉결심판을 하게 된다.

> 경찰서장이 범칙행위에 대하여 통고처분을 한 이상, 범칙자의 위와 같은 절차적 지위를 보장하기 위하여 통고처분에서 정한 범칙금 납부기간까지는 원칙적으로 경찰서장은 즉결심판을 청구할 수 없고, 검사도 동일한 범칙행위에 대하여 공소를 제기할 수 없다고 보아야 한다.(대판 2020.4.29. 2017도13409)

④ (○)

> **질서위반행위규제법 제13조(수개의 질서위반행위의 처리)**
> ① 하나의 행위가 2 이상의 질서위반행위에 해당하는 경우에는 각 질서위반행위에 대하여 정한 과태료 중 가장 중한 과태료를 부과한다.
> ② 제1항의 경우를 제외하고 2 이상의 질서위반행위가 경합하는 경우에는 각 질서위반행위에 대하여 정한 과태료를 각각 부과한다. 다만, 다른 법령(지방자치단체의 조례를 포함한다. 이하 같다)에 특별한 규정이 있는 경우에는 그 법령으로 정하는 바에 따른다.

**정답** ③

## 003

**행정의 실효성 확보수단에 대한 설명으로 옳은 것만을 모두 고른 것은? (다툼이 있는 경우 판례에 의함)**

21 국가7급

> ㄱ. 위반 결과의 시정을 명하는 권한은 금지규정으로부터 당연히 추론되는 것은 아니다.
> ㄴ. 양벌규정에 의해 영업주를 처벌하는 경우, 금지위반행위자인 종업원을 처벌할 수 없는 경우에도 영업주만 따로 처벌할 수 있다.
> ㄷ. 「농지법」상 이행강제금 부과처분은 행정소송의 대상이다.
> ㄹ. 행정상 의무 위반행위자에 대하여 과징금을 부과하기 위해서는 원칙적으로 위반자의 고의 또는 과실이 있어야 한다.

① ㄱ
② ㄱ, ㄴ
③ ㄷ, ㄹ
④ ㄱ, ㄴ, ㄷ, ㄹ

**해설**

ㄱ. (O) 단순한 부작위의무의 위반, 즉 관계 법령에 정하고 있는 절대적 금지나 허가를 유보한 상대적 금지를 위반한 경우에는 당해 법령에서 그 위반자에 대하여 위반에 의하여 생긴 유형적 결과의 시정을 명하는 행정처분의 권한을 인정하는 규정을 두고 있지 아니한 이상, 법치주의의 원리에 비추어 볼 때 위와 같은 부작위의무로부터 그 의무를 위반함으로써 생긴 결과를 시정하기 위한 작위의무를 당연히 끌어낼 수는 없으며, 또 위 금지규정(특히 허가를 유보한 상대적 금지규정)으로부터 작위의무, 즉 위반 결과의 시정을 명하는 권한이 당연히 추론되는 것도 아니다. (대판 1996.6.28. 96누4374) – 부작위의무 위반의 경우 바로 대집행을 할 수는 없고 반드시 개별법에 별도의 규정이 있어야 한다는 의미이다.

ㄴ. (O) 양벌규정에 의한 영업주의 처벌은 금지위반행위자인 종업원의 처벌에 종속하는 것이 아니라 독립하여 그 자신의 종업원에 대한 선임·감독상의 과실로 인하여 처벌되는 것이므로 종업원의 범죄성립이나 처벌이 영업주 처벌의 전제조건이 될 필요는 없다. (대판 2006.2.24. 2005도7673)

ㄷ. (X) 농지법은 이행강제금에 대한 별도의 불복절차를 두고 있으므로 처분이 아니다.

> 농지법 제62조 제1항에 따른 이행강제금 부과처분에 불복하는 경우에는 비송사건절차법에 따른 재판절차가 적용되어야 하고, 행정소송법상 항고소송의 대상이 될 수 없다. (대판 2019.4.11. 2018두42955)

ㄹ. (X) 과징금 부과처분은 제재적 행정처분으로서 여객자동차 운수사업에 관한 질서를 확립하고 여객의 원활한 운송과 여객자동차 운수사업의 종합적인 발달을 도모하여 공공복리를 증진한다는 행정목적의 달성을 위하여 행정법규 위반이라는 객관적 사실에 착안하여 가하는 제재이므로 반드시 현실적인 행위자가 아니라도 법령상 책임자로 규정된 자에게 부과되고 원칙적으로 위반자의 고의·과실을 요하지 아니하나, 위반자의 의무 해태를 탓할 수 없는 정당한 사유가 있는 등의 특별한 사정이 있는 경우에는 이를 부과할 수 없다. (대판 2014.10.15. 2013두5005)

**정답** ②

## 004 행정벌에 대한 설명으로 옳지 않은 것은? (다툼이 있는 경우 판례에 의함)

21 소방

① 과태료는 행정상의 질서유지를 위한 행정질서벌에 해당할 뿐 형벌이라 할 수 없어 죄형법정주의의 규율대상에 해당하지 않는다.

② 행정형벌은 행정법상 의무 위반에 대한 제재로 과하는 처벌로 법인이 법인으로서 행정법상 의무자인 경우 그 의무 위반에 대하여 형벌의 성질이 허용하는 한도 내에서 그 법인을 처벌하는 것은 당연하며, 행정범에 관한 한 법인의 범죄능력을 인정함이 일반적이나, 지방자치단체와 같은 공법인의 경우는 범죄능력 및 형벌능력 모두 부정된다.

③ 과태료 재판은 이유를 붙인 결정으로써 하며, 결정은 당사자와 검사에게 고지함으로써 효력이 발생하고, 당사자와 검사는 과태료 재판에 대하여 즉시항고할 수 있으며 이 경우 항고는 집행정지의 효력이 있다.

④ 행정청이 질서위반행위에 대하여 과태료를 부과하고자 하는 때에는 미리 당사자에게 과태료 부과의 원인이 되는 사실, 과태료 금액 및 적용법령 등을 통지하고 10일 이상의 기간을 정하여 의견을 제출할 기회를 주어야 한다.

### 해설

① (○) 죄형법정주의는 형벌에 적용되는 원칙이므로 행정질서벌에는 적용되지 않는다. (헌재 1998.5.28. 96헌바83)

② (✕) 지방자치단체가 그 고유의 자치사무를 처리하는 경우에는 지방자치단체는 국가기관의 일부가 아니라 국가기관과는 별도의 독립한 공법인이므로, 지방자치단체 소속 공무원이 지방자치단체 고유의 자치사무를 수행하던 중 도로법 제81조 내지 제85조의 규정에 의한 위반행위를 한 경우에는 지방자치단체는 도로법 제86조의 양벌규정에 따라 처벌대상이 되는 법인에 해당한다. (대판 2005.11.10. 2004도2657)

③ (○)

> **질서위반행위규제법 제36조(재판)**
> ① 과태료 재판은 이유를 붙인 결정으로써 한다.
>
> **제37조(결정의 고지)**
> ① 결정은 당사자와 검사에게 고지함으로써 효력이 생긴다.
>
> **제38조(항고)**
> ① 당사자와 검사는 과태료 재판에 대하여 즉시항고를 할 수 있다. 이 경우 항고는 집행정지의 효력이 있다.

④ (○)

> **질서위반행위규제법 제16조(사전통지 및 의견제출 등)**
> ① 행정청이 질서위반행위에 대하여 과태료를 부과하고자 하는 때에는 미리 당사자(제11조 제2항에 따른 고용주 등을 포함한다. 이하 같다)에게 대통령령으로 정하는 사항을 통지하고, 10일 이상의 기간을 정하여 의견을 제출할 기회를 주어야 한다. 이 경우 지정된 기일까지 의견제출이 없는 경우에는 의견이 없는 것으로 본다.

정답 ②

> **기출지문 OX**

**01** 「도로교통법」에 따른 경찰서장의 통고처분은 행정소송의 대상이 되는 행정처분이다. [21 서울·지방7급] (O, X)

**해설** 통고처분은 이행하지 않으면 별도의 구제절차가 있으므로 처분이 아니다.

> 도로교통법 제118조에서 규정하는 경찰서장의 통고처분은 행정소송의 대상이되는 행정처분이 아니므로 그 처분의 취소를 구하는 소송은 부적법하고, 도로교통법상의 통고처분을 받은 자가 그 처분에 대하여 이의가 있는 경우에는 통고처분에 따른 범칙금의 납부를 이행하지 아니함으로써 경찰서장의 즉결심판청구에 의하여 법원의 심판을 받을 수 있게 될 뿐이다. (대판 1995.6.29. 95누4674)

**정답** X

**02** 「독점규제 및 공정거래에 관한 법률」상 부당내부거래에 대한 과징금에는 행정상의 제재금으로서의 기본적 성격에 부당이득환수적 요소도 부가되어 있다. [21 서울·지방7급] (O, X)

**해설** 헌재 2003.7.24. 2001헌가25

**정답** O

**03** 「법인세법」상 가산세는 형벌이 아니므로 행위자의 고의 또는 과실·책임능력·책임조건 등을 고려하지 아니하며, 조세의 부과절차에 따라 과징할 수 있다. [21 서울·지방7급] (O, X)

**해설** 이 사건 법률조항은 납세자의 고의·과실을 묻지 아니하나, 가산세는 형벌이 아니므로 행위자의 고의 또는 과실·책임능력·책임조건 등을 고려하지 아니하고 가산세 과세요건의 충족 여부만을 확인하여 조세의 부과절차에 따라 과징할 수 있다. (헌재 2006.7.27. 2004헌가13)

**정답** O

**005** 행정의 실효성 확보수단에 대한 설명으로 옳은 것만을 모두 고른 것은? (다툼이 있는 경우 판례에 의함) 17 국가7급 추가

> ㄱ. 하나의 납세고지서에 의하여 본세와 가산세를 함께 부과할 때 납세고지서에 본세와 가산세 각각의 세액과 산출근거 등을 구분하여 기재하여야 하는 것은 아니다.
> ㄴ. 시정명령의 이행기회가 제공되지 아니한 과거의 기간에 대한 이행강제금까지 한꺼번에 부과할 수는 없으나, 이를 위반하여 이루어진 이행강제금 부과처분이라 하여 중대하고도 명백한 하자라고는 할 수 없다.
> ㄷ. 지방자치단체 소속 공무원이 지정항만순찰 등의 업무를 위해 관할 관청의 승인 없이 개조한 승합차를 운행함으로써 구 「자동차관리법」을 위반한 경우, 해당 지방자치단체는 구 「자동차관리법」 제83조의 양벌규정에 따른 처벌대상이 될 수 없다.
> ㄹ. 행정청은 개별사건에 있어서 위반 내용, 위반자의 시정의지 등을 감안하여 대집행을 할 것인지 아니면 이행강제금을 부과할 것인지와 관련하여 양자의 선택에 있어서 재량을 갖는다.

① ㄱ
② ㄴ, ㄷ
③ ㄷ, ㄹ
④ ㄱ, ㄴ, ㄷ, ㄹ

해설

ㄱ. (×) 하나의 납세고지서에 의하여 본세와 가산세를 함께 부과할 때에는 납세고지서에 본세와 가산세 각각의 세액과 산출근거 등을 구분하여 기재해야 한다. 가산세는 별도의 과세처분이기 때문이다.

ㄴ. (×) 무효에 해당한다.

ㄷ. (O) 지방자치단체 소속 공무원이 지정항만순찰 등의 업무를 위해 관할 관청의 승인 없이 개조한 승합차를 운행함으로써 구 자동차관리법을 위반한 사안에서, 지방자치법, 구 항만법, 구 항만법 시행령 등에 비추어 위 항만순찰 등의 업무가 지방자치단체의 장이 국가로부터 위임받은 기관위임사무에 해당하여, 해당 지방자치단체가 구 자동차관리법 제83조의 양벌규정에 따른 처벌대상이 될 수 없다. (대판 2009.6.11. 2008도6530)

ㄹ. (O) 대집행과 이행강제금을 선택적으로 활용할 수 있으며, 이처럼 그 합리적인 재량에 의해 선택하여 활용하는 이상 중첩적인 제재에 해당한다고 볼 수 없다. (헌재 2004.2.26. 2001헌바80 등)

정답 ③

기출지문 OX

**01** 명문규정이 없더라도 관련 행정형벌법규의 해석에 따라 과실행위도 처벌한다는 뜻이 명확한 경우에는 과실행위를 처벌할 수 있다. [17 국가7급]  (O, ×)

해설 형법상의 형벌은 고의나 과실이 있어야만 처벌할 수 있음에 비해 행정형벌에 대해서는 명문규정이 없어도 처벌이 가능하다는 것이 판례의 입장이다.

> 구 대기환경보전법의 입법목적이나 제반 관계 규정의 취지 등을 고려하면, 법정의 배출허용기준을 초과하는 배출가스를 배출하면서 자동차를 운행하는 행위를 처벌하는 위 법 제57조 제6호의 규정은 자동차의 운행자가 그 자동차에서 배출되는 배출가스가 소정의 운행 자동차 배출허용기준을 초과한다는 점을 실제로 인식하면서 운행한 고의범의 경우는 물론 과실로 인하여 그러한 내용을 인식하지 못한 과실범의 경우도 함께 처벌하는 규정이다. (대판 1993.9.10. 92도1136)

정답 O

**02** 통고처분에 의해 범칙금을 납부한 경우, 그 납부의 효력에 따라 다시 벌받지 아니하게 되는 행위사실은 범칙금 통고의 이유에 기재된 당해 범칙행위 자체에 한정될 뿐, 그 범칙행위와 동일성이 인정되는 범칙행위에는 미치지 않는다. [17 국가7급]  (O, ×)

해설 통고처분에도 일사부재리원칙이 적용되는데 그 범위는 동일성이 인정되는 범위에서 인정되는 것이고 행위가 다르면 별도의 처벌이 가능하다.

> 범칙금의 통고 및 납부 등에 관한 규정들의 내용과 취지 등에 비추어 볼 때, 범칙자가 경찰서장으로부터 범칙행위를 하였음을 이유로 범칙금의 통고를 받고 납부기간 내에 그 범칙금을 납부한 경우 범칙금의 납부에 확정판결에 준하는 효력이 인정됨에 따라 다시 벌 받지 아니하게 되는 행위사실은 범칙금 통고의 이유에 기재된 당해 범칙행위 자체 및 그 범칙행위와 동일성이 인정되는 범칙행위에 한정된다고 해석함이 상당하다. (대판 2002.11.22. 2001도849)

정답 ×

**03** 「질서위반행위규제법」에 의하면 행정청은 질서위반행위가 종료된 날부터 5년이 경과한 경우에는 해당 질서위반행위에 대하여 과태료를 부과할 수 없다. [17 국가7급]  (O, ×)

해설 질서위반행위규제법상 과태료의 소멸시효와 제척기간은 둘 다 5년이다.

> **질서위반행위규제법 제19조(과태료 부과의 제척기간)**
> ① 행정청은 질서위반행위가 종료된 날(다수인이 질서위반행위에 가담한 경우에는 최종행위가 종료된 날을 말한다)부터 5년이 경과한 경우에는 해당 질서위반행위에 대하여 과태료를 부과할 수 없다.

정답 O

**04** 종업원 등의 범죄에 대해 법인에게 어떠한 잘못이 있는지를 전혀 묻지 않고, 곧바로 그 종업원 등을 고용한 법인에게도 종업원 등에 대한 처벌조항에 규정된 벌금형을 과하도록 규정하는 것은 책임주의에 반한다. [17 국가9급] (O, ×)

해설 종업원의 행위에 대해 법인(사용자)의 관리·감독에 대한 고의·과실을 묻지 않고 형벌을 부과하는 것은 자기책임원칙 위반으로 헌법에 위반된다는 것이 헌법재판소의 입장이다. (헌재 2009.7.30. 2008헌가10)    정답 O

**05** 「질서위반행위규제법」상 개인의 대리인이 업무에 관하여 그 개인에게 부과된 법률상의 의무를 위반한 때에는 행위자인 대리인에게 과태료를 부과한다. [17 국가9급] (O, ×)

해설 대리의 경우 법적 효과는 원칙적으로 본인에게 귀속된다.

> **질서위반행위규제법 제11조(법인의 처리 등)**
> ① 법인의 대표자, 법인 또는 개인의 대리인·사용인 및 그 밖의 종업원이 업무에 관하여 법인 또는 그 개인에게 부과된 법률상의 의무를 위반한 때에는 법인 또는 그 개인에게 과태료를 부과한다.
> ② 제7조부터 제10조까지의 규정은 도로교통법 제56조 제1항에 따른 고용주 등을 같은 법 제160조 제3항에 따라 과태료를 부과하는 경우에는 적용하지 아니한다.

정답 ×

**06** 행정벌과 이행강제금은 장래에 의무의 이행을 강제하기 위한 제재로서 직접적으로 행정작용의 실효성을 확보하기 위한 수단이라는 점에서는 동일하다. [17 국가9급] (O, ×)

해설 행정벌은 과거의 책임을 묻는 것이고 행정강제는 장래의 의무 이행 확보를 목적으로 한다. 행정벌과 이행강제금 모두 간접적인 행정의 실효성 확보수단이다.    정답 ×

**07** 고의 또는 과실이 없는 질서위반행위는 과태료를 부과하지 아니한다. [17 국회8급] (O, ×)

해설 질서위반행위규제법 제7조    정답 O

**08** 과태료의 부과는 서면으로 하여야 한다. 이때 당사자가 동의하는 경우에는 전자문서도 여기서의 서면에 포함된다. [17 국회8급] (O, ×)

해설

> **질서위반행위규제법 제17조(과태료의 부과)**
> ① 행정청은 의견제출절차를 마친 후에 서면(당사자가 동의하는 경우에는 전자문서를 포함한다. 이하 이 조에서 같다)으로 과태료를 부과하여야 한다.

정답 O

**09** 과태료의 부과·징수의 절차에 관해 「질서위반행위규제법」의 규정에 저촉되는 다른 법률의 규정이 있는 경우에는 그 다른 법률의 규정이 정하는 바에 따른다. [17 국회8급] (O, ×)

해설

> **질서위반행위규제법 제5조(다른 법률과의 관계)**
> 과태료의 부과·징수, 재판 및 집행 등의 절차에 관한 다른 법률의 규정 중 이 법의 규정에 저촉되는 것은 이 법으로 정하는 바에 따른다.

정답 ×

**10** 자신의 행위가 위법하지 아니한 것으로 오인하고 행한 질서위반행위는 그 오인에 정당한 이유가 있는 때에 한하여 과태료를 부과하지 아니한다. [17 국회8급] (O, ×)

해설 질서위반행위규제법 제8조    정답 O

## 006
「의료법」 제87조는 면허증을 대여한 자에 대하여 5년 이하의 징역 또는 2천만 원 이하의 벌금에 처하는 것으로 규정하고 있다. 이에 대한 설명으로 옳지 않은 것은?

12 국가9급

① 행정벌 가운데 행정형벌을 규정한 것이다.

② 형사소송절차에 의하여 과벌된다.

③ 행정행위의 실효성을 확보함에 있어서 간접적인 의무 이행 확보수단이 된다.

④ 대여행위가 있기만 하면 고의 또는 과실이 없는 자도 처벌의 대상이 된다.

### 해설

① (○) ② (○) 형벌은 형법에 형명으로 정해져 있는 것을 말하는데, 징역, 벌금 등이 있으며, 형사소송절차에 의한다. 한편, 과태료는 질서벌이지 형벌은 아니다.

③ (○) 행정강제는 행위를 직접 규제하므로 직접적인 수단이고, 형벌이나 질서벌은 직접 행위를 규제하는 것이 아니라는 점에서 간접적이다.

④ (×) 형벌은 고의 또는 과실 없이는 부과할 수 없다.

> 무자격자가 시설을 갖추고 의료기관 개설신고를 하는 데에 면허증을 이용하도록 하였다고 하더라도 그 개설 후 의료인 자신이 그 의료기관에서 의료행위를 할 의사로 그리하였고, 실제로 의료인이 의료행위를 계속하여 왔으며 무자격자가 의료행위를 한 바 없다면, 면허증을 대여한 것으로 볼 수 없다. (대판 1994.12.23. 94도1937)

**정답** ④

---

### 통고처분의 논점

1. 통고처분은 벌금을 부과해야 하는 형벌에 대해서 재판을 거치지 않고 행정청(예 경찰서장, 세무서장)이 일방적으로 범칙금을 부과하는 과벌절차를 말한다. 즉, 행정형벌의 특별절차이지 질서벌이 아니다.
2. 통고처분은 처분성이 인정되지 않는다. 통고처분에 불복할 때는 행정소송을 할 필요 없이 정식재판절차가 가능하기 때문이다.
3. 통고처분을 할지 여부는 재량행위이다. 따라서 통고처분을 하지 않고 고발조치하는 것도 가능하다.
4. 통고처분은 소멸시효의 중단사유이다.

### 기출지문 OX

**01** 법률에 따라 통고처분을 할 수 있으면 행정청은 통고처분을 하여야 하며, 통고처분 이외의 조치를 취할 재량은 없다. [15 지방9급]
(O, ×)

**해설** 통고처분을 할지 바로 검찰에 고소를 할지는 재량이다.

**정답** ×

**02** 행정법규 위반자가 법정기간 내에 통고처분에 의해 부과된 금액을 납부하지 않으면 「비송사건절차법」에 의해 처리된다. [15 지방9급]
(O, ×)

**해설** 법정기간 내에 통고처분을 이행하지 않으면 통고처분은 효력을 잃고 행정청의 고발에 의해 재판절차로 진행된다.

**정답** ×

**03** 행정법규 위반자가 통고처분에 의해 부과된 금액을 납부하면 과벌절차가 종료되며 동일한 사건에 대하여 다시 처벌받지 아니한다. [15 지방9급]
(O, ×)

**해설** 통고처분에도 일사부재리가 적용된다.

**정답** ○

## 제3절 행정질서벌

**007** 행정질서벌에 관한 설명으로 옳은 것은? (다툼이 있는 경우 판례에 의함) 23 소방

① 과태료 부과와 형사처벌은 그 성질이나 목적이 다를 바가 없으므로 과태료 부과 후에 형사처벌을 할 경우 이중처벌금지원칙에 반한다.
② 과태료와 같은 행정질서벌은 행정질서 유지를 위한 의무의 위반이라는 객관적 사실에 대하여 과하는 제재이므로 현실적인 행위자가 아니더라도 법령상 책임자로 규정된 자에게 부과된다.
③ 자신의 행위가 위법하지 아니한 것으로 오인하고 행한 질서위반행위에 대하여는 그 오인에 정당한 이유가 있는 때에도 과태료를 부과한다.
④ 질서위반행위 후 법률이 변경되어 그 행위가 질서위반 행위에 해당하지 아니하게 되면 법률에 특별한 규정이 없는 한 변경되기 전의 법률을 적용한다.

> **해설**
> 
> ① (×) 이중처벌은 형벌만을 의미하므로 과태료·과징금은 형벌이 아니므로 형사처벌과 병과할 수 있다.
> ② (○) 과징금 부과처분은 제재적 행정처분으로서 여객자동차 운수사업에 관한 질서를 확립하고 여객의 원활한 운송과 여객자동차 운수사업의 종합적인 발달을 도모하여 공공복리를 증진한다는 행정목적의 달성을 위하여 행정법규 위반이라는 객관적 사실에 착안하여 가하는 제재이므로 반드시 현실적인 행위자가 아니라도 법령상 책임자로 규정된 자에게 부과되고 원칙적으로 위반자의 고의·과실을 요하지 아니하나, 위반자의 의무 해태를 탓할 수 없는 정당한 사유가 있는 등의 특별한 사정이 있는 경우에는 이를 부과할 수 없다. (대판 2014.10.15. 2013두5005)
> ③ (×)
> 
> > **질서위반행위규제법 제8조(위법성의 착오)**
> > 자신의 행위가 위법하지 아니한 것으로 오인하고 행한 질서위반행위는 그 오인에 정당한 이유가 있는 때에 한하여 과태료를 부과하지 아니한다.
> 
> ④ (×)
> 
> > **질서위반행위규제법 제3조(법 적용의 시간적 범위)**
> > ① 질서위반행위의 성립과 과태료 처분은 행위시의 법률에 따른다.
> > ② 질서위반행위 후 법률이 변경되어 그 행위가 질서위반행위에 해당하지 아니하게 되거나 과태료가 변경되기 전의 법률보다 가볍게 된 때에는 법률에 특별한 규정이 없는 한 변경된 법률을 적용한다.
> > ③ 행정청의 과태료 처분이나 법원의 과태료 재판이 확정된 후 법률이 변경되어 그 행위가 질서위반행위에 해당하지 아니하게 된 때에는 변경된 법률에 특별한 규정이 없는 한 과태료의 징수 또는 집행을 면제한다.

정답 ②

## 008 「질서위반행위규제법」상 과태료에 대한 설명으로 옳지 않은 것은?
23 국가9급

① 신분에 의하여 성립하는 질서위반행위에 신분이 없는 자가 가담한 때에는 신분이 없는 자에 대하여도 질서위반행위가 성립한다.
② 하나의 행위가 2 이상의 질서위반행위에 해당하는 경우에는 각 질서위반행위에 대하여 정한 과태료 중 가장 중한 과태료를 부과한다.
③ 자신의 행위가 위법하지 아니한 것으로 오인하고 행한 질서위반행위는 그 오인에 정당한 이유가 있는 때에 한하여 과태료를 부과하지 아니한다.
④ 행정청이 위반사실을 적발하면 과태료를 부과받을 자의 주소지를 관할하는 지방법원에 통보하여야 하고, 당해 법원은 「비송사건절차법」에 따라 결정으로써 과태료를 부과한다.

**해설**

① (○)

> **질서위반행위규제법 제12조(다수인의 질서위반행위 가담)**
> ① 2인 이상이 질서위반행위에 가담한 때에는 각자가 질서위반행위를 한 것으로 본다.
> ② 신분에 의하여 성립하는 질서위반행위에 신분이 없는 자가 가담한 때에는 신분이 없는 자에 대하여도 질서위반행위가 성립한다.
> ③ 신분에 의하여 과태료를 감경 또는 가중하거나 과태료를 부과하지 아니하는 때에는 그 신분의 효과는 신분이 없는 자에게는 미치지 아니한다.

② (○) 질서위반행위규제법 제13조 제1항
③ (○) 질서위반행위규제법 제8조
④ (×) 과태료는 법원이 아니라 행정청이 부과한다.

**정답** ④

## 009 제재처분에 대한 설명으로 옳지 않은 것은? (다툼이 있는 경우 판례에 의함)
22 국가7급

① 일정한 법규 위반사실이 행정처분의 전제사실이자 형사법규의 위반사실이 되는 경우, 형사판결이 확정되기 전에 그 위반사실을 이유로 제재처분을 하였다면 절차적 위반에 해당한다.
② 행정청이 여러 개의 위반행위에 대하여 하나의 제재처분을 하였으나, 위반행위별로 제재처분의 내용을 구분하는 것이 가능하고 여러 개의 위반행위 중 일부의 위반행위에 대한 제재처분 부분만이 위법하다면, 법원은 제재처분 전부를 취소하여서는 아니 된다.
③ 법령 위반행위가 2022년 3월 23일 있은 후 법령이 개정되어 그 위반행위에 대한 제재처분 기준이 감경된 경우, 특별한 규정이 없다면 해당 제재처분에 대해서는 개정된 법령을 적용한다.
④ 행정법규 위반에 대한 영업정지처분은 행정목적의 달성을 위하여 행정법규 위반이라는 객관적 사실에 착안하여 가하는 제재이므로, 반드시 현실적인 행위자가 아니라도 법령상 책임자로 규정된 자에게 부과되고, 특별한 사정이 없는 한 위반자에게 고의나 과실이 없더라도 부과할 수 있다.

**해설**

① (×) 행정처분과 형벌은 각각 그 권력적 기초, 대상, 목적이 다르다. 일정한 법규 위반사실이 행정처분의 전제사실이자 형사법규의 위반사실이 되는 경우에 동일한 행위에 관하여 독립적으로 행정처분이나 형벌을 부과하거나 이를 병과할 수 있다. 법규가 예외적으로 형사소추선행원칙을 규정하고 있지 않은 이상 형사판결 확정에 앞서 일정한 위반사실을 들어 행정처분을 하였다고 하여 절차적 위반이 있다고 할 수 없다. (대판 2017.6.19. 2015두59808)
② (○) 행정청이 여러 개의 위반행위에 대하여 하나의 제재처분을 하였으나, 위반행위별로 제재처분의 내용을 구분하는 것이 가능하고 여러 개의 위반행위 중 일부의 위반행위에 대한 제재처분 부분만이 위법하다면, 법원은 제재처분 중 위법성이 인정되는 부분만 취소하여야 하고 제재처분 전부를 취소하여서는 아니 된다. (대판 2020.5.14. 2019두63515)
③ (○) 행정기본법의 시행에 따른 결과이다.
④ (○) 행정법규 위반에 대하여 가하는 제재조치는 반드시 현실적인 행위자가 아니라도 법령상 책임자로 규정된 자에게 부과되고 특별한 사정이 없는 한 위반자에게 고의나 과실이 없더라도 부과할 수 있다. 행정법규 위반에 대하여 가하는 제재조치는 행정목적의 달성을 위하여 행정법규 위반이라는 객관적 사실에 착안하여 가하는 제재이므로 위반자의 고의·과실이 있어야만 하는 것은 아니나, 그렇다고 하여 위반자의 의무 해태를 탓할 수 없는 정당한 사유가 있는 경우까지 부과할 수 있는 것은 아니다. (대판 2014.12.24. 2010두6700)

**정답** ①

---

**기출지문 OX**

**01** 신분에 의하여 과태료를 감경 또는 가중하거나 과태료를 부과하지 아니하는 때에는 그 신분의 효과는 신분이 없는 자에게는 미치지 않는다. [21 국가7급]  (○, ×)
**해설** 질서위반행위규제법 제12조 제3항   **정답** ○

**02** 행정청의 과태료 부과에 불복하는 이의제기가 있더라도 과태료 부과처분은 그 효력을 상실하지 않는다. [21 국가7급]  (○, ×)
**해설** 행정청의 과태료 부과에 불복하는 이의제기가 있는 경우에는 행정청의 과태료 부과처분은 그 효력을 상실한다. (질서위반행위규제법 제20조 제2항)   **정답** ×

---

**010** 「질서위반행위규제법」의 내용으로 옳은 것만을 모두 고르면?  20 국가9급

ㄱ. 행정청이 질서위반행위에 대하여 과태료를 부과하고자 하는 때에는 미리 당사자에게 대통령령으로 정하는 사항을 통지하고, 10일 이상의 기간을 정하여 의견을 제출할 기회를 주어야 한다.
ㄴ. 행정청에 의해 부과된 과태료는 질서위반행위가 종료된 날(다수인이 질서위반행위에 가담한 경우에는 최종행위가 종료된 날을 말한다)부터 5년간 징수하지 아니하거나 집행하지 아니하면 시효로 인하여 소멸한다.
ㄷ. 과태료 사건은 다른 법령에 특별한 규정이 있는 경우를 제외하고는 과태료 부과관청의 소재지의 지방법원 또는 그 지원의 관할로 한다.
ㄹ. 다른 법률에 특별한 규정이 없는 경우, 14세가 되지 아니한 자의 질서위반행위는 과태료를 부과하지 아니한다.

① ㄱ, ㄹ  
② ㄴ, ㄹ  
③ ㄱ, ㄴ, ㄷ  
④ ㄱ, ㄷ, ㄹ

**해설**

ㄱ. (○) 질서위반행위규제법 제16조 제1항

ㄴ. (×) 제척기간과 소멸시효의 차이를 묻는 문제이다.

> **질서위반행위규제법 제15조(과태료의 시효)**
> ① 과태료는 행정청의 과태료 부과처분이나 법원의 과태료 재판이 확정된 후 5년간 징수하지 아니하거나 집행하지 아니하면 시효로 인하여 소멸한다.
>
> **제19조(과태료 부과의 제척기간)**
> ① 행정청은 질서위반행위가 종료된 날(다수인이 질서위반행위에 가담한 경우에는 최종행위가 종료된 날을 말한다)부터 5년이 경과한 경우에는 해당 질서위반행위에 대하여 과태료를 부과할 수 없다.

ㄷ. (×)

> **질서위반행위규제법 제25조(관할 법원)**
> 과태료 사건은 다른 법령에 특별한 규정이 있는 경우를 제외하고는 당사자의 주소지의 지방법원 또는 그 지원의 관할로 한다.

ㄹ. (○) 질서위반행위규제법 제9조

**정답** ①

---

**기출지문 OX**

**01** 과징금은 어떤 경우에도 영업정지에 갈음하여 부과할 수 없다. [20 서울·지방9급] (O, X)

**해설** 과징금의 부과는 기본적으로 재량행위이므로, 영업정지를 할지 과징금을 부과할지는 재량행위에 속한다. 특히 변형된 과징금은 영업정지에 갈음하여 부과된다.

**정답** ×

**02** 「질서위반행위규제법」에 따른 과태료는 행정청의 과태료 부과처분이나 법원의 과태료 재판이 확정된 후 5년간 징수하지 아니하거나 집행하지 아니하면 시효로 소멸한다. [20 서울·지방9급] (O, X)

**해설** 질서위반행위규제법 제15조 – 질서위반행위규제법에 의한 과태료 부과처분은 처분의 상대방이 이의제기하지 않은 채 납부기간까지 과태료를 납부하지 않으면 도로교통법상 통고처분과 마찬가지로 그 효력을 상실한다.

**정답** ○

**03** 지방자치단체의 조례상의 의무를 위반하여 과태료를 부과하는 행위는 질서위반행위에 해당되지 않는다. [19 지방9급] (O, X)

**해설**

> **질서위반행위규제법 제2조(정의)**
> 이 법에서 사용하는 용어의 뜻은 다음과 같다.
> 1. '질서위반행위'란 법률(지방자치단체의 조례를 포함한다. 이하 같다)상의 의무를 위반하여 과태료를 부과하는 행위를 말한다. 다만, 다음 각 목의 어느 하나에 해당하는 행위를 제외한다.
>    가. 대통령령으로 정하는 사법(私法)상·소송법상 의무를 위반하여 과태료를 부과하는 행위
>    나. 대통령령으로 정하는 법률에 따른 징계사유에 해당하여 과태료를 부과하는 행위
> 3. '당사자'란 질서위반행위를 한 자연인 또는 법인(법인이 아닌 사단 또는 재단으로서 대표자 또는 관리인이 있는 것을 포함한다. 이하 같다)을 말한다.

**정답** ×

**04** 법원의 과태료 재판이 확정된 후 법률이 변경되어 그 행위가 질서위반행위에 해당하지 아니하게 된 때에는 변경된 법률에 특별한 규정이 없는 한 과태료의 집행을 면제한다. [19 지방9급] (O, X)

해설

**질서위반행위규제법 제3조(법 적용의 시간적 범위)**
① 질서위반행위의 성립과 과태료 처분은 행위시의 법률에 따른다.
② 질서위반행위 후 법률이 변경되어 그 행위가 질서위반행위에 해당하지 아니하게 되거나 과태료가 변경되기 전의 법률보다 가볍게 된 때에는 법률에 특별한 규정이 없는 한 변경된 법률을 적용한다.
③ 행정청의 과태료 처분이나 법원의 과태료 재판이 확정된 후 법률이 변경되어 그 행위가 질서위반행위에 해당하지 아니하게 된 때에는 변경된 법률에 특별한 규정이 없는 한 과태료의 징수 또는 집행을 면제한다.

정답 O

**05** 죄형법정주의원칙 등 형벌법규의 해석원리는 행정형벌에 관한 규정을 해석할 때에도 적용되어야 한다. [19 서울9급 6월] (O, X)
정답 O

**06** 스스로 심신장애상태를 일으켜 질서위반행위를 한 자에 대하여는 과태료를 감경한다. [19 국가7급] (O, X)

해설

**질서위반행위규제법 제10조(심신장애)**
① 심신장애로 인하여 행위의 옳고 그름을 판단할 능력이 없거나 그 판단에 따른 행위를 할 능력이 없는 자의 질서위반행위는 과태료를 부과하지 아니한다.
② 심신장애로 인하여 제1항에 따른 능력이 미약한 자의 질서위반행위는 과태료를 감경한다.
③ 스스로 심신장애상태를 일으켜 질서위반행위를 한 자에 대하여는 제1항 및 제2항을 적용하지 아니한다.

정답 X

**07** 2인 이상이 질서위반행위에 가담한 때에는 각자가 질서위반행위를 한 것으로 본다. [17 교행] (O, X)
해설 질서위반행위규제법 제12조 제1항
정답 O

**08** 법률에 따르지 아니하고는 어떤 행위도 질서위반행위로 과태료를 부과하지 아니한다. [17 교행] (O, X)
해설 질서위반행위규제법 제6조
정답 O

**09** 「질서위반행위규제법」상 과태료는 행정형벌이 아니므로 고의 또는 과실과 무관하게 부과할 수 있다. [16 지방7급] (O, X)

해설

**질서위반행위규제법 제7조(고의 또는 과실)**
고의 또는 과실이 없는 질서위반행위는 과태료를 부과하지 아니한다.

정답 X

**10** 위법성의 착오는 과태료 부과에 영향을 미치지 않는다. [16 지방7급] (O, X)

해설

**질서위반행위규제법 제8조(위법성의 착오)**
자신의 행위가 위법하지 아니한 것으로 오인하고 행한 질서위반행위는 그 오인에 정당한 이유가 있는 때에 한하여 과태료를 부과하지 아니한다.

정답 X

**11** 과태료는 당사자가 과태료 부과처분에 대하여 이의를 제기하지 아니한 채 「질서위반행위규제법」에 따른 이의제기기한이 종료한 후 사망한 경우에는 그 상속재산에 대하여 집행할 수 있다. [16 지방7급] (O, X)
해설 질서위반행위규제법 제24조의2 제1항
정답 O

## 011 다음 「질서위반행위규제법」상 규정 내용으로 가장 적절하지 않은 것은?

15 경행

① 「질서위반행위규제법」은 대한민국 영역 밖에서 질서위반행위를 한 대한민국의 국민에게 적용한다.
② 신분에 의하여 성립하는 질서위반행위에 신분이 없는 자가 가담한 때에는 신분이 없는 자에 대하여도 질서위반행위가 성립한다.
③ 행정청은 당사자가 납부기한까지 과태료를 납부하지 아니한 때에는 납부기한을 경과한 날부터 체납된 과태료에 대하여 100분의 10에 상당하는 가산금을 징수한다.
④ 과태료 재판은 검사의 명령으로써 집행하며, 이 경우 그 명령은 집행력 있는 집행권원과 동일한 효력이 있다.

**해설**
① (O) 질서위반행위규제법 제4조 제2항
② (O) 질서위반행위규제법 제12조 제2항
③ (×)

> **질서위반행위규제법 제24조(가산금 징수 및 체납처분 등)**
> ① 행정청은 당사자가 납부기한까지 과태료를 납부하지 아니한 때에는 납부기한을 경과한 날부터 체납된 과태료에 대하여 100분의 3에 상당하는 가산금을 징수한다.

④ (O) 질서위반행위규제법 제42조 제1항

**정답** ③

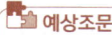 **예상조문**

**질서위반행위규제법 제33조(직권에 의한 사실탐지와 증거조사)**
① 법원은 직권으로 사실의 탐지와 필요하다고 인정하는 증거의 조사를 하여야 한다.
② 증거조사에 관하여는 민사소송법에 따른다.
**주의** 증거에 있어서 형사소송법을 따르지 않는다.

## 012 「질서위반행위규제법」의 내용에 대한 설명 중 옳지 않은 것은?
15 서울9급

① 과태료 사건은 다른 법령에 특별한 규정이 있는 경우를 제외하고는 과태료를 부과한 행정청의 소재지를 관할하는 행정법원의 관할로 한다.

② 행정청의 과태료 부과에 불복하는 당사자는 과태료 부과 통지를 받은 날부터 60일 이내에 해당 행정청에 서면으로 이의제기를 할 수 있는바, 이의제기가 있는 경우에는 행정청의 과태료 부과처분은 그 효력을 상실한다.

③ 이의제기를 받은 행정청은 이의제기를 받은 날부터 14일 이내에 이에 대한 의견 및 증빙서류를 첨부하여 관할 법원에 통보하여야 하는 것이 원칙이다.

④ 질서위반행위가 종료된 날부터 5년이 경과한 경우에는 해당 질서위반행위에 대하여 과태료를 부과할 수 없는바, 다수인이 질서위반행위에 가담한 경우에는 질서위반행위가 종료된 날은 최종행위가 종료된 날을 말한다.

**해설**

① (×)

> **질서위반행위규제법 제25조(관할 법원)**
> 과태료 사건은 다른 법령에 특별한 규정이 있는 경우를 제외하고는 당사자의 주소지의 지방법원 또는 그 지원의 관할로 한다.

② (○) 질서위반행위규제법 제20조 제1항·제2항
③ (○) 질서위반행위규제법 제21조 제1항
④ (○) 질서위반행위규제법 제19조 제1항

**정답** ①

## 013 다음에서 A, B, C를 모두 합한 숫자는?
11 지방7급

> • 「질서위반행위규제법」상 ( A )세가 되지 아니한 자의 질서위반행위는 과태료를 부과하지 아니한다.
> • 「행정소송법」상 제3자에 의한 재심청구는 확정판결이 있음을 안 날로부터 ( B )일 이내에 제기하여야 한다.
> • 「지방자치법」상 조례안이 지방의회에서 의결되면 의장은 의결된 날부터 ( C )일 이내에 그 지방자치단체의 장에게 이를 이송하여야 한다.

① 49   ② 54   ③ 59   ④ 79

**해설**

• A: (14)세가 되지 아니한 자의 질서위반행위는 과태료를 부과하지 아니한다. (**질서위반행위규제법 제9조 본문**)
• B: 제3자에 의한 재심청구는 확정판결이 있음을 안 날로부터 (30)일 이내, 판결이 확정된 날로부터 1년 이내에 제기하여야 한다. (**행정소송법 제31조 제2항**)
• C: 조례안이 지방의회에서 의결되면 의장은 의결된 날부터 (5)일 이내에 그 지방자치단체의 장에게 이를 이송하여야 한다. (**지방자치법 제32조 제1항**)

**정답** ①

## 014 다음 중 행정벌에 대한 설명으로 옳은 것은?

10 서울 교행

① 행정형벌에는 원칙적으로 형법총칙이 적용된다.
② 지방자치단체는 법률에 의하지 않고서는 조례로 과태료를 정할 수 없다.
③ 과태료의 부과 및 징수는 「비송사건절차법」에 의한다.
④ 2만 원의 과료처분은 행정질서벌에 속한다.

> **해설**
>
> ① (O) 행정형벌도 형벌에 해당하므로, 특별한 규정이 있는 경우를 제외하고는 형법총칙이 적용된다. (형법 제8조)
> ② (✕)
>
> > **지방자치법(조례 위반에 대한 과태료)**
> > ① 지방자치단체는 조례위반행위에 대하여 조례로써 1천만 원 이하의 과태료를 정할 수 있다.
>
> ③ (✕) 행정질서벌인 과태료의 과벌절차는 특별한 규정이 없는 한 비송사건절차법이 아니라 질서위반행위규제법이 정하는 바에 의한다.
>
> > **질서위반행위규제법 제5조(다른 법률과의 관계)**
> > 과태료의 부과·징수, 재판 및 집행 등의 절차에 관한 다른 법률의 규정 중 이 법의 규정에 저촉되는 것은 질서위반행위규 제법으로 정하는 바에 따른다.
>
> ④ (✕) 과료는 과태료와 다른 것으로서 행정형벌에 해당한다.

**정답** ①

## 015 다음 중 행정소송의 대상이 될 수 있는 것은?

07 관세사

① 분담금의 부과
② 범칙금의 부과
③ 즉결심판
④ 벌금의 부과
⑤ 과료의 부과

> **해설**
>
> ① (O) 사용료·수수료 또는 분담금의 부과나 징수에 대하여 이의가 있는 자는 처분청을 당사자로 하여 행정소송을 제기할 수 있다. (지방자치법 제157조 제4항)
> ② (✕) 범칙금의 부과는 통고처분에 의하므로 처분성이 인정되지 않는다.
> ③ (✕) 즉결심판에 불복하는 경우에는 정식재판을 청구하여 형사소송절차에 의하게 된다.
> ④ (✕) ⑤ (✕) 벌금과 과료는 형사소송법상의 절차에 의하여 부과되므로 행정소송의 대상이 아니다.

**정답** ①

# CHAPTER 04 새로운 실효성 확보수단

## 제1절 금전적 제재수단

**001** 과징금에 대한 설명으로 옳지 않은 것은? (다툼이 있는 경우 판례에 의함)  <small>22 서울·지방7급</small>

① 과징금의 근거가 되는 법률에는 과징금의 상한액을 명확하게 규정하여야 한다.
② 「행정기본법」 제28조 제1항에 과징금 부과의 법적 근거를 마련하였으므로 행정청은 직접 이 규정에 근거하여 과징금을 부과할 수 있다.
③ 영업정지처분에 갈음하는 과징금이 규정되어 있는 경우 과징금을 부과할 것인지 영업정지처분을 내릴 것인지는 통상 행정청의 재량에 속한다.
④ 과징금 부과처분은 원칙적으로 위반자의 고의·과실을 요하지 아니하나, 위반자의 의무 해태를 탓할 수 없는 정당한 사유가 있는 등의 특별한 사정이 있는 경우에는 이를 부과할 수 없다.

**해설**

① (O) ② (X) 행정기본법에 과징금에 대한 일반적 기준이 규정된 것은 맞지만, 그 규정은 개별법에서 정한 과징금을 부과할 때의 기준이다.

> **행정기본법 제28조(과징금의 기준)**
> ① 행정청은 법령 등에 따른 의무를 위반한 자에 대하여 법률로 정하는 바에 따라 그 위반행위에 대한 제재로서 과징금을 부과할 수 있다.
> ② 과징금의 근거가 되는 법률에는 과징금에 관한 다음 각 호의 사항을 명확하게 규정하여야 한다.
>    1. 부과·징수주체
>    2. 부과사유
>    3. 상한액
>    4. 가산금을 징수하려는 경우 그 사항
>    5. 과징금 또는 가산금 체납시 강제징수를 하려는 경우 그 사항

③ (O) 변형된 과징금의 부과는 재량행위이다.
④ (O) 과징금 부과처분은 제재적 행정처분으로서 여객자동차 운수사업에 관한 질서를 확립하고 여객의 원활한 운송과 여객자동차 운수사업의 종합적인 발달을 도모하여 공공복리를 증진한다는 행정목적의 달성을 위하여 행정법규 위반이라는 객관적 사실에 착안하여 가하는 제재이므로 반드시 현실적인 행위자가 아니라도 법령상 책임자로 규정된 자에게 부과되고 원칙적으로 위반자의 고의·과실을 요하지 아니하나, 위반자의 의무 해태를 탓할 수 없는 정당한 사유가 있는 등의 특별한 사정이 있는 경우에는 이를 부과할 수 없다. (대판 2014.10.15. 2013두5005)

**정답** ②

## 002 과징금 부과처분에 대한 설명으로 옳지 않은 것은? (다툼이 있는 경우 판례에 의함)  22 국가9급

① 「독점규제 및 공정거래에 관한 법률」상의 과징금은 법이 규정한 범위 내에서 그 부과처분 당시까지 부과관청이 확인한 사실을 기초로 일의적으로 확정되어야 할 것이지, 추후에 부과금 산정기준이 되는 새로운 자료가 나왔다고 하여 새로운 부과처분을 할 수 있는 것은 아니다.

② 영업정지에 갈음하여 부과되는 이른바 변형된 과징금의 부과 여부는 통상 행정청의 재량행위이다.

③ 과징금은 행정상 제재금이고 범죄에 대한 국가형벌권의 실행이 아니므로 행정법규 위반에 대해 벌금 이외에 과징금을 부과하는 것은 이중처벌금지의 원칙에 위반되지 않는다.

④ 「부동산 실권리자명의 등기에 관한 법률」상 명의신탁자에 대한 과징금의 부과 여부는 행정청의 재량행위이다.

**해설**

① (O) 구 독점규제 및 공정거래에 관한 법률 제23조 제1항의 규정에 위반하여 불공정거래행위를 한 사업자에 대하여 같은 법 제24조의2 제1항의 규정에 의하여 부과되는 과징금은 행정법상의 의무를 위반한 자에 대하여 당해 위반행위로 얻게 된 경제적 이익을 박탈하기 위한 목적으로 부과하는 금전적인 제재로서, 같은 법이 규정한 범위 내에서 그 부과처분 당시까지 부과관청이 확인한 사실을 기초로 일의적으로 확정되어야 할 것이고, 그렇지 아니하고 부과관청이 과징금을 부과하면서 추후에 부과금 산정기준이 되는 새로운 자료가 나올 경우에는 과징금액이 변경될 수도 있다고 유보한다든지, 실제로 추후에 새로운 자료가 나왔다고 하여 새로운 부과처분을 할 수는 없다 할 것인바, 과징금의 부과와 같이 재산권의 직접적인 침해를 가져오는 처분을 변경하려면 법령에 그 요건 및 절차가 명백히 규정되어 있어야 할 것인데, 위와 같은 변경처분에 대한 법령상의 근거규정이 없고, 이를 인정하여야 할 합리적인 이유 또한 찾아 볼 수 없기 때문이다. (대판 1999.5.28. 99두1571)

② (O) 구 영유아보육법 제45조 제1항 각 호의 사유가 인정되는 경우, 행정청에 어린이집 운영정지처분을 할 것인지 또는 이에 갈음하여 과징금을 부과할 것인지를 선택할 수 있는 재량이 인정된다. (대판 2015.6.24. 2015두39378)

③ (O) 이중처벌에서 말하는 처벌은 형사처벌만 의미한다.

④ (X) 일반적으로 과징금 부과는 재량행위이지만, 부동산 실권리자명의 등기에 관한 법률상 명의신탁자에 대한 과징금의 부과 여부는 기속행위이다.

**정답** ④

## 003 〈보기〉의 법률규정에 대한 설명으로 가장 옳지 않은 것은?  19 서울9급 6월

〈보기〉

**여객자동차 운수사업법 제88조(과징금 처분)**
① 국토교통부장관, 시·도지사 또는 시장·군수·구청장은 여객자동차 운수사업자가 제49조의15 제1항 또는 제85조 제1항 각 호의 어느 하나에 해당하여 사업정지처분을 하여야 하는 경우에 그 사업정지처분이 그 여객자동차 운수사업을 이용하는 사람들에게 심한 불편을 주거나 공익을 해칠 우려가 있는 때에는 그 사업정지처분을 갈음하여 5천만 원 이하의 과징금을 부과·징수할 수 있다.

① 과징금 부과처분은 제재적 행정처분이므로 현실적인 행위자에 부과하여야 하며 위반자의 고의·과실을 요한다.

② 사업정지처분을 내릴 것인지 과징금을 부과할 것인지는 통상 행정청의 재량에 속한다.

③ 과징금 부과처분에는 원칙적으로 「행정절차법」이 적용된다.

④ 과징금은 행정목적 달성을 위하여, 행정법규 위반이라는 객관적 사실에 착안하여 부과된다.

> 해설

① (×) ④ (○) 행정법규 위반에 대하여 가하는 제재조치는 행정목적의 달성을 위하여 행정법규 위반이라는 객관적 사실에 착안하여 가하는 제재이므로 위반자의 고의·과실이 있어야만 하는 것은 아니나, 그렇다고 하여 위반자의 의무 해태를 탓할 수 없는 정당한 사유가 있는 경우까지 부과할 수 있는 것은 아니다. (대판 2014.12.24. 2010두6700)
② (○)
③ (○) 과징금 부과는 침익적 처분이므로 행정절차법상의 절차가 적용된다(사전통지 및 의견제출).

> 정답 ①

## 004 행정소송에 있어서 일부취소판결의 허용 여부에 대한 판례의 입장으로 가장 옳은 것은? 19 서울9급 6월

① 재량행위의 성격을 갖는 과징금 부과처분이 법이 정한 한도액을 초과하여 위법한 경우에는 법원으로서는 그 한도액을 초과한 부분만을 취소할 수 있다.

② 「독점규제 및 공정거래에 관한 법률」을 위반한 광고행위와 표시행위를 하였다는 이유로 공정거래위원회가 사업자에 대하여 법 위반사실 공표명령을 행한 경우, 표시행위에 대한 법 위반사실이 인정되지 아니한다면 법원으로서는 그 부분에 대한 공표명령의 효력만을 취소할 수 있을 뿐, 공표명령 전부를 취소할 수 있는 것은 아니다.

③ 개발부담금 부과처분에 대한 취소소송에서 당사자가 제출한 자료에 의하여 정당한 부과금액을 산출할 수 없는 경우에도 법원은 증거조사를 통하여 정당한 부과금액을 산출한 후 정당한 부과금액을 초과하는 부분만을 취소하여야 한다.

④ 「독점규제 및 공정거래에 관한 법률」을 위반한 수개의 행위에 대하여 공정거래위원회가 하나의 과징금 부과처분을 하였으나 수개의 위반행위 중 일부의 위반행위에 대한 과징금 부과만이 위법하고, 그 일부의 위반행위를 기초로 한 과징금액을 산정할 수 있는 자료가 있는 경우에도 법원은 과징금 부과처분 전부를 취소하여야 한다.

> 해설

① (×) 과징금은 원칙적으로 전부를 취소해야 한다.
② (○) 법 위반사실 공표명령은 비록 하나의 조항으로 이루어진 것이라고 하여도 그 대상이 된 사업자의 광고행위와 표시행위로 인한 각 법 위반사실은 별개로 특정될 수 있어 이 중 표시행위에 대한 법 위반사실이 인정되지 아니하는 경우에 그 부분에 대한 공표명령의 효력만을 취소할 수 있을 뿐, 공표명령 전부를 취소할 수 있는 것은 아니다. (대판 2000.12.12. 99두12243)
③ (×) 개발부담금 부과처분 취소소송에 있어 당사자가 제출한 자료에 의하여 적법하게 부과될 정당한 부과금액이 산출할 수 없을 경우에는 부과처분 전부를 취소할 수밖에 없으나, 그렇지 않은 경우에는 그 정당한 금액을 초과하는 부분만 취소하여야 한다. (대판 2004.7.22. 2002두11233)
④ (×)

> 공정거래위원회가 부당지원행위에 대한 과징금을 부과함에 있어 여러 개의 위반행위에 대하여 하나의 과징금 납부명령을 하였으나 여러 개의 위반행위 중 일부의 위반행위만이 위법하고 소송상 그 일부의 위반행위를 기초로 한 과징금액을 산정할 수 있는 자료가 있는 경우에는, 하나의 과징금 납부명령일지라도 그중 위법하여 그 처분을 취소하게 된 일부의 위반행위에 대한 과징금액에 해당하는 부분만을 취소할 수 있다. (대판 2006.12.22. 2004두1483)

> 정답 ②

### 기출지문 OX

**01** 시정명령이란 행정법령의 위반행위로 초래된 위법상태의 제거 내지 시정을 명하는 행정행위를 말하는 것으로서, 그 위법행위의 결과가 더 이상 존재하지 않는다면 시정명령을 할 수 없다. [18 지방7급] (O, ×)

해설 시정명령은 위법한 상태를 전제로 하는 것이기 때문이다. 정답 O

**02** 납세의무자가 세무공무원의 잘못된 설명을 믿고 신고납부의무를 이행하지 아니하였다 하더라도 그것이 관계 법령에 어긋나는 것임이 명백한 때에는 그러한 사유만으로는 가산세를 부과할 수 없는 정당한 사유가 있는 경우에 해당한다고 할 수 없다. [18 지방7급] (O, ×)

해설 대판 1997.8.22. 96누15404 정답 O

**03** 가산세는 형벌이 아니므로 행위자의 고의 또는 과실·책임능력·책임조건 등을 고려하지 아니하며, 조세의 부과절차에 따라 과징할 수 있다. [18 서울7급] (O, ×)

해설 가산세는 세금의 과소신고에 대하여 부과하는 일종의 조세처분이기 때문이다. 정답 O

**04** 구 「독점규제 및 공정거래에 관한 법률」 제24조의2에 의한 부당내부거래행위에 대한 과징금은 부당내부거래 억지라는 행정목적을 실현하기 위하여 그 위반행위에 대한 행정상의 제재금으로서의 기본적 성격에 부당이득환수적 요소도 부가되어 있는 것으로, 이는 헌법 제13조 제1항에서 금지하는 국가형벌권의 행사로서의 '처벌'에 해당하지 아니한다. [17 지방7급] (O, ×)

해설 구 독점규제 및 공정거래에 관한 법률 제23조 제1항 제7호, 같은 법 제24조의2 소정의 부당지원행위를 한 지원주체에 대한 과징금은 그 취지와 기능, 부과의 주체와 절차 등을 종합할 때 부당지원행위의 억지라는 행정목적을 실현하기 위한 입법자의 정책적 판단에 기하여 그 위반행위에 대하여 제재를 가하는 행정상의 제재금으로서의 기본적 성격에 부당이득환수적 요소도 부가되어 있는 것이라고 할 것이어서 그것이 헌법 제13조 제1항에서 금지하는 국가형벌권 행사로서의 처벌에 해당한다고 할 수 없으므로 구 독점규제 및 공정거래에 관한 법률에서 형사처벌과 아울러 과징금의 부과처분을 할 수 있도록 규정하고 있다 하더라도 이중처벌금지원칙이나 무죄추정원칙에 위반된다거나 사법권이나 재판청구권을 침해한다고 볼 수 없고, 또한 같은 법 제55조의3 제1항에 정한 각 사유를 참작하여 부당지원행위의 불법의 정도에 비례하여 상당한 금액의 범위 내에서만 과징금을 부과할 수 있도록 하고 있음에 비추어 비례원칙에 반한다고 할 수도 없다. (대판 2004.4.9. 2001두6197) 정답 O

**05** 가산금은 행정법상의 금전급부의무의 불이행에 대한 제재로서 가해지는 금전부담으로, 금전채무의 이행에 대한 간접강제의 효과를 갖는다. [17 지방7급] (O, ×)

해설 가산금은 미납분에 대한 지연이자로서 행정법상의 금전급부의무의 불이행에 대한 제재로서 가해지는 금전부담으로, 금전채무의 이행에 대한 간접강제의 효과를 갖는다. 정답 O

### 예상판례

관계 법령의 문언과 내용에 따르면, 통상의 부당한 공동행위에서는 '관련 매출액'에 100분의 10을 곱한 금액이 과징금의 상한이고 '관련 매출액'이 과징금의 기본 산정기준이다. 다만, '입찰담합 및 이와 유사한 행위'의 경우에는 '계약금액'에 100분의 10을 곱한 금액이 과징금의 상한이며 위 '계약금액'이 과징금의 기본 산정기준이다. 이는 입찰담합을 하여 낙찰을 받고 계약을 체결한 사업자뿐만 아니라 낙찰자 또는 낙찰예정자를 미리 정하는 담합에 참여하였으나 낙찰을 받지 못한 사업자에 대해서도 마찬가지로 적용된다. (대판 2017.4.27. 2016두33360)

## 005
다음은 행정의 실효성 확보수단에 대해 설명한 것이다. 가장 적절하지 않은 것은? (다툼이 있으면 판례에 의함)
14 경행특채

① 공급거부란 행정법상의 의무를 위반하거나 불이행한 자에 대해 일정한 재화나 서비스의 공급을 거부하는 행정작용을 말한다.
② 가산금은 세법상의 의무의 성실한 이행을 확보하기 위하여 세법에 의하여 산출된 세액에 가산하여 징수하는 금액을 말한다.
③ 이행강제금은 의무의 불이행시에 일정 액수의 금전납부의무가 부과될 것임을 의무자에게 미리 계고함으로써 의무의 이행을 확보하는 수단을 말한다.
④ 명단의 공표란 행정법상의 의무 위반 또는 불이행이 있는 경우 그 위반자의 성명, 위반사실 등을 일반에게 공개하여 명예 또는 신용에 침해를 가함으로써 심리적인 압박을 가하여 행정법상 의무 이행을 확보하는 수단을 말한다.

**해설**
① (O) 공급거부란 행정법상의 의무를 위반한 자에 대하여 행정상의 서비스나 재화의 공급을 거부하는 행정작용을 말한다. 공급거부는 행정의 실효성을 확보하는 새로운 수단으로서 간접적 강제수단이다.
② (X) 가산세에 대한 설명이다. 가산금은 행정법상의 금전급부의무의 불이행에 대한 제재로서 과하는 금전부담을 말한다.
③ (O) 이행강제금이란 부작위의무나 비대체적 작위의무의 불이행시, 의무자에게 심리적 압박을 가하여 의무 이행을 간접적으로 강제하기 위하여 부과하는 금전부담을 말한다(예 건축법상 이행강제금).
④ (O) 명단의 공표란 행정법상의 의무 위반에 대하여 행정청이 그 사실을 일반에게 공표함으로써 그에 따르는 사회적 비난이라는 간접적·심리적 강제에 의하여 그 의무 이행을 확보하려는 제도이다(예 고액조세체납자의 명단공표).

**정답** ②

## 006
행정의 실효성 확보수단 중 ㄱ에 들어갈 말로 옳은 것은?
13 국가9급

> **구 대기환경보전법 제37조**
> ① 시·도지사는 다음 각 호의 어느 하나에 해당하는 배출시설을 설치·운영하는 사업자에 대하여 제36조에 따라 조업정지를 명하여야 하는 경우로서 그 조업정지가 주민의 생활, 대외적인 신용·고용·물가 등 국민경제, 그 밖에 공익에 현저한 지장을 줄 우려가 있다고 인정되는 경우 등 그 밖에 대통령령으로 정하는 경우에는 조업정지처분을 갈음하여 2억원 이하의 ( ㄱ )을(를) 부과할 수 있다.
> 〈각 호 생략〉

① 과태료　　　　　　　　　② 과징금
③ 가산금　　　　　　　　　④ 이행강제금

**해설**
② (O) 이 문제의 핵심은 '조업정지처분을 갈음하여'라는 부분이다. 의무 위반행위에 대한 인허가의 철회·정지에 갈음하여 부과되는 금전적 의무를 '변형된 과징금'이라고 한다.

**정답** ②

## 제2절 비금전적 제재수단

**007** 명단 또는 사실의 공표 등 행정상 공표제도에 관한 설명으로 옳지 않은 것은? (다툼이 있는 경우 판례에 의함)
10 지방9급

① 행정상 공표는 의무위반자의 명예나 신용의 침해를 위협함으로써 직접적으로 행정법상 의무이행을 확보하는 수단이다.
② 행정상 공표는 사생활의 비밀과 자유, 국민의 알 권리 등 다른 기본권과 충돌하는 경우에는 이익형량에 의하여 제한할 수 있다.
③ 헌법재판소는 청소년 성매수자의 신상공개제도가 이중처벌금지원칙, 과잉금지원칙, 평등원칙, 적법절차원칙 등에 위반되지 않는다는 입장이다.
④ 대법원은 국세청장이 부동산투기자의 명단을 언론사에 공표함으로써 명예를 훼손한 사건에서 손해배상책임을 인정하였다.

### 해설

① (×) 공표란 행정법상의 의무 위반 또는 의무 불이행이 있는 경우에 그의 성명, 위반사실 등을 일반에게 공개하여 명예 또는 신용의 침해를 위협함으로써 행정법상의 의무 이행을 간접적으로 강제하는 수단이다.

② (○) 민주주의 국가에서는 여론의 자유로운 형성과 전달에 의하여 다수의견을 집약시켜 민주적 정치질서를 생성·유지시켜 나가는 것이므로 표현의 자유, 특히 공익사항에 대한 표현의 자유는 중요한 헌법상의 권리로서 최대한 보장을 받아야 하지만, 그에 못지않게 개인의 명예나 사생활의 자유와 비밀 등 사적 법익도 보호되어야 할 것이므로, 인격권으로서의 개인의 명예의 보호와 표현의 자유의 보장이라는 두 법익이 충돌하였을 때 그 조정을 어떻게 할 것인지는 구체적인 경우에 사회적인 여러 가지 이익을 비교하여 표현의 자유로 얻어지는 이익, 가치와 인격권의 보호에 의하여 달성되는 가치를 형량하여 그 규제의 폭과 방법을 정하여야 한다. (대판 1998.7.14. 96다17257)

③ (○) 청소년 성매수자에 대한 신상공개를 규정한 청소년의 성보호에 관한 법률은 이중처벌금지원칙, 과잉금지의 원칙, 평등의 원칙에 위반되지 아니하며, 법관에 의한 재판을 받을 권리를 침해하는 것이 아니며, 적법절차원칙에 위반되지 않는다. (헌재 2003.6.26. 2002헌가14)

④ (○) [1] 국가기관이 행정목적 달성을 위하여 언론에 보도자료를 제공하는 등 이른바 행정상 공표의 방법으로 실명을 공개함으로써 타인의 명예를 훼손한 경우, 그 공표된 사람에 관하여 적시된 사실의 내용이 진실이라는 증명이 없더라도 국가기관이 공표 당시 이를 진실이라고 믿었고 또 그렇게 믿을 만한 상당한 이유가 있다면 위법성이 없는 것이고, 이 점은 언론을 포함한 사인에 의한 명예훼손의 경우에서와 마찬가지이다.
[2] 위 [1]의 경우 상당한 이유의 존부의 판단에 있어서는, 사인의 행위에 의한 경우보다는 훨씬 더 엄격한 기준이 요구된다 할 것이므로, 그 사실이 의심의 여지 없이 확실히 진실이라고 믿을 만한 객관적이고도 타당한 확증과 근거가 있는 경우가 아니라면 그러한 상당한 이유가 있다고 할 수 없다.
[3] 지방국세청 소속 공무원들이 통상적인 조사를 다하여 의심스러운 점을 밝혀 보지 아니한 채 막연한 의구심에 근거하여 원고가 위장증여자로서 국토이용관리법을 위반하였다는 요지의 조사 결과를 보고한 것이라면 국세청장이 이에 근거한 보도자료의 내용이 진실하다고 믿은 데에는 상당한 이유가 없다. (대판 1993.11.26. 93다18389)

정답 ①

## 008 새로운 행정의 실효성 확보수단에 관한 설명 중 틀린 것은?

07 서울9급

① 법 위반사실의 명단공표에는 원칙상 법률의 근거가 있어야 한다.
② 판례는 공급거부요청을 「행정소송법」상 처분으로 보지 않는다.
③ 과징금 부과행위는 행정행위이다.
④ 영업정지에 갈음하는 과징금을 부과할 것인지 영업정지처분을 내릴 것인지는 통상 행정청의 재량에 속한다.
⑤ 국세체납분자에 대한 일반적 관허사업의 제한은 부당결부금지의 원칙에 반하지 않는다고 보는 것이 일반적 견해이다.

### 해설

① (O) 행정법상의 의무 위반자의 명단을 공표하는 것은 그의 명예, 신용 또는 프라이버시에 대한 침해를 초래하므로 법에 근거가 있는 경우에 한하여 가능하다.
② (O) 건축법 제69조 제2항·제3항의 규정에 비추어 보면, 행정청이 위법건축물에 대한 시정명령을 하고 나서 위반자가 이를 이행하지 아니하여 전기·전화의 공급자에게 그 위법건축물에 대한 전기·전화공급을 하지 말아줄 것을 요청한 행위는 권고적 성격의 행위에 불과한 것으로서 전기·전화공급자나 특정인의 법률상 지위에 직접적인 변동을 가져오는 것은 아니므로 이를 항고소송의 대상이 되는 행정처분이라고 볼 수 없다. **(대판 1996.3.22. 96누433)**
③ (O) 과징금 부과행위는 그 자체 독립적인 침익적 행정행위(급부하명)이다.
④ (O) 위반행위에 대해 과징금을 부과할지 영업정지처분을 할지는 행정청의 재량사항이다.

> 공정거래위원회는 법 위반행위에 대하여 과징금을 부과할 것인지 여부와 만일 과징금을 부과할 경우 법과 시행령이 정하고 있는 일정한 범위 안에서 과징금의 액수를 구체적으로 얼마로 정할 것인지에 관하여 재량을 가지고 있다고 할 것이므로, 공정거래위원회의 법 위반행위자에 대한 과징금 부과처분은 재량행위라 할 것이고, 다만 이러한 재량을 행사함에 있어 과징금 부과의 기초가 되는 사실을 오인하였거나, 비례·평등의 원칙에 위배하는 등의 사유가 있다면 이는 재량권의 일탈·남용으로서 위법하다고 할 것이다. **(대판 2006.5.12. 2004두12315)**

⑤ (×) 의무 불이행과 관련이 있는 관허사업의 제한(건축법 제69조의 관허사업의 제한)은 부당결부금지의 원칙에 반하지 않는다고 보는 것이 일반적 견해이다. 이에 반하여 의무 불이행과 관련이 없는 관허사업의 제한이 부당결부금지의 원칙에 반하는지에 관하여는 ㉠ 의무 불이행(예 세금의 체납)과 관련이 없는 관허사업의 제한(인허가의 거부 또는 인허가 등의 취소 또는 정지)은 상호 별개의 행정목적을 갖는 것으로 보며 실체적 관련성을 부정하는 견해와 ㉡ 인허가는 의무 불이행을 용인하는 결과를 가져온다는 점 및 행정기관은 행정목적의 달성을 위하여 상호 협력하여야 한다는 점에 근거하여 실체적 관련성을 인정하는 견해의 대립이 있다.

**정답 ⑤**

# PART 5
## 행정구제법

| CHAPTER 01 | 사전적 권리구제수단 |
| CHAPTER 02 | 행정상 손해전보 |
| CHAPTER 03 | 행정쟁송 1(행정소송) |
| CHAPTER 04 | 행정쟁송 2(행정심판) |

# CHAPTER 01 사전적 권리구제수단

## 제1절 부패방지 및 국민권익위원회의 설치와 운영에 관한 법률

**001** 국민권익위원회에 관한 설명으로 옳지 않은 것은?  <sub>19 소방</sub>

① 19세 이상의 국민은 공공기관의 사무처리가 법령 위반 또는 부패행위로 인하여 공익을 현저히 해하는 경우 대통령령으로 정하는 일정한 수 이상의 국민의 연서로 감사원에 감사를 청구할 수 있다.
② 공직자 행동강령의 시행·운영 및 「행정심판법」에 따른 중앙행정심판위원회의 운영에 관한 업무를 수행한다.
③ 누구든지 부패행위를 알게 된 때에는 이를 위원회에 신고할 수 있다.
④ 위원장과 위원의 임기는 각각 3년으로 하되 1차에 한하여 연임할 수 있다.

**해설**
① (×)

> **부패방지 및 국민권익위원회의 설치와 운영에 관한 법률 제72조(감사청구권)**
> ① 18세 이상의 국민은 공공기관의 사무처리가 법령 위반 또는 부패행위로 인하여 공익을 현저히 해하는 경우 대통령령으로 정하는 일정한 수 이상의 국민의 연서로 감사원에 감사를 청구할 수 있다. 다만, 국회·법원·헌법재판소·선거관리위원회 또는 감사원의 사무에 대하여는 국회의장·대법원장·헌법재판소장·중앙선거관리위원회 위원장 또는 감사원장(이하 '당해 기관의 장'이라 한다)에게 감사를 청구하여야 한다.

② (○) 부패방지 및 국민권익위원회의 설치와 운영에 관한 법률 제12조 제14호·제19호
③ (○) 부패방지 및 국민권익위원회의 설치와 운영에 관한 법률 제55조
④ (○)

> **부패방지 및 국민권익위원회의 설치와 운영에 관한 법률 제16조(직무상 독립과 신분보장)**
> ① 위원회는 그 권한에 속하는 업무를 독립적으로 수행한다.
> ② 위원장과 위원의 임기는 각각 3년으로 하되 1차에 한하여 연임할 수 있다.

**정답** ①

## 002 국민권익위원회에 관한 설명으로 옳지 않은 것은?

09 국가9급

① 고충민원의 처리와 이에 관련된 불합리한 행정제도를 개선하고 부패의 발생을 예방하며 부패행위를 효율적으로 규제하도록 하기 위하여 국무총리 소속으로 설치하였다.
② 국민권익위원회는 필요하다고 인정하는 경우 공공기관의 장에게 제도개선의 권고를 할 수 있으며, 제도개선 권고를 받은 공공기관의 장은 이를 제도개선에 반영하여야 하며 그 조치에 대한 결과를 국민권익위원회에 통보할 필요까지는 없다.
③ 국민권익위원회는 「행정심판법」에 따른 중앙행정심판위원회의 운영에 관한 사항을 관장한다.
④ 지방자치단체 및 그 소속 기관에 관한 고충민원의 처리와 행정제도의 개선 등을 위하여 「부패방지 및 국민권익위원회의 설치와 운영에 관한 법률」에서 각 지방자치단체에 시민고충처리위원회를 설치할 수 있는 근거조항을 두고 있다.

### 해설

① (○) 부패방지 및 국민권익위원회의 설치와 운영에 관한 법률 제11조 제1항
② (×)

> **부패방지 및 국민권익위원회의 설치와 운영에 관한 법률** 제27조(제도개선의 권고)
> ① 위원회는 필요하다고 인정하는 경우 공공기관의 장에게 부패방지를 위한 제도의 개선을 권고할 수 있다.
> ② 제1항에 따라 제도개선의 권고를 받은 공공기관의 장은 이를 제도개선에 반영하여 그 조치결과를 위원회에 통보하여야 하며, 위원회는 이에 대한 이행실태를 확인·점검할 수 있다.

③ (○) 부패방지 및 국민권익위원회의 설치와 운영에 관한 법률 제12조 제19호
④ (○) 지방자치단체 및 그 소속 기관에 관한 고충민원의 처리와 행정제도의 개선 등을 위하여 각 지방자치단체에 시민고충처리위원회를 둘 수 있다. (**부패방지 및 국민권익위원회의 설치와 운영에 관한 법률 제32조 제1항**) 즉, 국민권익위원회의 설치는 의무적이고, 시민고충처리위원회의 설치는 임의적이다.

정답 ②

**003** 「부패방지 및 국민권익위원회의 설치와 운영에 관한 법률」의 내용으로 옳은 것은? 09 지방7급

① 고충민원의 처리와 이에 관련된 불합리한 행정제도를 개선하고, 부패의 발생을 예방하며 부패행위를 효율적으로 규제하도록 하기 위하여 대통령 소속으로 국민권익위원회를 둔다.

② 19세 이상의 국민은 공공기관의 사무처리가 법령 위반 또는 부패행위로 인하여 공익을 현저히 해하는 경우 대통령령으로 정하는 일정한 수 이상의 국민의 연서로 감사원에 감사를 청구할 수 있다.

③ 국민권익위원회의 위원장과 위원의 임기는 각각 2년으로 하되 1차에 한하여 연임할 수 있다.

④ 누구든지 국민권익위원회 또는 시민고충처리위원회에 고충민원을 신청할 수 있다. 이 경우 하나의 권익위원회에 대하여 고충민원을 제기한 신청인은 다른 권익위원회에 대하여도 고충민원을 신청할 수 있다.

**해설**

① (×)

> **부패방지 및 국민권익위원회의 설치와 운영에 관한 법률 제11조(국민권익위원회의 설치)**
> ① 고충민원의 처리와 이에 관련된 불합리한 행정제도를 개선하고, 부패의 발생을 예방하며 부패행위를 효율적으로 규제하도록 하기 위하여 국무총리 소속으로 국민권익위원회(이하 '위원회'라 한다)를 둔다.

② (×) '18세' 이상의 국민으로 규정되어 있다. (부패방지 및 국민권익위원회의 설치와 운영에 관한 법률 제72조 제1항)

③ (×)

> **부패방지 및 국민권익위원회의 설치와 운영에 관한 법률 제16조(직무상 독립과 신분보장)**
> ② 위원장과 위원의 임기는 각각 3년으로 하되 1차에 한하여 연임할 수 있다.

④ (○) 국내 거주 외국인도 국민권익위원회 또는 시민고충처리위원회에 고충민원을 신청할 수 있다. (부패방지 및 국민권익위원회의 설치와 운영에 관한 법률 제39조 제1항)

**정답** ④

## 제2절 민원 처리에 관한 법률

 주요조문

**민원 처리에 관한 법률 제2조(용어의 정의)**
이 법에서 사용하는 용어의 뜻은 다음과 같다.
6. '다수인 관련 민원'이란 5세대(世帶) 이상의 공동이해와 관련되어 5명 이상이 연명으로 제출하는 민원을 말한다.
8. '무인민원발급창구'란 행정기관의 장이 행정기관 또는 공공장소 등에 설치하여 민원인이 직접 민원문서를 발급받을 수 있도록 하는 전자장비를 말한다.

**제5조(민원인의 권리와 의무)**
① 민원인은 행정기관에 민원을 신청하고 신속·공정·친절·적법한 응답을 받을 권리가 있다.
② 민원인은 민원을 처리하는 담당자의 적법한 민원처리를 위한 요청에 협조하여야 하고, 행정기관에 부당한 요구를 하거나 다른 민원인에 대한 민원 처리를 지연시키는 등 공무를 방해하는 행위를 하여서는 아니 된다.

**제6조(민원 처리의 원칙)**
① 행정기관의 장은 관계 법령 등에서 정한 처리기간이 남아 있다거나 그 민원과 관련 없는 공과금 등을 미납하였다는 이유로 민원 처리를 지연시켜서는 아니 된다. 다만, 다른 법령에 특별한 규정이 있는 경우에는 그에 따른다.
② 행정기관의 장은 법령의 규정 또는 위임이 있는 경우를 제외하고는 민원 처리의 절차 등을 강화하여서는 아니 된다.

**제8조(민원의 신청)**
민원의 신청은 문서(전자정부법 제2조 제7호에 따른 전자문서를 포함한다. 이하 같다)로 하여야 한다. 다만, 기타민원은 구술 또는 전화로 할 수 있다.

**제14조(다른 행정기관 등을 이용한 민원의 접수·교부)**
① 행정기관의 장은 민원인의 편의를 위하여 그 행정기관이 접수하고 처리 결과를 교부하여야 할 민원을 다른 행정기관이나 특별법에 따라 설립되고 전국적 조직을 가진 법인 중 대통령령으로 정하는 법인으로 하여금 접수·교부하게 할 수 있다.

**제21조(민원 처리의 예외)**
행정기관의 장은 접수된 민원(법정민원을 제외한다. 이하 이 조에서 같다)이 다음 각 호의 어느 하나에 해당하는 경우에는 그 민원을 처리하지 아니할 수 있다. 이 경우 그 사유를 해당 민원인에게 통지하여야 한다.
〈각 호 생략〉

**제23조(반복 및 중복 민원의 처리)**
① 행정기관의 장은 민원인이 동일한 내용의 민원(법정민원을 제외한다. 이하 이 조에서 같다)을 정당한 사유 없이 3회 이상 반복하여 제출한 경우에는 2회 이상 그 처리 결과를 통지하고, 그 후에 접수되는 민원에 대하여는 종결처리할 수 있다.

**제30조(사전심사의 청구 등)**
① 민원인은 법정민원 중 신청에 경제적으로 많은 비용이 수반되는 민원 등 대통령령으로 정하는 민원에 대하여는 행정기관의 장에게 정식으로 민원을 신청하기 전에 미리 약식의 사전심사를 청구할 수 있다.

**제35조(거부처분에 대한 이의신청)**
① 법정민원에 대한 행정기관의 장의 거부처분에 불복하는 민원인은 그 거부처분을 받은 날부터 60일 이내에 그 행정기관의 장에게 문서로 이의신청을 할 수 있다.
② 행정기관의 장은 이의신청을 받은 날부터 10일 이내에 그 이의신청에 대하여 인용 여부를 결정하고 그 결과를 민원인에게 지체 없이 문서로 통지하여야 한다. 다만, 부득이한 사유로 정하여진 기간 이내에 인용 여부를 결정할 수 없을 때에는 그 기간의 만료일 다음 날부터 기산하여 10일 이내의 범위에서 연장할 수 있으며, 연장사유를 민원인에게 통지하여야 한다.
③ 민원인은 제1항에 따른 이의신청 여부와 관계없이 행정심판법에 따른 행정심판 또는 행정소송법에 따른 행정소송을 제기할 수 있다.

## 004 「민원 처리에 관한 법률」에 관한 설명 중 틀린 것은?
06 서울9급

① 이 법은 민원 처리에 관한 기본적인 사항을 규정하여 민원의 공정하고 적합한 처리와 민원행정제도의 합리적 개선을 도모함으로써 국민의 권익을 보호함을 목적으로 한다.
② '민원인'이란 행정기관에 민원을 제기하는 개인·법인 또는 단체를 말한다.
③ '민원'이란 민원인이 행정기관에 대하여 처분 등 특정한 행위를 요구하는 것을 말한다.
④ '복합민원'이란 하나의 민원목적을 실현하기 위하여 관계 법령 등에 따라 여러 관계 기관(민원과 관련된 단체, 협회 등을 포함한다) 또는 관계 부서의 인가, 허가, 승인, 추천, 협의 또는 확인 등을 거쳐 처리되는 법정민원을 말한다.
⑤ '전자민원창구'란 행정기관의 장이 행정기관 또는 공공장소 등에 설치하여 민원인이 직접 민원문서를 발급받을 수 있도록 하는 전자장비를 말한다.

**해설**
① (O) 민원 처리에 관한 법률 제1조
② (O) 민원 처리에 관한 법률 제2조 제2호
③ (O) 민원 처리에 관한 법률 제2조 제1호
④ (O) 민원 처리에 관한 법률 제2조 제5호
⑤ (X) 선지는 '무인민원발급창구'에 대한 정의이다. (민원 처리에 관한 법률 제2조 제8호)

**정답** ⑤

## 005 「민원 처리에 관한 법률」의 내용으로 틀린 것은?
05 대구9급

① 민원의 신청은 종이문서로 하여야 한다.
② 행정기관은 민원신청인에게 처리 결과를 원칙적으로 문서로 통지할 의무가 있다.
③ 민원 1회 방문 처리제를 규정하고 있다.
④ 행정기관의 장은 민원사무의 신속한 처리를 위하여 민원실을 설치할 수 있다.

**해설**
① (X)

> **민원 처리에 관한 법률 제8조(민원의 신청)**
> 민원의 신청은 문서(전자정부법 제2조 제7호에 따른 전자문서를 포함한다. 이하 같다)로 하여야 한다. 다만, 기타 민원은 구술 또는 전화로 할 수 있다.

② (O)

> **민원 처리에 관한 법률 제27조(처리 결과의 통지)**
> ① 행정기관의 장은 접수된 민원에 대한 처리를 완료한 때에는 그 결과를 민원인에게 문서로 통지하여야 한다. 다만, 기타 민원의 경우와 통지에 신속을 요하거나 민원인이 요청하는 등 대통령령으로 정하는 경우에는 구술, 전화, 문자메시지, 팩시밀리 또는 전자우편 등으로 통지할 수 있다.

③ (○) 민원 처리에 관한 법률 제32조
④ (○)

> **민원 처리에 관한 법률 제12조(민원실의 설치)**
> 행정기관의 장은 민원을 신속히 처리하고 민원인에 대한 안내와 상담의 편의를 제공하기 위하여 민원실을 설치할 수 있다.

정답 ①

## 006 현행 민원처리제도에 대한 설명으로 옳지 않은 것은?

04 경기 교행

① 민원처리에 관한 기본적 사항을 규율하기 위하여 「민원 처리에 관한 법률」이 제정되어 있다.
② 민원 1회 방문처리제도를 실시하여 민원인의 편의를 도모하고 있다.
③ 민원사항을 거부할 경우에는 그 이유를 함께 통지하여야 한다.
④ 행정의 효율성을 높이기 위하여 민원사무처리기준표는 비공개로 함을 원칙으로 한다.

**해설**

① (○) 민원처리에 관한 기본적인 사항을 규정하여 민원의 공정하고 적법한 처리와 민원행정제도의 합리적 개선을 도모함으로써 국민의 권익을 보호함을 목적으로 민원처리에 관한 법률이 제정되어 있다.
② (○) **민원 1회 방문 처리제의 시행(민원 처리에 관한 법률 제32조)**

| 1회 방문 처리제 | 행정기관의 장은 복합민원을 처리할 때에 그 행정기관의 내부에서 할 수 있는 자료의 확인, 관계 기관·부서와의 협조 등에 따른 모든 절차를 담당 직원이 직접 진행하도록 하는 민원 1회 방문 처리제를 확립함으로써 불필요한 사유로 민원인이 행정기관을 다시 방문하지 아니하도록 하여야 함. |
|---|---|
| 상담창구 설치 | 행정기관의 장은 민원 1회 방문 처리에 관한 안내와 상담의 편의를 제공하기 위하여 민원 1회 방문 상담창구를 설치하여야 함. |

③ (○) 행정기관의 장은 민원의 처리 결과를 통지할 때에 민원의 내용을 거부하는 경우에는 거부이유와 구제절차를 함께 통지하여야 한다. (민원 처리에 관한 법률 제27조 제3항)
④ (×)

> **민원 처리에 관한 법률 제36조(민원처리기준표의 고시 등)**
> ① 행정안전부장관은 민원인의 편의를 위하여 관계 법령 등에 규정되어 있는 민원의 처리기관, 처리기간, 구비서류, 처리절차, 신청방법 등에 관한 사항을 종합한 민원처리기준표를 작성하여 관보에 고시하고 통합전자민원창구에 게시하여야 한다.

정답 ④

# CHAPTER 02 행정상 손해전보

## 제1절 행정상 손해전보

### 001 행정상 손해배상과 손실보상에 관한 설명 중 틀린 것은?

04 경기9급

① 손해배상은 개인주의에, 손실보상은 단체주의에 입각한다.
② 손해배상은 위법행위에 대해, 손실보상은 적법행위에 대해 인정된다.
③ 손해배상과 손실보상은 재산적 피해에 대한 구제라는 점에서 일치한다.
④ 위험책임으로 양자가 서로 비슷해져 가기 때문에 차이가 점차 해소되고 있다.

**해설**

① (O) ② (O) ③ (X) **손해배상과 손실보상**

| 구분 | 손해배상 | 손실보상 |
|---|---|---|
| 기본이념 | 개인주의사상에 입각 | • 단체주의사상에 입각한 배분적 정의<br>• 개인이 부담하는 특별한 손실에 대한 보상 |
| 헌법적 근거 | 헌법 제29조 | 헌법 제23조 제3항 |
| 발생원인 | 위법한 행정작용, 고의·과실을 요함. | 적법한 행정작용, 무과실책임 |
| 성립요건 | 위법성, 고의·과실, 손해의 발생 등 | 공공필요, 특별한 희생, 재산상 손해 발생 |
| 적용법률 | 국가배상법(일반법) | 개별법 규정의 보상규정(일반법 없음) |
| 손해의 범위 | 재산적 손해와 비재산적 손해 포함(생명, 신체에 대한 손해와 정신적 손해) | 재산적 손실만 보상 |
| 양도·압류의 가능성 | • 생명, 신체에 대한 손해로 발생한 청구권은 양도·압류, 상계금지<br>• 재산권에 대한 청구권은 양도·압류 가능 | 양도·압류 가능 |
| 공통점 | 사후적 구제제도, 금전적 구제제도(손해의 전보), 실체적 행정구제제도 | |

④ (O) 위험책임이란 고도의 위험성을 가진 기업활동(전기, 교통, 원자력, 광업)으로 인하여 발생한 피해에 대하여 기업주체의 고의·과실을 묻지 아니하고 배상책임을 지게 하는 이론이다. 오늘날 사회적 위험의 증대로 피해자구제의 필요성이 높아짐에 따라, 손해배상책임의 주된 기준이 주관적·도의적 책임으로부터 객관적인 손해부담의 배분적 정의로 옮겨짐으로써 과실의 객관화나 입증책임전환의 법리 등을 통하여 점차 과실책임이 무과실책임에로 접근하는 등(손해배상의 손실보상화), 손해배상제도와 손실보상제도가 상호 접근하는 경향이 두드러지고 있다.

**정답** ③

### 손해배상의 요건

1. **공무원의 행위**

    최광의의 공무원(조직법상 개념이 아니라 기능상 공무원임. 따라서 공무수탁사인을 포함함)

2. **직무행위**

    (1) 외형설(객관설): 직무행위 자체는 물론이고, 객관적으로 보아 직무행위의 외형을 갖추고 있는 행위를 말한다.

    (2) 범위: 입법, 행정, 사법을 모두 포함, 권력작용과 관리작용 포함, 사경제작용만 제외, 입법, 사법작용도 직무상 행위에는 포함된다. 단, 위법성, 고의, 과실을 인정하기 어렵다.

    (3) 부작위도 직무행위에 포함된다. 부작위는 작위의무가 전제되어야 하고, 작위의무는 명시적인 법령에 근거가 없어도 가능하다.

3. **고의·과실**

    (1) 업무를 수행한 공무원 개인이 아니라 평균적 공무원을 기준으로 한다.

    (2) 고의·과실의 입증은 원고(피해자)가 해야 한다. 과실의 객관화 경향(조직과실이론)에 따라 가해공무원 특정은 요구되지 않는다.

    (3) 처분이 나중에 취소소송에서 취소되었다 하더라도 바로 고의·과실이 인정되는 것은 아니다.

4. **위법성**

    성문법뿐만 아니라 불문법을 포함하며 인권, 공서양속 등 직무행위의 객관적 정당성을 상실한 경우를 말한다.

5. **손해의 발생**

    재산상 손해, 생명·신체·정신적 손해를 포함한다.

6. **상당인과관계**

    상당인과관계가 있어야 한다.

### 공무원 개인의 책임

경과실의 경우는 국가의 책임만 인정되나, 고의나 중과실의 경우는 공무원 개인의 책임이 인정된다. 공무원 개인의 책임이란 피해자에 대한 책임(선택적 청구권, 외부적 책임)과 국가에 대한 책임(구상권, 내부적 책임)을 말한다.

| 구분 | 헌법 | 국가배상법 |
| --- | --- | --- |
| 배상의 유형 | 공무원의 직무상 불법행위로 인한 배상만 규정. 영조물 책임에 대한 규정 없음. | 공무원의 직무상 불법행위로 인한 배상과 영조물책임에 대한 규정이 둘 다 있음. |
| 배상책임의 주체 | 국가 또는 공공단체(지방자치단체, 사단, 재단, 영조물 법인) | 국가 또는 지방자치단체 소속의 공무원 |
| 공공단체의 불법행위 | 헌법과 국가배상법의 규정 차이 때문에 공공단체의 불법행위에 대해서는 민법이 적용되고 민사소송으로 처리됨. 즉, 한국토지공사(현 한국주택토지공사)는 국가배상법상 공무원이 아님. | |

### 영조물 책임

1. 영조물의 설치·관리상 하자로 인한 손해배상청구를 말한다.
2. 무과실책임이다. 민법상 면책규정이 적용되지 않는다. 단, 불가항력에 의한 면책은 인정된다.
3. 공공의 영조물을 말하는데, 사실상 관리하는 경우도 포함된다. 자연공물, 인공공물, 동물을 포함하는 개념이다.
4. 영조물책임에도 정신적 손해의 배상이 가능하다.
5. 관리자와 비용부담자가 다른 경우 둘 다 배상책임이 있다. 최종 책임자는 사무의 귀속주체가 된다.

## 002 「국가배상법」상 이중배상금지에 대한 판례의 입장으로 옳지 않은 것은?

23 국가9급

① 「국가배상법」 제2조 제1항 단서에서 정한 '다른 법령의 규정'에 따른 보상금청구권이 모두 시효로 소멸된 경우라고 하더라도 「국가배상법」 제2조 제1항 단서 규정이 적용된다.

② 경찰공무원인 피해자가 「공무원연금법」에 따라 공무상 요양비를 지급받는 것은 「국가배상법」 제2조 제1항 단서에서 정한 '다른 법령의 규정'에 따라 보상을 지급받는 것에 해당하지 않는다.

③ 훈련으로 공상을 입은 군인이 「국가배상법」에 따라 손해배상금을 지급받은 다음 「보훈보상대상자 지원에 관한 법률」이 정한 보훈급여금의 지급을 청구하는 경우, 국가는 「국가배상법」 제2조 제1항 단서에 따라 그 지급을 거부할 수 있다.

④ 군인이 교육훈련으로 공상을 입은 경우라도 「군인연금법」 또는 「국가유공자 예우 등에 관한 법률」에 의하여 재해보상금·유족연금·상이연금 등 별도의 보상을 받을 수 없는 경우에는 「국가배상법」 제2조 제1항 단서의 적용대상에서 제외하여야 한다.

**해설**

① (O) 다른 법령에 의한 보상을 받을 수 있으나, 그 청구권이 시효로 소멸한 경우에는 국가배상청구를 할 수 없다.

> 공상을 입은 군인이 국가배상법에 의한 손해배상청구 소송 도중에 국가유공자 등 예우 및 지원에 관한 법률에 의한 국가유공자 등록신청을 하였다가 인과관계가 없어 공상군경요건에 해당되지 않는다는 이유로 비해당결정통보를 받고 이에 불복하지 아니한 후 위 법률에 의한 보상금청구권과 군인연금법에 의한 재해보상금청구권이 모두 시효완성된 경우, 국가배상법 제2조 제1항 단서 소정의 '다른 법령에 의하여 보상을 받을 수 있는 경우'라 하여 국가배상청구를 할 수 없다. (대판 2002.5.10. 2000다39735)

② (O) 구 공무원연금법상의 장해보상금 지급규정은 국가배상법의 '다른 법령의 규정'에 해당되지 않으므로 장해보상금 지급을 받아도 국가배상이 가능하다.

> 구 공무원연금법 소정의 장해보상금 지급제도와 국가배상법 제2조 제1항 단서 소정의 재해보상금 등의 보상을 지급하는 제도와는 취지와 목적을 달리하는 것이어서 두 제도는 서로 아무런 관련이 없다 할 것이므로 구 공무원연금법상의 장해보상금 지급규정은 국가배상법 제2조 제1항 단서 소정의 '다른 법령의 규정'에 해당하지 아니하고, 따라서 경찰공무원이 구 공무원연금법의 규정에 의하여 장해보상을 지급받는 것은 국가배상법 제2조 제1항 단서 소정의 '다른 법령의 규정'에 의한 재해보상을 지급받은 것에 해당하지 아니한다. (대판 1988.12.27. 84다카796)

③ (×) [1] 군인 등이 직무집행과 관련하여 공상을 입는 등의 이유로 보훈보상대상자 지원에 관한 법률이 정한 보훈보상대상자 요건에 해당하여 보상금 등 보훈급여금을 지급받을 수 있는 경우, 국가를 상대로 국가배상을 청구할 수 없다.
　[2] 직무집행과 관련하여 공상을 입은 군인 등이 먼저 국가배상법에 따라 손해배상금을 지급받은 다음 보훈보상대상자 지원에 관한 법률이 정한 보상금 등 보훈급여금의 지급을 청구하는 경우, 국가배상법에 따라 손해배상을 받았다는 이유로 그 지급을 거부할 수 없다. (대판 2017.2.3. 2015두60075)

④ (O) 군인 또는 경찰공무원으로서 교육훈련 또는 직무수행 중 상이(공무상의 질병을 포함한다)를 입고 전역 또는 퇴직한 자라고 하더라도 국가유공자 예우 등에 관한 법률에 의하여 국가보훈처장이 실시하는 신체검사에서 대통령령이 정하는 상이등급에 해당하는 신체의 장애를 입지 않은 것으로 판명되고 또한 군인연금법상의 재해보상 등을 받을 수 있는 장애등급에도 해당하지 않는 것으로 판명된 자는 위 각 법에 의한 적용대상에서 제외되고, 따라서 그러한 자는 국가배상법 제2조 제1항 단서의 적용을 받지 않아 국가배상을 청구할 수 있다. (대판 1997.2.14. 96다28066)

**정답** ③

**003** 국가배상책임의 요건에 관한 설명으로 옳지 않은 것은?(다툼이 있는 경우 판례에 의함)  23 소방

① 「국가배상법」이 정한 손해배상청구의 요건인 '공무원의 직무'에는 국가나 지방자치단체의 권력적 작용뿐만 아니라 비권력적 작용도 포함되지만 단순한 사경제의 주체로서 하는 작용은 포함되지 않는다.

② 공무원에게 부과된 직무상 의무의 내용이 전적으로 또는 부수적으로 사회구성원 개인의 안전과 이익을 보호하기 위하여 설정된 것이라면, 그와 같은 의무를 위반함으로 인하여 피해자가 입은 손해에 대하여는 상당인과관계가 인정되는 범위 내에서 배상책임이 성립한다.

③ 항고소송에서 위법한 것으로서 취소된 행정처분이 객관적 정당성을 상실하였다고 인정될 정도에 이른 것이 아닌 경우, 당해 행정처분은 공무원의 고의 또는 과실에 의한 불법행위를 구성하게 된다.

④ 공무원 개인이 지는 손해배상책임에서 중과실이란 공무원에게 통상 요구되는 정도의 상당한 주의를 하지 않더라도 약간의 주의를 한다면 손쉽게 위법·유해한 결과를 예견할 수 있는 경우임에도 만연히 이를 간과한 경우와 같이, 거의 고의에 가까운 현저한 주의를 결여한 상태를 의미한다.

**해설**

① (○) 대판 1999.11.26. 98다47245
② (○) 공무원에게 부과된 직무상의 의무의 내용이 단순히 공공일반의 이익을 위한 것이거나 행정기관 내부의 질서를 규율하기 위한 것이 아니고, 전적으로 또는 부수적으로 사회구성원 개인의 안전과 이익을 보호하기 위하여 설정된 것이라면 공무원이 직무상의 의무를 위반함으로 인하여 피해자가 입은 손해에 대하여는 상당인과관계가 인정되는 범위 내에서 국가 또는 지방자치단체가 배상책임을 져야 한다. (대판 1995.4.11. 94다15646)
③ (×) 항고소송의 승패와 국가배상의 승패는 연관성이 없다.

> 어떠한 행정처분이 후에 항고소송에서 취소된 사실만으로 당해 행정처분이 곧바로 공무원의 고의 또는 과실로 인한 것으로서 불법행위를 구성한다고 단정할 수는 없다. (대판 2007.5.10. 2005다31828)

④ (○) 중과실의 개념이다.

**정답** ③

## 004 국가배상에 대한 판례의 입장으로 옳은 것은?

22 국가7급

① 공익근무요원은 「국가배상법」 제2조 제1항 단서 규정에 의하여 손해배상청구가 제한된다.
② 외국인이 피해자인 경우에는 해당 국가와 상호보증이 있을 때에만 「국가배상법」이 적용되며, 상호보증은 해당 국가와 조약이 체결되어 있어야 한다.
③ 공무원에 대한 전보인사가 인사권을 다소 부적절하게 행사한 것으로 볼 여지가 있다 하더라도 그러한 사유만으로 그 전보인사가 당연히 불법행위를 구성한다고 볼 수는 없다.
④ 직무집행과 관련하여 공상을 입은 군인이 먼저 「국가배상법」에 따라 손해배상금을 지급받았다면 「국가유공자 등 예우 및 지원에 관한 법률」이 정한 보상금 등 보훈급여금의 지급을 청구하는 것은 이중배상금지원칙에 따라 인정되지 아니한다.

### 해설

① (×) 공익근무요원과 경비교도대원, 다른 법에 의한 보상을 받지 못한 군인 등은 국가배상이 가능하다.
② (×) 국가배상법 제7조에서 정한 '상호보증'이 있는지 판단하는 기준

> [1] 상호보증은 외국의 법령, 판례 및 관례 등에 의하여 발생요건을 비교하여 인정되면 충분하고 반드시 당사국과의 조약이 체결되어 있을 필요는 없으며, 당해 외국에서 구체적으로 우리나라 국민에게 국가배상청구를 인정한 사례가 없더라도 실제로 인정될 것이라고 기대할 수 있는 상태이면 충분하다.
> [2] 일본인 甲이 대한민국 소속 공무원의 위법한 직무집행에 따른 피해에 대하여 국가배상청구를 한 사안에서, 우리나라와 일본 사이에 국가배상법 제7조가 정하는 상호보증이 있다. (대판 2015.6.11. 2013다208388)

③ (○) 공무원에 대한 전보인사가 법령이 정한 기준과 원칙에 위배되거나 인사권을 다소 부적절하게 행사한 것으로 볼 여지가 있다 하더라도 그러한 사유만으로 그 전보인사가 당연히 불법행위를 구성한다고 볼 수는 없고, 인사권자가 당해 공무원에 대한 보복감정 등 다른 의도를 가지고 인사재량권을 일탈·남용하여 객관적 정당성을 상실하였음이 명백한 경우 등 전보인사가 우리의 건전한 사회통념이나 사회상규상 도저히 용인될 수 없음이 분명한 경우에, 그 전보인사는 위법하게 상대방에게 정신적 고통을 가하는 것이 되어 당해 공무원에 대한 관계에서 불법행위를 구성한다. 그리고 이러한 법리는 구 부패방지법에 따라 다른 공직자의 부패행위를 부패방지위원회에 신고한 공무원에 대하여 위 신고행위를 이유로 불이익한 전보인사가 행하여진 경우에도 마찬가지이다. (대판 2009.5.28. 2006다16215)
④ (×) 대판 2017.2.3. 2015두60075

정답 ③

## 005

**행정상 손해배상에 대한 설명으로 옳은 것은? (다툼이 있는 경우 판례에 의함)** 〈22 소방〉

① 국회의원은 원칙적으로 정치적 책임을 질 뿐이므로 헌법에 따른 구체적 입법의무를 부담하고 있음에도 그 입법에 필요한 상당한 기간이 경과하도록 고의 또는 과실로 그 입법의무를 이행하지 아니하는 경우 그 배상책임이 인정되기 어렵다.

② 주무부처인 중앙행정기관이 입법예고를 통해 법령안의 내용을 국민에게 예고한 적이 있다면, 그것이 법령으로 확정되지 아니하였다고 하더라도 국가는 위 법령안에 관련된 사항에 대해 이해관계자들에게 어떠한 신뢰를 부여한 것으로 볼 수 있다.

③ 공무원에게 부과된 직무상 의무의 내용이 전적으로 또는 부수적으로 사회구성원 개인의 안전과 이익을 보호하기 위하여 설정된 것이라면, 공무원이 그와 같은 직무상 의무를 위반함으로써 피해자가 입은 손해에 대해서는 상당인과관계가 인정되는 범위에서 국가가 배상책임을 진다.

④ 「금융위원회의 설치 등에 관한 법률」의 입법취지에 비추어 볼 때, 금융감독원에 금융기관에 대한 검사·감독의무를 부과한 법령의 목적이 금융상품에 투자한 투자자 개인의 이익을 직접 보호하기 위한 것이라고 할 수 있으므로, 피고 금융감독원 및 그 직원들의 위법한 직무집행과 해당 저축은행의 후순위사채에 투자한 원고들이 입은 손해 사이에 상당인과관계가 인정된다.

**해설**

① (×) 국회의원의 입법행위는 그 입법 내용이 헌법의 문언에 명백히 위배됨에도 불구하고 국회가 굳이 당해 입법을 한 것과 같은 특수한 경우가 아닌 한 국가배상법 제2조 제1항 소정의 위법행위에 해당한다고 볼 수 없고, 같은 맥락에서 국가가 일정한 사항에 관하여 헌법에 의하여 부과되는 구체적인 입법의무를 부담하고 있음에도 불구하고 그 입법에 필요한 상당한 기간이 경과하도록 고의 또는 과실로 이러한 입법의무를 이행하지 아니하는 등 극히 예외적인 사정이 인정되는 사안에 한정하여 국가배상법 소정의 배상책임이 인정될 수 있으며, 위와 같은 구체적인 입법의무 자체가 인정되지 않는 경우에는 애당초 부작위로 인한 불법행위가 성립할 여지가 없다. (대판 2008.5.29. 2004다33469)

② (×) 정책의 주무부처인 중앙행정기관이 그 소관 사항에 대하여 입안한 법령안은 법제처 심사 등의 절차를 거쳐 공포함으로써 확정되므로, 법령이 확정되기 이전에는 법적 효과가 발생할 수 없다. 따라서 입법예고를 통해 법령안의 내용을 국민에게 예고한 적이 있다고 하더라도 그것이 법령으로 확정되지 아니한 이상 국가가 이해관계자들에게 위 법령안에 관련된 사항을 약속하였다고 볼 수 없으며, 이러한 사정만으로 어떠한 신뢰를 부여하였다고 볼 수도 없다. (대판 2018.6.5. 2017다249769)

③ (○) 공무원에게 부과된 직무상의 의무의 내용이 단순히 공공일반의 이익을 위한 것이거나 행정기관 내부의 질서를 규율하기 위한 것이 아니고, 전적으로 또는 부수적으로 사회구성원 개인의 안전과 이익을 보호하기 위하여 설정된 것이라면 공무원이 직무상의 의무를 위반함으로 인하여 피해자가 입은 손해에 대하여는 상당인과관계가 인정되는 범위 내에서 국가 또는 지방자치단체가 배상책임을 져야 한다. (대판 1995.4.11. 94다15646)

④ (×) 금융위원회의 설치 등에 관한 법률의 입법취지 등에 비추어 볼 때, 피고 금융감독원에 금융기관에 대한 검사·감독의무를 부과한 법령의 목적이 금융상품에 투자한 투자자 개인의 이익을 직접 보호하기 위한 것이라고 할 수 없으므로, 피고 금융감독원 및 그 직원들의 위법한 직무집행과 부산2저축은행의 후순위사채에 투자한 원고들이 입은 손해 사이에 상당인과관계가 있다고 보기 어렵다. (대판 2015.12.23. 2015다210194)

**정답** ③

## 006
**행정상 손해배상에 대한 설명으로 옳지 않은 것은? (다툼이 있는 경우 판례에 의함)** 22 국가9급

① 국가배상청구권의 소멸시효기간은 지났으나 국가가 소멸시효완성을 주장하는 것이 신의성실의 원칙에 반하는 권리남용으로 허용될 수 없어 배상책임을 이행한 경우, 국가는 원칙적으로 해당 공무원에 대해 구상권을 행사할 수 있다.

② 공무원이 관계 법령의 해석이 확립되기 전에 어느 한 설을 취하여 업무를 처리한 것이 결과적으로 위법하더라도 처분 당시 그 이상의 업무처리를 성실한 평균적 공무원에게 기대하기 어려웠던 경우라면 원칙적으로 공무원의 과실을 인정할 수 없다.

③ 공무원이 직무를 수행하면서 그 근거가 되는 법령의 규정에 따라 구체적으로 의무를 부여받았어도 그것이 국민의 이익과 관계없이 순전히 행정기관 내부의 질서를 유지하기 위한 것이라면 그 의무에 위반하여 국민에게 손해를 가하여도 국가 등은 배상책임을 부담하지 않는다.

④ 행정처분이 후에 항고소송에서 취소되었다고 할지라도 그 기판력에 의하여 당해 행정처분이 곧바로 공무원의 고의 또는 과실로 인한 것으로서 불법행위를 구성한다고 단정할 수는 없다.

### 해설

① (✕) 공무원의 직무상 불법행위로 손해를 입은 피해자가 국가배상청구를 하였을 때, 비록 그 소멸시효기간이 경과하였다고 하더라도 국가가 소멸시효의 완성 전에 피해자의 권리 행사나 시효중단을 불가능 또는 현저히 곤란하게 하였거나 객관적으로 피해자가 권리를 행사할 수 없는 장애사유가 있었다는 등의 사정이 있어 국가에게 채무 이행의 거절을 인정하는 것이 현저히 부당하거나 불공평하게 되는 등 특별한 사정이 있는 경우에는, 국가가 소멸시효완성을 주장하는 것은 신의성실의 원칙에 반하여 권리남용으로서 허용될 수 없다. 이와 같이 공무원의 불법행위로 손해를 입은 피해자의 국가배상청구권의 소멸시효기간이 지났으나 국가가 소멸시효완성을 주장하는 것이 신의성실의 원칙에 반하는 권리남용으로 허용될 수 없어 배상책임을 이행한 경우에는, 그 소멸시효완성 주장이 권리남용에 해당하게 된 원인행위와 관련하여 해당 공무원이 그 원인이 되는 행위를 적극적으로 주도하였다는 등의 특별한 사정이 없는 한, 국가가 해당 공무원에게 구상권을 행사하는 것은 신의칙상 허용되지 않는다고 봄이 상당하다. (대판 2016.6.10. 2015다217843)

② (○) 대판 1997.7.11. 97다7608

③ (○) 사익보호성이 인정되지 않으면 국가배상은 인정되지 않는다.

④ (○) 항고소송에서 승소하였다고 해서 국가배상도 승소하는 것은 아니다.

정답 ①

## 007 「국가배상법」에 대한 설명으로 옳지 않은 것은? (다툼이 있는 경우 판례에 의함)   21 국가7급

① 공무원들의 공무원증 발급업무를 하는 공무원이 다른 공무원의 공무원증을 위조하는 행위는 「국가배상법」상의 직무집행에 해당하지 않는다.

② 국가의 철도운행사업과 관련하여 발생한 사고로 인한 손해배상청구의 경우 그 사고에 공무원이 간여하였다고 하더라도 「국가배상법」이 아니라 「민법」이 적용되어야 하지만, 철도시설물의 설치 또는 관리의 하자로 인한 손해배상청구의 경우에는 「국가배상법」이 적용된다.

③ 재판작용에 대한 국가배상의 경우, 재판에 대하여 불복절차 내지 시정절차 자체가 없는 경우에는 부당한 재판으로 인하여 불이익 내지 손해를 입은 사람은 국가배상책임의 요건이 충족된다면 국가배상을 청구할 수 있다.

④ 영업허가취소처분이 나중에 행정심판에 의하여 재량권을 일탈한 위법한 처분이 되었더라도 그 처분이 당시 시행되던 「공중위생법 시행규칙」에 정하여진 행정처분의 기준에 따른 것이라면 그 영업허가취소처분을 한 공무원에게 그와 같은 위법한 처분을 한 데 있어 어떤 직무집행상의 과실이 있다고 할 수 없다.

### 해설

① (×) 울산세관의 다른 공무원의 공무원증 등을 위조하는 행위는 비록 그것이 실질적으로는 직무행위에 속하지 아니한다 할지라도 적어도 외관상으로는 공무원증과 재직증명서를 발급하는 행위로서 직무집행으로 보여지므로 결국 소외인의 공무원증 등 위조행위는 국가배상법 제2조 제1항 소정의 공무원이 직무를 집행함에 당하여 한 행위로 인정된다. (대판 2005.1.14. 2004다26805)

② (○) 국가 또는 지방자치단체라 할지라도 공권력의 행사가 아니고 단순한 사경제의 주체로 활동하였을 경우에는 그 손해배상책임에 국가배상법이 적용될 수 없고 민법상의 사용자책임 등이 인정되는 것이고 국가의 철도운행사업은 국가가 공권력의 행사로서 하는 것이 아니고 사경제적 작용이라 할 것이므로, 이로 인한 사고에 공무원이 간여하였다고 하더라도 국가배상법을 적용할 것이 아니고 일반 민법의 규정에 따라야 하므로, 국가배상법상의 배상전치절차를 거칠 필요가 없으나, 공공의 영조물인 철도시설물의 설치 또는 관리의 하자로 인한 불법행위를 원인으로 하여 국가에 대하여 손해배상청구를 하는 경우에는 국가배상법이 적용되므로 배상전치절차를 거쳐야 한다. (대판 1999.6.22. 99다7008)

③ (○) 재판에 대하여 불복절차 내지 시정절차 자체가 없는 경우에는 부당한 재판으로 인하여 불이익 내지 손해를 입은 사람은 국가배상 이외의 방법으로는 자신의 권리 내지 이익을 회복할 방법이 없으므로, 이와 같은 경우에는 위에서 본 배상책임의 요건이 충족되는 한 국가배상책임을 인정하지 않을 수 없다 할 것이다. (대판 2003.7.11. 99다24218)

④ (○) 대판 1994.11.8. 94다26141

정답 ①

## 008 다음 설명 중 옳지 않은 것은? (다툼이 있는 경우 판례에 의함) 〈21 소방〉

① 지방자치단체가 옹벽시설공사를 업체에게 주어 공사를 시행하다가 사고가 일어난 경우, 옹벽이 공사 중이고 아직 완성되지 아니하여 일반공중의 이용에 제공되지 않았다면 「국가배상법」 제5조 소정의 영조물에 해당한다고 할 수 없다.

② 김포공항을 설치·관리함에 있어 항공법령에 따른 항공기 소음기준 및 소음대책을 준수하려는 노력을 하였더라도, 공항이 항공기 운항이라는 공공의 목적에 이용됨에 있어 그와 관련하여 배출하는 소음 등의 침해가 인근 주민들에게 통상의 수인한도를 넘는 피해를 발생하게 하였다면 공항의 설치·관리상에 하자가 있다고 보아야 한다.

③ 가변차로에 설치된 두 개의 신호기에서 서로 모순되는 신호가 들어오는 고장으로 인하여 사고가 발생한 경우, 그 고장이 현재의 기술 수준상 부득이한 것으로 예방할 방법이 없는 것이라면 손해발생의 예견가능성이나 회피가능성이 없어 영조물의 하자를 인정할 수 없다.

④ 영조물 설치자의 재정사정이나 영조물의 사용목적에 의한 사정은, 안전성을 요구하는 데 대한 참작사유는 될지언정 안전성을 결정지을 절대적 요건은 아니다.

### 해설

① (○) 아직 완성되지 않은 예정공물은 영조물로 인정되지 않는다.

> 위 사고 당시 설치하고 있던 옹벽은 소외 회사가 공사를 도급받아 공사 중에 있었을 뿐만 아니라 아직 완성도 되지 아니하여 일반공중의 이용에 제공되지 않고 있었던 이상 국가배상법 제5조 제1항 소정의 영조물에 해당한다고 할 수 없다. (대판 1998.10.23. 98다17381)

② (○) 대판 2005.1.27. 2003다49566

③ (×) 가변차로에 설치된 신호등의 용도와 오작동시에 발생하는 사고의 위험성과 심각성을 감안할 때, 만일 가변차로에 설치된 두 개의 신호기에서 서로 모순되는 신호가 들어오는 고장을 예방할 방법이 없음에도 그와 같은 신호기를 설치하여 그와 같은 고장을 발생하게 한 것이라면, 그 고장이 자연재해 등 외부요인에 의한 불가항력에 기인한 것이 아닌 한 그 자체로 설치·관리자의 방호조치의무를 다하지 못한 것으로서 신호등이 그 용도에 따라 통상 갖추어야 할 안전성을 갖추지 못한 상태에 있었다고 할 것이고, 따라서 설령 적정전압보다 낮은 저전압이 원인이 되어 위와 같은 오작동이 발생하였고 그 고장은 현재의 기술수준상 부득이한 것이라고 가정하더라도 그와 같은 사정만으로 손해발생의 예견가능성이나 회피가능성이 없어 영조물의 하자를 인정할 수 없는 경우라고 단정할 수 없다. (대판 2001.7.27. 2000다56822)

④ (○) 영조물 설치의 '하자'란 영조물의 축조에 불완전한 점이 있어 이 때문에 영조물 자체가 통상 갖추어야 할 완전성을 갖추지 못한 상태에 있음을 말한다고 할 것인바 그 '하자' 유무는 객관적 견지에서 본 안전성의 문제이고 그 설치자의 재정사정이나 영조물의 사용목적에 의한 사정은 안전성을 요구하는 데 대한 정도 문제로서 참작사유에는 해당할지언정 안전성을 결정지을 절대적 요건에는 해당하지 아니한다 할 것이다. (대판 1967.2.21. 66다1723)

정답 ③

## 기출지문 OX

**01** 공무원이 고의 또는 과실로 그에게 부과된 직무상 의무를 위반하였을 경우라고 하더라도 국가는 그러한 직무상의 의무 위반과 피해자가 입은 손해 사이에 상당인과관계가 인정되는 범위 내에서만 배상책임을 진다. [21 서울·지방7급]  (O, ×)

해설 대판 2010.9.9. 2008다77795

정답 O

**02** 공무원의 부작위로 인한 국가배상책임을 인정할 것인지 여부가 문제되는 경우에 관련 공무원에 대하여 작위의무를 명하는 형식적 법률의 규정이 없는 경우에는 국가배상책임이 인정되지 않는다. [21 서울·지방7급]  (O, ×)

해설 형식적 의미의 법령에 근거가 없어도 작위의무가 인정되는 경우가 있다.

> 공무원의 부작위로 인한 국가배상책임을 인정할 것인지 여부가 문제되는 경우에 관련 공무원에 대하여 작위의무를 명하는 법령의 규정이 없는 때라면 공무원의 부작위로 인하여 침해되는 국민의 법익 또는 국민에게 발생하는 손해가 어느 정도 심각하고 절박한 것인지, 관련 공무원이 그와 같은 결과를 예견하여 그 결과를 회피하기 위한 조치를 취할 수 있는 가능성이 있는지 등을 종합적으로 고려하여 판단하여야 한다. (대판 2012.7.26. 2010다95666)

정답 ×

**03** 「국가배상법」 제5조 소정의 공공의 영조물이란 공유나 사유임을 불문하고 행정주체에 의하여 특정 공공의 목적에 공여된 유체물 또는 물적 설비를 의미한다. [21 서울·지방7급]  (O, ×)

해설 국가배상법 제5조 소정의 공공의 영조물이란 공유나 사유임을 불문하고, 행정주체에 의하여 특정 공공의 목적에 공여된 유체물 또는 물적 설비를 의미하므로 사실상 군민의 통행에 제공되고 있던 도로의 옆의 암벽으로부터 떨어진 낙석에 맞아 소외인이 사망하는 사고가 발생하였다고 하여도 동 사고지점 도로가 피고 군에 의하여 노선인정 기타 공용개시가 없었으면 이를 영조물이라 할 수 없다. (대판 1981.7.7. 80다2478)

정답 O

**04** 「국가배상법」에서는 공무원 개인의 피해자에 대한 배상책임을 인정하는 명시적인 규정을 두고 있지 않다. [21 소방]  (O, ×)

해설 국가배상법 제2조는 공무원 개인의 피해자에 대한 배상책임을 인정하는 명시적인 규정을 두고 있지 않다. 다만, 공무원의 고의·중과실에 의한 국가배상 후 국가가 해당 공무원에 구상할 수 있는 근거규정은 있다.

정답 O

**05** 군교도소 수용자들이 탈주하여 일반국민에게 손해를 입혔다면 국가는 그로 인하여 피해자들이 입은 손해를 배상할 책임이 있다. [21 소방]  (O, ×)

해설 군행형법과 군행형법 시행령이 군교도소나 미결수용실에 대한 경계 감호를 위하여 관련 공무원에게 각종 직무상의 의무를 부과하고 있는 것은, 일차적으로는 그 수용자들을 격리보호하고 교정교화함으로써 공공일반의 이익을 도모하고 교도소 등의 내부 질서를 유지하기 위한 것이라 할 것이지만, 부수적으로는 그 수용자들이 탈주한 경우에 그 도주과정에서 일어날 수 있는 2차적 범죄행위로부터 일반국민의 인명과 재화를 보호하고자 하는 목적도 있다고 할 것이므로, 국가공무원들이 위와 같은 직무상의 의무를 위반한 결과 수용자들이 탈주함으로써 일반국민에게 손해를 입히는 사건이 발생하였다면, 국가는 그로 인하여 피해자들이 입은 손해를 배상할 책임이 있다. (대판 2003.2.14. 2002다62678)

정답 O

**06** 「국가배상법」 제2조 제1항 단서에 의해 군인 등의 국가배상청구권이 제한되는 경우, 공동불법행위자인 민간인은 피해를 입은 군인 등에게 그 손해 전부에 대하여 배상하여야 하는 것은 아니며 자신의 부담 부분에 한하여 손해배상의무를 부담한다. [21 소방]  (O, ×)

해설 지문은 대법원의 입장이다. 헌법재판소는 손해 전부에 대한 배상 후 국가에 대한 구상이 가능하다는 입장이다.

> 공동불법행위자 등이 부진정연대채무자로서 각자 피해자의 손해 전부를 배상할 의무를 부담하는 공동불법행위의 일반적인 경우와 달리 예외적으로 민간인은 피해 군인 등에 대하여 그 손해 중 국가 등이 민간인에 대한 구상의무를 부담한다면 그 내부적인 관계에서 부담하여야 할 부분을 제외한 나머지 자신의 부담 부분에 한하여 손해배상의무를 부담하고, 한편 국가 등에 대하여는 그 귀책 부분의 구상을 청구할 수 없다고 해석함이 상당하다 할 것이고, 이러한 해석이 손해의 공평·타당한 부담을 그 지도원리로 하는 손해배상제도의 이상에도 맞는다 할 것이다. (대판 2001.2.15. 96다42420)

정답 O

## 009 국가배상에 대한 판례의 태도로 옳지 않은 것은?

20 소방

① 성폭력범죄의 수사를 담당하거나 수사에 관여하는 경찰관이 피해자의 인적 사항 등을 공개 또는 누설함으로써 피해자가 손해를 입은 경우, 국가의 배상책임이 인정된다는 것이 판례의 태도이다.

② 음주운전으로 적발된 주취운전자가 도로 밖으로 차량을 이동하겠다며 단속 경찰관으로부터 보관 중이던 차량열쇠를 반환받아 몰래 차량을 운전하여 가던 중 사고를 일으킨 경우, 국가배상책임이 인정되지 않는다는 것이 판례의 태도이다.

③ 지방자치단체장이 설치하여 관할 지방경찰청장에게 관리권한이 위임된 교통신호기의 고장으로 인하여 교통사고가 발생한 경우, 지방자치단체뿐만 아니라 국가도 손해배상책임을 부담한다는 것이 판례의 태도이다.

④ 군수 또는 그 보조 공무원이 농수산부장관(현 농림축산식품부장관)으로부터 도지사를 거쳐 군수에게 재위임된 국가사무(기관위임사무)인 개간허가 및 그 취소사무를 처리함에 있어 고의 또는 과실로 타인에게 손해를 가한 경우, 「국가배상법」 제6조에 의하여 지방자치단체인 군이 비용을 부담한다고 볼 수 있는 경우에 한하여 국가와 함께 손해배상책임을 부담한다.

### 해설

① (O) 성폭력범죄의 수사 또는 재판을 담당하거나 이에 관여하는 공무원에 대하여 피해자의 인적 사항과 사생활의 비밀을 엄수할 직무상 의무를 부과하고 있고, 이는 주로 성폭력범죄 피해자의 명예와 사생활의 평온을 보호하기 위한 것이므로, 성폭력범죄의 수사를 담당하거나 수사에 관여하는 경찰관이 위와 같은 직무상 의무에 반하여 피해자의 인적 사항 등을 공개 또는 누설하였다면 국가는 그로 인하여 피해자가 입은 손해를 배상하여야 한다. (대판 2008.6.12. 2007다64365)

② (X) 음주운전으로 적발된 주취운전자가 도로 밖으로 차량을 이동하겠다며 단속 경찰관으로부터 보관 중이던 차량열쇠를 반환받아 몰래 차량을 운전하여 가던 중 사고를 일으킨 경우, 국가배상책임이 인정된다. (대판 1998.5.8. 97다54482)

③ (O) 대판 1999.6.25. 99다11120

④ (O) 구 농지확대개발촉진법 제24조와 제27조에 의하여 농수산부장관(현 농림축산식품부장관) 소관의 국가사무로 규정되어 있는 개간허가와 개간허가의 취소사무는 같은 법 제61조 제1항, 같은 법 시행령 제37조 제1항에 의하여 도지사에게 위임되고, 같은 법 제61조 제2항에 근거하여 도지사로부터 하위 지방자치단체장인 군수에게 재위임되었으므로 이른바 기관위임사무라 할 것이고, 이러한 경우 군수는 그 사무의 귀속주체인 국가 산하 행정기관의 지위에서 그 사무를 처리하는 것에 불과하므로, 군수 또는 군수를 보조하는 공무원이 위임사무처리에 있어 고의 또는 과실로 타인에게 손해를 가하였다 하더라도 원칙적으로 군에는 국가배상책임이 없고 그 사무의 귀속주체인 국가가 손해배상책임을 지는 것이며, 다만 국가배상법 제6조에 의하여 군이 비용을 부담한다고 볼 수 있는 경우에 한하여 국가와 함께 손해배상책임을 부담한다. (대판 2000.5.12. 99다70600)

정답 ②

**010** 甲은 A지방자치단체가 관리하는 도로를 운행하던 중 도로에 방치된 낙하물로 인하여 손해를 입었고, 이를 이유로 「국가배상법」상 손해배상을 청구하려고 한다. 이에 대한 설명으로 옳지 않은 것은? (다툼이 있는 경우 판례에 의함)
20 국가9급

① A지방자치단체가 위 도로를 권원 없이 사실상 관리하고 있는 경우에는 A지방자치단체의 배상책임은 인정될 수 없다.

② 위 도로의 설치·관리상의 하자가 있는지 여부는 위 도로가 그 용도에 따라 통상 갖추어야 할 안전성을 갖추었는지 여부에 따라 결정된다.

③ 위 도로가 국도이며 그 관리권이 A지방자치단체의 장에 위임되었다면, A지방자치단체가 도로의 관리에 필요한 일체의 경비를 대외적으로 지출하는 자에 불과하더라도 甲은 A지방자치단체에 대해 국가배상을 청구할 수 있다.

④ 甲이 배상을 받기 위하여 소송을 제기하는 경우에는 민사소송을 제기하여야 한다.

### 해설

① (✕) 특정 공공의 목적에 공여된 물이란 일반공중의 자유로운 사용에 직접적으로 제공되는 공공용물에 한하지 아니하고 행정주체 자신의 사용에 제공되는 공용물도 포함하며, 국가 또는 지방자치단체가 소유권, 임차권, 그 밖의 권한에 기하여 관리하고 있는 경우뿐만 아니라 사실상의 관리를 하고 있는 경우도 포함한다. (대판 1995.1.24. 94다45302)

② (○) 국가배상법 제5조 제1항에 정하여진 '영조물 설치·관리상의 하자'란 공공의 목적에 공여된 영조물이 그 용도에 따라 통상 갖추어야 할 안전성을 갖추지 못한 상태에 있음을 말하는바, 영조물의 설치 및 관리에 있어서 항상 완전무결한 상태를 유지할 정도의 고도의 안전성을 갖추지 아니하였다고 하여 영조물의 설치 또는 관리에 하자가 있다고 단정할 수 없는 것이고, 영조물의 설치자 또는 관리자에게 부과되는 방호조치의무는 영조물의 위험성에 비례하여 사회통념상 일반적으로 요구되는 정도의 것을 의미하므로 영조물인 도로의 경우도 다른 생활필수시설과의 관계나 그것을 설치하고 관리하는 주체의 재정적, 인적, 물적 제약 등을 고려하여 그것을 이용하는 자의 상식적이고 질서 있는 이용방법을 기대한 상대적인 안전성을 갖추는 것으로 족하다. (대판 2002.8.23. 2002다9158)

③ (○) 사무가 위임된 경우에는 피해자에 대한 관계에서 위임자와 수임자 모두 배상책임이 있다.

> 지방자치단체의 장이 기관위임된 국가행정사무를 처리하는 경우 그에 소요되는 경비의 실질적·궁극적 부담자는 국가라고 하더라도 당해 지방자치단체는 국가로부터 내부적으로 교부된 금원으로 그 사무에 필요한 경비를 대외적으로 지출하는 자이므로, 이러한 경우 지방자치단체는 국가배상법 제6조 제1항 소정의 비용부담자로서 공무원의 불법행위로 인한 같은 법에 의한 손해를 배상할 책임이 있다. (대판 1994.12.9. 94다38137)

④ (○) 대법원은 국가배상을 민사소송으로 해결한다.

**정답** ①

## 011

**국가배상에 대한 설명으로 옳지 않은 것은? (다툼이 있는 경우 판례에 의함)** 20 서울·지방9급

① 국가배상책임에서의 법령 위반은, 인권존중·권력남용금지·신의성실·공서양속 등의 위반도 포함해 널리 그 행위가 객관적인 정당성을 결여하고 있음을 의미한다.
② 공무원에게 부과된 직무상 의무는 전적으로 또는 부수적으로 사회구성원 개인의 안전과 이익을 보호하기 위해 설정된 것이어야 국가배상책임이 인정된다.
③ 배상심의회의 결정은 대외적인 법적 구속력을 가지므로 배상신청인과 상대방은 그 결정에 항상 구속된다.
④ 판례는 구 「국가배상법」 제3조의 배상액기준은 배상심의회 배상액결정의 기준이 될 뿐 배상범위를 법적으로 제한하는 규정이 아니므로 법원을 기속하지 않는다고 보았다.

**해설**

① (○) 대판 2015.8.27. 2012다204587
② (○) 국가배상의 경우에도 사익보호성이 있어야 한다.

> 공무원의 직무상 의무 위반행위에 대해 국가 또는 지방자치단체가 손해배상책임을 지기 위해서는 법령에서 정한 직무상 의무가 전적으로 또는 부수적으로라도 국민 개개인의 안전과 이익을 보호하기 위한 것이어야 한다. (대판 2006.4.14. 2003다41746)

③ (✕) 배상심의회의 결정에 동의하면 일단 배상을 받지만, 추가적인 손해는 손해배상청구가 가능하기 때문에 행정처분이 아니다.

> 배상심의회의 결정을 거치는 것은 민사상의 손해배상청구를 하기 전의 전치요건에 불과하다고 할 것이므로 배상심의회의 결정은 이를 행정처분이라고 할 수 없다. (대판 1981.2.10. 80누317)

④ (○) 구 국가배상법 제3조 제1항과 제3항의 손해배상의 기준은 배상심의회의 배상금 지급기준을 정함에 있어서의 하나의 기준을 정한 것에 지나지 아니하는 것이고, 이로써 배상액의 상한을 제한한 것으로 볼 수 없다 할 것이며, 따라서 법원이 국가배상법에 의한 손해배상액을 산정함에 있어서 그 기준에 구애되는 것이 아니라 할 것이다. (대판 1970.1.29. 69다1203)

**정답** ③

**012** 「국가배상법」 제5조상 영조물의 설치·관리의 하자로 인한 손해배상책임에 대한 설명으로 옳지 않은 것은? (다툼이 있는 경우 판례에 의함)　　　20 국가7급

① '공공의 영조물'에는 철도시설물인 대합실과 승강장 및 도로상에 설치된 보행자 신호기와 차량 신호기도 포함된다.
② 하천의 제방이 계획홍수위를 넘고 있더라도, 하천이 그 후 새로운 하천시설을 설치할 때 '하천시설기준'으로 정한 여유고(餘裕高)를 확보하지 못하고 있다면 그 사정만으로 안정성이 결여된 하자가 있다고 보아야 한다.
③ 국가나 지방자치단체가 손해를 배상할 책임이 있는 경우에 영조물의 설치·관리를 맡은 자와 영조물의 설치·관리 비용을 부담하는 자가 동일하지 아니하면 그 비용을 부담하는 자도 손해를 배상하여야 한다.
④ 사실상 군민(郡民)의 통행에 제공되고 있던 도로라고 하여도 군(郡)에 의하여 노선인정 기타 공용개시가 없었던 이상 이 도로를 '공공의 영조물'이라 할 수 없다.

> **해설**
> ① (○) 그 외의 동물이나 자동차 등도 영조물에 포함된다.
> ② (×) 자연영조물로서의 하천은 원래 이를 설치할 것인지 여부에 대한 선택의 여지가 없고, 위험을 내포한 상태에서 자연적으로 존재하고 있으며, 간단한 방법으로 위험상태를 제거할 수 없는 경우가 많고, 유수라고 하는 자연현상을 대상으로 하면서도 그 유수의 원인인 강우의 규모, 범위, 발생시기 등의 예측이나 홍수의 발생작용 등의 예측이 곤란하고, 실제로 홍수가 어떤 작용을 하는지는 실험에 의한 파악이 거의 불가능하고 실제 홍수에 의하여 파악할 수밖에 없어 결국 과거의 홍수 경험을 토대로 하천관리를 할 수밖에 없는 특질이 있고, 또 국가나 하천관리청이 목표로 하는 하천의 개수작업을 완성함에 있어서는 막대한 예산을 필요로 하고, 대규모 공사가 되어 이를 완공하는 데 장기간이 소요되며, 치수의 수단은 강우의 특성과 하천 유역의 특성에 의하여 정해지는 것이므로 그 특성에 맞는 방법을 찾아내는 것은 오랜 경험이 필요하고 또 기상의 변화에 따라 최신의 과학기술에 의한 방법이 효용이 없을 수도 있는 등 그 관리상의 특수성도 있으므로 이와 같은 관리상의 특질과 특수성을 감안한다면, 하천의 관리청이 관계 규정에 따라 설정한 계획홍수위를 변경시켜야 할 사정이 생기는 등 특별한 사정이 없는 한, 이미 존재하는 하천의 제방이 계획홍수위를 넘고 있다면 그 하천은 용도에 따라 통상 갖추어야 할 안전성을 갖추고 있다고 보아야 하고, 그와 같은 하천이 그 후 새로운 하천시설을 설치할 때 기준으로 삼기 위하여 제정한 '하천시설기준'이 정한 여유고를 확보하지 못하고 있다는 사정만으로 바로 안전성이 결여된 하자가 있다고 볼 수는 없다. (대판 2003.10.23. 2001다48057)
> ③ (○) 위임사무의 경우에 피해자인 국민은 국가나 지방자치단체 어디에나 배상청구가 가능하다.
>> 지방자치단체의 장이 기관위임된 국가행정사무를 처리하는 경우 그에 소요되는 경비의 실질적·궁극적 부담자는 국가라고 하더라도 당해 지방자치단체는 국가로부터 내부적으로 교부된 금원으로 그 사무에 필요한 경비를 대외적으로 지출하는 자이므로, 이러한 경우 지방자치단체는 국가배상법 제6조 제1항 소정의 비용부담자로서 공무원의 불법행위로 인한 같은 법에 의한 손해를 배상할 책임이 있다. (대판 1994.12.9. 94다38137)
>
> ④ (○)

**정답** ②

## 013 국가배상에 대한 설명으로 옳은 것만을 모두 고르면? (다툼이 있는 경우 판례에 의함)

19.지방9급

ㄱ. 헌법재판소 재판관이 청구기간 내에 제기된 헌법소원심판청구 사건에서 청구기간을 오인하여 각하결정을 한 경우, 이에 대한 불복절차 내지 시정절차가 없는 때에는 국가배상책임을 인정할 수 있다.
ㄴ. 형벌에 관한 법령이 헌법재판소의 위헌결정으로 소급하여 효력을 상실한 경우, 위헌선언 전 그 법령에 기초하여 수사가 개시되어 공소가 제기되고 유죄판결이 선고되었더라도, 그러한 사정만으로 국가의 손해배상책임이 발생한다고 볼 수 없다.
ㄷ. 법령의 위탁에 의해 지방자치단체로부터 대집행을 수권받은 구 한국토지공사는 지방자치단체의 기관으로서 「국가배상법」 제2조 소정의 공무원에 해당한다.
ㄹ. 취소판결의 기판력은 국가배상청구소송에도 미치므로, 행정처분이 후에 항고소송에서 위법을 이유로 취소된 경우에는 그 기판력에 의하여 당해 행정처분이 곧바로 공무원의 고의 또는 과실에 의한 불법행위를 구성한다고 보아야 한다.

① ㄱ, ㄴ
② ㄱ, ㄹ
③ ㄴ, ㄷ
④ ㄷ, ㄹ

### 해설

ㄱ. (○) 헌법소원심판을 청구한 원고로서는 헌법재판소 재판관이 일자 계산을 정확하게 하여 본안판단을 할 것으로 기대하는 것이 당연하고, 따라서 헌법재판소 재판관의 위법한 직무집행의 결과 잘못된 각하결정을 함으로써 원고로 하여금 본안판단을 받을 기회를 상실하게 한 이상, 설령 본안판단을 하였더라도 어차피 청구가 기각되었을 것이라는 사정이 있다고 하더라도, 잘못된 판단으로 인하여 헌법소원심판청구인의 위와 같은 합리적인 기대를 침해한 것이고 이러한 기대는 인격적 이익으로서 보호할 가치가 있다고 할 것이므로, 그 침해로 인한 정신상 고통에 대하여는 위자료를 지급할 의무가 있다고 할 것이다. (대판 2003.7.11. 99다24218)
ㄴ. (○) 대판 2014.10.27. 2013다217962
ㄷ. (×) 국가배상법상 공무원은 최광의의 공무원이지만 국가와 지방자치단체로 한정되어 있으므로, 각종 공사·공단은 다른 법률의 적용에서 공무원으로 인정되는 것은 별론으로 하고 국가배상법상 공무원이 아니다.
ㄹ. (×) 항고소송의 승패와 국가배상의 승패는 연관성이 없다.

> 어떠한 행정처분이 후에 항고소송에서 취소된 사실만으로 당해 행정처분이 곧바로 공무원의 고의 또는 과실로 인한 것으로서 불법행위를 구성한다고 단정할 수는 없다. (대판 2007.5.10. 2005다31828)

정답 ①

## 014

甲은 재산세 부과의 근거가 되는 개별공시지가와 그 산정의 기초가 되는 표준지공시지가가 위법하게 산정되었다고 주장한다. 이에 대한 설명으로 옳은 것만을 모두 고르면? (다툼이 있는 경우 판례에 의함)

19 국가7급

> ㄱ. 취소사유에 해당하는 하자가 있는 표준지공시지가결정에 대한 취소소송의 제소기간이 지난 경우, 甲은 개별토지가격결정을 다투는 소송에서 그 개별토지가격산정의 기초가 된 표준지공시지가의 위법성을 다툴 수 있다.
> ㄴ. 甲은 개별공시지가결정에 대하여 곧바로 행정소송을 제기하거나 「부동산 가격공시에 관한 법률」에 따른 이의신청과 「행정심판법」에 따른 행정심판청구 중 어느 하나만을 거쳐 행정소송을 제기할 수 있을 뿐만 아니라, 이의신청을 하여 그 결과 통지를 받은 후 다시 행정심판을 거쳐 행정소송을 제기할 수도 있다.
> ㄷ. 개별공시지가 산정업무 담당공무원 등이 그 직무상 의무에 위반하여 현저하게 불합리한 개별공시지가가 결정되도록 함으로써 甲의 재산권을 침해한 경우 상당인과관계가 인정되는 범위에서 그 손해에 대하여 그 담당공무원 등이 속한 지방자치단체가 배상책임을 지게 된다.
> ㄹ. 甲이 개별공시지가결정에 따라 부과된 재산세를 납부한 후 이미 납부한 재산세에 대한 부당이득반환을 구하는 민사소송을 제기한 경우, 민사법원은 재산세 부과처분에 취소사유의 하자가 있음을 이유로 재산세 부과처분의 효력을 부인하고 그 납세액의 반환을 명하는 판결을 내릴 수 있다.

① ㄱ, ㄴ    ② ㄱ, ㄹ    ③ ㄴ, ㄷ    ④ ㄷ, ㄹ

### 해설

ㄱ. (✕) 표준지공시지가와 개별공시지가 사이에는 하자의 승계가 인정되지 않는다.
ㄴ. (○)
ㄷ. (○) 공시지가결정과 손해배상의 문제

> [1] 개별공시지가는 개발부담금의 부과, 토지 관련 조세 부과 등 다른 법령이 정하는 목적을 위해 지가를 산정하는 경우에 그 산정기준이 되는 관계로 납세자인 국민 등의 재산상 권리·의무에 직접적인 영향을 미치게 되므로, 개별공시지가 산정업무를 담당하는 공무원으로서는 … 적정한 개별공시지가가 결정·공시되도록 조치할 직무상의 의무가 있고, 이러한 직무상 의무는 단순히 공공일반의 이익을 위한 것이거나 행정기관 내부의 질서를 규율하기 위한 것이 아니고 전적으로 또는 부수적으로 국민 개개인의 재산권 보장을 목적으로 하여 규정된 것이라고 봄이 상당하다. 따라서 개별공시지가 산정업무 담당공무원 등이 그 직무상 의무에 위반하여 현저하게 불합리한 개별공시지가가 결정되도록 함으로써 국민 개개인의 재산권을 침해한 경우에는 그 손해에 대하여 상당인과관계 있는 범위 내에서 그 담당공무원 등이 소속된 지방자치단체가 배상책임을 지게 된다.
> [2] 시장이 토지의 이용상황을 실제 이용되고 있는 '자연림'으로 하여 개별공시지가를 산정한 다음 감정평가법인에 검증을 의뢰하였는데, 감정평가법인이 그 토지의 이용상황을 '공업용'으로 잘못 정정하여 검증지가를 산정하고, 시 부동산평가위원회가 검증지가를 심의하면서 그 잘못을 발견하지 못함에 따라, 그 토지의 개별공시지가가 적정가격보다 훨씬 높은 가격으로 결정·공시된 사안에서, 이는 개별공시지가 산정업무 담당공무원 등이 직무상 의무를 위반한 것으로 불법행위에 해당한다.
> [3] 개별공시지가는 토지의 거래 또는 담보제공에서 그 실제 거래가액 또는 담보가치를 보장하는 등의 구속력을 갖지 않으며, 개개 토지에 관한 개별공시지가를 기준으로 거래하거나 담보제공을 받았다가 토지의 실제 거래가액 또는 담보가치가 개별공시지가에 미치지 못함으로 인하여 발생한 손해에 대해서는 개별공시지가를 결정·공시한 지방자치단체가 손해배상책임을 부담하지 않는다.
> [4] 담당공무원 등의 개별공시지가 산정에 관한 직무상 위반행위와 위 손해 사이에 상당인과관계가 있다고 보기 어렵다.
> (대판 2010.7.22. 2010다13527)

ㄹ. (×) 취소사유이면 공정력 때문에 민사법원은 그 효력을 부정할 수 없으므로 납세의 반환을 명하는 판결을 할 수 없다.

**정답** ③

## 기출지문 OX

**01** 직무집행과 관련하여 공상을 입은 군인이 먼저 「국가배상법」상 손해배상을 받은 다음 구 「국가유공자 등 예우 및 지원에 관한 법률」상 보훈급여금을 지급청구하는 경우, 국가배상을 받았다는 이유로 그 지급을 거부할 수 없다. [19 국가9급]  (O, ×)

**해설** 대판 2017.2.3. 2015두60075   **정답** O

**02** 피해자에게 손해를 직접 배상한 경과실이 있는 공무원은 특별한 사정이 없는 한, 국가의 피해자에 대한 손해배상책임의 범위 내에서 자신이 변제한 금액에 관하여 국가에 대한 구상권을 취득한다. [19 국가9급]  (O, ×)

**해설** 사안의 공무원은 경과실이 인정되므로 본인은 책임이 없지만, 배상을 한 경우에는 국가에 대하여 구상권을 취득한다.

> 경과실이 있는 공무원이 피해자에 대하여 손해배상책임을 부담하지 아니함에도 피해자에게 손해를 배상하였다면 그것은 채무자 아닌 사람이 타인의 채무를 변제한 경우에 해당하고, 이는 민법 제469조의 '제3자의 변제' 또는 민법 제744조의 '도의관념에 적합한 비채변제'에 해당하여 피해자는 공무원에 대하여 이를 반환할 의무가 없고, 그에 따라 피해자의 국가에 대한 손해배상청구권이 소멸하여 국가는 자신의 출연 없이 그 채무를 면하게 되므로, 피해자에게 손해를 직접 배상한 경과실이 있는 공무원은 특별한 사정이 없는 한 국가에 대하여 국가의 피해자에 대한 손해배상책임의 범위 내에서 공무원이 변제한 금액에 관하여 구상권을 취득한다고 봄이 타당하다. (대판 2014.8.20. 2012다54478)

**정답** O

**03** 공익근무요원은 「국가배상법」 제2조 제1항 단서의 군인·군무원·경찰공무원 또는 향토예비군대원에 해당하지 않으므로 이중배상청구가 제한되지 않는다. [19 서울7급 2월]  (O, ×)

**해설** 공익근무요원, 경비교도대원, 다른 법에 의한 보상을 받지 못한 군인 등은 이중배상청구가 제한되지 않는다.   **정답** O

**04** 공무원의 직무상 의무 위반에 대한 법령의 취지가 전체적으로 공공일반의 이익을 도모하기 위한 것이라면 「국가배상법」 제2조의 배상책임이 인정된다. [19 서울7급 2월]  (O, ×)

**해설** 공무원에게 부과된 직무상 의무의 내용이 단순히 공공일반의 이익을 위한 것이거나 행정기관의 내부의 질서를 규율하기 위한 것이 아니고, 전적으로 또는 부수적으로 사회구성원 개인의 안전과 이익을 보호하기 위하여 설정된 것인 이상, 공무원이 그와 같은 직무상 의무를 위반함으로 인하여 피해자가 입은 손해에 대하여는 상당인과관계가 인정되는 범위 내에서 공무원이 소속한 국가나 지방자치단체가 배상책임을 지는 것이다. (대판 1999.12.21. 98다29797)   **정답** ×

**05** 「국가배상법」 제2조의 직무행위에는 국가나 지방자치단체의 권력적 작용만이 포함되며 비권력적 작용은 포함되지 않는다. [19 서울7급 2월]  (O, ×)

**해설** 국가배상법이 정한 배상청구의 요건인 '공무원의 직무'에는 권력적 작용만이 아니라 행정지도와 같은 비권력적 작용도 포함되며 단지 행정주체가 사경제주체로서 하는 활동만 제외된다. (대판 2004.4.9. 2002다10691)   **정답** ×

**06** 소방공무원들이 다중이용업소인 주점의 비상구와 피난시설 등에 대한 점검을 소홀히 함으로써 주점의 피난통로 등에 중대한 피난 장애요인이 있음을 발견하지 못하여 업주들에 대한 적절한 지도·감독을 하지 아니한 경우 직무상 의무 위반과 주점 손님들의 사망 사이에 상당인과관계가 인정된다. [19 서울9급 6월]  (O, ×)

**해설** 소방공무원이 시정조치를 명하지 않은 의무 위반과 유흥주점에 화재가 났을 때 미처 피신하지 못하고 유독가스에 질식해 사망한 것 사이에는 상당인과관계가 있다.

> 유흥주점에 감금된 채 윤락을 강요받으며 생활하던 여종업원들이 유흥주점에 화재가 났을 때 미처 피신하지 못하고 유독가스에 질식해 사망한 사안에서, 소방공무원이 위 화재 전 유흥주점에 대하여 구 소방법상 시정조치를 명하지 않은 직무상 의무 위반과 위 사망의 결과 사이에 상당인과관계가 있다. (대판 2008.4.10. 2005다48994)

**정답** O

**07** 일본 국가배상법이 국가배상청구권의 발생요건 및 상호보증에 관하여 우리나라 「국가배상법」과 동일한 내용을 규정하고 있는 점 등에 비추어 우리나라와 일본 사이에 우리나라 「국가배상법」 제7조가 정하는 상호보증이 있다. [19 서울9급 6월]　　(O, ×)

　해설　대판 2015.6.11. 2013다208388　　정답 O

**08** 공무원에는 조직법상 의미의 공무원뿐만 아니라 기능적 의미의 공무원이 포함된다. [19 서울 사복]　　(O, ×)

　해설　국가배상법상 공무원은 국가나 지방자치단체 소속의 최광의의 공무원을 의미한다. 따라서 공무수탁사인의 경우 조직법상 공무원은 아니지만, 국가배상법상 공무원에 해당한다.　　정답 O

**09** 과실개념을 객관화하려는 태도는 국가배상책임의 성립을 용이하게 하려는 의도를 지니고 있다. [19 서울 사복]　　(O, ×)

　해설　과실개념을 객관화한다는 것은 가해공무원이 특정되지 않아도 국가의 책임을 인정하는 것이므로 국가배상책임의 성립을 용이하게 하려는 의도를 지니고 있다.

> 국가 소속 전투경찰들이 시위진압을 함에 있어서 합리적이고 상당하다고 인정되는 정도로 가능한 한 최루탄의 사용을 억제하고 또한 최대한 안전하고 평화로운 방법으로 시위진압을 하여 그 시위진압과정에서 타인의 생명과 신체에 위해를 가하는 사태가 발생하지 아니하도록 하여야 하는데도, 이를 게을리한 채 합리적이고 상당하다고 인정되는 정도를 넘어 지나치게 과도한 방법으로 시위진압을 한 잘못으로 시위 참가자로 하여금 사망에 이르게 하였다는 이유로 국가의 손해배상책임을 인정하되, 피해자의 시위에 참가하여 사망에 이르기까지의 행위를 참작하여 30% 과실상계를 한 원심판결을 수긍한다. (대판 1995.11.10. 95다23897)

정답 O

---

**015** 행정상 손해배상에 대한 설명으로 옳은 것은? (다툼이 있는 경우 판례에 의함)　　[18 국가9급]

① 국가나 지방자치단체는 공무원이 직무를 집행하면서 고의 또는 과실로 위법하게 타인에게 손해를 가한 때에 「국가배상법」상 배상책임을 지고, 공무원의 선임 및 감독에 상당한 주의를 한 경우에도 그 배상책임을 면할 수 없다.

② 국가 또는 지방자치단체가 공무원의 위법한 직무집행으로 발생한 손해에 대해 「국가배상법」에 따라 배상한 경우에 당해 공무원에게 구상권을 행사할 수 있는지에 대해 「국가배상법」은 규정을 두고 있지 않으나, 판례에 따르면 당해 공무원에게 고의 또는 중과실이 인정될 경우 국가 또는 지방자치단체는 그 공무원에게 구상권을 행사할 수 있다.

③ 「국가배상법」상 공무원의 직무행위는 객관적으로 직무행위로서의 외형을 갖추고 있어야 할 뿐만 아니라 주관적 공무집행의 의사도 있어야 한다.

④ 민간인과 직무집행 중인 군인의 공동불법행위로 인하여 직무집행 중인 다른 군인이 피해를 입은 경우 민간인이 피해군인에게 자신의 과실비율에 따라 내부적으로 부담할 부분을 초과하여 피해금액 전부를 배상한 경우에 대법원 판례에 따르면 민간인은 국가에 대해 가해군인의 과실비율에 대한 구상권을 행사할 수 있다.

**해설**

① (O) 민법상 사용자 면책사유는 국가배상법상 고의·과실의 판단에서는 적용되지 않는다. 다만, 영조물책임에는 불가항력으로 인한 면책이 판례상 인정된다.
② (×) 국가배상법상 명문규정이 있다.

> **국가배상법 제2조(배상책임)**
> ② 제1항 본문의 경우에 공무원에게 고의 또는 중대한 과실이 있으면 국가나 지방자치단체는 그 공무원에게 구상할 수 있다.

참고 국가의 구상권에 대한 규정은 있지만, 피해자의 선택적 청구권에 대해서는 명문규정이 없다. 판례는 피해자의 선택적 청구를 인정한다.

③ (×) 국가배상법 제2조 제1항의 '직무를 집행함에 당하여'란 직접 공무원의 직무집행행위이다. 그와 밀접한 관련이 있는 행위를 포함하고, 이를 판단함에 있어서는 행위 자체의 외관을 객관적으로 관찰하여 공무원의 직무행위로 보여질 때에는 비록 그것이 실질적으로 직무행위가 아니거나 또는 행위자로서는 주관적으로 공무집행의 의사가 없었다고 하더라도 그 행위는 공무원이 '직무를 집행함에 당하여' 한 것으로 보아야 한다. (대판 2005.1.14. 2004다26805)
④ (×) 대법원은 구상을 부정하는 절대적 소멸설의 입장이고, 헌법재판소는 구상이 가능하다는 상대적 소멸설의 입장이다.

정답 ①

---

**016** 제시문을 전제로 한 설명으로 옳지 않은 것은? (다툼이 있는 경우 판례에 의함)  18 국가9급

> 甲이 A시에 공장을 설립하였는데 그 공장이 들어선 이후로 공장 인근에 거주하는 주민들에게 중한 피부질환과 호흡기 질환이 발생하였다. 환경운동실천시민단체와 주민들은 역학조사를 실시하였고 그 결과에 따라 甲의 공장에서 배출되는 매연물질과 오염물질이 주민들에게 발생한 질환의 원인이라고 판단하고 있다. 주민들은 규제권한이 있는 A시장에게 甲의 공장에 대해 개선조치를 해줄 것을 요청하였으나, A시장은 상당한 기간이 지나도록 아무런 조치를 취하지 않고 있다.

① 관계 법령에서 A시장에게 일정한 조치를 취하여야 할 작위의무를 규정하고 있지 않더라도 甲의 공장에서 나온 매연물질과 오염물질로 인해 질환을 앓게 된 주민들이 많고 그 정도가 심각하여 주민들의 생명·신체에 가해지는 위험이 절박하고 중대하다고 인정된다면 A시장에게 그러한 위험을 배제하는 조치를 하여야 할 작위의무를 인정할 수 있다.
② 개선조치를 요청한 주민이 A시장을 상대로 개선조치를 해달라는 행정쟁송을 하고자 할 때 가능한 쟁송유형으로 의무이행심판은 가능하나 의무이행소송은 허용되지 않는다.
③ 甲의 공장에서 배출된 물질 때문에 피해를 입은 주민이 A시장의 부작위를 원인으로 하여 국가배상을 청구한 경우에 국가배상책임이 인정되기 위해서는 A시장의 작위의무 위반이 인정되면 충분하고, A시장이 그와 같은 결과를 예견하여 그 결과를 회피하기 위한 조치를 취할 수 있는 가능성까지 인정되어야 하는 것은 아니다.
④ 부작위위법확인소송에서 A시장의 부작위가 위법하다고 확인한 인용판결이 확정되어도 A시장의 부작위를 원인으로 한 국가배상소송에서 A시장의 부작위가 고의 또는 과실에 의한 불법행위를 구성한다는 점이 곧바로 인정되는 것은 아니다.

> 해설

① (O) 작위의무는 반드시 구체적 법령에 규정되어 있지 않더라도 인정된다.
② (O) 의무이행심판은 가능하나, 의무이행소송은 허용되지 않는다.
③ (×) 공무원의 부작위로 인한 국가배상책임을 인정할 것인지 여부가 문제되는 경우에 관련 공무원에 대하여 작위의무를 명하는 법령의 규정이 없다면 공무원의 부작위로 인하여 침해된 국민의 법익 또는 국민에게 발생한 손해가 어느 정도 심각하고 절박한 것인지, 관련 공무원이 그와 같은 결과를 예견하여 그 결과를 회피하기 위한 조치를 취할 수 있는 가능성이 있는지 등을 종합적으로 고려하여 판단하여야 한다. (대판 2001.4.24. 2000다57856)
④ (O) 부작위가 인정되면 고의·과실은 추정되지만, 그것만으로 불법행위가 인정되는 것은 아니다.

> 정답 ③

## 017 국가배상책임에 대한 설명으로 가장 옳지 않은 것은?   18 서울9급

① 국가배상책임에서의 법령 위반에는 널리 그 행위가 객관적인 정당성을 결여하고 있는 경우도 포함된다.
② 담당공무원이 주택구입대부제도와 관련하여 지급보증서제도에 관해 알려주지 않은 조치는 법령 위반에 해당하지 않는다.
③ 공무원의 직무집행이 법령이 정한 요건과 절차에 따라 이루어진 것이라도, 그 과정에서 개인의 권리가 침해되면 법령 위반에 해당한다.
④ 교육공무원 성과상여금 지급지침에서 기간제 교원을 성과상여금 지급대상에서 제외하여도 이에 대해 국가배상책임이 있다고 할 수 없다.

> 해설

① (O) 국가배상책임에 있어 공무원의 가해행위는 법령을 위반한 것이어야 하고, 법령을 위반하였다 함은 엄격한 의미의 법령 위반뿐 아니라 인권존중, 권력남용금지, 신의성실과 같이 공무원으로서 마땅히 지켜야 할 준칙이나 규범을 지키지 아니하고 위반한 경우를 포함하여 널리 그 행위가 객관적인 정당성을 결여하고 있음을 뜻하는 것이므로, 경찰이 범죄수사를 함에 있어 경찰관으로서 의당 지켜야 할 법규상 또는 조리상의 한계를 위반하였다면 이는 법령을 위반한 경우에 해당한다. (대판 2008.6.12. 2007다64365)
② (O) 甲이 경주보훈지청에 국가유공자에 대한 주택구입대부제도에 관하여 전화로 문의하고 대부신청서까지 제출하였으나, 담당공무원에게서 지급보증서제도에 관한 안내를 받지 못하여 대부제도 이용을 포기하고 시중은행에서 대출을 받아 주택을 구입함으로써 결과적으로 더 많은 이자를 부담하게 되었다고 주장하며 국가를 상대로 정신적 손해의 배상을 구한 사안에서, 담당공무원에게 지급보증서제도를 안내하거나 설명할 의무가 있음을 전제로 그 위반에 대한 국가배상책임을 인정한 원심판결에 법리오해의 위법이 있다. (대판 2012.7.26. 2010다95666)
③ (×) 공무원의 직무집행이 법령이 정한 요건과 절차에 따라 이루어진 것이라면 특별한 사정이 없는 한 이는 법령에 적합한 것이다. 경찰관들의 시위진압에 대항하여 시위자들이 던진 화염병에 의하여 발생한 화재로 인하여 손해를 입은 주민의 국가배상청구를 인정할 수 없다. (대판 1997.7.25. 94다2480)
④ (O) 성과상여금 지급대상 교육공무원으로서 '공무원보수규정 [별표 11]을 적용받는 교원'이란 호봉 승급에 따른 급여체계의 적용을 받는 정규교원만을 의미하고 기간제교원은 포함되지 아니한다. 교육부장관이 甲 등을 비롯한 국·공립학교 기간제교원을 구 공무원수당 등에 관한 규정에 따른 성과상여금 지급대상에서 제외하는 내용의 '교육공무원 성과상여금 지급지침'을 발표한 사안에서, 위 지침에서 甲 등을 포함한 기간제교원을 성과상여금 지급대상에서 제외한 것은 구 공무원수당 등에 관한 규정 제7조의2 제1항의 해석에 관한 법리에 따른 것이므로, 국가는 甲 등에 대하여 불법행위로 인한 손해배상책임을 진다고 볼 수 없다. (대판 2017.2.9. 2013다205778)

> 정답 ③

## 018 「국가배상법」상 공무원의 개인책임에 대한 설명으로 가장 옳지 않은 것은?

18 서울7급 3월

① 공무원책임에 대한 규정인 헌법 제29조 제1항 단서는 그 조항 자체로 공무원 개인의 구체적인 손해배상책임의 범위까지 규정한 것으로 보기는 어렵다.
② 공무원의 불법행위책임을 국가 자신의 책임으로 보는 입장에서는 일반적으로 공무원의 피해자에 대한 책임을 부인한다.
③ 공무원의 위법행위가 고의·중과실인 경우에는 공무원의 개인책임이 인정된다.
④ 국가가 공무원의 불법행위로 인한 손해배상을 한 경우에 공무원에게 고의 또는 중대한 과실이 있으면 국가는 그 공무원에게 구상권을 행사할 수 있다.

**해설**

① (O) 공무원 개인의 책임은 학설과 판례에 의하여 고의·중과실의 경우에 인정된다. 국가배상법도 고의·중과실의 경우에는 국가의 구상을 규정하고 있다.
② (X) ③ (O) ④ (O) 공무원의 개인적 배상책임은 피해자가 국가 또는 지방자치단체와 가해공무원 중 어느 쪽에나 선택적으로 배상을 청구할 수 있는가의 문제로 논의되는바, ㉠ 주로 대위책임설의 입장에서 주장되는 선택적 청구 부정설은 공무원 개인의 책임을 인정하지 않고, ㉡ 주로 자기책임설의 입장에서 주장되는 선택적 청구 긍정설은 국가의 책임과 별도로 공무원 개인의 책임도 인정한다. 또한 ㉢ 판례는 절충설의 입장에서 경과실의 경우에는 선택적 청구를 부정하고, 고의·중과실의 경우에는 선택적 청구를 인정한다.

정답 ②

### 배상책임의 성질

| 구분 | 대위책임설 | 자기책임설 | 절충설(판례) |
|---|---|---|---|
| 책임의 성질 | · 공무원의 개인책임<br>· 국가가 대신하여 배상 | 국가의 자기책임 | · 경과실: 자기책임<br>· 고의·중과실: 대외적으로 자기책임 |
| 선택적 청구<br>(공무원의 대외적 책임) | 대체로 부정(반대견해 있음) | 대체로 긍정(반대견해 있음) | · 경과실: 부정<br>· 고의·중과실: 긍정(직무행위의 외관이 있는 경우) |
| 구상권<br>(공무원의 대내적 책임) | 긍정(부당이득반환청구권) | · 논리적으로는 부정<br>· 채무불이행책임으로 긍정하는 견해도 있음. | · 경과실: 부정<br>· 고의·중과실: 긍정 |

**019** 다음 행정상 손해배상과 관련된 사례에 대한 설명으로 옳은 것은? (다툼이 있는 경우 판례에 의함)

18 지방9급

> (가) 甲은 자동차로 좌로 굽은 내리막 국도 편도 1차로를 달리던 중 커브 길에서 앞선 차량을 무리하게 추월하기 위하여 중앙선을 침범하여 반대편 도로를 벗어나 도로 옆 계곡으로 떨어져 중상해를 입었다.
> (나) 乙은 자동차로 겨울철 눈이 내린 직후에 산간지역에 위치한 국도를 달리던 중 도로에 생긴 빙판길에 미끄러져 상해를 입었다.

① (가)와 (나) 사례에서 국가가 甲과 乙에게 손해배상책임을 부담할 것인지 여부는 위 도로들이 모든 가능한 경우를 예상하여 고도의 안전성을 갖추었는지 여부에 따라 결정될 것이다.

② (가) 사례에서 만약 반대편 갓길에 차량용 방호울타리가 설치되었다면 甲이 상해를 입지 않았거나 경미한 상해를 입었을 것이므로 그 방호울타리 미설치만으로도 손해배상을 받기에 충분한 요건을 갖추었다고 볼 수 있다.

③ (나) 사례에서 乙은 산악지역의 특성상 빙판길 위험 경고나 위험 표지판이 설치되었다면 주의를 기울여 운행하여 상해를 입지 않았을 것이므로 그 미설치만으로도 국가에 대한 손해배상책임을 묻기에 충분하다.

④ (가)와 (나) 사례에서 만약 도로의 관리상 하자가 인정된다면 비록 그 사고의 원인에 제3자의 행위가 개입되었더라도 甲과 乙은 국가에 대하여 손해배상책임을 물을 수 있다.

**해설**

① (X) 영조물 하자는 통상의 안전을 기준으로 판단하는 것이지 모든 가능성을 고려하는 것은 아니다.
② (X) 甲이 차량을 운전하여 지방도 편도 1차로를 진행하던 중 커브길에서 중앙선을 침범하여 반대편 도로를 벗어나 도로 옆 계곡으로 떨어져 동승자인 乙이 사망한 사안에서, 좌로 굽은 도로에서 운전자가 무리하게 앞지르기를 시도하여 중앙선을 침범하여 반대편 도로로 미끄러질 경우까지 대비하여 도로관리자인 지방자치단체가 차량용 방호울타리를 설치하지 않았다고 하여 도로에 통상 갖추어야 할 안전성이 결여된 설치·관리상의 하자가 있다고 보기 어렵다. (대판 2013.10.24. 2013다208074)
③ (X) 강설의 특성, 기상적 요인과 지리적 요인, 이에 따른 도로의 상대적 안전성을 고려하면 겨울철 산간지역에 위치한 도로에 강설로 생긴 빙판을 그대로 방치하고 도로상황에 대한 경고나 위험표지판을 설치하지 않았다는 사정만으로 도로관리상의 하자가 있다고 볼 수 없다. (대판 2000.4.25. 99다54998)
④ (O) 국가배상책임이 성립하고 국가는 배상 후 제3자에 대한 구상이 가능하다.

정답 ④

## 020 다음 사안에 관한 설명으로 가장 옳지 않은 것은? (다툼이 있는 경우 판례에 의함)

17 서울9급

> 甲은 공중보건의로 근무하면서 乙을 치료하였는데 그 과정에서 乙은 폐혈증으로 사망하였다. 유족들은 甲을 상대로 손해배상청구의 소를 제기하였고, 甲의 의료상 경과실이 인정 된다는 이유로 甲에게 손해배상책임을 인정한 판결이 확정되었다. 이에 甲은 乙의 유족들에게 판결금채무를 지급하였고, 이후 국가에 대해 구상권을 행사하였다.

① 공중보건의 甲은 「국가배상법」상의 공무원에 해당한다.
② 공중보건의 甲이 직무수행 중 불법행위로 乙에게 손해를 입힌 경우 국가 등이 국가배상책임을 부담하는 외에 甲 개인도 고의 또는 중과실이 있다고 한다면 민사상 불법행위로 인한 손해배상책임을 진다.
③ 乙의 유족에게 손해를 직접 배상한 경과실이 있는 공중보건의 甲은 국가에 대하여 자신이 변제한 금액에 대하여 구상권을 취득할 수 없다.
④ 공무원의 직무수행 중 불법행위로 인한 배상과 관련하여, 피해자가 공무원에 대해 직접적으로 손해배상을 청구할 수 있는지 여부에 대한 명시적 규정은 「국가배상법」상으로 존재하지 않는다.

**해설**

① (○) 국가배상법상 공무원은 최광의의 공무원이므로 공중보건의 甲은 공무원에 해당한다.
② (○) 공무원에게 경과실이 있으면 국가나 지방자치단체만 책임이 있고 공무원 개인의 책임은 인정되지 않는다. 고의 또는 중과실이 있으면 공무원 개인의 책임도 인정된다.
③ (×)
④ (○) 다만, 국가가 배상한 후에 해당 공무원에 대한 구상권은 규정이 있다.

> **국가배상법 제2조(배상책임)**
> ② 제1항 본문의 경우에 공무원에게 고의 또는 중대한 과실이 있으면 국가나 지방자치단체는 그 공무원에게 구상할 수 있다.

정답 ③

## 021

**영조물의 설치·관리상 하자책임에 대한 설명으로 옳지 않은 것은? (다툼이 있는 경우 판례에 의함)**

17 지방9급

① 일반공중이 사용하는 공공용물 외에 행정주체가 직접 사용하는 공용물이나 하천과 같은 자연공물도 「국가배상법」 제5조의 '공공의 영조물'에 포함된다.

② 영조물의 하자 유무는 객관적 견지에서 본 안전성의 문제이며, 국가의 예산부족으로 인해 영조물의 설치·관리에 하자가 생긴 경우에도 국가는 면책될 수 없다.

③ 고속도로의 관리상 하자가 인정되더라도 고속도로의 관리상 하자를 판단할 때 고속도로의 점유 관리자가 손해의 방지에 필요한 주의의무를 해태하였다는 주장·입증책임은 피해자에게 있다.

④ 소음 등의 공해로 인한 법적 쟁송이 제기되거나 그 피해에 대한 보상이 실시되는 등 피해 지역임이 구체적으로 드러나고 이러한 사실이 그 지역에 널리 알려진 이후에 이주하여 오는 경우에는 위와 같은 위험에의 접근에 따른 가해자의 면책 여부를 보다 적극적으로 인정할 여지가 있다.

### 해설

① (○) 자연공물도 국가배상법상 영조물에 포함된다.

② (○) 영조물 설치의 하자란 영조물의 축조에 불완전한 점이 있어 이 때문에 영조물 자체가 통상 갖추어야 할 완전성을 갖추지 못한 상태에 있음을 말한다고 할 것인바, 그 하자 유무는 객관적 견지에서 본 안전성의 문제이고 그 설치자의 재정사정이나 영조물의 사용목적에 의한 사정은 안전성을 요구하는 데 대한 정도 문제로서 참작사유에는 해당할지언정 안전성을 결정지을 절대적 요건에는 해당하지 아니한다 할 것이다. (대판 1967.2.21. 66다1723)

③ (×) 고속도로의 관리상 하자가 인정되는 이상 고속도로의 점유관리자는 그 하자가 불가항력에 의한 것이거나 손해의 방지에 필요한 주의를 해태하지 아니하였다는 점을 주장·입증하여야 비로소 그 책임을 면할 수 있다. (대판 2008.3.13. 2007다29287)

④ (○) 소음 등의 공해로 인한 법적 쟁송이 제기되거나 그 피해에 대한 보상이 실시되는 등 피해지역임이 구체적으로 드러나고 또한 이러한 사실이 그 지역에 널리 알려진 이후에 이주하여 오는 경우에는 위와 같은 위험에의 접근에 따른 가해자의 면책 여부를 보다 적극적으로 인정할 여지가 있다. 다만 일반인이 공해 등의 위험지역으로 이주하여 거주하는 경우라고 하더라도 위험에 접근할 당시에 그러한 위험이 존재하는 사실을 정확하게 알 수 없는 경우가 많고, 그 밖에 위험에 접근하게 된 경위와 동기 등의 여러 가지 사정을 종합하여 그와 같은 위험의 존재를 인식하면서도 위험으로 인한 피해를 용인하면서 접근하였다고 볼 수 없는 경우에는 손해배상액의 산정에 있어 형평의 원칙상 과실상계에 준하여 감액사유로 고려하여야 한다. (대판 2010.11.25. 2007다74560)

**정답** ③

> **기출지문 OX**

**01** 배상청구권의 시효와 관련하여 '가해자를 안다는 것'은 피해자나 그 법정대리인이 가해공무원의 불법행위가 그 직무를 집행함에 있어서 행해진 것이라는 사실까지 인식함을 요구하지 않는다. [17 국가7급]   (O, X)

> **해설** 국가배상의 성립요건으로서의 직무행위는 외형적으로 직무행위이기만 하면 되고 피해자가 직무행위라는 것을 알 필요까지는 없다. 그러나 국가배상이 성립한 후에 제소기간의 적용은 지문과 같은 내용까지 알아야 기산되는 것이다.

>> 국가배상법 제2조 제1항 본문 전단 규정에 따른 배상책임을 묻는 사건에 대하여는 같은 법 제8조의 규정에 의하여 민법 제766조 제1항 소정의 단기소멸시효제도가 적용되는 것인바, 여기서 가해자를 안다는 것은 피해자나 그 법정대리인이 가해공무원이 국가 또는 지방자치단체와 공법상 근무관계가 있다는 사실을 알고, 또한 일반인이 당해 공무원의 불법행위가 국가 또는 지방자치단체의 직무를 집행함에 있어서 행해진 것이라고 판단하기에 족한 사실까지 인식하는 것을 의미한다. (대판 2008.5.29. 2004다33469)

**정답** X

**02** 공무원의 가해행위에 대해 형사상 무죄판결이 있었더라도 그 가해행위를 이유로 국가배상책임이 인정될 수 있다. [17 국가7급]   (O, X)

> **해설** 형사상 책임, 항고소송의 승패와 국가배상은 다른 문제이다.

>> 국가기관이 수사과정에서 한 위법행위로 수집한 증거에 기초하여 공소가 제기되고 유죄의 확정판결까지 받았으나 재심절차에서 형사소송법 제325조 후단의 '피고사건이 범죄사실의 증명이 없는 때'에 해당하여 무죄판결이 확정된 경우에도 유죄판결에 의한 복역 등으로 인한 손해에 대하여 국가의 손해배상책임이 인정될 수 있다. (대판 2014.10.27. 2013다217962)

**정답** O

**03** 헌법에 의하여 일반적으로 부과된 의무가 있음에도 불구하고 국회가 그 입법을 하지 않고 있다면 「국가배상법」상 배상책임이 인정된다. [17 국가7급]   (O, X)

> **해설** 일반적 의무가 아니라 구제적 입법의무가 있는 경우(진정입법부작위)에 입법부작위에 대한 배상책임이 인정된다.   **정답** X

**04** '공공의 영조물의 설치·관리의 하자'에는 영조물이 공공의 목적에 이용됨에 있어 그 이용상태 및 정도가 일정한 한도를 초과하여 제3자에게 사회통념상 참을 수 없는 피해를 입히고 있는 경우가 포함된다. [17 국가9급]   (O, X)

> **해설** 안전성을 갖추지 못한 상태, 즉 타인에게 위해를 끼칠 위험성이 있는 상태란 당해 영조물을 구성하는 물적 시설 그 자체에 있는 물리적·외형적 흠결이나 불비로 인하여 그 이용자에게 위해를 끼칠 위험성이 있는 경우뿐만 아니라, 그 영조물이 공공의 목적에 이용됨에 있어 그 이용상태 및 정도가 일정한 한도를 초과하여 제3자에게 사회통념상 수인할 것이 기대되는 한도를 넘는 피해를 입히는 경우까지 포함된다고 보아야 한다. (대판 2005.1.27. 2003다49566)   **정답** O

**05** 국가배상청구소송에서 공공의 영조물에 하자가 있다고 하는 입증책임은 피해자가 지지만, 관리주체에게 손해발생의 예견가능성과 회피가능성이 없다는 입증책임은 관리주체가 진다. [17 국가9급]   (O, X)

> **해설** 하자의 입증책임은 원칙적으로 원고(피해자)가 부담하여야 한다는 것이 통설과 판례이다. 원고가 이를 입증하면 손해발생의 예견가능성과 회피가능성이 없다는 입증책임은 관리주체가 진다.   **정답** O

## 022 「국가배상법」상 공무원의 직무행위에 대한 판례의 내용으로 옳지 않은 것은?

16 지방7급

① 강남구청이 도시계획사업의 주무관청으로서 그 사업을 적극적으로 대행 지원하는 과정에서 토지소유권 이전에 필요한 일체의 서류를 반대급부로 제공할 것을 조건으로 토지수용보상금을 공탁한 경우, 이는 행정지도의 일환으로 직무수행으로서 행하였다고 할 것이므로, 비권력적 작용인 공탁으로 인한 손해배상책임은 성립할 수 있다.

② 서울특별시장의 대행자인 도봉구청장이 서울지하철 도봉차량기지 건설사업의 부지로 예정된 원고 소유의 토지를 구 「공공용지의 취득 및 손실보상에 관한 특례법」에 따라 매수하기로 하는 내용의 매매계약을 체결한 경우, 이 매매계약은 공공기관이 사경제주체로서 행한 사법상 매매이므로 이에 대하여는 「국가배상법」을 적용하기는 어렵고 일반 「민법」의 규정을 적용할 수 있을 뿐이다.

③ 도로개설등 공사로 인한 무허가건물의 강제철거와 관련하여 이루어지는 지방자치단체의 그 철거건물 소유자에 대한 시영아파트 분양권 부여 등의 업무는, 사경제주체로서의 활동이므로 지방자치단체의 공권력 행사로 보기 어렵다고 할 것이다.

④ 육군중사 甲이 다음 날 실시예정인 독수리 훈련에 대비하여 사전정찰차 훈련지역 일대를 살피고 귀대하던 중 교통사고가 일어났다면, 甲이 비록 개인 소유의 오토바이를 운전하였다 하더라도 실질적 객관적으로 위 甲의 운전행위는 그에게 부여된 훈련지역의 사전정찰임무를 수행하기 위한 직무와 밀접한 관련이 있다고 보아야 한다.

### 해설

① (O) 국가배상법이 정한 배상청구의 요건인 '공무원의 직무'에는 권력적 작용만이 아니라 행정지도와 같은 비권력적 작용도 포함되며 단지 행정주체가 사경제주체로서 하는 활동만 제외되는 것이고, 기록에 의하여 살펴보면, 피고 및 그 산하의 강남구청은 이 사건 도시계획사업의 주무관청으로서 그 사업을 적극적으로 대행·지원하여 왔고 이 사건 공탁도 행정지도의 일환으로 직무수행으로서 행하였다고 할 것이므로, 비권력적 작용인 공탁으로 인한 피고의 손해배상책임은 성립할 수 없다는 상고이유의 주장은 이유가 없다. (대판 1998.7.10. 96다38971)

② (O) 공공용지의 취득 및 손실보상에 관한 특례법에 의하여 공공용지를 협의취득한 사업시행자가 그 양도인과 사이에 체결한 매매계약은 공공기관이 사경제주체로서 행한 사법상 매매이다. (대판 1999.11.26. 98다47245)

③ (X) 무허가건물의 강제철거와 관련하여 이루어지는 지방자치단체의 그 철거건물 소유자에 대한 시영아파트 분양권 부여 등의 업무는 직무행위에 포함된다. 다만, 구청 세무과 소속 공무원 甲이 乙에게 무허가건물 세입자들에 대한 시영아파트 입주권 매매행위를 한 경우 외형상 직무범위 내의 행위라고 볼 수 없으며, 甲이 그 후 주택정비계장으로 부임하여 비치된 허위의 접수대장을 이용하여 乙에 대하여 입주권 부여대상자 확인 등을 하여 준 경우 甲의 행위와 乙의 손해 사이의 상당인과관계도 부정된다. (대판 1993.1.15. 92다8514)

④ (O) 국가배상법 제2조 소정의 '공무원이 그 직무를 집행함에 당하여'란 직무의 범위 내에 속한 행위이거나 직무수행의 수단으로써 또는 직무행위에 부수하여 행하여지는 행위로서 직무와 밀접한 관련이 있는 것도 포함되는바, 육군중사가 자신의 개인 소유 오토바이 뒷좌석에 같은 부대 소속 군인을 태우고 다음 날부터 실시예정인 훈련에 대비하여 사전정찰차 훈련지역 일대를 살피고 귀대하던 중 교통사고가 일어났다면, 그가 비록 개인 소유의 오토바이를 운전한 경우라 하더라도 실질적, 객관적으로 위 운전행위는 그에게 부여된 훈련지역의 사전정찰임무를 수행하기 위한 직무와 밀접한 관련이 있다고 보아야 한다. (대판 1994.5.27. 94다6741)

**정답 ③**

## 023 국가배상에 대한 판례의 입장으로 옳지 않은 것은?

16 지방9급

① 국회의원의 입법행위는 그 입법 내용이 헌법의 문언에 명백히 위배됨에도 불구하고 국회가 굳이 당해 입법을 한 것과 같은 특수한 경우가 아닌 한 「국가배상법」 제2조 제1항 소정의 위법행위에 해당된다고 볼 수 없다.

② 일반적으로 공무원이 관계 법규를 알지 못하거나 필요한 지식을 갖추지 못하고 법규의 해석을 그르쳐 행정처분을 하였다면 그가 법률전문가가 아닌 행정직 공무원이라고 하여 과실이 없다고는 할 수 없다.

③ 법령의 규정을 따르지 아니한 법관의 재판상 직무행위는 곧바로 「국가배상법」 제2조 제1항에서 규정하고 있는 위법행위가 되어 국가의 손해배상책임이 발생한다.

④ 영업허가취소처분이 행정심판에 의하여 재량권의 일탈을 이유로 취소되었다고 하더라도 그 처분이 당시 시행되던 「공중위생법 시행규칙」에 정해진 행정처분의 기준에 따른 것인 이상 그 영업허가취소처분을 한 행정청 공무원에게 그와 같은 위법한 처분을 한 데 있어 직무집행상의 과실이 있다고 할 수는 없다.

### 해설

① (○) 대판 1997.6.13. 96다56115
② (○) 대판 1995.10.13. 95다32747
③ (×) 법관의 재판에 법령의 규정을 따르지 아니한 잘못이 있다 하더라도 바로 그 재판상 직무행위가 위법한 행위로 되어 국가의 손해배상책임이 발생하는 것은 아니고, 그 국가배상책임이 인정되려면 당해 법관이 위법 또는 부당한 목적을 가지고 재판을 하였다거나 법이 법관의 직무수행상 준수할 것을 요구하고 있는 기준을 현저하게 위반하는 등 법관이 그에게 부여된 권한의 취지에 명백히 어긋나게 이를 행사하였다고 인정할 만한 특별한 사정이 있어야 한다. (대판 2003.7.11. 99다24218)
④ (○) 대판 1994.11.8. 94다26141

정답 ③

**024** 행정상 손해배상(국가배상)에 대한 설명으로 가장 옳은 것은?  16 서울9급

① 국가배상은 공행정작용을 대상으로 하므로 국가배상청구소송은 당사자소송이다.
② 대한민국 구역 내에 있다면 외국인에게도 국가배상청구권은 당연히 인정된다.
③ 공무원이 고의 또는 중과실로 불법행위를 하여 손해를 입힌 경우 피해자는 공무원 개인에 대하여 손해배상을 청구할 수 있다.
④ 사무귀속주체와 비용부담주체가 동일하지 아니한 경우에는 사무귀속주체가 손해를 우선적으로 배상하여야 한다.

> **해설**
> ① (✕) 국가배상청구소송은 판례상 민사소송이다.
> ② (✕) 외국인의 국가배상청구는 당연히 인정되는 것은 아니고 상호주의하에 인정 여부가 결정된다.
> ③ (○) 공무원의 경과실이 있는 경우에는 국가만 책임을 진다. 공무원의 고의 또는 중과실로 불법행위를 하여 손해를 입힌 경우에는 공무원 개인의 책임도 인정되는데, 이는 두 가지의 의미이다. 즉, 피해자는 공무원 개인에 대하여 손해배상을 청구와 국가배상청구를 선택적으로 청구할 수 있다. 그리고 국가가 배상을 한 경우에는 공무원 개인에 대해 구상을 청구할 수 있다.
> ④ (✕) 사무귀속주체와 비용부담주체가 동일하지 아니한 경우에는 피해자는 양자에 대해 선택적으로 청구할 수 있다. 이때 최종적인 책임을 지는 것은 사무의 귀속주체이다.
>
> **정답** ③

**025** 「국가배상법」 제2조 제1항에서 규정하는 공무원의 과실에 관한 판례의 입장과 가장 부합하는 설명은?  15 서울9급

① 당해 직무를 담당하는 평균적 공무원의 주의능력을 기준으로 판단한다.
② 직무행위가 위법하다고 판단되면 과실의 존재도 추정된다.
③ 행정소송에서 행정처분이 위법한 것으로 확정되었고 그 이유가 법령 해석의 잘못이었다면 그 행정처분을 한 공무원의 과실은 당연히 인정된다.
④ 과실의 입증책임은 원고가 아니라 피고인 국가 또는 지방자치단체로 전환된다.

> **해설**
> ① (○) 이를 추상적 과실이라고 한다.
> ② (✕) 직무행위가 위법하다는 사유만으로 과실이 추정되지는 않는다.
> ③ (✕) 처분의 위법성과 손해배상의 위법성 또는 고의·과실은 다른 개념이다.
> ④ (✕) 과실의 입증은 원고가 해야 한다.
>
> **정답** ①

**026** 〈보기 1〉의 내용을 근거로 판단할 때 〈보기 2〉 설명의 옳고 그름이 바르게 나열된 것은? (다툼이 있는 경우 판례에 의함)

14 국가9급

〈보기 1〉
「건강기능식품에 관한 법률」 제20조에 따라 식품의약품안전처장은 위생적 관리 및 영업의 질서유지를 위해 필요하다고 인정하는 때에는 관계 공무원으로 하여금 영업장소 등을 검사하게 할 수 있다. 식품의약품안전처 소속 공무원 甲은 식품회사 乙의 영업시설 등을 검사하면서 심각한 주의의무 태만으로 영업시설 등의 일부를 손괴하였다. 甲의 행위에 대하여 정직 3개월의 징계처분이 내려졌다.

〈보기 2〉
ㄱ. 甲은 징계처분에 대하여 소청심사위원회의 심사·결정을 거치지 아니하고 행정소송을 바로 제기할 수 있다.
ㄴ. 국가가 乙에 대한 손해배상책임을 부담한 경우, 국가는 甲에 대한 구상권을 행사할 수 있다.
ㄷ. 乙이 甲에 대하여 불법행위에 기한 손해배상청구소송을 제기할 경우, 甲의 민사상 책임이 인정될 수 있다.

| | ㄱ | ㄴ | ㄷ |
|---|---|---|---|
| ① | ○ | ○ | ○ |
| ② | × | ○ | ○ |
| ③ | ○ | × | × |
| ④ | × | × | × |

**해설**

ㄱ. (×) 본인의 의사에 반한 불리한 처분이나 부작위에 관한 행정소송은 소청심사위원회의 심사·결정을 거치지 아니하면 제기할 수 없다. (**국가공무원법 제16조 제1항**)
ㄴ. (○) 공무원의 직무상 불법행위로 인하여 발생한 손해에 대하여 국가나 지방자치단체가 배상한 경우, 공무원에게 고의 또는 중대한 과실이 있으면 국가나 지방자치단체는 그 공무원에게 구상할 수 있다. (**국가배상법 제2조 제2항**) 〈보기 1〉에서 甲은 '심각한 주의의무 태만'이라는 중과실이 인정되므로 국가는 甲에게 구상권을 행사할 수 있다.
ㄷ. (○) 공무원의 개인적 배상책임은 피해자가 국가 또는 지방자치단체와 가해공무원 중 어느 쪽에나 선택적으로 배상을 청구할 수 있는가의 문제로 논의되는바, ⑤ 주로 대위책임설의 입장에서 주장되는 선택적 청구 부정설은 공무원 개인의 책임을 인정하지 않고, ⑥ 주로 자기책임설의 입장에서 주장되는 선택적 청구 긍정설은 국가의 책임과 별도로 공무원 개인의 책임도 인정한다. 또한 ⑥ 판례는 절충설의 입장에서 경과실의 경우에는 선택적 청구를 부정하고, 고의·중과실의 경우에는 선택적 청구를 인정한다. 〈보기 1〉의 경우 甲의 중과실이 인정되므로 판례에 의하면 민법 제750조의 불법행위로 인한 손해배상책임이 인정된다.

**정답** ②

---

**기출지문 OX**

**01** 배상청구권의 시효와 관련하여 '가해자를 안다는 것'은 피해자나 그 법정대리인이 가해공무원의 불법행위가 그 직무를 집행함에 있어서 행해진 것이라는 사실까지 인식함을 요구하지 않는다. [14 국가7급] (O, ×)
**해설** 영조물책임은 국가 또는 지방자치단체가 소유권, 임차권, 그 밖의 권한에 기하여 관리하고 있는 경우뿐만 아니라 사실상 관리를 하고 있는 경우도 포함한다. 따라서 사인의 소유라도 국가가 관리하는 한 국가배상법 제5조가 적용된다. **정답** ×

**02** 학생이 담배를 피우기 위하여 3층 건물 화장실 밖의 난간을 지나다가 실족하여 사망한 경우, 학교관리자에게 그와 같은 이례적인 사고가 있을 것을 예상하여 화장실 창문에 난간으로의 출입을 막기 위한 출입금지장치나 추락 위험을 알리는 경고표지판을 설치할 의무는 없으므로 학교시설의 설치·관리상의 하자는 인정되지 아니한다. [14 국가7급]  (O, X)

해설) 고등학교 3학년 학생이 교사의 단속을 피해 담배를 피우기 위하여 3층 건물 화장실 밖의 난간을 지나다가 실족하여 사망한 경우 학교 관리자에게 그와 같은 이례적인 사고가 있을 것을 예상하여 복도나 화장실 창문에 난간으로의 출입을 막기 위하여 출입금지장치나 추락위험을 알리는 경고표지판을 설치할 의무가 있다고 볼 수는 없다. (대판 1997.5.16. 96다54102)   정답) O

**03** 강설에 대처하기 위하여 완벽한 방법으로 도로 자체에 융설 설비를 갖추는 것은 현대의 과학기술수준이나 재정사정에 비추어 사실상 불가능하다고 할 것이므로, 고속도로의 관리자에게 도로의 구조, 기상예보 등을 고려하여 사전에 충분한 인적·물적 설비를 갖추어 강설시 신속한 제설작업을 하고 필요한 경우 제때에 교통통제조치를 취할 관리의무가 있다고 할 수 없다. [14 국가7급]  (O, X)

해설) 강설에 대처하기 위하여 완벽한 방법으로 도로 자체에 융설 설비를 갖추는 것이 현대의 과학기술수준이나 재정사정에 비추어 사실상 불가능하다고 하더라도, 최저속도의 제한이 있는 고속도로의 경우에 있어서는 도로 관리자가 도로의 구조, 기상예보 등을 고려하여 사전에 충분한 인적·물적 설비를 갖추어 강설시 신속한 제설작업을 하고 나아가 필요한 경우 제때에 교통통제조치를 취함으로써 고속도로로서의 기본적인 기능을 유지하거나 신속히 회복할 수 있도록 하는 관리의무가 있다. (대판 2008.3.13. 2007다29287)   정답) X

**027** 「국가배상법」제5조의 영조물에 해당되지 않는 것은?  13 서울9급

① 현금
② 도로
③ 수도
④ 서울시 청사
⑤ 관용 자동차

해설) ① (X) ② (O) ③ (O) ④ (O) ⑤ (O) 국가배상법 제5조의 영조물은 본래의 영조물, 즉 공적 목적을 위하여 제공된 인적·물적 시설의 결합체만을 의미하는 것이 아니라, 강학상의 공물, 즉 직접 행정목적에 제공된 물건 및 설비 등을 의미한다는 것이 통설과 판례이다. 그러나 국가 또는 지방자치단체가 관리주체라도 공적 목적에 제공된 것이 아니라 사경제적 목적에 제공되고 있는 '일반재산(구 잡종재산)'은 여기서의 공공의 영조물에 포함되지 않는다. 현금은 일반재산으로서 영조물에 포함되지 않는다.   정답) ①

**028** 서울특별시 소속의 공무원이 공무집행 중 폭행을 가하여 손해를 입힌 경우에 피해자는 누구를 피고로 하여 손해배상청구소송을 제기하여야 하는가?  13 서울9급

① 서울특별시
② 서울특별시장
③ 행정안전부장관
④ 경찰청장
⑤ 서울경찰청장

해설) ① (O) 국가배상법 제2조 제1항에 따라 국가 또는 지방자치단체가 배상책임을 진다고 하는 것은 당해 사무의 귀속주체가 배상책임을 진다는 것을 뜻한다. 따라서 서울특별시 소속의 공무원의 위법행위로 인한 손해배상책임은 선임·감독자인 서울특별시가 부담하므로, 서울특별시를 피고로 하여 손해배상청구소송을 제기하여야 한다.   정답) ①

## 029 국가배상과 관련한 판례의 태도로 옳지 않은 것은?

12 국가7급

① 토석채취공사 도중 경사지를 굴러 내린 암석이 가스저장시설을 충격하여 화재가 발생한 경우, 토지형질변경허가권자에게 허가 당시 사업자로 하여금 위해방지시설을 설치하게 할 의무는 없다.

② 인감증명사무를 처리하는 공무원은 인감증명이 타인과의 권리·의무에 관계되는 일에 사용되는 것을 예상하여 그 발급된 인감증명으로 인한 부정행위의 발생을 방지할 직무상의 의무가 있다.

③ 주민등록사무를 담당하는 공무원은 개명과 같은 사유로 주민등록상의 성명을 정정한 경우에는 반드시 본적지 관할 관청에 그 변경사항을 통보하여 본적지의 호적관서로 하여금 그 정정사항의 진위를 재확인할 수 있도록 할 직무상의 의무가 있다.

④ 국가 또는 지방자치단체가 법령이 정하는 상수원수 수질기준 유지의무를 다하지 못하고, 법령이 정하는 고도의 정수처리방법이 아닌 일반적 정수처리방법으로 수돗물을 생산·공급하였다는 사유만으로 그 수돗물을 마신 개인에 대하여 손해배상책임을 부담하지 않는다.

**해설**

① (×) 토석채취공사 도중 경사지를 굴러 내린 암석이 가스저장시설을 충격하여 화재가 발생한 경우, 토지형질변경허가권자에게 허가 당시 사업자로 하여금 위해방지시설을 설치하게 할 의무를 다하지 아니한 위법과 작업 도중 구체적인 위험이 발생하였음에도 작업을 중지시키는 등의 사고예방조치를 취하지 아니한 위법이 있다. (대판 2001.3.9. 99다64278)

② (○) 인감증명의 발급은 처분성이 인정되지는 않지만 잘못 발급된 경우 국가배상은 인정되는데, (대판 2008.7.24. 2006다63273) 인감증명이 잘못 발급되면 당사자는 큰 손해를 볼 수 있기 때문이다.

③ (○) 개명으로 인한 주민등록상 성명정정을 본적지 관할 관청에 통보하지 아니한 직무상 의무위배행위와 그로 인한 손해 사이에는 상당인과관계가 있다.

> 주민등록사무를 담당하는 공무원이 개명으로 인한 주민등록상 성명정정을 본적지 관할 관청에 통보하지 아니한 직무상 의무위배행위와 甲과 같은 이름으로 개명허가를 받은 듯이 호적등본을 위조하여 주민등록상 성명을 위법하게 정정한 乙이 甲의 부동산에 관하여 불법적으로 근저당권설정등기를 경료함으로써 甲이 입은 손해 사이에는 상당인과관계가 있다. (대판 2003.4.25. 2001다59842)

④ (○) 국가 등에게 일정한 기준에 따라 상수원수의 수질을 유지하여야 할 의무를 부과하고 있는 법령의 규정은 국민에게 양질의 수돗물이 공급되게 함으로써 국민 일반의 건강을 보호하여 공공일반의 전체적인 이익을 도모하기 위한 것이지, 국민 개개인의 안전과 이익을 직접적으로 보호하기 위한 규정이 아니므로, 국민에게 공급된 수돗물의 상수원의 수질이 수질기준에 미달한 경우가 있고, 이로 말미암아 국민이 법령에 정하여진 수질기준에 미달한 상수원수로 생산된 수돗물을 마심으로써 건강상의 위해 발생에 대한 염려 등에 따른 정신적 고통을 받았다고 하더라도, 이러한 사정만으로는 국가 또는 지방자치단체가 국민에게 손해배상책임을 부담하지 아니한다. 또한 상수원수 2급에 미달하는 상수원수는 고도의 정수처리 후 사용하여야 한다는 환경정책기본법령상의 의무 역시 위에서 본 수질기준 유지의무와 같은 성질의 것이므로, 지방자치단체가 상수원수의 수질기준에 미달하는 하천수를 취수하거나 상수원수 3급 이하의 하천수를 취수하여 고도의 정수처리가 아닌 일반적 정수처리 후 수돗물을 생산·공급하였다고 하더라도, 그렇게 공급된 수돗물이 음용수 기준에 적합하고 몸에 해로운 물질이 포함되어 있지 아니한 이상, 지방자치단체의 위와 같은 수돗물 생산·공급행위가 국민에 대한 불법행위가 되지 아니한다. (대판 2001.10.23. 99다36280)

**정답** ①

## 030 다음 중 「국가배상법」상 배상책임의 주체가 될 수 없는 것은?

12 경행특채

① 국가
② 서울특별시
③ 경상남도
④ 한국은행

**해설**
① (O) ② (O) ③ (O) ④ (X) 국가배상법 제2조 제1항은 국가 또는 지방자치단체를 배상책임의 주체로 한정하고 있다. 한국은행은 영조물법인으로서 국가배상책임자가 될 수 없다.

**정답** ④

### 기출지문 OX

**01** A가 운전하던 트럭의 앞바퀴가 고속도로 상에 떨어져 있는 타이어에 걸려 03 : 25경 중앙분리대를 넘어가 맞은편에서 오던 트럭과 충돌하여 사망하였다. 그런데 위 타이어가 사고 지점 고속도로 상에 떨어진 것은 사고가 발생하기 10분 내지 15분 전이었다. 이 경우 국가배상책임이 인정된다. [12 경행특채·10 국회8급] (O, X)

**해설** 트럭의 앞바퀴가 고속도로 상에 떨어져 있는 타이어에 걸려 중앙분리대를 넘어가 맞은편에서 오던 트럭과 충돌하여 트럭 운전수가 사망하였는데 위 타이어가 사고지점 고속도로 상에 떨어진 것이 사고가 발생하기 10분 내지 15분 전이었다면 도로의 설치 또는 관리상의 하자를 인정할 수 없다. (대판 1992.9.14. 92다3243)

**정답** X

**02** 밤중에 낙뢰로 신호기에 고장이 발생하여 보행자신호기와 차량신호기에 동시에 녹색등이 표시되게 되었는데 이러한 고장사실이 다음 날 3차례에 걸쳐 경찰청 교통정보센터에 신고되었음에도 불구하고 신호기가 고장난 채 방치되어 있던 중 보행자신호기의 녹색등을 보고 횡단보도를 건너던 B가 차량신호기의 녹색등을 보고 도로를 주행하던 승용차에 치여 교통사고를 당하였다. 이 경우 국가배상책임이 인정된다. [12 경행특채·10 국회8급] (O, X)

**해설** 밤중에 낙뢰로 신호기에 고장이 발생하여 보행자신호기와 차량신호기에 동시에 녹색등이 표시되게 되었는데 이러한 고장사실이 다음 날 3차례에 걸쳐 경찰청 교통정보센터에 신고되었고, 교통정보센터는 수리업체에 연락하여 수리하도록 하였으나 수리업체 직원이 고장난 신호등을 찾지 못하여 위 신호기가 고장난 채 방치되어 있던 중 보행자신호기의 녹색등을 보고 횡단보도를 건너던 보행자가 차량신호기의 녹색등을 보고 도로를 주행하던 승용차에 치여 교통사고를 당한 경우 지방자치단체뿐만 아니라 국가도 손해배상책임을 부담한다. (대판 1999.6.25. 99다11120)

**정답** O

**03** D는 자동차를 운전하고 가던 중 서울 시내 교차로의 진행방향 신호기의 정지신호가 단선으로 소등되어 있는 상태에서 그대로 진행하다가 좌우 다른 방향의 진행신호에 따라 교차로에 진입한 차량과 충돌하여 부상을 입었다. 한편, 사고 당시 서울시 전역에 약 13만여 개의 신호등 전구가 설치되어 있었고, 그중 약 300여 개가 하루에 소등되는데 신호등 전구의 수명은 예측 곤란하다. 이 경우 국가배상책임이 인정된다. [12 경행특채·10 국회8급] (O, X)

**해설** 교차로의 진행방향 교통신호기의 정지신호가 단선으로 소등되어 있는 상태에서 그대로 진행하다가 다른 방향의 진행신호에 따라 교차로에 진입한 차량과 충돌한 경우, 신호기의 적색신호가 소등된 기능상 결함이 있었다는 사정만으로 신호기의 설치 또는 관리상의 하자를 인정할 수 없다. (대판 2000.2.25. 99다54004) - 서울시 전역에 약 13만여 개의 신호등 전구가 설치되어 있었고, 그중 약 300여 개가 하루에 소등되는데 신호등 전구의 수명은 예측 곤란하며, 신호기의 고장신고가 사고 전까지 미접수된 사례

**정답** X

**04** 군인인 甲이 전투·훈련 또는 이에 준하는 직무집행뿐만 아니라 일반적인 직무집행 중 사망한 경우에도 유족은 국가에 대하여 손해배상을 청구할 수 없다. [12 서울교행] (O, X)

**해설** 경찰공무원 등이 '전투·훈련 등 직무집행과 관련하여' 순직 등을 한 경우 같은 법 및 민법에 의한 손해배상책임을 청구할 수 없다고 정한 국가배상법 제2조 제1항 단서의 면책조항은 구 국가배상법 제2조 제1항 단서의 면책조항과 마찬가지로 전투·훈련 또는 이에 준하는 직무집행뿐만 아니라 '일반 직무집행'에 관하여도 국가나 지방자치단체의 배상책임을 제한하는 것이다. (대판 2011.3.10. 2010다85942)

**정답** O

## 031

**국가배상과 관련하여 가장 적절하지 않은 것은? (다툼이 있으면 판례에 의함)**  <sub>11 경행특채</sub>

① 국가, 강원지방경찰청장, 전라남도, 서울특별시, 행정안전부 중 「국가배상법」에 따라 손해배상의 피고가 될 수 있는 것은 국가, 전라남도, 서울특별시이다.

② '교통할아버지'로 선정된 노인이 위탁받은 공무범위를 넘어 교차로 중앙에서 교통정리를 하다가 교통사고를 발생시킨 경우, 지방자치단체가 「국가배상법」 제2조 소정의 배상책임을 부담한다.

③ 시청 소속 공무원이 시장을 구 부패방지위원회에 부패혐의자로 신고한 후 동사무소로 전보된 경우, 사회통념상 용인될 수 없을 정도로 객관적 상당성을 결여하였으므로 불법행위를 구성한다.

④ 구청 세무과 소속 공무원 甲이 乙에게 무허가건물 세입자들에 대한 시영아파트 입주권 매매행위를 한 경우 외형상 직무범위 내의 행위라고 볼 수 없다.

**해설**

① (○) 손해배상의 피고는 국가 또는 지방자치단체에 한정한다. **(국가배상법 제2조 제1항)** 따라서 국가, 전라남도, 서울특별시는 손해배상의 피고가 되는 반면, 강원지방경찰청장, 행정안전부는 행정청이지 손해배상의 피고는 될 수 없다.

② (○) 대판 2001.1.5. 98다39060.

③ (×) 시청 소속 공무원이 시장을 부패방지위원회에 부패혐의자로 신고한 후 동사무소로 하향 전보된 경우, 그 전보인사조치는 해당 공무원에 대한 다면평가 결과, 원활한 업무수행의 필요성 등을 고려하여 이루어진 것으로 볼 여지도 있으므로, 사회통념상 용인될 수 없을 정도로 객관적 상당성을 결여하였다고 단정할 수 없어 불법행위를 구성하지 않는다. (대판 2009.5.28. 2006다16215)

④ (○) 구청 공무원 甲이 주택정비계장으로 부임하기 이전에 그의 처 등과 공모하여 乙에게 무허가건물철거 세입자들에 대한 시영아파트 입주권 매매행위를 한 경우 이는 甲이 개인적으로 저지른 행위에 불과하고 당시 근무하던 세무과에서 수행하던 지방세 부과, 징수 등 본래의 직무와는 관련이 없는 행위로서 외형상으로도 직무범위 내에 속하는 행위라고 볼 수 없다. (대판 1993.1.15. 92다8514)

**정답** ③

---

**예상판례**

어린이가 '미니컵 젤리'를 먹다가 질식하여 사망한 사안에서, 식품의약품안전청장(현 식품의약품안전처장) 등이 그 사고 발생시까지 구 식품위생법상의 규제권한을 행사하여 미니컵 젤리의 수입·유통 등을 금지하거나 그 기준과 규격, 표시 등을 강화하고 그에 필요한 검사 등을 실시하는 조치를 취하지 않은 것이 현저하게 합리성을 잃어 사회적 타당성이 없다거나 객관적 정당성을 상실하여 위법하다고 할 수 있을 정도에까지 이르렀다고 보기 어렵고, 그 권한 불행사에 과실이 있다고 할 수도 없다. (대판 2010.9.9. 2008다77795)

**032** 「국가배상법」 제2조 제1항 단서는 "군인·군무원·경찰공무원 또는 향토예비군대원이 전투·훈련 등 직무집행과 관련하여 전사·순직하거나 공상을 입은 경우에 본인이나 그 유족이 다른 법령에 따라 재해보상금·유족연금·상이연금 등의 보상을 지급받을 수 있을 때에는 이 법 및 「민법」에 따른 손해배상을 청구할 수 없다."라고 규정하고 있다. 이에 대한 내용으로 옳지 않은 것은? (다툼이 있는 경우 판례에 의함) 11.지방7급

① 「국가배상법」 제2조 제1항 단서에 대해서는 위헌성 시비가 있으나, 헌법재판소와 대법원은 헌법에 위반되지 않는 것으로 보고 있다.
② 경비교도나 공익근무요원은 「국가배상법」 제2조 제1항 단서의 적용대상에 해당하지 아니하나, 전투경찰순경은 「국가배상법」 제2조 제1항 단서의 적용대상에 해당한다.
③ 헌법재판소는 일반국민이 직무집행 중인 군인과의 공동불법행위로 다른 군인에게 공상을 입혀 그 피해자에게 손해 전부를 배상했을지라도, 공동불법행위자인 군인의 부담 부분에 관하여 국가에 대한 구상권은 허용되지 않는다고 본다.
④ 경찰서 숙직실에서 순직한 경찰공무원의 유족들은 「국가배상법」에 의한 손해배상을 청구할 권리가 있다.

**해설**

① (O) 대판 1994.12.13. 93다29969
② (O) ㉠ 현역병으로 입영하여 소정의 군사교육을 마치고 병역법 제25조의 규정에 의하여 전임되어 구 교정시설경비교도대설치법 제3조에 의하여 경비교도로 임용된 자는, 군인의 신분을 상실하고 군인과는 다른 경비교도로서의 신분을 취득하게 되었다고 할 것이어서 국가배상법 제2조 제1항 단서가 정하는 군인 등에 해당하지 아니한다. (대판 1998.2.10. 97다45914) 또한 ㉡ 공익근무요원이 국가배상법 제2조 제1항 단서의 규정에 의하여 국가배상법상 손해배상청구가 제한되는 군인·군무원·경찰공무원 또는 향토예비군대원에 해당한다고 할 수 없다. 한편 ㉢ 전투경찰순경은 헌법 제29조 제2항 및 국가배상법 제2조 제1항 단서 중의 '경찰공무원'에 해당한다고 보아야 한 것이다. (헌재 1996.6.13. 94헌마118 등)
③ (X) 종전 대법원 판례는 구상권을 부정했으나, 최근 변경된 대법원 판례는 각자 부담 부분으로 책임이 감축되며, 구상권은 부정하는 형태를 취한 반면, 헌법재판소는 전부배상책임을 인정하되, 구상권도 긍정하고 있다.

> 이 경우에는 공동불법행위자 등이 부진정연대채무자로서 각자 피해자의 손해 전부를 배상할 의무를 부담하는 공동불법행위의 일반적인 경우와 달리 예외적으로 민간인은 피해 군인 등에 대하여 그 손해 중 국가 등이 민간인에 대한 구상의무를 부담한다면 그 내부적인 관계에서 부담하여야 할 부분을 제외한 나머지 자신의 부담 부분에 한하여 손해배상의무를 부담하고, 한편 국가 등에 대하여는 그 귀책 부분의 구상을 청구할 수 없다고 해석함이 상당하다. (대판 2001.2.15. 96다42420 전원합의체)

④ (O) 숙직실은 전투 훈련과 관련된 곳이 아니기 때문이다.

> 경찰지서의 숙직실은 국가배상법 제2조 제1항 단서에서 말하는 전투·훈련에 관련된 시설이라고 볼 수 없으므로 위 숙직실에서 순직한 경찰공무원의 유족들은 국가배상법 제2조 제1항 본문에 의하여 국가배상법 및 민법의 규정에 의한 손해배상을 청구할 권리가 있다. (대판 1979.1.30. 77다2389)

정답 ③

## 033
판례에 따르면 다음 내용에서 「국가배상법」 제2조에 따른 공무원에 해당하는 이는 모두 몇 명인가?

09 국회9급

| ㄱ. 전투경찰 | ㄴ. 동원 중인 향토예비군 |
| ㄷ. 시 청소차 운전수 | ㄹ. 통장(統長) |
| ㅁ. 국가나 지방자치단체에 근무하는 청원경찰 | ㅂ. 의용소방대원 |

① 2명　　② 3명　　③ 4명　　④ 5명　　⑤ 6명

**해설**

ㄱ. (○) ㄴ. (○) ㄷ. (○) ㄹ. (○) ㅁ. (○) ㅂ. (×) 의용소방대원을 제외하고 모두 해당한다.

**정답** ④

## 034
「국가배상법」 제5조의 영조물의 설치·관리의 하자에 의한 손해배상책임에 관한 설명으로 타당하지 않은 것은?

08 경기9급

① 이 규정의 '영조물'에는 자연공물도 포함되므로 「민법」 제758조의 공작물보다 범위가 넓다.
② 인공의 영조물과 자연영조물의 하자는 동일한 기준으로 판단한다.
③ 객관적 안전성을 확보하고 있는 이상 불가항력에 의해 발생한 손해는 면책된다.
④ 설치·관리의 하자와 타자행위가 경합하여 손해가 발생된 경우 그 원인범위 내에서 책임이 된다.

**해설**

① (○) 공작물은 인공을 가하여 제작한 물건을 의미하므로, 자연공물도 포함하는 영조물의 범위가 더 넓다.
② (×) 인공영조물은 설치와 관리의 하자가 대상이지만, 자연영조물의 경우는 설치의 하자는 논의대상에서 제외되기에 동일한 기준이 될 수는 없다고 본다.
③ (○) 객관설에 의하면 통상 갖추어야 할 안정성을 갖추었다면 불가항력에 의한 손해는 면책된다고 한다.
④ (○) 설치·관리의 하자와 손해 사이에 상당인과관계가 있으면 자연현상이나 제3자의 행위 또는 피해자의 행위가 당해 손해의 원인으로 경합하여도 국가배상책임은 인정된다. 다만, 상당인과관계가 인정되는 범위 내에서만 책임이 인정된다.

**정답** ②

## 035
국회 소속의 통근버스에 의해 부상을 당한 자가 「국가배상법」에 따른 손해배상을 청구할 경우에 피고는?

07 국회8급

① 국회의장　　② 국회사무총장　　③ 대통령
④ 법무부장관　　⑤ 국가

**해설**

⑤ (○) 국회 소속의 통근버스는 국가 소유의 영조물이므로 국가배상의 배상책임자는 국가이고, 국가배상청구소송에 있어서의 피고 역시 국가가 된다.

**정답** ⑤

> 기출지문 OX

**01** 피해자가 손해를 입은 동시에 이익을 얻은 경우 이를 공제할 수 없으며, 이것은 「국가배상법」이 가지는 생계보장적 성격에서 타당하다. [08 국가7급]  (O, ×)

> 해설  피해자가 손해를 입은 동시에 이익을 얻은 경우에는 손해배상액에서 그 이익에 상당하는 금액을 빼야 한다. (국가배상법 제3조의2 제1항)

정답 ×

**02** 공무원이 자기 소유의 자동차로 공무수행 중 사고를 일으킨 경우 그 공무원은 자기를 위하여 자동차를 운행하는 자에 해당하는 한 「자동차손해배상 보장법」에 따른 손해배상책임을 부담한다. [08 국가7급]  (O, ×)

> 해설  공무원이 직무상 자동차를 운전하다가 사고를 일으켜 다른 사람에게 손해를 입힌 경우에는 그 사고가 자동차를 운전한 공무원의 경과실에 의한 것인지 중과실 또는 고의에 의한 것인지를 가리지 않고, 그 공무원이 자동차손해배상 보장법 제3조 소정의 '자기를 위하여 자동차를 운행하는 자'에 해당하는 한 자동차손해배상 보장법상의 손해배상책임을 부담한다. (대판 1996.3.8. 94다23876)

정답 O

**03** 국가배상청구권의 소멸시효기간은 피해자나 그 법정대리인이 손해 및 가해자를 안 날로부터 10년이다. [08 국가7급]  (O, ×)

> 해설  국가배상법 제8조에 의거하여 국가배상청구권에는 민법 제766조의 단기소멸시효가 적용된다. 따라서 국가배상청구권의 시효기간은 피해자나 그 법정대리인이 손해 및 그 가해자를 안 날로부터 3년간 이를 행사하지 아니하면 시효로 소멸한다. 모르는 경우에는 5년이다.

| 구분 | 자동차손해배상 보장법상 배상책임 | 국가배상법상 책임 | 민법상 책임 |
|---|---|---|---|
| 관용차를 직무에 사용 | 국가 등이 운행자임. 따라서 국가 등이 자동차손해배상 보장법상 손해배상책임을 짐. | 직무관련성이 있으므로 국가가 국가배상법상 책임도 짐. | 불법행위책임은 공무원이 짐. |
| 관용차를 직무와 관련 없는 사적 용도에 사용 | 국가 등이 운행자임. 따라서 국가 등이 자동차손해배상 보장법상 손해배상책임을 짐. | 직무관련성이 없으므로 국가는 국가배상법상 책임이 없음. | 불법행위책임은 공무원이 짐. |
| 개인 차량을 직무에 사용 | 자동차손해배상 보장법상 운행자는 공무원 자신이 됨. | 직무관련성이 있으므로 국가가 국가배상법상 책임도 짐. | 불법행위책임은 공무원이 짐. |
| 개인 차량을 직무와 관련 없는 사적 용도에 사용 | 자동차손해배상 보장법상 운행자는 공무원 자신이 됨. | 직무관련성이 없으므로 국가는 국가배상법상 책임이 없음. | 불법행위책임은 공무원이 짐. |

정답 ×

**04** 판례는 「자동차손해배상 보장법」은 배상책임의 성립요건에 관하여는 「국가배상법」에 우선하여 적용된다고 판시하였다. [21 소방]  (O, ×)

정답 O

**05** 생명·신체의 침해로 인한 국가배상을 받을 권리는 양도는 가능하지만, 압류는 하지 못한다. [21 소방]  (O, ×)

> **국가배상법 제4조(양도 등 금지)**
> 생명·신체의 침해로 인한 국가배상을 받을 권리는 양도하거나 압류하지 못한다.

정답 ×

**06** 판례는 「국가배상법」 제5조의 영조물의 설치·관리상의 하자로 인한 손해가 발생한 경우, 피해자의 위자료청구권이 배제되지 아니한다고 판시하였다. [21 소방]  (O, ×)

> 해설  국가배상법 제5조 제1항의 영조물의 설치·관리상의 하자로 인한 손해가 발생한 경우 같은 법 제3조 제1항 내지 제5항의 해석상 피해자의 위자료청구권이 반드시 배제되지 아니한다. (대판 1990.11.13. 90다카25604)

정답 O

**036** A지방해양수산청 소속 선박검사담당공무원 甲은 선박에 관한 정기검사를 실시함에 있어,「선박안전법」상의 선박검사에 관한 규정을 준수하지 않고 기관의 노후 등으로 화재의 위험이 있는 선박에 대하여 선박검사증서를 교부하였다. 그러나 이 선박은 몇 달 후 항해 도중 기관의 과열로 인하여 화재가 발생함으로써 승객 수십 명이 사망하기에 이르렀다. 이 사례와 관련된 설명 중 옳은 것은?

06 선관위9급

① 국가가 손해배상책임을 부담하기 위해서는 공무원의 권한 행사의 해태로 인하여 침해된 이익이 법률상 보호되는 이익이어야 한다는 것이 대법원의 입장이지만, 위 사건에서 선박안전검사는 단지 공공일반의 이익만을 위한 것이어서 국가의 손해배상책임이 인정되기 어렵다는 것이 판례의 입장이다.

② 사망승객의 유가족들이「국가배상법」에 따른 손해배상청구소송을 제기하기 위해서는 먼저 배상심의회의 결정을 필수적으로 거쳐야 한다.

③ 공무원의 책임과 관련하여 대법원은 공무원의 위법행위가 고의·중과실에 기한 경우에는 공무원의 민사상의 손해배상책임과 구상책임을 모두 인정하는 입장이므로, 이에 따르면 위 사건에서 공무원의 중과실이 인정되는 경우, 유가족은 국가와 공무원에 대해서 선택적으로 배상청구를 할 수 있다.

④「국가배상법」에 따르는 손해배상청구는 소송실무상 항고소송으로 처리되고 있다.

> **해설**
>
> ① (×) 이 사건에서 대법원은 "선박안전법이나 유선 및 도선업법의 각 규정은 공공의 안전 외에 일반인의 인명과 재화의 안전보장도 그 목적으로 하는 것이다."라고 하여 국가의 손해배상책임을 인정하였다.
>
> > 공무원에게 부과된 직무상 의무의 내용이 단순히 공공일반의 이익을 위한 것이거나 행정기관 내부의 질서를 규율하기 위한 것이 아니고 전적으로 또는 부수적으로 사회구성원 개인의 안전과 이익을 보호하기 위하여 설정된 것이라면, 공무원이 그와 같은 직무상 의무를 위반함으로 인하여 피해자가 입은 손해에 대하여는 상당인과관계가 인정되는 범위 내에서 국가가 배상책임을 진다. (대판 1993.2.12. 91다43466)
>
> ② (×) 국가배상청구소송에서 결정전치주의는 폐지되었으므로 손해배상청구소송을 제기하기 위하여 배상심의회의 결정을 필수적으로 거쳐야 하는 것은 아니다.
>
> > **국가배상법** 제9조(소송과 배상신청의 관계)
> > 이 법에 따른 손해배상의 소송은 배상심의회(이하 '심의회'라 한다)에 배상신청을 하지 아니하고도 제기할 수 있다.
>
> ③ (○) 甲이 불합격시켜야 할 선박에 대하여 선박검사증서를 교부한 것은 중대한 과실이 인정되므로, 배상책임의 성격에 관한 판례의 입장인 절충설에 의하면 유가족은 국가와 공무원에 대하여 선택적으로 배상청구를 할 수 있다.
>
> ④ (×) 국가배상법에 따르는 손해배상청구는 소송실무상 민사소송으로 처리되고 있다.

**정답** ③

## 예상판례

**01** [1] 행정청이 관리처분계획을 인가하는 경우, 정비구역 내 토지등소유자의 명단과 관리처분계획상 분양대상자, 현금청산대상자 명단을 대조하여 현금청산대상자 중 누락된 사람이 있는지 확인할 의무는 없다.

[2] 현금청산대상자를 누락하는 등의 하자가 있는 관리처분계획을 그대로 인가하였다고 하더라도 그 하자의 존재를 관리처분계획 인가신청서와 첨부서류에 대한 심사만으로 발견할 수 없는 경우라면 누락된 현금청산대상자에 대하여 불법행위로 인한 손해배상책임을 진다고 볼 수 없다. **(대판 2014.3.13. 2013다27220)**

**02** 구 하천법 제28조 제1항에 따라 국토해양부장관이 하천공사를 대행하던 중 지방하천의 관리상 하자로 손해가 발생한 경우, 하천관리청이 속한 지방자치단체는 국가배상법 제5조 제1항에 따라 지방하천의 관리자로서 손해배상책임을 부담한다. **(대판 2014.6.26. 2011다85413)**

**03** **[1] 대통령이 사후적으로 위헌·무효가 선언된 구 '국가안전과 공공질서의 수호를 위한 대통령긴급조치'(긴급조치 제9호)를 발령한 행위는 국민 개개인에 대한 관계에서 민사상 불법행위를 구성하지 않는다.**

긴급조치 제9호가 사후적으로 법원에서 위헌·무효로 선언되었다고 하더라도, 유신헌법에 근거한 대통령의 긴급조치권 행사는 고도의 정치성을 띤 국가행위로서 대통령은 국가긴급권의 행사에 관하여 원칙적으로 국민 전체에 대한 관계에서 정치적 책임을 질 뿐 국민 개개인의 권리에 대응하여 법적 의무를 지는 것은 아니므로, 대통령의 이러한 권력 행사가 국민 개개인에 대한 관계에서 민사상 불법행위를 구성한다고는 볼 수 없다.

[2] 중앙정보부 소속 공무원에 의하여 대통령긴급조치 위반 혐의로 체포·구금되었다가 유죄 확정판결을 받지 않고 풀려난 甲이 체포·구금상태 종료 후 30년 이상 지나 국가를 상대로 손해배상을 구한 사안에서, 국가의 소멸시효완성 주장이 권리남용에 해당하지 않는다. **(대판 2015.3.26. 2012다48824)**

**04** [1] 이미 운영 중인 또는 운영이 예정된 고속국도에 근접하여 주거를 시작한 경우, '참을 한도'를 넘는지는 보다 엄격히 판단하여야 한다.

[2] 도로변 지역의 소음에 관한 환경정책기본법의 소음환경기준을 초과하는 도로소음이 있다고 하여 민사상 '참을 한도'를 넘는 위법한 침해행위가 있다고 단정할 수 없다.

[3] 도로소음에 따른 생활방해를 원인으로 제기된 사건에서 공동주택에 거주하는 사람들이 '참을 한도'를 넘는 생활방해를 받고 있는지는 거실에서 소음원에 면한 방향의 모든 창호를 개방한 상태로 측정한 소음도가 환경정책기본법상 소음환경기준 등을 초과하는지에 따라 판단하여야 한다. **(대판 2015.10.15. 2013다89433)**

**05** 부동산소유권이전에 관한 특별조치법상 보증인은 공무를 위탁받아 실질적으로 공무를 수행한다고 보기는 어렵다. 보증인을 위촉하는 관청은 소정 요건을 갖춘 주민을 보증인으로 위촉하는 데 그치고 대장소관청은 보증서의 진위를 확인하기 위한 일련의 절차를 거쳐 확인서를 발급할 뿐 행정관청이 보증인의 직무수행을 지휘·감독할 수 있는 법령상 근거가 없으며, 보증인은 보증서를 작성할 의무를 일방적으로 부과받으면서도 어떠한 경제적 이익도 제공받지 못하는 반면, 재량을 가지고 발급신청의 진위를 확인하며 그 내용에 관하여 행정관청으로부터 아무런 간섭을 받지 않기 때문이다. **(대판 2019.1.31. 2013다14217)**

참고 국가배상이 안 된다.

**06** 수사기관은 수사 등 직무를 수행할 때에 헌법과 법률에 따라 국민의 인권을 존중하고 공정하게 하여야 하며 실체적 진실을 발견하기 위하여 노력하여야 할 법규상 또는 조리상의 의무가 있고, 특히 피의자가 소년 등 사회적 약자인 경우에는 수사과정에서 방어권 행사에 불이익이 발생하지 않도록 더욱 세심하게 배려할 직무상 의무가 있다. 따라서 경찰관은 피의자의 진술을 조서화하는 과정에서 조서의 객관성을 유지하여야 하고, 고의 또는 과실로 위 직무상 의무를 위반하여 피의자신문조서를 작성함으로써 피의자의 방어권이 실질적으로 침해되었다고 인정된다면, 국가는 그로 인하여 피의자가 입은 손해를 배상하여야 한다. **(대판 2020.4.29. 2015다224797)**

## 제2절 행정상 손실보상

### 손실보상의 요건

1. **공공의 필요**
   공공의 필요성을 판단하는 기준은 사업의 주체가 아니라 사업의 내용이다. 헌법재판소는 고급골프장 건설을 위한 토지수용권 인정은 공공의 필요성이 인정되지 않고 재산권을 침해하는 것으로 보았다.

2. **재산권에 대한 의도적 침해**
   재산권에 대한 비의도적 침해(지하철 건설로 인한 인근 상가의 매출 감소)는 '수용적 침해'로서 다른 개념이다. 판례는 수용적 침해를 인정하지 않는다.

3. **특별한 희생**
   손실보상의 대상은 남들에게 부과되지 않는 특별한 희생을 전제로 하는 개념이다.

### 토지수용의 절차

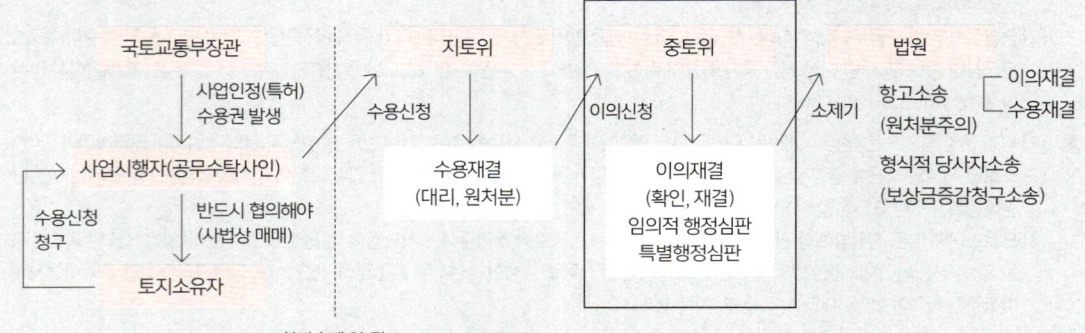

1. 이의신청은 토지소유자(관계인) 사업시행자 양자 모두 제기할 수 있다.
2. 이의신청의 대상은 수용 또는 보상금액 둘 다 가능하다.
3. 항고소송의 피고는 토지수용위원회이다.
4. 보상금증감청구소송의 피고는 토지소유자 또는 관계인이 원고일 때는 사업시행자가 피고이고, 사업시행자가 원고일 때는 토지소유자 또는 관계인이 피고이다.

## 037 행정상 손실보상제도에 관한 설명으로 옳지 않은 것은? (다툼이 있는 경우 판례에 의함) 23 소방

① 구 「소하천정비법」에 따라 소하천구역으로 편입된 토지의 소유자가 사용·수익에 대한 권리 행사에 제한을 받아 손해를 입고 있는 경우, 손실보상을 청구할 수 있을 뿐만 아니라, 관리청의 제방부지에 대한 점유를 권원 없는 점유와 같이 보아 관리청을 상대로 손해배상이나 부당이득의 반환을 청구할 수 있다.

② 구 「전염병예방법」에 의한 피해보상제도가 수익적 행정처분의 형식을 취하고는 있지만, 구 「전염병예방법」의 취지와 입법경위 등을 고려하면 그 실질은 피해자의 특별한 희생에 대한 보상에 가까우므로 그 인정 여부는 객관적으로 합리적인 재량권의 범위 내에서 타당하게 결정하여야 한다.

③ 제방부지 및 제외지가 유수지와 더불어 하천구역이 되어 국유로 되는 이상 그로 인하여 소유자가 입은 손실은 특별한 희생에 해당하고, 보상방법을 유수지에 대한 것과 달리할 아무런 합리적인 이유가 없으므로 소유자에게 손실을 보상하여야 한다.

④ 「국토의 계획 및 이용에 관한 법률」에서 규정하는 도시계획시설사업은 도로·철도·항만·공항·주차장 등 교통시설, 수도·전기·가스공급설비 등 공급시설과 같은 도시계획시설을 설치·정비 또는 개량하여 공공복리를 증진시키고 국민의 삶의 질을 향상시키는 것을 목적으로 하고 있으므로, 그 자체로 공공필요성의 요건이 충족된다.

### 해설

① (×) 토지가 구 소하천정비법에 의하여 소하천구역으로 적법하게 편입된 경우 그로 인하여 그 토지의 소유자가 사용·수익에 관한 권리 행사에 제한을 받아 손해를 입고 있다고 하더라도 구 소하천정비법 제24조에서 정한 절차에 따라 손실보상을 청구할 수 있음은 별론으로 하고, 관리청의 제방 부지에 대한 점유를 권원 없는 점유와 같이 보아 손해배상이나 부당이득의 반환을 청구할 수 없다. (대판 2021.12.30. 2018다284608)

② (○) 구 「전염병예방법」 제54조의2 제2항에 따른 예방접종으로 인한 질병, 장애 또는 사망의 인정 여부 결정은 보건복지가족부장관의 재량에 속한다. … 구 전염병예방법의 취지와 입법 경위 등을 고려하면 실질은 피해자의 특별한 희생에 대한 보상에 가까우므로, 보건복지가족부장관은 위와 같은 사정 등을 두루 고려하여 객관적으로 합리적인 재량권의 범위 내에서 타당한 결정을 해야 하고, 그렇지 않을 경우 인정 여부의 결정은 주어진 재량권을 남용한 것으로서 위법하게 된다. (대판 2014.5.16. 2014두274)

③ (○) 하천부속물의 부지에 관하여는 명시적인 보상규정이 없다고 하더라도, 그것이 유수지 및 제외지와 더불어 하천구역이 되어 국유로 된 이상 그로 인하여 소유자가 입은 손실은 보상되어야 하고, 그 보상방법을 유수지 및 제외지 등에 관한 것과 달리할 아무런 합리적인 이유를 찾아볼 수 없으므로, 1971.1.19. 법률 제2292호로 공포된 구 하천법의 시행일인 같은 해 7.20. 이전에 그 제방을 축조한 관리청은 위 개정된 구 하천법 부칙 제2조 제1항을 유추적용하여 그 제방 부지의 소유자에게 그 손실을 보상하여야 한다고 봄이 상당하다. (대판 1995.11.24. 94다34630)

④ (○) 헌재 2014.7.24. 2013헌바294

**정답** ①

## 038 손실보상에 대한 설명으로 옳은 것은?

23 국가9급

① 「공익사업을 위한 토지 등의 취득 및 보상에 관한 법률」상 사업시행자와 토지소유자 사이의 협의취득에 대한 분쟁은 민사소송으로 다투어야 한다.

② 「공익사업을 위한 토지 등의 취득 및 보상에 관한 법률」에 따라 사업인정고시가 된 후 토지의 사용으로 인하여 토지의 형질이 변경되는 경우에 토지소유자는 중앙토지수용위원회에 그 토지의 매수청구권을 행사할 수 있다.

③ 헌법재판소는 「개발제한구역의 지정 및 관리에 관한 특별조치법」 제11조 제1항 등에 대한 위헌소원 사건에서 토지의 효용이 감소한 토지소유자에게 토지매수청구권을 인정하는 등 보상규정을 두었지만 적절한 손실보상에 해당하지 않는다고 위헌결정을 하였다.

④ 사업시행자는 동일한 사업지역에 보상시기를 달리하는 동일인 소유의 토지 등이 여러 개가 있는 경우 토지 등의 소유자가 일괄보상을 요구하더라도 「공익사업을 위한 토지 등의 취득 및 보상에 관한 법률」에 따라 단계적으로 보상금을 지급하여야 한다.

> **해설**
>
> ① (○) 수용절차에서 협의취득만 사법관계(즉, 민사소송)이고, 그 외는 공법관계이다.
> ② (×) 매수보상청구권도 형성권이다.
>
> **공익사업을 위한 토지 등의 취득 및 보상에 관한 법률 제72조(사용하는 토지의 매수청구 등)**
> 사업인정고시가 된 후 다음 각 호의 어느 하나에 해당하는 때에는 해당 토지소유자는 사업시행자에게 해당 토지의 매수를 청구하거나 관할 토지수용위원회에 그 토지의 수용을 청구할 수 있다. 이 경우 관계인은 사업시행자나 관할 토지수용위원회에 그 권리의 존속을 청구할 수 있다.
>     1. 토지를 사용하는 기간이 3년 이상인 경우
>     2. 토지의 사용으로 인하여 토지의 형질이 변경되는 경우
>     3. 사용하려는 토지에 그 토지소유자의 건축물이 있는 경우
>
> ③ (×) 개발제한구역의 나대지에 대해 보상규정이 없으면 헌법에 위반되지만, 보상규정이 있으면 헌법에 위반되지 않는다.
> ④ (×)
>
> **공익사업을 위한 토지 등의 취득 및 보상에 관한 법률 제65조(일괄보상)**
> 사업시행자는 동일한 사업지역에 보상시기를 달리하는 동일인 소유의 토지 등이 여러 개 있는 경우 토지소유자나 관계인이 요구할 때에는 한꺼번에 보상금을 지급하도록 하여야 한다.

**정답** ①

## 039 다음 사례에 대한 설명으로 옳은 것은? (다툼이 있는 경우 판례에 의함)

22 국가7급

> 경기도 A군수는 개발촉진지구에서 시행되는 지역개발사업의 시행자로 B를 지정·고시하고 실시계획을 승인·고시하였다. B는 개발사업구역에 편입된 甲 소유 토지에 관하여 「공익사업을 위한 토지 등의 취득 및 보상에 관한 법률」에 따라 甲과 협의를 하였으나 협의가 이루어지지 아니하자 경기도 지방토지수용위원회에 위 토지에 대한 수용재결신청을 하여 수용재결서 정본을 송달받았다.

① 甲은 수용재결에 불복할 때에는 그 재결서를 받은 날부터 60일 이내에, 이의신청을 거쳤을 때에는 이의신청에 대한 재결서를 받은 날부터 30일 이내에 각각 행정소송을 제기하여야 한다.

② 甲이 수용재결에 이의가 있을 경우 경기도 지방토지수용위원회를 거쳐 중앙토지수용위원회에 이의를 신청할 수 있다.

③ 甲이 수용재결에 대하여 중앙토지수용위원회의 이의재결을 거친 후 취소소송을 제기할 경우, 이의재결에 고유한 위법이 없는 경우에도 중앙토지수용위원회를 피고로 하여 수용재결의 취소를 구하여야 한다.

④ 甲이 보상금의 증액청구를 하고자 하는 경우에는 경기도 지방토지수용위원회를 피고로 하여 당사자소송을 제기하여야 한다.

### 해설

① (×)

> **공익사업을 위한 토지 등의 취득 및 보상에 관한 법률 제85조(행정소송의 제기)**
> ① 사업시행자, 토지소유자 또는 관계인은 제34조에 따른 재결에 불복할 때에는 재결서를 받은 날부터 90일 이내에, 이의신청을 거쳤을 때에는 이의신청에 대한 재결서를 받은 날부터 60일 이내에 각각 행정소송을 제기할 수 있다. 이 경우 사업시행자는 행정소송을 제기하기 전에 제84조에 따라 늘어난 보상금을 공탁하여야 하며, 보상금을 받을 자는 공탁된 보상금을 소송이 종결될 때까지 수령할 수 없다.

② (○) 이의신청은 바로 중앙토지수용위원회로 가는 것이 아니라 지방토지수용위원회를 거쳐 중앙토지수용위원회로 가게 된다.

③ (×) 원처분주의가 적용되므로 이의재결을 거친 경우에도 원칙적으로 원처분에 해당하는 수용재결이 소의 대상이 되고, 이의재결에 고유한 위법이 있는 경우에는 중앙토지수용위원회를 피고로 하여 수용재결의 취소를 구할 수 있다.

④ (×)

> **공익사업을 위한 토지 등의 취득 및 보상에 관한 법률 제85조(행정소송의 제기)**
> ② 제1항에 따라 제기하려는 행정소송이 보상금의 증감에 관한 소송인 경우 그 소송을 제기하는 자가 토지소유자 또는 관계인인 때에는 사업시행자를, 사업시행자인 때에는 토지소유자 또는 관계인을 각각 피고로 한다.

정답 ②

## 040
공익사업을 위한 토지 등의 취득 및 보상에 관한 법령상 재결에 대한 설명으로 옳은 것은? (다툼이 있는 경우 판례에 의함)

22 서울·지방7급

① 관할 토지수용위원회가 사실을 오인하여 어떤 보상항목이 손실보상대상에 해당하지 않는다고 잘못된 내용의 재결을 한 경우, 피보상자가 이를 다투려면 그 재결에 대한 항고소송을 제기하여야 한다.
② 사업시행자가 토지소유자 등의 재결신청의 청구를 거부하는 경우, 토지소유자 등은 민사소송의 방법으로 그 절차 이행을 구할 수 있다.
③ 토지수용위원회의 수용재결이 있은 후에는 토지소유자 등과 사업시행자가 다시 협의하여 토지 등의 취득이나 사용 및 그에 대한 보상에 관하여 임의로 계약을 체결할 수 없다.
④ 토지소유자 등이 손실보상대상에 해당한다고 주장하며 보상을 요구하는데도 사업시행자가 손실보상대상에 해당하지 아니한다며 보상대상에서 이를 제외한 채 협의를 하지 않아 결국 협의가 성립하지 않은 경우, 토지소유자 등에게는 재결신청청구권이 인정된다.

### 해설

① (×) 수용 자체는 합의가 되고 보상금의 범위만 문제이므로 보상금증감소송을 해야 한다.

> 어떤 보상항목이 공익사업을 위한 토지 등의 취득 및 보상에 관한 법령상 손실보상대상에 해당함에도 관할 토지수용위원회가 사실을 오인하거나 법리를 오해함으로써 손실보상대상에 해당하지 않는다고 잘못된 내용의 재결을 한 경우에는, 피보상자는 관할 토지수용위원회를 상대로 그 재결에 대한 취소소송을 제기할 것이 아니라, 사업시행자를 상대로 구 공익사업을 위한 토지 등의 취득 및 보상에 관한 법률 제85조 제2항에 따른 보상금증감소송을 제기하여야 한다. (대판 2018.7.20. 2015두4044)

② (×) 기업자가 토지소유자 등의 재결신청의 청구를 거부한다고 하여 이를 이유로 민사소송의 방법으로 그 절차 이행을 구할 수는 없다. (대판 1997.11.14. 97다13016)
③ (×) 수용재결이 있은 후에 사법상 계약의 실질을 가지는 협의취득절차를 금지해야 할 별다른 필요성을 찾기 어려운 점 등을 종합해 보면, 토지수용위원회의 수용재결이 있은 후라고 하더라도 토지소유자 등과 사업시행자가 다시 협의하여 토지 등의 취득이나 사용 및 그에 대한 보상에 관하여 임의로 계약을 체결할 수 있다고 보아야 한다. (대판 2017.4.13. 2016두64241)
④ (○) '협의가 성립되지 아니한 때'에는 사업시행자가 토지소유자 등과 공익사업을 위한 토지 등의 취득 및 보상에 관한 법률 제26조에서 정한 협의절차를 거쳤으나 보상액 등에 관하여 협의가 성립하지 아니한 경우는 물론 토지소유자 등이 손실보상대상에 해당한다고 주장하며 보상을 요구하는데도 사업시행자가 손실보상대상에 해당하지 아니한다며 보상대상에서 이를 제외한 채 협의를 하지 않아 결국 협의가 성립하지 않은 경우도 포함된다고 보아야 한다. (대판 2011.7.14. 2011두2309)

정답 ④

## 041 행정상 손실보상에 대한 설명으로 옳지 않은 것은? (다툼이 있는 경우 판례에 의함) 22소방

① 손실보상과 손해배상은 근거규정 및 요건·효과를 달리하지만 손실보상청구권에 '손해 전보'라는 요소가 포함되어 있어 실질적으로 같은 내용의 손해에 관하여 양자의 청구권이 동시에 성립한다면 청구권자는 어느 하나만을 선택적으로 행사할 수 있을 뿐이다.

② 공공사업시행지구 밖에서 발생한 간접손실에 관하여 그 피해자와 사업시행자 사이에 협의가 이루어지지 아니하고, 그 보상에 관한 명문의 근거법령이 없는 경우라고 하더라도 공공사업의 시행으로 인하여 그러한 손실이 발생하리라는 것을 쉽게 예견할 수 있고, 그 손실의 범위도 구체적으로 특정할 수 있다면 그 손실보상에 관하여 관련 규정 등을 유추적용할 수 있다.

③ 수용재결에 불복하여 취소소송을 제기하는 때에는 이의신청을 거친 경우에도 이의신청에 대한 재결 자체에 고유한 위법이 없는 한 수용재결을 한 중앙토지수용위원회 또는 지방토지수용위원회를 피고로 하여 수용재결의 취소를 구하여야 한다.

④ 어떤 보상항목이 공익사업을 위한 토지 등의 취득 및 보상에 관한 법령상 손실보상대상에 해당함에도 관할 토지수용위원회가 법리를 오해함으로써 손실보상대상에 해당하지 않는다고 잘못된 내용의 재결을 한 경우에는, 피보상자는 관할 토지수용위원회를 상대로 그 재결에 대한 취소소송을 제기하여야 한다.

### 해설

① (O) 손실보상과 손해배상은 근거규정과 요건·효과를 달리하는 것으로서, 각 요건이 충족되면 성립하는 별개의 청구권이다. 다만 손실보상청구권에는 이미 '손해 전보'라는 요소가 포함되어 있어 실질적으로 같은 내용의 손해에 관하여 양자의 청구권을 동시에 행사할 수 있다고 본다면 이중배상의 문제가 발생하므로, 실질적으로 같은 내용의 손해에 관하여 양자의 청구권이 동시에 성립하더라도 영업자는 어느 하나만을 선택적으로 행사할 수 있을 뿐이고, 양자의 청구권을 동시에 행사할 수는 없다. (대판 2019.11.28. 2018두227)

② (O) 대판 2004.9.23. 2004다25581

③ (O) 수용재결에 불복하여 취소소송을 제기하는 때에는 이의신청을 거친 경우에도 수용재결을 한 중앙토지수용위원회 또는 지방토지수용위원회를 피고로 하여 수용재결의 취소를 구하여야 하고, 다만 이의신청에 대한 재결 자체에 고유한 위법이 있음을 이유로 하는 경우에는 그 이의재결을 한 중앙토지수용위원회를 피고로 하여 이의재결의 취소를 구할 수 있다고 보아야 한다. (대판 2010.1.28. 2008두1504)

④ (X) 수용 자체는 합의가 되고 보상금의 범위만 문제이므로 보상금증감소송을 해야 한다.

> 어떤 보상항목이 공익사업을 위한 토지 등의 취득 및 보상에 관한 법령상 손실보상대상에 해당함에도 관할 토지수용위원회가 사실을 오인하거나 법리를 오해함으로써 손실보상대상에 해당하지 않는다고 잘못된 내용의 재결을 한 경우에는, 피보상자는 관할 토지수용위원회를 상대로 그 재결에 대한 취소소송을 제기할 것이 아니라, 사업시행자를 상대로 구 공익사업을 위한 토지 등의 취득 및 보상에 관한 법률 제85조 제2항에 따른 보상금증감소송을 제기하여야 한다. (대판 2018.7.20. 2015두4044)

정답 ④

## 042

「공익사업을 위한 토지 등의 취득 및 보상에 관한 법률」상 토지수용절차로서 사업인정에 대한 설명으로 옳은 것만을 모두 고른 것은? (다툼이 있는 경우 판례에 의함)  <sub></sub>21 국가7급

> ㄱ. 사업시행자가 해당 공익사업을 수행할 의사와 능력이 있어야 한다는 것은 사업인정의 요건에 해당한다.
> ㄴ. 사업인정의 고시로 수용의 목적물은 확정되고 관계인의 범위가 제한된다.
> ㄷ. 사업인정은 고시한 날부터 효력이 발생한다.
> ㄹ. 사업시행자가 사업인정고시가 된 날부터 1년 이내에 재결신청을 하지 아니한 경우에는 사업인정고시가 된 날부터 1년이 되는 날의 다음 날에 사업인정은 그 효력을 상실한다.

① ㄱ     ② ㄴ, ㄷ     ③ ㄱ, ㄴ, ㄹ     ④ ㄱ, ㄴ, ㄷ, ㄹ

**해설**

ㄱ. (O) 해당 공익사업을 수행하여 공익을 실현할 의사나 능력이 없는 자에게 타인의 재산권을 공권력적·강제적으로 박탈할 수 있는 수용권을 설정하여 줄 수는 없으므로, 사업시행자에게 해당 공익사업을 수행할 의사와 능력이 있어야 한다는 것도 사업인정의 한 요건이라고 보아야 한다. (대판 2011.1.27. 2009두1051)
ㄴ. (O) 사업인정권자에 의해 결정된 사업인정이 고시되면, 그 날로부터 토지수용권을 비롯한 각종 효과가 발생한다. 사업인정이 고시되면 수용의 목적물이 대상 토지가 확정된다. 또한 고시 이후에 권리를 취득한 자는 공익사업을 위한 토지 등의 취득 및 보상에 관한 법률상 권리를 인정받지 못한다.
ㄷ. (O) 공익사업을 위한 토지 등의 취득 및 보상에 관한 법률 제22조 제3항
ㄹ. (O) 공익사업을 위한 토지 등의 취득 및 보상에 관한 법률 제23조 제1항

**정답** ④

## 043

행정상 손실보상에 대한 설명으로 옳지 않은 것은? (다툼이 있는 경우 판례에 의함)  <sub></sub>21 국가7급

① 「하천법」 제50조에 따른 하천수 사용권은 「공익사업을 위한 토지 등의 취득 및 보상에 관한 법률」이 손실보상의 대상으로 규정하고 있는 '물의 사용에 관한 권리'에 해당한다.
② 국가지정문화재에 대하여 관리단체로 지정된 지방자치단체의 장은 「문화재보호법」 및 「공익사업을 위한 토지 등의 취득 및 보상에 관한 법률」에 따라 국가지정문화재나 그 보호구역에 있는 토지 등을 수용할 수 있다.
③ 「공익사업을 위한 토지 등의 취득 및 보상에 관한 법률」상 보상대상이 되는 '기타 토지에 정착한 물건에 대한 소유권 그 밖의 권리를 가진 관계인'에는 수거·철거권 등 실질적 처분권을 가진 자도 포함된다.
④ 「공익사업을 위한 토지 등의 취득 및 보상에 관한 법률」상 보상금증액소송은 처분청인 토지수용위원회를 피고로 한다.

**해설**

① (O) 하천법 제50조에 의한 하천수 사용권은 하천법 제33조에 의한 하천의 점용허가에 따라 해당 하천을 점용할 수 있는 권리와 마찬가지로 특허에 의한 공물사용권의 일종으로서, 양도가 가능하고 이에 대한 민사집행법상의 집행 역시 가능한 독립된 재산적 가치가 있는 구체적인 권리라고 보아야 한다. 따라서 하천법 제50조에 의한 하천수 사용권은 공익사업을 위한 토지 등의 취득 및 보상에 관한 법률 제76조 제1항이 손실보상의 대상으로 규정하고 있는 '물의 사용에 관한 권리'에 해당한다. (대판 2018.12.27. 2014두11601)

② (○) 문화재보호구역 내의 토지는 시효취득의 대상은 아니지만, 수용의 대상은 된다.

> 문화재보호법에 해당 문화재의 지정권자만이 토지 등을 수용할 수 있다는 등의 제한을 두고 있지 않으므로, 국가지정문화재에 대하여 관리단체로 지정된 지방자치단체의 장은 문화재보호법 제83조 제1항 및 공익사업을 위한 토지 등의 취득 및 보상에 관한 법률에 따라 국가지정문화재나 그 보호구역에 있는 토지 등을 수용할 수 있다. (대판 2019.2.28. 2017두71031)

③ (○) 대판 2019.4.11. 2018다277419
④ (×) 보상금증액소송은 처분청인 토지수용위원회를 피고로 하지 않고, 사업시행자를 피고로 하고 있다.

> **공익사업을 위한 토지 등의 취득 및 보상에 관한 법률 제85조(행정소송의 제기)**
> ② 제1항에 따라 제기하려는 행정소송이 보상금의 증감에 관한 소송인 경우 그 소송을 제기하는 자가 토지소유자 또는 관계인일 때에는 사업시행자를, 사업시행자일 때에는 토지소유자 또는 관계인을 각각 피고로 한다.

[참고] 수용재결을 대상으로 하면 지방토지수용위원회, 이의재결을 대상으로 하면 중앙토지수용위원회가 피고가 된다.

**정답** ④

## 044 재산권 보장과 손실보상에 대한 설명으로 옳은 것은? (다툼이 있는 경우 판례에 의함) [21 국가7급]

① 공용수용은 공공필요에 부합하여야 하므로, 수용 등의 주체를 국가 등의 공적 기관에 한정하여야 한다.
② 공익사업 시행으로 인한 개발이익은 완전보상의 범위에 포함되는 피수용토지의 객관적 가치 내지 피수용자의 손실에 해당한다.
③ 구 「공유수면매립법」상 간척사업의 시행으로 인하여 관행어업권이 상실된 경우, 실질적이고 현실적인 피해가 발생한 경우에만 「공유수면매립법」에서 정하는 손실보상청구권이 발생한다.
④ 「공익사업을 위한 토지 등의 취득 및 보상에 관한 법률」에 따른 보상은 토지소유자나 관계인 개인별로 하는 것이 아니라 수용 또는 사용의 대상이 되는 물건별로 행해지는 것이다.

**해설**

① (×) 헌법조항의 핵심은 당해 수용이 공공필요에 부합하는가, 정당한 보상이 지급되고 있는가 여부 등에 있는 것이지, 그 수용의 주체가 국가인지 민간기업인지 여부에 달려 있다고 볼 수 없다. … 따라서 위 수용 등의 주체를 국가 등의 공적 기관에 한정하여 해석할 이유가 없다. (헌재 2009.9.24. 2007헌바114)
② (×) 헌법 제23조 제3항에서 규정한 '정당한 보상'이란 원칙적으로 피수용재산의 객관적인 재산가치를 완전하게 보상하여야 한다는 완전보상을 뜻하는 것이지만, 공익사업의 시행으로 인한 개발이익은 완전보상의 범위에 포함되는 피수용토지의 객관적 가치 내지 피수용자의 손실이라고는 볼 수 없다. (헌재 1991.2.11. 90헌바17)
③ (○) 공유수면매립면허의 고시가 있다고 하여 반드시 그 사업이 시행되고 그로 인하여 손실이 발생한다고 할 수 없으므로, 매립면허 고시 이후 매립공사가 실행되어 관행어업권자에게 실질적이고 현실적인 피해가 발생한 경우에만 공유수면매립법에서 정하는 손실보상청구권이 발생하였다고 할 것이다. (대판 2010.12.9. 2007두6571)
④ (×) 개인별 보상이 원칙이다.

> **공익사업을 위한 토지 등의 취득 및 보상에 관한 법률 제64조(개인별 보상)**
> 손실보상은 토지소유자나 관계인에게 개인별로 하여야한다. 다만, 개인별로 보상액을 산정할 수 없을 때에는 그러하지 아니하다.

**정답** ③

**045** 「공익사업을 위한 토지 등의 취득 및 보상에 관한 법률」상 손실보상의 원칙에 관한 내용으로 옳지 않은 것은?

20 국회8급

① 공익사업에 필요한 토지 등의 취득 또는 사용으로 인하여 토지소유자나 관계인이 입은 손실은 사업시행자가 보상하여야 한다.

② 손실보상은 토지소유자나 관계인에게 개인별로 하여야 한다. 다만, 개인별로 보상액을 산정할 수 없을 때에는 그러하지 아니하다.

③ 사업시행자는 동일한 소유자에게 속하는 일단의 토지의 일부를 취득하거나 사용하는 경우, 해당 공익사업의 시행으로 인하여 잔여지의 가격이 증가하거나 그 밖의 이익이 발생한 경우에도 그 이익을 취득 또는 사용으로 인한 손실과 상계할 수 없다.

④ 토지에 대한 보상액은 가격시점에서의 현실적인 이용상황, 일반적인 이용방법에 의한 객관적 상황, 일시적인 이용상황 및 토지소유자나 관계인이 갖는 주관적 가치 및 특별한 용도에 사용할 것을 전제로 한 경우 등을 고려한다.

⑤ 영업을 폐지하거나 휴업함에 따라 휴직하거나 실직하는 근로자의 임금손실에 대하여는 근로기준법에 따른 평균임금 등을 고려하여 보상하여야 한다.

**해설**

① (○) 공익사업을 위한 토지 등의 취득 및 보상에 관한 법률 제61조
② (○) 공익사업을 위한 토지 등의 취득 및 보상에 관한 법률 제64조
③ (○) 공익사업을 위한 토지 등의 취득 및 보상에 관한 법률 제66조
④ (×)

> **공익사업을 위한 토지 등의 취득 및 보상에 관한 법률 제70조(취득하는 토지의 보상)**
> ② 토지에 대한 보상액은 가격시점에서의 현실적인 이용상황과 일반적인 이용방법에 의한 객관적 상황을 고려하여 산정하되, 일시적인 이용상황과 토지소유자나 관계인이 갖는 주관적 가치 및 특별한 용도에 사용할 것을 전제로 한 경우 등은 고려하지 아니한다.

⑤ (○)

> **공익사업을 위한 토지 등의 취득 및 보상에 관한 법률 제77조(영업의 손실 등에 대한 보상)**
> ① 영업을 폐지하거나 휴업함에 따른 영업손실에 대하여는 영업이익과 시설의 이전비용 등을 고려하여 보상하여야 한다.
> ③ 휴직하거나 실직하는 근로자의 임금손실에 대하여는 근로기준법에 따른 평균임금 등을 고려하여 보상하여야 한다.

정답 ④

**046** 「공익사업을 위한 토지 등의 취득 및 보상에 관한 법률」상 토지수용절차 및 보상에 대한 설명으로 옳지 않은 것은? (다툼이 있는 경우 판례에 의함) 20 국가7급

① 토지수용위원회가 토지에 대하여 사용재결을 하는 경우 사용할 토지의 위치와 면적, 권리자, 손실보상액, 사용개시일뿐만 아니라 사용방법, 사용기간도 구체적으로 재결서에 특정하여야 한다.

② 사업인정기관은 어떠한 사업이 외형상 토지 등을 수용 또는 사용할 수 있는 사업에 해당한다 하더라도, 사업시행자에게 해당 공익사업을 수행할 의사와 능력이 없다면 사업인정을 거부할 수 있다.

③ 협의취득으로 인한 사업시행자의 토지에 대한 소유권 취득은 승계취득이므로 관할 토지수용위원회에 의한 협의성립의 확인이 있었더라도 사업시행자는 수용재결의 경우와 동일하게 그 토지에 대한 원시취득의 효과를 누릴 수 없다.

④ 사업시행자의 이주대책 수립·실시의무 및 이주대책의 내용에 관한 규정은 당사자의 합의 또는 사업시행자의 재량에 의하여 적용을 배제할 수 없는 강행법규이다.

> **해설**
>
> ① (O) 공익사업을 위한 토지 등의 취득 및 보상에 관한 법령이 재결을 서면으로 하도록 하고, '사용할 토지의 구역, 사용의 방법과 기간'을 재결사항의 하나로 규정한 취지는, 재결에 의하여 설정되는 사용권의 내용을 구체적으로 특정함으로써 재결 내용의 명확성을 확보하고 재결로 인하여 제한받는 권리의 구체적인 내용이나 범위 등에 관한 다툼을 방지하기 위한 것이다. 따라서 관할 토지수용위원회가 토지에 관하여 사용재결을 하는 경우에는 재결서에 사용할 토지의 위치와 면적, 권리자, 손실보상액, 사용개시일 외에도 사용방법, 사용기간을 구체적으로 특정하여야 한다. (대판 2019.6.13. 2018두42641)
>
> ② (O) 사업시행자에게 해당 공익사업을 수행할 의사와 능력이 있어야 한다는 것도 사업인정의 한 요건이라고 보아야 한다. 사업시행자가 사업인정을 받은 후 그 사업이 공용수용을 할 만한 공익성을 상실하거나 사업인정에 관련된 자들의 이익이 현저히 비례의 원칙에 어긋나게 된 경우 또는 사업시행자가 해당 공익사업을 수행할 의사나 능력을 상실한 경우, 그 사업인정에 터잡아 수용권을 행사할 수 없다. 공용수용은 헌법상의 재산권 보장의 요청상 불가피한 최소한에 그쳐야 한다는 헌법 제23조의 근본취지에 비추어 볼 때, 사업시행자가 사업인정을 받은 후 그 사업이 공용수용을 할 만한 공익성을 상실하거나 사업인정에 관련된 자들의 이익이 현저히 비례의 원칙에 어긋나게 된 경우 또는 사업시행자가 해당 공익사업을 수행할 의사나 능력을 상실하였음에도 여전히 그 사업인정에 기하여 수용권을 행사하는 것은 수용권의 공익목적에 반하는 수용권의 남용에 해당하여 허용되지 않는다. (대판 2011.1.27. 2009두1051)
>
> ③ (×) 공공사업시행자의 협의매수에 의한 토지 취득행위는 협의성립의 확인이 없는 이상 사법상의 승계취득이다. 공공사업의 시행자가 토지수용법에 의하여 그 사업에 필요한 토지를 취득하는 경우 그것이 협의에 의한 취득이고 토지수용법 제25조의2 규정에 의한 협의성립의 확인이 없는 이상, 그 취득행위는 어디까지나 사경제주체로서 행하는 사법상의 취득으로서 승계취득한 것으로 보아야 할 것이고, 재결에 의한 취득과 같이 원시취득한 것으로 볼 수는 없다. (대판 1996.2.13. 95다3510)
>
> ④ (O) 이주대책으로서 이주정착지에 택지를 조성하거나 주택을 건설하여 공급하는 경우, 이주정착지에 대한 공공시설 등의 설치비용을 당사자들의 합의로 이주자들에게 부담시킬 수 없다. 이와 같은 이주대책의 제도적 취지에 비추어 볼 때, 공익사업을 위한 토지 등의 취득 및 보상에 관한 법률 제78조 제4항은 사업시행자가 이주대책대상자들을 위한 이주대책으로서 이주정착지에 택지를 조성하거나 주택을 건설하여 공급하는 경우 그 이주정착지에 대한 도로, 급수 및 배수시설 기타 공공시설 등 당해 지역조건에 따른 생활기본시설이 설치되어 있어야 하고, 또한 그 공공시설 등의 설치비용은 사업시행자가 부담하는 것으로서 이를 이주대책대상자들에게 전가할 수 없으며, 이주대책대상자들에게는 다만 분양받을 택지의 용지비 및 조성비 등과 같은 택지조성원가, 주택을 공급하는 경우 그 건축원가만을 부담시킬 수 있는 것으로 해석함이 상당하고, 위 규정은 그 취지에 비추어 볼 때 당사자의 합의로도 그 적용을 배제할 수 없는 강행법규에 해당한다고 봄이 상당하다. (대판 2011.2.24. 2010다43498)
>
> **정답** ③

## 047 판례의 입장으로 옳지 않은 것은?

20 서울·지방7급

① 구「부가가치세법」상 명의위장등록가산세는 부가가치세 본세 납세의무와 무관하게 타인 명의로 사업자등록을 하고 실제 사업을 한 것에 대한 제재로서 부과되는 별도의 가산세이고, 그 부과 제척기간은 5년으로 봄이 타당하다.

② 국세환급금 충당의 법적 성격과 관련하여 국세환급금의 충당은 납세의무자가 갖는 환급청구권의 존부나 범위 또는 소멸에 구체적이고 직접적인 영향을 미치는 처분이라기보다는 국가의 환급금채무와 조세채권이 대등액에서 소멸되는 점에서 오히려「민법」상의 상계와 비슷한 것이다.

③ 어떤 보상항목이 손실보상대상에 해당함에도 관할 토지수용위원회가 사실이나 법리를 오해하여 손실보상대상에 해당하지 않는다고 잘못된 내용의 재결을 한 경우, 피보상자는 관할 토지수용위원회를 상대로 그 재결에 대한 취소소송을 제기하여야 한다.

④ 법원이 구체적 규범통제를 통해 위헌·위법으로 선언할 심판대상은, 해당 규정의 전부가 불가분적으로 결합되어 있어 일부를 무효로 하는 경우 나머지 부분이 유지될 수 없는 결과를 가져오는 특별한 사정이 없는 한, 원칙적으로 해당 규정 중 재판의 전제성이 인정되는 조항에 한정된다.

> **해설**
> 
> ① (○) 조세의 경우 특별한 규정이 없으면 5년의 제척기간이 적용된다. 다만, 체납액이 5억 원 이상인 경우는 10년이 적용된다.
> ② (○) 충당이란 예컨대 100만 원을 납부하였는데 세금이 50만 원인 경우, 남은 50만 원을 환급하지 않고 다른 세금에 충당하는 것이다. 따라서 상계와 유사한 면이 있다.
> ③ (×) 보상금액을 다투는 경우이므로 항고소송이 아닌 형식적 당사자소송이다. 따라서 피고는 토지수용위원회가 아니라 사업시행자이다.
> ④ (○) 일부의 위헌성이 있는 경우는 일부만을 심판의 대상으로 한다는 의미이다.

**정답** ③

| 잔여지 수용 | |
|---|---|
| 수용되고 남은 토지의 가격이 하락한 경우 | 사업시행자는 동일한 소유자에게 속하는 일단의 토지의 일부가 취득되거나 사용됨으로 인하여 잔여지의 가격이 감소하거나 그 밖의 손실이 있을 때 또는 잔여지에 통로·도랑·담장 등의 신설이나 그 밖의 공사가 필요할 때에는 국토교통부령으로 정하는 바에 따라 그 손실이나 공사의 비용을 보상하여야 함. |
| 사업시행자가 수용을 청구하는 경우 | 잔여지의 가격 감소분과 잔여지에 대한 공사의 비용을 합한 금액이 잔여지의 가격보다 큰 경우에는 사업시행자는 그 잔여지를 매수할 수 있음. |
| 토지소유자가 수용을 청구하는 경우 | 동일한 소유자에게 속하는 일단의 토지의 일부가 협의에 의하여 매수되거나 수용됨으로 인하여 잔여지를 종래의 목적에 사용하는 것이 현저히 곤란할 때에는 해당 토지소유자는 사업시행자에게 잔여지를 매수하여 줄 것을 청구할 수 있으며, 사업인정 이후에는 관할 토지수용위원회에 수용을 청구할 수 있음. 이 경우 수용의 청구는 매수에 관한 협의가 성립되지 아니한 경우에만 할 수 있으며, 사업완료일까지 하여야 함. |

**048** 「공익사업을 위한 토지 등의 취득 및 보상에 관한 법률」상 손실보상에 대한 설명으로 옳지 않은 것은? (다툼이 있는 경우 판례에 의함)　　20 국가7급

① 잔여지 수용청구권은 그 요건을 구비한 때에는 잔여지를 수용하는 토지수용위원회의 재결이 없더라도 그 청구에 의하여 수용의 효과가 발생하는 형성권적 성질을 가진다.

② 공익사업에 영업시설 일부가 편입됨으로 인하여 잔여 영업시설에 손실을 입은 자는 재결절차를 거치지 않은 채 곧바로 사업시행자를 상대로 잔여 영업시설의 손실에 대한 보상을 청구할 수 있다.

③ 국가 등의 공적 기관이 직접 수용의 주체가 되는 것이든 그러한 공적 기관의 최종적인 허부판단과 승인결정하에 민간기업이 수용의 주체가 되는 것이든, 양자 사이에 공공필요에 대한 판단과 수용의 범위에 있어서 본질적인 차이가 있는 것은 아니다.

④ 손실보상금 산정을 위한 감정평가 중 어느 한 가지 점이라도 위법사유가 있으면 그것으로써 감정평가 결과는 위법하게 되나, 법원은 그 감정 내용 중 위법하지 않은 부분을 추출하여 판결에서 참작할 수 있다.

**해설**

① (O) 잔여지 수용청구권은 형성권이다.
② (×) 공익사업을 위한 토지 등의 취득 및 보상에 관한 법률상 손실보상은 소송 전에 재결절차를 먼저 거쳐야 한다.
③ (O) 공공필요의 판단은 사업의 내용을 기준으로 하고 사업의 주체는 문제가 아니다.
④ (O) 감정은 법원이 어떤 사항을 판단하기 위하여 특별한 지식과 경험을 필요로 하는 경우 판단의 보조수단으로 그러한 지식이나 경험을 이용하는 데 지나지 아니하는 것이므로, 보상금의 증감에 관한 소송에서 동일한 사실에 관하여 상반되는 여러 개의 감정평가가 있고, 그중 어느 하나의 감정평가가 오류가 있음을 인정할 자료가 없는 이상 법원이 각 감정평가 중 어느 하나를 채용하거나 하나의 감정평가 중 일부만에 의거하여 사실을 인정하였다 하더라도 그것이 논리나 경험의 법칙에 반하지 않는 한 위법하다고 할 수 없다. 그리고 손실보상금 산정을 위한 감정평가 중 어느 한 가지 점이라도 위법사유가 있으면 그것으로써 감정평가 결과는 위법하게 되나, 감정평가가 위법하다고 하여도 법원은 그 감정 내용 중 위법하지 않은 부분을 추출하여 판결에서 참작할 수 있다. (대판 2014.12.11. 2012두1570)

**정답** ②

---

**049** 손실보상에 대한 설명으로 옳은 것은? (다툼이 있는 경우 판례에 의함)　　19 지방9급

① 「공익사업을 위한 토지 등의 취득 및 보상에 관한 법률」에 의한 잔여지 수용청구를 받아들이지 않은 토지수용위원회의 재결에 대하여 토지소유자가 불복하여 제기하는 소송은 항고소송에 해당한다.

② 「공익사업을 위한 토지 등의 취득 및 보상에 관한 법률」에 따른 사업폐지 등에 대한 보상청구권은 사법상 권리로서 그에 관한 소송은 민사소송절차에 의하여야 한다.

③ 「공익사업을 위한 토지 등의 취득 및 보상에 관한 법률」에 의한 보상합의는 공공기관이 사경제주체로서 행하는 사법상 계약의 실질을 가진다.

④ 공유수면매립면허의 고시가 있는 경우 그 사업이 시행되고 그로 인하여 직접 손실이 발생한다고 할 수 있으므로, 관행어업권자는 공유수면매립면허의 고시를 이유로 손실보상을 청구할 수 있다.

**해설**

① (×) 잔여지 수용청구권은 형성권이므로 수용청구만으로 수용의 효과가 발생한다. 따라서 수용청구를 받아들이지 않는 토지수용위원회의 재결에 대해서는 취소소송을 제기할 필요가 없다. 다만, 금액에 대해서는 재결을 거쳐 소송이 가능하다.

> 수용청구권은 공익사업을 위한 토지 등의 취득 및 보상에 관한 법률 제74조 제1항이 정한 잔여지 수용청구권과 같이 손실보상의 일환으로 토지소유자에게 부여되는 권리로서 그 청구에 의하여 수용효과가 생기는 형성권의 성질을 지니므로, 토지소유자의 토지수용청구를 받아들이지 아니한 토지수용위원회의 재결에 대하여 토지소유자가 불복하여 제기하는 소송은 공익사업을 위한 토지 등의 취득 및 보상에 관한 법률 제85조 제2항에 규정되어 있는 '보상금의 증감에 관한 소송'에 해당하고, 피고는 토지수용위원회가 아니라 사업시행자로 하여야 한다. (대판 2015.4.9. 2014두46669)

② (×) 사업폐지 등에 대한 보상청구권은 공익사업의 시행 등 적법한 공권력의 행사에 의한 재산상 특별한 희생에 대하여 전체적인 공평부담의 견지에서 공익사업의 주체가 손해를 보상하여 주는 손실보상의 일종으로 공법상 권리임이 분명하므로 그에 관한 쟁송은 민사소송이 아닌 행정소송절차에 의하여야 한다. (대판 2012.10.11. 2010다23210)

③ (○)

④ (×) 공유수면매립면허의 고시가 있다고 하여 반드시 그 사업이 시행되고 그로 인하여 손실이 발생한다고 할 수 없으므로, 매립면허 고시 이후 매립공사가 실행되어 관행어업권자에게 실질적이고 현실적인 피해가 발생한 경우에만 공유수면매립법에서 정하는 손실보상청구권이 발생하였다고 할 것이다. (대판 2010.12.9. 2007두6571)

**정답** ③

---

## 050

「공익사업을 위한 토지 등의 취득 및 보상에 관한 법률」상 잔여지 수용청구 및 손실보상에 대한 설명으로 옳은 것은? (다툼이 있는 경우 판례에 의함) 〔19 지방7급〕

① 동일한 토지소유자에 속하는 일단의 토지의 일부가 취득됨으로써 잔여지의 가격이 감소한 때에는 잔여지를 종래의 목적으로 사용하는 것이 가능한 경우라도 그 잔여지는 손실보상의 대상이 된다.

② 토지소유자가 잔여지 수용청구에 대한 재결절차를 거친 경우에는 곧바로 사업시행자를 상대로 잔여지 가격 감소 등으로 인한 손실보상을 청구할 수 있다.

③ 잔여지 수용청구는 해당 공익사업의 사업완료일까지 해야 하지만, 토지소유자가 그 기간 내에 잔여지 수용청구권을 행사하지 않았더라도 그 권리가 소멸하는 것은 아니다.

④ 토지소유자가 사업시행자에게 잔여지 매수청구의 의사표시를 하였다면, 그 의사표시는 특별한 사정이 없는 한 관할 토지수용위원회에 한 잔여지 수용청구의 의사표시로 볼 수 있다.

**해설**

① (○) 대판 2018.7.20. 2015두4044

② (×) 구 공익사업을 위한 토지 등의 취득 및 보상에 관한 법률(이하 '공익사업법'이라 한다) 각 규정 등을 종합하면, 토지소유자가 사업시행자로부터 공익사업법 제73조, 제75조의2에 따른 잔여지 또는 잔여 건축물 가격 감소 등으로 인한 손실보상을 받기 위해서는 공익사업법 제34조, 제50조 등에 규정된 재결절차를 거친 다음 그 재결에 대하여 불복할 때 비로소 공익사업법 제83조 내지 제85조에 따라 권리구제를 받을 수 있을 뿐이며, 특별한 사정이 없는 한 이러한 재결절차를 거치지 않은 채 곧바로 사업시행자를 상대로 손실보상을 청구하는 것은 허용되지 않는다 할 것이고, 이는 잔여지 또는 잔여 건축물 수용청구에 대한 재결절차를 거친 경우라고 하여 달리 볼 것은 아니다. (대판 2014.9.25. 2012두24092)

③ (×) 수용청구권의 행사기간은 제척기간이므로 기간 내에 행사하지 않으면 권리가 소멸된다.

④ (✕) 잔여지 수용청구는 사업시행자와 사이에 매수에 관한 협의가 성립되지 아니한 경우 일단의 토지의 일부에 대한 관할 토지수용위원회의 수용재결이 있기 전까지 관할 토지수용위원회에 하여야 하고, 잔여지 수용청구권의 행사기간은 제척기간으로서, 토지소유자가 그 행사기간 내에 잔여지 수용청구권을 행사하지 아니하면 그 권리가 소멸한다. 또한 위 조항의 문언 내용 등에 비추어 볼 때, 잔여지 수용청구의 의사표시는 관할 토지수용위원회에 하여야 하는 것으로서, 관할 토지수용위원회가 사업시행자에게 잔여지 수용청구의 의사표시를 수령할 권한을 부여하였다고 인정할 만한 사정이 없는 한, 사업시행자에게 한 잔여지 매수청구의 의사표시를 관할 토지수용위원회에 한 잔여지 수용청구의 의사표시로 볼 수는 없다. (대판 2010.8.19. 2008두822)

정답 ①

## 051

「공익사업을 위한 토지 등의 취득 및 보상에 관한 법률」상 잔여지 수용에 대한 설명으로 가장 옳은 것은?                      19 서울7급 2월

① 잔여지에 현실적 이용상황 변경 또는 사용가치 및 교환가치의 하락 등이 발생하였더라도 그 손실이 토지가 공익사업에 취득·사용됨으로써 발생한 것이 아닌 경우에는 손실보상의 대상이 되지 않는다.
② 잔여지 수용의 청구는 사업시행자가 관할 토지수용위원회에 하여야 하고, 토지소유자는 사업시행자에게 잔여지 수용을 청구해 줄 것을 요청할 수 있다.
③ 잔여지 수용청구가 있으면 그 잔여지에 있는 물건에 대한 권리를 가진 자는 사업시행자에게 그 권리의 존속을 주장할 수 없게 된다.
④ 토지소유자는 사업시행자에게 잔여지 매수청구를 할 수 있는데, 이 매수청구는 토지수용위원회의 잔여지 수용재결 전 또는 후에 할 수 있다.

**해설**

① (O) 잔여지에 대하여 현실적 이용상황 변경 또는 사용가치 및 교환가치의 하락 등이 발생하였더라도, 그 손실이 토지의 일부가 공익사업에 취득되거나 사용됨으로 인하여 발생하는 것이 아니라면 특별한 사정이 없는 한 공익사업을 위한 토지 등의 취득 및 보상에 관한 법률 제73조 제1항 본문에 따른 잔여지 손실보상대상에 해당한다고 볼 수 없다. (대판 2017.7.11. 2017두40860)
② (✕) 수용청구권은 공익사업을 위한 토지 등의 취득 및 보상에 관한 법률 제74조 제1항이 정한 잔여지 수용청구권과 같이 손실보상의 일환으로 토지소유자에게 부여되는 권리로서 그 청구에 의하여 수용효과가 생기는 형성권의 성질을 지니므로, 토지소유자의 토지수용청구를 받아들이지 아니한 토지수용위원회의 재결에 대하여 토지소유자가 불복하여 제기하는 소송은 공익사업을 위한 토지 등의 취득 및 보상에 관한 법률 제85조 제2항에 규정되어 있는 '보상금의 증감에 관한 소송'에 해당하고, 피고는 토지수용위원회가 아니라 사업시행자로 하여야 한다. (대판 2015.4.9. 2014두46669)
③ (✕)

**공익사업을 위한 토지 등의 취득 및 보상에 관한 법률** 제74조(잔여지 등의 매수 및 수용 청구)
① 동일한 소유자에게 속하는 일단의 토지의 일부가 협의에 의하여 매수되거나 수용됨으로 인하여 잔여지를 종래의 목적에 사용하는 것이 현저히 곤란할 때에는 해당 토지소유자는 사업시행자에게 잔여지를 매수하여 줄 것을 청구할 수 있으며, 사업인정 이후에는 관할 토지수용위원회에 수용을 청구할 수 있다. 이 경우 수용의 청구는 매수에 관한 협의가 성립되지 아니한 경우에만 할 수 있으며, 사업완료일까지 하여야 한다.
② 제1항에 따라 매수 또는 수용의 청구가 있는 잔여지 및 잔여지에 있는 물건에 관하여 권리를 가진 자는 사업시행자나 관할 토지수용위원회에 그 권리의 존속을 청구할 수 있다.

④ (✕) 수용재결 전에는 사업시행자에게 잔여지를 매수하여 줄 것을 청구할 수 있으며, 수용재결 이후에는 관할 토지수용위원회에 수용을 청구할 수 있다.

정답 ①

**052** 「공익사업을 위한 토지 등의 취득 및 보상에 관한 법률」상 이주대책에 대한 설명으로 옳지 않은 것은? (다툼이 있는 경우 판례에 의함)

20 국회8급

① 이주대책은 생활보상의 일환으로 국가의 적극적이고 정책적인 배려에 의하여 마련된 제도이다.
② 이주대책의 수립의무자는 사업시행자이며, 법령에서 정한 일정한 경우 이주대책을 수립할 의무가 있다.
③ 사업시행자는 이주대책을 수립하려면 미리 관할 지방자치단체의 장과 협의하여야 한다.
④ 도시개발사업의 사업시행자가 이주대책기준을 정하여 이주대책대상자 가운데 이주대책을 수립·실시하여야 할 자를 선정하여 그들에게 공급할 택지 등을 정할 때는 재량권을 갖는다.
⑤ 주거용 건물의 거주자에 대하여는 주거이전에 필요한 비용 외에 가재도구 등 동산의 운반에 필요한 비용은 보상하지 않아도 된다.

> **해설**
> ① (O) 이주대책은 헌법 제23조 제3항에 규정된 정당한 보상에 포함되는 것이라기보다는 이에 부가하여 이주자들에게 종전의 생활상태를 회복시키기 위한 생활보상의 일환으로서 국가의 정책적인 배려에 의하여 마련된 제도라고 볼 것이다. 따라서 이주대책의 대상자에서 세입자를 제외하고 있는 것이 세입자의 재산권을 침해하는 것이라 볼 수 없다. (헌재 2006.2.23. 2004헌마19)
> ② (O) ③ (O)
>
> > **공익사업을 위한 토지 등의 취득 및 보상에 관한 법률 제78조(이주대책의 수립 등)**
> > ① 사업시행자는 공익사업의 시행으로 인하여 주거용 건축물을 제공함에 따라 생활의 근거를 상실하게 되는 자(이하 '이주대책대상자'라 한다)를 위하여 대통령령으로 정하는 바에 따라 이주대책을 수립·실시하거나 이주정착금을 지급하여야 한다.
> > ② 사업시행자는 제1항에 따라 이주대책을 수립하려면 미리 관할 지방자치단체의 장과 협의하여야 한다.
>
> ④ (O) 사업시행자는 이주대책기준을 정하여 이주대책대상자 중에서 이주대책을 수립·실시하여야 할 자를 선정하여 그들에게 공급할 택지 또는 주택의 내용이나 수량을 정할 수 있고, 이를 정하는 데 재량을 가지므로, 이를 위해 사업시행자가 설정한 기준은 그것이 객관적으로 합리적이 아니라거나 타당하지 않다고 볼 만한 다른 특별한 사정이 없는 한 존중되어야 한다. (대판 2009.3.12. 2008두12610)
> ⑤ (×)
>
> > **공익사업을 위한 토지 등의 취득 및 보상에 관한 법률 제78조(이주대책의 수립 등)**
> > ⑥ 주거용 건물의 거주자에 대하여는 주거 이전에 필요한 비용과 가재도구 등 동산의 운반에 필요한 비용을 산정하여 보상하여야 한다.

**정답** ⑤

## 053 손실보상에 대한 판례의 입장으로 옳은 것은?

19 국가7급

① 이주대책은 이른바 생활보상에 해당하는 것으로서 헌법 제23조 제3항이 규정하는 손실보상의 한 형태로 보아야 하므로, 법률이 사업시행자에게 이주대책의 수립·실시의무를 부과하였다면 이로부터 사업시행자가 수립한 이주대책상의 택지분양권 등의 구체적 권리가 이주자에게 직접 발생한다.

② 공공사업 시행으로 사업시행지 밖에서 발생한 간접손실은 손실발생을 쉽게 예견할 수 있고 손실범위도 구체적으로 특정할 수 있더라도, 사업시행자와 협의가 이루어지지 않고 그 보상에 관한 명문의 근거법령이 없는 경우에는 보상의 대상이 아니다.

③ 공익사업으로 인해 농업손실을 입은 자가 사업시행자에게서 「공익사업을 위한 토지 등의 취득 및 보상에 관한 법률」에 따른 보상을 받으려면 재결절차를 거쳐야 하고, 이를 거치지 않고 곧바로 민사소송으로 보상금을 청구하는 것은 허용되지 않는다.

④ 「공익사업을 위한 토지 등의 취득 및 보상에 관한 법률」상 주거용 건축물 세입자의 주거이전비 보상청구권은 사법상의 권리이고, 주거이전비 보상청구소송은 민사소송에 의하여야 한다.

### 해설

① (X) 생활대책은 헌법 제23조 제3항에 규정된 정당한 보상에 포함되는 것이라기보다는 생활보상의 일환으로서 국가의 정책적인 배려에 의하여 마련된 제도이므로, 그 실시 여부는 입법자의 입법정책적 재량의 영역에 속한다. 이 사건 법률조항이 공익사업의 시행으로 인하여 농업 등을 계속할 수 없게 되어 이주하는 농민 등에 대한 생활대책 수립의무를 규정하고 있지 않다는 것만으로 재산권을 침해한다고 볼 수 없다. (헌재 2013.7.25. 2012헌바71)

② (X) 공유수면매립사업의 시행으로 그 사업대상지역에서 어업활동을 하던 조합원들의 조업이 불가능하게 되어 일부 위탁판매장에서의 위탁판매사업을 중단하게 된 경우, 그로 인해 수산업협동조합이 상실하게 된 위탁판매수수료 수입은 사업시행자의 매립사업으로 인한 직접적인 영업손실이 아니고 간접적인 영업손실이라고 하더라도 피침해자인 수산업협동조합이 공공의 이익을 위하여 당연히 수인하여야 할 재산권에 대한 제한의 범위를 넘어 수산업협동조합의 위탁판매사업으로 얻고 있는 영업상의 재산이익을 본질적으로 침해하는 특별한 희생에 해당하고, … 위 위탁판매수수료 수입손실은 헌법 제23조 제3항에 규정한 손실보상의 대상이 되고, 그 손실에 관하여 구 공유수면매립법 또는 그 밖의 법령에 직접적인 보상규정이 없더라도 공공용지의 취득 및 손실보상에 관한 특례법 시행규칙상의 각 규정을 유추적용하여 그에 관한 보상을 인정하는 것이 타당하다. (대판 1999.10.8. 99다27231)

③ (O) 토지소유자가 사업시행자로부터 공익사업을 위한 토지 등의 취득 및 보상에 관한 법률(이하 '공익사업법'이라 한다) 제73조에 따른 잔여지 가격 감소 등으로 인한 손실보상을 받기 위해서는 공익사업법 제34조, 제50조 등에 규정된 재결절차를 거친 다음 그 재결에 대하여 불복이 있는 때에 비로소 공익사업법 제83조 내지 제85조에 따라 권리구제를 받을 수 있을 뿐, 이러한 재결절차를 거치지 않은 채 곧바로 사업시행자를 상대로 손실보상을 청구하는 것은 허용되지 않는다고 봄이 상당하고, 이는 수용대상토지에 대하여 재결절차를 거친 경우에도 마찬가지라 할 것이다. (대판 2012.11.29. 2011두22587)

④ (X) 구 공익사업을 위한 토지 등의 취득 및 보상에 관한 법률 제2조, 제78조에 의하면, 이러한 주거이전비는 당해 공익사업 시행지구 안에 거주하는 세입자들의 조기이주를 장려하여 사업추진을 원활하게 하려는 정책적인 목적과 주거이전으로 인하여 특별한 어려움을 겪게 될 세입자들을 대상으로 하는 사회보장적인 차원에서 지급되는 금원의 성격을 가지므로, 적법하게 시행된 공익사업으로 인하여 이주하게 된 주거용 건축물 세입자의 주거이전비 보상청구권은 공법상의 권리이고, 따라서 그 보상을 둘러싼 쟁송은 민사소송이 아니라 공법상의 법률관계를 대상으로 하는 행정소송에 의하여야 한다. (대판 2008.5.29. 2007다8129)

정답 ③

## 054 손실보상에 대한 설명으로 가장 옳지 않은 것은?
19 서울 사복

① 우리 헌법상 수용의 주체를 국가로 한정하고 있지 않으므로 민간기업도 수용의 주체가 될 수 있다.
② 토지를 종래의 목적으로도 사용할 수 없는 경우에는 토지소유자가 수인해야 할 사회적 제약의 한계를 넘는 것으로 보아야 한다.
③ 헌법 제23조 제3항의 정당한 보상이란 원칙적으로 피수용재산의 객관적인 재산가치를 완전하게 보상하는 것이어야 한다는 완전보상을 뜻한다.
④ 간접적 영업손실은 특별한 희생이 될 수 없다.

**해설**
① (O) 수용의 주체는 사업시행자인데, 그 성격이 공무수탁사인이므로 민간기업도 사업의 주체가 된다.
② (O) 토지를 종전의 용도대로 사용할 수 있는 경우(전, 답, 임야)에 개발제한구역 지정으로 인한 지가의 하락은 토지재산권에 내재하는 사회적 제약의 범주에 속한다. 개발제한구역 지정으로 인하여 토지를 종래의 목적으로도 사용할 수 없거나(나대지의 경우) 또는 더 이상 법적으로 허용된 토지이용의 방법이 없기 때문에 실질적으로 토지의 사용·수익의 길이 없는 경우에는 토지소유자가 수인해야 하는 사회적 제약의 한계를 넘는 것으로 보아야 한다. 도시계획법 제21조에 의한 재산권의 제한은 개발제한구역으로 지정된 토지를 원칙적으로 지정 당시의 지목과 토지현황에 의한 이용방법에 따라 사용할 수 있는 한, 재산권에 내재하는 사회적 제약을 비례의 원칙에 합치하게 합헌적으로 구체화한 것이라고 할 것이나, 종래의 지목과 토지현황에 의한 이용방법에 따른 토지의 사용도 할 수 없거나 실질적으로 사용·수익을 전혀 할 수 없는 예외적인 경우에도 아무런 보상 없이 이를 감수하도록 하고 있는 한, 비례의 원칙에 위반되어 당해 토지소유자의 재산권을 과도하게 침해하는 것으로서 헌법에 위반된다. (헌재 1998.12.24. 89헌마214 등)
③ (O) 완전보상은 시가보상인데, 공시지가보상도 완전보상의 일종으로 본다.
④ (X) 간접손실이 보상이 되는가는 일률적으로 말하기 어렵지만, 판례는 대체로 보상을 한다(위탁판매수수료 사건).

**정답** ④

## 055 「공익사업을 위한 토지 등의 취득 및 보상에 관한 법률」(이하 '토지보상법'이라 한다)에 대한 설명으로 옳지 않은 것은? (다툼이 있는 경우 판례에 의함)
18 국가7급

① 손실보상금에 관한 당사자 간의 합의가 성립하면, 그 합의 내용이 토지보상법에서 정하는 손실보상기준에 맞지 않는다고 하더라도 합의가 적법하게 취소되는 등의 특별한 사정이 없는 한 추가로 토지보상법상 기준에 따른 손실보상금 청구를 할 수 없다.
② 하나의 수용재결에서 여러 가지의 토지, 물건, 권리 또는 영업의 손실의 보상에 관하여 심리·판단이 이루어졌을 때, 피보상자는 재결 전부에 관하여 불복하여야 하고 여러 보상항목들 중 일부에 관해서만 개별적으로 불복할 수는 없다.
③ 토지수용위원회의 수용재결이 있은 후라고 하더라도 토지소유자와 사업시행자가 다시 협의하여 토지 등의 취득·사용 및 그에 대한 보상에 관하여 임의로 계약을 체결할 수 있다.
④ 사업인정고시가 된 후 사업시행자가 토지를 사용하는 기간이 3년 이상인 경우 토지소유자는 토지수용위원회에 토지의 수용을 청구할 수 있고, 토지수용위원회가 이를 받아들이지 않는 재결을 한 경우에는 사업시행자를 피고로 하여 토지보상법상 보상금의 증감에 관한 소송을 제기할 수 있다.

### 해설

① (O) 공익사업을 위한 토지 등의 취득 및 보상에 관한 법률에 의한 보상을 하면서 손실보상금에 관한 당사자 간의 합의가 성립한 경우, 그 합의 내용이 같은 법에서 정하는 손실보상기준에 맞지 않는다는 이유로 그 기준에 따른 손실보상금 청구를 추가로 할 수 없는 것이 원칙이다.

> 공익사업을 위한 토지 등의 취득 및 보상에 관한 법률에 의한 보상합의는 공공기관이 사경제주체로서 행하는 사법상 계약의 실질을 가지는 것으로서, 당사자 간의 합의로 같은 법 소정의 손실보상의 기준에 의하지 아니한 손실보상금을 정할 수 있으며, 이와 같이 같은 법이 정하는 기준에 따르지 아니하고 손실보상액에 관한 합의를 하였다고 하더라도 그 합의가 착오 등을 이유로 적법하게 취소되지 않는 한 유효하다. (대판 2013.8.22. 2012다3517)

② (X) 가분적일 때는 일부에 대한 불복이 가능하다.
③ (O) 대판 2017.4.13. 2016두64241
④ (O) 매수보상청구권도 형성권이다.

> **공익사업을 위한 토지 등의 취득 및 보상에 관한 법률 제72조(사용하는 토지의 매수청구 등)**
> 사업인정고시가 된 후 다음 각 호의 어느 하나에 해당할 때에는 해당 토지소유자는 사업시행자에게 그 토지의 매수를 청구하거나 관할 토지수용위원회에 그 토지의 수용을 청구할 수 있다. 이 경우 관계인은 사업시행자 또는 관할 토지수용위원회에 그 권리의 존속을 청구할 수 있다.
> 1. 토지를 사용하는 기간이 3년 이상인 때
> 2. 토지의 사용으로 인하여 토지의 형질이 변경되는 때
> 3. 사용하고자 하는 토지에 그 토지소유자의 건축물이 있는 때

**정답** ②

---

## 056 「문화재보호법」상 문화재보호구역의 지정과 관련한 설명으로 옳은 것은? (다툼이 있는 경우 판례에 의함)

18 지방7급

① 문화재보호구역 내에 토지를 소유하고 있는 자는 문화재보호구역의 지정에 대해 항고소송을 통해 다툴 수 없다.

② 문화재보호구역 내의 국유토지는 「국유재산법」상 보존재산에 해당하므로 시효취득의 대상이 될 수 있다.

③ 문화재보호구역의 확대지정이 공공사업인 택지개발사업의 시행을 직접 목적으로 하여 가하여진 것이 아님이 명백한 이상, 문화재보호구역의 확대지정이 당해 공공사업의 시행 이후에 행해진 경우라 하더라도, 공공사업지구에 포함된 토지에 대한 수용보상액은 문화재보호구역의 확대지정에 의한 공법상 제한을 받지 아니한 것으로 보고 평가하여야 한다.

④ 문화재보호구역 내에 토지를 소유하고 있는 자가 문화재보호구역의 지정해제를 요구하였으나 거부된 경우, 그 거부행위는 행정처분에 해당한다.

### 해설

① (X) ④ (O) 문화재보호구역 내에 있는 토지소유자 등으로서는 위 보호구역의 지정해제를 요구할 수 있는 법규상 또는 조리상의 신청권이 있다고 할 것이고, 이러한 신청에 대한 거부행위는 항고소송의 대상이 되는 행정처분에 해당한다. (대판 2004.4.27. 2003두8821)

② (×) 문화재보호구역 내의 국유토지는 시효취득의 대상이 아니다. 다만, 수용의 대상은 된다.
③ (×) 보상은 원래의 가격으로 해야 한다. 따라서 해당 토지를 직접 목적으로 하는 제한의 경우에는 원래의 가격으로 보상해야 하지만, 그렇지 않은 경우에는 제한을 받는 상태로 보상해야 한다.

정답 ④

### 기출지문 OX

**01** 사업시행자가 공익사업에 필요한 토지를 협의취득하는 행위는 사경제주체로서 행하는 사법상의 법률행위이다. [18 지방7급] (O, ×)

정답 O

**02** 환매제도는 재산권 보장, 원소유자의 보호 및 공평의 원칙에 바탕을 두기에, 환매의 목적물은 토지소유권에 한하지 않고, 토지 이외의 물건이나 토지소유권 이외의 권리 역시 환매의 대상이 될 수 있다. [18 지방7급] (O, ×)

해설 환매의 대상은 토지소유권에 한정된다.

정답 ×

**03** 해당 공익사업의 성격, 구체적인 경위나 내용, 원만한 시행을 위한 필요 등 제반 사정을 고려하여, 사업시행자는 법이 정한 이주 대책대상자를 포함하여 그 밖의 이해관계인에게까지 넓혀 이주대책 수립 등을 시행할 수 있다. [18 지방7급] (O, ×)

해설 대판 2015.7.23. 2012두22911

정답 O

## 057

「공익사업을 위한 토지 등의 취득 및 보상에 관한 법률」에 대한 설명으로 옳은 것은? (다툼이 있는 경우 판례에 의함)

17 지방7급

① 형식적 당사자소송인 보상금의 증감에 관한 소송을 제기하는 경우 그 소송을 제기하는 자가 토지소유자일 때에는 사업시행자와 토지수용위원회를, 사업시행자일 때에는 토지소유자와 토지수용위원회를 각각 피고로 한다.

② 국가, 지방자치단체 또는 「공공기관의 운영에 관한 법률」 제4조에 따른 공공기관 중 대통령령으로 정하는 공공기관이 사업인정을 받아 공익사업에 필요한 토지를 수용한 후 해당 공익사업이 다른 공익사업으로 변경된 경우, 변경된 공익사업의 시행자가 국가·지방자치단체 또는 「공공기관의 운영에 관한 법률」 제4조에 따른 공공기관 중 대통령령으로 정하는 일정한 공공기관에 해당하지 아니하면 공익사업의 변환은 인정될 수 없다.

③ 공익사업을 위해 수용한 토지가 변경된 사업시행자가 아닌 제3자에게 처분된 경우에도 특별한 사정이 없는 한 공익사업의 변환은 인정된다.

④ 사업시행자, 토지소유자 또는 관계인은 토지수용위원회의 수용재결에 불복할 때에는 재결서를 받은 날부터 90일 이내에, 이의신청을 거쳤을 때에는 이의신청에 대한 재결서를 받은 날부터 60일 이내에 각각 행정소송을 제기할 수 있다.

해설

① (×)

> **공익사업을 위한 토지 등의 취득 및 보상에 관한 법률 제85조(행정소송의 제기)**
> ② 제1항에 따라 제기하려는 행정소송이 보상금의 증감에 관한 소송인 경우 그 소송을 제기하는 자가 토지소유자 또는 관계인일 때에는 사업시행자를, 사업시행자일 때에는 토지소유자 또는 관계인을 각각 피고로 한다.

② (×) 공익사업의 변환이 일단 공익사업을 위한 토지 등의 취득 및 보상에 관한 법률(이하 '토지보상법'이라 한다) 제91조 제6항에 정한 '국가·지방자치단체 또는 공공기관의 운영에 관한 법률 제4조에 따른 공공기관 중 대통령령으로 정하는 공공기관'이 협의취득 또는 수용한 토지를 대상으로 하고, 변경된 공익사업이 공익성이 높은 토지보상법 제4조 제1호~제5호에 규정된 사업인 경우에 한하여 허용되므로 공익사업 변환제도의 남용을 막을 수 있는 점을 종합해 보면, 변경된 공익사업이 토지보상법 제4조 제1호~제5호에 정한 공익사업에 해당하면 공익사업의 변환이 인정되는 것이지, 변경된 공익사업의 시행자가 국가·지방자치단체 또는 일정한 공공기관일 필요까지는 없다. (대판 2015.8.19. 2014다201391)

③ (×) 공익사업의 원활한 시행을 위한 무익한 절차의 반복 방지라는 '공익사업의 변환'을 인정한 입법취지에 비추어 볼 때, 만약 사업시행자가 협의취득하거나 수용한 당해 토지를 제3자에게 처분해 버린 경우에는 어차피 변경된 사업시행자는 그 사업의 시행을 위하여 제3자로부터 토지를 재취득해야 하는 절차를 새로 거쳐야 하는 관계로 위와 같은 공익사업의 변환을 인정할 필요성도 없게 되므로, 공익사업의 변환을 인정하기 위해서는 적어도 변경된 사업의 사업시행자가 당해 토지를 소유하고 있어야 한다. 나아가 공익사업을 위해 협의취득하거나 수용한 토지가 제3자에게 처분된 경우에는 특별한 사정이 없는 한 그 토지는 당해 공익사업에는 필요 없게 된 것이라고 보아야 하고, 변경된 공익사업에 관해서도 마찬가지이므로, 그 토지가 변경된 사업의 사업시행자 아닌 제3자에게 처분된 경우에는 공익사업의 변환을 인정할 여지도 없다. (대판 2010.9.30. 2010다30782)

④ (○) 공익사업을 위한 토지 등의 취득 및 보상에 관한 법률 제85조 제1항

**정답** ④

## 058 손실보상에 대한 설명으로 옳지 않은 것은? (다툼이 있는 경우 판례에 의함) <sub>17 서울9급 추가</sub>

① 농지개량사업 시행지역 내의 토지등소유자가 토지사용에 관한 승낙을 한 경우, 그에 대한 정당한 보상을 받지 않았더라도 농지개량사업시행자는 토지소유자 및 그 승계인에 대하여 보상할 의무가 없다.

② 「공익사업을 위한 토지 등의 취득 및 보상에 관한 법률」상 토지수용위원회의 수용재결에 대한 이의절차는 실질적으로 행정심판의 성질을 갖는 것이므로 같은 법에 특별한 규정이 있는 것을 제외하고는 「행정심판법」의 규정이 적용된다.

③ 「공익사업을 위한 토지 등의 취득 및 보상에 관한 법률」상 수용재결이나 이의신청에 대한 재결에 불복하는 행정소송의 제기는 사업의 진행 및 토지 수용 또는 사용을 정지시키지 아니한다.

④ 「공익사업을 위한 토지 등의 취득 및 보상에 관한 법률」상 잔여지 수용청구권은 형성권적 성질을 가지므로, 잔여지 수용청구를 받아들이지 않은 재결에 대하여 토지소유자가 불복하여 제기하는 소송은 보상금증감청구소송에 해당한다.

해설

① (×) 사용의 경우에도 보상의무가 인정된다.
② (○) 수용재결에 대한 이의절차는 특별행정심판이고 임의적 행정심판이다. 따라서 공익사업을 위한 토지 등의 취득 및 보상에 관한 법률에 특별한 규정이 있는 것을 제외하고는 행정심판법의 규정이 적용된다.
③ (○) 집행부정지를 말한다.
④ (○) 형성권은 수용청구만으로 수용의 효과가 발생하므로 남은 문제는 보상금으로 귀착된다.

**정답** ①

**059** 행정상 손실보상에 대한 설명으로 옳은 것은? <sub>17 국가9급</sub>

① 손실보상의 이론적 근거로서 특별희생설에 의하면, 공공복리와 개인의 권리 사이에 충돌이 있는 경우에는 개인의 권리가 우선한다.
② 손실보상청구권을 공권으로 보게 되면 손실보상청구권을 발생시키는 침해의 대상이 되는 재산권에는 공법상의 권리만이 포함될 뿐 아니라 사법상의 권리는 포함되지 않는다.
③ 헌법재판소는 헌법 제23조 제3항의 '공공필요'는 '국민의 재산권을 그 의사에 반하여 강제적으로라도 취득해야 할 공익적 필요성'을 의미하고, 이 요건 중 공익성은 기본권 일반의 제한사유인 '공공복리'보다 좁은 것으로 보고 있다.
④ 헌법 제23조 제3항을 국민에 대한 직접적인 효력이 있는 규정으로 보는 견해는 이 조항의 재산권의 수용·사용·제한규정과 보상규정을 불가분조항으로 본다.

**해설**

① (X) 특별희생설은 공공복리와 개인의 권리 사이에 충돌이 있는 경우 공공복리를 우선하면서 개인의 권리를 희생시키는 것이 가능하다는 것이다. 다만, 보상이 필요한가는 별개의 문제이다.
② (X) 손실보상청구권을 공권으로 본다는 것과 침해의 대상이 공권인가는 다른 문제이다. 손실보상의 대상은 대부분 개인의 사권을 침해하는 경우이다. 물론 공권도 보상의 대상이 될 수 있다. 즉 손실보상청구권을 발생시키는 침해는 재산권에 대한 것이면 족하고, 재산권은 물권인가 채권인가를 가리지 않으며, 공법상 권리뿐만 아니라 사법상 권리도 포함된다.
③ (O) 기본권 제한의 한계인 공공복리는 모든 기본권 제한의 한계에 적용되는 것이고, 공공필요는 재산권 침해의 경우에 특별히 요구되는 요건이다.

> 오늘날 공익사업의 범위가 확대되는 경향에 대응하여 재산권의 존속보장과의 조화를 위해서는, '공공필요'의 요건에 관하여, 공익성은 추상적인 공익일반 또는 국가의 이익 이상의 중대한 공익을 요구하므로 기본권 일반의 제한사유인 '공공복리'보다 좁게 보는 것이 타당하며, 공익성의 정도를 판단함에 있어서는 공용수용을 허용하고 있는 개별법의 입법목적, 사업 내용, 사업이 입법목적에 이바지하는 정도는 물론, 특히 그 사업이 대중을 상대로 하는 영업인 경우에는 그 사업시설에 대한 대중의 이용·접근가능성도 아울러 고려하여야 한다. (헌재 2014.10.30. 2011헌바172)

④ (X) 불가분조항(결부조항)이란 재산권 침해의 법률에는 보상에 관한 규정이 같이 있어야 한다는 것으로 위헌무효설이나 분리이론에서 강조하는 것이다. 직접효력설은 보상규정이 없을 때 헌법규정을 직접 적용하여 보상이 가능하므로 불가분조항을 강조할 이유가 없다. 유추적용설도 마찬가지이다. 유추적용설이나 직접적용설은 경계이론과 연결된다.

**정답** ③

---

**060** 행정상 손실보상제도에 대한 설명으로 옳지 않은 것은? <sub>17 지방9급</sub>

① 헌법 제23조 제1항의 규정이 재산권의 존속을 보호하는 것이라면 제23조 제3항의 수용제도를 통해 존속보장은 가치보장으로 변하게 된다.
② 평등의 원칙으로부터 파생된 '공적 부담 앞의 평등'은 손실보상의 이론적 근거가 될 수 있다.
③ 헌법 제23조 제3항을 불가분조항으로 볼 경우, 보상규정을 두지 아니한 수용법률은 헌법 위반이 된다.
④ 대법원은 구 「하천법」 부칙 제2조와 이에 따른 특별조치법에 의한 손실보상청구권의 법적 성질을 사법상의 권리로 보아 그에 대한 쟁송은 행정소송이 아닌 민사소송절차에 의하여야 한다고 판시하고 있다.

> 해설

① (O) 수용이라는 것은 보상을 하는 대가로 재산권의 소유귀속을 변경하는 것이다. 그렇다면 공공필요를 위해 공용침해가 행해지고 보상금이 지급되는 경우 재산권의 존속보장은 가치보장으로 전환된다.
② (O) 손실보상의 이론적 근거는 특별한 개인의 희생에 대한 단체의 보상을 말하는 것인데 재산권의 보장과 공적 부담 앞의 평등이라는 견지에서 사인에게 조절적인 보상을 해주는 것은 재산권 보장과 공적 부담 앞의 평등원칙이라고 볼 수 있다.
③ (O) 헌법 제23조 제3항을 불가분조항으로 보는 견해는 위헌무효설의 입장이다. 따라서 헌법 제23조 제3항의 규정은 입법자에 대하여 국민의 재산권을 침해하는 입법을 할 때에는 반드시 보상규정을 두도록 해야 한다고 보는 견해이다. 그런데 법률이 재산권의 침해를 규정하면서 보상에 관하여 규정하지 않으면 당해 법률은 위헌무효가 되고 그 법률에 근거한 행정처분은 위법하게 된다. 따라서 사인은 위법한 행정처분을 대상으로 취소소송을 제기할 수 있고, 당해 처분으로 인해 재산상 손해를 입은 경우에는 '손해배상'을 청구할 수 있다.
④ (X) 하천법상 하천구역 편입토지에 대한 손실보상청구권은 공법상의 권리임이 분명하므로 그에 관한 쟁송도 행정소송절차에 의하여야 한다. 따라서 그 손실보상금의 지급을 구하거나 손실보상청구권의 확인을 구하는 소송은 행정소송법 제3조 제2호 소정의 당사자소송에 의하여야 한다. (대판 2006.5.18. 2004다6207 전원합의체)

정답 ④

## 061

「공익사업을 위한 토지 등의 취득 및 보상에 관한 법률」상 토지수용에 따른 권리구제에 대한 기술로 옳은 것은? (단, 다툼이 있는 경우 판례에 의함) 17 사복

① 사업폐지에 대한 손실보상청구권은 사법상 권리로서 민사소송절차에 의해야 한다.
② 농업손실에 대한 보상청구권은 「행정소송법」상 당사자소송에 의해야 한다.
③ 수용재결에 불복하여 이의신청을 거쳐 취소소송을 제기하는 때에는 이의재결을 한 중앙토지수용위원회를 피고로 해야 한다.
④ 잔여지 수용청구를 받아들이지 않는 토지수용위원회의 재결에 대해서는 취소소송을 제기할 수 있다.

> 해설

① (X) 구 공익사업을 위한 토지 등의 취득 및 보상에 관한 법률 제79조 제2항 등에 따른 사업폐지 등에 대한 보상청구권에 관한 쟁송형태는 행정소송이며 공익사업으로 인한 사업폐지 등으로 손실을 입은 자가 위 법률에 따른 보상을 받기 위해서 재결절차를 거쳐야 한다. (대판 2012.10.11. 2010다23210)
② (O) 관련 규정들에 따른 농업손실보상청구권은 공익사업의 시행 등 적법한 공권력의 행사에 의한 재산상의 특별한 희생에 대하여 전체적인 공평부담의 견지에서 공익사업의 주체가 그 손해를 보상하여 주는 손실보상의 일종으로 공법상의 권리임이 분명하므로 그에 관한 쟁송은 민사소송이 아닌 행정소송절차에 의하여야 할 것이고, 공익사업으로 인하여 농업의 손실을 입게 된 자가 사업시행자로부터 구 공익사업을 위한 토지 등의 취득 및 보상에 관한 법률(이하 '공익사업법'이라 한다) 제77조 제2항에 따라 농업손실에 대한 보상을 받기 위해서는 구 공익사업법 제34조, 제50조 등에 규정된 재결절차를 거친 다음 그 재결에 대하여 불복이 있는 때에 비로소 구 공익사업법 제83조 내지 제85조에 따라 권리구제를 받을 수 있다. (대판 2011.10.13. 2009다43461)
③ (X) 원처분주의가 적용되므로 수용재결에 불복하여 이의신청을 거쳐 취소소송을 제기하는 때에는 수용재결을 소의 대상으로 하면 지방토지수용위원회를 피고로 해야 하고, 이의재결을 대상으로 소를 제기하면 중앙토지수용위원회를 피고로 해야 한다.
④ (X) 수용청구권은 공익사업을 위한 토지 등의 취득 및 보상에 관한 법률 제74조 제1항이 정한 잔여지 수용청구권과 같이 손실보상의 일환으로 토지소유자에게 부여되는 권리로서 그 청구에 의하여 수용효과가 생기는 형성권의 성질을 지니므로, 토지소유자의 토지수용청구를 받아들이지 아니한 토지수용위원회의 재결에 대하여 토지소유자가 불복하여 제기하는 소송은 공익사업을 위한 토지 등의 취득 및 보상에 관한 법률 제85조 제2항에 규정되어 있는 '보상금의 증감에 관한 소송'에 해당하고, 피고는 토지수용위원회가 아니라 사업시행자로 하여야 한다. (대판 2015.4.9. 2014두46669)

정답 ②

## 062 「공익사업을 위한 토지 등의 취득 및 보상에 관한 법률」상 손실보상의 원칙에 관한 설명으로 옳지 않은 것은?

17 서울9급

① 동일한 사업지역에 보상시기를 달리하는 동일인 소유의 토지 등이 여러 개 있는 경우 토지소유자나 관계인이 요구할 때에는 한꺼번에 보상금을 지급하도록 하여야 한다.

② 공익사업에 필요한 토지 등의 취득 또는 사용으로 인하여 토지소유자나 관계인이 입은 손실은 사업시행자가 보상하여야 한다.

③ 보상액의 산정은 협의에 의한 경우에는 협의성립 당시의 가격을, 재결에 의한 경우에는 수용 또는 사용의 재결 당시의 가격을 기준으로 한다.

④ 보상액을 산정할 경우에 해당 공익사업으로 인하여 토지 등의 가격이 변동되었을 때에는 이를 고려하여야 한다.

### 해설

① (O) 일괄보상의 원칙이라고 한다. (공익사업을 위한 토지 등의 취득 및 보상에 관한 법률 제65조)

② (O) 공익사업을 위한 토지 등의 취득 및 보상에 관한 법률 제61조 한편, 보상의 기준은 제71조가 규정하고 있다.

> **공익사업을 위한 토지 등의 취득 및 보상에 관한 법률 제71조(사용하는 토지의 보상 등)**
> ① 협의 또는 재결에 의하여 사용하는 토지에 대하여는 그 토지와 인근 유사토지의 지료, 임대료, 사용방법, 사용기간 및 그 토지의 가격 등을 고려하여 평가한 적정가격으로 보상하여야 한다.

③ (O) 공익사업을 위한 토지 등의 취득 및 보상에 관한 법률 제67조 제1항

④ (X)

> **공익사업을 위한 토지 등의 취득 및 보상에 관한 법률 제67조(보상액의 가격시점 등)**
> ② 보상액을 산정할 경우에 해당 공익사업으로 인하여 토지 등의 가격이 변동되었을 때에는 이를 고려하지 아니한다.

**정답** ④

---

### 기출지문 OX

**01** 주거용 건물의 거주자에 대하여는 주거 이전에 필요한 비용과 가재도구 등 동산의 운반에 필요한 비용을 보상하여야 한다. [16 국가7급] (O, X)

**해설** 공익사업을 위한 토지 등의 취득 및 보상에 관한 법률 제78조 제6항

**정답** O

**02** 이의신청에 대한 재결에 대하여 기한 내에 행정소송이 제기되지 않거나 그 밖의 사유로 이의신청에 대한 재결이 확정된 때에는 「민사소송법」상의 확정판결이 있은 것으로 본다. [16 국가7급] (O, X)

**해설**

> **공익사업을 위한 토지 등의 취득 및 보상에 관한 법률 제86조(이의신청에 대한 재결의 효력)**
> ① 제85조 제1항에 따른 기간 이내에 소송이 제기되지 아니하거나 그 밖의 사유로 이의신청에 대한 재결이 확정된 때에는 민사소송법상의 확정판결이 있은 것으로 보며, 재결서 정본은 집행력 있는 판결의 정본과 동일한 효력을 가진다.

**정답** O

**03** 표준지공시지가 결정에 위법이 있는 경우 수용보상금의 증액을 구하는 소송에서 수용대상 토지가격 산정의 기초가 된 비교 표준지공시지가 결정의 위법을 독립된 사유로 주장할 수 있다. [16 국가7급] (O, X)

**해설** 하자의 승계가 가능하다. (대판 2008.8.21. 2007두13845)

**정답** O

**063** 「공익사업을 위한 토지 등의 취득 및 보상에 관한 법률」상 환매권에 대한 설명으로 옳지 않은 것은? (다툼이 있는 경우 판례에 의함) 19 지방7급

① 협의취득 또는 수용의 목적물이 제3자에게 이전되더라도 협의취득 또는 수용의 등기가 되어 있으면 환매권자는 환매권이 발생한 때부터 제척기간 도과로 소멸할 때까지 사이에 환매권을 행사하고, 이로써 제3자에게 대항할 수 있다.
② 환매권 성립의 요건으로서 협의취득 또는 수용된 토지가 필요 없게 되었는지 여부는 사업시행자의 주관적인 의사를 표준으로 할 것은 아니다.
③ 환매권 행사로 인한 소유권이전등기청구소송에서 사업시행자는 환매대금증액청구권을 내세워 증액된 환매대금과 보상금 상당액의 차액을 지급할 것을 동시이행의 항변으로 주장할 수 있다.
④ 환매권은 형성권으로서 환매권자의 일방적인 의사표시에 의해 사업시행자의 의사와 관계없이 법률효과가 발생하므로 환매의 의사표시가 상대방에게 도달한 때에 환매권 행사의 효력이 발생함이 원칙이다.

**해설**

① (O) "환매권은 부동산등기법이 정하는 바에 의하여 공익사업에 필요한 토지의 협의취득 또는 수용의 등기가 된 때에는 제3자에게 대항할 수 있다."라고 정하고 있다. 이는 협의취득 또는 수용의 목적물이 제3자에게 이전되더라도 협의취득 또는 수용의 등기가 되어 있으면 환매권자의 지위가 그대로 유지되어 환매권자는 환매권을 행사할 수 있고, 제3자에 대해서도 이를 주장할 수 있다는 의미이다. (대판 2017.3.15. 2015다238963)

② (O) 당해 사업의 '폐지·변경'이란 당해 사업을 아예 그만두거나 다른 사업으로 바꾸는 것을 말하고, 취득한 토지의 전부 또는 일부가 '필요 없게 된 때'란 사업시행자가 취득한 토지의 전부 또는 일부가 그 취득목적 사업을 위하여 사용할 필요 자체가 없어진 경우를 말하며, 협의취득 또는 수용된 토지가 필요 없게 되었는지 여부는 사업시행자의 주관적인 의사를 표준으로 할 것이 아니라 당해 사업의 목적과 내용, 협의취득의 경위와 범위, 당해 토지와 사업의 관계, 용도 등 제반 사정에 비추어 객관적·합리적으로 판단하여야 한다. (대판 2010.9.30. 2010다30782)

③ (X) 공익사업을 위한 토지 등의 취득 및 보상에 관한 법률 제91조에 의한 환매는 환매기간 내에 환매의 요건이 발생하면 환매권자가 지급받은 보상금에 상당한 금액을 사업시행자에게 미리 지급하고 일방적으로 의사표시를 함으로써 사업시행자의 의사와 관계없이 환매가 성립하고, 토지 등의 가격이 취득 당시에 비하여 현저히 변경되었더라도 같은 법 제91조 제4항에 의하여 당사자 간에 금액에 관하여 협의가 성립하거나 사업시행자 또는 환매권자가 그 금액의 증감을 법원에 청구하여 법원에서 그 금액이 확정되지 않는 한, 그 가격이 현저히 등귀한 경우이거나 하락한 경우이거나를 묻지 않고 환매권을 행사하기 위하여는 지급받은 보상금 상당액을 미리 지급하여야 하고 또한 이로써 족한 것이며, 사업시행자는 소로써 법원에 환매대금의 증액을 청구할 수 있을 뿐 환매권 행사로 인한 소유권이전등기청구소송에서 환매대금 증액청구권을 내세워 증액된 환매대금과 보상금 상당액의 차액을 지급할 것을 선이행 또는 동시이행의 항변으로 주장할 수 없다. (대판 2006.12.21. 2006다49277)

④ (O)

**정답** ③

## 064 「공익사업을 위한 토지 등의 취득 및 보상에 관한 법률」상 환매권에 대한 설명으로 옳지 않은 것은? (다툼이 있는 경우 판례에 의함)

16 국가7급

① 환매권자는 협의취득일 또는 수용의 개시일 당시의 토지소유자 또는 그 포괄승계인이다.

② 사업시행자가 토지의 협의취득일 또는 수용의 개시일부터 5년 이내에 취득한 토지의 전부를 해당 공익사업에 이용하지 아니하였을 때에는 환매권자는 환매권을 행사할 수 있다.

③ 환매권자와 사업시행자가 환매금액에 대하여 협의가 성립되지 않아 환매금액의 증감을 구하는 소송은 형식적 당사자소송에 해당한다.

④ 헌법재판소는 협의취득 내지 수용 후 당해 사업의 폐지나 변경이 있는 경우 환매권을 인정하는 대상으로 토지만을 규정하고 있는 법률조항이 구 건물소유자의 재산권을 침해하지 않는다고 보았다.

### 해설

① (○) ② (○) 공익사업을 위한 토지 등의 취득 및 보상에 관한 법률 제91조

③ (×) 구 공익사업을 위한 토지 등의 취득 및 보상에 관한 법률(이하 '공익사업법'이라 한다) 제91조에 규정된 환매권은 상대방에 대한 의사표시를 요하는 형성권의 일종으로서 재판상이든 재판 외이든 위 규정에 따른 기간 내에 행사하면 매매의 효력이 생기는바, 이러한 환매권의 존부에 관한 확인을 구하는 소송 및 구 공익사업법 제91조 제4항에 따라 환매금액의 증감을 구하는 소송 역시 민사소송에 해당한다. **(대판 2013.2.28. 2010두22368)**

> **비교판례**
> 공익사업을 위한 토지 등의 취득 및 보상에 관한 법률 제91조 제4항에 의하여 사업시행자가 환매권자를 상대로 하는 환매가격의 증감에 관한 소송은 공법상의 당사자소송이다. **(대판 2002.6.14. 2001다24112)**

④ (○) 협의취득 내지 수용 후 당해 사업의 폐지나 변경이 있는 경우 환매권을 인정하는 대상으로 토지만을 규정하고 있는 구 공익사업을 위한 토지 등의 취득 및 보상에 관한 법률 제91조 제1항은 헌법적 한계 내에 있는 입법재량권의 행사이므로 구 건물소유자의 재산권을 침해하는 것이라 볼 수 없다. **(헌재 2005.5.26. 2004헌가10)**

**정답** ③

**065** 「공익사업을 위한 토지 등의 취득 및 보상에 관한 법률」상 토지 등의 취득·사용과 손실보상에 대한 설명으로 옳지 않은 것은? (다툼이 있는 경우 판례에 의함)    16 지방7급

① 도시계획사업 허가의 공고시에 토지세목의 고시를 누락하거나, 사업인정을 함에 있어 수용 또는 사용할 토지의 세목공시절차를 누락한 경우에 이를 이유로 수용재결처분의 취소를 구할 수 없다.
② 본법 제72조에 의한 사용토지에 대한 수용청구를 받아들이지 아니한 토지수용위원회의 재결에 대하여 토지소유자는 당해 토지수용위원회를 피고로 하여 항고소송을 제기할 수 있다.
③ 본법에 의한 협의취득은 사법상의 법률행위이므로 당사자 사이의 자유로운 의사에 따라 채무불이행책임이나 매매대금 과부족금에 대한 지급의무를 약정할 수 있다.
④ 잔여지 수용청구의 의사표시는 관할 토지수용위원회에 하여야 하므로, 원칙적으로 사업시행자에게 한 잔여지 매수청구의 의사표시를 관할 토지수용위원회에 한 잔여지 수용청구의 의사표시로 볼 수 없다.

### 해설

① (○) 하자의 승계가 안 된다.

> 도시계획사업 허가의 공고시에 토지세목의 고시를 누락하거나 사업인정을 함에 있어 수용 또는 사용할 토지의 세목을 공시하는 절차를 누락한 경우, 이는 절차상의 위법으로서 수용재결 단계 전의 사업인정 단계에서 다툴 수 있는 취소사유에 해당하기는 하나 더 나아가 그 사업인정 자체를 무효로 할 중대하고 명백한 하자라고 보기는 어렵고, 따라서 이러한 위법을 들어 수용재결처분의 취소를 구하거나 무효확인을 구할 수는 없다. (대판 2009.11.26. 2009두11607)

② (×) 토지 '사용'에 대한 수용청구는 형성권이다. 그렇다면 수용청구로 이미 수용의 효과는 발생 했으므로 남은 문제는 금액인데 금액을 다투는 것은 당사자소송이라는 의미이다. 공익사업을 위한 토지 등의 취득 및 보상에 관한 법률(이하 '토지보상법'이라 한다) 제72조의 문언, 연혁 및 취지 등에 비추어 보면, 위 규정이 정한 수용청구권은 토지보상법 제74조 제1항이 정한 잔여지 수용청구권과 같이 손실보상의 일환으로 토지소유자에게 부여되는 권리로서 그 청구에 의하여 수용효과가 생기는 형성권의 성질을 지니므로, 토지소유자의 토지수용청구를 받아들이지 아니한 토지수용위원회의 재결에 대하여 토지소유자가 불복하여 제기하는 소송은 토지보상법 제85조 제2항에 규정되어 있는 '보상금의 증감에 관한 소송'에 해당하고, 피고는 토지수용위원회가 아니라 사업시행자로 하여야 한다. (대판 2015.4.9. 2014두46669)

③ (○) 구 공공용지의 취득 및 손실보상에 관한 특례법에 의하여 공공사업의 시행자가 토지를 협의취득하는 행위는 사경제주체로서 행하는 사법상의 법률행위이므로 그 일방당사자의 채무불이행에 대하여 민법에 따른 손해배상 또는 하자담보책임을 물을 수 있다. (대판 2004.7.22. 2002다51586)

④ (○) 잔여지 수용청구의 의사표시는 관할 토지수용위원회에 하여야 하는 것으로서, 관할 토지수용위원회가 사업시행자에게 잔여지 수용청구의 의사표시를 수령할 권한을 부여하였다고 인정할 만한 사정이 없는 한, 사업시행자에게 한 잔여지 매수청구의 의사표시를 관할 토지수용위원회에 한 잔여지 수용청구의 의사표시로 볼 수는 없다. (대판 2010.8.19. 2008두822)

정답 ②

## 066 행정상 손실보상에 대한 설명으로 옳지 않은 것은?

16 서울9급

① 민간기업을 토지수용의 주체로 정한 법률조항도 헌법 제23조 제3항에서 정한 공공필요를 충족하면 헌법에 위반되지 아니한다.
② 수용대상 토지의 보상가격이 당해 토지의 개별공시지가를 기준으로 하여 산정한 것보다 저렴하게 되었다는 사정만으로 그 보상액 산정이 위법한 것은 아니다.
③ 공익사업의 시행으로 지가가 상승하여 발생한 개발이익을 손실보상금액에 포함시키지 않더라도 헌법이 규정한 정당보상의 원리에 어긋나는 것은 아니다.
④ 토지소유자가 손실보상금의 액수를 다투고자 할 경우에는 사업시행자가 아니라 토지수용위원회를 상대로 보상금의 증액을 구하는 소송을 제기하여야 한다.

### 해설

① (O) 공공사업을 판단하는 기준은 주체가 아니라 사업의 내용이 공공성이 있는가이다.
② (O) 개별공시지가가 재산적 가치를 보장하는 것은 아니므로 수용대상 토지의 보상가격이 해당 토지의 개별공시지가를 기준으로 하여 산정한 것보다 저렴하게 되었다는 사정만으로 그 보상액 산정이 위법한 것은 아니다.
③ (O) 개발이익은 보상금에 포함되지 않는다.

> 헌법 제23조 제3항에서 규정한 '정당한 보상'이란 원칙적으로 피수용재산의 객관적인 재산가치를 완전하게 보상하여야 한다는 완전보상을 뜻하는 것이지만, 공익사업의 시행으로 인한 개발이익은 완전보상의 범위에 포함되는 피수용토지의 객관적 가치 내지 피수용자의 손실이라고는 볼 수 없다. (헌재 1991.2.11. 90헌바18)

④ (×)

> **공익사업을 위한 토지 등의 취득 및 보상에 관한 법률 제85조(행정소송의 제기)**
> ② 제1항에 따라 제기하려는 행정소송이 보상금의 증감에 관한 소송인 경우 그 소송을 제기하는 자가 토지소유자 또는 관계인일 때에는 사업시행자를, 사업시행자일 때에는 토지소유자 또는 관계인을 각각 피고로 한다.

정답 ④

**067** 甲의 토지는 공익사업의 대상지역으로 「공익사업을 위한 토지 등의 취득 및 보상에 관한 법률」에 따라 사업인정절차를 거쳐 甲의 토지에 대한 수용재결이 있었다. 이에 대한 설명으로 가장 옳은 것은?

16 서울7급

① 위 사업인정에 취소사유인 위법이 있는 경우 사업인정의 하자는 후행처분인 수용재결에 승계되지 않는다.

② 甲이 수용재결에서 정해진 보상금에 불복하여 보상금의 증액을 청구하려면 수용재결에 대한 취소소송을 제기하여야 한다.

③ 甲이 수용재결에 대해 항고소송으로 다투려면 우선적으로 이의재결을 거쳐야만 한다.

④ 甲이 수용재결에 대해 이의재결을 거친 경우 항고소송의 대상은 이의재결이 된다.

해설

① (O) 사업인정과 수용재결 사이에는 하자가 승계되지 않는다.
② (X) 보상금의 증감을 구하는 소송은 사업시행자를 상대방으로 하는 당사자소송이다(형식적 당사자소송).
③ (X) 공익사업을 위한 토지 등의 취득 및 보상에 관한 법률상 중앙토지수용위원회를 상대로 하는 이의신청은 임의적 절차이므로 수용재결을 항고소송으로 다투기 전에 반드시 이의재결을 거쳐야 하는 것은 아니다.
④ (X) 수용재결에 대한 소송은 원처분주의이므로 원칙적으로 수용재결을 다투어야 하고, 예외적으로 재결에 고유한 하자가 있으면 이의재결을 다툴 수 있다.

정답 ①

**068** 분리이론과 경계이론에 관한 설명으로 틀린 것은?

10 서울 교행

① 경계이론은 당해 침해행위의 폐지를 주장함으로써 위헌적 침해의 억제에 중점을 두고 있음에 비하여 분리이론은 보상을 통한 가치의 보장에 중점을 두고 있다.

② 경계이론은 공공필요에 의한 재산권의 제한과 그에 대한 구제를 손실보상의 문제로 보고 있다.

③ 헌법재판소는 분리이론에 입각하고 있다.

④ 분리이론은 헌법 제23조 제1항 및 제2항을 재산권의 내용을 제한하는 규정으로 보고, 사회적 제약을 넘어서는 경우 비례의 원칙 및 평등의 원칙에 반한다고 본다.

해설

① (X) 설명이 뒤바뀌었다. 분리이론은 해당 침해행위의 폐지를 주장함으로써 위헌적 침해의 억제에 중점을 두고 있음에 비하여, 경계이론은 보상을 통한 가치의 보장에 중점을 둔다.
② (O) 경계이론은 공공필요에 의해서 개인의 재산권에 사회적 제약을 넘는 특별한 희생이 발생한 경우 그에 대한 구제를 손실보상의 문제로 해결하는 이론이다.
③ (O) 헌법재판소는 개발제한구역 사건에서 분리이론에 입각한 판시를 하였다.
④ (O) 분리이론은 사회적 제약을 정한 헌법 제23조 제1항 및 제2항의 재산권의 내용규정과 같은 조 제3항의 수용규정을 별개의 제도로 보고, 재산권의 내용과 한계를 형성하는 규정이 일정한 한계를 벗어나 기본권을 침해하면 보상을 함으로써 정당화되는 것이 아니라 위헌의 문제를 가져온다고 본다.

정답 ①

## 069 행정상 손실보상에 대한 설명으로 가장 옳은 것은?
18 서울9급

① 헌법재판소는 공용침해로 인한 특별한 손해에 대한 보상규정이 없는 경우에 관련 보상규정을 유추적용하여 보상하려는 경향이 있다.
② 공공용물에 관하여 적법한 개발행위 등이 이루어져 일정 범위의 사람들의 일반사용이 종전에 비하여 제한받게 되었다 하더라도 특별한 사정이 없는 한 이는 특별한 손실에 해당한다고 할 수 없다.
③ 공익사업의 시행으로 토석채취허가를 연장받지 못한 경우 그로 인한 손실은 적법한 공권력의 행사로 가하여진 재산상의 특별한 희생으로서 손실보상의 대상이 된다.
④ 개발제한구역 지정으로 인한 지가의 하락은 원칙적으로 토지소유자가 감수해야 하는 사회적 제약의 범주에 속하나, 지가의 하락이 20% 이상으로 과도한 경우에는 특별한 희생에 해당한다.

### 해설

① (×) 헌법재판소는 공용침해로 인한 특별한 손해에 대한 보상규정이 없는 경우에 관련 법률을 위헌결정한 다음 국회의 입법에 의한 보상을 하는 분리이론에 입각해 있다.
② (○) 일반공중의 이용에 제공되는 공공용물에 대하여 특허 또는 허가를 받지 않고 하는 일반사용은 다른 개인의 자유이용과 국가 또는 지방자치단체 등의 공공목적을 위한 개발 또는 관리·보존행위를 방해하지 않는 범위 내에서만 허용된다 할 것이므로, 공공용물에 관하여 적법한 개발행위 등이 이루어짐으로 말미암아 이에 대한 일정 범위의 사람들의 일반사용이 종전에 비하여 제한받게 되었다 하더라도 특별한 사정이 없는 한 그로 인한 불이익은 손실보상의 대상이 되는 특별한 손실에 해당한다고 할 수 없다. (대판 2002.2.26. 99다35300)
③ (×) 산림 내에서의 토석채취허가는 … 신청지 내의 임황과 지황 등의 사항 등에 비추어 국토 및 자연의 보전 등의 중대한 공익상 필요가 있을 때에는 재량으로 그 허가를 거부할 수 있는 것이다. 따라서 그 자체로 중대한 공익상의 필요가 있는 공익사업이 시행되어 토석채취허가를 연장받지 못하게 되었다고 하더라도 토석채취허가가 연장되지 않게 됨으로 인한 손실과 공익사업 사이에 상당인과관계가 있다고 할 수 없을 뿐 아니라, 특별한 사정이 없는 한 그러한 손실이 적법한 공권력의 행사로 가하여진 재산상의 특별한 희생으로서 손실보상의 대상이 된다고 볼 수도 없다. (대판 2009.6.23. 2009두2672)
④ (×) 토지를 종전의 용도대로 사용할 수 있는 경우(전, 답, 임야)에 개발제한구역 지정으로 인한 지가의 하락은 토지재산권에 내재하는 사회적 제약의 범주에 속한다. (헌재 1998.12.24. 89헌마214등)

정답 ②

**070** 다음 손실보상에 대한 설명으로 가장 적절한 것은? (다툼이 있으면 판례에 의함)  〔15 경행〕

① 지장물인 건물은 적법한 건축허가를 받아 건축된 건물이 아니면 손실보상의 대상이 되지 않는다.
② 손실보상이 인정되기 위해서는 재산권에 대한 침해가 현실적으로 발생하여야 하는 것은 아니다.
③ 헌법 제23조 제3항은 "공공필요에 의한 재산권의 수용·사용 또는 제한 및 그에 대한 보상은 법률로써 하되, 정당한 보상을 지급하여야 한다."라고 규정하고 있다.
④ 개발제한구역 지정으로 인하여 토지를 종래의 목적으로 사용할 수 없거나 또는 더 이상 법적으로 허용된 토지 이용의 방법이 없기 때문에 실질적으로 토지의 사용·수익의 길이 없는 경우에도 토지소유자가 수인해야 하는 사회적 제약의 한계를 넘는 것으로 볼 수 없다.

**해설**

① (×) 무허가건물도 사업인정의 고시 이전에 건축된 건물이면 보상의 대상이다.

> 공공용지의 취득 및 손실보상에 관한 특례법 각 규정에 의하면, 지장물인 건물의 경우 그 이전비를 보상함이 원칙이나, 이전으로 인하여 종래의 목적대로 이용 또는 사용할 수 없거나 이전이 현저히 곤란한 경우 또는 이전비용이 취득가격을 초과할 때에는 이를 취득가격으로 평가하여야 하는데, … 무허가건물도 보상의 대상에 포함됨을 전제로 하고 있는바, 이와 같은 관계 법령을 종합하여 보면, 지장물인 건물은 그 건물이 적법한 건축허가를 받아 건축된 것인지 여부에 관계없이 토지수용법상의 사업인정의 고시 이전에 건축된 건물이기만 하면 손실보상의 대상이 됨이 명백하다. (대판 2000.3.10. 99두10896)

② (×) 손실보상이 인정되기 위해서는 재산권에 대한 침해가 실질적이고 현실적으로 발생하여야 한다.
③ (○)
④ (×) 개발제한구역(그린벨트)의 설정과 특별한 희생

> [1] 토지를 종전의 용도대로 사용할 수 있는 경우(전, 답, 임야)에 개발제한구역 지정으로 인한 지가의 하락은 토지재산권에 내재하는 사회적 제약의 범주에 속한다.
> [2] 개발제한구역 지정으로 인하여 토지를 종래의 목적으로도 사용할 수 없거나(나대지의 경우) 또는 더 이상 법적으로 허용된 토지이용의 방법이 없기 때문에 실질적으로 토지의 사용·수익의 길이 없는 경우에는 토지소유자가 수인해야 하는 사회적 제약의 한계를 넘는 것으로 보아야 한다.
> [3] 도시계획법 제21조에 의한 재산권의 제한은 개발제한구역으로 지정된 토지를 원칙적으로 지정 당시의 지목과 토지현황에 의한 이용방법에 따라 사용할 수 있는 한, 재산권에 내재하는 사회적 제약을 비례의 원칙에 합치하게 합헌적으로 구체화한 것이라고 할 것이나, 종래의 지목과 토지현황에 의한 이용방법에 따른 토지의 사용도 할 수 없거나 실질적으로 사용·수익을 전혀 할 수 없는 예외적인 경우에도 아무런 보상없이 이를 감수하도록 하고 있는 한, 비례의 원칙에 위반되어 당해 토지소유자의 재산권을 과도하게 침해하는 것으로서 헌법에 위반된다. (헌재 1998.12.24. 89헌마214 등)

**정답** ③

**예상판례**

중앙토지수용위원회가 생태하천조성사업에 편입되는 토지상의 무허가건축물에서 축산업을 영위하는 甲에 대하여 공익사업을 위한 토지 등의 취득 및 보상에 관한 법률 시행규칙에 따라 영업손실을 인정하지 않는 내용의 수용재결을 한 것은 위 조항이 공익사업을 위한 토지 등의 취득 및 보상에 관한 법률의 위임 범위를 벗어나거나 정당한 보상의 원칙에 위배된다고 하기 어렵다.
위 규칙 조항이 '영업'의 개념에 '적법한 장소에서 운영될 것'이라는 요소를 포함하고 있다고 하여 공익사업을 위한 토지 등의 취득 및 보상에 관한 법률의 위임범위를 벗어났다거나 정당한 보상의 원칙에 위배된다고 하기 어렵다. (대판 2014.3.27. 2013두25863)

## 071

**행정상 손실보상과 관련 없는 내용은?**  15 서울7급

① 행정청이 위법하게 운전면허를 취소하는 경우
② 사후적 행정구제제도
③ 개인의 특별한 희생
④ 공공 도로용지를 위한 토지수용

**해설**

① (×) 위법한 작용에 대한 구제는 손해배상이다.

**정답** ①

## 072

**공용수용에 대한 설명으로 옳은 것을 모두 고르면? (다툼이 있는 경우 판례에 의함)**  15 국회8급

ㄱ. 중앙토지수용위원회의 재결에 이의가 있는 자는 중앙토지수용위원회에, 지방토지수용위원회의 재결에 이의가 있는 자는 해당 지방토지수용위원회를 거쳐 중앙토지수용위원회에 이의를 신청할 수 있다.
ㄴ. 「도시 및 주거환경정비법」에 따른 주택재건축정비사업조합은 주택재건축사업을 시행하는 공법인으로서 행정주체의 지위를 갖는다.
ㄷ. 재개발조합이 조합원에게 한 관리처분계획에 대한 다툼은 공법상의 당사자소송을 제기하여 그 위법성을 다툴 수 있다.
ㄹ. 「도시 및 주거환경정비법」상 주택재개발사업조합의 조합설립인가처분이 법원의 재판에 의하여 취소된 경우 그 조합설립인가처분은 소급하여 효력을 상실한다.
ㅁ. 「도시 및 주거환경정비법」상 재개발조합설립인가신청에 대한 행정청의 조합설립인가처분은 법령상 일정한 요건을 갖출 경우 행정주체의 지위를 부여하는 일종의 설권적 처분의 성격을 갖는다.

① ㄱ, ㄴ, ㄷ
② ㄱ, ㄷ, ㄹ
③ ㄴ, ㄹ, ㅁ
④ ㄱ, ㄴ, ㄷ, ㄹ
⑤ ㄱ, ㄴ, ㄹ, ㅁ

**해설**

ㄱ. (○) ㄴ. (○)
ㄷ. (×) 관리처분계획에 대한 다툼은 항고소송이다.
ㄹ. (○) ㅁ. (○) 형성력을 말한다.

**정답** ⑤

> **기출지문 OX**
>
> **01** 공공사업의 시행으로 인하여 사업지구 밖에서 수산제조업에 대한 간접손실이 발생하리라는 것을 쉽게 예견할 수 있고 그 손실의 범위도 구체적으로 특정할 수 있는 경우라면, 그 손실의 보상에 관하여 구 「공공용지의 취득 및 손실보상에 관한 특례법 시행규칙」의 간접보상규정을 유추적용 할 수 있다. [15 국회8급] (O, ×)
> 정답 O
>
> **02** 헌법 제23조 제3항의 규정은 보상청구권의 근거에 관하여서 뿐만 아니라 보상의 기준과 방법에 관하여서도 법률의 규정에 유보하고 있는 것으로 보아야 한다. [15 국회8급] (O, ×)
> 정답 O
>
> **03** 이주대책의 실시 여부는 입법자의 입법정책적 재량의 영역에 속한다. [15 국회8급] (O, ×)
> 정답 O

## 073 손실보상에 대한 다음 설명 중 옳지 않은 것은? (다툼이 있을 경우 판례에 의함) 〔14 서울9급〕

① 헌법 제23조 제3항이 헌법적 근거가 된다.

② 손실보상청구권을 발생시키는 침해는 재산권에 대한 것이면 족하며 재산권의 종류는 불문한다.

③ 피수용재산의 객관적인 재산가치를 완전하게 보상한다는 것은 불가능하므로 보상은 상당한 보상이면 족하다는 것이 대법원의 입장이다.

④ 최근에는 재산권 보상뿐만 아니라 생활보상의 개념도 등장하였다.

⑤ 손실보상청구권의 법적 성질에 대해서는 공권설과 사권설의 대립이 있다.

> **해설**
>
> ① (O) 행정상 손실보상의 헌법적 근거는 헌법 제23조 제3항이다.
> ② (O) 침해의 대상인 재산권은 널리 모든 재산적 가치 있는 권리나 보호가치 있는 이익을 포함한다.
> ③ (×) 헌법 제23조 제3항이 규정하는 정당한 보상이란 원칙적으로 피수용재산의 객관적인 재산가치를 완전하게 보상하는 것이어야 한다는 완전보상을 의미한다는 것이 판례의 입장이다.
> ④ (O) 손실보상의 역사는 대인적 보상, 대물적 보상, 생활보상의 형태로 변천하여 왔다.
> ⑤ (O) 손실보상청구권의 법적 성질에 대하여 손실보상청구권이 발생하게 된 원인을 중시하여 손실보상청구권을 공권으로 보는 견해(공권설)와 소실보상의 원인이 공권력작용이라고 하더라도 그 효과로서의 손실보상청구권은 사법상의 금전지급청구권으로서 채권채무관계로 보는 견해(사권설)가 대립한다.
>
> 정답 ③

## 074 「공익사업을 위한 토지 등의 취득 및 보상에 관한 법률」상 공용수용의 절차에 대한 설명으로 옳지 않은 것은? (다툼이 있는 경우 판례에 의함)

14 국가7급

① 사업인정은 일정한 절차를 거칠 것을 조건으로 하여 사업시행자에게 일정한 내용의 수용권을 설정해 주는 행정처분으로서, 사업인정을 받음으로써 수용할 목적물의 범위가 확정된다.

② 공용수용에 있어서 공익사업의 필요에 대한 입증책임은 사업시행자에게 있다.

③ 토지수용위원회는 수용재결신청에 대한 기각결정으로 당해 공익사업의 시행이 불가능해지는 경우에도 사업의 공익성이 없다고 판단하면 수용재결신청을 기각할 수 있다.

④ 토지소유자 및 이해관계인과 협의가 성립되지 아니한 경우에 사업시행자가 사업인정의 고시가 된 날부터 1년 이내에 수용재결을 신청하지 아니하면 그 사업인정고시가 된 날부터 1년이 되는 날의 다음 날에 그 사업인정은 효력을 상실한다.

### 해설

① (O)

② (O)

③ (X) 사업인정의 하자는 그 이후의 절차에 승계되지 아니하며 수용재결의 단계에서 사업인정의 내용에 반하는 결정을 할 수 없다. 토지수용법은 수용·사용의 1차 단계인 사업인정에 속하는 부분은 사업의 공익성 판단으로 사업인정기관에 일임하고, 그 이후의 구체적인 수용·사용의 결정은 토지수용위원회에 맡기고 있는바, 이와 같은 토지수용절차의 2분화 및 사업인정의 성격과 토지수용위원회의 재결사항을 열거하고 있는 같은 법 제29조 제2항의 규정 내용에 비추어 볼 때, 토지수용위원회는 행정쟁송에 의하여 사업인정이 취소되지 않는 한 그 기능상 사업인정 자체를 무의미하게 하는, 즉 사업의 시행이 불가능하게 되는 것과 같은 재결을 행할 수는 없다. (대판 1994.11.11. 93누19375)

④ (O)

**정답** ③

### 기출지문 OX

**01** 정비기반시설과 그 부지의 소유·관리·유지관계를 정한 「도시 및 주거환경정비법」 제65조 제2항의 전단에 따른 정비기반시설의 소유권 귀속은 헌법 제23조 제3항의 수용에 해당한다. [14 지방9급] (O, X)

해설 무상귀속은 수용이 아니다.

> 도시 및 주거환경정비법 제65조 제2항 전단에 따른 정비기반시설의 소유권 귀속은 헌법 제23조 제3항의 수용에 해당하지 않고, 이 사건 법률조항이 그에 대한 보상의 의미를 가지는 것도 아니므로, 이 사건 법률조항에 관하여 정당한 보상의 원칙이 적용될 여지가 없다. (헌재 2013.10.14. 2011헌바355)

**정답** X

**02** 헌법재판소는 구 「도시계획법」상 개발제한구역의 지정으로 일부 토지소유자에게 사회적 제약의 범위를 넘는 가혹한 부담이 발생하는 경우에 보상규정을 두지 않은 것은 위헌성이 있는 것이고, 보상의 구체적 기준과 방법은 입법자가 입법정책적으로 정할 사항이라고 결정하였다. [14 지방9급] (O, X)

해설 도시계획법 제21조에 규정된 개발제한구역제도 그 자체는 원칙적으로 합헌적인 규정인데, 다만 개발제한구역의 지정으로 말미암아 일부 토지소유자에게 사회적 제약의 범위를 넘는 가혹한 부담이 발생하는 예외적인 경우에 대하여 보상규정을 두지 않은 것에 위헌성이 있는 것이고, 보상의 구체적 기준과 방법은 헌법재판소가 결정할 성질의 것이 아니라 광범위한 입법형성권을 가진 입법자가 입법정책적으로 정할 사항이므로, 입법자가 보상입법을 마련함으로써 위헌적인 상태를 제거할 때까지 위 조항을 형식적으로 존속하게 하기 위하여 헌법불합치결정을 하는 것이다. (헌재 1998.12.24. 89헌마214 등)

**정답** O

**03** 헌법재판소는 생업의 근거를 상실하게 된 자에 대하여 일정 규모의 상업용지 또는 상가분양권 등을 공급하는 생활대책이 헌법 제23조 제3항이 규정하는 정당한 보상에 포함된다고 결정하였다. [14 지방9급] (O, ×)

해설 '생업의 근거를 상실하게 된 자에 대하여 일정 규모의 상업용지 또는 상가분양권 등을 공급하는' 생활대책은 헌법 제23조 제3항에 규정된 정당한 보상에 포함되는 것이라기보다는 생활보상의 일환으로서 국가의 정책적인 배려에 의하여 마련된 제도이므로, 그 실시 여부는 입법자의 입법정책적 재량의 영역에 속한다. 이 사건 법률조항이 공익사업의 시행으로 인하여 농업 등을 계속할 수 없게 되어 이주하는 농민 등에 대한 생활대책 수립의무를 규정하고 있지 않다는 것만으로 재산권을 침해한다고 볼 수 없다. (헌재 2013.7.25. 2012헌바71)

정답 ×

**04** 판례는 손실보상의 원인이 공법적이라면 손실의 내용이 사권이라도, 손실보상은 공법적인 것이라고 보고 있다. [14 서울7급] (O, ×)

해설 종래의 판례는 손실보상의 원인이 공권력 작용이라고 하더라도 그 효과로서의 손실보상청구권은 사법상의 금전지급청구권으로서 채권채무관계로 보는 사권설의 입장에서 민사소송절차에 의하여야 한다고 보았다. 다만, 2006년 대법원은 전원합의체 판결로 토지가 하천구역으로 편입된 경우의 손실보상을 공권으로 보아 공법상의 당사자소송에 의하여야 한다고 판시하였다. (대판 2006.5.18. 2004다6207) 그러나 위 판례가 손실보상청구권 일반에 대하여 공권성을 인정한 것인지, 단지 하천법상의 손실보상청구권을 공법상의 권리로 보는 것인지는 명확하지 않다.

정답 ×

**05** 손실보상청구권을 발생시키는 침해는 재산권이나 신체에 대한 것이어야 한다. [14 서울7급] (O, ×)

해설 손실보상청구권을 발생시키는 침해는 '재산권'에 대한 침해이어야 한다.

정답 ×

**06** 손실보상은 재산권 침해에 대한 보상이며, 여기서 재산권 침해란 재산적 가치가 있는 공권을 제외한 모든 사권(私權)의 침해를 의미 한다. [14 국회8급] (O, ×)

해설 재산권 침해에서 재산이란 재산적 가치가 있는 사권과 공권을 포함하는 개념이다.

정답 ×

**07** 공유수면매립면허의 고시가 있는 경우 그 사업이 시행되므로, 그로 인하여 곧바로 손실이 발생한다고 할 수 있고, 실질적이고 현실적인 피해가 발생할 때를 기다릴 필요 없이 손실보상청구권이 발생한다. [14 국회8급] (O, ×)

해설 간척사업으로 손실보상청구권이 인정되기 위해서는 관행어업권자에게 실질적이고 현실적인 피해가 발생해야 한다.

> 간척사업의 시행으로 종래의 관행어업권자에게 구 공유수면매립법에서 정하는 손실보상청구권이 인정되기 위해서는 매립면허고시 후 매립공사가 실행되어 관행어업권자에게 실질적이고 현실적인 피해가 발생해야 한다. (대판 2010.12.9. 2007두6571)

정답 ×

**08** 「공익사업을 위한 토지 등의 취득 및 손실보상에 관한 법률」에 따를 경우, 피수용자는 수용재결을 신청할 수 없고 사업인정고시가 있은 후 협의가 성립되지 아니한 때에는 토지소유자 및 관계인은 서면으로 사업시행자에게 재결을 신청할 것을 청구할 수 있다. [14 국회8급] (O, ×)

해설 토지수용위원회에 대한 수용재결의 신청은 사업시행자만 할 수 있다.

정답 O

## 075 「공익사업을 위한 토지 등의 취득 및 보상에 관한 법률」에 관한 내용이다. ( ) 안에 들어 갈 것으로 옳은 것은?

13 행정사

> 토지수용위원회의 재결에서 정한 보상금액에 대하여 사업시행자 또는 토지소유자가 그 증감을 다투는 행정소송을 제기하는 경우, 그 소송을 제기하는 자가 토지소유자일 때에는 ( ㄱ )을/를, 사업시행자일 때에는 ( ㄴ )을/를 피고로 한다.

① ㄱ: 토지수용위원회  ㄴ: 국토교통부장관
② ㄱ: 국토교통부장관  ㄴ: 토지수용위원회
③ ㄱ: 토지수용위원회  ㄴ: 토지소유자
④ ㄱ: 사업시행자  ㄴ: 토지소유자
⑤ ㄱ: 사업시행자  ㄴ: 토지수용위원회

**해설**
행정소송이 보상금의 증감에 관한 소송인 경우 그 소송을 제기하는 자가 토지소유자 또는 관계인일 때에는 (사업시행자)를, 사업시행자일 때에는 (토지소유자 또는 관계인)을 각각 피고로 한다. (공익사업을 위한 토지 등의 취득 및 보상에 관한 법률 제85조 제2항)

**정답** ④

---

**기출지문 OX**

**01** 토지투기가 우려되는 지역으로서 대통령령으로 정하는 지역에서 「택지개발촉진법」상의 택지개발사업을 시행하는 공공단체는 부재부동산 소유자의 토지에 대한 보상금 중 대통령령으로 정하는 1억 원 이상의 일정 금액을 초과하는 부분에 대하여는 해당 사업시행자가 발행하는 채권으로 지급할 수 있다. [11 지방7급] (O, X)
**해설** 토지투기가 우려되는 지역으로서 대통령령으로 정하는 지역에서 택지개발촉진법에 따른 택지개발사업을 시행하는 공공단체는 부재부동산 소유자의 토지에 대한 보상금 중 대통령령으로 정하는 1억 원 이상의 일정 금액을 초과하는 부분에 대하여는 해당 사업시행자가 발행하는 채권으로 지급하여야 한다. (공익사업을 위한 토지 등의 취득 및 보상에 관한 법률 제63조 제8항) 즉, 토지투기가 우려되는 지역에서 공공단체가 사업시행자인 경우에는 의무적으로 채권으로 보상하여야 한다. **정답** X

**02** 농업의 손실에 대하여는 농지의 단위면적당 소득 등을 고려하여 실제 경작자에게 보상하여야 하지만, 농지소유자가 해당 지역에 거주하는 농민인 경우에는 농지소유자와 실제 경작자가 협의하는 바에 따라 보상할 수 있다. [11 지방7급] (O, X)
**해설** 공익사업을 위한 토지 등의 취득 및 보상에 관한 법률 제77조 제2항 **정답** O

**03** 광업권·어업권·양식업권 및 물 등의 사용에 관한 권리에 대하여는 투자비용, 예상수익 및 거래가격 등을 고려하여 평가한 적정가격으로 보상하여야 한다. [11 지방7급] (O, X)
**해설** 공익사업을 위한 토지 등의 취득 및 보상에 관한 법률 제76조 제1항 **정답** O

**예상판례**

물을 사용하여 사업을 영위하는 지위가 독립하여 재산권, 즉 처분권을 내포하는 재산적 가치 있는 구체적인 권리로 평가될 수 있는 경우에는 댐건설법 제11조 제1항·제3항 및 토지보상법 제76조 제1항에 따라 손실보상의 대상이 되는 '물의 사용에 관한 권리'에 해당한다고 볼 수 있다.

물건 또는 권리 등에 대한 손실보상액 산정의 기준이나 방법에 관하여 구체적으로 정하고 있는 법령의 규정이 없는 경우에는 그 성질상 유사한 물건 또는 권리 등에 대한 관련 법령상의 손실보상액 산정의 기준이나 방법에 관한 규정을 유추적용할 수 있다. (대판 2018.12.27. 2014두11601)

## 현금 외의 보상

### 1. 채권보상

(1) 채권보상을 할 수 있는 경우

> **공익사업을 위한 토지 등의 취득 및 보상에 관한 법률 제63조(현금보상 등)**
> ⑦ 사업시행자가 국가, 지방자치단체, 그 밖에 대통령령으로 정하는 공공기관의 운영에 관한 법률에 따라 지정·고시된 공공기관 및 공공단체인 경우로서 다음 각 호의 어느 하나에 해당되는 경우에는 제1항 본문에도 불구하고 해당 사업시행자가 발행하는 채권으로 지급할 수 있다.
>   1. 토지소유자나 관계인이 원하는 경우
>   2. 사업인정을 받은 사업의 경우에는 대통령령으로 정하는 부재부동산 소유자의 토지에 대한 보상금이 대통령령으로 정하는 일정 금액을 초과하는 경우로서 그 초과하는 금액에 대하여 보상하는 경우

(2) 채권보상을 하여야 하는 경우

> **공익사업을 위한 토지 등의 취득 및 보상에 관한 법률 제63조(현금보상 등)**
> ⑧ 토지투기가 우려되는 지역으로서 대통령령으로 정하는 지역에서 다음 각 호의 어느 하나에 해당하는 공익사업을 시행하는 자 중 대통령령으로 정하는 공공기관의 운영에 관한 법률에 따라 지정·고시된 공공기관 및 공공단체는 제7항에도 불구하고 제7항 제2호에 따른 부재부동산 소유자의 토지에 대한 보상금 중 대통령령으로 정하는 1억 원 이상의 일정 금액을 초과하는 부분에 대하여는 해당 사업시행자가 발행하는 채권으로 지급하여야 한다.
>   1. 택지개발촉진법에 의한 택지개발사업
>   2. 산업입지 및 개발에 관한 법률에 의한 산업단지개발사업
>   3. 그 밖에 대규모 개발사업으로서 대통령령으로 정하는 사업

(3) 채권보상의 기준

채권으로 지급하는 경우 채권의 상환기한은 5년을 넘지 아니하는 범위 안에서 정하여야 하며, 이율은 상환기간이 3년 이하인 채권의 경우 3년 만기 정기예금 이자율 수준으로 한다. (공익사업을 위한 토지 등의 취득 및 보상에 관한 법률 제63조 제9항)

### 2. 현물보상(대토보상)

손실보상은 다른 법률에 특별한 규정이 있는 경우를 제외하고는 현금으로 지급하여야 한다. 다만, 토지소유자가 원하는 경우로서 사업시행자가 해당 공익사업의 합리적인 토지이용계획과 사업계획 등을 고려하여 토지로 보상이 가능한 경우에는 토지소유자가 받을 보상금 중 본문에 따른 현금 또는 채권으로 보상받는 금액을 제외한 부분에 대하여 그 공익사업의 시행으로 조성한 토지로 보상할 수 있다. (공익사업을 위한 토지 등의 취득 및 보상에 관한 법률 제63조 제1항)

**076** 개발제한구역의 지정으로 인하여 토지가격이 급격하게 하락하였지만 관계 행정기관은 보상규정이 없다는 이유로 이에 대한 보상을 하지 않고 있다. 이에 대한 설명으로 옳지 않은 것은? 08 경기9급

① 직접효력설에 의하면 이 경우 손실보상에 관한 헌법 제23조 제3항의 규정이 직접 적용되므로 보상규정이 없더라도 토지소유자는 손실보상을 청구할 수 있게 된다.

② 위헌무효설에 의하면 손실보상이 아니라 손해배상을 청구할 수 있게 된다.

③ 유추적용설에 의하면 수용유사침해법리에 근거하여 손실보상청구가 가능하다고 보게 되지만 대법원은 수용유사침해법리를 수용한 바 없다.

④ 대법원은 이 경우 토지소유자에 대한 재산권 행사의 제한이 수인한도를 넘는 것으로 보아 직접효력설에 따라 손실보상을 해야 한다는 입장이다.

**해설**

① (O) 결부조항을 중시하지 않는다는 의미이다. 직접효력설은 헌법 제23조 제3항에서 보상을 법률로 정하도록 한 것은 구체적인 보상의 기준과 방법을 정하도록 한 것이지 보상 여부의 결정까지도 법률에 유보시킨 것은 아니므로, 헌법 제23조 제3항을 근거로 직접 손실보상을 청구할 수 있다고 한다.

② (O) 위헌무효설은 입법자에게는 재산권을 침해하는 입법시 보상규정을 두어야 하는 의무가 있음에도 보상규정을 두지 않은 법률은 위헌무효이고, 그 법률에 근거한 행정처분은 위법하므로 사인은 처분으로 인한 손해배상을 청구할 수 있다고 본다.

③ (O) 수용유사침해에 해당하는 경우 대법원은 ㉠ 손실보상의 문제로 해결하기도 하고, **(대판 1972.11.28. 72다1597)** ㉡ 불법행위 내지 부당이득의 법리로 해결하기도 하지만, **(대판 1991.2.22. 90다16474)** ㉢ 수용유사침해보상의 이론의 수용여부에 대해서는 소극적인 입장을 취하는 것으로 보인다. **(대판 1993.10.26. 93다6409)**

④ (✕) 지가의 하락은 보상의 대상이 아니라는 것이 판례의 입장이다.

> 개발제한구역 안에 있는 토지의 소유자는 재산상의 권리 행사에 많은 제한을 받게 되고 그 한도 내에서 일반 토지소유자에 비하여 불이익을 받게 됨은 명백하지만, '도시의 무질서한 확산을 방지하고 도시주변의 자연환경을 보전하여 도시민의 건전한 생활환경을 확보하기 위하여 또는 국방부장관의 요청이 있어 보안상 도시의 개발을 제한할 필요가 있다고 인정되는 때'에 한하여 가하여지는 그와 같은 제한으로 인한 토지소유자의 불이익은 공공의 복리를 위하여 감수하지 아니하면 안 될 정도의 것이라고 인정되므로, 그에 대하여 손실보상의 규정을 두지 아니하였다 하여 도시계획법 제21조의 규정을 헌법 제23조 제3항, 제11조 제1항 및 제37조 제2항에 위배되는 것으로 볼 수 없다. **(대판 1996.6.28. 94다54511)**

**정답** ④

## 077 「공익사업을 위한 토지 등의 취득 및 보상에 관한 법률」에 의할 때 보상금 지급의 원칙으로 옳지 않은 것은?

07 국가9급·관세사

① 현물보상의 원칙
② 개인별보상의 원칙
③ 사전보상의 원칙
④ 사업시행자 보상의 원칙

> **해설**
> 
> ① (×) 손실보상은 다른 법률에 특별한 규정이 있는 경우를 제외하고는 현금으로 지급하여야 한다. (공익사업을 위한 토지 등의 취득 및 보상에 관한 법률 제63조 제1항) 즉, 현금보상이 원칙이고 예외적으로 채권보상 또는 현물보상이 인정된다.
> ② (○) 손실보상은 토지소유자 또는 관계인에게 개인별로 하여야 한다. (공익사업을 위한 토지 등의 취득 및 보상에 관한 법률 제64조)
> ③ (○) 사업시행자는 해당 공익사업을 위한 공사에 착수하기 이전에 토지소유자와 관계인에게 보상액의 전액을 지급하여야 한다. (공익사업을 위한 토지 등의 취득 및 보상에 관한 법률 제62조)
> ④ (○) 공익사업에 필요한 토지 등의 취득 또는 사용으로 인하여 토지소유자나 관계인이 입은 손실은 사업시행자가 보상하여야 한다. (공익사업을 위한 토지 등의 취득 및 보상에 관한 법률 제61조)

**정답** ①

### 📦 예상판례

**01** 근린생활시설을 국민주택 특별공급의 대상에서 배제해도 위법하지 않다.
도시계획사업시행자가 사업부지 내 철거건물의 건축물대장상 용도가 '주거용'이 아닌 '근린생활시설'이라는 이유로 그 건물을 국민주택 특별공급의 대상에서 배제한 처분은 위법하지 않다. (대판 2009.11.12. 2009두10291)

**02** 행정기관이 개발촉진지구 지역개발사업으로 실시계획을 승인하고 이를 고시하기만 하면 고급골프장 사업과 같이 공익성이 낮은 사업에 대해서까지도 시행자인 민간개발자에게 수용권한을 부여하는 구 '지역균형개발 및 지방중소기업 육성에 관한 법률' 제19조 제1항의 '시행자' 부분은 헌법 제23조 제3항에 위배된다. (헌재 2014.10.30. 2011헌바129 등)

**03** '흙·돌·모래 또는 자갈이 당해 토지와 별도로 취득 또는 사용의 대상이 되는 경우'란 흙·돌·모래 또는 자갈이 속한 수용대상 토지에 관하여 토지의 형질변경 또는 채석·채취를 적법하게 할 수 있는 행정적 조치가 있거나 그것이 가능하고 구체적으로 토지의 가격에 영향을 미치고 있음이 객관적으로 인정되어 토지와는 별도의 경제적 가치가 있다고 평가되는 경우 등을 의미한다. (대판 2014.4.24. 2012두16534)

**04** 공익사업의 시행자가 자신이 부담하여야 하는 생활기본시설 설치비용을 이주대책대상자에게 전가한 경우, 이를 부당이득으로 반환할 의무가 있다. (대판 2014.8.20. 2014다6572)
> 참고 강행법규 위반으로 무효이다.

**05** 구 도시 및 주거환경정비법상 주거용 건축물의 소유자에 대한 주거이전비 보상의 경우, 주거용 건축물에 대한 정비계획에 관한 공람·공고일부터 해당 건축물에 대한 보상을 하는 때까지 계속하여 소유 및 거주하여야 한다. (대판 2015.2.26. 2012두19519)

**06** [1] 이주대책대상자에 해당하기 위하여는 구 공익사업을 위한 토지 등의 취득 및 보상에 관한 법률 제4조 각 호의 어느 하나에 해당하는 공익사업의 시행으로 인하여 주거용 건축물을 제공함에 따라 생활의 근거를 상실하게 되어야 한다.
[2] 甲지방자치단체가 진행한 노후화된 시민아파트 철거사업에 따라 乙 등이 시민아파트를 관할 자치구에 매도하고 丙공사가 공급하는 아파트를 분양받은 사안에서, 乙 등은 구 공익사업을 위한 토지 등의 취득 및 보상에 관한 법률 제78조 제4항에 의하여 사업시행자가 생활기본시설 설치비용을 부담하는 이주대책대상자에 해당하지 아니하고, 乙 등과 丙공사가 체결한 아파트분양계약 중 분양대금에 생활기본시설 설치비용을 포함시킨 부분이 강행법규에 위배되어 무효가 된다거나 사업시행자가 부담하여야 할 생활기본시설 설치비용의 지출을 면하였다고 볼 수 없다. (대판 2015.6.11. 2012다58920)

**07** 국가가 진정한 소유자가 아닌 자를 하천 편입 당시의 소유자로 보아 손실보상금을 지급한 경우, 진정한 소유자에 대한 손실보상금 지급 의무를 면하지 않는다. (대판 2016.8.24. 2015두3010)

## 제3절 그 밖의 손해전보제도

**078** 다음 중 수용적 침해와 가장 관련이 많은 것은?
12 서울9급, 04 입시

① 사법적 책임
② 위법 침해
③ 결과책임
④ 고의적 침해
⑤ 위법·무책의 책임

**해설**
수용적 침해는 재산권의 침해가 사회적 제약에 불과할 것으로 판단하여 보상규정을 두지 아니하였으므로 의도하지 않은 이례적인 사안들로 특별한 희생이 발생한 경우 결과적으로 수용적이 되었으므로 다른 보상규정을 유추하여 보상을 하여야 한다는 독일 연방법원의 입장이다.
① (×) 수용적 침해는 공권력 행사에 의한 침해이므로 공법적 책임이다.
② (×) ⑤ (×) 수용적 침해는 공공필요를 위한 적법한 공권력 행사에 의해 야기된 의도되지 않은 또는 비정형적인 부수적 결과에 의한 재산권의 침해, 즉 적법·무책의 침해에 대한 책임이다.
③ (○) 수용적 침해로 인한 손실보상은 일종의 결과책임을 인정하는 것이다.
④ (×) 수용적 침해는 의도하지 않은 침해에 해당한다.

**정답** ③

**079** 도시계획결정으로 도로구역으로 고시되었으나 공사는 하지 않고 오랫동안 방치함으로써 고시지역 내의 토지소유자가 큰 재산상의 불이익을 입게 되는 경우, 이에 대한 보상이론으로 가장 타당한 것은?
09 서울9급

① 손실보상
② 수용적 침해보상
③ 수용유사침해보상
④ 희생보상
⑤ 생활보상

**해설**
② (○) 행정청이 도로를 건설하기 위해 도시계획결정에 의한 도로구역 지정 및 고시는 적법한 공용제한이지만, 공사를 하지 않고 오랫동안 방치하여 고시지역 내 토지소유자에게 발생한 큰 재산상 불이익은 도시계획결정시 의도되지 않은 또는 비정형적인 결과에 따른 재산권의 침해에 해당한다. 따라서 이에 대한 보상은 수용적 침해보상의 문제이다.

**정답** ②

**080** 수용유사침해보상에 관한 설명으로 옳은 것은?  08 국가9급

① 적법한 공행정작용의 비전형적이고 비의도적인 부수적 효과로써 발생한 개인의 재산권에 대한 손해를 전보하는 것을 말한다.
② 분리이론보다는 경계이론과 밀접한 관련이 있다.
③ 통상적인 공용침해가 적법·무책인 데 비하여, 수용유사침해는 위법·유책이다.
④ 수용유사침해는 우리 대법원의 판례를 통해서 발전된 이론으로 그에 관한 명시적인 법률규정은 없다.

**해설**
① (×) 적법한 공행정작용의 비전형적이고 비의도적인 부수적 효과로써 발생한 개인의 재산권에 대한 손해를 전보하는 것은 수용유사침해가 아니라 수용적 침해이다.
② (○) 수용유사침해에 대한 보상을 인정하는 것은 경계이론이다. 사회적 계약을 벗어나는 침해의 경우, 경계이론에 따르면 보상이 주어져야 하고, 분리이론에 따르면 침해행위의 폐지가 문제될 뿐 보상은 문제되지 아니한다. 경계이론은 가치의 보장에 중점을 두고, 분리이론은 위헌적인 침해의 억제에 중점을 둔다.
③ (×) 통상적인 공용침해가 적법·무책인 데 비하여, 수용유사침해는 위법이기는 하지만 무책인 경우이다.
④ (×) 수용유사침해는 독일에서 발달한 이론이며, 우리 대법원은 수용유사침해를 명시적으로 인정하지 않고 있다.

**정답** ②

**081** 구「전염병예방법」제54조의2에 의하면 국가는 같은 법 규정에 의하여 예방접종을 받은 자가 그 예방접종으로 인하여 질병에 걸리거나 장애인이 된 때나 사망한 때에는 대통령령이 정하는 기준과 절차에 따라 보상을 하여야 한다. 이러한 보상과 관련이 깊은 것은?  06 선관위9급

① 희생보상청구권
② 공법상 결과제거청구권
③ 생활보상
④ 간접손실보상

**해설**
① (○) 적법한 행정작용으로 인하여 비재산적 법익에 대한 침해가 발생한 경우에 그에 대한 보상을 인정하려는 이론이 희생보상청구권이다. 수용이나 수용유사침해 또는 수용적 침해로 인한 보상청구가 오직 재산적 가치 있는 권리나 법적 지위에 대한 침해시에 문제되는 점과 차이가 있다.

**정답** ①

## 082 다음 중 결과제거청구권의 요건으로 볼 수 없는 것은?

07 관세사

① 공법작용
② 권리의 침해
③ 침해의 계속
④ 침해의 적법성
⑤ 결과제거의 가능성

> **해설**
>
> ④ (×) 결과제거청구권이 성립하기 위한 요건으로는 ㉠ 행정주체의 공행정작용으로 인한 침해, ㉡ 권리 또는 법률상 이익의 침해, ㉢ 위법한 침해상태의 계속, ㉣ 결과제거의 가능성 및 기대가능성 등이 있다. 결과제거청구권은 '위법'한 상태의 제거를 목적으로 하므로, 공행정작용으로 인한 침해는 위법한 것이어야 한다.
>
> **정답** ④

## 083 공법상 결과제거청구권의 행사요건 및 한계에 관한 설명으로 틀린 것은?

05 서울9급

① 행정청의 침해는 권력적인 것이든 비권력적인 것이든 관계없다.
② 침해의 대상은 재산적이든 비재산적이든 불문한다.
③ 위법한 상태가 계속 존재하여야 한다.
④ 위법한 상태가 적법하게 된 경우에는 결과제거청구권을 행사할 수 없다.
⑤ 타인의 법률상 이익을 침해하는 것뿐만 아니라 사실상의 이익이 침해하는 경우에도 결과제거청구권이 성립한다.

> **해설**
>
> ① (○) 행정청의 침해는 모든 종류의 침해를 의미하므로, 권력적·비권력적인 것을 불문한다.
> ② (○) 침해의 대상인 타인의 권리 또는 법률상 이익에는 재산적 가치있는 것뿐만 아니라, 명예, 평판 등 정신적인 것까지도 포함된다.
> ③ (○) ④ (○) 결과제거청구권은 '위법'한 상태의 제거를 목적으로 하므로, 위법한 상태의 존재를 전제로 한다. 따라서 위법한 상태가 적법하게 된 경우에는 행사할 수 없다. 이 경우 위법한 상태의 존재 여부는 사실심의 변론종결심을 기준으로 판단한다. 결과제거청구권은 침해행위의 위법성을 요하지 않지만 현재의 침해상태는 위법해야 한다.
> ⑤ (×) 결과제거청구권이 행사되기 위해서는 보호받을 만한 가치 있는 타인의 권리나 법률상 이익이 침해되어야 한다. 따라서 사실상의 이익이 침해된 경우에는 결과제거청구권이 성립할 수 없다.
>
> **정답** ⑤

## 084 공법상 결과제거청구권에 관한 설명으로 가장 옳지 않은 것은? 　04 국회8급

① 공행정작용으로 인한 침해의 존재를 전제로 한다.
② 위법상태의 계속이 필요하다.
③ 가해행위의 위법 및 가해자의 과실이 필요하다.
④ 타인의 권리 또는 법률상 이익의 침해가 있어야 한다.
⑤ 원상회복이 법적·사실적으로 가능하여야 한다.

> **해설**
> ① (O) 행정주체의 공행정작용으로 인한 침해가 있어야 한다. 여기에서의 침해는 모든 종류의 침해를 의미하며, 의무 위반의 부작위도 포함된다.
> ② (O) 위법한 상태가 계속되어야 한다. 결과로서의 불이익한 상태는 존재하지 않고, 권리 침해로서의 불이익만 남아 있는 경우에는 국가배상·손실보상의 문제만이 고려될 수 있다.
> ③ (X) 결과제거청구권은 위법한 행정작용의 결과가 남아 있는 상태로 인하여 법률상 이익이 침해되기만 하면 고의·과실은 묻지 아니한다.
> ④ (O) 타인의 권리 또는 법률상 이익의 침해가 있어야 한다. 여기에서의 권리 또는 법률상 이익에는 재산적 가치있는 것뿐만 아니라, 명예, 평판 등 정신적인 것까지도 포함된다.
> ⑤ (O) 결과제거청구권은 원상회복이 사실상 가능하고, 법적으로 허용되며, 행정청의 수인한계 내의 것인 때에만 인정된다.
>
> **정답** ③

## 085 공법상 결과제거청구권(행정상 원상회복청구권)에 관한 설명으로 옳은 것은? 　02 국가7급

① 가해행위의 위법 및 가해자의 과실을 요건으로 한다.
② 관리작용에 의한 침해인 경우에도 인정되나 법률행위에 한정된다.
③ 공행정작용의 직접적인 결과만을 그 대상으로 한다.
④ 결과제거청구소송은 행정상 항고소송이다.

> **해설**
> ① (X) 공법상 결과제거청구권은 손해배상청구권과는 달리 가해행위의 위법이나 고의·과실을 요건으로 하는 것은 아니다.
> ② (X) 공법상 결과제거청구권은 권력작용뿐만 아니라 관리작용에 의한 침해의 경우에도 인정된다. 또한 법적 행위뿐만 아니라 사실행위에 의한 침해의 경우에도 인정된다.
> ③ (O) 공법상 결과제거청구권은 직접적인 결과의 제거만을 내용으로 한다. 따라서 행정작용으로 인한 부수적인 불이익의 제거는 다른 청구권의 대상이 된다. 다시 말해 벼가 심겨진 논을 수용하여 시설물을 설치한 경우, 시설물의 제거만이 결과제거청구권의 대상이 되고, 벼를 심어 회복하는 것이 아니며, 이는 손해배상 등이 대상이 된다.
> ④ (X) 공법상 결과제거청구소송은 항고소송이 아니라 권리·의무에 관한 공법상 당사자소송에 해당한다. 다만, 실무에서는 민사소송으로 다룬다.
>
> **정답** ③

# CHAPTER 03 행정쟁송 1(행정소송)

## 제1절 개설

**001** 「행정소송법」에 대한 설명으로 옳은 것은? (다툼이 있는 경우 판례에 의함) 〔21 소방〕

① 민중소송 및 기관소송은 법률이 정한 자에 한하여 제기할 수 있다.
② 판례는 「행정소송법」상 행정청의 부작위에 대하여 부작위위법확인소송과 작위의무이행소송을 인정하고 있다.
③ 「행정소송법」상 항고소송은 취소소송, 무효등확인소송, 부작위위법확인소송, 당사자소송으로 구분한다.
④ 국가 또는 공공단체의 기관이 법률에 위반되는 행위를 한 때에 직접 자기의 법률상 이익과 관계없이 그 시정을 구하기 위하여 제기하는 소송을 기관소송이라 한다.

**해설**
① (○) 행정소송법 제45조
② (×) 판례는 의무이행소송이나 예방적 부작위청구소송을 인정하지 않는다.
③ (×) 당사자소송은 행정소송의 일종이지만 항고소송은 아니다.
④ (×) 선지는 기관소송이 아니라 민중소송에 대한 설명이다. 기관소송은 '국가 또는 공공단체의 기관 상호 간에 있어서의 권한의 존부 또는 그 행사에 관한 다툼이 있을 때에 이에 대하여 제기하는 소송'을 말한다. **(행정소송법 제3조 제4호)**

**정답** ①

**002** 「행정소송법」에서 규정하고 있는 항고소송이 아닌 것은? 〔20 서울·지방9급〕

① 기관소송
② 무효등확인소송
③ 부작위위법확인소송
④ 취소소송

**해설**
① (×) ② (○) ③ (○) ④ (○) 행정소송의 종류로는 항고소송, 당사자소송, 민중소송, 기관소송가 있고, **(행정소송법 제3조)** 항고소송의 종류로는 취소소송, 무효등확인소송, 부작위위법확인소송이 있다. **(같은 법 제4조)**

**정답** ①

## 003. 「행정소송법」에 관한 설명으로 옳지 않은 것은? 〔19 소방〕

① 행정청의 처분 등의 효력 유무 또는 존재 여부를 확인하는 소송은 무효등확인소송이다.
② 국가 또는 공공단체의 기관이 법률에 위반되는 행위를 한 때에 직접 자기의 법률상 이익과 관계없이 그 시정을 구하기 위하여 제기하는 소송은 기관소송이다.
③ 「행정소송법」은 행정소송사항에 관하여 개괄주의를 채택하였지만, 민중소송은 예외적으로 열기주의를 채택하였다.
④ 당사자소송에 관하여 법령에 제소기간이 정하여져 있는 때에는 그 기간은 불변기간으로 한다.

**해설**

① (○) 행정소송법 제4조 제2호
② (×) 선지는 민중소송에 대한 설명이다. 기관소송이란 국가 또는 공공단체의 기관 상호 간에 있어서의 권한의 존부 또는 그 행사에 관한 다툼이 있을 때에 이에 대하여 제기하는 소송을 말한다. (행정소송법 제3조 제4호)
③ (○) 개괄주의란 처분의 개념에 해당하는 것은 모두 항고소송의 대상이 되도록 하는 것을 말하고, 열기주의는 항고소송의 대상을 나열하는 방식이다.
④ (○) 행정소송법 제41조

**정답** ②

## 004. 「행정소송법」상 행정소송에 해당하지 않는 것은? (다툼이 있는 경우 판례에 의함) 〔18 지방9급〕

① 행정재산의 사용·수익허가에 따른 사용료를 미납한 경우에 부과된 가산금의 징수를 다투는 소송
② 행정편의를 위하여 사법상의 금전급부의무의 불이행에 대하여 「국세징수법」상 체납처분에 관한 규정을 준용하는 경우에 체납처분을 다투는 소송
③ 국가나 지방자치단체에 근무하는 청원경찰의 징계처분에 대한 소송
④ 「개발이익환수에 관한 법률」상 개발부담금 부과처분이 취소된 경우 그 과오납금의 반환을 청구하는 소송

**해설**

① (○) [행정소송] 행정재산의 사용·수익허가에 따른 사용료에 대하여는 국유재산법 제25조 제3항의 규정에 의하여 국세징수법 제21조, 제22조가 규정한 가산금과 중가산금을 징수할 수 있다 할 것이고, 위 가산금과 중가산금은 위 사용료가 납부기한까지 납부되지 않은 경우 미납분에 관한 지연이자의 의미로 부과되는 부대세의 일종이다. (대판 2006.3.9. 2004다31074)
② (○) [행정소송] 사법상 채권이라도 강제징수가 적용되어 체납처분을 다투는 경우에 행정소송의 대상이 된다.

> 행정청은 당해 재산이 행정재산 등 공용재산인 여부나 그 철거의무가 공법상의 의무인 여부에 관계없이 대집행을 할 수 있으며, 이는 같은 법 제25조 및 제38조가 사법상 권리관계인 국유재산의 사용료 또는 대부료 체납에 관하여도 국세징수법 중 체납처분에 관한 규정을 준용하여 징수할 수 있도록 규정한 것과도 그 궤를 같이하는 것이다. (대판 1992.9.8. 91누13090)

③ (○) [행정소송] 공법상의 당사자소송의 대상이다.
④ (×) [민사소송] 부당이득반환청구로 민사소송의 대상이다.

**정답** ④

## 005
**판례가 행정소송의 대상이 아니라 민사소송의 대상이라고 판단한 것만을 〈보기〉에서 모두 고른 것은?**

18 서울9급

〈보기〉
ㄱ. 개발부담금 부과처분 취소로 인한 그 과오납금의 반환을 청구하는 소송
ㄴ. 공립유치원 전임강사에 대한 해임처분의 시정 및 수령 지체된 보수의 지급을 구하는 소송
ㄷ. 「도시 및 주거환경정비법」상 관리처분계획안에 대한 조합총회결의 효력을 다투는 소송
ㄹ. 공무원의 직무상 불법행위로 손해를 받은 국민이 국가 또는 공공단체에 배상을 청구하는 소송
ㅁ. 「하천구역 편입토지 보상에 관한 특별조치법」 제2조 제1항의 규정에 의한 손실보상금의 지급을 구하거나 손실보상청구권의 확인을 구하는 소송

① ㄱ, ㄷ
② ㄱ, ㄹ
③ ㄴ, ㅁ
④ ㄱ, ㄹ, ㅁ

**해설**

ㄱ. (O) [민사소송] 개발부담금 부과처분이 취소된 이상 그 후의 부당이득으로서의 과오납금반환에 관한 법률관계는 단순한 민사관계에 불과한 것이고, 행정소송절차에 따라야 하는 관계로 볼 수 없다. (대판 1995.12.22. 94다51253)
ㄴ. (X) [행정소송] 교육부장관의 권한을 재위임받은 공립교육기관의 장에 의하여 공립유치원의 임용기간을 정한 전임강사로 임용되어 지방자치단체로부터 보수를 지급받으면서 공무원복무규정을 적용받고 사실상 유치원 교사의 업무를 담당하여 온 유치원 교사의 자격이 있는 자는 교육공무원에 준하여 신분보장을 받는 정원 외의 임시직공무원으로 봄이 상당하므로 그에 대한 해임처분의 시정 및 수령지체된 보수의 지급을 구하는 소송은 행정소송의 대상이지 민사소송의 대상이 아니다. (대판 1991.5.10. 90다10766)
ㄷ. (X) ㅁ. (X) [당사자소송]
ㄹ. (O) [민사소송] 국가배상청구는 민사소송으로 하는 것이 판례이다.

**정답** ②

## 006
**행정소송으로 청구할 수 없는 것은? (다툼이 있는 경우 판례에 의함)**

17 국가7급

① 잔여지 수용청구를 받아들이지 않은 토지수용위원회의 재결에 불복하여 제기하는 소송
② 「공익사업을 위한 토지 등의 취득 및 보상에 관한 법률」상 환매권의 존부에 관한 확인 및 환매금액의 증감을 구하는 소송
③ 동일한 소유자에게 속하는 일단의 건축물의 일부가 수용됨으로써 발생한 잔여 건축물 가격 감소 등으로 인한 손실보상에 관한 소송
④ 공익사업으로 인하여 영업을 폐지하거나 휴업하는 자의 영업손실로 인한 보상에 관한 소송

**해설**

① (O) [행정소송] 공익사업을 위한 토지 등의 취득 및 보상에 관한 법률(이하 '토지보상법'이라 한다) 제72조의 문언, 연혁 및 취지 등에 비추어 보면, 위 규정이 정한 수용청구권은 토지보상법 제74조 제1항이 정한 잔여지 수용청구권과 같이 손실보상의 일환으로 토지소유자에게 부여되는 권리로서 그 청구에 의하여 수용효과가 생기는 형성권의 성질을 지니므로, 토지소유자의 토지수용청구를 받아들이지 아니한 토지수용위원회의 재결에 대하여 토지소유자가 불복하여 제기하는 소송은 토지보상법 제85조 제2항에 규정되어 있는 '보상금의 증감에 관한 소송'에 해당하고, 피고는 토지수용위원회가 아니라 사업시행자로 하여야 한다. (대판 2015.4.9. 2014두46669)

② (✕) [민사소송] 환매권이 사법상의 권리이므로 그에 따르는 소송도 민사소송이 된다.

> 구 공익사업을 위한 토지 등의 취득 및 보상에 관한 법률 제91조에 규정된 환매권은 상대방에 대한 의사표시를 요하는 형성권의 일종으로서 재판상이든 재판 외든 위 규정에 따른 기간 내에 행사하면 매매의 효력이 생기는바, 이러한 환매권의 존부에 관한 확인을 구하는 소송 및 구 공익사업을 위한 토지 등의 취득 및 보상에 관한 법률 제91조 제4항에 따라 환매금액의 증감을 구하는 소송 역시 민사소송에 해당한다. (대판 2013.2.28. 2010두22368)

③ (O) [행정소송] 구 공익사업을 위한 토지 등의 취득 및 보상에 관한 법률(이하 '공익사업법'이라 한다) 각 규정 등을 종합하면, 토지소유자가 사업시행자로부터 공익사업법 제73조, 제75조의2에 따른 잔여지 또는 잔여 건축물 가격 감소 등으로 인한 손실보상을 받기 위해서는 공익사업법 제34조, 제50조 등에 규정된 재결절차를 거친 다음 그 재결에 대하여 불복할 때 비로소 공익사업법 제83조 내지 제85조에 따라 권리구제를 받을 수 있을 뿐이며, 특별한 사정이 없는 한 이러한 재결절차를 거치지 않은 채 곧바로 사업시행자를 상대로 손실보상을 청구하는 것은 허용되지 않는다 할 것이고, 이는 잔여지 또는 잔여 건축물 수용청구에 대한 재결절차를 거친 경우라고 하여 달리 볼 것은 아니다. (대판 2014.9.25. 2012두24092)

④ (O) [행정소송] 구 공익사업을 위한 토지 등의 취득 및 보상에 관한 법률(이하 '공익사업법'이라 한다) 각 규정 및 입법취지 등을 종합하여 보면, 공익사업으로 인하여 영업을 폐지하거나 휴업하는 자가 사업시행자에서 구 공익사업법 제77조 제1항에 따라 영업손실에 대한 보상을 받기 위해서는 구 공익사업법 제 34조, 제50조 등에 규정된 재결절차를 거친 다음 재결에 대하여 불복이 있는 때에 비로소 구 공익사업법 제83조 내지 제85조에 따라 권리구제를 받을 수 있을 뿐, 이러한 재결절차를 거치지 않은 채 곧바로 사업시행자를 상대로 손실보상을 청구하는 것은 허용되지 않는다고 보는 것이 타당하다. (대판 2011.9.29. 2009두10963)

정답 ②

---

**007** 「도로법」 제61조에서 "공작물·물건, 그 밖의 시설을 신설·개축·변경 또는 제거하거나 그 밖의 사유로 도로를 점용하려는 자는 도로관리청의 허가를 받아야 한다."라고 규정하고 있다. 甲은 도로관리청 乙에게 도로점용허가를 신청하였으나, 상당한 기간이 지났음에도 아무런 응답이 없어 행정쟁송을 제기하여 권리구제를 강구하려고 한다. 다음 설명으로 옳은 것은? (다툼이 있는 경우 판례에 의함)   16 지방9급

① 甲이 의무이행심판을 제기한 경우, 도로점용허가는 기속행위이므로 의무이행심판의 인용재결이 있으면 乙은 甲에 대하여 도로점용허가를 발급해 주어야 한다.
② 甲이 부작위위법확인소송을 제기한 경우, 법원은 乙이 도로점용허가를 발급해 주어야 하는지의 여부를 심리할 수 있다.
③ 甲이 제기한 부작위위법확인소송에서 법원의 인용판결이 있는 경우, 乙은 甲에 대하여 도로점용허가신청을 거부하는 처분을 할 수 있다.
④ 甲은 의무이행소송을 제기하여 권리구제가 가능하다.

**해설**
① (✕) 도로점용은 특허로서 재량행위이다.
② (✕) 부작위위법확인소송에서 법원의 심리범위는 부작위가 위법한 것인지에 한정되어야 하고(절차적 심리설, 형식적 심리설) 행정청의 실체적 판단에 대해서는 할 수 없다는 것이 판례의 입장이다.
③ (O) 부작위위법확인소송에서 법원의 인용판결이 있는 경우, 기속력은 판결의 취지에 맞추어 재처분을 하되 동일인에게 동일 이유로 동일한 처분을 하여서는 아니 된다. 따라서 다른 사유가 있다면 다시 거분처분을 할 수 있다.
④ (✕) 의무이행소송은 인정되지 않는다.

정답 ③

**008** 「행정소송법」에서 규정하고 있는 항고소송은? 　　14 국가9급

① 기관소송　　② 당사자소송
③ 예방적 금지소송　　④ 부작위법확인소송

> **해설**
> ① (×) ② (×) 기관소송과 당사자소송은 행정소송의 한 종류이지만, 항고소송에는 해당하지 않는다.
> ③ (×) ④ (○) 행정소송법이 규정하고 있는 법정항고소송은 취소소송, 무효등확인소송, 부작위법확인소송의 3가지다. 판례는 그 외의 무명항고소송을 인정하지 않는다.
>
> **정답** ④

**009** 주관적 소송에 속하지 않는 것은? 　　13 서울9급

① 취소소송　　② 부작위법확인소송
③ 당사자소송　　④ 기관소송
⑤ 무효등확인소송

> **해설**
> ① (○) ② (○) ③ (○) ④ (×) ⑤ (○) 행정소송은 목적에 따라 주관적 소송과 객관적 소송으로 나뉜다. 주관적 소송은 개인의 권리·이익의 구제를 주된 내용으로 하는 소송으로서 항고소송(취소소송, 무효등확인소송, 부작위법확인소송)과 당사자소송이 있다. 객관적 소송은 행정법규의 적정한 적용의 보장을 내용으로 하는 행정소송으로서 민중소송과 기관소송이 있다.
>
> **정답** ④

**010** 「행정소송법」상 소송유형에 포함되지 않는 것은? 　　13 지방9급

① 민중소송　　② 기관소송
③ 예방적 금지소송　　④ 항고소송

> **해설**
> ① (○) ② (○) ③ (×) ④ (○) 행정소송법은 행정소송의 종류로 항고소송, 당사자소송, 민중소송, 기관소송을 규정하고 있다. **(행정소송법 제3조)** 이처럼 행정소송법에 규정된 것을 법정항고소송이라고 하고, 법에 규정이 없는 것을 법정 외 항고소송(무명항고소송)이라고 한다. 예방적 금지소송(예방적 부작위청구소송)과 의무이행소송은 행정소송법에 규정되어 있지 않다.
>
> **정답** ③

## 011 「행정소송법」에 관한 설명으로 옳지 않은 것은?
12 지방9급

① 「행정소송법」 제3조에서는 행정소송을 취소소송, 당사자소송, 민중소송, 기관소송으로 구분한다.

② 당사자소송이란 행정청의 처분 등을 원인으로 하는 법률관계에 관한 소송 그 밖에 공법상의 법률관계에 관한 소송으로서 그 법률관계의 한쪽 당사자를 피고로 하는 소송을 말한다.

③ 취소소송이란 행정청의 위법한 처분 등을 취소 또는 변경하는 소송을 말한다.

④ 기관소송이란 국가 또는 공공단체의 기관 상호 간에 있어서의 권한의 존부 또는 그 행사에 관한 다툼이 있을 때에 이에 대하여 제기하는 소송을 말한다.

**해설**

① (X) 행정소송법 제3조는 행정소송의 종류를 항고소송, 당사자소송, 민중소송, 기관소송을 열거하고 있다. 취소소송은 항고소송의 한 종류이다.

② (O) **행정소송법 제3조 제2호**

③ (O) **행정소송법 제4조 제1호**
> 참고 이때의 변경은 소극적 변경만을 의미한다. 행정심판에서는 적극적 변경도 가능하다.

④ (O) **행정소송법 제3조 제4호**
> 참고 국가기관 상호 간, 국가기관과 지방자치단체 상호 간, 지방자치단체 상호 간의 다툼은 권한쟁의심판으로 헌법재판소의 관할이다.

**정답** ①

## 012 다음 〈보기〉 중 현행법상 허용되지 않는 행정쟁송수단으로 옳게 짝지어진 것은?
12 경행특채

〈보기〉
ㄱ. 의무이행심판   ㄴ. 예방적 부작위소송
ㄷ. 의무이행소송   ㄹ. 당사자소송
ㅁ. 재결취소소송

① ㄱ, ㄴ
② ㄴ, ㄷ
③ ㄷ, ㄹ
④ ㄹ, ㅁ

**해설**

ㄱ. (O) 행정심판에 있어서 의무이행심판이 인정되고 있다. (**행정심판법 제5조 제3호**)

ㄴ. (X) 행정소송법상 예방적 부작위청구소송은 인정되지 않는다. 주민소송에서는 부작위청구소송이 인정된다.

ㄷ. (X) 행정소송법상 의무이행소송이 인정되는 것은 아니다.

ㄹ. (O) 행정소송법은 당사자소송을 행정소송의 종류의 하나로 들고 있다. 당사자소송은 행정청의 처분 등을 원인으로 하는 법률관계에 관한 소송 그 밖에 공법상의 법률관계에 관한 소송으로서 그 법률관계의 한쪽당사자를 피고로 하는 소송을 말한다. (**행정소송법 제3조 제2호**)

ㅁ. (O) 취소소송은 처분 등을 대상으로 한다. 다만, 재결취소소송의 경우에는 재결 자체에 고유한 위법이 있음을 이유로 하는 경우에 한한다. (**행정소송법 제19조**) 즉, 행정소송법은 재결 자체에 고유한 위법이 있으면 재결취소소송을 허용하고 있다.

**정답** ②

## 013  다음 중 행정소송 대상으로 묶은 것은? (다툼이 있는 경우 판례에 따름)

11 경북 교행

> ㄱ. 한국자산공사 공매통지
> ㄴ. 사법시험 응시자에 대한 불합격처분
> ㄷ. 한국도로공사 사장에 의한 한국도로공사 직원의 징계처분
> ㄹ. 지적 소관청의 토지분할신청거부행위

① ㄱ, ㄴ
② ㄱ, ㄷ
③ ㄴ, ㄷ
④ ㄴ, ㄹ
⑤ ㄷ, ㄹ

**해설**

ㄱ. (×) 체납자 등에 대한 공매통지는 국가의 강제력에 의하여 진행되는 공매에서 체납자 등의 권리 내지 재산상의 이익을 보호하기 위하여 법률로 규정한 절차적 요건이라고 보아야 하며, 공매처분을 하면서 체납자 등에게 공매통지를 하지 않았거나 공매통지를 하였더라도 그것이 적법하지 아니한 경우에는 절차상의 흠이 있어 그 공매처분이 위법하게 되는 것이지만, 공매통지 자체가 그 상대방인 체납자 등의 법적 지위나 권리·의무에 직접적인 영향을 주는 행정처분에 해당한다고 할 것은 아니므로 다른 특별한 사정이 없는 한 체납자 등은 공매통지의 결여나 위법을 들어 공매처분의 취소 등을 구할 수 있는 것이지 공매통지 자체를 항고소송의 대상으로 삼아 그 취소 등을 구할 수는 없다. (대판 2011.3.24. 2010두25527)

ㄴ. (○) 대법원은 1차시험, 2차시험 모두 불합격처분에 대한 취소소송의 처분성을 인정하여 본안판단을 하였다. (대판 2009.9.10. 2008두2675 ; 대판 2007.1.11. 2004두10432)

ㄷ. (×) 영조물법인(예) 서울교통공사, 한국조폐공사, 한국방송공사)의 직원에 대한 징계처분은 행정소송의 대상이 아니라 민사소송의 대상이다.

ㄹ. (○) 토지의 개수는 지적법에 의한 지적공부상의 토지의 필수를 표준으로 결정되는 것으로 1필지의 토지를 수필로 분할하여 등기하려면 반드시 같은 법이 정하는 바에 따라 분할의 절차를 밟아 지적공부에 각 필지마다 등록되어야 하고, 이러한 절차를 거치지 아니하는 한 1개의 토지로서 등기의 목적이 될 수 없는 것이니 토지의 소유자는 자기 소유 토지의 일부에 대한 소유권의 양도나 저당권의 설정 등 필요한 처분행위를 할 수 없게 되고, 특히 1필지의 일부가 소유자가 다르게 된 때에도 그 소유권을 등기부에 표창하지 못하고 나아가 처분도 할 수 없게 되어 권리 행사에 지장을 초래하게 되는 점 등을 고려한다면, 지적 소관청의 이러한 토지분할신청의 거부행위는 국민의 권리관계에 영향을 미치는 것으로서 항고소송의 대상이 되는 처분으로 보아야 할 것이다. (대판 1992.12.8. 92누7542)

**정답** ④

## 014  의무이행소송에 관한 설명으로 옳지 않은 것은?

09 세무사

① 긍정설은 「행정소송법」상 항고소송의 종류에 관한 규정을 예시규정으로 보아서 의무이행소송을 무명항고소송의 일종으로 본다.

② 부정설은 의무이행소송을 인정할 경우에는 행정작용에 대한 1차적 판단권을 침해한다고 본다.

③ 부정설은 의무이행소송이 권력분립의 원칙에 반한다고 보며 여기서의 권력분립은 실질적, 기능적으로 이해한다.

④ 판례는 일관되게 행정청의 부작위에 대하여 일정한 처분을 하도록 하는 의무이행소송은 현행 「행정소송법」상 허용되지 않는다고 본다.

⑤ 「행정심판법」은 의무이행소송에 대응하는 의무이행심판제도를 채택하고 있다.

> **해설**

① (O) 긍정설은 행정소송법 제4조의 항고소송의 유형을 예시적이라고 보고 국민의 권리구제라는 점에서 의무이행소송을 긍정한다.
② (O) ③ (X) 부정설은 현행법상 명문규정이 없고 권력분립의 원칙에 위배되며 행정소송법 제4조의 항고소송의 유형은 열거적이라는 이유로 의무이행소송을 부정한다. 권력분립을 고전적·형식적으로 이해하면 의무이행소송을 부정하는 논거가 되고, 실질적·기능적으로 이해하면 의무이행소송을 인정하는 논거가 된다.
④ (O) 대법원은 일관되게 의무이행소송을 부정한다.

> 현행 행정소송법상 행정청으로 하여금 일정한 행정처분을 하도록 명하는 이행판결을 구하는 소송이나 법원으로 하여금 행정청이 일정한 행정처분을 행한 것과 같은 효과가 있는 행정처분을 직접 행하도록 하는 형성판결을 구하는 소송은 허용되지 아니한다. **(대판 1997.9.30. 97누3200)**

⑤ (O) 행정심판법은 행정청의 위법 또는 부당한 거부처분이나 부작위에 대하여 일정한 처분을 하도록 하는 심판으로서 의무이행심판을 규정하고 있다. **(행정심판법 제5조 제3호)**

**정답** ③

## 제2절 항고소송 1(취소소송)

### 01 개설

**015** 판례의 입장으로 옳은 것은? 20 국가9급

① 변상금 부과처분이 당연무효인 경우, 당해 변상금 부과처분에 의하여 납부한 오납금에 대한 납부자의 부당이득반환청구권의 소멸시효는 변상금 부과처분의 부과시부터 진행한다.
② 행정소송에서 쟁송의 대상이 되는 행정처분의 존부에 관한 사항이 상고심에서 비로소 주장된 경우에 행정처분의 존부에 관한 사항은 상고심의 심판범위에 해당한다.
③ 어떠한 처분의 근거나 법적인 효과가 행정규칙에 규정되어 있다면, 그 처분이 행정규칙의 내부적 구속력에 의하여 상대방의 권리·의무에 직접 영향을 미치는 행위라도 항고소송의 대상이 되는 행정처분이라 볼 수 없다.
④ 어떠한 허가처분에 대하여 타법상의 인허가가 의제된 경우, 의제된 인허가는 통상적인 인허가와 동일한 효력을 갖는 것은 아니므로 '부분 인허가의제'가 허용되는 경우에도 의제된 인허가에 대한 쟁송취소는 허용되지 않는다.

> **해설**

① (X) 민법상 소멸시효의 기산점에 대한 원칙적 기준은 권리를 행사할 수 있는 날로부터 기산한다.

> 변상금 부과처분이 당연무효인 경우에 이 변상금 부과처분에 의하여 납부자가 납부하거나 징수당한 오납금은 지방자치단체가 법률상 원인 없이 취득한 부당이득에 해당하고, 이러한 오납금에 대한 납부자의 부당이득반환청구권은 처음부터 법률상 원인이 없이 납부 또는 징수된 것이므로 납부 또는 징수시에 발생하여 확정되며, 그때부터 소멸시효가 진행한다. **(대판 2005.1.27. 2004다50143)**

② (O) 처분의 존부는 항고소송의 대상으로서 소송요건에 해당하므로 비록 상고심에서 문제가 되어도 심판대상이 된다.

> 행정소송에서 쟁송의 대상이 되는 행정처분의 존부는 소송요건으로서 직권조사사항이고, 자백의 대상이 될 수 없는 것이므로, 설사 그 존재를 당사자들이 다투지 아니한다 하더라도 그 존부에 관하여 의심이 있는 경우에는 이를 직권으로 밝혀 보아야 할 것이고, 사실심에서 변론종결시까지 당사자가 주장하지 않던 직권조사사항에 해당하는 사항을 상고심에서 비로소 주장하는 경우 그 직권조사사항에 해당하는 사항은 상고심의 심판범위에 해당한다. (대판 2004.12.24. 2003두15195)

③ (X) 어떠한 처분의 근거나 법적인 효과가 행정규칙에 규정되어 있다고 하더라도, 그 처분이 행정규칙의 내부적 구속력에 의하여 상대방에게 권리의 설정 또는 의무의 부담을 명하거나 기타 법적인 효과를 발생하게 하는 등으로 그 상대방의 권리·의무에 직접 영향을 미치는 행위라면, 이 경우에도 항고소송의 대상이 되는 행정처분에 해당한다. 행정규칙에 의한 '불문경고조치'가 비록 법률상의 징계처분은 아니지만 위 처분을 받지 아니하였다면 차후 다른 징계처분이나 경고를 받게 될 경우 징계감경사유로 사용될 수 있었던 표창공적의 사용가능성을 소멸시키는 효과와 1년 동안 인사기록카드에 등재됨으로써 그 동안은 장관표창이나 도지사표창대상자에서 제외시키는 효과 등이 있다는 이유로 항고소송의 대상이 되는 행정처분에 해당한다. (대판 2002.7.26. 2001두3532)

④ (X) [1] 구 주택법에 따르면, 주택건설사업계획 승인권자가 관계 행정청의 장과 미리 협의한 사항에 한하여 승인처분을 할 때에 인허가 등이 의제될 뿐이고, 각 호에 열거된 모든 인허가 등에 관하여 일괄하여 사전협의를 거칠 것을 주택건설사업계획승인처분의 요건으로 규정하고 있지 않다. 따라서 인허가의제대상이 되는 처분에 어떤 하자가 있더라도, 그로써 해당 인허가의제의 효과가 발생하지 않을 여지가 있게 될 뿐이고, 그러한 사정이 주택건설사업계획 승인처분 자체의 위법사유가 될 수는 없다. 또한 의제된 인허가는 통상적인 인허가와 동일한 효력을 가지므로, 적어도 '부분 인허가의제'가 허용되는 경우에는 그 효력을 제거하기 위한 법적 수단으로 의제된 인허가의 취소나 철회가 허용될 수 있고, 이러한 직권 취소·철회가 가능한 이상 그 의제된 인허가에 대한 쟁송취소 역시 허용된다. 따라서 주택건설사업계획 승인처분에 따라 의제된 인허가가 위법함을 다투고자 하는 이해관계인은, 주택건설사업계획 승인처분의 취소를 구할 것이 아니라 의제된 인허가의 취소를 구하여야 하며, 의제된 인허가는 주택건설사업계획 승인처분과 별도로 항고소송의 대상이 되는 처분에 해당한다.

[2] 주택건설사업계획 승인권자가 구 주택법 제17조 제3항에 따라 도시·군관리계획 결정권자와 협의를 거쳐 관계 주택건설사업계획을 승인하면 같은 조 제1항 제5호에 따라 도시·군관리계획결정이 이루어진 것으로 의제되고, 이러한 협의 절차와 별도로 국토의 계획 및 이용에 관한 법률 제28조 등에서 정한 도시·군관리계획 입안을 위한 주민 의견청취절차를 거칠 필요는 없다. (대판 2018.11.29. 2016두38792)

정답 ②

## 016  취소소송의 소송요건을 충족하지 않은 경우에 해당하는 것만을 모두 고르면? (다툼이 있는 경우 판례에 의함)

18 지방7급

> ㄱ. 기간제로 임용된 국·공립대학의 조교수에 대해 임용기간 만료로 한 재임용거부에 대하여 제기된 거부처분 취소소송
> ㄴ. 처분이 있음을 안 날부터 90일이 경과하였으나, 아직 처분이 있은 날부터 1년이 경과되지 않은 시점에서 제기된 취소소송
> ㄷ. 사실심 변론종결시에는 원고적격이 있었으나, 상고심에서 원고적격이 흠결된 취소소송

① ㄱ  
② ㄷ  
③ ㄴ, ㄷ  
④ ㄱ, ㄴ, ㄷ

해설

ㄱ. (O) 기간제로 임용되어 임용기간이 만료된 국·공립대학의 조교수는 교원으로서의 능력과 자질에 관하여 합리적인 기준에 의한 공정한 심사를 받아 위 기준에 부합되면 특별한 사정이 없는 한 재임용되리라는 기대를 가지고 재임용 여부에 관하여 합리적인 기준에 의한 공정한 심사를 요구할 법규상 또는 조리상 신청권을 가진다고 할 것이니, 임용권자가 임용기간이 만료된 조교수에 대하여 재임용을 거부하는 취지로 한 임용기간 만료의 통지는 위와 같은 대학교원의 법률관계에 영향을 주는 것으로서 행정소송의 대상이 되는 처분에 해당한다. (대판 2004.4.22. 2000두7735 전원합의체)
ㄴ. (X) 안 날부터 90일이 경과하거나 처분이 있은 날부터 1년의 둘 중 하나가 경과하면 제소기간이 도과된다.
ㄷ. (X) 소송요건은 소송의 적법성의 문제이기 때문에 사실심 변론종결시는 물론 상고심에서도 존속하여야 한다. 건물철거대집행 계고처분 취소소송이 상고심에 계속 중 대상건물의 철거로 소의 이익이 없게 되어 부적법하게 되었다. (대판 1995.11.21. 94누11293)

정답 ③

## 017

**행정소송에 관한 설명으로 옳지 않은 것은? (다툼이 있는 경우 판례에 의함)** 17 서울7급

① 행정청의 위법한 처분 등으로 인한 국민의 권리 또는 이익의 침해를 구제하고 공법상 권리관계 또는 법률적용에 관한 다툼을 적정하게 해결함을 목적으로 한다.
② 항고소송의 대상적격 여부는 행위의 성질·효과 이외에 행정소송제도의 목적이나 사법권(司法權)에 의한 국민의 권익보호기능도 충분히 고려하여 합목적적으로 판단해야 한다.
③ 행정청이 한 행위가 단지 사인 간 법률관계의 존부를 공적으로 증명하는 공증행위에 불과하더라도 그 효력을 둘러싼 분쟁의 해결이 사법원리(私法原理)에 맡겨져 있는 경우에는 항고소송의 대상이 된다.
④ 어떤 행위가 상대방의 권리를 제한하는 행위라 하더라도 행정청 또는 그 소속 기관이나 권한을 위임받은 공공단체 등의 행위가 아닌 한 이를 행정처분이라고 할 수 없다.

해설

① (O) 행정소송의 목적에 관한 설명이다.
② (O) 항고소송의 대상적격, 즉 처분성 인정 문제는 위와 같은 요소를 고려하여 판단한다. 특히 국민의 권리·의무에 영향이 있는가가 중요한 기준이 된다.
③ (X) 행정소송제도의 목적 및 기능 등에 비추어 볼 때, 행정청이 한 행위가 단지 사인 간 법률관계의 존부를 공적으로 증명하는 공증행위에 불과하여 그 효력을 둘러싼 분쟁의 해결이 사법원리에 맡겨져 있거나 행위의 근거법률에서 행정소송 이외의 다른 절차에 의하여 불복할 것을 예정하고 있는 경우에는 항고소송의 대상이 될 수 없다고 보는 것이 타당하다. (대판 2012.6.14. 2010두19720)
④ (O) 처분성이 인정되려면 행정청의 행위여야 한다.

> 행정소송의 대상이 되는 행정처분이란 행정청 또는 그 소속 기관이나 법령에 의하여 행정권한의 위임 또는 위탁을 받은 공공단체 등이 국민의 권리·의무에 관계되는 사항에 관하여 직접 효력을 미치는 공권력의 발동으로서 하는 공법상의 행위를 말하며, 그것이 상대방의 권리를 제한하는 행위라 하더라도 행정청 또는 그 소속 기관이나 권한을 위임받은 공공단체 등의 행위가 아닌 한 이를 행정처분이라고 할 수 없다. (대판 2008.1.31. 2005두8269)

정답 ③

## 018
행정소송에서 소송이 각하되는 경우에 해당하는 것만을 모두 고른 것은? (다툼이 있는 경우 판례에 의함)

17 국가7급

> ㄱ. 신청권이 없는 신청에 대한 거부행위에 대하여 제기된 거부처분 취소소송
> ㄴ. 재결 자체에 고유한 위법이 없음에도 재결에 대해 제기된 재결취소소송
> ㄷ. 행정심판의 필요적 전치주의가 적용되는 경우, 부적법한 취소심판의 청구가 있었음에도 행심판위원회가 기각재결을 하자 원처분에 대하여 제기한 취소소송
> ㄹ. 사실심단계에서는 원고적격을 구비하였으나 상고심에서 원고적격이 흠결된 취소소송

① ㄱ, ㄷ
② ㄴ, ㄷ
③ ㄱ, ㄴ, ㄹ
④ ㄱ, ㄷ, ㄹ

#### 해설

ㄱ. (○) [각하] 거부처분이나 부작위에 대한 소송이 가능하기 위해서는 법규상 또는 조리상의 신청권이 있어야 한다.

> 국민의 신청에 대하여 거부한 행위가 항고소송의 대상이 되는 행정처분에 해당하는 것이라고 하려면, ㉠ 그 신청한 행위가 공권력의 행사 또는 이에 준하는 행정작용이어야 하고, ㉡ 그 거부행위가 신청인의 법률관계에 어떤 변동을 일으키는 것이어야 하며, ㉢ 그 국민에게 그 행위발동을 요구할 법규상 또는 조리상의 신청권이 있어야 한다. (대판 2007.10.11. 2007두1316)

ㄴ. (×) [기각] 재결의 고유한 위법은 소송요건이 아니고 본안에서 판단을 하기 전에는 알 수 없는 것이므로 각하가 아니라 본안판단 후에 고유한 위법이 있으면 인용 아니면 기각이 된다.

ㄷ. (○) [각하] 전치를 거친 행정심판은 그 자체가 적법한 것이어야 한다. 즉, 적법하지 못한 행정심판을 거친 것은 행정심판을 거치지 않은 것과 마찬가지이다.

> 행정처분의 취소를 구하는 항고소송의 전심절차인 행정심판청구가 기간도과로 인하여 부적법한 경우에는 행정소송 역시 전치의 요건을 충족치 못한 것이 되어 부적법 각하를 면치 못하는 것이고, 이 점은 행정청이 행정심판의 제기기간을 도과한 부적법한 심판에 대하여 그 부적법을 간과한 채 실질적 재결을 하였다 하더라도 달라지는 것이 아니므로 마찬가지로 부적법한 취소심판의 청구가 있었음에도 행정심판위원회가 기각재결을 하자 원처분에 대하여 제기한 취소소송의 경우에도 소송요건을 구비하지 못하여 부적법하다. (대판 1991.6.25. 90누8091)

ㄹ. (○) [각하] 대판 1995.11.21. 94누11293

정답 ④

## 019 행정소송에 대한 판례의 입장으로 옳지 않은 것은?    15 지방9급

① 일반적·추상적인 법령 그 자체로서 국민의 구체적인 권리·의무에 직접적인 변동을 초래하는 것이 아닌 것은 취소소송의 대상이 될 수 없다.
② 행정소송의 대상이 되는 행정처분의 존부는 소송요건으로서 직권조사사항이고, 자백의 대상이 될 수 없는 것이므로, 설사 그 존재를 당사자들이 다투지 아니한다 하더라도 그 존부에 관하여 의심이 있는 경우에는 이를 직권으로 밝혀 보아야 할 것이다.
③ 「행정소송법」상 행정청이 일정한 처분을 하지 못하도록 그 부작위를 구하는 청구는 허용되지 않는 부적법한 소송이다.
④ 행정심판청구가 부적법하지 않음에도 각하한 재결은 원처분주의에 의해서 취소소송의 대상이 되지 않는다.

**해설**

① (O)
② (O) 전심절차를 거친 여부는 행정소송제기의 소송요건으로서 직권조사사항이라 할 것이므로 이를 거치지 않았음을 원고 소송대리인이 시인(자백)하였다고 할지라도 그 사실만으로 전심절차를 거친 여부를 단정할 수는 없다. (대판 1986.4.8. 82누242)
③ (O)
④ (X) 행정청이 착오로 부적법한 것으로 각하하였다 하더라도 행정심판전치주의의 근본취지가 행정청에게 자기반성의 기회를 제공하는 데 있음을 고려할 때 전치의 요건을 충족하였다. (대판 1990.10.12. 90누2383) 즉, 재결에 대한 소송이 가능하다.

**정답** ④

## 020 행정소송에 관한 설명으로 옳은 것은?    15 교행

① 소송요건의 구비 여부는 법원에 의한 직권조사사항으로 당사자의 주장에 구속되지 않는다.
② 무효확인소송은 즉시확정의 이익이 있는 경우에만 보충적으로 허용된다는 것이 판례의 입장이다.
③ 부작위법확인소송의 대상이 되는 부작위는 당사자의 신청이 없더라도 성립할 수 있다.
④ 당사자소송의 피고는 원칙적으로 당해 처분을 행한 처분청이 된다.

**해설**

① (O) 당사자가 주장하지 않아도 법원이 직권으로 조사할 수 있다. 예컨대 당사자가 제소기간을 도과하지 않았다고 인정해도 그와는 다른 결정(각하)을 할 수 있다.
② (X) 무효확인소송에서 확인의 이익(즉시확정의 이익, 확인의 보충성)이 필요한지에 대해 다수설은 불요설의 입장이고, 판례는 과거 필요하다는 입장이었으나, 최근 입장을 바꾸어 즉시확정의 이익을 요구하지 않고 있다.
③ (X) 부작위법확인소송은 당사자의 신청을 전제로 한다.
④ (X) 당사자소송의 피고는 행정주체이다.

**정답** ①

## 021 취소소송상의 요건심리에 해당하지 않는 것은?

11 세무사

① 처분성을 갖추었는지 여부
② 원고적격을 갖추었는지 여부
③ 처분이 위법인지 여부
④ 관할 법원을 위반하였는지 여부
⑤ 제기기간을 준수하였는지 여부

**해설**

① (O) ② (O) ③ (X) ④ (O) ⑤ (O) 취소소송을 제기하기 위해서는 ㉠ 취소소송의 대상적격이 인정될 것, ㉡ 원고적격이 인정될 것, ㉢ 협의의 소의 이익이 인정될 것, ㉣ 피고적격이 인정될 것, ㉤ 행정심판전치주의의 문제, ㉥ 제소기간을 지킬 것, ㉦ 관할 법원을 지킬 것, ㉧ 소장의 형식에 의할 것 등이 요구된다. 이상의 요건 중 하나라도 갖추지 못하면 그 소는 부적법 각하 된다. 처분이 위법인지 여부는 본안판단사항이다.

**정답** ③

## 02 취소소송의 대상(대상적격)

## 022 항고소송의 대상이 되는 처분에 관한 설명으로 옳지 않은 것은? (다툼이 있는 경우 판례에 의함)

23 소방

① 과태료의 부과 여부 및 그 당부는 최종적으로 「질서위반행위규제법」의 절차에 의하여 판단되어야 한다고 할 것이므로, 그 과태료 부과처분은 행정청을 피고로 하는 항고소송의 대상이 되는 처분이라고 볼 수 없다.
② 행정청의 행위가 항고소송의 대상이 되는 처분에 해당하는 지가 불분명한 경우에는 그에 대한 불복방법 선택에 중대한 이해관계를 가지는 상대방의 인식가능성과 예측가능성을 중요하게 고려해서 규범적으로 판단해야 한다.
③ 어떠한 처분의 근거나 법적인 효과가 행정규칙에 규정되어 있다고 하더라도, 그 처분이 행정규칙의 내부적 구속력에 의하여 상대방에게 권리의 설정 또는 의무의 부담을 명하거나 기타 법적인 효과를 발생하게 하는 등으로 그 상대방의 권리·의무에 직접 영향을 미치는 행위라면, 이 경우에도 항고소송의 대상이 되는 처분에 해당한다고 보아야 한다.
④ 「총포·도검·화약류 등의 안전관리에 관한 법률」에 따른 총포·화약안전기술협회가 회비납부의무자에 대하여 한 회비납부통지는 항고소송의 대상이 되는 처분에 해당하지 않는다.

**해설**

① (O) 과태료에 대한 이의신청과 그후 별도의 재판절차가 있으므로 처분이 아니다.
② (O) 공기업·준정부기관이 법령 또는 계약에 근거하여 선택적으로 입찰참가자격 제한조치를 할 수 있는 경우, 계약상대방에 대한 입찰참가자격 제한조치가 법령에 근거한 행정처분인지 아니면 계약에 근거한 권리 행사인지는 원칙적으로 의사표시의 해석 문제이다. 이때에는 공기업·준정부기관이 계약상대방에게 통지한 문서의 내용과 해당 조치에 이르기까지의 과정을 객관적·종합적으로 고찰하여 판단하여야 한다. 그럼에도 불구하고 공기업·준정부기관이 법령에 근거를 둔 행정처분으로서의 입찰참가자격 제한조치를 한 것인지 아니면 계약에 근거한 권리 행사로서의 입찰참가자격 제한조치를 한 것인지가 여전히 불분명한 경우에는, 그에 대한 불복방법 선택에 중대한 이해관계를 가지는 그 조치 상대방의 인식가능성 내지 예측가능성을 중요하게 고려하여 규범적으로 이를 확정함이 타당하다. (대판 2018.10.25. 2016두33537)

③ (○) 대판 2002.7.26. 2001두3532
④ (×) 총포·도검·화약류 등의 안전관리에 관한 법률의 관련 규정의 내용을 위 법리에 비추어 살펴보면, 공법인인 협회가 자신의 공행정활동에 필요한 재원을 마련하기 위하여 회비납부의무자에 대하여 한 '회비납부통지'는 납부의무자의 구체적인 부담금액을 산정·고지하는 '부담금 부과처분'으로서 항고소송의 대상이 된다고 보아야 한다. (대판 2021.12.30. 2018다241458)

정답 ④

## 023 항고소송의 대상에 대한 설명으로 옳지 않은 것은?

23 국가9급

① 어떠한 처분에 법령상 근거가 있는지, 「행정절차법」에서 정한 처분절차를 준수하였는지는 소송요건 심사단계에서 고려하여야 한다.
② 병무청장이 「병역법」에 따라 병역의무 기피자의 인적 사항 등을 인터넷 홈페이지에 게시하는 등의 방법으로 공개한 경우 병무청장의 공개결정은 항고소송의 대상이 되는 행정처분이다.
③ 국민건강보험공단이 행한 '직장가입자 자격상실 및 자격변동 안내' 통보는 가입자 자격의 변동 여부 및 시기를 확인하는 의미에서 한 사실상 통지행위에 불과할 뿐, 항고소송의 대상이 되는 행정처분에 해당하지 않는다.
④ 행정청의 행위가 '처분'에 해당하는지가 불분명한 경우에는 그에 대한 불복방법 선택에 중대한 이해관계를 가지는 상대방의 인식가능성과 예측가능성을 중요하게 고려하여 규범적으로 판단하여야 한다.

### 해설

① (×) 절차 준수 여부는 소송요건이 아니므로 본안에서 판단해야 한다.
② (○) 대판 2019.6.27. 2018두49130
③ (○) 국민건강보험공단이 甲 등에게 '직장가입자 자격상실 및 자격변동 안내' 통보 및 '사업장 직권탈퇴에 따른 가입자 자격상실 안내' 통보를 한 사안에서, 국민건강보험 직장가입자 또는 지역가입자 자격 변동은 법령이 정하는 사유가 생기면 별도 처분 등의 개입 없이 사유가 발생한 날부터 변동의 효력이 당연히 발생하므로, 국민건강보험공단이 甲 등에 대하여 가입자 자격이 변동되었다는 취지의 '직장가입자 자격상실 및 자격변동 안내' 통보를 하였거나, 그로 인하여 사업장이 국민건강보험법상의 적용대상사업장에서 제외되었다는 취지의 '사업장 직권탈퇴에 따른 가입자 자격상실 안내' 통보를 하였더라도, 이는 甲 등의 가입자 자격의 변동 여부 및 시기를 확인하는 의미에서 한 사실상 통지행위에 불과할 뿐, 위 각 통보에 의하여 가입자 자격이 변동되는 효력이 발생한다고 볼 수 없고, 또한 위 각 통보로 甲 등에게 지역가입자로서의 건강보험료를 납부하여야 하는 의무가 발생함으로써 甲 등의 권리·의무에 직접적 변동을 초래하는 것도 아니므로, 위 각 통보의 처분성이 인정되지 않는다. (대판 2019.2.14. 2016두41729)
④ (○) 대판 2018.10.25. 2016두33537

정답 ①

## 024 항고소송의 대상에 대한 설명으로 옳지 않은 것은? (다툼이 있는 경우 판례에 의함)

22 소방

① 병무청장의 요청에 따른 법무부장관의 입국금지결정은 법무부장관의 의사가 공식적인 방법으로 외부에 표시되어 입국 자체를 금지하는 것으로서 그 입국금지결정은 항고소송의 대상이 될 수 있는 처분에 해당한다.

② 병무청장이 「병역법」에 따라 병역의무 기피자의 인적 사항 등을 인터넷 홈페이지에 게시하는 등의 방법으로 공개한 경우 병무청장의 공개결정을 항고소송의 대상이 되는 행정처분으로 보아야 한다.

③ 시장이 감사원으로부터 「감사원법」에 따라 징계의 종류를 정직으로 정한 징계요구를 받게 되자 감사원에 징계요구에 대한 재심의를 청구하였고, 감사원이 재심의청구를 기각한 경우, 감사원의 징계요구와 재심의결정은 항고소송의 대상이 되는 행정처분이라고 할 수 없다.

④ 국방전력발전업무훈령에 따른 연구개발확인서 발급은 개발업체가 전력지원체계 연구개발사업을 성공적으로 수행하여 군사용 적합판정을 받고 경우에 따라 사업관리기관이 개발업체에게 수의계약의 방식으로 국방조달계약을 체결할 수 있는 지위가 있음을 인정해 주는 확인적 행정행위로서 처분에 해당한다.

### 해설

① (×) 병무청장이 법무부장관에게 '가수 甲이 공연을 위하여 국외여행허가를 받고 출국한 후 미국 시민권을 취득함으로써 사실상 병역의무를 면탈하였으므로 재외동포 자격으로 재입국하고자 하는 경우 국내에서 취업, 가수활동 등 영리활동을 할 수 없도록 하고, 불가능할 경우 입국 자체를 금지해 달라'고 요청함에 따라 법무부장관이 甲의 입국을 금지하는 결정을 하고, 그 정보를 내부전산망인 '출입국관리정보시스템'에 입력하였으나, 甲에게는 통보하지 않은 사안에서, 위 입국금지결정은 항고소송의 대상이 되는 '처분'에 해당하지 않는다. (대판 2019.7.11. 2017두38874)

② (○) 대판 2019.6.27. 2018두49130

③ (○) 甲시장이 감사원으로부터 감사원법 제32조에 따라 乙에 대하여 징계의 종류를 정직으로 정한 징계요구를 받게 되자 감사원에 징계요구에 대한 재심의를 청구하였고, 감사원이 재심의청구를 기각하자 乙이 감사원의 징계요구와 그에 대한 재심의결정의 취소를 구하고 甲시장이 감사원의 재심의결정 취소를 구하는 소를 제기한 사안에서, 감사원의 징계요구와 재심의결정이 항고소송의 대상이 되는 행정처분이라고 할 수 없고, 甲시장이 제기한 소송이 기관소송으로서 감사원법 제40조 제2항에 따라 허용된다고 볼 수 없다. (대판 2016.12.27. 2014두5637)

④ (○) 국방전력발전업무훈령 제113조의5 제1항에 의한 연구개발확인서 발급은 개발업체가 '업체투자연구개발'방식 또는 '정부·업체공동투자연구개발'방식으로 전력지원체계 연구개발사업을 성공적으로 수행하여 군사용 적합판정을 받고 국방규격이 제·개정된 경우에 사업관리기관이 개발업체에게 해당 품목의 양산과 관련하여 경쟁입찰에 부치지 않고 수의계약의 방식으로 국방조달계약을 체결할 수 있는 지위(경쟁입찰의 예외사유)가 있음을 인정해 주는 '확인적 행정행위'로서 공권력의 행사인 '처분'에 해당하고, 연구개발확인서 발급거부는 신청에 따른 처분 발급을 거부하는 '거부처분'에 해당한다. (대판 2020.1.16. 2019다264700)

정답 ①

## 025  항고소송에서 수소법원의 판결에 대한 설명으로 옳지 않은 것은? (다툼이 있는 경우 판례에 의함)

22 국가9급

① 행정처분의 취소를 구하는 소에서, 비록 행정처분의 위법을 이유로 취소판결을 받더라도 처분에 의하여 발생한 위법상태를 원상회복시키는 것이 불가능한 경우에는 원칙적으로 취소를 구할 법률상 이익이 없으므로, 수소법원은 소를 각하하여야 한다.

② 해임처분 취소소송 계속 중 임기가 만료되어 해임처분의 취소로 지위를 회복할 수는 없다고 할지라도, 그 취소로 해임처분일부터 임기만료일까지 기간에 대한 보수 지급을 구할 수 있는 경우에는 해임처분의 취소를 구할 법률상 이익이 있으므로, 수소법원은 본안에 대하여 판단하여야 한다.

③ 관할청이 「농지법」상의 이행강제금 부과처분을 하면서 재결청에 행정심판을 청구하거나 관할 행정법원에 행정소송을 할 수 있다고 잘못 안내한 경우 행정법원의 항고소송 재판관할이 생긴다.

④ 「행정소송법」 제19조에서 말하는 '재결 자체에 고유한 위법'이란 원처분에는 없고 재결에만 있는 재결청의 권한 또는 구성의 위법, 재결의 절차나 형식의 위법, 내용의 위법 등을 뜻한다.

**해설**

① (O) 원상회복이 불가능하면 원칙적으로 소의 이익이 없다.
② (O) 한국방송공사 사장은 해임처분 무효확인 또는 취소소송 계속 중 임기가 만료되어 해임처분의 무효확인 또는 취소로 지위를 회복할 수 없다고 할지라도, 그 무효확인 또는 취소로 해임처분일부터 임기만료일까지의 기간에 대한 보수 지급을 구할 수 있는 경우에는 해임처분의 무효확인 또는 취소를 구할 법률상 이익이 있다. (대판 2012.2.23. 2011두5001)
③ (X) 이행강제금은 개념상 급부하명이다. 개별법에 별도의 구제절차가 없는 경우(건축법)에는 처분성이 인정되어 항고소송이 가능하지만, 개별법에 별도의 구제절차가 있는 경우(농지법)에는 처분성이 부정된다.
④ (O) 재결의 고유한 하자란 주체, 내용, 형식, 절차상 하자를 포함한다.

**정답** ③

## 026

**다음 사례에 관한 설명으로 옳은 것은? (다툼이 있는 경우 판례에 의함)**

21 국가7급

> 관할 행정청은 2019.4.17. 「청소년 보호법」의 규정에 따라 ㉠ A주식회사가 운영하는 인터넷 사이트를 청소년유해매체물로 결정하는 내용, ㉡ 일반 불특정 다수인을 상대방으로 하여 일률적으로 표시의무, 포장의무, 청소년에 대한 판매·대여 등의 금지의무 등 각종 의무를 발생시키는 내용, ㉢ 그 결정·고시의 효력발생일을 2019.4.24.로 정하는 내용 등을 포함한 청소년유해매체물 결정·고시를 하였다.

① 위 결정·고시는 항고소송의 대상이 되는 행정처분에 해당하지 않는다.
② 관할 행정청이 위 결정·고시를 함에 있어서 A주식회사에게 이를 통지하지 않았다고 하여 결정·고시의 효력 자체가 발생하지 않는 것은 아니다.
③ A주식회사가 위 결정을 통지받지 못하였다는 것은 취소소송의 제소기간을 준수하지 못한 것에 대한 정당한 사유가 될 수 있다.
④ 위 결정·고시에 대한 취소소송의 제소기간을 계산함에 있어서는, A주식회사가 위 결정·고시가 있었다는 사실을 현실적으로 알았는지 여부에 관계없이 고시일인 2019.4.17.에 위 결정·고시가 있음을 알았다고 보아야 한다.

**해설**

① (×) ② (○) 구 청소년 보호법에 따른 청소년유해매체물 결정 및 고시처분은 당해 유해매체물의 소유자 등 특정인만을 대상으로 한 행정처분이 아니라 일반 불특정 다수인을 상대방으로 하여 일률적으로 표시의무, 포장의무, 청소년에 대한 판매·대여 등의 금지의무 등 각종 의무를 발생시키는 행정처분으로서, 정보통신윤리위원회가 특정 인터넷 웹사이트를 청소년유해매체물로 결정하고 청소년보호위원회가 효력발생시기를 명시하여 고시함으로써 그 명시된 시점에 효력이 발생하였다고 봄이 상당하고, 정보통신윤리위원회와 청소년보호위원회가 위 처분이 있었음을 위 웹사이트 운영자에게 제대로 통지하지 아니하였다고 하여 그 효력 자체가 발생하지 아니한 것으로 볼 수는 없다. (대판 2007.6.14. 2004두619)
③ (×) 인터넷 웹사이트에 대하여 구 청소년 보호법에 따른 청소년유해매체물 결정 및 고시처분을 한 사안에서, 위 결정은 이해관계인이 고시가 있었음을 알았는지 여부에 관계없이 관보에 고시됨으로써 효력이 발생하고, 그가 위 결정을 통지받지 못하였다는 것이 제소기간을 준수하지 못한 것에 대한 정당한 사유가 될 수 없다. (대판 2007.6.14. 2004두619)
④ (×) 통상 고시 또는 공고에 의하여 행정처분을 하는 경우에는 그 처분의 상대방이 불특정 다수인이고 그 처분의 효력이 불특정 다수인에게 일률적으로 적용되는 것이므로, 그 행정처분에 이해관계를 갖는 자가 고시 또는 공고가 있었다는 사실을 현실적으로 알았는지 여부에 관계없이 고시가 효력을 발생하는 날 행정처분이 있음을 알았다고 보아야 한다. (대판 2007.6.14. 2004두619)

**정답** ②

**027** 항고소송의 대상인 재결에 대한 설명으로 옳지 않은 것은? (다툼이 있는 경우 판례에 의함) 21 국가7급

① 행정심판청구가 부적법하지 않음에도 각하한 재결은 심판청구인의 실체심리를 받을 권리를 박탈한 것으로서 원처분에 없는 고유한 하자가 있는 경우에 해당하고, 따라서 위 재결은 취소소송의 대상이 된다.

② 제3자효를 수반하는 행정행위에 대한 행정심판청구에 있어서 그 청구를 인용하는 내용의 재결로 인하여 비로소 권리이익을 침해받게 되는 자는 그 인용재결에 대하여 다툴 필요가 있고, 그 인용재결은 원처분과 내용을 달리하는 것이므로 그 인용재결의 취소를 구하는 것은 원처분에는 없는 재결에 고유한 하자를 주장하는 셈이어서 당연히 항고소송의 대상이 된다.

③ 토지수용에 관한 행정소송에 있어서 토지소유자는 중앙토지수용위원회의 이의재결에 대하여 불복이 있을 때 제기할 수 있고 수용재결은 행정소송의 대상이 될 수 없다.

④ 제3자효 행정행위에 대하여 재결청이 직접 당해 사업계획 승인처분을 취소하는 형성적 재결을 한 경우에는 그 재결 외에 그에 따른 행정청의 별도의 처분이 있지 않기 때문에 재결 자체를 쟁송의 대상으로 할 수 있다.

**해설**

① (○) 대판 2001.7.27. 99두2970

② (○) 대판 1997.12.23. 96누10911

③ (×) 원처분주의이기 때문에 재결을 거쳐도 원칙적으로 수용재결이 소송의 대상이 된다.

> 수용재결에 불복하여 취소소송을 제기하는 때에는 이의신청을 거친 경우에도 수용재결을 한 중앙토지수용위원회 또는 지방토지수용위원회를 피고로 하여 수용재결의 취소를 구하여야 하고, 다만 이의신청에 대한 재결 자체에 고유한 위법이 있음을 이유로 하는 경우에는 그 이의재결을 한 중앙토지수용위원회를 피고로 하여 이의재결의 취소를 구할 수 있다고 보아야 한다. (대판 2010.1.28. 2008두1504)

④ (○) 당해 재결과 같이 그 인용재결청인 문화체육부장관(현 문화체육관광부장관) 스스로가 직접 당해 사업계획 승인처분을 취소하는 형성적 재결을 한 경우에는 그 재결 외에 그에 따른 행정청의 별도의 처분이 있지 않기 때문에 재결 자체를 쟁송의 대상으로 할 수밖에 없다. (대판 1997.12.23. 96누10911).

**정답** ③

## 028 판례상 취소소송의 대상이 되는 행정작용에 해당하는 경우만을 모두 고르면?

21 서울·지방7급

ㄱ. 한국마사회의 조교사·기수 면허취소처분
ㄴ. 임용기간이 만료된 국립대학 조교수에 대하여 재임용을 거부하는 취지로 한 임용기간 만료의 통지
ㄷ. 「국가공무원법」상 당연퇴직의 인사발령
ㄹ. 어업권면허에 선행하는 확약인 우선순위결정
ㅁ. 과세관청의 소득처분에 따른 소득금액변동통지

① ㄱ, ㄷ
② ㄴ, ㅁ
③ ㄱ, ㄴ, ㄹ
④ ㄷ, ㄹ, ㅁ

### 해설

ㄱ. [처분성 부정] 한국마사회가 조교사 또는 기수의 면허를 부여하거나 취소하는 것은 경마를 독점적으로 개최할 수 있는 지위에서 우수한 능력을 갖추었다고 인정되는 사람에게 경마에서의 일정한 기능과 역할을 수행할 수 있는 자격을 부여하거나 이를 박탈하는 것에 지나지 아니하므로, 이는 국가 기타 행정기관으로부터 위탁받은 행정권한의 행사가 아니라 일반사법상의 법률관계에서 이루어지는 단체 내부에서의 징계 내지 제재처분이다. (대판 2008.1.31. 2005두8269)

ㄴ. [처분성 인정] 기간제로 임용되어 임용기간이 만료된 국·공립대학의 조교수는 교원으로서의 능력과 자질에 관하여 합리적인 기준에 의한 공정한 심사를 받아 위 기준에 부합되면 특별한 사정이 없는 한 재임용되리라는 기대를 가지고 재임용 여부에 관하여 합리적인 기준에 의한 공정한 심사를 요구할 법규상 또는 조리상 신청권을 가진다고 할 것이니, 임용권자가 임용기간이 만료된 조교수에 대하여 재임용을 거부하는 취지로 한 임용기간만료의 통지는 위와 같은 대학교원의 법률관계에 영향을 주는 것으로서 행정소송의 대상이 되는 처분에 해당한다. (대판 2004.4.22. 2000두7735)

ㄷ. [처분성 부정] 당연퇴직의 인사발령은 법률상 당연히 발생하는 퇴직사유를 공적으로 확인하여 알려주는 이른바 관념의 통지에 불과하고 공무원의 신분을 상실시키는 새로운 형성적 행위가 아니므로 행정소송의 대상이 되는 독립한 행정처분이라고 할 수 없다. (대판 1995.11.14. 95누2036)

ㄹ. [처분성 부정] 어업권면허에 선행하는 우선순위결정은 행정청이 우선권자로 결정된 자의 신청이 있으면 어업권면허처분을 하겠다는 것을 약속하는 행위로서 강학상 확약에 불과하고 행정처분은 아니므로, 우선순위결정에 공정력이나 불가쟁력과 같은 효력은 인정되지 아니하며, 따라서 우선순위결정이 잘못되었다는 이유로 종전의 어업권면허처분이 취소되면 행정청은 종전의 우선순위결정을 무시하고 다시 우선순위를 결정한 다음 새로운 우선순위결정에 기하여 새로운 어업권면허를 할 수 있다. (대판 1995.1.20. 94누6529)

ㅁ. [처분성 인정] 과세관청의 소득처분과 그에 따른 소득금액변동통지가 있는 경우 원천징수의무자인 법인은 소득금액변동통지서를 받은 날에 그 통지서에 기재된 소득의 귀속자에게 당해 소득금액을 지급한 것으로 의제되어 그 때 원천징수하는 소득세의 납세의무가 성립함과 동시에 확정되고, 원천징수의무자인 법인으로서는 소득금액변동통지서에 기재된 소득처분의 내용에 따라 원천징수세액을 그 다음 달 10일까지 관할 세무서장 등에게 납부하여야 할 의무를 부담하며, 만일 이를 이행하지 아니하는 경우에는 가산세의 제재를 받음은 물론이고 형사처벌까지 받도록 규정되어 있는 점에 비추어 보면, 소득금액변동통지는 원천징수의무자인 법인의 납세의무에 직접 영향을 미치는 과세관청의 행위로서, 항고소송의 대상이 되는 조세행정처분이라고 봄이 상당하다. (대판 2006.4.20. 2002두1878)

정답 ②

## 029 판례상 항고소송의 대상으로 인정되는 것만을 모두 고르면? 21 소방

ㄱ. 교도소장이 특정 수형자를 '접견 내용 녹음·녹화 및 접견시 교도관 참여대상자'로 지정한 행위
ㄴ. 행정청이 토지대장상의 소유자명의변경신청을 거부한 행위
ㄷ. 농지처분의무통지
ㄹ. 상표권자인 법인에 대한 청산종결등기가 되었음을 이유로 특허청장이 행한 상표권 말소등록 행위

① ㄱ, ㄴ
② ㄱ, ㄷ
③ ㄴ, ㄹ
④ ㄷ, ㄹ

**해설**

ㄱ. **[처분성 인정]** 교도소장이 수형자 甲을 '접견 내용 녹음·녹화 및 접견시 교도관 참여대상자'로 지정한 사안에서, 위 지정행위는 수형자의 구체적 권리·의무에 직접적 변동을 가져오는 행정청의 공법상 행위로서 항고소송의 대상이 되는 '처분'에 해당한다고 본 원심판단을 정당하다. (대판 2014.2.13. 2013두20899)
ㄴ. **[처분성 부정]** 등기부상 소유자가 토지대장의 소유자 기재가 잘못되었다는 이유로 토지대장상의 소유자명의변경신청을 한 것에 대하여 행정청이 등기부 기재가 착오로 잘못 기재된 것으로 보인다는 이유로 이를 거부한 것은 행정처분으로 볼 수 없다. (대판 2012.1.12. 2010두12354)
ㄷ. **[처분성 인정]** 농지처분의무통지는 단순한 관념의 통지에 불과하다고 볼 수는 없고, 상대방인 농지소유자의 의무에 직접 관계되는 독립한 행정처분으로서 항고소송의 대상이 된다. (대판 2003.11.14. 2001두8742)
ㄹ. **[처분성 부정]** 상표권 설정등록이 말소된 경우에도 등록령 제27조에 따른 회복등록의 신청이 가능하고, 회복신청이 거부된 경우에는 거부처분에 대한 항고소송이 가능하다. 그러나 상표권자인 법인에 대한 청산종결등기가 되었음을 이유로 한 상표권의 말소등록행위는 항고소송의 대상이 아니다. (대판 2015.10.29. 2014두2362)

**정답** ②

## 030

다음 사례에 관한 설명으로 옳은 것은? (다툼이 있는 경우 판례에 의함)   21 국가9급

> - 甲은 자신의 토지에 대한 개별공시지가결정을 통지받은 후 90일이 넘어 과세처분을 받았는데, 과세처분이 위법한 개별공시지가결정에 기초하였다는 이유로 과세처분의 취소를 구하고자 한다.
> - 甲은 토지대장에 전(田)으로 기재되어 있는 지목을 대(垈)로 변경하고자 지목변경신청을 하였다.
> - 乙은 甲의 토지가 사실은 자신 소유라고 주장하면서 토지대장상의 소유자명의변경을 신청하였으나 거부되었다.

① 甲은 과세처분이 있기 전에는 개별공시지가결정에 대해서 취소소송을 제기할 수 없다.
② 甲은 과세처분의 위법성이 인정되지 않더라도 과세처분 취소소송에서 개별공시지가결정의 위법을 독립된 위법사유로 주장할 수 있다.
③ 토지대장에 등재된 사항을 변경하는 행위는 행정사무집행의 편의와 사실증명의 자료로 삼기 위한 것이므로, 甲은 지목변경신청이 거부되더라도 이에 대하여 취소소송으로 다툴 수 없다.
④ 乙에 대한 토지대장상의 소유자명의변경신청거부는 처분성이 인정된다.

**해설**

① (✕) 개별공시지가는 그 자체가 처분이므로 개별공시지가에 대한 취소소송이 가능하다.
② (○) 개별공시지가와 과세는 동일한 목적이 아니지만 선행행위의 후행행위에 대한 구속력이 인정되지 않으므로 하자의 승계가 인정된다.
③ (✕) 지목변경신청거부는 처분성이 인정된다.
④ (✕) 토지대장상의 소유자명의변경신청거부는 처분성이 인정되지 않는다.

**정답** ②

## 031

행정입법에 대한 설명으로 옳은 것은? (다툼이 있는 경우 판례에 의함)   20 서울·지방7급

① 처분적 조례에 대한 무효확인소송을 제기함에 있어서 피고적격이 있는 처분 등을 행한 행정청은 지방의회이다.
② 상위 법령에서 세부사항 등을 시행규칙으로 정하도록 위임하였음에도 이를 고시 등 행정규칙으로 정하였다면 대외적 구속력을 가지는 법규명령으로서 효력이 인정될 수 없다.
③ 법률의 위임에 따라 효력을 갖는 법규명령이 위임의 근거가 없어 무효였더라도 나중에 법개정으로 위임의 근거가 부여되면 당해 법규명령의 제정시에 소급하여 유효한 법규명령이 된다.
④ 의료기관의 명칭표시판에 진료과목을 함께 표시하는 경우 글자 크기를 제한하고 있는 구 「의료법 시행규칙」 제31조는 그 자체로 국민의 구체적 권리·의무나 법률관계에 직접적 변동을 초래하므로 항고소송의 대상이 될 수 있다.

해설
① (X) 조례를 다투는 항고소송의 피고는 지방자치단체장이다. 조례가 교육·학예에 관한 것이면 교육감이 피고가 된다.
② (O) 법령보충규칙이 상위 법령의 위임범위를 벗어난 경우에는 법규명령으로서 대외적 구속력을 인정할 여지는 없다. 이는 행정규칙이나 규정 '내용'이 위임범위를 벗어난 경우뿐 아니라 상위 법령의 위임규정에서 특정하여 정한 권한 행사의 '절차'나 '방식'에 위배되는 경우도 마찬가지이므로, 상위 법령에서 세부사항 등을 시행규칙으로 정하도록 위임하였음에도 이를 고시 등 행정규칙으로 정하였다면 그 역시 대외적 구속력을 가지는 법규명령으로서 효력이 인정될 수 없다. (대판 2012.7.5. 2010다72076)
③ (X) 일반적으로 법률의 위임에 의하여 효력을 갖는 법규명령의 경우, 구법에 위임의 근거가 없어 무효였더라도 사후에 법개정으로 위임의 근거가 부여되면 그때부터는 유효한 법규명령이 되나, 반대로 구법의 위임에 의한 유효한 법규명령이 법개정으로 위임의 근거가 없어지게 되면 그때부터 무효인 법규명령이 되므로, 어떤 법령의 위임근거 유무에 따른 유효 여부를 심사하려면 법개정의 전·후에 걸쳐 모두 심사하여야만 그 법규명령의 시기에 따른 유효·무효를 판단할 수 있다. (대판 1995.6.30. 93추83)
④ (X) 의료법 시행규칙 제31조가 의료기관의 명칭표시판에 진료과목을 함께 표시하는 경우 그 글자의 크기를 의료기관 명칭을 표시하는 글자 크기의 2분의 1 이내로 제한하고 있지만, 위 규정은 그 위반자에 대하여 과태료를 부과하는 등의 별도의 집행행위 매개 없이는 그 자체로서 국민의 구체적인 권리·의무나 법률관계에 직접적인 변동을 초래하지 아니하므로 항고소송의 대상이 되는 행정처분이라고 할 수 없다. (대판 2007.4.12. 2005두15168)

정답 ②

## 032 판례의 입장으로 옳지 않은 것은? 19 지방7급

① 건축허가관청은 특단의 사정이 없는 한 건축허가 내용대로 완공된 건축물의 준공을 거부할 수 없다.
② 지적공부 소관청이 토지대장을 직권으로 말소하는 행위는 항고소송의 대상이 되는 행정처분에 해당한다.
③ 무허가건물을 무허가건물관리대장에서 삭제하는 행위는 다른 특별한 사정이 없는 한 항고소송의 대상이 되는 행정처분에 해당한다.
④ 지목은 토지소유권을 제대로 행사하기 위한 전제요건이므로 지적공부 소관청의 지목변경신청 반려행위는 항고소송의 대상이 되는 행정처분에 해당한다.

해설
① (O) 준공확인은 기속행위이기 때문이다.
② (O) 토지대장·건축물대장의 직권말소는 처분성이 인정된다.
③ (X) 무허가건물 대장의 직권말소는 처분이 아니다.
④ (O) 구 지적법 제20조, 제38조 제2항의 규정은 토지소유자에게 지목변경신청권과 지목정정신청권을 부여한 것이고, 한편 지목은 토지에 대한 공법상의 규제, 개발부담금의 부과대상, 지방세의 과세대상, 공시지가의 산정, 손실보상가액의 산정 등 토지행정의 기초로서 공법상의 법률관계에 영향을 미치고, 토지소유자는 지목을 토대로 토지의 사용·수익·처분에 일정한 제한을 받게 되는 점 등을 고려하면, 지목은 토지소유권을 제대로 행사하기 위한 전제요건으로서 토지소유자의 실체적 권리관계에 밀접하게 관련되어 있으므로 지적공부 소관청의 지목변경신청 반려행위는 국민의 권리관계에 영향을 미치는 것으로서 항고소송의 대상이 되는 행정처분에 해당한다. (대판 2004.4.22. 2003두9015 전원합의체)

정답 ③

## 033 판례의 입장으로 옳지 않은 것은?

19 지방7급

① 「건축법」상 이행강제금은 행정상의 간접강제수단에 해당하므로, 시정명령을 받은 의무자가 이행강제금이 부과되기 전에 그 의무를 이행한 경우에는 비록 시정명령에서 정한 기간을 지나서 이행한 경우라도 이행강제금을 부과할 수 없다.

② 지방자치단체가 체결하는 이른바 '공공계약'이 사경제의 주체로서 상대방과 대등한 위치에서 체결하는 사법상 계약에 해당하는 경우, 그 계약에는 법령에 특별한 정함이 있는 경우 외에는 사적자치와 계약자유의 원칙 등 사법의 원리가 그대로 적용된다.

③ 「교육공무원법」에 따라 승진후보자 명부에 포함되어 있던 후보자를 승진심사에 의해 승진임용인사발령에서 제외하는 행위는 항고소송의 대상인 처분으로 보아야 한다.

④ 허가에 타법상의 인허가가 의제되는 경우, 의제된 인허가는 통상적인 인허가와 동일한 효력을 가질 수 없으므로 '부분 인허가의제'가 허용되는 경우라도 그에 대한 쟁송취소는 허용될 수 없다.

### 해설

① (○) 대판 2018.1.25. 2015두35116

② (○) 대판 2017.1.25. 2015다205796

③ (○) 교육공무원법상 승진후보자 명부에 의한 승진심사방식으로 행해지는 승진임용에서 승진후보자 명부에 포함되어 있던 후보자를 승진임용인사발령에서 제외하는 행위는 항고소송의 대상인 처분에 해당한다.

> [1] 승진후보자 명부에 포함된 후보자는 임용권자로부터 정당한 심사를 받게 될 것에 관한 절차적 기대를 하게 된다.
> [2] 공무원 승진임용에 관해서는 임용권자에게 일반국민에 대한 행정처분이나 공무원에 대한 징계처분에서와는 비교할 수 없을 정도의 광범위한 재량이 부여되어 있다. 따라서 승진후보자 명부에 포함된 후보자를 승진임용에서 제외하는 결정이 공무원의 자격을 정한 관련 법령규정에 위반되지 아니하고 사회통념상 합리성을 갖춘 사유에 따른 것이라는 주장·증명이 있다면 쉽사리 위법하다고 판단하여서는 아니 된다. (대판 2018.3.27. 2015두47492)

④ (✗) [1] 구 주택법에 따르면, 주택건설사업계획 승인권자가 관계 행정청의 장과 미리 협의한 사항에 한하여 승인처분을 할 때에 인허가 등이 의제될 뿐이고, 각 호에 열거된 모든 인허가 등에 관하여 일괄하여 사전협의를 거칠 것을 주택건설사업계획 승인처분의 요건으로 규정하고 있지 않다. 따라서 인허가의제대상이 되는 처분에 어떤 하자가 있더라도, 그로써 해당 인허가의제의 효과가 발생하지 않을 여지가 있게 될 뿐이고, 그러한 사정이 주택건설사업계획 승인처분 자체의 위법사유가 될 수는 없다. 또한 의제된 인허가는 통상적인 인허가와 동일한 효력을 가지므로, 적어도 '부분 인허가의제'가 허용되는 경우에는 그 효력을 제거하기 위한 법적 수단으로 의제된 인허가의 취소나 철회가 허용될 수 있고, 이러한 직권 취소·철회가 가능한 이상 그 의제된 인허가에 대한 쟁송취소 역시 허용된다. 따라서 주택건설사업계획 승인처분에 따라 의제된 인허가가 위법함을 다투고자 하는 이해관계인은, 주택건설사업계획 승인처분의 취소를 구할 것이 아니라 의제된 인허가의 취소를 구하여야 하며, 의제된 인허가는 주택건설사업계획 승인처분과 별도로 항고소송의 대상이 되는 처분에 해당한다.

[2] 주택건설사업계획 승인권자가 구 주택법 제17조 제3항에 따라 도시·군관리계획 결정권자와 협의를 거쳐 관계 주택건설사업계획을 승인하면 같은 조 제1항 제5호에 따라 도시·군관리계획결정이 이루어진 것으로 의제되고, 이러한 협의 절차와 별도로 국토의 계획 및 이용에 관한 법률 제28조 등에서 정한 도시·군관리계획 입안을 위한 주민 의견청취절차를 거칠 필요는 없다. (대판 2018.11.29. 2016두38792)

정답 ④

## 034  판례의 입장으로 옳은 것은?

19 지방7급

① 공무원연금법령상 급여를 받으려고 하는 자는 우선 급여 지급을 신청하여 공무원연금공단이 이를 거부하거나 일부 금액만 인정하는 급여 지급결정을 하는 경우 그 결정을 대상으로 항고소송을 제기하는 등으로 구체적 권리를 인정받아야 한다.

② 행정청이 공무원에게 국가공무원법령상 연가보상비를 지급하지 아니한 행위는 공무원의 연가보상비청구권을 제한하는 행위로서 항고소송의 대상이 되는 처분이다.

③ 법관이 이미 수령한 명예퇴직수당액이 구 법관 및 「법원공무원 명예퇴직수당 등 지급규칙」에서 정한 정당한 명예퇴직수당액에 미치지 못한다고 주장하며 차액의 지급을 신청한 것에 대하여 법원행정처장이 행한 거부의 의사표시는 행정처분에 해당한다.

④ 「도시 및 주거환경정비법」상 주택재건축정비사업조합을 상대로 관리처분계획안에 대한 조합총회결의의 효력 등을 다투는 소송은 관리처분계획의 인가·고시가 있은 이후라도 특별한 사정이 없는 한 허용되어야 한다.

### 해설

① (O) 공무원연금법령상 급여를 받으려고 하는 자는 우선 관계 법령에 따라 공무원연금공단에 급여 지급을 신청하여 공무원연금공단이 이를 거부하거나 일부 금액만 인정하는 급여 지급결정을 하는경우 그 결정을 대상으로 항고소송을 제기하는 등으로 구체적 권리를 인정받아야 하고, 구체적인 권리가 발생하지 않은 상태에서 곧바로 공무원연금공단을 상대로 한 당사자소송으로 권리의 확인이나 급여의 지급을 소구하는 것은 허용되지 아니한다. (대판 2017.2.9. 2014두43264)

② (X) 공무원의 연가보상비청구권은 공무원이 연가를 실시하지 아니하는 등 법령상 정해진 요건이 충족되면 그 자체만으로 지급기준일 또는 보수 지급기관의 장이 정한 지급일에 구체적으로 발생하고 행정청의 지급결정에 의하여 비로소 발생하는 것은 아니라고 할 것이므로, 행정청이 공무원에게 연가보상비를 지급하지 아니한 행위로 인하여 공무원의 연가보상비청구권 등 법률상 지위에 아무런 영향을 미친다고 할 수는 없으므로 행정청의 연가보상비 부지급행위는 항고소송의 대상이 되는 처분이라고 볼 수 없다. (대판 1999.7.23. 97누10857)

③ (X) 명예퇴직수당은 명예퇴직수당 지급신청자 중에서 일정한 심사를 거쳐 피고가 명예퇴직수당 지급대상자로 결정한 경우에 비로소 지급될 수 있지만, 명예퇴직수당 지급대상자로 결정된 법관에 대하여 지급할 수당액은 명예퇴직수당규칙 제4조 [별표 1]에 산정기준이 정해져 있으므로, 위 법관은 위 규정에서 정한 정당한 산정 기준에 따라 산정된 명예퇴직 수당액을 수령할 구체적인 권리를 가진다. 따라서 위 법관이 이미 수령한 수당액이 위 규정에서 정한 정당한 명예퇴직수당액에 미치지 못한다고 주장하며 차액의 지급을 신청함에 대하여 법원행정처장이 거부하는 의사를 표시했더라도, 그 의사표시는 명예퇴직수당액을 형성·확정하는 행정처분이 아니라 공법상의 법률관계의 한쪽당사자로서 지급의무의 존부 및 범위에 관하여 자신의 의견을 밝힌 것에 불과하므로 행정처분으로 볼 수 없다. 결국 명예퇴직한 법관이 미지급 명예퇴직수당액에 대하여 가지는 권리는 명예퇴직수당 지급대상자 결정절차를 거쳐 명예퇴직수당규칙에 의하여 확정된 공법상 법률관계에 관한 권리로서, 그 지급을 구하는 소송은 행정소송법의 당사자소송에 해당하며, 그 법률관계의 당사자인 국가를 상대로 제기하여야 한다. (대판 2016.5.24. 2013두14863)

④ (X) 이전고시의 효력 발생으로 이미 대다수 조합원 등에 대하여 획일적·일률적으로 처리된 권리귀속관계를 모두 무효화하고 다시 처음부터 관리처분계획을 수립하여 이전고시절차를 거치도록 하는 것은 정비사업의 공익적·단체법적 성격에 배치되므로, 이전고시가 효력을 발생하게 된 이후에는 조합원 등이 관리처분계획의 취소 또는 무효확인을 구할 법률상 이익이 없다고 봄이 타당하다. (대판 2012.3.22. 2011두6400 전원합의체)

정답 ①

## 035
**항고소송의 대상인 처분에 대한 설명으로 옳은 것은? (다툼이 있는 경우 판례에 의함)** 19 국가9급

① 국립대학교 총장의 임용권한은 대통령에게 있으므로, 교육부장관이 대통령에게 임용제청을 하면서 대학에서 추천한 복수의 총장 후보자들 중 일부를 임용제청에서 제외한 행위는 처분에 해당하지 않는다.

② 인터넷 포털사이트의 개인정보 유출사고로 주민등록번호가 불법유출되었음을 이유로 주민등록번호 변경신청을 하였으나 관할 구청장이 이를 거부한 경우, 그 거부행위는 처분에 해당하지 않는다.

③ 검사의 불기소결정은 공권력의 행사에 포함되므로, 검사의 자의적인 수사에 의하여 불기소결정이 이루어진 경우 그 불기소결정은 처분에 해당한다.

④ 국가인권위원회가 진정에 대하여 각하 및 기각결정을 할 경우 피해자인 진정인은 인권침해 등에 대한 구제조치를 받을 권리를 박탈당하게 되므로, 국가인권위원회의 진정에 대한 각하 및 기각결정은 처분에 해당한다.

> **해설**
>
> ① (×) 대학의 추천을 받은 총장 후보자는 교육부장관으로부터 정당한 심사를 받을 것이라는 기대를 하게 된다. 만일 교육부장관이 자의적으로 대학에서 추천한 복수의 총장 후보자들 전부 또는 일부를 임용제청하지 않는다면 대통령으로부터 임용을 받을 기회를 박탈하는 효과가 있다. 이를 항고소송의 대상이 되는 처분으로 보지 않는다면, 침해된 권리 또는 법률상 이익을 구제받을 방법이 없다. 따라서 교육부장관이 대학에서 추천한 복수의 총장 후보자들 전부 또는 일부를 임용제청에서 제외하는 행위는 제외된 후보자들에 대한 불이익처분으로서 항고소송의 대상이 되는 처분에 해당한다고 보아야 한다. 다만 교육부장관이 특정 후보자를 임용제청에서 제외하고 다른 후보자를 임용제청함으로써 대통령이 임용제청된 다른 후보자를 총장으로 임용한 경우에는, 임용제청에서 제외된 후보자는 대통령이 자신에 대하여 총장 임용 제외처분을 한 것으로 보아 이를 다투어야 한다. (대통령의 처분의 경우 소속 장관이 행정소송의 피고가 된다. 국가공무원법 제16조 제2항) 이러한 경우에는 교육부장관의 임용제청 제외처분을 별도로 다툴 소의 이익이 없어진다. (대판 2018.6.15. 2016두57564)
>
> ② (×) 甲 등이 인터넷 포털사이트 등의 개인정보 유출사고로 자신들의 주민등록번호 등 개인정보가 불법유출되자 이를 이유로 관할 구청장에게 주민등록번호를 변경해 줄 것을 신청하였으나 구청장이 '주민등록번호가 불법유출된 경우 주민등록법상 변경이 허용되지 않는다'는 이유로 주민등록번호 변경을 거부하는 취지의 통지를 한 경우, 피해자의 의사와 무관하게 주민등록번호가 유출된 경우에는 조리상 주민등록번호의 변경을 요구할 신청권을 인정함이 타당하고, 구청장의 주민등록번호 변경신청거부행위는 항고소송의 대상이 되는 행정처분에 해당한다. (대판 2017.6.15. 2013두2945)
>
> ③ (×) 수사의 적법성 및 공소사실에 대하여 형사소송절차를 통하여 불복할 수 있는 절차와 방법이 따로 마련되어 있으므로 검사의 공소제기가 적법절차에 의하여 정당하게 이루어진 것이냐의 여부에 관계없이 검사의 공소에 대하여는 형사소송절차에 의하여서만 이를 다툴 수 있고 행정소송의 방법으로 공소의 취소를 구할 수는 없다. (대판 2000.3.28. 99두11264)
>
> ④ (○) 진정에 대한 국가인권위원회의 각하 및 기각결정은 피해자인 진정인의 권리 행사에 중대한 지장을 초래하는 것으로서 항고소송의 대상이 되는 행정처분에 해당하므로, 그에 대한 다툼은 우선 행정심판이나 행정소송에 의하여야 할 것이다. 따라서 이 사건 헌법소원청구는 행정심판이나 행정소송 등의 사전구제절차를 모두 거친 후 청구된 것이 아니므로 보충성요건을 충족하지 못하였다. (헌재 2015.3.26. 2013헌마214 등)

**정답** ④

**036** 판례에 따를 때 항고소송의 대상이 되는 처분에 해당하는 것은? 　　19 서울9급 6월

① 구 「약관의 규제에 관한 법률」에 따른 공정거래위원회의 표준약관 사용권장행위
② 지적공부 소관청이 토지대장상의 소유자명의변경신청을 거부한 행위
③ 「국세기본법」에 따른 과세관청의 국세환급금결정
④ 「국가균형발전 특별법」에 따른 시·도지사의 혁신도시 최종입지 선정행위

해설

① [처분성 인정] 공정거래위원회의 '표준약관 사용권장행위'는 그 통지를 받은 해당 사업자 등에게 표준약관과 다른 약관을 사용할 경우 표준약관과 다르게 정한 주요 내용을 고객이 알기 쉽게 표시하여야 할 의무를 부과하고, 그 불이행에 대해서는 과태료에 처하도록 되어 있으므로, 이는 사업자 등의 권리·의무에 직접 영향을 미치는 행정처분으로서 항고소송의 대상이 된다. (대판 2010.10.14. 2008두23184)

② [처분성 부정] 등기부상 소유자가 토지대장에의 소유자 기재가 잘못되었다는 이유로 토지대장 정정신청을 한 것에 대하여 행정청이 이를 거부한 것은 행정처분에 해당하지 않는다. 토지대장에 기재된 일정한 사항을 변경하는 행위는, 그것이 지목의 변경이나 정정 등과 같이 토지소유권 행사의 전제요건으로서 토지소유자의 실체적 권리관계에 영향을 미치는 사항에 관한 것이 아닌 한 행정사무집행의 편의와 사실증명의 자료로 삼기 위한 것일 뿐이어서, 그 소유자명의가 변경된다고 하여도 이로 인하여 당해 토지에 대한 실체상의 권리관계에 변동을 가져올 수 없고 토지소유권이 지적공부의 기재만에 의하여 증명되는 것도 아니다. 따라서 소관청이 토지대장상의 소유자명의변경신청을 거부한 행위는 이를 항고소송의 대상이 되는 행정처분이라고 할 수 없다. (대판 2012.1.12. 2010두12354)

③ [처분성 부정] 사법관계에 해당한다.

④ [처분성 부정] 정부가 수도권 소재 공공기관의 지방이전시책을 추진하는 과정에서 특정시를 공공기관이 이전할 혁신도시 최종입지로 선정한 행위는 항고소송의 대상이 되는 행정처분이 아니다.

> 법과 법 시행령 및 이 사건 지침에는 공공기관의 지방이전을 위한 정부 등의 조치와 공공기관이 이전할 혁신도시 입지선정을 위한 사항 등을 규정하고 있을 뿐 혁신도시입지 후보지에 관련된 지역 주민 등의 권리·의무에 직접 영향을 미치는 규정을 두고 있지 않으므로, 피고가 원주시를 혁신도시 최종입지로 선정한 행위는 항고소송의 대상이 되는 행정처분으로 볼 수 없다. (대판 2007.11.15. 2007두10198)

정답 ①

## 037 행정상 법률관계에 대한 판례의 입장으로 옳지 않은 것은?

19 국가7급

① 공법상 근무관계의 형성을 목적으로 하는 채용계약의 체결과정에서 행정청의 일방적인 의사표시로 계약이 성립하지 아니한 경우, 관계 법령이 상대방의 법률관계에 관하여 구체적으로 어떻게 규정하고 있는지에 따라 의사표시가 항고소송의 대상이 되는 처분에 해당하는지 아니면 공법상 계약관계의 일방당사자로서 대등한 지위에서 행하는 의사표시인지를 개별적으로 판단하여야 한다.

② 행정처분과 부관 사이에 실제적 관련성이 있다고 볼 수 없는 경우 공무원이 이와 같은 공법상의 제한을 회피할 목적으로 행정처분의 상대방과 사이에 사법상 계약을 체결하는 형식을 취하였다면 이는 법치행정의 원리에 반하는 것으로서 위법하다.

③ 지방전문직공무원 채용계약 해지의 의사표시에 대하여는 공법상 당사자소송으로 그 의사표시의 무효확인을 청구할 수 있다.

④ 재단법인 한국연구재단이 A대학교 총장에게 연구개발비의 부당집행을 이유로 과학기술기본법령에 따라 '두뇌한국(BK)21 사업' 협약의 해지를 통보한 것은 공법상 계약을 계약당사자의 지위에서 종료시키는 의사표시에 해당한다.

### 해설

① (O) 국가의 통보는 그 자체만으로 처분성이 인정되는지를 판단할 수 없고 내용에 따라 결정된다는 판시이다.

> 중소기업기술정보진흥원장이 甲주식회사와 중소기업 정보화지원사업 지원대상인 사업의 지원에 관한 협약을 체결하였는데, 협약이 甲회사에 책임이 있는 사업실패로 해지되었다는 이유로 협약에서 정한 대로 지급받은 정부지원금을 반환할 것을 통보한 경우, 중소기업 정보화지원사업에 따른 지원금 출연을 위하여 중소기업청장이 체결하는 협약은 공법상 대등한 당사자 사이의 의사표시의 합치로 성립하는 공법상 계약에 해당하는 점 등을 종합하면, 협약의 해지 및 그에 따른 환수통보는 공법상 계약에 따라 행정청이 대등한 당사자의 지위에서 하는 의사표시로 보아야 하고, 이를 행정청이 우월한 지위에서 행하는 공권력의 행사로서 행정처분에 해당한다고 볼 수는 없다. (대판 2015.8.27. 2015두41449)

② (O) [1] 행정처분과 부관 사이에 실제적 관련성이 있다고 볼 수 없는 경우 공무원이 위와 같은 공법상의 제한을 회피할 목적으로 행정처분의 상대방과 사이에 사법상 계약을 체결하는 형식을 취하였다면 이는 법치행정의 원리에 반하는 것으로서 위법하다.
  [2] 지방자치단체가 골프장사업계획 승인과 관련하여 사업자로부터 기부금을 지급받기로 한 증여계약은 공무수행과 결부된 금전적 대가로서 그 조건이나 동기가 사회질서에 반하므로 민법 제103조에 의해 무효이다. (대판 2009.12.10. 2007다63966)

③ (O) 대판 1993.9.14. 92누4611

④ (×) 사업계약의 해지통보는 처분성이 인정되므로 항고소송의 대상이다. 다만, 징계요구는 내부적 행위이므로 처분성이 부정된다.

> 재단법인 한국연구재단이 甲대학교 총장에게 乙에 대한 대학 자체징계를 요구한 것은 법률상 구속력이 없는 권유 또는 사실상의 통지로서 乙의 권리, 의무 등 법률상 지위에 직접적인 법률적 변동을 일으키지 않는 행위에 해당하므로, 항고소송의 대상인 행정처분에 해당하지 않는다고 본 원심판단은 정당하다. (대판 2014.12.11. 2012두28704)

정답 ④

## 기출지문 OX

**01** 구 「민원사무 처리에 관한 법률」에서 정한 사전심사 결과 통보는 항고소송의 대상이 되는 행정처분에 해당하지 않는다.
[19 지방9급] (O, ×)

**해설** 행정청은 사전심사 결과 불가능하다고 통보하였더라도 사전심사 결과에 구애되지 않고 민원사항을 처리할 수 있으므로 불가능하다는 통보가 민원인의 권리·의무에 직접적 영향을 미친다고 볼 수 없고, 통보로 인하여 민원인에게 어떠한 법적 불이익이 발생할 가능성도 없는 점 등 여러 사정을 종합해 보면, 구 민원사무 처리에 관한 법률이 규정하는 사전심사 결과 통보는 항고소송의 대상이 되는 행정처분에 해당하지 아니한다. (대판 2014.4.24. 2013두7834)
**정답** O

**02** 건축주가 토지소유자로부터 토지사용승낙서를 받아 그 토지 위에 건축물을 건축하는 건축허가를 받았다가 착공에 앞서 건축주의 귀책사유로 해당 토지를 사용할 권리를 상실한 경우, 토지소유자의 건축허가 철회신청을 거부한 행위는 항고소송의 대상이 된다. [19 지방9급] (O, ×)

**해설** 건축허가는 대물적 성질을 갖는 것이어서 행정청으로서는 허가를 할 때에 건축주 또는 토지소유자가 누구인지 등 인적 요소에 관하여는 형식적 심사만 한다. 건축주가 토지소유자로부터 토지사용승낙서를 받아 그 토지 위에 건축물을 건축하는 대물적 성질의 건축허가를 받았다가 착공에 앞서 건축주의 귀책사유로 해당 토지를 사용할 권리를 상실한 경우, 건축허가의 존재로 말미암아 토지에 대한 소유권 행사에 지장을 받을 수 있는 토지소유자로서는 건축허가의 철회를 신청할 수 있다고 보아야 한다. 따라서 토지소유자의 위와 같은 신청을 거부한 행위는 항고소송의 대상이 된다. (대판 2017.3.15. 2014두41190)
**정답** O

**03** 사업시행자인 한국도로공사가 구 「지적법」에 따라 고속도로 건설공사에 편입되는 토지소유자들을 대위하여 토지면적등록 정정신청을 하였으나 관할 행정청이 이를 반려하였다면, 이러한 반려행위는 항고소송의 대상이 되는 행정처분에 해당한다.
[19 지방9급] (O, ×)

**해설** 평택~시흥 간 고속도로 건설공사 사업시행자인 한국도로공사가 구 지적법에 따라 고속도로 건설공사에 편입되는 토지소유자들을 대위하여 토지면적등록 정정신청을 하였으나 화성시장이 이를 반려한 반려처분은 항고소송의 대상이 되는 행정처분에 해당한다.

> 고속도로 건설공사 사업시행자인 한국도로공사가 고속도로 건설공사에 편입되는 토지들의 지적공부에 등록된 면적과 실제 측량면적이 일치하지 않는 것을 발견하고 토지소유자의 지적공부 등록사항 정정신청권을 대위하여 한 토지면적등록 정정신청을 반려한 것은 공공사업의 원활한 수행을 위하여 부여된 사업시행자의 관계 법령상의 권리 또는 이익에 영향을 미치는 공권력의 행사 또는 그 거부에 해당하는 것으로서 항고소송의 대상이 되는 행정처분에 해당한다. (대판 2011.8.25. 2011두3371)

**정답** O

**04** 재단법인 한국연구재단이 甲대학교 총장에게 연구개발비의 부당집행을 이유로 두뇌한국(BK)21 사업협약을 해지하고 연구팀장 乙에 대한 대학 자체 징계를 요구한 것은 항고소송의 대상인 행정처분에 해당하지 않는다. [17 지방9급] (O, ×)
**해설** 대판 2014.12.11 2012두28704
**정답** O

**05** 지방자치단체 등이 건축물을 건축하기 위해 건축물 소재지 관할 허가권자인 지방자치단체의 장과 건축협의를 하였는데 허가권자인 지방자치단체의 장이 그 협의를 취소한 경우, 건축협의 취소는 항고소송의 대상인 행정처분에 해당한다. [17 지방9급] (O, ×)

**해설** 건축협의의 실질은 지방자치단체 등에 대한 건축허가와 다르지 않으므로, 지방자치단체 등이 건축물을 건축하려는 경우 등에는 미리 건축물의 소재지를 관할하는 허가권자인 지방자치단체의 장과 건축협의를 하지 않으면, 지방자치단체라 하더라도 건축물을 건축할 수 없다. … 건축협의 취소는 상대방이 다른 지방자치단체 등 행정주체라 하더라도 '행정청이 행하는 구체적 사실에 관한 법집행으로서의 공권력 행사'로서 처분에 해당한다고 볼 수 있고, 지방자치단체인 원고가 이를 다툴 실효적 해결수단이 없는 이상, 원고는 건축물 소재지 관할 허가권자인 지방자치단체의 장을 상대로 항고소송을 통해 건축협의 취소의 취소를 구할 수 있다. (대판 2014.2.27. 2012두22980)
**정답** O

## 038

항고소송의 대상이 되는 처분에 해당하는 사실행위만을 모두 고른 것은? (다툼이 있는 경우 판례에 의함)

17 서울9급 추가

> ㄱ. 수형자의 서신을 교도소장이 검열하는 행위
> ㄴ. 구청장이 사회복지법인에 특별감사 결과 지적사항에 대한 시정지시와 그 결과를 관계 서류와 함께 보고하도록 지시한 경우, 그 시정지시
> ㄷ. 구「공원법」에 의해 건설부장관(현 국토교통부장관)이 행한 국립공원지정처분에 따라 공원관리청이 행한 경계측량 및 표지의 설치

① ㄱ  ② ㄱ, ㄴ  ③ ㄴ, ㄷ  ④ ㄱ, ㄴ, ㄷ

**해설**

ㄱ. (○) 권력적 사실행위로서 처분성이 인정된다.
ㄴ. (○) 권력적 사실행위로서 처분성이 인정된다.
ㄷ. (×) 비권력적 사실행위로서 처분성이 부정된다.

**정답** ②

## 039

판례가 항고소송의 대상인 처분성을 부정한 것을 모두 고른 것은?

17 서울9급

> ㄱ. 수도요금 체납자에 대한 단수조치
> ㄴ. 전기·전화의 공급자에게 위법건축물에 대한 단전 또는 전화통화 단절조치의 요청행위
> ㄷ. 공무원에 대한 당연퇴직통지
> ㄹ. 「병역법」상의 신체등위판정
> ㅁ. 교육부장관이 내신성적 산정기준의 통일을 기하기 위해 시·도 교육감에게 통보한 대학입시기본계획 내의 내신성적산정지침

① ㄱ, ㄴ, ㄷ  ② ㄴ, ㄹ, ㅁ  ③ ㄱ, ㄴ, ㄹ, ㅁ  ④ ㄴ, ㄷ, ㄹ, ㅁ

**해설**

ㄱ. [처분성 인정] 단수처분은 항고소송의 대상인 행정처분이다. (대판 1979.12.28. 79누218)
ㄴ. [처분성 부정] 전기·전화공급을 하지 말아 줄 것을 요청한 행위는 행정처분이 아니다. (대판 1996.3.22. 96누433)
ㄷ. [처분성 부정] 당연퇴직의 인사발령은 법률상 당연히 발생하는 퇴직사유를 공적으로 확인하여 알려주는 이른바 관념의 통지에 불과하고 공무원의 신분을 상실시키는 새로운 형성적 행위가 아니므로 행정소송의 대상이 되는 독립한 행정처분이라고 할 수 없다. (대판 1995.11.14. 95누2036)
ㄹ. [처분성 부정] 병역법상 신체등위판정은 행정청이라고 볼 수 없는 군의관이 하도록 되어 있으며, 그 자체만으로 바로 병역법상의 권리·의무가 정하여지는 것이 아니라 그에 따라 지방병무청장이 병역처분을 함으로써 비로소 병역의무의 종류가 정하여지는 것이므로 항고소송의 대상이 되는 행정처분이라 보기 어렵다. (대판 1993.8.27. 93누3356)
ㅁ. [처분성 부정] 교육부장관이 내신성적 산정기준의 통일을 기하기 위해 대학입시기본계획의 내용에서 내신성적 산정기준에 관한 시행지침을 마련하여 시·도 교육감에서 통보한 것은 행정조직 내부에서 내신성적 평가에 관한 내부적 심사기준을 시달한 것에 불과하며, … 그러한 사정만으로서 위 지침에 의하여 곧바로 개별적이고 구체적인 권리의 침해를 받은 것으로는 도저히 인정할 수 없으므로, 그것만으로는 현실적으로 특정인의 구체적인 권리·의무에 직접적으로 변동을 초래하게 하는 것은 아니라 할 것이어서 내신성적 산정지침을 항고소송의 대상이 되는 행정처분으로 볼 수 없다. (대판 1994.9.10. 94두33)

**정답** ④

**040** 항고소송의 대상적격에 관한 설명으로 옳은 것은? (단, 다툼이 있는 경우 판례에 의함)  17 사복

① 국유재산의 대부계약에 따른 대부료 부과는 처분성이 있다.
② 행정재산의 사용료 부과는 처분성이 없다.
③ 농지개량조합(현 한국농어촌공사)의 직원에 대한 징계처분은 처분성이 인정된다.
④ 한국마사회가 기수의 면허를 취소하는 것은 처분성이 인정된다.

> 해설
> ① (×) 국유재산의 대부계약은 사법상 계약이며, 그 대부료 부과는 사법상 이행청구이다.
> ② (×) 행정재산의 사용·수익허가는 특허로서 처분이며, 그 사용료 부과는 처분성이 인정된다.
> ③ (○) 농지개량조합(현 한국농어촌공사)의 직원은 특별권력관계에 해당하며 그에 대한 징계처분은 처분성이 인정된다. 다만, 퇴직금관계는 사법관계이다.
> ④ (×) 한국마사회가 조교사 또는 기수의 면허를 부여하거나 취소하는 것은 경마를 독점적으로 개최할 수 있는 지위에서 우수한 능력을 갖추었다고 인정되는 사람에게 경마에서의 일정한 기능과 역할을 수행할 수 있는 자격을 부여하거나 이를 박탈하는 것에 지나지 아니하므로, 이는 국가 기타 행정기관으로부터 위탁받은 행정권한의 행사가 아니라 일반 사법상의 법률관계에서 이루어지는 단체 내부에서의 징계 내지 제재처분이다. (대판 2008.1.31. 2005두8269)
>
> 정답 ③

---

**041** 행정행위 또는 처분에 대한 기술로 옳은 것은? (단, 다툼이 있는 경우 판례에 의함)  17 사복

① 상급행정기관의 하급행정기관에 대한 승인·동의·지시 등은 행정기관 상호 간의 내부행위로서 항고소송의 대상이 되는 행정처분이라 볼 수 없다.
② 통상 고시 또는 공고에 의하여 행정처분을 하는 경우에 행정처분이 있었음을 안 날이란 행정처분의 이해관계를 갖는 자가 고시 또는 공고가 있었다는 사실을 현실적으로 안 날이 된다.
③ 지방경찰청장의 횡단보도 설치행위는 국민의 구체적인 권리·의무에 직접적인 변동을 초래하지 않으므로「행정소송법」상 처분에 해당하지 않는다.
④ 「도로법」상 도로구역의 결정·변경고시는 행정처분으로서「행정절차법」제21조 제1항의 사전통지나 제22조 제3항의 의견청취의 절차를 거쳐야 한다.

> 해설
> ① (○) 국가기관의 내부작용은 처분이 아니다. 처분은 국민을 대상으로 해야 한다.
> ② (×) 고시 또는 공고에 의하여 행정처분을 하는 경우, 그에 대한 취소소송 제소기간의 기산일은 고시 또는 공고의 효력발생일이며 고시 또는 공고가 있었다는 사실을 현실적으로 알았는지 여부에 관계없이 고시가 효력을 발생하는 날 행정처분이 있음을 알았다고 보아야 한다. (대판 2007.6.14. 2004두619)
> ③ (×) 지방경찰청장이 횡단보도를 설치하여 보행자의 통행방법을 규제하는 것은 행정처분이다. 횡단보도 설치에 관한 도로교통법의 규정들은 일반국민들의 도로상의 보행편의와 교통의 안정성의 보장 등을 그 목적으로 하고 있는 것이고, 횡단보도의 설치 또는 폐지로 인하여 지하상가의 임대인 또는 임차인이 누리는 인근 지하상가의 영업권 활성화와 같은 이익은 도로교통법에 의하여 보호되는 직접적이고 구체적인 이익이라고 할 수 없으므로 지하상가의 임대인 또는 임차인은 횡단보도 설치행위를 다툴 법률상의 이익이 없다. (대판 2000.10.27. 98두896)
> ④ (×) 일반처분의 경우에는 사전통지를 하기에 적절하지 않다.
>
> 정답 ①

## 042
**행정청이 종전의 과세처분에 대한 경정처분을 함에 따라 상대방이 제기하는 항고소송에 대한 설명으로 옳지 않은 것은? (다툼이 있는 경우 판례에 의함)**  
19 지방7급

① 「국세기본법」에 정한 경정청구기간이 도과한 후 제기된 경정청구에 대하여는 과세관청이 과세표준 및 세액을 결정 또는 경정하거나 거부처분을 할 의무가 없으므로, 과세관청의 경정 거절에 대하여 항고소송을 제기할 수 없다.

② 증액경정처분이 있는 경우, 원칙적으로는 당초 신고나 결정에 대한 불복기간의 경과 여부 등에 관계없이 증액경정처분만이 항고소송의 대상이 되고 납세의무자는 그 항고소송에서 당초 신고나 결정에 대한 위법사유를 주장할 수 없다.

③ 증액경정처분이 있는 경우, 당초 처분은 증액경정처분에 흡수되어 소멸하고, 소멸한 당초 처분의 절차적 하자는 존속하는 증액경정처분에 승계되지 아니한다.

④ 감액경정처분이 있는 경우, 항고소송의 대상은 당초의 부과처분 중 경정처분에 의하여 아직 취소되지 않고 남은 부분이고, 적법한 전심절차를 거쳤는지 여부도 당초 처분을 기준으로 판단하여야 한다.

### 해설

① (O) '국세의 과세표준 및 세액의 결정을 받은 자는 각 호의 어느 하나에 해당하는 사유가 발생하였을 때에는 그 사유가 발생한 것을 안 날부터 2개월 이내에 경정을 청구할 수 있다'고 규정하고 있는바, 경정청구기간이 도과한 후에 제기된 경정청구는 부적법하여 과세관청이 과세표준 및 세액을 결정 또는 경정하거나 거부처분을 할 의무가 없으므로, 과세관청이 경정을 거절하였다고 하더라도 이를 항고소송의 대상이 되는 거부처분으로 볼 수 없다. (대판 2017.8.23. 2017두38812)

② (X) ③ (O) ④ (O) **조세경정처분**

| 당초 처분(1억 원) | 증액처분 | 2억 원으로 증액한 경우 → 증액처분인 2억 원이 소의 대상(흡수설) |
|---|---|---|
| | 감액처분 | 7천만 원을 감액한 경우 → 감액되고 남은 3천만 원이 소의 대상(역흡수설) |

증액경정처분이 있는 경우 당초 신고나 결정은 증액경정처분에 흡수됨으로써 독립한 존재가치를 잃게 되어 원칙적으로는 증액경정 처분만이 항고소송의 심판대상이 되고 납세자는 그 항고소송에서 당초 신고나 결정에 대한 위법사유도 함께 주장할 수 있으나, 불복기간이나 경정청구기간의 도과로 더 이상 다툴 수 없게 된 세액에 관하여는 그 취소를 구할 수 없고 증액경정처분에 의하여 증액된 세액의 범위 내에서만 취소를 구할 수 있다. (대판 2012.3.29. 2011두4855)

정답 ②

## 043 항고소송의 제기요건에 관한 판례의 입장으로 옳은 것은?
17 서울7급

① 행정소송의 제기요건은 법원의 직권조사사항이므로 행정소송에 있어서 처분청의 처분권한 유무는 직권조사사항이다.

② 법인세법령에 따른 과세관청의 원천징수의무자인 법인에 대한 소득금액변동통지 및 「소득세법 시행령」에 따른 소득의 귀속자에 대한 소득금액변동통지는 항고소송의 대상이다.

③ 절대보전지역 변경처분에 대해 지역주민회와 주민들이 항고소송을 제기한 경우에는 절대보전지역 유지로 지역 주민회 주민들이 가지는 주거 및 생활환경상 이익은 지역의 경관 등이 보호됨으로써 누리는 법률상 이익이다.

④ 행정청이 식품위생법령에 따라 영업자에게 행정제재처분을 한 후 당초 처분을 영업자에게 유리하게 변경하는 처분을 한 경우, 취소소송의 대상 및 제소기간 판단기준은 변경처분이 아니라 변경된 내용의 당초 처분이다.

### 해설

① (×) 소송의 요건구비는 법원의 직권조사사항이지만 행정소송에 있어서 처분청의 처분권한 유무는 소송의 요건이 아니므로 직권조사사항이 아니다. (대판 1997.6.13. 95누8669 전원합의체)

② (×) 소득의 귀속자에 대한 소득금액변동통지는 원천납세의무자인 소득 귀속자의 법률상 지위에 직접적인 법률적 변동을 가져오는 것이 아니므로, 항고소송의 대상이 되는 행정처분이라고 볼 수 없다. (대판 2015.3.26. 2013두9267)

③ (×) 국방부 민·군 복합형 관광미항(제주해군기지) 사업시행을 위한 해군본부의 요청에 따라 제주특별자치도지사가 절대보존지역이던 서귀포시 강정동 해안변지역에 관하여 절대보존지역을 변경(축소)하고 고시한 사안에서, 절대보존지역의 유지로 지역주민회와 주민들이 가지는 주거 및 생활환경상 이익은 지역의 경관 등이 보호됨으로써 반사적으로 누리는 것일 뿐 근거 법규 또는 관련 법규에 의하여 보호되는 개별적·직접적·구체적 이익이라고 할 수 없다는 이유로, 지역주민회 등은 위 처분을 다툴 원고적격이 없다. (대판 2012.7.5. 2011두13187)

④ (○) 행정청이 식품위생법령에 따라 영업자에게 행정제재처분을 한 후 그 처분을 영업자에게 유리하게 변경하는 처분을 한 경우, 변경처분에 의하여 당초 처분은 소멸하는 것이 아니고 당초부터 유리하게 변경된 내용의 처분으로 존재하는 것이므로, 변경처분에 의하여 유리하게 변경된 내용의 행정제재가 위법하다 하여 그 취소를 구하는 경우 그 취소소송의 대상은 변경된 내용의 당초 처분이지 변경처분은 아니고, 제소기간의 준수 여부도 변경처분이 아닌 변경된 내용의 당초 처분을 기준으로 판단하여야 한다. (대판 2007.4.27. 2004두9302)

**정답** ④

## 044
**판례에 따를 경우 甲이 제기하는 소송이 적법하게 되기 위한 설명으로 옳은 것은?**  18 국가9급

> A시장은 2016.12.23. 「식품위생법」 위반을 이유로 甲에 대하여 3월의 영업정지처분을 하였고, 甲은 2016.12.26. 처분서를 송달받았다. 甲은 이에 대해 행정심판을 청구하였고, 행정심판위원회는 2017.3.6. "A시장은 甲에 대하여 한 3월의 영업정지처분을 2월의 영업정지에 갈음하는 과징금 부과처분으로 변경하라."라는 일부인용의 재결을 하였으며, 그 재결서 정본은 2017.3.10. 甲에게 송달되었다. A시장은 재결취지에 따라 2017.3.13. 甲에 대하여 과징금 부과처분을 하였다. 甲은 여전히 자신이 「식품위생법」 위반을 이유로 한 제재를 받을 이유가 없다고 생각하여 취소소송을 제기하려고 한다.

① 행정심판위원회를 피고로 하여 2016.12.23.자 영업정지처분을 대상으로 취소소송을 제기하여야 한다.
② 행정심판위원회를 피고로 하여 2017.3.13.자 과징금 부과처분을 대상으로 취소소송을 제기하여야 한다.
③ 과징금 부과처분으로 변경된 2016.12.23.자 원처분을 대상으로 2017.3.10.부터 90일 이내에 제기하여야 한다.
④ 2017.3.3.자 과징금 부과처분을 대상으로 2017.3.6.부터 90일 이내에 제기하여야 한다.

**해설**
③ (○) 소의 대상은 과징금 부과처분으로 변경된 2016.12.23. 자의 감액되고 남은 당초 처분이며, 그리고 소의 제기는 행정심판을 거친 경우에는 재결서를 송달받은 날로부터 90일 이내이다. 그러므로 송달받은 2017.3.10부터 90일 이내에 제기하면 된다.

**정답** ③

## 045
**상급행정청 X로부터 권한을 내부 위임받은 하급행정청 Y는 2017.1.10. Y의 명의로 甲에 대하여 2,000만 원의 부담금 부과처분을 하였다가, 같은 해 2.3. 부과금액의 과다를 이유로 위 부담금을 1,000만 원으로 감액하는 처분을 하였다. 甲이 이에 대해 취소소송을 제기하는 경우, ㄱ 소의 대상과 ㄴ 피고적격을 바르게 연결한 것은? (다툼이 있는 경우 판례에 의함)**  17 서울9급 추가

| | ㄱ | ㄴ |
|---|---|---|
| ① | 1,000만 원으로 감액된 1.10.자 부담금 부과처분 | X |
| ② | 1,000만 원으로 감액된 1.10.자 부담금 부과처분 | Y |
| ③ | 2.3.자 1,000만 원의 부담금 부과처분 | X |
| ④ | 2.3.자 1,000만 원의 부담금 부과처분 | Y |

**해설**
② (○) 감액의 경우에는 감액되고 남은 당초 처분이 소의 대상이 되고, 내부위임의 경우 위임청의 명의로 하면 위임청이 피고가 되고 수임청의 명의로 처분하면 수임청이 피고가 된다.

**정답** ②

**기출지문 OX**

**01** 지방자치단체의 장이 제기하는 조례안의 재의결에 대한 무효확인소송은 조례가 공포된 경우에도 소의 이익이 있으므로 제소기간 내이면 제기될 수 있다. [19 서울7급 2월]  (O, X)

해설  기관소송으로 소의 이익이 있다. 항고소송으로서 무효소송은 제소기간이 없지만, 기관소송으로서의 무효소송은 제소기간이 있다.

정답  O

**02** 지방자치단체의 장에 의해 제기되는 위법한 조례안의 재의결에 대한 무효확인소송은 대법원에 제기된다. [19 서울7급 2월]  (O, X)

해설  대법원에서 단심으로 재판한다.

정답  O

---

**046** 국세에 대한 과세처분의 판례 내용으로 가장 옳지 않은 것은?  [18 서울7급 3월]

① 과세관청이 과세처분을 한 뒤에 과세표준과 세액을 감액하는 경정처분을 한 경우에는 위 감액경정처분은 처음의 과세표준에서 결정된 과세표준과 세액의 일부를 취소하는 데 지나지 아니하는 것이므로 처음의 과세처분이 감액된 범위 내에서 존속하게 되고 이 처분만이 쟁송의 대상이 되며 이 경우 전심절차의 적법 여부는 당초 처분을 기준으로 하여 판단하여야 한다.

② 증액경정처분이 있는 경우 당초 신고나 결정은 증액경정처분에 흡수됨으로써 독립된 존재가치를 잃게 된다고 보아야 할 것이므로, 원칙적으로는 당초 신고나 결정에 대한 불복기간의 경과 여부 등에 관계없이 증액경정처분만이 항고소송의 심판대상이 된다.

③ 과세처분이 있은 후 이를 증액하는 경정처분이 있고, 다시 이를 감액하는 재경정처분이 있으면 재경정처분은 위 증액경정처분과는 별개인 독립의 과세처분으로서 그 실질은 위 증액경정처분의 변경이고 그에 의하여 세액의 일부취소라는 납세의무자에게 유리한 효과를 가져오는 처분이라 할 것이므로, 감액재경정결정이 항고소송의 대상이 된다.

④ 원천징수의무자에 대하여 납세의무의 단위를 달리하여 순차 이루어진 2개의 징수처분은 별개의 처분으로서 당초 처분과 증액경정처분에 관한 법리가 적용되지 아니하므로, 당초 처분이 후행처분에 흡수되어 독립한 존재가치를 잃는다고 볼 수 없고, 후행처분만이 항고소송의 대상이 되는 것도 아니다.

해설
① (O) ② (O) 증액의 경우에는 경정처분, 감액의 경우에는 감액되고 남은 당초 처분이 소의 대상이 된다.
③ (X) 개발부담금의 감액정산은 당초의 부과처분과 다른 별개의 처분이 아니라 당초의 부과처분에 대한 감액의 변경처분에 해당하고, 이 경우 구 개발이익환수에 관한 법률 제22조 제1항의 규정에 의한 행정심판의 대상은 정산 자체에 고유한 위법이 있음을 이유로 하지 아니하는 한 감액경정처분이 아니라 당초 처분 중 감액경정처분에 의하여 취소되지 않고 남은 부분이 되므로 심판청구기간의 준수 여부도 여전히 당초 처분을 기준으로 판단하여야 한다. (대판 1999.4.27. 98두19179)
④ (O) 원천징수의무자에 대하여 납세의무의 단위를 달리하여 순차 이루어진 2개의 징수처분은 별개의 처분으로서 당초 처분과 증액경정처분에 관한 법리가 적용되지 아니하므로, 당초 처분이 후행처분에 흡수되어 독립한 존재가치를 잃는다고 볼 수 없고, 후행처분만이 항고소송의 대상이 되는 것도 아니다. (대판 2013.7.11. 2011두7311)

정답  ③

## 047 조세에 대한 설명으로 옳지 않은 것은?

16 지방7급

① 판례에 따르면 신고납세방식의 관세에 있어서 과세관청이 납세의무자의 신고에 따라 세액을 수령하는 경우 이를 부과처분으로 볼 수 있다고 한다.
② 「국세기본법」상 위법한 국세의 부과·징수에 대하여는 불복의 사유를 갖추어 해당 처분을 하였거나 하였어야 할 세무서장을 거쳐서, 국세청장에 대한 심사청구 또는 조세심판원장에 대한 심판청구 중 택일하여 청구한 후에 그에 대한 결정을 받은 후 행정소송을 제기한다.
③ 「국세기본법」은 국세를 납부할 의무가 성립한 소득, 수익, 재산, 행위 또는 거래에 대해서는 그 성립 후의 새로운 세법에 따라 소급하여 과세하지 아니한다고 규정하고 있다.
④ 「국세기본법」은 세법의 해석이나 국세행정의 관행이 일반적으로 납세자에게 받아들여진 후에는 그 해석이나 관행에 의한 행위 또는 계산은 정당한 것으로 보며, 새로운 해석이나 관행에 의하여 소급하여 과세되지 아니한다고 규정하고 있다.

**해설**

① (✕) 세액을 수령하는 행위는 단순한 사실행위이므로 처분성이 인정되지 않는다.
② (○) 국세기본법 제51조

| 심판의 종류 | 심판청구기관 | 절차 |
|---|---|---|
| 이의신청 | 세무서장 또는 지방국세청장 | 신청인이 세무서장이나 지방국세청장에게 하는 이의신청은 임의절차이므로 반드시 거치지는 않아도 됨. |
| 심사청구 | 국세청장 | • 신청인은 심사청구(국세청장에게)나 심판청구(조세심판원장에게)는 둘 중 하나를 반드시 거쳐야 함.<br>• 동일한 처분에 대하여 심사청구와 심판청구를 중복하여 제기할 수는 없음. |

③ (○) 국세기본법 제18조 제2항
④ (○) 국세기본법 제18조 제3항

정답 ①

## 048 다음 설명 중 가장 옳지 않은 것은?

07 경북9급

① 「행정심판법」과 「행정소송법」상의 처분의 개념은 동일하다.

② 현행법상 처분개념은 강학상의 행정행위 개념과 반드시 일치한다고 볼 수는 없다.

③ 법원은 국민의 권리구제의 확대를 위해 비권력적 성질을 가지더라도 상대방에 대해 일정하게 계속적으로 영향력을 주는 사실적 행위의 처분성을 긍정한다.

④ 법원은 처분의 범위 안에 행정입법을 원칙적으로 포함하고 있지 않는다고 해석하고 있다.

### 해설

① (O) 행정심판법과 행정소송법상 처분의 개념은 동일하다. 단지 행정심판법은 '처분'에 대해서만 규정하고 있고, 행정소송법은 '처분 등'에 대해서 규정하고 있다.

② (O) 행정소송법상의 처분개념에 관한 실체법적 개념설에 의하면 양자를 동일한 개념으로 보게 되나, 다수설인 쟁송법적 개념설은 처분을 행정행위보다 더 넓은 개념으로 보고 있다.

③ (X) 국민의 권리구제의 확대를 위해 비권력적 성질을 가지더라도 상대방에 대해 일정하게 계속적으로 영향력을 주는 사실적 행위의 처분성을 긍정하자는 견해가 있지만(형식적 행정행위론), 판례는 부정한다.

> 행정청이 위법건축물에 대한 시정명령을 하고 나서 위반자가 이를 이행하지 아니하여 전기·전화의 공급자에게 그 위법건축물에 대한 전기·전화공급을 하지 말아 줄 것을 요청한 행위는 권고적 성격의 행위에 불과한 것으로서 전기·전화공급자나 특정인의 법률상 지위에 직접적인 변동을 가져오는 것은 아니므로 이를 항고소송의 대상이 되는 행정처분이라고 볼 수 없다. (대판 1996.3.22. 96누433)

④ (O) 판례는 그 자체로서는 국민의 구체적인 권리·의무에 직접적인 변동을 초래하게 하는 것이 아닌 일반적·추상적인 명령 또는 내부적 내규 및 내부적 사업계획에 불과한 것 등은 행정소송법상의 처분이 아니라고 보고 있다. (대판 1974.4.24. 78누242) 그러나 처분적 명령, 즉 그 효력이 다른 집행행위를 기다릴 것 없이 직접적으로 또 그 자체로서 국민의 권익 침해의 효과를 가져오는 법령은 항고소송의 대상이 된다고 한다. (대판 2006.9.22. 2005두2506)

**정답** ③

### 기출지문 OX

**01** 내부행위나 중간처분이라도 그로써 실질적으로 국민의 권리가 제한되거나 의무가 부과되면 항고소송의 대상이 되는 처분이다. 따라서 개별공시지가결정은 처분이다. [16 국회8급]   (O, X)

해설 개별공시지가결정과 표준지공시지가결정은 처분이다.   정답 O

**02** 국·공립대학교원 임용지원자가 임용권자로부터 임용거부를 당하였다면 이는 거부처분으로서 항고소송의 대상이 된다. [16 국회8급]   (O, X)

해설 국·공립대학교원에 대한 임용권자가 임용지원자를 대학교원으로 임용할 것인지 여부는 임용권자의 판단에 따른 자유재량에 속하는 것이어서, 임용지원자로서는 임용권자에게 자신의 임용을 요구할 권리가 없을 뿐 아니라, 임용에 관한 법률상 이익을 가진다고 볼 만한 특별한 사정이 없는 한, 임용 여부에 대한 응답을 신청할 법규상 또는 조리상 권리가 있다고도 할 수 없다. (대판 2003.10.23. 2002두12489)   정답 X

**03** 어업면허에 선행하는 우선순위결정은 최종적인 법적 효과를 가져오는 것이 아니므로 처분이 아니지만, 어업면허 우선순위결정 대상탈락자결정은 최종적인 법적 효과를 가져오므로 처분이다. [16 국회8급]   (O, X)

정답 O

## 049

항고소송의 대상이 되는 행정처분으로 인정되는 것만을 모두 고른 것은? (다툼이 있는 경우 판례에 의함)

15 지방9급

ㄱ. 「산업재해보상보험법」상 장해보상금 결정의 기준이 되는 장애등급결정
ㄴ. 한국마사회의 기수에 대한 징계처분
ㄷ. 지적 소관청의 토지분할신청거부행위
ㄹ. 「하수도법」상 하수도정비기본계획
ㅁ. 건축계획심의신청에 대한 반려처분
ㅂ. 진실·화해를 위한 과거사정리위원회의 진실규명결정
ㅅ. 어업권면허에 선행하는 우선순위결정

① ㄱ, ㄴ, ㄷ, ㄹ
② ㄱ, ㄷ, ㅁ, ㅂ
③ ㄴ, ㄹ, ㅁ, ㅅ
④ ㄷ, ㅁ, ㅂ, ㅅ

**해설**

ㄱ, ㄷ, ㅁ. [처분성 인정]
ㄴ. [처분성 부정] 한국마사회의 기수에 대한 징계처분은 사법상 행위이다.
ㄹ, ㅅ. [처분성 부정]
ㅂ. [처분성 인정] 진실·화해를 위한 과거사정리 기본법과 구 과거사 관련 권고사항 처리에 관한 규정의 목적, 내용 및 취지를 바탕으로, 피해자 등에게 명문으로 진실규명신청권, 진실규명결정 통지수령권 및 진실규명결정에 대한 이의신청권 등이 부여된 점, 진실규명결정이 이루어지면 그 결정에서 규명된 진실에 따라 국가가 피해자 등에 대하여 피해 및 명예회복조치를 취할 법률상 의무를 부담하게 되는 점, 진실·화해를 위한 과거사정리위원회가 위와 같은 법률상 의무를 부담하는 국가에 대하여 피해자 등의 피해 및 명예 회복을 위한 조치로 권고한 사항에 대한 이행의 실효성이 법적·제도적으로 확보되고 있는 점 등 여러 사정을 종합하여 보면, 법이 규정하는 진실규명결정은 국민의 권리·의무에 직접적으로 영향을 미치는 행위로서 항고소송의 대상이 되는 행정처분이라고 보는 것이 타당하다. (대판 2013.1.16. 2010두22856)

**정답** ②

### 기출지문 OX

**01** 과세처분이 있은 후 조세 부과의 근거가 되었던 법률규정에 대해 위헌결정이 내려진 경우 그 조세채권의 집행을 위한 체납처분은 그 하자가 중대·명백하여 당연무효이다. [14 국가9급] (O, ×)
해설 위헌결정 이후의 처분은 당연무효가 된다는 것이다. (대판 2012.2.16. 2010두10807 전원합의체) **정답** O

**02** 부당한 공동행위의 자진신고자가 한 감면신청에 대해 공정거래위원회가 감면불인정 통지를 한 것은 항고소송의 대상인 행정처분으로 볼 수 없다. [14 국가9급] (O, ×)
해설 부당한 공동행위 자진신고자 등에 대한 시정조치 또는 과징금 감면 신청인이 고시 제11조 제1항에 따라 자진신고자 등 지위확인을 받는 경우에는 시정조치 및 과징금 감경 또는 면제, 형사고발 면제 등의 법률상 이익을 누리게 되지만, 그 지위확인을 받지 못하고 고시 제14조 제1항에 따라 감면불인정 통지를 받는 경우에는 위와 같은 법률상 이익을 누릴 수 없게 되므로, 감면불인정 통지가 이루어진 단계에서 신청인에게 그 적법성을 다투어 법적 불안을 해소한 다음 조사협조행위에 나아가도록 함으로써 장차 있을지도 모르는 위험에서 벗어날 수 있도록 하는 것이 법치행정의 원리에도 부합한다. 따라서 부당한 공동행위 자진신고자 등의 시정조치 또는 과징금 감면신청에 대한 감면불인정 통지는 항고소송의 대상이 되는 행정처분에 해당한다고 보아야 한다. (대판 2012.9.27. 2010두3541) **정답** ×

**03** 행정주체가 구체적인 행정계획을 입안·결정할 때 가지는 형성의 자유의 한계에 관한 법리는 주민의 입안제안 또는 변경신청을 받아들여 도시관리계획결정을 할 때에도 동일하게 적용된다. [14 국가9급]  (O, X)

해설 행정주체가 행정계획을 입안·결정하면서 이익형량을 전혀 행하지 않거나 이익형량의 고려대상에 마땅히 포함시켜야 할 사항을 빠뜨린 경우 또는 이익형량을 하였으나 정당성과 객관성이 결여된 경우에는 행정계획결정은 형량에 하자가 있어 위법하게 된다. 이러한 법리는 행정주체가 구 국토의 계획 및 이용에 관한 법률 제26조에 의한 주민의 도시관리계획 입안제안을 받아들여 도시관리계획결정을 할 것인지를 결정할 때에도 마찬가지이고, 나아가 도시계획시설구역 내 토지 등을 소유하고 있는 주민이 장기간 집행되지 아니한 도시계획시설의 결정권자에게 도시계획시설의 변경을 신청하고, 결정권자가 이러한 신청을 받아들여 도시계획시설을 변경할 것인지를 결정하는 경우에도 동일하게 적용된다고 보아야 한다. (대판 2012.1.12, 2010두5806)   정답 O

**050** 다음 사례에 대한 설명으로 옳지 않은 것은? (다툼이 있는 경우 판례에 의함)   13 국가7급

> A는 B광역시 시립합창단의 단원으로 3년간 위촉되어 활동하는 내용의 계약을 B광역시 문화예술회관장 C와 체결하였다. 시립합창단원의 지위는 지방공무원의 지위와 거의 유사한 것으로 규정되어 있다. A는 위촉기간인 3년이 만료되면서 합창단원 재위촉신청을 하였으나, C는 A의 실기와 근무성적에 대한 평정을 실시한 후 재위촉을 하지 않았다.

① 위 사례의 위촉은 공법상의 근무관계의 설정을 목적으로 하여 B광역시와 A 사이에 대등한 지위에서 의사가 합치되어 성립되는 공법상 근로계약이다.
② 공법상 계약에도 법률유보의 원칙이 적용된다.
③ 공법상 계약에는 공정력이 인정되지 않는다.
④ A가 재위촉거부에 대해서 불복할 경우 취소소송을 제기해야 한다.

해설
① (O) ④ (X) 광주광역시문화예술회관장의 단원위촉은 공법상의 근무관계의 설정을 목적으로 하여 광주광역시와 단원이 되고자 하는 자 사이에 대등한 지위에서 의사가 합치되어 성립하는 공법상 근로계약에 해당하므로, 시립합창단원에 대한 재위촉거부는 항고소송의 대상인 처분에 해당하지 아니한다. (대판 2001.12.11, 2001두7794)
② (O) 시험 직후 논란이 되었던 선지이다. 학설은 법령에 명시적인 근거가 없더라도 행정청은 자유롭게 공법상 계약을 체결할 수 있다고 보는 견해가 다수설적 입장이라고 할 수 있다. 그러나 다수설, 소수설이 정확한 구분은 아니므로 복수정답으로 인정되기는 어렵다. 판례가 공법상 계약에 법률유보의 원칙이 적용된다고 판시한 예는 아직 보이지 않는다.
③ (O) 공법상 계약은 행정행위가 아니어서 공정력이 인정되지 않는다.

정답 ④

**051** 다음 중 재결에 대한 취소소송에 있어 그 대상에 관한 설명으로 옳지 않은 것은? (다툼이 있는 경우 대법원 판례에 의함) 〔12 서울9급〕

① 현행 「행정소송법」은 원처분주의를 취하고 있다.
② 제3자효 행정행위에서 제3자의 심판청구에 의해 인용재결이 있은 경우 처분의 상대방은 그 재결을 대상으로 취소소송을 제기할 수 있다.
③ 소청심사위원회가 징계혐의자에 대한 감봉 1개월의 징계처분을 견책으로 변경하는 소청결정을 한 경우에 소청결정 자체에 고유한 위법이 없는 한 소청결정을 취소소송의 대상으로 할 수 없다.
④ 「공익사업을 위한 토지 등의 취득 및 보상에 관한 법률」상 중앙토지수용위원회의 이의재결에 대한 불복으로서 취소소송의 대상은 재결주의에 따라 수용재결이 된다.
⑤ 재결 자체의 고유한 위법이 없는 경우에도 재결에 대한 취소소송을 제기한 경우에는 기각판결을 하여야 한다.

**해설**

① (O) 원처분주의란 원고가 소의 대상을 정할 때 원처분을 대상으로 할 수도 있고 재결을 대상으로 할 수 있는 것을 말한다. 다만, 재결에 대한 소송에 있어서는 원처분의 위법을 이유로 할 수 없고 재결 자체에 고유한 위법이 있음을 이유로 하는 경우에 한하는 것을 말한다. 우리나라는 원처분주의를 채택하고 있다.
② (O) 원처분의 상대방이 아닌 제3자가 행정심판을 청구하여 재결청이 원처분을 취소하는 형성재결을 한 경우에 형성력에 의하여 원처분은 소멸되기 때문에 원처분의 상대방은 그 재결에 대하여 항고소송을 제기할 수밖에 없다. (대판 1998.4.24. 97누17131)
③ (O) 행정심판에서 일부인용재결이나 수정재결도 원처분주의원칙상 재결의 고유한 하자가 있지 아니하는 이상 소송의 대상이 되지 못하고, 재결에 의하여 일부취소되고 남은 원처분이나 수정된 원처분이 소송의 대상이 된다는 것이 통설과 판례의 입장이다.
④ (×) 구 토지수용법에서 원처분주의인지 재결주의인지에 대해 논란이 있었고 현행법은 입법적으로 원처분주의로 하였다. 즉, 토지수용에 대하여 이의신청을 거쳐서 취소소송을 제기하는 경우에도 소송의 대상은 원처분인 토지수용위원회의 수용재결이 되는 것이 원칙이다. 다만, 이의재결 자체의 고유한 위법이 있는 경우에는 이의재결에 대하여 취소소송을 제기할 수 있다.
⑤ (O)

**정답** ④

**052** 「유료도로법」에 의하여 국토해양부장관(현 국토교통부장관)은 고속도로 통행료를 결정하였고, 통행료 징수구간, 징수기간 및 통행료의 액수 등에 관한 구체적인 사항을 공고한 후 통행료를 부과하였다. 이에 인근 주민들은 통행료가 지나치게 높게 결정되었다며 반발하고 있다. 이 경우 주민들이 취할 수 있는 권리구제의 수단으로 옳은 것은? 〔12 지방7급〕

① 인근 주민들은 자신의 불이익을 감수하면서 일단 요금소를 무단통과한 후, 강제징수의 일환으로 통행료 납부통지를 받게 되면 이에 대하여 취소소송을 제기할 수 있다.
② 국토해양부장관의 공고는 구체적 법집행행위로서 행정쟁송법상의 처분에 해당되므로, 인근 주민들은 고속도로 통행료 결정과는 별도로 공고의 취소를 구하는 취소소송을 제기할 수 있다.
③ 인근 주민들은 국토해양부장관의 공고의 근거가 된 「유료도로법」의 통행료 관련 규정의 취소를 구하는 취소소송을 제기할 수 있다.
④ 「행정소송법」상 명문규정은 없지만, 인근 주민들은 판례에 의해 인정되고 있는 단체소송을 제기할 수 있다.

> 해설

① (O) 현행법상 국민의 권리·의무를 직접 침해하지 않는 공고 등을 대상으로 소송을 제기하는 방법은 없다. 사안의 경우도 고속도로를 통과하지 않는 이상 권리의 침해는 없다. 따라서 통행료 납부통지라는 급부하명을 대상으로 취소소송을 제기하여야 하며, 그 과정에서 해당 공고의 위법성을 다툴 수 있다.

> 구 유료도로법 제8조, 제10조 등의 규정에 의하면, 유료도로를 통행한 차량에 대한 구체적인 통행료 납부의무는 그 도로를 통행하는 차량 일반에 대하여 통행료 납부의무를 부과하는 도로관리청의 통행료 공고와 차량의 유로도로 통과행위라는 사실만 있으면 별도의 통행료 부과처분을 기다릴 필요 없이 그 즉시 성립하는 것이고, 통행료 납부 없이 통행하는 차량의 통행료 체납에 대하여는 국세체납의 예에 의하여 징수하도록 되어 있으므로, 통행료 체납 이후 그 납부기한을 정하여 통행료를 납부하라는 내용이 담긴 통행료 납부통지는 강제징수의 일환으로 체납처분을 하기 위하여 납부를 독촉하는 징수처분의 성격을 가지는 처분이다. (수원지법 2000.11.29. 99구5610)

② (X) ③ (X) 일반법률과 행정권이 제정하는 행정입법은 일반적·추상적 규범으로서 그 자체로는 국민의 권리·의무에 직접적이고 구체적인 영향을 주는 처분이 아니므로 항고소송의 대상이 될 수 없다. 유료도로법과 국토해양부장관(현 국토교통부장관)의 공고는 인근 주민에게 직접적인 권리·의무의 변동을 초래하지 않는 일반적·추상적 규범이므로 취소소송을 제기할 수 없다.

④ (X) 행정소송법에 단체소송에 관한 규정도 없고, 판례는 법률에 특정한 규정이 없으면 단체소송은 허용되지 않는다는 입장이다.

정답 ①

## 053 행정소송에 대한 판례의 입장으로 옳은 것은?

12. 지방7급

① 취소판결 후에 취소된 처분을 대상으로 하는 처분은 당연히 무효이다.
② 사정판결은 무효등확인소송의 경우에도 허용된다.
③ 당사자소송은 본질상 민사소송이므로 「행정소송법」상 직권증거조사규정이 적용될 수 없다.
④ 거부처분의 효력정지는 그 거부처분으로 인하여 신청인에게 생길 손해를 방지하는 데 보탬이 되므로 효력정지를 구할 이익이 있다.

> 해설

① (O) 행정처분을 취소한다는 확정판결이 있으면 그 취소판결의 형성력에 의하여 처분청이 당해 행정처분의 취소나 취소통지 등의 별도의 절차를 취하지 아니하더라도 당연히 취소의 효과가 발생한다. 또한 취소판결은 처음부터 처분이 없었던 것과 같은 효과를 가져온다. 따라서 취소판결 후에 취소된 처분을 대상으로 하는 처분은 처음부터 무효인 처분을 대상으로 하는 처분이므로 당연무효이다.

> 과세처분을 취소하는 판결이 확정되면 그 과세처분은 처분시에 소급하여 소멸하므로 그 뒤에 과세관청에서 그 과세처분을 경정하는 경정처분을 하였다면 이는 존재하지 않는 과세처분을 경정한 것으로서 그 하자가 중대하고 명백한 당연무효의 처분이다. (대판 1989.5.9. 88다카16096)

② (X) 당연무효의 행정처분을 소송목적물로 하는 행정소송에서는 존치시킬 효력이 있는 행정행위가 없기 때문에 행정소송법 제28조 소정의 사정판결을 할 수 없다. (대판 1985.2.26. 84누380)
③ (X) 당사자소송과 민사소송은 모두 대등한 당사자의 존재를 전제로 하고, 공권력 행사 자체를 다투는 것이 아니라는 점에서 동일하다. 그러나 당사자소송은 공법상의 법률관계를 소송의 대상으로 하는 반면, 민사소송은 사법상의 법률관계를 소송의 대상으로 한다. 행정소송법 제44조는 당사자소송에 취소소송의 직권심리에 관한 제26조를 준용하고 있다.
④ (X) 신청에 대한 거부처분의 효력을 정지하더라도 거부처분이 없었던 것과 같은 상태, 즉 거부처분이 있기 전의 신청시의 상태로 되돌아가는 데에 불과하고 행정청에게 신청에 따른 처분을 하여야 할 의무가 생기는 것이 아니므로, 거부처분의 효력정지는 그 거부처분으로 인하여 신청인에게 생길 손해를 방지하는 데에 아무런 소용이 없어 그 효력정지를 구할 이익이 없다. (대판 1992.2.13. 91두47)

정답 ①

## 054  행정소송에 대한 판례의 태도로 옳지 않은 것은?

14 지방7급

① 일반적으로 행정처분이 불복기간의 경과로 인하여 확정될 경우 그 확정력에는 판결과 같은 기판력이 인정되지 아니한다.

② 행정처분에 대한 행정심판의 재결에 이유 모순의 위법이 있다는 사유는 원처분의 취소를 구하는 소송뿐 아니라 재결처분의 취소를 구하는 소송에서도 그 취소를 구할 위법사유로 주장할 수 있다.

③ 서울대학교 불합격처분의 취소를 구하는 소송 계속 중 당해 연도의 입학시기가 지난 경우에도 불합격처분의 취소를 구할 법률상의 이익이 있다.

④ 제재적 행정처분의 가중요건이 부령인 시행규칙에 규정되어 있는 경우, 가중된 제재처분을 받을 불이익을 제거하기 위하여 이미 제재기간이 경과한 제재적 선행처분의 취소를 구할 법률상의 이익이 있다.

> **해설**
>
> ① (○)
> ② (×)
>
> | 구분 | 원처분주의 | 재결주의 |
> | --- | --- | --- |
> | 소송의 대상 | 원칙적으로 원처분만 소송의 대상이 되지만, 재결 자체의 위법을 주장하는 경우에는 재결도 소송의 대상이 됨. | · 재결만 소송의 대상이 됨.<br>· 감사원법, 노동위원회법 등 |
> | 위법사유 | 원처분에 대한 소에서는 원처분의 하자만 주장할 수 있고, 재결에 대한 소에서는 재결 자체의 위법성만 주장할 수 있음. | 재결 자체의 하자뿐만 아니라 원처분의 하자도 주장할 수 있음. |
>
> ③ (○) 대판 1990.8.28. 89누8255
> ④ (○) 대판 2006.6.22. 2003두1684
>
> **정답** ②

## 055 취소소송에 대한 설명으로 옳은 것은?

20 소방

① 취소소송은 처분 등을 대상으로 하나, 재결취소소송은 처분 및 재결 자체에 고유한 위법이 있음을 이유로 하는 경우에 한한다.
② 「행정소송법」 제23조 제2항 소정의 행정처분 등의 효력이나 집행을 정지하기 위한 요건으로서의 '회복하기 어려운 손해'라 함은 특별한 사정이 없는 한 금전적 보상을 과도하게 요하는 경우, 금전보상이 불가능한 경우, 그 밖에 금전보상으로는 사회관념상 행정처분을 받은 당사자가 참고 견딜 수 없거나 또는 참고 견디기가 현저히 곤란한 경우의 유형, 무형의 손해를 일컫는다.
③ 취소소송은 처분 등이 있음을 안 날부터 90일 이내에, 처분 등이 있은 날부터 1년 이내에 제기할 수 있고, 다만 처분 등이 있은 날부터 1년이 경과하여도 정당한 사유가 있다면 취소소송을 제기할 수 있다.
④ 집행정지의 결정을 신청함에 있어서는 그 이유에 대한 소명을 반드시 필요로 하는 것은 아니므로 정당한 사유 등 특별한 사정이 있다면 재판부는 그 소명 없이 직권으로 집행정지에 대한 결정을 하여야 한다.

> **해설**
> ① (×) 재결취소소송은 '처분 및 재결 자체에 고유한 위법'이 아니라 '재결' 자체에 고유한 위법이 있음을 이유로 하는 경우에만 가능하다.
> ② (×) 회복하기 어려운 손해란 특별한 사정이 없는 한 금전으로 보상할 수 없는 손해를 말하는 것이지 금전적 보상을 과도하게 요하는 경우는 아니다.
>> 회복하기 어려운 손해란 사회통념상 그 원상회복이나 금전배상이 불가능하다고 인정되는 손해를 의미한다. 이는 특별한 사정이 없는 한 금전으로 보상할 수 없는 손해로써 금전보상이 불가능한 경우뿐만 아니라 금전보상으로는 사회관념상 행정처분을 받은 당사자가 참고 견딜 수 없거나 또는 참고 견디기가 현저히 곤란한 경우의 유형·무형의 손해를 일컫는다. (대판 1992.4.29. 92두7)
>
> ③ (○) 행정소송법 제20조
> ④ (×) 집행정지의 결정을 신청함에 있어서는 그 이유에 대한 소명이 있어야 한다. 본안의 증명을 요구하고 집행정지는 증명보다 약한 소명을 요구한다.

**정답** ③

---

### 기출지문 OX

**01** 무효확인소송의 제1심 판결시까지 원고적격을 구비하였는데 제2심 단계에서 원고적격을 흠결하게 된 경우, 제2심 수소법원은 각하판결을 하여야 한다. [19 국가9급]  (O, ×)
> **해설** 원고적격은 소송요건의 하나이므로 사실심 변론종결시는 물론 상고심에서도 존속하여야 하고, 이를 흠결하면 부적법한 소가 된다. (대판 2007.4.12. 2004두7924)   **정답** O

**02** 행정처분이 있음을 안 날부터 90일을 넘겨 행정심판을 청구하였다가 각하재결을 받은 후 그 재결서를 송달받은 날부터 90일 이내에 원래의 처분에 대하여 취소소송을 제기한 경우, 수소법원은 각하판결을 하여야 한다. [19 국가9급]  (O, ×)
> **해설** 전치절차로서 행정심판은 적법한 것이어야 한다.   **정답** O

**03** 허가처분 신청에 대한 부작위를 다투는 부작위법확인소송을 제기하여 제1심에서 승소판결을 받았는데 제2심 단계에서 피고 행정청이 허가처분을 한 경우, 제2심 수소법원은 각하판결을 하여야 한다. [19 국가9급]  (O, ×)
> **해설** 부작위법확인의 소는 소제기의 전후를 통하여 판결시까지 행정청이 그 신청에 대하여 적극 또는 소극의 처분을 함으로써 부작위상태가 해소된 때에는 소의 이익을 상실하게 되어 당해 소는 각하를 면할 수가 없는 것이다. (대판 1990.9.25. 89누4758)   **정답** O

## 056 판례의 입장으로 옳은 것(○)과 옳지 않은 것(×)을 바르게 연결한 것은?

20 서울·지방7급

> ㄱ. 환지처분이 고시되어 효력을 발생한 이상, 환지처분의 대상이 된 특정 토지에 대한 개별적인 환지가 지정되어 있어야만 환지처분에 따른 소유권 상실의 효과가 그 토지에 대하여 발생하는 것은 아니다.
> ㄴ. 국민건강보험공단에 의한 '직장가입자 자격상실 및 자격변동 안내' 통보 및 '사업장 직권탈퇴에 따른 가입자 자격상실 안내' 통보는 가입자 자격이 변동되는 효력을 가져오므로 항고소송의 대상이 되는 처분에 해당한다.
> ㄷ. 감사원의 변상판정처분에 대하여 위법 또는 부당하다고 인정하는 본인 등은 이 처분에 대하여 행정소송을 제기할 수 없고, 재결에 해당하는 재심의 판정에 대하여서만 감사원을 피고로 행정소송을 제기할 수 있다.
> ㄹ. 직무집행과 관련하여 공상을 입은 군인 등이 먼저 「국가배상법」에 따라 손해배상금을 지급받은 다음, 구 「국가유공자 등 예우 및 지원에 관한 법률」이 정한 보상금 등 보훈급여금의 지급을 청구하는 경우, 「국가배상법」에 따라 손해배상을 받았다는 이유로 그 지급을 거부할 수 없다.

|   | ㄱ | ㄴ | ㄷ | ㄹ |
|---|---|---|---|---|
| ① | ○ | ○ | ○ | ○ |
| ② | ○ | × | ○ | ○ |
| ③ | ○ | × | × | ○ |
| ④ | × | ○ | × | × |

**해설**

ㄱ. (○) 대판 2019.1.31. 2018다255105

ㄴ. (×) 국민건강보험공단이 甲 등에게 '직장가입자 자격상실 및 자격변동 안내' 통보 및 '사업장 직권탈퇴에 따른 가입자 자격상실 안내' 통보를 한 사안에서, … 사업장이 국민건강보험법상의 적용대상사업장에서 제외되었다는 취지의 '사업장 직권탈퇴에 따른 가입자 자격상실 안내' 통보를 하였더라도, 이는 甲 등의 가입자 자격의 변동 여부 및 시기를 확인하는 의미에서 한 사실상 통지행위에 불과할 뿐, 위 각 통보에 의하여 가입자 자격이 변동되는 효력이 발생한다고 볼 수 없고, 또한 위 각 통보로 甲 등에게 지역가입자로서의 건강보험료를 납부하여야 하는 의무가 발생함으로써 甲 등의 권리·의무에 직접적 변동을 초래하는 것도 아니므로, 위 각 통보의 처분성이 인정되지 않는다. (대판 2019.2.14. 2016두41729)

ㄷ. (○) 감사원법에 의하면 감사원 변상판정을 다투는 것은 재결주의이므로 처분에 대하여 행정소송을 제기할 수 없고, 재결에 해당하는 재심의 판정에 대하여서만 감사원을 피고로 행정소송을 제기할 수 있다.

ㄹ. (○) [1] 군인 등이 직무집행과 관련하여 공상을 입는 등의 이유로 보훈보상대상자 지원에 관한 법률이 정한 보훈보상대상자 요건에 해당하여 보상금 등 보훈급여금을 지급받을 수 있는 경우, 국가를 상대로 국가배상을 청구할 수 없다.
[2] 직무집행과 관련하여 공상을 입은 군인 등이 먼저 국가배상법에 따라 손해배상금을 지급받은 다음 보훈보상대상자 지원에 관한 법률이 정한 보상금 등 보훈급여금의 지급을 청구하는 경우, 국가배상법에 따라 손해배상을 받았다는 이유로 그 지급을 거부할 수 없다. (대판 2017.2.3. 2015두60075)

**정답** ②

## 057 재결취소소송에 대한 설명으로 가장 옳지 않은 것은?
18 서울9급

① 교원징계처분에 대해 취소소송을 제기하는 경우 사립학교 교원이나 국·공립학교 교원 모두 원처분주의가 적용된다.
② 국·공립학교 교원의 경우에는 원처분주의에 따라 원처분만이 소의 대상이 된다.
③ 사립학교 교원에 대한 학교법인의 징계는 항고소송의 대상이 되는 처분이 아니다.
④ 사립학교 교원의 경우에는 소청심사위원회의 결정이 원처분이 된다.

해설

① (O) ② (X) 둘 다 원처분주의가 적용되므로 원칙적으로 원처분이 소의 대상이 되고 재결에 고유한 하자가 있으면 재결도 소의 대상이 될 수 있다.
③ (O) ④ (O) 사립학교는 행정청이 아니므로 교원에 대한 학교법인의 징계는 항고소송의 대상이 되는 처분이 아니고, 소청심사위원회의 결정이 원처분이 된다.

정답 ②

## 058 甲은 관할 A행정청으로부터 2011년 10월 1일 300만 원의 과징금 부과처분을 받았고, 동년 10월 15일 200만 원으로 감액되었다. 이후 동년 10월 20일 甲에 대한 과징금 부과권한이 A행정청에서 B행정청으로 승계가 되었고, 甲은 과징금 부과처분에 대하여 같은 년 10월 30일에 취소소송을 제기하려 한다. 판례에 의할 때, 취소소송의 대상과 피고는?
11 국회9급

① 10월 1일자 과징금 300만 원 처분에 대하여 A행정청을 피고로
② 10월 15일자 과징금 200만 원 처분에 대하여 A행정청을 피고로
③ 10월 1일자 과징금 200만 원 처분에 대하여 B행정청을 피고로
④ 10월 15일자 과징금 200만 원 처분에 대하여 B행정청을 피고로
⑤ 10월 15일자 100만 원 감액처분에 대하여 B행정청을 피고로

해설

· 조세 부과처분(당초 처분)에 대하여 경정처분이 있는 경우, 판례는 감액경정처분의 경우에는 역흡수설의 입장에서 감액되고 남은 당초 처분만이 소송의 대상이 된다는 입장이다. 따라서 판례에 의할 경우 10월 1일자 부과처분 중 취소되지 않고 남은 200만 원이 취소소송의 대상이 된다.
· 처분 등이 있은 뒤에 그 처분 등에 관계되는 권한이 다른 행정청에 승계된 때에는 이를 승계한 행정청을 피고로 하므로, (행정소송법 제13조 제1항) 승계받은 행정청인 B행정청이 피고가 된다.

> 과징금 부과처분에서 행정청이 납부의무자에 대하여 부과처분을 한 후 그 부과처분의 하자를 이유로 과징금의 액수를 감액하는 경우에 그 감액처분은 감액된 과징금 부분에 관하여만 법적 효과가 미치는 것으로서 처음의 부과처분과 별개 독립의 과징금 부과처분이 아니라 그 실질은 당초 부과처분의 변경이고, 그에 의하여 과징금의 일부취소라는 납부의무자에게 유리한 결과를 가져오는 처분이므로 처음의 부과처분이 전부실효되는 것은 아니며, 그 감액처분으로도 아직 취소되지 않고 남아 있는 부분이 위법하다고 하여 다투는 경우 항고소송의 대상은 처음의 부과처분 중 감액처분에 의하여 취소되지 않고 남은 부분이고 감액처분이 항고소송의 대상이 되는 것은 아니다. (대판 2008.2.15. 2006두3957)

정답 ③

## 059

**항고소송의 대상인 처분에 대한 설명으로 옳지 않은 것은? (다툼이 있는 경우 판례에 의함)**  16 사복

① 행정청의 지침에 의해 내린 행위가 상대방에게 권리의 설정이나 의무의 부담을 명하거나 기타 법적 효과에 직접적 영향을 미치는 경우에는 처분성을 긍정한다.
② 취소소송에서 처분의 위법성은 소송요건이 아니다.
③ 「병역법」에 따른 군의관의 신체등위판정은 처분이 아니지만 그에 따른 지방병무청장의 병역처분은 처분이다.
④ 행정청이 식품위생법령에 따라 영업자에게 행정제재처분을 한 후 당초 처분을 영업자에게 유리하게 변경하는 처분을 한 경우, 취소소송의 대상 및 제소기간 판단기준이 되는 처분은 유리하게 변경된 처분이다.

**해설**

① (○) 어떤 처분의 근거가 행정규칙에 규정되어 있다고 하더라도, 그 처분이 상대방에게 권리 설정 또는 의무 부담을 명하거나 기타 법적인 효과를 발생하게 하는 경우에는 항고소송의 대상이 되는 처분성이 인정된다. (대판 2002.7.26. 2001두3532)
② (○) 위법성의 문제는 본안판단의 대상이다.
③ (○) 병역법상 신체등위판정은 행정청이라고 볼 수 없는 군의관이 하도록 되어 있으며, 그 자체만으로 바로 병역법상의 권리·의무가 정하여지는 것이 아니라 그에 따라 지방병무청장이 병역처분을 함으로써 비로소 병역의무의 종류가 정하여지는 것이므로 항고소송의 대상이 되는 행정처분이라고 보기 어렵다. (대판 1993.8.27. 93누3356)
④ (✗) 행정청이 식품위생법령에 따라 영업자에게 행정제재처분을 한 후 그 처분을 영업자에게 유리하게 변경하는 처분을 한 경우, 변경처분에 의하여 당초 처분은 소멸하는 것이 아니고 당초부터 유리하게 변경된 내용의 처분으로 존재하는 것이므로, 변경처분에 의하여 유리하게 변경된 내용의 행정제재가 위법하다 하여 그 취소를 구하는 경우, 그 취소소송의 대상은 변경된 내용의 당초 처분이지 변경처분은 아니고, 제소기간의 준수 여부도 변경처분이 아닌 변경된 내용의 당초 처분을 기준으로 판단하여야 한다. (대판 2007.4.27. 2004두9302)

**정답** ④

## 060

**행정소송에 대한 설명으로 옳지 않은 것은? (다툼이 있는 경우 판례에 의함)**  19 지방9급

① 검사의 불기소결정은 「행정소송법」상 처분에 해당되어 항고소송을 제기할 수 있다.
② 납세의무부존재확인의 소는 공법상의 법률관계 그 자체를 다투는 소송으로서 당사자소송이다.
③ 행정청의 부작위에 대하여 행정심판을 거치지 않고 부작위위법확인소송을 제기하는 경우에는 제소기간의 제한을 받지 않는다.
④ 거부처분에 대하여 무효확인 판결이 확정된 경우, 행정청에 대해 판결의 취지에 따른 재처분의 의무가 인정될 뿐 그에 대하여 간접강제까지 허용되는 것은 아니다.

**해설**

① (✗) 검사의 불기소결정에 대해서는 검찰청법에 의한 항고와 재항고, 형사소송법에 의한 재정신청에 의해서만 불복할 수 있는 것이므로, 이에 대해서는 행정소송법상 항고소송을 제기할 수 없다. (대판 2018.9.28. 2017두47465)
② (○) 대판 2000.9.8. 99두2765
③ (○) 부작위에 대한 부작위위법확인소송을 제기하는 경우에는 제소기간의 제한을 받지 않는다. 다만, 부작위에 대해 의무이행심판을 거친 후 부작위위법확인소송을 제기하는 경우에는 제소기간의 제한을 받는다.
④ (○) 간접강제는 취소소송과 부작위위법확인소송에만 적용된다.

**정답** ①

## 061

**판례에 의하여 항고소송의 대상으로서 처분성이 인정되는 것으로만 짝지어진 것은?** 08 지방7급

① 과세처분의 선행절차로서 세무서장이 내부적으로 행하는 과세표준결정 - 미결수용자의 이송

② 세법에 규정된 가산세 부과처분 - 검사의 기소처분이나 불기소처분

③ 도시계획구역 내 토지소유자의 도시계획 입안신청에 대한 도시계획 입안권자의 거부행위 - 건축주명의변경신고거부처분

④ 행정청이 식품접객업영업허가에 붙여진 영업시간의 준수를 재차 촉구하는 행위 - 병역처분의 자료로 군의관이 행하는 신체등위판정

**해설**

① ・[처분성 부정] 법인세과세표준결정은 항고소송의 대상이 되는 행정처분이라고 볼 수는 없다. (대판 1986.1.21. 82누236)
　・[처분성 인정] 미결수용자의 교도소이송조치는 권력적 사실행위로서 행정처분에 해당한다. (대판 1992.8.7. 92두30)

② ・[처분성 인정] 가산세 부과처분은 본세의 부과처분과 별개의 과세처분이다. (대판 2005.9.30. 2004두2356)
　・[처분성 부정] 검사의 불기소처분에 대해서는 항고를 거쳐 재정신청으로 다투어야 한다. 한편, 공소에 대하여는 형사소송절차에 의하여서만 이를 다툴 수 있고 행정소송의 방법으로 공소의 취소를 구할 수는 없다. (대판 2000.3.28. 99모11264)

③ ・[처분성 인정] 도시계획구역 내 토지 등을 소유하고 있는 주민으로서는 입안권자에게 도시계획 입안을 요구할 수 있는 법규상 또는 조리상의 신청권이 있다고 할 것이고, 이러한 신청에 대한 거부행위는 항고소송의 대상이 되는 행정처분에 해당한다. (대판 2004.4.28. 2003두1806)
　・[처분성 인정] 양수인의 권리・의무에 직접 영향을 미치는 것으로서 취소소송의 대상이 되는 처분이라고 하지 않을 수 없다. (대판 1992.3.31. 91누4911)

④ ・[처분성 부정] 영업시간의 준수지시는 새로운 의무를 부과하는 것이 아니라 이미 허가조건에 부쳐진 사항의 이행을 지시경고하는 것이라고 할 것이니 이에 불과한 시장의 주간영업행위 금지지시는 행정처분이라고 할 수 없다. (대판 1982.12.28. 82누366)
　・[처분성 부정] 병역법상 신체등위판정은 행정청이라고 볼 수 없는 군의관이 하도록 되어 있으며, 그 자체만으로 바로 병역법상의 권리・의무가 정하여지는 것이 아니라 그에 따라 지방병무청장이 병역처분을 함으로써 비로소 병역의무의 종류가 정하여지는 것이므로 항고소송의 대상이 되는 행정처분이라 보기 어렵다. (대판 1993.8.27. 93누3356)

**정답** ③

## 예상판례

**01** 조리에 근거한 경정청구에 대한 거부처분의 처분성은 인정되지 않는다.

국세기본법 또는 개별세법에 경정청구권을 인정하는 명문규정이 없는 이상 조리에 의한 경정청구권을 인정할 수 없으므로, 납부의무자의 세법에 근거하지 아니한 경정청구에 대하여 과세관청이 이를 거부하는 회신을 하였다고 하더라도 이를 가리켜 항고소송의 대상이 되는 거부처분으로 볼 수 없다. (대판 2010.2.25. 2007두18284)

**02** 민원사무처리에 관한 법률 제18조 제1항에서 정한 '거부처분에 대한 이의신청'을 받아들이지 않는 취지의 기각결정 또는 그 취지의 통지는 항고소송의 대상이 아니다.

이의신청을 받아들이지 않는 취지의 기각결정 내지 그 취지의 통지는, 종전의 거부처분을 유지함을 전제로 한 것에 불과하고 또한 거부처분에 대한 행정심판이나 행정소송의 제기에도 영향을 주지 못하므로, 결국 민원 이의신청인의 권리·의무에 새로운 변동을 가져오는 공권력의 행사나 이에 준하는 행정작용이라고 할 수 없어, 독자적인 항고소송의 대상이 된다고 볼 수 없다고 봄이 타당하다. (대판 2012.11.15. 2010두8676)

**03** 법무법인의 공정증서 작성행위는 항고소송의 대상이 되는 행정처분이 아니다. (대판 2012.6.14. 2010두19720)

**04** 지방자치단체장의 건축협의 거부행위에 대하여 국가가 항고소송을 제기할 수 있다.

[1] 구 건축법 제29조에서 정한 건축협의에 관한 사무는 지방자치단체의 자치사무이다. 지방자치단체의 장이 처리하도록 법령에 규정되어 있는 사무가 자치사무인지 아니면 기관위임사무인지를 판단하기 위하여는 그에 관한 법령의 규정 형식과 취지를 우선 고려하여야 하지만, 그 밖에 그 사무의 성질이 전국적으로 통일적인 처리가 필요한 사무인지, 그에 관한 경비부담과 최종적인 책임귀속의 주체가 누구인지 등도 함께 고려하여야 한다.

[2] 허가권자인 지방자치단체의 장이 국가에 대하여 건축협의를 거부하는 것은 해당 건축물을 건축하지 못하도록 권한을 행사하여 건축허가 의제의 법률효과 발생을 거부하는 것이며, 한편 구 건축법이나 구 지방자치법 등 관련 법령에서는 국가가 허가권자의 거부행위를 다투어 법적 분쟁을 직접·실효적으로 해결할 수 있는 구제수단을 찾기 어렵다. 이러한 사정들에 비추어 보면, 허가권자인 지방자치단체의 장이 한 건축협의 거부행위는 비록 그 상대방이 국가 등 행정주체라 하더라도, 행정청이 행하는 구체적 사실에 관한 법집행으로서의 공권력 행사의 거부 내지 이에 준하는 행정작용으로서 행정소송법 제2조 제1항 제1호에서 정한 처분에 해당한다고 볼 수 있고, 이에 대한 법적 분쟁을 해결할 실효적인 다른 법적 수단이 없는 이상 국가 등은 허가권자를 상대로 항고소송을 통해 그 거부처분의 취소를 구할 수 있다고 해석된다. (대판 2014.3.13. 2013두15934)

**05** 피고가 원고에 대하여 한 공사낙찰적격심사 감점통보조치는 행정청이나 그 소속 기관 또는 그 위임을 받은 공공단체의 공법상의 행위가 아니라 장차 그 대상자인 원고가 피고가 시행하는 입찰에 참가하는 경우에 그 낙찰적격심사 등 계약사무를 처리함에 있어 피고 내부규정인 이 사건 세부기준에 의하여 종합취득점수의 10/100을 감점하게 된다는 뜻의 사법상의 효력을 가지는 통지행위에 불과하다 할 것이고, 또한 피고의 이와 같은 통지행위가 있다고 하여 원고에게 공공기관의 운영에 관한 법률 제39조 제2항·제3항, 구 공기업·준정부기관 계약사무규칙 제15조에 의한 국가, 지방자치단체 또는 다른 공공기관에서 시행하는 모든 입찰에의 참가자격을 제한하는 효력이 발생한다고 볼 수도 없으므로, 피고의 이 사건 감점조치는 행정소송의 대상이 되는 행정처분이라고 할 수 없다. (대판 2014.12.24. 2010두6700)

**06** 수입한 주류의 주세에 대한 경정청구에 관하여 구 관세법 제38조의3 제2항에서 정한 2년의 경정청구기간이 적용되고, 과세관청이 경정청구기간이 도과한 후 제기된 경정청구에 대하여 경정을 거절한 경우, 이를 항고소송의 대상이 되는 거부처분으로 볼 수 없다.

경정청구기간이 도과한 후 제기된 경정청구는 부적법하여 과세관청이 과세표준 및 세액을 결정 또는 경정하거나 거부처분을 할 의무가 없으므로, 과세관청이 경정을 거절하였다고 하더라도 이를 항고소송의 대상이 되는 거부처분으로 볼 수 없다. (대판 2015.3.12. 2014두44830)

**07** 한국환경산업기술원장이 환경기술개발사업 협약을 체결한 甲주식회사 등에게 연차평가 실시 결과 절대평가 60점 미만으로 평가되었다는 이유로 연구개발 중단조치 및 연구비 집행중지조치를 한 경우, 각 조치는 항고소송의 대상이 되는 행정처분에 해당한다. (대판 2015.12.24. 2015두264)

**08** 신문을 발행하려는 자는 신문의 명칭 등을 주사무소 소재지를 관할하는 시·도지사(이하 '등록관청'이라 한다)에게 등록하여야 하고, 등록을 하지 않고 신문을 발행한 자에게는 2천만 원 이하의 과태료가 부과된다. 따라서 등록관청이 하는 신문의 등록은 신문을 적법하게 발행할 수 있도록 하는 행정처분에 해당한다. (대판 2019.8.30. 2018두47189)

## 03 취소소송의 당사자

### 원고적격 및 협의의 소의 이익

| | |
|---|---|
| 무효등확인소송 | 무효등확인소송은 처분 등의 효력 유무 또는 존재 여부의 확인을 구할 법률상 이익이 있는 자가 제기할 수 있음. (행정소송법 제35조) |
| 부작위위법확인소송 | 부작위위법확인소송은 처분의 신청을 한 자로서 부작위의 위법의 확인을 구할 법률상 이익이 있는 자만이 제기할 수 있음. (행정소송법 제36조) |
| 당사자소송 | · 원고적격의 제한이 없음. 따라서 취소소송의 원고적격을 준용하지 않음.<br>· 당사자소송은 민사소송과 성질이 유사하므로 행정소송법 제8조 제2항에 의해 민사소송법의 원고적격이 준용됨. |
| 민중소송과 기관소송 | 개별법에서 특별히 인정한 자만이 당사자적격을 가짐. 민중소송이나 기관소송은 개인의 주관적 권리보호가 목적이 아니라 법규의 정당한 적용을 확보하려는 객관적 소송이기 때문임. |

**062** 「행정소송법」에 따른 법률상 이익에 관한 설명으로 옳지 않은 것은? (다툼이 있는 경우 판례에 의함)

23 소방

① 행정처분의 무효확인 또는 취소를 구하는 소에서, 비록 행정처분의 위법을 이유로 무효확인 또는 취소판결을 받더라도 그 처분에 의하여 발생한 위법상태를 원상으로 회복시키는 것이 불가능한 경우에는 원칙적으로 그 무효확인 또는 취소를 구할 법률상 이익이 없다.

② 행정청이 한 처분 등의 취소를 구하는 것보다 실효적이고 직접적인 구제수단이 있음에도 처분 등의 취소를 구하는 것은 특별한 사정이 없는 한 분쟁해결의 유효적절한 수단이라고 할 수 없어 법률상 이익이 없다.

③ 지방의회의원에 대한 제명의결 취소소송 계속 중 의원의 임기가 만료되었다면, 제명의결시부터 임기만료일까지의 기간에 대한 월정수당의 지급을 구할 수 있다고 하더라도 그 제명의결의 취소를 구할 법률상 이익이 없다.

④ 행정처분이 취소되면 그 처분은 취소로 인하여 그 효력이 상실되어 더 이상 존재하지 않는 것이고, 그 처분을 대상으로 한 취소소송의 경우 법률상 이익이 없다.

**해설**

① (O) 원상회복이 불가능한 경우 원칙적으로 소의 이익이 인정되지 않는다.

② (O)

③ (X) 지방의회의원에 대한 제명의결 취소소송 계속 중 의원의 임기가 만료된 사안에서, 제명의결의 취소로 의원의 지위를 회복할 수는 없다 하더라도 제명의결시부터 임기만료일까지의 기간에 대한 월정수당의 지급을 구할 수 있는 등 여전히 그 제명의결의 취소를 구할 법률상 이익이 있다. (대판 2009.1.30. 2007두13487)

④ (O) 형성력의 효력이다.

**정답** ③

## 063 다음 사례에 대한 설명으로 옳은 것은?

23 국가9급

> A구의회의원인 甲은 공무원을 폭행하는 등 의원으로서 품위를 손상시키는 행위를 하였다. 이러한 사유를 들어 A구의회는 甲을 의원직에서 제명하는 의결을 하였다. 이에 甲은 위 제명의결을 행정소송의 방법으로 다투고자 한다.

① 甲이 제명의결을 행정소송으로 다투는 경우 소송의 유형은 무효확인소송으로 하여야 하며 취소소송으로는 할 수 없다.
② A구의회는 입법기관으로서 행정청의 지위를 가지지 못하므로 甲에 대한 제명의결을 다투는 행정소송에서는 A구의회 사무총장이 피고가 되어야 한다.
③ 「행정소송법」 제12조의 '법률상 이익' 개념에 관하여 법률상 이익구제설에 따르는 판례에 의하면 甲은 제명의결을 다툴 원고적격을 갖지 못한다.
④ 법원이 甲이 제기한 행정소송을 받아들여 소송의 계속 중에 甲의 임기가 만료되었더라도 수소법원은 소의 이익을 인정할 수 있다.

**해설**

① (✕) 제명은 처분이므로 취소소송, 무효등확인소송 둘 다 가능하다.
② (✕) 지방의회는 행정청의 지위가 인정되므로 지방의회가 피고가 된다.
③ (✕) 제명을 당한 의원은 원고적격이 인정된다.
④ (○) 지방의회의원에 대한 제명의결 취소소송 계속 중 의원의 임기가 만료된 사안에서, 제명의결의 취소로 의원의 지위를 회복할 수는 없다 하더라도 제명의결시부터 임기만료일까지의 기간에 대한 월정수당의 지급을 구할 수 있는 등 여전히 그 제명의결의 취소를 구할 법률상 이익이 있다. (대판 2009.1.30. 2007두13487)

**정답** ④

## 064 행정소송에 대한 설명으로 옳지 않은 것은?
23 국가9급

① 건축물의 하자를 다투는 입주예정자들은 건물의 사용검사처분에 대해 제3자효 행정행위의 차원에서 행정소송을 통해 다툴 수 있다.

② 당사자소송으로 서울행정법원에 제기할 것을 민사소송으로 지방법원에 제기하여 판결이 내려진 경우, 그 판결은 관할위반에 해당한다.

③ 민사소송인 소가 서울행정법원에 제기되었는데도 피고가 제1심법원에서 관할 위반이라고 항변하지 않고 본안에서 변론을 한 경우에는 제1심법원에 변론관할이 생긴다.

④ 환경부장관이 생태·자연도 1등급으로 지정되었던 지역을 2등급으로 변경하는 내용의 생태·자연도 수정·보완을 고시하는 경우, 1등급지역에 거주하던 인근 주민은 생태·자연도 등급변경처분의 무효확인을 구할 원고적격이 없다.

**해설**

① (×) 구 주택법상 입주자나 입주예정자가 사용검사처분의 무효확인 또는 취소를 구할 법률상 이익이 없다. 건물의 사용검사처분은 건축허가를 받아 건축된 건물이 건축허가사항 대로 건축행정목적에 적합한지 여부를 확인하고 사용검사필증을 교부하여 줌으로써 허가받은 사람으로 하여금 건축한 건물을 사용·수익할 수 있게 하는 법률효과를 발생시키는 것이다. 또한 건축물에 대한 사용검사처분의 무효확인을 받거나 처분이 취소된다고 하더라도 사용검사 전의 상태로 돌아가 건축물을 사용할 수 없게 되는 것에 그칠 뿐 곧바로 건축물의 하자상태 등이 제거되거나 보완되는 것도 아니다. (대판 2015.1.29. 2013두24976)

② (○) 행정소송은 행정법원의 전속관할이므로 관할 위반에 해당한다.

③ (○) 관할 위반의 경우에도 피고가 변론을 하면 관할이 발생한다. 이를 변론관할이라고 한다.

④ (○) 대판 2014.2.21. 2011두29052

**정답 ①**

### 기출지문 OX

**01** 대한민국에서 출생하여 오랜 기간 대한민국 국적을 보유하면서 거주한 재외동포는 사증발급거부처분의 취소를 구할 법률상 이익이 있다. [22 국가9급] (O, ×)

**해설** 대한민국에서 출생하여 오랜 기간 대한민국 국적을 보유하면서 거주한 사람은 이미 대한민국과 실질적 관련성이 있거나 대한민국에서 법적으로 보호가치 있는 이해관계를 형성하였다고 볼 수 있다. 또한 재외동포의 대한민국 출입국과 대한민국 안에서의 법적 지위를 보장함을 목적으로 재외동포의 출입국과 법적 지위에 관한 법률이 되어 시행 중이다. 따라서 이 사건 사증발급거부처분의 취소를 구할 법률상 이익이 인정된다. (대판 2019.7.11. 2017두38874) **정답 O**

**02** 국민권익위원회가 소방청장에게 일정한 의무를 부과하는 내용의 조치요구를 한 경우 소방청장은 조치요구의 취소를 구할 당사자능력 및 원고적격이 인정되지 않는다. [22 국가9급] (O, ×)

**해설** 국민권익위원회가 소방청장에게 인사와 관련하여 부당한 지시를 한 사실이 인정된다며 이를 취소할 것을 요구하기로 의결하고 그 내용을 통지하자 소방청장이 국민권익위원회 조치요구의 취소를 구하는 소송을 제기한 사안에서, 처분성이 인정되는 국민권익위원회의 조치요구에 불복하고자 하는 소방청장으로서는 조치요구의 취소를 구하는 항고소송을 제기하는 것이 유효·적절한 수단으로 볼 수 있으므로 소방청장이 예외적으로 당사자능력과 원고적격을 가진다. (대판 2018.8.1. 2014두35379) **정답 ×**

**03** 임용지원자가 특별채용대상자로서 자격을 갖추고 있고 유사한 지위에 있는 자에 대하여 정규교사로 특별채용한 전례가 있다 하더라도, 교사로의 특별채용을 요구할 법규상 또는 조리상의 권리가 있다고 할 수 없다. [22 국가9급] (O, ×)

**해설** 교사에 대한 임용권자가 교육공무원법 제12조에 따라 임용지원자를 특별채용할 것인지 여부는 임용권자의 판단에 따른 재량에 속하는 것이고, 임용권자가 임용지원자의 임용신청에 기속을 받아 그를 특별채용하여야 할 의무는 없으며 임용지원자로서도 자신의 임용을 요구할 법규상 또는 조리상 권리가 있다고 할 수 없다. (대판 2005.4. 5. 2004두11626) **정답 O**

## 065. 판례상 항고소송의 원고적격이 인정되는 경우만을 모두 고르면?

21 국가9급

ㄱ. 중국 국적자인 외국인이 사증발급거부처분의 취소를 구하는 경우
ㄴ. 소방청장이 처분성이 인정되는 국민권익위원회의 조치요구에 불복하여 조치요구의 취소를 구하는 경우
ㄷ. 지방법무사회가 법무사의 사무원 채용승인신청을 거부하여 사무원이 될 수 없게 된 자가 지방법무사회를 상대로 거부처분의 취소를 구하는 경우
ㄹ. 개발제한구역 중 일부 취락을 개발제한구역에서 해제하는 내용의 도시관리계획 변경결정에 대하여 개발제한구역 해제대상에서 누락된 토지의 소유자가 위 결정의 취소를 구하는 경우

① ㄱ, ㄴ   ② ㄴ, ㄷ   ③ ㄷ, ㄹ   ④ ㄱ, ㄷ, ㄹ

**해설**

ㄱ. [원고적격 부정] 체류자격 및 사증발급의 기준과 절차에 관한 출입국관리법과 그 하위 법령의 위와 같은 규정들은, 대한민국의 출입국 질서와 국경관리라는 공익을 보호하려는 취지일 뿐, 외국인에게 대한민국에 입국할 권리를 보장하거나 대한민국에 입국하고자 하는 외국인의 사익까지 보호하려는 취지로 해석하기는 어렵다. 사증발급거부처분을 다투는 외국인은, 아직 대한민국에 입국하지 않은 상태에서 대한민국에 입국하게 해달라고 주장하는 것으로, 대한민국과의 실질적 관련성 내지 대한민국에서 법적으로 보호가치 있는 이해관계를 형성한 경우는 아니어서, 해당 처분의 취소를 구할 법률상 이익을 인정하여야 할 법정책적 필요성도 크지 않다. 반면, 국적법상 귀화불허가처분이나 출입국관리법상 체류자격변경 불허가처분, 강제퇴거명령 등을 다투는 외국인은 대한민국에 적법하게 입국하여 상당한 기간을 체류한 사람이므로, 이미 대한민국과의 실질적 관련성 내지 대한민국에서 법적으로 보호가치 있는 이해관계를 형성한 경우이어서, 해당 처분의 취소를 구할 법률상 이익이 인정된다고 보아야 한다. 이와 같은 사증발급의 법적 성질, 출입국관리법의 입법목적, 사증발급신청인의 대한민국과의 실질적 관련성, 상호주의원칙 등을 고려하면, 우리 출입국관리법의 해석상 외국인에게는 사증발급거부처분의 취소를 구할 법률상 이익이 인정되지 않는다고 봄이 타당하다. (대판 2018.5.15. 2014두42506)

ㄴ. [원고적격 인정] 국민권익위원회가 소방청장에게 인사와 관련하여 부당한 지시를 한 사실이 인정된다며 이를 취소할 것을 요구하기로 의결하고 그 내용을 통지하자 소방청장이 국민권익위원회 조치요구의 취소를 구하는 소송을 제기한 사안에서, 처분성이 인정되는 국민권익위원회의 조치요구에 불복하고자 하는 소방청장으로서는 조치요구의 취소를 구하는 항고소송을 제기하는 것이 유효·적절한 수단으로 볼 수 있으므로 소방청장이 예외적으로 당사자능력과 원고적격을 가진다. (대판 2018.8.1. 2014두35379)

ㄷ. [원고적격 인정] [1] 법무사의 사무원 채용승인신청에 대하여 소속 지방법무사회가 '채용승인을 거부'하는 조치 또는 일단 채용승인을 하였으나 법무사규칙 제37조 제6항을 근거로 '채용승인을 취소'하는 조치는 공법인인 지방법무사회가 행하는 구체적 사실에 관한 법집행으로서 공권력의 행사 또는 그 거부에 해당하므로 항고소송의 대상인 '처분'이라고 보아야 한다.
[2] 지방법무사회의 법무사 사무원 채용승인은 단순히 지방법무사회와 소속 법무사 사이의 내부 법률문제라거나 지방법무사회의 고유사무라고 볼 수 없고, 법무사 감독이라는 국가사무를 위임받아 수행하는 것이라고 보아야 한다. 따라서 지방법무사회는 법무사 감독사무를 수행하기 위하여 법률에 의하여 설립과 법무사의 회원 가입이 강제된 공법인으로서 법무사 사무원 채용승인에 관한 한 공권력 행사의 주체라고 보아야 한다.
[3] 지방법무사회가 법무사의 사무원 채용승인신청을 거부하거나 채용승인을 얻어 채용 중인 사람에 대한 채용승인을 취소하면, 상대방인 법무사로서도 그 사람을 사무원으로 채용할 수 없게 되는 불이익을 입게 될 뿐만 아니라, 그 사람도 법무사 사무원으로 채용되어 근무할 수 없게 되는 불이익을 입게 된다. 법무사규칙 제37조 제4항이 이의신청절차를 규정한 것은 채용승인을 신청한 법무사뿐만 아니라 사무원이 되려는 사람의 이익도 보호하려는 취지로 볼 수 있다. 따라서 지방법무사회의 사무원 채용승인거부처분 또는 채용승인취소처분에 대해서는 처분상대방인 법무사뿐만 아니라 그 때문에 사무원이 될 수 없게 된 사람도 이를 다툴 원고적격이 인정되어야 한다. (대판 2020.4.9. 2015다34444)

ㄹ. [원고적격 부정] 개발제한구역을 해제하는 내용의 도시관리계획 변경결정에 대하여 특정 토지의 소유자는 자신의 토지가 그 해제대상에 포함되어야 한다고 주장하면서 위 계획 변경결정의 취소를 구할 법률상 이익이 없다. (대판 2008.7.10. 2007두10242)

**정답** ②

**066** 「담배사업법」은 일반소매인 사이에서는 그 영업소 간에 100미터 이상의 거리를 유지하도록 하는 '일반소매인의 영업소 간에 거리제한' 규정을 두어 일반소매인 간의 과당경쟁으로 인한 불합리한 경영을 방지하고 있다. 한편 같은 법은 일반소매인과 구내소매인의 영업소 간에는 거리제한규정을 두지 않고, 동일 시설물 내 2개소 이상의 장소에 구내소매인을 지정할 수 있도록 규정하고 있다. 甲은 A시 시장으로부터 「담배사업법」상 담배 일반소매인으로서 지정을 받아 영업을 하고 있다. 이에 대한 설명으로 옳은 것만을 〈보기〉에서 모두 고른 것은? (주어진 조건 이외의 다른 조건은 고려하지 않으며, 다툼이 있는 경우 판례에 의함) 20 국회8급

〈보기〉
ㄱ. 甲의 영업소에서 70미터 떨어진 장소에 乙이 담배 일반소매인으로 지정을 받은 경우, 甲은 乙의 일반소매인 지정의 취소를 구할 원고적격이 있다.
ㄴ. 甲의 영업소에서 30미터 떨어진 장소에 丙이 담배 구내소매인으로 지정을 받은 경우 甲이 원고로서 제기한 丙의 구내소매인 지정에 대한 취소를 구하는 소는 적법하고, 甲은 수소법원에 丙의 구내소매인 지정에 대한 집행정지신청을 할 수 있다.
ㄷ. 丁이 담배 일반소매인으로 지정을 받은 장소가 甲영업소에서 120미터 떨어진 곳이자 丙이 담배 구내소매인으로 지정을 받은 곳에서 50미터 떨어져 있다면, 甲과 丙이 공동소송으로 제기한 丁의 일반소매인 지정에 대한 취소소송에서 甲과 丙은 각각 원고적격이 있다.

① ㄱ
② ㄴ
③ ㄷ
④ ㄱ, ㄴ
⑤ ㄱ, ㄷ

**해설**

ㄱ. (○) 담배사업법에 따르면 일반소매인의 경우 영업소 간 100미터 거리제한이 있고 甲과 乙의 영업소는 70미터 떨어져 있으므로 거리제한 규정의 적용을 받는다. 따라서 일반소매인 甲은 乙에 대한 신규 일반소매인 지정처분을 다툴 법률상 이익이 있다.
ㄴ. (×) 담배사업법에 따르면 일반소매인과 구내소매인 간에는 거리제한규정이 적용되지 않으므로 甲은 담배 일반소매인으로서 구내소매인 丙에 대한 신규 구내소매인 지정처분을 다툴 법률상 이익이 없다. 또한 집행정지는 본안이 적법할 것을 전제로 하므로 甲의 소는 본안청구가 부적법하므로 집행정지신청도 부적법하다.
ㄷ. (×) 甲과 丁의 영업소는 120미터 떨어져 있으므로 거리제한규정의 적용을 받지 않는다. 따라서 일반소매인 甲은 丁에 대한 신규 일반소매인 지정처분을 다툴 법률상 이익이 없다. 또한 기존 구내소매인 丙도 丁에 대한 신규 일반소매인 지정처분을 다툴 법률상 이익이 없다.

정답 ①

## 067 취소소송에서 협의의 소의 이익에 대한 설명으로 옳지 않은 것은? (다툼이 있는 경우 판례에 의함)

19 국가9급

① 현역입영대상자가 현역병입영통지처분에 따라 현실적으로 입영을 한 후에는 처분의 집행이 종료되었고 입영으로 처분의 목적이 달성되어 실효되었으므로 입영통지처분을 다툴 법률상 이익이 인정되지 않는다.

② 가중요건이 법령에 규정되어 있는 경우, 업무정지처분을 받은 후 새로운 제재처분을 받음이 없이 법률이 정한 기간이 경과하여 실제로 가중된 제재처분을 받을 우려가 없어졌다면 특별한 사정이 없는 한 업무정지처분의 취소를 구할 법률상 이익이 인정되지 않는다.

③ 공장등록이 취소된 후 그 공장시설물이 철거되었고 다시 복구를 통하여 공장을 운영할 수 없는 상태라 하더라도 대도시 안의 공장을 지방으로 이전할 경우 조세감면 및 우선입주 등의 혜택이 관계 법률에 보장되어 있다면, 공장등록취소처분의 취소를 구할 법률상 이익이 인정된다.

④ 지방의회의원에 대한 제명의결 취소소송 계속 중 의원의 임기가 만료된 경우에도 여전히 제명의결의 취소를 구할 법률상 이익이 인정된다.

> **해설**
> 
> ① (×) 소제기 후 모병에 의하여 자진 입대한 경우는 소의 이익이 없지만, 선지와 같은 경우에는 소의 이익이 인정된다. (대판 2003.12.26. 2003두1875)
> 
> ② (○) 제재적 행정처분이 그 처분에서 정한 제재기간의 경과로 인하여 그 효과가 소멸되었으나, 부령인 시행규칙 또는 지방자치단체의 규칙의 형식으로 정한 처분기준에서 제재적 행정처분을 받은 것을 가중사유나 전제요건으로 삼아 장래의 제재적 행정처분을 하도록 정하고 있는 경우, 제재적 행정처분의 가중사유나 전제요건에 관한 규정이 법령이 아니라 규칙의 형식으로 되어 있다고 하더라도, 그러한 규칙이 법령에 근거를 두고 있는 이상 그 법적 성질이 대외적·일반적 구속력을 갖는 법규명령인지 여부와는 상관없이, 관할 행정청이나 담당공무원은 이를 준수할 의무가 있으므로 이들이 그 규칙에 정해진 바에 따라 행정작용을 할 것이 당연히 예정되고, 그 결과 행정작용의 상대방인 국민으로서는 그 규칙의 영향을 받을 수밖에 없다. (대판 2006.6.22. 2003두1684 전원합의체)
> 
> ③ (○) 공장등록이 취소된 후 그 공장시설물이 철거되었다 하더라도 대도시 안의 공장을 지방으로 이전할 경우 조세특례제한법상의 세액공제 및 소득세 등의 감면혜택이 있고, 공업배치 및 공장설립에 관한 법률상의 간이한 이전절차 및 우선 입주의 혜택이 있는 경우, 그 공장등록취소처분의 취소를 구할 법률상의 이익이 있다. (대판 2002.1.11. 2000두3306)
> 
> ④ (○) 원상회복은 불가능하지만, 부수적인 소의 이익이 있는 경우이다.
> 
> > 지방의회의원에게 지급되는 비용 중 적어도 월정수당(제3호)은 지방의회 의원의 직무활동에 대한 대가로 지급되는 보수의 일종으로 봄이 상당하다. 따라서 지방의회의원인 원고가 이 사건 제명의결 취소소송 계속 중 임기가 만료되어 제명의결의 취소로 지방의회의원으로서의 지위를 회복할 수는 없다 할지라도, 그 취소로 인하여 최소한 제명의결시부터 임기만료일까지의 기간에 대해 월정수당의 지급을 구할 수 있는 등 여전히 그 제명의결의 취소를 구할 법률상 이익은 남아 있다고 보아야 한다. (대판 2009.1.30. 2007두13487)

**정답** ①

### 기출지문 OX

**01** 일반면허를 받은 시외버스운송사업자에 대한 사업계획 변경인가처분으로 인하여 노선 및 운행계통의 일부 중복으로 기존에 한정면허를 받은 시외버스운송사업자의 수익 감소가 예상된다면, 기존의 한정면허를 받은 시외버스운송사업자는 일반면허 시외버스운송사업자에 대한 사업계획 변경인가처분의 취소를 구할 법률상의 이익이 있다. [19 국가7급] (O, ×)

해설 운송사업은 특허이고, 특허는 경업자소송이 가능하다. 즉, 법률상 이익이다. 　　정답 O

**02** 처분의 근거법규 또는 관련 법규에 그 처분으로써 이루어지는 행위 등 사업으로 인하여 환경상 침해를 받으리라고 예상되는 영향권의 범위가 구체적으로 규정되어 있는 경우, 그 영향권 내의 주민들에 대하여는 특단의 사정이 없는 한 환경상 이익에 대한 침해 또는 침해 우려가 있는 것으로 사실상 추정된다. [19 국가7급] (O, ×)

해설 환경영향평가 대상지역 안의 주민들이 공유수면매립면허처분 등과 관련하여 갖고 있는 환경상의 이익은 주민 개개인에 대하여 개별적으로 보호되는 직접적·구체적 이익으로서 그들에 대하여는 특단의 사정이 없는 한 환경상의 이익에 대한 침해 또는 침해 우려가 있는 것으로 사실상 추정되어 공유수면매립면허처분 등의 무효확인을 구할 원고적격이 인정된다. 한편, 환경영향평가 대상지역 밖의 주민이라 할지라도 공유수면매립면허처분 등으로 인하여 그 처분 전과 비교하여 수인한도를 넘는 환경피해를 받거나 받을 우려가 있는 경우에는 공유수면매립면허처분 등으로 인하여 환경상 이익에 대한 침해 또는 침해 우려가 있다는 것을 입증함으로써 그 처분 등의 무효확인을 구할 원고적격을 인정받을 수 있다. (대판 2006.3.16. 2006두330 전원합의체) 　　정답 O

**03** 법령이 특정한 행정기관으로 하여금 다른 행정기관에 제재적 조치를 취할 수 있도록 하면서, 그에 따르지 않으면 그 행정기관에 과태료 등을 과할 수 있도록 정하는 경우, 권리구제나 권리보호의 필요성이 인정된다면 예외적으로 그 제재적 조치의 상대방인 행정기관에게 항고소송의 원고적격을 인정할 수 있다. [19 국가7급] (O, ×)

해설 법령이 특정한 행정기관 등으로 하여금 다른 행정기관을 상대로 제재적 조치를 취할 수 있도록 하면서, 그에 따르지 않으면 그 행정기관에 대하여 과태료를 부과하거나 형사처벌을 할 수 있도록 정하는 경우가 있다. 이러한 경우에는 단순히 국가기관이나 행정기관의 내부적 문제라거나 권한분장에 관한 분쟁으로만 볼 수 없다. 행정기관의 제재적 조치의 내용에 따라 '구체적 사실에 대한 법집행으로서 공권력의 행사'에 해당할 수 있고, 그러한 조치의 상대방인 행정기관이 입게 될 불이익도 명확하다. 그런데도 그러한 제재적 조치를 기관소송이나 권한쟁의심판을 통하여 다툴 수 없다면, 제재적 조치는 그 성격상 단순히 행정기관 등 내부의 권한 행사에 머무는 것이 아니라 상대방에 대한 공권력 행사로서 항고소송을 통한 주관적 구제대상이 될 수 있다고 보아야 한다. 기관소송 법정주의를 취하면서 제한적으로만 이를 인정하고 있는 현행법령의 체계에 비추어 보면, 이 경우 항고소송을 통한 구제의 길을 열어주는 것이 법치국가원리에도 부합한다. 따라서 이러한 권리구제나 권리보호의 필요성이 인정된다면 예외적으로 그 제재적 조치의 상대방인 행정기관 등에게 항고소송 원고로서의 당사자능력과 원고적격을 인정할 수 있다. (대판 2018.8.1. 2014두35379) 　　정답 O

**04** 지방자치단체가 건축물 소재지 관할 허가권자인 지방자치단체의 장을 상대로 건축협의 취소의 취소를 구하는 사안에서의 지방자치단체는 행정소송의 원고적격을 가진다. [19 국회8급] (O, ×)

해설 지방자치단체장이 아니라 지방자치단체가 원고가 되고, 피고는 지방자치단체장이 된다.

> 건축협의의 실질은 지방자치단체 등에 대한 건축허가와 다르지 않으므로, 지방자치단체 등이 건축물을 건축하려는 경우 등에는 미리 건축물의 소재지를 관할하는 허가권자인 지방자치단체의 장과 건축협의를 하지 않으면, 지방자치단체라 하더라도 건축물을 건축할 수 없다. … 건축협의 취소는 상대방이 다른 지방자치단체 등 행정주체라 하더라도 '행정청이 행하는 구체적 사실에 관한 법집행으로서의 공권력 행사'로서 처분에 해당한다고 볼 수 있고, 지방자치단체인 원고가 이를 다툴 실효적 해결수단이 없는 이상, 원고는 건축물 소재지 관할 허가권자인 지방자치단체의 장을 상대로 항고소송을 통해 건축협의 취소의 취소를 구할 수 있다. (대판 2014.2.27. 2012두22980)

정답 O

**05** 제3자의 접견허가신청에 대한 교도소장의 거부처분에 있어서 접견권이 침해되었다고 주장하는 구속된 피고인은 행정소송의 원고적격을 가진다. [19 국회8급] (O, ×)

해설 대판 1992.5.8. 91누7552 　　정답 O

**06** 미얀마 국적의 甲이 위명(僞名)인 乙 명의의 여권으로 대한민국에 입국한 뒤 乙 명의로 난민신청을 하였으나 법무부장관이 乙 명의를 사용한 甲을 직접 면담하여 조사한 후 甲에 대하여 난민불인정처분을 한 사안에서의 그 처분의 취소를 구하는 甲은 행정소송의 원고적격을 가진다. [19 국회8급] (O, X)

해설 미얀마 국적의 甲이 위명(위조된 이름)인 '乙' 명의의 여권으로 대한민국에 입국한 뒤 乙 명의로 난민신청을 하였으나 법무부장관이 乙 명의를 사용한 甲을 직접 면담하여 조사한 후 甲에 대하여 난민불인정처분을 한 경우, 처분의 상대방은 허무인이 아니라 '乙'이라는 위명을 사용한 甲이라는 이유로, 甲이 처분의 취소를 구할 법률상 이익이 있다. (대판 2017.3.9. 2013두16852)   정답 O

## 068 다음 사례에 대한 설명으로 옳지 않은 것은? (다툼이 있는 경우 판례에 의함)   18 지방9급

> 甲은 「식품위생법」 제37조 제1항에 따라 허가를 받아 식품조사처리업 영업을 하고 있던 중 乙과 영업양도계약을 체결하였다. 당해 계약은 하자있는 계약이었음에도 불구하고, 乙은 같은 법 제39조에 따라 식품의약품안전처장에게 영업자지위승계신고를 하였다.

① 식품의약품안전처장이 乙의 신고를 수리한다면, 이는 실질에 있어서 乙에게는 적법하게 사업을 할 수 있는 권리를 설정하여 주는 행위이다.
② 식품의약품안전처장이 乙의 신고를 수리하는 경우에 甲과 乙의 영업양도계약이 무효라면 위 신고 수리처분도 무효이다.
③ 식품의약품안전처장이 乙의 신고를 수리하기 전에 甲의 영업허가처분이 취소된 경우, 乙이 甲에 대한 영업허가처분의 취소를 구하는 소송을 제기할 법률상 이익은 없다.
④ 甲은 민사쟁송으로 양도·양수행위의 무효를 구함이 없이 곧바로 식품의약품안전처장을 상대로 한 행정소송으로 위 신고 수리처분의 무효확인을 구할 법률상 이익이 있다.

해설
① (O) 지위승계신고는 수리를 요하는 신고이므로 수리에 의하여 효과가 발생한다.
② (O) 원인행위가 무효이면 그 후의 행위도 무효이다.
③ (X) 乙은 처분의 상대방은 아니지만 법률상 이익의 침해가 있으므로 원고적격이 인정된다. 이때 소의 대상은 甲에 대한 취소처분이다.
④ (O) 대판 2005.12.23. 2005두3554

정답 ③

### 기출지문 OX

**01** 처분청이 당초의 운전면허취소처분을 철회하고 정지처분을 하였다면, 당초의 처분인 운전면허취소처분은 철회로 인하여 그 효력이 상실되어 더 이상 존재하지 않는 것이고 그 후의 운전면허정지처분만이 남아 있는 것이라 할 것이며, 존재하지 않는 행정처분을 대상으로 한 취소소송은 소의 이익이 없어 부적법하다. [18 서울7급 3월]  (O, X)

해설 처분이 존재하지 않으면 소의 이익이 없다.  정답 O

**02** 주택건설사업계획 사전결정반려처분 취소청구소송의 계속 중 구 「주택건설촉진법」의 개정으로 주택건설사업계획 사전결정제도가 폐지된 경우 소의 이익이 없다.. [18 서울7급 3월]  (O, X)

해설 구 주택건설촉진법은 제32조의4에서 주택건설사업계획의 사전결정제도에 관하여 규정하고 있었으나 위 법률이 개정되면서 위 제32조의4가 삭제되었고, … 개정 후 법이 시행된 1999.3.1. 이후에는 사전결정신청에 기하여 행정청으로부터 개정 전 법 제32조의4 소정의 사전결정을 받을 여지가 없게 되었다고 할 것이어서 더 이상 소를 유지할 법률상의 이익이 없게 되었다고 할 것이다. (대판 1999.6.11. 97누379)  정답 O

**03** 건축허가처분의 취소를 구하는 소를 제기하기 전에 건축공사가 완료된 경우에는 소의 이익이 없으나, 소를 제기한 후 사실심 변론종결일 전에 건축공사가 완료된 경우에는 소의 이익이 있다. [18 서울7급 3월]  (O, X)

해설 사실심 변론종결일 전에 건축공사가 완료된 경우라도 이미 완공된 건물의 허가를 취소할 소의 이익은 인정되지 않는다.  정답 X

**04** 학교법인 임원취임승인의 취소처분 후 그 임원의 임기가 만료되고 구 「사립학교법」 소정의 임원결격사유기간마저 경과한 경우에 취임승인이 취소된 임원은 취임승인취소처분의 취소를 구할 소의 이익이 없다. [18 지방9급]  (O, X)

해설 취임승인이 취소된 학교법인의 정식이사들로서는 그 취임승인취소처분 및 임시이사 선임처분에 대한 각 취소를 구할 법률상 이익이 있고, 나아가 선행 임시이사 선임처분의 취소를 구하는 소송 도중에 선행 임시이사가 후행 임시이사로 교체되었다고 하더라도 여전히 선행 임시이사 선임처분의 취소를 구할 법률상 이익이 있다. 비록 취임승인이 취소된 학교법인의 정식이사들에 대하여 원래 정해져 있던 임기가 만료되고 구 사립학교법 제22조 제2호 소정의 임원결격사유기간마저 경과하였다 하더라도, 그 임원취임승인취소처분이 위법하다고 판명되고 나아가 임시이사들의 지위가 부정되어 직무권한이 상실되면, 그 정식이사들은 후임이사 선임시까지 민법 제691조의 유추적용에 의하여 직무수행에 관한 긴급처리권을 가지게 되고 이에 터잡아 후임 정식이사들을 선임할 수 있게 되므로 취임승인취소처분를 취소를 구할 소의 이익이 인정된다. (대판 2007.7.19. 2006두19297전원합의체)  정답 X

**05** 배출시설에 대한 설치허가가 취소된 후 그 배출시설이 철거되어 다시 가동할 수 없는 상태라도 그 취소처분이 위법하다는 판결을 받아 손해배상청구소송에서 이를 원용할 수 있다면 배출시설의 소유자는 당해 처분의 취소를 구할 법률상 이익이 있다. [18 지방9급]  (O, X)

해설 소음·진동배출시설에 대한 설치허가가 취소된 후 그 배출시설이 어떠한 경위로든 철거되어 다시 복구 등을 통하여 배출시설을 가동할 수 없는 상태라면 이는 배출시설 설치허가의 대상이 되지 아니하므로 외형상 설치허가취소행위가 잔존하고 있다고 하여도 특단의 사정이 없는 한 이제 와서 굳이 위 처분의 취소를 구할 법률상의 이익이 없다. (대판 2002.1.11. 2000두2457)  정답 X

**06** 구 「도시 및 주거환경정비법」상 조합설립추진위원회 구성승인처분을 다투는 소송 계속 중에 조합설립인가처분이 이루어졌다면 조합설립추진위원회 구성승인처분의 취소를 구할 법률상 이익은 없다. [18 지방9급]  (O, X)

해설 관계 법령의 내용, 형식, 체제 등에 비추어 보면, 추진위원회 구성승인처분은 조합의 설립을 위한 주체인 추진위원회의 구성행위를 보충하여 그 효력을 부여하는 처분으로서 조합설립이라는 종국적 목적을 달성하기 위한 중간단계의 처분에 해당하지만 그 법률요건이나 효과가 조합설립인가처분의 그것과는 다른 독립적인 처분이기 때문에, 추진위원회 구성승인처분에 대한 취소 또는 무효확인 판결의 확정만으로는 이미 조합설립인가를 받은 조합에 의한 정비사업의 진행을 저지할 수 없다 할 것이다. 따라서 추진위원회 구성승인처분을 다투는 소송 계속 중에 조합설립인가처분이 이루어진 경우에는, 추진위원회 구성승인처분에 위법이 존재하여 조합설립인가 신청행위가 무효라는 점 등을 들어 직접 조합설립인가처분을 다툼으로써 정비사업의 진행을 저지하여야 할 것이고, 이와는 별도로 추진위원회 구성승인처분에 대하여 취소 또는 무효확인을 구할 법률상의 이익은 없다고 보아야 한다. (대판 2013.6.13. 2010두10488)  정답 O

**069** 甲은 값싼 외국산 수입재료를 국내산 유기농 재료로 속여 상품을 제조·판매하였음을 이유로 식품위생법령에 따라 관할 행정청으로부터 영업정지 3개월 처분을 받았다. 한편, 위 영업정지의 처분기준에는 1차 위반의 경우 영업정지 3개월, 2차 위반의 경우 영업정지 6개월, 3차 위반의 경우 영업허가취소처분을 하도록 규정되어 있다. 甲은 영업정지 3개월 처분의 취소를 구하는 소송을 제기하였다. 이에 대한 설명으로 옳지 않은 것은? (다툼이 있는 경우 판례에 의함) 17 지방7급

① 위와 같은 처분기준이 없는 경우라면, 영업정지처분에 정하여진 기간이 경과되어 효력이 소멸한 경우에는 그 영업정지처분의 취소를 구할 법률상 이익은 부정된다.

② 위 처분기준이 「식품위생법」이나 같은 법 시행령에 규정되어 있는 경우에는 대외적 구속력이 인정되나, 같은 법 시행규칙에 규정되어 있는 경우에는 대외적 구속력은 부정된다.

③ 甲에 대하여 법령상 임의적 감경사유가 있음에도, 관할 행정청이 이를 전혀 고려하지 않았거나 감경사유에 해당하지 않는다고 오인하여 영업정지 3개월 처분을 한 경우에는 재량권을 일탈·남용한 위법한 처분이 된다.

④ 甲에 대한 영업정지 3개월의 기간이 경과되어 효력이 소멸한 경우에 위 처분기준이 「식품위생법」이나 같은 법 시행령에 규정되어 있다면 甲은 영업정지 3개월 처분의 취소를 구할 소의 이익이 있지만, 같은 법 시행규칙에 규정되어 있다면 소의 이익이 인정되지 않는다.

**해설**

① (O) 가중제재처분의 기준이 없는 경우에는 영업정지처분의 기간이 경과되면 영업정지처분의 취소를 구할 법률상 이익이 부정된다.

② (O) 대통령령 형식의 행정규칙 내용은 일반적으로 법규로 보지만, 부령 형식의 행정규칙 내용은 행정규칙으로 보는 것이 일반적인 판례의 입장이다.

③ (O) 재량의 불행사, 해태, 흠결은 재량의 일탈·남용으로 위법의 원인이 된다.

④ (X) 법률이든 대통령령이든 부령이든 가중제재를 규정하고 있는 경우에는 제재처분의 기간이 경과되더라도 가중제재를 받을 우려가 있으므로 기존의 제재처분을 취소를 구할 실익이 인정된다.

정답 ④

## 070 경제 및 조세행정의 법률관계에 대한 설명으로 옳은 것은? (다툼이 있는 경우 판례에 의함) 17.지방7급

① 과징금 부과처분에 있어 행정청이 납부의무자에 대하여 부과처분을 한 후 그 부과처분의 하자를 이유로 과징금의 액수를 감액하는 경우에 그 감액처분은 당초 부과처분과 별개 독립의 과징금 부과처분이므로, 그 감액처분에 의하여 감액된 부분에 대한 부과처분 취소청구는 소의 이익이 인정된다.

② 부가가치세 납세의무를 부담하는 사업자에 대한 국가의 부가가치세 환급세액 지급의무는 정의와 공평의 관념에서 수익자와 손실자 사이의 재산상태 조정을 위해 인정되는 부당이득반환의무이므로, 그 환급을 받으려면 민사소송을 제기하여야 한다.

③ 한국자산공사가 당해 부동산을 인터넷을 통하여 재공매하기로 한 결정 자체는 내부적인 의사결정에 불과하여 항고소송의 대상이 되는 행정처분이라고 볼 수 없지만, 이에 관한 공매통지는 공매사실 자체를 체납자에게 알려줌으로써 통지의 상대방의 법적 지위나 권리·의무에 직접 영향을 주게 되므로 항고소송의 대상인 행정처분에 해당한다.

④ 과세관청이 체납처분으로서 행하는 공매에 의하여 재산을 매수한 자는 그 공매처분이 취소된 경우에 그 취소처분의 위법을 주장하여 행정소송을 제기할 법률상 이익이 있다.

### 해설

① (×) 행정처분을 한 처분청은 처분에 하자가 있는 경우에는 별도의 법적 근거가 없더라도 스스로 이를 취소하거나 변경할 수 있는바, 과징금 부과처분에서 행정청이 납부의무자에 대하여 부과처분을 한 후 부과처분의 하자를 이유로 과징금의 액수를 감액하는 경우에 감액처분은 감액된 과징금 부분에 관하여만 법적 효과가 미치는 것으로서 당초 부과처분과 별개 독립의 과징금 부과처분이 아니라 실질은 당초 부과처분의 변경이고, 그에 의하여 과징금의 일부취소라는 납부의무자에게 유리한 결과를 가져오는 처분이므로 당초 부과처분이 전부실효되는 것은 아니다. 따라서 감액처분에 의하여 감액된 부분에 대한 부과처분 취소청구는 이미 소멸하고 없는 부분에 대한 것으로서 소의 이익이 없어 부적법하다. (대판 2017.1.12. 2015두2352)

② (×) 납세의무자에 대한 국가의 부가가치세 환급세액 지급의무는 그 납세의무자로부터 어느 과세기간에 과다하게 거래징수된 세액 상당을 국가가 실제로 납부받았는지와 관계없이 부가가치세법령의 규정에 의하여 직접 발생하는 것으로서, 그 법적 성질은 정의와 공평의 관념에서 수익자와 손실자 사이의 재산상태 조정을 위해 인정되는 부당이득반환의무가 아니라 부가가치세법령에 의하여 그 존부나 범위가 구체적으로 확정되고 조세정책적 관점에서 특별히 인정되는 공법상 의무라고 봄이 타당하다. 그렇다면 납세의무자에 대한 국가의 부가가치세 환급세액 지급의무에 대응하는 국가에 대한 납세의무자의 부가가치세 환급세액 지급청구는 민사소송이 아니라 행정소송법 제3조 제2호에 규정된 당사자소송의 절차에 따라야 한다. (대판 2013.3.21. 2011다95564 전원합의체)

③ (×) 한국자산공사가 당해 부동산을 인터넷을 통하여 재공매(입찰)하기로 한 결정 자체는 내부적인 의사결정에 불과하여 항고소송의 대상이 되는 행정처분이라고 볼 수 없고, 또한 한국자산공사가 공매통지는 공매의 요건이 아니라 공매사실 자체를 체납자에게 알려주는 데 불과한 것으로서, 통지의 상대방의 법적 지위나 권리·의무에 직접 영향을 주는 것이 아니라고 할 것이므로 이것 역시 행정처분에 해당한다고 할 수 없다. (대판 2007.7.27. 2006두8464)

④ (○) 과세관청이 체납처분으로서 행하는 공매는 우월한 공권력의 행사로서 행정소송의 대상이 되는 공법상의 행정처분이며 공매에 의하여 재산을 매수한 자는 그 공매처분이 취소된 경우에 그 취소처분의 위법을 주장하여 행정소송을 제기할 법률상 이익이 있다. (대판 1984.9.25. 84누201)

정답 ④

## 071 다음 사례에 대한 설명으로 옳은 것은? (다툼이 있는 경우 판례에 의함)   17 국가9급 추가

> 국토교통부장관은 몰디브 직항 항공노선 1개의 면허를 국내 항공사에 발급하기로 결정하고, 이 사실을 공고하였다. 이에 따라 A항공사와 B항공사는 각각 노선면허취득을 위한 신청을 하였는데, 국토교통부장관은 심사를 거쳐 A항공사에게 노선면허를 발급(이하 '이 사건 노선면허발급처분'이라 한다)하였다.

① B항공사는 이 사건 노선면허발급처분에 대해 취소소송을 제기할 원고적격이 인정되지 않는다.

② B항공사가 자신에 대한 노선면허발급거부처분에 대해 취소소송을 제기하여 인용판결을 받더라도 이 사건 노선면허발급처분이 취소되지 않는 이상 자신이 노선면허를 발급받을 수는 없으므로 B항공사에게는 자신에 대한 노선면허발급거부처분의 취소를 구할 소의 이익이 인정되지 않는다.

③ 만약 B항공사가 이 사건 노선면허발급처분에 대한 행정심판을 청구하여 인용재결을 받는다면, A항공사는 그 인용재결의 취소를 구하는 소송을 제기할 수 있다.

④ 만약 위 사례와 달리 C항공사가 몰디브 직항 항공노선에 관하여 이미 노선면허를 가지고 있었는데, A항공사가 국토교통부장관에게 몰디브 직항 항공노선면허를 신청하였고 이에 대해 국토교통부장관이 A항공사에게도 신규로 노선면허를 발급한 것이라면, C항공사는 A항공사에 대한 노선면허발급처분에 대해 취소소송을 제기할 원고적격이 없다.

### 해설

① (×) ② (×) A항공사와 B항공사는 경원자관계이다. 경원자관계에서는 탈락한 자의 원고적격이 일반적으로 인정된다.
③ (○) A항공사는 행정심판의 제3자로서 행정심판에 의해서 권리의 침해가 있으므로 소송을 제기할 수 있다.

> 제3자효를 수반하는 행정행위에 대하여 제3자가 행정심판을 제기하여 그 처분이 취소되는 재결이 있자 그 원처분의 상대방이 위 재결에 대한 취소소송을 제기한 경우, 재결에 고유한 하자가 있다. (대판 1997.12.23. 96누10911)

④ (×) C항공사와 A항공사는 경업자관계이다. 경업자관계에서 원고적격은 특허사업의 경우에는 인정되고 허가사업의 경우에는 원칙적으로 인정되지 않는다.

정답 ③

### 예상판례

소송에서 당사자가 누구인가는 당사자능력, 당사자적격 등에 관한 문제와 직결되는 중요한 사항이므로, 사건을 심리·판단하는 법원으로서는 직권으로 소송당사자가 누구인가를 확정하여 심리를 진행하여야 한다.
소장에 착오로 소멸한 당사자를 원고로 기재하였다면, 실제 소를 제기한 당사자는 상속인이나 합병법인이고 다만 그 표시를 잘못한 것에 불과하므로, 법원으로서는 이를 바로잡기 위한 당사자표시정정신청을 받아들인 후 본안에 관하여 심리·판단하여야 한다. (대판 2016.12.27. 2016두50440)

**072** 법률상 이익에 대한 판례의 입장으로 옳은 것은? 　　　　　　　　　　　　　　　　　17. 지방9급

① 사회권적 기본권의 성격을 가지는 연금수급권은 헌법에 근거한 개인적 공권이므로 헌법규정만으로도 실현할 수 있다.
② 소극적 방어권인 헌법상의 자유권적 기본권은 법률의 규정이 없다고 하더라도 직접 공권이 성립될 수도 있다.
③ 인허가 등 수익적 처분을 신청한 여러 사람이 상호 경쟁관계에 있다면, 그 처분이 타방에 대한 불허가 등으로 될 수밖에 없는 때에도 수익적 처분을 받지 못한 사람은 처분의 직접상대방이 아니므로 원칙적으로 당해 수익적 처분의 취소를 구할 수 없다.
④ 「환경정책기본법」 제6조의 규정 내용 등에 비추어 국민에게 구체적인 권리를 부여한 것으로 볼 수 없더라도 환경영향평가 대상지역 밖에 거주하는 주민에게 헌법상의 환경권 또는 「환경정책기본법」에 근거하여 공유수면매립면허처분과 농지개량사업 시행인가처분의 무효확인을 구할 원고적격이 있다.

### 해설

① (×) 공무원연금수급권과 같은 사회보장수급권은 헌법규정만으로는 이를 실현할 수 없어 법률에 의한 형성이 필요하고, 그 구체적인 내용 즉 수급요건, 수급권자의 범위 및 급여금액 등은 법률에 의하여 비로소 확정된다. **(헌재 2013.9.26. 2011헌바272)**
② (○) 헌법상 자유권적 기본권의 경우에는 헌법규정만으로 실현 가능한 개인적 공권의 근거규정이 될 수 있다고 보는 것이 판례의 입장이다(알 권리).
③ (×) 경원자소송은 원칙적으로 인정된다.

> 행정소송법 제12조는 취소소송은 처분 등의 취소를 구할 법률상의 이익이 있는 자가 제기할 수 있다고 규정하고 있는바, 인허가 등의 수익적 행정처분을 신청한 수인이 서로 경쟁관계에 있어서 일방에 대한 허가 등의 처분이 타방에 대한 불허가 등으로 귀결될 수밖에 없는 때 허가 등의 처분을 받지 못한 자는 비록 경원자에 대하여 이루어진 허가 등 처분의 상대방이 아니라 하더라도 해당 처분의 취소를 구할 당사자적격이 있다 할 것이고, 다만 구체적인 경우에 있어서 그 처분이 취소된다 하더라도 허가 등의 처분을 받지 못한 불이익이 회복된다고 볼 수 없을 때에는 해당 처분의 취소를 구할 정당한 이익이 없다고 할 것이다. **(대판 1992.5.8. 91누13274)**

④ (×) 환경정책기본법은 사익보호성이 없다는 취지의 판시이다.

> 헌법 제35조 제1항에서 정하고 있는 환경권에 관한 규정만으로는 그 권리의 주체·대상·내용·행사방법 등이 구체적으로 정립되어 있다고 볼 수 없고, 환경정책기본법 제6조도 그 규정 내용 등에 비추어 국민에게 구체적인 권리를 부여한 것으로 볼 수 없다는 이유로 환경영향평가 대상지역 밖에 거주하는 주민에게 헌법상의 환경권 또는 환경정책기본법에 근거하여 공유수면매립면허처분과 농지개량사업 시행인가처분의 무효확인을 구할 원고적격이 없다. **(대판 2006.3.16. 2006두330 전원합의체)**

**정답** ②

**073** 협의의 소의 이익에 대한 설명으로 옳은 것은? (다툼이 있는 경우 판례에 의함)  17 지방9급

① 취임승인이 취소된 학교법인의 정식이사들에 대해 원래 정해져 있던 임기가 만료되면 그 임원 취임승인취소처분의 취소를 구할 소의 이익이 없다.

② 지방의회의원의 제명의결 취소소송 계속 중 임기 만료로 지방의원으로서의 지위를 회복할 수 없는 자는 제명의결의 취소를 구할 소의 이익이 없다.

③ 수형자의 영치품에 대한 사용신청 불허처분 후 수형자가 다른 교도소로 이송된 경우 원래 교도소로의 재이송가능성이 소멸되었으므로 그 불허처분의 취소를 구할 소의 이익이 없다.

④ 법인세 과세표준과 관련하여 과세관청이 법인의 소득처분 상대방에 대한 소득처분을 경정하면서 증액과 감액을 동시에 한 결과 전체로서 소득처분금액이 감소된 경우, 법인이 소득금액변동통지의 취소를 구할 소의 이익이 없다.

**해설**

① (×) 임기가 만료되어도 임기 중의 급여 등 부수적 이익이 있는 경우에는 소의 이익이 있다.

② (×) 지방의회의원에 대한 제명의결 취소소송 계속 중 의원의 임기가 만료된 사안에서, 제명의결의 취소로 의원의 지위를 회복할 수는 없다 하더라도 제명의결시부터 임기만료일까지의 기간에 대한 월정수당의 지급을 구할 수 있는 등 여전히 그 제명의결의 취소를 구할 법률상 이익이 있다. (대판 2009.1.30. 2007두13487)

③ (×) 원고의 긴 팔 티셔츠 2개에 대한 사용신청 불허처분 이후 이루어진 원고의 다른 교도소로의 이송이라는 사정에 의하여 원고의 권리와 이익의 침해 등이 해소되지 아니한 점, 원고의 형기가 만료되기까지는 아직 상당한 기간이 남아 있을 뿐만 아니라, 진주교도소가 전국 교정시설의 결핵 및 정신질환 수형자들을 수용·관리하는 의료교도소인 사정을 감안할 때 원고의 진주교도소로의 재이송가능성이 소멸하였다고 단정하기 어려운 점 등을 종합하면, 원고로서는 이 사건 처분의 취소를 구할 이익이 있다고 봄이 상당하다. (대판 2008.2.14. 2007두13203)

④ (○) 법인이 법인세의 과세표준을 신고하면서 배당, 상여 또는 기타소득으로 소득처분한 금액은 당해 법인이 신고기일에 소득처분의 상대방에게 지급한 것으로 의제되어 그때 원천징수 하는 소득세의 납세의무가 성립·확정되며, 그 후 과세관청이 직권으로 상대방에 대한 소득처분을 경정하면서 일부 항목에 대한 증액과 다른 항목에 대한 감액을 동시에 한 결과 전체로서 소득처분금액이 감소된 경우에는 그에 따른 소득금액변동통지가 납세자인 당해 법인에 불이익을 미치는 처분이 아니므로 당해 법인은 그 소득금액변동통지의 취소를 구할 이익이 없다. (대판 2012.4.13. 2009두5510)

**정답** ④

## 074 제재적 행정처분에 대한 설명으로 옳지 않은 것은? (다툼이 있는 경우 판례에 의함) 16 국가7급

① 업무정지처분을 받은 후 새로운 업무정지처분을 받음이 없이 1년이 경과하여 실제로 가중된 제재처분을 받을 우려가 없어졌다면 위 처분에서 정한 정지기간이 경과한 이상 특별한 사정이 없는 한 그 처분의 취소를 구할 법률상 이익이 없다.

② 행정법규 위반에 대하여 가하는 제재조치는 반드시 현실적인 행위자가 아니라도 법령상 책임자로 규정된 자에게 부과되고 특별한 사정이 없는 한 위반자에게 고의나 과실이 없더라도 부과할 수 있다.

③ 제재적 처분기준이 부령의 형식으로 규정되어 있는 경우, 그 처분기준에 따른 제재적 행정처분이 현저히 부당하다고 인정할 만한 합리적인 이유가 없는 한 섣불리 그 처분이 재량권의 범위를 일탈하였거나 재량권을 남용한 것이라고 판단해서는 안 된다.

④ 제재적 행정처분의 가중사유나 전제요건에 관한 규정이 법령이 아닌 행정규칙의 형식으로 되어 있다면 이는 행정청 내부의 재량준칙을 규정한 것에 불과하므로 관할 행정청이나 담당공무원은 이를 준수할 의무가 없다.

**해설**

① (○) 더 이상 가중처벌을 받을 위험이 없기 때문이다.

> 건축사 업무정지처분을 받은 후 새로운 업무정지처분을 받음이 없이 1년이 경과하여 실제로 가중된 제재처분을 받을 우려가 없게 된 경우, 업무정지처분에서 정한 정지기간이 경과한 후에 업무정지처분의 취소를 구할 법률상 이익이 없다. (대판 2000.4.21. 98두10080)

② (○) 행정법규 위반에 대하여 가하는 제재조치는 행정목적의 달성을 위하여 행정법규 위반이라는 객관적 사실에 착안하여 가하는 제재이므로 위반자의 고의·과실이 있어야만 하는 것은 아니나, 그렇다고 하여 위반자의 의무 해태를 탓할 수 없는 정당한 사유가 있는 경우까지 부과할 수 있는 것은 아니다. (대판 2014.12.24. 2010두6700)

③ (○) 제재적 행정처분이 사회통념상 재량권의 범위를 일탈하였거나 남용하였는지 여부는 처분사유로 된 위반행위의 내용과 당해 처분행위에 의하여 달성하려는 공익목적 및 이에 따르는 제반 사정 등을 객관적으로 심리하여 공익 침해의 정도와 그 처분으로 인하여 개인이 입게 될 불이익을 비교·형량하여 판단하여야 한다. … 따라서 그 처분기준에 부합한다 하여 곧바로 당해 처분이 적법한 것이라고 할 수는 없지만, 위 처분기준이 그 자체로 헌법 또는 법률에 합치되지 않거나 그 기준을 적용한 결과가 처분사유인 위반행위의 내용 및 관계 법령의 규정과 취지에 비추어 현저히 부당하다고 인정할 만한 합리적인 이유가 없는 한, 섣불리 그 기준에 따른 처분이 재량권의 범위를 일탈하였다거나 재량권을 남용한 것이라고 판단해서는 안 된다. (대판 2013.10.24. 2013두963)

④ (×) 제재적 처분이 행정규칙의 형식으로 규정되어 있는 경우 대외적 구속력은 별론으로 하고 공무원은 준수할 의무가 있다.

**정답** ④

## 075

「도시 및 주거환경정비법」상 관리처분계획에 대한 설명으로 옳지 않은 것은? (다툼이 있는 경우 판례에 의함)
16 국가7급

① 주택재건축정비사업조합을 상대로 관리처분계획안에 대한 조합총회결의의 효력을 다투는 소송은 「행정소송법」상 당사자소송에 해당한다.

② 관리처분계획에 대한 인가처분은 단순한 보충행위에 그치지 않고 일종의 설권적 처분의 성질을 가지므로, 인가처분시 기부채납과 같은 다른 조건을 붙일 수 있다.

③ 관리처분계획에 대한 관할 행정청의 인가·고시 이후 관리처분계획에 대한 조합총회결의의 하자를 다투고자 하는 경우에는 관리처분계획을 항고소송으로 다투어야 한다.

④ 이전고시가 효력을 발생하게 된 이후에는 조합원 등이 관리처분계획의 취소 또는 무효확인을 구할 법률상 이익이 없다.

### 해설

① (O) 도시 및 주거환경정비법상 행정주체인 주택재건축정비사업조합을 상대로 관리처분계획안에 대한 조합총회결의의 효력을 다투는 소송은 행정처분에 이르는 절차적 요건의 존부나 효력 유무에 관한 소송으로서 소송 결과에 따라 행정처분의 위법 여부에 직접 영향을 미치는 공법상 법률관계에 관한 것이므로, 이는 행정소송법상 당사자소송에 해당한다. (대결 2015.8.21. 2015무26)

② (X) 조합설립인가는 특허이지만, 조합설립 이후의 관리처분계획에 대한 인가는 인가에 해당한다.

③ (O) 관리처분계획에 대한 관할 행정청의 인가·고시 이후 관리처분계획에 대한 조합총회 결의의 하자를 다투고자 하는 경우에는 관리처분계획을 항고소송으로 다투어야 한다. 관리처분계획에 대한 관할 행정청의 인가·고시가 있은 후에 총회결의의 하자를 이유로 그 결의 부분만을 따로 떼어내어 무효등확인의 소를 제기하는 것이 허용되지 않는다. (대판 2009.10.15. 2009다10638)

④ (O) 이전고시의 효력 발생으로 이미 대다수 조합원 등에 대하여 획일적·일률적으로 처리된 권리귀속관계를 모두 무효화하고 다시 처음부터 관리처분계획을 수립하여 이전고시절차를 거치도록 하는 것은 정비사업의 공익적·단체법적 성격에 배치되므로, 이전고시가 효력을 발생한 후에는 조합원 등이 관리처분계획의 취소 또는 무효확인을 구할 법률상 이익이 없다고 보는 것이 타당하고, 이는 관리처분계획에 대한 인가처분의 취소 또는 무효확인을 구하는 경우에도 마찬가지이다. (대판 2012.5.24. 2009두22140)

**정답** ②

### 예상판례

**01** 제주 강정마을 일대가 절대보전지역으로 유지됨으로써 주민들인 원고들이 가지는 주거 및 생활환경상 이익은 그 지역의 경관 등이 보호됨으로써 반사적으로 누리는 것일 뿐 근거법규 또는 관련 법규에 의하여 보호되는 개별적·직접적·구체적 이익이라고 할 수 없다. (대판 2012.7.5. 2011두13914)

**02** 구 부당한 공동행위 자진신고자 등에 대한 시정조치 등 감면제도 운영고시 제14조에 따른 부당한 공동행위 자진신고자 등의 시정조치 또는 과징금 감면신청에 대한 감면불인정통지를 받은 후에 시정조치 또는 과징금 부과에 관한 종국의결이 이루어진 경우, 감면불인정 통지에 대하여 취소를 구할 소의 이익은 인정되지 않는다. (대판 2015.9.10. 2013두13815)

**03 건축허가취소처분을 받은 건축물 소유자는 건축물 완공 후에도 취소처분의 취소를 구할 법률상 이익을 가진다.**
건축허가를 받아 건축물을 완공하였더라도 건축허가가 취소되면 그 건축물은 철거 등 시정명령의 대상이 되고 이를 이행하지 않은 건축주 등은 건축법 제80조에 따른 이행강제금 부과처분이나 행정대집행법 제2조에 따른 행정대집행을 받게 되며, 나아가 건축법 제79조 제2항에 의하여 다른 법령상의 인허가 등을 받지 못하게 되는 등의 불이익을 입게 된다. 따라서 건축허가취소처분을 받은 건축물 소유자는 그 건축물이 완공된 후에도 여전히 위 취소처분의 취소를 구할 법률상 이익을 가진다고 보아야 한다. (대판 2015.11.12. 2015두47195)

**04** 확정된 승소판결에는 기판력이 있으므로 승소 확정판결을 받은 당사자가 전소의 상대방을 상대로 다시 승소 확정판결의 전소와 동일한 청구의 소를 제기하는 경우, 특별한 사정이 없는 한 후소는 권리보호의 이익이 없어 부적법하다. 하지만 예외적으로 확정판결에 의한 채권의 소멸시효기간인 10년의 경과가 임박한 경우에는 그 시효중단을 위한 소는 소의 이익이 있다. (대판 2019.1.17. 2018다24349)

**076** 항고소송에 있어서 소의 이익에 대한 설명으로 옳지 않은 것은? (다툼이 있는 경우 판례에 의함)

16 지방7급

① 고등학교졸업이 대학입학자격이나 학력인정으로서의 의미밖에 없다고 할 수는 없으므로, 퇴학처분을 받은 자가 고등학교졸업학력검정고시에 합격하였다 하여 퇴학처분의 취소를 구할 소송상의 이익이 없다고 볼 수는 없다.
② 학교법인에 의하여 임원으로 선임된 B는 자신에 대한 관할청의 임원취임승인신청 반려처분 취소소송의 원고적격이 없다.
③ 재단법인인 수녀원 D는 소속된 수녀등이 쾌적한 환경에서 생활할 수 있는 환경상 이익을 침해받는다면 매립목적을 택지조성에서 조선시설용지로 변경하는 내용의 공유수면매립목적 변경승인처분의 무효확인을 구할 원고적격이 없다.
④ 행정청이 직위해제상태에 있는 공무원에 대하여 새로운 직위해제사유에 기한 직위해제처분을 한 경우 그 이전에 한 직위해제처분의 취소를 구할 소의 이익이 없다.

**해설**
① (O) 고등학교졸업이 대학입학자격이나 학력인정으로서의 의미밖에 없다고 할 수 없으므로 고등학교졸업학력검정고시에 합격하였다 하여 고등학교 학생으로서의 신분과 명예가 회복될 수 없는 것이니 퇴학처분을 받은 자로서는 퇴학처분의 위법을 주장하여 그 취소를 구할 소송상의 이익이 있다. (대판 1992.7.14. 91누4737)
② (X) 원고적격이 인정된다. (대판 2007.12.27. 2005두9651)
③ (O) 재단법인 甲수녀원이 매립목적을 택지조성에서 조선시설용지로 변경하는 내용의 공유수면매립목적변경승인처분으로 인하여 법률상 보호되는 환경상 이익을 침해받았다면서 행정청을 상대로 처분의 무효확인을 구하는 소송을 제기한 사안에서, 甲수녀원에는 처분의 무효확인을 구할 원고적격이 없다. (대판 2012.6.28. 2010두2005)
④ (O) 행정청이 공무원에 대하여 새로운 직위해제사유에 기한 직위해제처분을 한 경우 그 이전에 한 직위해제처분은 이를 묵시적으로 철회하였다고 봄이 상당하므로, 그 이전 처분의 취소를 구하는 부분은 존재하지 않는 행정처분을 대상으로 한 것으로서 그 소의 이익이 없어 부적법하다. (대판 2003.10.10. 2003두5945)

**정답** ②

---

**077** 행정소송에 대한 설명으로 옳은 것은? (다툼이 있는 경우 판례에 의함)

16 국가9급

① 납세의무자에 대한 국가의 부가가치세 환급세액 지급의무는 부당이득반환의무에 해당하므로, 그에 대한 지급청구는 민사소송의 절차에 따라야 한다.
② 국가기관인 시·도 선거관리위원회 위원장은 국민권익위원회가 그에게 소속 직원에 대한 중징계요구를 취소하라는 등의 조치요구를 한 것에 대해서 취소소송을 제기할 원고적격을 가진다고 볼 수 없다.
③ 생태·자연도 1등급으로 지정되었던 지역을 2등급 또는 3등급으로 변경하는 내용의 환경부장관의 결정에 대해 해당 1등급 권역의 인근 주민은 취소소송을 제기할 원고적격이 인정된다.
④ 처분청이 처분 당시 적시한 구체적 사실을 변경하지 아니하는 범위 내에서 단지 처분의 근거 법령만을 추가·변경하는 경우에 법원은 처분청이 처분 당시 적시한 구체적 사실에 대하여 처분 후 추가·변경한 법령을 적용하여 처분의 적법 여부를 판단할 수 있다.

해설

① (X) 부가가치세의 환급은 공법상의 당사자소송으로 한다. 그 외의 조세에 대한 환급은 민사소송으로 한다.
② (X) 甲이 국민권익위원회에 부패방지 및 국민권익위원회의 설치와 운영에 관한 법률에 따른 신고와 신분보장조치를 요구하였고, 국민권익위원회가 乙시·도선거관리위원회 위원장에게 '甲에 대한 중징계요구를 취소하고 향후 신고로 인한 신분상 불이익처분 및 근무조건상의 차별을 하지 말 것을 요구'하는 내용의 조치요구를 한 경우, 국가기관으로서 甲의 소속 기관장인 乙에게 위 조치요구의 취소를 구하는 소를 제기할 당사자능력, 원고적격 및 법률상 이익을 인정한 원심판단은 정당하다. (대판 2013.7.25. 2011두1214)
③ (X) 환경부장관이 생태·자연도 1등급으로 지정되었던 지역을 2등급 또는 3등급으로 변경하는 내용의 생태·자연도 수정·보완을 고시하자, 인근 주민 甲이 생태·자연도 등급변경처분의 무효확인을 청구한 사안에서, 생태·자연도의 작성 및 등급변경의 근거가 되는 구 자연환경보전법 제34조 제1항 및 그 시행령 제27조 제1항·제2항에 의하면, 생태·자연도는 토지이용 및 개발계획의 수립이나 시행에 활용하여 자연환경을 체계적으로 보전·관리하기 위한 것일 뿐, 1등급 권역의 인근 주민들이 가지는 생활상 이익을 직접적이고 구체적으로 보호하기 위한 것이 아님이 명백하고, 1등급 권역의 인근 주민들이 가지는 이익은 환경보호라는 공공의 이익이 달성됨에 따라 반사적으로 얻게 되는 이익에 불과하므로, 인근 주민에 불과한 甲은 생태·자연도 등급권역을 1등급에서 일부는 2등급으로, 일부는 3등급으로 변경한 결정의 무효확인을 구할 원고적격이 없다. (대판 2014.2.21. 2011두29052)
④ (O) 법령만을 추가·변경하는 것은 처분사유의 추가·변경이 아니므로 가능하다.

정답 ④

## 078 판례의 태도로 옳은 것은? 13 국가9급

① 처분의 직접상대방이 아닌 경우에는 처분의 근거법률에 의하여 보호되는 법률상 이익이 있는 경우에도 원고적격이 인정될 수 없다.
② 「행정소송법」 제35조에 규정된 '무효확인을 구할 법률상 이익'이 있다고 보기 위하여는 행정처분의 근거법률에 의하여 보호되는 직접적이고 구체적인 이익이 있어야 하며 이와는 별도로 무효확인소송의 보충성이 요구되므로 행정처분의 무효를 전제로 한 이행소송 등과 같은 직접적인 구제수단이 있는지 여부를 따질 필요가 있다.
③ 수익적 행정처분의 근거가 되는 법률이 해당 업자들 사이의 과다경쟁으로 인한 경영의 불합리를 방지하는 목적도 가지고 있는 경우, 기존업자가 경업자에 대한 면허나 인허가 등의 수익적 행정처분의 취소를 구할 원고적격이 있다.
④ 개발제한구역 중 일부 취락을 개발제한구역에서 해제하는 내용의 도시관리계획 변경결정에 대하여, 개발제한구역 해제대상에서 누락된 토지의 소유자는 위 결정의 취소를 구할 법률상 이익이 있다.

해설

① (X) 행정처분의 직접상대방이 아닌 제3자라 하더라도 처분으로 인하여 법률상 보호되는 이익이 침해당한 경우에는 원고적격이 인정된다. (대판 2007.4.12. 2004두7924)
② (X) 행정처분의 근거법률에 의하여 보호되는 직접적이고 구체적인 이익이 있는 경우에는 행정소송법 제35조에 규정된 '무효확인을 구할 법률상 이익'이 있다고 보아야 하고, 이와 별도로 무효확인소송의 보충성이 요구되는 것은 아니므로 행정처분의 무효를 전제로 한 이행소송 등과 같은 직접적인 구제수단이 있는지 여부를 따질 필요가 없다고 해석함이 상당하다. (대판 2008.3.20. 2007두6342 전원합의체)
③ (O) 대판 2006.7.28. 2004두6716
④ (X) 개발제한구역을 해제하는 내용의 도시관리계획 변경결정에 대하여 특정 토지의 소유자는 자신의 토지가 그 해제대상에 포함되어야 한다고 주장하면서 위 계획 변경결정의 취소를 구할 법률상 이익이 없다. (대판 2008.7.10. 2007두10242)

정답 ③

**079** 판례의 입장으로 옳지 않은 것은?

12사복

① 행정처분의 근거법규 또는 관련 법규에 그 처분으로써 이루어지는 행위 등 사업으로 인하여 환경상 침해를 받으리라고 예상되는 영향권의 범위가 구체적으로 규정되어 있는 경우에도 환경상 이익에 대한 침해 또는 침해 우려가 있는 것을 입증하여야만 원고적격이 인정된다.

② 「부동산 실권리자명의 등기에 관한 법률」 제5조에 의하여 부과된 과징금 채무는 대체적 급부가 가능한 의무이므로 과징금을 부과받은 자가 사망한 경우 그 상속인에게 포괄승계된다.

③ 신축건물의 준공처분을 하여서는 안 된다는 내용의 부작위청구소송은 허용되지 않는다.

④ 인허가의제효과를 수반하는 건축신고는 일반적인 건축신고와는 달리 특별한 사정이 없는 한 행정청이 그 실체적 요건에 관한 심사를 한 후 수리하여야 하는 이른바 '수리를 요하는 신고'로 보아야 한다.

> **해설**
>
> ① (×) 행정처분의 근거법규 등에 그 처분으로 환경상 침해를 받으리라고 예상되는 영향권의 범위가 구체적으로 규정된 경우, 영향권 내의 주민들에 대하여는 당해 처분으로 인하여 직접적이고 중대한 환경피해를 입으리라고 예상할 수 있고, 이와 같은 환경상의 이익은 주민 개개인에 대하여 개별적으로 보호되는 직접적·구체적 이익으로서 그들에 대하여는 특단의 사정이 없는 한 환경상 이익에 대한 침해 또는 침해 우려가 있는 것으로 사실상 추정되어 법률상 보호되는 이익으로 인정됨으로써 원고적격이 인정되며, 그 영향권 밖의 주민들은 당해 처분으로 인하여 그 처분 전과 비교하여 수인한도를 넘는 환경피해를 받거나 받을 우려가 있다는 자신의 환경상 이익에 대한 침해 또는 침해 우려가 있음을 입증하여야만 법률상 보호되는 이익으로 인정되어 원고적격이 인정된다. (대판 2009.9.24. 2009두2825)
>
> ② (○) 대판 1999.5.14. 99두35
>
> ③ (○) 건축건물의 준공처분을 하여서는 아니 된다는 내용의 부작위를 구하는 청구는 행정소송에서 허용되지 아니하는 것이므로 부적법하다. (대판 1987.3.24. 86누182)
>
> ④ (○) 건축법에서 인허가의제제도를 둔 취지는, 인허가의제사항과 관련하여 건축허가 또는 건축신고의 관할 행정청으로 그 창구를 단일화하고 절차를 간소화하며 비용과 시간을 절감함으로써 국민의 권익을 보호하려는 것이지, 인허가의제사항 관련 법률에 따른 각각의 인허가요건에 관한 일체의 심사를 배제하려는 것으로 보기는 어렵다. 또한 무엇보다도 건축신고를 하려는 자는 인허가의제사항 관련 법령에서 제출하도록 의무화하고 있는 신청서와 구비서류를 제출하여야 하는데, 이는 건축신고를 수리하는 행정청으로 하여금 인허가의제사항 관련 법률에 규정된 요건에 관하여도 심사를 하도록 하기 위한 것으로 볼 수밖에 없다. 따라서 인허가의제효과를 수반하는 건축신고는 일반적인 건축신고와는 달리, 특별한 사정이 없는 한 행정청이 그 실체적 요건에 관한 심사를 한 후 수리하여야 하는 이른바 '수리를 요하는 신고'로 보는 것이 옳다. (대판 2011.1.20. 2010두14954 전원합의체)

**정답** ①

## 080  다음 중 원고적격이 인정되는 것은?

10 서울9급

① 숙박업구조변경허가처분에 대한 주변 숙박업자
② 건축허가로 인하여 일조량의 영향을 받게 되는 인근 주민
③ 종전에 이용하던 사도의 폐지허가처분에 대해 다른 도로의 이용이 가능해진 주민
④ 물품수입허가에 대한 동일한 종류의 물품의 제조판매업자
⑤ 상수원보호구역 변경에 대해 그 상수원으로부터 급수를 받는 인근 주민

> **해설**

① [원고적격 부정] 숙박업구조변경허가를 함으로써 그곳으로부터 50미터 내지 700미터 정도의 거리에서 여관을 경영하는 원고들이 받게 될 불이익은 간접적이거나 사실적, 경제적인 불이익에 지나지 아니하므로 그것만으로는 원고들에게 위 숙박업구조변경허가처분의 무효확인 또는 취소를 구할 소익이 있다고 할 수 없다. (대판 1990.8.14. 89누7900)

② [원고적격 인정] 일조이익을 향유하는 자는 객관적인 생활이익으로서 일조권 침해에 대해 보호가 가능하다는 취지의 판례이다.

> 토지의 소유자 등이 종전부터 향유하던 일조이익이 객관적인 생활이익으로서 가치가 있다고 인정되면 법적인 보호의 대상이 될 수 있는데, 그 인근에서 건물이나 구조물 등이 신축됨으로 인하여 햇빛이 차단되어 생기는 그늘, 즉 일영이 증가함으로써 해당 토지에서 종래 향유하던 일조이익이 감소하는 일조방해가 발생한 경우, 그 일조방해의 정도, 피해이익의 법적 성질, 가해 건물의 용도, 지역성, 토지이용의 선후관계, 가해 방지 및 피해 회피의 가능성, 공법적 규제의 위반 여부, 교섭 경과 등 모든 사정을 종합적으로 고려하여 사회통념상 일반적으로 해당 토지소유자의 수인한도를 넘게 되면 그 건축행위는 정당한 권리 행사의 범위를 벗어나 사법상 위법한 가해행위로 평가된다. (대판 2008.12.24. 2008다41499)

③ [원고적격 부정] 甲이 乙 소유의 도로를 공로에 이르는 유일한 통로로 이용하였으나 甲 소유의 대지에 연접하여 새로운 공로가 개설되어 그 쪽으로 출입문을 내어 바로 새로운 공로에 이를 수 있게 된 경우, 乙의 신청에 따라 관할 행정청이 乙 소유의 도로에 대하여 한 도로폐지허가처분으로 인하여 乙 소유의 도로가 구 건축법 제2조 제11호 나목 소정의 도로에 해당하지 않게 되었다고 하더라도… 도로폐지허가처분으로 인하여 甲이 폐지된 도로에 대한 사법상의 통행권을 침해받았다고 볼 수도 없다 할 것이어서 甲에게는 도로폐지허가처분의 취소를 구할 법률상 이익이 없다. (대판 1999.12.7. 97누12556)

④ [원고적격 부정] 국내산업의 보호육성도 구 무역거래법이 기도하고 있는 목적의 하나가 된다는 것만으로써 원고가 제조판매하는 것과 같은 품종의 수입을 다른 사람에게 허가하는 것이 곧 원고에 대한 법률상의 이익이 침해된다고는 할 수 없다. (대판 1971.6.29. 69누91)

⑤ [원고적격 부정] 대판 1995.9.26. 94누14544

**정답** ②

### 권한의 위임(위탁)·대리·내부위임이 있는 경우 피고적격

| 구분 | 위임 | 대리 | 내부위임 |
|---|---|---|---|
| 법적 근거 | 필요 | 불요 | 불요 |
| 권한의 귀속 | 수임청 | 피대리청(대리를 시킨 청) | 위임청 |
| 피고적격 | 수임청 | · 현명을 한 경우: 피대리청<br>· 현명을 하지 않은 경우: 대리청 | · 현명을 한 경우: 위임청<br>· 현명을 하지 않은 경우: 수임청 |

대리청이 피대리청을 밝히지 않은 경우에도 상대방이 대리가 있었다는 것을 안 경우에는 피대리청이 피고가 됨.

---

**081** 서훈 또는 서훈취소에 대한 설명으로 옳은 것만을 모두 고르면? <sub>23 국가9급</sub>

> ㄱ. 서훈취소는 대통령이 국가원수로서 행하는 행위이지만 통치행위는 아니다.
> ㄴ. 서훈은 서훈대상자의 특별한 공적에 의하여 수여되는 고도의 일신전속적 성격을 가지는 것이므로 유족이라고 하더라도 처분의 상대방이 될 수 없다.
> ㄷ. 건국훈장 독립장이 수여된 망인에 대한 서훈취소를 국무회의에서 의결하고 대통령이 결재함으로써 서훈취소가 결정된 후에 국가보훈처장이 망인의 유족에게 독립유공자 서훈취소결정 통보를 하였다면 서훈취소처분 취소소송에서의 피고적격은 국가보훈처장에 있다.
> ㄹ. 국가보훈처장이 서훈추천신청자에 대한 서훈추천을 거부한 것은 항고소송의 대상으로 볼 수는 없어 항고소송을 제기할 수는 없으나 행정권력의 부작위에 대한 헌법소원으로서 다툴 수 있다.

① ㄱ, ㄴ　　② ㄱ, ㄹ　　③ ㄱ, ㄷ, ㄹ　　④ ㄴ, ㄷ, ㄹ

**해설**

ㄱ. (○) 구 상훈법 제8조는 서훈취소의 요건을 구체적으로 명시하고 있고 절차에 관하여 상세하게 규정하고 있다. 그리고 서훈취소는 서훈수여의 경우와는 달리 이미 발생된 서훈대상자 등의 권리 등에 영향을 미치는 행위로서 관련 당사자에게 미치는 불이익의 내용과 정도 등을 고려하면 사법심사의 필요성이 크다. 따라서 기본권의 보장 및 법치주의의 이념에 비추어 보면, 비록 서훈취소가 대통령이 국가원수로서 행하는 행위라고 하더라도 법원이 사법심사를 자제하여야 할 고도의 정치성을 띤 행위라고 볼 수는 없다. (대판 2015.4.23. 2012두26920)

ㄴ. (○) ㄷ. (×) 망인에게 수여된 서훈을 취소하는 경우, 유족이 서훈취소처분의 상대방이 되는 것이 아니다. 망인에 대한 서훈취소 결정의 효력이 발생하기 위한 요건 망인에 대한 서훈취소는 유족에 대한 것이 아니므로 유족에 대한 통지에 의해서만 성립하여 효력이 발생한다고 볼 수 없고, 그 결정이 처분권자의 의사에 따라 상당한 방법으로 대외적으로 표시됨으로써 행정행위로서 성립하여 효력이 발생한다고 봄이 타당하다. 국무회의에서 건국훈장 독립장이 수여된 망인에 대한 서훈취소를 의결하고 대통령이 결재함으로써 서훈취소가 결정된 후 국가보훈처장이 망인의 유족 甲에게 '독립유공자 서훈취소결정 통보'를 하자 甲이 국가보훈처장을 상대로 서훈취소결정의 무효확인 등의 소를 제기한 사안에서, 甲이 서훈취소처분을 행한 행정청(대통령)이 아니라 국가보훈처장을 상대로 제기한 위 소는 피고를 잘못 지정한 경우에 해당한다. (대판 2014.9.26. 2013두2518) – 이때 법원은 각하할 것이 아니라 피고경정을 석명한 후에 재판을 진행하여야 한다.

ㄹ. (×) 독립유공자의 구체적 인정절차는 입법자가 헌법의 취지에 반하지 않는 한 입법재량으로 정할 수 있다. 독립유공자 인정의 전 단계로서 상훈법에 따른 서훈추천은 해당 후보자에 대한 공적심사를 거쳐서 이루어지며, 그러한 공적심사의 통과 여부는 해당 후보자가 독립유공자로서 인정될 만한 사정이 있는지에 달려 있다. 이에 관한 판단에 있어서 국가는 나름대로의 재량을 지닌다. 따라서 국가보훈처장이 서훈추천 신청자에 대한 서훈추천을 하여 주어야 할 헌법적 작위의무가 있다고 할 수는 없으므로, 서훈추천을 거부한 것에 대하여 행정권력의 부작위에 대한 헌법소원으로서 다툴 수 없다. (헌재 2005.6.30. 2004헌마859)

**정답** ①

**082** 항고소송의 피고에 관한 설명으로 옳지 않은 것은? (다툼이 있는 경우 판례에 의함)  23 소방

① 항고소송은 원칙적으로 소송의 대상인 처분 등을 외부적으로 그의 명의로 행한 행정청을 피고로 하여야 하는 것이다.
② 「행정소송법」 제14조에 의한 피고경정은 사실심 변론종결에 이르기까지 허용된다.
③ 처분 등이 있은 뒤에 그 처분 등에 관계되는 권한이 다른 행정청에 승계된 때에는 그 처분 등에 대한 사무가 귀속되는 국가 또는 지방자치단체를 피고로 한다.
④ 대리기관이 대리관계를 표시하고 피대리 행정청을 대리하여 행정처분을 한 때에는 피대리 행정청이 피고가 되어야한다.

해설
① (○)
② (○)
③ (×)

> **행정소송법 제13조(피고적격)**
> ① 취소소송은 다른 법률에 특별한 규정이 없는 한 그 처분 등을 행한 행정청을 피고로 한다. 다만, 처분 등이 있은 뒤에 그 처분등에 관계되는 권한이 다른 행정청에 승계된 때에는 이를 승계한 행정청을 피고로 한다.
> ② 제1항의 규정에 의한 행정청이 없게 된 때에는 그 처분 등에 관한 사무가 귀속되는 국가 또는 공공단체를 피고로 한다.

④ (○)

정답 ③

---

**083** 행정소송에 대한 설명으로 옳지 않은 것은? (다툼이 있는 경우 판례에 의함)  20 국가7급

① 무효확인소송에서 '무효확인을 구할 법률상 이익'이 있는지를 판단할 때, 행정처분의 무효를 전제로 한 이행소송 등과 같은 직접적인 구제수단이 있는지를 먼저 따질 필요는 없다.
② 「국토의 계획 및 이용에 관한 법률」상 토지소유자 등이 도시·군계획시설 사업시행자의 토지의 일시 사용에 대하여 정당한 사유 없이 동의를 거부한 경우, 사업시행자가 토지소유자를 상대로 동의의 의사표시를 구하는 소송은 당사자소송으로 보아야 한다.
③ 합의제 행정청의 처분에 대하여는 합의제 행정청이 피고가 되므로 부당노동행위에 대한 구제명령 등 중앙노동위원회의 처분에 대한 소송에서는 중앙노동위원회가 피고가 된다.
④ 권한의 내부위임이 있는 경우 내부수임기관이 착오 등으로 원처분청의 명의가 아닌 자기명의로 처분을 하였다면, 내부수임기관이 그 처분에 대한 항고소송의 피고가 된다.

> 해설

① (O) 행정처분의 근거법률에 의하여 보호되는 직접적이고 구체적인 이익이 있는 경우에는 행정소송법 제35조에 규정된 '무효확인을 구할 법률상 이익'이 있다고 보아야 하고, 이와 별도로 무효확인소송의 보충성이 요구되는 것은 아니므로 행정처분의 무효를 전제로 한 이행소송 등과 같은 직접적인 구제수단이 있는지 여부를 따질 필요가 없다고 해석함이 상당하다. (대판 2008.3.20. 2007두6342 전원합의체)
② (O) 토지의 소유자·점유자 또는 관리인이 사업시행자의 일시 사용에 대하여 정당한 사유 없이 동의를 거부하는 경우, 사업시행자는 해당 토지의 소유자 등을 상대로 동의의 의사표시를 구하는 소를 제기할 수 있다. 이와 같은 토지의 일시 사용에 대한 동의의 의사표시를 할 의무는 '국토의 계획 및 이용에 관한 법률'에서 특별히 인정한 공법상의 의무이므로, 그 의무의 존부를 다투는 소송은 '공법상의 법률관계에 관한 소송으로서 그 법률관계의 한쪽당사자를 피고로 하는 소송', 즉 행정소송법 제3조 제2호에서 규정한 당사자소송이라고 보아야 한다. (대판 2019.9.9. 2016다262550)
③ (X) 중앙노동위원회가 아니라 중앙노동위원장이 피고가 된다.
④ (O) 내부위임의 경우 위임청을 밝히면 위임청이 피고가 되지만, 밝히지 않으면 수임청이 피고가 된다.

> 정답 ③

## 084

**행정소송의 당사자에 대한 설명으로 옳지 않은 것은? (다툼이 있는 경우 판례에 의함)** <sub>19 지방9급</sub>

① 대리기관이 대리관계를 표시하고 피대리 행정청을 대리하여 행정처분을 한 때에는 피대리 행정청이 피고로 되어야 한다.
② 「국가공무원법」에 따른 처분, 그 밖에 본인의 의사에 반한 불리한 처분이나 부작위에 관한 행정소송을 제기할 때에 대통령의 처분 또는 부작위의 경우에는 소속 장관을 피고로 한다.
③ 약제를 제조·공급하는 제약회사는 보건복지부 고시인 약제 급여·비급여 목록 및 급여 상한금액표 중 약제의 상한금액 인하 부분에 대하여 그 취소를 구할 원고적격이 있다.
④ 개발제한구역 안에서의 공장설립을 승인한 처분이 위법하다는 이유로 쟁송취소되었다면, 설령 그 승인처분에 기초한 공장건축허가처분이 잔존하는 경우에도 인근 주민들에게는 공장건축허가처분의 취소를 구할 법률상 이익이 없다.

> 해설

① (O) ② (O) ③ (O)
④ (X) 공장설립승인처분이 있고 난 뒤에 또는 그와 동시에 공장건축허가처분을 하는 것이 허용되므로, 공장설립승인처분이 취소된 경우에는 그 승인처분을 기초로 한 공장건축허가처분 역시 취소되어야 하고, 공장설립승인처분에 근거하여 토지의 형질변경이 이루어진 경우에는 원상회복을 해야 함이 원칙이다. 따라서 개발제한구역 안에서의 공장설립을 승인한 처분이 위법하다는 이유로 쟁송취소되었다고 하더라도 그 승인처분에 기초한 공장건축허가처분이 잔존하는 이상, 공장설립승인처분이 취소되었다는 사정만으로 인근 주민들의 환경상 이익이 침해되는 상태나 침해될 위험이 종료되었다거나 이를 시정할 수 있는 단계가 지나버렸다고 단정할 수는 없고, 인근 주민들은 여전히 공장건축허가처분의 취소를 구할 법률상 이익이 있다고 보아야 한다. (대판 2018.7.12. 2015두3485)

> 정답 ④

## 085

국토교통부장관은 X국도 중 A도에 속한 X1, X2, X3 구간의 유지·관리에 관한 권한을 A도지사에게 위임하였고, A도지사는 그중 A도 B군에 속한 X1 구간의 유지·관리에 관한 권한을 B군수에게 재위임하였다. 이에 대한 설명으로 옳지 않은 것은? (다툼이 있는 경우 판례에 의함)  19 국가7급

① 국토교통부장관의 A도지사에 대한 권한위임은 법률이 위임을 허용하는 경우에 한하여 인정된다.
② A도지사가 B군수에게 권한을 재위임하기 위해서는 국토교통부장관의 승인이 필요하다.
③ 권한의 위임과 재위임이 적법하게 이루어진 경우 X국도의 X1구간에 대하여 B군수가 유지·관리 권한을 갖고 국토교통부장관은 그 권한을 잃는다.
④ 권한의 위임과 재위임이 적법하게 이루어진 경우 X국도 X1구간의 유지·관리사무의 귀속주체는 B군이다.

**해설**

① (O) 위임은 법률규정이 있는 경우에만 가능하다.
② (O) 재위임을 하기 위해서는 위임청의 승인이 있어야 한다.
③ (O) 위임이 있으면 권한이 수임청으로 이전된다.
④ (X) 기관위임이기 때문에 B군이 아니라 B군수이다.

**정답** ④

## 086

행정소송과 그 피고에 대한 연결이 옳은 것만을 모두 고르면?  18 지방9급

ㄱ. 대통령의 검사임용처분에 대한 취소소송 - 법무부장관
ㄴ. 국토교통부장관으로부터 권한을 내부위임받은 국토교통부차관이 처분을 한 경우에 그에 대한 취소소송 - 국토교통부차관
ㄷ. 헌법재판소장이 소속 직원에게 내린 징계처분에 대한 취소소송 - 헌법재판소 사무처장
ㄹ. 환경부장관의 권한을 위임받은 서울특별시장이 내린 처분에 대한 취소소송 - 서울특별시장

① ㄱ, ㄴ
② ㄷ, ㄹ
③ ㄱ, ㄷ, ㄹ
④ ㄱ, ㄴ, ㄷ, ㄹ

**해설**

ㄱ. (O) 업무가 속한 장관이 피고가 되므로 법무부장관이 피고이다.
ㄴ. (X) 권한을 내부위임받은 경우에 특별한 언급이 없으면 위임자를 밝혔다고 보아야 하므로 국토교통부장관이 피고가 된다.
ㄷ. (O)
ㄹ. (O)

**정답** ③

**087** 행정소송의 피고적격에 대한 설명으로 옳지 않은 것은? (다툼이 있는 경우 판례에 의함) 17 국가9급 추가

① 행정권한을 위탁받은 공공단체 또는 사인이 자신의 이름으로 처분을 한 경우에는 그 공공단체 또는 사인이 항고소송의 피고가 된다.
② 납세의무부존재확인청구소송은 공법상 법률관계 그 자체를 다투는 소송이므로 과세처분청이 아니라 그 법률관계의 한쪽당사자인 국가·공공단체 그 밖의 권리주체에게 피고적격이 있다.
③ 행정처분을 행할 적법한 권한이 있는 상급행정청으로부터 내부위임을 받은 데 불과한 하급행정청이 권한 없이 자신의 이름으로 행정처분을 한 경우에는 하급행정청이 항고소송의 피고가 된다.
④ 대외적으로 의사를 표시할 수 없는 내부기관이라도 행정처분의 실질적인 의사가 그 기관에 의하여 결정되는 경우에는 그 내부기관에게 항고소송의 피고적격이 있다.

> 해설
> ① (○) ③ (○)
> ② (○) 당사자소송의 피고는 행정주체이다.
> ④ (✕) 항고소송의 피고는 대외적으로 의사를 표시할 수 있는 행정청이다.
>
> 정답 ④

**088** 취소소송에 대한 기술로 옳은 것은? (단, 다툼이 있는 경우 판례에 의함) 17 사복

① 과세처분 취소소송에서 과세처분의 위법성 판단시점은 처분시이므로 과세행정청은 처분 당시의 자료만에 의하여 처분의 적법 여부를 판단하고 처분 당시의 처분사유만을 주장할 수 있다.
② 구「저작권법」상 저작권등록처분에 대한 무효확인소송에서 저작권심의조정위원회 위원장이 피고가 된다.
③ 상급행정청으로부터 내부위임을 받은 데 불과한 하급행정청이 권한 없이 행정처분을 한 경우에는 실제로 그 처분을 행한 하급행정청을 피고로 취소소송을 제기해야 한다.
④ 취소소송을 제기하기 위해서는 처분 등이 존재하여야 하며, 거부처분이 성립하기 위해서는 개인의 신청권이 존재하여야 하고, 여기서 신청권이란 신청인이 신청의 인용이라는 만족적 결과를 얻을 권리를 의미하는 것이다.

> 해설
> ① (✕) 과세처분 취소소송의 소송물은 과세관청이 결정한 세액의 객관적 존부이므로, 과세관청으로서는 소송 도중 사실심 변론 종결시까지 당해 처분에서 인정한 과세표준 또는 세액의 정당성을 뒷받침할 수 있는 새로운 자료를 제출하거나 처분의 동일성이 유지되는 범위 내에서 그 사유를 교환·변경할 수 있는 것이고, 반드시 처분 당시의 자료만에 의하여 처분의 적법 여부를 판단하여야 하거나 처분 당시의 처분사유만을 주장할 수 있는 것은 아니다. (대판 2014.5.16. 2013두21076)
> ② (✕) 저작권심의조정위원회가 피고가 된다.
> ③ (○) 행정처분을 행할 적법한 권한 있는 상급행정청으로부터 내부위임을 받은데 불과한 하급행정청이 권한 없이 행정처분을 한 경우에도 실제로 그 처분을 행한 하급행정청을 피고로 하여야 할 것이지 그 처분을 행할 적법한 권한 있는 상급행정청을 피고로 할 것은 아니다. (대판 1994.8.12. 94누2763)

④ (×) 거부처분의 처분성을 인정하기 위한 전제요건이 되는 신청권의 존부는 구체적 사건에서 신청인이 누구인가를 고려하지 않고 관계 법규의 해석에 의하여 일반국민에게 그러한 신청권을 인정하고 있는가를 살펴 추상적으로 결정되는 것이고, 신청인이 그 신청에 따른 단순한 응답을 받을 권리를 넘어서 신청의 인용이라는 만족적 결과를 얻을 권리를 의미하는 것은 아니라고 할 것이다. 따라서 국민이 어떤 신청을 한 경우에 그 신청의 근거가 된 조항의 해석상 행정발동에 대한 개인의 신청권을 인정하고 있다고 보여지면 그 거부행위는 항고소송의 대상이 되는 처분으로 보아야 할 것이고, 구체적으로 그 신청이 인용될 수 있는가 하는 점은 본안에서 판단하여야 할 사항인 것이다. (대판 1996.6.11. 95누12460)

**정답** ③

## 089  항고소송의 피고에 대한 설명으로 가장 옳은 것은?   16 서울7급

① 항고소송에서 원고가 피고를 잘못 지정하였다면 법원은 석명권을 행사하여 피고를 경정하게 하여 소송을 진행하여야 한다.
② 행정심판위원회가 1,000만 원의 과징금 부과처분에 대한 취소심판에서 500만 원의 과징금 부과처분으로 변경하는 내용의 재결을 하였고 청구인인 처분의 상대방이 관할 법원에 취소소송을 제기하였다면 재결에 의한 감액처분을 항고소송의 대상으로 하여야 한다.
③ 초등학교의 공용폐지를 내용으로 하는 조례를 대상으로 관할 법원에 취소소송을 제기하였다면, 피고는 조례안을 의결한 지방의회가 되어야 한다.
④ 중앙노동위원회의 재심판정에 대한 취소소송에 있어서 그 피고는 중앙노동위원회가 되어야 한다.

**해설**
① (○) 원고가 피고를 잘못 지정하였다면 법원으로서는 당연히 석명권을 행사하여 원고로 하여금 피고를 경정하게 하여 소송을 진행하게 하였어야 할 것임에도 불구하고 이러한 조치를 취하지 아니한 채 피고의 지정이 잘못되었다는 이유로 소를 각하한 것은 위법하다. (대판 2004.7.8. 2002두7852)
② (×) 감액처분이 아니라 감액되고 남은 당초 처분이 항고소송의 대상이다.
③ (×) 처분적 조례의 경우 조례안의 공포권자인 지방자치단체의 장이 피고가 된다.
④ (×) 중앙노동위원회가 아니라 중앙노동위원장이 피고가 된다.

**정답** ①

### 기출지문 OX

**01** 건국훈장 독립장이 수여된 망인에 대하여 사후적으로 친일행적이 확인되었다는 이유로 대통령에 의하여 망인에 대한 독립유공자 서훈취소가 결정되고, 그 서훈취소에 따라 훈장 등을 환수조치하여 달라는 당시 행정안전부장관의 요청에 의하여 국가보훈처장이 망인의 유족에게 독립유공자 서훈취소결정을 통보한 사안에서, 독립유공자 서훈취소결정에 대한 취소소송에서의 피고적격이 있는 자는 국가보훈처장이다. [16 지방9급]   (○, ×)

**해설** 국무회의에서 건국훈장 독립장이 수여된 망인에 대한 서훈취소를 의결하고 대통령이 결재함으로써 서훈취소가 결정된 후 국가보훈처장이 망인의 유족 甲에게 '독립유공자 서훈취소결정 통보'를 하자 甲이 국가보훈처장을 상대로 서훈취소결정의 무효확인 등의 소를 제기한 사안에서, 甲이 서훈취소처분을 행한 행정청(대통령)이 아니라 국가보훈처장을 상대로 제기한 위 소는 피고를 잘못 지정한 경우에 해당한다. (대판 2014.9.26. 2013두2518)

**참고** 이때 법원은 각하할 것이 아니라 피고경정을 석명한 후에 재판을 진행하여야 한다.

**정답** ×

**02** 「국가를 당사자로 하는 계약에 관한 법률」에 따른 계약에 있어 입찰보증금의 국고귀속조치는 항고소송의 대상이 되는 처분에 해당하지 않는다. [16 지방9급]   (O, ×)

해설  예산회계법에 따라 체결되는 계약은 사법상의 계약이라고 할 것이고 같은 법 제70조의5의 입찰보증금은 낙찰자의 계약체결의무 이행의 확보를 목적으로 하여 그 불이행시에 이를 국고에 귀속시켜 국가의 손해를 전보하는 사법상의 손해배상예정으로서의 성질을 갖는 것이라고 할 것이므로 입찰보증금의 국고귀속조치는 국가가 사법상의 재산권의 주체로서 행위하는 것이지 공권력을 행사하는 것이거나 공권력작용과 일체성을 가진 것이 아니라 할 것이므로 이에 관한 분쟁은 행정소송이 아닌 민사소송의 대상이 될 수밖에 없다고 할 것이다. (대판 1983.12.27. 81누366)  정답 O

**03** 고시에 의한 행정처분의 상대방이 불특정 다수인인 경우, 그 행정처분에 이해관계를 갖는 자는 고시가 있었다는 사실을 현실적으로 알았는지 여부에 관계없이 고시가 효력을 발생하는 날부터 90일 이내에 취소소송을 제기하여야 한다. [16 지방9급]   (O, ×)  정답 O

---

**090** 서울지방경찰청장은 운전면허와 관련된 처분권한을 각 경찰서장에게 내부위임하였다. 이에 따라 종로경찰서장은 자신의 명의로 甲에게 운전면허정지처분을 하였다. 甲이 적법한 절차에 따라 운전면허정지처분 취소소송을 제기하고자 한다. 피고적격자는? (다툼이 있는 경우 판례에 의함)   [15 지방9급]

① 서울경찰청
② 서울경찰청장
③ 종로경찰서
④ 종로경찰서장

해설
④ (O) 내부위임의 경우에 수임자가 자신의 명의로 처분을 하면 수임자가 피고가 된다.

정답 ④

---

**091** 다음 중 항고소송이 제기될 경우에 적절한 피고를 명시한 것은?   [14 국회8급]

① 행정안전부장관을 대리하여 전자정부국장이 행한 행위에 대한 소송에서 전자정부국장
② 행정안전부장관의 위임을 받아 전자정부국장이 행한 행위에 대한 소송에서 행정안전부장관
③ 행정안전부장관이 해외출장 중 행정안전부 제1차관이 행한 행위에 대한 소송에서 행정안전부 제1차관
④ 행정안전부장관이 경기도지사에게 내부위임하여 행한 행위에 대한 소송에서 경기도지사
⑤ 행정안전부 위임전결규정에 따라 전자정부국장이 행한 행위에 대한 소송에서 행정안전부장관

해설
① (×) 행정안전부장관을 대리하여 전자정부국장이 행한 행위에 대한 소송의 피고는 행정안전부장관이다. 대리의 경우 원칙적으로 피대리청이 피고가 된다.
② (×) 행정안전부장관의 위임을 받아 전자정부국장이 행한 행위에 대한 소송의 피고는 전자정부국장이다. 위임이 있으면 수임청이 피고가 되기 때문이다.
③ (×) ④ (×) 행정안전부장관이 해외출장 중 행정안전부 제1차관이 행한 행위에 대한 소송의 피고는 행정안전부장관이다. 내부위임의 경우 피고는 위임청이기 때문이다.
⑤ (O) 위임전결은 내부위임의 일종이기 때문이다.

정답 ⑤

## 092

**행정소송의 피고적격에 관한 설명으로 옳지 않은 것은?**  08 국회8급

① 세무서장이 압류한 재산의 공매를 성업공사(현 한국자산관리공사)로 대행하게 한 경우 피고는 성업공사이다.

② 세무서는 행정조직 내에서 사무분담기구일 뿐이고 대외적으로 의사를 결정·표시할 권한을 가진 행정청이 아니므로 피고는 행정청인 세무서장이 된다.

③ 판례에 따르면 내부위임에 의한 처분이 수임기관의 명의로 행해진 경우에는 수임기관이 피고가 된다.

④ 무효등확인소송에 있어서의 피고는 효력 유무나 존재 여부의 확인대상이 되는 처분 등을 한 행정청이다.

⑤ 공무원에 대한 징계·면직 기타 본인의 의사에 반하는 불이익처분에 있어서 그 처분청이 대통령인 때에는 법무부장관을 피고로 하여야 한다.

### 해설

① (O) 성업공사(현 한국자산관리공사)가 체납압류된 재산을 공매하는 것은 세무서장의 공매권한 위임에 의한 것으로 보아야 할 것이므로, 성업공사가 한 그 공매처분에 대한 취소 등의 항고소송을 제기함에 있어서는 수임청으로서 실제로 공매를 행한 성업공사를 피고로 하여야 하고, 위임청인 세무서장은 피고적격이 없다. **(대판 1997.2.28. 96누1757)**

② (O) 세무서는 국세청 소속의 특별지방행정기관으로서 사무분담기구에 불과하므로, 항고소송에 있어서 피고는 국가의 의사를 결정·표시할 수 있는 권한을 가진 행정청인 세무서장이 된다.

③ (O) 행정처분의 취소 또는 무효확인을 구하는 행정소송은 다른 법률에 특별한 규정이 없는 한 그 처분을 행한 행정청을 피고로 하여야 하며, 행정처분을 행할 적법한 권한 있는 상급행정청으로부터 내부위임을 받은 데 불과한 하급행정청이 권한 없이 행정처분을 한 경우에도 실제로 그 처분을 행한 하급행정청을 피고로 하여야 할 것이지 그 처분을 행할 적법한 권한 있는 상급행정청을 피고로 할 것이 아니다. **(대판 1991.2.22. 90누5641)**

④ (O) **행정소송법 제38조 제1항, 제13조 제1항**

⑤ (X) 대통령이 처분청인 경우에는 법률규정에 의해 각각 소속 장관이 피고가 된다. **(국가공무원법 제16조 제2항)**

**정답** ⑤

### 피고의 경정(행정소송법 제14조)

| | |
|---|---|
| 잘못지정한 때 | ① 원고가 피고를 잘못 지정한 때에는 법원은 <u>원고의 신청에 의하여</u> 결정으로써 피고의 경정을 허가할 수 있음. – 이때는 직권으로 할 수 없음. |
| 송달 | ② 법원은 위 ①의 규정에 의한 결정의 정본을 새로운 피고에게 송달하여야 함. |
| 불복 | ③ 위 ①의 규정에 의한 신청을 각하하는 결정에 대하여는 즉시항고할 수 있음. |
| 효과 | ④ 위 ①의 규정에 의한 결정이 있은 때에는 <u>새로운 피고에 대한 소송은 처음에 소를 제기한 때에 제기된 것으로 봄</u><br>⑤ 제1항의 규정에 의한 결정이 있은 때에는 종전의 피고에 대한 소송은 취하된 것으로 봄. |
| 승계 또는 폐지의 경우 | ⑥ 취소소송이 제기된 후에 행정소송법 제13조 제1항 단서(승계) 또는 제13조 제2항(폐지)에 해당하는 사유가 생긴 때에는 법원은 당사자의 신청 또는 직권에 의하여 피고를 경정한다. 이 경우에는 위 ④ 및 ⑤의 규정을 준용함. |
| 소의 변경의 경우<br>(행정소송법 제21조) | 취소소송을 당사자소송으로 변경하거나 당사자소송을 취소소송으로 변경하면 피고가 달라지기 때문에 피고의 경정이 필요함. 법원이 소의 변경을 허가함으로써 피고를 달리하게 될 때에는 법원은 새로이 피고로 될 자의 의견을 들어야 함. |

**093** 「행정소송법」상 피고 및 피고의 경정에 대한 설명으로 옳은 것은? (다툼이 있는 경우 판례에 의함)

20 국가9급

① 취소소송에서 원고가 처분청 아닌 행정관청을 피고로 잘못 지정한 경우, 법원은 석명권의 행사 없이 소송요건의 불비를 이유로 소를 각하할 수 있다.
② 소의 종류의 변경에 따른 피고의 변경은 교환적 변경에 한한다고 봄이 상당하므로 예비적 청구만이 있는 피고의 추가경정신청은 예외적 규정이 있는 경우를 제외하고는 원칙적으로 허용되지 않는다.
③ 상급행정청의 지시에 의해 하급행정청이 자신의 명의로 처분을 하였다면, 당해 처분에 대한 취소소송에서는 지시를 내린 상급행정청이 피고가 된다.
④ 취소소송에서 피고가 될 수 있는 행정청에는 대외적으로 의사를 표시할 수 있는 기관이 아니더라도 국가나 공공단체의 의사를 실질적으로 결정하는 기관이 포함된다.

**해설**

① (✕) 원고가 피고를 잘못 지정하였다면 법원으로서는 당연히 석명권을 행사하여 원고로 하여금 피고를 경정하게 하여 소송을 진행하게 하였어야 할 것임에도 불구하고 이러한 조치를 취하지 아니한 채 피고의 지정이 잘못되었다는 이유로 소를 각하한 것은 위법하다. (대판 2004.7.8. 2002두7852)
② (○) 피고의 순서를 정해서 제기하는 소송을 주관적·예비적 병합이라고 한다.

> 주관적·예비적 병합은 예외적 규정이 있는 경우를 제외하고는 원칙적으로 허용되지 않는 것이고, 또 행정소송법상 소의 종류의 변경에 따른 당사자(피고)의 변경은 교환적 변경에 한 한다고 봄이 상당하므로 예비적 청구만이 있는 피고의 추가경정신청은 허용되지 않는다. (대결 1989.10.27. 89두1)

③ (✕) 행정처분의 취소 또는 무효확인을 구하는 행정소송은 다른 법률에 특별한 규정이 없는 한 소송의 대상인 행정처분 등을 외부적으로 그의 명의로 행한 행정청을 피고로 하여야 하는 것으로서 그 행정처분을 하게 된 연유가 상급행정청이나 타 행정청의 지시나 통보에 의한 것이라 하여 다르지 않다고 할 것이며, 권한의 위임이나 위탁을 받아 수임행정청이 정당한 권한에 기하여 그 명의로 한 처분에 대하여는 말할 것도 없고, 내부위임이나 대리권을 수여받은 데 불과하여 원행정청 명의나 대리관계를 밝히지 아니하고는 그의 명의로 처분 등을 할 권한이 없는 행정청이 권한 없이 그의 명의로 한 처분에 대하여도 처분명의자인 행정청이 피고가 되어야 할 것이다. (대판 1995.12.22. 95누14688)
④ (✕) 취소소송에서 피고가 되는 '행정청'이라 함은 국가 또는 공공단체의 기관으로서 국가나 공공단체의 의견을 결정하여 외부에 표시할 수 있는 권한, 즉 처분권한을 가진 기관을 말하고, 대외적으로 의사를 표시할 수 있는 기관이 아닌 내부기관은 실질적인 의사가 그 기관에 의하여 결정되더라도 피고적격을 갖지 못한다. (대판 2014.5.16. 2014두274)

**정답** ②

**094** A세무서장은 관할 거주자인 甲에 대해 과세처분을 하였는바, 처분 이후 B세무서의 신설로 甲에 대한 관할이 B 세무서로 변경되었다. 관할 변경 이후 甲이 위 과세처분에 대해 취소소송을 제기할 경우에 피고적격자는?

11 세무사

① A세무서
② B세무서
③ A세무서장
④ B세무서장
⑤ A세무서장과 B세무서장의 공동피고

> **해설**
> ④ (O) 취소소송은 다른 법률에 특별한 규정이 없는 한 그 처분 등을 행한 행정청을 피고로 한다. 다만, 처분 등이 있은 뒤에 그 처분 등에 관계되는 권한이 다른 행정청에 승계된 때에는 이를 승계한 행정청을 피고로 한다. (행정소송법 제13조 제1항) 사안의 경우, 과세처분 이후에 B세무서의 신설로 관할이 변경된 것으로서, 과세처분이 있은 뒤에 그 처분에 관계되는 권한이 B세무서에 승계된 경우에 해당하므로, B세무서장이 피고가 된다.
>
> **정답** ④

---

**095** 취소소송의 피고에 관한 설명으로 옳은 것은?

09 세무사

① 피고의 경정은 사실심의 변론종결 이후에도 가능하다.
② 소의 변경시에는 피고의 경정이 인정된다.
③ 피고의 경정시에는 원고의 고의·과실을 요한다.
④ 법원의 기관은 행정청이 아니므로 피고적격에 해당되지 않는다.
⑤ 처분 등에 관계되는 권한이 다른 행정청에 승계된 경우에도 승계 전의 행정청이 피고가 된다.

> **해설**
> ① (×) 피고의 경정은 사실심 변론종결시까지만 가능하다는 것이 판례의 입장이다. (대결 2006.2.23. 2005부4)
> ② (○) 소의 변경과 당사자의 변경으로서 피고의 경정은 성질이 다르긴 하나, 소의 변경시에도 피고의 경정이 인정되고 있다. 즉, 항고소송을 당사자소송으로 또는 그 반대의 경우 피고의 경정이 뒤따르게 된다. 항고소송의 피고는 행정청이고, 당사자 소송의 피고는 행정주체이기 때문이다.
> ③ (×) 피고의 잘못된 지정(행정소송법 제14조 제1항)에 대한 고의·과실 여부를 불문한다.
> ④ (×) 대법원장이 행한 처분에 대한 행정소송의 피고는 법원행정처장으로 한다. (법원조직법 제70조)
> ⑤ (×) 처분 등이 있은 뒤에 그 처분 등에 관계되는 권한이 다른 행정청에 승계된 때에는 이를 승계한 행정청을 피고로 한다. (행정소송법 제13조 제1항 단서)
>
> **정답** ②

## 공동소송과 소송참가

> **행정소송법 제15조(공동소송)**
> 수인의 청구 또는 수인에 대한 청구가 처분 등의 취소청구와 관련되는 청구인 경우에 한하여 그 수인은 공동소송인이 될 수 있다.
>
> **제16조(제3자의 소송참가)**
> ① 법원은 소송의 결과에 따라 권리 또는 이익의 침해를 받을 제3자가 있는 경우에는 당사자 또는 제3자의 신청 또는 직권에 의하여 결정으로써 그 제3자를 소송에 참가시킬 수 있다.
>
> **제17조(행정청의 소송참가)**
> ① 법원은 다른 행정청을 소송에 참가시킬 필요가 있다고 인정할 때에는 당사자 또는 당해 행정청의 신청 또는 직권에 의하여 결정으로써 그 행정청을 소송에 참가시킬 수 있다.
>
> **참고** 당사자 또는 제3자의 신청에 의한 경우와 법원의 직권에 의하여 결정의 형식으로 참가할 수 있다.

### 기출지문 OX

**01** 「행정소송법」상 제3자 소송참가의 경우 참가인이 상소를 하였더라도, 소송당사자 본인인 피참가인은 참가인의 의사에 반하여 상소취하나 상소포기를 할 수 있다. [20 서울·지방9급] (O, ×)

**해설** 소송참가의 효력
- 피참가인의 행위와 저촉되는(어긋나는) 행위는 허용된다.
- 참가인은 피참가인에게 불리한 소송행위를 할 수 없다. 참가인의 소송행위는 공동소송인 모두의 이익을 위해서만 효력을 가진다.

**정답** ×

**02** 무효인 과세처분에 근거하여 세금을 납부한 경우 부당이득반환청구의 소로써 직접 위법상태의 제거를 구할 수 있는지 여부와 관계없이 「행정소송법」 제35조에 규정된 '무효확인을 구할 법률상 이익'을 가진다. [20 서울·지방9급] (O, ×)

**해설** 항고소송으로서 무효소송에서는 확인의 이익이 필요 없다.

> 행정처분의 근거법률에 의하여 보호되는 직접적이고 구체적인 이익이 있는 경우에는 행정소송법 제35조에 규정된 '무효확인을 구할 법률상 이익'이 있다고 보아야 하고, 이와 별도로 무효확인소송의 보충성이 요구되는 것은 아니므로 행정처분의 무효를 전제로 한 이행소송 등과 같은 직접적인 구제수단이 있는지 여부를 따질 필요가 없다고 해석함이 상당하다. (대판 2008.3.20. 2007두6342 전원합의체)
>
> **참고** 당사자소송에서는 여전히 확인의 이익이 필요하다.

**정답** O

**03** 공법상 당사자소송으로서 납세의무부존재확인의 소는 과세처분을 한 과세관청이 아니라 「행정소송법」 제3조 제2호, 제39조에 의하여 그 법률관계의 한쪽당사자인 국가·공공단체, 그 밖의 권리주체가 피고적격을 가진다. [20 서울·지방9급] (O, ×)

**해설** 항고소송의 피고는 행정청, 당사자소송이나 손해배상의 피고는 행정주체이다.

**정답** O

## 096 처분에 대하여 이해관계가 있는 제3자의 법적 지위에 대한 설명으로 옳은 것만을 모두 고르면?

18 지방9급

> ㄱ. 행정청이 처분을 서면으로 하는 경우 상대방과 제3자에게 행정심판을 제기할 수 있는지 여부와 제기하는 경우의 행정심판절차 및 청구기간을 직접 알려야 한다.
> ㄴ. 행정소송의 결과에 따라 권리 또는 이익의 침해 우려가 있는 제3자는 당해 행정소송에 참가할 수 있으며, 이때 참가인인 제3자는 실제로 소송에 참가하여 소송행위를 하였는지 여부를 불문하고 판결의 효력을 받는다.
> ㄷ. 처분을 취소하는 판결에 의하여 권리의 침해를 받은 제3자는 자기에게 책임 없는 사유로 인하여 소송에 참가하지 못함으로써 판결의 결과에 영향을 미칠 공격 또는 방어방법을 제출하지 못한 때에는 이를 이유로 확정된 종국판결에 대하여 재심의 청구를 할 수 있다.
> ㄹ. 이해관계가 있는 제3자는 자신의 신청 또는 행정청의 직권에 의하여 행정절차에 참여하여 처분 전에 그 처분의 관할 행정청에 서면이나 말로 또는 정보통신망을 이용하여 의견제출을 할 수 있다.

① ㄱ, ㄴ
② ㄷ, ㄹ
③ ㄴ, ㄷ, ㄹ
④ ㄱ, ㄴ, ㄷ, ㄹ

**해설**

ㄱ. (×) 처분의 상대방에게는 알려야 한다는 조문이 있지만, 제3자에 대해서는 조문이 없다.

> **행정심판법 제58조(행정심판의 고지)**
> ① 행정청이 처분을 할 때에는 처분의 상대방에게 다음 각 호의 사항을 알려야 한다.
>   1. 해당 처분에 대하여 행정심판을 청구할 수 있는지
>   2. 행정심판을 청구하는 경우의 심판청구절차 및 심판청구기간

ㄴ. (○)

> **행정소송법 제16조(제3자의 소송참가)**
> ① 법원은 소송의 결과에 따라 권리 또는 이익의 침해를 받을 제3자가 있는 경우에는 당사자 또는 제3자의 신청 또는 직권에 의하여 결정으로써 그 제3자를 소송에 참가시킬 수 있다.
>
> **제29조(취소판결 등의 효력)**
> ① 처분 등을 취소하는 확정판결은 제3자에 대하여도 효력이 있다.

ㄷ. (○) 행정심판법 제31조 제1항

ㄹ. (○)

> **행정절차법 제27조(의견제출)**
> ① 당사자 등은 처분 전에 그 처분의 관할 행정청에 서면이나 말로 또는 정보통신망을 이용하여 의견제출을 할 수 있다.
>
> **제2조(정의)**
> 이 법에서 사용하는 용어의 뜻은 다음과 같다.
>   4. '당사자 등'이란 다음 각 목의 자를 말한다.
>     가. 행정청의 처분에 대하여 직접 그 상대가 되는 당사자
>     나. 행정청이 직권으로 또는 신청에 따라 행정절차에 참여하게 한 이해관계인

**정답** ③

**097** 「행정소송법」상 행정청의 소송참가에 대한 설명으로 옳지 않은 것은?    18 국가7급

① 법원은 다른 행정청을 취소소송에 참가시킬 필요가 있다고 인정할 때에는 당사자 또는 당해 행정청의 신청 또는 직권에 의하여 결정으로써 그 행정청을 소송에 참가시킬 수 있다.
② 행정청의 소송참가는 당사자소송에서도 허용된다.
③ 소송참가할 수 있는 행정청이 자기에게 책임 없는 사유로 소송에 참가하지 못함으로써 판결의 결과에 영향을 미칠 공격방어방법을 제출하지 못한 때에는 이를 이유로 확정된 종국판결에 대하여 재심을 청구할 수 있다.
④ 행정청의 소송참가는 처분의 효력 유무가 민사소송의 선결문제가 되어 당해 민사소송의 수소법원이 이를 심리·판단하는 경우에도 허용된다.

> **해설**
> ① (○) 행정소송법 제17조 제1항
> ② (○) 행정소송법 제44조 제1항
> ③ (×)
>
> > **행정소송법 제31조(제3자에 의한 재심청구)**
> > ① 처분 등을 취소하는 판결에 의하여 권리 또는 이익의 침해를 받은 제3자는 자기에게 책임 없는 사유로 소송에 참가하지 못함으로써 판결의 결과에 영향을 미칠 공격 또는 방어방법을 제출하지 못한 때에는 이를 이유로 확정된 종국판결에 대하여 재심의 청구를 할 수 있다.
>
> ④ (○) 행정소송법 제11조 제1항
>
> **정답** ③

**098** 제3자의 소송참가에 대한 설명으로 옳지 않은 것은?    12 국가9급

① 제3자의 소송참가에는 신청에 의한 경우와 직권에 의한 경우가 있다.
② 「행정소송법」은 제3자 보호를 위하여 제3자의 소송참가 외에 제3자의 재심청구를 인정하고 있다.
③ 취소소송의 제3자 소송참가에 관한 규정은 무효등확인소송, 부작위위법확인소송, 당사자소송에도 준용된다.
④ 제3자는 판결의 형성력에 의해 권리 또는 이익의 침해를 받을 자를 말하며, 판결의 기속력에 의해 권리 또는 이익의 침해를 받는 경우는 포함되지 않는다.

**해설**

① (○) 법원은 소송의 결과에 따라 권리 또는 이익의 침해를 받을 제3자가 있는 경우에는 당사자 또는 제3자의 신청 또는 직권에 의하여 결정으로써 그 제3자를 소송에 참가시킬 수 있다. **(행정소송법 제16조 제1항)** 즉, 당사자 또는 제3자의 신청에 의한 경우와 법원의 직권에 의하여 결정의 형식으로 참가할 수 있다.
② (○) 행정소송법 제31조 제1항에서 규정하고 있다.
③ (○) 행정소송법은 취소소송에서 '제3자의 소송참가(**행정소송법 제16조**)'와 '행정청의 소송참가(**같은 법 제17조**)'를 규정하고 있고, 이를 그 밖의 항고소송(무효등확인소송 및 부작위위법확인소송), 당사자소송 및 객관적 소송에 준용하고 있다. (**같은 법 제38조, 제44조 제1항, 제46조**)
④ (×) 판결의 기속력에 의해 행정청은 재처분의무가 발생하고, 소극처분 취소소송과 부작위위법확인소송에서는 적극적 처분의무가 발생하고 결과제거의무가 발생한다. 따라서 이러한 판결의 기속력에 의한 행정청의 행위에 의하여 이해관계가 발생하는 자도 제3자로서 소송에 참가할 수 있다.

**정답** ④

## 099 행정소송상 소송참가에 관한 설명으로 옳지 않은 것은?

10 세무사

① 행정청은 피고행정청을 위해서는 소송참가할 수 없다.
② 제3자는 원고·피고 어느 쪽을 위해서도 소송참가할 수 있다.
③ 소송참가는 무효등확인소송과 부작위위법확인소송에서도 허용된다.
④ 제1심에서 소송참가하지 않은 제3자도 제2심에서 소송참가할 수 있다.
⑤ 취소소송의 소송참가에 관한 규정은 당사자소송에 준용된다.

**해설**

① (×)

> **행정소송법 제17조(행정청의 소송참가)**
> ① 법원은 다른 행정청을 소송에 참가시킬 필요가 있다고 인정할 때에는 당사자 또는 당해 행정청의 신청 또는 직권에 의하여 결정으로써 그 행정청을 소송에 참가시킬 수 있다.

② (○) 제3자가 원고와 동일한 이해관계를 가진 경우에는 원고를 위해서, 복효적 행정행위의 상대방은 행정행위의 제3자가 제기한 소송에 피고행정청을 위해서 소송참가할 수 있다.
③ (○) ⑤ (○) 취소소송의 소송참가규정은 무효등확인소송, 부작위위법확인소송, 당사자소송에 준용된다. (**행정소송법 제38조, 제44조 제1항**)
④ (○) 소송참가는 상고심에서도 가능하다.

**정답** ①

## 04 관할 법원

**관할 법원**

| 심급관할 | · 원칙적 3심제<br>· 행정법원은 지방법원급<br>· 예외적 2심: 특허사건 |
|---|---|
| 사물관할 | · 합의부가 재판할 것인가, 단독판사가 할 것인가<br>· 행정사건은 원칙적으로 합의부관할이지만 단독도 가능 |
| 토지관할 | · 전국의 어느 행정법원에 제기할 것인가<br>· 피고소재지 행정법원이 원칙 |

항고소송은 행정법원의 전속관할이다. 다만, 전국의 어느 행정법원에서 할 것인가는 임의관할이다. 따라서 합의관할과 변론관할이 인정된다.

**행정소송법** 제9조(재판관할) ① 취소소송의 제1심 관할 법원은 피고의 소재지를 관할하는 행정법원으로 한다.
② 제1항에도 불구하고 다음 각 호의 어느 하나에 해당하는 피고에 대하여 취소소송을 제기하는 경우에는 대법원 소재지를 관할하는 행정법원에 제기할 수 있다.
  1. 중앙행정기관, 중앙행정기관의 부속기관과 합의제 행정기관 또는 그 장
  2. 국가의 사무를 위임 또는 위탁받은 공공단체 또는 그 장
③ 토지의 수용 기타 부동산 또는 특정의 장소에 관계되는 처분 등에 대한 취소소송은 그 부동산 또는 장소의 소재지를 관할하는 행정법원에 이를 제기할 수 있다.

**100** 「행정소송법」상 행정소송에 대한 설명으로 옳은 것은? (다툼이 있는 경우 판례에 의함) 22 서울·지방7급

① 「도시 및 주거환경정비법」상 주택재건축정비사업조합을 상대로 관리처분계획안에 대한 조합 총회결의 효력을 다투는 소송은 당사자소송에 해당하므로 당해 소송에서 「민사집행법」상 가처분에 관한 규정이 준용되지 않는다.

② 원고가 고의 또는 중대한 과실 없이 행정소송으로 제기하여야 할 사건을 민사소송으로 잘못 제기한 경우, 행정소송에 대한 관할을 가지고 있지 아니한 수소법원은 당해 소송이 행정소송으로서의 제소기간을 도과한 것이 명백하더라도 관할 법원에 이송하여야 한다.

③ 「도시 및 주거환경정비법」상 주택재건축사업조합이 새로이 조합설립인가처분을 받은 것과 동일한 요건과 절차를 거쳐 조합설립변경인가처분을 받은 경우, 당초의 조합설립인가처분이 유효한 것을 전제로 당해 주택재건축사업조합이 시공사 선정 등의 후속행위를 하였다 하더라도 특별한 사정이 없는 한 당초의 조합설립인가처분의 무효확인을 구할 소의 이익은 없다.

④ 처분에 대한 취소소송에 당해 처분의 취소를 선결문제로 하는 부당이득반환청구가 병합된 경우, 부당이득반환청구가 인용되기 위해서는 당해 처분이 그 소송절차에서 판결에 의해 취소되면 충분하고 당해 처분의 취소가 확정되어야 하는 것은 아니다.

해설

① (×) 당사자소송은 집행정지가 안 되므로 가처분이 인정된다.
② (×) 원고가 고의 또는 중대한 과실 없이 행정소송으로 제기하여야 할 사건을 민사소송으로 잘못 제기한 경우, 수소법원으로서는 만약 그 행정소송에 대한 관할도 동시에 가지고 있다면 이를 행정소송으로 심리·판단하여야 하고, 그 행정소송에 대한 관할을 가지고 있지 아니하다면 당해 소송이 이미 행정소송으로서의 전심절차 및 제소기간을 도과하였거나 행정소송의 대상이 되는 처분 등이 존재하지도 아니한 상태에 있는 등 행정소송으로서의 소송요건을 결하고 있음이 명백하여 행정소송으로 제기되었더라도 어차피 부적법하게 되는 경우가 아닌 이상 이를 부적법한 소라고 하여 각하할 것이 아니라 관할 법원에 이송하여야 한다. (대판 1997.5.30. 95다28960)
③ (×) 주택재건축사업조합이 새로 조합설립인가처분을 받는 것과 동일한 요건과 절차를 거쳐 조합설립변경인가처분을 받는 경우 당초 조합설립인가처분의 유효를 전제로 당해 주택재건축사업조합이 매도청구권 행사, 시공자 선정에 관한 총회 결의, 사업시행계획의 수립, 관리처분계획의 수립 등과 같은 후속 행위를 하였다면 당초 조합설립인가처분이 무효로 확인되거나 취소될 경우 그것이 유효하게 존재하는 것을 전제로 이루어진 위와 같은 후속 행위 역시 소급하여 효력을 상실하게 되므로, 특별한 사정이 없으면 위와 같은 형태의 조합설립변경인가가 있다고 하여 당초 조합설립인가처분의 무효확인을 구할 소의 이익이 소멸된다고 볼 수는 없다. (대판 2012.10.25. 2010두25107)
④ (○) 행정처분의 취소를 구하는 취소소송에 당해 처분의 취소를 선결문제로 하는 부당이득반환청구가 병합된 경우, 그 청구가 인용되려면 소송절차에서 당해 처분의 취소가 확정되어야 하는 것은 아니다.

> 행정소송법 제10조는 처분의 취소를 구하는 취소소송에 당해 처분과 관련되는 부당이득반환소송을 관련청구로 병합할 수 있다고 규정하고 있는바, 이 조항을 둔 취지에 비추어 보면, 취소소송에 병합할 수 있는 당해 처분과 관련되는 부당이득반환소송에는 당해 처분의 취소를 선결문제로 하는 부당이득반환청구가 포함되고, 이러한 부당이득반환청구가 인용되기 위해서는 그 소송절차에서 판결에 의해 당해 처분이 취소되면 충분하고 그 처분의 취소가 확정되어야 하는 것은 아니라고 보아야 한다. (대판 2009.4.9. 2008두23153)

정답 ④

## 101 취소소송의 제1심 관할 법원에 대한 설명으로 옳지 않은 것은? 16 지방7급

① 세종특별자치시에 위치한 해양수산부의 장관이 한 처분에 대한 취소소송은 서울행정법원에 제기할 수 있다.
② 경상북도 김천시에 위치한 한국도로공사가 국토교통부장관의 국가사무의 위임을 받아 한 처분에 대한 취소소송은 서울행정법원에 제기할 수 없다.
③ 경기도 토지수용위원회가 수원시 소재 부동산을 수용하는 재결처분을 한 경우 이에 대한 취소소송은 수원지방법원본원에 제기할 수 있다.
④ 「식품위생법」에 따른 서울특별시 서초구청장의 음식점영업허가취소처분에 대한 취소소송은 서울행정법원에 제기한다.

해설

① (○) ② (×) 중앙행정기관, 중앙행정기관의 부속기관과 합의제 행정기관 또는 그 장, 국가의 사무를 위임 또는 위탁받은 공공단체 또는 그 장의 피고에 대하여 취소소송을 제기하는 경우에는 대법원 소재지를 관할하는 행정법원에 제기할 수 있다. (행정소송법 제9조 제2항)
③ (○) 행정소송법 제9조 제3항
④ (○) 행정소송법 제9조 제1항

정답 ②

**102** 행정소송의 재판관할에 대한 설명으로 옳지 않은 것은?  10 국가7급

① 국가 또는 공공단체가 당사자소송의 피고인 경우에는 관계 행정청의 소재지를 피고의 소재지로 본다.

② 토지의 수용 기타 부동산 또는 특정의 장소에 관계되는 처분 등에 대한 취소소송은 그 부동산 또는 장소의 소재지를 관할하는 행정법원에 제기해야 하므로, 「민사소송법」상의 합의관할 및 변론관할에 관한 규정은 적용되지 않는다.

③ 취소소송의 제1심 관할 법원은 피고의 소재지를 관할하는 행정법원으로 한다. 다만, 중앙행정기관 또는 그 장이 피고인 경우의 관할 법원은 대법원 소재지의 행정법원으로 할 수 있다.

④ 원고의 고의 또는 중대한 과실 없이 행정소송이 심급을 달리하는 법원에 잘못 제기된 경우에 수소법원은 관할 법원에 이송한다.

> **해설**
> 
> ① (O) 취소소송의 재판관할에 관한 제9조의 규정은 당사자소송의 경우에 준용한다. 다만, 국가 또는 공공단체가 피고인 경우에는 관계 행정청의 소재지를 피고의 소재지로 본다. **(행정소송법 제40조)**
> 
> ② (X) 토지의 수용 기타 부동산 또는 특정의 장소에 관계되는 처분 등에 대한 취소소송은 그 부동산 또는 장소의 소재지를 관할하는 행정법원에 이를 제기할 수 있으며, **(행정소송법 제9조 제3항)** 행정소송에 관하여 이 법에 특별한 규정이 없는 사항에 대하여는 법원조직법과 민사소송법 및 민사집행법의 규정을 준용하는바, **(행정소송법 제8조 제2항)** 같은 법 제9조는 토지관할로서 임의관할이므로, 같은 법 제8조 제2항에 의해 민사소송법상의 합의관할 및 변론관할에 관한 규정이 준용된다.
> 
> ③ (O) 행정소송법 제9조 제1항·제2항
> 
> ④ (O) 법원은 소송의 전부 또는 일부에 대하여 관할권이 없다고 인정하는 경우에는 결정으로 이를 관할 법원에 이송한다. **(민사소송법 제34조 제1항)** 이 규정은 원고의 고의 또는 중대한 과실 없이 행정소송이 심급을 달리하는 법원에 잘못 제기된 경우에도 적용한다. **(행정소송법 제7조)**

**정답** ②

**103** 「행정소송법」상 관련청구소송의 이송과 병합에 관한 설명으로 옳지 않은 것은?  09 지방7급

① 관련청구소송의 이송은 그 소송이 계속되어 있는 법원이 당해 소송을 취소소송이 계속되어 있는 법원에 이송하는 것이 상당하다고 인정하는 때에 당사자의 신청 또는 직권에 의하여 할 수 있다.

② 당해 처분의 취소를 선결문제로 하는 부당이득반환청구소송이 다른 법원에 계속되고 있는 경우에, 이를 당해 처분의 취소소송이 계속된 법원으로 이송할 수 있다.

③ 관련청구소송의 병합은 본래의 항고소송이 적법할 것을 요건으로 하는 것이어서 본래의 항고소송이 부적법하여 각하되면 그에 병합된 관련청구도 소송요건을 흠결한 부적합한 것으로 각하되어야 한다.

④ 당해 처분의 취소소송을 당해 처분이 원인이 되어 발생한 손해배상청구소송이 계속된 법원으로 이송할 수 있다.

> **해설**

① (O) 취소소송과 관련청구소송(㉠ 당해 처분 등과 관련되는 손해배상·부당이득반환·원상회복 등 청구소송, ㉡ 당해 처분 등과 관련되는 취소소송)이 각각 다른 법원에 계속되고 있는 경우에 관련청구소송이 계속된 법원이 상당하다고 인정하는 때에는 당사자의 신청 또는 직권에 의하여 이를 취소소송이 계속된 법원으로 이송할 수 있다. **(행정소송법 제10조 제1항)**
② (O) 처분이나 재결의 취소·변경을 선결문제로 하는 부당이득반환청구소송은 행정소송법 제10조 제1항 제1호의 '당해 처분 등과 관련되는 부당이득반환청구소송'에 해당한다.
③ (O) 행정소송법 제10조, 제38조에 의한 관련청구소송의 병합은 본래의 항고소송이 적법할 것을 요건으로 하는 것이어서 본래의 항고소송이 부적법하여 각하되면 그에 병합된 관련청구도 소송요건을 흠결한 부적합한 것으로 각하되어야 한다. **(대판 2001.11.27. 2000두697)**
④ (×) 행정소송은 행정법원이 배타적 관할권을 갖는데, 손해배상청구소송은 실무상 민사소송으로 취급되므로, 취소소송을 손해배상청구소송의 관할 법원으로 이송할 수 없다.
> **참고** 민사법원에서 행정법원으로 이송은 가능하나, 행정법원에서 민사법원으로 이송은 불가하다는 의미이다.

> **정답** ④

---

**104** 「행정소송법」상 관련청구의 병합에 관한 설명 중 옳지 않은 것은? <sub>08 세무사</sub>

① 동일한 피고에 대해서만 가능하다.
② 사실심의 변론종결시까지만 허용된다.
③ 병합을 위해서는 각 청구가 소송요건을 구비하여야 한다.
④ 민사사건에 관련 행정사건을 병합할 수는 있다.
⑤ 판례에 의하면 무효확인과 취소청구 사이에는 선택적 청구로서의 병합이나 단순병합은 허용되지 아니한다.

> **해설**

① (×) 항고소송의 피고는 행정청이고, 손해배상청구·부당이득반환청구소송·원상회복 등의 피고는 행정주체이므로, 양 소송이 병합되는 경우에는 서로 다른 피고에 대해서도 병합이 가능하다.
② (O)

> **행정소송법 제10조(관련청구소송의 이송 및 병합)**
> ② 취소소송에는 사실심의 변론종결시까지 관련청구소송을 병합하거나 피고외의 자를 상대로 한 관련청구소송을 취소소송이 계속된 법원에 병합하여 제기할 수 있다.

③ (O) 병합되는 각 청구는 적법하여야 한다.
④ (O) 정확하지 않은 선지이다. 행정소송에 민사사건을 병합하는 것은 가능하지만, 민사소송에 행정사건을 병합할 수는 없기 때문이다. 다만, 객관식의 특성상 상대적으로 답을 결정해야 한다.
⑤ (O) 행정처분에 대한 무효확인과 취소청구는 서로 양립할 수 없는 청구로서 주위적·예비적 청구로서만 병합이 가능하고 선택적 청구로서의 병합이나 단순병합은 허용되지 아니한다. **(대판 1999.8.20. 97누6889)**

> **정답** ①

**105** 「행정소송법」 제10조가 취소소송에 병합할 수 있는 관련청구소송으로 열거하고 있는 것이 아닌 것은?

08 경기9급

① 손해배상청구소송
② 부당이득반환청구소송
③ 손실보상청구소송
④ 원상회복청구소송

해설

③ (×) 행정소송법 제10조 제1항은 "취소소송과 관련청구소송(㉠ 당해 처분 등과 관련되는 손해배상·부당이득반환·원상회복 등 청구소송, ㉡ 당해 처분 등과 관련되는 취소소송)이 각각 다른 법원에 계속되고 있는 경우에 관련청구소송이 계속된 법원이 상당하다고 인정하는 때에는 당사자의 신청 또는 직권에 의하여 이를 취소소송이 계속된 법원으로 이송할 수 있다."라고 하여, 행정소송에 병합될 수 있는 관련청구에 관하여 '당해 처분 등과 관련되는 손해배상·부당이득반환·원상회복 등의 청구'라고 규정함으로써 그 병합요건으로 본래의 행정소송과의 관련성을 요구하고 있다. 따라서 적법한 행위를 대상으로 하는 손실보상 청구는 병합하기가 적당하지 않다.

정답 ③

## 05 행정심판전치주의

**106** 행정소송과 행정심판의 관계에 대한 설명으로 옳지 않은 것은? (다툼이 있는 경우 판례에 의함)

14 사복

① 필요적 행정심판전치주의가 적용되는 경우 처분의 집행 또는 절차의 속행으로 생길 중대한 손해를 예방하여야 할 긴급한 필요가 있는 때에는 재결을 거치지 아니하고 취소소송을 제기할 수 있으나, 이 경우에도 행정심판은 제기하여야 한다.
② 「부가가치세법」상 과세처분의 무효선언을 구하는 의미에서 그 취소를 구하는 소송은 전심절차를 거칠 필요가 없다.
③ 필요적 행정심판전치주의가 적용되는 경우 그 요건을 구비하였는지 여부는 법원의 직권조사 사항이다.
④ 필요적 행정심판전치주의가 적용되는 경우 행정심판전치요건은 사실심 변론종결시까지 충족하면 된다.

해설

① (○) ㉠ 행정심판청구가 있은 날로부터 60일이 지나도 재결이 없는 때, ㉡ 처분의 집행 또는 절차의 속행으로 생길 중대한 손해를 예방하여야 할 긴급한 필요가 있는 때, ㉢ 법령의 규정에 의한 행정심판기관이 의결 또는 재결을 하지 못할 사유가 있는 때, ㉣ 기타 정당한 사유가 있는 때에는 행정심판을 제기한 후 재결을 거치지 아니하고 취소소송을 제기할 수 있다. **(행정소송법 제18조 제2항)**
② (×) 행정처분의 당연무효를 선언하는 의미에서 취소를 구하는 행정소송을 제기한 경우에도 제소기간의 준수 등 취소소송의 제소요건을 갖추어야 한다. **(대판 1993.3.12. 92누11039)**
③ (○) 필요적 행정심판전치가 적용되는 사건에서 행정심판전치절차의 이행 여부는 소송요건이고, 요건심리는 피고의 항변을 기다릴 필요가 없는 법원의 직권조사사항이다.
④ (○) 취소소송에서 소송요건의 충족 여부는 '사실심 변론종결시'를 기준으로 판단한다.

정답 ②

**107** 「행정소송법」상 필요적 전치주의가 적용되는 사안에서, 행정심판을 청구하여야 하나 당해 처분에 대한 행정심판의 재결을 거치지 아니하고 취소소송을 제기할 수 있는 경우에 해당하는 것은?

17. 지방9급

① 동종사건에 관하여 이미 행정심판의 기각재결이 있는 경우
② 서로 내용상 관련되는 처분 또는 같은 목적을 위하여 단계적으로 진행되는 처분 중 어느 하나가 이미 행정심판의 재결을 거친 경우
③ 처분의 집행 또는 절차의 속행으로 생길 중대한 손해를 예방하여야 할 긴급한 필요가 있는 경우
④ 처분을 행한 행정청이 행정심판을 거칠 필요가 없다고 잘못 알린 경우

**해설**

주의 행정심판의 청구인과 행정소송의 원고가 동일인일 필요는 없다.

| 행정심판을 제기한 후 재결을 거치지 아니하고 취소소송을 제기할 수 있는 경우 (행정소송법 제18조 제2항) | 행정심판을 제기함이 없이 취소소송을 제기할 수 있는 경우 (행정소송법 제18조 제3항) |
|---|---|
| · 행정심판청구가 있은 날로부터 60일이 지나도 재결이 없는 때<br>· 처분의 집행 또는 절차의 속행으로 생길 중대한 손해를 예방하여야 할 긴급한 필요가 있는 때<br>· 법령의 규정에 의한 행정심판기관이 의결 또는 재결을 하지 못할 사유가 있는 때<br>· 그 밖의 정당한 사유가 있는 때 | · 동종사건에 관하여 이미 행정심판의 기각재결이 있는 때<br>· 서로 내용상 관련되는 처분 또는 같은 목적을 위하여 단계적으로 진행되는 처분중 어느 하나가 이미 행정심판의 재결을 거친 때<br>· 행정청이 사실심의 변론종결 후 소송의 대상인 처분을 변경하여 당해 변경된 처분에 관하여 소를 제기하는 때<br>· 처분을 행한 행정청이 행정심판을 거칠 필요가 없다고 잘못 알린 때 |

정답 ③

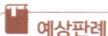 예상판례

행정소송법 제18조 제3항 제1호에서 행정심판을 제기함이 없이 취소소송을 제기할 수 있는 경우로 규정하고 있는 '동종사건에 관하여 이미 행정심판의 기각재결이 있는 때'에서의 '동종사건'이라 함은 당해 사건은 물론이고 당해 사건과 기본적인 동질성이 있는 사건을 말한다. (대판 2015.8.27, 2014두4344)

| 개별법에서 필요적 행정심판전치주의를 채택하는 경우 | | |
|---|---|---|
| 전문적인 분야 | 엄정한 심사가 필요한 분야 | 대량반복적인 경우 |
| · 조세소송: 국세기본법, 관세법상 조세심판<br>· 선박안전법상 선박검사 | · 공무원에 대한 징계처분: 국가공무원법, 지방공무원법상 소청심사위원회의 심사·결정<br>· 교육공무원법상 교원소청심사위원회의 결정<br>· 감사원법상 변상판정처분에 대한 재심 | · 도로교통법상 운전면허취소·정지처분에 대한 심판(중앙행정심판위원회의 4명으로 구성된 소위원회의 심리·의결)<br>· 노동조합 및 노동관계조정법상 부당노동행위에 대한 중앙노동위원회의 재심판정 |

**108** 다음 중 행정소송에 관한 설명으로 옳지 않은 것은? (다툼이 있는 경우 판례에 따름) 〔14 국회8급〕

① 취소소송의 제1심 관할 법원은 피고의 소재지를 관할하는 행정법원으로 한다.
② 법원은 행정청이 소송의 대상인 처분을 소가 제기된 후 변경한 때에는 원고의 신청에 의하여 결정으로써 청구의 취지 또는 원인의 변경을 허가할 수 있다.
③ 취소소송에 병합할 수 있는 당해 처분과 관련된 부당이득반환소송은 당해 처분의 취소를 선결문제로 하는 부당이득반환청구가 포함된다.
④ 행정청은 사실심 변론종결시까지 기본적 사실관계가 동일하다면 다른 처분사유를 추가·변경할 수 있다.
⑤ 재결 취소소송의 경우 재결 자체에 고유한 위법이 없더라도 원처분의 당부에 따라 기각 여부의 판결을 하여야 한다.

> **해설**
> ① (○) 행정소송법 제9조 제1항
> ② (○) 소의 변경에는 원고의 신청이 필요하다. (행정소송법 제22조 제1항)
> ③ (○)
> ④ (○) 처분사유의 추가·변경은 기본적 사실관계가 동일한 범위에서만 인정된다.
> ⑤ (✕) 재결을 취소소송의 대상으로 삼은 경우에는 재결의 고유한 하자가 있어야 한다.
>
> **정답** ⑤

**109** 「국세기본법」상 처분의 불복절차에 대한 설명으로 옳지 않은 것은? 〔14 국가7급〕

① 심사청구는 처분이 있음을 안 날 또는 처분의 통지를 받은 날부터 90일 이내에 제기하여야 한다.
② 이의신청을 거친 후 심사청구 또는 심판청구를 하려면 그 이의신청에 대한 결정의 통지를 받은 날부터 90일 이내에 제기하여야 한다.
③ 심사청구를 거친 후에도 심판청구를 제기할 수 있다.
④ 심사청구 또는 심판청구와 그에 대한 결정을 거치지 아니하면 행정소송을 제기할 수 없다.

> **해설**
> ① (○) 국세기본법 제61조 제1항
> ② (○) 국세기본법 제68조 제1항·제2항
> ③ (✕) 심사청구와 심판청구는 둘 중 하나는 반드시 거쳐야 하지만, 둘 다 거칠 수는 없다. 따라서 심사청구를 거친 후에는 심판청구를 제기할 수 없다.
> ④ (○) 조세에 관한 소송은 필요적 행정심판으로 규정되어 있다.
>
> **정답** ③

**110** 행정소송과 행정심판의 관계에 관한 설명으로 옳지 않은 것은? (다툼이 있는 경우 판례에 의함)

13 국가9급

① 원처분의 위법을 이유로 행정심판재결에 대한 취소소송을 제기할 수 없다.
② 원고가 전심절차에서 주장하지 아니한 처분의 위법사유를 소송절차에서 새로이 주장한 경우 다시 그 처분에 대하여 별도의 전심절차를 거쳐야 한다.
③ 「행정소송법」 이외의 법률에 당해 처분에 대한 행정심판의 재결을 거치지 아니하면 취소소송을 제기할 수 없다는 규정이 있는 경우에도, 처분의 집행 또는 절차의 속행으로 생길 중대한 손해를 예방하여야 할 긴급한 필요가 있는 때에는 행정심판의 재결을 거치지 아니하고 취소소송을 제기할 수 있다.
④ 「행정소송법」 이외의 법률에 당해 처분에 대한 행정심판의 재결을 거치지 아니하면 취소소송을 제기할 수 없다는 규정이 있는 경우에도, 동종사건에 관하여 이미 행정심판의 기각재결이 있은 때에는 행정심판을 제기함이 없이 취소소송을 제기할 수 있다.

> 해설
> ① (O) 우리나라는 원처분주의를 채택하고 있다. 따라서 원처분의 하자를 다툴 때는 원처분을 소의 대상으로, 재결을 다툴 때는 재결의 고유한 하자를 대상으로 하여야 한다. 따라서 원처분의 위법을 이유로 재결에 대해 취소소송을 제기할 수 없다.
> ② (X) 항고소송에 있어 전심절차에서 주장하지 아니한 공격방어방법을 소송절차에서 주장할 수 있다. (대판 1996.6.14. 96누754) 따라서 전심절차에서 주장하지 아니한 처분의 위법사유를 소송절차에서 새롭게 주장하였다고 하여 다시 그 처분에 대하여 별도의 전심절차를 거쳐야 하는 것은 아니다.
> ③ (O) 행정소송법 제18조 제2항 제2호
> ④ (O) 행정소송법 제18조 제3항 제1호

정답 ②

## 06 제소기간

**111** 취소소송의 제소기간에 대한 설명으로 옳은 것(○)과 옳지 않은 것(×)을 바르게 연결한 것은?
(다툼이 있는 경우 판례에 의함)
21 국가9급

> ㄱ. 행정청이 행정심판청구를 할 수 있다고 잘못 알려 행정심판을 청구한 경우에는 재결서 정본을 송달받은 날이 아닌 처분이 있음을 안 날로부터 제소기간이 기산된다.
> ㄴ. 행정심판을 청구하였으나 심판청구기간을 도과하여 각하된 후 제기하는 취소소송은 재결서를 송달받은 날부터 90일 이내에 제기하면 된다.
> ㄷ. '처분이 있음을 안 날'은 처분이 있었다는 사실을 현실적으로 안 날을 의미하므로, 처분서를 송달받기 전 정보공개청구를 통하여 처분을 하는 내용의 일체의 서류를 교부받았다면 그 서류를 교부받은 날부터 제소기간이 기산된다.
> ㄹ. 동일한 처분에 대하여 무효확인의 소를 제기하였다가 그 처분의 취소를 구하는 소를 추가적으로 병합한 경우, 주된 청구인 무효확인의 소가 적법한 제소기간 내에 제기되었다면 추가로 병합된 취소청구의 소도 적법하게 제기된 것으로 볼 수 있다.

| | ㄱ | ㄴ | ㄷ | ㄹ |
|---|---|---|---|---|
| ① | × | × | ○ | × |
| ② | ○ | ○ | × | ○ |
| ③ | ○ | × | ○ | × |
| ④ | × | × | ○ | ○ |

**해설**

ㄱ. (×) 행정심판을 거쳤다면 재결서 정본을 송달 받은 날로부터 기산한다. (행정소송법 제20조 제1항)

ㄴ. (×) 행정심판은 적법해야 하므로 적법하지 않은 행정심판을 거친 경우는 처분이 있은 날로부터 기산한다.

ㄷ. (○) [1] 행정소송법 제20조 제1항이 정한 제소기간의 기산점인 '처분 등이 있음을 안 날'이란 통지, 공고 기타의 방법에 의하여 당해 처분 등이 있었다는 사실을 현실적으로 안 날을 의미한다. 상대방이 있는 행정처분의 경우에는 특별한 규정이 없는 한 의사표시의 일반적 법리에 따라 행정처분이 상대방에게 고지되어야 효력을 발생하게 되므로, 행정처분이 상대방에게 고지되어 상대방이 이러한 사실을 인식함으로써 행정처분이 있다는 사실을 현실적으로 알았을 때 행정소송법 제20조 제1항이 정한 제소기간이 진행한다고 보아야 한다.
[2] 지방보훈청장이 허혈성심장질환이 있는 甲에게 재심 서면판정 신체검사를 실시한 다음 종전과 동일하게 전(공)상군경 7급 국가유공자로 판정하는 '고엽제후유증전환 재심신체검사 무변동처분' 통보서를 송달하자 甲이 위 처분의 취소를 구한 사안에서, 위 처분이 甲에게 고지되어 처분이 있다는 사실을 현실적으로 알았을 때 행정소송법 제20조 제1항에서 정한 제소기간이 진행한다고 보아야 함에도, 甲이 통보서를 송달받기 전에 자신의 의무기록에 관한 정보공개를 청구하여 위 처분을 하는 내용의 통보서를 비롯한 일체의 서류를 교부받은 날부터 제소기간을 기산하여 위 소는 90일이 지난 후 제기한 것으로서 부적법하다고 본 원심판결에 법리를 오해한 위법이 있다. (대판 2014.9.25. 2014두8254)

ㄹ. (○) 행정처분의 무효확인을 구하는 소에는 특단의 사정이 없는 한 그 취소를 구하는 취지도 포함되어 있다고 보아야 하는 점 등에 비추어 볼 때, 동일한 행정처분에 대하여 무효확인의 소를 제기하였다가 그 후 그 처분의 취소를 구하는 소를 추가적으로 병합한 경우, 주된 청구인 무효확인의 소가 적법한 제소기간 내에 제기되었다면 추가로 병합된 취소청구의 소도 적법하게 제기된 것으로 봄이 상당하다. (대판 2005.12.23. 2005두3554)

**정답** ④

## 112 다음 사례에 대한 설명으로 옳은 것은? (다툼이 있는 경우 판례에 의함)

20 국가9급

- 2020.1.6. 인기 아이돌 가수인 甲의 노래가 수록된 음반이 청소년유해매체물로 결정 및 고시되었는데, 여성가족부장관은 이 고시를 하면서 그 효력발생시기를 구체적으로 밝히지 않았다.
- A시의 시장이 「식품위생법」 위반을 이유로 乙에 대해 영업허가를 취소하는 처분을 하고자 하나 송달이 불가능하다.

① 「행정 효율과 협업 촉진에 관한 규정」에 따르면 여성가족부장관의 고시의 효력은 2020.1.20.부터 발생한다.

② 甲의 노래가 수록된 음반을 청소년유해매체물로 지정하는 결정 및 고시는 항고소송의 대상이 될 수 없다.

③ A시의 시장이 영업허가취소처분을 송달하려면 乙이 알기 쉽도록 관보, 공보, 게시판, 일간신문 중 하나 이상에 공고하고 인터넷에도 공고하여야 한다.

④ 乙의 영업허가취소처분이 공보에 공고된 경우, 乙이 자신에 대한 영업허가취소처분이 있음을 알고 있지 못하더라도 영업허가취소처분에 대한 취소소송을 제기하려면 공고가 효력을 발생한 날로부터 90일 안에 제기해야 한다.

**해설**

① (×) 공고의 경우 통상 14일이 경과하면 효력이 발생하지만, 행정 효율과 협업 촉진에 관한 규정에 의하면 5일이 경과하면 효력이 발생한다. 따라서 2020.1.12. 효력이 발생한다.

> **행정 효율과 협업 촉진에 관한 규정 제6조(문서의 성립 및 효력 발생)**
> ③ 제2항에도 불구하고 공고문서는 그 문서에서 효력발생시기를 구체적으로 밝히고 있지 않으면 그 고시 또는 공고 등이 있은 날부터 5일이 경과한 때에 효력이 발생한다.

② (×) 고시·공고가 처분성이 인정되는지는 일률적으로 말할 수 없고 그 내용이 집행행위의 매개 없이 기본권을 침해하면 항고소송 또는 헌법소원의 대상이 된다.

> 구 청소년 보호법에 따른 청소년유해매체물 결정 및 고시처분은 당해 유해매체물의 소유자 등 특정인만을 대상으로 한 행정처분이 아니라 일반 불특정 다수인을 상대방으로 하여 일률적으로 표시의무, 포장의무, 청소년에 대한 판매·대여 등의 금지의무 등 각종 의무를 발생시키는 행정처분이다. (대판 2007.6.14. 2004두619)

③ (○)

> **행정절차법 제14조(송달)**
> ④ 다음 각 호의 어느 하나에 해당하는 경우에는 송달받을 자가 알기 쉽도록 관보, 공보, 게시판, 일간신문 중 하나 이상에 공고하고 인터넷에도 공고하여야 한다.
> 1. 송달받을 자의 주소 등을 통상적인 방법으로 확인할 수 없는 경우
> 2. 송달이 불가능한 경우

④ (×) 불특정 다수인에 대한 공고는 공고의 효력이 발생한 날부터 90일 내에 소를 제기해야 하지만, 특정인에 대한 공고는 현실적으로 안 날로부터 90일 내에 제기해야 한다.

**정답** ③

**113** 다음은 「행정소송법」상 제소기간에 대한 설명이다. ㄱ~ㅁ에 들어갈 내용은?  20 서울·지방9급

> 취소소송은 처분 등이 ( ㄱ )부터 ( ㄴ ) 이내에 제기하여야 한다. 다만, 행정심판청구를 할 수 있는 경우 또는 행정청이 행정심판청구를 할 수 있다고 잘못 알린 경우에 행정심판청구가 있은 때의 기간은 ( ㄷ )을 ( ㄹ )부터 기산한다. 한편 취소소송은 처분 등이 있은 날부터 ( ㅁ )을 경과하면 이를 제기하지 못한다. 다만, 정당한 사유가 있는 때에는 그러하지 아니하다.

|   | ㄱ | ㄴ | ㄷ | ㄹ | ㅁ |
|---|---|---|---|---|---|
| ① | 있은 날 | 30일 | 결정서의 정본 | 통지받은 날 | 180일 |
| ② | 있음을 안 날 | 90일 | 재결서의 정본 | 송달받은 날 | 1년 |
| ③ | 있은 날 | 1년 | 결정서의 부본 | 통지받은 날 | 2년 |
| ④ | 있음을 안 날 | 1년 | 재결서의 부본 | 송달받은 날 | 3년 |

**해설**

**행정소송법 제20조(제소기간)**
① 취소소송은 처분 등이 (있음을 안 날)부터 (90일) 이내에 제기하여야 한다. 다만, 제18조 제1항 단서에 규정한 경우와 그 밖에 행정심판청구를 할 수 있는 경우 또는 행정청이 행정심판청구를 할 수 있다고 잘못 알린 경우에 행정심판청구가 있은 때의 기간은 (재결서의 정본)을 (송달받은 날)부터 기산한다.
② 취소소송은 처분 등이 있은 날부터 (1년)(제1항 단서의 경우는 재결이 있은 날부터 1년)을 경과하면 이를 제기하지 못한다. 다만, 정당한 사유가 있는 때에는 그러하지 아니하다.

**정답** ②

---

**114** 〈보기〉의 행정행위의 하자와 행정소송 상호 간의 관계에 관한 설명으로 옳은 것을 모두 고른 것은? 19 서울9급 6월

〈보기〉
ㄱ. 취소사유 있는 영업정지처분에 대한 취소소송의 제소기간이 도과한 경우 처분의 상대방은 국가배상청구소송을 제기하여 재산상 손해의 배상을 구할 수 있다.
ㄴ. 취소사유 있는 과세처분에 의하여 세금을 납부한 자는 과세처분 취소소송을 제기하지 않은 채 곧바로 부당이득반환청구소송을 제기하더라도 납부한 금액을 반환받을 수 있다.
ㄷ. 파면처분을 당한 공무원은 그 처분에 취소사유인 하자가 존재하는 경우 파면처분 취소소송을 제기하여야 하고 곧바로 공무원지위확인소송을 제기할 수 없다.
ㄹ. 무효인 과세처분에 의하여 세금을 납부한 자는 납부한 금액을 반환받기 위하여 부당이득반환청구소송을 제기하지 않고 곧바로 과세처분 무효확인소송을 제기할 수 있다.

① ㄱ, ㄴ
② ㄷ, ㄹ
③ ㄱ, ㄷ, ㄹ
④ ㄴ, ㄷ, ㄹ

**해설**

ㄱ. (O) 취소소송의 제소기간이 도과한 경우라도 국가배상청구소송을 제기하여 재산상 손해의 배상을 구할 수 있다.

ㄴ. (X) 취소사유 있는 과세처분에 의하여 세금을 납부한 자는 과세처분 취소소송을 제기하여 인용판결을 받은 후 부당이득반환청구소송을 제기하여 납부한 금액을 반환받을 수 있다.

ㄷ. (O) 행정처분은 비록 하자가 있더라도 당연무효의 흠이 아닌 한, 공적 기관에 의하여 취소될 때까지는 일단 유효한 것으로 취급되는 것이므로, 행정처분에 취소사유의 흠이 있는 경우에는 취소소송 이외의 방법으로 그 효력을 부인할 수 없다. 따라서 공무원이 파면을 당한 경우, 그 처분에 취소원인인 흠이 있는 때에는 파면처분 취소소송을 제기하여야 하고 직접 당사자소송으로 공무원지위확인소송을 제기할 수 없다.

ㄹ. (O) 무효인 경우에는 민사소송으로 부당이득반환청구소송도 가능하고, 바로 항고소송으로 무효등확인소송을 하는 것도 가능하다. 확인의 이익이 필요하지 않기 때문이다.

**정답** ③

---

**기출지문 OX**

甲에 대한 과세처분 이후 조세 부과의 근거가 되었던 법률에 대해 헌법재판소의 위헌결정이 있었고, 위헌결정 이후에 그 조세채권의 집행을 위해 甲의 재산에 대해 압류처분이 있었다. [19 국가7급]

**01** 甲은 압류처분에 대해 무효확인소송을 제기하려면 무효확인심판을 거쳐야 한다. (O, X)

해설 무효확인소송은 필요적 행정심판이라도 거치지 않고 할 수 있다. 취소소송과 부작위법확인소송은 필요적 행정심판이 적용된다.

**정답** X

**02** 위헌결정 당시 이미 과세처분에 불가쟁력이 발생하여 조세채권이 확정된 경우에도 甲의 재산에 대한 압류처분은 무효이다. (O, X)

해설 위헌결정 이전의 처분은 취소사유이지만 위헌결정 이후의 처분은 무효이다.

**정답** O

**03** 甲이 압류처분에 대해 무효확인소송을 제기하였다가 취소소송으로 소의 종류를 변경하는 경우, 제소기간의 준수 여부는 취소소송으로 변경되는 때를 기준으로 한다. (O, X)

해설 소의 변경허가의 결정이 있으면 새로운 소는 처음에 소를 제기한 때에 제기된 것으로 보며, 변경된 구소는 취하된 것으로 본다. (행정소송법 제21조 제4항)

**정답** X

---

**115** 「행정소송법」상 제소기간에 대한 판례의 입장으로 옳은 것은? [17 지방9급]

① 청구취지를 변경하여 종전의 소가 취하되고 새로운 소가 제기된 것으로 변경되었다면 새로운 소에 대한 제소기간 준수 여부는 원칙적으로 소의 변경이 있은 때를 기준으로 한다.

② 납세자의 이의신청에 의한 재조사결정에 따른 행정소송의 제소기간은 이의신청인 등이 재결청으로부터 재조사결정의 통지를 받은 날부터 기산한다.

③ 처분의 불가쟁력이 발생하였고 그 이후에 행정청이 당해 처분에 대해 행정심판청구를 할 수 있다고 잘못 알렸다면, 그 처분의 취소소송의 제소기간은 행정심판의 재결서를 받은 날부터 기산한다.

④ 「산업재해보상보험법」상 보험급여의 부당이득 징수결정의 하자를 이유로 징수금을 감액하는 경우 감액처분으로도 아직 취소되지 않고 남아 있는 부분이 위법하다 하여 다툴 때에는, 제소기간의 준수 여부는 감액처분을 기준으로 판단해야 한다.

> 해설

① (○) 행정소송법상 소의 변경은 원칙적으로 처음의 소가 제기된 때를 기준으로 한다. 다만, 민사소송법의 준용에 의한 소의 변경은 원칙적으로 제소기간의 특례가 적용되지 않는다. 따라서 청구취지를 변경하여 구소가 취하되고 새로운 소가 제기된 것으로 변경되었을 때에 새로운 소에 대한 제소기간의 준수 등은 원칙적으로 소의 변경이 있을 때를 기준으로 하여야 한다.
② (×) 재조사결정(재조사를 시작하겠다는 결정)이 아니라 재조사의 결과인 후속처분을 받은 날로부터 기산된다.

> 재조사결정은 처분청의 후속처분에 의하여 그 내용이 보완됨으로써 이의신청 등에 대한 결정으로서의 효력이 발생한다고 할 것이므로, 재조사결정에 따른 심사청구기간이나 심판청구기간 또는 행정소송의 제소기간은 이의신청인 등이 후속처분의 통지를 받은 날부터 기산된다고 봄이 타당하다. (대판 2010.6.25. 2007두12514 전원합의체)

③ (×) 이미 제소기간이 지남으로써 불가쟁력이 발생하여 불복청구를 할 수 없었던 경우라면 그 이후에 행정청이 행정심판청구를 할 수 있다고 잘못 알렸다고 하더라도 그 때문에 처분상대방이 적법한 제소기간 내에 취소소송을 제기할 수 있는 기회를 상실하게 된 것이 아니므로 이러한 경우에 잘못된 안내에 따라 청구된 행정심판 재결서 정본을 송달받은 날부터 다시 취소소송의 제소기간이 기산되는 것은 아니다. 불가쟁력이 발생하여 더 이상 불복청구를 할 수 없는 처분에 대하여 행정청의 잘못된 안내가 있었다고 하여 처분상대방의 불복청구 권리가 새로이 생겨나거나 부활한다고 볼 수는 없기 때문이다. (대판 2012.9.27. 2011두27247)
④ (×) 감액되고 남은 당초 처분을 기준으로 해야 한다.

> 행정청이 보험급여수급자에 대하여 부당이득 징수결정을 한 후 징수결정의 하자를 이유로 징수금 액수를 감액하는 경우에 감액처분은 감액된 징수금 부분에 관해서만 법적 효과가 미치는 것으로서 당초 징수결정과 별개 독립의 징수금결정 처분이 아니라 그 실질은 처음 징수결정의 변경이고, 그에 의하여 징수금의 일부취소라는 징수의무자에게 유리한 결과를 가져오는 처분이므로 징수의무자에게는 그 취소를 구할 소의 이익이 없다. … 당초 징수결정 중 감액처분에 의하여 취소되지 않고 남은 부분을 항고소송의 대상으로 할 수 있을 뿐이며, 그 결과 제소기간의 준수 여부도 감액처분이 아닌 당초 처분을 기준으로 판단해야 한다. (대판 2012.9.27. 2011두27247)

정답 ①

**116** 행정소송에서의 제소기간에 관한 설명으로 옳은 것은? (단, 다툼이 있는 경우 판례에 따름)  17 교행

① 부작위위법확인소송에는 제소기간의 제한이 있다.
② 제소기간은 불변기간이므로 소송행위의 보완은 허용되지 않는다.
③ 제소기간의 준수 여부는 법원의 직권조사사항에 해당하지 않는다.
④ 행정심판을 거친 경우의 제소기간은 행정심판 재결서 정본을 송달받은 날로부터 90일 이내이다.

> 해설

① (×) 부작위위법확인의 소는 부작위상태가 계속되는 한 그 위법의 확인을 구할 이익이 있다고 보아야 하므로 원칙적으로 제소기간의 제한을 받지 않으나, 행정소송법 제38조 제2항이 제소기간을 규정한 같은 법 제20조를 부작위위법확인소송에 준용하고 있는 점에 비추어 보면, 행정심판 등 전심절차를 거친 경우에는 행정소송법 제20조가 정한 제소기간 내에 부작위위법확인의 소를 제기하여야 할 것이다. (대판 2009.7.23. 2008두10560)
② (×) 행정소송법 제20조 제1항·제3항에서 말하는 "취소소송은 처분 등이 있음을 안 날부터 90일 이내에 제기하여야 한다."라는 제소기간은 불변기간이고, 다만 당사자가 책임질 수 없는 사유로 인하여 이를 준수할 수 없었던 경우에는 같은 법 제8조에 의하여 준용되는 민사소송법 제160조 제1항에 의하여 그 사유가 없어진 후 2주일 내에 해태된 제소행위를 추완할 수 있다고 할 것이며, 여기서 당사자가 책임질 수 없는 사유란 당사자가 그 소송행위를 하기 위하여 일반적으로 하여야 할 주의를 다하였음에도 불구하고 그 기간을 준수할 수 없었던 사유를 말한다. (대판 2001.5.8. 2000두6916)
③ (×) 소송요건은 법원의 직권조사사항이다.
④ (○) 행정소송법 제20조 제1항

정답 ④

> **기출지문 OX**

**01** 무효확인소송의 제기는 처분의 효력이나 그 집행 또는 절차의 속행에 영향을 주지 아니한다. [17 지방7급]  (O, ×)
> 해설 무효등확인소송에서도 집행정지에 관한 규정이 준용되므로 무효확인소송의 제기는 처분의 효력이나 그 집행 또는 절차의 속행에 영향을 주지 아니한다.   정답 O

**02** 행정처분의 당연무효를 주장하여 그 무효확인을 구하는 행정소송에 있어서는 원고에게 그 행정처분이 무효인 사유를 주장·입증할 책임이 있다. [17 지방7급]  (O, ×)
> 해설 행정처분의 당연무효를 주장하여 그 무효확인을 구하는 소송과 그 무효확인을 구하는 뜻에서 그 처분의 취소를 구하는 소송에 있어서는 그 무효를 구하는 사람(원고)에게 행정처분에 존재하는 하자(위법성)가 중대하고 명백하다는 것을 주장·입증할 책임이 있다. (대판 1976.1.13. 75누175)   정답 O

**03** 원고의 청구가 이유 있다고 인정하는 경우에도 처분의 무효를 확인하는 것이 현저히 공공복리에 적합하지 아니하다고 인정하는 때에는 법원은 청구를 기각할 수 있다. [17 지방7급]  (O, ×)
> 해설 처분이 무효인 경우에는 사정판결이 적용되지 않는다.   정답 ×

**04** 부작위위법확인소송은 원칙적으로 제소기간의 제한을 받지 않지만, 행정심판을 거친 경우에는 「행정소송법」 제20조가 정한 제소기간 내에 부작위위법확인의 소를 제기하여야 한다. [17 지방7급]  (O, ×)
> 해설 부작위위법확인소송은 성질상 제소기간의 제한이 없지만 취소소송의 제소기간규정을 준용하고 있으므로 재결을 전제로 한 제소기간이 준용된다. 따라서 행정심판을 거친 경우에는 행정소송법 제20조가 정한 제소기간 내에 부작위위법확인의 소를 제기하여야 한다.   정답 O

**117** 다음 사례에서 甲이 취소소송을 제기할 때, 그 취소소송의 제소기간은?  16 서울7급

> A구청장은 법령 위반을 이유로 甲에 대하여 3월의 영업정지처분을 하였고, 甲은 2015년 12월 26일 처분서를 송달받았다. 이에 대하여 甲이 행정심판을 청구하자, 행정심판위원회는 2016년 3월 6일 A구청장은 甲에 대하여 한 3월의 영업정지처분을 과징금 부과처분으로 변경하라라는 일부기각(일부 인용)의 재결을 하였고, 그 재결서 정본은 2016년 3월 10일 甲에게 도달하였다. A구청장은 이 재결취지에 따라 2016년 3월 13일 甲에 대하여 과징금 부과처분을 하였다. 甲은 A구청장을 상대로 과징금 부과처분의 취소를 구하는 취소소송을 제기하려고 한다.

① 2015년 12월 26일로부터 90일
② 2016년 3월 6일로부터 90일
③ 2016년 3월 10일로부터 90일
④ 2016년 3월 13일로부터 90일

> 해설 ③ (O) 처분에 대하여 행정심판을 거쳐 취소소송을 제기하는 경우 행정심판의 재결서 정본을 송달받은 날인 2016년 3월 10일부터 90일이 기산된다.   정답 ③

**118** 행정소송의 제소기간에 대한 설명으로 옳지 않은 것을 〈보기〉에서 모두 고르면? (다툼이 있는 경우 판례에 의함)

16 국회8급

〈보기〉
ㄱ. 당사자소송은 취소소송의 제소기간이 적용되지 않으나, 법령에 제소기간이 정해져 있는 경우에 그 기간은 불변기간이다.
ㄴ. 행정심판 등 전심절차를 거친 경우에도 부작위법확인소송은 부작위상태가 계속되는 한 그 위법의 확인을 구할 이익이 있으므로 제소기간의 제한을 받지 않는다.
ㄷ. 「행정소송법」 제20조(제소기간) 제2항의 규정상 소정의 '정당한 사유'란 「민사소송법」 제173조(소송행위의 추후보완)의 '당사자가 책임질 수 없는 사유'나 「행정심판법」 제27조(심판청구의 기간) 제2항의 '불가항력적인 사유'보다는 넓은 개념이다.
ㄹ. 조세심판에서 재결청의 재조사결정에 따른 행정소송의 기산점은 후속처분의 통지를 받은 날이다.

① ㄱ
② ㄴ
③ ㄱ, ㄴ
④ ㄴ, ㄷ
⑤ ㄱ, ㄴ, ㄹ

**해설**

ㄱ. (O)
ㄴ. (X) 부작위법확인소송은 행정심판을 거친 경우에는 제소기간이 적용되고, 행정심판을 거치지 않은 경우에는 개념상 제소기간이 적용될 수 없다.
ㄷ. (O) 행정소송법 제20조 제2항 소정의 '정당한 사유'란 불확정개념으로서 그 존부는 사안에 따라 개별적·구체적으로 판단하여야 하나 민사소송법 제160조의 '당사자가 그 책임을 질 수 없는 사유'나 행정심판법 제18조(현 제27조) 제2항 소정의 '천재·지변·전쟁, 사변 그 밖에 불가항력적인 사유'보다는 넓은 개념이라고 풀이되므로, 제소기간 도과의 원인 등 여러 사정을 종합하여 지연된 제소를 허용하는 것이 사회통념상 상당하다고 할 수 있는가에 의하여 판단하여야 한다. (대판 1991.6.28. 90누6521)
ㄹ. (O) 재조사결정은 해당 결정에서 지적된 사항에 관해서는 처분청의 재조사 결과를 기다려 그에 따른 후속처분의 내용을 이의신청 등에 대한 결정의 일부분으로 삼겠다는 의사가 내포된 변형결정에 해당한다고 볼 수밖에 없다. 그렇다면 재조사결정은 처분청의 후속처분에 의하여 그 내용이 보완됨으로써 이의신청 등에 대한 결정으로서의 효력이 발생한다고 할 것이므로, 재조사결정에 따른 심사청구기간이나 심판청구기간 또는 행정소송의 제소기간은 이의신청인 등이 후속처분의 통지를 받은 날부터 기산된다고 봄이 타당하다. (대판 2010.6.25. 2007두12514 전원합의체)

정답 ②

## 119. 취소소송의 제소기간에 관한 설명으로 옳은 것끼리 묶인 것은? (다툼이 있는 경우 판례에 의함)

12 서울 교행

ㄱ. 소의 종류의 변경이 있는 경우 새로운 소에 대한 제소기간은 변경된 처음의 소가 제기된 때를 기준으로 한다.
ㄴ. 2012년 3월 1일 처분이 있음을 알았다면 취소소송은 같은 해 5월 29일 24시까지 제기하여야 한다.
ㄷ. 제3자효 행정행위의 경우 제3자는 처분이 있음을 알지 못하므로 어떤 경위로든 처분이 있음을 알게 되었다고 하더라도 처분이 있는 때로부터 1년 이내에 취소소송을 제기하면 된다.
ㄹ. 특정인에 대한 행정처분을 주소불명 등의 이유로 송달할 수 없어 관보 등에 공고한 경우, 공고의 효력이 발생하는 날에 상대방이 그 행정처분을 있음을 알았다고 보아야 한다.
ㅁ. 현행법은 취소소송의 제기기간에 관한 규정을 무효등확인소송 및 부작위위법확인소송에 준용하고 있다.

① ㄱ
② ㄱ, ㄴ
③ ㄷ, ㄹ
④ ㄷ, ㄹ, ㅁ

**해설**

ㄱ. (○) 소의 변경허가결정이 있으면 새로운 소는 제소기간과 관련하여 종전의 소가 제기된 때에 제기된 것으로 보며, 종전의 소는 취하된 것으로 본다. (**행정소송법 제21조 제4항**)
ㄴ. (×) 취소소송은 처분이 있음을 안 날부터 90일 이내에 제기하여야 하는바, (**행정소송법 제20조 제1항**) 3월 1일 처분이 있음을 알았다면, 초일불산입의 원칙에 의해 익일인 3월 2일부터 90일이 되는 날은 5월 30일이므로, 5월 30일 24시까지 취소소송을 제기하여야 한다.
ㄷ. (×) 제3자효 행정행위에 있어서 제3자가 소송을 제기하는 경우에도 적용된다. 따라서 제3자가 행정처분이 있음을 안 경우에는 90일 내에 제기해야 하며, 제3자가 몰랐던 경우에는 행정심판은 행정처분이 있은 날로부터 180일 이내에, 취소소송은 1년 이내에 제기하여야 한다.
ㄹ. (×) 특정인에 대한 행정처분을 주소불명 등의 이유로 송달할 수 없어 관보·공보·게시판·일간신문 등에 공고한 경우에는 공고가 효력을 발생하는 날에 상대방이 그 행정처분이 있음을 알았다고 볼 수는 없고, 상대방이 당해 처분이 있었다는 사실을 현실적으로 안 날에 그 처분이 있음을 알았다고 보아야 한다. (**대판 2006.4.28. 2005두14851**)
ㅁ. (×) 취소소송의 제소기간규정은 무효등확인소송에는 적용되지 않고, 부작위위법확인소송에는 적용된다. (**행정소송법 제38조**)

**정답** ①

## 120 다음 글에 대한 설명으로 옳지 않은 것은? (다툼이 있는 경우 판례에 의함)
11. 지방9급

> 甲이 국세를 체납하자 관할 세무서장은 甲 소유 가옥에 대한 공매절차를 진행하여 낙찰자 乙에게 소유권이전등기가 경료되었다. 그런데 甲은 그로부터 1년이 지난 후에야 위 공매처분에 하자 있음을 발견하였다.
> (가) 甲이 공매처분의 하자를 이유로 乙을 상대로 하여 소유권이전등기의 말소등기절차의 이행을 구하는 민사소송을 제기하였다.
> (나) 甲이 가옥의 소유권을 상실하는 손해를 입었음을 이유로 바로 국가를 상대로 민사법원에 손해배상청구소송을 제기하였다.

① (가)의 경우 공매처분의 하자가 무효사유라면 민사법원은 공매처분의 효력 유무에 대해서 판단이 가능하며, 甲의 등기말소청구는 인용될 수 있다.

② (가)의 경우 공매처분의 하자가 취소사유라면 민사법원은 공매처분의 효력을 부인할 수 없으므로 甲의 등기말소청구는 기각될 것이다.

③ (나)의 경우 甲의 소송제기는 관할 위반의 위법이 없고, 민사법원은 공매처분의 하자에 대해 그 위법성을 심사하여 甲의 손해배상청구를 인용할 수 있다.

④ (나)의 경우 공매처분에 대한 취소소송의 제기기간인 1년이 지난 후에 제기한 손해배상청구소송이므로 민사법원은 甲의 청구를 각하해야 할 것이다.

### 해설

① (O) ② (O) ③ (O) 행정처분의 당연무효가 선결문제인 경우에는 당연무효임을 전제로 판단할 수 있다.

> 민사소송에 있어서 어느 행정처분의 당연무효 여부가 선결문제로 되는 때에는 이를 판단하여 당연무효임을 전제로 판결할 수 있고 반드시 행정소송 등의 절차에 의하여 그 취소나 무효확인을 받아야 하는 것은 아니다. (대판 1972.10.10. 71다2279)

④ (X) 취소소송의 제소기간을 도과하였을 경우 국가배상청구소송을 제기할 수 있는지에 판례의 입장인 긍정설은 취소소송과 국가배상청구소송의 목적과 성질이 다르므로 가능하다고 본다.

> 위법한 행정대집행이 완료되면 그 처분의 무효확인 또는 취소를 구할 소의 이익은 없다 하더라도, 미리 그 행정처분의 취소판결이 있어야만 그 행정처분의 위법임을 이유로 한 손해배상청구를 할 수 있는 것은 아니다. (대판 1972.4.28. 72다337)

**정답** ④

# 07 소의 변경

## 121
「행정소송법」상 취소소송의 변경에 관한 설명으로 옳지 않은 것은?　　14 서울9급

① 취소소송이 계속되고 있을 것
② 1심 법원의 판결시까지 원고의 신청이 있을 것
③ 청구의 기초에 변경이 없을 것
④ 법원이 상당하다고 인정하여 허가결정을 할 것
⑤ 취소소송과 취소소송 외의 항고소송 간의 소의 변경은 물론, 취소소송과 당사자소송 간의 변경도 가능하다.

**해설**
① (○) 취소소송 등이 적법하게 계속되어 있어야 한다.
② (×) 사실심 변론종결시까지 원고의 신청이 있어야 한다. 상고심에서는 소의 변경이 허용되지 않는다. 직권에 의한 소의 변경은 인정되지 않는다.
③ (○) 청구의 기초에 변경이 없어야 한다.
④ (○) 법원은 상당하다고 인정하여 허가결정을 하여야 하며, **(행정소송법 제21조 제1항)** 허가를 하는 경우 피고를 달리하게 될 때에는 법원은 새로이 피고로 될 자의 의견을 들어야 한다. **(같은 법 제21조 제2항)** 허가결정이 있으면 결정의 정본을 새로운 피고에게 송달하여야 한다. **(같은 법 제14조 제2항)**
⑤ (○) 취소소송을 무효확인소송이나 부작위법확인소송으로 변경하는 경우와 무효등확인소송이나 부작위법확인소송을 취소소송으로 변경하는 것이 가능하다. 또한 취소소송을 당해 처분 등에 관계되는 사무가 귀속하는 국가 또는 공공단체에 대한 당사자소송으로 변경하거나 무효확인소송이나 부작위법확인소송을 당사자소송으로 변경하는 것이 가능하며, 당사자소송을 항고소송으로 변경하는 것이 가능하다. **(행정소송법 제21조 제1항, 제37조)**

**정답 ②**

## 122
처분변경으로 인한 소 변경의 요건이 아닌 것은?　　12 세무사

① 소제기 후 처분의 변경이 있을 것
② 원고가 처분의 변경이 있음을 안 날로부터 60일 이내에 소변경신청을 할 것
③ 소송이 계속 중이고 사실심 변론종결 전일 것
④ 법원의 변경허가결정이 있을 것
⑤ 변경되는 청구가 필요적 행정심판전치의 대상인 경우 행정심판을 거칠 것

**해설**
① (○) 처분의 변경이 있어야 한다. 당해 소송의 대상인 처분이 소가 제기된 후에 행정청에 의해 변경되어야 한다.
② (○) 처분의 변경을 안 날로부터 60일 이내에 하여야 한다.
③ (○) 취소소송이 계속 중이고 사실심 변론종결 전이어야 한다.
④ (○) 법원의 변경허가결정이 있어야 한다.
⑤ (×) 행정심판전치의 요건은 갖춘 것으로 본다. **(행정소송법 제22조 제3항)**

**정답 ⑤**

## 123 「행정소송법」상 소의 종류의 변경에 대한 설명으로 옳은 것을 〈보기〉에서 모두 고른 것은? 18 서울9급

〈보기〉
ㄱ. 소의 종류의 변경은 직권으로도 가능하다.
ㄴ. 항소심에서도 소의 종류의 변경은 가능하다.
ㄷ. 당사자소송을 항고소송으로 변경하는 것은 허용되지 않는다.
ㄹ. 소의 종류의 변경의 요건을 갖춘 경우 면직처분 취소소송을 공무원보수 지급청구소송으로 변경하는 것은 가능하다.

① ㄱ, ㄴ
② ㄱ, ㄹ
③ ㄴ, ㄷ
④ ㄴ, ㄹ

**해설**

**행정소송법 제21조(소의 변경)**
① 법원은 취소소송을 당해 처분 등에 관계되는 사무가 귀속하는 국가 또는 공공단체에 대한 당사자소송 또는 취소소송 외의 항고소송으로 변경하는 것이 상당하다고 인정할 때에는 청구의 기초에 변경이 없는 한 사실심의 변론종결시까지 원고의 신청에 의하여 결정으로써 소의 변경을 허가할 수 있다.
② 제1항의 규정에 의한 허가를 하는 경우 피고를 달리하게 될 때에는 법원은 새로이 피고로 될 자의 의견을 들어야 한다.
③ 제1항의 규정에 의한 허가결정에 대하여는 즉시항고할 수 있다.

ㄱ. (×) 소의 변경은 원고의 신청이 있어야 한다.
ㄴ. (○) 사실심 변론종결시까지 가능하다.
ㄷ. (×) ㄹ. (○) 당사자소송과 항고소송 상호 간에 변경하는 것도 가능하다.

**정답** ④

## 124 행정소송상 소의 종류의 변경에 관한 설명으로 옳지 않은 것은? 11 세무사

① 상고심에서도 소의 종류의 변경은 가능하다.
② 신소(新訴)는 구소(舊訴)가 처음 제기된 때에 제기된 것으로 보고, 구소는 취하된 것으로 본다.
③ 피고의 변경을 포함한 소의 종류의 변경도 가능하다.
④ 청구의 기초에 변경이 없어야 가능하다.
⑤ 소의 종류의 변경허가에 대해서는 독립하여 불복할 수 있다.

**해설**

① (×) ④ (○) 소의 종류의 변경은 청구의 기초에 변경이 없는 한 사실심 변론종결시까지만 가능하다. **(행정소송법 제21조 제1항)**
② (○) 행정소송법 제21조 제4항, 제14조 제4항·제5항
③ (○) 취소소송과 당사자소송 간의 소의 종류의 변경은 피고의 변경을 수반한다.
⑤ (○) 소의 종류의 변경허가결정에 대하여는 즉시항고할 수 있다. **(행정소송법 제21조 제3항)**

**정답** ①

## 08 처분사유의 추가·변경

1. 처분사유의 추가·변경을 전혀 인정하지 않는 경우 → 원고의 소송에 유리 → 승소 판결 → 행정청이 다른 사유로 다시 거부처분 → 별도의 소제기 → 결국 분쟁의 일회적 해결이 어렵다.
2. 처분사유의 추가·변경을 무제한 인정하는 경우 → 원고의 공격방어에 불리 → 그래도 승소 판결이 있으면 행정청이 다른 사유로 다시 거부처분할 수 없다. → 분쟁의 일회적 해결에 도움이 된다.
3. 통설과 판례는 기본적 사실관계가 동일한 범위에서 처분사유의 추가·변경을 인정한다.

### 125
행정소송에 있어서 처분사유의 추가·변경에 대한 설명으로 옳지 않은 것은? (다툼이 있는 경우 판례에 의함)

17 국가7급

① 위법판단의 기준시점을 처분시로 볼 경우, 처분 이후에 발생한 새로운 사실적·법적 사유를 추가·변경하고자 하는 것은 허용될 수 없고 이러한 경우에는 계쟁처분을 직권취소하고 이를 대체하는 새로운 처분을 할 수 있다.

② 행정처분의 취소를 구하는 항고소송에서 처분청은 당초 처분의 근거로 삼은 사유와 기본적 사실관계가 동일성이 있다고 인정되는 한도 내에서만 다른 사유를 추가하거나 변경할 수 있다.

③ 처분청이 처분 당시에 적시한 구체적 사실을 변경하지 아니하는 범위 내에서 단지 처분의 근거법령만을 추가·변경하는 것은 새로운 처분사유의 추가라고 볼 수 없다.

④ 처분사유의 변경으로 소송물이 변경되는 경우, 반드시 청구가 변경되는 것은 아니므로 처분사유의 추가·변경은 허용될 수 있다.

> **해설**
> ① (O) 위법성 판단의 기준을 처분시로 보는 통설과 판례는 처분시에는 그후에 발생할 문제를 예측할 수 없다는 점을 강조한다. 그렇다면 추가·변경사유는 처분 당시에 객관적으로 존재하고 있었던 사유여야 하고, 처분 후 소송 계속 중에 발생한 사실관계나 법률관계는 처분사유의 추가·변경의 대상이 되지 않는다. 이러한 경우에는 계쟁처분을 직권취소하고 이를 대체하는 새로운 처분이 되는 것이다.
> ② (O) 처분사유의 추가·변경을 무제한 허용하면 원고의 공격·방어가 어렵기 때문에 기본적 동일성이 인정되는 범위에서 인정하는 것이다.
> ③ (O) 행정처분이 적법한가의 여부는 특별한 사정이 없는 한 처분 당시의 사유를 기준으로 판단하면 되는 것이고 처분청이 처분 당시에 적시한 구체적 사실을 변경하지 아니하는 범위 안에서 단지 그 처분의 근거법령만을 추가·변경하는 것은 새로운 처분사유의 추가라고 볼 수 없으므로 이와 같은 경우에는 처분청이 처분 당시에 적시한 구체적 사실에 대하여 처분후에 추가·변경한 법령을 적용하여 그 처분의 적법 여부를 판단하여도 무방하다. (대판 1988.1.19. 7누603)
> ④ (X) 처분사유의 변경은 취소소송의 소송물의 범위 내에서만 가능하다. 소송물이 달라지면 소송 자체가 다른 것이 되기 때문이다.

**정답** ④

**126** 취소소송에서의 처분사유의 추가·변경에 대한 설명으로 옳은 것은? (다툼이 있는 경우 판례에 의함)

17 국가9급

① 처분청은 원고의 권리방어가 침해되지 않는 한도 내에서 당해 취소소송의 대법원 확정판결이 있기 전까지 처분사유의 추가·변경을 할 수 있다.

② 처분사유의 추가·변경이 인정되기 위한 요건으로서의 기본적 사실관계의 동일성 유무는 처분사유를 법률적으로 평가하기 이전의 구체적인 사실에 착안하여 그 기초적인 사회적 사실관계가 기본적인 점에서 동일한지 여부에 따라 결정된다.

③ 추가 또는 변경된 사유가 당초의 처분시 그 사유를 명기하지 않았을 뿐 처분시에 이미 존재하고 있었고 당사자도 그 사실을 알고 있었다면 당초의 처분사유와 동일성이 인정된다.

④ 처분사유의 추가·변경이 절차적 위법성을 치유하는 것인데 반해, 처분이유의 사후제시는 처분의 실체법상의 적법성을 확보하기 위한 것이다.

**해설**

① (×) 처분이유의 추가·변경은 사실심 변론종결시까지만 허용된다. (대판 1999.2.9. 98두16675)
② (○) 행정처분의 취소를 구하는 항고소송에 있어서, 처분청은 당초 처분의 근거로 삼은 사유와 기본적 사실관계가 동일성이 있다고 인정되는 한도 내에서만 다른 사유를 추가하거나 변경할 수 있고, 여기서 기본적 사실관계의 동일성 유무는 처분사유를 법률적으로 평가하기 이전의 구체적인 사실에 착안하여 그 기초인 사회적 사실관계가 기본적인 점에서 동일한지 여부에 따라 결정된다. (대판 2003.12.11. 2001두8827)
③ (×) 처분사유는 처음의 처분서에 명기된 사유에 한정된다.

> 기본적 사실관계와 동일성이 인정되지 않는 별개의 사실을 들어 처분사유로 주장하는 것이 허용되지 않는다고 해석하는 이유는 행정처분의 상대방의 방어권을 보장함으로써 실질적 법치주의를 구현하고 행정처분의 상대방에 대한 신뢰를 보호하고자 함에 그 취지가 있고, 추가 또는 변경된 사유가 당초의 처분시 그 사유를 명기하지 않았을 뿐 처분시에 이미 존재하고 있었고 당사자도 그 사실을 알고 있었다 하여 당초의 처분사유와 동일성이 있는 것이라 할 수 없다. (대판 2003.12.11. 2001두8827)

④ (×) 처분사유의 추가·변경은 실체법상 적법성의 문제를 소송법상 주장하는 것이고, 처분이유의 사후제시는 절차의 하자를 보완하려는 것이다.

**정답** ②

> **기출지문 OX**

**01** 당초의 처분사유인 중기취득세의 체납과 그 후 추가된 처분사유인 자동차세의 체납은 기본적 사실관계의 동일성이 부정된다.
[17 서울9급] (O, X)

> **해설** 이 사건에서 당초의 처분사유인 중기취득세의 체납과 그 후 추가된 처분사유인 자동차세의 체납은 각 세목, 과세년도, 납세의무자의 지위(연대납세의무자와 직접의 납세의무) 및 체납액 등을 달리하고 있어 기본적 사실관계가 동일하다고 볼 수 없고, 중기취득세의 체납이나 자동차세의 체납이 다 같이 지방세의 체납이고 그 과세대상도 다 같은 지입중기에 대한 것이라는 점만으로는 기본적 사실관계의 동일성을 인정하기에 미흡하다. (대판 1989.6.27. 88누6160) **정답** O

**02** 주류면허 지정조건 중 제6호 무자료 주류판매 및 위장거래항목을 근거로 한 면허취소처분에 대한 항고소송에서, 지정조건 제2호 무면허판매업자에 대한 주류판매를 새로이 그 취소사유로 주장하는 것은 기본적 사실관계의 동일성이 인정된다. [17 서울9급]
(O, X)

> **해설** 같은 법에 동일한 사유가 2개 있을 수 없기 때문이다.

> 주류면허 지정조건 중 제6호 무자료 주류판매 및 위장거래항목을 근거로 한 면허취소처분에 대한 항고소송에서, 지정조건 제2호 무면허판매업자에 대한 주류판매를 새로이 그 취소사유로 주장하는 것은 기본적 사실관계가 다른 사유를 내세우는 것으로서 허용될 수 없다. (대판 1996.9.6. 96누7427)

**정답** X

**03** 의료보험요양기관 지정취소처분의 당초의 처분사유인 구「의료보험법」제33조 제1항이 정하는 본인부담금 수납대장을 비치하지 아니한 사실과 항고소송에서 새로 주장한 처분사유인 같은 법 제33조 제2항이 정하는 보건복지부장관의 관계 서류 제출명령에 위반하였다는 사실은 기본적 사실관계에 있어서 동일성이 인정되지 않는다. [11 사복] (O, X)

> **해설** 대판 2001.3.23. 99두6392 **정답** O

**04** 행정청의 당초 처분사유인 기존 공동사업장과의 거리제한규정에 저촉된다는 사실과 피고 주장의 최소 주차용지에 미달한다는 사실은 기본적 사실관계에 있어서 동일성이 인정된다. [11 사복] (O, X)

> **해설** 중고자동차매매업 허가신청에 대한 불허가처분의 사유인 기존의 다른 공동사업장에서 300미터 밖에 위치하여야 한다는 거리제한규정에 저촉된다는 사실과 소송과정에서 주장한 사업자가 확보한 주차용지가 자동차관리법 시행규칙상의 최소주차용지면적에 미달한다는 사실 사이에는 기본적 사실관계를 달리하는 것임이 명백하여 피고가 이를 새롭게 처분사유로서 주장할 수는 없는 것이다. (대판 1995.11.21. 95누10952) **정답** X

**05** 토지형질변경 불허가처분의 당초의 처분사유인 국립공원에 인접한 미개발지의 합리적인 이용대책 수립까지 그 허가를 유보한다는 사유와 그 처분의 취소소송에서 추가하여 주장한 처분사유인 국립공원 주변의 환경·풍치·미관 등을 크게 손상시킬 우려가 있으므로 공공목적상 원형유지의 필요가 있는 곳으로서 형질변경허가 금지대상이라는 사유는 기본적 사실관계에 있어서 동일성이 인정된다. [11 사복] (O, X)

> **해설** 토지형질변경 불허가처분의 당초의 처분사유인 국립공원에 인접한 미개발지의 합리적인 이용대책 수립시까지 그 허가를 유보한다는 사유와 그 처분의 취소소송에서 추가하여 주장한 처분사유인 국립공원 주변의 환경·풍치·미관 등을 크게 손상시킬 우려가 있으므로 공공목적상 원형유지의 필요가 있는 곳으로서 형질변경허가 금지대상이라는 사유는 기본적 사실관계에 있어서 동일성이 인정된다. (대판 2001.9.28. 2000두8684) **정답** O

## 09 가구제

1. 입대처분 취소소송 제기 → 집행부정지원칙 때문에 일단 입대 → 제대 후 입대처분 취소소송 승소 → 어쩌란 말이냐.
2. 이런 문제를 해결하기 위해 예외적으로 집행정지를 할 필요가 있다. 입대처분 취소소송 제기와 동시에 또는 소제기 이후 입대의 집행정지 신청 → 본안판결 이전에 입대가 정지되면 본안판결까지 입대를 늦출 수 있는 장점이 있다.
3. 집행정지는 아무 때나 되는 것은 아니고 회복하기 어려운 손해를 예방할 긴급한 필요가 있을 때만 가능하다. 회복하기 어려운 손해란 입대처럼 금전으로 회복이 어려운 것을 말한다.
4. 항고소송에는 민사집행법상의 가처분은 준용되지 않는다.
5. 당사자소송에는 민사집행법상의 가처분이 준용된다.

**127** 판례의 입장으로 옳지 않은 것은? 23 국가9급

① 거부처분에 대한 집행정지는 그 거부처분으로 인하여 신청인에게 생길 손해를 방지하는 데 아무런 보탬이 되지 아니하므로 허용되지 않는다.

② 사정판결의 요건인 처분의 위법성은 변론종결시를 기준으로 판단하고, 공공복리를 위한 사정판결의 필요성은 처분시를 기준으로 판단하여야 한다.

③ 집행정지의 요건으로 규정하고 있는 '공공복리에 중대한 영향을 미칠 우려'가 없을 것이라고 할 때의 '공공복리'는 그 처분의 집행과 관련된 구체적이고도 개별적인 공익을 말하는 것으로서 이러한 집행정지의 소극적 요건에 대한 주장·소명책임은 행정청에게 있다.

④ 「도시 및 주거환경정비법」에 근거한 조합설립인가처분은 행정주체로서의 지위를 부여하는 설권적 처분이고, 조합설립결의는 조합설립인가처분의 요건이므로, 조합설립결의에 하자가 있다면 그 하자를 이유로 직접 항고소송의 방법으로 조합설립인가처분의 취소 또는 무효확인을 구하여야 한다.

**해설**

① (O) 거부처분에 대한 집행정지는 개념상 생각하기가 어렵다.
② (X) 사정판결의 요건인 처분의 위법성은 처분시를 기준으로 판단하고, 공공복리를 위한 사정판결의 필요성은 변론 종결시(판결시)를 기준으로 판단하여야 한다.
③ (O)

| 적극적 요건(신청인이 주장소명) | 소극적 요건(행정청이 주장소명) |
|---|---|
| · 집행정지대상인 처분 등이 존재할 것<br>· 본안소송이 적법하게 계속되어 있을 것<br>· 회복하기 어려운 손해 발생의 우려가 있을 것<br>· 집행정지신청의 이익이 있을 것<br>· 본안판결까지 기다릴 수 없는 긴급한 필요가 있을 것 | · 공공복리에 중대한 영향을 미칠 우려가 없을 것<br>· 본안청구가 이유 없음이 명백하지 아니할 것 |

④ (O) 행정청이 도시 및 주거환경정비법 등 관련 법령에 근거하여 행하는 조합설립인가처분은 단순히 사인들의 조합설립행위에 대한 보충행위로서의 성질을 갖는 것에 그치는 것이 아니라 법령상 요건을 갖출 경우 도시 및 주거환경정비법상 주택재건축사업을 시행할 수 있는 권한을 갖는 행정주체(공법인)로서의 지위를 부여하는 일종의 설권적 처분의 성격을 갖는다고 보아야 한다. 그리고 그와 같이 보는 이상 조합설립결의는 조합설립인가처분이라는 행정처분을 하는 데 필요한 요건 중 하나에 불

과한 것이어서, 조합설립결의에 하자가 있다면 그 하자를 이유로 직접 항고소송의 방법으로 조합설립인가처분의 취소 또는 무효확인을 구하여야 하고, 이와는 별도로 조합설립결의 부분만을 따로 떼어내어 그 효력 유무를 다투는 확인의 소를 제기하는 것은 원고의 권리 또는 법률상의 지위에 현존하는 불안·위험을 제거하는 데 가장 유효·적절한 수단이라 할 수 없어 특별한 사정이 없는 한 확인의 이익은 인정되지 아니한다. (대판 2009.9.24. 2008다60568)

정답 ②

## 128

다음 사례에 대한 설명으로 옳은 것을 고르시오. (다툼이 있는 경우 판례에 의함)    22 국가9급

> A시 시장은 식품접객업주 甲에게 청소년고용금지업소에 청소년을 고용하였다는 사유로 식품위생법령에 근거하여 영업정지 2개월 처분에 갈음하는 과징금 부과처분을 하였고, 甲은 부과된 과징금을 납부하였다. 그러나 甲은 이후 과징금 부과처분에 하자가 있음을 알게 되었다.

① 甲은 납부한 과징금을 돌려받기 위해 관할 행정법원에 과징금 반환을 구하는 당사자소송을 제기할 수 있다.
② A시 시장이 과징금 부과처분을 함에 있어 과징금 부과통지서의 일부 기재가 누락되어 이를 이유로 甲이 관할 행정법원에 과징금 부과처분의 취소를 구하는 소를 제기한 경우, A시 시장은 취소소송절차가 종결되기 전까지 보정된 과징금 부과처분 통지서를 송달하면 일부 기재 누락의 하자는 치유된다.
③ 「식품위생법」이 청소년을 고용한 행위에 대하여 영업허가를 취소하거나 6개월 이내의 기간을 정하여 그 영업의 전부 또는 일부를 정지하거나 영업소 폐쇄를 명할 수 있다고 하면서 행정처분의 세부기준은 총리령으로 위임한다고 정하고 있는 경우에, 총리령에서 정하고 있는 행정처분의 기준은 재판규범이 되지 못한다.
④ 甲이 자신은 청소년을 고용한 적이 없다고 주장하면서 제기한 과징금 부과처분의 취소소송 계속 중에 A시 시장은 甲이 유통기한이 경과한 식품을 판매한 사실을 처분사유로 추가·변경할 수 있다.

**해설**
① (✗) 과징금을 돌려받기 위한 소송은 부당이득이므로 민사소송이다.
② (✗) 하자의 치유는 소송제기 전까지만 가능하다.
③ (○) 대통령령은 내용과 관계없이 법규명령으로 인정되는데, 부령과 총리령은 형식은 법규명령이지만 제재적 내용인 경우 행정규칙의 성질로 보는 것이 판례의 입장이다.
④ (✗) 기본적 사실관계의 동일성이 인정되지 않으므로 추가할 수 없다.

정답 ③

**129** 다음 사례에 대한 설명으로 옳은 것을 고르시오. (다툼이 있는 경우 판례에 의함) 　22 국가9급

> 건설회사 A는 택지개발사업을 위해 관련 법령에 따른 절차를 거쳐 甲 소유의 토지 등을 취득하고자 甲과 보상에 관한 협의를 하였으나 협의가 성립되지 않았다. 이에 관할 지방토지수용위원회에 재결을 신청하여 토지의 수용 및 보상금에 대한 수용재결을 받았다.

① 甲이 수용재결에 대하여 이의신청을 제기하면 사업의 진행 및 토지의 수용 또는 사용을 정지시키는 효력이 있다.
② 甲이 수용 자체를 다투는 경우 관할 지방토지수용위원회를 상대로 수용재결에 대하여 취소소송을 제기할 수 있다.
③ 甲은 보상금 증액을 위해 A를 상대로 손실보상을 구하는 민사소송을 제기할 수 있다.
④ 甲이 계속 거주하고 있는 건물과 토지의 인도를 거부할 경우 행정대집행의 대상이 될 수 있다.

**해설**
① (×) 집행부정지원칙상 수용재결에 대하여 이의신청을 제기해도 사업의 진행 및 토지의 수용 또는 사용을 정지시키는 효력은 인정되지 않는다.
② (○) 수용재결은 대리로서 처분이므로 취소소송이 가능하다. 이때 피고는 지방토지수용위원회이다.
③ (×) 손실보상금증감청구소송은 형식적 당사자소송이다.
④ (×) 부동산의 인도·명도·퇴거는 대집행의 대상이 아니다.

**정답** ②

**130** 「행정소송법」상 가구제에 관한 설명으로 옳지 않은 것은? 　19 행정사

① 「행정심판법」에서 인정되는 임시처분제도가 「행정소송법」에는 없다.
② 집행정지는 공공복리에 중대한 영향을 미칠 우려가 있을 때에는 허용되지 아니한다.
③ 집행정지신청이 인용되려면 취소소송이 제기된 경우에 처분 등이나 그 집행 또는 절차의 속행으로 인하여 생길 중대한 손해를 예방하기 위한 경우이어야 한다.
④ 집행정지의 결정을 신청함에 있어서는 그 이유에 대한 소명이 있어야 한다.
⑤ 처분의 효력정지는 처분 등의 집행 또는 절차의 속행을 정지함으로써 목적을 달성할 수 있는 경우에는 허용되지 아니한다.

**해설**
① (○) 임시처분제도는 행정심판에서 인정되고 소송에서는 인정되지 않는다.
② (○) 행정소송법 제23조 제3항
③ (×) 중대한 손해는 행정심판법상 집행정지의 요건이고 행정소송법상 집행정지는 회복하기 어려운 손해를 예방하기 위한 경우이다.

> **행정소송법 제23조(집행정지)**
> ② 취소소송이 제기된 경우에 처분 등이나 그 집행 또는 절차의 속행으로 인하여 생길 회복하기 어려운 손해를 예방하기 위하여 긴급한 필요가 있다고 인정할 때에는 본안이 계속되고 있는 법원은 당사자의 신청 또는 직권에 의하여 처분 등의 효력이나 그 집행 또는 절차의 속행의 전부 또는 일부의 정지(이하 '집행정지'라 한다)를 결정할 수 있다. 처분의 효력정지는 처분 등의 집행 또는 절차의 속행을 정지함으로써 목적을 달성할 수 있는 경우에는 허용되지 아니한다.

④ (○) 증명이 아니라 소명으로 가능하다.(행정소송법 제23조 제4항)
⑤ (○) 행정소송법 제23조 제2항 단서

정답 ③

## 131 행정소송에 대한 설명으로 옳지 않은 것은? (다툼이 있는 경우 판례에 의함)  <sub>18 지방7급</sub>

① 당사자소송에 대하여는 「행정소송법」의 집행정지에 관한 규정이 준용되지 아니하므로, 「민사집행법」상 가처분에 관한 규정 역시 준용되지 아니한다.
② 서훈은 서훈대상자의 특별한 공적에 의하여 수여되는 고도의 일신전속적 성격을 가지는 것이므로, 망인에게 수여된 서훈이 취소된 경우 그 유족은 서훈취소처분의 상대방이 되지 아니한다.
③ 「민사소송법」 규정이 준용되는 행정소송에서 증명책임은 원칙적으로 민사소송 일반원칙에 따라 당사자 사이에 분배되고, 항고소송의 경우에는 그 특성에 따라 처분의 적법성을 주장하는 피고에게 그 적법사유에 대한 증명책임이 있다.
④ 행정처분의 무효확인을 구하는 청구에는 특별한 사정이 없는 한 그 처분의 취소를 구하는 취지까지도 포함되어 있다고 볼 수 있다.

**해설**
① (×) 당사자소송에 대하여는 행정소송법의 집행정지에 관한 규정이 준용되지 아니하는 것은 맞지만, 그렇기 때문에 민사집행법상 가처분에 관한 규정은 준용된다.
② (○) 망인에게 수여된 서훈을 취소하는 경우, 유족이 서훈취소처분의 상대방이 되는 것이 아니다. 망인에 대한 서훈취소는 유족에 대한 것이 아니므로 유족에 대한 통지에 의해서만 성립하여 효력이 발생한다고 볼 수 없고, 그 결정이 처분권자의 의사에 따라 상당한 방법으로 대외적으로 표시됨으로써 행정행위로서 성립하여 효력이 발생한다. (대판 2014.9.26. 2013두2518)
③ (○) 정확하지 않은 선지이다. 재량행위의 경우에는 원고가 피고의 위법성을 입증해야 하고, 기속행위의 경우에는 피고 행정청이 적법성을 입증해야 한다.
④ (○) 일반적으로 행정처분의 무효확인을 구하는 소에는 원고가 그 처분의 취소를 구하지 아니한다고 밝히지 아니한 이상 그 처분이 만약 당연무효가 아니라면 그 취소를 구하는 취지도 포함되어 있는 것으로 보아야 한다. (대판 1994.12.23. 94누477)

정답 ①

### 취소사유에 대하여 무효소송을 제기한 경우

| | |
|---|---|
| 취소소송의 요건을 갖추지 못한 경우 | 기각판결을 해야 함. 중대명백성이 인정되지 않기 때문 |
| 취소소송의 요건을 갖춘 경우 | 무효가 아니라면 취소라도 구하는 취지인지를 석명하여 취소소송으로 변경하도록 한 후 취소판결을 해야 함. |

**132** 「행정소송법」에 의한 임시의 권리구제에 관한 설명으로 가장 옳은 것은? 　　18 서울7급 3월

① 본안청구의 이유 없음이 명백한 때에는 집행정지를 하지 못한다.
② 무효등확인소송에서는 집행정지가 준용되지 않으므로 민사집행법의 가처분이 적용된다.
③ 「행정소송법」이 정하는 집행정지의 요건은 중대한 손해의 예방 필요성이다.
④ 집행정지는 본안이 계속되어 있는 법원이 당사자의 신청에 의하여 한다. 처분권주의가 적용되므로 당사자의 신청 없이 직권으로 하지 못한다.

**해설**

① (○)
② (×) 무효등확인소송에서는 집행정지가 준용된다. 부작위법확인소송과 당사자소송에는 집행정지가 준용되지 않는다.
③ (×) 회복하기 어려운 손해를 예방할 필요가 있어야 한다. 중대한 손해의 예방은 행정심판법상 집행정지의 요건이다.
④ (×) 집행정지는 신청 또는 직권에 의해서 가능하다.

**정답** ①

---

**133** 「행정소송법」상 집행정지에 대한 설명으로 옳은 것만을 모두 고르면? (다툼이 있는 경우 판례에 의함) 　　18 국가7급

ㄱ. 보조금 교부결정 취소처분에 대하여 법원이 효력정지결정을 하면서 주문에서 그 법원에 계속 중인 본안소송의 판결선고시까지 처분의 효력을 정지한다고 선언하였을 경우, 본안소송의 판결 선고에 의하여 정지결정의 효력은 소멸하고 이와 동시에 당초의 보조금 교부결정 취소처분의 효력이 당연히 되살아난다.
ㄴ. 집행정지의 결정이 확정된 후 집행정지가 공공복리에 중대한 영향을 미치거나 그 정지사유가 없어진 때에는 당사자의 신청 또는 직권에 의하여 결정으로써 집행정지의 결정을 취소할 수 있다.
ㄷ. 집행정지결정에 의하여 효력이 정지되는 처분이 당사자의 신청을 거부하는 것을 내용으로 하는 경우에는 그 처분을 행한 행정청은 집행정지결정의 취지에 따라 다시 이전의 신청에 대한 처분을 하여야 한다.
ㄹ. 집행정지의 결정에 대하여는 즉시항고할 수 있으며, 이 경우 집행정지의 결정에 대한 즉시항고에는 결정의 집행을 정지하는 효력이 없다.

① ㄱ, ㄷ　　② ㄴ, ㄹ　　③ ㄱ, ㄴ, ㄹ　　④ ㄴ, ㄷ, ㄹ

**해설**

ㄱ. (○) 행정소송법 제23조에 의한 효력정지결정의 효력은 결정주문에서 정한 시기까지 존속하고 그 시기의 도래와 동시에 효력이 당연히 소멸하므로, 보조금 교부결정의 일부를 취소한 행정청의 처분에 대하여 법원이 효력정지결정을 하면서 주문에서 그 법원에 계속 중인 본안소송의 판결선고시까지 처분의 효력을 정지한다고 선언하였을 경우, 본안소송의 판결선고에 의하여 정지결정의 효력은 소멸하고 이와 동시에 당초의 보조금 교부결정 취소처분의 효력이 당연히 되살아난다. (대판 2017.7.11. 2013두25498)
ㄴ. (○) 행정소송법 제24조 제1항
ㄷ. (×) 거부처분에 대해서는 집행정지가 인정되지 않는 것이 원칙이다.
ㄹ. (○) 집행정지의 결정 또는 기각의 결정에 대하여는 즉시항고할 수 있다. 이 경우 집행정지의 결정에 대한 즉시항고에는 결정의 집행을 정지하는 효력이 없다. (**행정소송법 제23조 제5항**) 그러나 행정심판법에는 집행정지결정에 대한 즉시항고규정이 없다.

**정답** ③

**기출지문 OX**

**01** 본안문제인 행정처분 자체의 적법 여부는 집행정지신청의 요건이 되지 아니하는 것이 원칙이지만, 본안소송의 제기 자체는 적법한 것이어야 한다. [14 국가9급] (O, X)

**해설** 본안이 각하되어서는 안 된다.

> 행정처분의 효력정지나 집행정지를 구하는 신청사건에 있어서는 행정처분 자체의 적법 여부는 궁극적으로 본안재판에서 심리를 거쳐 판단할 성질의 것이므로 원칙적으로 판단할 것이 아니고, 그 행정처분의 효력이나 집행을 정지할 것인가에 관한 행정소송법 제23조 제2항 소정의 요건의 존부만이 판단의 대상이 된다고 할 것이지만, 나아가 집행정지는 행정처분의 집행부정지원칙의 예외로서 인정되는 것이고 또 본안에서 원고가 승소할 수 있는 가능성을 전제로 한 권리보호수단이라는 점에 비추어 보면 집행정지사건 자체에 의하여도 신청인의 본안청구가 적법한 것이어야 한다는 것을 집행정지의 요건에 포함시켜야 한다. (대결 1999.11.26. 99부3)

**정답** O

**02** 유흥접객영업허가의 취소처분으로 5,000여만 원의 시설비를 회수하지 못하게 된다면 생계까지 위협받을 수 있다는 등의 사정이 집행정지를 인정하기 위한 회복하기 어려운 손해가 생길 우려가 있는 경우에 해당하지 아니한다. [14 국가9급] (O, X)

**해설** 재항고인이 이 사건 영업을 위하여 거의 전재산인 금 1억 5천만 원을 투자하고 영업을 하여 온 까닭에 그 영업허가취소처분의 효력이 정지되지 않는다면 위 업소경영에 절대적인 타격을 입게 되고 그로 인하여 재항고인은 물론 그 가족 및 종업원들의 생계까지 위협받게 되는 결과가 초래될 수 있다는 등의 사정은 이 사건 처분의 존속으로 재항고인에게 금전으로 보상할 수 없는 손해가 생길 우려가 있는 경우에 해당한다고 볼 수 없으며 그밖에 기록을 살펴보아도 이 사건 처분의 존속으로 말미암아 재항고인에게 회복할 수 없는 손해가 생길 우려가 있음을 인정할 만한 자료가 발견되지 아니하므로 원심이 위와 같은 취지에서 이 사건 효력정지신청을 기각한 조치는 정당하다. (대결 1995.11.23. 95두53)

**정답** O

**03** 「행정소송법」은 다툼이 있는 법률관계에 대하여 임시의 지위를 정하기 위한 가처분신청의 경우 현저한 손해나 급박한 위험을 피할 것을 목적으로 한다고 규정하고 있다. [14 국가9급] (O, X)

**해설** 행정소송법에는 가처분에 관한 규정을 두고 있지 않다.

**정답** X

---

**134** 집행정지결정의 효력에 관한 설명으로 옳은 것은? 10 세무사

① 집행정지결정에는 소급효가 인정된다.

② 집행정지결정에는 기판력이 인정되지 않는다.

③ 집행정지결정의 기속력에 위반하는 행정처분이라도 당연무효인 것은 아니다.

④ 집행정지결정 후 당해 집행정지결정을 취소할 수 있는 경우는 없다.

⑤ 집행정지결정은 행정청의 별도의 집행정지결정통지가 있어야 효력을 발생한다.

**해설**

① (X) 집행정지결정이 있으면 그 효력이나 그 집행 또는 절차의 속행이 정지된다. 효력정지는 장래에 향하여 효력을 가질 뿐 소급효는 인정되지 않는다.
② (O) 집행정지결정은 판결이 아니므로 반복금지효나 모순금지효와 같은 기판력은 발생하지 않는다.
③ (X) 행정처분의 집행정지결정에 위배한 행정처분은 그 하자가 중대하고 명백하여 무효이다. (대판 1961.11.23. 4294행상3)
④ (X) 집행정지의 결정이 확정된 후 집행정지가 공공복리에 중대한 영향을 미치거나 그 정지사유가 없어진 때에는 당사자의 신청 또는 직권에 의하여 결정으로써 집행정지의 결정을 취소할 수 있다. (행정소송법 제24조 제1항)
⑤ (X) 집행정지결정이 고지되면 행정청의 별도의 절차가 없더라도 결정에서 정한 대로 처분의 효력 등이 정지되는 효력이 발생한다.

**정답** ②

## 10 취소소송의 심리

**135** 「행정소송법」상 행정소송에 대한 설명으로 옳지 않은 것은? (다툼이 있는 경우 판례에 의함)

22 서울·지방7급

① 교도소장이 수형자를 '접견 내용 녹음·녹화 및 접견시 교도관 참여대상자'로 지정한 행위는 수형자의 구체적 권리·의무에 직접적 변동을 가져오는 행정청의 공법상 행위로서 항고소송의 대상이 되는 처분에 해당한다.

② 어느 하나의 처분의 취소를 구하는 소에 당해 처분과 관련되는 처분의 취소를 구하는 청구를 추가적으로 병합한 경우, 추가적으로 병합된 소의 소제기간의 준수 여부는 그 청구취지의 추가신청이 있은 때를 기준으로 한다.

③ 일정한 납부기한을 정한 과징금 부과처분에 대하여 집행정지결정이 내려졌다면 과징금 부과처분에서 정한 과징금의 납부기간은 더 이상 진행되지 아니하고 집행정지결정의 주문에 표시된 종기의 도래로 인하여 집행정지가 실효된 때부터 다시 진행된다.

④ 법원이 어느 하나의 사유에 의한 과징금 부과처분에 대하여 그 사유와 기본적 사실관계의 동일성이 인정되지 아니하는 다른 처분사유가 존재한다는 이유로 적법하다고 판단하는 것은 특별한 사정이 없는 한 직권심사주의의 한계를 넘는 것이 아니다.

### 해설

① (○) 대판 2014.2.13. 2013두20899

② (○) 보충역편입처분취소처분의 효력을 다투는 소에 공익근무요원복무중단처분, 현역병입영대상편입처분 및 현역병입영통지처분의 취소를 구하는 청구를 추가적으로 병합한 경우, 공익근무요원복무중단처분, 현역병입영대상편입처분 및 현역병입영통지처분의 취소를 구하는 소의 소제기간의 준수 여부는 각 그 청구취지의 추가·변경신청이 있은 때를 기준으로 개별적으로 판단한 사례이다. (대판 2004.12.10. 2003두12257)

③ (○) 행정소송법 제23조에 의한 집행정지결정의 효력은 결정주문에서 정한 시기까지 존속하며 그 시기의 도래와 동시에 효력이 당연히 소멸하는 것이므로, 일정 기간 동안 영업을 정지할 것을 명한 행정청의 영업정지처분에 대하여 법원이 집행정지결정을 하면서 주문에서 당해 법원에 계속 중인 본안소송의 판결선고시까지 처분의 효력을 정지한다고 선언하였을 경우에는 처분에서 정한 영업정지기간의 진행은 그 때까지 저지되는 것이고 본안소송의 판결선고에 의하여 당해 정지결정의 효력은 소멸하고 이와 동시에 당초의 영업정지처분의 효력이 당연히 부활되어 처분에서 정하였던 정지기간(정지결정 당시 이미 일부 진행되었다면 나머지 기간)은 이 때부터 다시 진행한다. (대판 1999.2.23. 98두14471)

④ (×) 명의신탁등기 과징금과 장기미등기 과징금은 위반행위의 태양, 부과요건, 근거조항을 달리하므로, 각 과징금 부과처분의 사유는 상호 간에 기본적 사실관계의 동일성이 있다고 할 수 없다. 그러므로 그중 어느 하나의 처분사유에 의한 과징금 부과처분에 대하여 당해 처분사유가 아닌 다른 처분사유가 존재한다는 이유로 적법하다고 판단하는 것은 특별한 사정이 없는 한 행정소송법상 직권심사주의의 한계를 넘는 것으로서 허용될 수 없다. (대판 2017.5.17. 2016두53050)

**정답** ④

**136** 행정소송에 있어 기속행위와 재량행위의 구별에 대한 설명으로 옳은 것은? (다툼이 있는 경우 판례에 의함)

17 지방9급

① 기속행위의 경우에는 절차상의 하자만으로 독립된 취소사유가 될 수 없으나, 재량행위의 경우에는 절차상의 하자만으로도 독립된 취소사유가 된다.

② 기속행위의 경우에는 소송의 계속 중에 처분사유를 추가·변경할 수 있으나, 재량행위의 경우에는 처분사유의 추가·변경이 허용되지 않는다.

③ 실체적 위법을 이유로 거부처분을 취소하는 판결이 확정된 경우, 해당 행정행위가 기속행위이든 재량행위이든 원고의 신청을 인용하여야 할 의무가 발생하는 점에서는 동일하다.

④ 과징금 감경 여부는 과징금 부과관청의 재량에 속하는 것이므로, 과징금 부과관청이 이를 판단함에 있어서 재량권을 일탈·남용하여 과징금 부과처분이 위법하다고 인정될 경우, 법원으로서는 법원이 적정하다고 인정되는 부분을 초과한 부분만 취소할 수는 없다.

> **해설**
> ① (×) 실체법상으로 적법하더라도 절차법상 하자만으로 취소사유가 되는지에 대해 대법원은 기속행위인지 재량행위인지를 불문하고, 독립된 취소사유가 된다고 본다.
> ② (×) 선지는 처분사유의 추가·변경의 범위와 관련한 개별적 결정설의 내용이다. 판례는 이러한 구별을 하지 않고 기본적 사실관계의 동일성이 유지되는 한도 내에서 그리고 처분의 동일성이 인정되는 한도 내에서 처분사유의 추가·변경을 인정한다.
> ③ (×) 원고의 신청을 인용하여야 할 의무가 발생하는 것이 아니라 판결의 취지에 따라 새로운 처분을 하면 된다. 판례에 의하면 거부처분 이후 발생한 사유를 이유로 다시 거부처분을 하는 것이 가능하다.
> ④ (○) 대판 2010.7.15. 2010두7031

**정답** ④

---

**기출지문 OX**

**01** 「행정소송법」 제26조는 행정소송에서 직권심리주의가 적용되도록 하고 있지만, 행정소송에서도 당사자주의나 변론주의의 기본구도는 여전히 유지된다. [17 국가9급]  (O, ×)

> **해설** 법원은 필요하다고 인정할 때에는 직권으로 증거조사를 할 수 있고, 당사자가 주장하지 아니한 사실에 대하여도 판단할 수 있다. 즉, 행정소송상 변론주의가 원칙이고 증거조사에 있어서 보충적으로 직권탐지주의를 채택하고 있다. (행정소송법 제26조)
>
> 행정소송법 제26조가 법원은 필요하다고 인정할 때에는 직권으로 증거조사를 할 수 있고, 당사자가 주장하지 아니한 사실에 대하여도 판단할 수 있다고 규정하고 있지만, 이는 행정소송의 특수성에 연유하는 당사자주의, 변론주의에 대한 일부 예외규정일 뿐 법원이 아무런 제한 없이 당사자가 주장하지 아니한 사실을 판단할 수 있는 것은 아니고, 일건 기록에 현출되어 있는 사항에 관하여서만 직권으로 증거조사를 하고 이를 기초로 하여 판단할 수 있을 따름이고, 그것도 법원이 필요하다고 인정할 때에 한하여 청구의 범위 내에서 증거조사를 하고 판단할 수 있을 뿐이다. (대판 1994.10.11. 94누4820)

**정답** O

**02** 원자로 및 관계시설의 부지사전승인처분은 그 자체로서 독립한 행정처분은 아니므로 이의 위법성을 직접 항고소송으로 다툴 수는 없고 후에 발령되는 건설허가처분에 대한 항고소송에서 다투어야 한다. [17 국가9급]  (O, ×)

> **해설** 원자로 및 관계시설의 부지사전승인처분은 그 자체로서 건설부지를 확정하고 사전공사를 허용하는 법률효과를 지닌 독립한 행정처분이기는 하지만, 건설허가 전에 신청자의 편의를 위하여 미리 그 건설허가의 일부 요건을 심사하여 행하는 사전적 부분건설허가처분의 성질을 갖고 있는 것이어서 나중에 건설허가처분이 있게 되면 그 건설허가처분에 흡수되어 독립된 존재가치를 상실함으로써 그 건설허가처분만이 쟁송의 대상이 되는 것이므로, 부지사전승인처분의 취소를 구하는 소는 소의 이익을 잃게 된다. (대판 1998.9.4. 97누19588)

**정답** ×

**03** 구 「폐기물관리법」 관계 법령상의 폐기물처리업허가를 받기 위한 사업계획에 대한 부적정통보는 허가신청 자체를 제한하는 등 개인의 권리 내지 법률상의 이익을 개별적이고 구체적으로 규제하고 있어 행정처분에 해당한다. [17 국가9급]  (O, X)

**해설** 폐기물처리업 허가권자의 적정통보와 부적정통보행위는 사전결정 또는 예비결정으로서 소송의 대상인 처분에 해당한다. (대판 1998.4.28. 97누21086)

**정답** O

---

**137** 행정소송의 심리에 대한 설명으로 옳은 것은? (다툼이 있는 경우 판례에 의함)  15 지방7급

① "법원은 필요하다고 인정할 때에는 직권으로 증거조사를 할 수 있고 당사자가 주장하지 아니한 사실에 대하여도 판단할 수 있다."라고 규정하고 있는 「행정소송법」 제26조는 당사자소송에도 준용된다.

② 취소소송의 직권심리주의를 규정하고 있는 「행정소송법」 제26조의 규정을 고려할 때 행정소송에 있어서 법원은 원고의 청구범위를 초월하여 그 이상의 청구를 인용할 수 있다.

③ 사실심에서 변론종결시까지 당사자가 주장하지 않던 직권조사사항에 해당하는 사항을 상고심에서 비로소 주장하는 경우 그 직권조사사항에 해당하는 사항은 상고심의 심판범위에 해당하지 않는다.

④ 행정소송에서 기록상 자료가 나타나 있다 하더라도 당사자가 주장하지 않았다면 행정소송의 특수성에 비추어 법원은 이를 판단할 수 없다.

**해설**
① (O) 변론주의에 대한 예외로서 직권증거조사는 당사자소송에도 준용된다.
② (X) 처분권주의에 위반되므로 인정되지 않는다.

> 행정소송에 있어서도 행정소송법에 의하여 민사소송법이 준용되어 법원은 당사자가 신청하지 아니한 사항에 대하여는 판결할 수 없는 것이고 행정소송법 제26조에서 직권심리주의를 채용하고 있으나 이는 행정소송에 있어서 원고의 청구범위를 초월하여 그 이상의 청구를 인용할 수 있다는 의미가 아니라 원고의 청구범위를 유지하면서 그 범위 내에서 필요에 따라 주장 외의 사실에 관하여도 판단할 수 있다는 뜻이다. (대판 1987.11.10. 86누491)

③ (X) 행정소송에서 쟁송의 대상이 되는 행정처분의 존부는 소송요건으로서 직권조사사항이고 자백의 대상이 될 수 없는 것이므로 설사 그 존재를 당사자들이 다투지 아니한다 하더라도 그 존부에 관하여 의심이 있는 경우에는 이를 직권으로 밝혀 보아야 할 것이고 사실심에서 변론종결시까지 당사자가 주장하지 않던 직권조사사항에 해당하는 사항을 상고심에서 비로소 주장하는 경우 그 직권조사사항에 해당하는 사항은 상고심의 심판범위에 해당한다. (대판 2004.12.24. 2003두15195)

④ (X) 행정소송에서 기록상 자료가 나타나 있다면 당사자가 주장하지 않았더라도 판단할 수 있고 당사자가 제출한 소송자료에 의하여 법원이 처분의 적법 여부에 관한 합리적인 의심을 품을 수 있음에도 단지 구체적 사실에 관한 주장을 하지 아니하였다는 이유만으로 당사자에게 석명을 하거나 직권으로 심리 판단하지 아니함으로써 구체적 타당성이 없는 판결을 하는 것은 행정소송법 제26조의 규정과 행정소송의 특수성에 반하므로 허용될 수 없다. (대판 2011.2.10. 2010두20980)

**정답** ①

**138** 행정소송의 심리에 대한 설명으로 옳지 않은 것은? (다툼이 있는 경우 판례에 의함)  14 국가9급

① 소송요건의 존부는 사실심 변론종결시를 기준으로 판단한다.
② 「행정소송법」은 법원이 직권으로 관계 행정청에 자료제출을 요구할 수 있음을 규정하고 있다.
③ 법원은 소송제기가 없는 사건에 대하여 심리·재판할 수 없다.
④ 법원은 행정소송에서 기록상 자료가 나타나 있다면 당사자가 주장하지 않았더라도 판단할 수 있다.

해설
① (○) 소송요건의 존부를 판정하는 시기는 원칙적으로 사실심 변론종결시이다(통설·판례). 따라서 제소 당시에는 부존재하여도 사실심 변론종결시까지 이를 구비하면 된다. 이에 반하여 제소 당시에는 소송요건이 구비되어 있었어도 그 뒤에 소멸되면 본안판결을 할 수 없다.
② (✕) 법원은 당사자의 신청이 있는 때에는 결정으로써 재결을 행한 행정청에 대하여 행정심판에 관한 기록의 제출을 명할 수 있다. **(행정소송법 제25조 제1항)** 즉, 행정소송법상 법원이 직권으로 관계 행정청에 자료제출을 요구할 수 있다는 명문규정은 없다.
③ (○) ④ (○) 행정소송의 경우에도 민사소송과 마찬가지로 '불고불리의 원칙'이 적용된다. 그러므로 법원은 소제기가 없는 사건에 대하여는 재판할 수 없고, 소제기가 있는 사건에 대하여도 당사자의 청구의 범위를 넘어서 심리하거나 재판할 수 없음이 원칙이다. 그러나 행정소송법 제26조는 이 원칙에 대한 예외로 "법원은 필요하다고 인정할 때에는 당사자가 주장하지 아니한 사실에 대하여도 판단할 수 있다."라고 규정하고 있다.

정답 ②

---

**139** 다음 중 옳지 않은 것은?  13 국가7급

① 세액산출의 근거가 기재되지 않은 납세고지서에 의한 부과처분은 강행법규에 위반하여 당연무효라고 보는 것이 판례의 태도이다.
② 판례는 당사자가 근거규정 등을 명시하여 신청하는 인허가 등에 대하여 행정청이 거부처분을 하면서 당사자가 그 근거를 알 수 있을 정도로 상당한 이유를 제시한 경우에는, 당해 처분의 근거 및 이유를 구체적 조항 및 내용까지 명시하지 않았더라도 그로 말미암아 그 처분을 위법한 것으로 볼 수 없다는 입장이다.
③ 처분사유의 추가·변경은 원칙적으로 행정소송의 제기 이후부터 사실심 변론종결시 이전 사이에 문제된다.
④ 이유제시의 하자의 치유는 행정쟁송의 제기 전까지만 가능하다고 보는 것이 판례의 태도이다.

해설
① (✕) 세액산출근거가 기재되지 아니한 납세고지서에 의한 부과처분은 강행법규에 위반하여 취소대상이 된다. **(대판 1985.4.9. 84누431)**
② (○) 대판 2002.5.17. 2000두8912
③ (○) 처분이유의 추가·변경은 사실심 변론종결시까지만 허용된다. **(대판 1999.2.9. 98두16675)**
④ (○) 대판 1983.7.26. 82누420

정답 ①

**140** 다음은 「행정소송법」상 재심청구에 대한 규정이다. ( ) 안에 들어갈 알맞은 내용으로 짝지어진 것은?
12 경행, 09 세무사

> 제3자에 의한 재심청구는 확정판결이 있음을 안 날로부터 ( ㄱ ) 이내, 판결이 확정된 날로부터 ( ㄴ ) 이내에 제기하여야 한다.

① ㄱ - 30일, ㄴ - 180일
② ㄱ - 30일, ㄴ - 1년
③ ㄱ - 60일, ㄴ - 180일
④ ㄱ - 60일, ㄴ - 1년

**해설**
② (○) 제3자에 의한 재심청구는 확정판결이 있음을 안 날로부터 (30일) 이내, 판결이 확정된 날로부터 (1년) 이내에 제기하여야 한다. (행정소송법 제31조 제2항)

**정답** ②

---

**141** 행정소송상 법원의 직권으로 할 수 없는 것은?
11 세무사

① 제3자의 소송참가결정
② 처분권한승계에 따른 피고의 경정
③ 관할 위반을 이유로 한 소송의 이송
④ 관련청구소송의 병합
⑤ 취소소송의 무효확인소송으로의 변경

**해설**
① (○) ② (○) ③ (○) ④ (○) 행정소송상 법원이 신청 또는 직권으로 할 수 있는 사항이다.
⑤ (×) 소의 변경은 처분권주의의 원칙상 원고의 신청이 있어야 한다. (행정소송법 제21조 제1항)

**정답** ⑤

---

**142** 다음은 행정소송의 심리원칙 중 어떤 원칙에 대한 설명인가?
06 세무사

> 행정소송에 있어서도 소의 제기 및 종료, 심판의 대상이 원칙적으로 당사자에 의하여 결정된다. 따라서 법원은 원고의 소제기가 없는 사건에 대하여 심리·판결할 수 없음은 물론 소제기가 있는 사건에 대하여도 원고의 청구범위를 넘어서 심리하거나 재판할 수 없다.

① 직권심리주의
② 처분권주의
③ 구술심리주의
④ 공개심리주의
⑤ 석명책임주의

> 해설

① (X) 취소소송의 심리에 있어서 행정소송법은 변론주의를 기본으로 삼고 있다. 하지만 행정소송법 제26조 제1항은 변론주의에 대한 특례로 "법원은 필요하다고 인정할 때에는 직권으로 증거조사를 할 수 있고 당사자가 주장하지 아니한 사실에 대하여도 판단할 수 있다."라고 규정하고 있다(직권심리주의). 직권심리주의는 정당한 판결에 대한 공익적 요청으로서, 국민의 효과적인 권리구제와 행정의 적법성 통제에도 기여하는 행정소송법의 특징적인 원칙이다.
② (O) 처분권주의란 행정소송절차의 개시, 심판의 대상 및 절차의 종료를 당사자, 특히 원고의 의사에 일임하는 것으로서 법원이나 권한 있는 국가기관이 직권으로 결정하는 직권주의에 대립되는 원칙이다.
③ (X) 구술심리주의는 소송심리에 있어서 당사자 및 법원의 소송행위, 특히 변론 및 증거조사를 구술로 하는 원칙으로서 서면심리주의에 대응하는 것이다. 현행법은 구술심리주의를 원칙으로 하면서 서면심리주의로써 그 결점을 보완하고 있다.
④ (X) 공개심리주의란 재판의 심리와 판결의 선고를 일반인이 방청할 수 있는 상태에서 행하는 것을 말한다. (헌법 제109조, 법원조직법 제57조 제1항)
⑤ (X) 석명권이란 소송관계를 분명하게 하기 위하여 당사자에게 질문하고 증명촉구를 할 뿐 아니라, 당사자가 간과한 법률상 사항을 지적하여 의견진술의 기회를 주는 법원의 권능을 말한다. (민사소송법 제136조)

> 정답 ②

## 11 취소소송의 판결

◎ 기판력(실질적 확정력)

**143** 항고소송에 대한 설명으로 옳은 것은? (다툼이 있는 경우 판례에 의함)  18 지방9급

① 취소소송의 소송물을 처분의 위법성 일반으로 보게 되면, 어떠한 처분에 대한 청구기각의 확정판결이 있는 경우에도 후에 제기되는 취소소송에서 그 처분의 위법성을 주장할 수 있다.
② 소송에 있어서 처분권주의는 사적 자치에 근거를 둔 법질서에 뿌리를 두고 있으므로 취소소송에는 적용되지 않는다.
③ 취소소송의 심리에 있어서 주장책임은 직권탐지주의를 보충적으로 인정하고 있는 한도 내에서 그 의미가 완화된다.
④ 부작위위법확인소송에서 사인의 신청권의 존재 여부는 부작위의 성립과 관련하므로 원고적격의 문제와는 관련이 없다.

> 해설

① (X) 소송물을 처분의 위법성 일반으로 보게 되면, 어떠한 처분에 대한 청구기각의 확정판결이 있는 경우에 다시 소송으로 다툴수 없다.

| 구분 | 장점 | 단점 |
| --- | --- | --- |
| 위법성 일반으로 보는 경우 | 분쟁의 일회적 해결에 도움됨. | 권리구제에는 미흡 |
| 개개의 위법사유로 보는 경우 | 권리구제에는 도움됨. | 분쟁의 일회적 해결은 어려움. |

② (X) ③ (O) 취소소송에도 처분권주의가 적용된다. 다만, 직권탐지주의가 보충적으로 인정된다.
④ (X) 학설대립은 있으나 부작위의 성립요건으로 법령상·조리상 신청권의 성질에 대해 판례는 원고적격의 문제로 보기도 하고 대상적격의 문제로 보기도 한다.

> 정답 ③

**144** 취소소송에서 판결의 효력에 대한 설명으로 옳지 않은 것은? (다툼이 있는 경우 판례에 의함)

16 국가7급

① 거부처분의 취소판결이 확정된 경우에 그 처분을 행한 행정청은 종전 처분 후에 발생한 새로운 사유를 내세워 다시 거부처분을 할 수 있다.
② 취소판결의 기판력과 기속력은 판결의 주문과 판결이유 중에 설시된 개개의 위법사유에까지 미친다.
③ 거부처분에 대한 취소의 확정판결이 있음에도 행정청이 아무런 재처분을 하지 않는 경우뿐만 아니라 재처분을 하였더라도 그 재처분이 취소판결의 기속력에 반하는 경우에는 간접강제의 대상이 된다.
④ 간접강제결정에서 정한 의무 이행기한이 경과한 후에라도 확정판결의 취지에 따른 재처분의 이행이 있으면 처분상대방이 더 이상 배상금을 추심하는 것은 특별한 사정이 없는 한 허용되지 않는다.

**해설**

① (○) 거부처분 취소의 확정판결을 받은 행정청이 사실심 변론종결 이후 발생한 새로운 사유를 내세워 다시 이전의 신청에 대하여 거부처분을 한 경우, 행정소송법 제30조 제2항 소정의 재처분에 해당한다. (대결 2004.1.15. 2002무30)

| 거부처분이 절차상 위법을 이유로 취소된 경우 | 절차를 보완하여 다시 거부가 가능 |
|---|---|
| 거부처분이 실체법상 위법을 이유로 취소된 경우 | • 기속행위인 경우: 상대방의 신청을 인용하는 처분을 해야 함.<br>• 재량행위인 경우: 다른 이유로 거부 가능하지만, 재량이 영(0)으로 수축되면 신청대로 처분을 해야 함. |

② (✕) 기판력은 주문에만 미치고 기속력은 주문과 이유 중의 요건사실에까지 미친다.
③ (○) 대결 2002.12.11. 2002무22
④ (○) 행정소송법 제34조 소정의 간접강제결정에 기한 배상금은 확정판결의 취지에 따른 재처분의 지연에 대한 제재나 손해배상이 아니고 재처분의 이행에 관한 심리적 강제수단에 불과한 것으로 보아야 하므로, 간접강제결정에서 정한 의무 이행기한이 경과한 후에라도 확정판결의 취지에 따른 재처분이 행하여지면 배상금을 추심함으로써 심리적 강제를 꾀한다는 당초의 목적이 소멸하여 처분상대방이 더 이상 배상금을 추심하는 것이 허용되지 않는다. (대판 2010.12.23. 2009다37725)

**정답** ②

**예상판례**

**01** 과세관청이 과세처분에 대한 이의신청절차에서 납세자의 이의신청사유가 옳다고 인정하여 과세처분을 직권으로 취소한 경우, 허위의 자료를 제출하는 등 부정한 방법에 기초하여 직권취소되었다는 등의 특별한 사유 없이 이를 번복하고 종전과 동일한 처분을 하는 것은 위법하다. (대판 2017.3.9. 2016두56790)

**02** 재결이 확정된 경우, 처분의 기초가 되는 사실관계나 법률적 판단에 당사자들이나 법원이 이에 기속되어 모순되는 주장이나 판단을 할 수 없는 것은 아니다.

행정심판의 재결은 피청구인인 행정청을 기속하는 효력을 가지므로 재결청이 취소심판의 청구가 이유 있다고 인정하여 처분청에 처분을 취소할 것을 명하면 처분청으로서는 재결의 취지에 따라 처분을 취소하여야 하지만, 나아가 재결에 판결에서와 같은 기판력이 인정되는 것은 아니어서 재결이 확정된 경우에도 처분의 기초가 된 사실관계나 법률적 판단이 확정되고 당사자들이나 법원이 이에 기속되어 모순되는 주장이나 판단을 할 수 없게 되는 것은 아니다. (대판 2015.11.27. 2013다6759)

**145** 甲이 관할 행정청으로부터 영업허가취소처분을 받았고, 이에 대해 취소소송을 제기하여 취소판결이 확정된 경우, 이에 대한 설명으로 옳은 것은? (다툼이 있는 경우 판례에 의함) <sub>16 국회8급</sub>

① 위 취소판결에는 기판력은 발생하지만 형성력은 발생하지 않는다.
② 취소판결을 통해 위 영업허가취소처분은 「국가배상법」상 공무원의 고의 또는 과실에 의한 불법행위로 인정된다.
③ 위 영업허가취소처분에 대한 취소판결은 사실심 변론종결시까지의 법령의 개폐 및 사실상태의 변동을 고려하여 내려진 것이다.
④ 甲이 영업허가취소처분이 있은 후 취소판결 이전에 영업행위를 하였더라도 이는 무허가영업에 해당하지 않는다.
⑤ 취소판결이 확정된 이후에는 다른 사유를 근거로 하더라도 다시 영업허가를 취소하는 처분을 할 수 없다.

**해설**

① (X) 기판력은 인용·기각판결 모두에 인정되지만, 형성력과 기속력은 인용판결에만 인정된다.
② (X) 취소판결에서 승소하였어도 국가배상법상 공무원의 고의 또는 과실에 의한 불법행위가 인정되는 것은 아니다.
③ (X) 취소판결에서 위법성의 판단시기는 처분시이다.
④ (O) 영업허가취소처분이 있으면 형성력이 발생하므로 취소판결 이전에 영업행위를 하였더라도 이는 무허가영업에 해당하지 않는다.
⑤ (X) 다른 사유가 있다면 동일한 처분을 하더라도 기속력에 위반되지 않는다.

**정답** ④

---

**146** 행정소송상 판결의 효력에 대한 설명으로 옳지 않은 것은? (다툼이 있는 경우 판례에 의함) <sub>14 지방9급</sub>

① 취소확정판결이 있으면 당사자는 동일한 소송물을 대상으로 다시 소를 제기할 수 없다.
② 과세처분의 취소소송에서 청구가 기각된 확정판결의 기판력은 그 과세처분의 무효확인을 구하는 소송에는 미치지 아니한다.
③ 과세처분시 납세고지서에 절차 내지 형식의 위법을 이유로 과세처분을 취소하는 판결이 확정된 경우에, 과세처분권자가 그 확정판결에 적시된 위법사유를 보완하여 행한 새로운 과세처분은 확정판결의 기판력에 저촉되지 아니한다.
④ 어떠한 행정처분을 취소하는 판결이 선고되어 확정된 경우에 처분행정청이 그 행정소송의 사실심 변론종결 이전의 사유를 내세워 다시 확정판결에 저촉되는 행정처분을 하는 것은 확정판결의 기판력에 저촉된다.

**해설**

① (O) 취소소송의 판결이 확정되면, 확정된 판단 내용은 당사자 및 법원(후소법원)을 구속하여, 후소에서 당사자 및 법원은 동일사항에 대하여 확정판결의 내용과 모순되는 주장·판단을 할 수 없는바, 이러한 확정판결의 내용적 효력을 기판력(실질적 확정력)이라 한다.
② (X) 과세처분 취소청구를 기각하는 판결이 확정되면 그 처분이 적법하다는 점에 관하여 기판력이 생기고 그 후 원고가 이를 무효라 하여 무효확인을 소구할 수 없는 것이어서 과세처분의 취소소송에서 청구가 기각된 확정판결의 기판력은 그 과세처분의 무효확인을 구하는 소송에도 미친다. (대판 1998.7.24. 98다10854)

③ (O) 과세처분시 납세고지서에 과세표준, 세율, 세액의 산출근거 등이 누락되어 있어 이러한 절차 내지 형식의 위법을 이유로 과세처분을 취소하는 판결이 확정된 경우에 그 확정판결의 기판력은 확정판결에 적시된 절차 내지 형식의 위법사유에 한하여 미친다고 할 것이므로 과세처분권자가 그 확정판결에 적시된 위법사유를 보완하여 행한 새로운 과세처분은 확정판결에 의하여 취소된 종전의 과세처분과는 별개의 처분으로서 확정판결의 기판력에 저촉되는 것은 아니다. (대판 1986.11.11. 85누231) – 기속력을 기판력이라고 판시한 사례이다.

④ (O) 확정판결의 당사자인 처분행정청이 그 행정소송의 사실심 변론종결 이전의 사유를 내세워 다시 확정판결과 저촉되는 행정처분을 하는 것은 허용되지 않는 것으로서 이러한 행정처분은 그 하자가 중대하고도 명백한 것이어서 당연무효라 할 것이다. (대판 1990.12.11.90누3560) – 기속력을 기판력이라고 판시한 사례이다.

**정답** ②

---

**기출지문 OX**

**01** 손해를 입은 자는 취소소송과 국가배상청구소송을 동시에 제기할 수 있다. [11 서울9급]　(O, X)
　**해설** 위법한 처분에 대해 취소소송을 제기하면서 관련청구소송으로 국가배상청구소송을 병합하여 제기할 수 있다.　**정답** O

**02** 취소소송을 제기하더라도 처분의 집행이 정지되지 않는다는 원칙은 공정력 때문에 인정되는 것이다. [11 서울9급]　(O, X)
　**해설** 집행부정지의 내용은 입법정책에 따라 인정되는 것이므로 행정행위의 공정력과 관계가 없다는 것이 다수의 견해이다.　**정답** X

**03** 민사법원은 처분의 위법성을 독자적으로 판단할 수 있다는 것이 다수설과 판례의 입장이다. [11 서울9급]　(O, X)
　**해설** 국가배상청구소송에서 민사법원이 처분의 위법성은 선결문제로 심리하여 판단할 수 있다는 것이 다수설과 판례의 입장이다.　**정답** O

**04** 국가배상청구소송의 기판력은 취소소송에 영향을 미치지 않는다. [11 서울9급]　(O, X)
　**해설** 국가배상청구소송에서 처분의 위법 또는 적법 여부는 판결이유에 적시될 뿐 기판력이 미치는 주문에 기재되는 것이 아니므로, 국가배상청구소송의 기판력은 취소소송에 영향을 미치지 않는다.　**정답** O

---

**147** 다음 취소판결의 효력에 관한 설명으로 옳은 것은?　10 국가9급

① 판례는 취소소송의 소송물을 처분의 위법성과 그로 인해 원고의 권리가 침해되었다는 원고의 '법적 주장'이라고 보고 있다.

② 대법원은 기판력의 객관적 범위가 판결의 주문 이외에 판결이유에 설시된 그 전제가 되는 법률관계의 존부에도 미친다고 판시하고 있다.

③ 「행정소송법」은 기판력에 관한 명문규정을 두고 있다는 것이 통설, 판례의 입장이다.

④ 취소소송의 피고는 처분청이므로 행정청을 피고로 하는 취소소송에 있어서의 기판력은 당해 처분이 귀속하는 국가 또는 공공단체에 미친다.

**해설**
① (X) 통설과 판례는 처분의 위법성 일반을 소송물로 본다. (대판 1992.4.24. 91누11131 등 참조)
② (X) 기판력은 판결주문에만 미친다는 것이 판례의 입장이다.

> 기판력의 객관적 범위는 그 판결의 주문에 포함된 것, 즉 소송물로 주장된 법률관계의 존부에 관한 판단의 결론 그 자체에만 미치는 것이고 판결이유에 설시된 그 전제가 되는 법률관계의 존부에까지 미치는 것은 아니다. (대판 1987.6.9. 86다카2756)

③ (X) 기속력과 달리 기판력에 관해서는 행정소송법상 명문규정은 없고, 단지 행정소송법 제8조에 따라 민사소송법을 준용하여 해석상 인정하고 있는 것이 통설과 판례의 입장이다.
④ (O) 과세처분 취소소송의 피고는 처분청이므로 행정청을 피고로 하는 취소소송에 있어서의 기판력은 당해 처분이 귀속하는 국가 또는 공공단체에 미친다. (대판 1998.7.24. 98다10854)

**정답** ④

> 기출지문 OX

**01** 기판력은 당해 소송의 당사자 및 당사자와 동일시할 수 있는 자에게만 미치고, 제3자에게는 미치지 않는다. [09 관세사]　(O, X)
　**해설** 확정판결의 기판력은 당사자, 변론을 종결한 뒤의 승계인 또는 그를 위하여 청구의 목적물을 소지한 사람과 같이 당사자와 동일시할 수 있는 자에게만 미치고, (행정소송법 제8조 제2항, 민사소송법 제218조 제1항) 제3자에게는 미치지 않는 것이 원칙이다.　**정답** O

**02** 판결이유 중에서 판단된 사실인정, 선결적 법률관계 등에 대하여는 기판력이 미치지 않음이 원칙이다. [09 관세사]　(O, X)
　**해설** 판결이유는 판결주문을 해석하기 위한 수단으로서의 의미를 가질 뿐이므로, 판결이유 중에서 판단된 사실인정, 선결적 법률관계 등에 대하여는 기판력이 미치지 않는다.

> 확정판결의 기판력은 그 판결의 주문에 포함된 것, 즉 소송물로 주장된 법률관계의 존부에 관한 판단의 결론 그 자체에만 생기는 것이고, 판결이유에 설시된 그 전제가 되는 법률관계의 존부에까지 미치는 것은 아니다. (대판 2010.12.23. 2010다58889)

　**정답** O

**03** 행정청의 동일내용 처분금지의무는 통상적으로 취소소송의 인용판결이 확정된 경우에만 인정되며, 기각판결의 경우에는 인정되지 않는다. [09 관세사]　(O, X)
　**해설** 동일 내용의 처분금지의무(반복금지효)는 기속력의 소극적 효력이며, 기속력은 인용판결에만 인정되고 기각판결에는 인정되지 않는다. (행정소송법 제30조 참조)　**정답** O

**04** 거부처분이 실체법상 위법을 이유로 취소된 경우, 처분청은 판결의 취지에 따라 당사자의 새로운 신청 없이도 다시 이전 신청에 대한 처분을 하여야 한다. [09 관세사]　(O, X)
　**해설** 행정소송법 제30조 제1항에 의하여 인정되는 취소소송에서 처분 등을 취소하는 확정판결의 기속력은 주로 판결의 실효성 확보를 위하여 인정되는 효력으로서 판결의 주문뿐만 아니라 그 전제가 되는 처분 등의 구체적 위법사유에 관한 이유 중의 판단에 대하여도 인정되고, 같은 조 제2항의 규정상 특히 거부처분에 대한 취소판결이 확정된 경우에는 그 처분을 행한 행정청은 판결의 취지에 따라 다시 처분을 하여야 할 의무를 부담하게 되므로, 취소소송에서 소송의 대상이 된 거부처분을 실체법상의 위법사유에 기하여 취소하는 판결이 확정된 경우에는 당해 거부처분을 한 행정청은 원칙적으로 신청을 인용하는 처분을 하여야 하고, 사실심 변론종결 이전의 사유를 내세워 다시 거부처분을 하는 것은 확정판결의 기속력에 저촉되어 허용되지 아니한다. (대판 2001.3.23. 99두5238)　**정답** O

**05** 기판력은 사실심의 변론종결시를 기준으로 하여 발생한다. [09 세무사]　(O, X)
　**해설** 확정판결은 변론종결시까지 제출된 자료를 기초로 하여 이루어지는 것이기 때문이다.　**정답** O

**06** 처분의 취소소송에 대한 기각판결이 확정된 경우 행정청이 직권으로 그 처분을 취소하는 것은 기판력에 반한다. [09 세무사] (O, X)
　**해설** 기각판결의 경우 기판력의 객관적 범위는 당해 처분이 적법하다는 점에 미친다(사정판결은 제외). 따라서 기각판결이 난 경우에는 원고는 다른 위법사유를 들어 당해 처분의 효력을 다툴 수 없다. 기판력(실질적 확정력)은 전소의 판결이 후소의 관할 법원에 대한 구속 문제이기 때문에 행정행위의 직권취소와는 직접 관련성이 없다. 따라서 원고의 청구가 기각된 경우에 처분청은 직권취소를 할 수도 있다.　**정답** X

**07** 기판력의 객관적 범위는 판결주문에 나타난 판단에만 미친다. [09 세무사]　(O, X)
　**해설** 기판력은 판결주문에 나타난 판단에만 미치고, 판결이유에서 제시된 그 전제가 되는 법률관계에는 미치지 않는다. (대판 2000.2.25. 99다55472)　**정답** O

**08** 사정판결에서는 원고의 청구가 기각되지만 처분이 위법하다는 점에 대해서는 기판력이 생긴다. [09 세무사]　(O, X)
　**해설** 사정판결에서는 원고의 청구를 기각함과 동시에 처분의 위법함이 주문에 명시되므로 처분이 위법하다는 점에 기판력이 생긴다. 따라서 사정판결시 법원은 그 판결의 주문에서 그 처분 등이 위법함을 명시하여야 한다. (행정소송법 제28조 제3항)　**정답** O

**148** 항고소송 판결의 효력과 그 적용대상을 연결한 것 중 옳은 것은?　07 세무사

| 자박력(불가변력) - ㄱ | 실질적 확정력(기판력) - ㄴ |
|---|---|

① ㄱ - 당사자, 선고법원, ㄴ - 당사자
② ㄱ - 원고, 선고법원, ㄴ - 선고법원
③ ㄱ - 선고법원, ㄴ - 후소법원, 당사자
④ ㄱ - 선고법원, ㄴ - 당사자
⑤ ㄱ - 선고법원, ㄴ - 후소법원

해설
ㄱ. 자박력(불가변력)이란 법원이 판결을 선고하면, 선고법원 자신도 그 내용을 취소·변경할 수 없는 구속력을 말한다.
ㄴ. 실질적 확정력(기판력)이란 법원은 동일한 소송물에 있어서 종전의 판단에 모순·저촉되는 판단을 할 수 없으며, 소송의 당사자 및 그의 승계인들도 그에 반하는 주장을 하여 다투는 것이 허용되지 않는 효력을 말한다.

정답 ③

◎ 형성력

**149** 행정행위에 대한 설명으로 옳은 것은? (다툼이 있는 경우 판례에 의함)　19 지방7급

① 확약에는 공정력이나 불가쟁력과 같은 효력이 인정되는 것은 아니라고 하더라도, 일단 확약이 있은 후에 사실적·법률적 상태가 변경되었다고 하여 행정청의 별다른 의사표시 없이 확약이 실효된다고 할 수 없다.

② 영업허가를 취소하는 처분에 대해 불가쟁력이 발생하였더라도 이후 사정변경을 이유로 그 허가취소의 변경을 요구하였으나 행정청이 이를 거부한 경우라면, 그 거부는 원칙적으로 항고소송의 대상이 되는 처분이다.

③ 영업허가취소처분이 나중에 항고소송을 통해 취소되었다면 그 영업허가취소처분 이후의 영업행위를 무허가영업이라 할 수 없다.

④ 행정처분에 대해 불가쟁력이 발생한 경우 이로 인해 그 처분의 기초가 된 사실관계나 법률적 판단이 확정되는 것이므로 처분의 당사자는 당초 처분의 기초가 된 사실관계나 법률관계와 모순되는 주장을 할 수 없다.

해설
① (×) 행정청이 상대방에게 장차 어떤 처분을 하겠다고 확약 또는 공적인 의사표명을 하였다고 하더라도, 그 자체에서 상대방으로 하여금 언제까지 처분의 발령을 신청을 하도록 유효기간을 두었는데도 그 기간 내에 상대방의 신청이 없었다거나 확약 또는 공적인 의사표명이 있은 후에 사실적·법률적 상태가 변경되었다면, 그와 같은 확약 또는 공적인 의사표명은 행정청의 별다른 의사표시를 기다리지 않고 실효된다. (대판 1996.8.20. 95누10877)
② (×) 불가쟁력이 발생하면 신청권이 인정되지 않으므로 그에 대한 거부는 처분이 아니다.
③ (○) 형성력에 의하여 소급하여 영업허가취소처분이 없으므로 그 영업허가취소처분 이후의 영업행위를 무허가영업이 아니다.
④ (×) 행정처분에 대해 불가쟁력이 발생한다고 이로 인해 그 처분의 기초가 된 사실관계나 법률적 판단이 확정되는 것은 아니다.

정답 ③

**150** 행정소송의 판결의 효력에 관한 설명으로 가장 옳은 것은?  
19 서울9급 6월

① 기속력은 청구인용판결뿐만 아니라 청구기각판결에도 미친다.
② 처분 등의 무효를 확인하는 확정판결은 소송당사자 이외의 제3자에 대하여는 효력이 미치지 않는다.
③ 사정판결의 경우에는 처분의 적법성이 아닌 처분의 위법성에 대하여 기판력이 발생한다.
④ 세무서장을 피고로 하는 과세처분 취소소송에서 패소하여 그 판결이 확정된 자가 국가를 피고로 하여 과세처분의 무효를 주장하여 과오납금반환청구소송을 제기하더라도 취소소송의 기판력에 반하는 것은 아니다.

> 해설

① (×) 형성력과 기속력은 청구인용판결에만 인정되고, 기판력은 인용판결이든 기각판결이든 인정된다.
② (×) 형성력은 제3자에게도 미치고, 기속력은 피고 행정청과 관계 행정청에 미치며, 기판력은 당사자와 후소법원에 미친다.
③ (○) 사정판결의 경우에는 주문에 위법성을 명시하므로 위법성에 대해 기판력이 발생한다.
④ (×) 취소소송에서 기각되면 처분이 적법하다는 것에 기판력이 발생하므로 후소로 무효소송을 제기할 수 없다.

> 정답 ③

**151** 행정소송제도에 관한 설명 중 옳은 것은?  
11 경북 교행

① 취소소송은 개인의 권익구제를 직접 목적으로 하는 객관적 소송이다.
② 행정소송이 제기되면 처분 등의 효력이나 그 집행 또는 절차에 영향을 준다.
③ 행정소송에서 법원은 당사자가 주장하지 않는 사실에 대해서는 심리할 수 없다.
④ 취소판결이 확정되면 소급적으로 효력을 상실하여 취소판결의 형성력이 제3자에게도 영향을 미친다.
⑤ 피고의 경정이 있으면 종전의 피고에 대한 소는 취하된 것으로 보고, 새로운 피고에 대한 소송은 경정이 있은 때에 제기된 것으로 본다.

> 해설

① (×) 취소소송은 개인의 권익구제를 직접 목적으로 하는 주관적 소송이다.
② (×)

> 행정소송법 제23조(집행정지)
> ① 취소소송의 제기는 처분 등의 효력이나 그 집행 또는 절차의 속행에 영향을 주지 아니한다.

③ (×)

> 행정소송법 제26조(직권심리)
> 법원은 필요하다고 인정할 때에는 직권으로 증거조사를 할 수 있고, 당사자가 주장하지 아니한 사실에 대하여도 판단할 수 있다.

④ (○) 처분을 취소하는 판결이 확정되면, 당해 처분은 행정청이 다시 이를 취소하지 아니하여도 소급적으로 효력을 상실하여, 처음부터 없었던 것과 같은 상태로 되는바, 이러한 취소판결의 효력을 형성력이라 하며, 형성력은 제3자에게도 미친다.
⑤ (×) 새로운 피고에 대한 소송은 처음에 소를 제기한 때 제기한 것으로 본다. **(행정소송법 제14조 제4항)**

> 정답 ④

**152** 택배업을 하는 甲이 관련 법규에 대한 이해가 부족한 경찰관의 법리오인으로 인하여 30일의 운전면허정지처분을 받아 생업에 상당한 지장을 받게 되었다. 甲의 권리구제와 관련한 설명으로 옳지 않은 것은? (단, 행정심판은 고려하지 않음) 　11 국가7급

① 甲이 면허정지기간 중에 생업유지를 위해 계속하여 운전하고자 한다면, 면허정지처분에 대한 취소소송의 제기와 함께 그 처분에 대한 효력정지를 구하여야 한다.

② 甲은 면허정지기간이 지난 후에도 소의 이익이 존재하면 면허정지처분의 취소를 구할 수 있다.

③ 면허정지처분에 대한 제소기간이 지났다고 하더라도 甲은 경찰관의 직무상의 과실을 들어 면허정지에 따른 손해를 국가배상으로 청구할 수 있다.

④ 만약 甲이 면허정지기간 중에 운전하다가 무면허운전으로 처벌받았을 경우, 그 후에 면허정지처분에 대해 취소판결이 내려졌다 하더라도 그 면허정지기간 중의 운전은 여전히 무면허운전에 해당한다.

**해설**

① (○) 집행정지결정 중 효력정지결정은 효력 그 자체를 잠정적으로 정지시키는 것이므로 행정처분이 없었던 원래상태와 같은 상태를 가져온다. 따라서 취소소송의 제기와 함께 처분효력정지결정을 신청하여 효력정지결정을 받으면 운전면허정지처분이 없었던 상태처럼 되므로 운전을 계속할 수 있다.

② (○) 처분 등의 효과가 기간의 경과, 처분 등의 집행 그 밖의 사유로 인하여 소멸된 뒤에도 그 처분 등의 취소로 인하여 회복되는 법률상 이익이 있는 자는 처분 등의 취소를 구하는 소송을 제기할 수 있으므로, **(행정소송법 제12조 후단)** 면허정지기간이 지난 후에도 소의 이익이 존재하면 면허정지처분의 취소를 구할 수 있다.

③ (○) 제소기간이 경과하면 불가쟁력이 발생하여 제소할 수 없게 되지만, 불가쟁력이 발생한 행정행위라도 국가배상청구권이 시효로 소멸하지 않는 한 국가배상청구를 할 수 있다.

④ (×) 행정처분을 취소한다는 확정판결이 있으면 그 취소판결의 형성력에 의하여 당해 행정처분의 취소나 취소통지 등의 별도의 절차를 요하지 아니하고 당연히 처분시에 소급하여 취소의 효과가 발생한다. **(대판 1991.10.11. 90누5443 등 참조)** 따라서 면허정지처분에 대해 취소판결이 내려지면 취소판결의 소급효에 의하여 면허정지처분이 없었던 것이 되기 때문에 면허정지기간중의 운전은 무면허운전에 해당하지 않게 된다.

**정답** ④

**153** 취소소송의 확정판결의 효력에 관한 설명으로 옳지 않은 것은? 10 세무사

① 판결이 확정되면 당사자는 이후의 소송에서 동일한 사항에 대하여 판결의 내용과 모순되는 주장을 할 수 없다.
② 인용판결이 확정되면 처분청은 당해 처분을 직권으로 취소하여야 한다.
③ 판결이 확정되면 선고법원도 스스로 그 판결을 철회하거나 변경할 수 없다.
④ 인용판결이 확정되면 처분청은 동일 당사자에 대하여 같은 사유로 이전의 처분과 동일한 내용의 처분을 할 수 없다.
⑤ 기각판결이 확정되더라도 처분청은 당해 처분을 직권으로 취소할 수 있다.

해설

① (O) 기판력의 모순금지효의 내용이다.
② (X) 인용판결이 확정되면 형성력으로 인해 당해 처분은 당연히 취소의 효과가 발생하므로 처분청의 취소를 필요로 하지 않는다.
③ (O) 불가변력의 내용이다.
④ (O) 기속력의 내용이다.
⑤ (O) 기각판결은 처분청에 대한 기속력을 발생시키지 않으므로 처분청은 기각판결의 확정 이후에 처분을 취소할 수도 있다.

정답 ②

**154** 취소판결의 형성력의 내용에 해당하는 것으로만 올바르게 묶은 것은? 09 세무사

ㄱ. 처분의 효력상실 내지 배재(형성효)
ㄴ. 처분 효과의 처분시로의 소급(소급효)
ㄷ. 판결에 저촉되는 동일한 행위의 반복금지(반복금지효)
ㄹ. 제3자에게도 효력이 미침(대세효)

① ㄱ, ㄴ
② ㄱ, ㄴ, ㄷ
③ ㄱ, ㄹ
④ ㄱ, ㄴ, ㄹ
⑤ ㄱ, ㄴ, ㄷ, ㄹ

해설

ㄱ. (O) ㄴ. (O) ㄹ. (O) 형성력은 법률관계를 발생·소멸·변경시키는 효력으로서, 이에는 형성효, 대세효, 소급효가 있다.

정답 ④

◎ 기속력

**155** 취소판결의 기속력에 대한 설명으로 옳은 것(○)과 옳지 않은 것(×)을 바르게 연결한 것은? (다툼이 있는 경우 판례에 의함)  21 국가7급

> ㄱ. 취소확정판결의 기속력은 판결의 주문(主文)에 대해서만 발생하며, 처분의 구체적 위법사유에 대해서는 발생하지 않는다.
> ㄴ. 처분청이 재처분을 하였는데 종전 거부처분에 대한 취소확정판결의 기속력에 반하는 경우에는 간접강제의 대상이 될 수 있다.
> ㄷ. 취소확정판결의 기속력에 대한 규정은 무효확인판결에도 준용되므로, 무효확인판결의 취지에 따른 처분을 하지 아니할 때에는 1심 수소법원은 간접강제결정을 할 수 있다.
> ㄹ. 특별한 사정이 없는 한 간접강제결정에서 정한 의무 이행기한이 경과한 후에라도 확정판결의 취지에 따른 재처분의 이행이 있으면 더 이상 배상금의 추심은 허용되지 않는다.

| | ㄱ | ㄴ | ㄷ | ㄹ |
|---|---|---|---|---|
| ① | ○ | × | ○ | ○ |
| ② | × | ○ | × | ○ |
| ③ | × | ○ | × | × |
| ④ | × | × | ○ | ○ |

**해설**

ㄱ. (×) 행정소송법 제30조 제1항에 의하여 인정되는 취소소송에서 처분 등을 취소하는 확정판결의 기속력은 주로 판결의 실효성 확보를 위하여 인정되는 효력으로서 판결의 주문뿐만 아니라 그 전제가 되는 처분 등의 구체적 위법사유에 관한 이유 중의 판단에 대하여도 인정된다. (대판 2001.3.23. 99두5238)

ㄴ. (○) 거부처분에 대한 취소의 확정판결이 있음에도 행정청이 아무런 재처분을 하지 아니하거나, 재처분을 하였다 하더라도 그것이 종전 거부처분에 대한 취소의 확정판결의 기속력에 반하는 등으로 당연무효라면 이는 아무런 재처분을 하지 아니한 때와 마찬가지라 할 것이므로 이러한 경우에는 행정소송법 제30조 제2항, 제34조 제1항 등에 의한 간접강제신청에 필요한 요건을 갖춘 것으로 보아야 한다. (대결 2002.12.11. 2002무22)

ㄷ. (×) 무효확인소송에는 간접강제가 준용되지 않는다.

ㄹ. (○) 행정소송법 제34조 소정의 간접강제결정에 기한 배상금은 확정판결의 취지에 따른 재처분의 지연에 대한 제재나 손해배상이 아니고 재처분의 이행에 관한 심리적 강제수단에 불과한 것으로 보아야 하므로, 특별한 사정이 없는 한 간접강제결정에서 정한 의무 이행기한이 경과한 후에라도 확정판결의 취지에 따른 재처분의 이행이 있으면 배상금을 추심함으로써 심리적 강제를 꾀할 목적이 상실되어 처분상대방이 더 이상 배상금을 추심하는 것은 허용되지 않는다. (대판 2004.1.15. 2002두2444)

정답 ②

## 156. 판결의 기속력에 대한 설명으로 옳지 않은 것은? (다툼이 있는 경우 판례에 의함) [20 국회8급]

① 거부처분이 있은 후 법령이 개정되어 시행된 경우에는 개정된 법령과 그에 따른 기준을 새로운 사유로 들어 다시 거부처분을 하더라도 기속력에 반하는 것은 아니다.
② 기속력의 주관적 범위는 그 사건에 관하여 당사자인 행정청과 그 밖의 관계 행정청에 미친다.
③ 거부처분 취소소송에서 재처분의무의 실효성을 확보하기 위한 간접강제제도는 부작위위법확인소송에도 준용된다.
④ 기속력의 객관적 범위는 판결의 주문과 판결이유 중에 설시된 개개의 위법사유 및 간접사실이다.
⑤ 기속력을 위반한 행정청의 행위는 당연무효이다.

**해설**

① (O) 재처분을 할 때 반복금지효가 적용되는 것은 동일인에게 동일 이유로 동일 처분을 하면 안 된다는 의미이다.

> 거부처분 후에 법령이 개정되어 시행된 경우에는 개정된 법령의 허가기준을 새로운 사유로 들어 다시 이전의 신청에 대한 거부처분을 할 수 있으며, 그러한 거부처분도 원칙적으로 행정소송법 제30조 제2항에 규정된 재처분에 해당된다. (대결 1998.1.7. 97두22)

② (O) 처분 등을 취소하는 확정판결은 그 사건에 관하여 당사자인 행정청과 그 밖의 관계 행정청을 기속한다. (행정소송법 제30조 제1항)
③ (O) 간접강제는 취소소송과 부작위위법확인소송에 적용된다.
④ (X) 확정판결의 기속력은 판결주문 및 요건사실에 미치고 간접사실이나 방론에는 미치지 않는다.
⑤ (O)

**정답** ④

---

**기출지문 OX**

**01** 취소된 행정처분을 기초로 하여 새로 형성된 제3자의 권리가 취소판결 자체의 효력에 의해 당연히 그 행정처분 전의 상태로 환원되는 것은 아니다. [20 국가9급] (O, X)

**해설** 행정처분을 취소하는 확정판결이 제3자에 대하여도 효력이 있다고 하더라도 일반적으로 판결의 효력은 주문에 포함한 것에 한하여 미치는 것이니 그 취소판결 자체의 효력으로써 그 행정처분을 기초로 하여 새로 형성된 제3자의 권리까지 당연히 그 행정처분 전의 상태로 환원되는 것이라고는 할 수 없고, 단지 취소판결의 존재와 취소판결에 의하여 형성되는 법률관계를 소송당사자가 아니었던 제3자라 할지라도 이를 용인하지 않으면 아니 된다는 것을 의미하는 것에 불과하다 할 것이며, 따라서 취소판결의 확정으로 인하여 당해 행정처분을 기초로 새로 형성된 제3자의 권리관계에 변동을 초래하는 경우가 있다 하더라도 이는 취소판결 자체의 형성력에 기한 것이 아니라 취소판결의 위와 같은 의미에서의 제3자에 대한 효력의 반사적 효과로서 그 취소판결이 제3자의 권리관계에 대하여 그 변동을 초래할 수 있는 새로운 법률요건이 되는 까닭이라 할 것이다. (대판 1986.8.19. 83다카2022)

**정답** O

**02** 행정처분이 판결에 의해 취소된 경우, 취소된 처분의 사유와 기본적 사실관계에서 동일성이 인정되지 않는 다른 사유를 들어 새로이 처분을 하는 것은 기속력에 반한다. [20 국가9급] (O, X)

**해설** 반복금지효는 동일인에게 동일사유로 동일한 처분을 해서는 안 된다는 의미이므로 다른 사유로 같은 처분을 하는 것은 기속력 위반이 아니다.

> 취소 확정판결의 기속력은 판결의 주문 및 전제가 되는 처분 등의 구체적 위법사유에 관한 판단에도 미치나, 종전 처분이 판결에 의하여 취소되었더라도 종전 처분과 다른 사유를 들어서 새로이 처분을 하는 것은 기속력에 저촉되지 않는다. 여기에서 동일 사유인지 다른 사유인지는 확정판결에서 위법한 것으로 판단된 종전 처분사유와 기본적 사실관계에서 동일성이 인정되는지 여부에 따라 판단되

어야 하고, 기본적 사실관계의 동일성 유무는 처분사유를 법률적으로 평가하기 이전의 구체적인 사실에 착안하여 그 기초인 사회적 사실관계가 기본적인 점에서 동일한지에 따라 결정된다. (대판 2016.3.24. 2015두48235)

정답 ×

## 157

甲은 개발제한구역 내의 토지에 건축물을 건축하기 위하여 건축 허가를 신청하였다. 이에 대한 설명으로 옳은 것(○)과 옳지 않은 것(×)을 바르게 연결한 것은? (다툼이 있는 경우 판례에 의함)

19 국가7급

ㄱ. 甲의 허가신청이 관련 법령의 요건을 모두 충족한 경우에는 관할 행정청은 허가를 하여야 하며, 관련 법령상 제한사유 이외의 사유를 들어 허가를 거부할 수 없다.
ㄴ. 甲에게 허가를 하면서 일방적으로 부담을 부가할 수도 있지만, 부담을 부가하기 이전에 甲과 협의하여 부담의 내용을 협약의 형식으로 미리 정한 다음 허가를 하면서 이를 부가할 수도 있다.
ㄷ. 甲이 허가를 신청한 이후 관계 법령이 개정되어 허가기준이 변경되었다면, 허가 여부에 대해서는 신청 당시의 법령을 적용하여야 하며 허가 당시의 법령을 적용할 수 없다.
ㄹ. 허가가 거부되자 甲이 이에 대해 취소소송을 제기하여 승소하였고 판결이 확정되었다면, 관할 행정청은 甲에게 허가를 하여야 하며 이전 처분사유와 다른 사유를 들어 다시 허가를 거부할 수 없다.

| | ㄱ | ㄴ | ㄷ | ㄹ |
|---|---|---|---|---|
| ① | ○ | ○ | × | × |
| ② | × | × | ○ | ○ |
| ③ | × | ○ | × | × |
| ④ | ○ | × | ○ | ○ |

**해설**

ㄱ. (×) 개발제한구역 내의 건축허가는 예외적 승인이므로 허가 여부는 재량행위이다.
ㄴ. (○) 수익적 행정처분에 있어서는 법령에 특별한 근거규정이 없다고 하더라도 그 부관으로서 부담을 붙일 수 있고, 그와 같은 부담은 행정청이 행정처분을 하면서 일방적으로 부가할 수도 있지만 부담을 부가하기 이전에 상대방과 협의하여 부담의 내용을 협약의 형식으로 미리 정한 다음 행정처분을 하면서 이를 부가할 수도 있다. (대판 2009.2.12. 2005다65500)
ㄷ. (×) 허가를 신청한 이후 관계 법령이 개정되어 허가기준이 변경되었다면, 허가 여부에 대해서는 허가 당시의 법령을 적용하는 것이 원칙이다.
ㄹ. (×) 별도의 사유가 있다면 다시 거부할 수 있다.

정답 ③

**158** 다음 사례에 대한 설명으로 옳지 않은 것은?  17 국가9급

> 유흥주점영업허가를 받아 주점을 운영하는 甲은 A시장으로부터 연령을 확인하지 않고 청소년을 주점에 출입시켜 「청소년 보호법」을 위반하였다는 사실을 이유로 한 영업허가취소처분을 받았다. 甲은 이에 불복하여 취소소송을 제기하였고 취소확정판결을 받았다.

① A시장은 甲이 청소년을 유흥접객원으로 고용하여 유흥행위를 하게 하였다는 이유로 다시 영업허가취소처분을 할 수는 있다.
② 영업허가취소처분은 지나치게 가혹하다는 이유로 취소확정판결이 내려졌다면, A시장은 甲에게 연령을 확인하지 않고 청소년을 출입시켰다는 이유로 영업허가정지처분을 할 수는 있다.
③ 청소년들을 주점에 출입시킨 사실이 없다는 이유로 취소확정판결이 내려졌다면, A시장은 甲에게 연령을 확인하지 않고 청소년을 출입시켰다는 이유로 영업허가취소처분을 할 수는 없다.
④ 청문절차를 거치지 않았다는 이유로 취소확정판결이 내려졌다면, A시장은 적법한 청문절차를 거치더라도 甲에게 연령을 확인하지 않고 청소년을 출입시켰다는 이유로 영업허가취소처분을 할 수는 없다.

**해설**
① (O) 기속력에 관한 문제이다. 기속력은 판결의 취지에 반하는 처분을 해서는 안 된다는 것이다. 선지는 법원의 판단대상이 아니므로 다른 이유로 다시 취소가 가능한 것이다.
② (O) 판결의 취지에 반하지 않으므로 기속력 위반이 아니다.
③ (O) 취소판결에 위반되는 처분은 할 수 없고 하면 무효사유이다.

> 법규 위반을 이유로 내린 영업허가취소처분이 비례의 원칙 위반으로 취소된 경우에 동일한 법규 위반을 이유로 영업정지처분을 내리는 것은 기속력에 반하지 않지만, 법규 위반사실이 없는 것을 이유로 영업허가취소처분이 취소된 경우에 동일한 법규 위반을 이유로 영업정지처분을 내리는 것은 기속력에 반한다.

④ (×) 특정의 행정처분이 절차상의 위법사유로 인하여 취소된 경우에는 행정청은 이러한 절차상의 하자를 보완하여 다시 새로운 행정처분을 할 수 있다.

> 과세처분시 납세고지서에 과세표준, 세율, 세액의 산출근거 등이 누락되어 있어 이러한 절차 내지 형식의 위법을 이유로 과세처분을 취소하는 판결이 확정된 경우에 그 확정판결의 기판력은 확정판결에 적시된 절차 내지 형식의 위법사유에 한하여 미친다고 할 것이므로 처분권자가 그 확정판결에 적시된 위법사유를 보완하여 행한 새로운 과세처분은 확정판결에 의하여 취소된 종전의 과세처분과는 별개의 처분으로서 확정판결의 기판력에 저촉되는 것은 아니다. (대판 1986.11.11. 85누231)
> 참고 판례가 기판력이라고 표현하고 있지만, 기속력의 의미로 보아야 한다.

정답 ④

**159** 「행정소송법」상 취소판결의 효력 중 기속력에 관한 설명으로 가장 옳지 않은 것은? (다툼이 있는 경우 판례에 의함)  17 서울9급

① 종전 확정판결의 행정소송과정에서 한 주장 중 처분사유가 되지 아니하여 판결의 판단대상에서 제외된 부분을 행정청이 그 후 새로이 행한 처분의 적법성과 관련하여 새로운 소송에서 다시 주장하는 것은 확정판결의 기판력에 저촉된다.

② 여러 법규 위반을 이유로 한 영업허가취소처분이 처분의 이유로 된 법규 위반 중 일부가 인정되지 않고 나머지 법규 위반으로는 영업허가취소처분이 비례의 원칙에 위반된다고 취소된 경우에 판결에서 인정되지 않은 법규 위반사실을 포함하여 다시 영업정지처분을 내리는 것은 동일한 행위의 반복은 아니지만 판결의 취지에 반한다.

③ 파면처분에 대한 취소판결이 확정되면 파면되었던 원고를 복직시켜야 한다.

④ 법규 위반을 이유로 내린 영업허가취소처분이 비례의 원칙 위반으로 취소된 경우에 동일한 법규 위반을 이유로 영업정지처분을 내리는 것은 기속력에 반하지 않는다.

**해설**

① (×) 기판력이란 말 그대로 이미 판단을 받은 것은 법원에서 다시 판단하지 못한다는 의미이다. 그런데 선지는 판결의 판단대상에서 제외된 부분이므로 기판력이 미치지 않는다.

> 원고의 승소로 확정된 판결은 원고출원 광구 내에서의 불석채굴이 공익을 해한다는 이유로 한 피고의 불허가처분에 대하여 그것이 공익을 해한다고는 보기 어렵다는 이유로 이를 취소한 내용으로서 이 소송과정에서 피고가 원고 출원 위 불석광은 광업권이 이미 설정된 고령토광과 동일광상에 부존하고 있어 불허가대상이라는 주장도 하였으나 이 주장 부분은 처분사유로 볼 수 없다는 점이 확정되어 판결의 판단대상에서 제외되었다면, 피고가 그 후 새로이 행한 처분의 적법성과 관련하여 다시 위 주장을 하더라도 위 확정판결의 기판력에 저촉된다고 할 수 없다. **(대판 1991.8.9. 90누7326)**

② (○) 기속력은 행정청(관계 행정청을 포함한다)이 판결에 기속되어 동일한 사정에서 동일인에게 동일한 처분을 해서는 안 된다는 것이다. 기속력은 주문 및 그 전제요건사실에 미치므로 여러 법규 위반을 이유로 한 영업허가취소처분이 처분의 이유로 된 법규 위반 중 일부가 인정되지 않고 나머지 법규 위반으로는 영업허가취소처분이 비례의 원칙에 위반된다고 취소된 경우에 판결에서 인정되지 않은 법규 위반사실을 포함하여 다시 영업정지처분을 내리는 것은 동일한 행위의 반복은 아니지만 판결의 취지에 반한다.

③ (○) 파면처분에 대한 취소판결이 확정되면 판결의 형성력에 따라 파면처분 자체가 소멸된다. 그렇다면 피고 징계권자는 파면되었던 원고를 복직시켜야 한다.

④ (○) 영업정지의 이유는 법규 위반인데 법원이 승소판결을 한 이유는 비례의 원칙 위반이면 기속력은 비례원칙 위반에 미친다. 그렇다면 법규 위반을 이유로 영업정지처분을 내리는 것은 동일한 이유가 아니므로 기속력에 반하지 않는다.

**정답** ①

## 160 「행정소송법」상 판결의 효력에 관한 설명으로 가장 옳지 않은 것은? (다툼이 있는 경우 판례에 의함)

17 서울7급

① 기판력은 사실심 변론의 종결시를 기준으로 발생하므로, 처분청은 당해 사건의 사실심 변론종결 이전에 주장할 수 있었던 사유를 내세워 확정판결과 저촉되는 처분을 할 수 없다.

② 기속력은 판결의 취지에 따라 행정청을 구속하는바, 여기에는 판결의 주문과 판결이유 중에 설시된 개개의 위법사유가 포함된다.

③ 취소소송에서 소송의 대상이 된 거부처분을 실체법상의 위법사유에 기하여 취소하는 판결이 확정된 경우에는 당해 거부처분을 한 행정청은 원칙적으로 신청을 인용하는 처분을 하여야 한다.

④ 간접강제는 거부처분 취소판결은 물론 부작위위법확인판결과 거부처분에 대한 무효등확인판결에서도 인정된다.

> **해설**

① (○) 기속력에 해당하는 것을 기판력이라고 한 판례의 내용이다. 기판력이란 말 그대로 이미 판단을 받은 것은 법원에서 다시 판단하지 못한다는 의미이기 때문이다. 다만, 기판력은 사실심 변론종결시를 기준으로 발생하므로, 처분청은 당해 사건의 사실심 변론종결 이전에 주장할 수 있었던 사유를 내세워 확정판결과 저촉되는 처분을 할 수 없다. 한편, 사실심 변론종결 이후의 새로운 사유를 이유로 처분하는 것은 판결의 기판력과 관계없으므로 가능하다.

② (○) 다소 애매한 선지이다. 기속력은 주문과 판결이유 중 요건사실에만 미치고 모든 이유에 미치지는 않는다.

> 기속력은 재결의 주문 및 그 전제가 된 요건사실의 인정과 판단, 즉 처분 등의 구체적 위법사유에 관한 판단에만 미친다고 할 것이고, 종전 처분이 재결에 의하여 취소되었다 하더라도 종전 처분시와는 다른 사유를 들어서 처분을 하는 것은 기속력에 저촉되지 않는다. (대판 2005.12.9. 2003두7705)

③ (○) 취소소송에서 소송의 대상이 된 거부처분을 실체법상의 위법사유에 기하여 취소하는 판결이 확정된 경우에는 당해 거부처분을 한 행정청은 원칙적으로 신청을 인용하는 처분을 하여야 한다. 다만, 변론종결 이후의 새로운 사유를 이유로 다시 거부처분하는 것은 가능하다.

④ (×) 간접강제는 취소소송과 부작위위법확인소송에는 인정되지만 무효등확인소송에는 인정되지 않는다.

> 행정소송법 제38조 제1항이 무효확인판결에 관하여 취소판결에 관한 규정을 준용함에 있어서 같은 법 제30조 제2항을 준용한다고 규정하면서도 같은 법 제34조는 이를 준용한다는 규정을 두지 않고 있으므로, 행정처분에 대하여 무효확인판결이 내려진 경우에는 그 행정처분이 거부처분인 경우에도 행정청에 판결의 취지에 따른 재처분의무가 인정될 뿐 그에 대하여 간접강제까지 허용되는 것은 아니라고 할 것이다. (대결 1998.12.24. 98무37)

**정답** ④

**161** 甲은 A행정청에 허가신청을 하였으나 거부되었고, 이에 대해 거부처분 취소소송을 제기하여 인용판결이 확정되었다. 이에 대한 설명으로 가장 옳지 않은 것은? <sub>16 서울9급</sub>

① 위 거부처분이 절차의 위법을 이유로 취소된 경우에는 A행정청은 적법한 절차를 거쳐 다시 거부처분을 할 수 있다.
② 위 거부처분이 실체적 위법을 이유로 취소된 경우에는 A행정청은 취소판결의 기속력에 의해 다시 거부처분을 할 수 없고, 甲에게 허가처분을 하여야 한다.
③ A행정청이 기속력에 반하는 재처분을 한 경우, 그 처분은 당연무효이다.
④ A행정청이 재처분을 하였더라도 기속력에 위반된 경우에는 간접강제의 대상이 된다.

**해설**
① (O) ② (X) 기속력은 동일인에 대해서 동일사유로 동일처분을 할 수 없는 것이므로 적법한 절차를 거치면 다시 동일한 처분도 가능하다. 실체적 사유도 보완하면 다시 동일한 처분이 가능하다.
③ (O) ④ (O) 거부처분에 대한 취소의 확정판결이 있음에도 행정청이 아무런 재처분을 하지 아니하거나, 재처분을 하였다 하더라도 그것이 종전 거부처분에 대한 취소의 확정판결의 기속력에 반하는 등으로 당연무효라면 이는 아무런 재처분을 하지 아니한 때와 마찬가지라 할 것이므로 이러한 경우에는 행정소송법 제30조 제2항, 제34조 제1항 등에 의한 간접강제신청에 필요한 요건을 갖춘 것으로 보아야 한다. (대결 2002.12.11. 2002무22)

**정답** ②

---

**162** 다음 설명에 해당하는 취소소송의 판결의 효력을 바르게 묶은 것은? <sub>13 국가7급</sub>

> A: 과세처분을 취소하는 판결이 확정되면 그 과세처분은 처분시에 소급하여 소멸하는 것이므로 과세처분을 취소하는 판결이 확정된 뒤에는 그 과세처분을 경정하는 이른바 경정처분을 할 수 없다.
> B: 처분을 취소하는 판결이 확정되면 당사자인 행정청과 그 밖의 관계 행정청은 동일한 사실관계에 대하여 동일한 사유로 취소된 처분과 동일한 처분을 할 수 없다.

|   | A | B |   | A | B |
|---|---|---|---|---|---|
| ① | 자박력 | 기판력 | ② | 형성력 | 기속력 |
| ③ | 불가쟁력 | 집행력 | ④ | 형성력 | 자박력 |

**해설**
A: 취소판결은 형성력을 가지므로 그 형성력에 의해 판결의 효력이 발생하여 처분시에 소급하는 것이다.
B: 기속력의 효력 중 반복금지효에 관한 설명이다.

**정답** ②

**163** 취소판결의 기속력의 내용에 해당하는 것은? 　　　　　　　　　　　　　　12 세무사

① 처분의 효력 상실 내지 배제
② 위법상태의 제거 및 원상회복의무
③ 동일한 소송물에 대한 반복제소금지
④ 종국판결 후 수소법원의 당해 판결에 대한 철회금지
⑤ 기각판결 후 처분청의 당해 처분에 대한 직권취소금지

> **해설**
> ① (×) 형성력의 내용이다.
> ② (○) 기속력의 적극적 효력의 내용이다.
> ③ (×) 기판력의 내용이다.
> ④ (×) 불가변력의 내용이다.
> ⑤ (×) 기각판결에는 기속력이 발생하지 않으므로 처분청은 기각판결 후 당해 처분을 직권으로 취소할 수 있다.
>
> **정답** ②

**164** 「행정소송법」상 취소소송 판결의 효력 중 기속력에 관한 설명으로 옳지 않은 것은? 　　08 선관위9급

① 처분행정청은 기속력의 적극적 효력에 의하여 판결의 취지에 따른 처분을 하여야 하는 재처분의무를 진다.
② 처분행정청은 기속력의 소극적 효력에 의하여 확정판결에 저촉되는 처분을 할 수 없다는 의미에서 동일처분의 반복금지의무를 진다.
③ 판결에 의하여 취소되는 처분이 당사자의 신청을 거부하는 것을 내용으로 하는 경우 그 처분을 행한 행정청은 판결의 취지에 따라 다시 이전의 신청에 대한 처분을 하여야 한다.
④ 「행정소송법」상 기속력의 성질에 관한 판례의 입장은 특수효력설을 취한 경우도 있으나 대부분 기판력설을 취하고 있으며, 통설도 기판력설을 취하고 있다.

> **해설**
> ① (○) 행정청이 판결의 취지에 따른 처분을 해야 하는 것을 재처분의무라고 한다. 행정소송법은 제30조 제2항에서 "판결에 의하여 취소되는 처분이 당사자의 신청을 거부하는 것을 내용으로 하는 경우에는 그 처분을 행한 행정청은 판결의 취지에 따라 다시 이전의 신청에 대한 처분을 하여야 한다."라고 규정하고, 같은 조 제2항에서 "신청에 따른 처분이 절차의 위법을 이유로 취소되는 경우에 준용한다."라고 규정한다.
> ② (○) 취소판결이 확정되면, 행정청은 판결에 의하여 동일한 처분의 반복이 금지되어, 행정청은 동일한 사정하에서 동일이유에 기하여 동일인에 대하여 동일한 내용의 처분을 하여서는 안 된다.

③ (○)

> **행정소송법 제30조(취소판결 등의 기속력)**
> ② 판결에 의하여 취소되는 처분이 당사자의 신청을 거부하는 것을 내용으로 하는 경우에는 그 처분을 행한 행정청은 판결의 취지에 따라 다시 이전의 신청에 대한 처분을 하여야 한다.

④ (×) 기속력의 성질에 관하여 기판력설과 특수효력설의 대립이 있으나, 기속력은 기판력보다 널리 직접적으로 행정청을 기속하는 것으로서, 그것은 판결의 실효성을 확보하기 위해 실정법에 의하여 부여된 특수한 효력으로 보는 것이 일반적이다. 판례는 기속력을 기판력의 속성의 하나로 보고 있는 듯한 취지의 판결을 행한 바 있다.

**정답** ④

## ◎ 사정판결

**165** 사정판결에 대한 설명으로 옳은 것은? (다툼이 있는 경우 판례에 의함) 〔20 소방〕

① 행정청의 재량에 속하는 처분이라도 재량권의 한계를 넘거나 그 남용이 있는 때에는 법원은 이를 취소할 수 있고, 재량권 일탈·남용에 관하여는 피고인 행정청이 증명책임을 부담한다.

② 법원은 사정판결을 하기 전에 원고가 그로 인하여 입게 될 손해의 정도와 배상방법, 그 밖의 사정을 조사하여야 한다.

③ 사정판결을 하는 경우 법원은 처분의 위법함을 판결의 주문에 표기할 수 없으므로 판결의 내용에서 그 처분 등이 위법함을 명시함으로써 원고에 대한 실질적 구제가 이루어지도록 하여야 한다.

④ 원고는 취소소송이 계속된 법원에 당해 행정청에 대한 손해배상청구 등을 병합하여 제기할 수 없으므로, 손해배상청구를 담당하는 민사법원의 판결이 먼저 내려진 경우라 할지라도 이 판결의 내용은 취소소송에 영향을 미치지 아니한다.

**해설**

① (×) 기속의 경우에는 행정청이 적법을 입증해야 하지만, 재량권 일탈·남용에 관하여는 행정행위의 효력을 다투는 사람이 주장·입증책임을 부담한다. (대판 2017.10.12. 2017두48956)

② (○) 행정소송법 제28조 제2항

③ (×) 사정판결을 하는 경우에는 그 처분의 위법함을 주문에 명시하여야 한다. **(행정소송법 제28조 제1항)** 주문에 위법을 명시함으로서 위법에 대한 기판력이 발생한다.

④ (×)

> **행정소송법 제28조(사정판결)**
> ③ 원고는 피고인 행정청이 속하는 국가 또는 공공단체를 상대로 손해배상, 제해시설의 설치 그 밖에 적당한 구제방법의 청구를 당해 취소소송 등이 계속된 법원에 병합하여 제기할 수 있다.

**정답** ②

**166** 사정판결에 대한 설명으로 옳지 않은 것은? (다툼이 있는 경우 판례에 의함)  16 국가7급

① 사정판결을 하는 경우 법원은 원고의 청구를 기각하는 판결을 하게 되나, 소송비용은 피고의 부담으로 한다.

② 처분의 위법 여부는 처분시를 기준으로, 처분을 취소하는 것이 현저히 공공복리에 적합하지 아니한지 여부는 변론종결시를 기준으로 판단하여야 한다.

③ 사정판결이 확정되면 사정판결의 대상이 된 행정처분이 위법하다는 점에 대하여 기판력이 발생한다.

④ 원고는 처분을 한 행정청을 상대로 손해배상, 제해시설의 설치 그 밖에 적당한 구제방법의 청구를 당해 취소소송이 계속된 법원에 병합하여 제기할 수 있다.

> 해설
> 
> ① (O) 사정판결을 하는 경우 법원은 원고의 청구를 기각하는 판결을 하게 되나, 소송비용은 일반적인 소송비용을 패소자가 부담하는 것과 다르게 행정청인 피고의 부담으로 한다.
> ② (O) 처분의 위법 여부는 처분시를 기준으로, 사정판결시에 공공필요의 필요성은 판결시를 기준으로 한다. 따라서 처분을 취소하는 것이 현저히 공공복리에 적합하지 아니한지 여부는 변론종결시를 기준으로 판단하여야 한다.
> ③ (O)
> ④ (X) 손해배상은 행정청을 상대로 하는 것이 아니라 행정청이 속한 국가 등을 상대로 하여야 한다.
> 
> **행정소송법 제28조(사정판결)**
> ③ 원고는 피고인 행정청이 속하는 국가 또는 공공단체를 상대로 손해배상, 제해시설의 설치 그 밖에 적당한 구제방법의 청구를 당해 취소소송 등이 계속된 법원에 병합하여 제기할 수 있다.

정답 ④

## ◎ 기타

**167** 「행정소송법」제8조 제2항은 행정소송에 관하여 이 법에 특별한 규정이 없는 사항에 대하여는 「법원조직법」과 「민사소송법」 및 「민사집행법」의 규정을 준용한다고 규정한다. 이에 관한 다음의 설명 중 옳지 않은 것은? (단, 다툼이 있는 경우 판례에 의함)  17 사복

① 행정소송 사건에서 「민사소송법」상 보조참가가 허용된다.

② 「민사소송법」상 가처분은 항고소송에서 허용된다.

③ 「민사집행법」상 가처분은 당사자소송에서 허용된다.

④ 행정소송으로 제기해야 할 사건을 민사소송으로 잘못 제기한 경우에 수소법원이 행정소송에 대한 관할이 없다면 특별한 사정이 없는 한 관할 법원에 이송하여야 한다.

> 해설
> 
> ① (O) 행정소송에는 민사소송법 준용되므로 민사소송법상 보조참가가 가능하다.
> ② (X) ③ (O) 가처분은 항고소송에는 인정되지 않지만, 당사자소송에는 준용된다.
> ④ (O) 소송의 이송을 말한다.

정답 ②

**168** 행정행위가 있은 후 그 근거가 된 법률이 헌법재판소에 의해 위헌으로 결정된 경우, ㉠ 당해 행정행위의 하자의 유형과 ㉡ 취소소송의 제소기간이 도과한 후 원고가 무효확인소송으로 이 사안을 다툰다고 할 때 법원은 어떻게 판단해야 하는지 바르게 연결한 것은? (다툼이 있는 경우 대법원 판례에 의함)

<sub>13 지방9급</sub>

| | ㉠ | ㉡ | | ㉠ | ㉡ |
|---|---|---|---|---|---|
| ① | 무효 | 각하 | ② | 무효 | 기각 |
| ③ | 취소 | 각하 | ④ | 취소 | 기각 |

**해설**

④ (○) 무효등확인소송은 제소기간의 제한을 받지 않으므로 각하사유는 아니다. 사안에서 위법의 정도가 무효가 아니라 취소사유이므로 인용이 아닌 기각사유에 해당한다.

> 법률에 근거하여 행정처분이 발하여진 후에 헌법재판소가 그 행정처분의 근거가 된 법률을 위헌으로 결정하였다면 결과적으로 행정처분은 법률의 근거가 없이 행하여진 것과 마찬가지가 되어 하자가 있는 것이 되나, 하자 있는 행정처분이 당연무효가 되기 위하여는 그 하자가 중대할 뿐만 아니라 명백한 것이어야 하는데, 일반적으로 법률이 헌법에 위반된다는 사정이 헌법재판소의 위헌결정이 있기 전에는 객관적으로 명백한 것이라고 할 수는 없으므로 헌법재판소의 위헌결정 전에 행정처분의 근거되는 해당 법률이 헌법에 위반된다는 사유는 특별한 사정이 없는 한 그 행정처분의 취소소송의 전제가 될 수 있을 뿐 당연무효사유는 아니라고 봄이 상당하다. (대판 1994.10.28. 92누9463)

**정답** ④

---

**169** 「행정소송법」의 규정상 재심청구에 관하여 (　　)에 알맞은 것은?

<sub>12 세무사</sub>

> (　　)는 자기에게 책임 없는 사유로 소송에 참가하지 못함으로써 판결의 결과에 영향을 미칠 공격 또는 방어방법을 제출하지 못한 때에는 이를 이유로 확정된 종국판결에 대하여 재심의 청구를 할 수 있다.

① 처분 등의 취소를 구할 법률상 이익이 있는 자
② 소송의 결과에 따라 이익의 침해를 받을 제3자
③ 처분 등을 취소하는 판결에 의하여 권리 또는 이익의 침해를 받은 제3자
④ 취소판결에 의하여 권리를 침해당할 우려가 있는 제3자
⑤ 취소소송 인용판결에 나타난 원고와 피고

**해설**

③ (○) (처분 등을 취소하는 판결에 의하여 권리 또는 이익의 침해를 받은 제3자)는 자기에게 책임 없는 사유로 소송에 참가하지 못함으로써 판결의 결과에 영향을 미칠 공격 또는 방어방법을 제출하지 못한 때에는 이를 이유로 확정된 종국판결에 대하여 재심의 청구를 할 수 있다. (행정소송법 제31조 제1항)

**정답** ③

## 170. 「행정소송법」에 규정되어 있는 사항이 아닌 것은?

① 잠정적 권리구제수단으로서의 임시처분
② 행정청의 소송참가
③ 사정판결의 경우 소송비용 부담자
④ 부작위위법확인소송의 원고적격
⑤ 취소소송의 재판관할

**해설**

① (×) 임시처분은 행정심판법에는 도입되었으나, 행정소송법에는 규정되어 있지 않다.
② (○) 행정소송법 제17조
③ (○) 행정소송법 제32조
④ (○) 행정소송법 제36조
⑤ (○) 행정소송법 제9조

**정답** ①

## 171. 행정소송상 소송의 종료에 관한 설명으로 옳지 않은 것은?

① 변론주의와 처분권주의를 강조하면 청구의 포기를 인정할 여지가 있다.
② 「행정소송법」은 소송상 화해를 규정하고 있지 않다.
③ 「행정소송법」이 「민사조정법」을 준용하므로 항고소송에 있어서 조정은 허용된다.
④ 피고 행정청의 폐지로 인하여 소송은 종료되지 아니한다.
⑤ 의원면직처분에 대한 무효확인소송의 계속 중 원고가 사망하면 소송은 종료된다.

**해설**

① (○) 청구의 포기는 원고가 법원에 대하여 하는 자신의 소송상 청구가 이유 없음을 자인하는 일방적 의사표시를 말하는데, 행정소송에서는 행정소송의 판결의 효력이 제3자에 미치므로 청구의 포기와 인낙이 제3자의 권리를 침해할 우려가 있다는 점과 직권심리주의가 적용되는 점에 비추어 이를 부정하는 것이 다수설이다. 다만, 변론주의와 처분권주의를 강조하면 청구의 포기를 인정할 여지가 있다고 볼 수 있다.
② (○) 소송상 화해란 소송의 계속 중에 당사자 쌍방이 서로의 주장을 양보하여 소송을 종료시키기로 하는 합의를 말하는데, 행정소송법에는 명문규정이 없다.
③ (×) 조정은 조정기관이 분쟁당사자의 의견을 들어 직권으로 분쟁해결을 위한 타협방안을 마련하여 분쟁당사자에게 수락을 권고하고, 분쟁당사자들이 이를 받아들임으로써 분쟁을 해결하는 방안이다. 그러나 행정소송법이 민사조정법을 준용하는 명문규정을 두고 있지 않으므로, 현행법상 행정사건에는 조정이 허용되지 않는다.
④ (○) 피고 행정청의 폐지로 행정청이 없게 된 때에는 그 처분 등에 관한 사무가 귀속되는 국가 또는 공공단체를 피고로 한다. **(행정소송법 제13조 제2항)**
⑤ (○) 공무원으로서의 지위는 일신전속권으로서 상속의 대상이 되지 않으므로, 의원면직처분에 대한 무효확인을 구하는 소송은 당해 공무원이 사망함으로써 중단됨이 없이 종료된다. **(대판 2007.7.26. 2005두15748)**

**정답** ③

**172** 「행정소송법」에 관한 설명으로 옳은 것은? 　　　08 지방9급

① 원고가 사망하거나 소송물인 권리관계의 성질상 이를 승계할 자가 없는 경우와 피고인 행정청이 없게 된 경우에 소송은 종료된다.
② 행정소송에 있어서도 소송절차에 관한 신청을 기각한 결정이나 명령에 대하여 불복이 있으면 항소할 수 있다.
③ 취소소송의 선결문제(구체적 규범심사)로서 명령·규칙이 대법원의 판결에 의하여 헌법 또는 법률에 위반됨이 확정된 경우에 대법원은 지체 없이 그 사유를 법무부장관에게 통보하여야 한다.
④ 행정처분에 대한 취소청구가 사정판결에 의하여 기각된 경우에 소송비용은 피고가 부담한다.

**해설**

① (×) 행정청이 없게 된 때에는 그 처분 등에 관한 사무가 귀속되는 국가 또는 공공단체를 피고로 한다. **(행정소송법 제13조 제2항)**

| 소송물이 승계 가능한 경우 | 상속인이 소송을 수계하여 계속 소송을 진행함. |
|---|---|
| 소송물이 승계 불가능한 경우 | 소송이 종료됨. 공무원으로서의 지위는 일신전속권으로서 상속의 대상이 되지 않으므로, 의원면직처분에 대한 무효확인을 구하는 소송은 당해 공무원이 사망함으로써 중단됨이 없이 종료된다. (대판 2007.7.26. 2005두15748) |

② (×) 행정법원의 제1심 '판결'에 대해서 불복하는 자는 고등법원에 '항소'할 수 있고, 항소심의 판결에 불복하는 자는 대법원에 '상고'할 수 있다. 그러나 '결정과 명령'에 불복하는 자는 고등법원에 '항고'할 수 있고, 고등법원의 결정·명령에 불복하는 자는 대법원에 '재항고'할 수 있다.
③ (×) 취소소송의 선결문제로서 명령·규칙이 대법원의 판결에 의하여 헌법 또는 법률에 위반함이 확정된 경우에는 대법원은 지체 없이 그 사유를 행정안전부장관에게 통보하여야 하고, 통보를 받은 행정안전부 장관은 지체 없이 이를 관보에 게재하여야 한다. **(행정소송법 제6조 제1항·제2항)**
④ (○) 취소청구가 사정판결에 의하여 기각되거나 행정청이 처분 등을 취소 또는 변경함으로 인하여 청구가 각하 또는 기각된 경우에는 소송비용은 피고의 부담으로 한다. **(행정소송법 제32조)**

**정답** ④

**173** 판례에 의할 때 다음 소송에서 인용판결을 받을 수 있는 경우는? 　　　06 세무사

① 부작위위법확인소송 중 처분청이 허가처분을 한 경우
② 국가자격시험 불합격처분에 대한 취소소송 중 당해 국가시험에 합격한 경우
③ 처분이 있음을 안 날로부터 2년이 지난 후 무효확인소송을 제기한 경우
④ 보조금의 지급을 구하는 의무이행소송을 제기한 경우
⑤ 조세 부과처분의 금지를 구하는 소송을 제기한 경우

**해설**

① (×) ② (×) 협의의 소익이 없어지게 된 경우이므로 각하판결을 받게 되는 사유이다.
③ (○) 무효확인소송에는 제소기간의 제한이 없으므로 2년이 경과한 경우라 하더라도 본안소송에서 무효사유로 인정받게 되면 인용판결을 받을 수 있다.
④ (×) ⑤ (×) 현행 소송법상 인정되지 않는 소송유형으로서 각하판결을 받게 되는 사유이다.

**정답** ③

## 제3절 항고소송 2(무효등확인소송)

**174** 甲은 단순위법인 취소사유가 있는 A처분에 대하여 「행정소송법」상 무효확인소송을 제기하였다. 이에 대한 설명으로 옳은 것은? (다툼이 있는 경우 판례에 의함)  *19 지방7급*

① 무효확인소송에 A처분의 취소를 구하는 취지도 포함되어 있고 무효확인소송이 「행정소송법」상 취소소송의 적법요건을 갖추었다 하더라도, 법원은 A처분에 대한 취소판결을 할 수 없다.

② 무효확인소송이 「행정소송법」상 취소소송의 적법한 제소기간 안에 제기되었더라도, 적법한 제소기간 이후에는 A처분의 취소를 구하는 소를 추가적·예비적으로 병합하여 제기할 수 없다.

③ 甲이 무효확인소송의 제기 전에 이미 A처분의 위법을 이유로 국가배상청구소송을 제기하였다면, 무효확인소송의 수소법원은 甲의 무효확인소송을 국가배상청구소송이 계속된 법원으로 이송·병합할 수 있다.

④ 甲이 무효확인소송의 제기 당시에 원고적격을 갖추었더라도 상고심 중에 원고적격을 상실하면 그 소는 부적법한 것이 된다.

**해설**

① (×) 일반적으로 행정처분의 무효확인을 구하는 소에는 원고가 그 처분의 취소를 구하지 아니한다고 밝히지 아니한 이상 그 처분이 만약 당연무효가 아니라면 그 취소를 구하는 취지도 포함되어 있는 것으로 보아야 한다. (대판 1994.12.23. 94누477)

**취소사유에 대하여 무효소송을 제기한 경우**

| | |
|---|---|
| 취소소송의 요건을 갖추지 못한 경우 | 기각판결을 해야 함. 중대명백성이 인정되지 않기 때문임. |
| 취소소송의 요건을 갖춘 경우 | 무효가 아니라면 취소라도 구하는 취지인지를 석명하여 취소소송으로 변경하도록 한 후 취소판결을 해야 함. |

② (×) 하자 있는 행정처분을 놓고 이를 무효로 볼 것인지 아니면 단순히 취소할 수 있는 처분으로 볼 것인지는 동일한 사실관계를 토대로 한 법률적 평가의 문제에 불과하고, 행정처분의 무효확인을 구하는 소에는 특단의 사정이 없는 한 그 취소를 구하는 취지도 포함되어 있다고 보아야 하는 점 등에 비추어 볼 때, 동일한 행정처분에 대하여 무효확인의 소를 제기 하였다가 그 후 그 처분의 취소를 구하는 소를 추가적으로 병합한 경우, 주된 청구인 무효확인의 소가 적법한 제소기간 내에 제기되었다면 추가로 병합된 취소청구의 소도 적법하게 제기된 것으로 봄이 상당하다. (대판 2005.12.23. 2005두3554)

③ (×) 항고소송은 행정법원의 전속관할이므로 무효확인소송을 국가배상청구소송이 계속된 법원으로 이송·병합할 수는 없다. 반대로 국가배상청구소송을 무효확인소송이 계속된 법원으로 이송·병합할 수 있다.

④ (○) 상고심 중에라도 원고적격을 상실하면 그 소는 부적법 각하된다.

**정답** ④

**175** 행정소송에 대한 설명으로 옳은 것은? (다툼이 있는 경우 판례에 의함)　　16 지방9급

① 행정처분의 당연무효를 주장하여 그 무효확인을 구하는 행정소송에 있어서는 피고 행정청이 그 행정처분에 중대·명백한 하자가 없음을 주장·입증할 책임이 있다.
② 재결취소소송에 있어서 재결 자체의 고유한 위법은 재결의 주체, 절차 및 형식상의 위법만을 의미하고, 내용상의 위법은 이에 포함되지 않는다.
③ 무효인 과세처분에 의해 조세를 납부한 자가 부당이득반환청구소송을 제기할 수 있는 경우에도 과세처분에 대한 무효확인소송을 제기할 수 있다.
④ 행정심판을 거친 후 부작위위법확인소송을 제기하는 경우에는 제소기간이 적용되지 않는다.

> 해설

① (X) 행정처분의 당연무효를 구하는 소송에 있어서는 그 무효를 구하는 사람에게 그 행정처분에 존재하는 하자가 중대하고도 명백하다는 것을 주장·입증할 책임이 있다. (대판 1984.2.28. 82누154)
② (X) 재결의 고유한 하자란 주체, 내용, 형식, 절차상 하자를 포함한다.
③ (O) 선지는 무효확인소송에서 확인의 이익(즉시확정의 이익, 확인의 이익이 보충성)이 필요한가를 묻고 있다. 과거에는 무효인 과세처분에 의해 조세를 납부한 경우 무효확인소송의 보충성이 요구되었으므로 부당이득반환만을 청구하여야 하고 무효확인소송은 제기할 수 없었지만, 현재는 무효확인소송의 보충성이 요구되지 않으므로 부당이득반환소송을 제기할 수 있는 경우에도 무효확인소송을 제기할 수 있다.
④ (X) 부작위에 대한 행정심판을 거치지 않은 경우에는 성질상 제소기간이 적용되지 않지만, 행정심판을 거친 후 부작위위법확인소송을 제기하는 경우에는 제소기간이 적용된다.

정답 ③

**176** 행정소송에 대한 판례의 입장으로 옳은 것은?　　15 국가9급

① 사립학교 교원에 대한 학교법인의 해임처분을 취소소송의 대상이 되는 행정청의 처분으로 볼 수 있으므로 학교법인을 상대로 한 불복은 행정소송에 의한다.
② 취소소송에 당해 처분의 취소를 선결문제로 하는 부당이득반환청구가 병합된 경우 그 청구가 인용되려면 소송절차에서 당해 처분의 취소가 확정되어야 한다.
③ 특정 소송사건에서 당사자 일방을 보조하기 위하여 보조참가를 하려면 당해 소송의 결과에 대하여 사실상, 경제상 또는 감정상의 이해관계가 있으면 충분하며 법률상의 이해관계가 요구되는 것은 아니다.
④ 행정처분에 대한 무효확인과 취소청구는 서로 양립할 수 없는 청구로서 주위적·예비적 청구로서만 병합이 가능하고 선택적 청구로서의 병합은 허용되지 않는다.

**해설**

① (×) 사립학교는 행정청이 아니므로 교원에 대한 학교법인의 해임처분은 처분이 아니다. 해임처분을 대상으로 하는 소청심사위원회의 재결을 취소소송의 대상으로 한다.
② (×) 행정처분의 취소를 구하는 취소소송에 당해 처분의 취소를 선결문제로 하는 부당이득반환청구가 병합된 경우, 그 청구가 인용되려면 소송절차에서 당해 처분의 취소가 확정되어야 하는 것은 아니다.

> 행정소송법 제10조는 처분의 취소를 구하는 취소소송에 당해 처분과 관련되는 부당이득반환소송을 관련청구로 병합할 수 있다고 규정하고 있는바, 이 조항을 둔 취지에 비추어 보면, 취소소송에 병합할 수 있는 당해 처분과 관련되는 부당이득반환소송에는 당해 처분의 취소를 선결문제로 하는 부당이득반환청구가 포함되고, 이러한 부당이득반환청구가 인용되기 위해서는 그 소송절차에서 판결에 의해 당해 처분이 취소되면 충분하고 그 처분의 취소가 확정되어야 하는 것은 아니라고 보아야 한다. (대판 2009.4.9. 2008두23153)

③ (×) 소송참가도 법률상의 이익이 있어야 한다.
④ (○)

**정답** ④

---

**177** 행정소송법상 취소소송의 규정이 무효확인소송에는 준용되나 부작위위법확인소송에는 준용되지 않는 것은?
14 서울7급

① 제3자에 의한 재심청구
② 행정심판기록의 제출명령
③ 처분변경으로 인한 소의 변경
④ 거부처분 취소판결의 간접강제
⑤ 관련청구소송의 이송 및 병합

**해설**

**취소소송규정의 준용 여부**

| 무효등확인소송에 준용되지 않는 규정 | 부작위위법확인소송에 준용되지 않는 규정 | 당사자소송에 준용되지 않는 규정 |
|---|---|---|
| · 선결문제<br>· 행정심판전치주의<br>· 제소기간<br>· 재량처분의 취소<br>· 사정판결<br>· 거부처분 취소판결의 간접강제 | · 선결문제<br>· 처분의 변경으로 인한 소의 변경<br>· 집행정지<br>· 집행정지의 취소<br>· 사정판결 | · 선결문제<br>· 피고적격<br>· 행정심판전치주의<br>· 취소소송의 대상<br>· 제소기간<br>· 집행정지 및 집행정지의 취소<br>· 재량처분의 취소<br>· 사정판결<br>· 취소판결의 효력<br>· 제3자에 의한 재심청구<br>· 거부처분 취소판결의 간접강제 |

**정답** ③

**178** 국민건강보험공단은 甲에게 보험료 부과처분을 하였다. 이에 甲은 그 전액을 납부하였으나 나중에 위 보험료 부과처분에 하자가 있다는 사실을 알게 되었다. 이와 관련된 설명으로 옳지 않은 것은? (다툼이 있는 경우 판례에 따름)

13 국회8급

① 甲이 취소소송을 제기하여 인용판결이 확정되면 甲은 부당이득반환청구권을 가지게 된다.

② 甲이 취소소송을 제기하지 않고 부당이득반환청구소송을 제기한 경우 민사소송절차에 따라야 한다.

③ 甲이 취소소송을 제기하지 않고 부당이득반환청구소송을 제기한 경우 보험료 부과처분이 비록 위법하더라도 당연무효의 것이 아니라면 그 공정력 또는 구성요건적 효력으로 인하여 민사법원은 그 효력을 부정할 수 없게 된다.

④ 甲이 취소소송과 부당이득반환청구소송을 병합하여 제기한 경우 법원은 보험료 부과처분의 취소가 확정되지 않은 이상 그 효력을 부정할 수 없으므로 甲의 부당이득반환청구를 인용할 수 없게 된다.

⑤ 甲이 보험료를 이미 납부한 경우에는 비록 부당이득반환청구소송과 같은 직접적인 구제수단이 있다 하더라도 부당이득반환청구소송을 제기하지 않고 바로 무효확인소송을 제기할 수 있다.

**해설**

① (○) 취소소송을 제기하여 인용판결이 확정되면 조세 부과처분은 소급적으로 효력이 소멸하므로 부당이득반환청구소송을 제기할 수 있다.

② (○) 대법원은 조세 부과처분이 당연무효임을 전제로 하여 이미 납부한 세금의 반환을 청구하는 것은 민사상의 부당이득반환청구로서 민사소송절차에 따라야 한다는 입장이다. (대판 1995.4.28. 94다55019) 그러나 위 사례에서 하자의 정도가 무효사유라면 가능하지만 취소사유에 불과하다면 공정력과 선결문제에 의하여 기각될 것이다. 따라서 선지가 정확히 맞다고 할 수는 없다. 한편, 대법원은 2013년 3월 부가가치세 환급소송을 당사자소송으로 판시함으로서 향후 판례의 입장이 어떻게 될지는 알 수 없다.

③ (○) 과세처분이 당연무효라고 볼 수 없는 한 과세처분에 취소할 수 있는 위법사유가 있다 하더라도 그 과세처분은 행정행위의 공정력 또는 집행력에 의하여 그것이 적법하게 취소되기 전까지는 유효하다 할 것이므로, 민사소송절차에서 그 과세처분의 효력을 부인할 수 없다. (대판 1999.8.20. 99다20179)

④ (×) 행정처분의 취소를 구하는 취소소송에 당해 처분의 취소를 선결문제로 하는 부당이득반환청구가 병합된 경우, 부당이득반환청구가 인용되기 위해 그 소송절차에서 판결에 의해 당해 처분이 취소되면 충분하고 그 처분의 취소가 확정되어야 하는 것은 아니다. (대판 2009.4.9. 2008두23153)

⑤ (○) 행정처분의 근거법률에 의하여 보호되는 직접적이고 구체적인 이익이 있는 경우에는 행정소송법 제35조에 규정된 '무효확인을 구할 법률상 이익'이 있다고 보아야 하고, 이와 별도로 무효확인소송의 보충성이 요구되는 것은 아니므로 행정처분의 무효를 전제로 한 이행소송 등과 같은 직접적인 구제수단이 있는지 여부를 따질 필요가 없다고 해석함이 상당하다. (대판 2008.3.20. 2007두6342 전원합의체)

**정답** ④

**179** 재산세 부과처분에 따라 세금을 납부한 甲은 제소기간 도과 후 과세처분이 무효로 밝혀지자 과세처분 무효확인소송 또는 부당이득반환청구소송 중 하나를 제기하고자 한다. 이에 관한 설명으로 옳지 않은 것은?

12 세무사

① 과세처분 무효확인소송의 경우 조세소송의 전치절차를 거치지 않아도 된다.
② 과세처분 무효확인소송의 경우 법원은 무효확인소송의 보충성 요건을 준수하지 않았다는 이유로 소를 각하할 것이다.
③ 부당이득반환청구소송의 경우 통설은 이를 당사자소송으로 본다.
④ 부당이득반환청구소송은 소송실무상 민사소송으로 취급되고 있다.
⑤ 부당이득반환청구소송의 경우 피고를 잘못 지정하였다면 甲은 피고경정을 신청할 수 있다.

**해설**

① (O) 행정소송법 제18조의 행정심판전치주의에 관한 규정은 무효등확인소송에 준용되지 않으므로, 과세처분 무효확인소송의 경우에는 국세기본법상 전치절차를 거치지 않아도 된다.
② (X) 다수설과 판례는 무효등확인소송의 경우 보충성을 요하지 않는다는 입장이므로, 보충성요건을 준수하지 않았다고 하더라도 법원은 이를 이유로 과세처분 무효확인소송을 각하할 수 없다.
③ (O) 공법상 부당이득반환청구권은 공권이므로, 이에 관한 분쟁은 행정소송법상 당사자소송으로 해결해야 한다는 것이 통설의 태도이다.
④ (O) 조세 부과처분이 당연무효임을 전제로 하여 이미 납부한 세금의 반환을 청구하는 것은 민사상의 부당이득반환청구로서 민사소송절차에 따라야 한다. (대판 1995.4.28. 94다55019)
⑤ (O) 부당이득반환청구소송을 민사소송으로 보는 판례에 의할 경우 민사소송법 제260조에 의해 피고경정을 신청할 수 있고, 당사자소송으로 보는 통설에 의할 경우 행정소송법 제44조 및 제14조에 의해 피고경정을 신청할 수 있다.

**정답** ②

---

**180** 무효등확인소송의 대상 및 준용규정에 관한 설명으로 옳지 않은 것은? (다툼이 있는 경우에는 판례에 의함)

11 세무사

① 법률관계는 그 대상이 아니다.
② 사정판결에 관한 취소소송의 규정은 준용되지 않는다.
③ 법령도 일반적으로 그 대상이 된다.
④ 확정판결의 기속력에 관한 취소소송의 규정은 준용된다.
⑤ 위법성판단의 기준시점은 취소소송과 같다.

**해설**

① (O) 법률관계는 당사자소송의 대상이다.
② (O) ④ (O) 무효등확인소송의 경우 행정소송법 제28조의 사정판결에 관한 규정은 준용되지 않고, 같은 법 제30조의 기속력에 관한 규정은 준용된다. (행정소송법 제38조 제1항)
③ (X) 법령은 일반적·추상적 규율로서 일반적으로 무효등확인소송의 대상이 되지 않고, 처분적 법령만이 예외적으로 대상이 된다.
⑤ (O) 취소소송·무효등확인소송의 위법성 판단의 기준시는 처분시이다.

**정답** ③

## 181
다음 취소소송의 규정 중 무효등확인소송에 준용되지 않는 것은?　　10 서울9급

① 제9조(재판관할)
② 제13조(피고적격)
③ 제19조(취소소송의 대상)
④ 제20조(제소기간)
⑤ 제23조(집행정지)

> **해설**
> 행정소송법은 취소소송에 대한 대부분의 규정을 무효등확인소송에 준용하도록 하고 있다. **(행정소송법 제37조, 제38조 제1항)** 다만, 행정심판전치주의, 제소기간, 사정판결, 재량처분의 취소에 관한 규정은 준용되지 않는다.
>
> **정답** ④

## 제4절　항고소송 3(부작위위법확인소송)

## 182
부작위위법확인소송에 대한 설명으로 옳지 않은 것은? (다툼이 있는 경우 판례에 의함)　　22 국가7급

① 부작위위법확인소송은 처분의 신청을 한 자로서 부작위의 위법의 확인을 구할 법률상의 이익이 있는 자만이 제기할 수 있다.
② 당사자가 행정청에 대하여 어떠한 행정처분을 하여 줄 것을 요청할 수 있는 법규상 또는 조리상의 권리를 갖고 있지 아니한 경우에 제기한 부작위위법확인의 소는 부적법하다.
③ 부작위위법확인소송의 경우 사실심의 구두변론종결시점의 법적 사실적 상황을 근거로 행정청의 부작위의 위법성을 판단하여야 한다.
④ 부작위위법확인소송은 행정심판 등 전심절차를 거친 경우라 하더라도 「행정소송법」 제20조가 정한 제소기간 내에 제기해야 하는 것은 아니다.

> **해설**
> ① (O) 취소소송, 무효등확인소송, 부작위위법확인소송은 법률상 이익이 있는 자가 제기한다.
> ② (O) 거부처분과 부작위위법확인소송의 경우 법규상 또는 조리상 신청권이 있어야 가능하다.
> ③ (O) 취소소송, 무효등확인소송은 처분시를 기준으로 위법성을 판단하고, 부작위위법확인소송은 변론종결시를 기준으로 위법성을 판단한다.
> ④ (X) 부작위위법확인소송에는 제소기간의 준용이 되지만, 행정심판을 거치지 않은 경우에는 성질상 제소기간이 적용될 수 없다. 행정심판을 거친 경우에는 재결서 송달을 받은 날로부터 90일 이내에 소송을 해야 한다.
>
> **정답** ④

**183** 「행정소송법」상 부작위위법확인소송에 대한 설명으로 옳지 않은 것은? (다툼이 있는 경우 판례에 의함)

20 국가9급

① 어떠한 처분에 대하여 그 근거 법률에서 행정소송 이외의 다른 절차에 의하여 불복할 것을 예정하고 있는 경우, 그 처분이 「행정소송법」상 처분의 개념에 해당한다고 하더라도 그 처분의 부작위는 부작위위법확인소송의 대상이 될 수 없다.

② 어떠한 행정처분에 대한 법규상 또는 조리상의 신청권이 인정되지 않는 경우, 그 처분의 신청에 대한 행정청의 무응답이 위법하다고 하여 제기된 부작위위법확인소송은 적법하지 않다.

③ 취소소송의 제소기간에 관한 규정은 부작위위법확인소송에 준용되지 않으므로 행정심판 등 전심절차를 거친 경우에도 부작위위법확인소송에 있어서는 제소기간의 제한을 받지 않는다.

④ 처분의 신청 후에 원고에게 생긴 사정의 변화로 인하여, 그 처분에 대한 부작위가 위법하다는 확인을 받아도 종국적으로 침해되거나 방해받은 원고의 권리·이익을 보호·구제받는 것이 불가능하게 되었다면, 법원은 각하판결을 내려야 한다.

> **해설**
>
> ① (○) 개념상 처분에 해당한다 하더라도 다른 구제절차가 있으면 항고소송의 대상인 처분은 아니다.
>
> > 행정소송법 제2조의 처분의 개념정의에는 해당한다고 하더라도 그 처분의 근거법률에서 행정소송 이외의 다른 절차에 의하여 불복할 것을 예정하고 있는 처분은 항고소송의 대상이 될 수 없다. 검사의 불기소결정에 대해서는 검찰청법에 의한 항고와 재항고, 형사소송법에 의한 재정신청에 의해서만 불복할 수 있는 것이므로, 이에 대해서는 행정소송법상 항고소송을 제기할 수 없다. (대판 2018.9.28. 2017두47465)
>
> ② (○) 부작위위법확인소송의 대상인 부작위는 신청권을 전제로 하는 것이다.
>
> > 당사자가 행정청에 대하여 어떠한 행정행위를 하여 줄 것을 신청하지 아니하였거나 그러한 신청을 하였더라도 당사자가 행정청에 대하여 그러한 행정행위를 하여 줄 것을 요구할 수 있는 법규상 또는 조리상의 권리를 갖고 있지 아니하든지 또는 행정청이 당사자의 신청에 대하여 거부처분을 한 경우에는 원고적격이 없거나 항고소송의 대상인 위법한 부작위가 있다고 볼 수 없어 그 부작위위법확인의 소는 부적법하다고 할 것이다. (대판 1992.6.9. 91누11278)
>
> ③ (×) 부작위는 개념상 제소기간의 제한이 있을 수 없는데 행정소송법은 부작위위법확인소송에 제소기간이 준용된다고 규정하고 있다. 따라서 행정심판을 거치지 않으면 제소기간은 적용되지 않고 행정심판을 거치면 재결서의 정본을 송달받은 날로부터 90일 내에 소를 제기하여야 한다고 해석한다.
>
> > 부작위위법확인의 소는 부작위상태가 계속되는 한 그 위법의 확인을 구할 이익이 있다고 보아야 하므로 원칙적으로 제소기간의 제한을 받지 않는다. 그러나 행정소송법 제38조 제2항이 제소기간을 규정한 같은 법 제20조를 부작위위법확인소송에 준용하고 있는 점에 비추어 보면, 행정심판 등 전심절차를 거친 경우에는 행정소송법 제20조가 정한 제소기간 내에 부작위위법확인의 소를 제기하여야 한다. (대판 2009.7.23. 2008두10560)
>
> ④ (○) 소의 이익이 없는 경우이므로 각하하여야 한다.
>
> > 당사자의 신청이 있은 이후 당사자에게 생긴 사정의 변화로 인하여 위 부작위가 위법하다는 확인을 받는다고 하더라도 종국적으로 침해되거나 방해받은 권리와 이익을 보호·구제받는 것이 불가능하게 되었다면 그 부작위가 위법하다는 확인을 구할 이익은 없다. (대판 2002.6.28. 2000두4750)

**정답** ③

## 184 부작위위법확인소송에 대한 설명으로 가장 옳지 않은 것은?

16 서울7급

① 집행정지결정은 부작위위법확인소송에 준용되지 않는다.
② 부작위위법확인소송에서 예외적으로 행정심판전치가 인정될 경우 그 전치되는 행정심판은 의무이행심판이다.
③ 당사자의 신청에 대한 행정청의 거부처분이 있는 경우에는 행정청이 당사자의 신청에 대하여 일정한 처분을 이행하지 아니함으로써 위법상태가 야기된 것이므로 이를 제거하기 위하여 부작위위법확인소송도 허용된다.
④ 부작위위법확인소송은 부작위의 위법함을 확인함으로써 행정청의 응답을 신속하게 하여 부작위 내지 무응답이라고 하는 소극적인 위법상태를 제거하는 것을 목적으로 한다.

**해설**

① (O) 집행정지결정은 취소소송과 무효등확인소송에 인정되고, 부작위위법확인소송과 당사자소송에는 준용되지 않는다.
② (O) 부작위와 거부처분에 대한 행정심판은 의무이행심판이다.
③ (X) 거부처분에 대한 행정심판은 의무이행심판이지만, 소송은 거부처분 취소소송이다.
④ (O) 부작위에 대한 인용판결은 부작위가 위법하다는 것이고 그 이상의 실체적 판단을 하지 않는다.

**정답** ③

## 185 부작위위법확인판결의 효력에 대한 설명으로 옳지 않은 것은?

15 국가7급

① 부작위위법확인판결에는 취소판결의 기속력에 관한 규정과 거부처분 취소판결의 간접강제에 관한 규정이 준용된다.
② 실체적 심리설(특정처분의무설)에 의하면, 부작위위법확인소송의 인용판결에 실질적 기속력이 부인되게 된다.
③ 절차적 심리설(응답의무설)에 의하면, 부작위위법확인소송의 인용판결의 경우에 행정청이 신청에 대한 가부의 응답만 하여도 「행정소송법」 제2조 제1항 제2호의 '일정한 처분'을 취한 것이 된다.
④ 절차적 심리설(응답의무설)에 의하면, 신청의 대상이 기속행위인 경우에 행정청이 거부처분을 하여도 재처분의무를 이행한 것이 된다.

**해설**

① (O)
② (X) 실체적 심리설(특정처분의무설)은 부작위위법확인소송의 인용판결은 행정청이 상대방에게 하여야 할 처분의 내용까지도 법원이 심리할 수 있다는 내용을 포함한다. 따라서 행정청은 법원의 판결에 따른 처분을 하여야 할 의무(실절적 의무)를 부담하게 된다.
③ (O) ④ (O) 절차적 심리설(응답의무설)에 의하면, 부작위위법확인소송의 인용판결의 경우에 행정청이 신청에 대한 가부의 응답만 하면 되고 그 내용은 문제가 되지 않는다.

**정답** ②

**186** 「행정소송법」상 취소소송에 관한 규정 중 부작위위법확인소송에 준용되는 것을 모두 옳게 고른 것은?

13 국가9급

| ㄱ. 행정심판과의 관계 | ㄴ. 제소기간 |
| ㄷ. 집행정지 | ㄹ. 사정판결 |
| ㅁ. 거부처분 취소판결의 간접강제 | |

① ㄱ, ㄹ
② ㄱ, ㄴ, ㅁ
③ ㄱ, ㄴ, ㄷ, ㄹ
④ ㄱ, ㄴ, ㄷ, ㅁ

**해설**

부작위위법확인소송에는 취소소송의 규정이 대부분 적용된다. 다만, 처분변경으로 인한 소의 변경, 집행정지결정, 사정판결은 준용되지 않는다.

**정답** ②

---

**187** 다음 중 부작위위법확인소송에 관한 설명으로 옳지 않은 것은?

12 서울9급

① 부작위가 성립하였지만 소송 계속 중 처분이 내려지면 기각판결을 내린다.
② 본안심리 결과 원고의 청구가 이유있다고 인정하는 경우에는 인용판결을 내린다.
③ 신청사실 및 신청권의 존재는 소송요건으로 원고에게 입증책임이 있다.
④ 부작위의 정당화사유에 대해서는 행정청이 주장·입증책임을 진다.
⑤ 부작위가 성립하기 위해서는 법률상 또는 조리상 신청권이 있어야 한다.

**해설**

① (×) 부작위를 소의 대상으로 삼은 경우에 처분(거부처분을 포함한다)이 내려지면 소의 대상이 없어진 경우에 해당한다. 따라서 대상적격의 흠결로 부적법 각하를 하게 된다. 판례도 같다.

> 행정청이 당사자의 신청에 대하여 거부처분을 한 경우에는 항고소송의 대상인 위법한 부작위가 있다고 볼 수 없어 그 부작위위법확인의 소는 부적법하다. (대판 1998.1.23. 96누12641)

② (○) 본안심리의 결과 원고의 주장이 이유있는 경우 그 청구의 전부 또는 일부를 인용하는 판결을 한다.
③ (○) ⑤ (○) 부작위가 성립하려면 당사자의 신청이 있어야 하고, 법률상의 작위의무가 있어야 하며 상당한 기간이 경과해도 처분이 없어야 한다. 이때 당사자의 신청은 그 신청에 따른 행정행위를 해 줄 것을 요구할 수 있는 법규상 또는 조리상 신청권이 있어야 한다는 입장이다.
④ (○) 법률요건분류설에 따르면 부작위의 정당화사유는 행정청에게 유리한 요건사실이므로 그 존재에 대해서는 행정청이 입증책임을 부담한다. 한편 행정청의 부작위는 부작위위법확인소송의 대상적격으로서 소송요건이고, 소송요건은 법률요건분류설에 따르면 원고에게 입증책임이 있다.

**정답** ①

**188** 부작위위법확인소송에 관한 내용으로 옳지 않은 것은? (다툼이 있는 경우 판례에 따름)  13 국회8급

① 부작위의 직접상대방이 아닌 제3자는 당해 행정처분의 부작위위법확인을 구할 법률상의 이익이 있는 경우 원고적격이 인정된다.
② 행정청이 행한 공사중지명령의 상대방이 그 명령 이후에 그 원인사유가 소멸하였음을 들어 공사중지명령의 철회를 신청하였으나 행정청이 아무런 응답을 하지 않고 있는 경우 행정청의 부작위는 그 자체로 위법하다.
③ 위법판단의 기준시점은 처분시가 아니라 사실심 변론종결시로 보아야 한다.
④ 부작위가 성립하기 위해서는 당사자의 신청이 있어야 하며 여기서 신청이란 법규상 또는 조리상 신청권의 행사로서의 신청을 말한다.
⑤ 부작위위법확인소송에 대해서는 「행정소송법」상 처분변경으로 인한 소의 변경에 관한 규정이 준용된다.

> 해설

① (○) 부작위의 직접상대방이 아닌 제3자라 하여도 당해 행정처분의 부작위위법확인을 구할 법률상의 이익이 있는 경우에는 역시 원고적격이 인정된다. (대판 1989.5.23. 88누8135)
② (○) 행정청이 행한 공사중지명령의 상대방은 그 명령 이후에 그 원인사유가 소멸하였음을 들어 행정청에게 공사중지명령의 철회를 요구할 수 있는 조리상의 신청권이 있다 할 것이고, 상대방으로부터 그 신청을 받은 행정청으로서는 상당한 기간 내에 그 신청을 인용하는 적극적 처분을 하거나 각하 또는 기각하는 등의 소극적 처분을 하여야 할 법률상의 응답의무가 있다고 할 것이며, 행정청이 상대방의 신청에 대하여 아무런 적극적 또는 소극적 처분을 하지 않고 있는 이상 행정청의 부작위는 그 자체로 위법하다고 할 것이고, 구체적으로 그 신청이 인용될 수 있는지 여부는 소극적 처분에 대한 항고소송의 본안에서 판단하여야 할 사항이라고 할 것이다. (대판 2005.4.14. 2003두7590)
③ (○) 위법판단의 기준시점은 취소소송이나 무효등확인소송은 처분시를 기준으로 하지만, 부작위위법확인소송은 처분이 존재하지 않으므로 성질상 위법성 판단의 기준시점을 판결시(사실심 변론종결시)로 할 수밖에 없다.
④ (○) 판례는 일관되게 "행정청이 국민으로부터 어떤 신청을 받고서도 그 신청에 따르는 내용의 행위를 하지 아니한 것이 항고소송의 대상이 되는 위법한 부작위가 된다고 하기 위하여는 국민이 행정청에 대하여 그 신청에 따른 행정행위를 해줄 것을 요구할 수 있는 법규상 또는 조리상의 권리가 있어야 한다."라고 한다.
⑤ (×) 부작위위법확인소송의 경우 처분변경으로 인한 소의 변경은 준용규정이 없다. 처분이 없기 때문이다. 그러나 소의 종류의 변경에 대해서는 준용규정이 있다.

정답 ⑤

**189** 행정청의 '부작위'에 관한 설명으로 옳지 않은 것은? (단, 다툼이 있는 경우 판례에 의함)  08 선관위9급

① 재량하자의 하나인 재량권 불행사가 행정청의 부작위를 의미하는 것은 아니다.
② 행정입법의 부작위에 대하여 경우에 따라서는 헌법재판소가 그 부작위의 위법을 확인할 수 있다.
③ 부작위위법확인소송은 행정청의 부작위 또는 무응답, 거부처분 등 소극적 위법상태를 제거하기 위한 제도이다.
④ 부작위위법확인소송에서 신청권에 의하지 아니한 신청을 행정청이 받아들이지 아니한 것은 항고소송의 대상이 되는 부작위라고 할 수 없다.

**해설**

① (O) 재량의 불행사(재량흠결)는 행정청이 재량권을 행사하지 않은 경우를 말한다. 행정기관이 재량행위를 기속행위로 오인하여 여러 행위간의 형량을 전혀 하지 않고 기속행위로 행위를 한 경우이므로, 재량권의 불행사가 행정청의 부작위는 아니다.
② (O) 입법부작위에 대한 헌법소원은 원칙적으로 인정될 수 없고, 다만 헌법에서 기본권 보장을 위해 명시적인 입법위임을 하였음에도 입법자가 이를 이행하지 않거나 헌법해석상 특정인에게 구체적인 기본권이 생겨 이를 보장하기 위한 국가의 행위의무 내지 보호의무가 발생하였음이 명백함에도 입법자가 아무런 입법조치를 취하지 않고 있는 경우에만 예외적으로 인정될 수 있다. **(헌재 1999.1.28. 97헌마9)**
③ (X) 부작위위법확인소송은 '부작위'를 그 대상으로 하는바, 거부처분은 처분의 일종이므로 부작위위법확인소송의 대상이 될 수 없다.
④ (O) 당사자가 행정청에 대하여 어떠한 행정처분을 하여 줄 것을 요청할 수 있는 법규상 또는 조리상의 권리를 갖고 있지 아니하거나 부작위의 위법확인을 구할 법률상의 이익이 없는 경우에는 항고소송의 대상이 되는 위법한 부작위가 있다고 볼 수 없거나 원고적격이 없어 그 부작위위법확인의 소는 부적법하다. **(대판 2000.2.25. 99두11455)**

**정답** ③

---

**190** 행정상 부작위위법확인소송에 취소소송의 규정이 준용되지 않는 것은?  06 관세사

① 재판관할
② 피고적격
③ 간접강제
④ 판결의 제3자효
⑤ 집행정지의 취소

**해설**

⑤ (X) 집행정지는 집행정지 대상인 처분이 있어야 한다. 부작위위법확인소송의 경우에는 부작위를 그 대상으로 하므로 처분이 존재하지 않으며, 따라서 취소소송의 집행정지에 관한 규정은 부작위위법확인소송에는 준용되지 않는다.

**정답** ⑤

## 제5절 당사자소송

**191** 당사자소송에 대한 설명으로 옳지 않은 것은? (다툼이 있는 경우 판례에 의함) 21 국가7급

① 당사자소송에는 항고소송에서의 집행정지규정은 적용되지 않고 「민사집행법」상의 가처분규정은 준용된다.

② 지방자치단체가 보조금 지급결정을 하면서 일정 기한 내에 보조금을 반환하도록 교부조건을 부가한 경우, 보조사업자에 대한 지방자치단체의 보조금반환청구는 당사자소송의 대상이 된다.

③ 국가에 대한 납세의무자의 부가가치세 환급세액 지급청구는 당사자소송이 아니라 민사소송의 절차에 따라야 한다.

④ 조세 부과처분의 당연무효를 전제로 하여 이미 납부한 세금의 반환을 청구하는 것은 민사상 부당이득반환청구로서 당사자소송이 아니라 민사소송절차에 따른다.

### 해설

① (O) 당사자소송에 대하여는 행정소송법 제23조 제2항의 집행정지에 관한 규정이 준용되지 아니하므로, 이를 본안으로 하는 가처분에 대하여는 행정소송법 제8조 제2항에 따라 민사집행법상의 가처분에 관한 규정이 준용되어야 한다. (대결 2015.8.21. 2015무26)

② (O) 지방자치단체가 보조금 지급결정을 하면서 일정 기한 내에 보조금을 반환하도록 하는 교부조건을 부가한 사안에서, 보조사업자의 지방자치단체에 대한 보조금반환의무는 행정처분인 위 보조금 지급결정에 부가된 부관상 의무이고, 이러한 부관상 의무는 보조사업자가 지방자치단체에 부담하는 공법상 의무이므로, 보조사업자에 대한 지방자치단체의 보조금반환청구는 공법상 권리관계의 일방당사자를 상대로 하여 공법상 의무 이행을 구하는 청구로서 행정소송법 제3조 제2호에 규정한 당사자소송의 대상이다. (대판 2011.6.9. 2011다2951)

③ (×) 납세의무자에 대한 국가의 부가가치세 환급세액 지급의무는 그 납세의무자로부터 어느 과세기간에 과다하게 거래징수된 세액 상당을 국가가 실제로 납부받았는지 여부와 관계없이 부가가치세법령의 규정에 의하여 직접 발생하는 것으로서, 그 법적 성질은 정의와 공평의 관념에서 수익자와 손실자 사이의 재산상태 조정을 위해 인정되는 부당이득반환의무가 아니라 부가가치세법령에 의하여 그 존부나 범위가 구체적으로 확정되고 조세정책적 관점에서 특별히 인정되는 공법상 의무라고 봄이 타당하다. 그렇다면 납세의무자에 대한 국가의 부가가치세 환급세액 지급의무에 대응하는 국가에 대한 납세의무자의 부가가치세 환급세액 지급청구는 민사소송이 아니라 행정소송법 제3조 제2호에 규정된 당사자소송의 절차에 따라야 한다. (대판 2013.3.21. 2011다95564 전원합의체)

④ (O) 조세 부과처분이 당연무효임을 전제로 하여 이미 납부한 세금의 반환을 청구하는 것은 민사상의 부당이득반환청구로서 민사소송절차에 따라야 한다. (대판 1995.4.28. 94다55019)

정답 ③

**192** 다음 설명 중 옳지 않은 것은? (다툼이 있는 경우 판례에 의함)  21 서울·지방7급

① 조세심판청구에 대한 결정기관은 국무총리 소속의 조세심판원이며, 조세심판원의 결정은 관계 행정청을 기속한다.
② 공무원연금공단의 인정에 의해 퇴직연금을 지급받아 오던 중 공무원연금법령 개정 등으로 퇴직연금 중 일부 금액에 대해 지급이 정지된 경우, 미지급퇴직연금에 대한 지급청구권은 공법상 권리로서 그의 지급을 구하는 소송은 항고소송이다.
③ 과세처분 이후 조세 부과의 근거가 되었던 법률규정에 대하여 위헌결정이 내려진 경우, 위헌결정이후 그 조세채권의 집행을 위한 체납처분은 당연무효이다.
④ 위법한 세무조사에 의하여 수집된 과세자료를 기초로 한 과세처분은 위법하다.

**해설**

① (○)

> **국세기본법 제67조(조세심판원)**
> ① 심판청구에 대한 결정을 하기 위하여 국무총리 소속으로 조세심판원을 둔다.
>
> **제80조(결정의 효력)**
> ① 제81조에서 준용하는 제65조에 따른 결정은 관계 행정청을 기속한다.

② (×) 당사자소송의 대상이다.

> 공무원연금관리공단(현 공무원연금공단)의 인정에 의하여 퇴직연금을 지급받아 오던 중 구 공무원연금법령의 개정 등으로 퇴직연금 중 일부 금액의 지급이 정지된 경우에는 당연히 개정된 법령에 따라 퇴직연금이 확정되는 것이지 같은 법 제26조 제1항에 정해진 공무원연금관리공단의 퇴직연금 결정과 통지에 의하여 비로소 그 금액이 확정되는 것이 아니므로, 공무원연금관리공단이 퇴직연금 중 일부 금액에 대하여 지급거부의 의사표시를 하였다고 하더라도 그 의사표시는 퇴직연금 청구권을 형성·확정하는 행정처분이 아니라 공법상의 법률관계의 한쪽당사자로서 그 지급의무의 존부 및 범위에 관하여 나름대로의 사실상·법률상 의견을 밝힌 것일 뿐이어서, 이를 행정처분이라고 볼 수는 없고, 이 경우 미지급퇴직연금에 대한 지급청구권은 공법상 권리로서 그의 지급을 구하는 소송은 공법상의 법률관계에 관한 소송인 공법상 당사자소송에 해당한다. (대판 2004.7.8. 2004두244)

③ (○) 위헌결정 이전의 처분은 취소사유이고, 그후의 집행은 당연무효사유이다.
④ (○) 대판 2016.12.15. 2016두47659

**정답** ②

**193** 「행정소송법」상 당사자소송에 대한 설명으로 옳은 것만을 모두 고르면? (다툼이 있는 경우 판례에 의함)

20 서울·지방7급

> ㄱ. 공법상 당사자소송에서 재산권의 청구를 인용하는 판결을 하는 경우 가집행선고를 할 수 있다.
> ㄴ. 소송형태는 당사자소송의 형식을 취하지만 실질적으로는 처분 등의 효력을 다투는 항고소송의 성질을 가지는 소송은 현행법상 인정되지 아니한다.
> ㄷ. 「도시 및 주거환경정비법」상 행정주체인 주택재건축정비사업조합을 상대로 관리처분계획안에 대한 조합 총회결의의 효력 등을 다투는 소송은 민사상 법률관계에 관한 것이므로 민사소송에 해당한다.
> ㄹ. 「석탄산업법」과 관련하여 피재근로자는 석탄산업합리화사업단이 한 재해위로금 지급거부의 의사표시에 불복이 있는 경우 공법상의 당사자소송을 제기하여야 한다.

① ㄱ, ㄴ
② ㄱ, ㄹ
③ ㄴ, ㄷ
④ ㄷ, ㄹ

**해설**

ㄱ. (O) 가집행선고를 할 수 없다는 행정소송법 조문은 위헌결정되었다.
ㄴ. (X) 선지는 형식적 당사자소송으로, 손실보상금증감청구소송이 형식적 당사자소송으로 인정된다.
ㄷ. (X) 관리처분계획안에 대한 조합 총회결의의 효력 등을 다투는 소송은 당사자소송이다.
ㄹ. (O) 석탄가격안정지원금은 석탄의 수요 감소와 열악한 사업환경 등으로 점차 경영이 어려워지고 있는 석탄광업의 안정 및 육성을 위하여 국가정책적 차원에서 지급하는 지원비의 성격을 갖는 것이고, 석탄광업자가 석탄산업합리화사업단에 대하여 가지는 이와 같은 지원금 지급청구권은 석탄사업법령에 의하여 정책적으로 당연히 부여되는 공법상의 권리이므로, 석탄광업자가 석탄산업합리화사업단을 상대로 석탄산업법령 및 석탄가격안정지원금 지급요령에 의하여 지원금의 지급을 구하는 소송은 공법상의 법률관계에 관한 소송인 공법상의 당사자소송에 해당한다. (대판 1997.5.30. 95다28960)

**정답** ②

**194** 판례에 의할 때 ㄱ과 ㄴ에서 甲과 乙이 적법하게 행사할 수 있는 소송의 종류를 바르게 연결한 것은?

18 국가9급

> ㄱ. 법관 甲이 이미 수령한 명예퇴직수당액이 구 법관 및 법원공무원 명예퇴직수당 등 지급규칙에서 정한 정당한 명예퇴직수당액에 미치지 못한다고 주장하여 차액의 지급을 신청하였으나 법원행정처장이 이를 거부한 경우
> ㄴ. 乙이 군인연금법령에 따라 국방부장관의 인정을 받아 퇴역연금을 지급받아 오던 중 「군인보수법」, 「공무원보수규정」에 의한 호봉이나 봉급액의 개정 등으로 퇴역연금액이 변경되어 국방부장관이 乙에게 법령의 개정에 따른 퇴역연금액 감액조치를 한 경우

| | ㄱ | ㄴ |
|---|---|---|
| ① | 미지급명예퇴직수당액 지급을 구하는 당사자소송 | 퇴역연금차액 지급을 구하는 당사자소송 |
| ② | 법원행정처장의 거부처분에 대한 취소소송 | 퇴역연금차액 지급을 구하는 당사자소송 |
| ③ | 미지급명예퇴직수당액 지급을 구하는 당사자소송 | 국방부장관의 퇴역연금감액처분에 대한 취소소송 |
| ④ | 법원행정처장의 거부처분에 대한 취소소송 | 국방부장관의 퇴역연금감액처분에대한 취소소송 |

**해설**

ㄱ. [당사자소송] 명예퇴직수당은 명예퇴직수당 지급신청자 중에서 일정한 심사를 거쳐 피고가 명예퇴직수당 지급대상자로 결정한 경우에 비로소 지급될 수 있지만, 명예퇴직수당 지급대상자로 결정된 법관에 대하여 지급할 수당액은 명예퇴직수당규칙 제4조 [별표 1]에 산정기준이 정해져 있으므로, 위 법관은 위 규정에서 정한 정당한 산정기준에 따라 산정된 명예퇴직수당액을 수령할 구체적인 권리를 가진다. 따라서 위 법관이 이미 수령한 수당액이 위 규정에서 정한 정당한 명예퇴직수당액에 미치지 못한다고 주장하며 차액의 지급을 신청함에 대하여 법원행정처장이 거부하는 의사를 표시했더라도, 그 의사표시는 명예퇴직수당액을 형성·확정하는 행정처분이 아니라 공법상의 법률관계의 한쪽당사자로서 지급의무의 존부 및 범위에 관하여 자신의 의견을 밝힌 것에 불과하므로 행정처분으로 볼 수 없다. 결국 명예퇴직한 법관이 미지급 명예퇴직수당액에 대하여 가지는 권리는 명예퇴직수당 지급대상자 결정절차를 거쳐 명예퇴직수당규칙에 의하여 확정된 공법상 법률관계에 관한 권리로서, 그 지급을 구하는 소송은 행정소송법의 당사자소송에 해당하며, 그 법률관계의 당사자인 국가를 상대로 제기하여야 한다. (대판 2016.5.24. 2013두14863)

ㄴ. [당사자소송] 乙이 군인연금법령에 따라 국방부장관의 인정을 받아 퇴역연금을 지급받아 오던 중 군인보수법, 공무원보수규정에 의한 호봉이나 봉급액의 개정 등으로 퇴역연금액이 변경되어 국방부장관이 乙에게 법령의 개정에 따른 퇴역연금액 감액조치를 한 경우 개정에 따라 당연히 개정규정에 따른 퇴역연금액이 확정되는 것이지 구 군인연금법 제18조 제1항 및 제2항에 정해진 국방부장관의 퇴역연금액결정과 통지에 의하여 비로소 그 금액이 확정되는 것이 아니므로, 법령의 개정에 따른 국방부장관의 퇴역연금액 감액조치에 대하여 이의가 있는 퇴역연금수급권자는 항고소송을 제기하는 방법으로 감액조치의 효력을 다툴 것이 아니라 직접 국가를 상대로 정당한 퇴역연금액과 결정, 통지된 퇴역연금액과의 차액의 지급을 구하는 공법상 당사자소송을 제기하는 방법으로 다툴 수 있다 할 것이고, 같은 법 제5조 제1항에 그 법에 의한 급여에 관하여 이의가 있는 자는 군인연금급여재심위원회에 그 심사를 청구할 수 있다는 규정이 있다 하여 달리 볼 것은 아니다. (대판 2003.9.5. 2002두3522)

정답 ①

> **기출지문 OX**
>
> 국가를 당사자 또는 참가인으로 하는 소송에서는 법무부장관이 국가를 대표하고, 지방자치단체를 당사자로 하는 소송에서는 지방자치단체의 장이 해당 지방자치단체를 대표한다. [17 서울7급] (O, X)
>
> **해설** 국가가 피고인 경우에는 국가의 법적인 대표자는 법무부장관이며, 지방자치단체가 피고인 경우에는 지방자치단체의 법적인 대표자는 지방자치단체의 장이다.
>
> **정답** O

> **예상판례**
>
> 고용산재보험료징수법 제4조, 제16조의2, 제17조, 제19조, 제23조의 각 규정에 의하면, 사업주가 당연가입자가 되는 고용보험 및 산재보험에서 보험료 납부의무 부존재확인의 소는 공법상의 법률관계 그 자체를 다투는 소송으로서 공법상 당사자소송이라 할 것이다. (대판 2016.10.13, 2016다221658)

## 195 공법상 당사자소송에 해당하는 것만을 모두 고른 것은? (다툼이 있는 경우 판례에 의함) [15 지방7급]

ㄱ. 과세처분의 무효를 원인으로 하는 조세환급청구소송
ㄴ. 부가가치세 환급청구소송
ㄷ. 재개발조합의 관리처분계획의 취소를 구하는 소송
ㄹ. 「민주화운동 관련자 명예회복 및 보상 등에 관한 법률」에 따른 보상심의위원회의 결정을 다투는 소송
ㅁ. 「공익사업을 위한 토지 등의 취득 및 보상에 관한 법률」상의 주거이전비 보상청구소송

① ㄱ, ㄷ  ② ㄱ, ㄹ, ㅁ
③ ㄴ, ㅁ  ④ ㄴ, ㄹ, ㅁ

**해설**
ㄱ. 민사소송
ㄴ, ㅁ. 당사자소송
ㄷ, ㄹ. 취소소송
**주의** 광주민주화운동 보상금 결정은 당사자소송의 대상이다.

**정답** ③

> **기출지문 OX**
>
> **01** 「보조금 관리에 관한 법률」에 따라 반환되어야 할 보조금에 대한 중앙관서의 장이 가지는 징수권은 사법상 채권이므로, 민사소송의 방법으로 반환청구할 수 있다. [14 지방7급] (O, X)
>
> **해설** 지방자치단체가 보조금 지급결정을 하면서 일정 기한 내에 보조금을 반환하도록 하는 교부조건을 부가한 사안에서, 보조사업자의 지방자치단체에 대한 보조금반환의무는 행정처분인 위 보조금 지급결정에 부가된 부관상 의무이고, 이러한 부관상 의무는 보조사업자가 지방자치단체에 부담하는 공법상 의무이므로, 보조사업자에 대한 지방자치단체의 보조금반환청구는 공법상 권리관계의 일방당사자를 상대로 하여 공법상 의무 이행을 구하는 청구로서 행정소송법 제3조 제2호에 규정한 당사자소송의 대상이다. (대판 2011.6.9. 2011다2951) **정답** X
>
> **02** 보조사업자가 허위서류 등을 제출하여 보조금을 지급받은 후에 적발된 경우, 중앙관서의 장이 그 보조금교부결정의 전부 또는 일부를 취소하는 것은 강학상 행정행위의 직권취소에 해당한다. [14 지방7급] (O, X) **정답** O
>
> **03** 도시 및 주거환경정비법」상 조합설립추진위원회의 구성에 동의하지 아니한 정비구역 내의 토지등소유자는 조합설립추진위원회 설립승인처분의 취소를 구할 원고적격이 있다. [11 국가7급] (O, X)
>
> **해설** 도시 및 주거환경정비법 제13조 제1항 및 제2항의 입법경위와 취지에 비추어 하나의 정비구역 안에서 복수의 조합설립추진위원회에 대한 승인은 허용되지 않는 점, 조합설립추진위원회가 조합을 설립할 경우 같은 법 제15조 제4항에 의하여 조합설립추진위원회가 행한 업무와 관련된 권리와 의무는 조합이 포괄승계하며, 주택재개발사업의 경우 정비구역 내의 토지등소유자는 같은 법 제19조 제1항에 의하여 당연히 그 조합원으로 되는 점 등에 비추어 보면, 조합설립추진위원회의 구성에 동의하지 아니한 정비구역 내의 토지등소유자도 조합설립추진위원회 설립승인처분에 대하여 같은 법에 의하여 보호되는 직접적이고 구체적인 이익을 향유하므로 그 설립승인처분의 취소소송을 제기할 원고적격이 있다. (대판 2007.1.25. 2006두12289) **정답** O

**196** 당사자소송에 관한 설명으로 옳지 않은 것은?  10 세무사

① 처분 등 이외의 공법상 법률관계를 소송의 대상으로 하므로 이행소송의 형태는 인정되지 않는다.
② 국가·공공단체 그 밖의 권리주체를 피고로 한다.
③ 공법상 법률관계를 소송의 대상으로 하는 점에서 사법상 법률관계를 대상으로 하는 민사소송과 구별된다.
④ 형식적 당사자소송은 소송형식상 당사자소송이지만, 처분 등의 효력에 관한 다툼으로서의 실질을 가진다.
⑤ 실질적 당사자소송은 대등한 당사자 간의 공법상의 권리 또는 법률관계 그 자체를 소송물로 한다.

> **해설**
> ① (X) 이행소송은 항고소송에서는 인정되지 않지만, 당사자소송에서는 인정된다. 주로 공법상 금전급부(지급)청구소송이 이행소송으로 해결된다.
> ② (O) 행정소송법 제39조
> ③ (O) ⑤ (O) 당사자소송과 민사소송은 양자 모두 대등한 당사자 간의 법률관계를 대상으로 하는 점에서는 같으나, 전자는 공법상 법률관계를 대상으로 하고 후자는 사법상 법률관계를 대상으로 하는 점에서 다르다.
> ④ (O) 형식적 당사자소송은 처분 등을 원인으로 하는 법률관계에 관하여 실질적으로는 처분 등의 효력을 다투지만 형식적으로는 그 법률관계의 일방당사자를 피고로 하여 제기하는 소송을 말한다. 따라서 기본적으로는 법률관계의 내용을 다투는 점에서 당사자소송이지만, 처분의 효력의 부인을 전제로 하는 점에서 실질적 당사자소송과 다르다.
>
> **정답** ①

**197** 「공익사업을 위한 토지 등의 취득 및 보상에 관한 법률」상 토지수용위원회의 재결에 대하여 토지소유자인 A가 보상금의 증감에 관한 행정소송을 제기하고자 할 때, 누구를 피고로 하여야 하는가? (사업시행자는 B광역시로 전제한다)  06 대구9급

① B광역시와 토지수용위원회
② B광역시
③ B광역시장과 토지수용위원회
④ B광역시장

> **해설**
> ② (O) 행정소송이 보상금의 증감에 관한 소송인 경우 그 소송을 제기하는 자가 토지소유자 또는 관계인인 때에는 사업시행자를, 사업시행자인 때에는 토지소유자 또는 관계인을 각각 피고로 한다. **(공익사업을 위한 토지 등의 취득 및 보상에 관한 법률 제85조 제2항)** 즉 종래에는 재결청과 사업시행자 또는 재결청과 토지소유자(관계인)를 보상금증감청구소송의 공동피고로 하고 있었으나, 현재는 재결청을 피고에서 제외하고 있다. 따라서 보상금증감청구소송은 대표적인 형식적 당사자소송인바, 사안에서 원고가 토지소유자 A이면 피고는 기업자(사업시행자) B광역시가 된다.
>
> **정답** ②

---

## 제6절 객관적 소송

**198** 민중소송과 기관소송에 관한 설명으로 옳지 않은 것은?  12 세무사

① 지방의회의 재의결에 대하여 당해 지방자치단체의 장이 대법원에 제기하는 소는 기관소송이다.
② 민중소송은 법률이 규정하고 있는 경우에 한하여 제기할 수 있으나, 기관소송은 개별법률에 특별한 규정이 없어도 제기할 수 있다.
③ 국회의원 선거의 효력에 관하여 이의가 있는 선거인이 대법원에 제기하는 소는 민중소송이다.
④ 「지방자치법」에 의한 주민소송은 민중소송이다.
⑤ 기관소송으로서 처분 등의 취소를 구하는 소송에는 그 성질에 반하지 아니하는 한 취소소송에 관한 규정을 준용한다.

> **해설**
> ① (O) 기관소송의 종류에는 ㉠ 지방자치법상 지방의회의 의결에 대한 자치단체장과 지방의회 간의 소송, ㉡ 지방교육자치에 관한 법률상의 기관소송, ㉢ 감독처분에 대한 소송 등이 있다.
> ② (×)
>> **행정소송법 제45조(소의 제기)**
>> 민중소송 및 기관소송은 법률이 정한 경우에 법률에 정한 자에 한하여 제기할 수 있다.
>
> ③ (O) ④ (O) 현행법상 인정되는 민중소송의 종류에는 ㉠ 공직선거법상 선거무효소송과 당선무효소송, ㉡ 국민투표법상 국민투표무효소송, ㉢. 지방자치법상 주민소송, ㉣ 주민투표법상 주민투표무효소송, ㉤ 주민소환에 관한 법률상 주민소환투표소송 등이 있다.
> ⑤ (O) 행정소송법 제46조 제1항
>
> **정답** ②

**199** 공법상 객관적 권리구제의 성질이 가장 강한 것은?  　　11 지방9급

① 취소소송
② 처분의 상대방에 의한 이의신청
③ 「지방자치법」상 주민소송
④ 민주화운동 관련 보상을 위한 당사자소송

> **해설**
> ① (×) ④ (×) 취소소송과 당사자소송은 행정청의 처분으로 침해된 개인의 권익의 구제(사익보호)를 직접적인 목적으로 하는 소송으로서 주관적 소송에 해당한다.
> ② (×) 이의신청은 위법·부당한 처분 등으로 권리를 침해당한 자가 당해 처분청에 대하여 권리구제를 신청하는 제도로서, 주관적 권리구제로서의 성질을 갖는다.
> ③ (○) 지방자치법상 주민소송은 민중소송으로서 객관적 소송에 해당한다.

**정답** ③

---

**200** 「지방자치법」상 주민소송에 관한 설명으로 옳은 것은?  　　15 서울7급

① 주민소송은 지방자치단체장의 부당이나 위법행위로 인해 권익이 침해되거나 재산상 손실을 입은 자만이 제기할 수 있다.
② 주민소송의 피고는 지방자치단체이다.
③ 소송의 계속 중에 소송을 제기한 주민이 사망한 경우 소송절차는 중단된다. 소송대리인이 있는 경우에도 또한 같다.
④ 주민소송이 진행 중이라도 다른 주민도 같은 사항에 대하여 별도의 소송을 제기할 수 있다.

> **해설**
> ① (×) 주민소송은 주민감사를 청구한 주민만 제기할 수 있다.
> ② (×) 해당 지방자치단체장이 피고가 된다.
> ③ (○) ④ (×)
>
> **지방자치법 제22조(주민소송)**
> ⑤ 주민소송이 진행 중이면 다른 주민은 같은 사항에 대하여 별도의 소송을 제기할 수 없다.
> ⑥ 소송의 계속 중에 소송을 제기한 주민이 사망하거나 제16조에 따른 주민의 자격을 잃으면 소송절차는 중단된다. 소송대리인이 있는 경우에도 또한 같다.
> ⑦ 감사청구에 연대서명한 다른 주민은 제6항에 따른 사유가 발생한 사실을 안 날부터 6개월 이내에 소송절차를 수계할 수 있다. 이 기간에 수계절차가 이루어지지 아니할 경우 그 소송절차는 종료된다.

**정답** ③

---

**감사청구제도**

국민감사청구 —— 감사원에 감사청구 —— 기각되면 헌법소원 가능

주민감사청구 ┬ 시·도는 주무부장관에게 감사청구 ┬ 주민소송(감사청구한 주민만 가능)
　　　　　　 └ 시·군·구는 시·도지사에 감사청구 ┘

감사의뢰 —— 국민권익위원회는 감사원에, 시민고충처리위원회는 해당 지방자치단체에

## 201 행정상 제재에 대한 설명으로 옳지 않은 것은? (다툼이 있는 경우 판례에 의함)

20 서울·지방7급

① 관할 행정청이 이행강제금의 부과·징수를 게을리한 행위는 주민소송의 대상이 되는 공금의 부과·징수를 게을리한 사항에 해당한다.

② 구 「독점규제 및 공정거래에 관한 법률」상의 부당내부거래에 대한 과징금에는 행정상의 제재금으로서의 기본적 성격에 부당이득환수적 요소도 부가되어 있다.

③ 구 「법인세법」 제76조 제9항에 근거하여 부과하는 가산세는 형벌이 아니므로 행위자의 고의 또는 과실·책임능력·책임조건 등을 고려하지 아니하며, 조세의 부과절차에 따라 과징할 수 있다.

④ 양벌규정에 의한 영업주의 처벌은 금지위반행위자인 종업원의 처벌에 종속하는 것이므로 종업원의 범죄성립이나 처벌이 영업주 처벌의 전제조건이 된다.

### 해설

① (○) 이행강제금의 부과·징수를 게을리한 행위는 주민소송의 대상이 되는 공금의 부과·징수를 게을리한 사항에 해당한다.

> [1] 주민소송의 대상이 되는 '재산의 관리·처분에 관한 사항'이나 '공금의 부과·징수를 게을리한 사항'이란 지방자치단체의 소유에 속하는 재산의 가치를 유지·보전 또는 실현함을 직접 목적으로 하는 행위 또는 그와 관련된 공금의 부과·징수를 게을리한 행위를 말하고, 그 밖에 재무회계와 관련이 없는 행위는 그것이 지방자치단체의 재정에 어떤 영향을 미친다고 하더라도, 주민소송의 대상이 되는 '재산의 관리·처분에 관한 사항' 또는 '공금의 부과·징수를 게을리한 사항'에 해당하지 않는다.
> [2] 지방자치법 제17조(현 제22조) 제1항·제2항 제3호의 주민소송요건인 위법하게 공금의 부과·징수를 게을리한 사실이 인정되기 위해서는 전제로서, 관련 법령상의 요건이 갖추어져 지방자치단체의 집행기관 등의 공금에 대한 부과·징수가 가능하여야 한다. (대판 2015.9.10. 2013두16746)

② (○) 과징금의 성격이다.

③ (○) 가산세는 형벌이 아니라 새로운 조세 부과처분으로 처분성이 인정된다. 따라서 행위자의 고의 또는 과실·책임능력·책임조건 등을 고려하지 아니하며, 조세의 부과절차에 따라 과징할 수 있다. 다만 의무 해태를 탓할 수 없는 정당한 사유가 있으면 부과하지 아니한다.

④ (✕) 양벌규정에 의한 영업주의 처벌은 금지 위반행위자인 종업원의 처벌에 종속하는 것이 아니라 독립하여 그 자신의 종업원에 대한 선임·감독상의 과실로 인하여 처벌되는 것이므로 종업원의 범죄성립이나 처벌이 영업주 처벌의 전제조건이 될 필요는 없다. (대판 2006.2.24. 2005도7673)

**정답** ④

### 예상판례

**01** 도로 등 공물이나 공공용물을 특정 사인이 배타적으로 사용하도록 하는 점용허가가 도로 등의 본래 기능 및 목적과 무관하게 그 사용가치를 실현·활용하기 위한 것으로 평가되는 경우에는 주민소송의 대상이 되는 재산의 관리·처분에 해당한다. (대판 2016.5.27. 2014두8490)

**02** 지방자치단체가 지방자치법 제9조 제2항 제2호에 정한 주민의 복지증진에 관한 사무로서 특정 개인이나 단체가 아니라 일정한 조건을 충족한 주민 일반을 대상으로 일정한 지원을 하겠다는 것은 그 조건이 사실상 특정 개인이나 단체를 위해 설정한 것이라는 등의 특별한 사정이 없는 한 구 지방재정법 제17조 제1항에서 정한 '개인 또는 단체에 대한 공금 지출'에 해당하지 아니한다. (대판 2016.5.12. 2013추531)

## 202 다음 중 민중소송에 해당하는 것을 모두 고르면?

14 서울7급

ㄱ. 「지방자치법」에 따른 지방의회의원 징계의결에 대한 무효확인소송
ㄴ. 「지방자치법」에 따른 주민소송의 유형으로서 부당이득반환청구소송
ㄷ. 「지방자치법」에 따른 주민소송의 유형으로서 중지청구소송
ㄹ. 「공직선거법」상의 당선소송
ㅁ. 「공직선거법」상의 선거소송

① ㄱ, ㄴ, ㄷ, ㄹ, ㅁ
② ㄱ, ㄴ, ㄷ, ㄹ
③ ㄱ, ㄷ, ㄹ, ㅁ
④ ㄴ, ㄷ, ㄹ, ㅁ
⑤ ㄷ, ㄹ, ㅁ

**해설**

ㄱ. (X) 지방의회의원 징계의결에 대한 무효확인소송은 항고소송에 해당한다.

> 지방자치법 제78조 내지 제81조의 규정에 의거한 지방의회의 의원징계의결은 그로 인해 의원의 권리에 직접 법률효과를 미치는 행정처분의 일종으로서 행정소송의 대상이 된다. (대판 1993.11.26. 93누7341)

ㄴ. (O) ㄷ. (O) ㄹ. (O) ㅁ. (O)

**정답** ④

---

**주민소송의 종류**

1. 부작위청구소송(해당 행위를 계속하면 회복하기 곤란한 손해를 발생시킬 우려가 있는 경우에는 그 행위의 전부나 일부를 중지할 것을 요구하는 소송)
2. 행정처분인 해당 행위의 취소 또는 변경을 요구하거나 그 행위의 효력 유무 또는 존재 여부의 확인을 요구하는 소송
3. 게을리한 사실의 위법확인을 요구하는 소송
4. 해당 지방자치단체의 장 및 직원, 지방의회의원, 해당 행위와 관련이 있는 상대방에게 손해배상청구 또는 부당이득반환청구를 할 것을 요구하는 소송

---

## 203 지방자치단체인 A광역시가 부과하는 지방세의 징수를 담당하는 소속 공무원인 B는 납세의무자인 D의 허위신고를 묵인하고 해당 지방세를 징수하지 않았다. 이에 감사청구를 한 주민 C가 60일이 경과해도 감사가 종료되지 않았을 때 제기할 수 있는 소송의 유형은?

11 국가9급

① 민법상 손해배상청구소송
② 공법상 당사자소송
③ 항고소송
④ 민중소송으로서의 주민소송

**해설**

④ (O) 지방세·사용료·수수료·과태료 등 공금의 부과·징수를 게을리한 사항을 감사청구한 주민은 주무부장관이나 시·도지사가 감사청구를 수리한 날부터 60일 지나도 감사를 끝내지 아니한 경우에는 그 감사청구한 사항과 관련이 있는 위법한 행위나 업무를 게을리한 사실에 대하여 해당 지방자치단체의 장을 상대방으로 하여 소송을 제기할 수 있다. (**지방자치법 제22조 제1항 제1호**) 지방자치법 제22조의 주민소송과 같이 국가 또는 공공단체의 기관이 법률에 위반되는 행위를 한 때에 직접 자기의 법률상 이익과 관계없이 그 시정을 구하기 위하여 제기하는 소송을 민중소송이라고 한다.

**정답** ④

# CHAPTER 04 행정쟁송 2(행정심판)

## 제1절 개설

### 행정심판과 행정소송

| 구분 | 행정심판 | 행정소송 |
|---|---|---|
| 성질 | 형식적 의미의 행정이지만, 실질적 의미의 사법작용 | 형식적 의미의 사법인 동시에 실질적 의미의 사법작용 |
| 심판기관 | 행정심판위원회(행정부 소속) | 법원(사법부) |
| 절차 | 약식쟁송 | 정식쟁송 |
| 특징 | 자율적 통제, 전문성 확보 등 | 타율적 통제, 독립성 확보 |
| 종류 | 취소심판, 무효등확인심판, 의무이행심판. 단, 부작위위법확인심판은 인정되지 않음. | 취소소송, 무효등확인소송, 부작위위법확인소송. 의무이행소송 등의 무명항고소송은 인정되지 않음. |
| 심판대상 | 위법한 처분과 부작위뿐만 아니라 부당한 처분도 대상이 됨. 대통령의 처분이나 부작위는 제외됨. | 위법한 처분과 부작위는 대상이 되지만, 부당한 처분은 안 됨. 위법한 재결은 대상이 됨. 대통령의 처분이나 부작위도 포함 |
| 적극적 변경 여부 | 가능(취소처분을 정지처분으로 변경하는 것) | 적극적 변경은 불가능, 소극적 변경으로서 일부취소는 가능 |
| 제기기간 | • 취소심판·거부처분에 대한 의무이행심판: 처분을 안 날로부터 90일, 처분이 있은 날로부터 180일<br>• 무효등확인심판: 기간 제한 없음.<br>• 부작위의무이행심판: 기간 제한 없음. | • 취소소송: 처분을 안 날로부터 90일, 처분이 있은 날로부터 1년<br>• 무효등확인소송: 기간 제한 없음.<br>• 부작위위법확인소송: 기간 제한 없음. |
| 심리방식 | • 행정심판법은 구술심리 또는 서면심리를 규정하고 있음.<br>• 비공개원칙이 적용됨. | • 구술심리주의<br>• 공개원칙. 단, 평의는 비공개로 함. |
| 재결·판결 | • 위법과 부당을 모두 판단<br>• 취소재결, 변경재결, 변경명령재결 가능(취소명령재결은 인정되지 않음)<br>• 사정재결: 취소심판과 의무이행심판에 사정재결을 인정함. 재결주문에 위법 또는 부당함을 명시함. | • 위법사유만 판단함(부당은 기각사유).<br>• 취소판결만 가능하고 취소명령판결은 불가<br>• 사정판결: 취소판결에만 인정됨. 판결주문에 위법함을 명시함. |
| 의무 이행 확보수단 | 시정명령과 직접 처분권, 간접강제 | 간접강제(권력분립원칙상 시정명령 등은 할 수 없지만, 배상을 명함) |
| 참가통지 | 제3자의 참가 여부에 대한 통지규정 있음. | 제3자의 참가 여부에 대한 통지규정 없음. |
| 적용법률 | 행정심판법 | 행정소송법 |

**001** 공익신고자 丙은 甲이 「국민기초생활 보장법」상의 복지급여를 부정수급하고 있다고 관할 乙행정청에 신고하였다. 이에 대하여 甲은 乙에게 부정수급신고를 한 자와 그 내용에 대해 정보공개청구를 하였다. 이후 甲은 乙의 비공개결정통지를 받았고(2022.8.26.) 이에 대해 국민권익위원회에 고충민원을 제기하였으나(2022.9.16.), 국민권익위원회로부터 乙의 결정은 문제가 없다는 안내를 받았다(2022.10.26.). 그리고 甲은 乙의 비공개결정의 취소를 구하는 행정심판을 제기하게 되었다 (2022.12.27.). 이에 대한 설명으로 옳은 것만을 모두 고르면? 23 국가9급

> ㄱ. 「개인정보 보호법」상 정보주체에게 열람청구권이 보장되어 있더라도, 甲은 이에 근거하여 乙에게 신고자에 대한 정보공개를 요구하여 그 정보를 받을 수 없다.
> ㄴ. 甲의 행정심판청구는 행정심판 제기기간 내에 이루어졌으므로 적법하다.
> ㄷ. 甲의 국민권익위원회에 대한 고충민원 제기는 이의신청에 해당하므로, 고충민원에 대한 답변을 받은 날이 행정심판 제기기간의 기산점이 된다.
> ㄹ. 학술·연구를 위하여 일시적으로 체류하는 외국인 丙은 「국민기초생활 보장법」상의 복지급여 지급기준에 대해 정보공개를 청구할 권리가 인정된다.

① ㄱ, ㄴ
② ㄱ, ㄹ
③ ㄴ, ㄷ
④ ㄱ, ㄷ, ㄹ

**해설**

ㄱ. (O) 정보공개청구권이 있다는 것은 일반적으로 공개청구가 가능하고 거부되었을 때 항고소송이 가능하다. 다만, 정보의 성질상 비공개정보의 경우에는 공개가 허용되지 않는다.
ㄴ. (X) ㄷ. (X) 행정심판은 행정심판위원회에 하는 것이고, 이의신청은 해당 행정청에 하는 것이다. 그렇다면 국민권익위원회에 대한 이의신청은 행정심판이 아니다.
ㄹ. (O)

> **공공기관의 정보공개에 관한 법률 제5조(정보공개 청구권자)**
> ② 외국인의 정보공개청구에 관하여는 대통령령으로 정한다.
>
> **시행령 제3조(외국인의 정보공개청구)**
> 법 제5조 제2항의 규정에 의하여 정보공개를 청구할 수 있는 외국인은 다음 각 호의 1에 해당하는 자이어야 한다.
>   1. 국내에 일정한 주소를 두고 거주하거나 학술·연구를 위하여 일시적으로 체류하는 자
>   2. 국내에 사무소를 두고 있는 법인 또는 단체

정답 ②

**002** 자신이 소유한 모텔에서 성인 乙과 청소년 丙을 투숙시켜 이성 혼숙하도록 한 사실이 적발되어 A도 관할 B군 군수 丁으로부터 「공중위생관리법」에 따라 영업정지 3개월의 처분을 받은 甲이 처분의 취소를 구하는 행정심판을 청구하려는 경우, 이에 관한 설명으로 옳지 않은 것은? 23 소방

① 본 사안은 이른바 행정심판전치주의가 적용되지 않으므로, 甲은 행정심판을 거치지 아니하고도 곧바로 취소소송을 제기할 수 있다.
② 본 사안에서 丁의 영업정지처분에 대한 불복은 A도행정심판위원회가 심리·재결한다.
③ 행정심판위원회가 甲의 청구를 기각하는 재결을 한 경우, 甲은 재결서의 정본을 송달받은 날부터 90일 이내에 행정소송을 제기할 수 있다.
④ 행정심판위원회가 甲의 청구를 인용하는 재결을 한 경우, 丁이 인용재결의 취소를 구하는 행정소송을 제기할 수 있다.

**해설**
① (○) 임의적 전치주의 대상이다.
② (○) 시장·군수·구청장의 처분에 대해서는 시·도행정심판위원회에 제기해야 한다.
③ (○)
④ (×) 행정심판이 기각되면 신청인은 이에 불복하여 소송을 제기할 수 있지만, 인용된 경우 행정청은 소송을 할 수 없고 재처분을 해야 한다.

**정답** ④

---

**003** 「행정심판법」에 따른 행정심판기관이 아닌 특별행정심판기관에 의하여 처리되는 특별행정심판에 해당하는 것만을 모두 고르면? (다툼이 있는 경우 판례에 의함) 22 국가7급

ㄱ. 「국세기본법」상 조세심판
ㄴ. 「도로교통법」상 행정심판
ㄷ. 「국가공무원법」상 소청심사
ㄹ. 「공익사업을 위한 토지 등의 취득 및 보상에 관한 법률」상 토지수용재결에 대한 이의신청

① ㄱ, ㄴ
② ㄱ, ㄷ, ㄹ
③ ㄴ, ㄷ, ㄹ
④ ㄱ, ㄴ, ㄷ, ㄹ

**해설**
ㄱ. (○) 국세기본법상 조세심판은 조세심판원에 제기하는 특별행정심판이다.
ㄴ. (×) 도로교통법상 행정심판은 중앙행정심판위원회(정확하게는 소위원회)에 제기하는 일반행정심판이다.
ㄷ. (○) 국가공무원법상 소청심사는 소청심사위원회에 제기하는 특별행정심판이다.
ㄹ. (○) 공익사업을 위한 토지 등의 취득 및 보상에 관한 법률상 토지수용재결에 대한 이의신청은 중앙토지수용위원회에 제기하는 특별행정심판이다.

**정답** ②

## 004

다음 중 「행정심판법」에 따른 행정심판을 제기할 수 없는 경우만을 모두 고르면? (다툼이 있는 경우 판례에 의함)

22 국가9급

> ㄱ. 「공공기관의 정보공개에 관한 법률」상 정보공개와 관련한 공공기관의 비공개결정에 대하여 이의신청을 한 경우
> ㄴ. 「공익사업을 위한 토지 등의 취득 및 보상에 관한 법률」상 토지수용위원회의 수용재결에 이의가 있어 중앙토지수용위원회에 이의를 신청한 경우
> ㄷ. 「난민법」상 난민불인정결정에 대해 법무부장관에게 이의신청을 한 경우
> ㄹ. 「민원 처리에 관한 법률」상 법정민원에 대한 행정기관의 장의 거부처분에 대해 그 행정기관의 장에게 이의신청을 한 경우

① ㄱ, ㄴ
② ㄱ, ㄹ
③ ㄴ, ㄷ
④ ㄷ, ㄹ

### 해설

ㄱ. [일반행정심판] 행정심판법상 행정심판이다.

> **공공기관의 정보공개에 관한 법률 제19조(행정심판)**
> ① 청구인이 정보공개와 관련한 공공기관의 결정에 대하여 불복이 있거나 정보공개청구 후 20일이 경과하도록 정보공개결정이 없는 때에는 행정심판법에서 정하는 바에 따라 행정심판을 청구할 수 있다. 이 경우 국가기관 및 지방자치단체 외의 공공기관의 결정에 대한 감독행정기관은 관계 중앙행정기관의 장 또는 지방자치단체의 장으로 한다.

ㄴ. [특별행정심판] 공익사업을 위한 토지 등의 취득 및 보상에 관한 법률에 의해서 행해지는 특별행정심판이다.

ㄷ. [특별행정심판]

> **난민법 제21조(이의신청)**
> ① 제18조 제2항 또는 제19조에 따라 난민불인정결정을 받은 사람 또는 제22조에 따라 난민인정이 취소 또는 철회된 사람은 그 통지를 받은 날부터 30일 이내에 법무부장관에게 이의신청을 할 수 있다. 이 경우 이의신청서에 이의의 사유를 소명하는 자료를 첨부하여 지방출입국·외국인관서의 장에게 제출하여야 한다.
> ② 제1항에 따른 이의신청을 한 경우에는 행정심판법에 따른 행정심판을 청구할 수 없다.

ㄹ. [일반행정심판]

> **민원 처리에 관한 법률 제35조(거부처분에 대한 이의신청)**
> ① 법정민원에 대한 행정기관의 장의 거부처분에 불복하는 민원인은 그 거부처분을 받은 날부터 60일 이내에 그 행정기관의 장에게 문서로 이의신청을 할 수 있다.
> ② 행정기관의 장은 이의신청을 받은 날부터 10일 이내에 그 이의신청에 대하여 인용 여부를 결정하고 그 결과를 민원인에게 지체 없이 문서로 통지하여야 한다. 다만, 부득이한 사유로 정하여진 기간 이내에 인용 여부를 결정할 수 없을 때에는 그 기간의 만료일 다음 날부터 기산하여 10일 이내의 범위에서 연장할 수 있으며, 연장사유를 민원인에게 통지하여야 한다.
> ③ 민원인은 제1항에 따른 이의신청 여부와 관계없이 행정심판법에 따른 행정심판 또는 행정소송법에 따른 행정소송을 제기할 수 있다.

**정답** ③

## 005 「행정심판법」에 대한 설명으로 옳지 않은 것은?

22 소방

① 청구인이 피청구인을 잘못 지정한 경우에는 위원회는 직권으로 또는 당사자의 신청에 의하여 결정으로써 피청구인을 경정할 수 있다.
② 행정심판위원회는 심판청구의 대상이 되는 처분보다 청구인에게 불리한 재결을 할 수 있다.
③ 중앙행정심판위원회는 위법 또는 불합리한 명령 등의 시정조치를 관계 행정기관에 요청할 수 있다.
④ 법령의 규정에 따라 공고하거나 고시한 처분이 재결로써 취소되거나 변경되면 처분을 한 행정청은 지체없이 그 처분이 취소 또는 변경되었다는 것을 공고하거나 고시하여야 한다.

### 해설

① (○) 소송에서 원고가 피고를 잘못 지정한 경우에는 신청이 있어야 하고 직권으로 피고경정을 하지 못한다. 그러나 행정심판은 신청 또는 직권에 의한 경정이 가능하다. **(행정심판법 제17조 제2항)**
② (×) 불이익변경금지원칙이다.

> **행정심판법 제47조(재결의 범위)**
> ② 위원회는 심판청구의 대상이 되는 처분보다 청구인에게 불리한 재결을 하지 못한다.

③ (○) 시정요청은 중앙행정심판위원회만 할 수 있다.

> **행정심판법 제59조(불합리한 법령 등의 개선)**
> ① 중앙행정심판위원회는 심판청구를 심리·재결할 때에 처분 또는 부작위의 근거가 되는 명령 등(대통령령·총리령·부령·훈령·예규·고시·조례·규칙 등을 말한다. 이하 같다)이 법령에 근거가 없거나 상위 법령에 위배되거나 국민에게 과도한 부담을 주는 등 크게 불합리하면 관계 행정기관에 그 명령 등의 개정·폐지 등 적절한 시정조치를 요청할 수 있다. 이 경우 중앙행정심판위원회는 시정조치를 요청한 사실을 법제처장에게 통보하여야 한다.
> ② 제1항에 따른 요청을 받은 관계 행정기관은 정당한 사유가 없으면 이에 따라야 한다.

④ (○) 행정심판법 제49조 제5항

**정답** ②

## 006
**A행정청이 甲에게 한 처분에 대하여 甲은 B행정심판위원회에 행정심판을 청구하였다. 이에 대한 설명으로 옳은 것은? (다툼이 있는 경우 판례에 의함)**  
22 서울·지방9급

① B행정심판위원회의 기각재결이 있은 후에는 A행정청은 원처분을 직권으로 취소할 수 없다.

② 甲이 취소심판을 제기한 경우, B행정심판위원회는 심판청구가 이유가 있다고 인정하면 처분변경명령재결을 할 수 있다.

③ 甲이 무효확인심판을 제기한 경우, B행정심판위원회는 심판청구가 이유있다고 인정하면서도 이를 인용하는 것이 공공복리에 크게 위배된다고 인정하면 甲의 심판청구를 기각할 수 있다.

④ B행정심판위원회의 재결에 고유한 위법이 있는 경우에는 甲은 다시 행정심판을 청구할 수 있다.

**해설**
① (×) 기각재결이 있으면 처분이 적법하므로 행정청이 원처분을 취소할 필요는 없지만, 국민의 권리구제를 위해 취소할 수 있다.
② (○) 취소재결, 변경재결, 변경명령재결이 가능하다. 하지만 취소명령재결은 인정되지 않는다.
③ (×) 사정재결은 취소심판과 의무이행심판에 인정되므로 무효심판에서는 허용되지 않는다.
④ (×) 행정심판 후에 소송을 하는 것은 가능하지만 행정심판을 다시 하는 것은 불가능하다.

**정답** ②

## 007
**행정심판에 대한 설명으로 옳지 않은 것은? (다툼이 있는 경우 판례에 의함)**  
21 국가7급

① 취소심판의 인용재결로서 취소재결, 변경재결, 변경명령재결을 할 수 있다.

② 당사자의 신청을 받아들이지 않은 거부처분이 재결에서 취소된 경우에 행정청은 재결 후에 발생한 새로운 사유를 내세워 다시 거부처분을 할 수 있다.

③ 정보공개명령재결은 행정심판위원회에 의한 직접 처분의 대상이 된다.

④ 인용재결의 기속력은 피청구인과 그 밖의 관계 행정청에 미치고, 행정심판위원회의 간접강제 결정의 효력은 피청구인인 행정청이 소속된 국가·지방자치단체 또는 공공단체에 미친다.

**해설**
① (○) 취소명령재결은 인정되지 않는다.
② (○) 당사자의 신청을 받아들이지 않은 거부처분이 재결에서 취소된 경우에 행정청은 종전 거부처분 또는 재결 후에 발생한 새로운 사유를 내세워 다시 거부처분을 할 수 있다. 그 재결의 취지에 따라 이전의 신청에 대하여 다시 어떠한 처분을 하여야 할지는 처분을 할 때의 법령과 사실을 기준으로 판단하여야 하기 때문이다. (대판 2017.10.31. 2015두45045)
③ (×) 원래 직접 처분은 이행명령재결을 대상으로 하므로 옳은 것으로 오해하기 쉬운 선지이다. 그러나 직접 처분은 처분의 성질상 행정심판위원회가 할 수 있는 것이어야 한다. 정보공개는 해당 행정청이 해야 하고 다른 기관이 하는 것은 성질상 불가능하다.
④ (○)

> **행정심판법 제49조(재결의 기속력 등)**
> ① 심판청구를 인용하는 재결은 피청구인과 그 밖의 관계 행정청을 기속한다.
>
> **제50조의2(위원회의 간접강제)**
> ⑤ 제1항 또는 제2항에 따른 결정의 효력은 피청구인인 행정청이 소속된 국가·지방자치단체 또는 공공단체에 미치며, 결정서 정본은 제4항에 따른 소송제기와 관계없이 민사집행법에 따른 강제집행에 관하여는 집행권원과 같은 효력을 가진다. 이 경우 집행문은 위원장의 명에 따라 위원회가 소속된 행정청 소속 공무원이 부여한다.

**정답** ③

## 008

「행정심판법」상 행정심판위원회가 취소심판의 청구가 이유가 있다고 인정하는 경우에 행할 수 있는 재결에 해당하지 않는 것은?

21 국가9급

① 처분을 취소하는 재결
② 처분을 할 것을 명하는 재결
③ 처분을 다른 처분으로 변경하는 재결
④ 처분을 다른 처분으로 변경할 것을 명하는 재결

**해설**

① (O) ② (X) ③ (O) ④ (O) 재결의 종류에는 취소재결, 변경재결, 변경명령재결이 있고, 취소명령재결은 없다.

**정답** ②

## 009

「행정심판법」상의 행정심판에 대한 설명으로 옳지 않은 것은? (다툼이 있는 경우 판례에 의함)

20 서울·지방9급

① 행정청의 부당한 처분을 변경하는 행정심판은 현행법상 허용된다.
② 당사자의 신청에 대한 행정청의 부당한 거부처분에 대하여 일정한 처분을 하도록 하는 행정심판은 현행법상 허용된다.
③ 당사자의 신청에 대한 행정청의 위법한 부작위에 대하여 행정청의 부작위가 위법하다는 것을 확인하는 행정심판은 현행법상 허용되지 않는다.
④ 당사자의 신청에 대한 행정청의 부당한 거부처분을 취소하는 행정심판은 현행법상 허용되지 않는다.

**해설**

**행정심판법 제5조(행정심판의 종류)**
행정심판의 종류는 다음 각 호와 같다.
  1. 취소심판: 행정청의 위법 또는 부당한 처분을 취소하거나 변경하는 행정심판
  2. 무효등확인심판: 행정청의 처분의 효력 유무 또는 존재 여부를 확인하는 행정심판
  3. 의무이행심판: 당사자의 신청에 대한 행정청의 위법 또는 부당한 거부처분이나 부작위에 대하여 일정한 처분을 하도록 하는 행정심판

① (O) 취소소송은 위법에 대해서 가능하고 부당에 대해서는 안 되지만, 행정심판은 위법 또는 부당에 대해서 가능하다. 또한 소송은 소극적 변경만 가능하지만, 행정심판은 처분의 내용을 변경하는 적극적 변경이 가능하다.
② (O) 의무이행심판을 말한다.
③ (O) 행정심판법에는 부작위위법확인심판이 없고 부작위에 대해서는 의무이행심판이 가능하다.
④ (X) 거부처분에 대해서는 취소심판 또는 의무이행심판이 가능하다.

**정답** ④

## 010

「행정심판법」에 의해 행정청이 행정심판위원회의 재결의 취지에 따라 재처분을 할 의무가 있음에도 그 의무를 이행하지 않은 경우에 행정심판위원회가 직접 처분을 할 수 있는 재결은? [20 국가9급]

① 당사자의 신청에 따른 처분을 절차가 부당함을 이유로 취소하는 재결
② 당사자의 신청을 거부한 처분의 이행을 명하는 재결
③ 당사자의 신청을 거부하는 처분을 취소하는 재결
④ 당사자의 신청을 거부하는 처분을 부존재로 확인하는 재결

**해설**

② (O) 취소재결이나 무효확인재결은 형성력에 의해 효과가 발생하므로 직접 처분을 인정할 실익이 적다. 이행재결은 명령을 하는 것인데 명령에 따른 처분이 없으면 직접 처분이 가능하다.

> **행정심판법 제49조(재결의 기속력 등)**
> ③ 당사자의 신청을 거부하거나 부작위로 방치한 처분의 이행을 명하는 재결이 있으면 행정청은 지체 없이 이전의 신청에 대하여 재결의 취지에 따라 처분을 하여야 한다.
>
> **제50조(위원회의 직접 처분)**
> ① 위원회는 피청구인이 제49조 제3항에도 불구하고 처분을 하지 아니하는 경우에는 당사자가 신청하면 기간을 정하여 서면으로 시정을 명하고 그 기간에 이행하지 아니하면 직접 처분을 할 수 있다. 다만, 그 처분의 성질이나 그 밖의 불가피한 사유로 위원회가 직접 처분을 할 수 없는 경우에는 그러하지 아니하다.

**정답** ②

---

### 기출지문 OX

**01** 「행정심판법」은 당사자심판을 규정하여 당사자소송과 연동시키고 있다. [20 서울·지방7급] (O, X)

**해설** 행정심판법에는 당사자심판에 관한 규정이 없다. 즉, 당사자심판에 관한 일반적 규정은 없지만, 수산업법 등과 같은 개별법에 근거가 있다.

**정답** X

**02** 피청구인의 경정은 행정심판위원회에서 결정하며 언제나 당사자의 신청을 전제로 한다. [20 서울·지방7급] (O, X)

**해설** 소송에서 원고의 잘못으로 인한 피고경정은 신청이 있어야 하나, 행정심판에서 피청구인 경정은 신청 또는 직권으로 가능하다.

> **행정심판법 제17조(피청구인의 적격 및 경정)**
> ② 청구인이 피청구인을 잘못 지정한 경우에는 위원회는 직권으로 또는 당사자의 신청에 의하여 결정으로써 피청구인을 경정할 수 있다.

**정답** X

**03** 조정은 당사자가 합의한 사항을 조정서에 기재한 후 당사자가 서명 또는 날인함으로써 완성된다. [20 서울·지방7급] (O, X)

**해설** 위원회의 확인이 있어야 한다.

> **행정심판법 제43조의2(조정)**
> ① 위원회는 당사자의 권리 및 권한의 범위에서 당사자의 동의를 받아 심판청구의 신속하고 공정한 해결을 위하여 조정을 할 수 있다. 다만, 그 조정이 공공복리에 적합하지 아니하거나 해당 처분의 성질에 반하는 경우에는 그러하지 아니하다.
> ② 위원회는 제1항의 조정을 함에 있어서 심판청구된 사건의 법적·사실적 상태와 당사자 및 이해관계자의 이익 등 모든 사정을 참작하고, 조정의 이유와 취지를 설명하여야 한다.
> ③ 조정은 당사자가 합의한 사항을 조정서에 기재한 후 당사자가 서명 또는 날인하고 위원회가 이를 확인함으로써 성립한다.

**정답** X

## 011

**「행정심판법」상 행정심판에 관한 설명으로 가장 옳지 않은 것은?**  19 서울9급 6월

① 무효등확인심판에서는 사정재결이 허용되지 아니한다.
② 거부처분에 대한 취소심판이나 무효등확인심판청구에서 인용재결이 있었음에도 불구하고 피청구인인 행정청이 재결의 취지에 따른 처분을 하지 아니한 경우에는 당사자가 신청하면 행정심판위원회는 기간을 정하여 서면으로 시정을 명하고 그 기간에 이행하지 아니하면 직접 처분을 할 수 있다.
③ 행정청이 처분을 할 때에 처분의 상대방에게 심판청구기간을 알리지 아니한 경우에는 처분이 있었던 날부터 180일까지가 취소심판이나 의무이행심판의 청구기간이 된다.
④ 종로구청장의 처분이나 부작위에 대한 행정심판청구는 서울특별시행정심판위원회에서 심리·재결하여야 한다.

**해설**

① (○) 사정재결은 취소심판과 의무이행심판에 적용된다. 사정판결은 취소소송에만 인정된다.
② (×) 직접 처분은 의무이행심판을 전제로 한다.

> **행정심판법 제49조(재결의 기속력 등)**
> ① 심판청구를 인용하는 재결은 피청구인과 그 밖의 관계 행정청을 기속한다.
> ② 재결에 의하여 취소되거나 무효 또는 부존재로 확인되는 처분이 당사자의 신청을 거부하는 것을 내용으로 하는 경우에는 그 처분을 한 행정청은 재결의 취지에 따라 다시 이전의 신청에 대한 처분을 하여야 한다.
> ③ 당사자의 신청을 거부하거나 부작위로 방치한 처분의 이행을 명하는 재결이 있으면 행정청은 지체 없이 이전의 신청에 대하여 재결의 취지에 따라 처분을 하여야 한다.
> ④ 신청에 따른 처분이 절차의 위법 또는 부당을 이유로 재결로써 취소된 경우에는 제2항을 준용한다.
> ⑤ 법령의 규정에 따라 공고하거나 고시한 처분이 재결로써 취소되거나 변경되면 처분을 한 행정청은 지체 없이 그 처분이 취소 또는 변경되었다는 것을 공고하거나 고시하여야 한다.
> ⑥ 법령의 규정에 따라 처분의 상대방 외의 이해관계인에게 통지된 처분이 재결로써 취소되거나 변경되면 처분을 한 행정청은 지체 없이 그 이해관계인에게 그 처분이 취소 또는 변경되었다는 것을 알려야 한다.
>
> **제50조(위원회의 직접 처분)**
> ① 위원회는 피청구인이 제49조 제3항에도 불구하고 처분을 하지 아니하는 경우에는 당사자가 신청하면 기간을 정하여 서면으로 시정을 명하고 그 기간에 이행하지 아니하면 직접 처분을 할 수 있다. 다만, 그 처분의 성질이나 그 밖의 불가피한 사유로 위원회가 직접 처분을 할 수 없는 경우에는 그러하지 아니하다.

③ (○) 행정심판법 제27조 제3항·제6항
④ (○) 행정심판법 제6조 제3항

**정답** ②

## 012 「행정심판법」상 행정심판에 대한 설명으로 옳지 않은 것은? (다툼이 있는 경우 판례에 의함)

19 국가9급

① 대통령의 처분 또는 부작위에 대하여는 다른 법률에서 행정심판을 청구할 수 있도록 정한 경우 외에는 행정심판을 청구할 수 없다.

② 당사자의 신청에 대한 행정청의 부당한 거부처분에 대하여 일정한 처분을 하도록 하는 행정심판의 청구는 현행법상 허용되고 있다.

③ 「행정심판법」에 따른 서류의 송달에 관하여는 「행정절차법」 중 송달에 관한 규정을 준용한다.

④ 행정심판청구인이 경제적 능력으로 인해 대리인을 선임할 수 없는 경우에는 행정심판위원회에 국선대리인을 선임하여 줄 것을 신청할 수 있다.

### 해설

① (○) 행정심판법 제3조 제2항
② (○) 의무이행심판이 인정된다.
③ (×)

> **행정심판법 제57조(서류의 송달)**
> 이 법에 따른 서류의 송달에 관하여는 민사소송법 중 송달에 관한 규정을 준용한다.

④ (○)

> **행정심판법 제18조의2(국선대리인)**
> ① 청구인이 경제적 능력으로 인해 대리인을 선임할 수 없는 경우에는 위원회에 국선대리인을 선임하여 줄 것을 신청할 수 있다.
> ② 위원회는 제1항의 신청에 따른 국선대리인 선정 여부에 대한 결정을 하고, 지체 없이 청구인에게 그 결과를 통지하여야 한다. 이 경우 위원회는 심판청구가 명백히 부적법하거나 이유 없는 경우 또는 권리의 남용이라고 인정되는 경우에는 국선대리인을 선정하지 아니할 수 있다.

**정답** ③

## 013 현행 「행정심판법」상 행정심판제도에 관한 설명으로 가장 옳은 것은?

19 서울7급 2월

① 취소심판의 재결로서 처분취소재결, 처분변경재결, 처분변경명령재결을 할 수 있으며, 처분취소명령재결은 할 수 없다.

② 처분청이 처분이행명령재결에 따른 처분을 하지 아니한 경우에는 행정심판위원회는 당사자의 신청 여부를 불문하고 직권으로 직접 처분을 할 수 있다.

③ 취소재결의 기속력으로서 재처분의무가 없으므로 현행법상 거부처분에 불복할 때에는 취소심판보다 의무이행심판이 더 효과적이다.

④ 거부에 대한 의무이행심판에는 청구기간의 제한과 사정재결, 집행정지규정이 적용되지 않는다.

### 해설

① (○)
② (×) 직접 처분은 신청이 있어야 한다.

③ (×) 거부처분에 대해서는 취소심판, 의무이행심판 둘 다 가능하다. 다만 취소재결의 기속력으로서 재처분의무가 인정된다.
④ (×) 거부에 대한 의무이행심판에는 청구기간의 제한과 사정재결이 인정된다. 다만, 거부에는 집행정지규정이 적용되지 않는다.

정답 ①

## 014 「행정심판법」의 내용에 대한 설명으로 옳지 않은 것은? 〔19 지방9급〕

① 행정심판위원회는 필요하면 당사자가 주장하지 아니한 사실에 대하여도 심리할 수 있다.
② 행정심판위원회는 임시처분을 결정한 후에 임시처분이 공공복리에 중대한 영향을 미치는 경우에는 직권으로 또는 당사자의 신청에 의하여 이 결정을 취소할 수 있다.
③ 청구인은 행정심판위원회의 간접강제결정에 불복하는 경우 그 결정에 대하여 행정소송을 제기할 수 있다.
④ 당사자의 신청을 거부하는 처분에 대한 취소심판에서 인용재결이 내려진 경우, 의무이행심판과 달리 행정청은 재처분의무를 지지 않는다.

**해설**

① (○) 행정심판법 제39조
② (○) 임시처분에 관하여는 행정심판법 제30조(집행정지) 제3항부터 제7항까지를 준용한다. (행정심판법 제31조 제2항)

> **행정심판법 제30조(집행정지)**
> ④ 위원회는 집행정지를 결정한 후에 집행정지가 공공복리에 중대한 영향을 미치거나 그 정지사유가 없어진 경우에는 직권으로 또는 당사자의 신청에 의하여 집행정지결정을 취소할 수 있다.

③ (○)

> **행정심판법 제50조의2 (위원회의 간접강제)**
> ① 위원회는 피청구인이 제49조 제2항(제49조 제4항에서 준용하는 경우를 포함한다) 또는 제3항에 따른 처분을 하지 아니하면 청구인의 신청에 의하여 결정으로 상당한 기간을 정하고 피청구인이 그 기간 내에 이행하지 아니하는 경우에는 그 지연기간에 따라 일정한 배상을 하도록 명하거나 즉시 배상을 할 것을 명할 수 있다.
> ② 위원회는 사정의 변경이 있는 경우에는 당사자의 신청에 의하여 제1항에 따른 결정의 내용을 변경할 수 있다.
> ③ 위원회는 제1항 또는 제2항에 따른 결정을 하기 전에 신청상대방의 의견을 들어야 한다.
> ④ 청구인은 제1항 또는 제2항에 따른 결정에 불복하는 경우 그 결정에 대하여 행정소송을 제기할 수 있다.

④ (×) 기속력의 효과로서 재처분의무가 인정된다.

정답 ④

---

**기출지문 OX**

**01** 재결의 기속력은 재결의 주문 및 그 전제가 된 요건사실의 인정과 판단에 대하여만 미친다. [19 국가7급]    (O, ×)
   **해설** 기속력의 객관적 범위에 관한 내용이다. 기속력의 주관적 범위는 피고 행정청과 관계 행정청까지 미친다.    정답 O

**02** 당사자의 신청을 받아들이지 않은 거부처분이 재결에서 취소된 경우, 그 재결의 취지에 따라 이전의 신청에 대하여 다시 어떠한 처분을 하여야 할지는 처분을 할 때의 법령과 사실을 기준으로 판단하여야 하므로, 행정청은 종전 거부처분 또는 재결 후에 발생한 새로운 사유를 내세워 다시 거부처분을 할 수 있다. [19 국가7급]    (O, ×)
   **해설** 재처분을 할 때 반복금지효에 관한 내용이다.    정답 O

## 015 행정심판에 대한 설명으로 옳은 것은? (다툼이 있는 경우 판례에 의함)

18 국가9급

① 종중이나 교회와 같은 비법인사단은 사단 자체의 명의로 행정심판을 청구할 수 없고 대표자가 청구인이 되어 행정심판을 청구하여야 한다.
② 행정심판의 대상과 관련되는 권리나 이익을 양수한 특정승계인은 행정심판위원회의 허가를 받아 청구인의 지위를 승계할 수 있다.
③ 행정심판에서는 항고소송에서와 달리 처분청이 당초 처분의 근거로 삼은 사유와 기본적 사실관계가 동일성이 인정되지 않는 다른 사유를 처분사유로 추가하거나 변경할 수 있다.
④ 행정심판의 재결이 확정되면 피청구인인 행정청을 기속하는 효력이 있고 그 처분의 기초가 된 사실관계나 법률적 판단이 확정되므로 이후 당사자 및 법원은 이에 모순되는 주장이나 판단을 할 수 없다.

### 해설

① (×)

> **행정심판법 제14조(법인이 아닌 사단 또는 재단의 청구인능력)**
> 법인이 아닌 사단 또는 재단으로서 대표자나 관리인이 정하여져 있는 경우에는 그 사단이나 재단의 이름으로 심판청구를 할 수 있다.

② (○)

> **행정심판법 제16조(청구인의 지위승계)**
> ① 청구인이 사망한 경우에는 상속인이나 그 밖에 법령에 따라 심판청구의 대상에 관계되는 권리나 이익을 승계한 자가 청구인의 지위를 승계한다.
> ② 법인인 청구인이 합병에 따라 소멸하였을 때에는 합병 후 존속하는 법인이나 합병에 따라 설립된 법인이 청구인의 지위를 승계한다.
> ⑤ 심판청구의 대상과 관계되는 권리나 이익을 양수한 자는 위원회의 허가를 받아 청구인의 지위를 승계할 수 있다.
> ⑧ 신청인은 위원회가 제5항의 지위승계를 허가하지 아니하면 결정서 정본을 받은 날부터 7일 이내에 위원회에 이의신청을 할 수 있다.

③ (×) 행정처분의 취소를 구하는 항고소송에서 처분청은 당초 처분의 근거로 삼은 사유와 기본적 사실관계가 동일성이 있다고 인정되는 한도 내에서만 다른 사유를 추가 또는 변경할 수 있고, 이러한 기본적 사실관계의 동일성 유무는 처분사유를 법률적으로 평가하기 이전의 구체적 사실에 착안하여 그 기초인 사회적 사실관계가 기본적인 점에서 동일한지에 따라 결정되므로, 추가 또는 변경된 사유가 처분 당시에 이미 존재하고 있었다거나 당사자가 그 사실을 알고 있었다고 하여 당초의 처분사유와 동일성이 있다고 할 수 없다. 그리고 이러한 법리는 행정심판단계에서도 그대로 적용된다. (대판 2014.5.16. 2013두26118)

④ (×) 행정심판의 재결은 피청구인인 행정청을 기속하는 효력을 가지므로 재결청이 취소심판의 청구가 이유 있다고 인정하여 처분청에 처분을 취소할 것을 명하면 처분청으로서는 재결의 취지에 따라 처분을 취소하여야 하지만, 나아가 재결에 판결에서와 같은 기판력이 인정되는 것은 아니어서 재결이 확정된 경우에도 처분의 기초가 된 사실관계나 법률적 판단이 확정되고 당사자들이나 법원이 이에 기속되어 모순되는 주장이나 판단을 할 수 없게 되는 것은 아니다. (대판 2015.11.27. 2013다6759)

**정답** ②

## 016 행정심판에 대한 설명으로 옳지 않은 것은? (다툼이 있는 경우 판례에 의함)  18 지방7급

① 행정심판위원회는 피청구인이 거부처분의 취소재결에도 불구하고 처분을 하지 아니하는 경우에는 당사자가 신청하면 기간을 정하여 서면으로 시정을 명하고, 그 기간에 이행하지 아니하면 직접 처분을 할 수 있다.
② 개별공시지가의 결정에 이의가 있는 자가 행정심판을 거쳐 취소소송을 제기하는 경우 취소소송의 제소기간은 그 행정심판재결서 정본을 송달받은 날부터 또는 재결이 있은 날부터 기산한다.
③ 행정처분의 취소를 구하는 항고소송에서 처분청은 당초 처분의 근거로 삼은 사유와 기본적 사실관계가 동일성이 있다고 인정되는 한도 내에서만 다른 사유를 추가 또는 변경할 수 있다는 법리는 행정심판단계에서도 그대로 적용된다.
④ 행정심판위원회는 당사자의 권리 및 권한의 범위에서 당사자의 동의를 받아 행정심판청구의 신속하고 공정한 해결을 위하여 조정을 할 수 있으나, 그 조정이 공공복리에 적합하지 아니하거나 해당 처분의 성질에 반하는 경우에는 그러하지 아니하다.

> **해설**

① (X) 직접 처분은 취소재결의 경우에 하는 것이 아니라 이행명령재결의 경우에 한다.

> **행정심판법 제50조(위원회의 직접 처분)**
> ① 위원회는 피청구인이 제49조제3항(당사자의 신청을 거부하거나 부작위로 방치한 처분의 이행을 명하는 재결이 있으면 행정청은 지체 없이 이전의 신청에 대하여 재결의 취지에 따라 처분을 하여야 한다)에도 불구하고 처분을 하지 아니하는 경우에는 당사자가 신청하면 기간을 정하여 서면으로 시정을 명하고 그 기간에 이행하지 아니하면 직접 처분을 할 수 있다. 다만, 그 처분의 성질이나 그 밖의 불가피한 사유로 위원회가 직접 처분을 할 수 없는 경우에는 그러하지 아니하다.
> ② 위원회는 제1항 본문에 따라 직접 처분을 하였을 때에는 그 사실을 해당 행정청에 통보하여야 하며, 그 통보를 받은 행정청은 위원회가 한 처분을 자기가 한 처분으로 보아 관계 법령에 따라 관리·감독 등 필요한 조치를 하여야 한다.

② (O)
③ (O) 행정처분의 취소를 구하는 항고소송에서 처분청은 당초 처분의 근거로 삼은 사유와 기본적 사실관계가 동일성이 있다고 인정되는 한도 내에서만 다른 사유를 추가 또는 변경할 수 있고, 이러한 기본적 사실관계의 동일성 유무는 처분사유를 법률적으로 평가하기 이전의 구체적 사실에 착안하여 그 기초인 사회적 사실관계가 기본적인 점에서 동일한지에 따라 결정되므로, 추가 또는 변경된 사유가 처분 당시에 이미 존재하고 있었다거나 당사자가 그 사실을 알고 있었다고 하여 당초의 처분사유와 동일성이 있다고 할 수 없다. 그리고 이러한 법리는 행정심판단계에서도 그대로 적용된다. (대판 2014.5.16. 2013두26118)
④ (O)

> **행정심판법 제43조의2(조정)**
> ① 위원회는 당사자의 권리 및 권한의 범위에서 당사자의 동의를 받아 심판청구의 신속하고 공정한 해결을 위하여 조정을 할 수 있다. 다만, 그 조정이 공공복리에 적합하지 아니하거나 해당 처분의 성질에 반하는 경우에는 그러하지 아니하다.
> ② 위원회는 제1항의 조정을 함에 있어서 심판청구된 사건의 법적·사실적 상태와 당사자 및 이해관계자의 이익 등 모든 사정을 참작하고, 조정의 이유와 취지를 설명하여야 한다.
> ③ 조정은 당사자가 합의한 사항을 조정서에 기재한 후 당사자가 서명 또는 날인하고 위원회가 이를 확인함으로써 성립한다.

**정답** ①

## 017 행정심판과 행정소송에 대한 설명으로 옳지 않은 것은? (다툼이 있는 경우 판례에 의함) 〔18 국가9급〕

① 행정심판을 청구하려는 자는 행정심판위원회뿐만 아니라 피청구인인 행정청에도 행정심판청구서를 제출할 수 있으나 행정소송을 제기하려는 자는 법원에 소장을 제출하여야 한다.
② 행정심판에서는 행정청이 상대방에게 심판청구기간을 법정심판청구기간보다 긴 기간으로 잘못 알린 경우에 그 잘못 알린 기간 내에 심판청구가 있으면 그 심판청구는 법정심판청구기간 내에 제기된 것으로 보나 행정소송에서는 그렇지 않다.
③ 「행정심판법」은 「행정소송법」과는 달리 집행정지뿐만 아니라 임시처분도 규정하고 있다.
④ 행정심판에서 행정심판위원회는 행정청의 부작위가 위법·부당하다고 판단되면 직접 처분을 할 수 있으나 행정소송에서 법원은 행정청의 부작위가 위법한 경우에만 직접 처분을 할 수 있다.

**해설**

① (O)
② (O) 행정청이 법정심판청구기간보다 긴 기간으로 잘못 알린 경우에 그 잘못 알린 기간 내에 심판청구가 있으면 그 심판청구는 법정심판청구기간 내에 제기된 것으로 본다는 취지의 행정심판법 제18조 제5항의 규정은 행정심판 제기에 관하여 적용되는 규정이지, 행정소송 제기에도 당연히 적용되는 규정이라고 할 수는 없다. (대판 2001.5.8. 2000두6916)
③ (O) 집행정지제도는 행정소송과 행정심판 모두에 인정되고, 임시처분은 행정심판에만 인정된다.
④ (×) 행정소송에서는 부작위가 위법하다는 확인만 할 수 있지 직접 처분은 할 수 없다.

**정답** ④

## 018 행정심판에 대한 설명으로 옳은 것은? (다툼이 있는 경우 판례에 의함) 〔17 국회8급〕

① 거부처분에 대하여서는 의무이행심판을 제기하여야 하며, 취소심판을 제기할 수 없다.
② 행정심판청구서는 피청구인인 행정청을 거쳐 행정심판위원회에 제출하여야 한다.
③ 임시처분은 집행정지로 목적을 달성할 수 있는 경우에는 허용되지 아니한다.
④ 행정심판의 재결에 고유한 위법이 있는 경우에는 재결에 대하여 다시 행정심판을 청구할 수 있다.
⑤ 행정청이 재결의 기속력에도 불구하고 처분명령재결의 취지에 따라 이전의 신청에 대한 처분을 하지 아니하는 때에도 행정심판위원회는 손해배상을 명할 수 없다.

**해설**

① (×) 거부처분에 대해서 취소심판보다는 의무이행심판으로 하는 것이 권리구제에 적합하다. 거부처분에 대해서 취소심판을 하면 잘못된 거부처분의 효력을 상실하게 하는 효과밖에 없으나, 의무이행심판을 하면 적극적인 행위를 재결할 수 있다는 장점이 있기 때문이다. 다만, 의무이행심판뿐만 아니라 취소심판을 제기하는 것도 가능하다.
② (×) 선택적 경유절차이다. 즉, 행정심판을 청구하려는 자는 심판청구서를 작성하여 피청구인이나 위원회에 제출하여야 한다. (행정심판법 제23조 제1항)
③ (O) **행정심판법 제31조 제3항** 즉, 집행정지가 안 되는 거부처분이나 부작위에 대해 임시처분이 가능하다.
④ (×) 행정심판에 대해서는 2심 또는 재심판이 인정되지 않는다.

**행정소송법 제19조(취소소송의 대상)** 취소소송은 처분 등을 대상으로 한다. 다만, 재결취소소송의경우에는 재결 자체에 고유한 위법이 있음을 이유로 하는 경우에 한한다.
**행정심판법 제51조(행정심판 재청구의 금지)** 심판청구에 대한 재결이 있으면 그 재결 및 같은 처분 또는 부작위에 대하여 다시 행정심판을 청구할 수 없다.

⑤ (×) 선지는 간접강제를 말하는 것이다. 간접강제는 행정소송에 인정되고, 행정심판에는 인정되지 않았다. 다만, 최근 행정심판법을 개정하여 간접강제가 가능하다.

정답 ③

## 019 행정심판에 대한 설명으로 옳은 것은? (다툼이 있는 경우 판례에 의함) 16 국회8급

① 이의신청은 그것이 준사법적 절차의 성격을 띠어 실질적으로 행정심판의 성질을 가지더라도 이를 행정심판으로 볼 수 없다.
② 이의신청이 「민원 처리에 관한 법률」의 민원 이의신청과 같이 별도의 행정심판절차가 존재하고 행정심판과는 성질을 달리하는 경우에는 그 이의신청은 행정심판과는 다른 것으로 본다.
③ 개별법률에 이의신청제도를 두면서 행정심판에 대한 명시적인 규정이 없는 경우, 이의신청과는 별도로 행정심판을 제기할 수 없다.
④ 진정서라는 표현을 사용하면 그것이 실제로 행정심판의 실체를 가지더라도 행정심판으로 다룰 수 없다.
⑤ 이의신청을 제기하여야 할 사람이 처분청에 표제를 '행정심판청구서'로 한 서류를 제출한 경우 그 서류의 실질이 이의신청일지라도 이를 행정심판으로 다룬다.

**해설**

① (×) ② (○) 행정심판은 명칭이 중요한 것이 아니라 성질을 기준으로 판단한다. 다만, 이의신청이 민원 처리에 관한 법률의 민원, 이의신청과 같이 별도의 행정심판절차가 존재하고 행정심판과는 성질을 달리하는 경우에는 그 이의신청은 행정심판과는 다른 것으로 본다.
③ (×) 이의신청과 행정심판은 일반적으로 선택적으로 행사할 수 있다.

> 부동산 가격공시 및 감정평가에 관한 법률이 이의신청에 관하여 규정하고 있다고 하여 이를 행정심판법 제3조 제1항에서 행정심판의 제기를 배제하는 '다른 법률에 특별한 규정이 있는 경우'에 해당한다고 볼 수 없으므로, 개별공시지가에 대하여 이의가 있는 자는 곧바로 행정소송을 제기하거나 부동산 가격공시 및 감정평가에 관한 법률에 따른 이의신청과 행정심판법에 따른 행정심판청구 중 어느 하나만을 거쳐 행정소송을 제기할 수 있을 뿐 아니라, 이의신청을 하여 그 결과 통지를 받은 후 다시 행정심판을 거쳐 행정소송을 제기할 수도 있다고 보아야 하고, 이 경우 행정소송의 제소기간은 그 행정심판 재결서 정본을 송달받은 날부터 기산한다. (대판 2010.1.28. 2008두19987)

④ (×) 비록 제목은 '진정서'로 되어 있지만, 재결청의 표시, 심판청구의 취지 및 이유, 처분을 한 행정청의 고지의 유무 및 그 내용 등 행정심판법 제19조 제2항 소정의 사항들을 구분하여 기재하고 있지 아니하여 행정심판청구서로서의 형식을 다 갖추고 있다고 볼 수는 없다. 그러나 피청구인인 처분청과 청구인의 이름과 주소가 기재되어 있고, 청구인의 기명이 되어 있으며, 문서의 기재 내용에 의하여 심판청구의 대상이 되는 행정처분의 내용과 심판청구의 취지 및 이유, 처분이 있은 것을 안 날을 알 수 있는 경우, 위 문서에 기재되어 있지 않은 재결청, 처분을 한 행정청의 고지의 유무 등의 내용과 날인 등의 불비한 점은 보정이 가능하므로 위 문서를 행정처분에 대한 행정심판청구로 보는 것이 옳다. (대판 2000.6.9. 98두2621)
⑤ (×) 표제와 상관없이 내용상 이의신청이면 이의신청으로 인정된다.

정답 ②

> **기출지문 OX**
>
> **01** 행정심판위원회는 당사자의 신청에 의한 경우는 물론 직권으로도 임시처분을 결정할 수 있다. [16 국가9급]　(O, X)
> 　해설　임시처분은 집행정지가 안 되는 경우에만 할 수 있는데, 신청 또는 직권으로 할 수 있다.　정답 O
>
> **02** 당사자의 신청을 거부하거나 부작위로 방치한 처분의 이행을 명하는 재결이 있으면 행정청은 지체 없이 이전의 신청에 대하여 재결의 취지에 따라 처분을 하여야 한다. [16 지방9급]　(O, X)
> 　해설　행정심판에도 기속력이 인정되므로 재처분의무가 발생한다. (행정심판법 제49조 제2항)　정답 O
>
> **03** 시·도행정심판위원회의 기각재결이 내려진 경우 청구인은 중앙행정심판위원회에 그 재결에 대하여 다시 행정심판을 청구할 수 있다. [16 지방9급]　(O, X)
> 　해설　행정심판은 재심리라는 개념이 없다. 행정심판의 결과에 불복이 있으면 소송을 제기해야 한다.　정답 X
>
> **04** 행정심판의 심리는 당사자가 구술심리를 신청한 경우를 제외하고는 서면심리주의를 원칙으로 하고 있다. [16 서울7급]　(O, X)
> 　해설　행정심판의 심리는 서면 또는 구술심리 둘 다 가능하다.
>
> > **행정심판법 제40조(심리의 방식)**
> > ① 행정심판의 심리는 구술심리나 서면심리로 한다. 다만, 당사자가 구술심리를 신청한 경우에는 서면심리만으로 결정할 수 있다고 인정되는 경우 외에는 구술심리를 하여야 한다.
>
> 　정답 X
>
> **05** 의무이행심판의 재결에서 처분재결은 형성재결의 성질을, 처분명령재결은 이행재결의 성격을 가지고 있다. [16 서울7급]　(O, X)
> 　해설　위원회는 의무이행심판의 청구가 이유 있다고 인정하면 지체 없이 신청에 따른 처분을 하거나 처분을 할 것을 피청구인에게 명한다. (행정심판법 제43조 제5항) 처분재결은 재결 그 자체로 효력이 발생하므로 형성재결, 처분명령재결은 명령에 따른 재처분이 있으므로 이행재결의 성질을 갖는다.　정답 O

**020** 행정심판과 행정소송의 관계에 관한 설명으로 가장 타당한 것은? (다툼이 있는 경우 판례에 의함)

15 서울9급

① 양자는 행정권에 대한 국민의 권리구제기능을 한다는 점에서는 공통되지만, 행정소송이 제3자 기관인 법원에 의해 심판되므로 당사자가 청구한 범위 내에서만 심리·판단하는 데 대하여, 행정심판은 행정조직 내에서 자기통제기능을 겸하기 때문에 심판청구의 대상이 되는 처분 또는 부작위 외의 사항에 대하여도 재결할 수 있다.

② 행정소송은 철저한 대심주의를 관철하여 당사자가 제출한 공격·방어방법에 한정하여서만 심리·판단하지만, 행정심판에서는 직권탐지주의를 원칙으로 한다.

③ 행정심판에서는 변경재결과 같이 원처분을 적극적으로 변경하는 것도 가능하다.

④ 행정심판과 행정소송이 동시에 제기되어 진행 중 행정심판의 인용재결이 행해지면 동일한 처분 등을 다투는 행정소송에 영향이 없지만, 기각재결이 있으면 행정소송은 소의 이익을 상실한다.

> **해설**
> ① (X) 처분권주의의 내용인 불고불리의 원칙은 행정소송과 행정심판에 공통된다.
> ② (X) 행정소송과 행정심판은 둘 다 변론주의가 원칙이지만, 예외적으로 직권탐지주의를 가미한다.
> ③ (O) 행정심판은 적극적 변경이 가능하고, 행정소송은 소극적 변경만 가능하다.
> ④ (X) 반대로 되어 있다. 즉, 행정심판의 인용재결이 행해지면 피청구인인 행정청은 소송을 제기하지 못하고 기속력에 의해 재처분을 해야하므로 소송은 소의 이익이 상실된다. 그러나 기각재결이 있으면 청구인이 소송을 제기할 수 있다.
> 　정답 ③

## 021

**의무이행심판에 대한 다음 설명 중 옳지 않은 것은?** 14 서울9급

① 당사자의 신청에 대한 행정청의 위법 또는 부당한 거부처분이나 부작위에 대하여 일정한 처분을 하도록 하는 행정심판을 말한다.
② 행정청의 적극적인 행위로 인한 침해로부터 권익을 보호하는 기능을 한다.
③ 부작위에 대한 의무이행심판에는 심판청구의 기간상 제한이 따르지 않는다.
④ 의무이행심판에도 사정재결의 적용이 있다.
⑤ 이행쟁송의 성질을 갖는다.

해설
① (○) 행정심판법 제5조 제3호
② (×) 소극적 행정행위로서 상대방의 신청을 명시적으로 거부하거나 또는 일정 부작위가 거부처분으로 간주되는 경우에 의무이행심판을 청구할 수 있다.
③ (○) 행정심판의 청구기간에 관한 규정은 무효등확인심판청구와 부작위에 대한 의무이행심판청구에는 적용하지 아니한다. **(행정심판법 제27조 제7항)**
④ (○) 의무이행심판과 취소심판에서 사정재결이 인정된다. 행정심판법은 무효등확인심판에 대해서만 적용배제조항을 두고 있다. **(행정심판법 제44조 제3항)**
⑤ (○) 행정청에 대하여 일정한 처분을 할 것을 명하는 재결을 구하는 행정심판이므로 이행쟁송의 성질을 가진다(통설).

**정답** ②

## 022

**행정심판과 행정소송의 차이점에 관한 설명은?** 04 서울9급

① 합목적성(위법성 및 부당성)의 심사가 심판대상이 되는지 여부
② 불이익변경금지의 원칙의 채택 여부
③ 처분의 집행부정지원칙의 채택 여부
④ 직권심리의 인정 여부
⑤ 법률상의 이익이 있는 자만이 쟁송을 제기할 수 있는지 여부

해설
① (○) 행정심판은 위법행위 외에 부당행위도 심판의 대상이 되지만, **(행정심판법 제1조)** 행정소송은 위법행위만이 소송의 대상이 된다. **(행정소송법 제1조)**
② (×) ③ (×) ④ (×) ⑤ (×) 행정심판과 행정소송의 공통점이다.

**정답** ①

## 제2절 행정심판의 대상

**023** 다음 중 행정심판의 대상이 되는 것은?  
10 서울 교행

① 대통령의 처분
② 특허심사관의 사정
③ 「공공기관의 정보공개에 관한 법률」에 의한 정보공개신청에 대한 처분
④ 행정심판의 재결

**해설**

① (×)

> **행정심판법 제3조(행정심판의 대상)**
> ② 대통령의 처분 또는 부작위에 대하여는 다른 법률에서 행정심판을 청구할 수 있도록 정한 경우 외에는 행정심판을 청구할 수 없다.

② (×) 특별행정심판의 대상이 되지만, **(특허법 제132조의17)** 행정심판법상 행정심판의 대상은 아니다.
③ (○) 청구인이 정보공개와 관련한 공공기관의 결정에 대하여 불복이 있는 때에는 '행정심판법이 정하는 바에 따라' 행정심판을 청구할 수 있다. **(공공기관의 정보공개에 관한 법률 제19조 제1항)**
④ (×)

> **행정심판법 제51조(행정심판 재청구의 금지)**
> 심판청구에 대한 재결이 있으면 그 재결 및 같은 처분 또는 부작위에 대하여 다시 행정심판을 청구할 수 없다.

**정답** ③

## 제3절 　 행정심판기관

**024** 　 다음 내용 중 옳은 것은?　　　　　　　　　　　　　　　　04 국가7급

① 서울시 종로구청장이 행한 행정처분에 대한 행정심판의 피청구인은 서울시장이다.
② 행정안전부장관이 행한 행정처분에 대한 행정심판의 행정심판위원회는 중앙행정심판위원회이다.
③ 경기도 지방경찰청 소속 경찰관이 직무상 행한 불법행위에 대한 손해배상소송에서 피고는 경기도이다.
④ 처분청은 행정심판위원회의 재결에 대해 재의를 요구할 수 있다.

**해설**

① (×) 행정심판의 피청구인은 행정처분을 한 행정청, 즉 종로구청장이다. **(행정심판법 제17조 제1항)**
② (○) 감사원, 국가정보원장, 그 밖에 대통령으로 정하는 대통령 소속 기관의 장(대통령실장 및 방송통신위원회)를 제외한 국가행정기관의 장(국무총리와 각부장관 등) 또는 그 소속 행정청의 처분 또는 부작위에 대한 심판청구에 대하여는 부패방지 및 국민권익위원회의 설치와 운영에 관한 법률에 따른 국민권익위원회에 두는 중앙행정심판위원회에서 심리·재결한다. **(행정심판법 제6조 제2항 제1호)**
③ (×) 지방경찰청 소속 경찰관의 선임·감독자는 국가이므로 국가가 피고가 된다.
④ (×) 당사자의 신청을 거부하거나 부작위로 방치한 처분의 이행을 명하는 재결이 있으면 행정청은 지체 없이 이전의 신청에 대하여 재결의 취지에 따라 처분을 하여야 한다. **(행정심판법 제49조 제2항)** 따라서 처분청은 위원회의 재결에 대하여 수정재결이나 재의를 요구할 수 없다.

**정답** ②

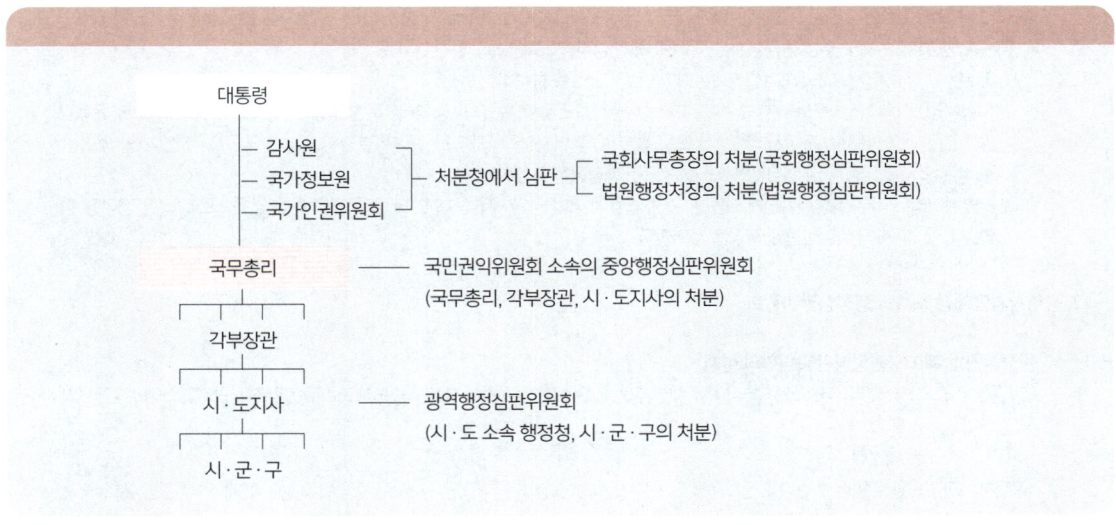

### 동작구청장의 처분을 다투는 경우(선택적 경유)

```
                          서울시행정심판위원회
           심판청구서 부본 송부  ↑ 10일 이내에
              (지체 없이 송부) ↓  심판청구서와 답변서 송부
                             동작구청장  ←──────── 신청인
```

동작구청장도 직권취소가 가능하다. 이때에도 직권취소를 증명하는 서류를 위원회에 제출하여야 한다.

### 1. 처분청(부작위청) 소속의 행정심판위원회

**행정심판법 제6조(행정심판위원회의 설치)**
① 다음 각 호의 행정청 또는 그 소속 행정청(행정기관의 계층구조와 관계없이 그 감독을 받거나 위탁을 받은 모든 행정청을 말하되, 위탁을 받은 행정청은 그 위탁받은 사무에 관하여는 위탁한 행정청의 소속 행정청으로 본다. 이하 같다)의 처분 또는 부작위에 대한 행정심판의 청구에 대하여는 다음 각 호의 행정청에 두는 행정심판위원회에서 심리·재결한다.
  1. 감사원, 국가정보원장, 그 밖에 대통령령으로 정하는 대통령 소속 기관의 장
  2. 국회사무총장·법원행정처장·헌법재판소사무처장 및 중앙선거관리위원회사무총장
  3. 국가인권위원회, 그 밖에 지위·성격의 독립성과 특수성 등이 인정되어 대통령령으로 정하는 행정청

### 2. 국민권익위원회 소속의 중앙행정심판위원회

**행정심판법 제6조(행정심판위원회의 설치)**
② 다음 각 호의 행정청의 처분 또는 부작위에 대한 심판청구에 대하여는 부패방지 및 국민권익위원회의 설치와 운영에 관한 법률에 따른 국민권익위원회에 두는 중앙행정심판위원회에서 심리·재결한다.
  1. 제1항에 따른 행정청 외의 국가행정기관의 장 또는 그 소속 행정청
  2. 특별시장·광역시장·특별자치시장·도지사·특별자치도지사(특별시·광역시·특별자치시·도 또는 특별자치도의 교육감을 포함한다. 이하 '시·도지사'라 한다) 또는 특별시·광역시·특별자치시·도·특별자치도(이하 '시·도'라 한다)의 의회(의장, 위원회의 위원장, 사무처장 등 의회 소속 모든 행정청을 포함한다)
  3. 지방자치법에 따른 지방자치단체조합 등 관계 법률에 따라 국가·지방자치단체·공공법인 등이 공동으로 설립한 행정청. 다만, 제3항 제3호에 해당하는 행정청은 제외한다.

### 3. 광역자치단체장 소속의 행정심판위원회

**행정심판법 제6조(행정심판위원회의 설치)**
③ 다음 각 호의 행정청의 처분 또는 부작위에 대한 심판청구에 대하여는 시·도지사 소속으로 두는 행정심판위원회에서 심리·재결한다.
  1. 시·도 소속 행정청
  2. 시·도의 관할 구역에 있는 시·군·자치구의 장, 소속 행정청 또는 시·군·자치구의 의회(의장, 위원회의 위원장, 사무국장, 사무과장 등 의회 소속 모든 행정청을 포함한다)
  3. 시·도의 관할 구역에 있는 둘 이상의 지방자치단체(시·군·자치구를 말한다)·공공법인 등이 공동으로 설립한 행정청

## 025

**서울특별시 소속 행정청의 처분에 대한 행정심판을 관할하는 기관은?** `14 서울9급`

① 서울특별시행정심판위원회
② 해당 행정청이 위치한 구(區)행정심판위원회
③ 중앙행정심판위원회
④ 서울특별시장
⑤ 행정심판청구인이 임의적으로 선택할 수 있다.

> **해설**
> ① (O) 시·도 소속 행정청의 처분 또는 부작위에 대한 심판청구에 대하여는 시·도지사 소속으로 두는 행정심판위원회에서 심리·재결한다. (행정심판법 제6조 제3항 제1호)

**정답** ①

## 026

**다음 사례에 관한 설명으로 옳지 않은 것은? (다툼이 있는 경우 판례에 의함)** `21 국가9급`

> A도(道) B군(郡)에서 식품접객업을 하는 甲은 청소년에게 술을 팔다가 적발되었다. 「식품위생법」은 위법하게 청소년에게 주류를 제공한 영업자에게 "6개월 이내의 기간을 정하여 그 영업의 전부 또는 일부를 정지할 수 있다."라고 규정하고, 「식품위생법 시행규칙」 [별표 23]은 청소년 주류제공(1차 위반)시 행정처분기준을 '영업정지 2개월'로 정하고 있다. B군수는 甲에게 2개월의 영업정지처분을 하였다.

① 甲은 영업정지처분에 불복하여 A도 행정심판위원회에 행정심판을 청구할 수 있다.
② 甲은 행정심판을 청구하지 않고 영업정지처분에 대한 취소소송을 제기할 수 있다.
③ 「식품위생법 시행규칙」의 행정처분기준은 행정규칙의 형식이나, 「식품위생법」의 내용을 보충하면서 「식품위생법」의 규정과 결합하여 위임의 범위 내에서 대외적인 구속력을 가진다.
④ 甲이 취소소송을 제기하는 경우 법원은 재량권의 일탈·남용이 인정되면 영업정지처분을 취소할 수 있다.

> **해설**
> ① (O) 시·군·구청장의 처분에 대해서는 시·도행정심판위원회에 행정심판을 제기할 수 있다.
> ② (O) 식당영업정지처분은 필요적 행정심판이 아니므로 행정심판을 거치지 않고 소송이 가능하다.
> ③ (X) 시행규칙은 형식적으로 법규명령이지만, 제재적 내용을 담고 있으면 대외적 구속력이 인정되지 않는 행정규칙의 성격을 가진다.
> ④ (O)

**정답** ③

**027** A도 내 B시에 거주하는 甲은 「학교폭력예방 및 대책에 관한 법률」에 의하여 교내에서 출석정지 5일의 처분을 받고 이에 대해서 행정심판을 제기하여 다투고자 한다. 이에 관한 설명으로 가장 옳지 않은 것은?

18 서울7급 3월

① 행정심판의 제기기간은 처분 통지서를 받은 날부터 90일 이내이다.
② 행정심판기관은 A도교육청에 설치된 행정심판위원회이다.
③ 행정심판기관은 출석정지처분을 피해학생에 대한 서면사과처분으로 변경하는 재결을 할 수 있다.
④ 서면사과도 과중한 처벌이라고 하여 불복하는 경우에는 재결을 취소소송의 대상으로 한다.

해설
① (○)
② (○) 교육에 관한 행정심판이므로 시·도 교육청에 설치된 행정심판위원회 소관이다.
③ (○) 출석정지보다 약한 결정이므로 가능하다.
④ (×) 재결에 고유한 하자가 있지 않는 한 원처분을 대상으로 소송을 제기하여야 한다.

정답 ④

**028** 국민권익위원회에 두는 중앙행정심판위원회가 심리·재결하는 행정처분이 아닌 것은?

14 국가9급

① 국가정보원장의 행정처분
② 서울특별시 의회의 행정처분
③ 대구광역시 교육감의 행정처분
④ 해양경찰청장의 행정처분

해설
① (×) 국가정보원장의 처분 또는 부작위에 대한 행정심판은 국가정보원장 소속 행정심판위원회에서 심리·재결한다.

정답 ①

**029** 병무청장의 징집처분에 불복하여 행정심판을 제기하는 경우 행정심판을 심리·재결하는 기관은?

07 광주9급

① 병무청행정심판위원회
② 국방부행정심판위원회
③ 병무청장
④ 중앙행정심판위원회

해설
④ (○) 병무청은 국방부 소속의 외청으로 병무청장의 처분에 대해서는 중앙행정심판위원회에서 심리·재결한다.

정답 ④

**030** 「행정심판법」상 중앙행정심판위원회에만 인정되는 고유한 권한인 것은? 20 국회8급

① 심리·재결권
② 불합리한 법령 등의 개선을 위한 시정조치요청권
③ 청구인 지위의 승계허가권
④ 대리인 선임허가권
⑤ 피청구인 경정결정권

> **해설**

② (O) 불합리한 법령 등의 개선을 위한 시정조치요청권은 중앙행정심판위원회에만 인정되고 그 외는 다른 행정심판위원회에도 인정된다.

> **행정심판법 제59조(불합리한 법령 등의 개선)**
> ① 중앙행정심판위원회는 심판청구를 심리·재결할 때에 처분 또는 부작위의 근거가 되는 명령 등(대통령령·총리령·부령·훈령·예규·고시·조례·규칙 등을 말한다. 이하 같다)이 법령에 근거가 없거나 상위 법령에 위배되거나 국민에게 과도한 부담을 주는 등 크게 불합리하면 관계 행정기관에 그 명령 등의 개정·폐지 등 적절한 시정조치를 요청할 수 있다. 이 경우 중앙행정심판위원회는 시정조치를 요청한 사실을 법제처장에게 통보하여야 한다.
> ② 제1항에 따른 요청을 받은 관계 행정기관은 정당한 사유가 없으면 이에 따라야 한다.

① (X) ③ (X) ④ (X) ⑤ (X)

> **행정심판법 제16조(청구인의 지위승계)**
> ⑤ 심판청구의 대상과 관계되는 권리나 이익을 양수한 자는 위원회의 허가를 받아 청구인의 지위를 승계할 수 있다.
>
> **제17조(피청구인의 적격 및 경정)**
> ① 행정심판은 처분을 한 행정청(의무이행심판의 경우에는 청구인의 신청을 받은 행정청)을 피청구인으로 하여 청구하여야 한다. 다만, 심판청구의 대상과 관계되는 권한이 다른 행정청에 승계된 경우에는 권한을 승계한 행정청을 피청구인으로 하여야 한다.
> ② 청구인이 피청구인을 잘못 지정한 경우에는 위원회는 직권으로 또는 당사자의 신청에 의하여 결정으로써 피청구인을 경정할 수 있다.
>
> **제18조(대리인의 선임)**
> ① 청구인은 법정대리인 외에 다음 각 호의 어느 하나에 해당하는 자를 대리인으로 선임할 수 있다.
>   1. 청구인의 배우자, 청구인 또는 배우자의 사촌 이내의 혈족
>   2. 청구인이 법인이거나 제14조에 따른 청구인 능력이 있는 법인이 아닌 사단 또는 재단인 경우 그 소속 임직원
>   3. 변호사
>   4. 다른 법률에 따라 심판청구를 대리할 수 있는 자
>   5. 그 밖에 위원회의 허가를 받은 자

**정답** ②

**031** 음식점을 운영하는 甲은 미성년자인 乙에게 음주를 제공한 사실이 적발되어, 관련 법령에 따라 A자치구의 구청장인 丙으로부터 영업정지 2개월의 처분을 받았다. 이에 甲은 A자치구를 관할로 하는 B광역시 산하의 행정심판위원회(이하 'C'라 한다)에 행정심판을 제기하고자 한다. 이와 관련된 설명으로 가장 옳지 않은 것은?

19 서울 사복

① 甲은 丙의 영업정지처분에 대하여 C에 취소심판청구 및 집행정지신청을 할 수 있다.
② C는 필요하면 甲이 주장하지 아니한 사실에 대해서도 심리할 수 있다.
③ C는 甲의 취소심판청구가 이유 있다고 인정하면 2개월의 영업정지처분을 1개월의 영업정지처분으로 변경하는 재결을 할 수 있다.
④ C는 甲의 심판청구를 받은 날로부터 90일 이내에 재결을 하여야 한다.

### 해설

① (O) 이때 행정심판을 하지 않고 바로 소송을 해도 된다.
② (O) 위원회는 필요하면 당사자가 주장하지 아니한 사실에 대하여도 심리할 수 있다. **(행정심판법 제39조)**
③ (O) 행정심판에서는 처분의 내용을 변경하는 적극적 재결을 할 수 있다.
④ (×) 재결은 피청구인 또는 위원회가 심판청구서를 받은 날부터 60일 이내에 하여야 한다. 다만, 부득이한 사정이 있는 경우에는 위원장이 직권으로 30일을 연장할 수 있다. **(행정심판법 제45조 제1항)**

정답 ④

### 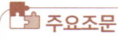 주요조문

**행정심판법 제7조(행정심판위원회의 구성)**
① 행정심판위원회(중앙행정심판위원회는 제외한다. 이하 이 조에서 같다)는 위원장 1명을 포함하여 50명 이내의 위원으로 구성한다.
② 행정심판위원회의 위원장은 그 행정심판위원회가 소속된 행정청이 되며, 위원장이 없거나 부득이한 사유로 직무를 수행할 수 없거나 위원장이 필요하다고 인정하는 경우에는 다음 각 호의 순서에 따라 위원이 위원장의 직무를 대행한다.
  1. 위원장이 사전에 지명한 위원
  2. 제4항에 따라 지명된 공무원인 위원(2명 이상인 경우에는 직급 또는 고위공무원단에 속하는 공무원의 직무등급이 높은 위원 순서로, 직급 또는 직무등급도 같은 경우에는 위원 재직기간이 긴 위원 순서로, 재직기간도 같은 경우에는 연장자 순서로 한다)
③ 제2항에도 불구하고 제6조 제3항에 따라 시·도지사 소속으로 두는 행정심판위원회의 경우에는 해당 지방자치단체의 조례로 정하는 바에 따라 공무원이 아닌 위원을 위원장으로 정할 수 있다. 이 경우 위원장은 비상임으로 한다.
④ 행정심판위원회의 위원은 해당 행정심판위원회가 소속된 행정청이 다음 각 호의 어느 하나에 해당하는 사람 중에서 성별을 고려하여 위촉하거나 그 소속 공무원 중에서 지명한다.
  1. 변호사 자격을 취득한 후 5년 이상의 실무 경험이 있는 사람
  2. 고등교육법 제2조 제1호부터 제6호까지의 규정에 따른 학교에서 조교수 이상으로 재직하거나 재직하였던 사람
  3. 행정기관의 4급 이상 공무원이었거나 고위공무원단에 속하는 공무원이었던 사람
  4. 박사학위를 취득한 후 해당 분야에서 5년 이상 근무한 경험이 있는 사람
  5. 그 밖에 행정심판과 관련된 분야의 지식과 경험이 풍부한 사람
⑤ 행정심판위원회의 회의는 위원장과 위원장이 회의마다 지정하는 8명의 위원(그중 제4항에 따른 위촉위원은 6명 이상으로 하되, 제3항에 따라 위원장이 공무원이 아닌 경우에는 5명 이상으로 한다)으로 구성한다. 다만, 국회규칙, 대법원규칙, 헌법재판소규칙, 중앙선거관리위원회규칙 또는 대통령령(제6조 제3항에 따라 시·도지사 소속으로 두는 행정심판위원회의 경우에는 해당 지방자치단체의 조례)으로 정하는 바에 따라 위원장과 위원장이 회의마다 지정하는 6명의 위원(그중 제4항에 따른 위촉위원은 5명 이상으로 하되, 제3항에 따라 공무원이 아닌 위원이 위원장인 경우에는 4명 이상으로 한다)으로 구성할 수 있다.
⑥ 행정심판위원회는 제5항에 따른 구성원 과반수의 출석과 출석위원 과반수의 찬성으로 의결한다.

**제8조(중앙행정심판위원회의 구성)**
① 중앙행정심판위원회는 위원장 1명을 포함하여 70명 이내의 위원으로 구성하되, 위원 중 상임위원은 4명 이내로 한다.
② 중앙행정심판위원회의 위원장은 국민권익위원회의 부위원장 중 1명이 되며, 위원장이 없거나 부득이한 사유로 직무를 수행할 수 없거나 위원장이 필요하다고 인정하는 경우에는 상임위원(상임으로 재직한 기간이 긴 위원 순서로, 재직기간이 같은 경우에는 연장자 순서로 한다)이 위원장의 직무를 대행한다.
③ 중앙행정심판위원회의 상임위원은 일반직공무원으로서 국가공무원법 제26조의5에 따른 임기제공무원으로 임명하되, 3급 이상 공무원 또는 고위공무원단에 속하는 일반직공무원으로 3년 이상 근무한 사람이나 그 밖에 행정심판에 관한 지식과 경험이 풍부한 사람 중에서 중앙행정심판위원회 위원장의 제청으로 국무총리를 거쳐 대통령이 임명한다.
④ 중앙행정심판위원회의 비상임위원은 제7조 제4항 각 호의 어느 하나에 해당하는 사람 중에서 중앙행정심판위원회 위원장의 제청으로 국무총리가 성별을 고려하여 위촉한다.
⑤ 중앙행정심판위원회의 회의(제6항에 따른 소위원회 회의는 제외한다)는 위원장, 상임위원 및 위원장이 회의마다 지정하는 비상임위원을 포함하여 총 9명으로 구성한다.
⑥ 중앙행정심판위원회는 심판청구사건(이하 '사건'이라 한다) 중 도로교통법에 따른 자동차운전면허 행정처분에 관한 사건(소위원회가 중앙행정심판위원회에서 심리·의결하도록 결정한 사건은 제외한다)을 심리·의결하게 하기 위하여 4명의 위원으로 구성하는 소위원회를 둘 수 있다.
⑦ 중앙행정심판위원회 및 소위원회는 각각 제5항 및 제6항에 따른 구성원 과반수의 출석과 출석위원 과반수의 찬성으로 의결한다.
⑧ 중앙행정심판위원회는 위원장이 지정하는 사건을 미리 검토하도록 필요한 경우에는 전문위원회를 둘 수 있다.

**제10조(위원의 제척·기피·회피)**
① 위원회의 위원은 다음 각 호의 어느 하나에 해당하는 경우에는 그 사건의 심리·의결에서 제척된다. 이 경우 제척결정은 위원회의 위원장이 직권으로 또는 당사자의 신청에 의하여 한다.
② 당사자는 위원에게 공정한 심리·의결을 기대하기 어려운 사정이 있으면 위원장에게 기피신청을 할 수 있다.
③ 위원에 대한 제척신청이나 기피신청은 그 사유를 소명한 문서로 하여야 한다. 다만, 불가피한 경우에는 신청한 날부터 3일 이내에 신청사유를 소명할 수 있는 자료를 제출하여야 한다.
④ 제척신청이나 기피신청이 제3항을 위반하였을 때에는 위원장은 결정으로 이를 각하한다.
⑤ 위원장은 제척신청이나 기피신청의 대상이 된 위원에게서 그에 대한 의견을 받을 수 있다.
⑥ 위원장은 제척신청이나 기피신청을 받으면 제척 또는 기피 여부에 대한 결정을 하고, 지체 없이 신청인에게 결정서 정본을 송달하여야 한다.
⑦ 위원회의 회의에 참석하는 위원이 제척사유 또는 기피사유에 해당되는 것을 알게 되었을 때에는 스스로 그 사건의 심리·의결에서 회피할 수 있다. 이 경우 회피하고자 하는 위원은 위원장에게 그 사유를 소명하여야 한다.
⑧ 사건의 심리·의결에 관한 사무에 관여하는 위원 아닌 직원에게도 제1항부터 제7항까지의 규정을 준용한다.

## 032 「행정심판법」상 위원회에 대한 설명으로 옳지 않은 것은?

21 소방

① 중앙행정심판위원회의 비상임위원은 일정한 요건을 갖춘 사람 중에서 중앙행정심판위원회 위원장의 제청으로 국무총리가 성별을 고려하여 위촉한다.
② 중앙행정심판위원회의 회의는 위원장, 상임위원 및 위원장이 회의마다 지정하는 비상임위원을 포함하여 총 15명으로 구성한다.
③ 「행정심판법」 제10조에 의하면, 위원장은 제척신청이나 기피신청을 받으면 제척 또는 기피 여부에 대한 결정을 한다.
④ 중앙행정심판위원회는 위원장 1명을 포함하여 70명 이내의 위원으로 구성한다.

**해설**
① (○) 행정심판법 제8조 제4항
② (×) 중앙행정심판위원회의 회의는 위원장, 상임위원 및 위원장이 회의마다 지정하는 비상임위원을 포함하여 총 9명으로 구성한다. (행정심판법 제8조 제5항)
③ (○) 행정심판법 제10조 제6항
④ (○) 행정심판법 제8조 제1항

**정답** ②

---

**기출지문 OX**

**01** 법원행정처장의 부당한 처분에 대해서는 중앙행정심판위원회에 행정심판을 제기할 수 있다. [15 서울7급]  (○, ×)
해설 법원행정처장 소속의 행정심판위원회에서 한다. 이를 '처분청 소속의 행정심판위원회'라고 한다.  **정답** ×

**02** 관계 행정기관의 장이 특별행정심판 또는 「행정심판법」에 따른 행정심판절차에 대한 특례를 신설하거나 변경하는 법령을 제정·개정할 때에는 미리 중앙행정심판위원회의 동의를 구하여야 한다. [13 국회8급]  (○, ×)
해설 중앙행정심판위원회와 협의하여야 한다.

> **행정심판법 제4조(특별행정심판 등)**
> ③ 관계 행정기관의 장이 특별행정심판 또는 이 법에 따른 행정심판절차에 대한 특례를 신설하거나 변경하는 법령을 제정·개정할 때에는 미리 중앙행정심판위원회와 협의하여야 한다.

**정답** ×

**03** 사안(事案)의 전문성과 특수성을 살리기 위하여 특히 필요한 경우 외에는 「행정심판법」에 따른 행정심판을 갈음하는 특별한 행정불복절차나 「행정심판법」에 따른 행정심판절차에 대한 특례를 다른 법률로 정할 수 없다. [13 국회8급]  (○, ×)
해설 행정심판법 제4조 제1항  **정답** ○

**04** 다른 법률에서 특별행정심판이나 「행정심판법」에 따른 행정심판 절차에 대한 특례를 정한 경우에도 그 법률에서 규정하지 아니한 사항에 대해서는 「행정심판법」에서 정하는 바에 따른다. [13 국회8급]  (○, ×)
해설 행정심판법 제4조 제2항  **정답** ○

**05** 행정청의 처분 또는 부작위에 대하여는 다른 법률에 특별한 규정이 있는 경우 외에는 「행정심판법」에 따라 행정심판을 청구할 수 있다. [13 국회8급]  (○, ×)
해설 행정심판법 제3조 제1항  **정답** ○

**06** 감사원의 처분에 대한 행정심판의 청구는 중앙행정심판위원회에서 심리·재결한다. [13 행정사]  (○, ×)
해설 감사원의 처분에 대한 행정심판의 청구는 감사원에 두는 행정심판위원회에서 심리·재결한다. (행정심판법 제6조 제1항 제1호)  **정답** ×

**07** 처분 등을 원인으로 하는 법률관계에 관한 다툼이 있는 경우 당사자는 당사자심판을 제기할 수 있다. [13 행정사]  (O, X)

**해설** 당사자심판은 행정심판의 일반법인 행정심판법에는 규정이 없으며 개별법률에서 인정되고 있다.  **정답** X

---

## 033   행정심판위원회의 구성과 권한에 관한 설명으로 옳지 않은 것은?   08 국가7급

① 중앙행정심판위원회의 위원장은 국민권익위원회의 부위원장 중 1명이 되며, 상임위원은 위원장의 제청으로 대통령이 임명하고 그 임기는 3년이며 연임할 수 없다.
② 행정심판위원회는 취소심판청구가 이유 있다고 인정하면 처분을 취소 또는 다른 처분으로 변경하거나 처분을 다른 처분으로 변경할 것을 피청구인에게 명한다.
③ 중앙행정심판위원회는 심판청구를 심리·재결함에 있어서 처분 또는 부작위의 근거가 되는 명령 등이 법령에 근거가 없거나 상위 법령에 위반되거나 국민에게 과도한 부담을 주는 등 크게 불합리하면 관계 행정기관에 그 명령 등의 개정·폐지 등 적절한 시정조치를 요청할 수 있다.
④ 행정심판위원회는 집행정지 또는 집행정지의 취소에 관하여 심리·결정하면 지체 없이 당사자에게 결정서 정본을 송달하여야 한다.

**해설**

① (X)

> **행정심판법 제8조(중앙행정심판위원회의 구성)**
> ① 중앙행정심판위원회는 위원장 1명을 포함하여 70명 이내의 위원으로 구성하되, 위원 중 상임위원은 4명 이내로 한다.
> ② 중앙행정심판위원회의 위원장은 국민권익위원회의 부위원장 중 1명이 되며, 위원장이 없거나 부득이한 사유로 직무를 수행할 수 없거나 위원장이 필요하다고 인정하는 경우에는 상임위원(상임으로 재직한 기간이 긴 위원 순서로, 재직기간이 같은 경우에는 연장자 순서로 한다)이 위원장의 직무를 대행한다.
>
> **제9조(위원의 위임 및 신분보장 등)**
> ② 제8조 제3항에 따라 임명된 중앙행정심판위원회 상임위원의 임기는 3년으로 하며, 1차에 한하여 연임할 수 있다.

② (O) 행정심판법 제43조 제3항
③ (O) 행정심판법 제59조 제1항
④ (O) 행정심판법 제30조 제7항

**정답** ①

## 제4절　행정심판의 당사자 및 관계인

**기출지문 OX**

**01** 행정심판위원회는 피청구인을 경정하는 결정을 하면 결정서 부본을 당사자(종전의 피청구인과 새로운 피청구인을 포함한다)에게 송달하여야 한다 [15 경행]　(O, X)

해설　부본이 아니라 정본을 보내야 한다.

> **행정심판법 제17조(피청구인의 적격 및 경정)**
> ② 청구인이 피청구인을 잘못 지정한 경우에는 위원회는 직권으로 또는 당사자의 신청에 의하여 결정으로써 피청구인을 경정할 수 있다.
> ③ 위원회는 제2항에 따라 피청구인을 경정하는 결정을 하면 결정서 정본을 당사자(종전의 피청구인과 새로운 피청구인을 포함한다. 이하 제6항에서 같다)에게 송달하여야 한다.

정답　X

**02** 의무이행심판의 경우에는 청구인의 신청을 받은 행정청을 피청구인으로 하여 행정심판을 청구하여야 한다. [15 경행]　(O, X)

해설　행정심판법 제17조 제1항

정답　O

**03** 심판청구의 대상과 관계되는 권한이 다른 행정청에 승계된 경우에는 권한을 승계한 행정청을 피청구인으로 하여야 한다. [15 경행]　(O, X)

해설　행정심판법 제17조 제1항

정답　X

---

**034**　행정심판에 있어 피청구인은?　13 서울9급

① 처분의 상대방
② 법무부장관
③ 직근상급행정청
④ 처분행정청
⑤ 행정심판위원회

해설
④ (O) 행정심판은 원칙적으로 처분을 한 행정청을 피청구인으로 하여 청구하여야 한다. (행정심판법 제17조 제1항)

정답　④

## 제5절  행정심판의 청구

**행정심판법 제27조(심판청구의 기간)**
① 행정심판은 처분이 있음을 알게 된 날부터 90일 이내에 청구하여야 한다.
② 청구인이 천재지변, 전쟁, 사변, 그 밖의 불가항력으로 인하여 제1항에서 정한 기간에 심판청구를 할 수 없었을 때에는 그 사유가 소멸한 날부터 14일 이내에 행정심판을 청구할 수 있다. 다만, 국외에서 행정심판을 청구하는 경우에는 그 기간을 30일로 한다.
③ 행정심판은 처분이 있었던 날부터 180일이 지나면 청구하지 못한다. 다만, 정당한 사유가 있는 경우에는 그러하지 아니하다.
④ 제1항과 제2항의 기간은 불변기간으로 한다.
⑤ 행정청이 심판청구기간을 제1항에 규정된 기간보다 긴 기간으로 잘못 알린 경우 그 잘못 알린 기간에 심판청구가 있으면 그 행정심판은 제1항에 규정된 기간에 청구된 것으로 본다.
⑥ 행정청이 심판청구기간을 알리지 아니한 경우에는 제3항에 규정된 기간에 심판청구를 할 수 있다.
⑦ 제1항부터 제6항까지의 규정은 무효등확인심판청구와 부작위에 대한 의무이행심판청구에는 적용하지 아니한다.

### 기출지문 OX

**01** 행정심판위원회는 심판청구된 행정청의 부작위가 위법·부당하다고 상당히 의심되는 경우로서 당사자가 받을 우려가 있는 중대한 불이익이나 당사자에게 생길 급박한 위험을 막기 위하여 임시지위를 정할 필요가 있는 경우 직권 또는 당사자의 신청에 의하여 임시처분을 결정할 수 있다. [18 국가7급]  (O, ×)

해설  행정심판법 제31조 제1항   정답  O

**02** 행정심판청구는 엄격한 형식을 요하지 아니하는 서면행위이다. [15 서울9급]  (O, ×)

해설  따라서 답변서, 진정서 등의 표제도 행정심판으로 인정될 수 있다.

> 행정심판법 제19조, 제23조의 규정 취지와 행정심판제도의 목적에 비추어 보면 행정소송의 전치요건인 행정심판청구는 엄격한 형식을 요하지 아니하는 서면행위로 해석되므로, 위법·부당한 행정처분으로 인하여 권리나 이익을 침해당한 자로부터 그 처분의 취소나 변경을 구하는 서면이 제출되었을 때에는 그 표제와 제출기관의 여하를 불문하고 이를 행정소송법 제18조 소정의 행정심판청구로 보고, 불비된 사항이 보정 가능한 때에는 보정을 명하고 보정이 불가능하거나 보정명령에 따르지 아니한 때에 비로소 부적법 각하를 하여야 할 것이며, 더욱이 심판청구인은 일반적으로 전문적 법률지식을 갖고 있지 못하여 제출된 서면의 취지가 불명확한 경우도 적지 않으나, 이러한 경우에도 행정청으로서는 그 서면을 가능한 한 제출자의 이익이 되도록 해석하고 처리하여야 한다. (대판 2000.6.9. 98두2621)

정답  O

**03** 행정심판을 청구하려는 자는 심판청구서를 작성하여 피청구인이나 위원회에 제출하여야 하며 피청구인의 수만큼 심판청구서 부본을 함께 제출하여야 한다. [15 서울9급]  (O, ×)

해설  행정심판법 제23조 제1항 한편, 전자행정심판에서는 부본 제출의무가 면제된다.  정답  O

**04** 개별법률에서 정한 심판청구기간이 「행정심판법」이 정한 심판청구기간보다 짧은 경우, 행정청이 행정처분을 하면서 그 개별법률상 심판청구기간을 고지하지 아니하였다면 그 개별법률에서 정한 심판청구기간 내에 한하여 심판청구가 가능하다. [15 서울9급]  (O, ×)

해설  법률에서 정한 기간보다 짧은 기간을 고지하면 행정심판법에서 정한 기간 내에 제기하면 된다.  정답  ×

## 035 행정심판에 대한 설명으로 옳지 않은 것은? (다툼이 있는 경우 판례에 의함) 〈15 지방9급〉

① 시·도 관할 구역에 있는 둘 이상의 시·군·자치구 등이 공동으로 설립한 행정청의 처분에 대하여는 시·도지사 소속 행정심판위원회에서 심리·재결한다.

② 행정청이 행정심판청구기간 등을 고지하지 아니하였다고 하여도 처분의 상대방이 처분이 있었다는 사실을 알았을 경우에는 처분이 있은 날로부터 90일 이내에 심판청구를 하여야 한다.

③ 행정심판 청구 후 피청구인인 행정청이 새로운 처분을 하거나 대상인 처분을 변경한 때에는 청구인은 새로운 처분이나 변경된 처분에 맞추어 청구의 취지 또는 이유를 변경할 수 있다.

④ 행정심판에 있어서 행정처분의 위법·부당 여부는 원칙적으로 처분시를 기준으로 판단하여야 할 것이나, 재결 당시까지 제출된 모든 자료를 종합하여 처분 당시 존재하였던 객관적 사실을 확정하고 그 사실에 기초하여 처분의 위법·부당 여부를 판단할 수 있다.

**해설**

① (○) 행정심판법 제6조 제3항
② (×) 청구기간을 고지하지 않으면 처분이 있었던 날부터 180일이다. **(행정심판법 제27조 제3항·제6항)**
③ (○) 행정심판법 제29조 제2항
④ (○) 대판 2001.7.27. 99두5092

**정답** ②

## 제6절    행정심판의 심리

**036** 다음 설명 중 옳은 것은? (다툼이 있는 경우 판례에 의함)     15 지방9급

① 「자동차손해배상 보장법」은 배상책임의 성립요건에 관하여 「국가배상법」에 우선하여 적용된다.
② 「개인정보 보호법」상 단체소송을 허가하거나 불허가하는 법원의 결정에 대하여는 더 이상 소송으로 다툴 수 없다.
③ 행정심판에 있어서 사건의 심리·의결에 관한 사무에 관여하는 직원에게는 「행정심판법」 제10조의 위원의 제척·기피·회피가 적용되지 않는다.
④ 「공익사업을 위한 토지 등의 취득 및 보상에 관한 법률」상 행정청이 아닌 사업시행자가 이주대책을 수립·실시하는 경우에 이주정착지에 대한 도로 등 통상적인 생활기본시설에 필요한 비용은 지방자치단체가 부담하여야 한다.

> **해설**
> ① (○) 자동차손해배상 보장법상의 운행자 책임은 국가배상법에 우선하여 적용된다(자동차 소유자의 책임을 말한다). 다만, 국가배상법상의 직무행위에 대한 책임은 별개로 인정된다.
> ② (×) 개인정보 보호법 제55조 제2항에 따라 단체소송을 허가하거나 불허가하는 결정에 대하여는 즉시항고할 수 있다.
> ③ (×) 제척·기피·회피는 직원에게도 적용된다. **(행정심판법 제10조 제8항)**
> ④ (×)
>
> > **공익사업을 위한 토지 등의 취득 및 보상에 관한 법률 제78조(이주대책의 수립 등)**
> > ④ 이주대책의 내용에는 이주정착지(이주대책의 실시로 건설하는 주택단지를 포함한다)에 대한 도로, 급수시설, 배수시설, 그 밖의 공공시설 등 통상적인 수준의 생활기본시설이 포함되어야 하며, 이에 필요한 비용은 사업시행자가 부담한다. 다만, 행정청이 아닌 사업시행자가 이주대책을 수립·실시하는 경우에 지방자치단체는 비용의 일부를 보조할 수 있다.
>
> **참고** 강행규정이다.

**정답** ①

## 제7절 행정심판의 재결

**037** 「행정심판법」상 재결에 대한 설명으로 옳지 않은 것은?  19 국회8급

① 심판청구를 인용하는 재결은 청구인과 피청구인, 그 밖의 관계 행정청을 기속한다.
② 재결에 의하여 취소되거나 무효 또는 부존재로 확인되는 처분이 당사자의 신청을 거부하는 것을 내용으로 하는 경우에는 그 처분을 한 행정청은 재결의 취지에 따라 다시 이전의 신청에 대한 처분을 하여야 한다.
③ 재결은 서면으로 하며 재결서에 적는 이유에는 주문 내용이 정당하다는 것을 인정할 수 있는 정도의 판단을 표시하여야 한다.
④ 처분의 상대방이 아닌 제3자가 심판청구를 한 경우 위원회는 재결서의 등본을 지체 없이 피청구인을 거쳐 처분의 상대방에게 송달하여야 한다.
⑤ 위원회는 의무이행심판의 청구가 이유가 있다고 인정하면 지체 없이 신청에 따른 처분을 하거나 처분을 할 것을 피청구인에게 명한다.

### 해설

① (×) 기속력은 피고 행정청과 관계 행정청에 미치는 것이고 원고에는 미치지 않는다.

> **행정심판법 제49조(재결의 기속력 등)**
> ① 심판청구를 인용하는 재결은 피청구인과 그 밖의 관계 행정청을 기속한다.

② (○) 기속력 중 재처분의무에 관한 내용이다.
③ (○) 재결은 요식행위로서 반드시 문서로 하여야 한다.
④ (○)

> **행정심판법 제48조(재결의 송달과 효력 발생)**
> ① 위원회는 지체 없이 당사자에게 재결서의 정본을 송달하여야 한다. 이 경우 중앙행정심판위원회는 재결 결과를 소관 중앙행정기관의 장에게도 알려야 한다.
> ② 재결은 청구인에게 제1항 전단에 따라 송달되었을 때에 그 효력이 생긴다.
> ③ 위원회는 재결서의 등본을 지체 없이 참가인에게 송달하여야 한다.
> ④ 처분의 상대방이 아닌 제3자가 심판청구를 한 경우 위원회는 재결서의 등본을 지체 없이 피청구인을 거쳐 처분의 상대방에게 송달하여야 한다.

⑤ (○) 행정심판법 제43조 제5항

**정답** ①

## 038 행정심판에 관한 설명으로 가장 옳은 것은?

18 서울7급 3월

① 취소재결의 경우 기판력과 기속력이 인정된다.
② 무효등확인심판은 심판청구기간의 제한이 없고, 사정재결도 인정되지 않는다.
③ 피청구인의 경정이 있으면 심판청구는 피청구인의 경정시에 제기된 것으로 본다.
④ 고시 또는 공고에 의하여 행정처분을 하는 경우에는 고시 또는 공고의 효력발생일을 처분이 있는 날로 보아 그 날로부터 180일 이내에 행정심판을 청구할 수 있다.

**해설**

① (✗) 재결에는 형성력과 기속력은 인정되지만, 기판력은 인정되지 않는다.
② (○) 행정심판의 청구기간은 취소심판과 거부처분에 대한 의무이행심판에 인정되고, 무효심판과 부작위에 대한 의무이행심판에는 적용되지 않는다. 사정재결은 취소심판과 의무이행심판에 인정된다.
③ (✗)

> **행정심판법 제17조(피청구인의 적격 및 경정)**
> ① 행정심판은 처분을 한 행정청(의무이행심판의 경우에는 청구인의 신청을 받은 행정청)을 피청구인으로 하여 청구하여야 한다. 다만, 심판청구의 대상과 관계되는 권한이 다른 행정청에 승계된 경우에는 권한을 승계한 행정청을 피청구인으로 하여야 한다.
> ② 청구인이 피청구인을 잘못 지정한 경우에는 위원회는 직권으로 또는 당사자의 신청에 의하여 결정으로써 피청구인을 경정할 수 있다.
> ③ 위원회는 제2항에 따라 피청구인을 경정하는 결정을 하면 결정서 정본을 당사자(종전의 피청구인과 새로운 피청구인을 포함한다. 이하 제6항에서 같다)에게 송달하여야 한다.
> ④ 제2항에 따른 결정이 있으면 종전의 피청구인에 대한 심판청구는 취하되고 종전의 피청구인에 대한 행정심판이 청구된 때에 새로운 피청구인에 대한 행정심판이 청구된 것으로 본다.
> ⑥ 당사자는 제2항 또는 제5항에 따른 위원회의 결정에 대하여 결정서 정본을 받은 날부터 7일 이내에 위원회에 이의신청을 할 수 있다.

④ (✗) 고시·공고 후 14일이 경과하여야 효력이 발생한다. 그때부터 90일 또는 180일 내에 행정심판을 제기할 수 있다.

**정답** ②

**039** 「행정심판법」에 따른 행정심판에 관한 설명으로 가장 옳은 것은? (다툼이 있는 경우 판례에 의함)

17 서울9급

① 취소심판의 인용재결에는 취소재결, 변경재결, 취소명령재결, 변경명령재결이 있다.
② 거부처분은 취소심판의 대상이므로 거부처분의 상대방은 이에 대하여 취소심판만 청구할 수 있다.
③ 행정심판위원회가 처분을 취소하거나 변경하는 재결을 하면, 행정청은 재결의 기속력에 따라 처분을 취소 또는 변경하는 처분을 하여야 하고, 이를 통하여 당해 처분은 처분시에 소급하여 소멸되거나 변경된다.
④ 거부처분 취소재결이 있는 경우에는 행정청은 그 재결의 취지에 따라 이전의 신청에 대한 처분을 하여야 하는 것이므로 행정청이 그 재결의 취지에 따른 처분을 하지 아니하고 그 처분과는 양립할 수 없는 다른 처분을 하는 것은 재결의 기속력에 반하여 위법하다.

**해설**
① (×) 취소명령재결은 해당하지 않는다.
② (×) 거부처분에 대해서는 의무이행심판과 취소심판이 가능하다.
③ (×) 행정심판위원회가 처분을 취소하거나 변경하는 재결을 하면, 재결의 형성력에 따라 자동적으로 소급효가 처분이 소멸되는 것이지 행정청이 처분을 취소 또는 변경하는 처분을 할 필요는 없다.
④ (○) 거부처분 취소재결이 있는 경우에는 재결의 기속력에 따라 행정청은 재처분의무가 발생하므로 행정청은 그 재결의 취지에 따라 이전의 신청에 대한 처분을 하여야 하는 것이므로 행정청이 그 재결의 취지에 따른 처분을 하지 아니 하고 그 처분과는 양립할 수 없는 다른 처분을 하는 것은 재결의 기속력에 반하여 무효이다.

**정답** ④

---

**040** 행정심판의 재결의 효력과 관련하여 「행정심판법」이 명문규정을 두고 있는 것은?

13 서울9급

① 불가변력
② 확정력
③ 공정력
④ 기속력
⑤ 기판력

**해설**
④ (○) 행정심판법은 재결의 효력에 관하여 기속력에 관한 규정만을 두고 있다. (**행정심판법 제49조**) 그러나 재결도 확인으로서 행정행위의 일종이므로 행정행위의 일반적인 효력인 구속력, 공정력, 불가쟁력이 인정되고, 준사법적 작용이므로 불가변력(실질적 존속력)이 발생한다. 그러나 재결에 기판력은 발생하지 않는다. 기판력은 판결에 발생하는 효력이기 때문이다.

**정답** ④

## 041 행정심판의 재결에 관한 설명으로 옳은 것끼리 연결된 것은? (다툼이 있는 경우 판례에 따름)

12 서울 교행

> ㄱ. 형성재결이 있는 경우 그 대상이 된 행정처분은 재결 자체에 의해 당연히 취소되어 소멸된다.
> ㄴ. 재결의 기속력은 각하재결에는 인정되지 아니하고, 인용재결, 기각재결 및 사정재결에 인정된다.
> ㄷ. 행정심판의 대상이 된 처분이 기간의 경과, 처분의 집행, 그 밖의 사유로 효력이 소멸한 경우에는 각하재결을 하여야 한다.
> ㄹ. 영업정지처분의 기간을 6개월에서 3개월로 변경하는 일부취소의 재결이 가능하다.
> ㅁ. 사정재결시 처분이 위법하거나 부당하다는 것은 재결의 사유에서 밝히면 충분하다.

① ㄷ, ㅁ
② ㄱ, ㄴ, ㄹ
③ ㄱ, ㄷ, ㄹ
④ ㄴ, ㄷ, ㅁ

**해설**

ㄱ. (O) 행정심판 재결의 내용이 처분청에게 처분의 취소를 명하는 것이 아니라 재결청이 스스로 처분을 취소하는 것일 때에는 그 재결의 형성력에 의하여 당해 처분은 별도의 행정처분을 기다릴 것 없이 당연히 취소되어 소멸되는 것이다. (대판 1998.4.24. 97누17131)

ㄴ. (×) 기속력은 인용재결에서만 인정되고, 기각재결에는 인정되지 않는다. 또한 사정재결은 기각재결에 해당하므로 사정재결에도 기속력이 인정되지 않는다.

ㄷ. (O) 처분의 효과가 기간의 경과, 처분의 집행, 그 밖의 사유로 소멸된 경우에는 원칙적으로 행정심판을 청구할 이익이 없으므로, **(행정심판법 제13조 제1항 후단)** 행정심판의 청구요건에 흠결이 있어 행정심판이 부적법한 것인 때에는 본안심리를 거부하는 각하재결을 한다. (같은 법 제43조 제1항)

ㄹ. (O) 행정심판위원회는 취소심판의 청구가 이유가 있다고 인정하면 처분을 취소 또는 다른 처분으로 변경하거나 처분을 다른 처분으로 변경할 것을 피청구인에게 명할 수 있는데, **(행정심판법 제43조 제3항)** 여기의 '취소'에는 당해 처분의 전부취소뿐만 아니라 일부 취소를 포함한다. 다만, 소송이라면 이 경우 일부취소판결을 할 수 없다.

ㅁ. (×) 사정재결시 행정심판위원회는 재결의 주문에서 그 처분 또는 부작위가 위법하거나 부당하다는 것을 구체적으로 밝혀야 한다. **(행정심판법 제44조 제1항 후단)**

**정답** ③

## 042 「행정심판법」의 행정심판에 대한 설명으로 옳지 않은 것은?

11. 지방9급

① 심판청구서를 받은 행정청은 그 심판청구가 이유 있다고 인정할 때에는 심판청구의 취지에 따라 처분을 취소·변경 또는 확인을 하거나 신청에 따른 처분을 할 수 있고, 이를 청구인에게 알리고 행정심판위원회에 그 증명서류를 제출하여야 한다.

② 중앙행정심판위원회의 위원장은 국민권익위원회의 부위원장 중 1명이 되며 필요한 경우에는 상임위원이 그 직무를 대행한다.

③ 사정재결은 무효등확인심판에는 적용하지 아니한다.

④ 행정심판위원회로부터 재결서의 정본을 송달받은 행정청은 청구인 및 참가인에게 재결서의 등본을 송달하여야 한다.

### 해설

① (○)

> **행정심판법 제25조(피청구인의 직권취소 등)**
> ① 제23조 제1항·제2항 또는 제26조 제1항에 따라 심판청구서를 받은 피청구인은 그 심판청구가 이유 있다고 인정하면 심판청구의 취지에 따라 직권으로 처분을 취소·변경하거나 확인을 하거나 신청에 따른 처분을 할 수 있다. 이 경우 서면으로 청구인에게 알려야 한다.
> ② 피청구인은 제1항에 따라 직권취소 등을 하였을 때에는 청구인이 심판청구를 취하한 경우가 아니면 제24조 제1항 본문에 따라 심판청구서·답변서를 보낼 때 직권취소 등의 사실을 증명하는 서류를 위원회에 함께 제출하여야 한다.

② (○)

> **행정심판법 제8조(중앙행정심판위원회의 구성)**
> ② 중앙행정심판위원회의 위원장은 국민권익위원회의 부위원장 중 1명이 되며, 위원장이 없거나 부득이한 사유로 직무를 수행할 수 없거나 위원장이 필요하다고 인정하는 경우에는 상임위원(상임으로 재직한 기간이 긴 위원 순서로, 재직기간이 같은 경우에는 연장자 순서로 한다)이 위원장의 직무를 대행한다.

③ (○) 무효등확인심판에는 사정재결을 적용하지 아니한다. (행정심판법 제44조 제3항)

④ (×)

> **행정심판법 제48조(재결의 송달과 효력 발생)**
> ① 위원회는 지체 없이 당사자에게 재결서의 정본을 송달하여야 한다. 이 경우 중앙행정심판위원회는 재결 결과를 소관 중앙행정기관의 장에게도 알려야 한다.
> ② 재결은 청구인에게 제1항 전단에 따라 송달되었을 때에 그 효력이 생긴다.
> ③ 위원회는 재결서의 등본을 지체 없이 참가인에게 송달하여야 한다.
> ④ 처분의 상대방이 아닌 제3자가 심판청구를 한 경우 위원회는 재결서의 등본을 지체 없이 피청구인을 거쳐 처분의 상대방에게 송달하여야 한다.

**정답** ④

## 043

**다음은 행정심판에 관한 설명들이다. ( ) 안에 들어갈 내용이 올바르게 배열된 것은?** 11.경북 교행

> ㄱ. 행정심판은 처분이 있었던 날부터 ( )이 지나면 청구하지 못한다.
> ㄴ. 천재지변 등 그 밖의 불가항력으로 인하여 위의 기간에 심판청구를 할 수 없었을 때에는 그 사유가 소멸한 날부터 ( )이내에 행정심판을 청구할 수 있다.
> ㄷ. 재결은 제23조에 따라 청구인 또는 위원회가 심판청구를 받은 날부터 ( ) 이내에 하여야 한다.
> ㄹ. 전자정보처리조직을 이용한 재결서 송달에서 재결서 등재사실을 통지한 날부터 2주일 이내에 확인하지 아니하였을 때에는 등재사실을 통지한 날부터 ( )가 지난 날에 도달한 것으로 본다.

| | ㄱ | ㄴ | ㄷ | ㄹ |
|---|---|---|---|---|
| ① | 180일 | 7일 | 60일 | 2주 |
| ② | 60일 | 7일 | 30일 | 2주 |
| ③ | 180일 | 14일 | 60일 | 2주 |
| ④ | 60일 | 7일 | 30일 | 1주 |
| ⑤ | 180일 | 14일 | 60일 | 1주 |

**해설**

ㄱ. 행정심판은 처분이 있었던 날부터 (180일)이 지나면 청구하지 못한다. **(행정심판법 제27조 제3항 본문)**
ㄴ. 청구인이 천재지변, 전쟁, 사변, 그 밖의 불가항력으로 인하여 위의 기간에 심판청구를 할 수 없었을 때에는 그 사유가 소멸한 날부터 (14일) 이내에 행정심판을 청구할 수 있다. **(행정심판법 제27조 제2항 본문)**
ㄷ. 재결은 제23조에 따라 피청구인 또는 위원회가 심판청구서를 받은 날부터 (60일) 이내에 하여야 한다. **(행정심판법 제45조 제1항 본문)**
ㄹ. 전자정보처리조직을 이용한 재결서 송달에서 재결서 등재사실을 2주 이내(재결서 외의 서류는 7일 이내)에 확인하지 아니하였을 때에는 등재사실을 통지한 날부터 (2주)가 지난 날에 도달한 것으로 본다. **(행정심판법 제54조 제4항)**

**정답** ③

## 제8절 행정심판의 고지제도

**기출지문 OX**

**01** 행정청이 처분을 하면서 고지의무를 이행하지 않은 경우 또는 잘못 고지한 경우 당해 처분은 위법하다. [12 국회8급]  (O, X)

**해설** 고지는 비권력적 사실행위이기 때문에 고지를 하지 않았다고 해서 행정처분 자체의 효과에는 아무런 영향도 미치지 아니한다.

정답 X

**02** 재결의 형성력은 행정심판위원회가 직접 처분의 취소·변경 등을 하지 않은 처분의 변경명령재결 또는 의무이행명령재결의 경우에 발생한다. [12 국회8급]  (O, X)

**해설** 형성력이란 재결(또는 판결) 자체에 의해서 발생하는 것이므로 형성재결에만 발생한다. 즉, 처분청에게 변경을 명령하는 이행재결에서는 형성력이 발생하지 아니한다.

정답 X

**03** 양도소득세 부과처분에 대한 불복심사청구에서 이유 있다고 인정되어 취소되었음에도 처분청이 동일한 사실에 관하여 부과처분을 되풀이한다면 설령 그 부과처분이 감사원의 시정요구에 의한 것이라 하더라도 위법하다. [12 국회8급]  (O, X)

**해설** 양도소득세 및 방위세 부과처분이 국세청장에 대한 불복심사청구에 의하여 그 불복사유가 이유 있다고 인정되어 취소되었음에도 처분청이 동일한 사실에 관하여 부과처분을 되풀이한 것이라면 설령 그 부과처분이 감사원의 시정요구에 의한 것이라 하더라도 위법하다. (대판 1986.5.27. 86누127)

정답 O

---

**044** 〈보기〉에서 「행정심판법」상의 고지제도에 관한 설명으로 옳은 것을 모두 고르면? (다툼이 있는 경우 판례에 따름) 11 국회8급

〈보기〉
ㄱ. 직권에 의한 고지와 신청에 의한 고지가 있다.
ㄴ. 고지는 불복제기의 가능성 여부 및 불복청구의 요건 등 불복청구에 필요한 사항을 알려주는 권력적 사실행위로서 처분성이 인정된다.
ㄷ. 직권에 의하여 고지하는 경우 처분의 상대방에 대해서만 고지하면 된다.
ㄹ. 불고지나 오고지는 처분 자체의 효력에 직접 영향을 미치지 않는다.
ㅁ. 신청에 의하여 고지하는 경우 해당 처분이 행정심판의 대상이 되는 처분인지에 대하여 고지하여야 한다.

① ㄱ, ㄷ
② ㄱ, ㄷ, ㅁ
③ ㄱ, ㄹ, ㅁ
④ ㄱ, ㄷ, ㄹ, ㅁ
⑤ ㄱ, ㄴ, ㄷ, ㄹ, ㅁ

**해설**
ㄱ. (O) 행정심판법상 고지에는 직권에 의한 고지와 신청에 의한 고지 두 가지가 있다.
ㄴ. (X) 고지는 비권력적 사실행위이다.
ㄷ. (O) 직권에 의한 고지의 상대방은 처분의 상대방이다. 한편, 신청에 의한 고지는 이해관계인의 신청에 대해서 하는 것이다.
ㄹ. (O) 불고지나 오고지가 처분의 효과에 영향을 미치는 것은 아니다.
ㅁ. (O) 행정심판법 제58조 제2항 제1호

정답 ④